선물·옵션투자의 이론과 전략

10판

JOHN C. HULL 김철중 · 윤평식 · 박경욱 · 홍기훈 공역

Pearson

퍼스트북
1st book

선물·옵션투자의 이론과 전략

John C. Hull

김철중 · 윤평식 · 박경욱 · 홍기훈 공역

10판

Pearson

1st book 퍼스트북

역자 소개 ▶▶▶

김철중 교수
홍익대학교 경영대학 교수, 대학원장 역임
성균관대학교 경영학과 졸업
서울대학교 대학원 (경영학 석사)
성균관대학교 대학원 (경영학 박사)
미국 텍사스대학교 연구교수

박경욱 교수
고려대학교 교수
(글로벌비즈니스대학 융합경영학부)
서울대학교 경영대학 졸업
서울대학교 대학원 경영학과 (경영학 석사)
미국 텍사스대학교 (경영학 박사)

윤평식 교수
충남대학교 교수 (경영학과)
연세대학교 정법대학 정치외교학과 졸업
캐나다 요크대학교 (경영학 석사)
미국 텍사스대학교 (경영학 박사)

홍기훈 교수
홍익대학교 조교수 (경영대학)
캐나다 워터루대학교 (경제학 학사)
캐나다 토론토대학교 (경제학 석사)
영국 케임브리지대학교 (경제학 박사)

선물 옵션투자의 이론과 전략 10th Edition

Options, Futures, And Other Derivatives 10/e

발 행 일 2020년 8월 31일
저 자 John C. Hull
역 자 김철중, 윤평식, 박경욱, 홍기훈
발 행 인 손영만
발 행 처 퍼스트북(First Book)
주 소 서울시 서대문구 연희동 193-7 영화빌딩 502호
전 화 02-3141-2953-4
팩 스 02-3141-2955
e-mail first_book@naver.com
등록번호 제312-2009-000053호
I S B N 979-11-85475-64-6 (93320)

정가 41,000원

요약 차례

차례

실무사례

Technical Note

저자의 웹사이트에서 이용가능한 프로그램
www.rotman.utoronto.ca/~hull

1. Convexity Adjustments to Eurodollar Futures
2. Properties of the Lognormal Distribution
3. Warrant Valuation When Value of Equity plus Warrants Is Lognormal
4. Exact Procedure for Valuing American Calls on Stocks Paying a Single Dividend
5. Calculation of the Cumulative Probability in a Bivariate Normal Distribution
6. Differential Equation for Price of a Derivative on a Stock Paying a Known Dividend Yield
7. Differential Equation for Price of a Derivative on a Futures Price
8. Analytic Approximation for Valuing American Options
9. Generalized Tree-Building Procedure
10. The Cornish–Fisher Expansion to Estimate VaR
11. Manipulation of Credit Transition Matrices
12. Calculation of Cumulative Noncentral Chi-Square Distribution
13. Efficient Procedure for Valuing American-Style Lookback Options
14. The Hull–White Two-Factor Model
15. Valuing Options on Coupon-Bearing Bonds in a One-Factor Interest Rate Model
16. Construction of an Interest Rate Tree with Nonconstant Time Steps and Nonconstant Parameters
17. The Process for the Short Rate in an HJM Term Structure Model
18. Valuation of a Compounding Swap
19. Valuation of an Equity Swap
20. Changing the Market Price of Risk for Variables That Are Not the Prices of Traded Securities
21. Hermite Polynomials and Their Use for Integration
22. Valuation of a Variance Swap
23. The Black, Derman, Toy Model
24. Proof that Forward and Futures Prices are Equal When Interest Rates Are Constant
25. A Cash-Flow Mapping Procedure
26. A Binomial Measure of Credit Correlation
27. Calculation of Moments for Valuing Asian Options
28. Calculation of Moments for Valuing Basket Options
29. Proof of Extensions to Itoˆ 's Lemma
30. The Return of a Security Dependent on Multiple Sources of Uncertainty
31. Properties of Ho–Lee and Hull–White Interest Rate Models

1 CHAPTER 서론

지난 40년 동안 자본시장에서 파생상품의 중요성은 점차 증가하고 있다. 선물과 옵션은 현재 전 세계의 많은 거래소에서 활발히 거래되고 있다. 많은 형태의 선도계약과 옵션 그리고 기타 파생상품들이 금융기관, 펀드매니저 그리고 기업 재무관리자들에 의하여 장외시장에 도입되었다. 파생상품은 채권 발행 시 부가되기도 하고, 경영자 보상에 사용되기도 하며, 자본 투자기회 등에 활용되기도 한다. 또한 파생상품은 담보대출자로부터 투자자에게 위험을 전가하는 데에도 이용되고 있다. 이제 우리는 금융시장 안에서 일하나 금융시장 밖에서 일하나 관계없이 파생상품의 구조원리와 이용방법 및 가치평가원리를 이해해야 하는 시점에 와 있다.

당신이 파생상품을 좋아하든 싫어하든 관계없이 당신은 파생상품을 무시할 수 없는 시대에 와 있다! 기초자산 기준으로 볼 때 파생상품시장의 규모는 이제는 주식시장 규모보다 훨씬 더 크다. 파생상품 거래의 잔고는 기초자산 가치 기준으로 전 세계 국내총생산(GDP)의 몇 배에 이른다. 본 장에서 살펴보겠지만 파생상품은 헷징거래와 투기거래 및 차익거래에 사용될 수 있다. 파생상품은 경제활동에서 발생하는 광범위한 위험을 경제주체 간에 전가시키는 데 사용될 수 있다.

파생상품은 기초변수에 의해 가치가 결정되는 금융상품이다. 파생상품에 기초하는 변수는 거의 대부분 자산의 가격이다. 예를 들어 주식옵션의 가치는 기초주식의 가격에 의존하는 파생상품이다. 그러나 파생상품의 가격은 돼지 가격에서부터 스키장의 적설량에 이르기까지 어떤 변수에 의해서도 결정될 수 있다.

본 서 1판이 출간된 1988년 이후에 파생상품시장에 많은 발전이 있었다. 최근 들어 신용파생상품과 전기 파생상품, 날씨 파생상품 그리고 보험 파생상품 등이 활발히 거래되고 있다. 많은 새로운 형태의 이자율, 환율 그리고 주식 파생상품이 만들어지고 있다. 위험 관리와 측정에 있어서도 새로운 아이디어들이 많이 생기고 있다. 기업 자본투자의 경제성 평가도 실물옵션(real option)이라고 불리는 방법으로 평가하기도 한다. 장외 파생상품 시장을 위한 많은 새로운 규제들이 도입되었다. 본 서에서는 이런 내용들을 모두 살펴볼 것이다.

파생상품시장은 2007년에 시작된 금융위기의 원인이 되었다는 이유로 지금까지 엄청난 비판을 받고 있다. 미국에서 위험한 모기지대출을 기초자산으로 하여 많은 파생상품들이 증권화(securitization) 과정을 통해 만들어졌다. 수많은 파생상품들이 주택가격이 폭락하면서 가치를 상실했다. 전 세계의 금융기관과 투자자들이 엄청난 손실을 입었으며 전 세계는 지난 75년 중 최악의 경기침체를 경험했다. 본 서의 8장은 증권화가 어떻게 실행되었으며 그렇게 큰 손실이 발생한 원인이 무엇인지를 설명하고 있다.

시장참여자들이 파생상품을 거래하고 가치평가 하는 방법은 계속해서 발전해왔다. 장외시장에 막대한 영향을 미친 위기 이후 규제의 필요성이 제기되어 왔다. 담보(collateral)와 신용(credit) 이슈들은 현재 이전보다 훨씬 더 커진 관심을 받고 있다.

시장참여자들은 무위험이자율에 상응하는 다양한 대용치(proxy)를 사용해 왔다. 시장참여자들은 또한 자금조달비용(funding cost), 요구자본(capital requirement), 신용위험(credit risk)을 반영하기 위해 수많은 가치평가조정을 계산하고 있다. 이번 개정판은 이러한 가장 최근의 흐름을 담기 위해 지속적으로 수정됐다. 9장에서는 가치평가조정에 대한 원리와 이에 대한 이론적 타당성에 대해 논의한다.

본 장에서는 파생상품시장에 대해 알아보고 어떻게 변화하고 있는지 알아본다. 선도 및 선물시장과 옵션시장에 대해 살펴보고 이들 시장이 헷저(hedger)와 투기자(speculator) 그리고 차익거래자(arbitrageur)에 의해 어떻게 활용되는지 개괄적으로 설명하기로 한다. 이후의 장에서는 본 장에서 언급된 내용들을 좀 더 자세하게 설명하기로 한다.

1.1 거래소시장

파생상품거래소는 거래소가 규정한 표준화된 계약을 거래하는 시장이다. 파생상품거래소는 오랫동안 존속해왔다. 시카고상품거래소(CBOT)는 농부와 상인을 연결시켜주기 위해 1848년에 설립되었다. 처음에 CBOT의 주요 업무는 거래되는 곡물의 수량과 품질을 표준화하는 것이었다. 몇 년 후에 선물형태의 계약이 개발되었다. 그것은 도착지계약(to-arrive contract)으로 알려졌다. 투기자들은 곧 그 계약에 관심을 갖기 시작하였고, 선물계약을 거래하는 것이 곡물 자체를 거래하는 것보다 매력적이라고 생각하게 되었다. 경쟁적인 선물거래소로서 시카 고상업거래소(CME)가 1919년에 설립되었다. 현재 선물거래소는 전 세계에 걸쳐 존재하고 있다(본 서 말미의 표를 참조). CME와 CBOT는 합병되어 CME그룹(www.cmegroup.com)을 형성했으며, CME그룹 안에는 뉴욕상업거래소(New York Mercantile Exchange)와 Kansas City board of Trade(KCBT)도 포함되어 있다.

시카고옵션거래소(CBOE: Chicago Board Options Exchange, www.cboe.com)는 1973년에 16개 주식에 대한 콜옵션을 거래하면서 시작되었다. CBOE는 1973년 이전에도 옵션을 거래하였으나, 1973년 이후에 체계화된 시장을 만들어내는 데 성공했다. CBOE는 1977년에 풋옵션을 거래하기 시작했다. CBOE는 현재 수 천개의 주식과 다른 많은 주가지수에 대한 옵션을 거래하고 있다. 선물과 같이 옵션도 매우 인기 있는 상품으로 인식되고 있다. 이외에도 전 세계에는 다른 많은 거래소가 옵션을 거래하고 있다(본 서 말미의 표를 참조). 옵션의 기초자산으로는 주식과 주가지수뿐만 아니라 외국통화와 선물계약 등이 이용된다.

두 거래자가 거래에 대한 합의를 하는 순간, 거래소청산소(exchange clearing house)에 의해 처리된다.

이는 두 거래자 간의 위험을 관리한다. 예를 들어, 거래자 A가 거래자 B로부터 미래에 100온스의 골드를 온스당 1250달러에 매입하기로 가정하자. 이 거래의 결과는 거래자 A는 100온스의 골드를 온스당 1250달러에 청산소(clearing house)로부터 매입할 계약을 갖게 되며 B는 청산소에게 100온스의 골드를 온스당 1250달러에 매도할 계약을 갖게 된다. 이러한 계약의 이점은 거래자들이 거래상대방의 신용도를 걱정할 필요가 없다는 것이다. 청산소는 두 거래자의 의무의 이행을 보장하기 위한 증거금(margin)이라고 알려진 돈을 예치할 것을 요구함으로써 신용위험을 관리한다. 증거금(margin)요청과 청산소 운영에 대한 논의는 2장에서 더 자세히 이루어진다.

전자거래시장

전통적으로 파생상품거래소들은 공개호가 시스템(open outcry system)을 사용하여 왔다. 이 시스템은 거래자들이 거래소에서 만나서 그들이 거래하고자 하는 가격을 복잡한 수신호로 전달하는 시스템이다. 거래소들은 공개호가 시스템을 대부분 전자거래 시스템(electronic trading system)으로 대체했다. 전자거래에서는 거래자들이 키보드로 필요한 거래를 입력하고 컴퓨터가 매입자와 매도자를 연결시킨다. 아직도 공개호가 시스템을 지지하는 사람들이 있으나 시간이 흐를수록 그 수는 점차 줄어들고 있고 사용도 줄어들고 있다.

전자거래는 고빈도거래(high-frequency trading)와 알고리즘거래(algorithmic trading)을 발전시켜 왔다. 전자거래는 컴퓨터 프로그램을 사용하여 종종 사람의 개입 없이 거래를 수행하기도 한데 이는 파생상품시장의 중요한 특징이 됐다.

1.2 장외시장

모든 파생상품의 거래가 거래소에서만 이루어지는 것은 아니다. 많은 파생상품거래들이 장외에서 이루어진다. 은행을 비롯한 대형금융기관, 펀드매니저, 그리고 기업(corporation)들이 장외파생상품시장 주요참여자이다. 장외거래가 성사되면 두 거래당사자는 해당 거래를 중앙청산소(central counterparty)로 가져가거나 청산소를 거치치 않고 양자가 스스로 거래를 청산할 수 있다. 중앙청산소는 거래소청산소와 유사한 역할을 수행한다. 중앙청산소는 파생상품 거래의 두 당사자 사이에서 한 당사자가 다른 당사자의 채무불이행 위험을 부담하지 않게 한다. 거래 당사자들이 스스로 거래를 청산할 시에는 주로 두 거래상대방이 거래에 관련된 모든 사항을 명시한 거래서에 사인하게 된다. 계약은 미결거래(outstanding transaction)가 종결될 수 있는 상황들, 계약이 종결되는 상황이 발생할 경우 지불금총액(settlement amounts)은 얼마가 될 것인지, 그리고 (만약 존재한다면) 담보에 대한 추산은 어떻게 이루어 질 것인지에 대한 내용을 포함한다. 중앙청산소와 양방향 청산(bilateral clearing)에 대한 내용은 2장에서 더 자세히 다뤄진다.

대형은행들은 주로 일반적으로 거래되는 투자수단(instrument)들을 위한 시장조성자(market maker)의 역할을 한다. 이는 대형은행들은 언제나 파생상품 거래의 한쪽 포지션을 취할 수 있는 수준의 매입

> **실무사례 1.1 리먼(Lehman) 부도사태**
>
> 리먼브라더스는 2008년 9월 15일 파산을 신청하였다. 이것은 미국 역사상 가장 큰 규모였으며, 그에 따른 파장은 파생시장 전반에 걸쳐 영향을 미쳤다. 거의 마지막까지 리먼이 회생할 수 있는 좋은 기회가 있는 것으로 보였었다. 많은 기업들(한국산업은행, Barclays bank , Bank of America)은 리먼 매수에 관심을 보였으나, 이들 중 아무도 거래를 성사시키지 못했다. 많은 사람들은 리먼이"대마불사(too big to fail)"한다고 생각했고, 미국 정부도 매수자를 찾지 못하면 구제금융을 투입해야 한다고 생각했다. 결과적으로 그렇게 되지 않았다.
>
> 어떻게 이런 일이 발생했는가? 그것은 높은 레버리지, 위험한 투자 그리고 유동성 문제가 결합된 결과이다. 예금을 취급하는 시중은행들은 유지해야 하는 자기자본의 규모가 있다. 리먼은 투자은행이므로 이러한 규제를 받지 않았다. 2007년까지 리먼의 레버리지 비율은 31 : 1까지 증가해 있었다. 이것은 자산가치가 3~4%만 축소되더라도 리먼의 자본이 잠식된다는 것을 의미한다. 리먼의 CEO인 딕 펄드(Dick Fuld) 회장은 공격적인 시장거래와 위험 감수 문화를 장려해 왔다. 그는 경영진에게"매일 매일이 전쟁이다. 당신들은 적을 죽여야 한다."라고 말했다고 알려져 있다. 리먼의 CRO (Chief Risk Officer)는 권한이 있었으나, 그리 많은 영향력을 행사하지 못했고 2007년 경영자 위원회(executive committee)로부터 해임되었다. 리먼의 위험은 서브프라임 모기지로부터 파생된 금융상품에 큰 포지션을 보유했기 때문에 발생하였다. 이에 대해서는 8장에서 좀 더 자세하게 언급할 것이다. 리먼은 단기부채로 영업자금의 상당 부분을 조달했다. 기업이 신용을 잃었을 때, 대출자들은 상환 만기 연장을 거부했고, 리먼브라더스는 결국 파산하게 되었다.
>
> 리먼은 장외 파생상품시장에서 매우 적극적으로 거래하였다. 그들은 약 8,000여 명의 다른 계약 당사자들과 10만 건에 달하는 거래를 체결하였다. 리먼의 계약자들은 담보 공개를 요구했고, 리먼은 이러한 담보를 다양한 목적을 위해 이미 사용한 경우가 많았다. 누가 누구에게 무엇을 지급해야 하는지 결정하기 위한 소송은 파산신청 후 몇년 동안 지속되었다.

호가(bid price)와 또 다른 한쪽 포지션을 취할 수 있는 수준의 매도호가(offer price)를 제시(quote)할 준비가 되어 있음을 의미한다.

2007년에 시작되었으며 8장에서 자세히 다뤄지는 신용위기 이전에는, 장외파생상품시장은 대체로 규제되지 않았었다. 신용위기와 리만 브라더스 (실무사례 1.1 참조)의 실패 이후, 장외 시장 운용에 영향을 미치는 많은 규제들이 고안(development)되기 시작했다. 이 규제들의 주된 목적은 장외 파생상품 시장의 투명성 제고와 시스템위험(systemic risk) (실무사례 1.2 참조)의 감소였다. 이로 인해 부분적으로 장외시장은 거래소시장과 유사하게 됐다.

1. 미국의 두 금융기관 간의 표준화된 장외시장 파생상품은 가능하다면(whenever possible) 반드시 스왑거래 플랫폼인 SEFs (Swap execution facilities)를 통해 이루어져야 한다. 이는 시장 참여자들이 매입호가와 매도호가를 제시하고 이 호가를 통해 거래가 이루어지는 거래소의 플랫폼과 유사하다.
2. 중앙청산소가 관여하는 금융기관 간의 표준화된 파생상품 거래에는 대부분 요청이 존재한다.
3. 모든 거래는 중앙 보관소 (central repository)에 보고되어야 한다.

실무사례 1.2 시스템위험

시스템위험(systemic risk)은 한 금융기관의 부실화가 다른 금융기관의 부실화를 가져와서 전체 금융 시스템의 안정성을 위협한다는 이른바"잔물결 효과(ripple effect)"로 인한 위험을 의미한다. 은행들 간에는 엄청난 수의 장외시장거래가 있다. 만일 A은행이 파산하면 B은행은 A은행과 했던 거래에서 큰 손실을 보게 될 것이다. 이는 B은행의 파산을 가져오게 할 것이다. A은행과 B은행에 많은 거래잔고가 있는 C은행은 엄청난 손실을 입을 것이고, 그 결과 C은행은 극심한 재정적인 어려움을 경험할 것이다. 이와 같은 연결고리는 꼬리에 꼬리를 이을 것이다.

금융 시스템은 1990년의 드렉셀(Drexel)과 2008년의 리먼브라더스(Lehman Brothers)와 같은 기업들의 파산 속에서도 살아 남았으나, 금융감독자들은 계속해서 시스템위험을 걱정하고 있다. 2007년과 2008년의 시장혼란기간 동안에, 많은 대형금융기관들이 파산되지 않고 구제금융을 받았다. 왜냐하면 정부가 시스템위험을 걱정했기 때문이다.

시장규모

파생상품의 장외시장과 거래소시장은 모두 규모가 크다. 두 시장에서 집계되는 통계자료를 정확히 비교할 수 없지만, 장외시장의 규모가 거래소시장의 규모보다 훨씬 큰 것은 명백하다. 국제결제은행(www.bis.org)은 1998년부터 시장의 통계자료를 집계하기 시작했다. [그림 1.1]은 (a) 1998년 6월부터 2015년 12월 사이에 장외시장에서 미결제된(outstanding) 거래의 기초자산 총원금의 추정치와, (b) 동일 기간에 거래소시장에서 거래된 계약의 기초자산 총금액의 추정치를 비교한 것이다. 이 자료에 의하면, 2015년 12월 장외시장 규모는 492.9조이며 거래소시장의 규모는 63.3조이다.[1] [그림 1.1]은 장외시장이 2007까지 급격히 성장하다가 이후로 성장이 정체되어 있음을 보여준다. 원인 중 하나는 거래압축에 대한 선호이다. 이는 둘 또는 그 이상의 거래당사자들이 거래를 상호 간에 재구성하기 위한 절차이며 결과적으로 기초원금(underlying principal)의 감소를 초래했다.

[그림 1.1]을 해석하는 데 있어, 장외시장 거래의 기초자산 총원금이 그것의 가치와 동일하지 않다는 데 주의해야 한다. 1년 후에 미리 정해진 환율에 기초하여 영국 파운드화로 미국 통화 1억 달러를 매입하는 계약을 예로 들어보자. 이 거래의 기초자산의 총원금은 1억 달러이다. 그러나 계약의 가치는 단지 100만 달러에 불과할 수 있다. 국제결제은행(BIS)은 2015년 12월 현재 미결제된 장외시장 계약의 총 시장가치가 14.5조 달러라고 추정하고 있다.[2]

1.3 선도계약

선도계약(forward contract)은 상대적으로 단순한 파생상품이다. 선도계약은 특정가격으로 미래 특정 시점에서 자산을 사거나 파는 계약이다. 선도계약은 거의 즉시 자산을 사고 파는 현물계약(spot

1 중앙청산소(CCP)가 포함되어 있는 거래의 경우 BIS는 통계 목적을 위해 양쪽 포지션이 별도의 거래로 산정된다.

2 거래의 상대방에게 100만 달러의 가치를 갖고 다른 상대방에게 −100만 달러의 가치를 갖는 계약은 100만 달러의 총 시장가치를 갖는 것으로 집계된다.

그림 1.1 장외 파생상품시장과 거래소 파생상품시장의 규모.

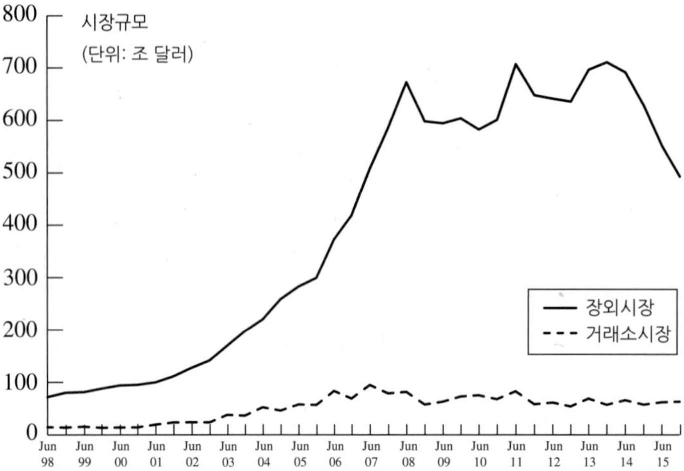

contract)과 대비된다. 선도계약은 장외시장에서 거래된다. 즉, 선도계약은 통상 금융기관 간에 또는 금융기관과 개인고객 간에 거래된다.

선도계약의 당사자 중의 하나는 매입포지션(long position)을 취하고 특정 기초자산을 약정한 가격으로 미래 특정 시점에서 살 것을 약속한다. 다른 당사자는 매도포지션(short position)을 취하고 동일 자산을 동일 가격으로 미래 동일 시점에서 매도할 것을 약속한다.

통화선도계약은 아주 일반화 되어 있다. 대부분의 대형은행은 현물환 거래자와 선도환 거래자를 두고 있다. 이후의 장에서 볼 수 있듯이, 서로 다른 두 통화에는 선도가격, 현물가격, 그리고 이자율의 관계가 존재한다. 현물환 거래자는 외국통화를 즉시 인도하는 거래를 하고 선도환 거래자는 외국통화를 미래에 인도하는 거래를 한다. [표 1.1]은 2016년 5월 3일 어떤 대형 국제은행에 고시된 미국 달러/영국 파운드의 환율표이다. 환율은 영국 파운드 단위당 미국 달러의 교환비율이다. [표 1.1]의 첫 번째 환율은 은행이 현물로 파운드를 살 때 1파운드당 1.4542달러를 지급한다는 의미이고, 파운드를 팔 때 1파운드당 1.4546달러를 요구한다는 의미이다(현물 매매 시). 두 번째 환율은 은행이 1개월 후에 파운드를 살 때 1파운드당 1.4544달러를 지급한다는 의미이고, 1개월 후에 파운드를 팔 때 1파운드당 1.4548달러를 요구한다는 의미이다. 세 번째 환율은 은행이 3개월 후에 파운드를 살 때, 1파운드당 1.4547달러를 지급한다는 의미이고, 3개월 후에 파운드를 팔 때 1파운드당 1.4551달러를 요구한다는 의미이다. 네 번째 환율은 은행이 6개월 후에 파운드를 살 때, 1파운드당 1.4556달러를 지급한다는 의미이고, 6개월 후에 파운드를 팔 때 1파운드당 1.4561달러를 요구한다는 의미이다.

선도계약은 외국통화 위험을 헷지하는 데 이용될 수 있다. 2016년 5월3일에 어떤 미국기업의 재무관리자가 6개월 후인 2016년 11월 3일에 기업이 100만 파운드를 지급할 예정이라는 것을 알고 환율변동 위험을 헷지하기를 원한다고 하자. [표 1.1]의 환율표를 보고 그는 1.4561의 6개월 선도환율로 100만 파운드를 매입하였다. 그러면 기업은 파운드 선도계약에 매입포지션을 취한 것이다. 즉, 기업은 2016년 11월 3일에 은행에게 1,456,100달러를 지급하고 100만 파운드를 매입할 것을 약속한 것이다. 반대로 은

표 1.1 미국 달러/영국 파운드의 현물환율과 선도환율 공시(2016년 5월 3일). (영국 1파운드당 미국 달러)

구분	매입가격	매도가격
현물환율	1.4542	1.4546
1개월 선도환율	1.4544	1.4548
3개월 선도환율	1.4547	1.4551
6개월 선도환율	1.4556	1.4561

행은 파운드 선도계약에 매도포지션을 취한 것이다. 은행은 2016년 11월 3일에 1,456,100달러를 받고 100만 파운드를 지급할 것이다. 기업과 은행 모두 권리, 의무계약을 체결한 것이다.

선도계약의 이득패턴

방금 위에서 설명한 기업의 포지션을 예로 들어 설명하기로 하자. 선도계약의 결과는 어떻게 될까? 선도계약은 기업이 1,456,100달러를 지급하고 100만 파운드를 매입하도록 하고 있다. 만일 현물환율이 6개월 후에 1.5000으로 상승하면, 기업의 입장에서 선도계약의 가치(이득)는 43,900달러(= 1,500,000달러−1,456,100달러)가 될 것이다. 즉, 기업은 1.5000이 아니라 1.4561의 환율로 100만 달러를 매입할 수 있다. 같은 논리로 만일 현물환율이 6개월 후에 1.4000으로 하락하면, 기업의 입장에서 선도계약은 −56,100달러의 가치를 갖는다. 왜냐하면 기업은 선도계약을 통해서 파운드를 시장가격보다 56,100달러를 더 주고 매입해야 하기 때문이다.

일반적으로 자산 한 단위에 대한 선도계약의 매입포지션으로부터 얻는 이득은 다음과 같다.

$$S_T - K$$

여기서 K는 인도가격이고 는 선도계약의 만기일의 현물가격이다. 이렇게 되는 이유는 선도계약의 보유자가 S_T의 가치를 갖는 자산을 K의 가격으로 매입해야 하기 때문이다. 이와 같은 논리로 자산 한 단위에 대한 선도계약의 매도포지션으로부터 얻는 이득은 다음과 같다.

$$K - S_T$$

[그림 1.2]에서 알 수 있듯이 선도계약의 이득은 양(+)의 값을 가질 수도 있고 음(−)의 값을 가질 수도 있다. 선도계약을 체결하는 데 비용이 들지 않으므로 선도계약의 이득은 그대로 손익이 된다.

앞에서 살펴본 예에서 K = 1.4561이고, 기업은 선도계약에 매입포지션을 취했다. S_T = 1.5000일 때, 기업의 이득은 1파운드당 0.0439달러이고, S_T = 1.4000일 때, 기업의 이득은 1파운드당 −0.0561달러이다.

선도가격과 현물가격

5장에서 현물가격과 선도가격 간의 관계에 대하여 보다 자세하게 설명할 것이다. 본 절에서는 주식에

그림 1.2 선도계약의 이득패턴. (a) 매입포지션, (b) 매도포지션. 인도가격= K, 만기일의 자산가격= S_T.

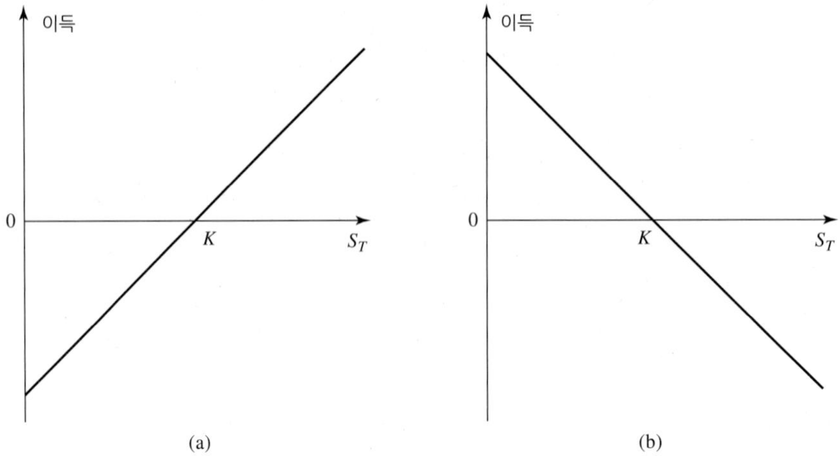

대한 선도계약을 예로 들어 이들이 왜 상호연결되어 있는지 간단히 살펴볼 것이다. 주식 보유에 따른 배당이 없고 주가가 현재 60달러이며 차입이자율이 연 5%인 경우를 예로 들어보자. 주식의 1년 만기 선도가격은 얼마인가?

주식의 1년 만기 선도가격은 현재 주가에서 5% 성장한 63달러가 된다. 만일 1년 만기 주식의 선도가격이 67달러라고 하면, 당신은 현재 60달러를 빌려서 주식 1주를 사고 1년 후에 1주를 67달러에 파는 매도 선도계약을 체결하여 이익을 취할 수 있다. 즉, 당신은 이런 거래를 통하여 1년 후에 원리금을 상환하고도 4달러의 이익을 취할 수 있다. 만일 1년 만기 주식의 선도가격이 63달러보다 낮은 58달러라고 하면, 주식을 보유한 투자자는 60달러에 주식 1주를 매도하고 1년 후에 1주를 58달러에 사는 매입 선도계약을 체결하여 이익을 취할 수 있다. 즉, 당신은 주식을 매도하여 얻은 60달러를 1년 동안 5%의 이자율로 예금해서 3달러를 얻는 것 외에 주식매입비용을 2달러 줄임으로써 전체적으로 5달러의 이익을 얻게 된다.

1.4 선물계약

선도계약과 같이 선물계약은 미래 일정 시점에서 특정 자산을 일정한 가격으로 사거나 팔 것을 양 당사자가 합의한 계약이다. 그러나 선물계약은 선도계약과는 달리 공식적인 거래소에서 거래된다. 거래를 가능하게 하기 위하여, 거래소는 선물계약을 표준화한다. 또한 거래 당사자가 서로를 알 필요가 없기 때문에, 거래소는 거래 당사자가 약속을 지킬 것을 보증해주는 메커니즘을 제공한다.

CBOT와 CME는 세계에서 가장 큰 선물거래소이다. 이들은 모두 현재 CME 그룹에 속해 있다. 전 세계적으로는 이들 외에도 많은 선물거래소가 존재한다. 선물거래소에서는 매우 다양한 상품과 금융자산들이 선물계약의 기초자산을 형성하고 있다. 기초자산으로 이용되는 상품들로는 돼지고기, 생우, 설탕, 목재, 구리, 알루미늄, 금 그리고 주석 등이 있다. 또한 기초자산으로 이용되는 금융자산들로는 주가지수, 통화 그리고 미국 장기국채(Treasury bond) 등이 있다. 선물가격은 경제신문에 정규적으로 보도되고 있다. 9월 1일에 12월 금선물 가격이 1,380달러로 공시되었다고 하자. 이 가격은 거래자들이 12월에 인도되는 금을 사거나 팔기로 합의한 가격으로서 수수료가 포함되지 않은 가격이다. 선물가격은 다른 자산의 가격처럼 수요와 공급의 법칙에 따라 거래소의 장내에서 결정된다. 만일 더 많은 거래자들이 매입하기를원한다면, 가격은 상승할 것이다. 그리고 만일 더 많은 거래자들이 매도하기를 원한다면, 가격은 하락할 것이다.

선물계약의 증거금제도, 일일정산과정, 인도과정, 매매호가 스프레드 그리고 청산소의 역할 등에 대해서는 2장에서 자세히 설명할 것이다.

1.5 옵션

옵션은 거래소시장과 장외시장에서 거래된다. 옵션의 종류는 크게 2가지로 나누어진다. 콜옵션은 소유자에게 약정일에 미리 정한 가격으로 기초자산을 살 수 있는 권리를 부여한 옵션이다. 풋옵션은 소유자에게 약정일에 미리 정한 가격으로 기초자산을 팔 수 있는 권리를 부여한 옵션이다. 옵션계약에서 미리 정해진 가격을 행사가격(exercise price 또는 strike price), 약정일은 만료일, 행사일 또는 만기(expiration date, exercise date 또는 maturity)라고 부른다. 아메리칸옵션(American option)이란 옵션 존속기간 중 언제든지 행사가 가능한 옵션이다. 그리고 유러피언 옵션(European option)이란 만기일에만 행사가 가능한 옵션이다.[3] 거래소에서 거래되는 대부분의 옵션은 아메리칸옵션이다. 거래소 주식옵션시장에서 1계약은 일반적으로 100주를 사거나 팔 수 있는 계약이다. 유러피언옵션은 일반적으로 아메리칸옵션보다 분석하기가 쉽다. 그리고 아메리칸옵션이 가지고 있는 일부 속성들은 유러피언옵션의 속성들로부터 유추될 수 있다.

여기서 강조해야 할 것은 옵션이 소유자에게 무엇인가 할 권리를 부여한다는 것이다. 그러나 옵션소유자는 이런 권리를 반드시 행사해야 할 필요는 없다. 이런 점이 옵션이 선도계약 및 선물계약과 구별되는 점이다. 즉, 선도계약 및 선물계약은 기초자산을 반드시 사거나 팔아야 하는 의무를 부담하는 계약이다. 선도계약이나 선물계약을 체결하는 데에는 2장에서 다뤄지는 증거금률(margin requirements)를 제외한 비용이 없는 반면에 옵션을 매입하는 데에는 비용이 있다는 사실을 유념해야 한다.

세계에서 가장 큰 주식옵션시장은 시카고옵션거래소(CBOE, Chicago Board Options Exchange, www.cboe.com)이다. [표 1.2]는 2016년 5월 3일 기준 구글(Google: GOOG) 주식(현재 Alphabet Inc. Class C)에 대한 콜옵션의 가격을 보여준다. [표 1.3]은 같은 날의 구글 주식에 대한 풋옵션의 가격을 보여준다. 옵션가격은 CBOE의 웹사이트에서 발췌한 것이다. 구글 주식의 현재 매입호가는 695.86달러

3 아메리칸 또는 유러피언이라는 용어는 옵션이 거래되는 장소 또는 거래소 위치와는 무관하다. 북아메리카에 있는 거래소에서 거래되는 일부 옵션은 유러피언옵션이다.

표 1.2 Alphabet Inc. (구글) 주식에 대한 콜옵션의 가격(2016년 5월 3일), 주가; 매입호가 = 695.86달러, 매도호가; 696.25달러 (출처: CBOE).

행사가격	2016년 7월		2016년 9월		2016년 12월	
(달러)	매입호가	매도호가	매입호가	매도호가	매입호가	매도호가
660	43.40	45.10	60.80	62.70	72.70	76.70
680	29.20	30.60	47.70	50.70	60.90	64.70
700	18.30	18.90	37.00	39.20	49.70	52.50
720	9.90	10.50	27.50	29.50	40.10	42.80
740	4.70	5.20	19.80	21.60	31.40	34.40

이고 매도호가는 696.25달러이다. 옵션의 매매호가 차이(주가에 대한 백분률로 표시된)는 일반적으로 기초자산의 매매호가 차이보다 크며 거래량에 따라 달라진다. [표1.2]와 [표1.3]의 옵션의 행사가격은 660달러, 680달러, 700달러, 720달러, 그리고 740달러이다. 옵션의 만기는 2016년 6월, 2016년 9월, 2016년 12월이다. 6월 만기 옵션은 2016년 6월 17일에 만료되고, 9월 만기 옵션은 2016년 9월 16일에 만료된다. 그리고 12월 만기 옵션은 2016년 12월 16일에 만료된다.

[표 1.2]는 옵션과 관련된 여러 가지 속성들을 보여준다. 행사가격이 높아질수록 콜옵션의 가격은 낮아진다. 행사가격이 높아질수록 풋옵션의 가격은 높아진다. 만기가 길어질수록 콜옵션과 풋옵션의 가격은 모두 높아진다. 옵션의 이런 속성들은 10장에서 자세히 설명할 것이다.

어떤 투자자가 700달러의 행사가격을 갖는 구글의 12월 만기 콜옵션 1계약을 사려고 브로커에게 주문했다고 하자. 브로커는 이 주문을 CBOE에 있는 거래자에게 전달할 것이고 거래가 이루어질 것이다. 콜옵션의 매도호가는 [표 1.2]에서 보듯이 52.50달러이다. 이 가격은 1개의 주식을 살 수 있는 옵션가격이다. 미국에서 주식옵션 1계약은 100주를 사거나 팔 수 있는 옵션이다. 따라서 투자자는 브로커를 통해서 거래소에 5,250달러를 지급해야 한다. 거래소는 이를 받아서 거래상대방에게 5,250달러를 지급할 것이다.

이 예에서 거래자는 5,250달러의 비용으로 구글의 주식 100주를 주당 700달러에 살 수 있는 권리를 획득하였다. 그리고 거래상대방은 5,250달러를 받고 투자자가 옵션을 행사하면 구글의 주식 100주를 1주당 700달러씩에 팔기로 약속하였다. 만일 2016년 12월 16일까지 구글의 주가가 700달러를 넘지 못하면, 옵션은 행사되지 않을 것이고 투자자는 5,250달러를 잃게 될 것이다.[4] 그러나 만일 구글의 주가가 900달러가 되어 옵션이 행사된다면, 거래자는 900달러의 가치가 있는 주식 100주를 주당 700달러에 살 수 있게 된다. 이로부터 투자자는 20,000달러의 이득을 얻고, 투자비용을 공제하더라도 14,750달러의 이익을 얻게 된다.[5]

투자자가 고려할 수 있는 또 다른 거래는 행사가격이 660달러인 9월 만기 풋옵션 1개를 24.20달러에 매도하는 것이다. 이 거래로부터 투자자는 100 × 24.20달러 = 2,420달러를 얻을 것이다. 만일 구글의 주가가 계속해서 660달러를 초과하면, 풋옵션은 행사되지 않고 투자자(풋옵션 매도자)의 이익은 결국

4 이 계산에서는 거래자가 지급한 수수료가 무시되었다.

5 이 계산에서는 할인의 효과가 무시되었다. 이익을 계산할 때, 이론적으로 20,000달러는 행사 시점부터 매입 시점까지 할인되어야 한다.

표 1.3 Alphabet Inc. (구글) 주식에 대한 풋옵션의 가격(2016년 6월 3일), 주가, 매입호가 = 695.86달러, 매도호가, 696.25달러(출처: CBOE).

행사가격	2016년 7월		2016년 9월		2016년 12월	
(달러)	매입호가	매도호가	매입호가	매도호가	매입호가	매도호가
660	7.50	8.20	24.20	26.20	35.60	38.10
680	13.30	14.00	31.90	33.80	43.40	46.00
700	21.70	23.00	40.80	42.70	52.40	55.20
720	33.10	34.80	51.10	53.20	62.60	65.20
740	47.70	49.60	63.10	65.20	74.10	76.70

그림 1.3 (a) 행사가격이 700달러인 12월 만기 구글 콜옵션 100개로 구성된 옵션 1계약을 매입하는 경우와, (b) 행사가격이 660달러인 9월 만기 구글 풋옵션 100개로 구성된 옵션 1계약을 매입하는 경우 각각의 순이익.

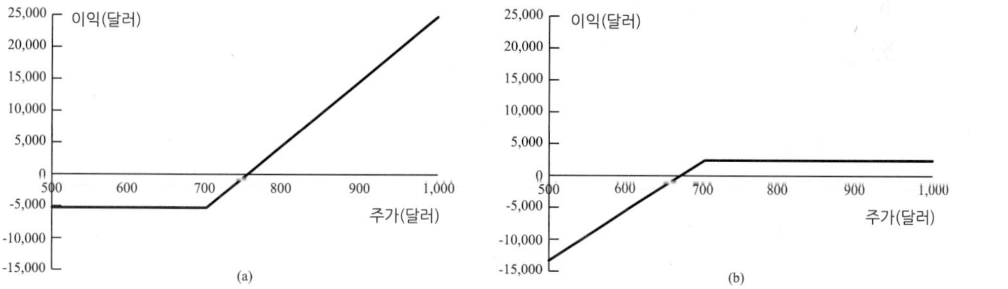

2,420달러가 된다. 그러나 만일 주가가 660달러로 떨어지면 풋옵션은 행사될 것이고 풋옵션 매도자인 투자자는 주당 600달러인 주식 100주를 주당 660달러에 매입해야 하므로 투자자는 6,000달러의 손실을 입게 된다. 결국 풋옵션 매도 시 받은 2,420달러를 차감하고도 투자자의 손실은 3,580달러가 된다.

CBOE에서 거래되는 옵션은 아메리칸옵션이다. 쉽게 설명하기 위해 옵션이 유러피언옵션 이어서 만기일에만 행사될 수 있다고 가정하면, 투자자의 이익은 최종주가의 함수로서 [그림1.3]과 같이 나타난다. 옵션시장이 어떻게 운영되며 거래자들이 [표 1.2]와 [표 1.3]과 같은 가격을 어떻게 결정하는지에 대해서는 나중에 자세히 설명하기로 한다. 여기서는 옵션시장에 다음과 같은 4종류의 참여자들이 있다는 것만을 설명한다.

1. 콜옵션 매입자
2. 콜옵션 매도자
3. 풋옵션 매입자
4. 풋옵션 매도자

매입자들은 매입포지션(long position)을 취한다고 하고, 매도자들은 매도포지션(short position)을 취한다고 한다. 또한 옵션을 매도하는 것을 옵션을 발행(writing the option)한다고 부르기도 한다.

1.6 거래자 유형

파생상품시장은 괄목할 정도로 성장해오고 있다. 그렇게 된 주요 이유는 이런 시장들이 다양한 유형의 거래자들을 시장에 끌어들였고 엄청난 유동성을 가지고 있기 때문이다. 어떤 투자자가 포지션을 취하려고 할 때, 반대 포지션을 취하려는 상대방을 찾는 데 전혀 문제가 없다.

거래자들은 헷저(hedger), 투기자(speculator) 그리고 차익거래자(arbitrageur)로 대별할 수 있다. 헷저는 시장변수의 미래 변화로부터 직면하게 될 위험을 줄이기 위하여 선물, 선도 및 옵션을 이용한다. 투기자는 시장변수의 미래변화로부터 이익을 얻기 위해서 포지션을 취한다. 차익거래자는 2개 이상의 상품에 상쇄포지션(offsetting position)을 취하여 이익을 얻으려고 한다. [실무사례 1.2]에서 보듯이 헷지펀드들은 3가지 목적 모두에서 파생상품을 사용하는 주요 고객들이다.

이들 거래자들의 거래행위를 좀 더 자세히 설명하면 다음과 같다.

1.7 헷저

여기서는 헷저가 선도계약과 옵션을 이용하여 위험을 어떻게 줄이는지 설명하기로 한다.

선도계약을 이용한 헷징

예를 들어 2016년 5월 3일 현재 미국에 있는 수입기업이 영국 기업에게 물품수입 대금으로 3개월 후인 2016년 8월 3일에 1,000만 파운드를 지급할 예정이다. 미국 달러와 영국 파운드의 환율은 [표 1.1]과 같다. 미국 수입기업은 금융기관으로부터 3개월 선도환율 1.4415로 파운드를 매입하기로 함으로써 통화위험을 헷지할 수 있다. 이 전략은 영국 기업에게 지급해야할 금액을 14,415,000달러에 고정시키는 효과를 갖는다.

다른 예로서 2016년 5월 3일 현재 미국에 있는 수출기업이 3개월 후인 2016년 8월 3일에 영국에 있는 기업으로부터 물품 수출대금으로 3,000만 파운드를 받을 예정이다. 미국 수출 기업은 금융기관에게 3개월 선도환율 1.4547으로 파운드를 매도하기로 함으로써 통화위험을 헷지할 수 있다. 이 전략은 영국 기업으로부터 받을 금액을 43,641,000달러에 고정시키는 효과를 갖는다.

헷징전략을 취하지 않는 것이 헷징전략을 취하는 것보다 좋아질 수도 있고 나빠질 수도 있다는 것에 유의해야 한다. 앞에서 들었던 미국 수입기업의 경우를 살펴보자. 8월 3일에 환율이 1.4000이고 수입기업이 헷지하지 않았다면, 수입기업이 지급해야 할 1.000만 파운드는 1,400만 달러가 될 것이다. 이 금액은 14,551,000달러보다 적은 금액이다. 다른 한편으로 8월3일에 환율이 1.5000이고 수입기업이 헷지하지 않았다면, 수입기업이 지급해야 할 1.000만파운드는 1,500만 달러가 될 것이다. 이 경우라면 수입기업은 헷징전략을 취한 것이 유리하다. 영국 수출기업의 경우 헷지하지 않았다면 미국 수입기업과 반대의 결과를 얻었을 것이다. 즉, 8월 3일에 환율이 1.4547보다 낮다면 수출기업은 헷징전략을 취한 것이 유리하다. 그러나 환율이 1.4547보다 높다면 수출기업은 헷징전략을 취하지 않는 것이 유리하다.

> **실무사례 1.3 헷지펀드**
>
> 헷지펀드는 헷지거래, 투기거래 및 차익거래를 위하여 파생상품을 많이 이용한다. 헷지펀드는 고객을 대신해서 자금을 투자한다는 점에서 뮤추얼펀드와 유사하다. 그러나 헷지펀드는 일반 개인들로부터 공개적으로 펀드를 모집하지 않고 펀드 매니저 또는 전문적인 금융지식을 갖고 있는 개인들로부터만 펀드를 모집한다. 뮤추얼펀드는 펀드의 지분이 언제든지 환급될 수 있어야 함과 아울러 투자정책이 공개되어야 하고 레버리지의 이용이 제한되어야 하며 매도포지션이 취해지지 말아야 한다는 등의 규제를 받고 있다. 헷지펀드는 상대적으로 이런 규제들로부터 자유롭다. 이렇듯 규제를 상대적으로 받지 않는다는 것이 헷지펀드로 하여금 자유롭고 정교하면서도 구태의연하지 않으며 독립적인 투자전략을 개발하도록 하는 데 큰 도움이 되고 있다. 헷지펀드의 수수료는 펀드의 성과에 따라 다르다. 헷지펀드의 경우, 통상적으로 수수료는 투자금액의 1~2%에다가 이익의 20%를 더할 정도로 상대적으로 높다. 헷지펀드의 투자금액은 전 세계적으로 2조 달러에 이를 정도로 성장해오고 있다. 소위"펀드의 펀드"가 다른 헷지펀드에 투자하기 위하여 만들어지고 있다.
>
> 헷지펀드 관리자는 투기적 포지션 또는 차익 포지션을 취하기 위해 종종 파생상품을 이용하는 투자전략을 세운다. 일단 그런 전략이 확정되면, 헷지펀드 관리자는 다음과 같은 행동을 취해야 한다.
>
> 1. 펀드에 노출된 위험을 평가한다.
> 2. 어떤 위험은 받아들이고 어떤 위험은 헷지할 것인지를 결정한다.
> 3. (일반적으로 파생상품을 이용하는 것을 포함해서) 받아들이지 않을 위험을 헷지하기 위한 구체적 전략을 고안한다.
>
> 헷지펀드가 투자하는 상품의 이름과 거래전략을 소개하면 다음과 같다. 지분 매입/매도(long/short equities) 전략: 시장 전체 움직임에 대한 위험노출은 작게하면서 저평가된 증권을 매입하고 고평가된 증권을 매도하는 전략 전환차익거래(convertible arbitrage) 전략: 기초주식에 적극적으로 관리하는 매도포지션을 취함과 함께 저평가된(thought to be undervalued) 전환사채에 매입포지션을 취하는 전략 재무곤경증권(distressed securities) 전략: 파산한 또는 파산에 근접한 기업이 발행한 증권을 매입하는 전략 신흥시장(emerging markets) 전략: 개발도상국가 또는 신흥개발국가들의 채권과 이들 국가에 속한 기업들의 채권과 주식에 투자하는 전략 글로벌/거시(global/macro) 전략: 세계 거시경제 추세를 반영하여 거래하는 전략 인수합병 차익거래(Merger Arbitrage) 전략: 발표된 거래가 성사되면 이익을 얻을 수 있도록 M&A 발표 이후에 거래하는 전략

이와 같은 예는 선물계약을 이용한 헷징전략의 주요한 일면을 보여준다. 즉, 기초자산(여기서는 파운드화)을 획득하는 데 소요되는 비용 또는 처분해서 받는 가격이 선도거래를 통해 보장될 수 있음을 보여준다. 그러나 헷징을 사용한 결과가 헷징을 사용하지 않을 때의 결과보다 더 좋을 것이라는 보장은 없다.

옵션을 이용한 헷징

옵션도 헷징에 이용될 수 있다. 예를 들어 어떤 투자자가 어느 해 5월에 특정 기업의 주식 1,000주를 보유하고 있다. 현재 주가는 28달러이다. 투자자는 향후 2개월 동안에 주가가 하락할 것을 우려하여 이에

그림 1.4 2개월 후의 주식의 가치(헷징이 있는 경우와 없는 경우)

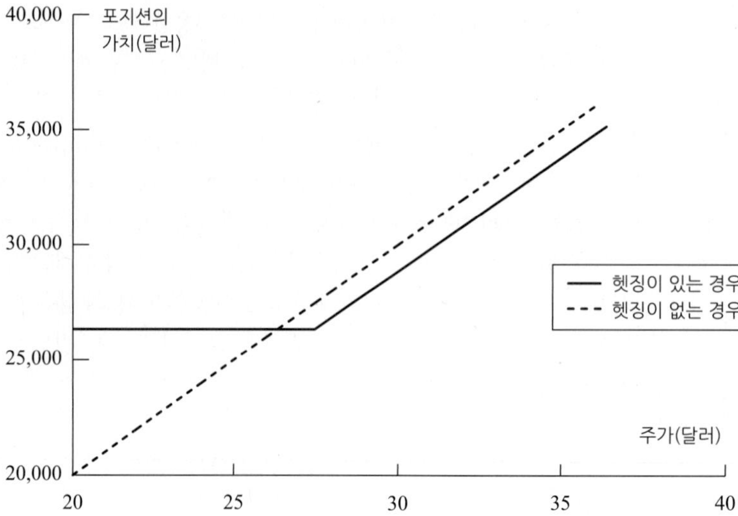

대한 보호책을 원하고 있다. 투자자는 CBOE에서 7월 만기 풋옵션 10계약을 27.5달러에 매입할 수 있다. 계약 당 100주의 주식을 거래하기 때문에, 이 계약을 통해 투자자는 27.5달러의 행사가격으로 1,000주를 팔 수 있는 권리를 갖게 된다. 옵션의 가격이 1달러이면, 풋옵션 1계약의 매입비용은 100 × 1달러 = 100달러가 되고, 헷징전략의 총비용은 10 × 100달러 = 1,000달러가 된다.

이 전략은 1,000달러의 비용이 소요되지만 옵션만기 동안 최소한 주당 27.5달러로 주식을 매도할 수 있음을 보장한다. 만약에 기업의 주가가 27.5달러를 하회하면, 옵션은 행사되고 투자자의 전체 포지션의 가치는 27,500달러이다. 옵션 매입비용을 차감하면 포지션의 가치는 26,500달러이다. 만약에 주가가 27.5달러를 상회하면, 옵션은 행사되지 않고 가치없이 소멸된다. 그러나 이 경우에도 포지션의 가치는 항상 27,500달러 이상이다(옵션 매입비용을 차감하면 항상 26,500달러 이상). [그림 1.4]는 포지션의 가치(옵션 매입비용을 차감한 후)가 2개월 후 주가의 함수임을 보여준다. 그림에서 점선은 헷징이 없는 경우 포지션의 가치를 나타낸다.

비교

헷징을 위해 선도계약과 옵션을 이용하는 데에는 근본적인 차이가 있다. 선도계약은 헷저가 기초자산에 대해 지급하거나 받게 될 가격을 고정시킴으로써 위험을 제거시킨다. 이와는 대조적으로 옵션계약은 일종의 보험기능을 제공해주고 있다. 옵션은 투자자에게 미래에 가격이 불리한 방향으로 움직이는 것에 대비한 보호수단을 제공하며, 가격이 유리한 방향으로 움직일 때에는 이득을 취할 수 있게 해준다. 또한 옵션은 계약비용이 발생한다는 점에서 선도계약과 다르다.

1.8 투기자

투기자(speculator)가 선물시장과 옵션시장을 어떻게 이용하는지 살펴보기로 하자. 헷저는 소유자산의 가격이 불리하게 움직임으로써 발생하는 위험을 부담하지 않기를 원한다. 반면에 투기자는 특정자산을 소유하지 않은 채 포지션을 취하여 이익을 얻고 싶어 한다. 투기자들은 미래에 가격이 상승할 것이라고 예상하고 거래하기도 하고, 미래에 가격이 하락할 것이라고 예상하고 거래하기도 한다.

선물을 이용한 투기

2월 현재 미국의 한 투기자가 향후 2개월 동안 영국 파운드화가 미국 달러화에 대해 강세를 보일 것으로 생각하여 25만 파운드 규모의 외환을 거래하려고 한다. 그 투기자가 할 수 있는 거래 중의 하나는 나중에 매도하여 이익을 얻기 위해 250,000 파운드를 단순히 매입하는 것이다. 일단 매입한 파운드는 이자소득이 있는 계좌에 예금된다. 다른 가능한 거래는 파운드에 대한 CME 4월 만기 선물 4계약을 매입하는 것이다(4월에 선물 1계약은 62,500파운드이다). [표 1.4]는 현재 환율이 1파운드당 1.4540달러이고, 4월 만기 선물의 가격이 1파운드당 1.4543달러라는 가정 하에 두 가지 대체전략을 요약한 것이다. 만일 4월에 환율이 1파운드당 1.5000달러이면, 선물전략에서 투기자는 선물계약을 통해 1.5000달러 가치의 자산을 1.4543달러로 매입할 수 있어 (1.5000 − 1.4543) × 250,000 = 11,425달러의 이익을 얻는다. 현물전략에서는 2월 현재 1.4540달러의 가격으로 250,000파운드를 살 수 있으므로, 4월에 환율이 1.5000달러이면 투기자는 (1.5000 − 1.4540) × 250,000 = 11,500달러의 이익을 얻는다. 만약 2개월 후에 환율이 1파운드당 1.4000달러로 하락하면 선물전략에서는 (1.4543 − 1.4000) × 250,000 = 13,575달러의 손실이 발생하고 현물전략에서는 (1.4540 − 1.4000) × 250,000 = 13,500달러의 손실이 발생한다. 두 가지 시나리오에서 현물전략이 약간 더 나쁜 결과를 초래하는 것으로 나타난다. 그러나 이런 결과는 지급이자 또는 받을 이자를 반영하지 않았기 때문에 발생한 것이다.

그렇다면 두 전략 사이의 차이점은 무엇인가? 파운드 현물을 매입하는 첫 번째 전략에서 250,000 × 1.4540 = 363,500달러의 매입비용이 필요하다. 반면에 선물을 매입하는 두 번째 전략에서 투기자는 오직 적은 증거금만이 필요하다. "증거금계정"에 대해서는 2장에서 설명할 것이다. [표 1.4]에서 개시증거금을 선물계약당 5,000달러 또는 총 20,000달러로 가정하였다. 투기자는 선물시장을 통하여 레버리지 효과(leverage effect)를 얻을 수 있다. 즉, 상대적으로 적은 개시증거금으로 큰 투기포지션을 취할 수 있다.

옵션을 이용한 투기

옵션도 투기거래에 이용될 수 있다. 10월 현재 투기자는 앞으로 2개월 후에 주가가 상승할 것으로 예상하고 있다고 가정하자. 현재 어떤 기업의 주가는 20달러이다. 만기가 2개월이고 행사가격이 22.50달러인 콜옵션의 시장가격이 현재 1달러이다. [표 1.5]는 2,000달러를 투자하려는 투기자의 2가지 투자전략을 보여주고 있다. 첫 번째 전략은 주식 100주를 직접 매입하는 전략이다. 두 번째 전략은주식에 대한 2,000개의 콜옵션(즉, 20개의 옵션계약)을 매입하는 전략이다. 투기자의 예측이 맞아 떨어져서 12월에

표 1.4 현물과 선물을 이용한 투기(선물 1계약 = 62,500파운드, 선물 4계약에 대한 개시증거금 = 20,000달러).

	가능한 거래	
	250,000파운드 매입 현물가격 = 1.4470	선물 4계약 매입 선물가격 = 1.4410
투자금액	361,750달러	20,000달러
이익(4월 현물가격 = 1.5000일 때)	13,250달러	14,750달러
이익(4월 현물가격 = 1.4000일 때)	-11,750달러	-10,250달러

주가가 27달러로 상승한다고 하자. 직접 주식을 매입하는 첫 번째 전략은 다음과 같이 700달러의 이익을 창출한다.

$$100 \times (27달러 - 20달러) = 700달러$$

그러나 콜옵션을 매입하는 두 번째 전략은 이보다 훨씬 더 많은 이익을 창출한다. 콜옵션이 27달러 가치의 주식을 22.50달러에 살 수 있게 하므로, 주식에 대한 콜옵션(행사가격 = 22.50달러) 1개는 4.50달러의 이득을 얻게 해준다. 따라서 매입한 콜옵션 20계약 (2,000주의 주식을 매입할 수 있는 계약)의 총 이득은 다음과 같이 9,000달러이다.

$$2{,}000 \times 4.50달러 = 9{,}000달러$$

결국 옵션투자의 이익은 옵션계약의 총가치 9,000달러에서 옵션매입비용 2,000 × 1달러 = 2,000달러를 차감한 7,000달러이다.

$$9{,}000달러 - 2{,}000달러 = 7{,}000달러$$

따라서 콜옵션 매입전략을 통해 얻는 이익이 주식매입을 통해 얻는 이익의 10배에 이른다. 물론 옵션 매입전략이 더 큰 잠재손실을 갖고 있다. 12월에 주가가 15달러로 하락한다고 하자. 주식을 매입하는 첫 번째 전략은 다음과 같이 500달러의 손실을 낳는다.

$$100 \times (20달러 - 15달러) = 500달러$$

주식가격이 15달러로 하락하면 콜옵션이 행사되지 않고 소멸되므로, 옵션 매입전략은 2,000달러의 손실을 가져온다(이 금액은 콜옵션을 구입하는 데 소요된 총비용이다). 양 전략으로부터 얻는 손익은 2개월 후의 주가의 함수이며 그 결과는 [그림 1.5]에 도시되어 있다.

옵션투자도 선물투자와 마찬가지로 레버리지 효과, 즉 손익확대 효과가 있다. 다시 말해서 옵션투자는 기초자산 가격이 변할 때 확대된 재무적 손익을 갖게 한다. 즉, 좋은 결과는 더 좋게, 그리고 나쁜 결과는 더 나쁘게 한다.

표 1.5 주식과 콜옵션에 각각 2,000달러를 투기한 전략의 손익 비교(10월 현재 주가= 20달러)

	12월의 주가	
투기자의 전략	15달러	27달러
콜옵션 2,000개 매입	-500달러	700달러
Buy 2,000 call options	-2,000달러	7,000달러

그림 1.5 가격이 20달러인 주식에 대한 2가지 투기전략의 손익.

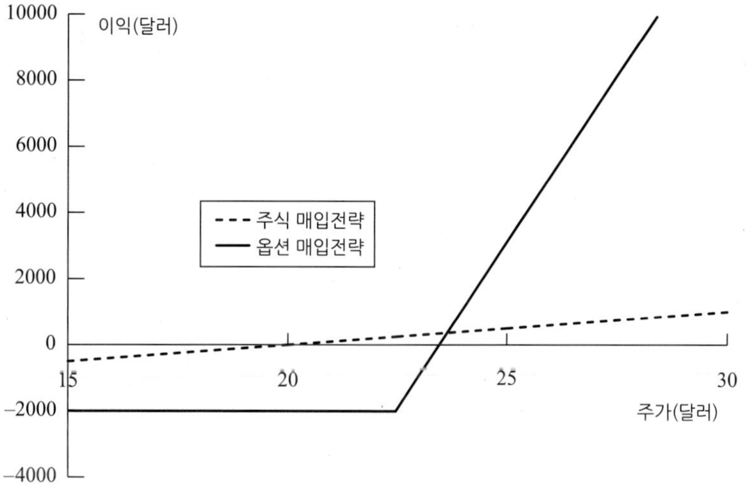

비교

선물과 옵션은 투기자가 일종의 레버리지 효과를 얻을 수 있다는 점에서 유사한 투자대상이다. 그러나 선물과 옵션 간에는 중요한 차이점이 있다. 투기자가 선물을 이용할 때, 잠재이익뿐만 아니라 잠재손실도 매우 크다. 반면에 옵션을 이용할 때 옵션투기자의 손실은 미래에 아무리 불리한 상황이 발생하더라도, 옵션매입 시 지급하는 비용을 초과하지 않는다.

1.9 차익거래자

헷저와 투기자 이외에도 선도시장 및 옵션시장에 참여하는 투자자 집단으로 차익거래자 (arbitrageur)가 있다. 차익거래란 위험을 추가로 부담하지 않고 2개 또는 3개의 투자대상에 동시에 투자하여 이익을 얻는 거래이다. 다음 장들에서는 특정자산의 선물가격이 현물가격과 많은 차이를 보일 때 차익거래가 어떻게 발생하는지를 설명할 것이다. 또한 차익거래가 옵션시장에서 어떻게 활용될 수 있는지도 검토할 것이다. 여기서는 아주 간단한 예를 가지고 차익거래의 개념만을 설명하기로 한다.

뉴욕증권거래소(www.nyse.com)와 런던증권거래소(www.londonstockexchange.com)에서 동시에 거래되는 어떤 주식이 있다고 하자. 현재 주식의 가격은 뉴욕에서 140달러이고, 런던에서 100파운드이다(1파운드 = 1.4300달러). 차익거래자는 뉴욕에서 100주 매입하고 동시에 런던에서 100주 매도함으로써 추가위험을 부담하지 않고 다음과 같이 300달러의 이익을 얻을 수 있다(거래비용은 없다고 가정).

$$100 \times [(1.43\text{달러} \times 100) - 140\text{달러}] = 300\text{달러}$$

거래비용을 차감하면 소액투자자의 이익은 거의 없을 수도 있다. 그러나 거액투자자는 주식시장과 외환시장 모두에서 상대적으로 아주 낮은 거래비용을 부담하고 있다. 거액투자자의입장에서 차익거래기회는 매우 매력적이므로, 거액투자자는 가능한 한 차익거래를 통해 이익을 얻으려고 노력할 것이다.

이와 같은 차익거래기회는 오랫동안 지속될 수 없다. 차익거래자가 뉴욕에서 주식을 매입함에 따라, 수요공급 법칙에 의해 달러화 주식가격은 상승할 것이다. 마찬가지로 차익거래자가 런던에서 주식을 매도함에 따라, 파운드화 주식가격은 하락할 것이다. 양쪽의 가격은 현재 환율에서 곧 동등하게 될 것이다. 사실 파운드화 주가와 달러화 주가 간의 불균형은 철저한 차익거래자의 거래에 의해 사라지게 된다. 결국 차익거래자가 존재함으로써 실제 대부분의 금융시장에서 차익거래기회는 그리 흔치 않다. 본서에서는 대부분 차익거래기회가 존재하지 않는다는 가정 하에서 선물계약, 선도계약 및 옵션계약을 설명할 것이다.

1.10 파생상품의 위험성

파생상품은 용도가 매우 다양한 상품이다. 앞에서 살펴보았듯이 파생상품은 헷지거래, 투기거래, 그리고 차익거래에 이용될 수 있다. 문제가 일어날 수 있는 소지는 바로 이런 다양성(versatility)에 있다. 위험에 대한 헷지를 위임받거나 또는 차익거래 전략을 사용하는 거래자들은 때때로(의식적이거나 무의식적으로) 투기자로 변질되기도 한다. 이런 결과는 재앙을 낳을 수 있다. 이와 같은 대표적인 예는 소시에테 제네랄 은행의 제롬 커비엘(Jerome Kerviel)의 거래에서 살펴볼 수 있다([실무사례 1.4] 참조)

소시에테 제네랄 은행과 같은 문제를 회피하기 위해서, 금융기관과 비금융기관 모두 파생상품이 원래 의도된 목적으로 이용되도록 통제하는 것이 매우 중요하다. 위험한도가 정해져야 하고 정해진 위험한도가 유지되도록 거래자의 활동이 매일 감시되어야 한다.

불행히도, 구체적으로 알려져 있는 위험한도를 준수할 때조차도 거래인들은 뜻밖의 큰 실수를 하기도 한다. 2007년 7월에 시작된 신용위기에 이르기까지 파생상품시장 거래인들의 일부 거래는 그들이 속한 금융기관에서 생각했던 것보다 훨씬 더 위험했던 것으로 드러났다. 8장에서 논의하겠지만, 미국의 주택 가격은 빠르게 상승해왔고, 대부분의 사람들은 이러한 상승이 계속되거나, 또는 적어도 내리지 않는 가운데 안정세를 지속할 것이라고 여겼다. 그러므로 실제로 발생했던 주택가격의 급격한 하락에

실무사례 1.4　　2008년 소시에테 제네랄 은행의 대규모 손실

파생상품은 용도가 매우 다양한 상품이다. 파생상품은 헷징거래, 투기거래, 그리고 차익거래 등에 이용될 수 있다. 파생상품을 거래하는 기업이 당면하는 위험 중의 하나는 헷지거래 또는 차익거래를 하도록 위임받은 직원이 투기자로 변질될 수 있다는 것이다. 제롬 커비엘은 2000년에 소시에테 제네랄 은행에 입행하여 기업윤리부서에서 일했다. 2005년에 그는 승진해서 델타 원(Delta One) 팀의 초급거래자로 일하고 있었다. 그는 독일의 DAX지수, 프랑스의 CAC 40지수 그리고 유로의 Stoxx 50지수를 대상으로 거래하고 있었다. 그의 임무는 차익거래기회를 탐색하는 것이었다. 주가지수선물이 서로 다른 거래소에서 다른 가격으로 거래된다면 차익거래기회가 발생할 것이다. 또한 주가지수선물 가격이 지수를 구성하는 주식들의 가격과 일치하지 않으면, 차익거래기회는 발생할 것이다(이런 형태의 차익거래는 5장 참조).

커비엘은 차익거래기회가 주어질 때 은행의 투기절차를 밟았다. 그는 주가지수에 대규모 포지션을 취했고 헷지거래 한 것으로 보이기 위해 가공거래를 만들어냈다. 사실 그는 주가지수가 움직일 방향으로 대규모 투기를 한 것이었다. 그의 헷지되지 않은 포지션의 규모는 시간이 흐를수록 커져서 수백억 유로가 되었다. 2008년 1월에 그의 허가받지 않은 거래가 소시에테 제네랄 은행에 의해 세상에 드러나게 되었다. 3일 간에 걸친 조사 후에 은행은 커비엘의 손실이 49억 유로라고 밝혔다. 이 금액은 그때까지 금융역사상 사기에 의해 발생한 가장 큰 금액이었다(이후에 버날드 매도프의 폰지 사기가 금액으로 훨씬 큰 규모이었다는 것이 밝혀졌다). 2008년 이전에도 은행에서 사기거래에 의한 대규모 손실이 없었던 것은 아니다. 예를 들어 1990년대에 베어링스 은행(Barings Bank)의 직원이었던 닉 리슨(Nick Lesson)도제롬 커비엘과 유사한 업무를 위임받아 처리하고 있었다. 그는 싱가포르와 오사카에서 거래되는 닛케이 225 지수 선물의 가격을 이용하여 차익거래를 하도록 위임받았다. 대신에 그는 선물과 옵션을 이용하여 닛케이 225의 가격 변화를 기초로 대규모 투기를 함으로써 10억 달러의 손실을 보았고 결국 200년 전통의 은행을 파산하게 만들었다. 2002년 에 얼라이드 아이리쉬 은행(Allied Irish Bank)의 직원이었던 존 러스낵(John Rusnak)은 허가받지 않은 위한거래에서 7억 달러의 손실을 보았다. 이런 대규모 손실로부터 얻는 교훈은 거래자의 위험한도를 명확히 하고 거래자가 그 한도를 지키고 있는지를 주의 깊게 감시하는 것이 중요하다는 것이다.

대해서는 거의 대비하지 못했다. 게다가 미국 내의 다른 지역들에서의 모기지 부도율 간의 높은 상관성에 대해서도 대비하지 못했다. 몇몇 위험관리자들은 미국 부동산 시장에서 일하는 기업들이 위험에 노출되는 것을 대비해야 한다고 강조하였다. 그러나 경기가 좋을 때 또는 좋아 보일 때, 위험관리자의 조언은 무시되는 경향이 있다. 이러한 상황이 2006~2007년에 많은 금융기관들에게서 일어났다. 신용위기로부터 우리가 얻은 교훈은 금융기관들은 항상 "무엇이 잘못될 수 있는가?"를 냉정하게 물어봐야 하고, 뒤이어 반드시 "만약 잘못된다면, 손실이 얼마나 발생하는가? 라는 질문을 해야 한다는 것이다.

요약

지난 30년 동안 재무학 분야에서 흥미 있는 발전 중의 하나는 파생상품시장의 성장이다. 많은 상황 속에서 헷저와 투기자는 자산 자체를 거래하는 것보다 자산에 대한 파생상품을 거래하는 것이 더욱 매력적이라는 사실을 인식하게 되었다. 일부 파생상품은 거래소에서 거래되고 있다. 그리고 일부 파생상품은 장외에서 금융기관, 펀드매니저 및 기업들에 의해 거래되고 있으며 또는 채권과 주식에 부가되어 거래되고 있다. 본 서의 많은 부분이 파생상품의 평가에 대해서 설명하고 있다. 즉, 본 서의 목적은 옵션과 선물뿐만 아니라 모든 파생상품의 가치가 어떻게 평가될 수 있는지 통일된 가치평가방법을 제시하는 데 있다.

본 장에서는 먼저 선물시장, 선도시장 및 옵션시장을 살펴보았다. 선물계약과 선도계약은 약정일에 미리 정한 가격으로 자산을 사거나 팔아야 하는 의무가 부여된 계약이다. 옵션에는 두 가지 형태의 옵션이 있는데, 콜옵션과 풋옵션이 그것이다. 콜옵션은 소유자에게 약정일에 미리 정한 가격으로 자산을 살 수 있는 권리를 부여한다. 또한 풋옵션은 소유자에게 약정일에 미리 정한 가격으로 자산을 팔 수 있는 권리를 부여한다. 다양하고 폭 넓은 기초자산에 대한 선도계약, 선물계약 및 옵션이 거래되고 있다.

파생상품의 성공 요인은 그 다양성에 있다. 헷저, 투기자 그리고 차익거래자가 파생상품을 활용한다. 헷저는 보유자산의 가격변동 위험에 직면하여 이 위험을 감소 또는 제거하기 위하여 선물계약, 선도계약 및 옵션을 이용한다. 또한 투기자는 자산가격의 변동을 이용하여 일종의 도박을 하는 투자자를 말한다. 선물계약, 선도계약 및 옵션은 투기자에게 레버리지를 제공한다. 한편 차익거래자는 서로 다른 시장에서 가격 간의 불일치(discrepancy)를 이용하여 차익을 얻으려고 하는 투자자이다. 예를 들어 어떤 자산의 선물가격이 현물가격과의 일정한 관계로부터 이탈하면, 차익거래자들은 양 시장에서 정반대의 포지션을 취하여 이익을 얻을 수 있다.

참고문헌

Chancellor, E. *Devil Take the Hindmost—A History of Financial Speculation.* New York: Farra Straus Giroux, 2000.

Merton, R. C. "Finance Theory and Future Trends: The Shift to Integration," *Risk*, 12, 7 (July 1999): 48 – 51.

Miller, M. H. "Financial Innovation: Achievements and Prospects," *Journal of Applied Corporate Finance*, 4 (Winter 1992): 4 – 11.

Zingales, L., "Causes and Effects of the Lehman Bankruptcy," Testimony before Committee on Oversight and Government Reform, United States House of Representatives, October 6, 2008.

연습문제

1.1. 매입 선물포지션(long futures position)과 매도 선물포지션(short futures position)의 차이는 무엇인가?

1.2. (a) 헷징거래, (b) 투기거래 그리고 (c) 차익거래 간의 차이를 설명하라.

1.3. (a) 선도가격이 50달러일 때 선도계약에 매입포지션을 취하는 것과, (b) 행사가격이 50달러인 콜옵션에 매입포지션을 취하는 것의 차이점은 무엇인가?

1.4. 콜옵션 매도와 풋옵션 매입 간의 차이점을 설명하라.

1.5. 어떤 투자자가 파운드당 1.5000달러로 100,000파운드를 매도하는 선도계약을 체결하려고 한다. 만기일에 환율이 파운드당 (a) 1.4900일 때와, (b) 1.5200일 때 투자자의 손익은 각각 어떻게 되겠는가?

1.6. 어떤 거래자가 면화 선물계약을 체결하였다. 면화 선물가격은 파운드당 50센트이고, 1계약은 50,000파운드이다. 선물계약 만기 시에 면화의 가격이 (a) 파운드당 48.20센트인 경우, (b) 파운드당 51.30센트인 경우 거래자의 손익은 각각 얼마인가?

1.7. 만약에 당신이 행사가격이 40달러이고 만기가 3개월인 주식 풋옵션을 매도하려 한다고 하자. 주가는 현재 41달러이다. 풋옵션 계약은 100주에 대한 옵션이다. 당신은 어떤 행동을 취할 것인가? 또한 주가가 변함에 따라 당신의 손익은 얼마가 될 것인가?

1.8. 장외시장과 거래소시장 간의 차이는 무엇인가? 장외시장 또는 거래소시장에서 시장조성자의 매입호가와 매도호가는 무엇인가?

1.9. 당신은 특정주식의 가격이 상승할 것이라고 예상하고 투기거래를 하고 싶어한다고 하자. 그 주식의 현재 가격은 29달러이고, 행사가격이 30달러이며 만기가 3개월 후인 콜옵션의 시장가격은 2.90달러이다. 당신의 투자가능 금액이 5,800달러이다. 주식에 직접 투자하는 전략과 옵션에 투자하는 전략을 세웠을 때, 두 가지 전략에서 얻을 잠재 손익을 추정해보라.

1.10. 당신이 주당 25달러인 주식을 5,000주 소유하고 있다고 하자. 향후 4개월에 걸쳐 발생할 수 있는 주가하락 위험을 보호하기 위해서 풋옵션 전략을 어떻게 이용할 수 있는가?

1.11. 기업은 일반적으로 신주를 발행하여 자금을 조달하는데, 거래소시장에서 거래되는 주식옵션의 신규발행을 통해서도 자금을 조달할 수 있는지 검토하라.

1.12. 선도계약을 투기 또는 헷징 목적으로 이용할 수 있는 근거를 설명하라

1.13. 행사가격이 50달러이고 만기가 3월인 어떤 콜옵션의 시장가격이 현재 2.50달러이다. 어떤 상황에서 옵션 소유자는 이익을 볼 것인가? 또한 어떤 상황에서 소유자는 콜옵션을 행사할 것인가? 옵션 매입포지션을 취한 거래자의 이익이 만기 시의 주가에 따라 어떻게 변하는지 그림으로 나타내어라.

1.14. 행사가격이 60달러이고 만기가 6월인 어떤 풋옵션의 시장가격이 현재 4달러이다.어떤 상황에서 옵션 매도자는 이익을 얻을 것인가? 또한 어떤 상황에서 소유자는 풋옵션을 행사할 것인가? 옵션 매도포지션을 취한 거래자의 이익이 만기 시의 주가에 따라 어떻게 변하는지 그림으로 나타내어라.

1.15. 어떤 거래자가 행사가격이 20달러이고 만기가 9월인 콜옵션 1개를 매도하려고 한다. 5월 현재 주가는 18달러이고 옵션가격은 2달러이다. 만약 그 옵션을 9월까지 보유하고 그때의 주가가25달러라면, 거래자의 현금흐름은 얼마가 될 것인가?

1.16. 어떤 거래자가 행사가격이 30달러이고 만기가 12월인 풋옵션 1개를 매도하려고 한다. 풋옵션의 시장가격이 4달러라고 할 때, 어떤 상황에서 거래자는 이익을 얻게 되는가?

1.17. 어떤 기업이 4개월 후에 외국통화 일정액을 수령할 것이다. 어떤 형태의 옵션계약이 위험을 헷지하는 데 적절한가?

1.18. 어떤 미국 기업이 6개월 후에 100만 캐나다 달러를 지급할 것이다. (a) 선도계약과, (b) 옵션을이용하여 환율위험을 어떻게 헷지할 수 있는지 각각 설명하라.

1.19. 어떤 거래자가 1억 엔에 대한 선도계약을 매도하였다. 선도환율이 1엔당 0.0090달러이다. 선도계약 만기 시의 환율이 (a) 1엔당 0.0084달러인 경우와, (b) 1엔당 0.0101달러인 경우 각각에서 거래자의 손익은 얼마인가?

1.20. 시카고상품거래소에서는 장기국채(T-bond)의 선물이 거래되고 있다. 어떤 투자자가 이 선물을 이용하는지 예를 들어 설명하라.

1.21. "옵션과 선물은 제로섬 게임(zero-sum games)이다."이 말이 무슨 의미인지 설명하라.

1.22. 다음 포트폴리오에서 얻는 이익을 설명하라. 포트폴리오는 어떤 자산에 대한 선도계약을 매입하고 그 자산에 대한 유러피언풋옵션을 매입하여 구성한다. 풋옵션의 만기는 선도계약의 만기와 동일하고 풋옵션의 행사가격은 포트폴리오 구성 시 자산의 선도가격과 동일하다.

1.23. 1980년대에 뱅커스 트러스트 은행은 지수통화옵션채권(ICONs: index currency option notes)을 개발했다. 이 상품은 만기에 채권소유자가 받는 금액이 환율에 따라 변하는 채권이다. 뱅커스 트러스트 은행은 엔/달러 환율을 기준으로 일본 장기신용은행과 ICONs 거래를 한 바 있다. 만일 엔/달러 환율(S_T)이 1995년 만기에 1달러에 169엔을 초과하면 채권소유자는 1,000달러를 받고, 169엔을 하회하면 다음 식에 의한 금액을 받는다.

$$1{,}000 - \max\left[0,\ 1{,}000\left(\frac{169}{S_T} - 1\right)\right]$$

환율이 84.5엔 이하로 하락하면 채권소유자는 한 푼도 받지 못한다. 이 ICONs가 표준채권과 2개의 옵션을 결합하여 만들어진 상품이라는 것을 보여라.

1.24. 2017년 7월 1일 어떤 회사가 2018년 1월 1일에 1,000만 엔을 매입하는 선도계약을 체결하였다. 2017년 9월 1일 이 회사는 2018년 1월 1일에 1,000만 엔을 매도하는 선도계약을 체결하였다. 이 전략의 이득을 설명하라.

1.25. 파운드–달러의 현물환율과 선도환율이 다음과 같다.

현물환율	1.5580
90일 만기 선도환율	1.5556
180일 만기 선도환율	1.5518

다음 상황에서 어떤 차익거래기회가 생기겠는가?

(a) 1.52달러로 1파운드를 살 수 있는 180일 만기 유러피언콜옵션의 가격이 2센트일 때.

(b) 1.59달러로 1파운드를 팔 수 있는 90일 만기 유러피언풋옵션의 가격이 2센트일 때.

1.26. 거래자가 행사가격이 30달러인 콜옵션 하나를 매입했다. 콜옵션의 시장가격은 3달러이다. 이 거래자는 옵션을 행사하고 손실을 입을 수 있는지 설명하라.

1.27. 거래자는 행사가격이 40달러인 풋옵션 하나를 매도했다. 풋옵션의 시장가겨은 5달러이다. 거래자의 최대 이익과 최대 손실이 어떻게 되는가? 만약 풋옵션이 아닌 콜옵션을 매도했다면 답변이 어떻게 달라지는가?

1.28. 보유하고 있는 주식의 풋옵션을 매입하는 것은 보험의 한 형태이다. 이 진술에 대해 설명하라.

과제물 문제

1.29. [표1.2]에 나타나 있듯이 2016년 5월 3일 구글의 주가는 696.25달러이며 행사가격이 700달러이며 만기가 9월인 구글 주식에 대한 콜옵션의 시장가격은 39.20달러이다. 거래자는 두가지 대안을 고려하고 있다. 구글 주식 100주를 매입하거나 또는 100개의 9월 만기 콜옵션을 매입하는 것이다. 각 대안에 대하여 (a) 초기 비용(upfront cost), (b) 9월에 주가가 800달러가 된 경우의 이익, 그리고 (c) 주가가 600달러가 된 경우의 손실은 어떻게 되는가? 콜옵션을 9월 이전에 행사하지 않으며 주식을 매입한 경우 9월에 매도한다고 가정한다.

1.30. 차익거래란 무엇인가? 동일한 주식이 뉴욕주식거래소(New York Stock Exchange)에서 50달러(USD) 그리고 토론토주식거래소(Toronto Stock Exchange)에서 60달러(CAD)에 거래되고 있다. 이 주식에 대한 차익거래 기회에 대해서 설명해 보라. 현재 환율은 1달러(USD)달러 당 1.21달러(CAD)이다. 이 차익거래 기회를 거래자들이 활용한다면 주가에 어떤일이 발생할 것으로 예상되는지 설명하라.

1.31. A거래자는 1년 후에 온스당 1,000달러에 자산을 매입하는 선도계약을 체결한다. B거래자는 1년후에 온스당 1,000달러에 자산을 매입할 수 있는 콜옵션을 매입한다. 온스당 콜옵션의 가격은100달러이다. A, B거래자의 포지션 간에는 어떤 차이가 있는가? 두 거래자의 1년 후 온스당 이익이 금가격의 어떤 함수로 나타나는지 설명하라.

1.32. 3월 현재 어떤 미국 투자자가 주식에 대한 7월 만기 풋옵션 1계약을 매도해 달라고 브로커에게 주문했다. 현재 주가는 42달러이고 행사가격은 40달러이다. 풋옵션의 가격은 3달러이다. 주가가 얼마일 때 투자자는 이익을 볼 수 있는가? 이 거래의 위험은 무엇인가?

1.33. 어떤 미국 기업이 3개월 후에 300만 유로를 지급할 예정으로 있다. 현재 환율은 유로당 1.4500달러이다. 이 기업이 위험을 헷지하기 위하여 선도계약과 옵션계약을 어떻게 이용할 수 있는지 설명하라.

1.34. 현재 주가가 29달러이다. 어떤 투자자가 30달러의 행사가격을 갖는 콜옵션 1계약을 매입하고 32.50달러의 행사가격을 갖는 콜옵션 1계약을 매도한다. 콜옵션의 시장가격은 각각 2.75달러와 1.50달러이다. 콜옵션의 만기는 동일하다. 투자자의 포지션을 설명하라.

1.35. 현재 금값은 온스당 1,200달러이고, 1년 후 인도되는 금선도계약의 가격은 온스당 1,300달러이다. 차익거래자가 연 3%의 이자율로 자금을 차입할 수 있다고 할 때, 차익거래자의 거래과정을 설명하라. 단, 금을 보관하는 데 드는 비용은 무시하고 금을 보유하는 데서 얻는 중간소득도 없는 것으로 한다.

1.36. 현재 주가가 94달러이고, 행사가격이 95달러인 3개월 콜옵션이 현재 4.70달러에 거래되고 있다. 미래 주가가 상승할 것으로 예상하는 어떤 투자자가 주식 100주를 살 것인가, 아니면 2,000개의 콜옵션 (= 20계약)을 매입할 것인가를 결정하려고 한다. 두 전략에 소요되는 자본은 각각 9,400달러이다. 콜옵션 투자전략이 수익성에서 앞서기 위해서는 주가가 얼마 이상으로 상승해야 하는가?

1.37. 2016년 5월 3일 현재 어떤 투자자가 구글 주식 100주를 보유하고 있다. [표 1.3]에서 알 수 있듯이, 주가는 현재 696달러이고 행사가격이 660달러이며 12월 만기인 풋옵션의 가격은 38.10달러이다. 투자자는 하향위험(downside risk)을 제한하기 위해서 두 가지의 전략을 비교하고 있다. 첫 번째 전략은 행사가격이 660달러이고 만기가 12월인 풋옵션을 매입하는 것이다. 두 번째 전략은 구글 주식의 가격이 660달러에 이르면 100주를 매도하도록 브로커에게 주문하는 것이다. 두 가지 전략의 장점과 단점을 설명하라.

1.38. 스텐더드 오일이 몇 년 전에 발행했던 채권의 내용은 다음과 같다. 채권소유자는 이자를 받지 않는다. 채권 만기 시에 회사는 1,000달러 이외에 당시의 석유가격에 기초해서 부가금액을 지급한다. 부가금액은 만기 시 25달러를 초과하는 1배럴당 석유가격에 170을 곱한 금액이다. 최고의 부가금액은 2,550달러이었다(배럴당 가격이 40달러인 경우). 스탠더드 오일 채권이 1개의 표준채권 + 행사가격이 25달러인 석유 콜옵션 1개에 대한 매입포지션 + 행사가격이 40달러인 석유 콜옵션 1개에 대한 매도포지션으로 구성된 포트폴리오임을 설명하라.

1.39. [표 1.1]의 상황에서 기업 재무관리자가 다음과 같이 말했다.“ 나는 100만 파운드를 6개월 후에 매도할 것이다. 만약 환율이 1.42보다 낮으면 당신이 나에게 1.42을 주고, 만약 환율이 1.48보다 높으면 나는 1.48을 받을 것이다. 만약 환율이 1.42~1.48 사이에 있다면 나는 그 환율로 파운드를 팔 것이다.”옵션을 이용하여 이런 조건을 만족시키도록 상품을 설계하라.

1.40. 본 장 7절에서 설명한 상황에서 다음 각각의 경우 통화옵션이 헷징을 위해 어떻게 이용될 수있는지 설명하라.

(a) 미국 수입기업의 입장에서 환율이 1.4700 미만일 것이라고 확신할 때

(b) 미국 수출기업의 입장에서 환율이 최소 1.4300이라고 확신할 때 환율의 변동성이 12%, 미국 이자율이 2% 그리고 영국 이자율이 1%라고 가정하고 헷징전략을 수행하는 데 들어가는 비용을 DerivaGem을 이용하여 계산하라(현재 환율은 [표 1.1]에 제시된 매입환율과 매도환율의 평균치이다).

1.41. 어떤 거래자가 유러피언콜옵션을 매입하고 유러피언풋옵션을 매도하였다. 양 옵션은 동일한 기초자산, 행사가격 및 만기를 갖는다. 거래자의 포지션을 설명하라. 기초자산의 가격이 얼마일 때 콜옵션 가격과 풋옵션 가격이 동일해지는가?

2 CHAPTER

선물시장과 청산소

1장에서 우리는 선물계약과 선도계약이 일정기간에 약정된 가격으로 특정자산을 사거나 파는 계약이라고 설명한 바 있다. 선물계약은 조직화된 거래소에서 거래되고, 계약조건이 그 거래소에 의해 표준화되어 있다. 선도계약은 장외시장에서 거래되며 사용자의 필요를 충족시키기 위해 맞추어질 수 있다.

본 장에서는 선물시장이 어떻게 운용되는지를 자세하게 설명하기로 한다. 예를 들어 선물계약의 규정, 증거금계정의 운영, 거래소 조직, 시장의 규제, 가격공시제도, 회계 및 세금처리 방법 등을 설명할 것이다. 그리고 선물시장에 먼저 도입됐던 제도(idea)들이 어떻게 장외시장에 도입됐는지 설명한다

2.1 배경 지식

1장에서 설명한 바와 같이 선물계약은 현재 전 세계에 걸쳐 매우 활발하게 거래되고 있다. 시카고상품거래소 (CBOT: Chicago Board of Trade)와 시카고상업거래소 (CME: Chicago Mercantile Exchange 및 뉴욕상업거래소(New York Mercantile Exchange)는 CME 그룹 (www.cmegroup.com)으로 합병되었다. 이외에 대형 거래소로는 NYSE Euronext (www.euronext.com), Eurex (www.eurexchange.com), BM&F BOVESPA (www.bmfbovespa.com.br) 및 동경금융거래소(Tokyo Financial Exchange, www.tfx.co.jp) 등이 있다. 더 자세한 목록은 본 서의 말미에 있는 표를 참조하라.

CME 그룹에서 거래되는 옥수수선물을 예로 들어, 선물계약이 어떻게 이루어지는지를 설명해보기로 하자. 예를 들어 6월 5일 현재, 뉴욕의 어떤 투자자가 동년 9월에 인도하는 5,000부셸의 옥수수선물을 매입하기 위해 브로커에게 의뢰한다고 하자. 브로커는 즉시 이 주문을 시카고상품거래소에 연결할 것이다. 이와 거의 동시에 캔자스에 사는 다른 투자자는 9월에 인도하는 5,000부셸의 옥수수를 매도하기 위해 그의 브로커에게 주문한다고 하자. 마찬가지로 그 브로커는 즉시 이 주문서를 시카고상품거래소에 제출할 것이다. 이후 9월 인도 옥수수의 가격이 협상되고 거래가 이루어질 것이다. 전통적인 공개호가 시스템 하에서는 양쪽 당사자를 대표하는 장내 거래인들이 가격을 결정하기 위해서 만날 것이다. 전자거래 시스템 하에서는 컴퓨터가 거래를 성사시킬 것이다.

옥수수선물을 매입하기로 합의한 뉴욕의 투자자는 그 선물에 대해 매입포지션(long futures position)을

실무사례 2.1 선물계약의 기대치 못한 인도

저자는 이 이야기(출처 불명)를 오래 전에 어떤 금융기관의 고위 경영자에게서 들었다. 이는 전에 재무분야에서 일한 경험이 없는 금융기관의 신입직원과 관련된 이야기이다. 그 금융기관의 고객 한 사람은 헷징을 목적으로 정기적으로 생우 선물계약에 매입포지션을 취하고 마지막 거래일에 그 포지션을 마감하도록 지시하였다(생우 선물계약은 시카고상업거래소에서 거래되며, 1계약은 생우 40,000파운드에 해당). 신입직원이 이 거래를 관리하였다.

계약을 마감해야 할 시간이 되었을 때, 이 직원은 그 고객이 1계약을 매입하고 있는것을 알고도 거래소 거래자에게 1계약을 추가 매입할 것(매도하지 않고)을 지시했다. 이런 실수로 금융기관은 생우선물 2계약에 매입포지션을 취한 채 거래를 마감했다. 실수를 알아차렸을 때, 선물거래는 끝나 있었다. 금융기관(고객이 아니라)이 이 실수에 대해 책임이 있었다. 그 결과 생우선물에 대한 세부적인 인도절차에 들어가게 되었다. 이는 이전에는 전혀 경험해보지 못한 사건이었다. 계약조건에 따르면 매도포지션을 취한 당사자는 생우를 인도월 기간 중에 미국의 수많은 다른 지역으로 인도할 수 있었다. 매입포지션이기 때문에 금융기관은 매도포지션을 취한 당사자가 거래소에 인도의사 고지서를 발행하고 거래소가 금융기관에 그 고지서를 배정할 것을 기다리는 것 외에는 할 수 있는 일이 없었다.

결국 금융기관은 거래소로부터 고지서를 받고 다음 화요일에 2,000마일 떨어진 장소에서 생우를 받게 된다는 사실을 알게 되었다. 신입직원은 일을 처리하기 위해 그곳으로 파견되었다. 그곳에서는 매주 화요일에 생우 경매가 있었다. 인도책임이 있는 매도포지션 당사자는 경매시장에서 생우를 사서 즉시 인도하였다. 불행히도 인도된 생우는 다음 주 화요일에나 열리는 경매시장에서 되팔 수 있었다. 그러므로 신입직원은 일주일 동안 생우의 거처를 마련하고 먹이를 주어야 하는 문제에 직면하였다. 이것이 재무분야에서 그가 시작한 첫 번째 업무였다.

취하며, 옥수수선물을 매도하기로 합의한 캔사스의 투자자는 그 선물에 대해 매도포지션(short futures position)을 취한다. 선물거래소의 두 장내 거래인에 의해 합의된 가격을 현재의 9월물 선물가격이라 한다. 옥수수선물 가격이 부셸당 600센트라고 하자. 옥수수선물 가격은 다른 상품의 가격처럼 수요공급의 법칙에 의해 결정된다. 만일 특정시점에서 더 많은 장내 거래인이 9월 인도 옥수수선물을 매도하기를 원한다면, 선물가격은 하락한다. 이렇게 되면 새로운 수요자가 시장에 참여하게 되어 결국에는 수요와 공급 간에 균형이 유지된다. 만일 특정시점에서 더 많은 장내 거래인이 9월 인도 옥수수선물을 매입하기를 원한다면, 같은 원리로 해서 선물가격이 상승할 것이다. 그때에 새로운 매도자가 시장에 나타나게 되고 결국 매입자와 매도자 간의 균형이 유지된다.

포지션의 마감

체결된 대다수의 선물계약은 인도되지 않는다. 왜냐하면 대다수의 투자자가 명시된 인도기간 이전에 선물계약포지션을 마감하기 때문이다. 포지션 마감이란 당초 포지션과 반대의 포지션을 취하는 것을 의미한다. 예를 들어 6월 5일에 9월 만기 옥수수선물 1계약을 매입했던 뉴욕의 투자자는 7월 20일에 9월 만기 옥수수선물 1계약에 매도계약을 체결함으로써 포지션을 마감할 수 있다. 6월 5일에 9월 만기 옥수수선물 1계약을 매도했던 캔사스의 투자자는 8월 25일에 9월 만기 옥수수선물 1계약에 매입계약을 체결함으로써 포지션을 마감할 수 있다. 이 경우 투자자의 총손익은 6월 5일과 계약이 마감되는 날 사이의 선물가격 변화에 따라 결정된다.

인도는 거의 발생하지 않으므로 거래자들은 간혹 인도과정이 어떻게 이루어지는지 잊는 경우가 있다([실무사례 2.1] 참조). 그럼에도 불구하고 본 장의 말미에서 선물계약의 인도절차를 설명하려고 한다. 왜냐하면 선물가격이 현물가격과 연관성을 갖는 것은 기초자산이 궁극적으로 인도될 수 있는 가능성 때문이다.[1]

2.2 선물계약의 규정

신규 선물계약을 개발할 때, 거래소는 거래쌍방 간의 정확한 합의내용을 명시해야 한다. 특히 기초자산, 계약규모(1계약의 크기), 인도장소, 인도일자 등을 반드시 명시해야 한다.

때로는 인도자산의 등급 또는 인도장소 등에 대해 몇 개의 대안을 명시하기도 한다. 일반적으로 매도포지션을 취한 거래자(자산매도 약속자)가 이들 대안 중에서 어느 하나를 선택하는 게 보통이다.[2] 매도포지션을 취한 거래자가 인도할 준비를 완료할 때, 그는 거래소에 인도의사 고지서(notice of intention to deliver)를 제출한다. 인도의사 고지서에는 인도할 자산의 등급과 인도장소가 명시된다.

자산

자산이 상품일 때, 시장에서 이용 가능한 자산의 질(質)은 매우 다양할 수 있다. 그러므로 거래소가 자산을 명시할 때, 받아들일 수 있는 상품의 등급을 정하는 것이 중요하다. Intercontinental Exchange(ICE)는 오렌지주스 선물계약에서 자산을 당도가 62.5 브릭스(Brix) 이상이고 미국 기준A등급인 냉동 농축 오렌지주스로 명시하고 있다.

일부 상품의 경우 상품의 등급을 범위로 정할 수 있는데, 이 때 가격은 매입자가 선택한 등급에 따라 조정된다. 예를 들어 CME 그룹에서 거래되는 옥수수선물의 표준등급은 “NO. 2 Yellow”이다. 그런데 이와는 다른 옥수수선물이 거래소에서 따로 정한 가격으로 거래되기도 한다. NO. 1 Yellow는 NO. 2 Yellow보다 부셸당 1.5센트 비싼 가격으로 인도 가능하다. NO.3 Yellow는 NO. 2 Yellow보다 부셸당 1.5센트 싼 가격으로 인도 가능하다.

상품선물과는 달리 금융선물의 인도자산은 일반적으로 그 내용이 명확하다. 예를 들어 일본 엔화의 등급을 명시할 필요는 없다. 그러나 시카고상품거래소에서 거래되는 장기국채선물(Treasury bond futures)과 중기국채선물(Treasury note futures)은 다소 흥미로운 특색을 갖고 있다. 예를 들어, 장기국채선물의 기초증권은 만기가 15년 이상 25년 이하인 장기국채이다. 그리고 중기국채선물의 기초증권은

---

1 1장에서 설명했듯이 현물가격은 거의 즉각적으로 인도가 이루어지는 가격을 말한다.

2 몇 가지 예외가 있다. J. E. Newsome, G. H. F. Wang, M. E. Boyd, 그리고 M. J. Fuller가 “contract Modifications and the Basic Behavior of Live Cattle Futures,” Journal of Futures Markets, 24, 6 (2004), 557-90에서 지적했듯이 시카고선물거래소는 매입포지션을 취한 거래자에게 1995년부터 시작된 생우(live cattle) 선물 거래 시 몇 가지 인도조건을 제공했다.

만기가 6.5년 이상 10년 이하의 중기국채이다. 거래소는 기초증권의 이자지급일과 만기일에 따라 장기국채선물과 중기국채선물의 가격을 조정한다. 이에 대한 자세한 설명은 6장을 참조하기 바란다.

1계약의 규모

1계약의 규모란 선물 1계약의 인도금액을 말한다. 1계약의 규모를 얼마로 하는가는 거래소의 중요 결정사항이다. 만일 1계약의 규모가 너무 크면, 상대적으로 작은 위험을 헷지하기를 원하거나 또는 작은 투기적 포지션을 취하고자 하는 많은 투자자가 거래소를 이용할 수 없다. 반면에 1계약의 규모가 너무 작으면, 거래계약의 수가 많아져서 거래비용이 많이 든다.

1계약의 규모는 선물계약별로 다르다. 즉 농산품선물의 1계약 금액은 1만 달러에서 2만 달러에 걸쳐 있는 반면에, 금융선물의 1계약 금액은 이보다 훨씬 많은 것이 보통이다. 예를 들어 시카고상품거래소에서 거래되는 장기국채선물의 1계약 금액은 10만 달러에 이르고 있다.

이떤 경우에 기래소는 소액투자자들을 유인하기 위해"소규모(mini)"의 계약을 내놓기도 한다. 예를 들어 CME 그룹의 미니 나스닥(Mini Nasdaq) 100선물은 지수에 100을 곱하는 것이 아니라 20을 곱해서 거래되는 선물이다(주가지수선물에 대해서는 3장에서 좀 더 충분히 설명할 것이다).

인도조건 합의

거래소는 자산의 인도장소를 명시하여야 한다. 자산의 인도장소를 명시하는 것은 특히 운송비용이 문제가 되는 상품선물에서 중요하다. ICE 냉동 농축 오렌지주스 선물계약의 경우, 인도장소는 플로리다, 뉴저지 또는 델라웨어에 있는 거래소가 인정한 창고이다.

인도장소가 여러 개 제시될 때, 매도포지션 거래자의 매도가격은 거래상대방이 어느 인도장소를 선택하느냐에 따라 조정되기도 한다. 인도장소가 상품의 주생산지로부터 상대적으로 멀리 떨어질수록 가격은 높아진다.

인도월

선물계약은 인도월(引渡月)로 분류된다. 거래소는 인도될 수 있는 정확한 기간을 명시해야 한다. 많은 선물계약에 있어서 인도기간은 월(月) 전체이다.

자산 인도월을 언제로 할 것인가는 선물계약에 따라 다르다. 거래소는 시장참여자의 욕구를 충족시키는 방향으로 인도월을 결정한다. 예를 들어 CME 그룹에서 거래되는 옥수수선물의 인도월은 3월, 5월, 7월, 9월 그리고 12월이다. 특정시점에서 거래되는 선물은 가장 가까운 인도월을 갖는 선물과 후속되는 인도월을 갖는 몇 개의 선물들로 이루어져 있다. 거래소는 특정 인도월의 선물계약이 언제부터 거래되는가를 명시한다. 또한 거래소는 특정 인도월의 선물계약이 체결될 수 있는 마지막 날도 명시한다. 일반적으로 선물거래는 인도가 가능한 최종일의 며칠 전에 종료된다.

가격공시

거래소는 선물가격을 공시하는 방법을 정하고 있다. 예를 들어 미국에서 원유의 선물가격은 배럴당 달러와 센트로 공시한다. 장기국채와 중기국채의 선물가격은 달러와 달러/32의 형태로 공시한다.

가격 제한과 포지션 제한

대부분의 거래소는 선물의 일일 가격변동 제한폭(daily price movement limits)을 명시하고 있다. 선물가격이 일일 가격변동 제한폭까지 하락하면 가격이 하한폭(limit down)까지 하락했다고 부르며, 선물가격이 일일 가격변동 제한폭까지 상승하면 가격이 상한폭(limit up)까지 상승했다고 부른다. 또한 제한폭 변동(limit move)이란 선물가격이 일일 제한폭까지 오르거나 내린 것을 의미한다. 공식적으로는 일단 선물가격이 상한폭 또는 하한폭까지 변동하면, 그날 하루의 선물거래는 거기서 중지된다. 그러나 어떤 경우에는 거래소가 시장에 개입해서 가격 제한폭을 변경시킬 권한을 갖기도 한다.

일일 가격변동 제한폭을 둔 목적은 투기로 인한 심한 가격변동을 방지하는 데 있다. 그러나 가격제한제도는 기초상품의 가격이 급격히 상승하거나 하락할 때 자연적으로 발생하는 선물거래까지도 인위적으로 막는다는 한계점을 갖는다. 따라서 가격제한제도가 선물시장에 유익한가는 아직도 논쟁의 대상이 되고 있다.

포지션 한도(position limits)란 투기자가 취할 수 있는 최대의 선물계약수를 의미한다. 한도를 정하는 목적은 투기자들의 지나친 시장영향력 행사를 막아보자는 데에 있다.

2.3 선물가격과 현물가격의 수렴

선물의 인도월이 다가올수록, 선물가격(futures price)은 기초자산의 현물가격(spot price)에 수렴한다. 인도기간 중에는 선물가격이 현물가격과 동일해지거나 또는 거의 같아진다.

왜 이렇게 되는지를 설명해보도록 하자. 먼저 인도기간 중에 선물가격이 현물가격보다 높다고 하자. 이렇게 되면 명백히 차익거래기회가 발생하고, 거래자들은 다음과 같은 거래를 통해 이익을 얻을 수 있다.

1. 선물에 매도포지션을 취한다.
2. 기초자산을 매입한다.
3. 인도한다.

이상의 거래로부터 투자자는 이익을 얻는데, 이익의 크기는 선물가격이 현물가격을 초과하는 금액과 동일하다. 투자자들이 이와 같은 차익거래를 통해 추가적인 위험부담 없이 이익을 얻으면, 결국 선물가격은 하락한다. 다음에는 인도기간 중에 선물가격이 현물가격보다 낮다고 하자. 이렇게 되면 기초자산을 구입하는 데 관심이 있는 기업은 선물에 매입포지션을 취하고 인도받는 것이 유리하다고 생각한다. 기업이 이런 행동을 취하면, 결국 선물가격은 상승한다.

그림 2.1 인도월이 다가옴에 따른 (a) 선물가격과 (b) 현물가격의 관련성.

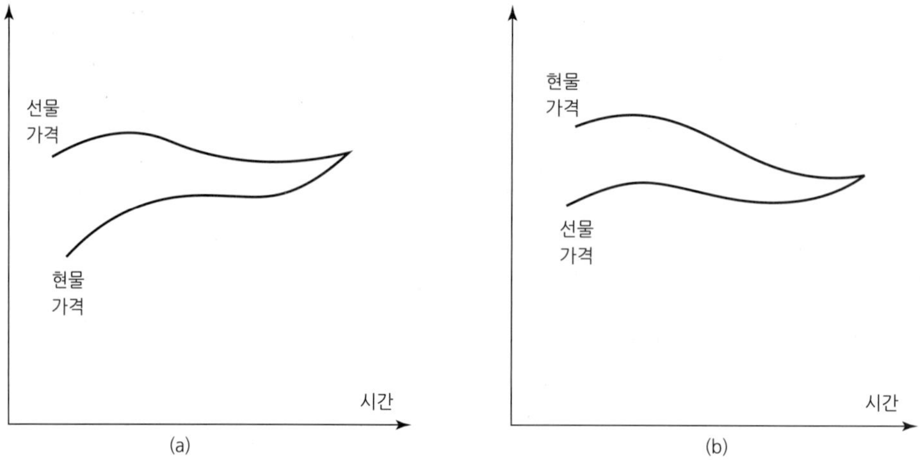

이상의 2가지 예에서 알 수 있듯이 인도기간 중의 선물가격은 현물가격과 거의 같아진다. [그림 2.1]은 선물가격과 현물가격이 수렴함을 보여준다. [그림 2.1a]는 인도월 이전의 선물가격이 현물가격보다 높은 경우의 그림이며, [그림 2.1b]는 인도월 이전의 선물가격이 현물가격보다 낮은 경우의 그림이다. 이들 2가지 패턴에 대해서는 본 장과 5장에서 논의할 것이다.

2.4 증거금 계좌의 운영

만일 2명의 투자자가 직접 접촉해서 미래에 특정자산을 약정가격에 거래하기로 합의한다면, 이런 거래에는 위험이 내포되게 마련이다. 즉, 투자자의 일방이 계약체결을 후회해서 계약을 파기할 수도 있다. 또는 투자자가 계약을 이행하기에 필요한 자금을 갖고 있지 못할 수도 있다. 거래소의 주된 기능 중의 하나는 계약불이행을 피할 수 있도록 거래를 조직화하는 것이다. 이런 이유로 증거금계정(margin accounts) 등장하게 됐다.

일일정산(daily settlement)

증거금계정이 어떻게 운영되는지 예를 들어 설명하면 다음과 같다. 먼저 어떤 투자자가12월 만기 금선물 2계약을 구입하려고 브로커와 접촉하고 있다. 현재 12월 만기 금선물 가격은 온스당 1,250달러이다. 금선물 1계약은 100온스이므로, 투자자는 온스당 1,250달러로 200온스를 매입하는 선물계약을 체결한다. 브로커는 투자자에게 증거금계정(margin account)에 자금을 예치할 것을 요구한다. 계약시점에 예치하여야 하는 금액을 개시증거금(initial margin)이라 부른다. 본 예에서 개시증거금은 계약당 6,000달러(총 12,000달러)이다. 선물거래의 손익은 매일의 거래종료 시점에서 정산되어 증거금계정에 기록된다. 이렇게 하는 것을 일일정산(marking to market 또는 daily settlement)이라고 부른다.

예를 들어 선물계약 첫날 선물종가가 1,250달러에서 9달러 하락한 1,241달러가 된다고 하자. 이때 투자자의 손실은 200 × 9달러 = 1,800달러이다. 즉, 온스당 1,250달러에 매입하기로 계약한 200온스의 금선물이 현재 온스당 1,241달러에 팔리므로 온스당 9달러의 손실이 발생한다. 그러므로 증거금계정의 잔액은 당초 12,000달러에서 1,800달러 감소한 10,200달러가 된다. 마찬가지 논리로 만약에 12월 만기 금선물의 첫날 종가가 1,250달러에서 9달러 상승한 1,259달러가 된다면, 증거금계정의 잔액은 당초 12,000달러에서 1,800달러 증가한 13,800달러가 된다. 첫 번째 일일정산은 거래가 발생한 날의 종료 시에 이루어지고, 그 다음날부터 매일같이 종가기준으로 일일정산이 이루어진다.

일일정산은 단지 브로커와 고객 사이에서만 발생하는 것이 아니라는 사실에 주의하길 바란다. 선물가격이 온스당 9달러 하락하여 매입포지션을 취한 투자자의 증거금 잔액이 1,800달러 감소하면, 그 투자자의 브로커는 거래소청산소(exchange clearing house)에 1,800달러를 지급해야 하고, 거래소는 그 돈을 매도포지션을 취한 투자자의 브로커에게 이전시킨다. 반대로 선물가격이 상승하면 매도포지션을 취한 투자자의 브로커는 거래소청산소에 돈을 지급해야 하고, 매입포지션을 취한 투자자의 브로커는 거래소로부터 그 돈을 이전받는다. 선물거래소를 중심으로 한 시장구조에 대해서는 나중에 좀 더 자세하게 설명하기로 한다.

투자자는 개시증거금을 초과하는 금액을 언제든지 인출할 수 있다. 증거금계정의 잔액이 결코 마이

표2.1 금선물 2계약에 매입포지션을 취한 투자자의 증거금계정 운영내용. 개시증거금은 계약당 6,000달러(총 12,000달러)이고, 유지증거금은 계약당 4,500달러(총 9,000달러)이다. 계약은 1번째 날에 온스당 1,250달러에 체결되고, 16번째 날에 온스당 1,226.90달러에 마감된다.

일자	거래가격 (달러)	정산가격 (달러)	일일이익 (달러)	누적이익 (달러)	증거금계정 잔액 (달러)	증거금 납입요청액 (달러)
1	1,250. 00				12,000	
1		1,241.00	−1,800	−1,800	10,200	
2		1,238.30	−540	−2,340	9,660	
3		1,244.60	1,260	−1,080	10,920	
4		1,241.30	−660	−1,740	10,260	
5		1,240.10	−240	−1,980	10,020	
6		1,236.20	−780	−2,760	9,240	
7		1,229.90	−1,260	−4,020	7,980	4,020
8		1,230.80	180	−3,840	12,180	
9		1,225.40	−1,080	−4,920	11,100	
10		1,228.10	540	−4,380	11,640	
11		1,211.00	−3,420	−7,800	8,220	3,780
12		1,211.00	0	−7,800	12,000	
13		1,214.30	660	−7,140	12,660	
14		1,216.10	360	−6,780	13,020	
15		1,223.00	1,380	−5,400	14,400	
16	1,226. 90		780	−4,620	15,180	

너스(−)가 되지 않도록 하기 위해서, 거래소는 개시증거금보다는 어느 정도 낮은수준의 유지증거금(maintenance margin) 제도를 두고 있다. 만약에 증거금 잔액이 유지증거금을 하회하면, 투자자는 증거금 납입요청(margin call)을 받게 되고, 그 다음날까지 당초 개시증거금 수준으로 증거금을 보충해야 한다. 이와 같이 새로 예치하는 증거금을 추가증거금(variation margin)이라 부른다. 투자자가 추가증거금을 예치하지 않으면, 브로커는 체결한 선물계약을 매도함으로써 포지션을 마감한다. 위 예의 경우 12월 만기 금선물 200온스를 매도하여 포지션을 마감할 수 있다.

[표 2.1]은 지금까지 예로 들었던 12월 만기 금선물 투자자의 증거금계정이 일련의 선물가격 변동과 더불어 어떻게 운영되는지를 보여주고 있다. 본 예에서 유지증거금은 선물계약당4,500달러씩 총 9,000달러로 가정하였다. 7번째 날에 증거금계정 잔액은 유지증거금보다1,020달러만큼 모자란다. 이때 브로커는 투자자에게 추가로 4,020달러를 예치하도록 증거금 납입요청을 해서 증거금을 개시증거금 수준인 12,000달러가 되도록 한다. [표 2.1]에서는 투자자가 8번째 날 거래 종료 시까지 4,020달러를 예치한 것으로 가정한다. 11번째 날에 증거금잔액이 다시 유지증거금을 밑돌게 되어 투자자는 3,780달러를 추가로 보충하라는 증거금 납입요청을 받고, 12번째 날 거래 종료 시까지 그 금액을 보충하게 된다. 투자자는 16번째 날에 12월 만기 금선물 2계약을 매도함으로써, 자신의 포지션을 마감하였다. 그날의 선물가격은 온스당 1,226.90달러이고 투자자의 누적손실은 4,620달러이다. [표 2.1]에서 알 수 있듯이, 8번째, 13번째, 14번째 그리고 15번째 날의 잔액이 12,000달러보다 많았지만, 투자자는 초과금액을 인출하지 않은 것으로 가정하였다.

기타 내용

대부분의 브로커들은 투자자의 증거금 잔액에 대해 이자를 지급한다. 그러므로 이자율이 어느 정도의 수준으로 유지되는 경우에는 증거금계정 잔액만 보고 투자자의 총비용을 파악하기란 어렵다. 개시증거금은 브로커에게 증권을 예치함으로써 대신할 수 있다(그러나 증거금 납입요청 시 추가되는 보충금액은 증권으로 대신하지 못한다). 증거금을 증권으로 대신 예치할 때, 단기국채는 액면가의 약 90% 정도 인정된다. 주식도 때때로 현금을 대신하여 예치금으로 받아들여지는데, 보통 시장가의 약 50%만 인정된다.

선도계약은 만기일에 정산되는 반면에 선물계약은 일일정산 된다. 매일의 거래 종료 시, 투자자의 손익은 증거금계정에 가감된다. 이는 선물계약의 가치를 0으로 되돌아가게 한다. 결국 선물계약은 매일 마감되고 새로운 가격으로 재체결되는 셈이다.

거래소청산소는 최소 개시증거금과 최소 유지증거금을 정한다. 브로커는 고객에게 거래소청산소가 정해놓은 최소증거금보다 더 많은 금액을 요구할 수 있다. 그러나 브로커는 거래소가 정해놓은 최소증거금보다 적게 책정할 수는 없다. 거래소는 기초자산의 가격변동을 감안하여 최소증거금 수준을 결정하며 필요한 경우 변경할 수 있다. 기초자산의 가격변동이 심할수록 거래소는 최소증거금 수준을 높인다. 일반적으로 유지증거금은 개시증거금의 약 75% 수준이다.

증거금 액수는 거래자의 거래목적에 따라 다르다. 선물계약의 대상이 되는 상품을 생산하는 진정한 헷저에게는 투기거래자보다 낮은 수준의 증거금을 요구한다. 왜냐하면 헷저의 채무불이행 위험

(default risk)이 상대적으로 적기 때문이다. 당일마감거래와 스프레드거래에 적용되는 증거금 액수는 헷지거래에 적용되는 그것보다 종종 낮기도 한다. 당일마감거래(day trade)에서 거래자는 브로커에게 당일에 포지션을 마감하겠다는 의사를 전달한다. 스프레드 거래(spread transaction)에서 거래자는 특정 인도월의 선물계약에 매입포지션을 취함과 동시에 동일 자산에 대한 다른 인도월의 선물계약에 매도 포지션을 취한다.

매입포지션과 매도포지션에 대해 요구하는 증거금은 동일하다. 따라서 매도포지션을 취하는 것도 매입포지션을 취하는 것만큼 쉽다. 그러나 현물시장에서는 매도포지션을 취하는 데 더 많은 제한을 두고 있다. 현물시장에서 매입포지션을 취한다는 것은 자산을 구입하는 것이므로 별반 어려움이 없다. 반면에 매도포지션을 취한다는 것은 소유하지 않은 자산을 매도하는 것도 포함하므로, 시장에 따라 매도포지션을 취하는 것이 가능할 수도 있고 불가능할 수도 있다. 따라서 매도포지션을 취하는 거래는 더욱 복잡한 거래이다. 이에 대해서는 5장에서 자세히 논의하기로 한다.

결제소와 거래증거금

결제소 또는 청산소는 거래소에 소속된 기관이며 선물거래에서 매개인(intermediary) 역할을 담당한다. 결제소는 거래 당사자들의 거래이행을 보증해준다. 결제소는 많은 회원을 갖고 있는데 그들은 결제소에 자금을 예치해 두어야 한다. 결제소 회원이 아닌 브로커들은 결제소 회원을 통해 업무를 수행하고 증거금(margin)을 공지해야 한다. 결제소의 주요 임무는 하루 동안 발생하는 모든 거래정보를 처리해서 각 회원의 순포지션(net position)을 계산하는 일이다.

결제소 회원은 결제소에 (간혹 거래증거금이라고도 불리는) 청산될(being cleared) 총 계약의 수를 고려한 개시증거금(initial margin) 결제소는 결제소 회원에게 증거금 예치를 요구한다 거래소 회원에게 적용되는 유지증거금은 없다. 장이 마감되면 청산소 회원들이 취급한 거래들은 청산소를 통해 정산된다(settled). 만약 거래를 통틀어 손실을 입었다면 회원은 추가증거금(variation margin)을 (주로 다음날 아침에) 청산소에 지급해야 한다. 만약 이익을 본 경우에는 회원은 청산소로부터 추가증거금을 받는다. 장중에 상당한 가격 변동이나 포지션에 변화가 발생하는 경우에도 회원들은 청산소로부터 추가증거금을 요구 받을 수 있다.

증거금률(margin requirement)을 산출할 때 결제소는 총량 베이시스(gross basis) 보다는 순량 베이시스(net basis)로 미결제된(outstanding) 선물계약의 수를 계산한다. 이는 청산소 회원이 다루고 있는 고객들의 매도포지션은 다른 고객들의 매입포지션에 대해 상쇄된다. 예를 들어 어떤 결제소 회원이 2명의 고객과 거래하고 있는데, 한 고객은 20개의 매입포지션 계약을 취하고 있고, 다른 한 고객은 15개의 매도포지션 계약을 취하고 있다고 하자. 이 결제소 회원은 5계약에 대하여 개시증거금을 납부해야 한다. 증거금률은 주로 청산소가 대략 99%의 확률로 청산소 회원들이 채무를 불이행 하거나 거래를 중단해야하는 경우 발생할 수 있는 모든 손실을 메꾸기 충분할 정도로 산정된다. 청산소 회원들은 보증기금(guaranty fund)에 돈을 납부할 것을 요구받는다. 이는 청산소가 회원들이 채무를 불이행하여 발생한 손실을 증거금만으로 손실을 메꿀 수 없을 경우 사용한다.

신용위험

증거금제도의 가장 큰 목적은 거래자가 이익을 얻을 수 있을 때 그 금액을 지급받을 수 있게 하는데 있다. 전체적으로 증거금제도는 성공적으로 운영되고 있다. 주요 거래소에서 계약을 체결하는 투자자들은 항상 그들의 계약을 이행하고 있다. 선물거래소들은 1987년 10월 19일에 이 제도에 대하여 시험을 받았다. 그때에 S&P 500지수는 20% 이상 하락하였고 S&P 500지수 선물에 매입포지션을 취했던 투자자들의 증거금은 마이너스(−)였다. 증거금 납입요청을 이행하지 못한 거래자들의 거래는 종료되었고 이들은 아직도 브로커들에게 빚을 지고 있다. 거래자들 중의 일부는 채무를 상환하지 못했고 그 결과 일부 브로커들은 파산하였다. 왜냐하면 고객의 돈이 고갈된 상황에서 브로커들은 대신 체결했던 계약에서 발생한 증거금 납입요청을 감당할 수 없었기 때문이다. 그러나 S&P 500지수에 매도포지션을 취했던 투자자들은 모두 이익을 지급받았다.

2.5 장외시장

1장에서 소개한 장외시장은 거래소 없이 기업들이 파생상품을 거래하는 시장이다. 신용위험은 전통적으로 장외시장(OTC market)의 한 특징이 되어 왔다. 다수의 파생상품 거래를 하고 있는 기업 A와 B를 고려해보자. 만약 A의 B에 대한 미결거래의 잔액이 남아있는 상황에서 A가 채무를 불이행한다면 B는 손실을 볼 확률이 높고 반대의 경우도 마찬가지이다. 신용리스크를 낮추기 위해, 장외시장은 거래소시장에서 시행되고 있는 몇 가지 제도(some ideas)를 차용해 왔는데 이제부터 이에 대해 논의해볼 것이다.

중앙청산소

우리는 중앙청산소(CCP)에 대해서 간략하게 1장에서 살펴보았다. 청산소(clearing house)는 표준장외거래(standard OTC transactions)를 위해 생겨났으며 거래소청산소와 아주 유사한 역할을 수행한다. 중앙청산소의 회원들은 거래소청산소의 회원들과 유사하게 개시증거금(initial margin)과 일별추가증거금(daily variation margin)을 납부해야 한다. 또한, 거래소청산소의 회원들과 유사하게 보증기금에 돈을 납부를 해야한다.

한번 A와 B가 장외에서 파생상품 거래에 동의하면 중앙청산소에 이를 보고한다. 이는 청산소가 선물환 거래를 하는 두 거래자의 거래상대방가 되는 선물거래 시장의 청산소와 유사하다. 예를 들면, 만약 A가 B로부터 1년 뒤에 특정 가격에 자산을 매입하기로 했다면 청산소는 다음과 같은 역할을 수행한다.

1. 자산을 B로부터 1년 뒤에 동의한 가격으로 매입, 그리고
2. 자산을 A에게 1년 뒤에 동의한 가격으로 매도한다.

청산소는 A와 B의 신용리스크를 부담한다.

중앙청산소의 모든 회원들은 초기증거금을 중앙청산소에 납부해야 한다. 거래의 가치는 매일 평가

실무사례 2.2 Long-Term Capital Management의 대규모 손실

LTCM은 1990년대 중반에 설립된 헷지펀드이다. LTCM은 항상 담보제도를 이용하여 양방 청산되는 거래를 하였다. LTCM의 투자전략은 소위 수렴 차익거래(convergence arbitrage) 전략이 었다. 아주 간단한 예를 사용하여 이 거래를 설명하면 다음과 같다. 동일 기업이 발행한 X, Y채권의 미래 현금흐름이 동일한데, X채권이 Y채권보다 유동성이 적다고(즉, 덜활발히 거래된다고) 하자. 시장은 항상 유동성에 가치를 부여한다. 그 결과 X채권의 가격이 Y채권의 가격보다 낮게 된다. LTCM은 X채권을 매입하고 Y채권을 매도한다. 그리고 미래 일정시점에서 두 채권의 가격이 수렴하기를 기대하면서 기다린다.

이자율이 올랐을 때, LTCM은 두 채권의 가격이 거의 동일한 금액만큼 하락하여 X채권에 대해 지급할 담보금액이 Y채권에 대해 받을 담보금액과 거의 일치할 것을 기대하였다. 마찬가지로 이자율이 하락하였을 때, LTCM은 두 채권의 가격이 거의 동일한 금액만큼 상승하여 X채권에 대해 받을 담보금액이 Y채권에 대해 지급할 담보금액과 거의 일치할 것을 기대하였다. 즉, LTCM은 담보제도를 이용하면 이자율이 어찌 되든지 간에 자금유출은 없을 것으로 기대하였다.

1998년 8월 러시아가 채무불이행을 선언했고, 이로써 자본시장에서 소위"양질의 채권으로의 이동현상(flight to quality)"이 나타났다. 투자자들은 유동성이 있는 상품을 평상 시보다 높게 평가했고, LTCM이 투자했던 유동성 있는 채권과 유동성 없는 채권간의 가격스프레드가 극적으로 증가했다. LTCM이 매입했던 X채권의 가격은 하락했고, 매도했던 Y채권의 가격은 상승하였다. 양 채권에 대해서 담보가 요구되었다. LTCM은 차입금을 많이 사용하고 있어서 큰 어려움을 겪고 있었다. LTCM이 취했던 포지션은 마감되어야 했고 그 결과 약 40억 달러의 총손실이 발생하였다. 만일 LTCM이 차입을 덜 했더라면, 양질의 채권으로의 이동현상을 아마도 이겨낼 수 있었을 것이 고 유동성 있는 채권과 유동성 없는 채권 간의 가격이 상호접근하는 것을 기다릴 수 있었을 것이다.

되며 일별추가증거금을 다른 회원들에게 납부하거나 지급받게 된다. 만약 장외시장 참여자가 중앙청산소의 회원이 아닌 경우 중앙청산소의 회원을 통해 거래를 성사시킬 수 있으며 중앙청산소의 회원에게 증거금을 납부하게 된다. 이때 중앙청산소 회원과의 관계는 브로커와 선물거래소청산소의 회원의 관계와 유사하다.

2007년 시작된 신용위기 이후로 규제기관은 시스템위험(systemic risk)에 대해 더 신경쓰기 시작했다(실무사례 1.2 참고). 이 우려의 결과들 중 하나는 1장 2절에서 언급했던 바와 같이 금융기관 간에 이루어지는 대부분의 표준장외파생상품거래(standard OTC transaction)들은 중앙청산소를 거치도록 요구하는 하는 법률(legislation)제정이다.

양방 청산

중앙청산소에 의해 청산되지 않은 장외거래들은 양방 청산된다. 양방 청산되는 장외거래에서는 두 기업 A와 B는 주로 모든 거래를 포함하는 마스터계약을 체결한다.[3] 이 협약은 보통 credit support annex(CSA) 라고 일컬어지는 별첨을 포함하며 이는 A 또는 B 또는 모두에게 담보를 제공하도록 요구한다. 담보는 거래소청산소 또는 중앙청산소가 요구하는 증거금과 유사한 성격을 지닌다.

3 가장 일반적인 협약은 국제스왑파생상품협회(ISDA) master agreement이다.

Credit support annex의 담보협약은 거래들을 매일 평가할 것을 요구한다. 기업 A와 B 사이의 단순한 쌍방협약은 다음과 같이 작동한다. 만일 계약 체결 이후 하루 동안에 A기업의 입장에서 계약의 가치가 X만큼 증가하면(B기업 입장에서는 X만큼 가치가 하락함), B기업은 이 금액을 A기업에게 지급할 것을 요청받을 것이다. 마찬가지 논리로 만일 계약 체결 이후 하루 동안에 B기업의 입장에서 계약의 가치가 X만큼 증가하면(A기업 입장에서는 X만큼 가치가 하락함), A기업은 이 금액을 B기업에게 지급할 것을 요청받을 것이다. 담보협약과 양방 청산되는 거래의 거래상대방 신용위험의 평가는 24장에서 더 자세히 논의된다.

전통적으로 credit support annex가 초기증거금을 요구하는 경우는 상대적으로 드물다. 2016년부터 쌍방 합의에 의한 거래에 있어서도 초기증거금과 추가증거금 모두를 납입하도록 규제되기 시작했다.[4] 개시증거금은 제 3자에게 공지되며 총량 베이시스를 통해 증거금이 결정된다.

담보는 양방 청산되는 장외시장의 신용위험을 상당부분 감소시킨다 (그리고 금융기관 간 표준계약을 위한 중앙청산소의 활용과 금융기관 간 거래에 개시증거금을 요구하는 규제는 금융시스템의 위험을 감소시킨다). 담보협약은 1990년대에 헷지펀드인 Long-Term Capital Management (LTCM)가 양방 청산되는 파생상품을 위해 이용했었다. 담보협약은 LTCM이 높은 수준의 레버리지를 사용할 수 있게 하였다. 그들은 신용보호(credit protection)를 제공했지만 헷지펀드는 실무사례 2.2에서 묘사됐듯이 높은 수준의 레버리지 때문에 다른 위험들에 노출되었다.

[그림2.2]는 양방 청산과 중앙 청산(central clearing)이 어떻게 운영되는지 묘사한다. 8명의 참여자와 하나의 중앙청산소가 있다고 가정했다. [그림2.2a]에 나타나있듯이 양방방 청산 하에서는 시장참여자 간 많은 상이한 협약들이 존재한다. 만약 모든 장외계약(OTC contract)들이 단일 중앙청산소에 의해 청

그림 2.2 (a) 장외시장의 전통적인 운영 방법: 시장참여자 간의 일련의 양자 합의, (b) 청산소(clearing house) 역할을 하는 단일 중앙결제소 하에서 장외시장의 운영 방법.

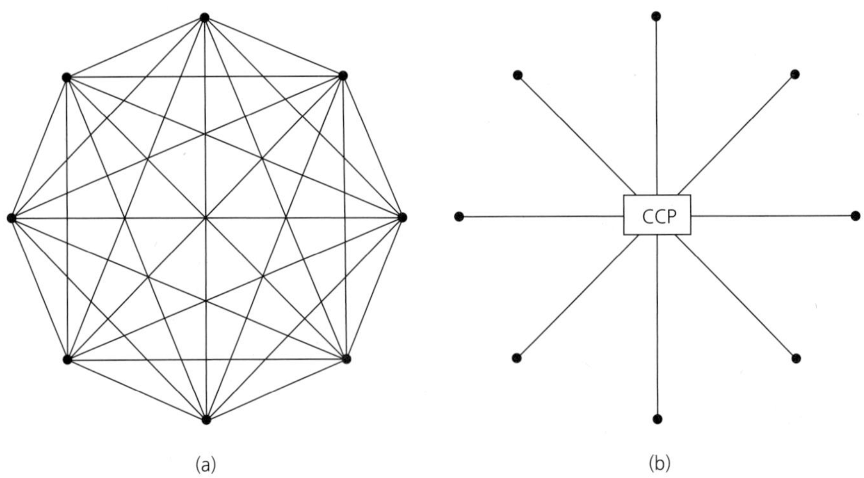

4 이 규제와 중앙청산소를 통해 청산되도록 요구하는 금융기관 간 표준거래를 요구하는 규제에서 금융기관은 은행, 보험사, 연기금(pension fund), 그리고 헷지펀드를 포함한다. 비금융기업(nonfinancial corporation)과 일부의 외환거래는 이 규제가 적용되지 않는다.

산된다면 상황은 [그림2.2b]에 묘사된 것과 같을 것이다. 실제로 모든 장외거래가 중앙청산소를 통해 이루어지는 것은 아니며 보통 하나 이상의 중앙청산소가 존재하기 때문에 시장은 [그림2.2a]처럼 운영되기도 하고 [그림2.2b]처럼 운영되기도 한다.[5]

선물거래 vs. 장외거래

거래가 어떻게 청산되는가와는 상관없이, 초기증거금은 현금으로 지급된 경우 이자를 지급받는다. 청산소 회원이 선물계약을 위해 납부한 일별추가증거금은 이자를 지급받지 못한다. 이는 추가증거금은 일별정산을 구성하기 때문이다. 장외시장에서 이루어지는 거래들은 중앙청산소 또는 쌍무적으로 청산되는가와 상관없이 보통 매일 정산되지 않는다. 이러한 이유로, 청산소 회원이 납부한 또는 일별추가증거금은 현금일 경우 이자를 지급받는다.

증권들도 종종 증거금/담보 요건을 충족시킬 수 있다.[6] 증권의 시장가치는 해당 증권 증거금액의 특정비율 만큼 감소한다. 이러한 감소는 헤어컷(haircut)이라고 알려져있다.

2.6 선물시세표

선물가격은 거래소와 몇몇 온라인 매체를 통해 알 수 있다. [표2.2]는 시카고상업거래소에서 제공하는 많은 상품들에 대한 2016년 5월 3일 선물가격이다. 주가지수, 통화, 그리고 금리 선물 시세표는 각각 3장, 5장, 그리고 6장에서 소개할 것이다.

선물계약의 기초자산, 1계약의 규모, 그리고 가격공시방법이 선물별로 서두에 표시되어 있다. 첫번째 자산은 금이다. 금선물의 1계약은 100온스이고, 가격은 1온스당 가격이다. 선물계약의 만기는 첫번째 열에 표시되어 있다.

가격

[표2.2] 각 행의 첫번째 세개의 숫자는 각각 선물의 시가(始價), 하루 중 최고가 및 최저가이다. 시가란 2016년 5월 3일 장이 시작되고 최초로 형성된 선물가격이다. 2016년 6월 만기 금선물의 시가는 온스당 1,293.40달러이다. 금선물의 온스당 하루 중 최고가는 1,303.90달러이고 하루 중 최저가는 1,284.00달러이다.

정산가격(종가)

정산가격(settlement price)는 일별 손익과 증거금을 계산하는데 이용된다. 정산가격은 거래가 끝나기

5 결제소가 신용위험에 미치는 영향은 결제소의 수와 결제소가 결제하는 총거래 중에 장외시장 이 차지하는 비중에 의존한다. 자세한 내용은 다음 논문을 참조하시오. D. Duffie and H. Zhu, "Does a Central Clearing Counterparty Reduce Counterparty Risk?", *Review of Asset Pricing Studies*, 1 (2011): 74-95.

6 앞서 언급했듯이, 선물계약의 추가증거금은 현금의 형태로 지급되어야 한다

표 2.2 2016년 5월 3일 현재 상품선물 시세표(CME 그룹).

	시가	최고가	최저가	정산가격	마지막 거래가격	가격변화	거래량
금 100온스(온스당 달러)							
2010년 6월	1203.80	1216.90	1201.00	1213.40	15.40	194,461	156,156
2010년 7월	1205.00	1217.50	1202.00	1214.20	15.50	838	714
2010년 8월	1205.00	1218.70	1202.70	1215.30	15.50	130,676	240,074
2010년 10월	1208.30	1220.20	1205.30	1217.50	15.60	2,445	21,792
2010년 12월	1208.80	1222.90	1207.50	1219.90	15.60	7,885	61,497
2011년 6월	1215.90	1228.00	1215.20	1227.80	15.80	408	13,461
원유 1,000배럴(배럴당 달러)							
2010년 7월	70.06	71.70	69.21	71.51	2.76	6,315	388,902
2010년 8월	71.25	72.77	70.42	72.54	2.44	3,746	115,305
2010년 12월	74.00	75.34	73.17	75.23	2.19	5,055	196,033
2011년 12월	77.01	78.59	76.51	78.53	2.00	4,175	100,674
2012년 12월	78.50	80.21	78.50	80.18	1.86	1,258	70,126
옥수수 5,000부셸(부셸당 센트)							
2010년 7월	369.50	372.00	368.75	371.50	7.25	122,528	491,587
2010년 9월	379.50	381.00	379.00	381.00	7.75	24,186	175,798
2010년 12월	389.00	390.75	380.25	390.75	8.00	47,428	373,026
2011년 3월	400.00	403.25	400.00	403.25	7.75	4,581	55,836
2011년 5월	410.50	411.50	410.50	411.50	7.25	830	8,995
2011년 7월	417.50	419.50	417.50	419.50	7.50	3,491	31,939
2011년 12월	416.25	418.00	415.75	418.00	7.25	4,760	59,061
콩 5,000부셸(부셸당 센트)							
2010년 7월	934.25	939.75	933.00	938.00	7.50	41,816	220,712
2010년 8월	922.00	931.50	922.00	929.50	8.50	4,881	15,674
2010년 9월	914.50	918.75	912.50	916.50	7.00	1,935	12,983
2010년 11월	906.00	912.50	905.00	910.00	7.00	18,908	157,826
2011년 1월	917.75	921.50	914.75	919.75	7.00	2,621	12,391
2011년 3월	926.00	930.00	925.00	928.50	8.00	1,406	5,857
2011년 5월	933.50	935.50	931.00	933.50	7.50	942	5,626
밀 5,000부셸(부셸당 센트)							
2010년 7월	462.75	472.00	459.00	461.75	1.25	45,283	246,683
2010년 9월	480.00	489.00	476.50	479.00	1.00	13,941	90,257
2010년 12월	510.75	519.50	507.25	510.00	1.25	9,756	70,618
2011년 3월	541.50	548.50	536.75	539.00	0.75	2,748	27,879
2011년 5월	557.00	563.50	552.75	555.50	1.25	923	8,199
2011년 7월	574.25	583.00	571.00	573.75	0.75	4,938	34,300
생우 40,000파운드(파운드당 센트)							
2010년 6월	90.800	90.850	90.450	90.800	0.775	12,410	51,817
2010년 8월	89.700	90.050	89.525	89.925	0.850	19,341	144,587
2010년 10월	91.100	91.150	90.750	91.100	0.750	7,718	78,300
2010년 12월	92.100	92.250	91.875	92.175	0.800	3,347	42,102
2011년 2월	93.200	93.550	93.200	93.550	0.800	792	18,428

직전에 거래된 선물의 가격이다. [표2.2] 각 행의 네번째 숫자는 전날의 정산가격 (2016년 5월 2일)이다. 각 행의 다섯번째 숫자는 가장 최근의 선물가격이며 여섯번째 숫자는 전날과 비교한 정산가격의 변동분이다. 2016년 6월 만기 금선물의 경우 전날의 정산가격은 1,295.80달러이다. 가장 최근에 거래된 선물의 가격은 1,288.10이며 이는 전날의 정산가격보다 7.7달러 낮다. 만약 1,288.10이 2016년 5월 3일의 정산가격이 된다면 금선물 1계약에 매입포지션을 취한 투자자는 770달러의 손실을 볼 것이며 반대로 금선물 1계약에 매도포지션을 취한 투자자는 770달러의 이익을 볼 것이다.

거래량과 미결제약정수량

[표2.2]의 마지막 열에는 거래량이 나타나있다. 거래량은 당일 거래된 선물계약수이다. 이는 미결제약정수량(open interest)와 비교될 수 있다. 미결제약정수량이란 남아 있는 선물계약의 수량, 즉 남아 있는 총 매입포지션의 합계 또는 총 매도포지션의 합계이다.

당일 거래량이 그날 시작 기준과 종료 기준의 미결제약정수량보다 많을 수 있다. 이는 그날 하루 동안 많은 당일마감 거래(day trade)가 있었음을 의미한다[이런 거래자들을 당일거래자(day trader)라고 부른다].

선물가격의 패턴

선물가격은 여러 패턴을 보일 수 있다. 금선물 가격은 일반적으로 만기가 길수록 상승한다. 이런 경향은 [표 2.2]에 나타나 있는 금, 원유, 옥수수, 그리고 밀 선물 정산가격은 만기가 증가할수록 증가하고 있다. 이를 정상시장(normal market)이라 부른다. 생우의 경우 선물계약의 정산가격이 만기가 증가할수록 감소한다. 이를 역조시장(inverted market)이라 부른다.[7] 콩 선물은 2016년 5월 3일 부분적으로는 정상시장 그리고 부분적으로는 역조시장의 패턴을 보인다.

2.7 인도

앞에서 이미 설명한 바와 같이 궁극적으로 기초자산을 인도하는 선물계약은 거의 존재하지 않는다. 거의 대부분의 선물계약이 만기 전에 마감된다. 그럼에도 불구하고 선물가치는 기초자산을 궁극적으로 인도한다는 가정 하에서 결정할 수 있다. 따라서 인도과정을 올바로 이해하는 것이 중요하다.

거래소는 선물계약에 따라 인도기간을 다르게 정한다. 인도시점은 매도포지션 거래자가 결정한다(여기서는 매도포지션 거래자를 A투자자라고 부르기로 하자). A투자자가 인도하기로 결정하면, A투자자의 브로커는 결제소에 인도의사 고지서를 발행한다. 여기에는 인도계약수가 명시되어 있고, 상품선물의 경우 인도할 장소와 인도상품의 등급이 표시된다. 그 다음에 거래소는 인도를 받아들일 매입포지

7 때때로 콘탱고(contango)는 선물가격이 만기의 증가함수인 상황을 일컫기도 하고, 백워데이션(backwardation)은 선물가격이 만기의 감소함수인 상황을 일컫기도 한다. 5장에서 설명할 것이지만 엄밀히 말해서 이런 용어들은 기초자산의 가격이 시간이 흐름에 따라 증가할 것인지 아니면 감소할 것인지와 관련되어 있다.

션 거래자를 선택한다.

A투자자가 매도포지션을 취했을 때 매입포지션을 취한 상대방이 B투자자라고 가정하자. 여기서 B투자자가 상품을 인도받을 것으로 기대할 이유가 없음을 이해하는 것이 중요하다. 즉, B투자자는 C투자자와의 계약에서 매도포지션을 취함으로써 얼마든지 자신의 포지션을 마감할 수 있고, 또한 C투자자도 D투자자와의 계약에서 매도포지션을 취함으로써 자신의 포지션을 마감할 수 있다. 거래소는 관행상 매입포지션을 가장 오랫동안 취하고 있는 거래자에게 인도의사 고지서를 전달한다. 매입포지션을 취하고 있는 누군가가 반드시 인도의사 고지서를 수락해야 한다. 만일 고지서를 이전시킬 수 있다면 고지서를 받은 매입포지션 거래자는 짧은 시간 내에(보통 30분 이내에) 그들을 대신해 인도받을 의사가 있는 다른 매입포지션 거래자를 찾아야 한다.

상품선물의 경우 인도를 받아들인다는 것은 통상 즉시 대금을 지급하고 보관증권(warehouse receipt)을 받는 것을 의미한다. 인도를 받아들이는 거래자는 그 이후 모든 보관비용을 부담한다. 생우(livestock) 선물의 경우 동물을 먹이고 돌보는 데 비용이 소요된다([실무사례2.1] 참조). 금융선물의 경우 인도는 통상 전신이체로 이루어진다. 일반적으로 모든 선물계약의 경우 지급할 가격은 최근의 정산가격이다. 이 가격은 등급과 인도장소 등에 따라 조정된다. 인도의사 고지서를 발행하고서 자산을 최종 인도하기까지는 일반적으로 2일 내지 3일이 소요된다.

선물계약에는 3가지의 중요한 날짜가 있다. 즉, 최초고지일, 최종고지일 그리고 최종거래일이다. 최초고지일(first notice day)은 매도포지션 거래자가 인도의사 고지서를 거래소에 전달 할 수 있는 첫 번째 날이다. 최종고지일(last notice day)은 인도의사 고지서를 전달할 수 있는 마지막 날이다. 최종거래일(last trading day)은 일반적으로 최종고지일 며칠 전이다. 인도받는 위험을 피하기 위해서는, 매입포지션을 갖고 있는 투자자는 최초고지일 전까지 반대매매를 통해 그의 계약을 마감해야 한다.

현금정산

3장에서 논의할 주가지수선물과 같은 금융선물의 거래에서는 현금정산(cash settlement)이 이루어진다. 왜냐하면 기초자산을 인도하는 것이 불편하거나 불가능하기 때문이다. 예를 들어 S&P 500지수 선물의 경우, 기초자산을 인도한다는 것은 500개 종류의 주식으로 구성된 포트폴리오를 인도하는 것을 의미하므로 인도 자체가 불가능하다. 현금정산되면 모든 계약은 미리 약정한 날에 마감된다. 최종 정산가격은 그날의 시초 또는 종료 시점의 기초자산의 현물가격과 동일하다. 예를 들어 CME 그룹에서 거래되는 S&P 500 선물계약의 경우, 미리 약정한 날은 인도월의 세번째 금요일이고 최종 정산은 그 날의 시가(opening price)로 이루어진다.

2.8 거래자 유형

거래를 수행하는 거래자들은 크게 두 가지 형태가 있다. 하나는 선물커미셔너(FCMs: futures commission merchants)이고 다른 하나는 로컬(locals)이다. 선물커미셔너는 고객의 지시를 따르고 그에 대한 수수료를 받는 사람이고 로컬은 그들 자신의 계좌를 갖고 거래하는 사람이다.

로컬의 고객이거나 선물커미셔너의 고객이거나 관계없이 시장 참여자들은 1장에서 언급했듯이 헷저, 투기자 또는 차익거래자로 분류할 수 있다. 또한 투기자는 초단기의 차익을 추구하는 초단기 거래자, 당일마감 거래자 그리고 포지션 거래자로 분류할 수 있다. 초단기 거래자 (scalper)는 아주 짧은 단기간의 가격추세를 관찰하여 작은 가격변동에서 시세차익을 추구하는거래자이다. 그들은 보통 단지 몇 분 동안만 포지션을 유지한다. 당일마감 거래자(day trader)들은 하루도 채 안 되는 기간 동안만 포지션을 유지하는 거래자이다. 이들은 하룻밤 사이에 일어나는 악재로 인한 위험도 부담하지 않으려는 거래자이다. 포지션 거래자(position trader)들은 앞의 경우보다 훨씬 오랜 기간 동안 그들의 포지션을 유지하는 거래자이다. 포지션 거래자들은 중요한 시장변동으로부터 많은 이익을 얻으려는 거래자이다.

주문의 유형

성립가 주문 또는 시장가 주문(market order)은 개인이 그의 브로커에게 내는 가장 단순한 형태의 주문이다. 성립가 주문은 시장에서 이용 가능한 최선의 가격으로 거래가 즉시 이루어지도록 하는 주문이다. 성립가 주문 이외에도 많은 유형의 주문이 있다. 여기서는 일반적으로 많이 이용하는 주문들을 살펴보기로 한다.

지정가 주문(limit order)은 특정가격을 명시하는 주문이다. 이것은 명시된 가격 또는 투자자에게 유리한 가격으로만 거래가 이루어지도록 하는 주문이다. 예를 들어 매입포지션을 취하려는 투자자의 지정가(limit price)가 30달러라면, 이 주문은 30달러 또는 그보다 낮은 가격으로만 체결될 수 있다. 물론 이 주문이 체결될 것이라는 보장은 없다. 왜냐하면 시장가격이 지정가에 도달하지 못할 경우도 얼마든지 있기 때문이다.

역지정가 주문(stop order 또는 stop-loss order)도 특정가격을 명시하는 주문이다. 역지정가 주문은 현재의 시장가격이 하락(상승)하여 지정된 가격에 도달하면 성립가 주문으로 매도(매입)할 것을 지시하는 주문이다. 예를 들어, 특정가격 30달러에 매도하라는 역지정가 주문이 있고 그때 시장가격이 35달러라고 하자. 이 주문은 시장가격이 30달러로 하락할 때 매도하라는 주문이다. 즉, 시장가격이 특정가격과 일치할 때 역지정가 주문은 곧 바로 성립가 주문이 된다. 일반적으로 역지정가 주문의 목적은 시장가격이 불리하게 움직이면 포지션을 종결해서 손실을 일정 수준으로 한정시키는 데 있다.

지정폭 주문(stop–limit order)은 역지정가 주문과 지정가 주문을 결합한 형태의 주문이다. 지정폭 주문은 역지정가 또는 그보다 불리한 가격으로 시장가격이 형성되면 곧바로 지정가 주문이 되는 주문이다. 지정폭 주문에서는 2가지 가격이 명시된다. 역지정가와 지정가가 그것이다. 예를 들어, 시장가격이 35달러일 때, 매입을 위한 지정폭 주문의 역지정가는 40달러이고 지정가는 41달러라고 하자. 시장 매도 매수가격이 40달러로 형성되면 지정폭 주문은 41달러의 지정가 주문이 된다. 역지정가와 지정가가 동일하다면, 그 주문은 역지정가–지정가 주문(stop-and-limit-order)이라고 불리기도 한다.

MIT 주문(market-if-touched order)은 거래가 특정가격 또는 그보다 유리한 가격으로 일단 이루어지면 시장에서 이용 가능한 최선의 가격으로 거래가 이루어지도록 하는 주문이다. 사실상 일단 명시된 가격에 도달하면 MIT 주문은 성립가 주문이 된다. MIT 주문은 전광판 주문(board order)이라고도 알려져 있다. 선물에 매입포지션을 취하고 있으며 그 선물을 마감하려는 어떤 투자자의 주문을 생각해보자. 역지정가 주문은 불리한 가격 움직임이 발생할 때 그 손실을 제한하기 위한 주문이다. 그러나 이와는 반대로 시장가격이 투자자에게 유리한 특정 가격에 도달하면, MIT 주문은 그 이익을 가능한 한 많이 확보하는 데 유용한 주문이다.

재량 주문(discretionary order 또는 market-not-held order)은 더 유리한 가격을 얻기 위하여 브로커의 재량권으로 주문이 지연될 수 있다는 점을 제외하고는 성립가 주문과 동일한 형태의 주문이다.

어떤 주문들은 체결시간 조건을 명시하기도 한다. 언급이 없으면, 주문은 1일 주문이고 그 거래일 종료 시에 소멸된다. 시간지정 주문(time-of-day order)은 그 주문이 체결될 수 있는 시간대를 명시한 주문이다. 공개 주문(open order 또는 good-till-canceled order)이란 그 주문이 체결될 때까지 또는 특정계약의 거래 종료 시까지 유효한 주문이다. 성립–취소 주문(fill-or-kill order)이라는 용어 자체가 암시하듯이, 주문 즉시 체결되지 않으면 소멸되는 주문이다.

2.9 규제

현재 미국의 선물시장은 1974년에 연방정부에서 설립한 상품선물거래위원회(CFTC: The Commodity Futures Trading Commission, www.cftc.gov)의 규제를 받고 있다.

CFTC는 공공의 이익을 추구한다. CFTC는 선물시장가격이 일반대중에게 잘 전달되도록 하는 일과 선물거래자들이 일정 수준을 상회하는 경우 그들의 선물포지션 크기를 보고하도록 하는 일을 담당한다. 또한 CFTC는 선물분야에서 일하는 모든 개인 종사자들에게 면허를 부여하는 일도 담당한다. CFTC는 개인종사자들의 배경을 조사하고, 이들이 최소요구자본(minimum capital requirement)을 유지할 것을 요구한다. CFTC는 일반대중이 제기한 불만사항을 처리하고, 그 내용이 타당하다고 판단되면 선물시장 종사자를 대상으로 합당한 징계조치를 취한다. CFTC는 거래소 규칙을 위반하는 회원들을 징계하도록 선물거래소에게 요구할 수 있는 권한을 갖고 있다.

1982년에 미국 선물연합(NFA: The National Futures Association, www.nfa.futures.org)이 설립되면서, CFTC의 일부 책임이 선물산업 자체에 위임되었다. NFA는 선물산업에 종사하는 선물업자들의 연합체이다. NFA의 설립목적은 사기를 방지하고, 선물시장이 일반대중의 이익에 최대로 부합하여 운영될 수 있도록 하는 데 있다. NFA의 회원이 되기 위해서는 소정시험에 합격해야 한다. NFA는 선물거래를 감시하고 적절한 징계를 할 수 있는 권한을 갖고 있다. 그리고 NFA는 투자자 개인들과 그 회원 사이에 발생하는 분쟁을 중재하기 위한 효율적 조정시스템을 갖추고 있다.

오바마 미국 대통령이 승인한 Dodd-Frank 법안 안은 CFCT의 역할을 확장시켰다. 예를 들면, 금융기관 간 표준장외파생상품에 대해 스왑 거래 플랫폼인 SEF(swap execution facilities)에서 거래하고 중앙청산소를 통해 청산되는 것을 요구하는 규제를 고안했다(1장2절 참고).

불공정 거래

선물시장은 대부분 효율적으로 그리고 공공의 이익에 맞추어서 운영되고 있다. 그러나 때때로 불공정 거래(trading irregularity)가 발생하기도 한다. 예를 들면 투자자 집단이" 시장을 매점(corner the market)" 할 때 불공정 거래가 발생한다.[8] 투자자 집단이 특정선물에 대해 대규모의 매입포지션을 취하고, 기초자산의 공급량을 통제하면 불공정 거래가 발생한다. 선물계약의 만기가 도래할 때, 투자자 집단이 그들의 포지션을 마감하지 않으면, 미결제된 선물계약의 수는 인도 가능한 상품의 수를 초과한다. 이때 매도포지션 소유자들이 상품인도가 어렵다는 것을 알고 그들의 매도포지션을 마감하려고 할 것이다. 그 결과 선물과 현물가격은 동시에 폭등할 것이다. 시장 규제자들은 이런 유형의 시장 남용에 대처하기 위해서, 증거금 액수를 증가시키며 포지션 한도(position limit)를 엄격히 적용하여 투기거래자의 미결제 포지션(open position)을 증가시키는 거래를 규제하고, 그들이 포지션을 마감하도록 강요한다.

2.10 회계와 세금

선물거래에 대한 구체적 회계처리와 세금처리 방법은 본 서의 범위를 벗어나므로 여기서는 다루지 않겠다. 이 문제를 자세히 알고 싶은 투자자는 전문적인 조언을 구해야 한다. 여기서는 일반적인 배경정보에 대해서만 설명하기로 한다.

회계

회계기준은 선물계약이 헷지목적이 아니라면 선물가격의 변화를 발생시점에서 인식할 것을 요구한다. 선물계약이 헷지목적인 경우, 회계처리상 헷지대상 자산의 손익이 인식되는 기간에 손익을 인식한다. 후자와 같은 처리를 헷지회계(hedge accounting)라 부른다.

12월에 결산하는 어떤 기업의 사례를 들어보자. 기업이 2017년 9월 현재 2018년 3월 만기 옥수수선물 1계약에 매입포지션을 취하고, 2018년 2월 말에 그 포지션을 마감한다고 하자. 선물가격은 계약체결 시에 부셸당 450센트이고, 2017년 말에 470센트이며, 계약마감 시에 480센트이다. 옥수수선물 1계약은 5,000부셸이다. 거래의 목적이 헷지가 아니라면, 2017년과 2018년의 회계이익은 각각 1,000달러, 500달러이다.

$$5{,}000 \times (4.70 - 4.50) = 1{,}000\text{달러 (2017년)}$$
$$5{,}000 \times (4.80 - 4.70) = 500\text{달러 (2018년)}$$

만일 기업이 2018년 2월에 예정된 5,000부셸의 옥수수 구입을 헷지하기 위해 선물계약을 체결하고 헷지회계를 적용하면, 총이익 1,500달러는 회계처리상 2018년에 실현한 것으로 인식된다.

8 이런 형태의 불공정 거래는 1979~1980년 사이에 발생한 헌트 형제들의 행동에서 잘 나타나 있다. 1979년 중반에서 1980년 초기 사이에 그들의 행동은 온스당 은가격이 6달러에서 50달러까지 오르게 했다.

헷징손익을 회계처리하는 방법은 쉽게 이해할 수 있다. 만일 기업이 2018년 2월 말에 예정된 5,000부셸의 옥수수 구입을 헷지하기 위해 선물을 이용한다면, 기업은 부셸당 450센트와 유사한 가격으로 옥수수를 확보할 수 있다. 이런 회계처리는 기업이 2018년에 450센트 기준으로 비용을 지급하는 것을 반영한 것이다.

FASB (Financial Accounting Standards Board)는 기업이 헷지회계(hedge accounting)을 사용할 수 없는 상황에 대해 설명하는 FAS 133과 ASC 815를 발표하였다. IASB(International Accounting Standards Board) 역시 유사하게 IAS 39와 IFRS 9를 발표했다.

세금

미국세법에서 두 가지 주요 이슈는 과세대상 손익의 본질과 인식시점이다. 손익은 자본손익(capital gain/loss)과 일반소득(ordinary income)의 한 부분으로 분류된다. 기업납세자의 경우, 자본이익은 일반소득과 같은 세율로 과세되고 손실공제는 제한된다. 기업납세자는 자본이익의 범위까지만 자본손실을 공제받을 수 있다. 또한 기업납세자는 자본손실을 3년 동안 소급할 수 있으며, 미래 5년 동안 이연시킬 수 있다. 기업이 아닌 납세자의 경우 단기 자본이익은 일반소득과 같은 세율로 과세되나, 장기 자본이익은 최대 자본이익 세율인 20%로 과세된다[장기 자본이익은 1년 이상 보유했던 자본자산(capital asset)을 처분해서 얻는 이익이며 단기 자본이익은 1년 미만 보유했던 자본자산을 처분해서 얻는 이익이다]. 기업이 아닌 납세자의 경우, 자본이익과 일반소득을 합쳐서 3,000달러까지 자본손실이 공제되고, 자본손실은 제한 없이 미래에 이연될 수 있다.

일반적으로 선물계약은 과세연도 말일에 마감되는 것으로 취급된다. 기업이 아닌 납세자의 경우 선물계약의 손익은 자본손익으로 처리된다. 즉 기업이 아닌 납세자의 경우, 보유기간에 관계없이 선물계약 손익의 60%는 장기 자본손익으로 간주되고 나머지 40%는 단기 자본손익으로 간주된다. 이것이 소위 "60/40"원칙이다. 기업이 아닌 납세자는 이 원칙에 의해 이전 3년간 인식된 이익을 상쇄하는데, 이 원칙에 의해 인식된 순손실을 3년 동안 소급하여 적용할 수 있다.

헷징거래는 위에서 설명한 원칙이 적용되지 않는다. 세금목적 헷징거래의 정의와 회계목적 헷징거래의 정의는 서로 다르다. 세법에 의하면 헷징거래는 다음에 열거한 어느 한 목적으로 정상적인 영업활동 중에 발생한 거래로 정의된다.

1. 일반소득을 창출할 목적으로 납세자가 소유한(또는 소유할) 재산과 관련된 가격변화 또는 환율변동의 위험을 줄이려고 한다.
2. 납세자의 차입금과 관련된 가격변화, 금리변화 또는 환율변동의 위험을 줄이려고 한다.

헷징거래는 시기 적절하게 기업의 서류에 명백히 기록되어야 한다. 헷징거래로부터 얻는 손익은 경상손익으로 취급된다. 일반적으로 헷징거래에서 발생하는 손익을 인식하는 시점은 헷징거래와 관련해서 발생하는 소득과 비용을 인식하는 시점과 동일하다.

2.11 선도계약과 선물계약의 비교

선도계약과 선물계약의 주요 차이점은 [표 2.3]에 요약되어 있다. 두 계약 모두 특정 가격으로 미래 특정 시점에서 특정 자산을 사거나 파는 계약이다. 선도계약은 장외시장에서 거래되고 표준화된 계약규모나 표준화된 인도규정이 없는 계약이다. 선도계약에서는 일반적으로 단일 인도일이 명시되어 있고 계약이 존속기간 동안 유지되고 만기일에 정산된다. 선물계약은 거래소에서 거래되는 표준화된 계약이다. 선물계약은 일일 정산되고 일반적으로 만기일 전에 마감된다.

선도 및 선물 계약으로부터의 이익

예를 들어 파운드화의 90일 선도환율이 1.5000이고, 이는 정확히 90일 후에 인도할 선물계약의 가격과 일치한다고 하자. 선도계약과 선물계약의 손익 간에는 어떤 차이가 있는가?

선도계약에서는 총손익이 계약만기일에 실현된다. 선물계약에서는 일일 정산되기 때문에 손익이 매일 실현된다. 예를 들어 A투자자는 100만 파운드의 90일 선도계약에 매입포지션을 취하고, B투자자는 100만 파운드의 90일 선물계약에 매입포지션을 취한다고 하자(선물 1계약의 규모는 62,500파운드이므로, B투자자는 총 16개의 선물계약을 구입한다). 90일 후의 현물환율이 1.7000이라면, A투자자는 90번째 날에 200,000달러의 이익을 얻는다. 그리고 B투자자도 동일한 이익을 얻지만, 그 이익은 90일에 걸쳐 분산되어 발생한다. 즉, B투자자는 어떤 날에는 손실을 보고 또 다른 날에는 이익을 얻을 것이다. 그러나 전체적으로 이익에서 손실을 공제하면 B투자자의 90일 간에 걸친 순이익은 200,000달러이다.

외환공시

통화에 대한 선도계약과 선물계약이 모두 활발히 거래되고 있다. 그러나 두 시장에서 환율이 공시되는 방법에는 차이가 있다. 외국통화의 선물가격은 항상 외국통화 단위당 교환되는 미국 달러 가치 또는 센트 가치로 공시된다. 선도가격은 항상 현물가격과 동일한 방법으로 공시된다. 다시 말해서 영국 파운드, 유로, 호주 달러 그리고 뉴질랜드 달러의 경우 공시한 외환의 선도가격은 외국통화 단위당 교환되는 미국 달러 가치를 의미하므로 선물 공시가격과 직접 비교할 수 있다. 그러나 다른 통화의 경우 공시한 선도가격은 미국 달러(USD)당 교환되는 외국통화의 단위수이다. 캐나다 달러(CAD)를 고려해보자.

표 2.3 선도계약과 선물계약의 비교.

선도계약	선물계약
거래자 간의 사적인 계약	공식적인 거래소에서 거래되는 계약
표준화되지 않은 계약	표준화된 계약
통상 인도일은 1일에 국한	인도일은 기간으로 정함
계약 만료일에 정산	일일정산
인도 또는 최종 현금결제됨	일반적으로 만기 이전에 마감됨
약간의 신용위험 존재	실질적으로 신용위험 없음

1 CAD당 0.8500 USD의 선물가격은 1 USD당 1.1765 CAD의 선도가격에 해당한다(1.765 = 1/ 0.8500).

요약

선물계약에서는 거의 대부분 기초자산의 인도가 이루어지지 않는다. 통상적으로 거래자들은 반대매매를 통해 인도기간이 도래하기 전에 그들의 포지션을 마감한다. 그러나 선물가격이 어떻게 결정되는가를 알아보기 위해서는 기초자산이 인도된다고 가정하는 것이 필요하다. 각 선물계약에는 인도되는 기간이 정해져 있으며 정교한 인도절차가 규정되어 있다. 주가지수선물과 같은 일부 계약에서는 기초자산을 인도하는 대신 현금으로 정산 처리한다.

계약내용을 자세하게 명시하는 것은 선물거래소의 주요 활동이다. 계약의 양 당사자는 무엇을 인도할 것이며, 어디로 인도할 것인가 그리고 언제 인도할 것인가를 반드시 알아야 한다. 그들은 또한 거래시간, 가격공시방법, 일일 가격변동 제한폭 등에 대해서도 자세하게 알 필요가 있다. 신규 선물계약은 반드시 상품선물거래위원회(CFTC)의 승인을 얻어야 한다.

증거금제도는 선물시장에서 중요한 일면을 차지하고 있다. 투자자는 그의 브로커를 통해 증거금계정을 개설해야 한다. 증거금계정 잔액은 매일의 손익을 반영하여 조정된다. 그리고 브로커는 불리한 가격변동이 일어나면 수시로 증거금을 일정 수준으로 유지할 것을 투자자에게 요구한다. 브로커는 결제소 회원이거나 또는 결제소 회원을 통해 증거금계정을 개설해야 한다. 그리고 각 결제소 회원은 결제소에 계정을 갖고 있어야 한다. 계정잔액은 결제소 회원의 책임 하에 거래의 손익을 반영하여 매일같이 정산된다.

장외파생상품시장에서는 거래들이 양방 또는 중앙 청산된다. 양방 청산될 때는 한쪽 또는 양쪽 거래자들은 신용위험을 줄이기 위해 흔히 담보를 제공한다. 청산소를 통해 청산되는 거래의 경우, 중앙청산소가 양 거래 당사자의 거래 상대방이 된다. 청산소는 양쪽 거래자에게 증거금을 납입을 요구하며 거래소청산소와 동일한 역할을 수행한다.

선도계약은 많은 점에서 선물계약과 다르다. 선도계약은 두 당사자 간의 사적인 계약인 반면, 선물계약은 거래소에서 거래되는 공적인 계약이다. 선도계약에서는 일반적으로 인도일을 하루로 지정하는 반면에, 선물계약에서는 흔히 인도일을 일정기간으로 지정한다. 선도계약은 거래소에서 거래되지 않기 때문에 표준화될 필요가 없다. 선도계약은 만기까지 정산되지 않으며, 실제로 대부분의 선도계약에서는 기초자산을 만기 종료 시에 인도하거나 또는 현금으로 정산한다.

뒤의 몇 개의 장(章)에서 선도가격과 선물가격이 어떻게 결정되는지를 논의할 것이다. 아울러 선도 및 선물계약이 헷징에 어떻게 이용되는지를 좀 더 자세하게 살펴볼 것이다.

참고문헌

Duffie, D., and H. Zhu." Does a Central Clearing Counterparty Reduce Counterparty Risk?" Review of Asset Pricing Studies, 1, 1 (2011): 74-95.

Gastineau, G. L., D. J. Smith, and R. Todd. *Risk Management, Derivatives, and Finantial Analysis under SFAS No. 133*. The Research Foundation of AIMR and Blackwell Series in Finance, 2001.

Hull, J., "CCPs, Their Risks and How They Can Be Reduced," *Journal of Derivatives*, 20, 1 (Fall 2012): 71–80.

Jorion, P. "Risk Management Lessons from Long-Term Capital Management," *European Financial Management*, 6, 3 (September 2000): 277–300.

Kleinman, G. *Trading Commodities and Financial Futures*. Upper Saddle River, NJ: Pearson, 2013.

Lowenstein, R. *When Genius Failed: The Rise and Fall of Long-Term Capital Management*. New York: Rnadom House, 2000.

Panaretow, A., M. B. Shackleton, and P. A. Taylor. "Corporate Risk Management and Hedge Accounting," *Contemporary Accounting Research*, 30, 1 (Spring 2013): 116-139.

연습문제

2.1. 미결제약정수량과 거래량(trading volume)을 구별해서 설명하라.

2.2. 로컬과 선물커미션너의 차이는 무엇인가?

2.3. 당신이 온스당 17.20달러에 7월 만기 은선물에 매도포지션을 취한다고 하자. 1계약의 규모는5,000온스이다. 개시증거금은 4,000달러이고 유지증거금은 3,000달러이다. 선물가격의 어떤 변화가 있을 때 증거금 납입요청이 있을 것인가? 만약 당신이 증거금 납입요청에 응하지 못하면 어떤 일이 일어날 것인가?

2.4. 어떤 기업이 2012년 9월 현재 2013년 5월 만기 원유선물에 매입포지션을 취하고, 2013년 3월에 그 포지션을 마감한다고 하자. 그 계약에 매입포지션을 취할 때 선물가격은 배럴당 68.30달러이고, 포지션 마감 시 선물가격은 배럴당 70.50달러이며 그리고 2012년 12월말의 선물가격은 69.10달러이고 선물 1계약의 규모는 1,000배럴이다. 기업의 총이익은 얼마인가? 그것은 언제 실현되는가? 기업이 (a) 헷저일 때 또는 (b) 투기자일 때 얼마의 세금이 부과되는가(결산일은 12월 31일이다)?

2.5. 2달러에 파는 역지정가 주문이란 무엇인가? 그것은 언제 이용되는가? 2달러에 파는 지정가 주문이란 무엇인가? 그것은 언제 이용되는가?

2.6. 결제소가 관리하는 증거금계정과 브로커가 관리하는 증거금계정의 운영상 차이점은 무엇인가?

2.7. 외환선물시장에서 가격을 공시하는 방법과 외환현물시장에서 가격을 공시하는 방법 그리고 외환선도시장에서 가격을 공시하는 방법 간에는 어떤 차이가 있는가?

2.8. 선물계약에 매도포지션을 취한 투자자는 인도자산, 인도장소 그리고 인도시점 등에 대해 선택권을 갖기도 한다. 이런 선택권은 선물가격을 상승시킬 것인가 아니면 하락시킬 것인가? 그 이유도 설명하라.

2.9. 신규 선물계약을 설계하는 데 가장 중요한 점은 무엇인가?

2.10. 증거금이 지급불능의 위험으로부터 투자자를 어떻게 보호하는지 설명하라.

2.11. 어떤 투자자가 냉동 오렌지주스 선물 2계약에 매입포지션을 취한다고 하자. 선물 1계약의 규모는 15,000파운드이고, 현재 선물가격은 파운드당 160센트이다. 개시증거금이 계약당 6,000달러이고, 유지증거금이 계약당 4,500달러이다. 가격이 어떻게 변해야 증거금 납입요청이 있을 것인가? 또한 어떤 상황이 되어야 증거금계정으로부터 2,000달러를 인출할 수 있는가?

2.12. 상품 인도기간 중에 선물가격이 현물가격보다 높으면 차익거래가 발생할 수 있음을 예를 들어 설명하라.

그리고 선물가격이 현물가격보다 낮을 때도 차익거래가 발생할 수 있는지를 설명하라.

2.13. MIT 주문과 역지정가 주문의 차이를 설명하라.

2.14. 가격을 20.10으로 지정(limit)하고 20.30에 팔아달라는 지정폭 주문을 구체적으로 설명하라.

2.15. 어느 날의 거래 종료시점에서 결제소의 한 회원이 선물 100계약에 매입포지션을 취하고 있으며, 정산가격은 계약당 50,000달러이다. 개시증거금은 계약당 2,000달러이다. 다음날에 그 회원은 추가로 20계약 매입포지션의 결제책임을 맡았다. 이날 선물가격은 계약당 51,000달러이며, 정산가격은 50,200달러이다. 그 회원은 결제소에 얼마의 증거금을 보충해야 하는가?

2.16. 2008년 신용위기 이후 도입된 규제로 시작된 담보요건이 왜 장외시장을 성장(increase)시키는지 설명하라.

2.17. 45일 만기 스위스 프랑화의 선도가격이 1.1000이다. 그리고 45일 만기 스위스 프랑화의 선물가격이 0.9000이다. 두 공시가격을 비교 설명하라. 두 계약 중 어느 것이 스위스 프랑화를 매도하려는 투자자에게 더 유리한가?

2.18. 당신이 브로커에게 전화해서 7월 만기 생돈 1계약을 매도하려 할 때, 어떤 절차가 진행되는지를 설명하라.

2.19. "선물시장에서 투기행위는 완전한 도박행위이다. 투기자들이 선물거래소 회원권을 사도록 허락하는 것은 공공의 이익에 반하는 일이다."이런 주장에 대한 당신의 의견을 제시하라.

2.20. 장외시장의 양방 그리고 중앙 청산의 차이를 설명하라.

2.21. 거래소가 기초자산의 품질을 완벽하게 규정하지 않고 거래한다면 어떤 일들이 발생할 것인가?

2.22. "거래소에서 거래되는 어떤 선물계약의 미결제약정수량이 1개 증가한다든지, 그대로 유지된다 든지" 또는 1개 감소한다든지 하는 것의 의미를 설명하라.

2.23. 어떤 기업이 2018년 10월 24일에 2019년 4월 만기 생우선물 1계약에 매도포지션을 취하고, 2018년 1월 21일에 그 포지션을 마감한다고 하자. 처음 계약을 체결했을 때 생우선물가격이 파운드당 121.20센트이고, 포지션 마감 시에는 118.30센트였으며, 2018년 12월 말에는 118.80센트이다. 생우선물 1계약의 규모는 40,000파운드이다. 기업의 총이익은 얼마인가? 당신이 (a) 헷저일 때 또는 (b) 투기자일 때, 세금처리는 각각 어떻게 되는가(결산일은 12월 31일이다)?

2.24. 어떤 가축 사육업자가 3개월 후에 120,000파운드의 생우를 출하할 예정이다. 시카고상업거래소에서 거래되는 생우선물 1계약은 40,000파운드이다. 가축사육업자는 헷징을 위해서 선물계약을 어떻게 이용할 수 있는가?

2.25. 2017년 7월 현재 어떤 광산기업이 적은 양의 금맥을 발견하였다. 광산을 건설하는 데 6개월이 소요될 것이다. 기업은 광산을 건설한 후 1년 동안 정도의 차이는 있어도 일정한 비율로 금을 채굴할 것이다. 금선물의 경우 2017년 8월부터 2018년 12월까지 2개월 간격으로 인도월이 있다. 선물의 1계약은 100온스이다. 광산기업이 헷징을 위해서 선물계약을 어떻게 이용할 수 있는지 논의하라.

2.26. 중앙청산소(CCP)가 어떻게 운영되는지 설명하라. 금융기관 간 표준화된 파생상품 거래를 하도록 요구하는 것이 금융안정성에 어떻게 도움이 되는지 설명하라.

과제물 문제

2.27. A거래자는 3개월 후에 110만 달러를 주고 100만 유로를 매입하는 선물계약을 체결한다. B거래자는 동일한 내용을 선도계약으로 체결한다. 유로당 달러화 환율이 처음 두 달 동안 급격히 하락한 후 세 번째 달에는 1.1300까지 상승한다. 일일정산의 영향을 무시할 때, 각 거래자의 총이익은 얼마인가? 일일정산의 영향을 감안할 때, 어느 거래자가 더 유리한가?

2.28. 미결제약정수량이란 무엇인지 설명하라. 통상적으로 미결제수량이 인도월 이전 달에 감소하는데 그 이유는 무엇인가? 특정일에 어떤 선물계약이 2,000개 거래되었다고 하자. 이는 2,000개의 매입포지션과 2,000개의 매도포지션이 있었다는 것을 의미한다. 2,000개의 매입포지션 중에서 1,400개가 마감되었고 600개가 신규 포지션으로 남아 있다. 그리고 2,000개의 매도포지션 중에서 1,200개가 마감되었고 800개가 신규 포지션으로 남아 있다. 하루 동안의 이런 거래가 미결제약정수량에 미치는 영향을 무엇인가?

2.29. 오렌지주스 선물 1계약의 규모는 15,000파운드 냉동 농축액이다. 2017년 9월 어떤 기업이 2018년 3월 만기 오렌지주스 선물을 파운드당 120센트에 매도하는 계약을 체결하였다. 2017년 12월에 선물가격은 140센트이고 2012년 12월에 선물가격은 110센트이며 2013년 2월에 마감할 때 선물가격은 125센트이다. 기업의 결산일은 12월 31일이다. 기업의 손익은 얼마인가? 기업의 손익은 어떻게 실현되는가? 기업이 (a) 헷저일 때와 (b) 투기자일 때 각각에서 회계와 세금은 어떻게 처리되는가?

2.30. 어떤 기업이 부셸당 450센트의 가격으로 밀(wheat)선물 5,000부셸에 매도포지션을 취한다고하자. 개시증거금이 3,000달러이고 유지증거금이 2,000달러이다. 가격이 어떻게 변해야 증거금 납입요청이 발생하는가? 어떤 상황이 되어야 증거금계정으로부터 1,500달러를 인출할 수 있는가?

2.31. 원유를 저장하는 데 비용이 들지 않고 차입이자율과 대출이자율이 연간 4%로 동일하다고 하자. 6월과 12월 만기 선물계약이 각각 50달러와 56달러에 거래된다고 한다면 이를 활용해 어떻게 돈을 벌 수 있는지 설명하라.

2.32. 특정 일에 K의 가격으로 특정 자산을 매입하는 선도계약과 동일 일에 K의 가격으로 동일 자산을 매도하는 풋옵션을 결합한 포지션과 동등한 포지션은 무엇인가?

2.33. 한 기업이 은행 A, B, 그리고 C와 현재 각각 기업의 입장에서 2,000만달러, -1500만달러, 그리고 -2500만달러의 가치를 갖는 파생상품거래를 하고있다. 다음과 같은 각 두 상황에서 얼마의 증거금 또는 담보를 납입해야 하는지 답하라.

(a) 계약들은 양방 청산되는 계약이며 초기증거금이 없이 기업만 추가증거금을 납입해야 하는 조건이다. 은행들은 담보를 납입할 필요가 없다.

(b) 동일한 중앙청산소를 통해 청산되는 계약이며 중앙청산소는 총 1000만달러의 초기증거금을 요구한다.

2.34. 한 은행이 1000만달러의 가치를 갖는 파생상품을 다른 거래상대방과 거래하고 있다. 이 거래는 양방 청산되며 거래상대방은 1000만달러의 현금담보를 납입했다. 은행이 노출 된 신용위험은 무엇인가?

2.35. 저자의 웹페이지(www-2.rotman.utoronto.ca/~hull/data)에는 원유선물과 금선물의 일별 종가가 있다. 데이터를 다운로드 받아서 다음 물음에 답하라.

(a) 일별가격변동이 평균이 0인 정규분포를 따른다고 가정할때 일별가격변동의 표준편차를 추정하라. 가

격변동이 상호독립이라고 가정하고 하루 동안의 가격변동(one-day change) 표준편차를 통해 이틀 동안의 가격변동 표준편차를 추정하라.

(b) 거래소는 한개의 계약에 매입포지션을 취하고 있는 회원을 위한 증거금률을 정하려고 한다. 거래소는 투자자가 2일 후에 마이너스(-)의 잔액을 가질 확률이 1%가 되도록 하고싶어 한다 (채무불이행 뒤에 포지션을 마감하는데 이틀 정도의 시간이 소요된다). 정규분포를 따른다는 가정 하에 얼마나 많은 증거금을 납부해야 하겠는가? 하나의 계약은 1000배럴의 원유로 구성된다.

(c) 데이터를 활용해 얼마나 회원의 증거금이 이틀 간의 가격변동으로 얼마나 자주 마이너스 (-) 잔액을 갖게 되는지 보여라.

(d) 한 소매투자자를 위한 유지증거금이 (b)에서 계산한 금액과 동일하며 개시증거금의 75% 수준이라고 가정하자. 얼마나 자주 매입포지션을 취한 고객의 계좌 잔고가 0이하로 떨어져 거래로부터 이탈하고픈 생각이 들겠는가? 개시증거금을 초과하는 잔액에 대해서는 출금되었다고 가정하라.

3 CHAPTER

선물을 이용한 헷징전략

선물시장에 참여하는 많은 투자자들은 헷저(hedger)이다. 헷저의 목적은 선물시장을 이용하여 자신이 현재 직면하고 있는 특정위험을 감소시키는 데에 있다. 특정위험이란 원유가격, 환율, 주가 및 기타 변수들이 변함에 따라 발생하는 위험이다. 완전헷지(perfect hedge)란 위험을 완전히 제거하는 것이다. 완전헷지는 현실적으로 드물다. 그러므로 선물계약을 이용한 헷징은 대부분 어떻게 하면 완전에 가까운 헷지를 이룰 수 있는가에 초점을 맞추고 있다.

본 장에서는 헷지와 관련된 몇 개의 이슈들을 살펴보고자 한다. 그러한 이슈들에는 선물 매도포지션을 언제 사용해야 적절한지? 선물 매입포지션을 언제 사용해야 적절한지? 어떤 선물을 사용할 것인지? 그리고 위험을 감소시키는 데 몇 개의 선물계약이 최적인지 등이 있다. 여기서는 헷지 후 망각 전략(hedge-and-forget strategy)만을 설명할 것이다. 다시 말해서 일단 시도된 헷징전략은 조정되지 않는다고 가정한다. 즉, 헷저는 단순히 헷징기간의 시작일에 선물포지션을 취하고, 헷징기간의 종료일에 선물포지션을 마감하는 것으로 한다. 세밀한 감시와 빈번한 조정이 이루어지는 동태적인 헷징전략은 18장에서 소개하기로 한다.

본 장에서는 선물계약을 선도계약으로 간주하기로 한다. 즉, 일일정산(daily settlement)을 무시한다. 나중에 선물계약과 선도계약 사이의 차이를 조정하는 이른바 "헷지계약수의 조정(tailing the hedge)"에 대해 설명할 것이다.

3.1 기본원리

개인이나 기업이 위험을 헷지하기 위하여 선물을 이용할 때, 그 목적은 대개 가능한 하나의 위험을 제거하는 포지션을 취하는 데 있다. 3개월 후 상품가격이 1센트 상승하면 1만 달러의 이익을 얻고, 상품가격이 1센트 하락하면 1만 달러의 손실을 보는 기업을 예로 들어보자. 재무담당자가 이 위험을 상쇄시키기 위해서 선물에 매도포지션을 취한다고 하자. 투자자는 선물포지션으로부터, 3개월 후 상품가격이 1센트 증가하면 1만 달러의 손해를, 그리고 1센트 하락하면 1만 달러의 이익을 얻는다. 상품가격이 하락하면, 선물거래에서의 이익이 현물에서 발생하는 손실을 상쇄한다. 상품가격이 상승하면, 선물거래에서의 손실이 현물에서 얻는 이익으로 상쇄된다.

매도헷지

방금 설명한 바와 같이 선물계약에 매도포지션을 취해서 헷지하는 것을 매도헷지(short hedge)라 부른다. 매도헷지는 헷저가 자산을 이미 소유하고 있으며, 미래 시점에서 그 자산을 매각하길 원할 때 이용되는 헷지이다. 예를 들어 매도헷지는 돼지를 소유한 농부가 2개월 후에 시장에서 그 돼지를 판매하려고 할 때 위험을 줄이기 위해 이용될 수 있다. 또한 매도헷지는 헷저가 현재는 자산을 소유하지 않지만, 미래에 그 자산을 소유할 예정으로 있을 때도 이용될 수 있다. 3개월 후 유로화를 받을 예정인 미국 수출업자의 예를 들어보자. 수출업자는 달러화와 비교하여 유로화의 가치가 상승하면 이익을 얻고, 유로화의 가치가 하락하면 손실을 본다. 선물에 매도포지션을 취한 투자자는 유로화의 가치가 상승하면 손실을 보고, 유로화의 가치가 하락하면 이익을 얻는다. 이런 식으로 수출업자는 위험을 제거할 수 있다.

매도헷지를 자세히 설명하기 위해 5월 15일 현재 어떤 원유생산업자가 3개월 후 원유 100만 배럴을 매도하는 선물계약을 체결하는 예를 들어보기로 하자. 가격은 8월 15일 시장가격을 기준으로 한다. 원유생산업자는 3개월 후 원유가격이 1센트 상승하면 1만 달러의 이익을 얻고, 1센트 하락하면 1만 달러의 손실을 본다. 5월 15일 현재 배럴당 현물가격이 50달러이고, 8월 인도 원유의 선물가격이 배럴당 49달러이다. 선물 1계약은 1,000배럴이므로, 원유생산업자는 1,000개의 8월 만기 선물을 매도함으로써 노출된 위험을 헷지할 수 있다. 8월 15일에 선물포지션을 마감한다면, 원유생산업자는 가격을 배럴당 49달러로 고정시킬 수 있다.

예를 들어 8월 15일에 원유의 현물가격이 배럴당 45달러일 때 어떤 일이 발생하는지를 살펴보기로 하자. 원유생산업자는 원유를 판매함으로써 4,500만 달러의 수입을 얻는다. 8월이 선물의 인도월이므로, 8월 15일 선물가격은 현물가격인 45달러에 거의 근접할 것이다. 그래서 기업은 배럴당 49달러 - 45달러 = 4달러의 이익을 얻는다.

49달러 - 45달러= 4달러

결국 선물계약의 매도포지션으로부터 총 400만 달러의 이익을 얻는다. 선물거래와 현물판매로부터 발생한 총수입액은 배럴당 49달러씩 해서 총 4,900만 달러이다. 이번에는 8월 15일에 원유의 현물가격이 배럴당 55달러일 때 어떤 일이 발생하는지를 살펴보기로 하자. 기업은 원유를 판매함으로써 배럴당 55달러를 얻으며, 선물계약의 매도포지션으로부터 배럴당 55달러 - 49달러 = 6달러의 손실을 본다.

55달러 - 49달러= 6달러

결국 선물거래와 현물판매로부터 얻는 총수입액은 4,900만 달러이다. 지금까지의 설명으로부터 기업이 어떤 경우에도 4,900만 달러를 확보함을 알 수 있다.

매입헷지

선물계약에 매입포지션을 취해서 헷지하는 것을 매입헷지(long hedge)라 부른다. 매입헷지는 기업이 미래에 어떤 자산을 구입할 예정일 때, 그 가격을 현재가격으로 고정시키기 위해 이용되는 헷지이다.

1월 15일 현재 어떤 구리(銅) 가공업자가 주문된 제품을 생산하기 위해 5월 15일에 구리10만 파운드를 필요로 한다고 하자. 구리의 현물가격이 파운드당 340센트이고, 5월 만기 구리의 선물가격은 파운드당 320센트이다. 구리 가공업자는 CME 그룹의5월 만기 구리선물 4계약에 매입포지션을 취하고 5월 15일에 그 포지션을 마감함으로써 현물위험을 헷지할 수 있다. 구리선물의 1계약은 25,000파운드이다. 이 전략은 필요한 구리의 가격을 파운드당 320센트로 고정시키는 효과를 갖는다.

먼저 5월 15일에 구리가격이 파운드당 325센트라고 하자. 5월이 선물의 인도월이므로 현물가격이 선물가격에 거의 근접할 것이다. 따라서 구리 가공업자는 선물계약에서 5,000달러의 이익을 얻는다.

$$100{,}000 \times (3.25\text{달러} - 3.20\text{달러}) = 5{,}000\text{달러}$$

이때 구리를 구입하는 데 100,000 × 3.25달러 = 325,000달러의 비용이 소요되므로 총비용은 325,000달러 - 5,000달러 = 320,000달러인 셈이다. 5월 15일에 선물가격이 파운드당 305센트이면, 구리가공업자는 선물계약에서 15,000달러의 손실을 본다.

$$100{,}000 \times (3.20\text{달러} - 3.05\text{달러}) = 15{,}000\text{달러}$$

이때 구리를 구입하는 데 100,000 × 3.05달러 = 305,000달러의 비용이 소요되므로 총비용은 32만 달러(또는 파운드당 320센트)인 셈이다.

위의 예에서 1월 15일에 현물시장에서 구리를 직접 구입하는 것보다 선물을 이용하는 것이 기업에게 명백히 유리함을 알 수 있다. 현물시장에서 구리를 직접 구입하면, 파운드당 320센트 대신 340센트를 지급해야 하고 이자비용과 보관비용이 추가로 발생한다. 계속해서 구리를 사용하는 기업의 경우 이런 불리함은 구리를 소유함으로써 얻는 보유편익률에 의해 상쇄된다.[1] 그러나 5월 15일까지 구리가 필요 없는 기업의 경우, 대체 선물계약이 선호될 것이다.

앞에서 살펴보았던 두 예에서는 선물포지션을 인도월에 마감한다고 가정했다. 인도가 이루어지더라도 헷지효과는 동일하다. 그러나 인도를 하거나 받는 것은 비용이 들고 번거로운 일이다. 이런 이유 때문에 헷저가 선물계약을 인도월까지 유지하더라도 선물의 인도는 보통 이루어지지 않는다. 뒤에 설명하겠지만 매입포지션을 취한 헷저는 일반적으로 인도월 전에 그의 포지션을 마감함으로써 인도받을 가능성을 회피한다.

또한 두 예에서 일일정산이 없다고 가정하였다. 그러나 실제로 일일정산(marking to market)은 헷지성과에 작은 영향을 미친다. 2장에서 설명했듯이 이는 선물계약에서 얻는 이득이 마감일에 모두 발생되지 않고 헷징기간 동안 매일 조금씩 발생되기 때문이다.

---

1 보유편익률은 5장 11절을 참조하시오.

3.2 헷징에 대한 논쟁

헷징(hedging)의 유용성은 말할 필요도 없이 명백하다. 대부분의 기업들은 제조업, 소매업, 도매업, 서비스업 등을 운영하므로 그들은 이자율, 환율, 상품가격 등과 같은 변수들을 추정하는데 전문적 지식이나 기술을 가지고 있지 않다. (사실 전문가도 이들 변수를 예측할 때 틀리는 경우가 자주 발생한다.) 따라서 그들이 위험을 인식할 때 이들 변수들과 관련된 위험을 헷지하고 싶은 것은 이해가 된다. 이런 위험들을 헷지한 후에 그들은 자신들의 특별한 기술과 전문적 지식을 바탕으로 영업활동에만 전념할 수 있을 것이다. 헷지함으로써 그들은 급격한 상품가격의 상승과 같은 위험을 피할 수 있다.

그러나 실제로는 많은 위험들이 헷지되지 않은 채 남아 있다. 여기서는 이에 대한 몇 가지 원인을 살펴보기로 한다.

헷징과 주주

주주들은 자신들이 원하기만 하면 스스로 헷지할 수 있다고 주장한다. 즉, 그들은 자신을 위해 기업이 헷지해 줄 것을 요구할 이유가 없다는 것이다. 그러나 이 주장은 논란의 여지가 많다. 이 주장은 기업의 위험에 대해서 주주들이 경영자와 동일한 양의 정보를 가지고 있다고 가정한다. 그러나 대부분의 경우 주주들은 경영자와 동일한 수준의 정보를 가지고 있지 못하다. 또한 이 주장은 수수료와 기타 거래비용을 무시하고 있다. 대규모 거래의 달러당 헷징비용은 소규모 거래보다 저렴하다. 그러므로 헷징은 개인주주에 의해 수행될 때보다 기업에 의해 수행될 때 그 비용이 저렴하다. 선물계약의 크기로 볼 때 많은 경우에 개인주주에 의한 헷징은 비용상 현실적으로 불가능하다.

주주가 기업보다 훨씬 쉽게 할 수 있는 일은 위험을 분산시키는 것이다. 잘 분산된 포트폴리오를 소유한 주주는 기업이 직면한 많은 위험으로부터 보호받을 수 있다. 예를 들어 구리를 원료로 사용하는 기업의 주식을 보유한 주주는 구리를 생산하는 기업의 주식에 분산투자함으로써 구리가격 변동과 관련된 위험에 거의 노출되지 않는다. 만약에 기업이 잘 분산된 주주들의 이익을 위한다면, 많은 경우에 있어서 주주의 헷징은 필요하지 않다. 그러나 실제로 경영자가 이런 주장에 의해 얼마나 영향을 받는지는 의문이다.

헷징과 경쟁자

만일 특정산업에서 헷징이 보편화되어 있지 않다면, 동일산업에 속한 다른 기업들은 헷지하지 않는데 한 기업이 혼자서 헷지하는 것은 어리석을 수도 있다. 왜냐하면 동일산업에서 생산하는 제품의 가격은 자재비용, 이자율, 환율 등의 변동위험에 의해 거의 동일하게 영향을 받기 때문이다. 이 경우에 헷지하지 않는 기업의 이익은 대체로 일정하게 유지되는 반면 헷지하는 기업의 이익은 변동하게 된다.

이를 구체적으로 설명하기 위해 귀금속을 제조하는 세이프앤드슈어(Safe and Sure)와 테이크어챈스(Take a Chance)를 예로 들어보자. 귀금속을 제조하는 대부분의 기업이 금가격 변동에 대해 헷지하지 않는다고 하자. 테이크어챈스도 예외가 아니다. 그러나 세이프앤드슈어는 경쟁자들과 차별화를 결심하여 다음 18개월 동안에 금을 일정가격으로 확보하기 위해 선물을 이용한 매입헷지를 한다고 하자. 만

표 3.1 독자적인 헷징의 위험.

금가격	귀금속가격	테이크어챈스의 이익	세이프앤드슈어의 이익
증가	상승	변동 없음	증가
감소	하락	변동 없음	감소

일 금가격이 상승하면 귀금속의 도매가격도 상승하므로, 테이크어챈스의 이익은 영향을 받지 않는다. 반대로 세이프앤드슈어는 헷지의 영향으로 이익이 증가한다. 만일 금가격이 하락하면, 귀금속 도매가격도 하락한다. 이로 인해 테이크어챈스의 이익은 영향을 받지 않지만 세이프앤드슈어의 이익은 감소한다. 극단적인 경우 세이프앤드슈어는 "헷징"의 결과로 손실을 볼 수도 있다. 이를 요약하면 [표 3.1]과 같다.

이 예는 헷지할 때 큰 그림을 보는 것이 중요하다는 것을 강조한다. 가격변화로부터 보호받기 위한 헷징전략을 설계할 때 가격변화가 기업의 수익성에 미치는 영향을 감안해야 한다.

헷징이 더 나쁜 결과를 가져올 수도 있다

헷지하지 않을 때와 비교해서 선물을 이용한 헷징이 기업의 이익을 증가시킬 수도 있고 감소시킬 수도 있다는 것을 이해하는 것은 중요하다. 앞에서 보았던 원유생산업자의 예에서 만일 원유가격이 하락하면, 원유 100만 배럴을 판매해서 입는 손실이 선물포지션에서 얻는 이익과 상쇄된다. 이때 재무담당자는 헷지포지션을 취한 데 대해 축하받을 것이다. 분명히 그 기업은 헷지하지 않은 것보다 유리한 결과를 얻는다. 기업의 다른 관리자들은 재무담당자의 공헌을 높게 평가할 것이다. 그러나 원유가격이 상승하면, 원유 100만 배럴을 판매해서 얻는 이익은 선물포지션에서 발생한 손실과 상쇄된다. 이때에 기업은 헷지하지 않은 것보다 불리한 결과를 얻는다. 비록 헷징이 완전히 논리적이었다 하더라도 재무담당자가 실제로 헷징을 정당화시킬 수 없을 때도 있다. 헷지기간 말의 원유가격이 59달러라고 가정해보자. 이 경우 기업은 선물계약에서 배럴당 10달러의 손실을 보게 되고, 재무담당자와 최고경영자 사이의 아래와 같은 대화를 쉽게 상상할 수 있다.

최고경영자: 3개월 동안 선물시장에서 1,000만 달러의 손실을 보았는데 어찌 이런 일이 있을 수 있습니까? 자세히 설명해보세요.

재무담당자: 선물계약의 목적은 이익을 얻으려는 데 있지 않고 원유가격의 변동 위험을 제거하는 데 있었습니다. 원유가격의 상승이 영업성과를 1,000만 달러만큼 향상시켰음을 잊지 마십시오.

최고경영자: 그것이 이번 손실과 무슨 관계가 있단 말입니까? 그 말씀은 매출액이 캘리포니아에서는 감소해도 뉴욕에서는 증가했기 때문에 걱정할 필요가 없다는 말과 같습니다.

재무담당자: 만일 원유가격이 하락했다고 생각해보십시오.

최고경영자: 원유가격이 하락했다면 어떤 일이 발생할 것인가에 대해 나는 관심이 없습니다. 중요한 사실은 가격이 올랐다는 것입니다. 나는 실제로 당신이 선물시장에서 무엇을 하고

실무사례 3.1 금광회사들의 헷징

금광회사가 금값 변동에 대비해서 헷징전략을 고려하는 것은 자연스런 일이다. 전형적으로 금광에서 모든 금을 채굴하는 데는 수 년이 소요된다. 금광회사가 특정 금광을 개발하기로 결정하면, 그 회사는 금값 변동위험에 크게 노출된다. 사실 처음에 수익성 있게 보이는 금광도 금값이 폭락하는 경우 실제로는 수익성이 없는 것으로 결론이 날 수도 있다.

일부 금광회사들은 헷지하지도 않고 잠재 주주들에게 이런 사실을 명확히 하지도 않는다. 이들 회사들은 금광회사 주식에 투자하는 사람들이 금값 상승 시 이익을 얻고 금값 하락 시 손실위험을 기꺼이 감수할 것이라고 생각한다. 이와는 달리 다른 금광회사들은 헷징전략을 선택한다. 이들은 향후 몇 년 동안 매달 생산할 수량을 추정하고, 가격을 고정시키기 위하여 선물계약 또는 선도계약에 매도포지션을 취한다.

당신이 골드만삭스(Goldman Sachs)의 직원이고 금광회사와 고정가격으로 많은 양의 금을 매입하는 선도계약을 체결했다고 하자. 당신은 위험을 어떻게 헷지하겠는가? 당신은 중앙은행으로부터 금을 빌려서 그것을 현재 시장가격으로 매도하면 위험을 헷지할 수 있다(많은 국가의 중앙은행들은 수많은 양의 금을 보유하고 있다). 선도계약의 만기일에 당신은 선도계약의 조건대로 금광회사로부터 금을 사서 중앙은행에 되돌려주면 된다. 중앙은행은 일정한 수수료(연간 약 1.5% 정도)를 부과하는데, 이를 금리스료(gold lease rate)라고 부른다

있는지 이해하지 못하겠습니다. 우리 회사의 주주들은 이번 분기에 좋은 결과를 기대하고 있을 것입니다. 나는 당신의 선물거래가 기업의 이익을 1,000만 달러만큼 감소시켰음을 그들에게 설명해야만 할 것 입니다. 나는 올해에 당신이 보너스를 받지 못하게 됨을 우려하고 있습니다.

재무담당자: 그것은 불공정한 처사입니다. 나는 단지 ...

최고경영자: 불공정하다고요! 당신은 해고되지 않은 걸 다행으로 생각해야 합니다. 당신 때문에 1,000만 달러를 잃었다고요.

재무담당자: 모든 것은 사장님께서 그것을 어떻게 보느냐에 달려 있습니다.

이와 같은 가상의 대화를 통해서 여러분들은 많은 재무담당자들이 왜 헷징을 주저하는지 쉽게 이해할 수 있을 것이다. 헷징은 기업의 위험을 감소시키지만, 다른 사람들이 헷징의 목적을 이해하지 못한다면 재무담당자의 개인위험은 증가할지도 모른다. 이런 문제를 현실적으로 해결하기 위해서는 헷징 정책을 수행하기 전에 최고경영자가 헷징의 본질을 완전히 이해하도록 해야 한다. 헷징전략은 기업의 이사회에서 결정되어야 하고, 경영자와 주주들 사이에 헷징에 대해 충분한 의견교환이 있어야 한다 ([실무사례 3.1] 참조).

3.3 베이시스위험

지금까지 들었던 헷징의 예는 너무 단순화된 것이므로 현실성이 없다. 즉, 헷저는 자산의 매도시기 또

는 매입시기를 날짜까지 정확히 알 수 있으며, 자산가격의 변동위험을 거의 완벽하게 제거하는 데 선물계약을 이용할 수 있다고 가정하였다. 실제로 헷징은 그렇게 간단하지 않은데, 그 이유는 아래와 같다.

1. 헷징 대상자산이 선물계약의 기초자산과 정확히 동일하지 않을 수 있다.
2. 헷저가 자산을 매입하거나 매도할 날짜를 정확히 모를 수 있다.
3. 헷저는 만기일 전에 선물계약을 마감해야 할 경우가 있다.

이러한 문제점들이 소위 베이시스위험(basis risk)을 발생시킨다. 베이시스위험에 대해 자세히 설명하기로 하자.

베이시스

베이시스(basis)는 다음과 같이 정의된다.[2]

베이시스 = 헷징 대상자산의 현물가격 - 헷징에 이용된 기초자산의 선물가격

만일 헷징 대상자산과 선물의 기초자산이 같다면, 선물의 만기 시 베이시스는 0이어야 한다. 그리고 만기 전의 베이시스는 양(+) 또는 음(−)의 값을 갖는다. [표 2.2]로부터 우리는 5월만기 선물계약의 가격은 현물가격과 유사하다고 가정할 수 있다. 그렇기 때문에 표를 통해 2016년 5월 3일 금의 베이시스는 음(−)의 값을 갖고 생우의 베이시스는 양(+)의 값을 갖고 있음을 알 수 있다.

시간이 흐름에 따라 특정월의 현물가격과 선물가격이 동일한 크기로 변하는 것은 아니다. 그 결과 베이시스는 변한다. 베이시스가 증가하는 것을 강세 베이시스(strengthening of the basis)라고 일컫는다. 반대로 베이시스가 감소하는 것을 약세 베이시스(weakening of the basis)라고 일컫는다. [그림 3.1]은 베이시스가 시간에 따라 어떻게 변하는지를 보여주고 있다. 이 예에서 선물계약 만기 전의 베이시스는 양(+)의 값을 갖는다.

아래와 같은 기호를 사용하여 베이시스위험의 본질을 살펴보기로 하자.

S_1 : t_1 시점에서의 현물가격
S_2 : t_2 시점에서의 현물가격
F_1 : t_1 시점에서의 선물가격
F_2 : t_2 시점에서의 선물가격
b_1 : t_1 시점에서의 베이시스
b_2 : t_2 시점에서의 베이시스

헷징을 t_1시점에서 시작하고 t_2 시점에서 종결하는 것으로 가정하자. 헷징을 시작한 시점에서 현물가격과 선물가격이 각각 2.50달러, 2.20달러이다. 그리고 헷징을 종결한 시점에서 현물가격과 선물가격이 각각 2.00달러, 1.90달러이다. 즉 $S_1 = 2.50$, $F_1 = 2.20$, $S_2 = 2.00$, $F_2 = 1.90$이다.

2 이것은 일반적인 정의이다. 그러나 베이시스를 다음과 같이 정의하기도 한다. 베이시스 = 선물가격 - 현물가격, 이는 금융선물에서 많이 사용하는 베이시스 정의이다.

그림 3.1 시간의 변화에 따른 베이시스의 변화.

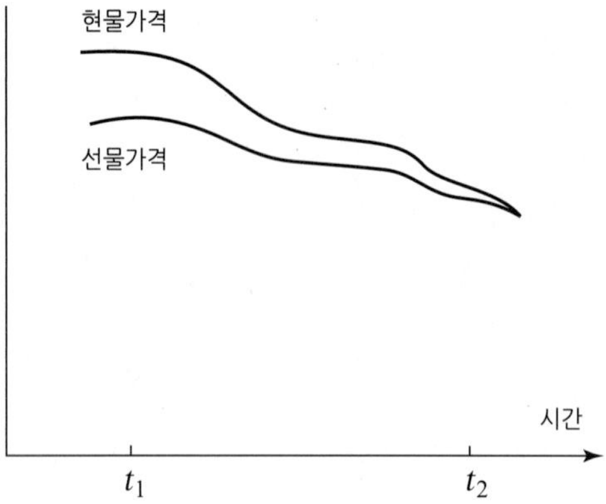

베이시스를 구하면 다음과 같다.

$$b_1 = S_1 - F_1 \quad \text{and} \quad b_2 = S_2 - F_2$$

즉, $b_1 = 0.30$이고 $b_2 = 0.10$이다.

먼저 헷저가 자산을 t_2 시점에서 매도할 것을 미리 알고, 시점에서 선물계약에 매도포지션을 취한다고 하자. 자산의 판매가격이 S_2 이고 선물포지션으로부터 얻는 이익이 $F_1 - F_2$이다. 따라서 헷징전략과 자산매도를 통해 이룬 유효가격(effective price)은 다음과 같다.

$$S_2 + F_1 - F_2 = F_1 + b_2$$

위의 예에서 유효가격은 2.30달러이다. F_1의 값은 t_1 시점에서 알 수 있다. 만일 b_2 또한 t_1시점에서 알 수 있다면 완전헷지가 가능할 것이다. 헷징위험은 b_2와 관련해서 발생하는 불확실성을 의미하고 이를 베이시스위험이라 부른다. 예를 들어 어떤 기업이 t_2 시점에서 자산을 구입할 예정이고 t_1시점에서 매입헷지를 하려고 한다고 하자. t_2시점에서 자산의 가격이 S_2 이고 매입헷지의 손실은 $F_1 - F_2$ 이다. 따라서 헷지전략을 이용한 유효가격은 다음과 같다.

$$S_2 + F_1 - F_2 = F_1 + b_2$$

이는 앞에서 설명한 것과 동일한 식이고 유효가격은 앞에서와 같이 2.30달러이다. F_1의 값은 t_1시점에서 알 수 있고, b_2가 베이시스위험이다.

베이시스위험은 헷저의 포지션을 향상시킬 수도 있고 악화시킬 수도 있다. 매도헷지를 예로 들어보자. 기초자산을 팔 계획이기 때문에 매도헷지를 사용하는 한 기업을 고려해보자. 만일 베이시스가 예상치 못하게 증가(strengthen)하면, 기업의 포지션은 향상된다. 반면에 예상치 못하게 베이시스가 감소(weaken)하면 기업의 포지션은 악화된다. 매입헷지의 경우에는 매도헷지와 반대의 상황이 발생한다. 즉, 만일 베이시스가 증가하면 기업의 포지션은 악화되는 반면에, 베이시스가 감소하면 기업의 포지션은 향상된다.

헷징 대상자산과 헷징선물의 기초자산이 다른 경우도 때때로 있다. 이를 교차헷징(cross hedging)이라고 하는데 다음 절에서 논의할 것이다. 교차헷징은 베이시스위험을 증가시킨다. S_2^*를 t_2시점에서의 기초자산가격이라 하자. 물론 S_2는 헷징 대상자산의 t_2 시점에서의 가격이다. 헷징으로 기업이 지급하는(또는 받는) 금액은 다음과 같다.

$$S_2 + F_1 - F_2$$

또는

$$F_1 + (S_2^* - F_2) + (S_2 - S_2^*)$$

$S_2^* - F_2$ 와 $S_2 - S_2^*$는 베이시스의 두 구성요소이다. $S_2^* - F_2$는 헷징 대상자산이 선물계약의 기초자산과 동일할 때의 베이시스이다. 그리고 $S_2 - S_2^*$는 두 자산 간의 차이로부터 비롯되는 베이시스이다.

계약의 선택

어떤 선물을 헷징에 이용할 것인지는 베이시스위험에 중요한 영향을 미친다. 선물계약의 선택은 다음 2가지 측면에서 고려되어야 한다.

1. 선물계약 기초자산의 선택
2. 인도월의 선택

만일 헷징 대상자산이 선물계약이 기초자산과 정확히 일치한다면, 첫 번째 선택은 일반적으로 쉽게 이루어진다. 그러나 일치하지 않는 경우에, 헷징 대상자산과 가격 면에서 가장 밀접한 관련성을 갖는 선물을 선택하기 위하여 각별한 분석이 필요하다.

인도월의 선택은 여러 요인에 의해 영향을 받는다. 본 장의 앞의 예에서, 우리는 헷징의 만기가 인도월과 일치하는 계약이 선택된다고 가정했다. 사실 더 늦은 인도월을 갖는 선물계약이 선택되는 것이 보통이다. 왜냐하면 선물가격이 인도월 동안 많이 변동되기도 하고, 만약 매입헷저가 인도월 동안 계속 계약을 유지한다면 현물자산을 인도받을 위험을 감수해야 하기 때문이다. 현물자산을 인도받는 것은 비용이 많이 들고 불편하다. 일반적으로 매입헷저들은 선물계약을 마감하고 보통의 공급자들로부터 현물자산을 매입하려고 한다.

일반적으로 베이시스위험은 헷징만기와 인도월 간의 차이가 증가할수록 커진다. 그러므로 인도월을 선택하는 가장 좋은 방법은 가능한 한 헷징만기보다 늦으면서도 근접한 인도월을 선택하는 것이다. 어떤 선물계약에 대해서 인도월이 3월, 6월, 9월, 12월의 4종류가 있다고 하자. 12월, 1월, 2월이 헷징만기인 경우 3월 만기의 선물계약이 선택될 것이고 3월, 4월, 5월이 헷징만기인 경우에는 6월 만기의 선물계약이 선택될 것이다. 이러한 원칙을 이용하는 데는 모든 선물계약이 충분한 유동성을 갖고 있다는 가정이 필요하다. 실제로 유동성은 만기가 짧은 계약일수록 커지는 경향이 있다. 따라서 헷저는 만기가 짧은 선물계약을 이용해서 계속 헷지하는 방법(roll forward)을 사용하기도 한다. 이러한 전략은 본 장의 마지막 부분에서 설명할 것이다.

예제 3.1

3월 1일 현재 어떤 미국기업이 7월 말에 5천만 엔을 받을 예정이다. CME 그룹에서 거래되는 엔화선물 계약의 인도월이 3월, 6월, 9월, 12월이며 선물 1계약의 규모는 1,250만 엔이다. 따라서 기업은 3월 1일에 9월 만기 엔화선물 4계약을 매도하고, 7월 말에 5천만 엔을 받은 후 포지션을 마감한다. 3월 1일에 선물가격이 엔당 1.0800센트이고, 계약을 마감할 때 현물가격과 선물가격이 각각 1.0200센트와 1.0250센트이다.

선물계약의 이익은 1엔당 1.0800- 1.0250 = 0.0550센트이다. 계약이 마감될 때 베이시스는 1엔당 1.0200 - 1.0250 = -0.0050센트이다. 엔당 유효가격은 현물가격에 선물계약의 이익을 더한 1.0750센트이다.

$$1.0200 + 0.0550 = 1.0750$$

이것은 또한 선물의 최초가격에 베이시스를 더해서도 얻을 수 있다.

$$1.0800 + (-0.0050) = 1.0750$$

결국 기업이 총 5,000만 엔에 대해서 받는 총액은 5,000만 × 0.01075 = 537,500달러이다.

예제 3.2

6월 8일 현재 어떤 기업이 10월이나 11월에 원유 20,000배럴을 구입할 예정으로 있다고 하자. CME 그룹에서는 매월 인도하는 원유선물이 거래되고 있으며, 원유선물 1계약은 1,000배럴이다. 기업은 헷징을 위해 12월 만기 선물을 선택하기로 한다. 그리고 6월 8일에 20개의 12월 만기 선물에 매입포지션을 취한다. 이때 선물가격은 배럴당 48.00달러이다. 기업은 11월 10일에 원유구입 준비를 완료하고 선물계약을 마감한다. 베이시스위험은 계약을 마감하는 날 베이시스가 얼마일 것인가 하는 불확실성에서 발생한다. 11월 10일 현물가격과 선물가격은 배럴당 각각 50.00달러, 49.10달러이다.

선물계약의 이익은 1배럴당 49.10 - 48.00 = 1.10달러이다. 계약이 마감될 때 베이시스는 1배럴당 50.00 - 49.10 = 0.90달러이다. 1배럴당 유효가격은 최종 현물가격에서 선물이익을 차감한 48.90달러이다.

$$50.00 - 1.10 = 48.90$$

유효가격은 또한 다음과 같이 최초 선물가격에 최종 베이시스를 더해서 계산될 수 있다.

$$48.00 + 0.90 = 48.90$$

결국 20계약(20,000배럴)의 총유효가격은 48.90 × 20,000 = 978,000달러이다.

3.4 교차헷징

[예제 3.1]과 [예제 3.2]에서는 선물계약의 기초자산이 헷징대상자산과 동일하였다. 교차헷징(cross hedging)은 두 자산이 서로 다른 경우이다. 예를 들어 어떤 항공사가 제트연료의 미래가격이 상승할 것을 우려한다고 하자. 제트연료에 대한 선물계약이 없으므로 노출된 위험을 헷지하기 위하여 난방유 선물계약을 이용할 수 있다. 헷지비율(hedge ratio)은 위험노출 규모에 대한 선물포지션 규모의 비율이다. 선물계약의 기초자산과 헷지대상자산이 동일할 때 1.0의 헷지비율을 자연스럽게 이용한다. 지금까지의 예에서 사용한 헷지비율은 1.0이었다. 예를 들어 [예제 3.2]에서 헷저의 위험노출 규모는 원유20,000배럴이었고, 선물계약도 20,000배럴의 원유를 인도하는 계약이었다.

교차헷징의 경우 헷지비율을 1.0으로 하는 것이 항상 최적이지는 않다. 헷저는 헷지되는 포지션 가치의 분산을 최소화시키는 헷지비율을 선택해야 한다. 헷저가 이 일을 어떻게 하는지 살펴보자.

최소분산 헷지비율의 측정

최소분산 헷지비율(minimum variance hedge ratio)은 현물가격의 변동과 가격의 변동 간의 관계에 기초하여 정해진다. 아래와 같은 기호를 이용하여 최소분산 헷지비율(최적 헷지비율)을 설명해보기로 하자.

ΔS: 헷지기간과 일치하는 기간 동안의 현물가격 S의 변화

ΔF: 헷지기간과 일치하는 기간 동안의 선물가격 F의 변화

σS: ΔS의 표준편차

σF: ΔF이 표준편차

ρ: ΔS와 ΔF의 상관계수

h^*: 최소분산 헷지비율(최적 헷지비율)

최소분산 헷지비율(최적 헷지비율) h^*는 [그림 3.2]에 나타난 것처럼 ΔS를 ΔF에 대해 회귀분석하여 얻은 회귀직선의 기울기이다. 이것은 직관적으로 쉽게 이해할 수 있다. h^*는 F의 특정 변화에 대한 S의 평균변화의 비율이다.

최적 헷지비율(optimal hedge ratio) h^*를 식으로 나타내면 다음과 같다.

$$h^* = \rho \frac{\sigma_S}{\sigma_F} \tag{3.1}$$

식 (3.1)에서 보듯이 최적 헷지비율 h^*는 ΔS 와 ΔF 사이의 상관계수와 ΔF의 표준편차에 대한 ΔS 의 표준편차의 비율을 곱하여 구한다. [그림 3.3]은 헷저 포지션 가치의 분산이 선택된 헷지비율에 따라 어떻게 달라지는지를 보여주고 있다.

만약에 $\rho = 1$이고 $\sigma_F = \sigma_S$이면, 최적 헷지비율 h^*는 1.0이다. 이런 결과는 예상된 것이다. 왜냐하면 이 경우 선물가격의 변동은 현물가격의 변동을 완벽하게 모방(mirror)하기 때문이다. 만약 $\rho = 1$이고 $\sigma_F = \sigma_S$이면, 최적 헷지비율 h^*는 0.5이다. 이런 결과 역시 예상한 대로이다. 왜냐하면 이 경우 선물가

그림 3.2 선물가격 변화에 대한 현물가격 변화의 회귀분석.

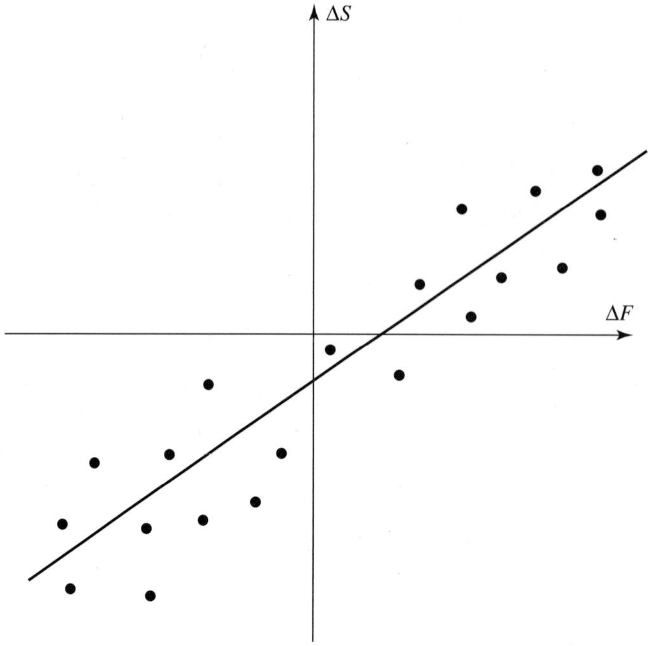

그림 3.3 헷지비율에 따라 변하는 헷저포지션의 분산.

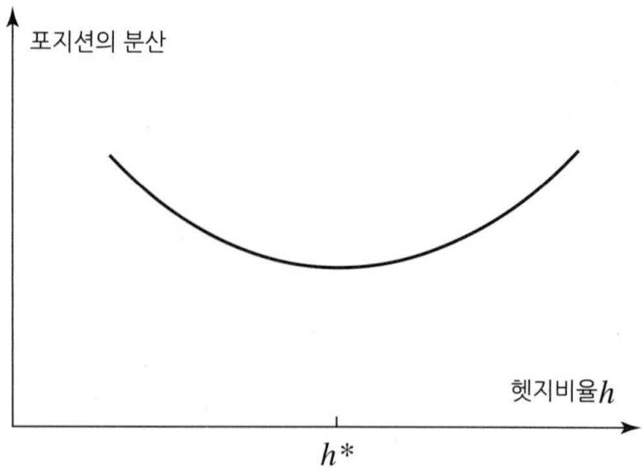

격이 항상 현물가격의 2배만큼 변하기 때문이다. 헷지효과성(hedge effectiveness)은 전체분산에 대한 헷징에 의해 감소되는 분산의 비율로 정의된다. 헷지효과성은 ΔF 에 대한 ΔS 의 회귀분석에서 R^2 로 나타나는데 이는 곧 ρ^2이 된다.

식 (3.1)에서 변수, ρ, σ_F 와 σ_S는 일반적으로 ΔS 와 ΔF의 과거자료로부터 추정된다(이것은 암묵적으로 미래가 과거와 같을 것이라고 가정하는 것이다). 먼저 중복되지 않는(nonoverlapping) 많은 기간별로 ΔS 와 ΔF의 과거자료를 얻는다. 이상적으로 한 기간의 길이는 헷지유효기간의 길이와 동일하여야 한다. 이와 같은 사실이 이용 가능한 관찰대상을 상당히 제한하기 때문에 실제로는 보다 짧은 기간이 이용된다.

최적 계약수

아래와 같은 기호를 사용하여 최적 선물계약수를 설명해보기로 하자.

Q_A : 헷지되는 포지션의 크기(수량)

Q_F : 선물 1계약의 크기(수량)

N^* : 최적헷징을 위한 선물계약의 수(최적 선물계약수)

헷징에 이용되는 선물계약은 $h^* Q_A$ 이다. 따라서 최적헷징을 위한 선물계약의 수 N^*는 다음과 같다.

$$N^* = \frac{h^* Q_A}{Q_F} \tag{3.2}$$

[예제 3.3]은 본 절에서 설명한 내용들이 항공사가 제트연료 구입을 헷지하는 데 어떻게 이용될 수 있는지 보여준다.[3]

예제 3.3

어떤 항공사가 1개월 후에 2백만 갤론의 제트연료를 구입할 예정이며 헷징을 위해서난방유 선물계약을 이용하려고 한다. [표 3.2]는 연속된 15개월 동안의 제트연료의 갤론당 가격변화(ΔS)와 해당기간 동안 가격변화를 헷지하는 데 이용되는 난방유에 대한 선물계약의 가격변화 (ΔF)를 제시하고 있다. 공식을 사용하여 표준편차와 상관계수를 구하면 $\sigma_F = 0.0313$, $\sigma_S = 0.0263$ 그리고 $\rho = 0.928$이다.

표 3.2 최소분산 헷지비율을 계산하기 위한 자료(제트연료 구입을 헷지하기 위하여 난방유 선물을 이용).

월	갤론당 난방유 선물가격의 변화(= ΔF)	갤론당 제트연료 가격의 변화(= ΔS)
1	0.021	0.029
2	0.035	0.020
3	−0.046	−0.044
4	0.001	0.008
5	0.044	0.026
6	−0.029	−0.019
7	−0.026	−0.010
8	−0.029	−0.007
9	0.048	0.043
10	−0.006	0.011
11	−0.036	−0.036
12	−0.011	−0.018
13	0.019	0.009
14	−0.027	−0.032
15	0.029	0.023

3 제트연료 선물계약이 존재하기는 하지만 주로 난방유 선물계약이 제트연료에 대한 위험을 헷징하기 위해 사용되는데 이는 난방유 선물이 더 활발히 거래되기 때문이다.

이들 값들을 식 (3.1)에 대입하여 계산하면 최소분산 헷지비율 h^* 는 0.78이다.

$$0.928 \times \frac{0.0263}{0.0313} = 0.78$$

CME에서 거래되는 난방유 선물의 1단위는 42,000갤론이다. 식 (3.2)로부터, 최적선물계약수는 다음과 같다.

$$\frac{0.78 \times 2{,}000{,}000}{42{,}000}$$

즉, 반올림하면 최적 선물계약수는 37계약이 된다.

일일정산의 영향

지금까지의 우리가 보인 분석은 선도계약이 헷징에 사용될 경우에 적절하다. 선물계약이 헷징에 사용될 경우 선물계약의 일일정산(daily settlement)은 단일헷지(single hedge)가 아닌 일일헷지(one-day hedge)의 연속을 의미한다.

$\hat{\sigma}_S$: 현물가격 S의 일별 변화의 표준편차

$\hat{\sigma}_F$: 선물가격 S의 일별 변화의 표준편차

$\hat{\rho}$: 현물과 선물 일별 변화 간의 상관관계

헷지되는 포지션의 가치의 일별 변화의 표준편차는 $V_A \sigma_S$ 이며 V_A 는 포지션의 가치이다 (즉, 자산가격 곱하기 Q_A). 선물 포지션의 가치의 일별 변화의 표준편차는 $V_F \sigma_F$이며 V_F 는 선물가격 곱하기 Q_F 이다. 일일헷지를 위한 최적 계약수는

$$N^* = \frac{\hat{h} V_A}{V_F} \tag{3.3}$$

이며 $\hat{h}$ 는 $\hat{\rho}\,\hat{\sigma}_S/\hat{\sigma}_F$ 이다.

예제 3.5의 선물가격과 현물가격이 각각 갤런 당 1.99 그리고 1.94라고 가정하자. $\hat{h}$ 이 0.85라고 가정하, $V_A = 2{,}000{,}000 \times 1.94 = 3{,}880{,}000$달러이고, $V_F = 42{,}000 \times 1.99 = 83{,}580$달러이기 때문에, 결국 최적 선물계약수는 34.82계약이 된다.

$$\frac{0.75 \times 3{,}880{,}000}{83{,}580} = 34.82$$

만일 반올림하면 최적 선물계약수는35계약이 된다. 이론상 계약수는 V_A 와 V_F 가 변하면서 조정되어야 한다. 현실에서는 일별(day-to-day) 최적헷지포지션의 변화가 작으며 종종 무시되기도 한다.

이 분석은 헷지기간 동안 지급받거나 지급해야 하는 이자를 고려하기 위해 더 개선될 수 있다. t시점

에 헷지가 끝나는 시점까지 5%의 이자를 지급받거나 지급해야 한다고 가정하자. 이 경우 t시점에 계산된 N^*을 1.05로 나누는 것이 적절하다.

일일정산에 대한 영향을 고려할 수 있게 해주는 식 (3.2)에 대한 개선을 헷지계약수의 조정(tailing the hedge)라고 한다.

3.5 주가지수선물

본 절에서는 주가지수선물에 대해 설명하고 주가지수선물이 주식투자 위험을 헷지 또는 관리하는 데 어떻게 이용되는지를 알아보기로 하자.

주가지수(stock index)는 구성 포트폴리오의 가치가 변함에 따라 변한다. 특정 시점에서 포트폴리오 내의 한 주식의 가중치는 그 때에 그 주식이 포트폴리오 내에서 차지하는 투자비중과 동일하다. 주가지수가치의 증가율은 같은 기간 포트폴리오를 구성하는 주식들의 총가치증가율과 동일하다. 지수가 포트폴리오 투자로부터 얻는 자본이득과 손실을 추적하도록 하기 위하여 배당은 일반적으로 계산에 포함되지 않는다.[4]

주식 포트폴리오가 고정되어 있더라도, 개별주식의 투자가중치는 고정되어 있지 않다. 포트폴리오를 구성하는 한 주식의 가격이 다른 주식들보다 급격히 상승한다면, 그 주식의 가중치는 자동적으로 커진다. 때때로 어떤 주가지수들은 수많은 주식 1주씩만으로 구성된 포트폴리오를 기초로 만들어진다. 이 경우에 배정된 가중치는 시장가격에 비례하고 주식분할 시에는 가중치가 조정된다. 다른 주가지수는 시가총액(= 주가 × 발행주식수)에 비례해서 가중치가 부여된다. 시가총액을 기준으로 하면 주식분할, 주식배당 그리고 신주발행(new equity issue) 등에 대한 조정이 자동적으로 이루어진다.

주가지수

[표 3.3]은 2016년 5월 3일 세 개의 주가지수선물(stock index futures)의 가격표이다.

다우존스 산업평균지수(Dow Jones Industrial Average)는 미국의 30개의 블루칩 주식들로 구성된 포트폴리오를 기초로 만들어진다. 주식의 투자가중치는 시장가격에 비례한다. CME 그룹은 다우존스지수에 대해 두 종류의 선물계약을 거래한다. 하나는 지수 × 10달러이다. 다른 하나(Mini 다우존스 선물계약)는 지수 × 5달러이다. 미니 선물계약이 가장 활발히 거래된다.

S&P 500지수(Standard & Poor's 500 index)는 500개의 서로 다른 주식들로 구성되어 있다. 즉, 400개의 제조기업 주식, 40개의 공익기업(utilities) 주식, 20개의 운송기업 주식 그리고 40개의 금융기업 주식들로 구성되어 있다. 각 주식의 가중치는 일정시점에서 그 주식의 시가총액(= 주가 × 발행주식수)을 기준으로 부여한다. S&P 500지수는 뉴욕증권거래소에 상장된 모든 주식 시가총액의 약 80%를 반영하고 있다. 시카고상업거래소는 S&P 500지수에 대하여 두 종류의 선물계약을 거래한다. 하나는 지수 × 250

4 이에 대한 예외로 총투자수익률지수(total return index)가 있다. 이 지수는 포트폴리오로부터 얻는 배당이 포트폴리오에 재투자된다고 가정하여 계산된다.

표 3.3 거래소가 발표한 주가지수선물의 가격(2016년 5월 3일)

	시가	최고가	최저가	정산가격	마지막 거래가격	가격변화	거래량
Mini Dow Jones Industrial Average, 5달러 x 지수							
2010년 6월	10080	10160	9921	9921	−104	533	12,353
2010년 9월	10080	10085	9864	9864	−104	2	225
Mini S&P 500, 50달러 x 지수							
2010년 6월	1080.0	1089.5	1060.5	1061.2	−11.8	43,076	296,397
2010년 9월	1084.0	1085.5	1057.5	1057.0	−11.9	6,850	26,966
2010년 12월	1074.0	1081.9	1052.9	1053.1	−11.8	7	4,326
Mini NASDAQ-100, 20달러 x 지수							
2010년 6월	1827.0	1850.0	1788.0	1791.5	−24.0	2,350	20,674
Russell1000, 지수 × 100달러(ICE)							
2010년 6월	595.4	601.0	586.4	585.7	−5.8	1,214	19,275
US Dollar Index, 지수 × 1,000달러(ICE)							
2010년 6월	86.725	87.480	86.625	87.244	0.356	37,321	35,401
2010년 9월	87.270	87.800	87.050	87.584	0.356	74	2,533

달러를 기준으로 하는 선물계약이고, 다른 하나(Mini S&P 500선물계약)는 지수 × 50달러를 기준으로 하는 선물계약이다. 미니 선물계약이 가장 활발히 거래된다.

Nasdaq 100지수는 나스닥에 상장되어 있는100개의 주식들로 구성된 포트폴리오를 기초로 한다. 각 주식의 가중치는 시가총액이다. CME 그룹은 두 종류의 선물계약을 거래한다. 하나는 지수 × 100달러를 기준으로 하는 선물계약이고, 다른 하나(Mini Nasdaq 100 선물계약)는 지수 × 20달러를 기준으로 하는 선물계약이다. 미니 선물계약이 가장 활발히 거래된다.

미국시장이 아닌 시장의 주가지수를 기초로하는 몇몇의 선물계약 역시 활발히 거래된다. 예를 들어 China Financial Futures Exchange(CFFEX, www.ceffex.com.cn)에서 거래되는 300개의 중국 주식들의 시가총액가중(market-capitalization-weighted) 지수인 CSI300 지수가 있다.

2장에서 언급한 바와 같이 주가지수 선물계약은 기초자산을 인도하지 않고 현금으로 정산된다. 모든 주가지수 선물계약들은 최종거래일에 지수의 시가(始價) 또는 종가로 정산된 후 마감된다. 예를 들어 S&P 500에 대한 선물계약은 인도월의 세 번째 금요일의 S&P 500지수 시가로 종료된다.

주식 포트폴리오의 헷징

주가지수선물은 주식 포트폴리오를 헷지하는 데 이용될 수 있다. 설명을 위해서 다음과 같이 정의하자.

V_A : 포트폴리오의 현재가치

V_F : 주가지수선물 1계약의 기초가 되는 주식들의 현재가치(현물지수 × 계약크기)

만약에 포트폴리오가 주가지수를 모방(mirror)한다면, 최적 헷지비율(h^*)은 1이고 식 (3.3)에 따르면 매도되어야 할 선물계약수는 다음과 같다.

$$N^* = \frac{V_A}{V_F} \tag{3.4}$$

예를 들어 505만 달러의 포트폴리오가 잘 분산된(well-diversified) 지수를 모방한다고 하자. 주가지수의 현재가치가 1,010이고 선물 1계약의 가치는 주가지수 × 250달러이다. 즉, V_A = 5,050,000이고, V_F = 1,010 × 250 = 252,500달러이므로 헷지를 위해서는 20개의 선물계약이 매도되어야 한다.

포트폴리오가 주가지수를 정확히 모방하지 않을 때에는, 적절한 헷지비율을 결정하기 위해서 CAPM의 베타(β)를 이용할 수 있다(CAPM은 본장의 부록을 참조). 베타는 무위험수익률을 초과하는 포트폴리오수익률을 시장초과수익률에 대해 회귀분석 한 회귀직선의 기울기이다. 포트폴리오의 가 1.0일 때 그 포트폴리오의 기대수익률은 시장수익률과 동일하고, β가 2.0일 때 그 포트폴리오의 초과수익률은 시장초과수익률의 2배이다. 물론 포트폴리오의 β가 0.5일 때 그 포트폴리오의 초과수익률은 시장초과수익률의 1/2이다.

β가 2.0인 포트폴리오는 β가 1.0인 포트폴리오보다 시장변동에 대해서 2배의 민감도를 갖는다. 그러므로 β가 2.0인 포트폴리오를 헷지하기 위해서는 2배의 선물계약이 필요하다. 마찬가지로 β가 0.5인 포트폴리오는 β가 1.0인 포트폴리오보다 시장변동에 대해서 0.5배의 민감도를 갖는다. 따라서 β가 0.5인 포트폴리오를 헷지하기 위해서는 0.5배의 선물계약이 필요하다. 일반적으로 최적 선물계약수는 다음과 같다.

$$N^* = \beta \frac{V_A}{V_F} \tag{3.5}$$

이 공식에서는 선물계약의 만기가 헷지기간과 거의 같다고 가정한다.

식 (3.5)를 식 (3.3)과 비교해 보면, $\hat{h} = \beta$임을 알게 된다. 이는 놀라운 일이 아니다. 최적헷지비율은 주가지수선물 가격 변화에 대해 회귀분석 한 포트폴리오가격 변화의 기울기이다. 베타(β)는 주가지수수익률에 대해 회귀분석 한 포트폴리오 수익률의 기울기이다. 이 공식을 이용하는 예를 들어 보기로 하자. 즉, 만기가 4개월 후인 선물계약을 이용하여 3개월 동안 어떤 포트폴리오의 가치를 헷지하려는 상황을 고려해보자.

지수(index level) = 1,000

지수 선물가격 = 1,010

포트폴리오의 가치 = 5,050,000달러

무위험이자율 = 연 4%

S&P 500의 배당수익률 = 연 1%

포트폴리오의 베타 = 1.5

선물 1계약의 크기는 지수 × 250달러이다. 즉, V_F = 250 × 1,010 = 252,500달러이다. 식 (3.5)를 이용하여 포트폴리오를 헷지하기 위해 매도해야 하는 선물의 최적계약수를 구하면 다음과 같다.

$$1.5 \times \frac{5{,}050{,}000}{252{,}500} = 30$$

지수가 3개월 후 900이고, 선물가격이 902달러라고 하자. 그러면 선물 매도포지션으로부터 얻는 이익은 810,000달러이다.

$$30 \times (1010 - 902) \times 250 = 810{,}000\text{달러}$$

지수하락에 따른 손실이 10%이고, 지수에는 연간 1%, 즉 3개월마다 0.25%의 배당이 포함된다. 배당을 감안하면 지수투자자는 3개월에 9.75%의 손실을 보는 셈이 된다. 포트폴리오의 베타가 1.5이므로 CAPM에 따르면 다음 식이 성립한다.

포트폴리오 기대수익률 - 무위험수익률 = 1.5 × (지수수익률 - 무위험수익률)

이를 이용하여 계산하면 포트폴리오의 기대수익률은 -15.125%이다.

$$1.0 + [1.5 \times (-9.75 - 1.0)] -15.125$$

3개월 후의 포트폴리오의 기대가치(배당포함)는 다음과 같다.

$$5{,}050{,}000\text{달러} \times (1 - 0.15125) = 4{,}286{,}187\text{달러}$$

헷징이익을 포함한 헷저포지션의 기대가치는 다음과 같다.

$$4{,}286{,}187\text{달러} + 810{,}000\text{달러} = 5{,}096{,}187\text{달러}$$

[표 3.4]는 만기 시의 주가지수에 따라 지수선물가격, 선물포지션의 이익 등이 어떻게 되는지를 보여주는 표이다. 이 표로부터 3개월 후의 헷저포지션의 총가치는 지수가치와 거의 독립적임을 알 수 있다. 이는 헷지가 좋다고 생각하는 사람이 기대할 수 있는 결과이다.

여기서 우리가 감안하지 못한 한 가지는 선물가격과 현물가격 간의 관계이다. 현재 선물가격으로 가

표 3.4 주가지수 헷징의 성과.

3개월 후 지수가치:	900	950	1,000	1,050	1,100
현재 지수선물가격:	1,010	1,010	1,010	1,010	1,010
3개월 후 지수선물가격:	902	952	1,003	1,053	1,103
선물포지션으로부터의 이익(달러):	810,000	435,000	52,500	−322,500	−697,500
시장수익률:	−9.750%	−4.750%	0.250%	5.250%	10.250%
포트폴리오수익률:	−15.125%	−7.625%	−0.125%	7.375%	14.875%
3개월 후 포트폴리오(배당포함)의 가치(달러):	4,286,187	4,664,937	5,043,687	5,422,437	5,801,187
3개월 후 포지션의 총가치(달러):	5,096,187	5,099,937	5,096,187	5,099,937	5,103,687

정한 1,010은 주어진 이자율과 배당수익률 하에서 대략적으로 기대되는 가격이라는 것을 5장에서 보게 될 것이다. 또한 [표 3.4]에 제시된 3개월 후의 선물가격의 경우에도 그러하다.[5]

주식 포트폴리오를 헷지하는 이유

[표 3.4]에 따르면 3개월 후에 헷저포지션의 가치는 헷징전략 실시 전보다 1% 정도 높다. 이는 놀랄 만한 사실이 아니다. 무위험수익률이 연간 4% 또는 분기당 1%이므로, 헷지결과 투자자의 포지션 가치가 무위험수익률 정도로 성장한 셈이다.

그렇다면 헷저가 많은 어려움에도 불구하고 왜 선물계약을 이용하는지에 대한 의문이 자연히 제기될 것이다. 만일 헷저의 목적이 무위험수익률만큼 수익을 얻는 것이라면, 간단히 포트폴리오를 매도하고 그 대금을 무위험증권(risk-free security) 투자하면 된다. 그럼에도 불구하고 헷징이 필요한 이유를 두 가지만 들어보면 다음과 같다.

첫째, 포트폴리오를 잘 구성했다고 느낀다면 헷징은 정당화될 수 있다. 이 경우 헷저는 전체 주식시장의 투자성과에 대해서는 매우 불확실해하지만 보유 포트폴리오가 시장보다 높은수익률(베타 위험 조정 후의 수익률 기준)을 올릴 것이라고 확신하고 있다. 이때 주가지수선물을 이용하여 헷지하면, 포트폴리오를 보유하면서 부담하는 시장위험이 제거된다. 따라서 헷저는 시장보다 높은 수익률을 얻을 수 있는지에 대한 위험만 부담하게 된다. 이에 대해서는 뒤에서 좀 더 논의할 것이다. 둘째, 주식 포트폴리오를 장기간 보유할 예정인 투자자가 단기 시장위험으로부터 보호받기를 원할 때 헷징이 필요하다. 물론 헷징전략 이외에도 보유 포트폴리오를 매도하고 나중에 그것을 다시 매입하는 전략을 이용할 수도 있으나, 이 전략은 많은거래비용을 발생시킬 수 있다.

포트폴리오 베타의 변화

[표 3.4]의 예에서 헷저가 보유하는 포트폴리오의 베타는 0으로 줄어들어서 헷저의 기대수익률은 주가지수의 성과와 거의 독립적이다. 선물은 포트폴리오의 베타를 0 이외의 값으로 변화시키는 데에도 이용된다. 앞의 예를 계속해서 사용하여 설명하기로 하자.

지수 = 1,000

지수 선물가격 = 1,010

포트폴리오의 가치 = 5,050,000달러

포트폴리오의 베타 = 1.5

선물 1계약의 가격은 지수 × 250달러이므로 V_F = 252,500달러이다. 식 (3.5)에 따르면 포트폴리오의 위험을 완전히 헷지하기 위해서 지수선물 30계약을 매도해야 한다.

$$1.5 \times \frac{5{,}050{,}000}{252{,}500} = 30$$

5 [표 3.4]는 지수에 대한 배당수익률이 예측 가능하고, 무위험수익률이 일정하고 3개월 간의 수수익률이 포트폴리오의 수익률과 완전한 상관관계를 갖는다고 가정하고 계산된 것이다. 실제로는 이런 가정이 완전히 지켜질 수는 없고 실제 헷징성과는 [표 3.4]에서 보여진 헷징성과보다 못하다.

포트폴리오의 베타를 1.5에서 0.75로 감소시키기 위해서는 매도선물 계약의 수가 앞에서 구한 30계약이 아니라 15계약이어야 한다. 그리고 베타를 2.0으로 증가시키기 위해서는 10개의 선물계약에 매입포지션을 취하여야 한다. $\beta > \beta^*$ 일 때, 포트폴리오의 베타를 β에서 β^*로 감소시키기 위해 요구되는 매도선물포지션의 수는 다음과 같다.

$$(\beta - \beta^*)\frac{V_A}{V_F}$$

그리고 일 때, 포트폴리오의 베타를β에서 β^*로 증가시키기 위해 요구되는 매입선물포지션의 수는 다음과 같다.

$$(\beta^* - \beta)\frac{V_A}{V_F}$$

주식 선택 능력의 편익을 누리는 방법

당신이 스스로 시장보다는 성과를 더 올릴 수 있는 투자자라고 생각한다고 하자. 당신은 향후 몇 개월 동안 시장이 어떤 성과를 낼지 모르지만, 당신의 포트폴리오가 시장보다 성과를 더 낼 것을 자신한다. 당신은 어떤 행동을 취해야 하는가?

당신은 주가지수선물을 $\beta V_A/V_F$ 만큼 매도해야 한다. 여기서 β는 보유 포트폴리오의 베타이고, V_A는 보유 포트폴리오의 총가치이며, V_F는 주가지수선물 1계약의 현재가치이다. 만일 당신이 보유한 포트폴리오가 동일한 베타를 갖는 잘 분산된 포트폴리오보다 성과를 더 낸다면, 당신은 돈을 벌 것이다.

4월 현재 주가가 100달러인 한 기업의 주식 20,000주를 소유한 투자자를 예로 들어보자. 투자자는 다음 달에 시장이 크게 변동할 것으로 판단하고 있다. 그러나 그는 주식의 수익률이 시장수익률보다 우월할 것이라고 믿고 있다. 투자자는 세 달 동안 시장의 수익률을 헷지하기 위해 8월 만기 미니S&P 500지수 선물을 이용하기로 한다. 주식의 베타는 1.1이다. 8월 만기 미니S&P 500지수 선물의 가격이 2100이고, 선물 1계약은 지수 × 50달러이다. 즉, 이 경우에 V_A = 20,000 × 100 = 2,000,000달러이고, V_F는 2100 × 50 = 105,000달러이다. 따라서 매도해야 할 선물의 최적 계약수는 다음과 같다.

$$1.1 \times \frac{2,000,000}{105,000} = 20.95$$

반올림하면 헷저는 한 달 후 포지션을 마감할 예정으로 선물을 21계약 매도한다. 주가가 한 달 동안에 90달러로 하락하고 미니S&P 500지수가 1850으로 하락한다고 하자. 투자자가 선물계약에서 21 × 50달러 × (2100 - 1850) = 262,500달러를 이익 보는 반면, 주식투자에서는 20,000 × (100달러 - 90달러) = 200,000달러의 손실을 본다.

이 예에서 투자자의 총이익은 62,500달러이다. 왜냐하면 기업의 주가는 1.1의 베타를 갖는 잘 분산된 포트폴리오만큼 하락하지 않기 때문이다. 만일 시장이 상승하고 주가가1.1의 베타를 갖는 잘 분산된 포트폴리오보다 더 상승한다면(투자자가 그렇게 기대했듯이), 이 경우에도 역시 투자자는 전체적으로 이익을 볼 것이다.

3.6 헷지의 연장

때때로 헷지 만기일이 이용 가능한 모든 선물계약의 인도일보다 늦기도 한다. 이 경우 헷저는 기존의 선물계약을 마감하고 그것보다 늦은 인도일을 갖는 선물계약에 동일한 포지션을 취함으로써 헷지상태를 연장해야 한다(rolling the hedge forward). 헷지는 여러 번 연장될 수 있다. 이를 헷지의 연장이라한다. T 시점에서 자산을 매도하고 받는 가격의 변동위험을 줄이기 위해 매도헷지를 이용하는 기업을 예로 들어보자. 만약에 인도일이 점차 늦어지는 선물계약 1, 2, 3, . . . , n이 있다면(현재에 모든 계약이 존재할 필요는 없음), 기업은 다음과 같은 전략을 사용할 수 있다.

t_1 시점: 선물계약 1을 매도

t_2 시점: 선물계약 1을 마감, 선물계약 2를 매도

t_3시점: 선물계약 2를 마감, 선물계약 3을 매도

⋮

t_n시점: 선물계약 n - 1을 마감, 선물계약 n을 매도

T 시점: 선물계약 n을 마감

어떤 기업이 2018년 6월에 원유 100,000배럴을 판매할 것을 미리 알고, 2017년 4월에 이를 헷지(헷지비율 1.0)하기로 결정한다[이 예에서 우리는 본 장 4절에서 설명한 "헷지계약수 조정(tailing)"을 하지 않았다]. 현재 현물가격은 49달러이다. 시장에는 여러 만기일의 선물계약들이 거래되고 있지만(만기가 길게는 수 년), 만기가 6개월 이내인 선물계약만이 기업요구에 부응하는 충분한 유동성을 갖는다고 하자. 따라서 이 기업은 2017년 10월 만기인 선물계약 100개를 매도한다. 2017년 9월에 기업은 2018년 3월 만기 선물계약으로 교체해서 헷지를 연장한다. 그리고 2018년 2월에 이를 2018년 7월 만기 선물계약으로 교체해서 다시 헷지를 연장한다.

[표 3.5]는 원유의 헷지연장을 보여주고 있다. 2017년 10월 만기 선물계약을 배럴당 48.20달러에 매도하고, 배럴당 47.40달러에 그 선물을 마감하여 배럴당 0.80달러의 이익을 얻는다. 2018년 3월 만기 선물계약을 배럴당 47.00달러에 매도하고 배럴당 46.50달러에 그 선물을 마감하여 배럴당 0.50달러의 이익을 얻는다. 2018년 7월 만기 선물계약을 배럴당 46.30달러에 매도하고 배럴당 45.90달러에 그 선물을 마감하여 배럴당 0.40달러의 이익을 얻는다. 2018년 6월의 원유 현물가격은 46달러이다.

연속적인 선물계약 매도로부터 기업이 얻는 이익은 1.70달러이다

$$(48.20 - 47.40) + (47.00 - 46.50) + (46.30 - 45.90) = 1.70$$

표 3.5 원유의 헷지연장과 관련된 자료.

일자	2011년 4월	2011년 9월	2012년 2월	2012년 6월
2011년 10월 만기 선물가격	68.20	67.40		
2012년 3월 만기 선물가격		67.00	66.50	
2012년 7월 만기 선물가격			66.30	65.90
현물가격	69.00			66.00

실무사례 3.2 메탈게젤샤프트: 헷징실패 사례

간혹 헷지연장은 현금흐름을 압박할 수도 있다. 1990년대 초에 발생했던 독일의 메탈게젤샤프트(MG: Metallgesellschaft)의 사례는 이를 극적으로 보여준다.
MG는 고객에게 시장가격보다 6~8센트 높은 고정가격으로 엄청난 양의 난방용 기름과 휘발유를 5~10년 간 공급하는 선도계약을 체결하였다. 그리고 MG는 단기 선물계약을 연속적으로 매입하여 매도포지션의 위험을 헷지하였다. 그러나 결과적으로 기름가격이 하락했고 MG는 선물포지션에서 증거금 납입요청을 받아 심각한 단기 현금부족을 겪게 되었다. 헷징전략을 수립한 MG 직원들은 이런 단기 현금유출은 궁극적으로 장기 고정가격계약에서 실현되는 현금유입에 의해 상쇄된다고 주장하였다. 그러나 기업의 고위경영자와 은행들은 막대한 현금유출을 걱정하였다. 그 결과 MG는 모든 헷지포지션을 마감했고 고정가격계약을 포기하기로 고객들과 합의하였다. 결과적으로 MG는 13억 3천만 달러의 손실을 입었다.

원유가격이 49달러에서 46달러로 3달러 하락함에 따라 발생한 손해에 대한 보상으로 단지1.70달러의 보상은 만족스럽지 않게 보일 수 있다. 그러나 선물가격이 현물가격 이하일 때, 현물가격 하락으로 발생하는 총손실을 선물계약을 통해 모두 회복할 수는 없다. 최선의 방법은 매도가격을 2018년 6월 만기 선물계약이 제공하는 선물가격에 고정시키는 것이다. 물론 이것도 2018년 6월 만기 선물계약이 활발히 거래되는 것을 전제해야 한다.

실제로 기업은 일반적으로 기초자산에 대해서 월간 단위로 위험에 노출되어 있고 이를 헷지하기 위해서 가장 유동성이 높은 1개월 선물계약을 사용하고 있다. 처음에는 헷징기간 종료시점까지 위험노출에 대비하기 위해서 충분한"(다량의") 계약을 체결한다. 한 달 후에 모든 선물계약을 마감하고 새로운 위험노출에 대비하기 위해서 다시 1개월 선도계약을 체결한다.

[실무사례 3.2]에서와 같이 독일 기업인 메탈게젤샤프트(Metallgesellschaft)는 1990년대 초에 고정가격으로 상품을 공급하는 계약의 위험을 헷지하기 위해서 이러한 전략을 사용했다 (참고: 위험을 헷지하기 위해 단기선물을 매입하였다). 결과적으로. 메탈게젤샤프트는 상품가격이 하락하여 곤경에 빠지게 되었다. 즉, 상품선물 계약에서는 즉각적인 현금이 있었으나 상품거래에서의 이익은 나중에 실현되는 구조였다. 헷지로부터 발생하는 현금흐름의 시기와 헷지대상 포지션으로부터 발생하는 현금흐름의 시기 간의 이러한 불일치로 인해 통제 불가능한유동성 문제가 발생하였다. 이 사례의 교훈은 헷징전략을 수립할 때에 잠재적인 유동성 문제를 항상 염두에 두어야 한다는 것이다.

요약

본 장에서는 기업이 자산가격의 변동위험을 상쇄하기 위해 선물계약을 이용하는 다양한 방법을 설명하였다. 만일 노출된 위험이 자산가격 상승 시 이익을 얻고 하락 시 손실을 보는 위험이면, 매도헷지가 적절하다. 만약 노출된 위험이 이와 반대이면(즉 자산가격이 하락하면 이익을 얻고, 상승하면 손실을 보는 위험이면), 매입헷지가 적절하다.

헷징은 위험을 감소시키는 한 방법이다. 그래서 대부분의 경영진이 헷징을 자주 사용해야 함에도 불구하고 실제로 기업은 이론적, 실무적 이유로 인해 헷징을 실행에 옮기지 못하는 경우가 많다. 이론적으로 주주들은 잘 분산된 포트폴리오를 소유함으로써 기업이 직면한 많은 위험을 감소시킬 수 있다. 따라서 주주들은 기업이 이런 위험들을 헷지하도록 요구할 필요가 없다. 실무적으로도 기업은 경쟁기업들이 헷지하지 않음에도 불구하고 홀로 헷지하면 위험을 감소시키기보다는 증가시킬 수도 있다는 사실을 알고 있다. 또한 재무담당자는 자산가격 변동으로 이익을 얻고 헷징으로 손실을 본다면, 다른 경영진에 의해 비난받을지도 모른다고 두려워한다.

헷징에서 중요한 개념은 베이시스위험이다. 베이시스란 자산의 현물가격과 선물가격 간의차이를 일컫는다. 베이시스위험은 헷지의 만기 시 베이시스가 어떻게 될 것인지에 따른 불확실성에서 비롯된다.

헷지비율은 위험에 노출된 자산규모에 대한 헷지목적으로 취한 선물포지션 규모의 비율이다. 헷지비율을 1.0으로 유지하는 것이 항상 최적은 아니다. 만약 헷저가 전체 포지션의 분산을 최소화하기를 원한다면 1.0이 아닌 다른 헷지비율이 적정할 수도 있다. 최적 헷지비율은 현물가격의 변화를 선물가격의 변화에 대해 회귀분석하여 얻은 회귀직선의 기울기이다.

주가지수선물은 주식 포트폴리오의 체계적 위험을 헷지하기 위하여 이용될 수 있다. 헷지를 위하여 요구되는 선물계약의 수는 포트폴리오의 베타에 포트폴리오의 가치/선물계약의 가치를 곱해서 구한다. 또한 주가지수선물은 포트폴리오의 구성을 변경하지 않고 포트폴리오의 베타를 변경시키는 데에도 이용될 수 있다.

헷지의 만기일보다 늦은 만기일을 갖는 선물계약이 존재하지 않을 때, 헷지연장 전략이 적절할 수 있다. 헷지연장 전략은 일련의 선물계약에 포지션을 취해서 헷지상태를 유지하는 전략이다. 첫 번째 계약의 만기에 가까워지면 헷저는 이를 마감하고 인도월이 늦은 두 번째 계약을 체결한다. 마찬가지로 두 번째 계약의 만기에 가까워지면 헷지는 이 계약을 마감하고 인도월이 더 늦은 세 번째 계약을 체결한다. 이와 같은 헷지연장은 일련의 단기 선물계약을 거래함으로써 장기 선물계약을 창조하는 결과를 가져온다.

참고문헌

Adam, T., S. Dasgupta, and S. titman. "Financial Constraints, Competition, and Hedging in Industry Equilibrium," *Journal of Finance*, 62, 5 (October 2007): 2445-73.

Adam, T., and C.S. Fernando. "Hedging, Speculation, and Shareholder Value," *Journal of Financial Economics*, 81, 2 (August2006): 283-309.

Allayannis, G., and J. Weston. "The Use of Foreign Currency Derivatives and Firm Market Value," *Review of Financial Studies*, 14, 1 (Spring 2001): 243-76.

Brown, G. W. "Managing Foreign Exchange Risk with Derivatives." *Journal of Financial Economics*, 65, 1 (February 2010): 87-121.

Campbell, J. Y., K. Serfaty-de Medeiros, and L. M. Viceira. "Global Currency Hedging," *Journal of Finance*, 65, 1 (February 2010): 87-121.

Campello, M., C. Lin, Y. Ma, and H. Zou. "The Real and Financial Implications of Corporate Hedging,"

Journal of Finance, 66, 5 (October 2011): 1615-47.

Cotter,J., and J. Hanly. "Hedging: Scaling and the Investor Horizon," *Journal of Risk*, 12, 2 (Winter 2009/2010): 49-77.

Culp, C. and M. H. Miller. "Metallgesellschaft and the Economics of Synthetic Storage," *Journal of Applied Corporate Finance*, 7, 4 (Winter 1995): 62-76.

Edwards, F. R. and M. S. Canter. "The Collapse of Metallgesellschaft: Unhedgeable Risks, Poor Hedging Strategy, or Just Bad Luck?" *Journal of Applied Corporate Finance*, 8, 1 (Spring 1995): 86-105.

Graham, J. R. and C. W. Smith Jr. "Tax Incentives to Hedge," *Journal of Finance*, 54, 6 (1999): 2241-62.

Haushalter, G. D. "Financing Policy, Basis Risk, and Corporate Hedging: Evidence from Oil and Gas Producers," *Journal of Finance*, 55, 1 (2000): 107-52.

Mello, A. S. and J. E. Parsons. "Hedging and Liquidity," *Review of Financial Studies*, 13 (Spring 2000): 127-53.

Neuberger, A. J. "Hedging Long-Term Exposures with Multiple Short-Term Futures Contracts," *Review of Financial Studies*, 12 (1999): 429-59.

Petersen, M. A. and S. R. Thiagarajan, "Risk Management and Hedging: With and Without Derivatives," *Financial Management*, 29, 4 (Winter 2000): 5-30.

Rendleman, R. "A Reconciliation of Potentially Conflicting Approaches to Hedging with Futures," *Advances in Futures and Options*, 6 (1993), 81-92.

Stulz, R. M. "Optimal Hedging Policies," *Journal of Financial and Quantitative Analysis*, 19 (June 1984): 127-40.

Tufano, P. "Who Manages Risk? An Empirical Examination of Risk Management Practices in the Gold Mining Industry," *Journal of Finance*, 51, 4 (1996): 1097-1138.

연습문제

3.1. (a) 매도헷지와, (b) 매입헷지는 각각 어느 경우에 이용하는가?

3.2. 선물계약을 헷징에 이용할 때 발생하는 베이시스위험은 무엇인가?

3.3. 완전헷지란 무엇인가? 완전헷지가 불완전헷지보다 항상 더 좋은 결과를 가져오는가? 그 이유를 설명하라.

3.4. 어떤 경우에 최소분산 헷지 포트폴리오가 헷징을 전혀 하지 못하는가?

3.5. 재무담당자가 기업의 특정위험을 헷지하지 않을 수도 있는 이유를 3가지만 들어보라.

3.6. 분기별 상품가격 변화의 표준편차가 0.65달러이고, 그 상품의 분기별 선물가격 변화의 표준편차는 0.81달러이다. 그리고 현물가격 변화와 선물가격 변화 간의 상관계수가 0.8이라면, 3개월 선물계약을 이용한 최적 헷지비율은 얼마인가? 이것은 무엇을 의미하는가?

3.7. 어떤 기업이 2,000만 달러의 주식 포트폴리오를 소유하고 있으며, 주식 포트폴리오의 베타는 1.2이다. 그

기업은 S&P 500지수 선물을 이용하여 포트폴리오의 위험을 헷지하려고 한다. 지수는 현재 1080이고 선물 1계약은 지수 250달러이다. 위험을 최소화하기 위한 헷지비율은 얼마인가? 또한 주식 포트폴리오의 베타를 0.6으로 줄이려면 어떻게 해야 하는가?

3.8. 어떤 거래소에서 거래되는 옥수수선물의 인도월은 3월, 5월, 7월, 9월, 12월이다. 헷지의 만기가 아래와 같을 때 헷징에 이용될 수 있는 계약을 선택하라.
(a) 6월 (b) 7월 (c) 1월

3.9. 완전헷지를 통해서 미래 거래될 자산의 가격을 현재의 현물가격에 항상 고정시킬 수 있는가?

3.10. 매도헷저의 포지션이 베이시스가 예상 외로 강세일 때 좋아지고, 약세일 때 악화되는 이유를 설명하라.

3.11. 당신이 미국에 전자장치를 수출하는 일본기업의 재무담당자라고 하자. 환율헷징 전략을 어떻게 개발할 것인지 설명하고, 도쿄 경영진에게 그 전략을 이해시키기 위하여 사용할 수 있는 논리를 설명하라.

3.12. 본 장 3절의 [예제 3.2]에서 기업이 0.8의 헷지비율을 이용한다고 하자. 이것이 헷지가 이루어지는 방법과 결과에 어떤 영향을 미치는가?

3.13. "최소분산 헷지비율이 1.0이라면, 그 헷지는 완전해야 한다." 라는 말은 옳은가? 그 이유를 설명하라.

3.14. "만약 베이시스위험이 없다면, 최소분산 헷지비율이 항상 1.0이다." 라는 말은 옳은가? 그 이유를 설명하라.

3.15. "통상적으로 선물가격이 현물가격보다 낮은 자산은 매입헷지의 매력적인 대상이 된다." 라는 말의 뜻을 설명해보라.

3.16. 생우현물의 월간 가격변화의 표준편차가 파운드당 1.2센트이다. 그리고 현물과 품질이 가장 유사한 생우선물의 월간 가격변화의 표준편차가 파운드당 1.4센트이다. 또한 현물가격 변화와 선물가격 변화 간의 상관계수가 0.7이다. 10월 15일 현재 쇠고기생산자는 11월 15일에 생우 20만 파운드를 구입할 예정이다. 쇠고기 생산자가 위험을 헷지하기 위해 12월 생우선물을 이용하려고 한다. 선물 1계약은 4만 파운드이다. 쇠고기 생산자는 어떤 선물헷징전략을 이용해야 하는가?

3.17. 어떤 옥수수 생산 농부가"나는 헷징하기 위해서 선물을 이용하지 않는다. 나의 실제위험은 옥수수가격 변동에 있지 않다. 실제위험은 날씨가 나빠서 수확물 전체가 못 쓰게 되는 데 있다." 이런 시각에 대해서 논평하라. 옥수수 생산 농부는 미래 기대 생산량을 추정하고, 그 생산량에 대한 가격을 고정시키려고 노력해야 하는가?

3.18. 7월 1일 현재, 어떤 투자자가 주식 5만 주를 소유하고 있다. 주식의 가격은 30달러이다. 투자자는 향후 2개월 간의 시장변동에 대해 헷지하려고 12월 만기 미니 S&P 500지수 선물을 이용하기로 결정했다. 지수가 현재 1,500이고 선물 1계약은 지수 × 50달러이다. 주식의 베타가 1.3이라면 투자자는 어떤 전략을 이용해야 하는가? 그 전략은 어떤 경우에 이익을 얻을 수 있는가?

3.19. [예제 3.5]에서 기업이 1.5의 헷지비율을 이용하기로 결정했다고 하자. 이것이 헷지가 이루어지는 방법과 결과에 어떤 영향을 주는가?

3.20. 선물계약은 헷징을 위해 사용된다. 선물계약의 일일정산이 현금흐름의 문제를 야기시킬 수 있는 이유를 설명하라.

3.21. 어떤 항공사 경영자가"우리는 석유선물을 사용할 필요가 없다. 미래에 현물가격이 선물가격보다 높을 가

능성만큼 낮을 가능성이 있다."라고 주장하고 있다. 이 주장의 옳고 그름을 논하라.

3.22. 금 리스료가 연 1.5%이고 무위험수익률이 연 5%이며, 이들 %는 연간기준으로 복리 계산된다. [실무사례 3.1]에서 금 현물가격이 1,200달러인 경우, 골드만삭스가 금광기업에게 제시할 수 있는 1년 만기 금 선도가격의 최대값을 계산하라.

3.23. S&P 500지수의 기대수익률이 12%이고 무위험수익률이 5%이다. 베타가 (a) 0.2, (b) 0.5, (c) 1.4인 주식투자의 기대수익률은 각각 얼마인가?

과제물 문제

3.24. 현재 6월이다. 기업은 5,000배럴의 크루드 원유를 9월에 판매해야 한다는 사실을 알고 있다. 기업은 원유 판매가격을 헷지하기 위해 10월 만기 CME Group의 선물계약을 이용한다. 각 선물 1계약은 1,000배럴의 경질 스위트 원유(light sweet crude)이다. 어떠한 포지션을 취해야 하는가? 어떠한 가격위험이 포지션을 취한 다음에도 남아있겠는가?

3.25 60개의 선물계약이 은의 가격에 대한 노출을 헷지하기 위해 사용됐다. 각 선물 1계약은 5000온스의 은에 해당한다. 헷지가 종료되는 시점에 베이시스는 온스당 $0.20달러이다. 거래자가 (a) 금의 매입에 대하여 헷지를 한 경우와 (b) 거래자가 금의 매도에 대한 헷지를 한 경우, 헷저의 재무적 포지션(financial position)에 베이시스는 각각 어떠한 영향을 미쳤는가?

3.26. 거래자는 55,000 단위(unit)의 특정 자산을 보유하고 있으며 포지션의 가치를 유사한 자산을 기초자산으로 하는 선물계약을 이용해 헷지하기로 결정했다. 각 선물1계약은 5,000 단위의 자산이다. 보유한 자산의 현물가격은 28달러이며 헷지기간 동안 자산 가격의 표준편차는 0.43달러가 될 것으로 추정된다. 관련 자산에 대한 선물가격은 27달러이며 헷지기간 동안 선물가격의 표준편차는 0.40달러가 될 것으로 추정된다. 현물 그리고 선물가격 변화의 상관계수는 0.95이다.

(a) 최저분산 헷지비율은 어떻게 되는가?

(b) 헷저는 매입포지션을 취해야 하는가 또는 매도포지션을 취해야 하는가?

(c) 일일정산(daily settlement)가 고려되지 않을 경우 최적 선물계약수는 어떻게 되는가?

(d) 선물계약의 일일정산(daily settlement)은 어떻게 고려될 수 있는가?

3.27. 어떤 기업이 신규 연료의 위험노출을 헷지하려고 한다. 신규 연료의 가격변화는 가솔린선물 가격 변화와 0.6의 상관계수를 갖는다. 기업은 향후 3개월 동안 신규 연료의 갤론당 가격이 1센트 상승하면 100만 달러의 손실을 볼 것이다. 신규 연료의 가격변화는 가솔린선물 가격변화보다 50% 더 큰 표준편차 값을 갖는다. 만일 가솔린선물이 위험을 헷지하는 데 이용된다면, 최적 헷지비율은 얼마인가? 기업의 신규 연료 위험노출액은 몇 갤론인가? 기업은 가솔린선물을 몇 갤론 취해야 하는가? 거래되어야 할 가솔린선물은 몇 계약인가? 가솔린선물의 1계약은 42,000갤론이다.

3.28. 어떤 포트폴리오 매니저가 0.2의 베타를 갖는 포트폴리오를 관리하고 있다. 지난 한 해 동안 무위험수익률은 5%이고 주식시장수익률은 -30%로 상황이 아주 나빴다. 포트폴리오 매니저는 -10%의 수익률을 얻었고, 이런 상황에서 이 정도의 수익률은 좋은 성과라고 주장한다. 이점에 대해 토론하라.

3.29. 어떤 상품의 현물가격과 선물가격의 월간 변화가 아래와 같다. 이 자료를 이용하여 최소분산 헷지비율을

계산하라 ("헷지계약수의 조정(tailing)"은 하지 않는다.)

현물가격 변화	+0.50	+0.61	−0.22	−0.35	+0.79
선물가격 변화	+0.56	+0.63	−0.12	−0.44	+0.60
현물가격 변화	+0.04	+0.15	+0.70	−0.51	−0.41
선물가격 변화	−0.06	+0.01	+0.80	−0.56	−0.46

3.30. 7월 16일 현재 어떤 기업이 1억 달러의 주식 포트폴리오를 소유하고 있다. 주식 포트폴리오의 베타가 1.2이고, 7월 16일부터 11월 16일까지의 기간에 기업이 포트폴리오 베타를 0.5로 변화시키기 위해 시카고상업거래소에서 거래되는 S&P 500지수의 12월 만기 선물계약을 이용하고 싶어 한다. 지수가 현재 1,000이고 선물 1계약은 지수 × 250달러이다.

(a) 기업은 지수선물에 어떤 포지션을 취해야 하는가?

(b) 기업이 처음의 생각을 바꾸어서 포트폴리오의 베타를 1.2에서 1.5로 증가시키려고 한다. 지수선물에 어떤 포지션을 취해야 하는가?

3.31. 어떤 펀드매니저가 베타가 0.87인 5,000만 달러의 주식 포트폴리오를 보유하고 있다. 펀드매니저는 향후 2개월 간 시장상황이 악화될 것을 우려하고, 위험을 헷지하기 위해 3개월 만기S&P 500지수 선물을 이용할 것을 계획하고 있다. 현재 S&P 500지수는 1,250이고 지수선물 1계약은 지수 × 250달러이다. 무위험수익률은 연 6%이고 지수의 배당수익률은 연 3%이다. 3개월 만기 선물의 현재가격은 1,259이다.

(a) 향후 2개월 간 시장에 노출된 위험을 모두 제거하기 위해서 펀드매니저가 취해야 할 선물계약의 규모는?

(b) 2개월 후에 S&P 500지수가 1,000, 1,100, 1,200, 1,300 그리고 1,400이 된다면, 헷징전략이 펀드매니저의 수익에 어떤 영향을 미치는지 계산하라. 1개월 만기 선물가격은 동시점의 지수보다 0.25%만큼 높다고 가정한다.

3.32. 2017년 10월 현재 어떤 기업이 2018년 2월, 2018년 8월, 2019년 2월 그리고 2019년 8월에 구리 100만 파운드를 각각 구입할 예정이다. 기업은 위험을 헷지하기 위하여 CME그룹의 COMEX 분과에서 거래되는 선물계약을 이용하기로 결정했다. 구리선물 1계약은 25,000파운드이다. 개시증거금은 1계약당 2,000달러이고 유지증거금은 1계약당 1,500달러이다. 기업은 노출액의 80%를 헷지하는 정책을 갖고 있다. 미래 13개월까지 만기를 갖는 선물계약들이 기업의 요구에 부응할 수 있는 충분한 유동성을 갖는 것으로 간주된다. 기업의 헷징전략을 설계하라. 본 장 4절에서 설명한"헷지계약수의 조정(tailing)"은 하지 않는다. 현재와 미래의 시장가격(파운드당 센트)이 다음과 같다고 가정한다. 당신이 제안한 전략은 기업이 구리 구입을 위해 지급하는 가격에 어떤 영향을 미치는가? 2017년 10월의 개시증거금은 얼마인가? 기업은 증거금 납입요청을 받게 되는가?

부록

자본자산 가격결정 모형

자본자산 가격결정 모형(CAPM: capital asset pricing model)은 자산으로부터 얻을 수 있는 기대수익률을 측정하는 데 사용되는 모형이다. 자산수익률의 위험은 체계적 위험과 비체계적 위험으로 나누어진다. 체계적 위험(systematic risk)은 시장수익률과 연관된 위험이며 분산하여 제거할 수 없다. 비체계적 위험(nonsystematic risk)은 자산이 갖는 고유한 위험이며, 다른 여러 자산들로 구성된 대규모 포트폴리오를 구성함으로써 제거할 수 있다. 자본자산 가격결정 모형은 분산 투자해도 제거할 수 없는 자산의 체계적 위험만을 기준으로 자산의 기대수익률을 계산하는 모형이다. 공식은 다음과 같다.[6]

$$\text{자산의 기대수익률} = R_F + \beta(R_M - R_F) \tag{3A.1}$$

여기서 R_M은 가능한 투자자산이 모두 포함된 포트폴리오의 수익률이고 R_F는 무위험투자의 수익률(무위험수익률)이다. 그리고 그리스 문자 β (beta:베타)는 체계적 위험지수이다. 가능한 투자자산이 모두 포함된 포트폴리오의 수익률 R_M은 시장수익률이며, 그것의 근사치로 일반적으로 S&P 500처럼 잘 분산된 주가지수의 수익률이 사용된다. 베타(β)는 시장수익률에 대한 자산수익률의 민감도이다. 베타는 과거 자료로부터 추정되는데, 자산의 초과수익률을 시장초과수익률에 대해 회귀분석 한 직선의 기울기이다. $\beta = 0$이면, 자산수익률은 시장수익률에 대해 민감도를 갖지 않는다. 이 경우 체계적 위험이 존재하지 않으며, 식 (3A.1)에 따르면 자산의 기대수익률은 무위험수익률이 된다. $\beta = 0.5$이면, 무위험수익률을 초과하는 자산수익률은 평균적으로 무위험수익률을 초과하는 시장수익률의 절반이다. $\beta = 1$이면, 무위험수익률을 초과하는 자산수익률은 무위험수익률을 초과하는 시장수익률과 동일하다.

무위험수익률 R_F가 5%이고 시장수익률 R_M이 13%라고 하자. 식 (3A.1)에 따르면, $\beta = 0$ 인 자산의 기대수익률은 5%이다. 그리고 $\beta = 0.75$인 자산의 기대수익률은 $0.05 + 0.75 \times (0.13 - 0.05) = 0.11$, 즉 11%이다.

CAPM을 유도하는 데에는 다음과 같은 많은 가정들이 필요하다.[7]

1. 투자자들은 자산의 기대수익률과 자산수익률의 표준편차에 대해서만 관심이 있다.
2. 두 자산의 수익률은 각각이 갖는 시장수익률과의 상관관계로 인해서만 상호관련되어 있다. 이는 자산의 수익률이 하나의 요인에 의해서만 결정된다고 가정하는 것과 동등한 가정이다.
3. 투자자들은 단일 기간 동안의 수익률에 관심이 있으며, 그 기간은 모든 투자자들에게 동일하다.
4. 투자자들은 동일한 무위험수익률로 차입하고 대출한다.
5. 세금은 투자 의사결정에 영향을 미치지 않는다.
6. 모든 투자자들은 자산의 기대수익률과 표준편차 그리고 수익률 간의 상관관계에 대하여 동질적 예측을 한다.

이런 가정들은 기껏해야 현실적으로 개략적으로만 성립한다. 그럼에도 불구하고 CAPM은 포트폴리오 매니저들

---

6 만일 이 공식에서 시장수익률을 알 수 없다면, R_M은 R_M의 기대치로 대체된다.

7 CAPM 유도에 대한 자세한 설명은 J.Hull, Risk Management and Financial Institutions, 4nd edn. Hoboken, NJ: Wiley, 2015, Chap. 1을 참조하시오.

에게 유용한 도구로 사용되고 있으며, 포트폴리오 매니저들의 성과를 측정하는데 벤치마크로 사용되기도 한다.

자산이 개별주식인 경우 식 (3A.1)로 측정한 기대수익률이 실제수익률의 특별히 좋은 예측치가 되지는 않는다. 그러나 자산이 잘 분산된 주식 포트폴리오인 경우 식 (3A.1)로 측정한 기대수익률은 훨씬 더 좋은 예측치가 된다. 그 결과 본 장의 5절에서 설명한 것처럼 다음 공식은 분산된 포트폴리오를 헷지하는 데 이용될 수 있다.

$$\text{분산된 포트폴리오의 수익률} = R_F + \beta(R_M - R_F)$$

위의 식에서 β는 포트폴리오의 베타이며, 이는 포트폴리오에 포함된 주식들의 베타를 가중평균하여 계산할 수 있다.

4 CHAPTER

이자율

이자율은 사실상 모든 파생상품의 가치평가에 있어서 한 요인이고, 본 서의 나머지 많은 부분에서 현저하게 중요한 위치를 차지하고 있다. 본 장에서는 많은 종류의 이자율에 대해서 소개한다. 그리고 이자율을 측정하고 분석하는 방법과 관련된 몇 가지 근본적인 이슈들을 설명하기로 한다. 먼저 이자율을 정의하는 데 사용되는 복리 계산 방법과 파생상품 분석에 광범위하게 이용되는 연속복리 이자율의 의미를 살펴보기로 한다. 무이표이자율, 액면가수익률, 수익률곡선에 대해서도 설명하기로 한다. 그리고 채권의 가격결정에 대해서도 살펴보기로 한다. 또한 파생상품 거래데스크가 무이표 국채이자율을 계산하는 데 통상적으로 사용하는 이른 바 "붓스트랩(bootstrap)" 절차에 대해서 설명하기로 한다. 그밖에도 선도이자율과 선도금리계약에 대해 살펴보고, 이자율의 기간구조에 대한 몇 가지 이론에 대해서도 설명하기로 한다. 마지막으로 본 장에서는 이자율 변동에 따른 채권가격의 민감도를 결정하는 데 듀레이션과 볼록성이 어떻게 이용되는지를 설명할 것이다.

6장에서는 금리선물을 살펴보고 듀레이션이 이자율위험을 헷지하는 데 어떻게 이용될 수 있는지 설명할 것이다. 설명의 편의를 위해서 본 장에서는 이자 일수계산법을 무시할 것이다. 이자 일수계산 관습과 그것의 영향에 대해서는 6장과 7장에서 논의할 것이다.

4.1 이자율의 종류

이자율은 차입자가 대출자에게 지급하기로 약속한 금액을 정한다. 특정 통화에 대해서 여러 상이한 이자율이 정규적으로 공시된다. 예를 들어 담보대출이자율(mortgage rate), 예금이자율(deposit rate), 우대차입이자율(prime borrowing rate) 등이 그것이다. 어떤 상황에서 적용되는 이자율은 신용위험(credit risk)에 따라 결정된다. 신용위험은 자금 차입자가 채무불이행하여 대출자에게 약속한 원리금이 지급되지 않을 위험이다. 신용위험이 클수록 차입자가 부담하는 이자율이 높아진다.

이자율은 종종 베이시스 포인트로 표현되기도 한다. 1베이시스 포인트는 연0.01%에 해당한다.

국채이자율

국채이자율(Treasury rates)은 T-bill과 T-bond에 투자해서 얻는 이자율이다. 국채는 정부가 자국통화로 차입할 때 발행하는 채권이다. 예를 들어 일본 국채이자율은 일본 정부가 엔화로 차입할 때 적용되는 이자율이다. 미국 국채이자율은 미국 정부가 달러화로 차입할 때 적용되는 이자율이다. 일반적으로 정부가 자국통화 부채에 대해서 채무불이행할 가능성은 없다고 가정한다. 그러므로 T-bill이나 T-bond를 매입하는 투자자는 약속된 원리금을 확실하게 지급받는다는 의미에서 국채이자율은 완전한 무위험이자율로 간주된다.

LIBOR

LIBOR는 런던은행 간 대출금리(London Interbank Offer Rate)의 약자이다. LIBOR는 담보가 없는(unsecured) 은행 간 대출금리이다. LIBOR금리는 다양한 통화와 만기에 대해서 공시된다. 대출기간은 하루에서 일년까지이다. LIBOR금리는 전세계에 걸쳐 거래되는 수백조 달러의 기준으로 사용된다. LIBOR를 기준금리로 사용하는 유명한 파생상품거래는 이자율스왑이다. (이자율스왑은 4장 2절에서 소개되며 7장에서 더 자세히 논의된다.) 오전 11시 (영국 기준) 직전에 18개 국제은행이 어느 정도의 금리로 다른 은행에게 대출을 해줄 수 있는지 조사한 자료를 바탕으로LIBOR가 산출된다.

하루동안 고정되어 있는 LIBOR를 산출하기 위해 각 통화/대출기간 조합별로 가장 높은 그리고 가장 낮은 네 개의 대출금리는 제외한 나머지 대출금리의 평균을 계산한다. 일반적으로 대출금리를 제시하기 위해서는 AA 신용등급을 갖고 있어야 한다.[1] 따라서 LIBOR는 주로 신용등급이 AA인 은행 간의 무담보 대출금리로 간주된다.

은행에서 일하는 몇몇의 거래자들은 LIBOR를 조작을 시도했다는 혐의로 조사를 받아왔다. 파생상품에 대한 은행의 성과가 특정일 하루동안 고정되어 있는 LIBOR에 의해 결정되며 성과는 LIBOR가 증가할수록 증가한다고 가정하자. 거래자에게 있어 높은 수준의 LIBOR를 제시하고 다른 은행에게도 같은 일을 하도록 설득하는 것은 구미가 당기는 일이다. Tom Hayes는 LIBOR조작으로 유죄를 받은 첫 거래자이다. 2015년 8월 14년 형을 (이후 11년 형으로 감형) 영국법원으로부터 선고받았다. LIBOR금리 산출 체계의 문제는 은행 간 대출이 충분히 많이 일어나지 않아 요청받은 모든 대출금리에 대한 정확한 추정이 어렵기 때문에 어느 정도의 주관적 판단이 불가피하게 필요하다는 것이다. 이를 개선하기 위한 시도로 통화의 숫자를 10개에서 5개로, 대출기간의 숫자도 15개에서 7개로 감소시켰다. 또한 대출금리 추정이 산출되는 방식에 대한 규제의 맹점(regulatory oversight) 역시 개선되어 왔다.

현재 LIBOR는 파생상품 거래를 위한 이상적인 기준금리가 결코 아니며 이는 금리가 시장이 아닌 은행에 의해서 결정되기 때문이다. 파생상품 시장은 향후 다른 기준금리를 사용할 가능성이 높다.

---

1 S&P 등급과 Fitch 등급 중 최상의 기업등급은 AAA급이고, 두 번째 최상의 기업등급은AA급이다. 이에 상응하는 등급을 Moody's의 등급으로 말하면 각각 Aaa급과 Aa급이다.

콜금리(Overnight Rates)

은행은 지급준비금(reserve)라고 알려진 일정 수준의 현금을 중앙은행에 유지하도록 요구받는다. 은행에 대한 지급준비금 요구는 자산과 부채의 수준에 의해 결정된다. 일반적으로 하루가 끝나는 시점에, 몇몇의 금융기관들은 잉여자금을 보유하고 있는 반면 어떤 금융기관들은 자금이 부족한 경우도 있다. 이는 하루기한의 오버나이트 대출과 차입으로 이어진다. 중개인은 돈을 빌려줄 기관과 빌리는 기관을 이어준다. 미국의 중앙은행은 연방준비은행(Federal Reserve)이며 (주로 Fed라 불림) 오버나이트 금리를 연방준비율(federal reserve rate)이라 부른다. 중개된 거래의 금리 가중평균은 (가중치는 거래의 규모로 결정됨) 실효연방준비율(effective federal reserve rate)이라 부른다. 연방준비은행는 오버나이트 금리를 감시하며 금리를 인상 또는 인하를 시도하기 위해 거래를 통해 시장에 개입하는 경우도 있다. 다른 국가도 미국과 유사한 시스템을 갖고 있다. 예를 들면, 영국에서는 중개된 오버나이트 금리의 평균이 Sterling Overnight Index Average(SONIA), 유로존에서는 Euro Overnight Index Average(EONIA)이라 불린다.

환매이자율(Repo Rates)

LIBOR 그리고 오버나이트 연방준비율과 달리 환매이자율은 담보대출금리이다. 환매계약에서 증권들을 보유한 금융기관은 증권들을 특정 가격에 매도하고 나중에 조금 높은 가격에 다시 증권들을 매입하는 것에 동의한다. 금융기관은 대출과 이자를 얻으며 이자는 매도가격과 환매가격의 차이이다. 이 이자율을 환매이자율(repo rate)이라 부른다.

조심스럽게 설계된다면 이런 대출은 신용위험을 거의 부담하지 않는다. 만약 증권의 원소유자가 계약을 지기지 않으면 대출회사가 증권을 소유하면 된다. 만약에 대출회사가 계약을 지기지 않으면 증권의 원소유자는 현금을 소유하면 된다. 환매의 가장 일반적인 형태는 오버나이트 레포(overnight repo)이다. 오버나이트 레포에서는 환매조건이 매일 재협상된다. 그러나 이보다 장기계약인 기간 레포(term repo)가 간혹 이용되기도 한다. 환매이자율은 담보금리이기 때문에 일반적으로 동일한 조건의 LIBOR나 연방준비율보다 살짝 낮다.

4.2 스왑금리(Swap Rates)

스왑은 7장에서 논의되지만 간단한 소개를 본 장에서 하도록 한다. 가장 흔한 스왑은 LIBOR 금리를 고정금리로 일정 기간동안 교환하는 것이다. 예를 들면, 두 거래 당사자가 원금 1억달러에 적용된 3개월 LIBOR를 (3개월에 한번씩 재설정되는 금리로) 동일한 원금에 적용된 연3%의 고정금리로 5년 동안 교환하기로 동의한다. 한쪽은 LIBOR를 지급하고 3%의 고정금리를 지급받으며 또 다른 한쪽은 LIBOR를 지급받고 3%의 고정금리를 지급한다.

스왑은 초기가치가 0이 되도록 설계된다. 여기서 고정금리는 (우리의 예제에서는 3%) 스왑금리(swap rate)라고 알려져있다. 은행은 이 5년 스왑금리를 다음과 같이 지급받을 수 있다.

1. (0, 3, 6, ..., 57번째 월에) 신용등급이 AA인 은행을 대상으로 원금 1억달러에 대한 20개의 연쇄적인 3개월 만기 대출을 형성한다. 대출금리는 LIBOR이다. 은행은 돈을 빌리는 은행(borrowing bank)이 대출의 시작부터 종료시점까지 언제나 AA 신용등급을 유지할 수 있음을 확신해야 한다.

2. 3개월 LIBOR을 지급하고 3%의 고정금리를 지급받는 스왑계약에 참여한다.

AA 신용등급을 가진 단일 은행에게 돈을 빌려주는 것은 은행에게 더 위험할 수 있다는 것을 유념해야 한다.

초기에 은행은 신용할 수 있는 은행이 3개월 내에 채무를 불이행 할 가능성은 거의 없지만 5년 동안이라면 신용여건(credit quality)이 악화될 수 있다. 대출을 해주는 은행은 20개의 3개월 만기 신용 노출을 보유하는 것이 5년만기 단일 신용노출을 갖는 것이 더 낫다. (초기에 AA 신용등급을 가진 은행이 5년 내에 채무를 불이행 할 3개월 내에 채무를 불이행 할 가능성보다 가능성은 20배나 높다.)

앞서 설명한 방식대로 대출을 주기적으로 갱신하면서 지급받는 이자율을 지속적으로 갱신되는 이자율이라 불린다. 예제에서 스왑금리는 3개월 LIBOR를 기반으로 5년 동안 유지되며 지속적으로 갱신되는 금리이다.

오버나이트 지수스왑

오버나이트 지수스왑(OIS)는 일정 기간 (즉 1개월 또는 3개월) 동안 고정금리를 오버나이트 금리(overnight rate)의 기하평균과 교환하는 것이다. 오버나이트 금리는 4장 1절에서 논의됐다 (미국의 실효연방준비율 또는 다른 국가들의 실효연방준비율과 유사하게 정의된 금리). 만약 은행이 특정 기간동안 자금을 오버나이트 금리에 빌리면 (매일 이자와 원금의 만기를 이연, 은행이 부담하는 금리는 해당 기간동안의 오버나이트 금리의 가중평균이다. 비슷하게 만약 은행이 오버나이트 금리에 자금을 빌려준다면 (매일 이자와 원금의 만기를 이연, 은행이 받는 금리는 해당기간 동안의 오버나이트 금리의 가중평균이다. 그러므로 오버나이트 지수스왑은 일정 기간동안의 오버나이트 차입 또는 대여를 동일한 기간 동안의 고정금리 차입 또는 대여로 교환하게 해준다. 오버나이트 지수스왑에서 동의한 고정금리는 오버나이트 지수스왑(OIS) 금리라고 불린다. 만약 고정금리가 해당기간 동안의 일별금리 기하평균보다 크다면 고정금리 납입자는 변동금리 납입자에게 일정금액을 지급해야한다. 그 반대의 경우에는 변동금리 납입자가 고정금리 납입자에게 지급한다. 예를 들면 원금이 1억달러인 미국 3개월 오버나이트 스왑과 연 3%의 고정금리를 고려해보자. 만약 오버나이트 실효연방준비율이 3개월 동안 연 2.8%라면 고정금리 (즉, 오버나이트 스왑금리) 납입자는 변동금리 납입자(payer)에게 0.25 x (0.030 – 0.028) x 100,000,000 달러= 50,000달러를 납입해야 한다. (일수계산 관습에 대한 영향을 고려하지 않았으며 이는 이후의 장에서 설명될 것이다.)

현재 오버나이트 지수스왑은 10년 또는 더 긴 기간 동안 거래된다. 1년 이상 지속되는 오버나이트 지수스왑은 일반적으로 3개월 단위에 하위기간(subperiod)으로 나눠진다. 각 하위기간 말에는 오버나이트 금리의 가중평균은 하위 기간 동안 오버나이트 지수스왑 금리(OIS rate)와 교환된다.

오버나이트 지수스왑 금리는 지속적으로 갱신되는 오버나이트 금리이다. 이 금리는 금융기관이 다른기관에게 해준 연쇄적인 오버나이트 대출을 스왑과 혼합한 경우에 얻을 수 있는 금리이다.

4.3 무위험이자율

우리가 보았듯이 파생상품을 평가하는 일반적인 접근은 무위험 포트폴리오(riskless portfolio)를 설정하는 것을 포함하며 이 포트폴리오의 수익률은 무위험이자율에 해당한다. 그러므로 무위험이자율은 파생상품 가격책정에 핵심적인 역할을 한다. 파생상품 거래자들은 미국 단기 또는 장기 채권의 이자율을 무위험이자율로 사용한다고 생각할 수 있다. 사실은 그렇지 않다. 이는 국채이자율을 인위적으로 낮추는 세금과 규제 요인들이 있기 때문이다.

1. 은행은 국채에 투자하기 위해 자본을 보유하지 않아도 되지만 다른 저위험자산에 투자하기 위한 자본을 보유해야만 한다.
2. 미국에서 국채는 주(州) 단위의 세금이 면제되기 때문에 저위험자산과 비교했을 때 국채는 세금 혜택을 받을 수 있다.

2007년 시작된 신용위기 이전에는, LIBOR를 무위험 이자율로 사용해 왔다. AA 신용등급의 은행이 12개월 또는 그 미만의 기간 동안 지속되는 대출에 대한 채무불이행에 빠지는 일이 거의 불가능하다고 생각했다. 위기 동안 LIBOR는 치솟았고 금융기관들은 더 이상 LIBOR가 무위험이자율이라고 가정하는 것이 합리적이지 못하다고 생각하기 시작했다. 4장 2절에서 설명했듯이 OIS금리는 지속적으로 갱신되는 일일금리이다. 간혹 신용도가 높은 은행 역시 하루아침에 채무를 불이행 할 가능성이 존재하지만 이 확률은 극히 낮아 무시할 수 있다고 간주한다.

시장참여자들은 3개월LIBOR-OIS 스프레드를 예의주시하는데 이는 금융시장의 스트레스를 측정하기 때문이다. 이 지수는 3개월LIBOR에서 3개월OIS금리를 차감하여 계산된다. 이 스프레드는 만기가 3개월인 은행 간 대출에 존재하는 신용위험과 만기가 하루인 연쇄적인 은행 간 대출에 존재하는 신용위험의 차이를 측정한다. 보통은 스프레드가 15베이시스 포인트 보다 낮은게 정상이다. 하지만 신용위험 기간동안에 스프레드가 급증했는데 은행들이 서로에게 만기가 3개월인 자금을 빌려주지 않으려고 했기 때문이다. 2008년 10월 스프레드는 역대 최고치에 해당하는 364베이시스 포인트를 기록했지만 2009년 말에는 정상적인 수준으로 복귀했다. 이후 그리스와 다른 유럽국가들의 재정건전성 문제로 다시 증가했다.

이자율 측정

은행의 예금이자율이 연 10%라는 것은 직접적이고 명확하게 들릴지는 모른다. 그러나 사실 그것의 정확한 의미는 이자율을 어떻게 측정하느냐에 따라 다르다.

만일 이자율이 연간복리로 계산된 것이라면, 이자율이 연 10%라는 것은 현재의 100달러가 1년 후에 110달러가 된다는 것을 의미한다.

$$100\text{달러} \times 1.1 = 110\text{달러}$$

그리고 이자율이 반년복리로 표현된다면, 그것은 6개월 간의 이자율이 5%이고 이 이자율로 이자가 재투자된다는 것을 의미한다. 따라서 이 경우 100달러의 1년 후 가치는 110.25달러이다.

$$100\text{달러} \times 1.05 \times 1.05 = 110.25\text{달러}$$

이자율이 분기복리로 표현된다면, 이는 3개월 간의 이자율이 2.5%이고 이 이자율로 이자가 재투자된다는 것을 의미한다. 따라서 100달러의 1년 후 가치는 110.38달러이다.

$$100\text{달러} \times 1.025^4 = 110.38\text{달러}$$

[표 4.1]은 복리 계산의 횟수가 증가할 때의 효과를 보여준다(m은 복리빈도).

복리빈도(compounding frequency)는 이자가 측정되는 횟수를 말한다. 한 번의 빈도를 갖는 이자율이 상이한 빈도를 갖는 동등이자율로 전환될 수 있다. 예를 들면 [표 4.1]로부터 연간복리로 10.25%의 이자율이 반년복리로 10%와 동등함을 알 수 있다. 한 번의 복리빈도와 여러 번의 복리빈도 간의 차이는 킬로미터와 마일 간의 차이와 유사한 것이다. 그들은 서로 다른 2개의 측정 단위이다.

지금까지 살펴본 내용을 일반화하기 위해서 n년 동안 A의 금액을 연간 R의 이자율로 투자한다고 가정하자. 이자를 연간 1회 복리 계산하면, 투자의 미래가치는 다음과 같다.

$$A(1+R)^n$$

만약에 연간 m번 복리 계산한다면, 투자의 미래가치는 식 (4.1)과 같다.

$$A\left(1+\frac{R}{m}\right)^{mn} \tag{4.1}$$

$m = 1$일 때의 이자율을 동등 연간이자율(equivalent annual interest rate)이라고 부르기도 한다.

4.4 연속복리 계산

복리빈도 m이 무한으로 가면 연속복리가 된다.[2] 연간 R의 이자율로 n년 간 A금액을 투자할 때, 연속복리 기준으로 계산하면 미래가치는 다음과 같다.

$$Ae^{Rn} \tag{4.2}$$

여기서 e는 자연대수의 밑수이며 그 값은 대략 2.71828이다. 식 (4.2)의 e^x 함수는 계산기로 쉽게 계산할 수 있다. [표 4.1]의 예처럼 $A = 100$, $n = 1$ 그리고 $R = 0.1$이라면, 현재 A금액을 연속복리로 계산한 미래가치는 110.52달러이다.

$$100e^{0.1} = 110.52\text{달러}$$

2 보험계리인들은 종종 연속복리 이자율을 강화이자율(force of interest)이라고 부르기도 한다.

표 4.1 이자율이 연 10%일 때 복리 계산 횟수에 따른 현재 투자금액 100달러의 1년 후 가치.

복리빈도	투자금액 100달러의 1년 후 가치 (달러)
연별($m = 1$)	110.00
반년별($m = 2$)	110.25
분기별($m = 4$)	110.38
월별($m = 12$)	110.47
주별($m = 52$)	110.51
일별($m = 365$)	110.52

연속복리로 계산한 미래가치 110.52달러는 일별로 복리 계산한 값과 소수 둘째자리까지 동일하다. 따라서 실무적인 목적으로 사용할 때, 연속복리 계산은 일별복리 계산과 동일한 것으로 간주될 수 있다. n년 동안 연간이자율 R로 연속복리 계산한 미래가치는 현재금액에 e^{Rn}을 곱하여 계산한다. 마찬가지 논리로 n년 동안 연간이자율 R로 할인한 현재가치는 미래금액에 e^{-Rn}을 곱하여 계산한다.

본 서에서 사용하는 이자율은 특별히 명시되지 않는 한 연속복리 기준의 이자율이다. 연간, 반년 간 또는 다른 어떤 기간을 기준으로 한 이자율에 익숙한 독자들은 연속복리 기준의 이자율이 처음에는 낯설 것이다. 그러나 연속복리 기준의 이자율은 파생상품의 가격을 결정하는데 폭넓게 이용되고 있어, 연속복리 기준의 이자율 개념을 이해하는 것이 필요하다.

연속복리 기준으로 계산한 이자율을 R_c 라 하고, 연간 m번 복리 계산하되 R_c 와 동등한 이자율을 R_m 이라 하면, 식 (4.1)과 식 (4.2)로부터 R_c 와 R_m 간의 관계를 유도할 수 있다.

$$Ae^{R_c n} = A\left(1 + \frac{R_m}{m}\right)^{mn}$$

또는

$$e^{R_c} = \left(1 + \frac{R_m}{m}\right)^{m}$$

그리고 위의 두 식으로부터 다음의 식 (4.3)과 식 (4.4)를 얻을 수 있다.

$$R_c = m \ln\left(1 + \frac{R_m}{m}\right) \tag{4.3}$$

$$R_m = m(e^{R_c/m} - 1) \tag{4.4}$$

위의 식을 이용하면 복리빈도가 연간 m인 이자율과 연속복리 기준으로 계산한 이자율 간의 상호전환이 가능하다. 함수 $\ln x$ 는 자연로그함수(natural logarithm function)를 말하며 계산기를 이용하여 쉽게 계산할 수 있다. 만약 $y = \ln x$ 이면 $x = e^y$ 이다.

예제 4.1

반년복리 기준의 연 10%의 이자율을 식 (4.3)으로 표현하면 $m = 2$, $R_m = 0.1$이다. 따라서 이를 연속복리 기준의 이자율 R_c로 전환하면 연 9.758%이다.

$$2\ln\left(1+\frac{0.1}{2}\right) = 0.09758$$

예제 4.2

어떤 대출자가 연속복리 기준의 연 8%의 이자율조건을 제시하였으나 실제로 차입자는 분기별로 이자를 지급해야 한다고 하자. 식 (4.4)에서 $m = 4$이고, $R_c = 0.08$이므로 분기복리 기준의 이자율 R_m은 다음과 같이 연 8.08%이다.

$$4 \times (e^{0.08/4} - 1) = 0.0808$$

다시 말해서 이는 1,000달러 차입금에 대해 분기별 이자가 20.20달러임을 의미한다.

무이표이자율

n년 만기 무이표이자율(n-year zero rate)은 오늘 시작해서 n년 간 지속되는 투자로부터 얻는 이자율이다. 모든 원리금은 n년도 말에 실현되고, 중간에 지급되는 소득이 없다. 또한 n년 만기 무이표이자율은 종종 n년 만기 현물이자율(n-year spot rate)로 불린다. 5년 만기 국채 무이표이자율이 연속복리 기준으로 연 5%로 공시되었다고 가정하자. 이는 100달러가 5년 동안 무위험이자율로 투자된다면 128.40달러가 된다는 것을 의미한다.

$$100 \times e^{0.05\times 5} = 128.40\text{ 달러}$$

우리가 시장에서 관찰하는 많은 이자율은 순수 무이표이자율이 아니다. 연 6% 이자율의 5년 만기 국채를 고려해보자. 이 채권의 가격으로부터 5년 만기 국채 무이표이자율을 정확히 계산할 수 없다. 왜냐하면 채권으로부터 얻는 수익의 일부는 5차년도 말 이전에 이자의 형태로 실현되기 때문이다. 본 장 후반부에서 채권가격으로부터 무이표이자율(zero rate)과 LIBOR 무이표이자율 (LIBOR zero rate)을 어떻게 도출하는지 설명하기로 한다.

4.5 채권가격의 결정

대부분의 채권은 정기적으로 이자를 지급한다. 또한 채권소유자는 만기에 채권의 원금(또는 액면가)을 상환 받는다. 채권의 이론가치는 채권소유자가 미래에 받게 될 모든 현금흐름의 현재가치로 정의된다. 때로는 채권 거래자들이 채권에서 발생하는 모든 현금흐름을 동일한 할인율로 할인하기도 한다. 그러나 각각의 현금흐름을 적절한 무이표이자율로 할인하는 것이 보다 더 정확한 계산이다.

예를 들어 연속복리로 측정된 국채 무이표이자율이 [표 4.2]와 같다고 하자(이것이 어떻게 계산되는지는 나중에 설명할 것이다). 2년 만기 국채의 원금이 100달러이고 반년복리 기준 액면이자율이 연 6%이다. 첫 번째 받을 3달러 이자의 현재가치를 계산하기 위하여, 첫 번째 이자(3달러)를 연 5%로 6개월 동안 할인한다. 두 번째 받을 3달러 이자의 현재가치를 계산하기 위하여, 두 번째 이자(3달러)를 연 5.8%로 1년 동안 할인한다. 계속해서 같은 방법으로 미래에 받을 원리금을 할인한다. 이렇게 해서 구한 채권의 이론가치는 98.39달러이다.

$$3e^{-0.05\times0.5}+3e^{-0.058\times1.0}+3e^{-0.064\times1.5}+103e^{-0.068\times2.0}=98.39$$

4.6 채권수익률

이표채의 수익률은 채권으로부터 발생하는 현금흐름의 현재가치와 채권의 시장가치를 같게 하는 할인율이다. 앞에서 측정한 채권의 이론가치(98.39달러)가 시장가치와 동일하다고 가정하자(즉, [표 4.2]의 자료와 정확히 일치해서 채권의 시장가격이 형성되었다). y를 채권수익률 (연속복리 기준)이라고 하면 다음 식이 성립해야 한다.

$$3e^{-y\times0.5}+3e^{-y\times1.0}+3e^{-y\times1.5}+103e^{-y\times2.0}=98.39$$

위의 식을 "시행착오법(trial-and-error procedure)"으로 풀면, $y=6.76\%$가 된다.[3]

표 4.2 무이표이자율.

만기(연)	국채 무이표이자율 (%, 연속복리 기준)
0.5	5.0
1.0	5.8
1.5	6.4
2.0	6.8

3 이와 같은 $f(y)=0$ 형태의 비선형 방정식의 해를 구하는 하나의 방법은 Newton-Raphson의 공식을 사용하는 것이다. 이 방법은 추정치 y_0를 가지고 출발해서 $y_{i+1}=y_i-f(y_i)/f'(y_i)$ 의 공식을 이용해서 연속적으로 $y_1,\ y_2,\ y_3,\ldots$ 등 을 구하는 방법이다. 여기서 $f'(y)$는 f 를 y 에 대해서 미분한 것이다.

액면가수익률

특정 만기 동안의 액면가수익률(par yield)이란 채권의 가격을 액면가와 같게 하는 채권수익률을 의미한다. 통상적으로 채권은 이자를 반년 단위로 지급한다. 2년 만기 채권의 예에서 이자가 연간 c (또는 6개월마다 $\frac{1}{2}c$)만큼 지급된다고 하자. [표 4.2]의 국채 무이표이자율을 이용하면 채권의 가치가 액면가인 100달러와 동일해지는 c 를 다음과 같이 구할 수 있다.

$$\frac{c}{2}e^{-0.05\times0.5}+\frac{c}{2}e^{-0.058\times1.0}+\frac{c}{2}e^{-0.064\times1.5}+\left(100+\frac{c}{2}\right)e^{-0.068\times2.0}=100$$

위의 식을 풀면 $c = 6.87$이 된다. 즉, 2년 만기 채권의 액면가수익률은 연 6.87%이다. 이는 반년복리 기준으로 계산된 것이다. 왜냐하면 지급이 매 6개월마다 이루어진다고 가정했기 때문이다. 연속복리 기준으로 한다면 액면가수익률은 연 6.75%이다.

보다 일반적으로 말해서 d가 채권의 만기일에 받는 1달러의 현재가치이고 A가 매 이자지급일에 1달러를 지급하는 연금의 현재가치이며, 그리고 m이 연간 이자지급 횟수라면, 액면가수익률 c 는 다음 식을 만족시켜야 한다.

$$100 = A\frac{c}{m}+100d$$

즉, 우리의 예에서 $m = 2, d = e^{-0.068\times2} = 0.87284$ 이고 A는 3.70027이다.

$$A = e^{-0.05\times0.5}+e^{-0.058\times1.0}+e^{-0.064\times1.5}+e^{-0.068\times2.0} = 3.70027$$

공식은 액면가수익률이 연 6.75%임을 확인해준다. 반기마다 연 6.75%의 이자를 제공하는 채권은 액면가와 동일한 가치를 지닌다.

4.7 무이표이자율의 결정

이 절에서는 무이표이자율 구하는 방법인 붓스트랩법(bootstrap method)에 대해 설명한다.

국채이자율

우리는 먼저 단기 국채(Treasury bill)과 장기 국채(Treasury bond)의 가격을 통해 어떻게 국재 무이표이자율(Treasury zero rate)을 구하는지 설명한다. [표 4.3]에 있는 5개 채권의 가격자료를 살펴보기로 하자. 처음 3개 채권은 중간에 이자를 지급하지 않는 채권이므로, 만기별 무이표이자율(현물이자율)을 쉽게 계산할 수 있다. 3개월 만기 채권은 최초투자액 99.6를 3개월 후에 100으로 전환해주는 효과를 갖는다. 다음 식을 이용하여 연속복리 기준의 3개월 이자율 R을 구하면 연 1.603%가 된다.

$$100 = 99.6e^{R\times0.25}$$

마찬가지로 다음 식을 이용하여 연속복리 기준의 6개월 이자율 R을 구하면 연 2.010%가 된다.

$$100 = 99.0e^{R\times 0.5}$$

또한 마찬가지로 다음 식을 이용하여 연속복리 기준의 1년 이자율 R을 구하면 연 2.225%가 된다.

$$100 = 97.8e^{R\times 1.0}$$

4번째 채권의 만기는 1.5년이며, 이자와 원금은 다음과 같다.

6개월: 2달러

1년: 2달러

1.5년: 102달러

앞에서 계산한 바와 같이 6개월 후에 지급할 금액에 적용할 할인율은 연 2.010%이며 1년 후에 지급할 금액에 적용할 할인율은 연 2.225%이다. 또한 채권의 가격 102.5달러는 채권자가 미래에 받게 되는 모든 금액의 현재가치와 같아야 한다. 따라서 1.5년 간의 현물이자율을 R이라고 하면 다음 등식이 성립한다.

$$2e^{-0.02010\times 0.5} + 2e^{-0.02225\times 1.0} + 102e^{-R\times 1.5} = 102.5$$

위의 식은 다음과 같이 간략화된다.

$$e^{-1.5R} = 0.96631$$

또는

$$R = -\frac{\ln(0.96631)}{1.5} = 0.02284$$

따라서 1.5년 간의 무이표이자율은 연 2.284%이다. 이 2.284%는 6개월 및 1년 간의 무이표이자율과 일관성 있는 유일한 이자율이며, 또한 [표 4.3]의 자료와도 일치한다.

2년간의 무이표이자율도 같은 방법으로 6개월, 1년 및 1.5년 간의 무이표이자율과 [표 4.3]에 주어진

표 4.3 붓스트랩법을 이용하는 데 필요한 자료.

채권원금(달러)	만기(연)	연간이자(달러)*	채권가격(달러)	채권수익률(%)**
100	0.25	0	99.6	1.6064 (Q)
100	0.50	0	99.0	2.0202 (SA)
100	1.00	0	97.8	2.2495 (A)
100	1.50	4	102.5	2.2949 (SA)
100	2.00	5	105.0	2.4238 (SA)

* 이자의 절반이 매 6개월마다 지급되는 것으로 가정한다. ** 복리빈도는 이자 지급주기와 동일하다: Q = 분기, SA = 반년복리, A = 연복리.

표 4.4 [표 4.3]의 자료를 이용하여 계산된 연속복리 기준의 무이표이자율(현물이자율).

만기(연)	무이표이자율 (현물이자율, 연속복리 기준, %)
0.25	1.603
0.50	2.010
1.00	2.225
1.50	2.284
2.00	2.416

5번째 채권의 자료로부터 구할 수 있다. R을 2년 간의 무이표이자율이라 하면 R은 다음 식에 의해 0.02416 또는 2.416%가 된다.

$$2.5e^{-0.02010\times0.5} + 2.5e^{-0.02225\times1.0} + 2.5e^{-0.02284\times1.5} + 102.5e^{-R\times2.0} = 105$$

지금까지 계산한 무이표이자율은 [표 4.4]에 요약되어 있다. 만기와 무이표이자율 간의 관계는 무이표이자율곡선(수익률곡선, zero curve)으로 나타낼 수 있다. 일반적으로 붓스트랩법에 의해 측정된 수익률은 선형적으로 연결된다고 가정한다(예를 들어 1.25년 만기 채권의 무이표이자율은 0.5 × 2.225 + 0.5 × 2.284 = 2.255%이다). 그리고 일반적으로 첫 번째 점 이전과 마지막 점 이후의 수익률곡선은 수평적이라고 가정한다. [그림 4.1]은 이런 가정 하에서 산출한 수익률곡선이다. 2년 이상의 만기를 갖는 채권의 자료를 이용하면, 2년 이후의 수익률곡선을 더 정확하게 그릴 수 있다.

그림 4.1 붓스트랩법에 의해 계산된 무이표이자율.

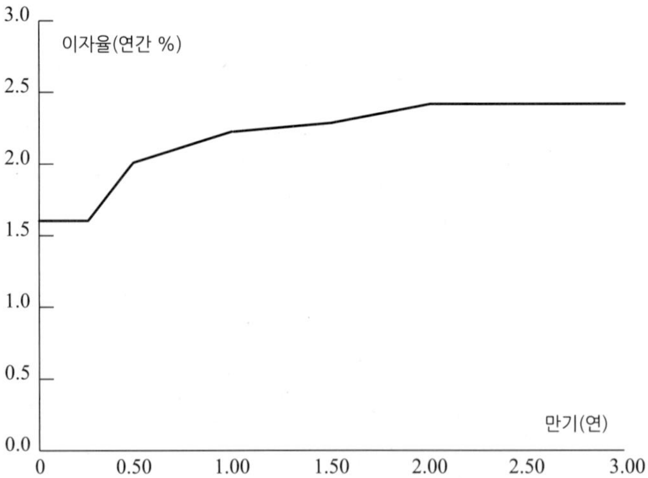

실제로 우리는 정확히 1.5년, 2년, 2.5년 등의 만기를 갖는 채권을 일반적으로 보유하지 못한다. 분석가들은 수익률곡선을 계산하는 데 채권가격을 이용하기 전에 채권가격 자료 간에 선형보간법을 적용하는 방법을 종종 사용하기도 한다. 예를 들어 액면이자율이 6%이고 만기가 2.3년인 채권이 시장에서 108의 가격으로 거래되고, 액면이자율이 6.5%이고 만기가 2.7년인 채권이 시장에서 109의 가격으로 거래되고 있다고 하자. 이때 분석가들은 액면이자율이 6.25%이고 만기가 2.5년인 채권이 시장에서 108.5의 가격으로 거래되고 있다고 가정한다. 아래 오버나이트 지수스왑의 예제에서 사용되는 더 일반적인 또 다른 방법은 다음과 같다. $t_1, t_2, \ldots, t_n$을 가격이 매칭되어야 하는 자산의 만기라고 하자. 자산의 만기시점들을 분점으로 하는 구분적 선형곡선을 가정해보자. 시행착오법(trial and error)을 사용해 첫번째 자산의 가격을 매칭하는 t_i시점의 금리를 추정, 비슷한 방법을 사용해 t_2시점의 금리를 추정, 그리고 나머지 시점의 금리 역시 비슷한 방법을 통해 추정한다. 추정에 이용되는 쿠폰 이자율은 선형분간(linear interpolation)에 의해 결정된다.

더 복잡한 접근법은 t_i 과 t_{i+1} 사이의 무이표곡선(zero curve)을 추정하기 위해 선형함수가 아닌 다항식 또는 지수함수를 활용하는 것이다. 채권의 가격을 정확하게 평가하여 기울기(gradient)가 어떠한 만기 t_i에서도 변화하지 않도록 하는 함수를 선택한다. 이를 무이표곡선(zero curve)을 위한 스플라인 함수라고 칭한다

오버나이트 지수스왑 이자율

앞 절에서 설명한 것과 유사한 붓스트랩 접근법이 OIS 무이표이자율을 추정하는데 사용할 수 있다. 4장 3절에서 설명했듯이, OIS금리는 거래자들이 파생상품 가치평가에 사용하는 무위험이자율이다. 오버나이이트 지수스왑(OIS)는 고정금리를 변동금리로 교환하는 것을 포함한다. 변동금리는 (아주 낮은 위험을 갖는) 오버나이트 금리에 투자됨과 동시에 매일 재투자된다는 가정 하에 계산된다.

12개월 또는 그보다 짧은 만기를 갖는 오버나이트 지수스왑에서는 일반적으로 변동금리가 변동금리로 단 한번 교환된다. 따라서 [표4.4]에 나타나 있는 3개월, 6개월, 12개월 국채 금리로 간주 될 수 있다. 오버나이트 지수스왑의 만기가 12개월 이상일 때는 지급금의 교환은 주로 3개월에 한번씩 이루어진다. 오버나이트 지수스왑 금리는 액면가에 거래되는 국채의 금리와 동일하다.

시장에서 변동금리로 교환될 수 있는 고정 오버나이트 지수스왑 금리가 [표4.5]와 같다고 가정하자.

표 4.5 OIS 금리 및 OIS 무이표곡선(zero curve) 계산.

OIS 만기	OIS 금리	OIS 금리 복리빈도	무이표이자율(연속복리)
1 개월	1.8%	월별	1.7987%
3 개월	2.0%	분기별	1.9950%
6 개월	2.2%	두 해년	2.1880%
12 개월	2.5%	매년	2.4693%
2 년	3.0%	분기별	2.9994%
5 년	4.0%	분기별	4.0401%

그림 4.2 [표4.5]의 OIS 무이표이자율

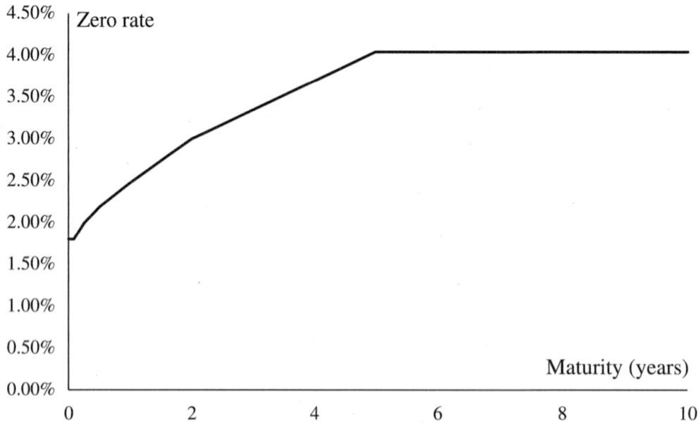

처음 네개의 스왑의 경우 만기에 한번의 교환이 이루어지며 2년 그리고 5년 만기 스왑의 경우 교환은 3개월마다 이루어진다. 복리빈도는 이자지급의 빈도와 동일하다. 세번째 열은 이를 보여준다. 예를 들면 [표4.3]의 1개월 금리는 복리빈도가 1개월, 3개월 금리는 복리빈도가 분기이다. [표4.5]의 마지막 열에 있는 무이표금리는 연속복리금리이다. 두번째 열에 있는 오버나이트 지수스왑 금리의 복리 빈도 차이를 조정하면 1개월, 3개월, 6개월 그리고 12개월 오버나이트 지수스왑 무이표이자율이 된다. 다른 금리들을 추정하기 위해 원금이 100달러이고 액면이자율이 연3%인 (3개월마다 0.75달러) 2년 만기 채권의 가치는 100달러라고 가정한다. 또한 원금이 100달러이고 액면이자율이 연 4%인 (3개월마다 1달러) 5년 만기 채권의 가치는 100달러라고 가정한다. 다른 만기에 대해서도 유사한 가정을 한다. [그림4.2]에 나타나 있듯이 만기의 함수인 무이표이자율은 만기와 만기 사이에 선형이라고 가정한다. 각 분점들의 위치를 결정하는데에는 반복적으로 시행착오법을 적용한다.

[표4.5]의 계산은 DerivaGem을 통해 할 수 있다. [표4.3]에 있는 국채의 경우처럼 계산은 일수계산 관습과 법정 공휴일로 인해 생겨나는 문제는 고려되지 않았다.

4.8 선도이자율

선도이자율(forward interest rate)이란 현재시점의 무이표이자율을 기준으로 추정된 미래 한 기간의 이자율이다. 선도이자율이 어떻게 계산되는지를 살펴보기 위해 [표 4.6]의 2번째 열을 이용하기로 하자. [표 4.6]의 두 번째 열은 기간별무이표이자율을 나타낸다. 이자율은 연속복리 기준으로 계산한다고 가정하자. 즉, 1년 동안 연 3%의 이자율이란 오늘 100달러를 투자하면 1년 후에 $100e^{0.03\times1} = 103.05$달러를 받는 것을 의미하고, 2년 동안 연 4%의 이자율이란 오늘 100달러를 투자하면 2년 후에 $100e^{0.04\times2} = 108.33$달러를 받는 것을 의미한다.

[표 4.6]에서 보듯이 두 번째 연도의 선도이자율은 연 5%이다. 이 이자율은 1년도 말과 2년도 말 사이의 이자율인데, 1년도 무이표이자율 연 3%와 2년도 무이표이자율 연 4%를 기준으로 추정한 미래의 이

표 4.6 선도 LIBOR 이자율의 측정.

연도(n)	n년 동안의 무이표이자율 (연간 %)	n번째 연도의 선도이자율(연간 %)
1	3.0	
2	4.0	5.0
3	4.6	5.8
4	5.0	6.2
5	5.3	6.5

자율이다. 즉, 두 번째 연도의 선도이자율 연 5%는 1년 동안의 무이표이자율 연 3%와 2년 동안의 무이표이자율 연 4%로부터 계산된 것이다. 두 번째 연도의 선도이자율 연 5%와 첫 번째 연도의 이자율 연 3%를 합하면 2년 동안에 평균적으로 얻는 이자율, 즉 연 4%를 구할 수 있다. 두 번째 연도의 선도이자율이 연 5%임을 확인하기 위해 100달러를 투자한 경우를 예로 들어보자. 첫 번째 연도에 3%와 두 번째 연도에 5%의 이자율을 적용하면 두 번째 연도 말에 다음과 같은 수익을 얻는다.

$$100e^{0.03\times 1}e^{0.05\times 1} = 108.33\text{달러}$$

연 4%로 2년 간 투자하면 두 번째 연도 말의 수익은 다음과 같다.

$$100e^{0.04\times 2} = 108.33\text{달러}$$

이 예로부터 이자율이 연속복리 기준으로 계산된 경우 전체 기간에 적용되는 무이표이자율은 전체 기간을 구성하는 단위 기간별 이자율의 산술평균치임을 알 수 있다(즉, 4%는 3%와 5%의 평균치이다). 이자율이 연속복리로 계산되지 않는 경우, 산술평균치는 대략적인 추정치로만 사용될 수 있다.

세 번째 연도의 선도이자율은 2년 동안의 무이표이자율 연 4%와 3년 동안의 무이표이자율 연 4.6%를 사용해서 구하면 연 5.8%이다. 왜냐하면 2년 동안 연 4%와 1년 동안 연 5.8%로 투자해서 얻는 수익이 3년 동안 평균적으로 (4 + 4 + 5.8)/3 = 연 4.6%로 투자해서 얻는 수익과 동일하기 때문이다. 다른 기간의 선도이자율도 같은 방법으로 계산할 수 있으며, 이들은 표의 세 번째 열에 주어져 있다. 일반적으로 R_1과 R_2가 각각 T_1과 T_2 만기 동안에 적용되는 무이표이자율이면, T_1과 T_2 사이의 기간에 적용되는 선도이자율 R_F는 다음과 같다.

$$R_F = \frac{R_2T_2 - R_1T_1}{T_2 - T_1} \tag{4.5}$$

이 공식을 사용하여 [표 4.5]에서 네 번째 연도의 선도이자율을 계산해보면 $R_F = 0.062$임을 쉽게 알 수 있다($T_1 = 3, T_2 = 4, R_1 = 0.046, R_2 = 0.05$). 식 (4.5)는 다음과 같이 재정리될 수 있다.

$$R_F = R_2 + (R_2 - R_1)\frac{T_1}{T_2 - T_1} \tag{4.6}$$

실무사례 4.1 오렌지카운티의 수익률곡선 플레이

어떤 대형 투자자가 [표 4.5]의 이자율로 차입 또는 대출할 수 있으며, 1년 이자율이 향후 5년에 걸쳐 많이 변하지 않을 것이라고 하자. 투자자는 1년 자금을 차입하여 5년 동안 투자할 수 있다. 1년 간 차입은 1차, 2차, 3차, 그리고 4차년도 말에 1년 더 연장될 수 있다. 만일 이자율이 거의 동일한 수준을 유지한다면, 이 전략은 연간 2.3%의 이익을 창출할 것이다. 왜냐하면 5.3%로 받고 3%로 지급하기 때문이다. 이런 전략을'수익률곡선 플레이(yeild curve play)'라고 부른다. 투자자는 미래이자율이 오늘 시장에서 관찰된 선도이자율과 상당히 다를 것으로 예상하고 있다(우리의 예에서 오늘 시장에서 관찰된 미래 1년 만기 선도이자율이 5%, 5.8%, 6.2% 그리고 6.5%이다).

오렌지카운티(Orange County)의 재정담당관인 로버트 시트론(Robert Citron)은 방금 살펴본 것과 유사한 수익률곡선 플레이를 1992년과 1993년에 아주 성공적으로 사용했다. 시트론이 벌어들인 이익은 오렌지카운티의 예산에 큰 공헌을 하였으며, 이를 계기로 그는 카운티의 재정담당관으로 재선임되었다(선거에서 어느 누구도 시트론의 거래가 너무 위험하다는 비판을 귀담아듣지 않았다).

1994년 시트론은 수익률곡선 플레이를 확장하여 시행하였다. 그는 역변동금리채권(inverse floaters)에 과다하게 투자했다. 이 채권은 고정금리 – 변동금리에 해당하는 이자율을 지급한다. 시트론은 환매채 시장에서 차입한 자본과 자기자본을 합쳐서 투자했다. 만일 단기금리가 변하지 않거나 하락하면, 그는 계속해서 이익을 얻을 수 있었을 것이다. 그러나 실제로는 1994년 기간 중에 이자율이 급하게 상승하였다. 1994년 12월 1일에 오렌지카운티는 15억 달러의 손실을 입었다고 발표했고, 며칠 후 파산보호신청을 하였다.

식 (4.6)으로부터 수익률곡선이 T_1과 T_2 사이에서 상향 기울기를 갖는다면(즉 $R_2 > R_1$이면), $R_F > R_2$임을 알 수 있다(즉, 선도이자율은 양 무이표이자율보다 높다). 마찬가지로 수익률곡선이 T_1과 T_2 사이에서 하향 기울기를 갖는다면(즉 $R_2 < R_1$이면), $R_F < R_2$임을 알 수 있다 (즉, 선도이자율은 양 무이표이자율보다 낮다). 식 (4.6)에서 T_2가 T_1에 접근할 때 극한값을 취하고 이들 2개의 공통 값을 T라고 하면 다음 식이 성립한다.

$$R_F = R + T\frac{\partial R}{\partial T}$$

여기서 R은 만기가 T인 무이표이자율이다. 이런 방법으로 계산된 R_F는 만기가 T인 순간 선도이자율(instantaneous forward rate)이라고 부른다. 이는 T시점에서 시작하는 아주 짧은 미래에 적용될 수 있는 선도이자율이다. $P(0, T)$를 T시점에서 만기가 되는 무이표채의 가격이라고 하자. $P(0, T) = e^{-RT}$이므로, 순간 선도이자율 공식은 다음과 같이 정리될 수 있다.

$$R_F = -\frac{\partial}{\partial T}\ln P(0, T)$$

만약 표 4.5의 금리로 대형 금융기관이 돈을 빌리거나 빌려줄 수 있다면 대형 금융기관은 선도이자율을 고정시킬 수 있다. 예를 들면 대형 금융기관은 1년 동안 3%의 이자율로 100달러를 차입하여 그 자금을

2년 동안 연 4%의 이자율로 투자할 수 있다. 1차년도 말에 $100e^{0.03\times1}=103.05$달러의 현금유출이 발생하고 2차년도 말에 $100e^{0.04\times2}=108.33$달러의 현금유입이 발생한다. 그런데 $108.33=103.05e^{0.05}$이므로 103.05달러에 대해 2차년도에 벌어들인 수익률이 선도이자율과 동일한 5%가 된다. 또한 다른 예로서 대형 금융기관은 100달러를 4년 동안 연 5%로 차입하여 그 자금을 3년 동안 연 4.6%로 투자할 수 있다. 그 결과 3차년도 말에 $100e^{0.046\times3}=114.80$달러의 현금유입이 발생하고 4차년도 말에는 $100e^{0.05\times4}=122.14$달러의 현금유출이 발생한다. 그런데 $122.14=114.80e^{0.062}$이므로, 4차년도 동안에는 6.2%의 선도이자율로 자금을 차입하고 있음을 알 수 있다.

만일 어떤 대형 투자자가 미래이자율이 오늘의 선도이자율과 다를 것으로 예상한다면, 투자자가 해볼 만한 많은 투자전략이 있을 것이다([실무사례 4.2] 참조). 매력적인 투자전략 중의 하나가 선도금리계약(FRA)을 체결하는 것이다. 다음에는 FRA의 기본구조와 가치평가에 대해 논의하기로 하자.

4.9 선도금리계약

선도금리계약(FRA: forward rate agreement)은 거래 당사자들이 미래 특정기간 동안 일정원금을 차입하거나 대출하는 데 동안에 적용될 금리를 고정시키는 장외시장 선도계약이다. 일반적으로 FRA계약은 우선 금리가 선도금리와 동일하도록 설사된다. 따라서 계약의 가치는 0이 된다.

대부분의 FRA들은 LIBOR를 기반으로 한다. 특정 원금을 일정 기간동안 LIBOR 금리에 차입하는 거래자는 FRA계약을 통해 일정 기간동안 특정 원금에 대한 LIBOR금리만큼의 이자를 받고 미리 결정된 고정금리만큼의 이자를 지불하게 된다. 이는 불확실한 변동LIBOR금리를 고정금리로 변환해준다. 만약 LIBOR가 고정금리보다 크다면 FRA의 수익(payoff)는 양(+)이 된다.

미래 특정 기간동안 LIBOR를 받게 되는 거래자는 유사하게 FRA를 통해 LIBOR금리로 이자를 지급하고 고정금리로 이자를 지급받아 금리를 고정시킬 수 있다. 이자가 대출금리 체납금 형태로 지급되기 때문에, FRA는 미래 특정 기간에 청산되어야 한다. 그러나 FRA 계약은 청산가치의 현재가치로 계약 시작시점에서 결제되는 것이 일반적이다.

예제 4.3

어떤 기업이 3년 후에 시작하는 3개월 동안 원금 1억 달러에 대하여 4%의 고정금리의 이자를 받는 FRA를 체결한다고 하자. 즉, FRA는 3개월 동안 LIBOR가 지급되고 4%를 지급받는 계약이다. 만일 3개월 LIBOR가 3개월 동안 연 4.5%이면, 대출자가 받는 현금흐름은 다음과 같다.

$$100{,}000{,}000\times(0.04-0.045)\times0.25=-125{,}000\text{달러}$$

이 현금흐름은 3년 후 시점 -125,000달러의 현재가치와 동일하다. 상대방 계약자의 3.25년 후 시점의 현금흐름은 +125,000달러 또는 +125,000달러의 3년 시점 현재가치이다 (이 예에서 모든 이자율은 분기복리 기준임).

T_1 시점부터 T_2 시점까지 기업 X가 LIBOR금리에 기업 Y에게 자금을 빌려주기로 하고 받게 될 금리를 고정시키기 위해 FRA를 체결했다고 하자. 필요한 기호를 정의하면 다음과 같다.

R_K : FRA에서 합의한 이자율

R_F : 오늘 계산한 시점과 시점 사이의 LIBOR 선도이자율[4]

R_M : 시점에서 관찰된 시점과 시점 사이의 LIBOR 선도이자율

L : FRA의 원금

먼저 연속복리 기준의 통상적인 가정을 전제하고, R_K, R_F 그리고 R_M이 모두 만기를 반영하는 복리빈도로 측정된다고 가정하자. 다시 말해서 $T_2 - T_1 = 0.5$ 이면 반년복리 기준으로 측정되고, $T_2 - T_1 = 0.25$ 이면 분기복리 기준으로 측정된다고 가정한다(이 가정은 시장에서 거래되는 FRA에서 통상적으로 인정되고 있다).

정상적으로 X기업은 LIBOR 대출로부터 R_M 의 수익률을 얻는다. X기업은 FRA를 통해 수익률 R_K 를 얻는다. X기업이 FRA를 체결함으로써 추가로 얻는 이자율은 $R_K - R_M$ 인데, 이는 음(–)의 값을 가질 수도 있다. T_1 시점에서 이자율은 결정되고 이자는 T_2 시점에서 지급된다. 그러므로 X기업이 시점에서 얻는 추가 이자수익의 현금흐름은 다음과 같다.

$$L(R_K - R_M)(T_2 - T_1) \tag{4.7}$$

같은 논리로 Y기업이 T_2 시점에서 얻는 (음(–)의 현금흐름일 수 있는) 추가 이자수익의 현금흐름은 다음과 같다.

$$L(R_M - R_K)(T_2 - T_1) \tag{4.8}$$

식 (4.7)과 (4.8)로부터, 우리는 FRA에 대한 또 다른 해석이 있음을 알 수 있다. 즉, FRA는 X기업이 T_1 시점과 T_2 시점 사이에서 고정이자율 R_K 로 원금에 대한 이자를 받고, 실제 LIBOR인 R_M으로 이자를 지급하는 계약이다. Y기업은 T_1 시점과 T_2 시점 사이에서 고정이자율 R_K 로 원금에 대한 이자를 지급하고 실제이자율 R_M으로 이자를 받을 것이다. 이러한 해석은 7장에서 스왑에 대해 논의할때 중요해질 것이다.

언급한 바와 같이 FRA는 일반적으로 T_2 시점이 아닌 T_1 시점에 정산된다. 그러므로 현금흐름은 T_2 시점에서 T_1 시점으로 할인되어야 한다. 기업 X에게 있어서 T_1 시점의 현금흐름은 다음 현금흐름의 현재가치와 같다.

$$L(R_K - R_M)(T_2 - T_1)$$

4 LIBOR의 선도이자율 계산은 7장에서 논의된다.

기업 Y에게 있어서 시점의 현금흐름은 다음 현금흐름의 현재가치와 같다.

$$L(R_M - R_K)(T_2 - T_1)$$

할인율은 T_1 시점에서 산출된 T_1 시점부터 T_2시점까지의 무위험이자율이어야 한다.

가치평가

FRA의 가치를 평가하는 데 있어 먼저 알아두어야 할 것은 $R_K = R_F$ 일 때 FRA의 가치는 항상 0이 되며 일반적으로 계약은 $R_K = R_F$이 되도록 계약시점에 설계된다. 시간이 지남에 따라 R_K (합의한 고정금리)는 그대로 있지만 R_F 는 변할 가능성이 있다. 그렇기 때문에 계약의 가치는 더 이상 0이 아니게 된다.

계약이 시작된 이후 FRA 가치를 추정하기 위해 두 FRA를 비교하자. 첫 번째 FRA는 T_1 시점과 T_2 시점 사이에 원금 L에 대해서 LIBOR선도금리 R_F 를 받는 FRA이다. 두 번째 FRA는 동일 기간에 동일한 원금에 대해서 LIBOR선도금리 R_K를 받는 FRA이다.두 계약 모두 실현된 LIBOR R_M을 지급한다. 두 FRA는 T_2 시점에서 받는 이자금액이 다르다는 점을 제외하고는 동일한 FRA이다. 이자는 첫번째 계약의 경우 $LR_F(T_2 - T_1)$ 이며 두번째 계약의 경우 $LR_K(T_2 - T_1)$ 가 된다. 그러므로 두 번째 FRA의 가치가 첫 번째 FRA의 가치를 초과하는 부분은 다음과 같이 이들 두 이자지급액 차이의 현재가치이다.

$$L(R_K - R_F)(T_2 - T_1)e^{-R_2T_2}$$

여기서 R_2 는 T_2 만기 동안의 무위험 현물이자율(연속복리 기준)이다.[5] 이렇게 되는 이유는 R_F 를 약속하는 첫 번째 FRA의 가치는 0이고 R_K를 약속하는 두 번째 FRA의 가치는 다음과 같기 때문이다.

$$V_{\text{FRA}} = L(R_K - R_F)(T_2 - T_1)e^{-R_2T_2} \tag{4.9}$$

마찬가지로 R_K 의 이자율을 지급받는 FRA의 가치는 다음과 같다.

$$V_{\text{FRA}} = L(R_F - R_K)(T_2 - T_1)e^{-R_2T_2} \tag{4.10}$$

식 (4.7)과 식 (4.9), 또는 식 (4.8)과 식 (4.10)을 비교해 보면 FRA는 다음과 같은 과정을 통하여 가치평가 될 수 있음을 알 수 있다.

1. 선도이자율이 실현된다는 가정 (즉, $R_M = R_F$ 라고 가정)하에 현금흐름을 계산한다.
2. 무위험이자율로 현금흐름을 할인한다.

우리는 이런 결과를 7장에서 FRA의 포트폴리오인 스왑을 가치 평가할 때 이용할 것이다.

5 R_K, R_M 그리고 R_F 는 $T_2 - T_1$ 의 기간복리 기준으로 나타낸다. 반면에 R_2 는 연속복리 기준으로 나타낸다.

예제 4.4

1.5년 시점부터 2년 시점까지의 미래에 선도 LIBOR(forward LIBOR)금리가 5% (반년복리 기준) 이며 방금 전에 기업은 원금 1억달에 대해서 5.8% (반년복리 기준)의 이자를 받고 LIBOR를 지급하는 계약을 했다. 2년 무위험이자율은 4% (연속복리 기준)이다. 식 (4.9)로부터 FRA의 가치는 다음과 같음을 알 수 있다.

$$100{,}000{,}000 \times (0.058 - 0.050) \times 0.5e^{-0.04\times 2} = 369{,}200\text{달러}$$

4.10 듀레이션

채권의 듀레이션(duration)은 채권소유자가 원리금을 지급받는 데 걸리는 기간이다. 만기가 n년인 무이표채의 듀레이션은 n년이다. 그러나 만기가 n년인 이표채의 듀레이션은 n년보다 짧다. 왜냐하면 채권소유자가 n년이 되기 전에 일부의 현금흐름을 받기 때문이다.

채권의 소유자에게 t_i 시점($1 \leqslant i \leqslant n$)에서 c_i 의 현금을 지급하는 채권을 예로 들어보자. 채권가격 B와 연속복리로 계산한 수익률 y는 다음과 같은 관계를 갖는다.

$$B = \sum_{i=1}^{n} c_i e^{-yt_i} \tag{4.11}$$

채권의 듀레이션 D는 다음과 같이 정의된다.

$$D = \frac{\sum_{i=1}^{n} t_i c_i e^{-yt_i}}{B} \tag{4.12}$$

또는

$$D = \sum_{i=1}^{n} t_i \left[\frac{c_i e^{-yt_i}}{B}\right]$$

괄호 안은 t_i 시점에서 지급되는 금액의 현재가치를 채권가격으로 나눈 비율이다. 채권가격은 채권자에게 미래에 지급하는 모든 금액의 현재가치이다. 따라서 듀레이션은 t_i 시점에서 이루어지는 지급액의 현재가치가 채권이 지급하는 금액의 총현재가치(채권가격)에서 차지하는 비율을 가중치로 하여, 지급이 이루어지는 기간 t_i를 가중 평균한 값이다. 가중치의 합은 당연히 1.0이다. 듀레이션 정의상 모든 할인은 채권수익률 y로 이루어진다는 것에 유의하라(본 장 4절에서 설명한 바와 같이 각각의 현금흐름에 대하여 서로 다른 현물이자율을 사용하지 않는다).

수익률이 Δy만큼 변하면 ΔB는 거의 다음과 같이 된다.

$$\Delta B = \frac{dB}{dy}\Delta y \tag{4.13}$$

식 (4.11)로부터 다음 식이 성립한다.

$$\Delta B = -\Delta y \sum_{i=1}^{n} c_i t_i e^{-y t_i} \tag{4.14}$$

ΔB와 Δy 사이에는 음(−)의 관계가 있음에 주목하라. 즉, 채권수익률이 증가하면 채권가격은 감소하고 채권수익률이 감소하면 채권가격은 증가한다. 식 (4.12)와 식 (4.14)로부터 듀레이션과 관련한 다음의 식을 구할 수 있다.

$$\Delta B = -BD\,\Delta y \tag{4.15}$$

식 (4.15)를 정리하면 다음과 같다.

$$\frac{\Delta B}{B} = -D\,\Delta y \tag{4.16}$$

식 (4.16)은 채권가격의 변화율과 채권수익률의 변화 간의 개략적인 관계이다. 식 (4.16)은 사용하기가 쉽다. 그래서 실무에서 이 식이 많이 사용되고 있다. 듀레이션은 1938년 매콜리(Macaulay)에 의해 처음으로 제시된 바 있다.

액면가액 100달러, 만기 3년, 액면이자율 10%인 채권을 예로 들어보자. 채권수익률은 연속복리 기준으로 연 12%이다(즉, $y = 0.12$). 그리고 매 6개월마다 5달러의 이자가 지급된다. [표 4.7]은 채권의 듀레이션을 구하기 위한 계산과정을 보여준다. 채권수익률을 할인율로 하여 매기 지급액의 현재가치를 구한 것이 세 번째 열에 주어져 있다(예를 들어 첫 번째 이자지급액의 현재가치는 $5e^{-0.12\times 0.5} = 4.709$이다). 세 번째 열의 마지막 행에 있는 현재가치의 합인 94.213달러는 채권의 가격을 나타낸다. 네 번째 열의 가중치는 세 번째 열의 각 현재가치를 94.213으로 나누어서 구한다. 다섯 번째 열의 각 숫자를 합하면 듀레이션 2.653년을 구할 수 있다.

DV01은 이자율 1bp 변화에 의한 채권의 가격변화량을 의미한다. 감마는 이자율 1bp 변화에 의한 DV01의 변화량이다. 다음의 예제는 식 (4.15)의 듀레이션 관련 공식의 정확성을 검토하는 예제이다.

표 4.7 듀레이션의 계산.

기간(연)	지급액(달러)	현재가치	가중치	기간 × 가중치
0.5	5	4.709	0.050	0.025
1.0	5	4.435	0.047	0.047
1.5	5	4.176	0.044	0.066
2.0	5	3.933	0.042	0.083
2.5	5	3.704	0.039	0.098
3.0	105	73.256	0.778	2.333
합계:	130	94.213	1.000	2.653

예제 4.5

[표 4.7]에서 채권가격 B는 94.213이고 듀레이션 D는 2.653년이다. 따라서 이들을 식 (4.15)에 대입하면 다음의 식을 얻을 수 있다.

$$\Delta B = -94.213 \times 2.653 \times \Delta y$$

즉,

$$\Delta B = -249.95 \times \Delta y$$

채권수익률이 10베이시스포인트(= 0.1%) 증가하면, $\Delta y = +0.001$이 된다. 이를 위의 듀레이션 관련 공식에 대입하면 $\Delta B = -249.95 \times 0.001 = -0.250$이 되고, 따라서 채권가격은 94.213 − 0.250 = 93.963으로 하락한다. 이런 결과는 얼마나 정확할까? 수익률로 할인하여 채권을 평가하는 일반적 방법으로 채권의 가격을 구해보자. 채권수익률이 10베이시스포인트 증가해서 12.1%가 될 때, 정확한 채권가격은 다음과 같다.

$$5e^{-0.121\times0.5} + 5e^{-0.121\times1.0} + 5e^{-0.121\times1.5} + 5e^{-0.121\times2.0} + 5e^{-0.121\times2.5} + 105e^{-0.121\times3.0} = 93.963$$

여기서 구한 채권가격 93.963은 앞에서 듀레이션 관련 공식을 이용해서 구한 채권가격과 동일하다(소수 셋째 자리까지).

수정 듀레이션

앞의 분석에서는 y를 연속복리 기준으로 나타냈다. 만일 y를 연간복리 기준으로 나타낸다면, 식 (4.15)는 다음과 같이 표현된다.

$$\Delta B = -\frac{BD\,\Delta y}{1+y}$$

더욱 일반화해서 y를 연간 m회 복리기준으로 측정한다면 다음과 같이 나타낼 수 있다.

$$\Delta B = -\frac{BD\,\Delta y}{1+y/m}$$

여기서,

$$D^* = \frac{D}{1+y/m}$$ 로 나타내면,

위의 식은 다음과 같이 간단히 정리된다. 식 (4.17)에서 D^*를 수정 듀레이션(modified duration)이라 한다.

$$\Delta B = -BD^* \Delta y \tag{4.17}$$

그리고 y는 연간 m회 복리기준으로 나타내었다. 다음의 예제는 식 (4.17)의 수정 듀레이션 관련 공식의 정확성을 검토하는 예제이다.

예제 4.6

앞에서 살펴보았던 [표 4.6]에서 채권가격은 94.213달러이고 듀레이션은 2.653년이다. 그리고 반년복리 기준의 채권수익률은 연 12.3673%이다. 수정 듀레이션 D^*는 다음과 같다.

$$D^* = \frac{2.653}{1 + 0.123673/2} = 2.499$$

식 (4.17)로부터 다음의 관계를 알 수 있다.

$$\Delta B = -94.213 \times 2.4985 \times \Delta y$$

즉,

$$\Delta B = -235.39 \times \Delta y$$

여기서 반년복리 기준의 채권수익률이 10베이시스포인트(= 0.1%) 상승할 때, Δy = + 0.001이 된다. 이를 듀레이션 관련 공식에 대입하면 ΔB 는 −235.39 × 0.001 = −0.235가 되며, 따라서 채권가격은 94.213 − 0.235 = 93.978로 하락한다. 이런 결과는 얼마나 정확할까? 채권수익률(반년복리 기준)이 10베이시스포인트 증가하여12.4673%(연속복리 기준으로 12.0941%)가 될 때, 앞에서 제시했던 방법으로(미래 지급액의 현가를 구하는 방법으로) 정확히 계산하면 채권가격은 93.978이 된다. 이상의 결과로부터 수정듀레이션을 이용한 공식이 수익률의 작은 변화에서는 비교적 정확함을 알 수 있다.

가끔 사용되는 용어로 달러 듀레이션(dollar duration)이 있다. 달러 듀레이션은 수정 듀레이션 × 채권가격이다. 즉, $\Delta B = -D_\$ \Delta y$ 이다($D_\$$ 는 달러 듀레이션).

채권 포트폴리오

채권 포트폴리오의 듀레이션 D는 포트폴리오를 구성하는 개별채권의 듀레이션을 개별채권의 투자비율(채권 포트폴리오 내의 투자비율)로 가중 평균한 값이다. 앞에서 공부한 식 (4.15)부터 (4.17)은 B를 채권 포트폴리오의 가치로 바꾸어서 사용할 수 있다. 이들 식은 채권수익률이 Δy 만큼 변할 때 채권 포트폴리오의 가치가 얼마나 변하는지를 추정하는 데 이용될 수 있다.

듀레이션이 채권 포트폴리오에 사용될 때, 모든 채권의 수익률이 동일한 양만큼 변할 것이라는 암묵적인 가정이 있다는 것을 이해하는 것이 중요하다. 채권의 만기가 상이할 때, 이런 가정이 성립하려면 무이표 수익률곡선이 평행이동(parallel shift)해야만 한다. 그러므로 식 (4.15)~(4.17)의 식들은 수익률

곡선의 평행이동 Δy)이 채권 포트폴리오의 가격에 미치는 효과를 추정하는 데 이용할 수 있다는 것을 이해해야 한다.

금융기관들은 자산의 듀레이션과 부채의 듀레이션을 일치시킴으로써(즉, 순듀레이션을 0으로 함으로써) 수익률의 작은 변화에 노출된 위험을 제거한다. 그러나 그렇게 하더라도 수익률의 변화가 크거나 또는 비평행이동 시 위험이 완전히 제거되지는 않는다.

4.11 볼록성

듀레이션 관련 공식은 채권수익률이 작게 움직일 때만 이용 가능하다. 이런 내용은 [그림 4.3]에 잘 나타나 있다. [그림 4.3]는 동일한 듀레이션을 갖는 2개의 채권에 있어서 채권가격의 변화율과 채권수익률의 변화 간의 관계를 보여준다. 두 곡선의 기울기는 처음에는 동일하다. 즉, 수익률이 조금 변할 때 두 채권 포트폴리오의 가치변화율은 동일하고, 식 (4.16)이 성립한다. 그러나 채권수익률이 크게 변하면, 두 채권 포트폴리오의 가치는 상이하게 반응한다. X 채권포트폴리오가 Y 채권 포트폴리오에 비해 채권수익률 변화와 관련하여 휘어진 정도(curvature)가 더 크다. 이런 곡선의 휘어진 정도는 볼록성(convexity)으로 측정되며, 볼록성은 식 (4.16)의 듀레이션 관련공식을 더 정확하게 개선하는 데 이용될 수 있다.

볼록성은 다음과 같이 정의된다

그림 4.3 동일한 듀레이션을 갖는 2개의 채권 포트폴리오.

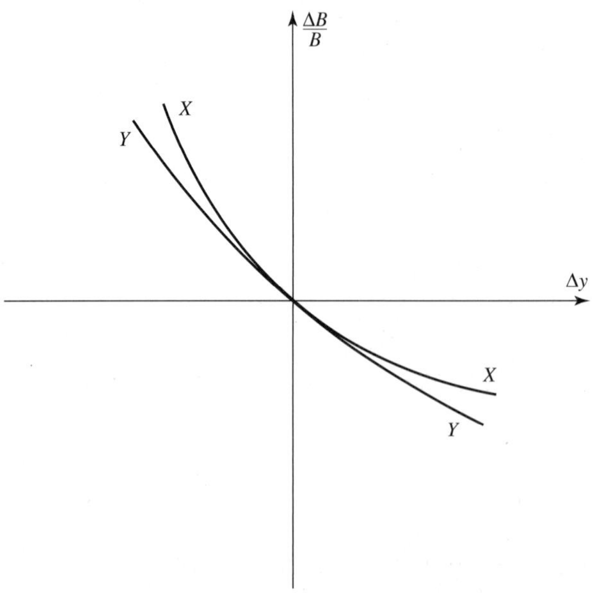

$$C = \frac{1}{B}\frac{d^2B}{dy^2} = \frac{\sum_{i=1}^{n} c_i t_i^2 e^{-yt_i}}{B}$$

테일러의 확장식(Taylor series expansions)으로부터 식 (4.13)보다 더 정확한 다음의 식을 얻을 수 있다.

$$\Delta B = \frac{dB}{dy}\Delta y + \frac{1}{2}\frac{d^2B}{dy^2}\Delta y^2$$

위의 식은 다음과 같이 정리된다.

$$\frac{\Delta B}{B} = -D\,\Delta y + \tfrac{1}{2}C(\Delta y)^2$$

특정 듀레이션을 갖는 포트폴리오에 있어서 채권 포트폴리오의 볼록성은 채권이 긴 기간 동안 균등하게 금액을 지급할 때 가장 커지고, 특정 한 시점에서 금액을 몰아서 지급할 때 가장 작아지는 경향이 있다. 금융기관들은 순듀레이션이 0이고 순볼록성이 0이 되도록 채권자산과 채권부채를 선택함으로써 상대적으로 큰 수익률의 평행이동에 따른 위험을 피할 수 있다. 그러나 이렇게 하더라도 수익률의 비평행이동에 따른 위험은 남게 된다.

4.12 이자율의 기간구조 이론

무엇이 수익률곡선을 결정하는지에 대한 의문은 자연스러운 것이다. 왜 수익률곡선이 어떤 때는 하향곡선의 형태를 갖고, 어떤 때는 상향곡선의 형태를 가지며, 어떤 때는 상향곡선과 하향곡선이 혼재된 형태를 갖는가? 지금까지 발표된 기간구조이론(theory of the term structure)은 많다. 그 중 가장 단순한 것이 기대이론(expectations theory)이다. 기대이론은 장기이자율이 미래의 기대 단기이자율을 반영하여 결정된다는 주장이다. 좀 더 정확히 말해서 미래 특정기간의 선도이자율이 그 기간 동안 기대되는 미래 현물이자율과 같다는 것이다. 다른 기간구조이론으로는 시장분할이론(market segmentation theory)이 있다. 시장분할이론은 단기, 중기및 장기이자율 간에 어떤 관계도 있을 이유가 없다는 주장이다. 시장분할이론에 따르면 대형연금기금 또는 보험사와 같은 투자기관들은 특정 만기를 갖는 채권에 투자하며, 만기를 쉽게 변경시키지 않으려 한다. 따라서 시장분할이론에서는 단기이자율이 단기 채권시장에서의 수요와 공급에 의해 결정되며, 중기이자율은 중기 채권시장에서의 수요와 공급에 의해 결정된다고 주장한다.

기간구조이론 중에서 가장 설득력 있는 이론이 유동성선호이론(liquidity preference theory)이다. 이 이론의 기본가정은 투자자가 유동성 유지와 단기 투자를 선호하는 반면에, 차입자는 일반적으로 고정된 이자율로 장기간 차입하는 것을 선호한다는 것이다. 유동성선호이론에 따르면 선도이자율이 미래의 기대 현물이자율보다 높다. 또한 이것은 수익률곡선이 보통 하향하지 않고 상향하는 경향이 있음을 확인한 실증결과와도 일치한다.

순이자소득의 관리

유동성선호이론을 이해하기 위해서는 은행이 예금을 받고 대출하는 과정에서 부담하는 이자율위험을 고려해보는 것이 유용하다. 은행의 순이자소득(net interest income)은 받은 이자금액에서 지급한 이자금액을 차감한 소득을 말하며, 순이자소득은 조심스럽게 관리되어야 할 필요가 있다.

어떤 은행이 고객들에게 1년 만기와 5년 만기 예금이자율을 제시함과 동시에 1년 만기와 5년 만기의 모기지 대출이자율을 제시한다고 하자. 제시되는 이자율은 [표4.8]과 같다. 시장참여자들이 미래기간 동안의 1년 이자율이 현재시점에서의 1년 이자율과 동일할 것으로 기대한다고 단순하게 가정하자. 대략적으로 말해서 이는 시장에서 이자율이 상승할 가능성과 하락할 가능성이 동일하다는 것을 의미한다. 결과적으로 [표 4.8]은 이자율이 시장의 기대를 반영한다는 점에서 "공정"하다(즉, 이자율이 기대이론에 따른다). 1년 동안 투자하고 다음의 4개의 1년 기간 동안 재투자하는 것은 5년 동안 단일 투자하는 것과 전체적으로 동일한 기대수익률을 제공한다. 마찬가지로 1년 동안 자금을 빌려오고 다음의 4개의 1년 동안 반복해서 자금을 재조달하는 것은 5년 동안 단일 자금조달과 전체적으로 동일한 기대자금조달비용을 발생시킨다.

당신이 은행에 예금할 자금을 갖고 있고 미래 이자율이 상승할 가능성과 하락할 가능성이 같다는 시장기대에 동의한다고 하자. 당신은 연 3%의 이자율로 1년 만기로 예금하겠는가 아니면 연 3%의 이자율로 5년 만기로 예금하겠는가? 당신은 1년 만기 예금을 선택할 것이다. 왜냐하면 1년 만기의 예금이 자금을 더 짧은 기간 동안 묶어두기 때문이다.

이 상승할 가능성과 하락할 가능성이 같다는 시장기대에 동의한다고 하자. 당신은 연 6%의 이자율로 1년 만기 모기지 대출을 선택하겠는가 아니면 연 6%의 이자율로 5년 만기 모기지대출을 선택하겠는가? 당신은 아마도 5년 만기 모기지 대출을 선택할 것이다. 왜냐하면 5년만기 모기지 대출이 다음 5년 동안의 차입이자율을 고정시켜줄 것이고 재조달위험에 덜 노출시키기 때문이다.

은행이 [표 4.8]과 같은 이자율을 제시할 때, 대다수의 고객들은 1년 만기 예금과 5년 만기 모기지 대출을 선택할 것이다. 이런 선택은 은행으로 하여금 자산/부채의 기간을 불일치(mismatch)하도록 함으로써 은행은 위험에 노출된다. 만일 이자율이 하락한다면 문제가 생기지 않는다. 즉, 이자율이 하락하면 은행은 미래에 연 3% 미만의 이자율을 주면서 예금을 받고 5년간 연 6%의 이자율로 대출함으로써 결국 순이자소득이 증가할 것이다. 그러나 이자율이 상승하면, 은행은 미래에 연 3%를 초과하는 이자율을 주면서 예금을 받고 5년 간 연 6%의 이자율로 대출함으로써 결국 순이자소득이 감소할 것이다. 이자율이 3%포인트 상승하면 순이자소득은 0이 될 것이다.

표 4.8 고객에게 제시한 은행의 이자율.

만기(연)	예금이자율	모기지 대출이자율
1	3%	6%
5	3%	6%

표 4.9 자산/부채의 만기 일치시키려는 시도로 인해 5년 만기 예금이자율과 모기지 대출이자율은 증가한다.

만기(연)	예금이자율	모기지 대출이자율
1	3%	6%
5	4%	7%

이자를 벌어들이는 자산의 만기와 이자를 지급하는 부채의 만기를 일치시키는 일은 자산/부채 관리담당자들이 해야 할 일이다. 자산/부채 관리담당자들이 이렇게 하는 하나의 방법은 5년 만기 예금과 모기지 대출의 연간 이자율을 각각 올리는 것이다. 예를 들어, 은행 담당자들이 [표 4.9]에서와 같이 5년 만기 예금이자율은 연 4%로 올리고 5년 만기 모기지 대출이자율은 연 7%로 올렸다고 하자. 이와 같은 변화는 5년 만기 예금과 1년 만기 모기지 대출을 보다 매력적으로 만들 것이다. 예금이자율이 [표 4.8]과 같을 때 1년 만기 예금을 선택한 일부 고객들은 예금이자율이 [표 4.9]과 같을 때 이를 5년 만기 예금으로 변경할 것이다. 모기지 대출이자율이 [표 4.8]과 같을 때 5년 만기 모기지 대출을 선택한 일부 고객들은 이를 1년 만기 모기지 대출로 변경할 것이다. 이런 변경들은 자산과 부채의 만기가 일치되도록 유도할 것이다. 만일 1년 만기 예금을 선택하려는 예금자들과 5년 만기 모기지 대출을 선택하려는 차입자들 간의 불균형이 계속 발생한다면 5년 만기 예금이자율과 모기지 대출이자율이 더 이상 상승할 것이다. 결국 이런 불균형은 해소될 것이다.

바로 앞에서 설명한 식으로 은행들이 행동하는 것을 설명한 것이 유동성선호이론이다. 장기이자율은 기대 미래 단기이자율에 의해 예측되는 것보다도 더 상승하는 경향이 있다. 수익률곡선은 대부분의 경우 상향이다. 수익률곡선은 시장에서 단기이자율이 상당히 급강할 것으로 기대될 때에만 하락한다.

최근에는 많은 은행들이 고객의 의사결정을 모니터링하는 정교한 시스템을 갖추고 있다. 따라서 고객들이 선택한 자산/부채의 만기에 약간의 차이만 있어도 은행들은 제시이자율을 조정할 수 있다. 때때로 금리스왑과 같은 파생상품들이 은행의 위험노출을 관리하는 데 이용되기도 한다(7장 참조). 이런 결

실무사례 4.2 유동성과 2007~2009년의 금융위기

2007년 7월에 시작된 신용위기 동안에, 금융기관과 투자자들은 보다 안전한 투자를 선호하고 신용위험을 덜 감수하려는 이른 바"안전자산으로의 이동(flight to quality)"현상이 있었다. 단기자금 조달에 의존했던 금융기관들은 유동성 문제를 경험했다. 한 예로 모기지 대출 포트폴리오의 상당 부분을 단지 3개월간만 사용할 수 있는 도매예금으로 조달한 영국의 노던록(Northern Rock)의 사례를 들 수 있다. 2007년 9월부터 예금자들은 신경이 날카로워졌고 3개월이 지난 후에 그들이 노던록에 예금하고 있던 자금의 만기 연장(즉, 추가 3개월 예금 연장)을 거부했다. 그 결과, 노던록은 그들의 대출재원을 조달할 수 없었다. 노던록은 2008년 초 영국정부에 인수되었다. 미국의 경우, 베어스턴스(Bear Stearns)와 리먼브라더스(Lehman Brothers)도 영업자금의 일부를 단기자금으로 조달했기 때문에 이와 유사한 유동성 문제를 겪었다.

과로 일반적으로 순이자소득은 매우 안정적이다. 그런데 이것은 항상 그런 것은 아니다. 1980년대에 있었던 저축대부조합의 실패사례와 1984년에 있었던 컨티넨탈 일리노이은행의 실패사례들은 자산과 부채의 만기관리를 제대로 하지 못한 데에 큰 원인이 있었다. 이와 같은 실패사례들은 미국 국민들에게 엄청나게 비싼 대가를 치르게 했다.

유동성

만기가 불일치하는 포트폴리오는 앞에서 설명한 바와 같은 문제를 일으키는 것 이외에도 유동성 문제를 발생시킨다. 단지 3개월만 지속되는 도매예금(wholesale deposit)으로 5년간 고정금리로 대출하는 금융기관을 고려해보자. 금융기관은 금리상승에 따른 위험노출을 인식하고 그들의 금리위험을 회피(hedge)할 것이다(이것을 실행하는 하나의 방법은 앞서 언급한 바와 같이, 금리스왑을 이용하는 것이다). 그러나 이렇게 하더라도 유동성위험은 여전히 존재한다. 도매예금자는 어떤 이유 때문에 금융기관을 신뢰하지 않고 이들에 대한 단기자금 대출을 거부할 수도 있다. 단기자금 대출을 거부하면 금융기관은 충분한 자기자본을 보유하고 있더라도 자신의 몰락을 초래할 수도 있는 심각한 유동성 문제를 경험할 수 있을 것이다. [실무사례 4.3]에서 언급했듯이, 이런 유형의 유동성 문제는 2007년에 시작된 금융위기 동안에 발생한 금융기관 실패의 몇 가지 원인들 중에서 근본적인 것에 속한다.

요약

이자율에 대해 사용되는 복리빈도는 이자가 측정되는 단위(unit)를 결정한다. 연간복리이자율과 분기복리이자율 간의 차이는 마일로 측정한 거리와 킬로미터로 측정한 거리 간의 차이와 유사하다. 파생상품 거래자들은 파생상품의 가치를 분석할 때 연속복리 기준을 많이 사용한다.

자본시장에는 많은 상이한 이자율이 공시되고 있으며, 분석가들은 이들을 계산하고 있다. *n*년 만기 무이표이자율 또는 *n*년 만기 현물이자율은 모든 수익이 *n*년도 말에 실현될 때 n년동안 지속되는 투자에 적용될 수 있는 이자율이다. 특정 만기 채권의 액면가수익률이란 채권가격을 액면가와 동일하게 만드는 액면이자율을 의미한다. 선도이자율은 오늘의 무이표이자율(현물이자율)에 내재된 미래 일정기간 동안의 이자율이다.

무이표이자율을 계산할 때 붓스트랩법이 가장 보편적으로 사용된다. 붓스트랩법은 단기증권으로부터 출발해서 점진적으로 장기증권으로 이동하면서 무이표이자율을 계산하는 방법이다. 이 방법으로 계산할 때 각 단계에서 무이표이자율은 무이표채의 가격에 기초해서 계산되어야 한다. 거래데스크는 국채 무이표 수익률곡선을 계산하기 위해서 매일 붓스트랩법을 사용한다.

선도금리계약(FRA)은 거래당사자들이 일정한 미래기간 동안에 금리를 (일반적으로 LIBOR) 특정 이자율과 교환할 수 있도록 합의한 장외시장계약이다. FRA는 선도 LIBOR 이자율이 실현된다고 가정하고 그에 따른 현금흐름을 할인함으로써 가치 평가될 수 있다.

이자율시장에서 듀레이션(duration)은 중요한 개념이다. 듀레이션은 채권 수익률곡선의 작은 평행이동에 따른 채권 포트폴리오 가치의 민감도를 측정한다. 이를 식으로 표현하면 다음과 같다.

$$\Delta B = -BD\,\Delta y$$

여기서 B는 채권가격, D는 듀레이션, Δy는 수익률(연속복리 기준)의 작은 변화, 그리고 ΔB는 이들의 변화로 인해 발생하는 B의 변화이다.

유동성선호이론은 실무에서 관찰되는 이자율구조를 설명하는 데 이용될 수 있다. 유동성선호이론은 대부분의 사람들과 기업들이 장기간 차입하고 단기간 대출하기를 좋아한다고 주장한다. 차입자와 대출자의 서로 다른 만기구조를 매칭(matching)시키기 위하여 금융기관은 선도이자율이 기대 미래 현물이자율보다 높아지도록 장기이자율을 올리는 것이 필요하다.

참고문헌

Fabozzi, F. J. *Bond Markets, Analysis, and Stragegies*, 8th edn. Upper Saddle River, NJ: Pearson, 2012.

Grinblatt, M., and F. A. Longstaff. "Financial Innovation and the Role of Derivatives Securities: An Empirical Analysis of the Treasury Strips Program," *Journal of Finance*, 55, 3 (2000): 1415–36.

Jorion, P. *Big Bets Gone Bad: Derivatives and Bankruptcy in Orange County*. New York: Academic Press, 1995.

Stigum, M., and A. Crescenzi. *Money Markets* and Bond Calculations, 4th edn. New York: McGraw Hill, 2007.

연습문제

4.1. 은행이자율이 분기복리 기준으로 연 7%이다. 이 이자율은 (a) 연속복리 기준과 (b) 연간복리기준으로 각각 얼마에 해당하는가?

4.2. 어떻게 LIBOR가 결정되는지 설명하라?

4.3. 6개월과 1년의 현물이자율이 모두 연 5%이다. 액면이자율이 연 4%이고 만기가 18개월 남은채권(이자지급은 방금 이루어졌음)의 수익률은 연 5.2%이다. 채권의 가격은 얼마인가? 그리고 18개월 현물이자율은 얼마인가? 모든 이자율은 반년복리 기준으로 계산된 것이다.

4.4. 어떤 투자자가 현재 1,000달러를 투자해서 1년 후에 1,100달러를 받는다. 다음의 방법으로 계산할 때 연간 수익률은?

(a) 1년마다 복리 계산

(b) 6개월마다 복리 계산

(c) 매월마다 복리 계산

(d) 연속복리 계산

4.5. 연속복리 기준의 현물이자율이 다음과 같다.

만기(월)	이자율(%, 연간)
3	8.0
6	8.2

9	8.4
12	8.5
15	8.6
18	8.7

2, 3, 4, 5, 6번째 분기의 선도이자율을 계산하라.

4.6. 무위험 무이표이자율은 문제 4.5의 자료와 같다. 보유자가 1,000,000달러의 원금에 대해서3개월 동안 LIBOR를 지급하고4.5% (분기복리)의 금리를 받는1년 후에 시작되는 FRA의 가치는 얼마인가? 3개월 동안의 선도 LIBOR금리는 5%(분기복리)이다.

4.7. 이자율의 기간구조가 상향의 기울기를 갖는다. 다음을 크기 순으로 배열하라.

(a) 5년의 현물이자율

(b) 5년 만기 이표채의 수익률

(c) 미래 4.75년과 5년 사이의 선도이자율

만약에 이자율의 기간구조가 하향의 기울기를 갖는다면, 위의 물음에 대한 답은 어떻게 되겠는가?

4.8. 듀레이션은 이자율에 대한 채권 포트폴리오의 민감도에 대해서 무엇을 설명하는가? 듀레이션 측정치의 한계점은 무엇인가?

4.9. 월간 복리로 연 8%와 동등한 연속복리이자율은 얼마인가?

4.10. 어떤 예금의 이자율이 연속복리 기준으로 연 4%이나 이자는 분기별로 지급한다. 10,000달러의 예금에 대해 매 분기 지급하는 이자는 얼마인가?

4.11. 6개월, 12개월, 18개월, 24개월 그리고 30개월 무이표이자율이 연속복리 기준으로 각각 연 4%, 4.2%, 4.4%, 4.6% 및 4.8%이다. 액면가 100, 만기 30개월, 액면이자율 연 4%(반년복리 기준)인 채권의 현금가격은 얼마인가?

4.12. 어떤 채권의 만기는 3년이고 액면이자율은 연 8%(반년마다 이자지급)이며, 현금가격은 104이다. 이 채권의 수익률은 얼마인가?

4.13. 6개월, 12개월, 18개월 그리고 24개월 무이표이자율이 각각 연 5%, 6%, 6.5% 및 7%이다. 2년 만기 액면가수익률은 얼마인가?

4.14. 연속복리 기준의 무이표이자율이 다음과 같다.

만기(월)	이자율(%, 연간)
1	2.0
2	3.0
3	3.7
4	4.2
5	4.5

2년도, 3년도, 4년도, 5년도의 선도이자율을 계산하라.

4.15. 문제 4.14에 주어진 무위험 무이표이자율을 활용해 3차년도에 원금 100만 달러에 대해 연 5%의 이자를 지급하고 LIBOR를 지급받는 FRA의 가치를 평가하라. 3차년도에 대한 선도 LIBOR금리(연복리 기준)는 5.5%이다.

4.16. 만기 10년, 액면이자율 8%인 이표채의 현재가격이 90달러이다. 그리고 만기 10년, 액면이자율 4%인 이표채의 현재가격이 80달러이다. 10년 만기 무이표이자율(연간)은 얼마인가?(힌트: 액면이자율 4%의 이표채 2개에 매입포지션을 취하고 액면이자율 8%의 이표채 1개에 매도포지션을 취하는 경우를 생각해보라.)

4.17. 기간구조가 하향곡선보다 상향곡선을 그리는 경향이 많은 것과 유동성선호이론이 왜 상호일관성을 갖는지 설명하라.

4.18. "수익률곡선이 상향곡선을 그릴 때, 특정 만기의 무이표이자율이 같은 만기의 액면가수익률보다 더 높다. 수익률곡선이 하향곡선을 그릴 때, 특정 만기의 무이표이자율이 같은 만기의 액면가수익률보다 더 낮다."이렇게 되는 이유를 설명하라.

4.19. 미국 국채이자율이 거의 위험이 없는 다른 이자율보다 상당히 낮은 이유는 무엇인가?

4.20. 환매채시장에서의 대출이 신용위험을 거의 갖지 않는 이유는 무엇인가?

4.21. FRA가 변동금리를 고정금리로 교환하는 것과 동등한 계약인 이유를 설명하라.

4.22. 연속복리 기준으로 연 7%의 수익률을 갖는 5년 만기 채권이 매년 말에 8%의 이자를 지급한다(액면가액 100달러).

(a) 채권가격은 얼마인가?

(b) 채권의 듀레이션은 얼마인가?

(c) 듀레이션을 이용하여 0.2%의 수익률 하락이 채권가격에 미치는 영향을 계산하라.

(d) 연간수익률 6.8%를 기준으로 채권가격을 다시 계산하고, 그 결과가 문제 (c)의 답과 일치하는지를 확인하라.

4.23. 6개월 T-bill과 1년 T-bill의 현금가격이 각각 94.0과 89.0이다. 매 6개월마다 4달러씩 이자를 지급하는 1.5년 만기 T-bond는 현재 94.84달러에 거래되고 있다. 그리고 매 6개월마다 5달러씩 이자를 지급하는 2년 만기 T-bond는 현재 97.12달러에 거래되고 있다. 6개월, 1년, 1.5년 그리고 2년 각각의 무이표이자율을 계산하라.

4.24. "1억 달러의 원금에 대해서 6개월 LIBOR와 5%의 고정금리 이자가 교환되는 금리스왑은 일종의 선도금리계약의 포트폴리오로 볼 수 있다."이 말의 의미를 설명하라.

과제물 문제

4.25. 연복리 기준 금리가 11%이다. (a) 반년복리 기준, (b) 분기복리 기준, (c) 월복리, (d) 주복리, 그리고 (f) 일복리 기준 금리는 얼마가 되겠는가?

4.26. 국채 무이표이자율과 국채에 대한 현금흐름이 다음의 표에 제시되어 있다. 무이표이자율은 연속복리 기준이다.

이자지급	무이표이자율	이자지급	원금
0.5	2.0%	20 달러	
1.0	2.3%	20 달러	
1.5	2.7%	20 달러	
2.0	3.2%	20 달러	1,000 달러

(a) 채권의 이론적 가격은 얼마인가?

(b) 채권이 이론적 가격에 매도된다고 가정하면 채권의 수익률은 얼마인가?

4.27. 5년 만기 채권이 연간 5%의 이자를 반년마다 지급한다. 채권의 가격은 104이다. 채권수익률은 얼마인가?(Excel의 Solver를 이용해도 됨)

4.28. 3개월, 6개월, 12개월, 2년, 그리고 3년 오버나이트 지수스왑 금리는 각각 2.0%, 2.5%, 3.2%, 4.5%, 그리고 5%이다. 3개월, 6개월, 그리고 12개월 만기 오버나이트 지수스왑은 만기시 단일 교환을 포함한다. 2년과 3년 만기 오버나이트 지수스왑은 분기마다 교환이 이루어진다. 금리를 표현할 때 사용된 복리빈도는 교환의 주기를 의미한다. 연속복리 기준으로 무이표이자율을 계산해라. 6개월과 12개월, 12개월과 2년, 2년과 3년 사이의 금리를 결정하기 위해 연속복리 간에 선형보간법을 적용하라. Excel의 Solver를 이용해도 된다.

4.29. 이자율이 반년복리 기준으로 연 5%로 공시되었다. 이를 (a) 연간복리 기준이자율, (b) 월간복리 기준이자율, (c) 연속복리 기준이자율로 전환하라.

4.30. 6개월, 12개월, 18개월 그리고 24개월 무이표이자율이 반년복리 기준으로 각각 연 4%, 4.5%, 4.75% 그리고 5%이다.

(a) 각 이자율을 연속복리 기준으로 전환하면 얼마인가?

(b) 18개월 후에 시작하는 6개월 선도이자율은 얼마인가?

(c) 2년 액면가수익률은 얼마인가?

4.32. 다음은 채권의 가격을 보여주는 표이다.

액면가(달러)	만기(연)	연간이자(달러)*	채권가격(달러)
100	0.50	0.0	98
100	1.00	0.0	95
100	1.50	6.2	101
100	2.00	8.0	104

* 연간이자의 절반이 6개월마다 지급된다.

(a) 6개월, 12개월, 18개월 그리고 24개월 만기의 무이표이자율을 각각 계산하라.

(b) 6~12개월, 12~18개월 그리고 18~24개월까지의 선도이자율을 각각 계산하라.

(c) 반년마다 이자를 지급하는 채권의 6개월, 12개월, 18개월 그리고 24개월 액면가수익률을 각각 계산하라.

(d) 연간 7%의 이자율로 반년마다 이자를 지급하는 2년 만기 채권의 가격과 수익률을 각각 추정하라.

4.33. A 포트폴리오는 액면가액 2,000달러의 1년 만기 무이표채와 액면가액 6,000달러의 10년 만기 무이표채로 이루어져 있다. B 포트폴리오는 액면가액 5,000달러의 5.95년 만기 무이표채로 이루어져 있다. 모든 채권의 현재수익률이 연 10%이다.

(a) 두 포트폴리오의 듀레이션이 같음을 증명하라.

(b) 수익률이 연간 10베이시스포인트(= 0.1%)만큼 증가할 때, 두 포트폴리오의 가치변화율이 동일함을 증명하라.

(c) 수익률이 연 5%만큼 증가할 때, 두 포트폴리오의 가치변화율은 얼마인가?

4.34. 4장 6절의 채권 가격이 DerivaGem에서 구한 채권 가격과 동일함을 보여라. DV01이 예측한 1베이시스 포인트 증가의 영향이 얼마나 정확한지 검증하라. DV01으로부터 채권의 듀레이션을 추정하라. 200 베이시스 포인트 증가의 영향을 예측하기 위해 DV01과 Gamma를 활용하라. 채권의 볼록성을 추정하기 위해 Gamma를 활용하라. (힌트: DerivaGem에서 DV01은 dB/dy이며 B는 채권의 가격, y는 베이시스 포인트로 측정된 수익률, 그리고 Gamma는 d^2B/dy^2이며 y는 퍼센트로 측정됐다.)

5 CHAPTER

선도가격과 선물가격의 결정

본 장에서는 선도가격 및 선물가격이 기초자산의 현물가격과 어떻게 관련되어 있는지 살펴보기로 한다. 선도계약은 선물계약보다 분석하기 쉬운데, 그 이유는 선도계약은 일일정산을 하지 않고 오직 만기일에 한 번만 정산하기 때문이다. 그러므로 본 장에서는 선도가격과 현물가격 간의 관계를 살펴보는 것으로 논의를 시작할 것이다. 다행히도 두 계약의 만기가 같을 때 선도가격과 선물가격은 일반적으로 거의 같아진다. 이는 선도계약에서 얻은 결과가 선물계약에서도 동일하다고 가정할 수 있다는 점에서 편리하다.

본 장의 전반부에서는 선도가격(선물가격)과 현물가격 간의 관계에 대해서 몇 가지 중요한 결과들을 유도하기로 한다. 다음에 그 결과들을 이용하여 주가지수, 통화 및 상품의 선물가격과 현물가격 간의 관계를 설명하기로 한다. 다음 장에서는 금리선물을 설명할 것이다.

5.1 투자자산과 소비자산의 비교

선도계약과 선물계약을 고려할 때, 투자자산과 소비자산을 구별하는 것이 중요하다. 투자자산(investment asset)은 적어도 일부의 투자자들에 의해 오직 투자목적으로 보유되는 자산이다. 주식과 채권은 명백한 투자자산이다. 금과 은 또한 투자자산이다. 투자자산이라고 해서 투자목적으로만 보유되어야 하는 것은 아니다. 예를 들어 은은 공업목적으로 다양하게 이용된다. 그러나 어떤 자산이 투자자산이 되려면 일부의 투자자들이 오직 투자목적으로만 그 자산을 보유해야 한다는 조건이 만족되어야 한다. 소비자산(consumption asset)은 우선적으로 소비목적으로 보유되는 자산을 말한다. 소비자산은 일반적으로 투자목적으로는 보유되지 않는다. 소비자산의 대표적인 예로는 구리, 석유, 돼지고기와 같은 상품들이 있다.

본 장 뒷부분에서 볼 수 있듯이, 현물가격과 시장변수들로부터 투자자산의 선도가격 및 선물가격을 유도할 때 차익거래논리를 사용할 것이다. 그러나 소비자산의 선도가격 및 선물가격에 대해서는 차익거래논리를 사용할 수 없다.

5.2 공매

본 장에서 소개하는 일부 차익거래 전략에서는 공매(空賣)를 이용한다. 공매(short selling)란 소유하지 않은 증권을 매도하는 것이다. 모든 투자자산에 대해서는 아니지만 일부 투자자산에 대해서는 공매가 가능하다. 주식에 대한 공매를 이용해서 차익거래논리를 설명하기로 한다.

어떤 투자자가 그의 브로커에게 X기업 주식 500주를 공매 주문한다고 하자. 그 브로커는 주식을 소유한 다른 고객으로부터 주식 500주를 빌려서 시장에서 매도할 것이다. 어느 시점에 가서는 투자자는 X기업 주식 500주를 매입하여 그 포지션을 청산해야한다. 매입한 주식들은 원래 빌려온 고객의 계좌로 되돌려진다. 공매기간 중에 투자자는 주가가 하락하면 이익을 얻고, 주가가 상승하면 손실을 본다. 그리고 공매기간 중이라도 브로커가 빌린 주식을 반납해야 하고 빌릴 수 있는 주식이 없으면, 투자자는 준비가 되어 있지 않아도 본인의 의사와 상관없이 즉시 매도포지션을 마감해야 한다(short squeezed). 경우에 따라서는 공매자에게 주식 또는 다른 증권들을 빌려주면서 수수료를 부가하기도 한다.

공매포지션을 보유하는 투자자는 매도증권에 통상적으로 지급되는 배당금이나 이자 등을 브로커에게 주어야 한다. 브로커는 그 증권을 빌려준 고객의 계좌에 이를 입금시킨다. 예를 들어 4월 현재 120달러인 IBM 주식 500주를 공매한 투자자가 7월에 주당 100달러로 500주를 매입하여 공매포지션을 마감한다고 하자. 한편 IBM사는 5월에 주당 1달러의 배당을 지급한다. 투자자는 공매시점인 4월에 500 × 120달러 = 60,000달러를 받는다. 그리고 투자자는 5월에 지급된 배당을 보상해주기 위해 500 × 1달러 = 500달러를 지급한다. 마지막으로 투자자는 공매종료 시점인 7월에 500 × 100달러 = 50,000달러를 지급한다. 그러므로 주식을 빌리는데 수수료가 없다면, 공매 투자자에게 귀속되는 최종 순이익은 9,500달러이다.

60,000달러 − 500달러 − 50,000달러 = 9,500달러

[표 5.1]은 이상의 내용을 예시하고 있다. [표 5.1]은 공매해서 얻는 현금흐름이 4월에 주식을 매입하고

표 5.1 · 주식 매입 시 현금흐름과 공매 시 현금흐름의 비교.

주식 매입 시 현금흐름	
4월: 1주당 120달러를 지급하고 500주 매입	-60,000달러
5월: 배당 수령	+500달러
7월: 1주당 100달러를 받고 500주 매도	+50,000달러
	순이익=-9,500달러
공매 시 현금흐름	
4월: 500주를 빌려서 120달러를 받고 매도	+60,000달러
5월: 배당 지급	-500달러
7월: 1주당 100달러를 지급하고 500주를 매입해서 이를 가지고 공매포지션을 마감	-50,000달러
	-50,000달러

7월에 그 주식을 매도해서 얻는 현금흐름과 금액은 같고 부호만 반대임을 보여준다(주식을 빌리는 데 수수료가 없다고 가정).

투자자는 브로커와 증거금계정을 유지할 것을 요구받는다. 증거금계정은 주가가 상승해도 공매포지션의 의무를 이행한다는 것을 보장하기 위해서 투자자가 브로커에게 맡긴 현금 또는 유가증권으로 구성된다. 증거금계정은 2장에서 설명한 선물계약에서의 증거금계정과 유사하다. 일정수준의 개시증거금이 요구되고 만일 공매한 가격이 불리하게 움직이면(증권가격이상승하면) 추가증거금이 요구된다. 만일 추가증거금이 제공되지 않으면 매도포지션은 종결된다. 증거금계정이 투자자에게 실제로 비용을 부과하지는 않는다. 왜냐하면 일반적으로 증거금계정의 잔액에 대하여 이자가 지급되고 만일 제시된 이자율이 너무 낮아서 받아들일 수 없으면, T-bill과 같은 시장성 유가증권이 증거금으로 예치될 수 있기 때문이다. 자산매각 대금은 투자자에게 귀속되고 정상적인 경우 개시증거금에 더해진다.

시간이 흐름에 따라 공매에 대한 규제도 변한다. 업틱 룰(uptick rule)은 1938년에 도입되었다. 업틱 룰은 주식의 최근 가격이 상승한"경우(uptick)"에만 공매를 허용하는 규칙이다. 미국에서 증권거래위원회(SEC)는 업틱 룰을 2007년 7월에 폐지했으나, 2010년 2월에 "대체업틱(alternative uptick)"을 재도입하였다. 새로운 대체 룰 하에서는 주가가 하루에 10% 초과하여 하락할 때, 그 날과 다음 날에 공매가 제한된다. 이런 제한조치들에 따르면 주식은 최근에 가장 좋은 매입가격보다 높은 가격으로만 공매될 수 있다. 일시적인 공매금지 조치들이 2008년에 많은 국가들에서 종종 취해졌다. 왜냐하면 공매가 지금까지 시장에서 나타난 높은 변동성에 영향을 미쳤다고 생각하기 때문이다.

5.3 가정과 기호 정의

본 장에서는 시장 참여자에 대하여 다음과 같이 가정한다.

1. 거래비용이 없다.
2. 모든 거래순이익에 대해 동일한 세율이 적용된다.
3. 차입이자율과 대출이자율이 무위험이자율(risk free rate of interest)로 동일하다.
4. 차익거래기회(arbitrage opportunity)를 이용한다.

위의 가정들을 모든 시장 참여자들이 받아들일 필요는 없다. 다만 우리가 요구하는 것은 이런 가정들을 대형 파생상품 딜러들과 같은 주요 시장 참여자들이 받아들여야 한다는 사실(또는 적어도 거의 사실)이다. 선도가격과 현물가격 간의 관계를 결정하는 것은 차익거래기회가 발생할 때 그것을 이용하려는 주요 시장 참여자들의 거래행동과 그들의 열정이다.

본 장에서 사용할 기호는 다음과 같다.

T : 선도계약 또는 선물계약의 인도일까지의 기간(연간기준으로 표시)

S_0 : 선도계약 또는 선물계약 기초자산의 현재가격

F_0 : 선도계약 또는 선물계약의 현재가격

r : 무이표채의 현재 연간 무위험이자율(연속복리 기준으로 T년간 적용)

무위험이자율 r은 이론적으로 차입금이 위험 없이 상환되는, 즉 신용위험이 없는 상태에서의 차입 또는 대출이자율이다. 4장에서 설명했듯이 파생상품시장의 참여자들은 오버나이트 지수스왑 이자율(OIS rate)이 무위험이자율로 적정하다고 보고 있다.

5.4 투자자산의 선도가격

가치를 평가하기 가장 쉬운 선도계약은 보유자에게 계약 종료 시까지 어떤 소득도 제공하지 않고 보관비용이 들지 않는 투자자산을 기초자산으로 하는 선도계약이다. 이런 중간무소득 투자자산으로는 무배당주식(non-dividend-paying stock)과 무이표채(zero-coupon bond) 등이 있다.

3개월 후에 무배당주식을 매입하는 선도계약을 예로 들어보자.[1] 현재 주가가 40달러이고 3개월 무위험이자율이 연 5%이다. 다음의 두 가지 극단적인 예를 통해서 차익거래 전략을 생각해보기로 하자.

선도가격이 상대적으로 높은 43달러라고 하자. 어떤 차익거래자가 연 5%의 무위험이자율로 40달러를 차입해서 주식 1주를 매입하고, 3개월 후에 1주를 매도할 수 있는 선도계약을 체결한다. 3개월이 지난 후, 차익거래자는 1주를 인도하고 43달러를 받는다. 차입에 따른 원리금은 40.50달러이다.

$$40e^{0.05\times 3/12} = 40.50\text{ 달러}$$

차익거래자는 이 전략을 통해 3개월 후에 43.00달러 − 40.50달러 = 2.50달러의 확정이익을 얻는다.

다음에는 선도가격이 상대적으로 낮은 39달러라고 하자. 차익거래자는 1주를 공매하고, 그 대금을 연 5%의 이자율을 주는 자산에 3개월 간 투자한다. 동시에 그는 3개월 선도계약 1개에 매입포지션을 취한다. 공매대금을 투자해서 3개월 후에 얻는 금액은 40.50달러이다.

$$40e^{0.05\times 3/12} = 40.50\text{ 달러}$$

3개월 후 차익거래자는 선도계약의 조건에 의해 39달러를 지급하고 주식 1주를 인도받아 그 주식을 돌려줌으로써 공매계약을 마감한다. 이상의 거래로부터 차익거래자는 3개월 후 1.50 달러의 순이익을 얻는다.

$$40.50\text{ 달러} - 39.00\text{ 달러} = 1.50\text{ 달러}$$

이상의 차익거래 내용을 요약하면 [표 5.2]와 같다.

어떤 경우에 [표 5.2]와 같은 차익거래기회가 사라지게 될까? 첫째로 차익거래기회는 선도가격이 40.50달러보다 높을 때 발생하고, 둘째로 차익거래기회는 선도가격이 40.50달러보다 낮을 때 발생한다. 결국 위의 예에서 선도가격이 40.50달러일 때, 모든 차익거래기회는 사라지게 된다.

1 개별주식에 대한 선도계약은 정상적인 경우 실제로 존재하지 않는다. 그러나 이런 계약들은 설명을 위해서 유용하다. 미국에서 개별주식에 대한 선물계약은 2002년 11월에 거래되기 시작했다.

표 5.2 무배당주식에 대한 선도계약의 가격이 상대적으로 높거나 낮을 때의 차익거래기회(주가 = 40 달러, 무위험이자율 = 연 5%, 만기 = 3개월).

선도가격 = 43달러인 경우	선도가격 = 39달러인 경우
현재 거래:	현재 거래:
3개월 간 연 5%의 이자율로 40달러 차입	주식 1주를 공매하고 40달러 수령
주식 1주 매입	40달러를 연 5%로 3개월 간 저축
3개월 후 43달러에 1주를 매도하는 선도계약 체결	3개월 후 39달러에 주식 1주를 매입하는 선도계약 체결
3개월 후 거래:	3개월 후 거래:
주식 1주를 43달러에 매도	주식 1주를 39달러에 매입
원리금 40.50달러 지급	공매포지션 마감
	투자로부터 원리금 40.50달러를 수령
차익거래이익 = 2.50달러	차익거래이익 = 1.50달러

일반화

지금까지의 내용을 일반화하기 위해서 중간무소득 투자자산의 가격을 라 하고 그 자산에 부여된 선도계약을 고려해보자. T는 만기까지의 연수(年數)이고, r은 무위험이자율이며, F_0는 선도가격이다. F_0와 S_0 간에는 다음의 관계가 성립한다.

$$F_0 = S_0 e^{rT} \tag{5.1}$$

만약에 $F_0 > S_0 e^{rT}$ 이면, 차익거래자는 자산을 매입함과 동시에 그 자산에 대한 선도계약을 매도한다. 만약에 $F_0 < S_0 e^{rT}$ 면, 차익거래자는 자산을 매도함과 동시에 그 자산에 대한 선도계약을 매입한다.[2] 앞의 예에서 $S_0 = 40$, $r = 0.05$, $T = 0.25$이므로 식 (5.1)에 의하면 F_0는 40.50달러이다.

$$F_0 = 40e^{0.05 \times 0.25} = 40.50 \text{ 달러}$$

이는 앞에서 계산한 금액과 일치한다.

선도계약을 매입하는 것과 현물을 매입하는 것은 둘 다 T시점에서 자산을 소유하게 한다. 선도계약의 만기 동안 자산을 현물 매입하는 데 따른 자본조달비용 때문에 선도가격은 현물가격보다 높다. 1994년의 키더 피보디(Kidder Peabody)의 사례는 자본조달비용을 간과한 예이다([실무사례 5.1] 참조).

예제 5.1

만기가 1년인 무이표채를 매입하는 4개월 만기의 선도계약이 있다(선도계약 만기 시 무이표채

---

2 식 (5.1)이 옳다는 것을 보여주기 위해서 다음의 전략을 고려해보자. 자산을 한 단위 매입하고 T시점에 F_0의 가격으로 자산을 매도하는 선도계약을 체결한다고 하자. 이런 전략은 현재 S_0의 비용이 들게 하고 T시점에서 F_0의 확실한 현금유입을 발생시킨다. 그러므로 S_0는 F_0의 현재가치와 동일해야 한다. 즉, $S_0 = F_0 e^{-rT}$ 또는 $F_0 = S_0 e^{rT}$ 이다.

실무사례 5.1 키더 피보디의 황당한 실수

투자은행들은 이표채 각각의 현금흐름을 분리된 증권으로 매도함으로써 이표채인 Tbond로부터 소위 스트립(strip)이라 불리는 무이표채를 만들어내는 방법을 개발하였다. 키더 피보디(Kidder Peabody)에서 거래자로 근무하는 조셉 제트(Joseph Jett)는 상대적으로 간단한 전략을 사용하였다. 그는 스트립을 매입하고 선도시장에서 이를 매도하였다. 식 (5.1)이 보여주듯이 중간소득을 제공하지 않는 증권의 선도가격은 항상 현물가격보다 높다. 예를 들어 3개월 이자율이 연 4%이고 스트립의 현물가격이 70달러라고 가정하자. 그 스트립의 3개월 선도가격은 $70e^{0.04\times 3/12} = 70.70$달러이다.

키더 피보디의 컴퓨터 시스템은 조셉 제트가 한 거래당 선도가격이 현물가격을 초과하는 만큼의 이익(우리의 예에서 0.70달러)을 얻는 것으로 보고하고 있었다. 사실 이런 이익은 스트립을 매입하는 데 드는 자금조달비용에 불과했다. 그러나 조셉 제트는 선도계약을 연장함으로써 이 비용이 그에게 부과되는 것을 방지할 수 있었다.

결국 컴퓨터 시스템은 조셉 제트의 거래에 대해서 1억 달러의 이익을 보고했고 조셉 제트는 엄청난 보너스를 받았다. 그러나 그 이면에는 3억 5천만 달러의 손실이 있었다. 이런 사례는 대형 금융기관도 비교적 간단한 일에서 실수할 수 있다는 교훈을 우리에게 주었다.

의 만기는 8개월 남게 되므로, 선도계약의 기초자산을 만기가 8개월인 무이표채로 간주할 수 있다). 무이표채의 현재가격은 930달러이다. 4개월간 적용되는 무위험 이자율(연속복리 기준)은 연 6%이다. 무이표채는 이자소득을 제공하지 않으므로 식 (5.1)을 이용하여 선도계약의 가격을 구할 수 있다. 즉, $T = 4/12$, $r = 0.06$, $S_0 = 930$이므로 이들을 식 (5.1)에 대입해서 선도계약의 가격을 구하면 948.79달러이다.

$$F_0 = 930e^{0.06\times 4/12} = 948.79 \text{ 달러}$$

여기서 구한 948.79 달러는 오늘 매매되는 선도계약의 인도가격이 된다.

공매가 가능하지 않다면?

공매가 모든 투자자산에 대해서 가능한 것은 아니며, 종종 차입자산에 대해 수수료가 부과된다. 이렇게 되더라도 큰 문제가 되지는 않는다. 식 (5.1)을 유도하기 위해서 반드시 자산을 공매할 수 있어야 하는 것은 아니다. 필요한 것은 자산을 순수하게 투자목적으로 보유하는사람이 있어야 한다는 것이다(투자자산의 정의에 의하면 이는 항상 사실이다). 만약에 선도가격이 너무 낮다면, 그들은 자산을 매도하고 선도계약을 매입하는 것이 유리하다고 생각할 것이다.

기초자산의 보관비용 또는 중간소득이 없다고 가정하자. 만약 $F_0 > S_0e^{rT}$ 이면, 투자자는 다음의 전략을 채택할 수 있다.

1. T 년 동안 r의 이자율로 달러를 차입한다.
2. 1온스의 금을 매입한다.
3. 1온스의 금에 대한 선도계약을 매도한다.

T 시점에서 1온스의 금은 F_0 의 가격으로 매도된다. T 시점에서 차입금과 이자를 상환하기 위해서 S_0e^{rT}

의 금액이 필요하다. 따라서 투자자는 $F_0 - S_0e^{rT}$ 의 이익을 얻는다.

$F_0 < S_0e^{rT}$ 라고 가정하자. 이 경우에 자산을 보유하고 있는 투자자는 다음과 같은 전략을 수행할 수 있다.

1. S_0 를 받고 금을 매도한다.
2. T 기간 동안 r의 이자율로 금 매각대금을 투자한다.
3. 자산 1단위에 대한 선도계약을 매입한다.

투자한 현금의 T 시점에서의 가치는 S_0e^{rT} 이다. 금은 F_0 의 가격으로 재매입되고 투자자는 금을 계속 보유할 때와 비교해서 $S_0e^{rT} - F_0$ 의 이익을 얻는다.

앞에서 살펴보았던 무배당주식의 예에서와 같이, 바로 앞에서 고려했던 두 가지의 차익거래기회가 발생하지 않도록 선도가격은 조정될 것이다. 이것은 식 (5.1)의 관계가 유지되어야함을 의미한다.

5.5 예정소득 투자자산의 선도가격

소유자에게 예정된 현금소득을 제공하는 투자자산의 선도계약을 분석해보기로 하자. 예를 들면 예정된 배당을 지급하는 주식과 예정된 이자를 지급하는 회사채(이표채) 등이 대표적인 예정소득(known income) 투자자산들이다. 앞의 방식 그대로 먼저 간단한 수치 예를 들어보고 그다음에 일반화시켜보기로 한다.

현재 900달러에 거래되는 이표채(coupon-bearing bond)를 구입할 수 있는 선도계약을 예로 들어보자. 선도계약의 만기는 9개월 후이다. 이표채는 앞으로 4개월 후에 40달러의 이자를 지급한다. 4개월 동안 적용되는 연속복리 기준의 무위험이자율은 연 3%이고, 9개월 동안 적용되는 연속복리 기준의 무위험이자율은 연 4%이다.

먼저 선도가격이 상대적으로 높은 910달러라고 하자. 차익거래자는 이표채를 사기 위해 900달러를 무위험이자율로 빌리고 동시에 910달러에 채권을 매입하는 선도계약을 취한다. 4개월 후 지급 받는 첫 번째 이자는 40달러인데, 그것의 현재가치는 $40e^{-0.03\times4/12} = 39.60$ 달러이다. 그러므로 차입한 900달러 중 39.60달러는 연 3%의 이자율로 4개월 동안 차입하고 이는 4개월 후에 지급받는 첫 번째의 이자로 갚을 수 있다. 결국 나머지 860.40달러만 연 4%의 이자율로 9개월간 차입한 셈이 된다. 860.40달러의 원금은 연도 말에 $860.40e^{0.04\times0.75} = 886.60$ 달러가 된다. 선도계약의 조건에 의해 채권을 인도하고 받는 금액은 910달러이다. 그러므로 차익거래자는 최종적으로 23.40달러의 이익을 얻는다.

$$910.00 - 886.60 = 23.40\text{달러}$$

다음에는 선도가격이 상대적으로 낮은 870달러라고 하자. 투자자는 이표채를 매도하고 채권을 870달러에 매입하는 선도계약을 취한다. 이표채 매각대금 900달러 중 39.60달러를 연 3%로 4개월간 투자하면 40달러가 되는데, 이는 채권의 이자를 지급하는 데 필요한 금액이 된다. 나머지 860.40달러를 연 4%로 9개월간 투자하면 886.60달러가 된다. 이 중에서 870달러는 선도계약의 조건에 따라 채권을 다시 매입하는 데 사용하고 매도포지션을 마감한다. 결국 투자자는 16.60달러의 이익을 얻는다.

$$886.60 - 870 = 16.60\text{달러}$$

이와 같은 두 가지 전략을 요약하면 [표 5.3]과 같다.[3] [표 5.3]에서 첫 번째 전략은 선도가격이 886.60달러보다 높을 때 이익을 창출하는 반면, 두 번째 전략은 선도가격이 886.60달러보다 낮을 때 이익을 창출한다. 다시 말해서 차익거래기회를 배제하기 위한 선도가격은 886.60 달러이다.

일반화

지금까지의 사례를 기초로 예정된 소득을 제공하는 투자자산의 선도가격을 추정하는 공식을 일반화하기로 하자. 선도계약 기간 중에 예정된 미래소득의 현재가치를 I라 하면, 다음 식이 성립한다.

$$F_0 = (S_0 - I)e^{rT} \tag{5.2}$$

앞의 사례에서 $S_0 = 900.00, I = 40e^{-0.03\times 4/12} = 39.60, r = 0.04, T = 0.75$이므로 F_0는 886.60달러이다.

$$F_0 = (900.00 - 39.60)e^{0.04\times 0.75} = 886.60\text{ 달러}$$

이 선도가격은 앞에서 구한 가격과 일치한다. 식 (5.2)는 예정소득을 제공하는 어떤 자산에도 적용된다. 만일 $F_0 > (S_0 - I)e^{rT}$이면, 차익거래자는 자산을 매입하고 그 자산에 대한 선도계약을 매도함으로써

표 5.3 중간소득을 제공하는 채권의 9개월 만기 선도가격이 상대적으로 높거나 낮을 때의 차익거래기회(채권가격 = 900달러, 4개월 후의 이자지급액 = 40달러, 4개월과 9개월간의 연간 무위험이자율이 각각 3%, 4%).

선도가격 = 910달러인 경우	선도가격 = 870달러인 경우
현재 차익거래:	현재 차익거래:
900달러 차입: 39.60달러는 4개월	900달러를 받고 1개의 채권 공매
차입 860.40달러는 9개월 차입	39.60달러는 4개월 투자, 860.40달러는 9개월 투자
1개의 채권 매입	
9개월 후 910달러를 받고 채권을 매도하는 선도계약 체결	9개월 후 870달러를 지급하고 채권을 매입하는 선도계약 체결
4개월 후 거래:	4개월 후 거래:
채권 이자 40달러 수령	4개월 투자로부터 원리금 40달러 수령
차입금 중 40달러 상환	채권이자 40달러 지급
9개월 후 거래:	9개월 후 거래:
910달러를 받고 채권 매도	9개월 동안 투자로부터 원리금 886.60달러 수령
차입금 중 나머지 886.60달러 상환	870달러를 지급하고 채권을 매입하여 공매포지션 마감
차익거래이익 = 23.40달러.	차익거래이익 = 16.60달러

3 만일 채권을 공매하는 것이 불가능하다면, 채권을 이미 보유한 투자자는 그것을 매도하고 그 채권에 대한 선도계약을 매입할 것이다. 그렇게 함으로써 투자자의 포지션 가치는 16.60달러만큼 증가할 것이다. 이것은 앞선 장에서 자산에 대해 설명했던 전략과 유사하다.

이익을 얻을 수 있다. 만일 $F_0 < (S_0 - I)e^{rT}$ 이면, 차익거래자는 자산을 매도하고 그 자산에 대한 선도계약을 매입함으로써 이익을 얻을 수 있다. 만일 공매가 가능하지 않다면, 자산을 소유하고 있는 투자자는 자산을 매도하고 그 자산에 대한 선도계약을 매입함으로써 이익을 얻을 수 있다.[4]

예제 5.2

현재가격이 50달러인 주식에 대해 만기가 10개월인 선도계약을 고려하자. 연속복리 기준으로 무위험이자율이 연 8%이고, 모든 만기에 대해 동일하다. 앞으로 3개월, 6개월 그리고 9개월 후에 각각 주당 0.75달러의 배당이 예정되어 있다. 총배당의 현재가치 I는 2.162달러이다.

$$I = 0.75e^{-0.08\times3/12} + 0.75e^{-0.08\times6/12} + 0.75e^{-0.08\times9/12} = 2.162 \text{ 달러}$$

변수 T는 10개월 또는 10/12년이므로 식 (5.2)를 사용하여 선도가격 F_0 를 구하면 다음과 같다.

$$F_0 = (50 - 2.162)e^{0.08\times10/12} = 51.14 \text{ 달러}$$

만약에 선도가격이 51.14달러보다 낮으면, 차익거래자는 주식을 공매하고 선도계약을 매입한다. 만약에 선도가격이 51.14달러보다 높으면, 차익거래자는 선도계약을 매도하고 현물시장에서 주식을 매입한다.

5.6 예정수익률 투자자산의 선도가격

선도계약의 기초자산이 예정소득이 아니라 예정수익률(known yield)을 제공하는 경우를 고려해보자. 이는 예정된 소득이 금액이 아니라 자산가격의 일정 퍼센트로 제시되는 경우를 의미한다. 어떤 자산이 연간 5%의 수익률을 제공하는 것으로 가정하자. 이는 자산가격의 5%(연간복리 기준)의 소득이 일 년에 한 번 지급되는 것을 의미할 수 있다(즉, 연간복리로 5%). 이는 또한 자산가격의 2.5%의 소득이 일 년에 두 번 지급되는 것을 의미할 수도 있다(즉, 반년복리로 5%). 4장 4절에서 이자율은 보통 연속복리 기준으로 측정된다고 설명하였다. 마찬가지로 여기서도 수익률을 연속복리 기준으로 측정하기로 한다. 일 년에 한 번 복리 계산하는 수익률을 여러 번 복리 계산하는 수익률로 전환하는 공식은 4장 4절에서 이자율에 대해 사용했던 공식과 동일하다.

q를 선도계약 기간 동안 자산에서 얻는 평균수익률(연속복리 가준)로 정의하면 다음 식이 성립한다(연습문제 5.20 참조).

---

4 식 (5.2)가 옳다는 것을 보여주기 위해서 다음의 전략을 고려해보자. 자산을 한 단위 매입하고 T시점에 F_0 의 가격으로 자산을 매도하는 선도계약을 체결한다고 하자. 이런 전략은 현재 S_0 의 비용을 들게 하고 T시점에서 F0의 확실한 현금유입을 발생시키며 현가 기준으로 I를 얻게 한다. 초기의 현금유출은 S_0 이다. 현금유입의 현가는 $I + F_0e^{-rT}$ 이다. 따라서 $S_0 = I + F_0e^{-rT}$ 또는 $F_0 = (S_0 - I)e^{rT}$ 이다.

$$F_0 = S_0 e^{(r-q)T} \tag{5.3}$$

예제 5.3

6개월 동안에 자산가격의 2%에 해당하는 소득을 한 번 제공하는 자산에 대한 6개월 선도계약을 예로 들어보자. 연속복리 기준의 무위험이자율이 연 10%이고 자산의 가격이 현재 25달러이다. 즉, $S_0 = 25$, $r = 0.10$, $T = 0.5$이다. 예정수익률은 반년복리 기준으로 연 4%이다. 이를 식 (4.3)을 이용하여 연속복리 기준으로 전환하면 연 3.96%가 된다(즉, $q = 0.0396$). 식 (5.3)을 이용하여 선도가격 F_0를 구하면 25.77달러이다.

$$F_0 = 25e^{(0.10-0.0396)\times 0.5} = 25.77 \text{ 달러}$$

5.7 선도계약의 평가

계약체결 시 선도계약의 가치는 0에 가깝다. 계약체결 이후에 선도계약의 가치는 양(+) 또는 음(−)의 값을 갖는다. 은행과 기타금융기관들이 매일 선도계약의 가치를 평가하는 것은 중요한 일이다(이를 일일정산한다고 한다). 앞에서 소개했던 기호를 이용하면서, K를 계약 시 정해진 선도계약의 인도가격, T를 인도일 그리고 r을 T년 동안의 연간 무위험이자율로 정의하자. 그리고 F_0를 오늘 계약을 체결한다면 적용되는 선도가격이라고 하고 f를 오늘 기준 선도계약의 가치라고 하자.

F_0와 K 그리고 f가 의미하는 바를 정확히 이해하는 것은 중요하다. 선도계약의 개시 시점에서 인도가격 K는 선도가격 F_0와 동일하고 선도계약의 가치 f는 0이다. 시간이 경과하더라도 K는 계약상 일정한 값으로 정해져 있기 때문에 동일하다. 그러나 시간이 경과함에 따라 선도가격은 변하고 따라서 선도계약의 가치는 양(+)의 값이나 음(−)의 값을 갖는다.

모든 계약(투자자산과 소비자산에 대한 선도계약을 모두 포함)에 적용되는 선도계약의 가치를 구하는 일반적인 공식은 다음과 같다.

$$f = (F_0 - K)e^{-rT} \tag{5.4}$$

식 (5.4)가 옳은지를 살펴보기 위해서, 4장 9절에서 선도금리계약(forward rate agreement)에 대해 사용했던 것과 유사한 논리를 이용하기로 하자. 오늘 (*a*) 기초자산을 T시점에 인도가격 K에 매입하기로 하는 선도계약과 (*b*) 기초자산을 T시점에 인도가격 에 매도하기로 하는 선도계약으로 구성된 포트폴리오를 구성한다. T시점의 포트폴리오 이득은 첫번째 계약에서 $S_T - K$이며 두번째 계약에서 $F_0 - S_T$이다. 총 이득은 $F_0 - K$ 이며 이는 오늘 확정된다. 포트폴리오는 그러므로 위험이 없는 투자이며 현시점에서 그 가치는 무위험이자율로 할인한 T시점의 이득인 $(F_0 - K)e^{-rT}$ 이다. 오늘 성사되는 선도계약에 적용되는 선도가격이 F_0이기 때문에 기초자산을 인도가격 에 매도하기로 하는 선도계약의 가치는 0이다. 결과적으로 자산을 T시점에 인도가격 K에 매입하는 (매입)선도계약의 가치는 반드시 $(F_0 - K)e^{-rT}$가 되어야 한다. 유사하게 자산을 T시점에 인도가격 K에 매도하는 (매도)선도계약의 가치는 $(K - F_0)e^{-rT}$이다.

예제 5.4

얼마 전에 무배당주식에 대한 6개월 만기 선도계약에 매입포지션을 취하였다. 선도계약의 만기는 6개월이다. 연속복리 기준의 무위험이자율이 연 10%이고, 주가가 25달러이며 인도가격은 24달러이다. 즉 $S_0 = 25, r = 0.10, T = 0.5, K = 24$이다. 이들 값을 식 (5.1)에 대입하여 6개월 선도가격 F_0를 구하면 26.28달러이다.

$$F_0 = 25e^{0.1\times0.5} = 26.28 \text{ 달러}$$

또한 식 (5.4)로부터, 선도계약의 가치를 구하면 2.17달러이다.

$$f = (26.28 - 24)e^{-0.1\times0.5} = 2.17 \text{ 달러}$$

식 (5.4)는 선도계약 만기 시의 자산가격이 선도가격(F_0)과 동일하다는 가정 하에서 그 자산에 대한 선도계약 매입포지션의 가치를 평가할 수 있음을 보여준다. 이를 이해하기 위해서는, 먼저 바로 앞의 가정 하에서 선도계약 매입포지션이 T시점에서 $F_0 - K$의 이득을 제공함을 알아야 한다. 이 이득의 현재

실무사례 5.2 시스템 오류인가?

은행에서 일하는 어떤 외환거래자가 3개월 후에 1.5000의 환율로 100만 파운드를 매입하는 선도계약에 매입포지션을 취했다. 동시에 옆의 데스크에서 일하는 다른 거래자는 16개의 파운드화 선물계약에 매입포지션을 취했다. 선물가격은 1.5000이고 선물 1계약은 62,500파운드이다. 그러므로 두 거래자가 체결한 선도계약과 선물계약의 포지션은 동일하다. 포지션을 취한 몇 분 만에 선도가격과 선물가격이 모두 1.5040으로 상승하였다. 은행 시스템은 선물거래자가 4,000달러의 이익을 얻은 반면에 선도거래자는 단지 3,900달러의 이익을 얻은 것으로 기록했다. 선도거래자는 즉시 은행의 시스템 부서에 잘못을 지적하기 위해 전화했다. 선도거래자의 지적이 옳은 것인가?

대답은'아니요'이다. 선물계약의 일일정산은 선물가격이 오르는 것만큼 거의 선물거래자의 이익이 실현되게 한다. 만일 선도거래자가 1.5040의 환율로 매도계약을 체결함으로써 선도 매입포지션을 마감한다면, 선도거래자는 3개월 후에 1.5000의 환율로 100만 파운드를 매입하고 또한 3개월 후에 1.5040의 환율로 100만 파운드를 매도하는 계약을 체결한 것이 될 것이다. 이로 인해 4,000달러의 이익이 발생한다. 그러나 그 이익은 현재의 이익이 아니라 3개월 후의 이익이다. 즉 선도계약자의 이익은 4,000달러의 현재가치이다. 이는 식 (5.4)와 일치하는 것이다.

선도계약자는 손익이 대칭적이라는 사실로부터 위안을 받을 수 있다. 만일 선도/선물 가격이 1.5040으로 오르는 대신 1.4960으로 떨어진다면 선물거래자는 4,000달러의 손실을 보는 반면에 선도거래자는 단지 3,900달러의 손실을 보게 될 것이다.

가치는 $(F_0 - K)e^{-rT}$ 이고, 이는 식 (5.4)에서 f의 가치이다. 마찬가지로 자산의 현재 선도가격이 실현된다는 가정 하에서 그 자산에 대한 선도계약 매도포지션의 가치를 평가할 수 있다. 이와 같은 결과는 선도이자율이 실현된다는 가정 하에서 선도금리계약을 가치 평가할 수 있다는 4장 7절의 결과와 유사하다.

식 (5.4)를 식 (5.1)에 대입하면 다음과 같이 중간무소득 투자자산의 선도계약 가치를 구하는 공식을 얻을 수 있다.

$$f = S_0 - Ke^{-rT} \tag{5.5}$$

같은 방법으로 식 (5.4)를 식 (5.2)에 대입하면 다음과 같이 예정소득(현가 기준으로 I)을 제공하는 투자자산에 대한 선도계약 매입포지션의 가치를 구하는 공식을 얻을 수 있다.

$$f = S_0 - I - Ke^{-rT} \tag{5.6}$$

마지막으로 식 (5.4)를 식 (5.3)에 대입하면 다음과 같이 예정수익률 q를 제공하는 투자자산에 대한 선도계약 매입포지션의 가치를 구하는 공식을 얻을 수 있다.

$$f = S_0e^{-qT} - Ke^{-rT} \tag{5.7}$$

선물가격이 변할 때, 선물계약의 손익은 선물가격 변동분에 포지션 규모를 곱해서 계산된다. 선물계약이 일일정산되기 때문에 손익은 거의 즉시 실현된다. 식 (5.4)는 선도가격이 변할때 손익이 선도가격 변동의 현가에 포지션 규모를 곱해서 계산됨을 보여준다. 선도계약과 선물계약 간의 이런 손익계산 차이 때문에 종종 외환거래 데스크에서 혼동이 발생하기도 한다([실무사례 5.2] 참조).

5.8 선도가격과 선물가격은 동일한가?

Technical Note 24 (www-2.rotman.utoronto.ca/~hull/TechnicalNotes)는 단기 무위험이자율이 일정할 때 특정 인도일의 선도가격이 이론적으로 동일 인도일의 선물가격과 같음을 보여주는 차익거래논리를 제공한다. 이 논리는 이자율이 시간의 함수인 경우까지 연장하여 적용할 수 있다.

실제에서처럼 이자율이 예측 불가능하게 변할 때, 선도가격과 선물가격은 이론적으로 더 이상 동일하지 않다. 우리는 기초자산의 가격 S가 이자율과 강한 양(+)의 상관관계를 갖는 경우를 고려함으로써 선도가격과 선물가격 간의 관계의 본질을 어느 정도 이해할 수 있다. S가 상승하면, 선물계약에 매입포지션을 취한 투자자는 일일정산을 통해서 즉시 이익을 얻는다. 양의 상관관계가 존재하므로 이자율 또한 증가할 가능성이 크다. 따라서 이익이 더 높은 이자율에 투자된다. 유사하게 S가 하락하면 투자자는 투자자는 즉각적인 손실을 보며 이자율이 감소할 가능성이 높다. 따라서 손실이 더 낮은 이자율로 보충된다. 그러므로 양(+)의 상관관계는 투자자에게 유리하게 작용한다. 선물계약이 아니라 선도계약을 보유하는 투자자는 이자율 변동에 의해 이런 식으로 영향을 받지 않는다. 이자율 변동의 영향을 고려할 때 선물계약을 매입하는 것이 선도계약을 매입하는 것보다 더 유리하다. 그러므로 기초자산 가격 S가 이자율과 강한 양(+)의 상관관계를 가지면 선물가격이 선도가격보다 높아지는 경향이 있으며, S가 이자율과 강한 음(−)의 상관관계를 가지면 선도가격이 선물가격보다 높아지는 경향이 있다.

만기가 몇 개월 되지 않는 계약의 경우 선도가격과 선물가격 사이의 이론적 차이는 대부분 무시할 만큼 미미하다. 실제로 선도가격과 선물가격을 다르게 하는 많은 요인들이 이론 모형에는 반영되어 있지 않다. 그런 요인으로는 세금, 거래비용 그리고 증거금률 등이 있다. 일반적으로 선물거래 시 거래상대방의 지급불능 위험은 선도거래 시보다 낮다. 왜냐하면 선물거래가 공식적인 거래소에서 이루어지기 때문이다. 또한 경우에 따라서는 선물계약이 선도계약보다 유동성이 높고 거래하기가 용이하다. 이런 모든 점에도 불구하고 대부분의 경우 선도가격과 선물가격이 동일하다고 가정하는 것은 합리적이다. 본 서에서도 양 가격이 동일하다고 가정하여, F_0는 선물가격과 선도가격 모두를 나타내는 기호로 사용할 것이다.

선물계약과 선도계약이 동일할 수 있다고 가정하는 논리에 예외적인 상품이 유로달러선물이다. 유로달러선물은 6장 3절에서 자세히 설명하기로 한다.

5.9 주가지수선물의 가격

3장 5절에서 주가지수선물을 공부하였고, 주가지수선물이 주식 포트폴리오를 관리하는 데 얼마나 유용한 수단인지를 배웠다. [표 3.3]은 수많은 다양한 지수에 대한 선물가격을 보여준다. 본 절에서는 주가지수선물의 가격이 어떻게 결정되는지 살펴보기로 한다.

주가지수는 통상 배당을 지급하는 투자자산의 가격으로 간주할 수 있다.[5] 투자자산은 지수를 구성하

실무사례 5.3 CME의 닛케이 225 주가지수선물

주가지수선물의 가격이 어떻게 결정되는지를 이해하기 위해서는 주가지수가 투자자산의 가치라는 것을 알아야 한다. 이는 거래 대상이 주식 포트폴리오의 가치라는 의미이다. 그런데 CME에서 거래되는 닛케이 225 주가지수선물은 그렇지 않다. 그 이유는 꽤 복잡하다. S를 닛케이 225지수의 가치라고 하자. 즉, 이는 225개의 일본 주식들로 구성된 포트폴리오의 엔(yen)화 가치이다. CME에서 거래되는 닛케이 225 지수 선물계약의 기초자산 가격은 5S의 달러 값을 갖는다. 다시 말해서 엔화로 측정한 S에 5를 곱하여 기초자산 가격으로 하고, 이를 마치 달러 값인 것으로 처리한다.

포트폴리오의 가치가 항상 5S 달러가 되게 투자할 수는 없다. 그래서 할 수 있는 최선의 방법은 항상 5S 엔의 가치를 갖는 포트폴리오 또는 5QS 달러의 가치를 갖는 포트폴리오에 투자하는 것이다. 여기서 Q는 1엔의 달러가치이다. 따라서 5S 달러는 투자자산의 가치가 아니고 식 (5.8)은 적용되지 않는다.

CME에서 거래되는 닛케이 225 지수선물은 콴토(quanto)의 한 예이다. 콴토는 기초자산이 한 통화로 측정되고 이득이 다른 통화로 지급되는 파생상품이다. 콴토에 대해서는 30장에서 자세하게 설명할 것이다.

---

5 경우에 따라서는 그렇지 않은 경우도 있다. [실무사례 5.3]을 참조하시오.

는 주식 포트폴리오이고, 투자자산으로부터 지급받는 배당은 주식 포트폴리오의 보유자가 받는 배당이 된다. 일반적으로 배당은 예정된 소득이 아니라 예정된 수익률로 지급되는 것으로 가정한다. q를 배당수익률이라고 하고 (연속복리 기준), 식 (5.3)을 사용해서 주가지수의 선물가격 F_0를 구하면 다음과 같다.

$$F_0 = S_0 e^{(r-q)T} \tag{5.8}$$

식 (5.8)은 선물가격이 선물계약의 만기가 증가함에 따라 $r - q$의 비율로 증가함을 보여주고 있다. [표 3.3]에서 12월 만기 S&P 지수 선물가격은 6월 만기 S&P지수 선물가격보다 약0.7% 포인트 낮다. 이는 2016년 5월 초 단기 무위험이자율 r이 배당수익률 q보다 연간 기준으로 1.4% 포인트 낮다는 것을 의미한다.

예제 5.5

만기가 3개월인 S&P 500지수 선물을 예로 들어보자. 지수를 구성하는 주식들이 연1% (연속복리)의 배당수익률을 제공하고, 현재 지수는 1,300이다. 그리고 연속복리 기준의 이자율은 연 5%이다. 즉, $r = 0.05$, $S_0 = 1{,}300$, $T = 0.25$ 그리고 $q = 0.01$이므로 식 (5.8)을 이용해서 를 구하면 1,313.07달러이다.

$$F_0 = 1{,}300e^{(0.05-0.01)\times 0.25} = 1{,}313.07 \text{ 달러}$$

실무사례 5.4 1987년 10월의 지수 차익거래

주가지수선물 차익거래를 수행하기 위해서 거래자는 주가지수선물과 지수화된 주식 포트폴리오를 시장에서 공시된 가격으로 매우 빠르게 거래할 수 있어야 한다. 정상적인 시장에서 이것은 프로그램매매를 통해 가능하며, 결국 식 (5.8)이 잘 유지된다. 시장이 결코 정상적이지 않았던 예는 1987년의 10월 19일과 20일이었다. 소위"블랙먼데이(Black Monday)"라고 불렸던 1987년 10월 19일에 시장이 20% 이상 폭락하였고, NYSE에서 6억 400만 주의 주식이 거래되었다. 이는 종전의 기록을 갱신하는 것이었다. 거래소의 시스템은 과부하되었고, 만일 그날 당신이 주식 1주를 매매하려고 주문을 내었다면, 그 주문이 받아들여질 때까지 2시간 정도 지연되었을 것이다.

그날 거의 하루 종일 선물은 상당히 할인된 상태로 거래되었다(즉, 선물가격이 주가지수 수준보다 낮았다). 예를 들면 S&P 500지수가 거래종료시점에 225.06(하루 동안 57.88이 하락)인 반면에, 12월 만기 S&P 500지수의 선물가격은 201.50(하루 동안 80.75가 하락)이었다. 이렇게 된 이유는 주문의 지연처리가 지수차익거래를 불가능하게 만들었기 때문이다. 다음 날인 1987년 10월 20일 화요일에, NYSE는 프로그램매매에 대해 일시적 제한을 가했다. 이것은 주가지수선물 차익거래를 매우 어렵게 만들었고, 주가지수와 주가지수선물 간의 전통적 연결고리가 깨져버렸다. 어떤 경우에는 12월선물의 가격이 S&P 500지수보다 18% 가량 하회하기도 했다. 그러나 며칠 후 시장이 정상을 되찾았고 차익거래자들의 거래로 인하여 주가지수선물과 현물가격 간에 식 (5.8)의 균형이 이루어졌다.

실제로 지수를 구성하는 포트폴리오의 배당수익률은 연중 매주마다 변한다. 예를 들어 대부분의 뉴욕 증권거래소(NYSE) 주식들은 배당을 매년 2월, 5월, 8월 그리고 11월의 첫 주에 지급한다. 지금까지 이용한 q비율은 만기까지의 연평균 배당수익률을 의미한다. q를 추정하는데 사용되는 배당금액은 배당락일(ex-dividend date)이 선물계약 기간 중에 있는 경우의 주식의 배당금액이다.

주가지수선물 차익거래전략

만일 $F_0 > S_0e^{(r-q)T}$ 이면, 지수를 구성하는(즉, 즉시 인도되는) 주식들을 매입하고 선물계약을 매도하는 전략으로 이익을 얻을 수 있다. 만일 $F_0 < S_0e^{(r-q)T}$ 이면, 앞의 경우와 반대의 전략 즉, 지수를 구성하는 주식들을 매도하고 선물계약을 매입하는 전략으로 이익을 얻을 수 있다. 이런 전략들을 주가지수선물 차익거래전략(index arbitrage)이라 한다. $F_0 < S_0e^{(r-q)T}$ 일 때, 주가지수선물 차익거래전략은 종종 지수화된 주식포트폴리오(indexed portfolio of stocks)를 소유하고 있는 연금 펀드매니저들이 이용한다. 그리고 $F_0 > S_0e^{(r-q)T}$ 일 때, 주가지수선물 차익거래전략은 보통 단기자금시장에 투자하고 있는 은행 또는 기업들이 이용한다. 주가지수를 구성하는 주식이 많은 경우에 차익거래는 보통 주가지수의 움직임을 잘 반영하는 수량의 대표적인 주식들을 거래함으로써 이루어진다. 종종 주가지수 차익거래는 컴퓨터 시스템을 이용하여 거래하는 프로그램매매(program trading)를 통해 이루어진다.

대부분의 경우 차익거래자들의 거래로 인해 식 (5.8)이 유지된다. 그러나 종종 차익거래가 불가능하기도 하기 때문에 선물가격이 현물가격과의 일정한 관계를 벗어나기도 한다([실무사례 5.4] 참조).

5.10 통화선도계약과 통화선물계약

외국통화에 대한 선도 및 선물계약에 대해 살펴보도록 하자. 명확함을 위해(for the sake of definiteness) 국내 통화가 미국달러(USD)라고 가정한다 (즉, 미국 투자자의 입장을 가정한다). 통화선도계약과 통화선물계약의 기초자산은 1단위의 외국통화이다. S_0를 외국통화 1단위에 대한 달러화 현물가격이라고 정의하고, F_0를 외국통화 1단위에 대한 달러화 선도가격 또는 선물가격이라고 정의하자. 이와 같은 정의는 다른 기초자산에 대한 선도계약과 선물계약에서 한 것과 일치한다. 그러나 2장 11절에서 언급했듯이 현물환율과 선도환율이 공시되는 방법은 통화에 따라 다르다. 영국 파운드, 유로, 호주 달러 그리고 뉴질랜드 달러 이외의 주요 환율의 경우, 현물환율과 선도환율은 1달러와 동등한 가치를 갖는 외국통화 단위로 표시된다.

외국통화는 통화소유자가 그 외국에서 적용되는 무위험이자율로 이자소득을 얻을 수 있는 속성을 갖고 있다. 예를 들면 외국통화 소유자는 그 외국통화를 동일 외국통화 표시 채권에 투자할 수 있다. 를 연속복리 기준으로 계산된 T기간의 외국의 무위험이자율로 정의하자. 앞에서와 같이 r은 미국의 무위험이자율(국내이자율)로 정의한다.

F_0 와 S_0 간의 관계는 다음과 같다.

그림 5.1 현재 보유하고 있는 1,000단위의 외국통화를 미래 T시점에서 미국 달러화로 전환시키는 두가지 방법. S_0 = 현물환율, F_0 = 선도환율, r = 미국 달러 무위험이자율, r_f = 외국통화 무위험이자율.

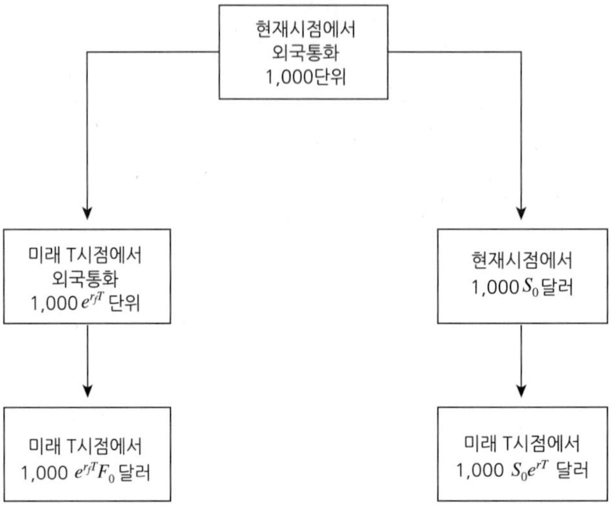

$$F_0 = S_0 e^{(r-r_f)T} \tag{5.9}$$

식 (5.9)는 국제금융 분야에서 잘 알려진 이자율 패리티(interest rate parity) 관계식이다. [그림 5.1]은 이자율 패리티를 설명하고 있다. 어떤 개인이 외국통화 1,000단위를 보유하고 있다고 하자. 이를 미래 T시점에서 미국 달러화로 전환시키는 방법은 두 가지이다. 하나는 외국통화 1,000단위를 r_f의 외국통화 무위험이자율로 T년 동안 투자해서 원리금을 받고, T시점에서 실현한 금액으로 달러화를 매입하는 선도계약을 체결하는 방법이다. 이런 방법으로 T시점에서 얻는 금액은 1,000 $e^{r_fT} F_0$ 달러이다. 다른 하나는 현물시장에서 외국통화 1,000단위를 달러화로 바꾸고, 그 금액을 r의 미국 국내이자율로 T년 동안 투자하는 방법이다. 이런 방법으로 T시점에서 얻는 금액은 1,000 $e^{r_fT} F_0$ 달러이다. 차익거래 기회가 없는 효율적 시장에서는 두 가지 방법으로 T시점에서 얻는 달러 금액이 같아야 하므로 다음 식이 성립한다.

$$1{,}000e^{r_fT}F_0 = 1{,}000S_0e^{rT}$$

즉,

$$F_0 = S_0e^{(r-r_f)T}$$

예제 5.6

호주와 미국의 2년간 이자율이 각각 연 3%와 연 1%이고 호주달러(AUD)와 미국 달러(USD) 간의 현물환율이 1 AUD당 0.7500 USD라고 가정하자. 식 (5.9)에 따르면 2년 선도환율은 다음과 같이 0.7206이어야 한다.

$$0.7500e^{(0.01-0.03)\times 2} = 0.7206$$

만약에 2년 선도환율이 0.7206보다 낮은 0.7000이라고 가정하자. 차익거래자는 이를 이용하여 다음과 같은 차익거래를 수행할 수 있다.

1. 2년 동안 연 3%의 이자율로 1,000 AUD를 차입하고, 이를 750 USD로 바꾸어서 연 1%의 이자율로 투자한다(이자율은 연속복리이자율).
2. 2년 뒤에 1,061.84 × 0.7000 = 743.29 USD를 지급하고 1,061.84 AUD를 매입할 수 있는 선도계약을 체결한다.

연 1%로 투자된 750 USD는 2년 후에 $750e^{0.01\times 2} = 765.15$ USD가 된다. 이 중에서 743.29 USD는 체결한 통화선도 계약에서 1,061.84 AUD를 매입하기 위하여 사용된다. 1,061.84 AUD는 차입했던 1,000 AUD의 원리금($1{,}000e^{0.03\times 2} = 1{,}061.84$)을 갚는 데 사용된다. 그러므로 차익거래자는 이런 전략으로부터 위험을 부담하지 않고 765.15 – 743.29 = 21.87 USD의 이익을 얻을 수 있다(이것이 놀랍지 않다면, 100백만 AUD를 차입하는 예를 고려해보라!).

다음에는 2년 선도환율이 0.7600[식 (5.9)를 이용해서 구한 이론환율 0.7206 보다 더 높음]이라고 가정하자. 차익거래자는 다음과 같은 차익거래를 수행할 수 있다.

1. 2년 동안 연 1%의 이자율로 1,000 USD를 차입하고 이를 1,000/0.7500 = 1,333.33 AUD로 바꾸어서 연 3%의 이자율로 투자한다.
2. 1,415.79 × 0.76 = 1,075.99 USD를 받고 1,415.79 AUD를 매도할 수 있는 통화선도 계약을 체결한다.

연 3%로 투자된 1,333.33 AUD는 2년 후에 $1{,}333.33e^{0.03\times 2}$ = 1,415.79 AUD가 된다. 통화선도 계약은 이 금액을 1,075.99 USD로 전환시킨다. 1,000 USD의 차입금에 대한 상환원리금은 $1{,}000e^{0.01\times 2} = 1{,}020.20$ USD이다. 그러므로 이런 전략으로부터 위험을 부담하지 않고 1,075.99 – 1,020.20 = 55.79 USD의 이익을 얻을 수 있다.

[표 5.4]는 다양한 통화에 대한 2016년 5월 3일 현재 통화선물가격을 보여주고 있다. [표5.4]의 시세는 외국통화 1단위에 대한 미국 달러로 표시된 것이다(일본 엔의 경우 시세는 100엔에 대한 미국 달러로 표시된 것이고, 멕시코 페소의 경우 10페소에 대한 미국 달러로 표시된 것이다). 이렇게 표시하는 것은 선물가격을 표시하는 통상적인 관습이다. 식 (5.9)에서 r은 미국(자국)의 무위험이자율로 그리고 r_f 는 외국의 무위험이자율로 적용할 수 있다.

2016년 5월 3일 호주달러의 단기이자율이 미국 달러의 단기이자율보다 높다. 이런 상황은 $r_f > r$ 인 상황이고, [표 5.4]에서 이들 외국통화에 대한 선물가격이 만기가 길어질수록 감소하는 이유를 설명하고 있다. 반대로 다른 모든 국가의 단기이자율은 미국 달러의 단기이자율보다 낮다. 이런 상황은 $r > r_f$ 인 상황이고, 이들 외국통화에 대한 선물가격이 만기가 길어질수록 증가하는 이유를 설명하고 있다.

표 5.4 2016년 5월 3일 현재 통화선물가격표.

	시초가	일중 최고가	일중 최저가	전일 정산가격	마지막 거래 가격	가격 변화량	거래량
Australiandollar $100 000, USD per AUD (CME Group)							
2016년 6월	0.7651	0.7708	0.7477	0.7642	0.7479	-0.0163	163,519
2016년 9월	0.7628	0.7670	0.7451	0.7613	0.7451	-0.0162	316
Britishpound,$62,500, USD per GBP (CME Group)							
2016년 6월	1.4671	1.4771	1.4533	1.4668	1.4552	-0.0116	117,683
2016년 9월	1.4682	1.4767	1.4548	1.4674	1.4563	-0.0111	108
CanadianDollar,$100,000, USD per CAD (CME Group)							
2016년 6월	0.7978	0.8025	0.7870	0.7969	0.7870	-0.0099	84,828
2016년 9월	0.7980	0.8018	0.7874	0.7969	0.7888	-0.0081	413
2016년 10월	0.7980	0.7980	0.7875	0.7970	0.7875	-0.0095	137
Euro, 125,000euros, USD per EUR (CME Group)							
2016년 6월	1.15425	1.16305	1.15145	1.15370	1.15345	-0.00025	217,744
2016년 9월	1.15855	1.16650	1.15540	1.15735	1.15755	+0.00020	744
2016년 10월	1.16500	1.17000	1.15970	1.16135	1.16160	+0.00025	96
Japanese Yen, USD per 100 yen, 12.5 million yen							
2016년 6월	0.94065	0.94830	0.94015	0.94015	0.94175	+0.00160	100,707
2016년 9월	0.94525	0.95090	0.94410	0.94320	0.94570	+0.00250	158
Swiss Franc, USD per CHF, 125,000 CHF							
2016년 6월	1.0489	1.0607	1.0485	1.0492	1.0506	+0.0014	29,070
2016년 9월	1.0543	1.0650	1.0543	1.0540	1.0563	+0.0023	105

예제 5.7

[표 5.4]에서 호주 달러의 9월물 정산가격이 6월물 정산가격보다 0.4% 포인트 낮다. 이는 선물가격이 만기가 증가함에 따라 연간 약 로 증가하고 있음을 보여준다. 식 (5.9)로부터 2016년 5월 초 호주의 단기금리가 미국의 단기금리를 초과하고 있음을 추정할 수 있다.

예정수익률을 제공하는 자산으로서의 외국통화

r_f 를 q로 대체시키면 식 (5.9)는 식 (5.3)과 동일하다. 이것은 우연의 일치가 아니다. 외국통화는 예정수익률(known yield)을 제공하는 투자자산으로 간주될 수 있다. 외국통화에 있어서 예정수익률은 무위험이자율이다.

이를 이해하기 위해서 외국통화로 지급되는 이자의 가치는 외국통화의 가치에 의존한다는 것을 염두에 두자. 영국 파운드의 1년 간 이자율이 연 5%라고 가정하자. 미국 투자자에게 영국 파운드화는 파운드화 기준으로 연간 5% 소득을 제공한다. 다시 말해서 영국 파운드화는 연간 5%의 수익률을 제공하는 자산이다.

5.11 상품선물계약

이제 상품선물계약(commodity futures contract)을 살펴보기로 하자. 먼저 금과 은 같은 투자자산의 선물가격을 살펴보기로 하자.[6] 그런 다음 소비자산의 선물가격에 대해 알아보기로 하자.

중간소득과 보관비용

[실무사례 3.1]에서 설명했듯이 금 생산업자의 헷징전략이 수행되려면 투자은행은 금을 빌려와야 한다. 중앙은행 등의 금보유자들은 금을 빌려주면서 소위 금 리스료(gold lease rate)를 부과한다. 이는 은에 대해서도 마찬가지로 동일하게 적용된다. 그러므로 금과 은은 보유자에게 중간소득을 제공한다. 또한 다른 상품들과 마찬가지로 금과 은은 보관비용이 존재한다.

식 (5.1)은 보관비용(storage cost)과 중간소득을 무시한 상태에서 투자자산의 선물가격 F_0가 다음과 같음을 보여준다.

$$F_0 = S_0 e^{rT} \tag{5.10}$$

보관비용은 음(−)의 소득으로 간주될 수 있다. 만일 U를 선도계약기간 중에 발생하는 모든 보관비용(중간소득을 공제한)의 현재가치라고 하면, 식 (5.2)로부터 다음의 식을 유도할 수 있다.

$$F_0 = (S_0 + U)e^{rT} \tag{5.11}$$

예제 5.8

만기가 1년인 투자자산에 대한 선물계약을 예로 들어보자. 투자자산의 중간소득은 없다. 자산을 보관하는 데 연간 단위당 2달러의 보관비용이 들고, 보관비용은 연말에 지급한다. 현물가격은 450달러이고 무위험이자율은 만기 동안 연 7%이다. 즉, $r = 0.07$, $S_0 = 450$, $T = 1$이다. 이때 보관비용의 현재가치는 1.865달러이다.

$$U = 2e^{-0.07\times 1} = 1.865\text{달러}$$

그리고 식 (5.11)에 따르면 이론선물가격 F_0는 484.63달러이다.

$$F_0 = (450 + 1.865)e^{0.07\times 1} = 484.63\ \text{달러}$$

만약에 실제선물가격 > 484.63달러이면, 차익거래자는 현재 자산을 매입하고 1년 만기 자산선물계

6 어떤 자산이 투자자산이 되기 위해서 그 자산이 투자목적으로만 보유되어야 할 필요는 없음을 유의하자. 필요한 것은 일부 개인이 그 자산을 투자목적으로 보유하고 선물계약이 보다 매력적이면 이들 개인이 현물포지션을 선물매입포지션으로 기꺼이 대체할 수 있어야 한다. 은이 산업용으로 중요하게 사용되지만 투자자산도 되는 이유가 여기에 있다.

약을 매도함으로써 이익을 확정시킬 수 있다. 만약에 실제선물가격 < 484.63달러이면, 이미 자산을 보유한 투자자는 자산을 매도하고 1년 만기 자산선물계약을 매입함으로써 이익을 늘릴 수 있다.

만약에 보관비용이 상품가격에 비례해서 발생한다면, 보관비용은 음(−)의 수익률로 간주할 수 있다. 이 경우에 식 (5.3)으로부터 다음 식을 유도할 수 있다.

$$F_0 = S_0 e^{(r+u)T} \tag{5.12}$$

여기서 u는 현물가격의 일정비율로 나타낸 연간 보관비용(%)이다. u는 자산으로부터 얻는 중간소득에서 공제한다.

소비자산

투자자산이 아니라 소비자산인 상품은 일반적으로 중간소득을 제공하지 않으나 상당한 보관비용이 소요된다. 소비자산에 대한 선물가격을 결정하는 데 있어서 지금까지 논의한 차익거래전략을 재검토하기로 하자.[7] 만약에 식 (5.11) 대신에 다음과 같은 상황이 발생한다고 하자.

$$F_0 > (S_0 + U)e^{rT} \tag{5.13}$$

이 상황을 이용하기 위해서 차익거래자는 다음의 전략을 실행할 수 있다.

1. 무위험이자율로 $S_0 + U$만큼의 현금을 차입하여, 이 돈으로 상품 1단위를 구입하고 보관비용을 지급한다.
2. 상품 1단위에 대한 선물계약을 매도한다.

만일 선물계약을 선도계약으로 간주하면(일일정산이 없다면), 이 전략은 T시점에서 $F_0 - (S_0 + U)e^{rT}$의 이익을 얻게 해준다. 다른 어떤 상품에 대해서도 이 전략을 사용하는 데 따르는 문제점은 없다. 그러나 차익거래자가 이 전략을 실행함에 따라 S_0는 증가하고 F_0는 감소하여, 식 (5.13)은 더 이상 유지되지 않는다. 결국 어느 정도의 기간이 지나면 식 (5.13)은 유지되지 않는다.

다음에는 식 (5.11) 대신에 다음과 같은 상황이 발생한다고 하자.

$$F_0 < (S_0 + U)e^{rT} \tag{5.14}$$

상품이 투자자산일 때 투자자들은 단지 그 자산을 투자목적으로만 보유한다. 그들이 식 (5.14)와 같은 부등식이 존재함을 안다면, 그들은 다음과 같은 전략을 통해서 이익을 얻을 것이다.

1. 상품을 매도해서 보관비용을 아끼고 그 대금을 무위험자산에 투자한다.
2. 선도계약을 매입한다.

이 전략은 금과 은을 계속 보유하는 경우에 비하여 만기에 $(S_0 + U)e^{rT} - F_0$ 만큼의 무위험이익을 더 얻게 해준다. 따라서 식 (5.14)는 어느 정도의 기간이 지나면 유지될 수 없다. 어느 정도의 기간이 지나면 식 (5.13)과 식 (5.14)는 유지되지 않으므로 결국 $F_0 = (S_0 + U)e^{rT}$ 가 된다.

투자목적이 아니라 소비목적으로 보유하는 자산에 대해서는 이런 논리가 적용될 수 없다. 일반적으로

7 일부 상품들의 경우 현물가격은 인도장소에 따라 다르다. 여기서는 현물과 선물의 인도 장소가 동일하다고 하자.

소비목적으로 자산을 보유하는 개인이나 기업은 어떤 식으로든지 그 상품을 소비할 생각을 가지고 있다. 그들은 현물시장에서 상품을 매도하고 선도계약(또는 선물계약)을 매입하는 것을 꺼려한다. 왜냐하면 선도계약과 선물계약은 제조과정에서 사용되거나 소비될 수 없기 때문이다. 그러므로 식 (5.14)의 부등식을 중지시킬 방법이 없다. 따라서 소비목적으로 보유하는 자산인 경우 다음 식이 성립한다.

$$F_0 \leqslant (S_0 + U)e^{rT} \tag{5.15}$$

만약에 보관비용을 현물가격의 일정비율 u로 표현하면, 식 (5.15)를 다음과 같이 나타낼 수 있다.

$$F_0 \leqslant S_0 e^{(r+u)T} \tag{5.16}$$

보유편익률

식 (5.15) 또는 식 (5.16)에서 등호가 항상 포함되는 것은 아니다. 왜냐하면 상품을 실제로 소비하는 사람은 상품을 직접 소유할 때 선물계약 보유 시에는 갖지 못하는 편익(便益)을 느낄수 있기 때문이다. 예를 들어 석유정제업자(oil refiner)는 원유에 대한 선물계약을 현물로 가지고 있는 원유와 동일하게 간주하지 않을 것이다. 왜냐하면 재고로 가지고 있는 원유현물은 정제과정에 투입될 수 있지만, 선물계약은 그렇지 못하기 때문이다. 일반적으로 실물자산을 재고로 보유하면, 석유정제업자는 생산을 계속할 수 있고 경우에 따라서는 일시적 공급 부족상황에서 이익을 얻을 수도 있다. 그러나 선물계약은 이것이 불가능하다. 실물자산을 보유함으로써 얻는 이런 편익들을 상품의 보유편익률(convenience yield)이라 부른다. 만약에 보관비용의 현재가치가 U이면, 보유편익률(保有便益率) y를 다음과 같이 정의할 수 있다.

$$F_0 e^{yT} = (S_0 + U)e^{rT}$$

만약에 단위당 보관비용이 현물가격의 일정한 비율 u로 발생한다면, y를 다음과 같이 정의할 수 있다.

$$F_0 e^{yT} = S_0 e^{(r+u)T}$$

또는

$$F_0 = S_0 e^{(r+u-y)T} \tag{5.17}$$

보유편익률은 단순히 식 (5.15) 또는 식 (5.16)에서 왼쪽 항이 오른쪽 항보다 작은 정도로 측정한다. 투자목적으로 보유하는 자산의 경우 보유편익률은 0이다. 그렇지 않으면 차익거래기회가 발생한다. 2장의 [표 2.2]는 2016년 5월 3일 현재 생우(live cattle)가격이 만기가 2016년 6월에서 2017년 4월까지 증가함에 따라 하락하고 있음을 보여준다. 이런 패턴은 보유편익률 y가 $r + u$보다 크다는 것을 보여준다.

보유편익률은 미래의 상품 확보 가능성(future availability)에 대한 시장기대를 반영한다. 선물계약기간 중에 상품 부족 현상이 나타날 가능성이 클수록, 보유편익률은 커지게 마련이다. 만약에 상품의 실소비자들이 많은 재고를 가지고 있다면, 가까운 미래에 상품 부족 현상이 나타날 가능성은 거의 없고, 이때 보유편익률은 낮아지는 경향이 있다. 반면에 재고수준이 낮다면 상품 부족 현상이 더욱 크게 나타나고 따라서 일반적으로 보유편익률이 더욱 높아진다.

5.12 보유비용

선물가격과 현물가격 간의 관계는 보유비용(cost of carry) 개념으로 정리할 수 있다. 보유비용은 보관비용에 자산 구입 시 발생하는 자본조달비용(즉, 이자비용)을 더하고 그 자산으로부터 얻는 소득을 차감하여 구한다. 무배당주식의 보유비용은 r이다. 왜냐하면 보관비용이 없고 자산으로부터 얻는 소득도 없기 때문이다. 주가지수의 보유비용은 $r-q$이다. 왜냐하면 자산으로부터 얻는 소득(자산가격에 대한 q의 비율로)이 있기 때문이다. 통화의 보유비용은 $r-r_f$이다. 그리고 q의 수익률로 중간소득을 제공하고 자산가격에 대한 u의 비율로 보관비용이 있는 상품의 보유비용은 $r-q+u$이다.

보유비용을 c라 하면, 투자목적으로 보유하는 자산의 선물가격은 다음과 같다.

$$F_0 = S_0 e^{cT} \tag{5.18}$$

그리고 소비목적으로 보유하는 자산의 선물가격은 다음과 같다.

$$F_0 = S_0 e^{(c-y)T} \tag{5.19}$$

여기서 y는 보유편익률이다.

5.13 인도시점의 선택

선도계약의 경우 보통 기초자산의 인도가 특정일에 국한하여 이루어지도록 규정되어 있는 반면에, 선물계약의 경우 매도포지션 투자자가 일정기간 중 어느 시점을 선택하여 인도할 수 있다(전형적으로 매도자는 인도일 수 일 이전에 인도의사를 알려야 한다). 바로 이 점이 선물가격의 결정을 복잡하게 한다. 인도기간의 시작일, 중간일 또는 종료일 중 어느 것을 기준으로 선물계약의 만기를 정해야 하는가? 대부분의 선물계약이 만기일 이전에 종료된다 할지라도, 이론적인 선물가격을 추정하기 위해서는 인도시점을 아는 것이 중요하다.

만약에 선물가격이 만기까지 시간의 증가함수이면(즉, $c > y$이면), 식 (5.19)로부터 자산을 보유해서 얻는 편익(보유편익률을 포함하고 보관비용을 차감한)은 무위험이자율보다 작다는 것을 알 수 있다. 그러므로 일반적으로 매도포지션을 취한 투자자는 가능한 한 빨리 인도하는 것이 가장 유리하다. 그 이유는 자산을 인도하고 받는 현금에 대한 이자가 자산보유로부터 얻는 편익보다 크기 때문이다. 따라서 일반적으로 선물가격은 인도가 인도기간 시작일에 발생하는 것으로 가정하고 계산되어야 한다. 만약에 선물가격이 만기가 증가함에 따라 감소하면 (즉, $c < y$이면), 그 반대인 것으로 간주한다. 즉, 일반적으로 매도포지션을 취한 투자자의 입장에서는 가능한 한 늦게 인도하는 것이 유리하다. 따라서 선물가격은 인도가 인도기간 종료일에 발생하는 것으로 가정하고 계산되어야 한다.

5.14 선물가격과 기대현물가격

우리는 자산의 미래현물가격이 얼마가 될 것인가에 대한 시장의 평균적인 합의가격을 자산의 미래 기대현물가격(expected spot price)이라고 부른다. 현재시점이 6월이고 9월 만기 옥수수선물의 가격이 450센트라고 하자. 9월에 옥수수 현물가격이 얼마가 될지를 생각해보는 것도 흥미롭다. 450센트보다 낮을까, 높을까, 아니면 정확히 450센트가 될까? [그림 2.1]에서 보았듯이 만기 시 선물가격은 현물가격에 수렴한다. 만일 기대현물가격이 450센트보다 낮으면 시장은 9월 만기 선물가격이 하락할 것으로 예상하고 있는 것이므로 매도포지션을 취한 거래자들은 이익을 얻고 매입포지션을 취한 거래자들은 손실을 볼 것이다. 만일 기대현물가격이 450센트보다 높으면 반대의 현상이 나타날 것이다. 즉, 시장은 9월 만기 선물가격이 상승할 것을 예상하고 있는 것이므로 매입포지션을 취한 거래자들이 이익을 얻는 반면에 매도포지션을 취한 거래자들은 손실을 볼 것이다.

케인즈와 힉스

경제학자인 케인즈(John Maynard Keynes)와 힉스(John Hicks)는 만일 헷저들이 매도포지션을 취하고 투기자들이 매입포지션을 취하는 경향이 있다면, 선물가격은 미래 현물가격의 기대치보다 낮게 형성될 것이라고 주장했다.[8] 이렇게 되는 이유는 투기자들은 그들이 부담하는 위험에 대해서 반드시 보상을 요구하기 때문이다. 투기자들은 평균적으로 돈을 벌 것으로 예상할 때에만 거래할 것이다. 헷저들은 평균적으로 돈을 잃을 것이지만, 헷저들은 이를 받아들일 준비가 되어 있을 것으로 보인다. 왜냐하면 선물계약이 헷저들의 위험을 줄여주기 때문이다. 만일 투기자들이 매도포지션을 취하는 반면에 헷저들이 매입포지션을 취하는 경향이 있다면, 비슷한 이유 때문에 선물가격은 미래 현물가격의 기대치보다 높게 형성되어야 한다고 케인즈와 힉스는 주장한다.

위험과 수익률

선물가격과 기대현물가격 간의 관계는 위험과 기대수익률 간의 관계로도 설명할 수 있다. 보통 투자위험이 클수록 투자자가 요구하는 수익률이 증가한다. 3장 부록에서 설명한 바 있는 자본자산 가격결정모형(CAPM)에 따르면, 위험은 체계적 위험(systematic risk)과 비체계적 위험(unsystematic risk)으로 분류된다. 비체계적 위험은 투자자에게 중요하지 않다. 잘 알다시피 분산투자로 비체계적 위험은 거의 전부 제거할 수 있기 때문이다. 그러므로 투자자는 비체계적 위험에 대해 보상수익률을 요구하지 않는다. 이와는 대조적으로 체계적 위험은 분산투자하더라도 제거할 수 없는 위험이다. 체계적 위험은 특정자산수익률과 시장수익률 간의 상관관계에서 발생하는 위험이다. 투자자들은 양(+)의 체계적 위험을 갖는 자산에 대해 무위험이자율보다 높은 기대수익률을 요구하게 마련이다. 또한 투자자들은 음(−)의 체계적 위험을 갖는 자산에 대해 무위험이자율보다 낮은 기대수익률을 받아들일 준비가 되어 있다.

8 다음을 참조하시오. J. M. Keynes, A Treatise on Money, London: Macmillan, 1930; and J. R. Hicks, *Value and Capital*. Oxford: Clarendon Press, 1939.

선물포지션의 위험

자산의 현물가격이 선물 만기일에 선물가격 이상일 것이라는 기대 하에서 T년 만기 선물계약에 매입포지션을 취한 투기자를 예로 들어보자. 일일정산을 무시하고 선물계약을 선도계약으로 간주한다. 투기자가 선물에 매입포지션을 취하는 동시에 선물가격의 현가만큼의 금액을 무위험자산에 투자한다. 무위험자산 투자로부터 만기일에 얻는 수익(proceeds)은 인도일에 선물계약의 기초자산을 매입하는데 사용되고, 이 자산은 즉시 시장가격으로 매도된다. 투기자에게 귀속되는 현금흐름은 다음과 같다.

현재시점: $-F_0e^{-rT}$

선물계약 만기시점: $+S_T$

여기서 F_0는 현재시점에서의 선물가격이고 S_T는 선물계약 만기시점인 T시점에서의 자산가격이다. 그리고 r은 T기간 동안의 무위험이자율이다.

이 투자의 가치를 어떻게 평가할까? T시점에서 발생하는 기대현금흐름에 적용할 할인율은 투자자의 투자에 대한 요구수익률과 동일해야 한다. 투자자의 이 투자에 대한 요구수익률을 k라고 하면, 이 투자의 현재가치는 다음과 같다.

$$-F_0e^{-rT} + E(S_T)e^{-kT}$$

여기서 E는 기대치를 의미한다. 증권시장에서 모든 투자자산은 적정하게 평가되고 있어 이들의 NPV가 0이라고 가정하고, 이를 식으로 표현하면 다음과 같다.

$$-F_0e^{-rT} + E(S_T)e^{-kT} = 0$$

또는

$$F_0 = E(S_T)e^{(r-k)T} \tag{5.20}$$

앞에서 논의했듯이 투자자의 투자자산에 대한 요구수익률은 투자자산의 체계적 위험에 의해 결정된다. 우리가 고려하고 있는 투자는 본질적으로 선물계약의 기초자산에 대한 투자이다. 만일 투자자산의 수익률이 주식시장과 관련성을 갖고 있지 않다면(uncorrelated), 적정할인율은 무위험이자율 r이 된다. 즉, 이때 $k = r$이고 식 (5. 20)으로부터 다음을 알 수 있다.

$$F_0 = E(S_T)$$

표 5.5 선물가격과 기대 미래 현물가격 간의 관계.

기초자산	자산의 기대수익률 k와 무위험이자율 r의 관계	선물가격 F와 기대 미래 현물가격 $E(S_T)$ 간의 관계
체계적 위험 = 0	$k = r$	$F_0 = E(S_T)$
양의 체계적 위험	$k > r$	$F_0 < E(S_T)$
음의 체계적 위험	$k < r$	$F_0 > E(S_T)$

이는 기초자산의 수익률이 주식시장과 관련되어 있지 않을 때 선물가격이 기대 미래현물가격의 불편 추정치(unbiased estimate)임을 보여준다.

만일 자산의 수익률이 주식시장과 양(+)의 상관관계를 가지면, $k > r$이 되고 식 (5.20)에서 $F_0 < E(S_T)$가 된다. 이는 선물계약의 기초자산이 양(+)의 체계적 위험을 가질 때 선물가격이 기대 미래현물가격보다 낮을 것으로(즉, 미래현물가격을 과소평가할 것으로) 예상해야 한다는 의미이다. 양(+)의 체계적 위험을 갖는 한 예로서 주가지수가 있다. 주가지수의 기초자산인 주식에 대한 투자자들의 기대수익률은 일반적으로 무위험이자율 r보다 높다. 배당수익률이 q이므로 지수수익률의 기대증분은 $r - q$보다 커야 한다. 따라서 식 (5.8)은 주가지수의 경우 선물가격이 기대 미래주가보다 낮아질 것이라는 예측과 일관성이 있다.

만일 자산의 수익률이 주식시장과 음(−)의 상관관계를 가지면, $k < r$이 되고 식 (5.20)에서 $F_0 > E(S_T)$가 된다. 이는 선물계약의 기초자산이 음(−)의 체계적 위험을 가질 때 선물가격이 기대 미래현물가격보다 높을 것으로 예상해야 한다는 의미이다.

이런 결과들은 [표 5.5]에 요약되어 있다.

정상 백워데이션과 콘탱고

선물가격이 기대 미래현물가격보다 낮은 상황을 정상 백워데이션(normal backwardation)이라고 부른다. 그리고 선물가격이 기대 미래현물가격보다 높은 상황을 콘탱고(contango)라고부른다. 그러나 이런 용어들은 선물가격이 기대 미래현물가격이 아니라 현재 현물가격보다 낮거나 높은 상황을 나타내는 데 이용되기도 한다는 점에 유의해야 한다.

요약

만기일이 동일한 선물계약과 선도계약의 가격은 거의 동일하다고 볼 수 있다. 이자율을 완전히 예측할 수 있을 때 선물가격과 선도가격은 이론적으로 정확히 일치한다.

선물(또는 선도)가격을 이해하기 위해서는 선물계약을 두 종류로 구분하는 것이 편리하다. 하나는 적어도 몇몇 투자자에 의해 기초자산이 주로 투자목적으로 보유되는 선물이다. 그리고 다른 하나는 기초자산이 주로 소비목적으로 보유되는 선물이다.

투자자산은 다음과 같이 3가지로 분류할 수 있다.

1. 중간무소득 투자자산
2. 예정소득 투자자산
3. 예정수익률 투자자산

이들을 각각 기초자산으로 한 선물(선도)계약의 가격을 요약하면 [표 5.6]과 같다. [표 5.6]은 주가지수, 통화, 금 그리고 은에 대한 선물(선도)계약에 두루 통용될 수 있다. 보관비용은 음(−)의 소득으로 간주될 수 있다.

소비목적으로 보유하는 자산의 선도가격을 현물가격과 기타 관측 가능한 변수들의 함수로 추정하기는 불가능하다. 자산의 보유편익률(保有便益率)이 있기 때문이다. 보유편익률이란 상품사용자가 실제

표 5.6 선도/선물 가격과 선도계약 매입포지션의 가치(만기: T, 무위험이자율: r, 기초자산가격: S_0).

기초자산	선도/선물 가격	선도계약 매입포지션의 가치(K는 인도가격)
중간무소득 투자자산:	S_0e^{rT}	$S_0 - Ke^{-rT}$
예정소득(현가기준 I) 투자자산:	$(S_0 - I)e^{rT}$	$S_0 - I - Ke^{-rT}$
예정수익률(q) 투자자산:	$S_0e^{(r-q)T}$	$S_0e^{-qT} - Ke^{-rT}$

로 상품을 소유함으로써 느끼는 편익의 정도를 의미하며, 이는 선물계약에서는 느낄 수 없다. 이런 편익에는 일시적이며 지역적인 상품 고갈 시 얻는 이익과 생산 공정을 지속적으로 유지함으로써 얻는 이익 등이 포함된다. 소비목적으로 보유하는 자산에 대한 선물의 경우, 차익거래논리를 이용하더라도 선물가격과 현물가격 간의 정확한 관계를 알 수 없으며 오직 가격의 상한선만을 알 수 있다.

보유비용 개념은 종종 유용하게 이용된다. 보유비용은 기초자산의 보관비용에 자본조달비용을 더하고 자산으로부터 얻는 소득을 차감하여 구한다. 투자목적으로 보유하는 자산의 선물가격은 현물가격보다 보유비용만큼 높다. 소비목적으로 보유하는 자산의 선물가격은 현물가격보다 보유비용에서 보유편익률을 공제한 것만큼 높다.

만약에 CAPM이 유효하다면 선물가격과 기대현물가격 간의 관계는 자산수익률(asset return)이 시장수익률(stock market return)과 어떤 상관관계(+ 또는 −)를 갖느냐에 따라 다르다. 상관관계가 양(+)이면, 선물가격이 기대현물가격보다 낮아지는 경향이 있다. 상관관계가 음(−)이면, 선물가격이 기대현물가격보다 높아지는 경향이 있다. 상관관계가 0일 때만 이론적인 선물가격이 기대현물가격과 동일하다.

참고문헌

Cox, J. C., J. E. Ingersoll, and S. A. Ross. "The Relation between Forward Prices and Futures Prices," *Journal of Financial Economics*, 9 (December 1981): 321-46.

Jarrow, R. A., and G. S. Oldfield. "Forward Contracts and Futures Contracts," *Journal of Financial Economics*, 9 (December 1981): 373-82.

Richard, S., and S. Sundaresan. "Continuous-Time Model of Forward and Futures Prices in a Multigood Economy," *Journal of Financial Economics*, 9 (December 1981): 347-72.

Routledge, B. R., D. J. Seppi, and C. S. Spatt. "Equilibrium Forward Curves for Commodities," *Journal of Finance*, 55, 3 (2000) 1297-1338.

연습문제

5.1. 투자자가 특정 주식을 공매할 때 무슨 일이 일어나는지 설명하라.

5.2. 선도가격과 선도계약가치 간의 차이점을 설명하라.

5.3. 만기가 6개월 후인 무배당주식 선도계약을 체결하려고 한다. 현재 그 주식의 가격이 30달러이고, 무위험이자율이 연속복리 기준으로 연 12%이다. 선도가격은 얼마인가?

5.4. 현재 주가지수가 350이다. 연속복리 기준의 무위험이자율이 연 4%이고 지수 전체의 배당수익률이 연 3%이다. 만기가 4개월 후인 선물계약의 가격은 얼마인가?

5.5. 구리의 선물가격과는 달리, 금의 선물가격은 금의 현물가격과 기타 관측 가능한 변수들을 이용해서 추정할 수 있다. 그 이유를 설명하라.

5.6. 보유편익률과 보유비용을 설명하라. 또한 선물가격, 현물가격, 보유편익률 그리고 보유비용 간의 관계를 설명하라.

5.7. 외국통화가 예정수익률을 제공하는 자산으로 간주될 수 있는 이유를 설명하라.

5.8. 주가지수의 선물가격은 기대주가지수보다 높은가 아니면 낮은가? 그리고 그 이유는?

5.9. 만기가 1년인 무배당주식에 매입선도계약을 체결하려고 한다. 체결 당시 그 주식의 가격이 40달러이고, 무위험이자율은 연속복리 기준으로 연 5%이다.

(a) 선도가격과 선도계약의 시초가치는 각각 얼마인가?

(b) 6개월 후의 주가가 45달러이고 무위험이자율이 연 5%를 계속 유지한다. 선도가격과 선도계약의 가치는 각각 얼마인가?

5.10. 무위험이자율은 연속복리 기준으로 연 7%이고, 주가지수의 배당수익률은 연 3.2%이다. 현재 주가지수가 150일 때, 만기가 6개월 후인 선물가격은 얼마인가?

5.11. 무위험이자율이 연속복리 기준으로 연 4%이고, 주가지수의 배당수익률이 일년 내내 변동한다고 하자. 즉 2월, 5월, 8월 그리고 11월의 배당수익률이 연 5%이고, 다른 달에는 연 2%이다. 7월31일의 지수가 1,300이다. 같은 해의 12월 31일에 인도 가능한 선물계약의 가격은 얼마인가?

5.12. 무위험이자율이 연속복리 기준으로 연 6%이고, 주가지수의 배당수익률이 연 4%이다. 현재 주가지수는 400이고, 4개월 후 인도 가능한 선물의 가격은 405이다. 어떤 차익거래기회가 발생하겠는가?

5.13. [표 5.4]를 사용해서 2016년 5월 3일 기준 멕시코의 무위험이자율과 미국의 무위험이자율 간의 차이를 추정하라.

5.14. 스위스와 미국의 2개월 이자율이 연속복리 기준으로 각각 연 1%와 2%이다. 스위스 프랑화의 현물가격이 1.0500달러이고, 2개월 후 인도 가능한 선물계약의 가격 역시 1.0500달러이다. 어떤 차익거래기회가 발생하겠는가?

5.15. 은의 현재가격이 온스당 25달러이다. 분기별로 미리 지급하는 보관비용이 연간 온스당 0.24달러이다. 모든 만기 동안에 연속복리 기준의 이자율이 연 5%이다. 만기가 9개월 후인 은의 선물가격을 추정하라.

5.16. F_1 과 F_2 는 동일상품에 대해 각각 t_1, t_2의 만기를 갖는 선물계약의 가격이며 $t_2 > t_1$ 이다. 다음을 증명하라.

$$F_2 \leqslant F_1 e^{r(t_2 - t_1)}$$

여기서 r은 이자율(일정)이고 보관비용은 없다. 그리고 선물계약이 선도계약과 동일하다고 가정한다.

5.17. 어떤 기업이 미래 예정된 외국통화의 현금유출을 선도계약을 사용해서 헷지하려고 한다. 이때 환위험은 없다고 하자. 선물계약을 사용해서 헷지할 때, 정산과정에서 기업은 어떤 위험에 노출된다. 이 위험의 본질을 설명하라. 특히 다음의 경우에 기업이 선물계약 또는 선도계약을 사용해서 이익을 얻을 수 있는지 생각해보라.

(a) 외국통화의 가치가 계약기간 중 급속히 하락할 때

(b) 외국통화의 가치가 계약기간 중 급속히 상승할 때

(c) 외국통화의 가치가 처음에는 상승하고, 나중에는 시초가치로 다시 하락할 때

(d) 외국통화의 가치가 처음에는 하락하고, 나중에는 시초가치로 다시 상승할 때

단, 선도가격과 선물가격이 동일하다고 가정한다.

5.18. 선도환율은 미래환율의 불편기대치라고 주장하기도 한다. 어떤 경우에 이것이 가능하겠는가?

5.19. 지수선물가격의 성장률이 지수수익률에서 무위험이자율을 차감한 것과 동일함을 설명하라(무위험이자율과 배당수익률은 일정하다).

5.20. 자산을 매입하고 동시에 선물계약을 매도함으로써, 식 (5.3)이 성립함을 설명하라. 자산으로부터 얻는 모든 소득은 그 자산에 재투자된다고 가정한다. 본 장의 각주 2와 4 같은 논리를 이용해서, 식 (5.3)이 유지되지 않으면 차익거래자가 어떤 전략을 수행할 것인지 설명하라.

5.21. 미래 특정 시점에서의 상품의 기대가격이 무엇을 의미하는지 설명하라. 원유선물가격이 만기가 경과함에 따라 연 2%의 비율로 하락한다고 하자. 투기자들은 원유선물을 매도하려고 하고 헷저들은 원유선물을 매입하려고 한다. 케인즈와 힉스의 주장에 따르면 원유의 기대미래가격이 어떻게 될 것인지 설명하라.

5.22. 밸류라인지수(Value Line Index)는 1,600여 개의 주식들을 동일 가중하여 구성한 포트폴리오의 가치변화를 나타낸 지수이다. 1988년 3월 9일 이전에는 매일의 지수변화는 지수가 기초하는 주식들의 가격변화의 기하평균(geometric average)으로 계산되었다. 이렇게 하는 경우 식 (5.8)은 지수의 선물가격과 현금가격 간의 관계를 옳게 나타내는가? 그렇지 않다면 이 식은 선물가격을 과대평가하는가 아니면 과소평가하는가?

5.23. 어떤 미국 기업이 CME에서 거래되는 선물계약을 이용하여 호주 달러에 노출된 위험을 헷지하려고 한다. r을 모든 만기에 적용되는 미국이자율이고 r_f를 모든 만기에 적용되는 호주이자율이라고 하자. r과 r_f는 일정하고 미국 기업은 t시점에서 노출된 위험을 헷지하기 위하여 T시점에서 만기가 되는 선물계약을 이용한다 ($T > t$).

(a) 최적 헷지비율이 $e^{(r_f - r)(T-t)}$ 임을 설명하라.

(b) t가 1일일 때 최적 헷지비율은 거의 S_0/F_0임을 설명하라. 여기서 S_0 는 현물환율이고 F_0는 T시점에서 만기가 되는 선물환율이다.

(c) 일일정산되는 선물계약을 활용하여 매일같이 최적 헷지비율을 현물환율/선물환율의 비율로 조정하면 1일 이상 지속해서 헷지할 수 있음을 설명하라.

5.24. (a) 투자자산과 (b) 소비자산이 의미하는 바가 무엇인가? 선도 그리고 선물가격의 결정에 있어 왜 투자자산과 소비자산의 차이점이 중요한가?

5.25. 다음의 자산에 대한 보유비용은 무엇인가?
(a) 배당을 지급하지 않는 주식
(b) 주가지수
(c) 보관비용이 존재하는 상품
(d) 외환

과제물 문제

5.26. 2012년 초에 스위스 프랑과 미국 달러 현물 환율은 1.0404 (프랑 당 달러)였다. 연속복리 기준 미국에서 이자율은 연0.25%였으며 스위스에서 이자율은 연 0%였다. 3개월 선도환율은 1.0300 (프랑 당 달러)였다. 차익거래 기회가 존재하는가? 만약 선도환율이 1.0500 (프랑 당 달러)라면 답이 어떻게 달라지는가?

5.27. 주가지수가 1,200이다. 3개월 무위험이자율이 연 3%이고 향후 3개월 동안 배당수익률은 연 1.2%이다. 6개월 무위험이자율이 연 3.5%이고 향후 6개월 동안 배당수익률이 연 1%이다. 3개월과 6개월 만기 주가지수선물의 가격을 추정하면 각각 얼마인가?(모든 이자율과 배당수익률은 연간 복리기준이다)

5.28. 현재 달러/유로 환율이 1.2000라고 가정하라. 6개월 선도환율은 1.1950이다. 6개월 달러 이자율이 연속복리 기준으로 연 1%이다. 6개월 유로 이자율을 추정하라.

5.29. 원유의 현물가격이 배럴당 50달러이고 1년 동안 원유 보관비용은 연도말 기준으로 배럴당 3달러이다. 무위험이자율이 연속복리 기준으로 연 5%이다. 1년 만기 원유선물 가격의 상한선은 얼마인가?

5.30. 어떤 주식으로부터 2개월 후와 5개월 후에 각각 주당 1달러의 배당이 지급될 것으로 예상한다. 그 주식의 현재가격은 50달러이고 무위험이자율은 만기 동안 연속복리 기준으로 연 8%이다. 어떤 투자자가 그 주식의 6개월 선도계약에 매도포지션을 취했다.
(a) 선도가격과 선도계약의 시초가치는 각각 얼마인가?
(b) 3개월 후의 주가가 48달러이고 무위험이자율이 연 8%를 계속 유지한다. 선도가격과 선도계약의 매도포지션 가치는 각각 얼마인가?

5.31. 어떤 은행이 고객에게 연 11% 이자율의 현금차입과 연 2% 이자율의 금(金)차입 중 하나를 선택할 수 있는 기회를 주었다(만약에 금을 차입한다면, 이자는 반드시 금으로 상환해야 한다. 즉, 현재 100온스를 차입하면, 1년 후에 102온스를 상환해야 한다). 무위험이자율이 연 9.25%이고 보관비용이 연 0.5%이다. 금 차입이자율이 현금차입이자율과 비교해서 너무 높은지 아니면 너무 낮은지 규명하라. 두 차입 건의 이자율은 모두 연간복리 기준으로 주어진 것이다. 그리고 무위험이자율과 보관비용은 연속복리 기준으로 주어진 것이다.

5.32. 어떤 기업이 외국통화를 언제 지급할지 또는 받을지 정확히 모르고 단지 기간범위만 알고 있다. 기업은 은행과 그 기간 중에 인도할 수 있는 선도계약을 체결하려고 한다. 즉, 기업은 자신의 현금흐름과 맞추기 위해서 정확한 인도일자를 스스로 선택할 권리를 확보하고 싶어 한다. 은행의 입장에서 당신은 기업이 원하는 상품의 가격을 어떻게 결정하겠는가?

5.33. 어떤 거래자가 장기 투자포트폴리오의 구성자산으로 수입과 보관비용이 없는 상품을 소유하고 있다. 거래자는 금을 온스 당 1,250달러에 매입할 수 있고 1,249달러에 매도할 수 있다. 거래자는 자금을 연 6%로

차입할 수 있고 연 5.5%로 투자할 수 있다(이자율은 모두 연간복리 기준). 거래자가 차익거래를 할 수 없는 1년 만기 선도가격의 범위는 얼마인가?(선도가격에 매도호가와 매수호가가 같다고 가정)

5.34. 어떤 기업이 은행과 T_1 시점에서 K_1 의 가격으로 외국통화를 매도할 수 있는 선도계약을 체결한다고 하자. T_1 시점에서 환율은 S_1 $(> K_1)$ 이다. 이 기업은 T_1 시점에서 정산하지 않고 선도계약을 T_2 $(> T_1)$ 시점까지 연장할 수 있는지 은행에 문의하였다. 은행은 K_2의 새로운 인도가격에 동의하였다. K_2 가 어떻게 계산되는지 설명하라.

6 CHAPTER

금리선물

지금까지 상품, 주가지수 그리고 통화 선물계약에 대해서 설명하였다. 즉, 선물계약의 구조와 선물계약을 이용한 헷징방법 그리고 선물가격 결정 등에 대하여 살펴보았다. 이제 본 장에서는 금리선물(interest rate futures)에 대해 살펴보기로 한다.

본 장에서는 우선 미국에서 널리 거래되는 T-bond선물계약과 유로달러선물계약에 대해 설명하기로 한다. 전 세계에서 거래되는 다른 선물계약들은 이 계약들을 모델로 해서 만들어진 것이다. 본 장에서는 또한 듀레이션(duration)을 측정하는 방법과 이것이 이자율에 대한 포트폴리오 가치의 민감도로 이용되는 원리를 살펴보기로 한다. 마지막으로 기업에 노출된 이자율 변동위험을 헷지하는 데 4장에서 소개한 듀레이션 개념을 이용하여 금리선물계약이 어떻게 활용될 수 있는지 설명하기로 한다.

6.1 일수계산과 시세 표시방법

본 장의 내용을 설명하기 전에 먼저 채권과 기타 이자율 관련 금융상품에 적용되는 일수계산과 가격시세 표시방법에 대하여 설명하기로 한다.

일수계산

일수계산은 시간경과에 따라 이자가 발생되는 일수를 정하는 것이다. 일반적으로 우리는 기준이 되는 기간(예를 들면, 이자지급기간) 동안에 발생되는 이자금액을 이미 알고 있고, 이를 기준으로 다른 기간 동안 발생되는 이자금액을 산출한다.

일수는 보통 $X=Y$로 표현된다. 여기서 X는 계산하고자 하는 두 시점 사이의 일수이고, Y는 기준기간(reference period) 동안의 일수이다. 계산하고자 하는 두 시점 사이의 이자금액은 다음과 같이 측정된다.

$$\frac{\text{두 시점 사이의 일수}}{\text{두 시점 사이의 일수}} \times \text{기준기간 동안의 이자금액}$$

실무사례 6.1 일수계산이 현혹스러울 수가 있다

2018년 2월 28일과 2018년 3월 1일 사이에 당신은 10%의 이자를 지급하는 미국 국채와 역시 10% 이자를 지급하는 미국 회사채 중에 하나를 소유할 수 있다. 당신은 어떤 채권을 선호하겠는가?
이들 간에는 큰 차이가 없는 것으로 보인다. 그러나 사실 당신은 회사채를 훨씬 더 선호해야 할 것이다. 회사채에서 사용하는 30/360 방법 하에서 2018년 2월 28일과 2018년 3월 1일 사이에는 3일이 있다. 그러나 미국 국채에서 사용하는 실제경과일수/실제기준일수 방법 하에서는 오직 1일이 있을 뿐이다. 당신은 회사채를 보유함으로써 거의 3배의 이자를 얻을 수 있을 것이다.

미국에서 일반적으로 사용되는 일수계산 방법으로는 다음의 3가지가 있다.

1. 실제경과일수/실제기준일수
2. 30/360
3. 실제경과일수/360

실제경과일수/실제기준일수는 T-bond에서 이용되고, 30/360은 미국의 회사채나 지방공채에서 이용되며, 그리고 실제경과일수/360은 T-bill과 기타 단기금융상품에서 이용된다. T-bond에서 이용되는 실제경과일수/실제기준일수는 이자지급기간의 실제기준일수에 대한 실제경과일수의 비율이며, 이 비율에 따라 이자가 계산된다. 예를 들어 T-bond의 액면가가 100달러이며, 이자가 3월 1일과 9월 1일에 지급되고, 액면이자율이 연 8%라고 하자(이는 3월 1일과 9월 1일에 4달러의 이자가 지급됨을 의미한다). 3월 1일과 7월 3일간의 이자를 계산해보면 다음과 같다. 3월 1일부터 9월 1일 사이의 실제기준일수는 184일이고, 이 기간 동안의 이자는 4달러이다. 그리고 3월 1일부터 7월 3일 사이의 실제경과일수는 124일이다. 따라서 3월 1일부터 7월 3일 사이의 이자금액은 2.6957달러이다.

$$\frac{124}{184} \times 4 = 2.6957 \text{ 달러}$$

회사채와 지방공채에서 이용되는 30/360 방법은 월간일수를 30일로, 연간일수를 360일로 가정하고 일수를 계산한다. 이 방법에 의하면 3월 1일과 9월 1일간의 일수는 180일이고, 3월 1일과 7월 3일간의 일수는 (4 × 30) + 2 = 122일이다. 따라서 앞의 T-bond와 동일한 조건을 갖는 회사채의 3월 1일부터 7월 3일 사이의 이자금액은 2.7111달러이다.

$$\frac{122}{180} \times 4 = 2.7111 \text{ 달러}$$

[실무사례 6.1]에서 볼 수 있듯이, 30/360 방법은 때때로 놀라운 결과를 가져오기도 한다.

단기금융상품에서 이용되는 실제경과일수/360은 기준기간을 360일로 한다. 발생이자는 실제경과일수를 360일로 나누고 이를 연간 이자금액에 곱해서 산출된다. 따라서 90일 동안의 이자금액은 공시된 이자금액의 정확히 1/4이 된다. 여기서 365일 동안의 이자금액이 공시된 이자금액에 365/360를 곱해서 구해짐을 유의해야 한다.

일수계산 방법은 국가마다 다르고 상품마다 다양하다. 예를 들어 호주, 캐나다 그리고 뉴질랜드에서 금융상품들은 실제경과일수/365 기준으로 가격이 공시된다. LIBOR는 영국 파운드를 제외한 모든 통화에 대해서 실제경과일수/360 기준으로 가격이 공시된다. 영국 파운드에 대해서는 실제경과일수/365 기준으로 가격이 공시된다. 유로 표시 채권들은 일반적으로 실제 경과일수/실제기준일수 기준으로 가격이 공시된다.

미국 단기국채의 가격표시

금융상품들은 종종 할인율(discount rate)로 가격이 공시되기도 한다. 즉, 최초 매입가격에 대한 퍼센트가 아니라 액면가에 대한 퍼센트로 계산한 이자율로 가격이 공시된다. 대표적인 예가 미국의 T-bill이다. 만일 91일 T-bill의 가격이 8로 표시되었다면, 이는 360일 기준으로 얻는 이자율이 액면가의 8%라는 의미이다. 액면가가 100달러라고 하면, 91일 동안 얻는 이자는 2.0222달러(= 100달러 × 0.08 × 91360)가 된다. 이는 실제이자율이 2.0222(100 − 2.0222) = 2.064%라는 것과 동일한 것이다. 일반적으로액면가 100달러 당 현금가격과 미국 T-bill의 공시가격 간의 관계는 다음과 같다.

$$P = \frac{360}{n}(100 - Y)$$

여기에서 P는 공시가격이고, Y는 현금가격이며, n은 캘린더 일자로 계산한 T-bill의 잔여만기일수이다. 예를 들어 90일 만기 미국 T-bill의 현금가격이 99라면 공시가격은 4가 된다.

미국 장기국채의 가격표시

미국에서 T-bond의 가격은 달러와 1/32달러 단위로 공시된다. 가격은 100달러의 액면가액을 기준으로 공시된다. 즉, 120-05 또는 $120\frac{5}{32}$로 가격이 공시된다면, 액면가격 10만 달러인 T-bond의 가격은 120,156.25달러이다.

거래자가 순수가격(clean price)이라 부르는 공시가격(quoted price)은 거래자가 비순수가격(dirty price)이라 부르는 현금가격(cash price)과 다르다. 현금가격과 공시가격 간의 관계를 일반화시키면 다음과 같다.

현금가격 = 공시가격 + 최근 이자지급일 이후의 발생이자

이 공식을 적용하는 과정을 알아보기 위해, 2018년 3월 5일 현재 만기가 2038년 7월 10일이고 액면이자율이 연 11%이며 공시가격이 155-16(또는 155.50달러)인 T-bond를 예로 들어보자. 이자가 반년마다 지급되고, 최근의 이자지급일이 2018년 1월 10일이며 차기 이자지급일이 2018년 7월 10일이다. 2018년 1월 10일과 2018년 3월 5일 사이의 일수는 54일이고, 2018년 1월 10일과 2018년 7월 10일 사이의 일수는 181일이다. 액면가액 100달러에 대해 1월 10일과 7월 10일에 지급되는 이자는 5.50달러이다. 2018년 3월 5일 현재 발생이자(accrued interest)는 7월 10일에 받게 되는 이자 중에서 2018년 3월 5일 현재까지

의 이자이다. T-bond에 적용되는 이자계산은 실제경과일수/실제기준일수이므로 2018년 3월 5일까지 발생한 이자는 다음과 같이 계산된다.

$$\frac{54}{181} \times 5.50\text{달러} = 1.64\text{달러}$$

따라서 T-bond의 액면가 100달러당 현금가격은 157.14달러가 된다.

$$155.50\text{달러} + 1.64\text{달러} = 157.14\text{달러}$$

결국 액면가액이 10만 달러인 채권의 현금가격은 157,140달러이다.

6.2 T-bond선물

[표 6.1]은 2016년 5월 26일 현재 금리선물의 공시가격 시세표이다. 장기금리 선물계약으로 가장 보편적인 것은 CME 그룹에서 거래되는 미국의 장기국채(T-bond: Treasury bond) 선물계약, 즉 T-bond선물계약이다. T-bond선물계약에서는 인도월 최초일 기준으로 만기가 15년 에서 25년 사이인 어떤 국채든지 인도가 가능하다. CME그룹에서는 2010년부터 25년 이상의 만기를 갖는 국채를 인도하는 Ultra T-bond 선물이 거래되기 시작했다.

또한 미국에서는 10년 만기, 5년 만기 그리고 2년 만기 중기국채(T-note)선물이 매우 활발히 거래되고 있다. T-note선물에서는 만기가 6.5~10년 사이에 있는 어떤 T-bond(또는 T-note)든지 인도가 가능하다.[1] 5년 그리고 2년 만기 중기국채 선물계약에서는 만기가 각각 5년 그리고 2년이 남은 (그리고 발행 당시의 만기가 5.25년보다 짧은) 중기채권을 인도한다.

이 장에서 이후 설명되는 바와 같이 거래소는 인도하기로 약정한 특정 장기 또는 단기채권에 따라 매도포지션을 취한 거래자가 받는 가격을 조정하기 위한 절차를 발전시켜왔다. 이제부터는 대표적으로 T-bond선물만을 설명하기로 한다. 미국에서 거래되는 T-note선물과 과 전 세계에서 거래되는 많은 기타 선물들은 T-bond선물과 유사하게 설계되어 있다. 따라서 여기서 설명하는 T-bond선물에 대한 대부분의 내용들은 다른 채권선물에도 그대로 적용될 수 있다.

가격공시

T-bond선물과 T-note선물 가격은 액면가 100달러당 달러 -1/32달러로 공시된다. 이것은 T-bond와 T-note의 가격이 현물시장에서 공시되는 것과 유사한 방법이다. [표 6.1]을 보면2016년 6월 만기 T-bond 선물의 정산가격은 162-06이다. 이는 달러, 즉 162 $\frac{6}{32}$ 또는 162.1875달러이다. 10년 만기 T-note 선물의 정산가격은 32분의 0.5 단위 중 가장 가까운 값이다. 그러므로2016년 9월만기 선물계약의 정산가격 129-175는 129 $\frac{17.5}{32}$ 또는 129.546879로 해석되어야 한다. 5년 만기와 2년 만기 T-note 계약은 32분의 1/3

1 CME는 현재 Ultra 10-year T-note 선물계약도 거래하고 있다. 이 선물계약에서는 만기가 9년 5개월에서 10년인 국채를 인도하도록 되어 있다.

표 6.1 CME 그룹 금리 선물계약 시세표(2016년 5월 3일)

	시초가	최고가	최저가	정산가격	가격변화	거래량	미결제약정수량
Ultra T-Bond, $100,000							
2016년 6월	169-19	171-13	169-19	169-28	171-25	+1-29	63,809
Treasury Bonds, $100,000							
2016년 6월	161-30	164-10	161-30	162-06	163-26	+1-20	237,430
2016년 9월	160-28	162-29	160-28	160-26	162-13	+1-19	323
10-Year Treasury Notes, $100,000							
2016년 6월	129-205	130-150	129-205	129-225	130-090	+0-185	1,135,200
2016년 9월	129-185	130-110	129-185	129-175	130-060	+0-205	6,150
5-Year Treasury Notes, $100,000							
2016년 6월	120-225	121-050	120-220	120-227	121-012	+0-105	603,709
2016년 9월	120-180	120-255	120-180	120-107	120-240	+0-132	6,120
2-Year Treasury Notes, $200,000							
2016년 6월	109-085	109 122	109-085	109-087	109-110	+0-022	204,600
2016년 9월	109-087	109-087	109-080	109-050	109-080	+0-030	1,546
30-Day Fed Funds Rate, $5,000,000							
2016년 9월	99.540	99.555	99.540	99.540	99.550	+0.010	6,946
2017년 3월	99.390	99.415	99.390	99 380	99.410	+0.030	1,589
Eurodollar, $1,000,000							
2016년 3월	99.325	99.335	99.325	99.325	99.330	þ0.005	128,589
2016년 9월	99.215	99.245	99.215	99.215	99.235	þ0.020	166,003
2016년 10월	99.120	99.160	99.120	99.125	99.155	þ0.030	207,653
2018년 10월	98.590	98.680	98.590	98.590	98.660	þ0.070	67,736
2020년 10월	98.055	98.175	98.055	98.070	98.150	þ0.080	14,233
2022년 10월	97.640	97.745	97.640	97.655	97.730	þ0.075	120

단위까지 더 정확하게 매길 수 있다. 그러므로 2016년 6월이 만기인 5년만기 중기국채 선물계약의 정산가격 120-227은 $120\frac{22.75}{32}$ 또는 120.7109375로 해석되어야 한다. 유사하게 동일한 계약의 최종거래가격 121-012는 $120\frac{1.25}{32}$ 또는 123.0390625로 해석되어야 한다.

전환계수

앞서 언급한 바와 같이 T-bond선물계약은 매도포지션 거래자가 만기가 15년 그리고 25년 사이인 어떤 T-bond나 인도할 수 있도록 허용한다. 특정T-bond를 인도하면 소위 전환계수(conversion factor)에 의해 매도포지션 거래자가 받는 금액이 결정된다. 인도할 채권에 적용되는 공시가격은 선물공시가격에 전환계수를 곱해서 결정된다. 본 장 1절에서 설명했듯이, 발생이자를 고려하면 인도된 T-bond의 액면가 100달러당 받는 현금은 다음과 같다.

$$(\text{선물의 최근 정산가격} \times \text{전환계수}) + \text{발생이자}$$

선물 1계약은 액면가 기준으로 10만 달러이다. 예를 들어 선물공시가격이 120-00이고 인도할 채권의 전환계수가 1.3800이며, 인도시점까지 발생한 채권이자가 액면가액 100달러당 3달러라고 하자. 매도포지션 거래자가 받는 현금(매입포지션 거래자가 지급하는 현금)은 다음과 같이 액면가 100달러당 168.60달러이다.

$$(1.3800 \times 120.00) + 3.00 = 168.60\text{달러}$$

즉, 선물 1계약을 매도한 거래자는 액면가액이 10만 달러인 채권을 인도하고 168,600달러를 받는다.
채권의 전환계수는 만기 동안 이자율이 연간 6%(반년복리 기준)라는 가정 하에서 구한 인도월 최초일 기준의 원금 1달러당 채권가치이다. 전환계수를 계산함에 있어서 채권의 만기와 이자지급일까지의 기간은 3개월 단위로 절사해서 구한다. 이런 방법으로 거래소는 포괄적인 전환계수표를 제시한다. 3개월 미만의 기간을 절사한 후 채권의 만기가 6개월 단위로 정확히나누어지면 첫 번째 이자는 6개월 후에 지급되는 것으로 가정한다. 그러나 3개월 미만의 기간을 절사한 후 채권의 만기가 6개월 단위로 정확히 나누어지지 않으면(예를 들어 3개월이 남는 경우), 첫 번째 이자는 3개월 후에 지급되는 것으로 가정하고 발생이자는 차감된다.

이 규정을 설명하기 위한 예로서 액면이자율이 연 10%이고 만기가 20년 2개월 남은 이표채를 고려해보자. 전환계수를 계산하기 위해 그 채권이 정확하게 20년의 만기를 가지며 최초 이자지급일이 6개월 후인 것으로 가정한다. 이자는 원금이 상환되는 20년 후까지 매 6개월마다 지급하는 것으로 한다. 액면가액은 100달러이다. 할인율은 반년복리 기준으로 연 6%이다 (또는 6개월에 3%). 이 채권의 가치는 다음과 같다.

$$\sum_{i=1}^{40} \frac{5}{1.03^i} + \frac{100}{1.03^{40}} = \$146.23\text{ 달러}$$

146.23달러를 액면가액 100달러로 나누어주면 전환계수는 1.4623이다.
두 번째 예로서 액면이자율이 연 8%이고 만기가 18년 4개월 남은 이표채를 고려해보자.
전환계수를 계산하기 위해 그 채권이 정확하게 18년 3개월의 만기를 갖는 것으로 가정한다.
모든 현금흐름을 3개월 후 시점의 가치로 할인(반년복리 기준으로 연 6%)하면 다음과 같다.

$$4 + \sum_{i=1}^{36} \frac{4}{1.03^i} + \frac{100}{1.03^{36}} = \$125.8323\text{ 달러}$$

3개월에 대한 이자율은 $\sqrt{1.03}$ -1, 즉 1.4889%이다. 따라서 3개월 후 시점의 가치를 현재가치로 다시 할인하면 125.83/1.014889 = 123.99달러가 된다. 여기서 처음 3개월 간의 채권이자 2달러(6개월에 4달러이므로)를 차감하면 121.99달러이므로 결국 전환계수는 1.2199이다.

최저가 인도채권

T-bond선물계약의 경우 인도월의 어떤 한 시점에서 인도할 수 있는 채권은 다양하다. 즉, 인도 가능한 T-bond는 이자와 만기에 따라 천차만별로 다양하다. 매도포지션 거래자는 인도 가능한 채권 중 가격이"가장 낮은"채권을 선택할 수 있다. 매도포지션 거래자가 채권을 인도하고 받는 금액은 다음과 같다.

(최근의 정산가격 × 전환계수) + 발생이자

그리고 채권매입 비용은 다음과 같다.

현물공시가격 + 발생이자

따라서 최저가 인도채권(cheapest-to-deliver bond)은 다음 식으로 구한 비용이 가장 낮은 국채를 말한다.

현물공시가격 − (선물공시가격 × 전환계수)

일단 매도포지션 거래자가 인도하기로 결정하면, 각 국채의 조건을 위의 식에 대입해봄으로써 어떤 국채가 최저가 인도채권인지를 확인할 수 있다.

예제 6.1

매도포지션 거래자가 채권을 인도하기로 결정하고 아래 표에 주어진 3가지의 채권 중에서 하나를 선택하려고 한다. 최근의 정산가격은 93-08, 즉 93.25이다.

채권	현물공시가격(달러)	전환계수
1	99.50	1.0382
2	143.50	1.5188
3	119.75	1.2615

각 채권의 인도비용은 다음과 같다.

채권 1: 99.50 − (93.25 × 1.0382) = 2.69달러

채권 2: 143.50 − (93.25 × 1.5188) = 1.87달러

채권 3: 119.75 − (93.25 × 1.2615) = 2.12달러

즉, 채권 2가 최저가 인도채권이다.

최저가 인도채권을 결정하는 데에는 많은 요인들이 작용한다. 전환계수제도 하에서는 수익률이 6%를 초과하는 경우 이자지급액이 적고 만기가 긴 채권을 인도하려는 경향이 있다. 수익률이 6%보다 낮을 경우 이자지급액이 많고 만기가 짧은 채권을 인도하려는 경향이 있다. 또한 수익률곡선이 상향곡선을

그리는 경우 만기가 긴 채권을 인도하고, 하향곡선을 그리는 경우 만기가 짧은 채권을 인도하려는 경향이 있다.

매도포지션을 취한 투자자는 최저가 인도채권을 선택하는 권리 외에도 와일드카드 플레이(wild card play)라 불리는 선택권을 갖고 있다. 이는 [실무사례 6.2]에 설명되어 있다.

공시 선물가격의 결정

T-bond선물의 이론가격을 정확히 결정하는 것은 어려운 일이다. 왜냐하면 인도시기 및 인도채권의 선택과 관련된 매도포지션 거래자의 권리를 쉽게 평가할 수 없기 때문이다. 그러나 만약에 최저가 인도채권과 인도일자를 모두 알고 있다고 가정하면, T-bond선물은 예정된 소득을 제공하는 증권에 대한 선물로 볼 수 있다.[2] 그렇게 될 경우 5장의 식 (5.2)를 적용하면 선물가격 F_0는 현물가격 S_0와 다음과 같은 관계에 있다.

$$F_0 = (S_0 - I)e^{rT} \tag{6.1}$$

여기서 I는 선물계약 존속기간에 발생할 이자의 현가이고, T는 선도계약의 만기이다. 그리고 r은 T기간 동안에 적용되는 무위험이자율이다.

예제 6.2

어떤 T-bond선물계약에서 최저가 인도채권이 연 12%의 액면이자율과 1.6000의 전환계수를 갖

> **실무사례 6.2　와일드카드 플레이**
>
> CME 그룹의 T-bond선물 거래의 정산가격은 오후 2시의 가격이다(시카고 시간). 그러나 현물시장에서 T-bond는 오후 2시 이후에도 거래가 되며 매도포지션 거래자는 결제소(clearing house)에 이후에도 인도의사 고지서(a notice of intention to deliver)를 발행할 수 있다. 인도의사 고지서가 발행되면 그 날의 정산가격(settlement price)을 기초로 청구가격(invoice price)이 계산된다. 정산가격이란 오후 2시에 거래된 가격을 말한다.
>
> 이런 거래제도는 와일드카드 플레이(wild card play)라 불리는 선택권을 만들어낸다. 만약에 채권가격이 인도월의 첫날 오후 2시 이후에 하락한다면, 매도포지션을 취한 거래자는 3시 45분 인도의사 고지서를 발행하고 인도를 대비해서 오후 2시 선물가격으로 최저가 인도채권을 매입할 수 있다. 만약에 채권가격이 하락하지 않는다면, 매도포지션 거래자는 그와 같은 전략을 구사할 수 있는 다음 날까지 포지션을 유지한 채 기다린다.
>
> 매도포지션 거래자에게 주어지는 다른 선택권들과 마찬가지로 와일드카드 플레이도 공짜로 사용할 수 있는 것은 아니다. 와일드카드 플레이의 가치는 선물가격에 반영되어 있다. 즉, 선택권이 있는 선물의 가격은 선택권이 없는 선물의 가격보다 낮다.

2　실제로 최저가 인도채권을 결정하기 위해서 계산할 때, 분석가들은 일반적으로 선물계약 만기 시의 무이표이자율이 오늘의 선도이자율과 같을 것으로 가정한다.

그림 6.1 이자지급 일정표.

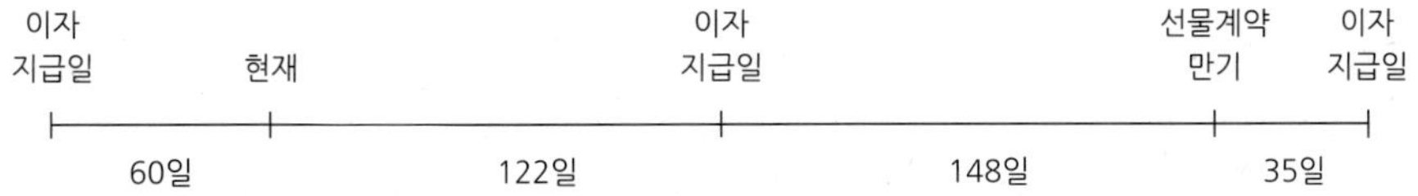

는다고 하자. 채권인도는 270일 후에 이루어지며, 이자는 반년마다 지급된다. [그림 6.1]에 나타난 바와 같이 최근의 이자지급일이 60일 전이며, 다음 이자지급일이 현재로부터 122일 후이다. 그 다음 이자지급일은 현재로부터 305일 후이다. 이자율의 기간구조가 수평적(flat)이며 이자율이 연속복리 기준으로 연간 10%이다. 현재 공시된 채권가격이 115달러이다. 채권의 현금가격은 공시가격에다 차기 이자지급 예정액 중 기발생된 금액을 합해서 구한다. 채권의 현금가격을 구하면 116.978달러가 된다.

$$115 + \frac{60}{60 + 122} \times 6 = 116.978 \text{ 달러}$$

차기에 지급되는 이자 6달러(액면가 100달러당 6달러의 이자)는 122일(= 0.3342년) 후에 받게 된다. 그 이자의 현재가치는 다음과 같다.

$$6e^{-0.1 \times 0.3342} = 5.803 \text{ 달러}$$

선물계약은 현재로부터 270일(= 0.7397년)간 존속된다. 따라서 선물계약이 액면이자율 12%인 채권에 대해서 발행된다면 선물의 현금가격은 다음과 같다.

$$(116.978 - 5.803)e^{0.1 \times 0.7397} = 119.711 \text{ 달러}$$

인도일 기준에서 보면 148일간의 이자가 발생해 있다. 따라서 액면이자율이 12%인 채권에 대해서 선물계약이 발행된다면 선물공시가격은 다음과 같다.

$$119.711 - 6 \times \frac{148}{148 + 35} = 114.859 \text{ 달러}$$

표준채권의 1.6000배는 액면이자율이 12%인 채권과 동등해진다. 따라서 선물공시가격은 다음과 같다.

$$\frac{114.859}{1.6000} = 71.79 \text{ 달러}$$

6.3 유로달러선물

미국에서 가장 보편화된 금리선물계약으로는 CME에서 거래되는 3개월 유로달러선물(Eurodollar futures)이 있다. 유로달러란 미국 밖의 미국은행 또는 외국은행에 예치된 달러를 말한다. 유로달러이자율은 한 은행이 다른 은행에 예치한 유로달러에서 얻는 이자율을 말하며, 4장에서 설명했던 런던은행간 대출이자율(LIBOR)과 본질적으로 동일하다.

3개월 유로달러선물은 3개월 동안 원금 100만 달러에 대해서 LIBOR 이자율로 차입한 사람이 지급하는 이자에 대한 선물계약이다. 유로달러선물은 거래자가 미래 3개월 동안 노출된 이자율에 대해서 투기하는 것을 가능하게 해주거나 또는 미래 3개월 동안 노출된 위험에 대해서 헷지하는 것을 가능하게 해준다. 유로달러선물의 만기는 미래 10년까지 가능하며 인도월은 3월, 6월, 9월 그리고 12월이다. 이는 2017년에 투자자가 3개월 유로달러선물을 이용해서 멀리는 2027년까지 이자율을 선택할 수 있다는 것을 의미한다. 만기가 3월, 6월, 9월 그리고 12월이 아닌 단기의 유로달러선물도 있다.

유로달러선물계약이 거래되는 과정을 이해하기 위하여, [표 6.1]의 2016년 6월물을 예로들어 보기로 하자. 마지막 거래일은 인도월의 세번째 주 수요일 이틀 전이며 이 거래의 경우 2016년 6월 13일이다. 선물계약은 거래 마지막날까지 일반적인 방병으로 매일 정산된다. 마지막 거래일 오전 11시에 정산가격은 로 정해진다. 여기서 R은 당일 하루 동안 고정되어 있는3개월 LIBOR이다. 이자율은 분기복리와 실제경과일수/360일 기준으로 표현된 것이다. 즉, 2016년 6월 13일 현재 3개월 LIBOR이자율이 (분기복리와 실제경과일수/360일 기준) 연 0.75%라면, 최종 정산가격은 99.250이 될 것이다. 일단 최종 정산이 이루어지면, 모든 계약은 종료된다.

유로달러선물계약은 선물가격이 1베이시스포인트(= 0.01) 움직이면 1계약당 25달러의 손익이 발생하도록 설계되어 있다. 즉, 유로달러선물가격이 1베이시스포인트 상승하면, 매입포지션을 취한 투자자는 25달러의 이익을 얻고 매도포지션을 취한 투자자는 25달러의 손실을 본다. 마찬가지 논리로 유로달러선물가격이 1베이시스포인트 하락하면, 매입포지션을 취한 투자자는 25달러의 손실을 보고 매도포지션을 취한 투자자는 25달러의 이익을 얻는다. 예를 들어 정산가격이 99.325에서 99.285으로 움직인 경우, 매입포지션을 취한 투자자는 1계약 당 4 × 25 = 100달러의 손실을 본다. 반대로 매도포지션을 취한 투자자는 100달러의 이익을 얻는다. 선물시세에서 1베이시스포인트의 변화는 이자율에서 0.01%의 변화에 해당하고, 이는 3개월 후에 100만 달러의 원금에 대해 다음과 같이 25달러의 이자변화를 가져온다.

표 6.2 2016년 6월 만기 유로달러선물의 이익 추정

일자	선물가격	가격변화	계약당 이익(달러)
2016년 5월 26일	99.3100		
2016년 5월 27일	99.2700	-0.0400	-100
2016년 5월 28일	99.3200	+0.0500	+125
•	•	•	•
•	•	•	•
•	•	•	•
2016년 6월 16일	99.5300	+0.0600	+150
합계		+0.2200	+550

$$1,000,000달러 \times 0.0001 \times 0.25 = 25달러$$

1베이시스포인트 당 25달러씩 손익이 발생하는 원칙은 앞에서 유로달러선물계약이 100만 달러에 대한 3개월 동안의 이자율을 고정시킨다고 설명한 것과 일치하는 원칙이다. 즉, 연간이자율이 1베이시스포인트만큼 변하면, 100만 달러에 대해 3개월 간 얻는 이자는 25달러이다.

유로달러선물의 가격표시가 100 − 선물이자율이기 때문에, 이자율이 하락하면 매입포지션을 취한 투자자가 이익을 얻고, 이자율이 상승하면 매도포지션을 취한 투자자가 이익을 얻는다. [표 6.2]는 2016년 5월 3일 최종 거래가격 99.330에 [표 6.1]에 보여주었던 2016년 6월 만기 유로달러선물 매입포지션을 취한 투자자의 일련의 가능한 이익을 보여준다.

유로달러선물 1계약의 가격은 다음과 같이 정의한다.

$$10,000 \times [100 - 0.25 \times (100 - Q)] \tag{6.2}$$

여기서 Q는 시세표에 나타난 가격이다. 따라서 [표 6.1]에서 2013년 6월 만기 유로달러선물의 가격이 99.725이라는 것은 선물 1계약당 가격이 998,325달러라는 의미이다.

$$10,000 \times [100 - 0.25 \times (100 - 99.330)] = 998,325달러$$

[표 6.2]에서 2013년 6월 만기 유로달러선물의 최종 정산가격이 99.220이고, 이는 선물 1계약당 가격이 998,050달러라는 의미이다

$$10,000 \times [100 - 0.25 \times (100 - 99.220)] = 998,050달러$$

선물 1계약당 시초가격과 최종가격의 차이는 275달러이다. 이 수치는 [표 6.2]에서"1베이시스 포인트 변화당 25달러 규칙"을 사용하여 구한 값과 일치한다.

예제 6.3

어떤 투자자가 원금 1억 달러에 대한 이자율을 9월 셋째주 수요일 이틀 전에 시작되는 3개월 동안 고정시키기를 원한다. 우리는 9월 만기 유로달러선물의 가격이 96.50이다. 이는 투자자가 연간 이자율을 100 – 96.5 또는 3.5%로 고정시킬 수 있음을 의미한다. 투자자는 100계약을 매입함으로써 헷지할 수 있다. 9월 셋째주 수요일 이틀 전에 3개월 만기 LIBOR 선물 이자율이 연 2.6%가 된다고 하자. 선물의 최종 정산가격이 97.40이므로 투자자가 얻는 이득은 다음과 같이 225,000달러가 된다.

$$100 \text{ x } 25 \text{ x } (9.740 - 9,650) = 225,000 \text{ 달러}$$

그리고 3개월 투자로부터 얻는 이자는 다음과 같이 650,000달러가 된다.

$$100,000,000달러 \times 0.25 \times 0.026 = 650,000달러$$

결국 유로달러선물로부터의 이익까지 합하면 투자자의 총이익은 875,000달러가 된다. 이 금액은 이자율이 연 3.5%가 된다면 얻을 수 있는 이자금액과 동일하다(100,000,000 × 0.25 × 0.035 = 875,000).

이러한 사실로부터 유로달러선물 거래가 어떤 경우이든지 이자율을 정확히 3.5%로 고정시키는 효과를 갖는다는 것을 알 수 있다. 사실, 헷지는 다소 완전하지는 못하다. 왜냐하면 (a) 선물계약이 일일정산되고(모두가 만기일에 정산되는 것이 아니라), (b) 선물계약의 최종 정산은 만기에 이루어지는 반면에 투자로부터 얻는 이자는 3개월 후에 수령되기 때문이다. (b)에 대해 조정하는 한 가지 방법은 9월에 받는 금액과 3개월 후에 받는 금액의 차이를 반영해서 헷지포지션의 규모를 줄이는 것이다. 이 경우, 3개월간의 이자율은 연 3.5%로 가정해서 선물계약 수에다가 0.9913[= 1/(1 + 0.035 × 0.25)]를 곱한다. 이렇게 하면 매입해야 할 유로달러선물이 100계약이 아니라 99계약이 된다.

[표 6.1]은 2016년 5월 기준으로 미국 이자율 기간구조가 상향곡선을 그리고 있다는 것을 보여준다. 사전정산(prior settlement) 열을 이용해 2016년 6월 13일, 2016년 9월 19일, 2016년 12월 19일, 2018년 12월 17일, 2020년 12월 14일, 그리고 2022년 12월 19일에 시작하는 3개월 만기 선물 이자율은 각각 0.675%, 0.785%, 0.875%, 1.410%, 1.930%, 그리고 2.345%이다.

2010년 6월 16일에 시작하는 3개월 선물이자율이 연 0.69%이었다. 2010년 9월 15일에 시작하는 3개월 선물이자율이 연 0.95%이었다. 2010년 12월 15일에 시작하는 3개월 선물이자율이 연 1.105%이었다. 그리고 2015년 12월 16일에 시작하는 3개월 선물이자율이 연 4.42%이었다.

[예제 6.3]은3개월 동안 받게 될 이자를 헷지하기를 원하는 투자자가 유로달러선물을 어떻게 이용할 수 있는지를 보여준다. 헷징으로부터 얻는 현금흐름의 발생시점이 이자 현금흐름의 발생시점과 정확히 일치하지는 않는다는 점을 유의하자. 이는 선물계약이 일일정산되기 때문에 그렇다. 또한 투자로부터 얻는 이자는 3개월 후인 12월에 수령되는 반면 최종 정산은 9월에 이루어지기 때문이다. 예제에서 보았듯이, 두 번째 이유를 감안하려면 헷지포지션에 약간의 조정을 하면 된다.

CME 그룹의 유로달러선물과 유사한 선물계약들이 다른 나라의 이자율을 기초로 거래되고 있다. CME 그룹은 유로엔선물을 거래하고 있다. 유로넥스트(Euronext)에 속한 런던국제금융선물옵션거래소(London International Financial Futures and Options Exchange)는 3개월 유리보(Euribor)선물과 3개월 유로스위스(Euroswiss)선물을 거래하고 있다. 유리보선물은 유로화 예금에 대해서 유로존에 소속되어 있는 은행 간 3개월 금리를 적용하는 선물계약이다.

선도이자율과 선물이자율

유로달러선물은 미래의 3개월 이자율이 고정된다는 점에서 선도금리계약(FRA)과 유사하다(4장 9절 참조). 1년까지의 단기 만기의 경우 유로달러 선물이자율과 유로달러 선도이자율은 동일한 것으로 가정할 수 있다. 그러나 만기가 긴 계약의 경우, 두 계약 간에는 차이가 있다. 과 시점 사이의 이자율에 대한 유로달러선물계약과 동일 기간 동안의 선도금리계약을 비교해 보기로 하자. 유로달러선물계약은 일일정산되며, 최종 결제는 시점에서 과 시점 사이의 실제이자율을 기준으로 이루어진다. 이와는 달리 선도금리계약은 일일정산되지 않고, 최종결제는 T_2 시점에서 T_1 과 T_2 시점 사이의 실제이자율을 기준으로 이루어진다.[3]

그러므로 유로달러선물계약과 선도금리계약 간의 차이에는 2개의 요소가 있다. 즉,

1. 유로달러선물계약과 일일정산이 없는 유사계약 간의 차이이다. 후자는 가상적인 선도이자율과 실제이자율의 차이에 해당하는 금액이 T_1 시점에서 지급되는 선도계약이다.
2. T_1 시점에서 정산되는 가상적인 선도계약과 T_2 시점에서 정산되는 실제(true) 선도계약 간의 차이는 선도 금리와 실현된 금리의 차이와 동일하다.

계약 간의 이런 2개 요소의 차이는 실무에서 약간의 혼동을 일으키기도 한다. 2개 요소의 차이는 선물이자율에 비해서 선도이자율을 감소시킨다. 그러나 만기가 긴 계약의 경우 두 번째 차이에서 비롯된 감소 효과는 첫 번째 차이에서 비롯된 감소 효과보다 훨씬 작다. 일일정산 여부의 차이인 첫 번째 차이가 선도이자율을 감소시키는 이유는 5장 8절의 논의로부터 알 수 있다. 당신이 T_1 시점에서 $R_M - R_F$ 의 금액을 얻는 계약을 소유하고 있고, 일일정산 선택권을 갖고 있다고 하자. 여기서 R_F 는 T_1 과 T_2 시점 사이의 미리 결정된 이자율이고, R_M 은 동일 기간 동안의 실제이자율이다. 이런 경우에 일일정산은 이자율이 높을 때 현금유입을 유도하고, 이자율이 낮을 때 현금유출을 유도하는 경향이 있다. 당신은 이자율이 높을 때 증거금계정의 잔액을 증가시킬 수 있기 때문에 일일정산을 선택하는 것이 매력적이라고 생각할 것이다. 그러므로 시장에서 일일정산하는 계약의 R_F는 더 높아진다(누적기대금액을 낮추는 효과를 가져온다). 이를 다른 식으로 설명하면 일일정산에서 T_1 시점에서의 정산으로 바꾸는 것은 R_F 를 감소시킨다.

두 번째 차이가 선도이자율을 하락시키는 이유를 이해하기 위하여(표준선도금리계약처럼) T_1 시점 대신에 T_2 시점에서 $R_M - R_F$ 에 해당하는 금액을 받는다고 하자. 만일 R_M 이 높다면 받는 금액은 양(+)의 값을 갖는다. 이자율이 높기 때문에 T_1 시점이 아니라 T_2 시점에서 이득을 지급받는 당신의 비용은 상대적으로 크다. 만일 R_M 이 낮다면 받는 금액은 음(−)의 값을 갖는다. 이자율이 낮기 때문에 T_1 시점이 아니라 T_2 시점에서 이득을 지급하는 당신의 편익이 상대적으로 작다. 결국 당신은 T_1 시점에서 정산하기를 원할 것이다. 만일 정산시점이 T_1 이 아니라 T_2 라면, 당신은 R_F 를 감소시킴으로써 보상받아야 한다.[4]

볼록성 조정

분석가들은 유로달러 선물이자율을 선도이자율로 전환하기 위해서 소위 볼록성 조정(convexity adjustment)을 시도한다. 볼록성 조정을 식으로 나타내면 다음과 같다.[5]

---

3 4장 9절에서 언급했듯이 정산은 T_1 시점에서도 이루어질 수 있다. 그러나 그것은 T_2 시점에서 표준선도계약 이득의 현재가치와 동일하게 된다.

4 파생상품의 가치에 있어서 이런 형태의 시간 차이 때문에 발생하는 효과를 계량화하는 것은 본 서의 30장에서 좀 더 자세히 설명한다.

5 이 식에 대한 증명은 저자의 웹사이트에 있는 [Technical Note 1]을 참조하시오.

$$\text{Forward rate} = \text{Futures rate} - \tfrac{1}{2}\sigma^2 T_1 T_2 \tag{6.3}$$

여기서 T_1은 선물계약의 만기이고, T_2는 선물계약의 기초자산이 되는 이자율의 만기이다. 그리고 σ는 연간 단위로 측정된 단기이자율 변화의 표준편차이다. 이자율들은 모두 연속복리 기준이다.[6]

예제 6.4

$\sigma = 0.012$이고 8년 만기 유로달러선물 공시가격이 94인 상황에서 선도이자율을 구하려고 한다. $T_1 = 8$, $T_2 = 8.25$인 경우, 볼록성 조정은 다음과 같이 이루어진다.

$$\tfrac{1}{2} \times 0.012^2 \times 8 \times 8.25 = 0.00475$$

선물이자율은 분기복리와 실제경과일수/360 기준으로 연간 6%이다. 선물이자율 6%는 분기복리와 실제경과일수/365 기준으로 나타내면 90일 이자율 1.5% 또는 연간 이자율 6.038%[=(365/90)ln 1.015]가 된다. 그러므로 식 (6.3)으로 나타낸 연속복리 기준의 연간 선도이자율은 6.038 − 0.475 = 5.563%이다. 아래의 표는 볼록성 조정의 크기가 만기에 따라 어떻게 증가하는지를 보여주고 있다.

선물의 만기(연)	볼록성 조정의 크기(베이시스포인트)
2	3.2
4	12.2
6	27.0
8	47.5
10	73.8

위의 표에서 알 수 있듯이 볼록성 조정의 크기는 대체로 선물계약 만기의 제곱에 비례한다. 예를 들어 2년부터 4년까지 만기가 두 배로 증가하면 볼록성의 크기는 개략적으로 4배가 된다.

유로달러선물을 이용한 LIBOR 무이표 수익률곡선의 확장

1년 LIBOR 무이표 수익률곡선은 1개월, 3개월, 6개월 그리고 12개월 만기 LIBOR 무이표이자율로부터 결정된다. 볼록성 조정이 일단 이루어지면, 유로달러선물은 종종 무이표 수익률곡선을 확장하는 데 이용된다. i번째 유로달러선물이 T_i ($i = 1, 2, \ldots$)시점에서 만기가 된다고 하자. 또한 일반적으로 i번째 선물계약으로부터 계산된 선도이자율은 T_i 시점부터 T_i+1시점까지 적용된다고 가정된다(실무적으로 이는 거의 사실에 근접한다). 이는 붓스트랩법을 이용하여 무이표이자율을 결정할 수 있게 해준다. F_i를 i번째 유로달러선물로부터 계산된 선도이자율이라고 하고, R_i를 만기가 T_i인 무이표이자율이라고 하자. 식 (4.5)로부터 다음 식이 성립함을 알 수 있다.

$$F_i = \frac{R_{i+1}T_{i+1} - R_iT_i}{T_{i+1} - T_i}$$

따라서

$$R_{i+1} = \frac{F_i(T_{i+1} - T_i) + R_iT_i}{T_{i+1}} \tag{6.4}$$

유로스위스(Euroswiss), 유로엔(Euroyen) 그리고 유리보(Euribor)와 같은 유로이자율도 유사한 방법으로 사용된다.

예제 6.5

400일 LIBOR 무이표이자율이 연속복리 기준으로 4.80%로 계산되었고, 유로달러선물 공시가격으로부터 (a) 400일 이후 시작하는 90일 동안의 선도이자율이 연속복리 기준으로 5.30%이고, (b) 491일 이후 시작하는 90일 동안의 선도이자율이 연속복리 기준으로 5.50%이며, (c) 589일 이후 시작하는 90일 동안의 선도이자율이 연속복리 기준으로 5.60%이다. 식 (6.4)를 이용하여 491일 이자율을 구하면 다음과 같이 4.893%이다.

$$\frac{0.053 \times 91 + 0.048 \times 400}{491} = 0.04893$$

이와 유사하게 두 번째 선도이자율을 이용하여 589일 이자율을 구하면 다음과 같이 4.994%이다.

$$\frac{0.055 \times 98 + 0.04893 \times 491}{589} = 0.04994$$

다음의 5.60%의 선도이자율은 다음의 유로달러선물계약의 만기까지의 무이표이자율을 결정하는 데 이용될 것이다(유로달러선물계약의 기초이자율이 90일 이자율이더라도, 그 이자율이 유로달러선물계약 만기 간의 경과일수인 91일 또는 98일에도 적용됨에 유의하라).

6.4 듀레이션에 근거한 헷징전략

듀레이션에 대해서는 4장 10절에서 공부한 바 있다. 금리 선물을 통해 미래 시점에 발생하는 채권 포트폴리오의 수익률을 헷지할 수 있다. 다음과 같은 기호를 사용하기로 한다.

V_F : 금리선물 1계약의 가격

D_F : 선물계약 만기 시 선물계약 기초자산의 듀레이션

P : 헷지 만기 시 헷지대상 포트폴리오의 선도가치. 이는 실무적으로 현재 포트폴리오의 가치와 동일한 것으로 가정한다.

D_P : 헷지 만기 시 헷징대상 포트폴리오의 듀레이션

수익률의 변화(Δy)는 모든 만기에 대해 동일하다고 가정한다. 그러면 다음의 관계식을 만들 수 있다.

$$\Delta P = -PD_P \, \Delta y$$

개략적으로 다음의 식도 성립한다.

$$\Delta V_F = -V_F D_F \, \Delta y$$

그러므로 불확실한 Δy를 헷지하기 위하여 필요한 선물계약 수는 다음과 같다.

$$N^* = \frac{PD_P}{V_F D_F} \tag{6.5}$$

식 (6.5)는 듀레이션에 근거한 헷지비율(duration-based hedge ratio)을 나타낸다. 이를 가격민감도 헷지비율(price sensitivity hedge ratio)이라고도 한다.[7] 선물에 헷지비율만큼 포지션을 취하면 전체포지션의 듀레이션은 0이 된다.

헷징수단이 T-bond선물일 때, 헷저는 특정 채권이 인도될 것이라는 가정 하에서 D_F를 추정하여야 한다. 이는 헷지가 이루어질 때 이용 가능한 채권 중에서 어느 채권이 최저가 인도채권인지를 헷저가 추정해야 한다는 것을 의미한다. 결과적으로 이자율 환경이 변해서 최저가 인도채권이 변한다면, 헷지는 조정되어야 하고 헷지성과는 기대한 것보다 더 나빠질 수도 있다.

금리선물을 이용해서 헷지할 때, 이자율과 선물가격이 반대방향으로 움직인다는 것을 명심하는 것은 중요하다. 이자율이 상승할 때, 금리선물가격은 하락한다. 이자율이 하락할 때에는 그 반대로 금리선물가격이 상승한다. 따라서 이자율이 하락하면 손실을 보는 기업은 선물을 매입하는 헷지를 하여야 한다. 마찬가지로 이자율이 상승하면 손실을 보는 기업은 선물을 매도하는 헷지를 하여야 한다.

헷저는 가능하면 기초자산의 듀레이션이 헷징 대상 자산의 듀레이션과 근접한 선물계약을 선택하려고 한다. 유로달러선물은 단기이자율을 헷지하기 위하여 이용되는 경향이 있는 반면에, Ultra T-bon 선물, T-bond선물, 그리고 T-note선물은 장기이자율을 헷지하는 데 이용되는 경향이 있다.

예제 6.6

어떤 펀드매니저가 8월 2일 현재 1,000만 달러를 국채에 투자하고 있으며, 향후 3개월간 이자율의 변화가 클 것을 우려하고 있다. 펀드매니저가 포트폴리오의 가치를 헷지하기 위해 12월 만기 T-bond선물을 이용하기로 결정하였다. 현재 선물의 공시가격은 93-02, 즉 93.0625이다. T-bond 선물계약은 액면가액 10만 달러 단위로 거래되고 있으므로 그 선물 1계약의 가격은 93,062.50

7 식 (6.5)에 대해서 좀 더 자세한 설명은 다음 논문을 참조할 것. R. J. Rendleman“, Duration-Based Hedging with Treasury Bond Futures,” *Journal of Fixed Income* 9, 1 (June 1999): 84–91.

실무사례 6.3 은행의 자산-부채 관리(ALM)

요즘은 은행의 자산-부채 관리(ALM: asset-liability management) 위원회가 이자율위험에의 노출을 매우 세밀하게 감시하고 있다. ALM의 첫 번째 단계는 자산과 부채의 듀레이션을 일치시키는 것이다. 그러나 이런 전략은 수익률곡선의 비평행이동(nonparallel shift)에 따른 위험으로부터 은행을 보호하지 못한다. 이에 대비해서 GAP관리(GAP management)라고 불리는 전략이 널리 이용되고 있다. GAP관리에서는 무이표 수익률곡선을 버켓(buckets)이라 부르는 몇 개의 부분(segments)으로 나눈다. 예를 들어 첫 번째 버켓은 0~1개월, 두 번째 버켓은 1~3개월 등으로 나눌 수 있다. 다음에 ALM 위원회는 다른 버켓에 무이표이자율이 고정된 상태에서 한 버켓의 무이표이자율의 변화가 자산과 부채 가치에 주는 영향을 관찰한다. 만일 자산과 부채 가치 변화가 불일치하면, 통상적으로 시정조치(corrective action)가 취해진다. 이런 시정조치로는 4장 12절에서 설명한 바와 같은 예금이자율과 대출이자율을 변경하는 것이 포함된다. 이외에도 스왑, 선도금리계약(FRA), 채권선물, 유로달러선물과 기타 금리파생상품 등이 사용될 수 있다.

달러이다.

3개월 후 채권포트폴리오의 듀레이션은 6.80년이다. 선물계약의 최저가 인도채권은 20년 만기의 연 12%의 액면이자율을 갖는 T-bond이다. 이 채권의 수익률은 현재 연8.80%이며, 선물계약 만기 시의 듀레이션은 9.20년이 될 것이다.

펀드매니저는 채권 포트폴리오를 헷지하기 위해서 T-bond선물에 매도포지션을 취해야 한다. 만약에 이자율이 상승하면, 선물 매도포지션에서 이익이 발생하고 채권 포트폴리오에서는 손실이 발생한다. 반면에 이자율이 하락하면, 선물 매도포지션에서 손실이 발생하고 채권 포트폴리오에서는 이익이 발생한다. 식 (6.5)를 이용하여 매도해야할 채권선물계약의 수를 계산하면 다음과 같다.

$$\frac{10,000,000}{93,062.50} \times \frac{6.80}{9.20} = 79.42$$

이를 반올림하면 펀드매니저가 매도해야 할 선물계약의 수는 79단위이다.

6.5 자산과 부채 포트폴리오의 헷징

금융기관들은 종종 보유자산의 평균 듀레이션과 보유부채의 평균 듀레이션을 일치시킴으로써 이자율위험을 헷지하려고 시도한다(여기서 부채는 채권의 매도포지션으로 간주). 이런 전략을 듀레이션 매칭(duration matching) 또는 포트폴리오의 면역화(portfolio immunization)라고 한다. 이자율위험에 대한 이런 헷징전략을 수행하면, 이자율의 작은 평행이동이 자산과 부채로 구성된 포트폴리오의 가치에 거의 영향을 미치지 않게 된다. 즉, 채권자산의 이익(손실)이 채권부채의 손실(이익)을 상쇄시킨다.

듀레이션 매칭은 수익률곡선 상의 비평행이동에 대해 포트폴리오의 가치를 보호해주지 못한다. 이것이 듀레이션 매칭의 취약점이다. 실제 단기이자율은 일반적으로 장기이자율보다 변동성이 더 크고 장기이자율과 완전히 상관되어 있지도 않다. 어떤 경우에는 심지어 단기이자율과 장기이자율이 상호 반대 방향으로 움직이는 경우도 있다. 그러므로 듀레이션 매칭은 위험관리의 일차적인 방법일 뿐이고 금융기관들은 이자율위험을 관리하기 위하여 이외에도 다른 수단들을 개발해 오고 있다. [실무사례 6.3]은 이런 수단들을 보여주고 있다.

요약

아주 널리 이용되는 두 개의 금리선물계약으로는 미국에서 거래되고 있는 T-bond선물과 유로달러선물이 있다. T-bond선물에서 매도포지션 거래자는 인도 시에 다음과 같은 몇 가지 흥미 있는 선택권(delivery option)을 갖는다.

1. 인도월 중 어느 날이라도 인도할 수 있다.
2. 다수의 인도 가능 채권이 있다.
3. 인도의사 고지는 인도월 중의 어느 날이든 오후 2시 이후에 할 수 있으며 정산은 오후 2시의 정산가격으로 이루어진다(on any day during the delivery month, the notice of intention to deliver at the 2:00 p.m. settlement price can be made later in the day).

이런 선택권들은 모두 선물가격을 감소시키는 경향이 있다.

유로달러선물계약은 인도월의 세 번째 수요일 이틀전에 시작하는 3개월 이자율에 대한 선물계약이다(the Eurodollar futures contract is a contract on the 3-month LIBOR interest rate two days before the third Wednesday of the delivery month). 유로달러선물은 LIBOR 무이표 수익률곡선을 구성할 목적으로 LIBOR 선도이자율을 추정하는 데 종종 이용된다. 이런 식으로 장기계약이 이용될 때, 유로달러선물과 선도금리계약의 차이를 반영하기 위해 볼록성 조정을 하는 것이 중요하다.

이자율위험을 헷지하는 데 듀레이션의 개념은 중요하다. 듀레이션은 헷저로 하여금 수익률의 작은 평행이동에 대한 채권가치의 민감도를 평가할 수 있게 해준다. 또한 듀레이션은 기초채권수익률의 작은 변화에 대한 금리선물가격의 민감도를 평가할 수 있게 해준다. 그러므로 수익률의 작은 평행이동이 발생해도 채권 포트폴리오의 가치가 보호되기 위해서 필요한 선물계약의 수가 얼마인지를 계산할 수 있다.

듀레이션에 근거한 헷징전략에서 중요한 가정은 모든 이자율이 동일한 규모로 변화한다는 것이다. 이는 기간구조에서 평행이동만이 있을 수 있다는 것을 의미한다. 실제로는 단기이자율이 일반적으로 장기이자율에 비해 변화가 심하며, 만약에 선물계약 기초채권의 듀레이션과 헷징 대상 자산의 듀레이션이 현저히 다르면, 헷징의 성과는 떨어지는 경향이 있다.

참고문헌

Burghardt, G., and W. Hoskins“. The Convexity Bias in Eurodollar Futures,” *Risk*, 8, 3 (1995): 63–70.

Grinblatt, M., and N. Jegadeesh. “The Relative Price of Eurodollar Futures and Forward Contracts,” *Journal of Finance*, 51, 4 (September 1996): 1499- 1522.

연습문제

6.1. 미국 T-bond는 1월 7일과 7월 7일에 연 7%의 액면이자를 지급한다. 2017년 7월 7일과 2017년 8월 8일 사이에 원금 100달러에 대해 발생한 이자는 얼마인가? 만일 회사채라면 발생한 이자는 얼마인가?

6.2. 2018년 1월 9일 현재, 만기가 2030년 10월 12일이고 액면이자율이 연 6%인 T-bond의 공시가격이 102-07이다. T-bond의 현금가격은 얼마인가?

6.3. CBOT에서 계산된 채권의 전환계수란 무엇인가? 전환계수는 어떻게 이용되는가?

6.4. 유로달러선물의 가격이 96.76에서 96.82로 변했다. 이 선물에 2계약을 매입한 투자자의 손익은 얼마인가?

6.5. 유로달러선물이자율에 적용되는 볼록성 조정의 목적은 무엇인가? 볼록성 조정은 왜 하는가?

6.6. 350일 LIBOR이자율이 연속복리 기준으로 3%이고 350일 후에 만기가 되는 유로달러선물계약으로부터 계산된 선도이자율이 연속복리 기준으로 3.2%이다. 440일 무이표이자율을 구하라.

6.7. 1월 30일 현재 당신은 600만 달러의 채권 포트폴리오를 관리하고 있다. 6개월 후에 이 채권 포트폴리오의 듀레이션이 8.2년이 될 것이다. 9월 만기 T-bond의 선물가격이 현재 108-15이며 최저가 인도채권이 9월에 7.6년의 듀레이션을 가질 것이다. 향후 6개월 간의 이자율 변화에 대비하여 당신은 어떻게 헷지할 것인가?

6.8. 90일 T-bill의 공시가격이 10.00이다. 투자자가 90일간 T-bill로부터 얻는 연속복리 기준의 수익률은 얼마인가?(실제경과일수/365 기준)

6.9. 액면이자율이 연 12%, 만기가 2034년 7월 27일인 채권의 2017년 5월 5일 현재 공시가격이 110-17이다. 이 채권의 현금가격은 얼마인가?

6.10. T-bond의 선물가격이 101-12이다. 다음 4개의 채권 중 최저가 인도채권은 어느 것인가?

채권	가격	전환계수
1	125-05	1.2131
2	142-15	1.3792
3	115-31	1.1149
4	144-02	1.4026

6.11. 2018년 7월 30일 현재, 2018년 9월 만기 T-bond선물의 최저가 인도채권은 연 13%의 액면이자율을 갖는 채권이며, 채권인도는 2018년 9월 30일에 이루어질 것으로 보인다. 이 채권의 이자는 매년 2월 4일과 8월 4일에 지급된다. 이자율의 기간구조는 수평적(flat)이며, 반년복리 기준의 이자율이 연 12%이다. 이 채권의 전환계수가 1.5이고 현재 공시가격이 110달러이다. 선물의 공시가격을 계산하라.

6.12. 어떤 투자자가 T-bond의 선물시장에서 차익거래기회를 찾고 있다. 매도포지션 거래자가 만기가 15년 이상 25년 이하인 어떤 채권이든지 인도할 수 있다는 사실이 무슨 문제를 야기하겠는가?

6.13. 9개월 LIBOR 이자율이 연 8%이며 6개월 LIBOR 이자율이 연 7.5%이다(모두 연속복리 기준). 6개월 후에 만기가 되는 계약에 대해서 3개월 유로달러선물의 공시가격을 추정하라.

6.14. 300일 LIBOR 무이표이자율이 4%이고 300일, 398일 그리고 489일 후에 만기가 되는 유로달러선물계약

의 공시가격이 각각 95.83, 95.62 그리고 95.48이다. 만기 398일과 489일 LIBOR 무이표이자율을 각각 구하라. 계산 시 선물이자율과 선도이자율 간의 차이가 없다고 가정한다.

6.15. 듀레이션이 12년인 채권 포트폴리오를, 기초자산의 듀레이션이 4년인 선물계약을 이용해 헷지하려고 한다. 12년간의 이자율이 4년간의 이자율에 비해 변동이 작다는 사실이 헷지에 미치는 영향을 설명하라.

6.16. 2월 20일 현재, 어떤 기업의 재무담당자가 7월 17일에 만기가 180일인 500만 달러의 기업어음(CP)을 발행할 예정이다. 만약에 이 기업이 기업어음을 오늘 발행한다면 발행가액은 482만달러가 될 것이다(다시 말해서 기업은 기업어음을 오늘 발행하여 482만 달러를 받고, 180일 후에 500만 달러를 지급하여 어음을 상환한다는 것이다). 9월 만기 유로달러선물의 공시가격이 92.00이다. 재무담당자는 기업의 이자율위험을 어떻게 헷지해야 하는가?

6.17. 8월 1일 현재, 포트폴리오 책임자는 1,000만 달러의 포트폴리오를 관리하고 있다. 10월에 이 포트폴리오의 듀레이션은 7.1년이 될 것이다. 12월 만기 T-bond의 선물가격은 현재 91-12이며 최저가 인도채권의 듀레이션은 만기 시에 8.8년이 될 것이다. 포트폴리오 책임자가 어떤 방법으로 향후 2개월 간의 이자율 변동에 대비해서 포트폴리오의 가치를 면역화(immunize)할 수 있겠는가?

6.18. 문제 6.17에서 포트폴리오 책임자가 어떻게 포트폴리오의 듀레이션을 3.0년으로 변경시킬 수 있는가?

6.19. 2018년 10월 30일과 2018년 11월 1일 사이에, 당신은 12%의 이자를 지급하는 공채와 역시 12%의 이자를 지급하는 회사채 중에 1개를 선택할 수 있다. 본 장에서 설명한 이자계산 기준에 유의해서 2개 중 어느 것을 선택할지 결정하라(채무불이행위험은 무시).

6.20. 만기가 60일 후인 유로달러선물의 공시가격이 88이다. 60~150일간의 LIBOR 선도이자율은 얼마인가? (선물계약과 선도계약의 차이는 무시)

6.21. 6년 후에 만기가 되는 계약에 대해서 3개월 유로달러선물의 공시가격이 95.20이다. 단기이자율 변화의 표준편차는 연 1.1%이다. 미래 6년과 6.25년 사이 기간 동안의 선도 LIBOR를 추정하라.

6.22. 선도이자율이 유로달러선물로부터 계산된 선물이자율보다 낮은 이유를 설명하라.

과제물 문제

6.23 2017년 4월 7일이다. 반기마다 이자를 지급하며 액면이자율이 연 6%인 미국 국채의 공시가격은 120-00이다. 국채의 만기는 2033년 7월 27이다. 현금가격은 얼미안가? 만약 회사채라면 답은 어떻게 변하는가?

6.24. 국채선물가격은 103-12이다. 인도가능한 세 채권의 가격은 115-06, 135-12, 그리고 155-28이다. 각각의 변환계수는 1.0679, 1.2264, 그리고 1.4169이다. 어떤 채권이 인도하기 가장 저렴한가(which bond is cheapest to deliver)?

6.25. 12월 만기 유로달러선물의 공시가격이 98.40이고 어떤 기업이 12월에 3개월 동안 800만 달러를 LIBOR + 0.5%의 이자율로 차입하려고 한다.

(a) 기업이 유로달러선물을 이용하면 이자율을 몇 %로 고정시킬 수 있는가?

(b) 기업이 취해야 할 유로달러선물은 몇 계약인가?

(c) 실제 3개월 이자율이 1.3%가 된다면, 선물계약의 최종 정산가격은 얼마인가? (유로달러선물의 현금흐름 시점과 이자 현금흐름의 시점 간의 차이는 무시하라) 시점의 불일치가 왜 헷지의 유효성을 낮추는

지 설명하라(Explain why timing mismatches reduce the effectiveness of the hedge).

6.26. 향후 5.1년과 5.35년 사이의 유로달러선물의 가격이 97.1이다. 단기이자율 변화의 표준편차가 연 1.4%이다. 선도금리계약(FRA)의 선도이자율을 추정하라.

6.27. 2017년 3월 10일 현재, 2017년 12월 만기 T-bond선물의 최저가 인도채권은 연 8%의 액면이자율을 갖는 채권이며, 채권인도는 2017년 12월 31일에 이루어 질 것으로 보인다. 이 채권의 이자는 매년 3월 1일과 9월 1일에 지급된다. 모든 만기에 대해서 연속복리 기준의 이자율은 연5%이다. 이 채권의 전환계수는 1.2191이고, 현재 공시가격은 137달러이다. 선물의 공시가격을 계산하라.

6.28. 어떤 은행이 LIBOR시장에서 동일한 이자율로 차입과 대출을 할 수 있다고 한다. 90일 이자율이 연 10%이며, 180일 이자율이 연 10.2%이다(모두 연속복리 기준의 이자율). 91일 후에 만기가 되는 계약에 대해서 유로달러선물의 공시가격은 89.5이다. 이 은행이 할 수 있는 차익거래기회는 무엇인가?

6.29. 캐나다의 어떤 회사는 미국의 LIBOR선물계약과 통화 선도계약으로부터 캐나다 LIBOR선물계약을 만들고 싶어 한다. 어떻게 실행할 수 있는지 예를 들어 설명하라(선물계약과 선도계약은 동일한 것으로 가정하라).

6.30. 2017년 6월 25일 2017년 6월 만기 채권선물의 가격은 118-23이다.

(a) 만기가 2027년 1월 1일이고 액면이자율이 연 10%인 채권의 전환계수를 계산하라.

(b) 만기가 2032년 10월 1일이고 액면이자율이 연 7%인 채권의 전환계수를 계산하라.

(c) (a)와 (b) 채권의 공시가격이 각각 169.00, 136.00이다. 어느 채권이 최저가 인도채권인가?

(d) 최저가 인도채권이 2017년 6월 25일에 실제로 인도된다면, 채권을 인도하고 받는 현금가격은 얼마인가?

6.31. 어떤 포트폴리오 관리자가 향후 3개월 동안에 걸쳐 채권 포트폴리오를 헷지하기 위하여 T-bond선물을 이용하려고 한다. 채권 포트폴리오의 가치는 1억 달러이고, 채권 포트폴리오의 3개월 후 듀레이션은 4년이 될 것이다. T-bond의 선물가격은 122이고, T-bond선물 1계약은 10만 달러 단위로 거래된다. 선물계약 만기 시에 최저가 인도채권의 듀레이션은 9년이 될 것이다. 헷지하는 데 필요한 선물계약의 수는 얼마인가?

(a) 1개월 후에 최저가 인도채권이 7년의 듀레이션을 갖는 채권으로 바뀐다면, 헷지하기 위하여 어떤 조정이 필요한가?

(b) 3개월에 걸쳐 모든 이자율이 상승하나, 장기이자율이 단기이자율과 중기이자율보다 덜 상승한다고 하자. 이런 사실이 헷지성과에 어떤 영향을 줄 것인가?

CHAPTER 7

스왑

장외시장 스왑시장의 탄생은 1981년 IBM과 세계은행(world bank) 사이에 이루어진 통화스왑(currency swap)으로 거슬러 올라간다. 세계은행은 미국 달러화로 자금을 빌리고 IBM은 독일 마르크화와 스위스 프랑화를 빌렸다. (독일 마르크화와 스위스 프랑을 직접적으로 빌릴 수 없었던 상황에 있던) 세계은행은 IBM의 자금대출에 대한 이자를 납부하고 IBM은 그 댓가로 세계은행의 자금대출에 대한 이자를 납부하기로 약정한다. 1981년의 첫번째 거래 이후로 스왑시장은 경이적으로 성장을 해왔다.

스왑(swap)이란 미래에 현금흐름을 교환하는 두 기업 간의 파생상품 장외계약이다. 스왑에서는 현금흐름이 지급되는 날짜와 현금흐름의 규모를 계산하는 방법이 명시되어 있다. 일반적으로 현금흐름을 계산하는 데에는 이자율, 환율 또는 다른 시장변수 등이 필요하다.

선도계약은 스왑의 간단한 예로 간주될 수 있다. 2017년 3월 1일에 어떤 기업이 1년 후에 온스당 1,200달러를 주고 100온스의 금을 매입하는 선도계약을 체결한다고 하자. 기업은 1년 후에 금을 매입하자마자 매도할 수 있다. 그러므로 이 선도계약은 기업이 2018년 3월 1일에 120,000달러를 지급하고 100S를 받는 스왑과 동등하다. 여기서 S는 2017년 3월 1일의 온스당 금가격이다.

선도계약이 미래의 한 시점에서 현금흐름을 교환하는 계약인 반면에, 스왑은 전형적으로 미래의 여러 시점에서 현금흐름을 교환하는 계약이다. 본 장에서는 스왑이 어떻게 설계되며 이용되는가, 그리고 스왑을 어떻게 평가하는가에 대해 논의해보기로 한다. 여기서는 기본형 금리스왑(plain vanilla interest rate swap)과 고정–고정 통화스왑(fixed-for-fixed currency swap)에 대하여 설명하고, 다른 형태의 스왑에 대해서는 본 장 끝부분에서 간략히 설명할 것이다. 더 자세한 내용은 34장에서 설명하기로 한다.

스왑에 대한 가치평가를 할 때는 현금흐름을 위한 무위험 할인율이 필요하다. 시장에서 사용되는 무위험 이자율은 4장 3절에서 논의됐다. 2008년 위기 이전에는 LIBOR금리가 무위험 할인율로 사용됐지만 2008년 신용위기 이후로는 시장은 오버나이트 지수스왑 금리를 할인을 위해 사용해왔다. 이 장의 가치평가는 이 변화를 반영한다.

7.1 금리스왑의 구조

지금까지 가장 일반적인 형태의 스왑은“기본형” 금리스왑이다. 기본형 금리스왑에서, 어떤 기업은 원금에 대해 약정된 고정금리이자를 수년간 지급하기로 계약한다. 대신에 그 기업은 동일한 기간 동안 동일한 원금에 대해 변동금리 이자를 받는다.

LIBOR

금리스왑(interest rate swap)계약에서 이용되는 변동금리는 런던은행 간 대출금리(LIBOR)이다. LIBOR에 대해서는 4장에서 소개한 바 있다. LIBOR는 AA등급의 은행이 다른 은행에게 돈을 빌려줄 때 적용되는 이자율을 말한다. 4장 1절에서 설명했듯이 LIBOR금리는 매일 다른 통화에 대해 공시된다.

우대금리(prime rate)가 흔히 미국의 국내금융시장에서 변동금리대출의 기준금리로 이용되듯이, LIBOR는 흔히 국제금융시장에서 변동금리대출의 기준금리로 이용된다. LIBOR가 어떻게 이용되는지를 이해하기 위해서, 이자율이 연간 6개월 LIBOR + 0.5%로 약정된 만기 5년의 채권을 예로 들어보자. (6개월 LIBOR는 6개월 동안 돈을 빌리는 대출에 적용되는 금리이다.) 이때 채권의 만기는 6개월 단위의 10기간으로 구분되고, 이자율은 매 기간 초에 6개월 LIBOR보다 연간 0.5% 높게 결정되며 이자는 기말에 지급된다.

사례

2017년 3월 8일에 시작되는 애플(Apple)과 씨티그룹(Citigroup) 간의 3년 만기스왑을 예로 들어보자. 이 스왑에서 애플은 씨티그룹에게 1억 달러의 원금에 대해 연간 3%의 이자를 지급하기로 되어 있고 씨티그룹은 애플에게 같은 원금에 대해 6개월 LIBOR로 이자를 지급하기로 되어있다. 즉, 애플은 고정금리지급자이고, 씨티그룹은 변동금리지급자이다. 그리고 이자는 6개월마다 교환되고 3%의 이자율은 반년복리 기준으로 나타낸 것이다. [그림 7.1]은 이 스왑의 내용을 그린 것이다.

첫 번째 이자교환은 계약을 체결한 지 6개월 후인 2017년 9월 8일에 이루어진다. 애플은 씨티그룹에게 150만 달러의 이자를 지급하는데, 이는 원금 1억 달러에 대한 6개월간의 이자이다(연간 이자율 3%). 씨티그룹은 애플에게 2017년 9월 8일보다 6개월 앞선 시점, 즉 3월 8일의 LIBOR를 원금 1억 달러에 적용시킨 금액의 이자를 지급한다. 2017년 3월 8일 현재 6개월 LIBOR가 연 2.2%라고 하자. 씨티그룹은 애플에게 0.5 × 0.022 × 1억 달러 = 110만 달러를 지급한다.[1] 첫 번째 교환되는 금액은 불확실성이 없음에 주목하라. 왜냐하면 첫 번째 지급액은 계약시점에서의 LIBOR에 의해 결정되기 때문이다.

두 번째 이자교환은 계약을 체결한 지 1년 후인 2018년 3월 8일에 이루어진다. 애플은 씨티그룹에게 150만 달러를 지급한다. 동시에 씨티그룹은 애플에게 2018년 3월 8일보다 6개월 앞선 시점, 즉 2017년

그림 7.1 애플과 씨티그룹 간의 금리스왑.

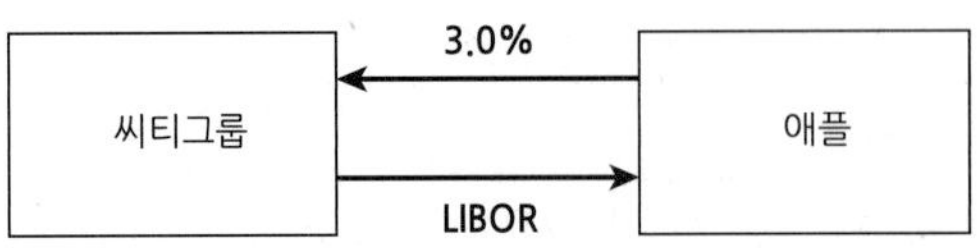

1 여기서의 계산은 일수계산 관례를 무시했기 때문에 단순화되었다. 이에 대해서는 본 장의 후반부에서 좀 더 자세히 설명하기로 한다.

표 7.1 5%의 고정금리이자를 지급하고 LIBOR의 변동금리이자를 받는 마이크로소프트가 3년 만기 금리스왑(원금 1억 달러)에서 얻는 현금흐름(금액 단위: 백만 달러).

교환일	6개월 LIBOR(%)	변동현금흐름 (유입)	고정현금흐름 (유출)	순현금흐름
2017년 3월 8일	2.20			
2017년 9월 8일	2.80	+1.10	-1.50	-0.40
2018년 3월 8일	3.30	+1.40	-1.50	-0.10
2018년 9월 8일	3.50	+1.65	-1.50	+0.15
2019년 3월 8일	3.60	+1.75	-1.50	+0.25
2019년 9월 8일	3.90	+1.80	-1.50	+0.30
2020년 3월 8일		+1.95	-1.50	+0.45

9월 8일의 6개월 LIBOR를 원금 1억 달러에 적용시킨 금액의 이자를 지급한다. 2017년 9월 8일의 6개월 LIBOR를 연 2.8%라고 하자. 씨티그룹은 애플에게 0.5 × 0.028 × 1억 달러 = 140만 달러를 지급한다.

이 스왑의 경우 전체적으로 6번의 이자교환이 이루어진다. 고정이자지급액은 항상 150만 달러이다. 변동이자지급액은 이자지급일 6개월 전의 6개월 LIBOR에 기초해서 계산된다. 일반적으로 금리스왑은 한 거래상대방이 다른 거래상대방에게 이자지급액의 차이를 결제하게 되어있다. 위의 예에서 첫 번째 교환일인 2017년 9월 8일에 애플은 씨티그룹에게 40만 달러(= 150만 달러 − 110만 달러)를 지급하고, 두 번쌔 교환일인 2017년 3월 8일에 10만 달러(= 150만 달러 − 140만 달러)를 지급한다.

[표 7.1]은 이 스왑의 전체적인 이자지급 스케줄을 보여준다(미래 LIBOR를 안다고 가정). [표 7.1]은 애플 입장에서 스왑의 현금흐름이다. 1억 달러의 원금은 이자를 계산할때에만 이용된다는 점에 주의하라. 원금자체는 교환되지 않는다. 그래서 원금을 명목원금(notional principal)이라고 부른다.

만약에 원금을 스왑의 만기에 교환한다고 하더라도 거래의 본질이 바뀌지는 않는다. 변동금리를 지급하든 고정금리를 지급하든 원금은 동일하다. 스왑의 만기에 1억 달러와 1억 달러를 교환하는 것은 애플과 씨티그룹 모두에게 아무런 재무적 가치를 제공하지 않는다. [표 7.2]는 [표 7.1]에 원금을 포함시켜서 현금흐름을 구한 표이다. 이 표는 스왑을 보는 흥미로운 시각을 보여준다. [표 7.2]의 세 번째 열은 이

표 7.2 만기 시 원금교환이 이루어질 때 [표 7.1]을 수정한 현금흐름(금액 단위: 백만 달러).

교환일	6개월 LIBOR(%)	변동현금흐름 (유입)	고정현금흐름 (유출)	순현금흐름
2017년 3월 8일	2.20			
2017년 9월 8일	2.80	+1.10	-1.50	-0.40
2018년 3월 8일	3.30	+1.40	-1.50	-0.10
2018년 9월 8일	3.50	+1.65	-1.50	+0.15
2019년 3월 8일	3.60	+1.75	-1.50	+0.25
2019년 9월 8일	3.90	+1.80	-1.50	+0.30
2020년 3월 8일		+101.95	-101.50	+0.45

그림 7.2 애플은 변동금리대출을 고정금리대출로 전환하기 위해 [그림7.1]의 스왑을 이용한다.

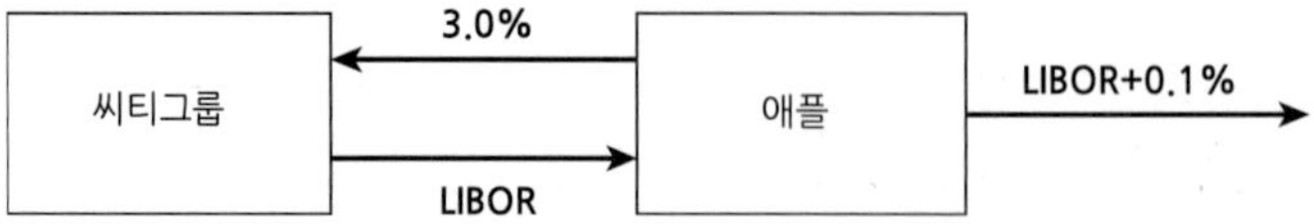

자율이 6개월 LIBOR인 변동금리채권에 매입포지션을 취한 경우의 현금흐름이다. 네 번째 열은 고정금리채권에 매도포지션을 취한 경우의 현금흐름이다. [표 7.2]는 스왑이 변동금리채권과 고정금리채권을 교환하는 것으로 간주될 수 있음을 보여준다. [표7.2]는 변동금리채권에 매입포지션을 취하고 고정금리채권에 매도포지션을 취한 애플의 현금흐름을 보여준다. 씨티그룹은 고정금리채권에 매입포지션을 취하고, 변동금리채권에 매도포지션을 취한 셈이 된다.

스왑에서 위와 같이 현금흐름을 규정하는 것은 변동금리가 실제로 지급되기 6개월 전에 결정되는 이유를 설명해준다. 변동금리채권에서 이자율은 적용되는 기간 초에 결정되고, 이자는 기간 말에 지급된다. [표 7.1]에서와 같은"기본형"금리스왑에서 변동금리지급액의 계산은 변동금리채권의 이런 특성을 반영한다.

스왑을 이용한 부채변형

[그림7.2]에 나타나 있듯이 애플에게 있어 스왑은 변동금리차입을 고정금리차입으로 변형시키는 역할을 한다. 애플이 LIBOR + 10베이시스포인트(즉, LIBOR + 0.1%)로 1억 달러를 차입하기로 계약했다고 하자. 애플은 스왑계약을 체결한 이후 다음과 같은 3가지의 현금흐름을 주고받을 것이다.

1. 외부대출자에게 LIBOR + 0.1%의 이자를 지급한다.
2. 스왑계약에 따라 LIBOR의 이자를 받는다.
3. 스왑계약에 따라 3%의 이자를 지급한다.

이와 같은 3가지 흐름을 종합하면 애플은 결국 3.1%의 고정금리이자를 지급하는 셈이 된다. 즉, 애플에게 있어 스왑은 LIBOR + 10베이시스포인트의 변동금리차입을 3.1%의 고정금리차입으로 변형시켜주는 역할을 한다.

고정금리차입을 변동금리차입으로 변형시키고자 하는 기업은 반대 포지션을 취하면 된다. 애플이 씨티그룹과 한 계약과 유사하게 인텔이 1억달러를 3.2%에 3년 동안 차입하고 고정금리를 LIBOR금리에 연동된 변동금리로 바꾸고 싶어한다고 가정하자. 여기서 인텔은 [그림7.3]에 나타난 스왑계약을 체결

그림 7.3 인텔과 씨티그룹 간 금리스왑

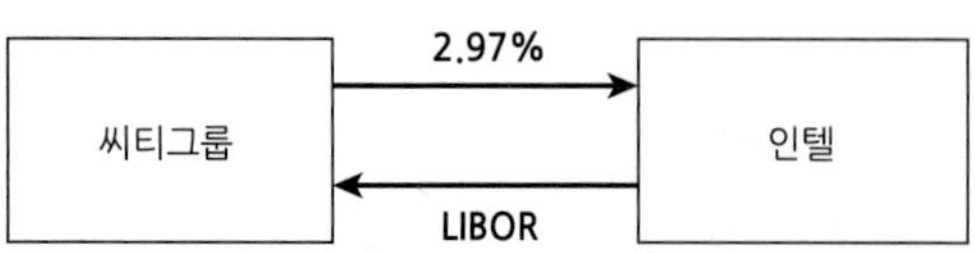

그림 7.4 인텔은 고정금리대출을 변동금리대출로 전환하기 위해 [그림7.3]의 스왑을 이용한다.

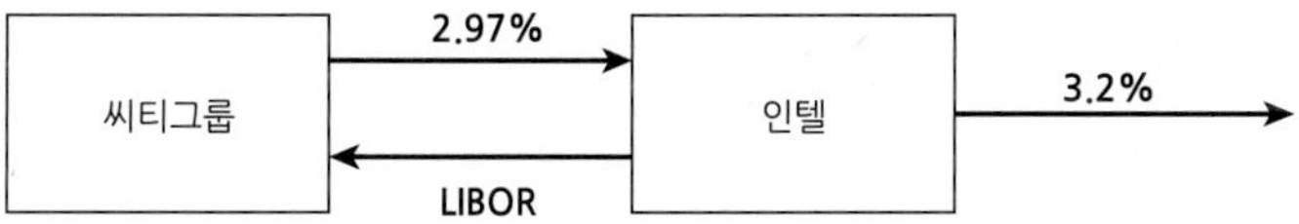

하기로 했다고 가정한다. 인텔은 LIBOR를 지급하고 2.97%를 받는다. 인텔의 포지션은 [그림7.4]와 같을 것이다.

인텔은 다음과 같은 3가지의 현금흐름을 주고받을 것이다.

1. 대출자에게 3.2%의 이자를 지급한다.
2. 스왑계약에 따라 LIBOR의 이자를 지급한다.
3. 스왑계약에 따라 2.97%의 이자를 받는다.

이와 같은 3가지 현금흐름을 종합하면 인텔은 결국 LIBOR + 0.23% (즉, LIBOR + 23베이시스 포인트)의 변동금리이자를 지급하는 셈이 된다. 즉, 인텔에게 있어서 스왑은 3.2%의 고정금리차입을 LIBOR + 23베이시스포인트의 변동금리차입으로 변형시켜수는 역할을 한다.

스왑을 이용한 자산변형

스왑은 또한 자산의 속성을 바꾸는 데에도 이용된다. 앞의 예에서 애플의 경우를 다시 생각해보기로 하자. [그림7.1]의 스왑은 고정금리이자를 얻는 자산을 변동금리이자를 얻는 자산으로 변형시키는 역할을 할 수 있다. 애플은 1억 달러의 채권을 소유하고 있다고 하자. 이 채권은 향후 3년간 연간 2.7%의 이자를 지급할 것이다. 스왑을 체결한 후 애플의 포지션은 [그림7.5]에 나타난 것과 같다. 이는 다음의 3가지의 현금흐름으로 구성된다.

1. 채권으로부터 2.7%의 이자를 받는다.
2. 스왑계약에 따라 LIBOR의 이자를 받는다.
3. 스왑계약에 따라3%의 이자를 지급한다.

이와 같은 3가지의 현금흐름을 종합하면 애플은 결국 LIBOR − 30베이시스포인트의 이자를 받는 셈이 된다. 그러므로 스왑은 2.7%의 수익을 가져다주는 자산을 LIBOR – 30베이시스 포인트의 수익을 가져다주는 자산으로 변형시키는 역할을 한다.

다음은 [그림7.3]에 묘사된 인텔의 스왑을 고려해보자. 스왑은 변동금리이자를 얻는 자산을 고정금리

그림 7.5 애플은 고정금리투자를 변동금리투자로 전환하기 위해 [그림7.1]의 스왑을 이용한다.

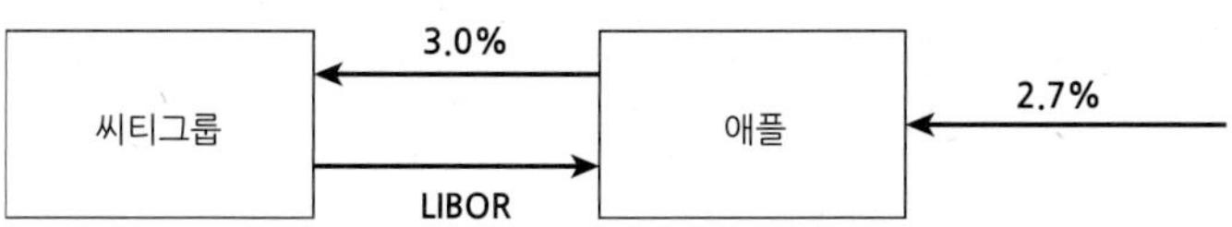

그림 7.6 인텔은 변동금리투자를 고정금리투자로 전환하기 위해 [그림7.3]의 스왑을 이용한다.

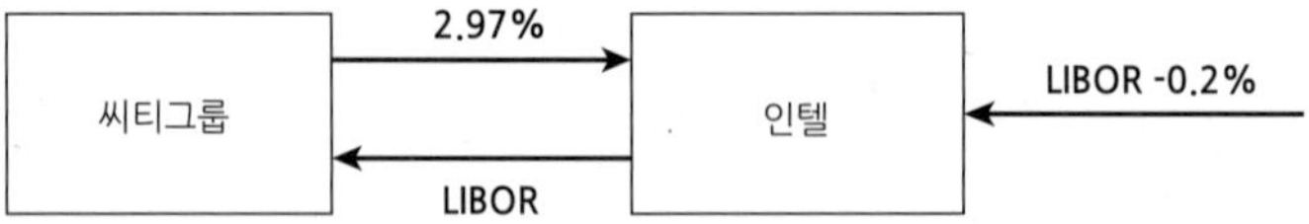

이자를 얻는 자산으로 변형시키는 역할을 한다. 인텔이 투자한 1억 달러가 LIBOR − 20베이시스포인트의 수익률을 제공한다고 가정하자. 스왑을 체결한 이후 인텔의 포지션은 [그림7.6]에 나타난 것과 같다. 이는 다음의 3 가지 현금흐름으로 구성된다.

1. 투자로부터 LIBOR − 20베이시스포인트의 투자수익을 얻는다.
2. 스왑계약에 따라 LIBOR의 이자를 지급한다.
3. 스왑계약에 따라 2.97%의 이자를 받는다.

이와 같은 3가지의 현금흐름을 종합하면 인텔은 결국 2.77%의 이자를 받는 셈이 된다. 즉, 인텔에게 있어서 스왑은 LIBOR − 20베이시스포인트의 이자를 얻는 자산을 2.77%의 이자를 얻는 자산으로 변형시키는 역할을 한다.

거래의 조직(Organization of Trading)

1장 2절에서 논의된 바와 같이 미국의 규제들은 표준파생상품을 전자 플랫폼에서 거래하도록 요구하고 있다. 다른 사법권에서 그렇듯이(as in other jurisdictions) 표준파생상품들은 중앙청산소에 의해 청산되어야만 한다. 스왑은 선물계약과 유사하게 취급되며 그러므로 양 거래당사자들에게 공지되어야 하는 초기증거금과 추가증거금을 지급해야 한다.[2]

이 규제는 스왑계약의 양 당사자들 중 하나의 주 목적이 금전이 아닌 상업위험(commercial risk)를 헷지 또는 축소시키기 위함이라면 적용되지 않는다.[3] [그림7.1]과 [그림7.3]의 예시와 같이, 애플과 인텔은 비금융기관이다. 그들이 위험을 감소시키기 위해 스왑을 사용한다고 가정하며 거래자들은 씨티그룹과 직접적으로 쌍방청산되는 스왑계약을 체결할 수 있다.

종종 금융기관은 거의 동일한 시기에 서로 다른 비금융기관(예를 들면 애플과 인텔)과 함께 스왑계약에 참여할 수 있는 운이 좋은 경우도 있다. 일반적으로 [그림7.1]에 나타난 스왑에 참여할 경우 다른 금융기관과 반대거래에 참여함으로써 위험을 관리해야만 한다. 다른 금융기관과의 거래는 전자플랫폼에서 체결되며 중앙청산소를 통해 청산된다. 금융기관은 비금융기관과의 거래는 담보가 보장되지 않지만 반대거래(offsetting trader)는 (초기증거금과 추가증거금과 함께) 완전히 담보가 보장되는 포지션을 취하게 된다. 이는 9장 2절에서 더 자세히 논의된다.

[그림7.1]에서 3년 만기 스왑에서 씨티그룹은 3%를 지급받지만 [그림7.3]에서는 2.97%를 납입한다. 여기서 씨티그룹은 금리스왑의 시장조성자이다. 이 예에서 씨티는 거래를 통해 3bps 의 스프레드를 만

2 그러나 일일정산이 이루어지지 않는다는 점에서 선물계약과는 다르다.

3 이 규제는 스왑을 위험을 감소시키기 위한 목적으로 사용하더라도 보험사 및 연기금에는 적용된다.

표 7.3 스왑시장에서의 고정금리 매매호가 예시 (연간). 이자는 반년 단위로 지급

만기(연)	매입호가(%)	매도호가(%)	스왑이자율(%)
2	2.55	2.58	2.565
3	2.97	3.00	2.985
4	3.15	3.19	3.170
5	3.26	3.30	3.280
7	3.40	3.44	3.420
10	3.48	3.52	3.500

들어냈음을 알 수 있다. 이 스프레드는 간접비와 거래상대방의 채무불이행으로 인해 발생할 수 있는 잠재적 손실에 대한 보상이다.

[표7.3]은 씨티그룹과 같은 시장조성자가 설계한 기본형 미국달러 스왑의 공시가격을 보여준다.[4] 매매호가 차이(bid-ask spread)는 보통 3~4베이시스 포인트이다. 매입호가 고정금리와 매도호가 고정금리의 평균을 스왑이자율이라 한다(swap rate). 스왑이자율은 [표7.3]의 마지막 열에 제시되어 있다.

7.2 일수계산

6장 1절에서 설명한 일수계산방법에 따라 스왑의 지급액은 달라진다. 앞에서 살펴본 예에서의 일부 숫자들은 일수계산방법을 정확히 고려하여 계산된 것이 아니다. 예를 들어 [표 7.1]의 6개월 LIBOR이사 지급액을 고려해보자. 6개월 LIBOR는 단기자금 시장이자율이기 때문에 일반적으로 실제경과일수/360 기준으로 공시된다. 2.2%의 6개월 LIBOR에 기초한 [표 7.1]의 첫 번째 변동금리 지급액은 1.1백만 달러이다. 그러나 2017년 3월 8일부터 2017년 9월 8일까지 기간에는 184일이 있으므로 첫 번째 변동금리 지급액은 정확히 1,124,400달러이다.

$$100\text{백만 달러} \times 0.022 \times 184/360 = 1.1244 \text{ 백만 달러}$$

일반적으로 스왑에서 이자지급일에 교환되는 LIBOR 기준의 변동금리 이자액은 $LRn/360$으로 계산된다. 여기서 L은 원금이고, R은 해당 LIBOR이며, n은 최근 이자지급일(last payment date) 이후의 경과일수이다.

스왑거래에서 지급되는 고정금리는 이와 유사하게 특정 일수계산방법으로 공시된다. 그 결과 각 이자지급일의 고정금리 지급액은 정확히 일치하지 않을 수 있다. 고정금리는 일반적으로 실제경과일수/365 또는 30/360 기준으로 공시된다. 그러므로 고정금리는 LIBOR와 직접 비교될 수 없다. 왜냐하면 고정금리는 1년 동안 적용되기 때문이다. 고정금리와 LIBOR를 비교하려면 LIBOR에 365/360을 곱하거나 고정금리에 360/365를 곱해야 한다.

설명을 쉽게 하기 위하여 본 장의 나머지 부분에서의 설명은 일수계산 문제를 무시할 것이다.

4 미국의 표준형 스왑은 매 6개월마다 발생하는 고정지급금이 매 3개월마다 발생하는 변동 LIBOR 지급금과 교환된다. 설명을 쉽게 하기 위해 우리는 고정지급금과 변동지급금이 [표7.1]에서는 6개월에 한번씩 교환된다고 가정했다.

7.3 확인서

확인서(confirmation)는 스왑계약을 체결하는 법적 합의서이며, 계약의 양 대표가 확인서에 서명함으로써 계약은 이루어진다. 확인서 양식은 뉴욕에 있는 국제스왑·파생상품협회(ISDA: International Swaps and Derivatives Association)에서 제공하고 있다. ISDA는 스왑계약에 사용되는 용어들을 상세히 정의하고 계약 상대방이 채무불이행할 때는 어떻게 되는지 등에 대하여 설명하는 여러 기본협약서(Master Agreements)를 가지고 있다. 기본협약서는 두 계약 상대방 간의 모든 거래를 커버한다. [실무사례 7.1]은 [그림 7.1]의 애플과 씨티그룹 간의 스왑 확인서를 보여준다. 거의 확실히(almost certainly) 그 확인서는 ISDA의 기본협약서에 있는 조항들이 적용되고 있음을 보여주고 있다.

확인서에 따르면 모든 날짜는 다음 영업일 기준(following business day convention)이 이용되고 영업일과 공휴일은 미국 달력일 기준으로 결정된다. 이는 이자지급일이 주말이거나 미국 공휴일인 경우 이자는 다음 영업일에 지급된다는 것을 의미한다.[5] 2018년 9월 8일은 토요일이다. 세번째 지급금의 교환은 그러므로 2018년 9월 10일 월요일에 이루어진다.

7.4 비교우위 논리

비교우위(comparative advantages)는 스왑이 많이 이용되는 근거로 흔히 거론된다. 부채를 변형시키기 위해 금리스왑을 이용하는 경우를 예로 들어보자. 이 맥락에서 비교우위는 한 기업이 한 채무시장에서 다른 채무시장에서 보다 더 유리한 조건으로 차입할 수 있음을 의미한다. 어떤 기업은 고정금리로 차입할 때 비교우위를 갖는 반면에, 다른 기업은 변동금리로 차입할 때 비교우위를 가질 수 있다. 기업은 비교우위를 갖는 시장에서 신규로 차입하는 것이 당연하다. 따라서 기업은 변동금리로 차입하기를 원하는데 고정금리로 차입하게 된다든지, 고정금리로 차입하기를 원하는데 변동금리로 차입하게 되는 경우도 발생한다. 이때 스왑은 고정금리차입을 변동금리차입으로 변형시키는 데 또는 그 반대로 변형시키는 데 이용된다. 실제로 금리스왑이 어떻게 발생하는지 예를 통해 살펴보자.

예시

AAA기업과 BBB기업이 5년간 1천만 달러를 차입하려는 데 차입조건이 [표 7.4]와 같다. AAA기업은 AAA등급을 받고 있으며, BBB기업은 BBB등급을 받고 있다.[6] BBB기업은 고정금리로 차입하기를 원하는 반면, AAA기업은 6개월 LIBOR와 연계된 변동금리로 차입하기를 원한다. 고정금리시장과 변동금리시장 모두에서 BBB기업은 AAA기업보다 높은 이자율을 지급하는 것은, BBB기업이 AAA기업보

5 이것 이외에 가끔 사용되는 영업일 기준으로는 수정된 다음 영업일 기준(modified following business day convention)이 있다. 이것은 다음 영업일이 다음 달로 넘어가게 될 때 이자가 직전 영업일에 지급된다는 것을 제외하고는 다음 영업일 기준과 동일하다. 전일과 수정된 전일 영업일 기준(preceding and modified preceding business day convention)도 이와 유사하게 정의된다.

6 S&P와 Fitch의 신용등급을 높은 등급에서 낮은 등급 순으로 나열하면 AAA, AA, A, BBB, BB, B, CCC, CC 그리고 C이다. 이에 해당하는 무디스(Moody's)의 신용등급은 각각 Aaa, Aa, A, Baa, Ba, B, Caa, Ca 그리고 C이다.

실무사례 7.1 가상적인 스왑의 확인서

거래일(trade date):	2017년 3월 1일
계약유효일자:	2017년 3월 8일
영업일 관례(모든 날짜):	다음 영업일
공휴일 계산:	미국 기준
종료일(만기일):	2020년 3월 8일
고정금액(fixed amount)	
고정금리 지급자:	애플
고정금리 명목원금:	USD 1억
고정금리:	연 3.0%
고정금리 일수계산:	실제경과일수/365
고정금리 지급일:	2017년 9월 8일부터
	2020년 3월 8일까지
	매년 3월 8일과 9월 8일
변동금액(floating amount)	
변동금리 지급자:	씨티그룹
변동금리 명목원금:	USD 1억
변동금리:	USD 6개월 LIBOR
변동금리 일수계산:	실제경과일수/360
변동금리 지급일:	2017년 9월 8일부터
2020년	3월 8일까지
	매년 3월 8일과 9월 8일

다 낮은 신용등급(credit rating)을 받고 있기 때문이다.

AAA기업과 BBB기업에 제시된 이자율에서 나타난 주요 특징은 두 고정금리 간의 차이가 두 변동금리 간의 차이보다 크다는 것이다. BBB기업이 고정금리시장에서 AAA기업보다1.2%를 더 지급하며, 변동금리시장에서는 AAA기업보다 0.7%만을 더 지급한다. BBB기업이 변동금리시장에서 비교우위

표 7.4 비교우위 논리에 이용될 이자율 조건.

기업	고정금리	변동금리
AAA기업	4.0%	6개월 LIBOR 0.1%
BBB기업	5.2%	6개월 LIBOR + 0.6%

그림 7.7 [표 7.4]의 이자율이 적용될 때 AAA기업과 BBB기업 간의 스왑계약.

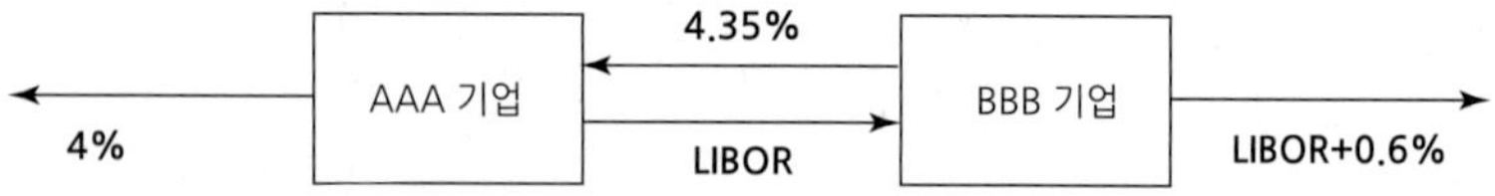

를 갖는 반면, AAA기업은 고정금리시장에서 비교우위를 갖는다.[7] 이것이 수익성 있는 스왑계약을 가능하게 하는 명백한 이례현상(anomaly)이다. 먼저 AAA기업이 연간 4%의 고정금리로 차입하고, BBB기업이 연간 LIBOR − 0.6%의 변동금리로 차입한다. 그러고 나서 AAA기업은 자신의 차입을 변동금리차입으로 대체하고, BBB기업은 자신의 차입을 고정금리차입으로 대체하기 위해 그들은 스왑계약을 체결한다.

스왑거래가 어떻게 이루어지는지 이해하기 위해서 우선 (다소 비현실적이지만) AAA기업과 BBB기업이 직접 거래한다고 하자. 체결 가능한 스왑형태가 [그림 7.7]에 나타나 있다. AAA기업이 BBB기업에게 1천만 달러에 대해서 6개월 LIBOR로 이자를 지급하기로 계약한다. 동시에 BBB기업이 AAA기업에게 1천만 달러에 대해서 연간 4.35%의 고정금리로 이자를 지급하기로 계약한다.

이때 AAA기업은 다음과 같은 3가지 이자 현금흐름을 갖는다.

1. 외부대출자에게 연 4%를 지급한다.
2. BBB기업으로부터 연 4.35%를 받는다.
3. BBB기업에게 LIBOR를 지급한다.

3가지 현금흐름을 모두 감안하면 AAA기업은 매년 LIBOR − 0.35%의 이자를 지급하는 것이 된다. 이것은 AAA기업이 변동금리시장에서 직접 지급할 때보다 연 0.25% 낮은 이자율이다.

BBB기업이 갖는 이자현금흐름도 다음의 3가지로 정리할 수 있다.

1. 외부대출자에게 연 LIBOR + 0.6%를 지급한다.
2. AAA기업으로부터 LIBOR를 받는다.
3. AAA기업에게 연 4.35%를 지급한다.

3가지 현금흐름을 모두 감안하면 BBB기업은 연 4.95%의 이자를 지급하게 된다. 이것은 BBB기업이

그림 7.8 [표 7.4]의 이자율이 적용되고 금융기관이 개입될 때의 스왑계약.

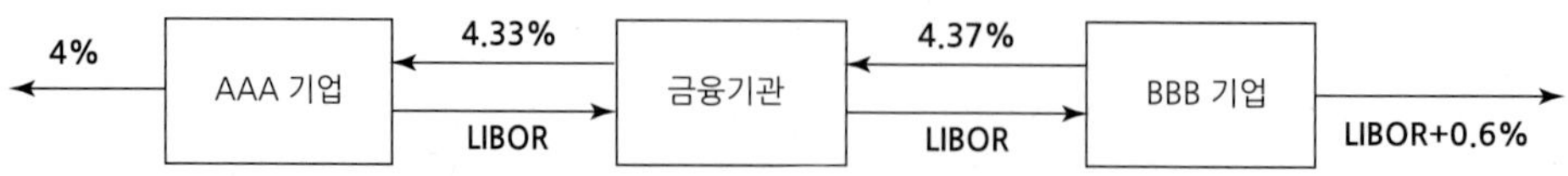

7 BBB기업이 변동금리시장에서 비교우위를 갖는다는 것은, BBB기업이 시장에서 AAA기업보다 이자를 적게 지급함을 의미하는 것이 아니다. 그것은 BBB기업이 AAA기업의 이자지급액을 초과하여 지급하는 이자액이 변동금리시장에서 상대적으로 적다는 것을 의미한다. 이는 다음과 같은 말로 요약할 수 있다. "AAA기업은 고정금리시장에서 이자를 더 적게 지급하고, BBB기업은 변동금리시장에서 이자를 조금 덜 지급한다."

고정금리시장에서 직접 지급할 때보다 연 0.25% 낮은 이자율이다. 스왑계약은 AAA기업과 BBB기업 양쪽 모두의 포지션을 각각 연 0.25%만큼 향상시킨다.

이것은 다음과 같이 미리 쉽게 계산할 수 있다. 금리스왑계약으로부터의 총잠재이익은 항상 a − b이다. 여기서 a는 고정금리시장에서 두 기업이 지급해야 하는 금리의 차이이며, b는 변동금리시장에서 두 기업이 지급해야 하는 금리의 차이이다. 위의 예에서 a = 1.2%, b = 0.7% 이다. 따라서 총이익은 연 0.5%이다.

AAA기업과 BBB기업이 서로 직접 거래하지 않고 금융기관을 통해서 거래한 결과를 예시하면 [그림 7.8]과 같다. 이 경우에 AAA기업은 LIBOR − 0.33%로 차입한 셈이 되며 BBB기업은 4.97%로 차입한 셈이 된다. 그리고 금융기관은 연간 4베이시스포인트의 스프레드를 얻는다. 따라서 AAA기업은 스왑거래를 통해 0.23%의 이익을 얻고, BBB기업도 0.23%의 이익을 얻으며 금융기관은 0.04%의 이익을 얻는다. 즉, 이들이 얻는 총이익은 전과 같이 0.5%이다.

비교우위에 대한 비판

금리스왑의 매력을 설명하는 데 바로 앞에서 언급한 비교우위의 논리를 이용할 수 있는지는 논란의 여지가 있다. [표 7.4]에서 변동금리시장과 고정금리시장이 AAA기업과 BBB기업 각각에게 제시한 이자율 간의 스프레드(spread)는 왜 차이가 나는가? 금리 스왑시장이 상당기간 존속했으므로 이런 유형의 스프레드 차이는 차익거래를 통해 없어졌어야 한다고 기대할 수 있다.

그럼에도 불구하고 스프레드 차이가 계속해서 나타나는 이유는 고정금리시장과 변동금리시장에서 기업이 이용할 수 있는 차입계약의 성격이 다르기 때문이다. 고정금리시장에서 AAA기업과 BBB기업이 각각 이용할 수 있는 금리 4.0%와 5.2%는 각 기업이 발행할 수 있는 5년 만기 고정금리회사채의 이자율과 같다. 변동금리시장에서 AAA기업과 BBB기업이 각각 이용할 수 있는 LIBOR − 0.1%와 LIBOR + 0.6%는 6개월 만기 이자율이다. 변동금리시장에서 대출자는 대개 금리가 재설정될 때마다 스프레드를 검토할 기회를 갖는다. (이 장의 예에서는 반년마다 금리가 재설정된다.) 만약에 AAA기업이나 BBB기업의 신용도가 떨어지면, 대출자는 LIBOR 스프레드(spread over LIBOR)를 증가시킬 수 있는 권리를 갖는다. 극단적인 경우에 대출자는 대출연장을 거부할 수도 있다. 그러나 고정금리자금 제공자는 이러한 방법으로 대출조건을 변경할 수 있는 권리를 갖고 있지 않다.[8]

AAA기업과 BBB기업에 제공되는 이자율 간의 스프레드는 BBB기업이 AAA기업보다 채무불이행 가능성이 높기 때문에 발생한 것이다. 처음 6개월 동안에 AAA기업이나 BBB기업이 채무불이행할 가능성은 매우 낮다. 그러나 기간을 연장하면, 채무불이행 통계(default statistics)들은 평균적으로BBB신용등급을 가진 기업의 채무불이행 가능성이 AAA신용등급을 가진 기업의 채무불이행 가능성보다 더 빠르게 증가한다. 이는 5년 만기 고정금리의 스프레드가 6개월 변동금리의 스프레드보다 큰 것으로부터 추론할 수 있다.

LIBOR + 0.6%의 변동금리로 차입하고 [그림 7.8]의 스왑계약을 체결하면, BBB기업은 마치 4.97%

8 만약에 변동금리차입에서 신용등급의 변화와 관계없이 LIBOR 스프레드가 미리 보장된다면, 실제로 비교우위는 거의 없거나 아주 없다.

의 고정금리로 차입한 것처럼 보인다. 그러나 여기에서 설명하는 논리에 의하면 이는 사실이 아니다. 실제로 BBB기업이 지급하는 이자율은 BBB기업이 LIBOR + 0.6%의 변동금리로 계속 차입할 수 있는 경우에만 4.97%이다. 예를 들어 만약에 BBB기업의 신용등급이 하락해서 변동금리가 LIBOR + 1.6%로 상승하여 대출이 연장되면, BBB기업이 지급하는 금리는 5.97%로 증가한다. 시장은 BBB기업의 6개월 LIBOR의 스프레드가 스왑기간 동안 평균적으로 증가할 것으로 기대한다. 그러므로 BBB기업이 스왑을 체결할 때 기대하는 평균 차입이자율은 4.97%보다 높을 것이다.

[그림 7.8]의 스왑거래는 AAA기업이 6개월 동안뿐만 아니라 5년 동안 LIBOR − 0.33%의 확정된 변동금리로 차입할 수 있게 해준다. 이것은 AAA기업에겐 좋은 일이다. 그러나 AAA기업은 금융기관의 채무불이행 위험을 부담하게 된다. 만약에 AAA기업이 변동금리로 차입한다면 AAA기업은 이 위험을 부담하지 않는다.

7.5 금리스왑의 가치평가

이제 금리스왑의 가치평가에 대하여 논의하도록 하자. 계약을 처음 체결할 때 금리스왑의 가치는 0에 근접한다. 얼마의 시간이 지나면, 금리스왑의 가치는 양(+)의 값을 갖거나 음(−)의 값을 갖는다.

금리스왑의 각 지불금의 교환은 미리 결정된 고정금리가 LIBOR변동금리와 교환되는 선도금리계약(FRA)이다. 예를 들면 [그림7.1]의 애플과 씨티그룹의 스왑을 고려해보자. 스왑은 2017년 3월 8일 체결된 반년마다 지급이 이루어지는 3년 만기 계약이다. 첫번째 지급금의 교환은 스왑이 협상되는 시점에 이미 결정이 되어 있다. 나머지 5번의 교환은 FRA로 간주 된다. 2018년 3월 8일에 일어나는 교환은 3% 금리가 2017년 9월 8일에 시장에서 관측된 6개월 LIBOR금리와 교환되는 FRA이다. 2018년 9월 8일에 일어나는 교환은 3% 금리가 2018년 3월 8일에 관측된 6개월 LIBOR와 교환되는 FRA이다.

4장 9절의 말미에서 본 바와 같이 FRA는 선도금리가 실현된다는 가정을 바탕으로 가치평가가 이루어진다. 이는 FRA들의 포트폴리오와 다르지 않기 때문에 금리스왑 역시 선도금리가 실현된다는 가정을 바탕으로 가치를 평가할 수 있다. 절차는 다음과 같다.

1. 스왑의 현금흐름을 결정하는LIBOR금리에 대한 선도금리를 계산한다.
2. 스왑의 현금흐름을 LIBOR금리가 선도금리와 같다는 가정 하에 계산한다.
3. 스왑의 현금흐름을 무위험이자율로 할인한다.

예제 7.1 ———

얼마 전에 금융기관이 반년마다 명목원금 1억달러에 대해 연 3%의 금리를 지급하고 LIBOR를 받는 스왑계약을 체결했다고 가정하자. 스왑은 이제 만기까지 1.25년 남았다. 지급은 오늘부터 0.25, 0.75, 그리고 1.25년 이후에 이루어진다. 연속복리 기준 3개월, 9개월, 그리고 15개월 만기 무위험이자율은 2.8%, 3.2%, 그리고 3.4%이다. 3~9개월 그리고 9~15개월 기간에 해당하는 선도 LIBOR금리는 각각 연속복리 기준 3.4% 그리고 3.7%이다. 식 (4.4)를 이용하면 3~9개월 기간의 선도금리는 반년복리 기준 $2 \times (e^{0.034\times0.5} - 1)$ 또는 3.429%이다. 유사하게 9~15개월 선도금리는 반년복리 기준 3.734%가 된다. 0.25년 이후에 발생하는 교환에 적용되는 LIBOR금리는 0.25년 전에 결정된다. 이는 반년복리 기준 2.9%라고 가정하자.

스왑의 현금흐름 계산은 LIBOR금리가 선도금리와 동일하며 현금흐름의 할인은 다음의 표에 나타난 바와 같다(모든 현금흐름의 단위는 백만달러이다):

시간(연)	고정현금흐름	변동현금흐름	순현금흐름	할인요인	순현금흐름의 현가
0.25	-1.5000	+1.4500	-0.0500	0.9930	-0.0497
0.75	-1.5000	+1.7145	+0.2145	0.9763	+0.2094
1.25	-1.5000	+1.8672	+0.3672	0.9584	+0.3519
Total					0.5117

예를 들어 현재 0.75년이라고 가정하자. 고정현금흐름은 -0.5 x 0.03 x 100 또는 -1.5백만달러이다. 변동현금흐름은 선도금리가 실현됐다는 가정 하에 0.5 x 0.03429 x 100 또는 1.7145백만달러이다. 순현금흐름은 그러므로 0.2145백만달러가 된다. 할인요인은 $e^{-0.032\times0.75} = 0.9763$이며 현재가치는 0.2145 × 0.9763 = 0.2094이다.

스왑의 가치는 현재가치들을 모두 합해서 계산된다. 스왑의 가치는 0.5117백만달러이다. (여기서 휴일과 일수계산에 대한 관습은 고려되지 않았다.)

붓스트랩핑 LIBOR 선도 금리

(파생상품 가치평가에 사용되는 OIS 무이표이자율과 같은) 무이표이자율을 계산하기 위한 붓스트랩법은 4장 7절에서 다뤄졌다. 이제 붓스트랩법의 변형이 어떻게 선도 LIBOR금리를 계산하는데 사용될 수 있는지 살펴본다. FRA 는 일반적으로 만기가 짧은 선도 LIBOR 금리를 산출하기 위해 직접적으로 사용되지만 스왑은 만기가 긴 경우에 사용되어야만 한다. 후자의 경우 가치가 0인 스왑에 대한 정보를 제공한다.

예제 7.2

6개월, 12개월, 18개월, 그리고 24개월 (연속복리 기준) OIS 무이표이자율이 각각 3.8%, 4.3%, 4.6%, 그리고 4.75%라고 가정하자. 6개월 LIBOR금리는 반년복리 기준 4%이다. 6~12개월 선도 LIBOR금리는 반년복리 기준 5%이다. 12~18개월 선도 LIBOR금리는 반년복리 기준 5.5%이다. 18~24개월 선도 LIBOR금리가 어떻게 계산될 수 있는지 살펴보자.

따라서 2년 만기 스왑이자율은 5%이다. LIBOR를 지급하고 5%를 지급받는 2년 만기 스왑의 가치는 0이다. 스왑의 가치평가는 선도금리가 실현된다는 가정 하에 이루어진다. 이 스왑에서 첫 번째 지급금은 원금이 100이라는 가정 하에 -0.4906이다.

$$0.5 \times (0.04 - 0.05) \times 100 \times e^{-0.038\times0.5} = -0.4906$$

두번째 지급금은 0 이다.

$$0.5 \times (0.05 - 0.05) \times 100 \times e^{-0.043\times1} = 0$$

세번째 지급금은 0.2333이다.

$$0.5 \times (0.055 - 0.05) \times 100 \times e^{-0.046\times1.5} = 0.2333$$

총 첫 세번의 지급금은 -0.4906 + 0 + 0.2333 = -0.2573이다. 마지막 지급금을 위한 (알려지지 않은) 선도금리는 F라고 가정하자. 스왑의 가치가 0이되기 위해서는 다음의 관계를 만족시켜야 한다.

$$0.5 \times (F - 0.05) \times 100 \times e^{-0.0475\times2} = 0.2573$$

여기서 F = 0.05566 또는 5.566%이다.

실제로는 예제 7.1에서 고려된 스왑의 가치평가를 위해 추정된 선도금리 간에 보간법이 필요하다. 예를 들어 9~15개월 선도금리가 6~12개월 선도금리와 12~18개월 선도금리의 평균으로 추정될 수 있다.

7.6 시간에 따른 가치변화

금리스왑에서 스왑의 가치를 0으로 만드는 고정금리를 선택한다. 이는 체결시점에서 스왑에 기초하는 선도금리계약들의 총 가치가 0에 접근함을 의미한다. 그렇다고 개별 선도금리계약의 가치가 0에 접근함을 의미하는 것은 아니다. 일반적으로 어떤 선도금리계약은 양(+)의 가치를 갖는 반면에 다른 선도금리계약은 음(−)의 가치를 갖는다.

[그림7.1]에서 예시했던 마이크로소프트와 인텔 간의 스왑계약이 기초하는 선도금리계약(FRA)을 다시 고려해보면 다음의 관계가 성립함을 알 수 있다.

선도이자율 > 3.0%일 때, 애플 입장에서 FRA의 가치 > 0

선도이자율 = 3.0%일 때, 마이크로소프트 입장에서 FRA의 가치 = 0

선도이자율 < 3.0%일 때, 마이크로소프트 입장에서 FRA의 가치 < 0

여기서는 스왑이 체결되는 시점에서 기간구조가 상향곡선을 그린다고 하자. 이는 선도금리계약의 만기가 길어질수록 선도이자율이 증가함을 의미한다. 선도금리계약의 총 가치가 0에 접근하므로 전반부 지급일에는 선도이자율이 3.0%보다 낮고 후반부 지급일에는 선도이자율이 3.0%보다 높아야 한다. 상향하는 기간구조는 따라서 애플 입장에서 전반부 지급일에 상응하는 선도금리계약의 가치는 음(-)의

그림 7.9 만기에 대한 함수로서의 스왑을 구성하는 선도금리계약의 가치. (a)에서 수익률곡선은 상향이고 고정금리이자를 받거나 또는 수익률곡선은 하향이고 변동금리이자를 받는다. (b)에서 수익률 곡선은 상향이고 변동금리이자를 받거나 또는 수익률곡선은 하향이고 고정금리이자를 받는다.

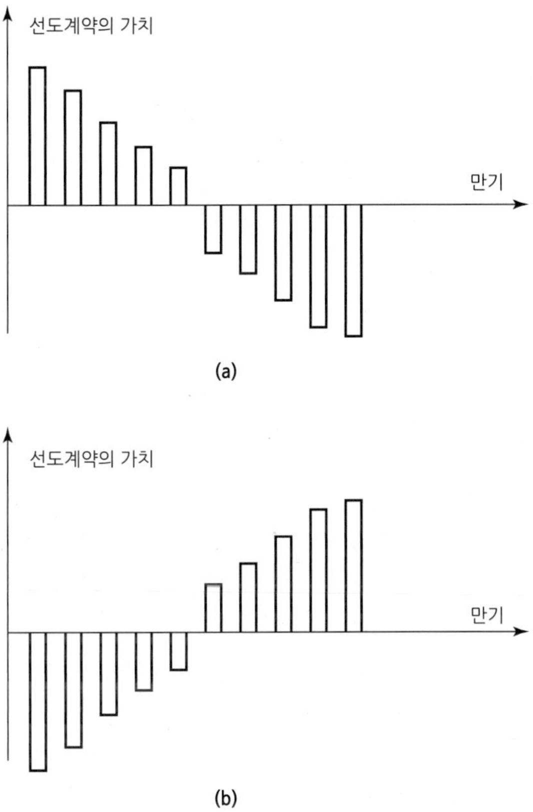

값인 반면, 후반부 지급일에 상응하는 선도금리계약의 가치는 양(+)이다. 미래 스왑의 기대 가치는 그러므로 양(+)의 값이다.[9] 만약에 스왑이 체결되는 시점에서 기간구조가 하향곡선을 그린다면, 정반대의 결과가 나타난다. 기간구조의 형태가 스왑을 구성하는 선도금리계약의 가치에 미치는 영향은 [그림 7.9]에 요약되어 있다.

7.7 통화스왑

금리스왑과 마찬가지로 보편화된 스왑으로 고정-고정 통화스왑(fixed-for-fixed currency swap)이 있다. 이 스왑에서는 한 나라 통화기준의 차입원금 및 이자액과 다른 나라 통화기준의 차입원금 및 이자액을 교환한다.

통화스왑 협약서는 원금이 두 국가의 통화를 기준으로 명시되도록 요구한다. 원금은 일반적으로 스왑

9 스왑의 가치가 양(+)의 값을 가질 것이라는 보장은 없다. 예를 들어 이자율이 스왑 기간 동안 감소한다면 애플 입장에서 스왑의 가치는 0에서 음(-)의 값이 된다. 기대가치는 확정적이 아닌 평균적으로 발생할 수 있는 가치이다.

그림 7.10 통화스왑

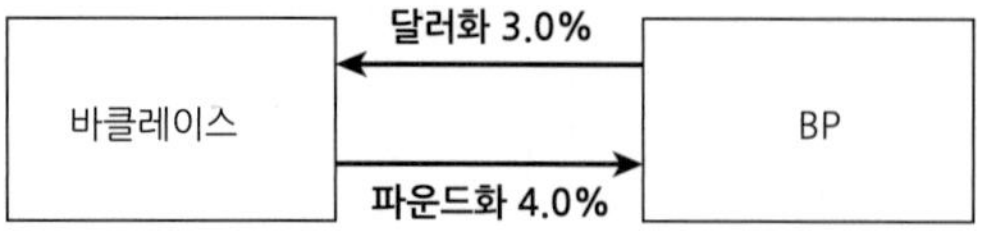

계약이 시작되는 시점과 만료되는 시점에서 교환된다. 일반적으로 원금은 스왑계약이 시작되는 시점에서의 환율기준으로 거의 동등하도록 결정된다. 원금이 스왑의 만료 시점에서 교환될 때 원금의 가치는 원래 가치와는 꽤 달라질 수 있다.

사례

BP(British Petroleum)와 바클레이스(Barclays)는 2017년 2월 1일에 5년 만기 통화스왑을 체결하였다. BP는 달러화로 연 3%의 고정금리를 바클레이스에게 지급하고 바클레이스로부터 파운드화로 연 4%의 고정금리를 받는다. 이자는 1년에 한 번 지급되고 원금은 1천 5백만 달러와 1천만 파운드이다. 이런 통화스왑은 고정–고정 통화스왑(fixed-for-fixed currency swap)으로 불린다. 왜냐하면 두 통화의 이자율이 고정되어 있기 때문이다. [그림 7.10]는 이런 스왑계약을 보여주고 있다. 먼저 원금은 [그림 7.10]의 화살표와 반대방향으로 교환된다. 스왑 존속기간 동안의 이자지급액과 최종 원금지급액은 화살표와 같은 방향으로 교환된다. 즉 스왑계약이 체결될 때, BP는 1천만 파운드를 지급하고 1천만 달러를 받는다. 그리고 BP은 스왑 존속기간 동안 매년 40만 파운드(= 1천만 달러 × 4%)를 받고 45만 달러(= 1천 5백만 달러 × 3%)를 지급한다. 스왑계약이 만료될 때, BP은 1천 5백만 달러의 원금을 지급하고 1천만 파운드의 원금을 받는다. [표 7.5]은 이와 같은 현금흐름을 보여준다. 바클레이스 입장에서의 현금흐름은 그 반대가 된다.

표 7.5 통화스왑에서 BP의 현금흐름

일자	달러화 현금흐름 (백만 달러)	파운드화 현금흐름 (백만 파운드)
2017년 2월 1일	+15.00	-10.00
2018년 2월 1일	-0.45	+0.40
2019년 2월 1일	-0.45	+0.40
2020년 2월 1일	-0.45	+0.40
2021년 2월 1일	-0.45	+0.40
2022년 2월 1일	-15.45	+10.40

통화스왑을 이용한 부채와 자산의 변형

방금 전에 고려한 통화스왑은 한 나라의 통화로 차입한 부채를 다른 나라의 통화로 차입한 부채로 변형시키는 데 이용될 수 있다. BP는 1천만 파운드를 4%의 이자율로 빌릴 수 있다고 가정하자. 통화스왑은 이런 거래를 BP이 3%의 이자율로 1천 5백만 달러를 차입하는 거래로 변형시키는 효과를 가져다준다. 원금의 초기교환은 채권발행 대금을 파운드화로부터 달러화로 전환시킨다. 스왑에서 그 후에 이루어지는 다른 교환은 원리금을 파운드화에서 달러화로 전환시킨다.

스왑은 또한 자산의 본질을 변형시키는 데 이용될 수 있다. BP가 미국에 1천 5백만 달러를 투자해서 향후 5년간 미국달러 기준 3%의 수익률을 얻을 수 있다고 하자. 그러나 BP는 달러화 대비 파운드화가 강세일 것을 (또는 적어도 약세는 아닐 것을) 예상해서 영국 통화표시 투자를 선호한다고 하자. 통화스왑은 미국 투자를4% 수익률을 창출하는 1천만 파운드의 영국 투자로 변형시키는 효과를 갖는다.

비교우위

통화스왑은 비교우위 때문에 비롯될 수 있다. 이를 설명하기 위해서 다른 예를 살펴보기로 하자. 제너럴 일렉트릭(General Electric)과 콴타스 항공(Quantas Airways)이 시장에서 5년 동안 고정금리로 차입하려고 한다. 이들 기업이 제시받은 미국 달러화(USD)와 호주 달러화(AUD) 기준 차입이자율은 [표 7.6]과 같다. [표 7.6]에 따르면 호주의 이자율이 미국의 이자율보다 높다. 또한 제너럴 일렉트릭은 콴타스 항공보다 신용등급이 높다. 이는 제너럴 일렉트릭이 콴타스 항공보다 양 통화에서 낮은 이자율로 차입할 수 있음으로부터 추론할 수 있다. 스왑거래자의 입장에서 볼 때 [표 7.6]에서 흥미로운 것은 두 시장 각각에서 제너럴 일렉트릭과 콴타스 항공 간의 이자율 차이가 동일하지 않다는 것이다. USD 시장에서 콴타스 항공은 제너럴 일렉트릭보다 2%만큼 더 지급하는 반면에, AUD 시장에서 콴타스 항공은 제너럴 일렉트릭보다 단지 0.4%만큼만 더 지급한다.

이와 같은 상황은 [표 7.4]의 상황과 유사하다. 제너럴 일렉트릭은 USD 시장에서 비교우위를 갖는 반면에, 콴타스 항공은 AUD 시장에서 비교우위를 갖는다. 기본금리스왑을 설명했던 [표 7.4]에서 우리는 고정금리와 변동금리를 비교할 때 비교우위가 대체로 허구임을 논의한 바 있다. 이와는 달리 여기서 우리는 두 통화의 이자율을 비교하고 있고, 비교우위는 의미있는 사실로 받아들여야 할 것 같다. [표 7.6]에서 보여진 비교우위는 제너럴 일렉트릭과 콴타스 항공의 세금과 관련하여 발생할 수 있다. 제너럴 일렉트릭의 입장에서는 USD 차입이 전세계에서 벌어들이는 소득에 대해서 더 낮은 세금을 내게 할지 모른다. 그러나 콴타스 항공의 입장에서는 AUD 차입이 더 낮은 세금을 내게 할지 모른다([표 7.6]의 이자

표 7.6 통화스왑이 가능한 이자율 조건.

기업	USD*	AUD*
제너럴 일렉트릭	5.0%	7.6%
콴타스 항공	7.0%	8.0%

* 이자율은 세금 차이를 반영하여 조정한 것이다.

율은 세금차이를 반영하여 조정한 것이다).

여기서 제너럴 일렉트릭은 2,000만 AUD 차입을 원하는 반면, 콴타스 항공은 1,500만 USD 차입을 원한다고 하자. 현재 1 AUD당 환율은 0.7500 USD이다. 이는 통화스왑거래가 발생할 수 있는 완벽한 상황이다. 먼저 제너럴 일렉트릭과 콴타스 항공 각각은 자신이 비교우위를 갖는 시장에서 차입한다. 즉, 제너럴 일렉트릭은 USD로 차입하고 콴타스 항공은 AUD로 차입한다. 그 다음에 제너럴 일렉트릭의 USD 차입을 AUD 차입으로 변형하고, 콴타스 항공의 AUD 차입을 USD 차입으로 변형하기 위해 제너럴 일렉트릭과 콴타스 항공은 통화스왑을 이용한다.

이미 설명했듯이 USD이자율 간의 차이는 2%인 반면, AUD이자율 간의 차이는 0.4%이다. 앞서 설명한 금리스왑으로부터 유추하면, 양 당사자에게 귀속되는 연간 총 이익은 2.0 − 0.4 = 1.6%이다.

스왑거래는 여러 가지 방법으로 이루어질 수 있다. [그림 7.11]은 스왑거래가 금융기관과 함께 이루어지는 예를 도시한 것이다. 제너럴 일렉트릭이 USD를 차입하는 반면에 콴타스 항공은 AUD를 차입한다. 스왑거래를 통해서 제너럴 일렉트릭은 연 5%의 USD 차입을 연6.9%의 AUD 차입으로 변형시킨다. 결과적으로 제너럴 일렉트릭은 AUD 시장에서 직접 차입할 때에 비해서 연 0.7%의 이자를 줄일 수 있다. 이와 유사하게 콴타스 항공은 연 8%의 AUD 차입을 연 6.3%의 USD 차입으로 변형시킨다. 결과적으로 콴타스 항공도 USD 시장에서 직접 차입할 때에 비해서 연 0.7%의 이자를 줄일 수 있다. 금융기관은 USD 현금흐름에 대해 연 1.3%의 이익을 얻고, AUD 현금흐름에 대해서는 연 1.1%의 손실을 본다. 두 통화 간의 차이를 무시하면, 금융기관은 총체적으로 연 0.2%의 순이익을 얻는다. 이미 예상했듯이 모든 거래자에게 귀속되는 총 이익은 연 1.6%이다.

금융기관은 스왑을 통해서 매년 1천 2백만 × 1.3% = 156,000 USD의 이익을 얻고 2천만 × 1.1% = 22만 AUD의 손실을 본다. 금융기관은 스왑 존속기간 동안 매년 선도시장에서 연간 22만 AUD를 매입하는 계약을 체결함으로써 환위험(foreign exchange risk)을 회피하고 USD로 순이익을 확보할 수 있다.

그림 7.11 통화스왑거래의 다른 형태: 콴타스 항공이 환위험을 일부 부담한다.

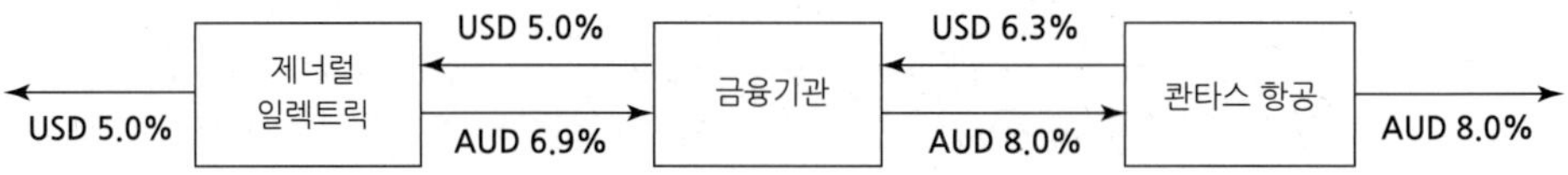

그림 7.12 통화스왑거래의 다른 형태: 콴타스 항공이 환위험을 일부 부담한다.

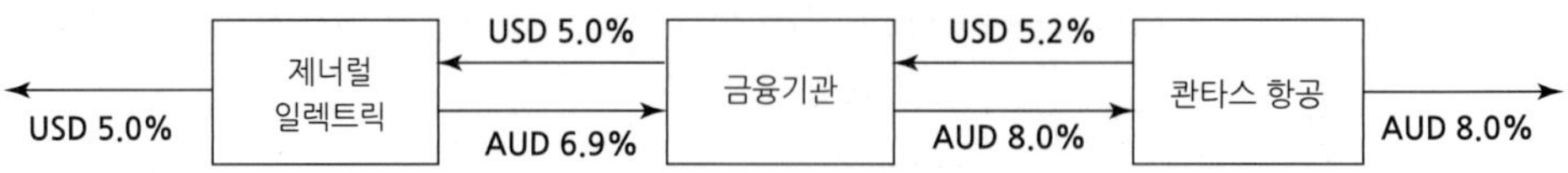

그림 7.13 통화스왑거래의 다른 형태: 제너럴 일렉트릭이 환위험을 일부 부담한다.

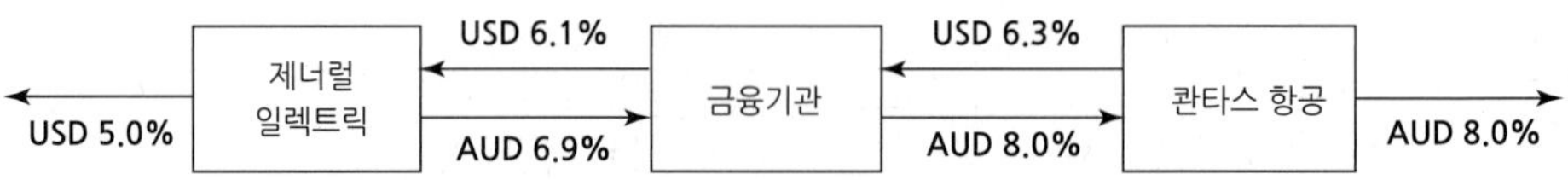

금융기관이 헷지를 하지 않아도 되도록 스왑을 재설계하는 것도 가능하다. [그림 7.12] 또는 [그림 7.13]은 두 개의 가능한 스왑을 보여주고 있다. 이런 형태의 스왑들은 실제로는 이용되지 않을 것으로 보인다. 왜냐하면 두 형태의 스왑 모두 제너럴 일렉트릭 또는 콴타스 항공에게 환위험을 부담하게 하기 때문이다.[10] [그림 7.12]에서는 콴타스 항공이 AUD에서 연 1.1%를 지급하고 USD에서 연 5.2%를 지급하므로, 콴타스 항공이 환위험을 일부 부담하게 된다. 반면에 [그림 7.13]에서는 제너럴 일렉트릭은 USD에서 1.1%를 받고 AUD에서 연 8%를 지급하므로, 제너럴 일렉트릭이 환위험을 일부 부담하게 된다.

7.8 통화스왑의 평가

고정-고정 통화스왑에서 각 지급금의 교환은 선도계약이다. 5장 7절에서 본 바와 같이 선도외환계약은 선도환율이 실현된다는 가정 하에 가치를 평가할 수 있다. 고정-고정 통화스왑은 그러므로 선도이자율이 실현된다는 가정 하에 가치를 평가할 수 있다.

예제 7.3

일본 그리고 미국의 무위험이자율의 기간구조가 수평이라고 가정하자. 일본의 이자율이 연 1.5%이며 미국의 이자율은 연 2.5%이다 (모두 연속복리 기준). 금융기관은 엔화로 연간 3%의 이자를 받고 달러로 연4%의 이자를 지급하는 통화스왑을 체결했다. 두 통화의 원금이 각각 1천만달러 그리고 12억엔이다. 통화스왑계약은 3년간 존속하고 현재 환율은 110엔 = 1달러이다. 스왑의 가치는 선도외환계약의 합이며 가치평가를 위한 계산은 다음의 표에 요약되어 있다. (모든 금액 단위는 100만이다.)

시간 (연도)	달러화 현금흐름	엔화 현금흐름	선도환율	엔화 현금흐름의 달러화 가치	순현금흐름	현재가치
1	-0.4	+36	0.009182	0.3306	-0.0694	-0.0677
2	-0.4	+36	0.009275	0.3339	-0.0661	-0.0629
3	-10.4	+1236	0.009368	11.5786	+1.1786	+1.0934
합계						+0.9629

금융기관은 0.04 × 10 = 0.4백만 달러 그리고 1,200 × 0.03 = 36백만 엔을 서로 주고 받는다. 추가적으로 달러화 원금 1천만 달러와 엔화 원금 12억엔이 3년 말 시점에 교환된다. 현재 현물환율은 엔당 1/110 = 0.009091달러이다. 이 경우 $r = 2.5\%$이며 $r_f = 1.5\%$이고 1년 선도환율은 식 (5.9)를 이용하면 $0.009091e^{(0.025-0.015)\times 1} = 0.009182$이다. 이와 같은 방법으로 2년 선도환율과

10 일반적으로 금융기관이 환위험을 부담한다. 왜냐하면 금융기관이 환위험을 헷지하는 데 가장 적합한 입장에 있기 때문이다.

3년 선도환율을 계산한 결과는 표에 나타나 있다. 스왑이 기초하는 선도계약은 선도환율이 실현될 것이라고 가정함으로써 가치평가 될 수 있다. 만약 1년 선도환율이 실현된다면 1년 뒤의 엔화 현금흐름의 달러가치는 36 × 0.009182 = 0.3306백만 달러가 될 것이며 1차 연도 말의 순현금흐름은 0.3306 – 0.4 = -0.6094백만 달러가 될 것이다.

이 현금흐름의 현재가치는 $-0.0.0694e^{-0.025\times 1} = -0.0677$ 백만 달러이다. 이는 1차 연도 말에 현금흐름을 교환하는 선도계약의 가치이다. 다른 선도계약의 가치 역시 유사하게 계산할 수 있다.

정상적인 경우 계약 체결시점에서 통화스왑의 가치는 0에 접근한다. 두 원금의 가치가 통화스왑 개시시점의 환율로 정확히 동일하다면, 원금의 초기교환 직후 통화스왑의 가치 또한 0에 접근한다. 그러나 금리스왑에서처럼 이것이 스왑의 기초가 되는 개별선도계약의 가치가 각각 0에 접근한다는 것을 의미하지는 않는다. 두 통화의 이자율이 상당히 다를 때, 높은 이자율의 통화를 지급하는 거래자는 만기 전에 발생하는 현금흐름을 교환하는 선도계약에서 음(−)의 가치를 얻고, 최종원금을 교환하는 선도계약에서는 양(+)의 가치를 얻는다. 반면에 낮은 이자율의 통화를 지급하는 거래자는 반대의 입장에 있다. 즉, 만기 전에 발생하는 현금흐름을 교환하는 선도계약에서는 양(+)의 가치를 얻고, 최종원금을 교환하는 선도계약에서는 음(−)의 가치를 얻는다.

낮은 이자율의 통화를 지급하는 거래자는 스왑의 가치가 계약의 존속기간 동안 음(-)의 가치를 갖는 경향을 보일 것이다. 만기 전에 발생하는 현금흐름 교환에 상응하는 선도계약들은 양(+)의 가치를 갖고 이 교환들이 일어남에 따라 남은 선도계약들 가치의 합은 음의 가치를 갖게 되는 경향을 보일 것이다. 높은 이자율의 통화를 지급하는 거래자는 그 반대가 된다. 스왑의 가치는 계약의 존속기간 동안 양(+)의 가치를 갖는 경향을 보일 것이다. 쌍방 청산되는 거래의 신용위험을 평가할 때 이런 결과들이 중요한 의미를 갖는다.

채권을 이용한 가치평가

직관적으로 서로 다른 두 채권 가치의 차이를 이용해 고정-고정 통화스왑의 가치를 평가할 수 있다. 달러로 받고 외국통화로 지급하는 스왑의 달러화 가치를 V_{swap}이라고 정의하면, V_{swap}은 다음과 같다.

$$V_{\text{swap}} = B_D - S_0 B_F$$

여기서 B_F는 스왑의 기초가 되는 외국통화표시 채권의 가치이고(외국통화로 표시), B_D는 역시 스왑의 기초가 되는 달러표시 채권의 가치이다. 그리고 S_0는 외국통화 단위당 자국통화의 수로 나타낸 현물환율이다. 따라서 스왑의 가치는 두 통화의 LIBOR이자율, 자국통화의 이자율 기간구조 그리고 현물환율에 의해 결정된다.
이와 유사하게 외국통화로 받고 달러로 지급하는 스왑의 가치는 다음과 같다.

$$V_{\text{swap}} = S_0 B_F - B_D$$

예제 7.4

예제 7.3의 상황을 다시 고려해보자. 일본 그리고 미국의 무위험이자율의 기간구조가 수평이라고 가정하자.

일본의 이자율이 연 1.5%이며 미국의 이자율은 연 2.5%이다 (모두 연속복리 기준). 금융기관은 엔화로 연간 3%의 이자를 받고 달러로 연4%의 이자를 지급하는 통화스왑을 체결했다. 두 통화의 원금이 각각 1천만달러 그리고 12억엔이다. 통화스왑계약은 3년간 존속하고 현재 환율은 110엔 = 1달러이다. 채권을 이용한 스왑의 가치평가를 위한 계산은 다음의 표에 요약되어 있다. (모든 금액 단위는 100만이다.)

달러채권으로부터의 현금흐름은 표의 두번째 열에 나타나있다. 2.5%의 달러화 할인율을 활용한 현금흐름의 현재가치는 표의 세번째 열에 나타나있다. 엔채권으로부터의 현금흐름은 표의 네번째 열에 나타나있다. 1.%의 엔화 할인율을 활용한 현금흐름의 현재가치는 표의 마지막열에 나타나있다. 달러채권의 가치는 10.4191백만 달러이다. 엔채권의 가치는 1,252.01백만 엔이다. 그러므로 달러화 기준 스왑의 가치는 (1,252.01/110) - 10.4191 = 0.9629백만달러이다.

시간 (연도)	달러채권 현금흐름(달러)	현재가치 (달러)	엔채권 현금흐름(엔)	현재가치 (엔)
1	0.4	0.3901	36	35.46
2	0.4	0.3805	36	34.94
3	10.4	9.6485	1,236	1,181.61
합계		10.4191		1,252.01

7.9 다른 통화스왑

다른 인기가 많은 두 통화스왑은 다음과 같다.

1. 한 통화의 변동금리가 다른 통화의 고정금리와 교환되는 고정-변동스왑
2. 한 통화의 변동금리가 다른 통화의 변동금리와 교환되는 변동-변동스왑

첫번째 스왑의 예로는 10년 동안 반년에 한번씩 7백만 파운드 원금에 대한 파운드화 LIBOR가 지급되고 천만달러의 원금에 대한 3%를 지급받는 교환을 들 수 있다. 고정-고정 통화스왑과 유사하게 이자지급의 반대방향으로 원금의 초기 교환이 이루어지고 스왑의 종료되는 시점에 이자지급과 동일한 방향으로 원금의 최종 교환이 이루어진다. 고정-변동 통화스왑은 고정-고정 통화스왑과 고정-변동 금리스왑으로 구성된 포트폴리오로 간주될 수 있다. 예를들어 위에서 제시한 스왑 예시는 (*a*) 원금 천만 달러에 대한 3%를 지급받고 원금 7백만 파운드에 대한(예를 들면) 4%가 지급되는 통화스왑에 (*b*) 원금 7백만 파운드에 대한 4%를 지급받고 파운드화 LIBOR가 지급되는 금리스왑의 합으로 간주 될 수 있다.

스왑의 가치를 평가하기 위해 달러지급금에 대한 달러화 가치를 달러화 무위험이자율로 할인하여 계산한다. 파운드화 지급금의 가치를 파운드화 LIBOR선도 금리가 실현된다는 가정 하에 현금흐름을 파운드화 무위험이자율로 할인하여 계산할 수 있다. 스왑의 가치는 현재의 환율을 활용해 계산한 두 일련의 지급금 가치의 차이이다.

두번째 스왑은 7백만 파운드에 대한 파운드화 LIBOR가 지급되고 천만달러에 대한 달러화 LIBOR를 지급받는 교환을 예로 들 수 있다. 고려된 다른 스왑들과 같이 이자지급의 반대방향으로 원금의 초기 교환이 이루어지고 스왑의 종료되는 시점에 이자지급과 동일한 방향으로 원금의 최종 교환이 이루어진다. 변동-변동 스왑은 고정-고정 통화스왑과 각 통화를 위한 두개의 금리스왑으로 구성된 포트폴리오로 간주 될 수 있다. 이 예시에서 스왑은 (a) 원금 천만달러에 대한 3%를 지급받고 원금 7백만 파운드에 대한 4%가 지급되는 스왑, (b) 원금 7백만 파운드에 대한 4%를 지급받고 파운드화 LIBOR가 지급되는 금리스왑, (c) 원금 천만달러에 대한 3%가 지급되고 달러화 LIBOR가 지급받는 금리스왑의 합으로 간주될 수 있다.

변동-변동 스왑은 각 통화의 선도금리가 실현되며 현금흐름을 무위험이자율로 할인하여 가치평가할 수 있다. 스왑의 가치는 현재의 환율을 활용해 계산한 두 일련의 지급금 가치의 차이이다.

7.10 신용위험

스왑과 다른 파생상품들이 중앙청산소를 통해 청산될 때는 아주 작은 신용위험이 존재한다. 이미 설명됐듯이, 비금융기관 그리고 파생상품의 거래자 간의 표준스왑거래는 쌍방청산될 수 있다. 양쪽은 이 경우 잠재적으로 신용위험에 노출된다. [그림7.3]의 인텔과 씨티그룹 간에 이루어지는 쌍방청산계약을 고려해보자. 이는 인텔과 씨티그룹 간의 다른 모든 쌍방청산되는 파생상품과 함께 상쇄될 수 있다. 씨티그룹에게 있어 미결된 거래들의 순가치가 인텔이 제공한 담보의 가치보다 클 때 인텔이 채무를 불이행 한다면 씨티그룹은 손실을 입게 된다.[11] 유사하게 인텔에게 있어 미결제 거래들의 순가치가 씨티그룹이 제공한 담보의 가치보다 클 때 씨티그룹이 채무를 불이행 한다면 인텔은 손해를 입게 된다.

금융기관은 신용위험과 시장위험(market risk)을 구별하는 것이 중요하다. 신용위험은 금융기관의 입장에서 계약의 가치가 양(+)의 값을 가지며 계약상대방이 채무불이행상태에 빠질 때 발생한다. 시장위험은 이자율과 환율 등의 시장변수가 금융기관의 입장에서 계약의 가치가 음(−)의 값을 갖는 방향으로 움직일 때 발생한다. 시장위험은 상쇄계약을 체결함으로써 헷지될 수 있는 위험인 반면, 신용위험은 헷지하기가 덜 쉬운 위험이다.

스왑시장에서 더욱 별난 얘기 중의 하나가 [실무사례 7.2]에 소개되어 있다. 그것은 영국의 지방자치단체인 햄머스미스 앤드 풀햄(Hammersmith and Fulham)과 관련된 사건이다. 이 사건은 스왑을 거래하는 은행이 신용위험과 시장위험 이외에도 때로는 법적위험(legal risk)을 감수한다는 사실을 보여주고 있다.

7.11 신용부도스왑

2000년 이후로 중요성이 커진 스왑은 신용부도스왑(credit default swap or CDS)이다. 이 스왑은 기업이

11 인텔과 씨티그룹 간의 Master Agreement 모든 미결제 파생상품을 포괄하며 거래들의 순가치가 변화함에 따라 담보의 요구가 이루어질 수도 이루어지지 않을 수도 있다.

실무사례 7.2 햄머스미스 앤드 풀햄 이야기

1987~1989년까지 영국의 한 지방자치 단체인 햄머스미스 앤드 풀햄(Hammersmith and Fulham)은 약 600개의 금리스왑과 관련된 상품에 계약을 체결하였는데, 이들의 총 명목원금은 약 60억 파운드였다. 이 거래들은 헷징목적이 아니라 투기목적인 것으로 드러났다. 햄머스미스 앤드 풀햄의 2명의 거래책임자들은 거래상품이 얼마나 위험한지 그리고 어떻게 작용하는지에 대하여 개략적으로만 이해하고 있었다. 1989년에 영국이자율의 움직임 때문에 햄머스미스 앤드 풀햄은 스왑에서 수백만 파운드를 잃었다. 거래상대방 은행에게 스왑의 가치는 수백만 파운드였다. 거래상대방 은행들은 신용위험을 우려해서 그들의 이자율위험을 헷지하려고 상쇄스왑(offsetting swap)을 체결했었다. 만일 햄머스미스 앤드 풀햄이 채무불이행하면, 그들은 상쇄스왑의 의무를 계속 지켜야 하고 엄청난 손실을 감수할 것이다.

실제로 발생한 것은 채무불이행이 아니었다. 햄머스미스 앤드 풀햄의 감사인은 거래가 무효라고 선언하도록 요청하였다. 왜냐하면 감사인은 햄머스미스 앤드 풀햄이 그 거래를 체결할 권한이 없다고 생각했기 때문이다. 영국법원도 이에 동의하였다. 사건은 영국의 최고법원인 대법원(House of Lords)으로 이송되었다. 대법원의 최종결정은 현재까지는 햄머스미스 앤드 풀햄이 스왑계약을 체결할 권한이 없었으나, 미래에는 위험관리 목적으로 그렇게 해야 할 권한을 가져야 한다는 것이다. 말할 필요도 없이, 은행들은 그들의 계약이 법원에 의해 이런 식으로 뒤집어진 것에 대하여 분노했다.

긴 기간 동안 신용위험을 시장위험을 헷지하는 방식과 동일하게 헷지할 수 있게 해준다. CDS는 특정 기업 또는 국가가 채무를 불이행 경우 할 경우 지급이 되는 보험계약과 유사하다. 기업 또는 국가는 준거대상 (reference entity) 이라고 알려져있다. 신용보호의 구매자는 신용보호 매도자에게 계약의 존속기간 또는 준거대상이 파산할 때까지 CDS 스프레드라고 알려진 보험료를 지급한다. CDS의 원금의 1억달러이며 5년 만기 계약의 CDS 스프레드는 120 베이시스 포인트이다. 연간 보험료는 1억달러에 적용된 120 베이시스 포인트 또는 1.2백만 달러이다. 만약 5년 동안 준거대상이 채무를 불이행 하지 않으면 보험료에 대한 댓가로 아무것도 받지 못한다.

만약 준거대상이 채무를 불이행 하고 채무불이행 직후 준거대상에 의해 발행된 채권의 가치가 원금 1달러 당 40센트의 가치를 지지는 경우 신용보호의 매도자는 구매자에게 6천만 달러를 지급해야만 한다. 만약 신용보호 구매자가 준거대상이 발행한 원금 1억 달러의 채권 포트폴리오를 소유하고 있었다면 보험으로부터 나오는 지급금을 통해 포트폴리오의 가치를 1억달러로 복구하기 충분하다.

신용부도스왑은 25장에서 더 자세히 논의된다.

7.12 다른 종류의 스왑

다른 많은 종류의 스왑이 거래되고 있다. 그들 중 일부는 34장에서 논의될 것이다. 이 장에서는 개괄적인 설명을 제공한다.

표준금리스왑의 변형

고정금리와 변동금리를 교환하는 스왑에서 LIBOR는 가장 보편적인 변동금리의 기준이 되고 있다. 본 장의 예에서 LIBOR의 지급기간은 6개월이다. 그러나 LIBOR의 지급기간이 1개월, 3개월 그리고 12개월인 스왑도 정규적으로 거래되고 있다. 변동금리의 지급기간이 고정금리의 지급기간과 꼭 일치할 필요는 없다(사실 본 장 각주 3에서 지적했듯이, 미국에서 거래되는 표준금리스왑은 분기마다 LIBOR를 지급하고 반년마다 고정금리를 지급하는 스왑이다). 때로는 기업어음(CP: commercial paper) 이자율 등도 변동금리로 이용되기도 한다. 또한 때로는 변동금리와 변동금리를 교환하는 (베이시스 스왑이라고 알려진) 금리스왑도 거래된다. 예를 들어 3개월 CP이자율 + 10베이시스포인트의 이자율이 동일원금에 대하여 3개월 LIBOR이자율과 교환될 수 있다(이런 거래는 기업으로 하여금 자산과 부채가 상이한 변동금리에 종속되어 있을 때 위험노출을 헷지할 수 있게 해준다).

스왑계약의 원금은 거래상대방의 필요에 맞추어서 계약기간에 걸쳐 변화될 수 있다. 상각스왑(amortizing swap)의 경우, 원금이 예정된 방법으로 줄어든다(이는 대출금의 상각스케줄과 일치하도록 설계되어 있을 수 있다). 체증스왑(step-up swap)은 원금이 예정된 방법으로 증가한다(이는 대출계약의 축소와 일치하도록 설계되어 있을 수 있다). 이연스왑(deferred swap)이라고도 불리는 선도스왑(forward swap)은 미래 일정 일자가 지나서야 이자금액이 교환되는 스왑인데, 여기서는 원금이 조정될 수도 있다. 때때로 스왑은 협상을 통해 고정지급액에 적용되는 원금이 변동지급액에 적용되는 원금과 상이하게 결정되기도 한다.

동일만기스왑(CMS 스왑, constant maturity swap)은 스왑이자율과 LIBOR이자율을 교환하는 스왑이다. 특정 원금에 대하여 6개월 LIBOR이자율을 5년 동안 6개월마다 동일 원금에 대하여 10년 스왑이자율과 교환하는 스왑이 동일만기스왑의 한 예이다. 동일만기국채스왑(CMT 스왑, constant maturity treasury swap)은 LIBOR이자율을 미국 국채이자율(예를 들면 10년 국채이자율)과 교환하는 스왑이다.

일방 또는 쌍방에 대한 복리스왑(compound swap)에서, 이자는 미리 정해진 원칙에 따라 스왑의 만기까지 복리계산되고, 스왑의 만기일에 오직 한 번만 지급된다. 후방 LIBOR 스왑(LIBOR-in-arrears swap)에서는 지급일의 LIBOR이자율로 그날의 지급액을 결정한다(7장 1절에서 설명했듯이 표준적인 거래에서는 어떤 지급일의 LIBOR이자율은 다음번 지급일의 지급액을 결정하는 데 이용된다). 발생스왑(accrual swap)에서는 스왑의 일방에게 지급되는 이자는 기준이 되는 변동금리가 일정 범위 내에 있을 때에만 발생한다.

콴토

때때로 한 통화로 표시된 이자율이 다른 통화로 표시된 원금에 적용되기도 한다. 이런 스왑의 예로는 미국 통화기준의 3개월 LIBOR가 영국 통화기준의 3개월 LIBOR와 교환되고, 적용되는 양쪽의 원금은 1,000만 영국 파운드인 통화스왑이 있다. 이런 형태의 스왑을 디프스왑(diff swap) 또는 콴토(quanto)라 부른다.

주식스왑

주식스왑(equity swap)이란 주가지수 기준으로 실현된 총수익(배당과 자본이득)을 고정금리또는 변동금리와 교환하는 스왑이다. 주식스왑의 예로는 연속된 6개월간의 S&P 500지수로부터 얻는 총수익을 동일원금 기준으로 LIBOR와 교환하는 스왑이 있다. 주식스왑은 포트폴리오 관리자가 고정수익 또는 변동수익 투자로부터 얻는 수익을 주가지수 투자로부터 얻는 수익으로(또는 그 반대로) 전환시키는 데 이용될 수 있다.

옵션

때때로 스왑계약의 속성을 갖는 옵션이 존재한다. 예를 들어 확장스왑(extendable swap)은 거래의 한 당사자가 정해진 기간을 초과하여 스왑의 만기를 확장시킬 수 있는 옵션을 가지고 있는 스왑이다. 조기종료스왑(puttable swap)은 거래의 한 당사자가 스왑을 조기에 종료시킬 수 있는 옵션을 가지고 있는 스왑이다. 스왑에 대한 옵션 또는 스왑션(swaption)이란 것도 이용 가능하다. 스왑션은 미래에 거래의 한 당사자에게 예정된 고정금리와 변동금리가 교환되는 스왑을 체결할 옵션을 부여하는 스왑이다.

상품스왑, 변동성스왑 그리고 기타 이색상품

상품스왑(commodity swap)은 본질적으로 상이한 만기와 동일한 인도가격을 갖는 상품에 대한 일련의 선도계약이다. 변동성 스왑(volatility swap)에는 여러 개의 기간이 있다. 각 기간 말에 거래의 한 당사자는 미리 합의된 변동성 금액을 지급하는 반면 다른 당사자는 그 기간 동안에 실현된 역사적 변동성 금액을 지급한다. 변동성 금액은 양쪽의 변동성에 동일 명목원금을 곱해서 결정된다.

스왑은 금융공학가들의 상상력과 기업 트레저러 및 이색구조(exotic structures)를 갖는 펀드를 관리하는 사람들의 욕구에 의해서 계속 만들어진다. 34장에서 우리는 프록터&겜블(Procter and Gamble)과 뱅커스 트러스트(Bankers Trust) 간에 체결된 그 유명한 5/30스왑을 설명할 것이다. 이 스왑에서 지급액은 30일 기업어음이자율, 30년 만기 T-bond가격 및 5년 만기 T-bond수익률 등에 의존해서 복잡하게 결정된다.

요약

금리스왑과 통화스왑이 가장 일반적인 형태의 스왑이다. 금리스왑에서 한 거래자는 다른 거래자에게 수 년 동안 명목원금에 대해서 고정금리로 이자를 지급함과 동시에 동일기간 동안 동일원금에 대해 변동금리로 이자를 받는다. 통화스왑에서 거래자는 한 나라의 통화로 표시된 원금에 대한 이자를 지급함과 동시에, 다른 나라의 통화로 표시된 원금에 대한 이자를 받는다.

통상적으로 금리스왑에서는 원금이 교환되지 않는다. 반면에 통화스왑에서는 통상적으로 원금이 스왑기간의 기초와 기말에 교환된다. 외국통화로 이자를 지급하는 거래자는 스왑거래 개시시점에서 외국통화표시 원금을 받고 자국통화표시 원금을 지급한다. 또한 스왑기간 말에는 외국통화표시 원금을 지급하고 자국통화표시 원금을 받는다.

금리스왑은 변동금리차입을 고정금리차입으로 변형시키거나 또는 반대로 변형시키는 데 이용될 수 있다. 또한 금리스왑은 변동금리투자를 고정금리투자로 변형시키거나 또는 반대로 변형시키는 데에도 이용될 수 있다. 통화스왑은 한 나라의 통화로 표시된 차입을 다른 나라의통화로 표시된 차입으로 변형시키는 데 이용될 수 있다. 통화스왑은 또한 한 나라의 통화로 표시된 투자를 다른 나라의 통화로 표시된 투자로 변형시키는 데도 이용될 수 있다.

이 장에서 다뤄진 금리 그리고 통화스왑은선도계약으로 구성된 포트폴리오로 간주될 수 있다. 이 스왑들은 시장에서 오늘 관측된 선도금리 그리고 환율이 미래에 실현될 것이라는 가정 하에 가치평가될 수 있다.

참고문헌

Alm, J., and F. Lindskog, "Foreign Currency Interest Rate Swaps in Asset-Liability Management for Insureres," *European Actuarial Journal*, 3 (2013): 133-58.

Corb, H. *Interest Rate Swaps and Other Derivatives*. New York: Columbia University Press, 2012.

Flavell, R. *Swaps and Other Instruments*. 2nd edn. Chichester: Wiley, 2010.

Johaness, M., and S. Sundaresan, "The Impact of Collateralization on Swap Rates," *Journal of Finance*, 61, 1 (February 2007): 383-410.

Litzenberger, R. H. "swaps: Plain and Fanciful," *Journal of Finance*, 47, 3 (1992): 831-50.

Memmel, C., and A. Schertler. "Bank Management of the Net Interest Margin: New Measures," *Financial Management and Portfolio Management*, 27, 3 (2013): 275-97.

Purnanandan, A. "Interest Rate Derivatives at Commercial Banks: An Empirical Investigation," *Journal of Monetary Economics*, 54 (2007): 1769-1808.

연습문제

7.1. A, B기업은 5년간 2천만 달러를 차입하려고 한다. 자본시장에서는 다음과 같은 연간 이자율을 제시하고 있다.

기업	고정금리	변동금리
A기업	5.0%	LIBOR + 0.1%
B기업	6.4%	LIBOR + 0.6%

A기업은 변동금리차입을 원하고 있으며, B기업은 고정금리차입을 원하고 있다. 스왑을 중개하는 은행의 순이익이 연 0.1%이고, 양 기업이 동등한 이익을 얻을 수 있도록 하는 스왑을 설계하라.

7.2. 어떤 1억 달러 금리스왑이 10개월 존속기간을 갖는다. 스왑 조건에 따르면, 6개월 LIBOR는 반년복리 기준으로 연 4%와 교환된다. 모든 만기에 대해서 6개월 LIBOR 선도금리는 반년복리 기준으로 연 3%이다.

6개월 LIBOR는 두 달 전에 연 2.4%였다. OIS 이자율은 모든 만기에 대해서 연속복리 기준 2.7%이다. 변동금리를 지급하는 거래자 입장에서 스왑의 가치는 얼마인가? 또 고정금리를 지급하는 거래자의 입장에서 스왑의 가치는 얼마인가?

7.3. X기업이 고정금리로 미국 달러화 차입을 원하고 있다. 그리고 Y기업은 고정금리로 일본 엔화 차입을 원하고 있다. 양 기업이 요구하는 금액은 현재 환율로 대체로 같은 금액이다. 기업에 제시된 이자율이 다음과 같다(세금 차이는 이자율에서 조정).

기업	엔화	달러화
X기업	5.0%	19.6%
Y기업	6.5%	10.0%

스왑을 중개하는 은행의 순이익이 연 50베이시스포인트(= 0.5%)이고 양 기업이 동등한 이익을 얻으며, 모든 환위험을 은행이 부담하도록 하는 스왑을 설계하라.

7.4. 스왑이자율을 설명하라. 그리고 스왑이자율과 액면가수익률 간의 관계를 설명하라.

7.5. 어떤 통화스왑의 존속기간은 15개월이다. 이 스왑은 3천만 파운드에 대한 10%의 이자지급액과 3천만 달러에 대한 6%의 이자지급액을 1년에 한 번 교환하는 스왑이다. 영국의 무위험이자율 기간구조는 수평이며 7%이고 미국의 무위험이자율 기간구조는 수평이며 4%이다. 모든 이자율은 연간복리 기준이다. 현재 환율(파운드당 달러)은 1.5500이다. 파운드화를 지급하는 거래자의 입장에서 스왑의 가치는 얼마인가? 그리고 달러화를 지급하는 거래자의 입장에서 스왑의 가치는 얼마인가?

7.6. 금융계약에서 발생하는 신용위험과 시장위험 간의 차이점을 설명하라.

7.7. 어떤 기업의 재무담당자가 경쟁력이 있는 5.2%의 고정금리로 5년간 차입하는 계약을 체결했다고 한다. 재무담당자는 6개월 LIBOR − 150 베이시스포인트로 차입하고 LIBOR를 3.7%로 스와핑(swapping)함으로써 이자율을 5.2%로 고정시켰다고 설명한다. 재무담당자는 기업이 변동금리 시장에서 비교우위를 갖기 때문에 이것이 가능했다고 이야기하고 있다. 재무담당자는 무엇을 간과하고 있는가?

7.8 은행은 비금융기업을 상대로 하는 금리스왑을 체결했다. 쌍방청산 이 계약에서 은행은 3%의 고정금리를 지급하고 LIBOR를 지급받는다. 담보는 필요하지 않으며 두 거래자 간에 다른 파생상품거래는 존재하지 않는다. 은행이 부담해야하는 신용위험은 무엇인가? 신용위험이 수익률곡선이 상향일때 더 커지는가? 또는 우향일때 더 커지는가?

7.9. X기업과 Y기업이 10년간 500만 달러를 투자하려고 한다. 이들 기업에게 제시된 이자율 조건은 다음과 같다.

기업	고정금리	변동금리
X기업	8.0%	LIBOR
Y기업	8.8%	LIBOR

X기업은 고정금리투자를 원하는 반면, Y기업은 변동금리투자를 원하고 있다. 스왑을 중개하는 은행의 순이익이 연 0.2%가 되고, 양 기업이 얻는 이익이 동등하도록 하는 스왑을 설계하라.

7.10. 어떤 금융기관이 X기업과 금리스왑을 체결하려고 한다. 스왑 조건에 따르면, 금융기관은 5년 동안 1천만 달러의 원금에 대해 연 10%의 이자를 받고, 6개월 LIBOR로 이자를 지급한다. 이자지급은 매 6개월마다 이루어진다. X기업이 3차년도 말인 6번째 지급일에 채무불이행상태에 빠지고 그때의 6개월 선도 LIBOR 이자율이 모든 만기에 대해 연 2%라고 하자. 금융기관의 손실은 얼마인가? 계약 3년차가 반지난 시점에서 6개월 LIBOR가 연 3%였고 채무불이행 시점에서 모든 OIS금리는 연 1.8%였다고 가정하자. OIS 금리는 연복복리 기준이며 다른 금리들은 반년복리 기준이다.

7.11. 어떤 금융기관이 Y기업과 10년 만기 통화스왑을 체결하려고 한다. 스왑 조건에 따르면, 금융기관은 스위스 프랑화로 연 3%의 이자를 받고 미국 달러화로 연 8%의 이자를 지급한다. 이자는 1년에 한 번 교환되고, 원금은 각각 700만 달러와 1천만 프랑이다. Y기업이 6차년도 말에 채무불이행상태에 빠지고, 그때의 환율은 1프랑당 0.80달러이다. 금융기관의 입장에서 손실은 얼마인가? 6차년도 말에 모든 만기에 대해서 스위스 프랑화에 대한 이자율이 연 3%이고 미국 달러화에 대한 이자율이 연 8%이다. 모든 이자율은 연간복리 기준으로 계산된 것이다.

7.12. A기업과 B기업은 자본시장에서 다음과 같은 이자율 조건을 제시받았다(세금 차이는 이자율에서 조정).

통화별	A기업	B기업
미국 달러화(변동금리)	LIBOR + 0.5%	LIBOR + 1.0%
캐나다 달러화(고정금리)	5.0%	6.5%

A기업은 변동금리로 미국 달러화 차입을 원하고 있고, B기업은 고정금리로 캐나다 달러화 차입을 원하고 있다. 어떤 금융기관이 이들을 스왑으로 연결하려 계획하고 있으며 스프레드로 50베이시스포인트(= 0.5%)를 요구하고 있다. 만약 A, B기업에게 귀속되는 이익이 동등하다면 A, B기업이 궁극적으로 지급하는 이자율은 얼마인가?

7.13. [그림 7.11]에서 선도계약을 이용하여 환위험을 헷지한 후에 금융기관의 평균 스프레드는 20베이시스포인트보다 클 것인가 아니면 작을 것인가? 그 이유는?

7.14. "높은 신용위험을 갖고 있는 비금융기업들은 직접 고정금리시장을 이용할 수 없다. 따라서 이 기업들은 고정금리를 지급하고 변동금리를 받기 위해서 금리스왑을 이용할 것이다."위의 말이 사실이면, 이것이 금융기관의 스왑 포트폴리오의 위험을 증가시킬 것인가 아니면 감소시킬 것인가? 당신의 의견을 제시하라. 이자율이 높을 때, 기업들이 채무불이행상태에 빠질 가능성이 아주 높다고 가정한다.

7.15. 대출과 스왑의 원금이 동일할 때 스왑 거래상대방이 채무를 불이행함으로써 입게되는 은행의 기대손실이 대출 거래상대방이 채무를 불이행함으로써 입게되는 은행의 기대손실보다 작은 이유는 무엇인가? 은행과 거래상대방 사이에 다른 파생상품 거래는 존재하지 않으며 스왑은 양방청산된다. 스왑과 대출 모두 담보가 존재하지 않는다.

7.16. 어떤 은행은 보유자산이 부채와 균형을 이루지 못하고 있음을 발견했다. 은행은 변동금리로 예금을 받고

고정금리로 대출하고 있다. 이런 위험을 상쇄하기 위해서 스왑은 어떻게 이용될 수 있는가?

7.17. 한 통화에서의 변동금리를 다른 통화에서의 고정금리로 교환하는 스왑이 어떻게 평가되는지 설명하라.

7.18. OIS 금리는 모든 만기에 대해서 3.4%로 추정됐다. 4개월 LIBOR금리는 3.5%이다. 모든 금리는 분기복리 기준이다. 3~6개월 LIBOR 선도금리는 어떻게 되는가?

7.19. 6개월 LIBOR는 5%이다. 6~12개월 그리고 12~18개월 LIBOR 선도금리는 5.5%이다. 반년마다 지급이 이루어지는 2년 그리고 3년 스왑이자율은 각각 5.4% 그리고 5.6%이다. 1.5~2년, 2~2.5년, 그리고 2.5~3년 LIBOR선도금리를 추정하라. 2.5년 스왑금리는 2년 그리고 3년 스왑금리의 평균이며 OIS 무이표이자율은 모든 만기에 대해서 4.5%이다. OIS 이자율은 연속복리 기준이며 다른 모든 이자율은 반년복리 기준이다.

과제물 문제

7.20. (a) A기업은 [표 7.3]과 같은 이자율을 제시받았다. A기업은 3년 동안 연간 3.45%로 차입할 수 있다. A기업은 스왑을 통해 이와 같은 고정금리를 얼마의 변동금리로 바꿀 수 있는가? (b) B기업은 [표 7.3]과 같은 이자율을 제시받았다. B기업은 5년 동안 연간 LIBOR + 75베이시스 포인트로 차입할 수 있다. B기업은 스왑을 통해 이와 같은 변동금리를 얼마의 고정금리로 바꿀 수 있는가?

7.21. (a) X기업은 [표 7.3]과 같은 이자율을 제시받았다. X기업은 4년 동안 연간 2.8%로 투자할 수 있다. X기업은 스왑을 통해 이와 같은 고정금리를 얼마의 변동금리로 바꿀 수 있는가? (b) Y기업은 [표 7.3]과 같은 이자율을 제시받았다. Y기업은 10년 동안 연간 LIBOR − 50베이시스 포인트로 투자할 수 있다. Y기업은 스왑을 통해 이와 같은 변동금리를 얼마의 고정금리로 바꿀 수 있는가?

7.22. 1년 LIBOR가 연간 복리기준으로 연 3%이며 1~2년 LIBOR 선도금리는 3.2%이다. 연마다 지급이 이루어지는 3년 스왑금리는 3.2%이다. 1년, 2년, 그리고 3년 만기 OIS 무이표이자율은 각각 2.5%, 2.7%, 그리고 2.9%일 경우 2~3년 LIBOR 선도금리는 얼마인가? 원금 1억달러에 대해 4%를 지급받고 LIBOR가 지급되는 3년 스왑의 가치는 얼마인가? 모든 금리는 연간 복리 기준이다.

7.23. 금리스왑에서 금융기관은 원금 1억달러에 대해 연3.6%를 지급하고 3개월 LIBOR를 받기로 했다. 지급은 3개월에 한번씩 이루어진다. 스왑의 존속기간은 14개월 남았다. 모든 만기에 대해 3개월 선도 LIBOR는 현재 연4%이다. 1개월 전 3개월 LIBOR금리는 연 3.2%였다. OIS 금리는 모든 만기에 대해 연속복리 기준 3.8%이다. 스왑의 가치는 얼마인가?

7.24. 영국의 제조업체인 A기업은 고정금리로 미국 달러화 차입을 원하며, 미국의 다국적기업인 B기업은 고정금리로 영국 파운드화 차입을 원하고 있다. 자본시장에서 양 기업은 다음과 같은 이자율조건을 제시받았다(세금 차이는 이자율에서 조정).

기업	파운드화	미국 달러화
X기업	11.0%	7.0%
Y기업	10.6%	6.2%

스왑을 중개하는 은행의 순이익이 연 10베이시스포인트(= 0.1%)가 되고, 양 기업이 각각 연 15베이시스포인트(= 0.15%)의 이익을 얻도록 하는 스왑을 설계하라.

7.25. 미국과 호주의 이자율구조는 수평적이라고 하자. USD 이자율이 연 7%이고 AUD 이자율은 연 9%이다. 현재 환율은 1 AUD / 0.62 USD이다. 스왑계약에 따르면, 금융기관이 AUD로 연 8%의 이자를 지급하며 USD로 연 4%의 이자를 받는다. 두 통화로 표시된 원금은 각각 1천 2백만 USD와 2천만 AUD이다. 이자 지급액의 교환은 1년에 한 번 이루어지며, 스왑의 만기는 2년이다. 금융기관의 입장에서 스왑의 가치는 얼마인가? 모든 이자율은 연속복리 기준으로 계산된 것이다.

7.26. 현금흐름이 반년에 한번씩 교환되는 5년 스왑금리는 4%이다. 한 기업은 천만달러 원금에 대해 연4.2%를 받는 스왑을 원하고 있다. OIS 무이표곡선은 수평이며 3.6%이다. 파생상품 딜러는 얼마를 기업에게 청구해야 하는가? 모든 금리는 반년복리이다. (매매호가 차이는 무시하라.)

8 CHAPTER

증권화와 2007년 신용위기

선도, 선물, 스왑 그리고 옵션과 같은 파생상품들은 위험을 경제의 한 주체에서 다른 주체로전가시키는 데 이용된다. 본 서의 앞선 7개 장에서는 선도, 선물, 스왑에 초점을 맞추어 설명하였다. 본 장에서는 옵션을 공부하기 전 위험을 전가시키는 또 다른 중요한 수단인 증권화(securitization)에 대해 설명할 것이다.

증권화는 특히 2007년에 시작된 신용위기(또는"신용경색")를 초래한 주범으로 여겨지기 때문에 관심의 대상이 되고 있다. 신용위기는 미국 주택담보대출(mortgages)에서 파생된 금융상품으로부터 시작되었지만, 미국에서 다른 나라로 퍼져나갔고, 금융시장에서 실물경제로 급속히 확산되었다. 일부 금융기관들은 파산했고, 그보다 더 많은 금융기관들은 중앙정부로부터 구제금융을 수혈받았다. 21세기의 첫 10년이 금융 부문에서 재앙이었다는 것은 의심의 여지가 없다.

본 장에서는 증권화의 특성과 그것이 금융위기를 어떻게 초래하게 했는지에 대해 살펴볼 것이다. 본 장을 공부하면서 우리는 미국의 주택담보대출시장, 자산유동화증권(asset-backed securities), 부채담보부증권(collateralized debt obligations), 계단형폭포 또는 워터폴(waterfalls) 그리고 금융시장에서의 행동유인(incentives)의 중요성에 대해 공부할 것이다.

8.1 증권화

은행들은 전통적으로 예금을 통해 그들의 대출자금을 주로 조달해왔다. 1960년대에 들어서 미국 은행들은 이런 자금조달 유형으로는 주거용 모기지에 대한 수요를 따라갈 수 없다는 것을 알게 되었다. 이런 상황은 주택저당증권(MBS)시장의 발전으로 이어졌다. 주택담보대출을 이용해 포트폴리오가 구성되었고, 그 포트폴리오에서 나오는 현금흐름(이자와 원금)은 증권으로 만들어져 투자자에게 팔렸다. 미국 정부는 1968년에 정부저당금고(GNMA 또는 Ginnie Mae)를 만들었다. 이 기구는 수수료를 받고 MBS에 포함된 주택담보대출에서 발생하는 이자와 원금에 대해 보증을 해주었으며, 직접 MBS를 만들어서 투자자에게 판매하기도 하였다.

따라서 은행들이 비록 MBS로 이용된 주택담보대출을 해주었지만, 그들의 재무상태표 상에 그 대출은 보고되지 않았다. 증권화는 은행들의 예금이 증가하는 속도보다 더 빠르게 대출을 증가시켰다. GNMA의 보증은 차입자들의 채무불이행으로부터 MBS 투자자들을 보호해 주었다.[1]

1980년대에 들어서면서, 모기지시장에서 개발된 증권화 기술은 미국에서 자동차대출, 신용카드대출과 같은 자산들에도 적용되었다. 또한 증권화는 다른 나라들에서도 널리 사용되었다. 증권화시장의 발전으로 인해, 투자자들은 차입자의 채무이행에 대한 보증이 없는 상황에 대해서도 불안을 느끼지 않게 되었다.

자산유동화증권(ABS)

2000~2007년 동안 사용된 유형의 증권화 방식은 [그림 8.1]에 나타나 있다. 이것은 자산유동화증권(ABS)으로 알려져 있다. 대출과 같은 소득 발생 자산들로 구성된 포트폴리오는 그 자산을 보유한 은행에 의해 특수목적회사(SPV)에게 팔리고, 그 후 자산으로부터 발생한 현금흐름은 트랑슈(tranches)에 분배된다. [그림 8.1]는 일반적으로 자산유동화증권을 위한 구조보다 단순하며 이는 세 가지 트랑슈밖에 없기 때문이다(실제로는 더 많은 트랑슈가 사용된다). 이 트랑슈들은 선순위 트랑슈(senior tranche), 중순위 트랑슈(mezzanine tranche), 후순위 트랑슈(equity tranche)이다. 중순위 트랑슈를 중간층 트랑슈라고도 부르며, 후순위 트랑슈를 지분 트랑슈라고도 부른다. 포트폴리오의 원금은 100백만 달러이고, 이

그림 8.1 자산유동화증권(요약 설명); bp = 베이시스포인트(1bp = 0.01%).

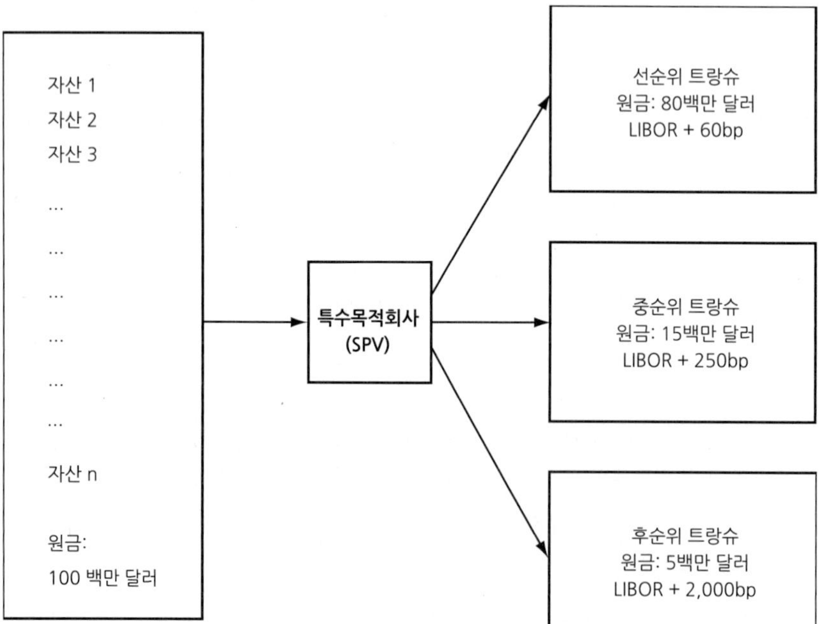

1 그러나 MBS 투자자들은 주택담보대출이 조기상환될 수 있다는 불확실성에 직면한다. 조기상환은 금리가 내려가는 상황에서 많이 발생하는데, 이런 상황은 특히 투자자가 갖는 재투자 기회의 매력을 떨어뜨린다. MBS 초기에는 많은 MBS 투자자들이 조기상환위험을 사전에 고려하지 못했기 때문에 기대한 것보다 낮은 수익률을 얻었다.

그림 8.2 ABS의 워터폴 과정.

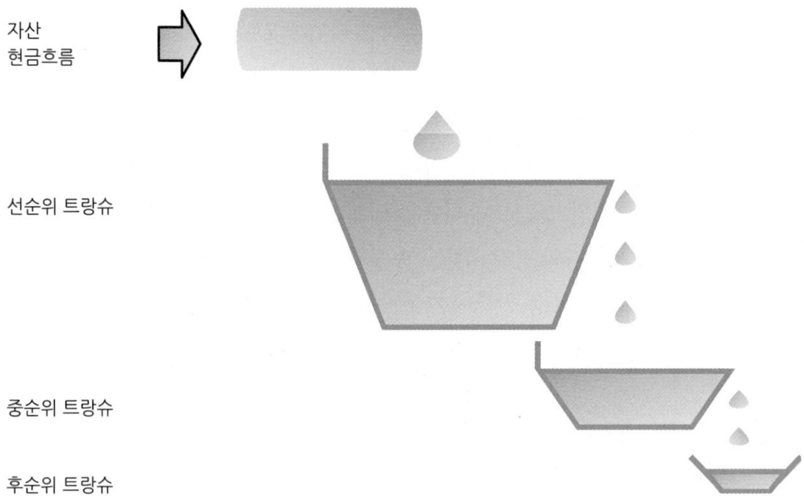

는 선순위 트랑슈에 80백만 달러, 중순위 트랑슈에 15백만 달러 그리고 후순위 트랑슈에 5백만 달러로 각각 나누어진다. 선순위 트랑슈는 LIBOR+60베이시스포인트, 중순위 트랑슈는 LIBOR + 250베이시스 포인트, 후순위 트랑슈는 LIBOR + 2,000베이시스 포인트의 수익률을 받기로 약속되어 있다.

이는 마치 후순위 트랑슈에 투자하는 것이 최선의 투자인 것처럼 보이지만, 반드시 그렇지만은 않다. 이자와 원금의 지급이 보증되어 있지 않다. (채권의 수익과 유사하게) 수익은 트랑슈에 영향을 주는 채무불이행이 발생하지 않을 경우 실현된다. 후순위 트랑슈는 다른 2개의 트랑슈들보다 원금손실을 볼 가능성이 더 커 보이고, 약속된 이자를 받을 가능성이 더 적어 보인다. 현금흐름은 워터폴(waterfall)이라고 알려진 계단형폭포 방식에 의해 트랑슈들에 분배된다. 워터폴이 작동하는 일반적인 방식은 [그림 8.2]에 나타나 있다. 이자지급과 원금에 별도의 계단형폭포가 적용된다. 원금상환의 경우 선순위 트랑슈가 먼저 충분히 상환받는다. 그리고 남는 부분이 있으면 중순위 트랑슈가 상환받으며, 그리고도 남는 부분이 있을 때에만 후순위 트랑슈가 상환받는다. 이자지급의 경우에도 선순위 트랑슈가 먼저 약속된 이자를 지급 받는다. 그리고 남는 부분이 있으면 중순위 트랑슈가 약속된 이자를 지급받으며, 그리고도 남는 부분이 있을 때에만 후순위 트랑슈가 이자를 지급받는다.

트랑슈들이 원금을 회수하는 한도는 기초자산의 손실에 달려있다. 워터폴의 효과는 대략적으로 다음과 같다. 처음 5%의 손실은 후순위 트랑슈가 감수한다. 만일 손실이 5%를 초과하면, 후순위 트랑슈는 모든 원금을 잃어버리고, 일부 손실은 중순위 트랑슈의 원금에 의해 충당된다. 만일 손실이 20%를 초과하면, 중순위 트랑슈 역시 모든 원금을 잃어버리고, 일부 손실은 선순위 트랑슈의 원금에 의해 충당된다.

그러므로 ABS를 보는 두 가지 관점이 있다. 하나는 [그림 8.2]의 워터폴과 관련된 관점이다. 현금흐름은 먼저 선순위 트랑슈에게 분배되고, 그 다음에 중순위 트랑슈, 후순위 트랑슈순으로 분배된다. 다른 관점은 손실과 관련된 관점이다. 원금 손실은 먼저 후순위 트랑슈가 감수하며, 그 다음에 중순위 트랑슈, 선순위 트랑슈 순으로 감수한다. 무디스, S&P, 피치와 같은 신용평가기관은 증권화과정에서 핵심 역할을 수행했다. [그림 8.1]에 나타나 있는 ABS는 선순위 트랑슈가 가장 높은 등급인 AAA의 신용등급을 받을 수 있도록 설계된다. 전형적으로 중순위 트랑슈는 (투자가능등급이지만 AAA보다는 낮은) BBB의 신용등급을 받으며, 후순위 트랑슈는 신용등급이 부여되지 않는다.

지금까지 설명한 ABS는 어느 정도 단순화시킨 것이다. 전형적으로 이보다 폭 넓은 범위의신용등급을 갖는 3종류 이상의 트랑슈들이 만들어진다. 앞에서 설명한 워터폴원칙에 따르면, 현금흐름이 우선순위의 트랑슈에 항상 먼저 분배되고, 남으면 다음 순위의 트랑슈에 분배된다. 실제로 워터폴원칙은 이보다 다소 더 복잡해서 몇백 페이지의 법적 서류로 작성된다. 그리고 다음과 같이 초과담보를 요구하는 등 그 내용이 복잡하다. 즉, 트랑슈의 총 원금이 기초자산의 총 원금보다 적다. 또한 트랑슈에 약속한 가중평균수익률이 자산에 대해서 지급가능한 가중평균수익률보다 적다.[2]

유동화 부채담보부증권(ABS CDOs)

선순위AAA등급 트랑슈를 매입하는 투자자를 모집하는 것은 통상적으로 어렵지 않다. 왜냐하면 그 트랑슈는AAA등급 채권의 수익률과 비교했을 때 매력적인 수익률을 약속하기 때문이다. 후순위 트랑슈는 전형적으로 그 자산의 원래 소유자에 의해 보유되거나 또는 헤지펀드(hedge fund)에 판매된다.

중순위 트랑슈에 투자하는 투자자를 찾는 것은 좀 더 어려웠다. 이것은 ABS의 ABS를 만드는 것으로 이어졌다. 이것이 이루어진 방식은 [그림 8.3]에 설명되어 있다. [그림 8.1]에서했던 방식으로 만들어진 다수의 서로 다른 중순위 트랑슈들은 하나의 포트폴리오에 넣어진다. 그리고 그 포트폴리오에서 나오는 현금흐름과 관련된 위험들은, 자산에서 나오는 현금흐름과 관련된 위험들이 트랑슈로 분할된 것과 같은 방식([그림 8.1]과 같은 방식)으로 분할된다. 이런 상품들은ABS CDO 또는 Mezz ABS CDO로 알려져 있다. (CDO는 collateralized debt obligation의 약자이다.) [그림 8.3]의 예에서, ABS CDO의 선순위 트랑슈는 ABS 중순위 트랑슈 원금의 65%를 차지하며, ABS CDO의 중순위 트랑슈는 원금의 25%를, 그리고 후순위 트랑슈는 원금의 나머지 10%를 각각 차지한다. 상품을 설계할 때, ABS CDO 선순위 트랑슈가 가장 높은 신용등급인AAA 신용등급을 받을 수 있도록 디자인된다. 이것은 지금까지 살펴본 예

그림 8.3 자산유동화증권과 유동화 부채담보부증권의 생성 (단순한 경우).

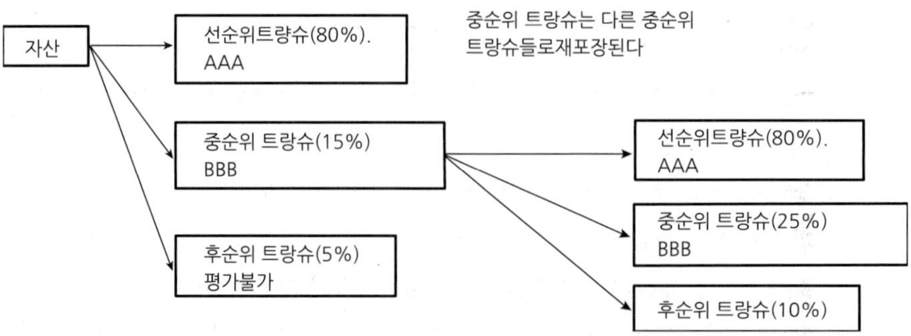

2 해당 특성과 초과담보(overcollateralization)는 구조의 수익성을 증가시킬 수 있는 가능성을 갖고 있었다(Both this feature and overcollateralization had the potential to increase the profitability of the structure for its creator).

표 8.1 [그림 8.3]에서 설명한 ABS CDO의 트랑슈의 추정 손실.

기초자산들의 손실	ABS의 중순위 트랑슈 손실	ABS CDO의 후순위 트랑슈 손실	ABS CDO의 중순위 트랑슈 손실	ABS CDO의 선순위 트랑슈 손실
10%	33.3%	100.0%	93.3%	0.0%
13%	53.3%	100.0%	100.0%	28.2%
17%	80.0%	100.0%	100.0%	69.2%
20%	100.0%	100.0%	100.0%	100.0%

시에서 전체 AAA등급 상품들이 기초 포트폴리오 원금의 약 90%(=80% + 15% × 65%)라는 것을 의미한다. 이 수치는 높은 것 같지만, 만약 ABS CDO의 트랑슈들을 가지고 만들어진 ABS를 사용하여 증권화가 더욱 진행된다면(이는 실제로 진행되었다), 그 수치는 훨씬 더 높아질 것이다.

[그림 8.3]의 예에서, 만약 기초자산 포트폴리오의 손실이 20% 미만이면 ABS의 AAA등급 트랑슈는 약속된 수익률과 원금을 상환받을 것으로 기대할 수 있다. 왜냐하면 원금의 모든손실을 더 후순위에 있는 트랑슈들이 감수할 것이기 때문이다. 그러나 [그림 8.3]에서 설명한 ABS CDO의 AAA등급 트랑슈는 더 위험하다. 그 트랑슈는 만약 기초자산 포트폴리오의 손실이 10.25% 미만일 경우, 약속된 수익률과 원금을 받을 것이다. 왜냐하면 이것은 10.25%의 손실이란 것이 ABS의 중순위 트랑슈가 감수해야 할 손실이 ABS 원금의 5.25%라는 것을 의미하기 때문이다. 중순위 트랑슈의 전체 원금은 ABS 원금의 15%이므로 ABS 원금의 5.25% 손실은 그들 원금의 5.25/15(또는 35%) 손실이다. 결국 ABS CDO의 후순위, 중순위 트랑슈는 원금을 모두 잃어버리지만, 선순위 트랑슈는 아무 손실 없이 남아 있세 된다.

만약 기초자산 포트폴리오의 손실이 10.25%를 넘어서면, ABS CDO의 선순위 트랑슈는 손해를 본다. 예를 들어, 기초자산 포트폴리오에 17%의 손실이 발생한 상황을 고려해보자. 17%의 손실 중 5%는 ABS의 후순위 트랑슈가 감수하고, 12%는 ABS의 중순위 트랑슈가 감수한다. 그러므로 중순위 트랑슈의 손실은 원금의 12/15(또는 80%)가 되며, 처음 35%의 손실을 ABS CDO의 후순위, 중순위 트랑슈가 감수한다. 따라서 ABS CDO의 선순위 트랑슈는 그 가치의 45/65(또는 69.2%)에 해당하는 손실을 입게 된다. 이 결과와 그 외의 결과들이 [표8.1]에 요약되어 있다. 계산은 모든 ABS 포트폴리오의 채무불이행확률이 동일하다는 가정하에 이루어졌다.

8.2 미국 주택시장

[그림 8.4]는 1987년 1월부터 2016년 3월까지의 미국의 주택가격을 나타내는 S&P/Case-Shiller Composite-10 Index를 나타낸 것이다. 이는 미국 주요 10개 대도시의 주택가격을 지수화한 것이다. 이것으로부터 2000년부터 주택가격이 이전 10년 동안 보다 더 빠르게 상승하기 시작했다는 것을 알 수 있다. 2002년과 2005년 사이의 매우 낮은 이자율이 중요한 요인이었으나, 모기지대출의 관행이 주택가격의 거품을 형성하는 데 큰 역할을 했다.

그림 8.4 미국 부동산 가격의 S&P/Case-Shiller Composite-10 Index, 1987-2016.

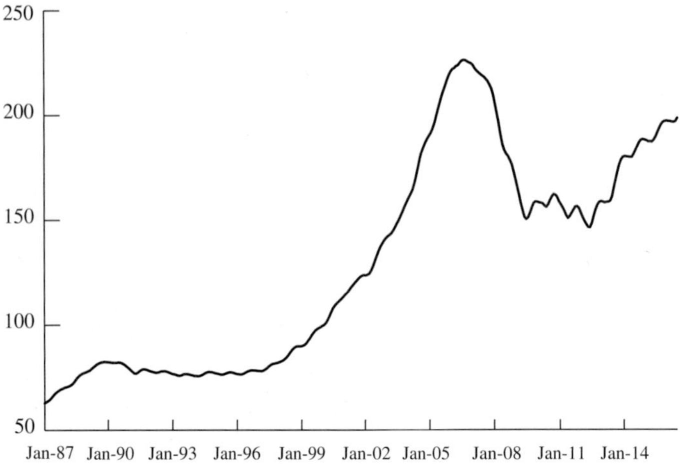

2000년에서 2006년까지는 서브프라임 모기지(Subprime mortgage) 대출이 엄청나게 증가한 기간이었다. 서브프라임 모기지는 평균 수준보다 현저히 위험하게 간주되는 모기지이다. 2000년 이전까지는 서브프라임으로 분류된 대부분의 모기지는 2순위 모기지였다. 그러나 2000년 이후 금융기관들이 서브프라임을 1순위 모기지로 간주하는 것에 대해 불안을 느끼지 않음에 따라 서브프라임 모기지의 순위가 변화되었다.

대출기준의 완화

대출기준의 완화와 서브프라임 모기지의 성장으로 인해서, 이전에는 대출자격을 얻기에는 신용이 나쁜 것으로 간주되었던 많은 가계들이 주택을 구입할 수 있게 되었다. 이 가계들은 부동산 수요를 증가시켰고, 따라서 부동산 가격이 상승하였다. 더 많은 대출과 더 높은 주택가격의 조합은 모기지 중개인과 모기지대출기관에게는 매력적인 것이었다. 더 많은 대출은 더 큰 이익을 의미했다. 더 높은 주택가격은 대출금이 기초담보에 의해 잘 보장된다는 것을 의미했다. 만약 대출자가 원리금을 상환하지 못하더라도, 그에 따르는 압류는 손실로 이어지지 않을 것으로 보였다.

모기지 중개인과 모기지대출기관은 당연히 그들의 이익이 계속 증가하기를 원했다. 그들의 문제는, 주택가격이 상승함에 따라, 1차 구매자가 주택을 구매하기가 더욱 어려워진다는 것이었다. 주택시장에 새로운 진입자를 계속 끌어들이기 위하여 그들은 대출기준을 훨씬 더 완화시켜야 했고(실제로 그렇게 했고) 대출금 총액은 주택가격의 일정 비율로 증가되었다. 2년이나 3년 동안은 낮은 "미끼(teaser)"금리(초기 이자율)를 적용하고 이후 훨씬 더 높은 금리를 적용하는 조정금리저당대출(ARMS)이 개발되었다.[3] 일반적인 미끼금리는 약 6%였고, 미끼금리기간 말 이후의 금리는 전형적으로 6개월 LIBOR + 6%

3 만약 부동산가격이 증가한다면, 대출기관은 차입자들이 조기상환하고 미끼금리기간 말에 새로운 모기지로 갈아탈 것을 예상했다. 그러나 프라임 모기지에 대해서는 거의 없는 조기상환 수수료가 서브프라임 모기지에 대해서는 상당히 높았다.

였다.[4] 그러나 미끼금리, 즉 초기이자율은 보고된 것보다 1~2% 낮게 적용되었다. 또한 대출기관은 모기지 신청서를 더욱 대충 검토하였다. 실제로 신청자의 수입과 신청서에 보고된 다른 정보를 검토하지 않는 경우가 잦았다.

서브프라임 모기지의 증권화

서브프라임 모기지는 흔히 [그림 8.1]에서 [그림 8.3]까지에서 나타난 방식으로 증권화되었다. 서브프라임 모기지로부터 만들어진 트랑슈를 투자한 투자자는 보통 이자와 원금 지급에 대한 보장을 받지 못했다. 증권화는 신용위기를 일으킨 원인 중의 하나였다. 모기지 발행자는 모기지가 증권화된다는 것을 인식하고 이에 근거해서 모기지를 판매하였다.[5] 새로운 모기지 신청서를 검토할 때, 기준이"우리가 이 신용을 감당할 수 있는가?"가 아니라 대신"우리가 모기지를 다른 사람에게 매도함으로써 돈을 벌 수 있는가?"였다.

모기지가 증권화되었을 때, 만들어진 상품의 구매자는 포트폴리오의 각 모기지에 대해 주택담보인정비율(대출규모 대 주책가치의 비율: LTV비율)과 차입자의 FICO 점수를 알고 있다면 충분한 정보를 갖고 있다고 느꼈다.[6] 모기지 신청서 상의 다른 정보는 쓸모없는 것들이며, 이미 언급한 바와 같이, 대출기관도 종종 이들을 제대로 검토하지 않았다. 대출기관이 가장 중요 시 하는 것은 모기지가 다른 사람에게 팔릴 수 있는가 하는 것이고, 이것은 대개 주택담보인정비율과 신청사의 FICO 점수에 달려 있었다.

주택담보인정비율과 FICO 점수 둘 다 의심스러운 기준이라는 것을 간과했다는 것은 흥미롭다. 모기지 신청 시점에서의 주택가치를 결정하는 재산평가사는 높은 가치를 제시하는 대출기관으로부터의 압력에 때때로 굴복하곤 했다. 잠재적인 차입자는 가끔 그들의 FICO 점수를 높이는 어떤 조치를 취하도록 조언을 받기도 했다.[7]

정부는 왜 모기지대출기관의 행태를 규제하지 않았는가? 그 대답은 미국 정부는 1990년대 이래로 시민들의 주택 보유를 확대하려고 시도해 왔고 저소득층과 중산층에 대한 대출을 증가시키도록 모기지대출기관들에게 압력을 가해오고 있다는 데 있다. 오하이오와 조지아 등의 몇몇 주 의회 의원들은 이와 같은 상황이 계속되는 것에 대하여 우려했고 약탈적 대출을 축소시키기를 요구했다.[8] 그러나 법원은 기존의 국가적인 기준은 지켜져야 한다고 판정했다.

신용경색에 이르는 기간 동안 많은 용어들이 모기지대출을 묘사하는 데 사용되었다. 그 중 하나는"허위 대출(liar loans)"이다. 이런 말이 나오게 된 이유는 신청서에 대한 검토가 전혀 이루어지지 않는다는 것을 알고 있는 모기지 신청자들이 때때로 신청서를 허위로 작성하기 때문이다. 어떤 차입자를 묘사하는 또 다른 용어는"NINJA(무수입, 실업, 무자산)"이라는 말이 있다.

---

4 예를 들면," 2/28"ARM은 2년 동안 이자율이 고정되고 남은 28년 동안 변동하는 ARM이다.

5 B. J. Keys, T. Mukherjee, A. Seru, and V. Vig, "Did Securitization Lead to Lax Screening? Evidence from Subprime Loans,"Quarterly Journal of Economics, 125, 1 (February 2010):307-62 참조.

6 FICO는 Fair Issac Corporation에 의해 개발된 신용점수이며, 모기지대출에 널리 사용된다. 그 범위는 300에서 850이다.

7 이러한 조치 중 하나는 새로운 신용카드를 발급받고 몇 개월 동안 결제를 잘 하는 것이다.

8 약탈적 대출은 대출기관이 차입자로 하여금 불공정하고 권리가 남용된 대출조건에 동의하도록 현혹하여 납득시키는 상황을 말한다.

거품의 붕괴

모든 거품은 결국 예외 없이 붕괴되었다. 2007년에 많은 모기지 보유자들은 미끼금리가 종료되었을 때 그들이 더 이상 모기지를 유지할 수 없다는 것을 알았다. 이것은 압류로 이어졌고 많은 수의 주택이 주택시장에 나왔다. 그리고 이것은 결국 주택가격을 하락시켰다. 주택 매입비용의 100% 또는 100%에 가까운 금액을 차입했던 다른 모기지 보유자들은 그들이 마이너스(−)의 자본을 가지고 있음을 알게 되었다. 시장참여자들은 이 풋옵션이 얼마나 많은 비용을 발생시키는지 뒤늦게 깨달았다. 만약 차입자가 마이너스의 자본을 보유하고 있다면, 그의 최적의 결정은 주택을 모기지에 대한 미지불 원금과 교환하는 것이다. 결국 그 주택은 대출기관에 의해 매각되고, 그 결과 시장에서 주택가격은 더욱 하락하게 되었다.

미국 주택시장의 특징 중의 하나는 많은 주에서 모기지에 대해 상환청구권을 행사할 수 없다는 것이다. 이것은 채무불이행 시 대출자는 주택을 소유할 수는 있지만 차입자의 다른 자산에손댈 수 없다는 것이다. 결과적으로 차입자는 자유로운 아메리칸풋옵션을 보유하고 있는 셈이다. 즉, 차입자는 모기지상의 원금 금액으로 주택을 대출자에게 아무 때나 팔 수 있다. 이런 특징이 투기적인 행위를 조장했고 거품의 부분적인 원인이 되었다.

모기지에 대한 채무불이행자들이 모두 같은 처지에 있다고 생각한다면 오산이다. 어떤 사람들은 모기지를 상환할 수 없었고 주택을 포기해야 하면서 크나큰 고통을 겪었다. 그러나 많은 수의 채무불이행자들은 임대자산으로 여러 채의 주택을 보유한 투기자들이었고 그들은 그들의 풋옵션을 행사하는 것을 선택했다. 고통을 받은 사람은 그들의 임차인들이었다. 투기자가 아닌 어떤 주택보유자들도 그들의 풋옵션으로부터 가치를 뽑아내는 데 매우 창의적이었다는 보고도 있다. 그들은 자신의 주택을 대출기관에 넘겨준 후, 상황을 반전시켜서 압류 상태에 있는 다른 주택을 (때때로 싼 가격으로) 매입했다. 두 사람이 이웃에 똑같은 주택을 소유하고 있다고 상상해보자. 두 사람 다 25만 달러의 모기지가 있다. 두 주택 모두 20만 달러의 가치가 있고 압류상태에서는 17만 달러에 매각될 것으로 예상된다. 소유자의 최적 전략은 무엇인가? 그 대답은 각자 풋옵션을 행사하고 이웃의 주택을 매입하는 것이다(신용등급 하락 없이 이것을 실행할 방법이 있었다.).

부동산 가격의 하락은 미국뿐만이 아니었다. 가격 하락은 많은 다른 국가에서도 역시 마찬가지였다. 영국의 부동산 가격은 특히 더 하락하였다. [그림8.4]에 나타나 있듯이 미국 평균 주택가격은 2012년 이후에나 회복됐다.

손실

압류가 증가함에 따라, 대출기관의 모기지에 대한 손실 또한 증가하였다. 주택가격의 35% 하락은 채무불이행 모기지에 대해서 최대 35%의 원금 손실을 가져올 것으로 생각되었다. 그러나 사실 손실은 그것보다 훨씬 더 컸다. 압류된 주택은 상태가 부실한 경우가 잦았고, 신용위기 이전의 가치의 일부분에 해당하는 가격으로 팔렸다. 2008년과 2009년에는 압류된 주택에서 발생한 모기지대출의 평균 손실이 모기지 원금의 75%로 높게 보고되었다.

모기지대출로부터 만들어진 트랑슈에 투자한 투자자들은 큰 손실을 입었다. 서브프라임 모기지대출로부터 만들어진 ABS 트랑슈의 가치는 ABX로 알려진 일련의 지수에 의해 측정되었다. 이 지수에 의하면, 원래 BBB등급의 트랑슈들은 2007년 말쯤에는 80%의 손실을 입었고, 2009년 중반에는 97%의 손실을 입었다. BBB등급의 트랑슈들로부터 만들어진 ABS CDO의 트랑슈들의 가치는 TABX로 알려진 일련의 지수에 의해 측정되었다. 이 지수에 의하면, 본래 AAA등급의 트랑슈가 2007년 말에는 80%의 손실을 입었고, 2009년 중반에는 본질적으로 가치가 없게 되었다.

본래 AAA등급이었던 ABS CDO 트랑슈에 대한 손실에 대비하여 보험을 제공했던 거대한 보험사 AIG가 그러했듯이, UBS, 메릴린치, 시티그룹과 같은 금융기관들은 몇몇의 트랑슈에 큰 포지션을 가지고 있었고 막대한 손실을 입었다. 많은 금융기관들이 정부 펀드에 의해 구제되어야 했다. 금융 역사상 2008년보다 상황이 더 나쁜 적은 거의 없었다. 베어스턴스는 JP모건에 인수되었고, 메릴린치는 BOA에 인수되었으며, 예전에 투자은행이었던 골드만삭스와 모건스탠리는 상업은행과 투자은행을 모두 소유한 지주회사가 되었다. 그리고 리먼브라더스는 파산하였다. (실무사례 1.1 참고).

신용위기

주택 모기지를 담보로 한 증권들로부터 발생한 손실은 혹독한 신용위기를 초래했다. 2006년에 은행들은 자본투자가 잘 되었고, 대출금은 비교적 쉽게 조달되었으며, 신용 스프레드도 낮았다(신용 스프레드는 대출이자율이 무위험이자율을 초과하는 부분이다). 2008년에는 상황이 전체적으로 달라졌다. 은행의 자본은 그들의 손실로 인하여 심각하게 잠식되었다. 그들은 더욱 위험을 회피하게 되었고 대출해주는 것을 꺼리게 되었다. 신용이 좋은 개인들과 기업들은 차입이 어렵다는 것을 알게 되었다. 전 세계는 몇 세대 만에 가장 심각한 경기침체를 경험했다. 4장 3절에서 논의했듯이 2008년 10월에 3개월 LIBOR-OIS 스프레드는 364베이시스포인트까지 치솟았으며 이로 인해 은행들이 상호대출을 극도로 꺼리게 되었다. 또 다른 지표로 TED 스프레드가 있다. TED 스프레드는 3개월 LIBOR금리에서 3개월 미국국채금리를 차감한 값이다. 정상적인 상태의 시장에서는 TED 스프레드는 30에서 50베이시스포인트이다. 2008년 10월에 그것은 450베이시스포인트를 초과했다.

8.3 무엇이 잘못되었는가?

연방준비은행의 의장인 그린스펀은 1990년대 주식시장의 상승장세기간에 투자자의 행동을 묘사하는 말로,“ 비이성적인 과열(irrational exuberance)”이라는 용어를 사용하였다. 이것은 신용위기에 이르게 된 기간에도 적용될 수 있다. 모기지대출기관, 주택 모기지로부터 만들어진 ABS와 ABS CDO의 트랑슈에 투자한 투자자들 그리고 그 트랑슈에 대한 보험을 판매했던 회사들은 이러한 호황기가 영원히 지속될 것이라고 생각하였다. 그들은 미국의 주택가격이 계속 오를 것이라고 생각하였다. 대부분의 사람들은 한 두 지역에서 가격 하락세가 발생할수도 있지만, [그림 8.4]에서 나타난 광범위한 하락의 가능성은 생각지 못했다.

2007년에 시작된 위기의 원인에는 많은 요인들이 있었다. 모기지 발행자들은 느슨한 대출기준을 사용하였고, 투자자에게 신용위험을 전가시키면서 자신들에게 이익을 창출시키는 상품을 개발하였다. 신용평가기관들은 그동안 많은 경험을 쌓아온 채권등급 평가 업무 외에도 비교적 새롭고 역사적 자료가 거의 없는 구조화상품에 등급을 매기는 업무를 하기 시작했다. 투자자들이 매입한 이 상품은 복잡하게 구성되어 있으며, 많은 경우 투자자들과 신용평가기관들은 그 상품의 기초자산의 품질에 대해서 부정확하고 불완전한 정보를 가지고 있었다. 투자자들은 구조화상품이 큰돈을 벌어줄 것을 기대했고, 기초상품의 위험에 대해서 그들 자신의의견보다는 신용평가기관의 의견을 따르는 것을 선택했다. AAA등급이 매겨진 구조화 상품의 수익률은 AAA등급 채권의 수익률보다 높았다(예를들어, LIBOR + 60베이시스포인트).

[그림 8.1]과 [그림 8.3]에서와 같은 구조화상품은 기초자산 간의 채무불이행 상관관계에 매우 의존적이다. 채무불이행 상관관계는 여러 차입자가 동시에 채무불이행할 경향을 측정한다. [그림 8.1]에 있는 기초자산 간의 채무불이행 상관관계가 낮다면, AAA등급의 트랑슈들이 손실을 발생시킬 가능성은 아주 낮다. 채무불이행 상관관계가 증가할수록, 이 트랑슈들은 더욱 위험해진다. [그림 8.3]에 있는 ABS CDO의 트랑슈들은 채무불이행 상관관계에 더욱 의존적이다.

모기지대출이 적정한 채무불이행 상관관계를 가지면(경기가 정상일 때 그렇듯이), 전반적으로 채무불이행률이 높을 가능성은 거의 없으며, 모기지대출로부터 창출된 ABS와 ABS CDO에서 나온 AAA등급의 트랑슈는 상당히 안전하다. 그러나 많은 투자자들은 비용에 관심을 두기 때문에, 시장이 긴장된 상태에서는 채무불이행 상관관계는 증가하는 경향이 있고, 이것은 채무불이행률을 매우 높게 만들 수 있다.

특정 등급을 가진 트랑슈가 그 등급을 가진 채권과 같다고 생각하는 경향이 있었다. 신용평가기관들은 트랑슈에 등급을 부여하는 데 사용했던 기준을 공개했다. S&P와 피치는 어떤 하나의 트랑슈가 손실을 발생시킬 가능성이 유사한 등급의 채권이 손실을 발생시킬 가능성과 같도록 그 트랑슈의 등급을 정하였다. 무디스는 그 트랑슈의 예상손실이 유사한 등급의 채권의 예상손실과 같도록 그 트랑슈의 등급을 정하였다.[9] 즉, 신용평가기관들에 의해서 사용된 등급평가 절차는 트랑슈와 채권의 손실 분포가 어떤 한 측면에서 일치되도록 설계되었다. 그러나 그 분포의 다른 측면에서는 완전히 다를 수 있었다.

트랑슈와 채권 간에 강조되는 차이점은 트랑슈가 종종 폭이 매우 얇다는 것이다. AAA등급 트랑슈들은 종종 [그림 8.1]에서와 같이 원금의 약 80%를 구성하고 있다. 그러나 여기에는 보통 15개에서 20개의 트랑슈들이 있다. 이 트랑슈들 각각은 1% 또는 2%의 폭이 될 것이다. 이러한 폭이 얇은 트랑슈들은 아무런 손실도 발생시키지 않거나 또는 완전히 가치를 갖지 못하고 소진될 수 있을 것이다. 채권보유자와는 달리 투자자들이 원금의 일부분을 회수할 가능성은 낮다. 예를 들어, 5%에서 6% 범위의 손실에 대해서 책임을 지는 BBB등급 트랑슈를 고려해보자. 기초자산의 포트폴리오의 손실이 5% 이하라면 그 트랑슈는 안전할 것이다. 만약 손실이 6% 이상이라면, 그 트랑슈는 완전히 가치를 갖지 못하고 소멸된다. 손실이 5%와 6% 사이일 경우에만 투자자는 투자금액을 부분적으로 회수할 수 있다.

많은 투자자들은 폭이 얇은 BBB등급의 트랑슈와 BBB등급의 채권 간 차이를 간과하였다. 이러한 차

---

9 신용평가회사들이 사용한 기준과 그 기준의 합리성에 대한 논의는 다음을 참조하시오. J. Hull and A. White, "Ratings Arbitrage and Structured Products," Journal of Derivatives, 20, 1 (Fall 2012): 80-86, and "The Risk of Tranches Created from Mortgages," Financial Analysts Journal, 66, 5 (2010): 54-67.

이는 ABS의 BBB등급의 트랑슈에서 만들어진 ABS CDO의 트랑슈가, BBB 등급의 채권으로부터 만들어진 트랑슈보다 훨씬 더 위험하게 만든다. BBB등급 채권으로 이루어진 포트폴리오의 손실은 가장 혹독한 시장 상황에서도 원금의 25%를 넘지 않는다고 보아도 틀리지 않는다. [표 8.1]에서 BBB등급 트랑슈로 이루어진 포트폴리오의 손실이 원금의 100%가 될 수 있음을 쉽게 알 수 있다. 그리고 이것은 트랑슈가 겨우 1% 또는 2%의 폭일 경우에더욱 분명하다.

규제상의 차익

은행들은 많은 모기지상품을 개발하였고, 또한 이 모기지로부터 생성된 트랑슈에 주요 투자자가 되었다. 왜 은행들은 모기지를 증권화했고, 이렇게 창출된 증권화 된 상품을 매입하였을까? 이를 설명하는 데에는 규제상의 차익(regulatory arbitrage)을 이해할 필요가 있다. 은행이 모기지 포트폴리오로부터 생성된 트랑슈를 보유하면서 요구받는 자기자본금액은 모기지 그 자체를 보유하면서 요구받는 자기자본금액보다 훨씬 적다.

금융시장에서의 행동유인

금융위기로부터 우리가 얻을 수 있는 교훈 중의 하나는 시장참여자의 행동유인이 중요하다는 것이다. 경제학자들은 기업의 두 당사자의 이해관계가 완전하게 일치하지 않은 상황을 설명할 때"내리인비용(agency cost)"이라는 개념을 사용한다. 모기지가 개발되고 다시 증권화되어 이를 투자자에게 파는 과정 중에 유감스럽게도 많은 대리인비용이 발생된다.

모기지 개발자의 행동유인은 ABS와 ABS CDO 트랑슈를 만느는 사림들이 받이들일 수 있는 대출을 하는 것이었다. 모기지 발행의 기초자산인 주택을 평가하는 측의 행동유인은 주택을 가능한 한 높은 가격으로 평가함으로써 주택담보인정비율을 가능한 한 낮게 하여 대출기관을 만족시키는 것이었다(대출기관에게 더 많은 실적을 쌓게 하는 것이 대출기관을 만족시키는 일일 것이다). 트랑슈를 만드는 사람들의 주된 관심은 트랑슈등급을 어떻게 정하는가 하는 것이었다. 그들은 AAA등급의 트랑슈 비중을 가능한 한 높이기를 원했고 이를 위해 신용평가기관의 공개된 기준을 사용하는 방법을 찾아냈다. 신용평가기관은 그들이 등급을 정한 증권의 발행자로부터 수수료를 받았으며 수익의 절반이 구조화된 상품으로부터 얻어졌다.

대리인비용의 또 다른 원천은 금융기관 직원의 보수와 관련되어 있다. 직원의 보수는 급여, 연말 보너스, 주식 또는 스톡옵션의 세 가지로 분류된다. 금융기관의 상급직에 있는 많은 직원들은, 특히 거래자들은 보수의 많은 부분을 연말 보너스 형식으로 받는다. 이것은 단기성과에 초점을 맞춘 것이다. 만일 한 직원이 어떤 해에 막대한 이익을 발생시키고 다음 해에는 심각한 손실을 입혔더라도, 그는 첫해에 거액의 보너스를 받을 것이고 다음해에 그것을 되돌려 줄 필요가 없을 것이다(그 직원은 두 번째 해의 손실로 직장을 잃을 수 있다. 그러나 그것이 재앙 정도의 타격을 주는 것은 아니다. 놀랍게도 실제로 금융기관들은 손실 경력이 있는 사람이라도 필요하면 기꺼이 채용하기도 한다).

당신이 2006년에 모기지로부터 생성된 ABS CDO에 투자한 금융기관의 직원이라고 하자. 당신은 거의 확실히 미국 주택시장에 거품이 있다는 것을 인지하고 있었으며, 조만간 거품이 무너져 내릴 것으로 예상하고 있었을 것이다. 그러나 당신은 ABS CDO 투자를 계속하기로 결정하는 것이 가능했을 것이다. 왜냐하면 만일 거품이 2006년 말까지 계속된다면, 당신은 여전히 2006년 말에 흡족한 보너스를 받게 될 것이기 때문이다.

8.4 금융위기의 여파

위기 이전에는 장외파생상품시장은 대체로 규제되지 않고 있었다. 하지만 이는 변화했다. 앞선 장에서 언급됐듯이 대부분의 표준 장외파생상품들은 중앙청산소를 통해 청산되도록 요구받고 있다. 이는 장외파생상품이 거래소에서 거래되는 선물과 유사하게 다루어지고 있음을 의미한다. 은행들은 하나 또는 그 이상의 중앙청산소 회원이다. 표준화된 파생상품을 거래할 때 그들은 중앙청산소에 초기증거금과 추가증거금 지급과 채무불이행 긴금에 돈을 납부하도록 요구 받는다. 금융기관들 간 계속해서 양방향의 청산이 되고 있는 거래들의 경우, 이제는 담보협약이 선택이 아닌 의무로 규제된다.

성과급은 현재 더 철저한 검토 하에 지급되고 있으며 그 규모 역시 제한되고 있다. 성과급이 지급되는 방식도 변화하고 있다. 위기 전에는 연 말에 해당 연도에 대한 성과급이 지급되는 것이 보통이었으며 성과급이 반납되는 경우도 존재하지 않았다. 현재는 몇년에 걸쳐 성과급을 지급하는 것이 보통이며 이에 따라 성과가 기대에 미치지 못하는 경우에는 성과급의 일부가 회수될 수 있다.

미국의 Dodd-Frank 법 그리고 영국 그리고 유럽연합의 유사한 법으로 인해 금융기관의 감독이 더욱 강화됐으며 금융기관에 영향을 미치는 많은 새로운 법률을 포함하고 있다. 예를 들면, 미국에서는 자기자본거래(proprietary trading)과 다른 유사한 예금취급기관의 행위가 제한되고 있다(연방 준비제도 이사회 의장 Paul Volcker가 제안했기 때문에 Volcker 룰이라고 알려져 있다). John Vickers 경이 의장인 영국의 독립적인 위원회에서는 은행의 소매업을 제한했다. 유럽연합의 Liikanen 위원회는 자기자본거래와 다른 고위험 행위들을 다른 은행업과 관련한 행위들과 분리하도록 권유하고 있다.

실무사례 8.1 바젤 I, 바젤 II 그리고 바젤 III

1980년대에 은행의 활동이 더욱 세계화됨에 따라, 국제적인 규제 체계를 갖추기 위한 국가 간 협력이 필요하게 되었고, 그 결과 은행감독을 위한 바젤위원회가 구성되었다. 1988년에 바젤위원회는 신용위험에 따라 은행이 유지해야 하는 자기자본 요구액을 결정하는 일련의 규정을 공표했다. 이러한 자기자본 요구액 결정과 관련된 규정들을 바젤I으로 부르게 되었다. 1995년에 바젤 I은 거래의 상계처리를 허용하는 것으로 수정되었다. 1996년에는 시장위험에 대한 새로운 자기자본 요구액을 결정하는 규정이 공표되었고, 이는 1998년에 시행되었다. 1999년에는 신용위험에 대한 자기자본 요구액을 계산하는 데 중요한 변화가 있어야 한다는 제안이 있었고, 운영위험에 대한 자기자본 요구액도 도입되었다. 이러한 규정들은 바젤 II로 일컬어지며, 결국 신용위기 직전인 2007년에 시행되었다(몇몇 국가에서는 더 뒤늦게 시행). 신용위기 동안과 이후에는 바젤위원회는 새로운 규제요건을 도입했으며 이는 바젤II.5라고 알려져있다. 바젤II.5는 시장위험을 위한 자본요건을 증가시켰다. 이후 바젤III이 도입됐고 바젤III은 자본요건을 더 강화시키고 새로운 유동성 요건을 도입했다.

바젤위원회는 전 세계 모든 국가의 은행감독자들이 적용하는 국제적 표준지침을 제공한다.[10] 위 기 전에는 바젤위원회는 바젤 I과 바젤 II라고 알려진 규제를 시행하고 있었다. 이는 [실무사례 8.1]에 요약 되어있다. 위기 이후 바젤 II.5라고 알려진 규제가 시행됐다. 이는 시장위험을 위한 필요자본금액을 증 가시켰다. 바젤 III은 2010년에 등장했으며 2019년까지 시행되고 있다. 이는 은행이 유지해야 할 자기 자본의 양과 질을 증가시켰다. 또한 은행이 어느 정도의 유동성 요건을 충족시키도록 요구하고 있다. [실무사례 4.2]에서 언급됐듯이 위기의 원인 중 하나는 장기적인 자금수요를 충당하기 위해 단기부채에 지나치게 의존했다는 점이다. 유동성 요건은 이러한 행위를 하기 더욱 어렵도록 설계됐다.

요약

증권화는 은행이 대출과 다른 소득창출 자산 등을 기초자산으로 하여 새로운 증권을 창조하는 것을 말 한다. 투자자는 이 증권을 매입하고, 이것으로 인해 은행들은 재무상태표에 대출금을 기재하지 않아도 되며, 더 빠르게 대출을 확장할 수 있게 되었다. 증권화된 첫 번째 대출은 1960년대와 1970년대 미국의 모기지였다. 정부저당금고(GNMA)가 대출금을 보증하였기 때문에, MBS를 매입한 투자자들은 차입 자들의 채무불이행 위험에 노출되지 않았다. 이후에 자동차 대출, 기업 대출, 신용카드대출그리고 서브 프라임 모기지가증권화되었다. 많은 경우에 있어서 이러한 상품으로부터 만들어진 증권을 매입한 투 자자는 채무불이행에 대해 보증을 받지 못했다.

증권화는 2007년에 시작된 신용위기를 초래하는 데 일정한 역할을 했다. 서브프라임 모기지로부터 트랑슈가 만들어졌고, 이 트랑슈로부터 새로운 트랑슈가 만들어졌다. 위기의 근원지는 미국 주택시장 으로 볼 수 있다. 미국 정부는 주택 소유를 장려하였고, 이자율은 낮았다. 모기지 중개인과 모기지대출 자는 그들의 대출기준을 완화시킴으로써 돈벌이가 더 잘 될 것이라는 것을 알았다. 증권화된 자산을 매 입한 투자자는 신용위험 측면에서 최초 대출자와 같은 입장에 있지 않다. 신용평가기관들은 선순위 트 랑슈에게 AAA등급을 부여하였고, AAA등급의 트랑슈를 매입한 투자자들은 그들의 수익률이 다른 AAA등급의 증권에서 얻는 것보다 높았기 때문에 지속적으로 그 트랑슈에 투자하였다. 은행들은"호황 기"가 지속될 것으로 생각했다. 왜냐하면 보상제도는 단기이익에 초점이 맞춰져 있었고, 이들은 주택 거품과 그들이 거래하는 매우 복잡한 상품에 있을 주택거품의 잠재적인 영향을 무시하였기 때문이다.

첫 번째 매입자와 투기자가 시장에 참가했을 때, 주택가격은 상승하였다. 2년 또는 3년 동안은 몇몇 모기지의 초기이자율이"미끼금리"로 낮은 수준이었다. 미끼금리기간이 끝난 후, 많은 차입자들의 이 자율은 상당히 상승하였다. 높아진 이자율을 감당할 수 없었기 때문에 그들은 채무불이행 이외의 선택 권이 없었다. 이것은 주택의 압류와 매도 공급의 증가로 이어지게 되었다. 2000년과 2006년 사이에 있 었던 주택가격의 상승은 반전되어 하락하기 시작했다. 투기자와 다른 투자자들은 모기지로 빚진 총액 이 그들의 주택가치보다 더 높다(즉, 그들의 순자산은 마이너스가 되었다)는 것을 알게 되었고, 그들은 채무불이행하게 되었다. 이것은 가격하락을 더욱 부채질 했다.

은행들은 위기의 대가를 치르고 있다. 새로운 법안과 규제가 은행의 이익을 감소시킬 것이다. 예를

10 바젤위원회와 규제 요건들에 대한 자세한 부분들은 J. C. Hull, Risk Management and Financial Insitutions, 4th edition, Wiley, 2015 를 참고.

들어 위험대비 자기자본 요구액이 증가하고 유동성 요구액이 도입되었다. 그리고 장외파생상품에 대한 규제가 더욱 강화되고 있다.

참고문헌

Gorton, G. "The Subprime Panic," European Financial Management, 15, 1 (January 2009): 10-46.

Hull, J. C. "The Financial Crisis of 2007: Another Case of Irrational Exuberance," in: The Finance Crisis and Rescue: What Went Wrong? Why? What Lessons Can be Learned. University of Toronto Press, 2008.

Hull, J. C., and A. White. "Ratings Arbitrage and Structured Products," Journal of Derivatives, 20, 1 (Fall 2012): 80-86.

Keys, B. J., T. Mukherjee, A. Seru, and V. Vig. "Did Securitization Lead to Lax Screening? Evidence from Subprime Loans," Quarterly Journal of Economics, 125, 1 (2010): 307-62.

Krinsman, A. N. "Subprime Mortgage Meltdown: How Did It Happen and How Will It End," Journal of Structured Finance, 13, 2 (Summer 2007), 13-19.

Mian, A., and A. Sufi. "The Consequences of Mortgage Credit Expansion: Evidence from the U.S. Mortgage Default Crisis," Quarterly Journal of Economics, 124, 4 (November 2009), 1449-96.

Sorkin, A. R. Too Big to Fail, New York: Penguin, 2009.

Tett, G. Fool's Gold: How the Bold Dreak of a Small Tribe at JP Morgan Was Corrupted by Wall Street Greed and Unleashed a Catastrophe. New York: Free Press, 2009.

Zimmerman, T. "The Great Subprime Meltdown," Journal of Structured Finance, Fall 2007, 7-20.

연습문제

8.1. 1970년대 MBS 시장에서 정부저당금고(GNMA)의 역할은 무엇이었나?

8.2. (1) ABS와 (2) ABS CDO가 어떤 상품인지 설명하라.

8.3. 중순위 트랑슈는 무엇을 의미하는가?

8.4. 증권화에서 계단형폭포, 즉 워터폴은 무엇을 의미하는가?

8.5. 손실률이 (1) 12%와 (2) 15% 일 때 [표 8.1]에 들어갈 숫자는 무엇인가?

8.6. 서브프라임 모기지는 무엇인가?

8.7. 2000년부터 2007년까지 기간 동안 주택가격의 상승이 거품이라고 하는데 당신은 어떻게 생각하는가?

8.8. 모기지대출자는 2000년부터 2007년 기간 동안 흔히 잠재적 차입자가 제출한 모기지 신청서의 정보를 왜 검토하지 않았는가?

8.9. 시장이 ABS CDO의 위험을 어떻게 잘못 판단하였는가?

8.10. "대리인비용"이란 무엇을 의미하는가? 대리인비용이 신용위기에 어떤 역할을 하였는가?

8.11. ABS CDO는 어떻게 만들어졌는가? ABS CDO를 만든 동기는 무엇인가?

8.12. 채무불이행 상관관계의 증가가 ABS의 선순위 트랑슈의 위험에 미치는 영향을 설명하라. 후순위 트랑슈

의 위험에 영향을 미치는 요인은 무엇인가?

8.13. ABS CDO의 AAA등급의 트랑슈가 ABS의 AAA등급의 트랑슈보다 더 위험한 이유를 설명하라.

8.14. 연말 보너스를 때때로"단기보상"이라고 부르는 이유를 설명하라.

8.15. [표8.1]에 기초자산들의 (a) 2%, (b) 6%, (c) 14%, 그리고 (d) 18% 손실에 해당하는 열을 추가하라.

과제물 문제

8.16. [그림 8.3]에서 선순위 트랑슈, 중순위 트랑슈, 후순위 트랑슈에 할당된 원금이 ABS와 ABS CDO 모두에 대해서 각각 70%, 20%, 10%라고 가정하자. [표 8.1]에서 달라지는 것은 무엇인가?

8.17. 재증권화는 좋지 못한 생각이다. ABS의 중순위 트랑슈로 만들어진 AAA 트랑슈는 ABS의 AAA 신용등급의 트랑슈보다 채무불이행 확률이 더 높다. 이 견해에 대해 논의하라.

8.18. CDO 제곱 (CDO squared)라고 불리는 상품을 구성하기 위해 [그림8.3]과 유사한 ABS CDO의 중순위 트랑슈가 재증권화 됐다고 가정하라. [그림8.3]의 ABS로 만들어진 트랑슈의 경우와 같이 65%의 원금이 AAA 트랑슈에, 25%의 원금이 BBB 트랑슈에, 그리고 10%의 원금이 후순위 트랑슈에 할당된다. AAA 신용등급의 트랑슈가 손실을 보기 위해서는 기초자산에 얼마나 높은 손실이 발생해야 하겠는가? (자산유동화증권을 만들기 위해 사용된 자산의 모든 포트폴리오가 동일한 손실율을 겪는다고 가정.)

8.19. [그림 8.3]에서 후순위 트랑슈와 선순위 트랑슈 간에 동등하게 나누어지면서 중순위 트랑슈 원금이 감소함과 함께 ABS의 중순위 트랑슈의 폭이 줄어든다. 이렇게 되면서 무슨 일이 발생하는지를 조사하라. 특히 [표 8.1]에는 어떤 영향을 주는가?

8.20. [그림8.1]의 구조가 2000년에 만들어졌으며 10년동안 유지된다고 가정하자. 기초자산의 채무불이행은 8차연도까지 발생하지 않으며 8차연도에 금융위기 여파로 인한 채무불이행으로 17%의 원금이 손실됐다. 마지막 2년 동안에는 원금손실이 발생하지 않았다. 마지막까지 원금의 상환은 없다. 트랑슈의 상대적 성과를 평가하라. LIBOR는 3%에 고정되어 있다고 가정하라. 이자지급과 원금지급을 모두 고려하라.

9 CHAPTER 가치평가조정(XVA)

옵션과 다른 복잡한 파생상품의 가치평가를 논하기 전에 우리는 파생상품시장에서 중요해진 다양한 가격조정에 대해 알아본다. 가격조정에는 신용가치평가조정(credit valuation adjustment 또는 CVA), 부채가치평가조정(debit or debit valuation adjustment 또는 DVA), 자금가치평가조정(funding valuation adjustment 또는 FVA), 증거금가치평가조정(margin valuation adjustment 또는 MVA), 그리고 자본가치평가조정(capital valuation adjustment 또는 KVA)이 있다. 총괄하여 이들은 XVA라고 알려져있다. 몇몇의 가치평가조정은 다른 가치평가조정보다 더 강한 이론적 근거를 갖고 있다. 재무경제학자들은 CVA와 DVA에 대해서는 동의하고 있지만 FVA, MVA, 그리고 KVA에는 의혹을 갖고 있다.

9.1 CVA와 DVA

이 책의 대부분은 채무불이행을 고려하지 않는 파생상품의 가치를 결정하는 것을 고려해왔다. 즉, 파생상품의 가치는 양 거래 당사자들이 채무를 불이행하지 않는다는 것을 가정했다. 신용가치평가조정(CVA)와 부채가치평가조정(DVA)은 채무불이행을 고려하지 않는 파생상품의 가치를 거래 상대방 한쪽의 채무불이행 확률을 반영하기 위한 조정이다. 이 장에서는 가치평가조정을 개괄적으로 다룬다. 더 자세한 가치평가조정에 대한 계산은 24장에서 다뤄진다.

은행과 거래상대방이 양방청산되는 파생상품거래들을 계약하고 있다고 가정하자. 은행과 거래상대방 간의 마스터협약(Master agreement)은 거의 확실히 상쇄가 적용될 것을 명시하고 있을 것이다. 이는 양 거래자 간의 모든 미결된 파생상품들이 채무불이행이 발생했을 경우 단일 파생상품으로 간주됨을 의미한다. 만약 한쪽 거래자가 파산을 선언하면 요청되는 담보제공에 실패하거나 또는 다른 방식으로 약정된 내용을 수행하지 못할 경우 다른 거래상대방은 채무불이행을 선언할 것이다. 며칠 뒤에 은행과 거래상대방 간의 미결된 파생상품의 조기종결로 이어질 것이며 정산금액이 계산될 것이다. 정산금액은 파생상품의 가치를 반영하며 이는 채무를 불이행하지 않은 거래상대방이 치르게 될 비용을 반영하기 위해 조정된다. 이 비용은 적용가능한 매수매도호가 차이와 동일하다.

은행의 거래상대방이 채무를 이행하지 않았으며 양쪽 거래자 모두 담보를 제공하지 않았다고 가정하자. (담보에 대한 영향은 이후에 설명한다.) 만약 은행에게 있어 미결된 파생상품 포트폴리오의 가치가 양(+)일 때 조기종결이 발생한다면 은행은 정산금액에 대한 무담보 채권자가 되며 정산금액을 빠짐없이 받지 못할 것이기 때문에 손실을 발생시킬 가능성이 높다.

반대의 상황, 즉 포트폴리오의 가치가 은행에게 있어 음(-)인 경우 그리고 거래상대방에게 있어 양(+)인 경우 은행은 정산금액을 거래상대방(또는 거래상대방 청산자)에게 빚지게 되며 모두 지급될 것이기 때문에 손실은 존재하지 않는다.

CVA는 거래상대방의 채무불이행으로 인해 발생할 것으로 예상되는 비용의 현가에 대한 은행의 추정치이다. CVA를 계산하기 위해 은행은 다음 T년을 다수의 구간으로 나눈다. 각 구간마다 은행은

1. 해당 구간에서 거래상대방의 채무불이행으로 인해 조기종결이 발생할 확률; 그리고
2. 해당 구간의 중간시점에서 조기종결이 발생할 경우 파생상품 포트폴리오로부터 예상되는 손실의 현가.

N개의 구간이 존재하며 q_i는 거래상대방의 i번째 구간에서의 채무불이행확률, 그리고 v_i는 i구간 중간시점에서 채무불이행이 발생할 경우 예상되는 손실의 현가라고 가정하자. CVA는

$$\text{CVA} = \sum_{i=1}^{N} q_i v_i \tag{9.1}$$

이 공식은 믿을 수 없도록 간단하지만 이를 수행하기 위한 과정은 꽤나 복잡하며 계산시간이 상당히 오래 걸린다. 이는 24장에서 설명될 것이다.

f_{nd}는 채무불이행을 고려하지 않는 파생상품 포트폴리오의 은행입장에서의 가치이다. 앞서 설명했듯이 이는 채무불이행이 양쪽 모두에게 발생하지 않는다고 가정 하에서의 포트폴리오 가치이다. 거래상대방의 채무불이행 확률이 고려될 경우 은행입장에서의 포트폴리오의 가치는 다음과 같다.

$$f_{\text{nd}} - \text{CVA}$$

하지만 이것이 끝이 아니다. 은행도 채무를 불이행할 수 있기 때문이다. 이는 거래상대방에게 손실이 되며 은행입장에서는 이익이 된다. DVA는 은행이 채무를 불이행 확률을 통해 계산한 은행입장에서 기대할 수 있는 이익의 현가이다. DVA는 CVA와 유사하게 계산된다.

$$\text{DVA} = \sum_{i=1}^{N} q_i^* v_i^* \tag{9.2}$$

q_i^*는 은행의 i번째 구간에서의 채무불이행확률, 그리고 v_i^*는 i구간 중간시점에서 은행이 채무를 불이행할 경우 예상되는 은행입장에서의 이익(그리고 거래상대방입장에서의 손실)의 현가이다. CVA와 DVA를 고려하면 은행입장에서의 포트폴리오 가치는 다음과 같다.

$$f_{\text{nd}} - \text{CVA} + \text{DVA}$$

은행의 채무불이행이 스스로에게 이익이 된다는 이야기는 많은 사람들에게 이상하게 들릴 수 있다. 어

떻게 채무불이행으로부터 이익이 있을 수 있는가? 이에 대해 생각하는 한 가지 방법은 다음과 같다. 파생상품은 제로섬게임으로 일컬어 진다. 한쪽의 이익은 언제나 다른 한쪽의 손실과 같다. 만약 은행의 거래상대방이 은행의 미결된 파생상품에 대한 채무불이행 확률로 인해 손실을 본다면 은행은 반드시 이익을 보아야 한다. 은행이 채무를 불이행하는 상황에서 이익을 보는 이유는 채무불이행을 고려하지 않는 파생상품 계약들의 가치가 은행입장에서 음(-)일때 은행은 해당 계약들을 이행할 필요가 없기 때문이다.

DVA가 없이는 파상상품 거래가 성립하기 어렵다. 양방청산되는 금리스왑을 협의하고 있는 두 시장 참여자 X와 Y 고려하라. X는 고정금리를 지급하고 LIBOR를 받게 될 것이며 담보는 제공하지 않아도 된다. 예시의 목적 상 두 거래자 간에 다른 거래는 없다고 가정했다.[1]

두 거래자는 채무불이행위험이 없다면 고정금리는 2.2%가 되는 것에 동의했다. X가 Y의 채무불이행 위험을 고려하여 X는 2.2%가 아닌 2.1%를 지급하기로 결정했다고 가정한다. (연0.1% 감소는 X에게 있어서 Y가 채무를 이행하지 않을 수도 있는 확률에 대한 보상이다.) 하지만 Y가 X의 채무불이행 확률을 고려하면 Y는 2.2%가 아닌 2.35%를 지급받기로 결정한다. (추가 0.15%는 Y입장에서 X가 채무를 이행하지 않을 수도 있는 확률에 대한 보상이다.) 각 거래자가 한쪽의 채무불이행 확률만을 고려하려고 한다면 거래가 성사되지 않을 가능성이 높다. 하지만 만약 각 거래자가 (스스로도 채무를 불이행할 확률을 고려한) DVA를 계산한다면 양 거래자는 스왑으로부터의 기대 현금흐름을 유사하게 가치평가할 것이기 때문에 그들은 더 높은 확률로 거래를 성사시킬 수 있을 것이다.

DVA는 직관에 어긋나는 효과를 갖고 있다. 은행의 신용도가 감소할수록 식 (9.1)의 q_i^*는 증가하며 DVA도 같이 증가한다. 이는 은행입장에서 파생상품 포트폴리오를 더욱 가치있게 만든다.

담보

양 거래자 간에 담보를 제공하기로 합의했다면 상황은 더 복잡해진다. 마스터협약에 첨부된 Credit support annex(CSA)는 요청된 담보의 총액을 어떻게 계산할 것이며 담보는 어떠한 형태를 취하게 될 것인지 명시한다. 현금담보에 대한 이자는 일반적으로 연방준비율 또는 오버나이트 이자율과 유사한 수준에서 지급된다. 담보가 증권의 형태라면 헤어컷(haircut)은 보통 증권의 시장가치에 적용된다.

만약 은행의 거래상대방이 채무불이행 상태가 되고 담보의 가치가 납부해야하는 정산금액보다 작다면 은행은 거래상대방이 제공한 어떠한 담보든 계속 보유할 수 있는 권한을 갖게 된다. 유사하게 은행이 채무불이행 상태가 되면 거래상대방은 은행이 제공한 담보를 납부해야하는 정산금액을 충당하기 위해 사용할 수 있다. 정산금액을 초과하는 담보는 다시 반환되어야만 한다.

식 (9.1)과 (9.2)는 담보가 제공되는 경우에도 여전히 성립하지만 v_i와 v_i^*의 계산은 더 복잡해 진다. 반드시 이 계산은 은행 또는 거래상대방이 제공한 담보를 조기종료 시점에 고려해야 한다. 보통 이 계산은 조기종료 시점 며칠 전 채무불이행 상태에 빠진 거래자는 담보의 제공과 초과담보의 반환을 중단한다는 가정 하에 이루어진다. 여기서 가정 된 일수는 cure period 또는 margin period of risk라고 알려져있다. 예를 들

1 두 거래자 간에 다른 거래가 존재하고 모든 계약을 커버하는 마스터협약이 존재한다면 각 거래자는 양 거래자 간의 거래 포트폴리오에 대한 새로운 거래로부터 발생하는 새로운 기대 증분 손실을 평가해야 한다.

어 cure period가 10일인 경우 조기종료 시점의 담보는 CSA에서 명시된 10일 전의 담보가 된다.

9.2 FVA와 MVA

자금가치평가조정(FVA)과 증거금가치평가조정(MVA)는 파생상품 포지션 자금조달비용을 고려한 파생상품 포트폴리오 가치에 대한 조정이다. 이러한 조정이 어떻게 발생하는지 묘사하기 위해 파생상품 딜러인 은행A가 [그림9.1]과 묘사되어 있는 상황에 있다고 가정하자. 은행A는 한 기업과 5년 금리스왑에 참여하였으며 이에 따르는 위험을 헷지하기 위해 상쇄스왑을 다른 딜러인 은행 B와 체결하였다. 은행 A는 연0.1%의 고정된 수입을 얻을 수 있는데 이는 은행B로부터 3%를 받고 기업에게는 2.9%를 지급하기 때문이다. 은행A와 은행B 간의 거래가 중앙청산소를 통해 청산되며 개시증거금과 추가증거금을 납부해야 한다고 가정한다. (앞선 장에서 설명했듯이 이는 예시에 나타나 있는 것과 같은 표준스왑 거래 시 신용위기 이후 규제들에 의해 요구되는 사항이다.)

만약 [그림9.1]에서 기업과의 거래가 은행과 간의 거래와 동일한 중앙청산소를 통해 청산된다면 은행A의 상황은 간단하다. 은행A에게 증분 개시증거금 요청을 하지 않을 수 있도록 중앙청산소는 두 거래를 상쇄시킨다. 계약들은 언제나 은행입장에서 양(+)의 가치를 지니기 때문에 증거금률은 두 거래가 없는 경우보다 약간 적게될 것이다.

앞서 언급한 바와 같이 은행A와 기업 간의 거래는 담보가 요구되지 않고 은행A와 은행B 간의 거래는 중앙청산소를 통해 청산된다고 가정하자. 두 거래는 자금 영향을 갖게 된다. 첫째, 스왑의 존속기간 동안 은행B와의 스왑은 중앙청산소로 하여금 은행A에게 추가적인 개시증거금을 요청할 가능성이 높다. 만약 개시증거금을 위한 자금조달비용이 중앙청산소가 개시증거금에 대해 지급하는 이자보다 더 크다면, 은행A에게는 거래에 기인하는 증분 개시증거금을 조달하기 위한 비용이 든다. 이는 마진가치평가조정(MVA)라고 알려져 있으며 은행입장에서 기업과의 거래의 가치를 감소시킨다.[2]

중앙청산소의 추가증거금 역시 자본조달을 요구하게 된다. 은행B와의 거래가 은행A에게 있어 음(-)의 가치를 갖고 있어 기업과의 거래는 은행에게 있어 양(+)의 가치를 갖게 된다고 가정하자. 이 경우 은행A는 CCP로부터 제공된 추가증거금에 연계되어 있는 자금을 갖게 될 것이다.[3] 은행A는 기업으로부터 이 개시증거금을 상쇄하기 위해 어떠한 담보도 받지 않을 것이다. 은행A는 외부로부터의 자금을 증가시켜야 하기 때문에 자금의 필요성이 생겨난다. 반대의 상황, 즉 은행B와의 거래가 양(+)의 가치를 갖게되어 기업과의 거래는 음(-)의 가치를 갖게되는 경우, 은행A는 중앙청산소로부터 추가증거금을 지급받으며 담보나 증거금을 기업에게 납부하지 않아도 된다.

계속해서 증거금을 위한 자금조달비용은 증거금에 지급되는 이자보다 더 크다고 가정한다. 방금 고

2 거래의 결과로써 중앙청산소가 요청하는 개시증거금은 반드시 증가할 필요가 없다. 개시증거금을 결정하기 위해 중앙청산소는 중앙청산소를 통해 청산되는 은행A가 보유하고 있는 모든 거래를 검토한다. 은행B와의 스왑이 은행A가 갖고 있는 중앙청산소를 통해 청산되는 다른 거래를을 상쇄시켜 결과적으로 초기증거금을 감소시킬 수 있다. 거래를 위한 증분 MVA는 이 경우 음(-)의 값을 갖는다.

3 중앙청산소가 선물청산소와 다방면에서 유사하지만 스왑은 일일정산이 이루어지지 않는다는 점에서 선물과 다르다. 그러므로 은행A는 추가증거금을 납부하고 이에 대한 이자를 받는다. 그리고 추가증거금을 받을 경우 이에 대한 이자를 반드시 납부해야 한다. 선물의 경우 일일정산은 추가증거금이 수령자에게 귀속됨을 의미하기 때문에 이자지급이 이루어지지 않는다.

그림 9.1 은행A가 참여한 스왑. 은행B와의 거래는 CCP를 통해 정산된다. 기업(end user)과의 거래는 양방 청산된다.

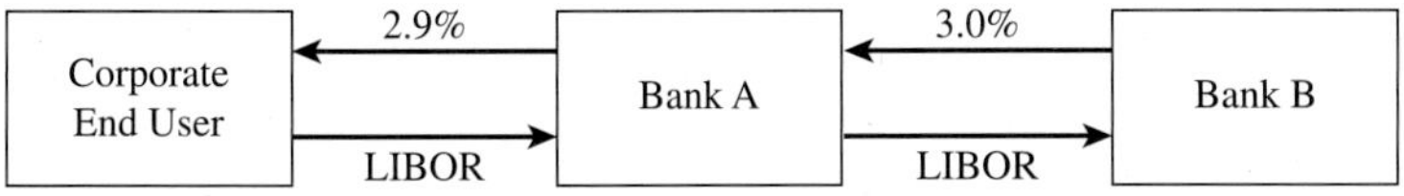

려된 첫번째 경우에서는 (은행A가 외부로부터의 자금을 증가시킴으로써 발생하는) 비용과 두번째 경우에서는 (은행A가 외부로부터의 자금을 감소시킴으로써 발생하는) 이익이 존재한다. FVA는 이 비용과 이득을 반영하는 파생상품의 가치에 대한 조정이다. 기대 미래자본비용의 현가는 자금조달비용조정(funding cost adjustment 또는 FCA)이라고 불리며 기대 미래자본이득의 현가는 자금이득조정(funding benefit adjustment 또는 FBA)이라고 불린다. FVA은 FCA가 FBA를 초과하는 만큼 파생상품의 가치를 감소시킨다. 스왑의 가치에 대한 조정이 양(+) 또는 음(-)인가는 은행B와의 스왑이 시간이 지남에 따라 양(+) 또는 음(-)의 가치를 가질 가능성이 더 높은가에 달려있다. 이는 [그림7.6]에서 논의됐듯이 이자율의 기간구조의 형태에 의해 결정된다.

[그림9.1]의 상황은 FVA와 MVA가 발생할 수 있는 유일한 경로가 아니다. FVA 언제든 은행이 거래상대방과 무담보 파생상품거래에 참여할때면 잠재적으로 발생할 수 있다. 무담보 파생상품이 양(+)의 가치를 지니면 자금조달비용이 존재한다. 무담보 파생상품이 음(-)의 가치를 지니면 자금이익이 존재한다.[4] 예를 들어 만약 은행이 무담보 옵션을 거래상대방으로부터 매입했다면 옵션은 양(+)의 가치를 가지며 자금조달비용은 옵션의 가치평가에서 가정된 무위험이자율을 초과하는 가정된 자금조달비용과 동일할 것이다. 만약 은행이 무담보 옵션을 거래상대방에게 매도한다면 옵션은 음(-)의 가치를 가지며 자금이익이 존재하게 된다. MVA는 언제든 거래에 증분 개시증거금이 요청이 생겨나는 경우 발생한다. 앞선 장에서 설명했듯이 금융기관 간에 중앙청산소를 통해 청산되는 거래뿐만 아니라 양방청산되는 거래에 개시증거금을 요구하는 규제가 시행되고 있다.[5]

MVA 또는 FVA를 계산하기 위해서는 다음의 질문에 답해야 할 필요가 있다: "[그림 9.1]과 같은 상황에서 증거금을 위한 자금 조달 비용은 어떻게 되는가? 이는 이론과 실제의 괴리가 자주 생기는 지점이다. 많은 은행들은 증거금 조달비용이 평균 부채 조달비용과 동일하다고 주장한다. 증거금이 US 달러로 지급되어야 한다고 가정하자.[6] 만약 은행이 US 달러 증거금에 대해서 지급받는 이자가 연방자금금리 – 20 BPS이고 은행의 평균 자금조달비용이 연방자금금리 + 100 BPS라면, 은행은 FVA와 MVA를 계산할 때 자금조달비용이 연 120 BPS라고 가정해야 한다.

4 [그림9.1]에서 이것이 어떻게 작동하는지 보기 위해서 기업과의 스왑은 무담보임을 주목하라. 스왑이 양(+)의 가치를 지닐 때 (그래서 음(-)의 가치를 갖는 중앙청산소와의 거래를 상쇄시킬 때) 자금조달비용이 존재한다. 스왑의 가치가 음(-)일 때 (그래서 양(+)의 가치를 갖는 중앙청산소와의 거래를 상쇄시킬 때) 자금이익이 존재한다.

5 자금측면에서 중앙청산소에 지급하는 채무불이행기금 납부금도 개시증거금과 유사하다고 여길 수 있다.

6 실제로는 은행이 증거금 제공을 위한 통화를 선택할 수 있으며 일부 상황에서는 현금 대신 채권과 같은 증권을 제공 할 수도 있다. (증권은 일반적으로 담보의 목적으로 사용될 경우 가치평가가 될 때 헤어컷의 대상이 된다.) 어느 선택이 최선인지 확인하기 위해서는 복잡한 계산이 수반된다.

재무경제학자들은 투자를 위한 자금이 어떻게 조달되었는지는 투자에 대한 요구수익률에 영향을 미치지 않아야 한다고 주장한다. 요구수익률은 투자의 위험을 토대로 산정되어야 한다. 개시증거금 또는 추가증거금에 투자하는 것은 일반적으로 아주 위험이 낮다.[7] 일반적으로 은행은 무위험이자율에 가까운 수익률에 만족해야만 한다. 만약 우리의 예에서 증거금에 대한 요구수익률이 연방자금금리 + 10 BPS이고 증거금에 대해 납부되는 이자가 연방자금금리 – 20 BPS라면 자금조달비용 (또는 이익)은 앞서 계산한 120 BPS가 아닌 30 BPS가 된다.

왜 연방자금금리 + 100 BPS가 평균 자금조달비용으로 사용되면 안되는지 설명하기 위해 Hull과 White (2012)는 두 가지 논거를 사용했다.[8] 첫번째 논거는, 은행은 그들이 발행한 부채에 대해 채무를 불이행 할 수도 있기 때문이 은행은 100 BPS 신용스프레드로부터 이익을 얻을 수 있다. 이는 앞서 논의된 DVA와 유사하며 Hull과 White는 이를 DVA2라고 언급했다.[9]

두번째 논거를 위해, 무위험이자율이 2%이며 은행의 자금조달비용은 3.5%라고 가정하자. 만약 무위험인 프로젝트가 3%의 수익률을 제공한다면 은행은 이 프로젝트에 착수해야 하는가? 답은 은행은 이 프로젝트에 착수해야 한다. 이 프로젝트의 현금흐름을 위한 적절한 할인율은 2%이며 프로젝트는 이 할인율이 사용됐을 때 양(+)의 현가를 갖고 있다. 은행이 3.5%에 자금을 조달할 수 있기 때문에 3.5%보다 높은 수익률을 제공하는 프로젝트만을 선택해야 한다고 주장하는 것은 옳지 않다.

은행이 위험이 없는 (또는 거의 없는) 프로젝트를 시작할 때 어떠한 일이 발생하는지 고려해보자. 위험이 없는 프로젝트의 증분자금조달비용이 3.5%가 아닌 2%가 되어야 하듯이 은행의 자금조달비용은 감소해야 한다. 극단적인 예를 들기 위해 우리가 고려하는 은행은 무위험 프로젝트를 채택하면 규모가 두배로 늘어날 것이라고 가정하자. 은행의 자금조달비용은 2.75%로 바뀌어야 한다(예전 프로젝트 3.5%와 새로운 프로젝트 2%의 평균). 만약 평균 자금조달비용 3.5%가 모든 프로젝트에 대한 요구수익률로 사용된다면, 저위험 프로젝트는 매력적이지 않은, 고위험 프로젝트는 매력적인 투자안으로 보일 가능성이 있다.

Andersen et al. (2016)은 FVA 계산을 위해 평균 자금조달비용을 사용하는 것에 대한 의문을 제기했다.[10] 이 경우 주주로부터 채권자로의 부의 이전이 발생한다.

XVA 논의는 재미있는 유사점을 갖고 있다. 기업재무 강의에서 학생들은 어떻게 (비금융) 기업들의 가중평균자본비용(weighted average cost of capital, WACC)과 자본 투자 프로젝트(capital investment project)의 기대현금흐름을 할인하기 위해 사용되는 할인율을 계산하는지 배운다. 학생들은 할인율이 어떻게 자본이 조달되었는가가 아닌 투자안의 위험에 의존한다는 것을 배운다. 평균보다 더 위험한 프로젝트에 대해서는 WACC보다 더 높은 할인율이 사용되어야만 한다. 평균보다 덜 위험한 프로젝트에 대해서는 WACC보다 더 낮은 할인율이 사용되어야만 한다.

그러나 많은 기업들이 모든 프로젝트에 대해서 단일 WACC를 사용하고 있다.이는 위험한 프로젝트

7 예를 들어, [그림 9.1]의 예와 같이 중앙청산소가 실패로 증거금을 잃을 확률은 아주 낮다.

8 J. C. Hull and A. White, "The FVA Debate," *Risk*, 25th anniversary edition (July 2015): 83-85.

9 그러나 만약 100 BPS의 일부가 유동성 또는 은행의 채무불이행 위험을 반영하지 않는 다른 부분에 대한 것이라면, 이 비용은 비즈니스를 하는 데에 대한 자중손실(deadweight cost)이고 FVA의 타당한 원청니 될 수 있다.

10 L. B. G. Andersen, D. Duffie, and Y. Song, "Funding Value Adjustment," Working Paper, ssrn 2746010.

를 더 매력적으로 보이게 하며 안전한 프로젝트를 덜 매력적으로 보이게 한다. 다른 모든 것이 동일하다면, 동일한 할인율을 사용하는 것은 시간이 지날수록 기업들을 더 위험하게 만든다.

개시증거금 또는 추가증거금에 투자하는 것은 일반적으로 은행의 다른 투자에 비해 위험이 낮다. 투자의 한계효과는 은행의 평균자금조달비용 보다 낮다.

일부 금융공학자와 재무경제학자들의 FVA와 MVA에 대한 견해의 차이는 재무경제학자들은 한계자본비용을 사용하는 반면 금융공학자들은 평균 비용을 사용한다는 것이다. 논의의 본질은 다음의 가상 대화를 통해 요약될 수 있다.

재무경제학자: 당신이 프로젝트를 위한 자금을 위해 사용하는 비용은 프로젝트의 위험을 반영해야 합니다. 평균 자금조달비용을 사용하는 것은 당신이 은행의 모든 프로젝트가 동일한 위험을 갖고 있다고 가정하는 것과 같습니다.

금융공학자: 그런데 개시증거금이나 위험이 낮은 헤지가 된 파생상품에 에 자본을 묶어 두면 나는 그 자금을 다른 곳에 쓰지 못한합니다. 평균적으로 은행은 개시증거금과 같은 것들로부터 더 높은 수익을 올립니다. 낮은 위험, 낮은 수익 프로젝트에 대한 비용은 존재합니다.

재무경제학자: 당신은 당신의 사업을 위한 자금이 부족한 것처럼 이야기하고 있습니다. 만약 당신이 위험이 높건 낮건 좋은 프로젝트를 갖고 있다면 시장은 당신에게 자금을 제공할 것입니다.

금융공학자: 실제로도 그런지는 잘 모르겠네요.

9.3 KVA

자본평가를 조정하는 KVA는 파생상품 거래가 증분적으로 발생시키는 요구자본수준의 변화이다. 특정 거래를 시작하면서 은행은 거래가 끝날 때까지 규제가 요구하는 바에 따라 추가적으로 백만 달러의 자기자본을 확보해야 한다.[11] 이에 대한 비용은 얼마인가?

재무경제학이론과 실무자들의 의견은 괴리가 있다. 많은 실무자들은 만약 주주들이 연 15%의 수익률을 요구하고 은행은 추가적으로 자기자본을 조달해야 하는 낮은 위험 프로젝트에 투자한다면 추가자본에 대한 수익률은 적어도 15%가 되어야만 한다. (앞서 논의된 바와 같이 이는 비금융기업이 WACC를 모든 프로젝트의 장애율(hurdle rate)로 사용하는 것과 유사하다.) 파생상품에서는 이는 가격 조정이 있어야만 함을 의미하며, KVA는 증분 자기자본의 수익률이 15%가 되도록 보장해준다. 재무경제학자들은 어떻게 기업이 자본을 조달하는가는 어떻게 프로젝트를 평가하는가에 반영되지 않아야 한다고 주장한다 (세금효과를 제외하고). 은행이 더 자기자본을 통해 자본을 조달 한다면, 기업이 덜 위험해짐

---

11 실제로는 (증거금 요청과 같은) 자본 요청은 시간에 따라 다르다. 또한, 언제든 요구되는 기대 증분 자본은 여러 구성요소를 갖고 있다: 신용위험자본, 시장위험자본, 운영위험자본. 이들은 반드시 따로 추정되어야 한다.

에 따라 부채와 자기자본 제공자들은 더 낮은 수익률을 요구하게 된다. 재무연구의 이 주장은 50년 전에 등장했으며 이론적 유효성은 오랜 시간이 지났음에도 불구하고 건재하다.[12] 많은 실무자들은 이 이론에 동의하지 않는다. MVA와 FVA 경우처럼, 양측간의 차이는 평균 또는 한계 자기자본을 써야하는가이다. 우리는 다음이 대화를 상상해 볼 수 있다.

재무경제학자: 당신은 KVA를 할 필요가 없습니다. 파생상품이 위험을 반영한 수익률을 제공한다면 당신의 투자자들은 행복할 것입니다.

실무자: 신용위기 이후 파생상품을 위한 자기자본요건은 까다로워졌습니다. 나의 주주들은 연 15%의 수익률을 요구합니다. 만약 새로운 규제 하에서 추가적인 자본을 요구하는 파생상품 거래를 시작하게 된다면 나는 자본에 대한 수익률이 적어도 15%가 될 수 있도록 해야 합니다.

재무경제학자: 하지만 은행이 자기자본을 더 조달할수록 은행의 위험은 낮아지며 자기자본에 대한 투자자들의 요구수익률은 낮아질 것입니다. 이는 전체 은행의 평균위험이 변화하지 않더라도 사실입니다. 따라서 새로운 자기자본이 요구하는 한계 수익률은 낮습니다.

실무자: 실제로도 그런지는 잘 모르겠네요.

9.4 계산문제

모든 XVA의 계산은 시간이 오래걸린다. 미래의 기대 신용노출, 기대 자금조달비용, 기대 자본요구를 결정하기 위해서는 몬테카를로 시뮬레이션이 필요하다. 은행은 종종 CVA를 적극적으로 관리한다. 그들은 CDS 또는 유사한 수단을 사용해 간혹 거래상대방의 채무불이행에 대한 보호를 매입하기도 한다 (7장 11절 참조). 이는 채무불이행으로부터의 기대 손실을 감소시켜준다.

9장 1절에서 논의되었듯이, CVA와 DVA는 거래상대방과 은행 사이의 모든 파생상품 포트폴리오에 대해서 계산되어야만 한다. 이는 거래별로 계산될 수 없다. 이는 상쇄효과 때문이다. 거래상대방과의 새로운 양방 청산 거래는 거래가 거래상대방과의 다른 거래들과 상쇄되면서 발생하는 일에 따라 CVA와 DVA를 증가 또는 감소시킬 것이다. 만약 미래에 은행의 신용노출이 증가하는 경향이 있다면 증분 CVA는 양(+)일 것이다. 만약 신용노출이 감소하는 경향이 있다면 증분 CVA는 감소할 것이다. DVA의 경우에도 유사하다.

증분 FVA는 거래별로 계산될 수 있다. 이는 미래 어떤 시점에서 거래들의 포트폴리오를 위해 요구되는 순자금이 개별 거래에 대한 요구 순자금의 합과 동일하기 때문이다.[13] CCP를 통해 청산되는 거래의 MVA는 포트폴리오 기준으로 계산되어야만 한다. [그림 9.1] 예시의 경우처럼, 이는 은행 A가 증분 개시증거금 요청을 결정하는 CCP를 통해 청산하는 포트폴리오에 대해 요구받는 개시증거금에 대한 새로운 거래의 영향이며 따라서 MVA이다. KVA는 더 복잡하다.

12 F. Modigliani and M. H. Miller, "The Cost of Capital, Corporation Finance, and the Theory of Investment," American Economic Review, 48, 3 (1958): 261-297; F. Modigliani and M. H. Miller, "Corporate Income Taxes and the Cost of Capital: A Correction," American Economic Review, 53, 3 (1963): 433-443.

13 자금 요구(funding requirement)에 대한 채무불이행의 영향이 고려될 경우 이는 대략적으로 사실이다.

요약

은행과 다른 사생상품 시장 참여자들은 오랫동안 거래상대상의 신용위험을 걱정해왔다. 이를 위한 두 가지 조정으로 신용가치평가조정(CVA)과 부채가치평가조정(DVA)이 있다. CVA는 은행에 의해 이루어지는 조정으로 거래상대방이 채무를 불이행할 가능성을 위한 것이며 거래상대방과의 파생상품 포트폴리오의 가치를 감소시킨다. DVA는 은행이 채무를 불이행할 가능성을 위한 조정으로 파생상품 포트폴리오의 가치를 증가시킨다. 이러한 조정이 이루어져야 하는가에 대해서는 실질적인 논의가 존재하지 않지만 많은 사람들이 CVA 보다는 DVA와 친숙하지 않다. 은행은 왜 스스로 채무를 불이행할 확률에 의해 혜택을 보아야만 하는가? 채무불이행 확률이 증가할수록 이득은 늘어난다.

자금가치평가조정(FVA)는 파생상품 거래로 인해 요구되는 (또는 생성되는) 자금으로부터 발생하는 파생상품 포지션의 가치에 대한 조정이다. 증거금가치평가조정(MVA)는 개시증거금 조달의 비용을 수량화 한다. 자본가치평가조정(CVA)은 자본요건에 대한 파생상품 포지션의 영향을 반영한 가치평가 조정이다. 재무이론들은 프로젝트를 위한 자금이 조달되는 방법이 가치평가에 반영이 되어서는 안된다고 주장한다. 특히, 현재 평균 부채와 자기자본 비용을 자금조달비용에 대한 새로운 거래의 증분영향와 동일하다고 가정해서는 안된다. 이럼에도 불구하고 많은 은행들은 MVA, FVA, FVA를 평균비용을 기반으로 계산하고 있다.

참고문헌

Andersen, L. B. G., D. Duffie, and Y. Song. "Funding Value Adjustments," Working Paper, ssrn 2746010.

Gregory, J. *The XVA Challenge: Counterparty Credit Risk, Funding Collateral, and Capital*. Chichester: Wiley, 2015.

Hull, J. C., and A. White, "The FVA Debate," *Risk*, 25th anniversary edition (July 2012): 83-85.

Hull, J. C., and A. White, "Valuing Derivatives: Funding Value Adjustments and Fair Value," *Financial Analysts Journal*, 70, 3 (May/June 2014): 46-56.

Hull, J. C., and A. White. "Collateral and Credit Issues in Derivatives Pricing," *Journal of Credit Risk*, 10, 3 (2014): 3-28.

Hull, J. C. and A. White, "XVAs: A Gap Between Theory and Practice," *Risk*, 29, 5 (May 2016): 50-52.

Kenyon, C., and Green, A. D. (eds.) Landmarks in XVA. London: *Risk* Books, 2016.

연습문제

9.1. CVA와 DVA 측도가 무엇인지 설명하라.

9.2. 만약 시장이 은행의 채무불이행 확률이 증가했다고 생각한다면, 은행의 DVA는 어떠한 일이 발생하는가? 은행이 보고하는 수입에는 어떠한 일이 발생하는가?

9.3. "DVA의 이익 변동성에 대한 영향이 일반적으로 CVA의 이익변동성에 대한 영향보다 크다." 이 진술에 대해 설명하라.

9.4. MVA와 FVA 측도가 무엇인지 설명하라.

9.5. MVA와 FVA가 계산되어야 하는 방식에 대한 재무경제학자와 대부분의 실무자들의 견해 차이에 대해 설명하라.

9.6. FVA 측도가 무엇인지 설명하라.

9.7. FVA가 계산되어야 하는 방식에 대한 재무경제학자와 대부분의 실무자들의 견해 차이에 대해 설명하라.

9.8. 왜 거래에 대한 FVA가 거래가 속해있는 포트폴리오에 대한 고려 없이 계산가능한지 설명하라. 그리고 왜 이것이 MVA에는 해당되지 않은지도 설명하라.

9.9. 은행은 고객으로부터 하나의 옵션을 매입했다고 가정하자. 옵션은 담보화되지 않았으며 고객과의 다른 거래는 없다. 1, 2, 3년 중간시점의 기대 옵션의 가치는 각각 6, 5, 4이다. 거래상대방이 채무를 불이행할 확률은 3년 동안 매년 3%이다. 은행이 채무를 불이행 할 확률은 3년 동안 매년 2%이다. 은행의 거래를 위한 CVA와 DVA를 추정하라. 채무불이행이 발생하는 경우 회수가 전혀 이루어지지 않으며 이자율이 0임을 가정하라.

9.10. CVA계산에서 cure period가 어떻게 사용되는지 설명하라.

9.11. 자본조달을 위해 기업은 부채를 발생할 것인지 자기자본을 발행할 것인지 고민을 하고 있다. (a) 부채를 발행할 경우와 (b) 자기자본을 발행할 경우 이론상으로 주주들이 요구하는 기대수익률에 어떠한 일이 발생해야 하는가?

9.12. 상쇄(netting)의 의미에 대해 설명하라. 담보가 존재하지 않는 경우를 가정하라. 왜 계약의 상쇄가 양쪽 모두의 신용위험을 감소시키는가? 어떠한 상황에서 상쇄의 신용위험에 대한 영향이 존재하지 않는가?

과제물 문제

9.13. 무위험이자율이 3%일 때 기업의 평균 자금조달비용은 연 5%이다. 기업은 현재 9백만 달러 가치의 프로젝트를 수행하고 있다. 기업은 백만 달러의 무위험 프로젝트를 통해 기업의 규모를 증가시킬 계획을 갖고 있다. 당신은 평균 자금조달비용에 어떠한 일이 발생할 것으로 기대하는가?

9.14. 은행이 참여한 특정 3년 만기 파생상품의 결과 A와 B는 동일하게 발생할 가능성이 있다고 가정하자. 결과 A에서는 첫번째, 두번째, 세번째 연도 중간시점의 파생상품 가치는 각각 3, 5, 7이다. 결과 B에서는 첫번째, 두번째, 세번째 연도 중간시점의 파생상품 가치는 각각 -2, -4, -6이다. 거래상대방이 채무를 불이행할 확률은 매년 1%이며 은행이 채무를 불이행할 확률은 매년 0.5%이다. 은행의 CVA와 DVA를 계산하라. 이자율이 0임을 가정하고, 담보가 존재하지 않으며, 두 거래자 사이에 다른 거래는 없다고 가정하라.

CHAPTER 10

옵션시장의 구조와 운영

우리는 1장에서 옵션을 소개하였다. 본 장에서는 옵션 거래소시장이 어떻게 조직되어 있으며,옵션용어에는 어떤 것이 있으며, 계약이 어떻게 거래되며, 증거금이 어떻게 운영되는지에 대하여 설명하기로 한다. 본 장 이후의 장에서는 옵션을 이용한 거래전략, 옵션의 가격결정, 옵션 포트폴리오의 헷지 방법 등에 대하여 설명하기로 한다. 본 장에서 다루는 옵션은 주로 주식옵션이다. 본 장에서는 통화옵션, 주가지수옵션, 선물옵션 등에 대해 기초적인 내용을 다루고 더 자세한 내용은 17장과 18장에서 다루기로 한다.

옵션은 기본적으로 선도, 선물계약과 상이하다. 옵션은 소유자에게 어떤 행동을 할 수 있는 권리를 부여하지만 소유자가 그 권리를 반드시 행사할 필요는 없다. 이와는 대조적으로 선도, 선물계약에서 거래당사자들은 계약을 이행할 의무를 갖는다. 선도계약과 선물계약에 포지션을 취하는 데는 증거금 및 담보 이외에 비용이 수반되지 않는 반면, 옵션을 매입하는 데는 옵션가격만큼의 매입비용이 수반된다.

옵션거래에서 얻는 손익을 보여주는 차트를 그릴 때, 일반적인 관행에서는 화폐의 시간가치를 무시한다. 그렇기 때문에 옵션의 이익은 최종 이득에서 초기 매입비용을 차감한 값이다. 본 장에서는 이 관행을 따르기로 한다.

10.1 옵션의 종류

1장에서 설명했듯이 옵션에는 2가지 종류가 있다. 콜옵션(call option)은 소유자에게 약정된 가격으로 약정일까지 어떤 자산을 살 수 있는 권리를 부여한다. 반면에 풋옵션(put option)은 소유자에게 약정된 가격으로 약정일까지 어떤 자산을 팔 수 있는 권리를 부여한다. 거래에 명시된 약정일을 만기일(expiration date 또는 maturity date)이라 하고, 거래에 명시된 약정가격을 행사가격(exercise price 또는 strike price)이라 한다.

옵션에는 유러피언형과 아메리칸형이 있다. 물론 이는 지리적 명칭과는 아무런 관계가 없다. 아메리칸옵션(American option)은 만기일 또는 만기일 전 어느 시점에서도 권리행사가 가능한 반면, 유러피언옵션(European option)은 만기일에만 권리행사가 가능하다. 거래소에서 거래되는 대부분의 옵션은 아

그림 10.1 주식 1주에 대한 유러피언콜옵션 1개를 매입한 투자자의 이익. 옵션가격 = 5달러, 행사가격 = 100달러.

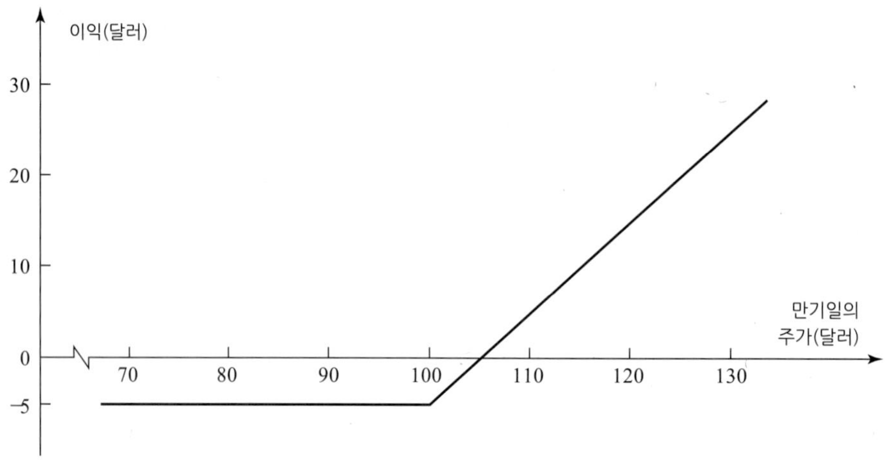

메리칸옵션이다. 그러나 유러피언옵션을 분석하는 것이 아메리칸옵션을 분석하는 것보다 훨씬 쉽기 때문에 먼저 유러피언옵션의 속성을 분석한 후 이로부터 아메리칸옵션의 속성을 추론하기로 한다.

콜옵션

100달러의 행사가격으로 특정 주식을 100주 살 수 있는 유러피언콜옵션을 매입한 투자자의 사례를 들어 보기로 하자. 현재 주가는 98달러, 만기는 4개월, 주식 1주를 살 수 있는 옵션의 가격은 5달러로 가정하자. 즉, 최초투자액은 500달러이다. 옵션이 유러피언형이므로 투자자는 만기일에만 권리를 행사할 수 있다. 만일 만기일의 주가가 100달러 미만이면 투자자는 권리행사를 포기한다(왜냐하면 현재 가격이 100달러 미만인 주식을 100달러에 매입할 이유는 없기 때문이다). 이 경우에 투자자는 최초투자액 500달러를 전부 잃게 된다. 만일 만기일의 주가가 100달러를 초과하면 투자자는 옵션을 행사한다. 예를 들어 주가가 115달러로 상승하면, 투자자는 권리를 행사함으로써 주당 100달러에 100주를 매입할 수 있다. 매입 후 곧장 100주를 매도하면 거래비용을 제외하고 주당 15달러씩 총 1,500달러의 이득을 얻는다. 옵션 매입비용을 고려한다 해도 투자자는 1,000달러의 이익을 얻는다.

[그림 10.1]은 주식 1주를 살 수 있는 옵션을 매입한 투자자의 이익/손실이 만기일의 주가에 따라 어떻게 변하는지를 보여준다. 예를 들어 최종 주가가 120달러일 때 주식 1주를 매입하기 위한 옵션으로부터의 이익은 15달러가 된다. 물론 옵션을 행사하고서도 옵션 매입비용으로 인해 전체적으로 손실을 보는 경우도 발생한다. 예를 들어 만기일의 주식 가격을 102달러로 가정하자. 투자자가 옵션을 행사하면 102달러 − 100달러 = 2달러의 이득을 얻으나 옵션 매입비용을 감안하면 결국 3달러의 손실을 본다. 이 경우에 권리행사를 하지 말았어야 한다고 생각하기 쉬우나, 만일 권리를 행사하지 않으면 총 5달러의 손실을 보게 되므로 권리를 행사하여 3달러의 손실을 보는 편이 유리하다. 일반적으로 만기일의 주가가 행사가격보다 높으면 콜옵션을 항상 행사해야 한다.

그림 10.2 주식 1주에 대한 유러피언풋옵션 1개를 매입한 투자자의 이익. 옵션가격 = 7달러, 행사가격 = 70달러.

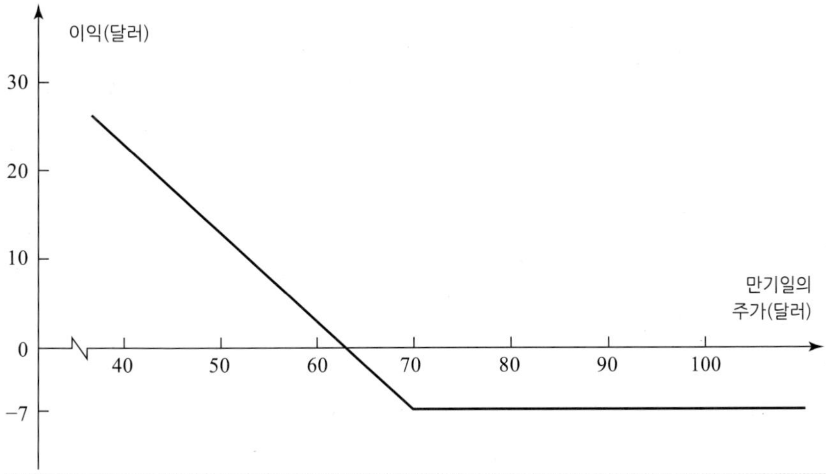

풋옵션

콜옵션 매입자는 주가가 상승할 것을 기대하는 반면, 풋옵션 매입자는 주가가 하락할 것을 기대한다. 70달러의 행사가격으로 특정 주식을 100주 팔 수 있는 유러피언풋옵션을 매입한 투자자의 사례를 들어보자. 현재 주가는 65달러, 만기는 3개월, 주식 1주를 팔 수 있는 풋옵션의 가격은 7달러이다. 즉, 최초투자액은 700달러이다. 옵션이 유러피언형이므로 만기일의 주가가 70달러 미만인 경우에만 권리를 행사한다. 만기일의 주가가 55달러이면 투자자는 55달러에 100주를 매입하고, 풋옵션 계약조건에 의해 이를 다시 매도하여 주당 70달러를 받을 수 있다. 따라서 투자자는 거래비용을 무시하면 주당 15달러, 총 1,500달러의 이득을 얻는다. 옵션 매입비용 700달러를 감안하면 투자자의 이익은 800달러이다. 물론 투자자가 이익을 반드시 얻게 된다는 보장은 없다. 만일 만기일의 주가가 70달러를 상회하면 풋옵션의 가치는 0이고 투자자는 700달러의 손실을 본다. [그림 10.2]는 주식 1주를 팔 수 있는 옵션을 매입한 투자자의 이익/손실이 만기일의 주가에 따라 어떻게 변하는지를 보여준다.

만기일 전 권리행사

앞에서 언급했듯이 거래소에서 거래되는 주식옵션은 대체로 유러피언옵션이 아니라 아메리칸옵션이다. 아메리칸옵션의 경우, 옵션소유자는 권리를 행사하기 위하여 만기일까지 기다릴 필요가 없다. 만기일 전에 아메리칸옵션을 행사하는 것이 최적인 몇 가지의 경우에 대해서는 나중에 다른 장에서 설명하기로 한다.

10.2 옵션포지션

모든 옵션계약에는 반드시 매입포지션을 취하는(즉, 옵션을 매입한) 투자자와 매도포지션을 취하는

그림 10.3 주식 1주에 대한 유러피언콜옵션 1개를 발행한 투자자의 이익. 옵션가격 = 5달러, 행사가격 = 100달러.

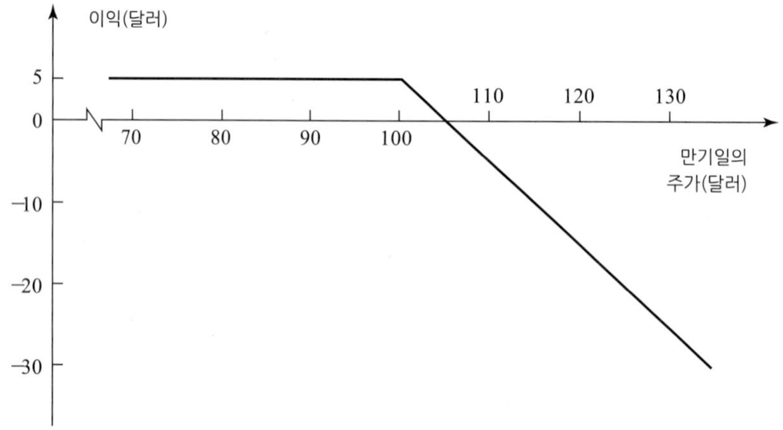

(즉, 옵션을 발행한 또는 매도한) 투자자가 있다. 옵션발행자는 옵션을 발행하고 일정금액을 받으나 나중에 발생할 잠재적 의무를 갖는다. 옵션발행자의 이익/손실은 옵션매입자의 이익/손실과 반대이다. [그림 10.1]과 [그림 10.2]에서 고려했던 옵션의 발행자가 만기일의 주가에 따라 얻는 이익/손실이 [그림 10.3]과 [그림 10.4]에 나타나 있다.

옵션포지션에는 4가지 유형이 있다.

1. 콜옵션 매입포지션
2. 풋옵션 매입포지션
3. 콜옵션 매도포지션
4. 풋옵션 매도포지션

그림 10.4 주식 1주에 대한 유러피언풋옵션 1개를 발행한 투자자의 이익. 옵션가격 = 7달러, 행사가격 = 70달러.

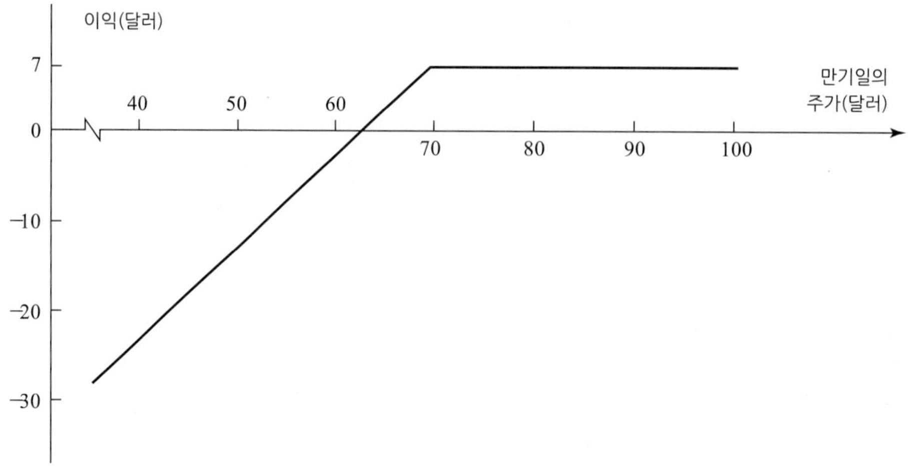

그림 10.5 유러피언옵션 포지션으로부터의 이득. (a) 콜옵션 매입, (b) 콜옵션 매도, (c) 풋옵션 매입, (d) 풋옵션 매도. 행사가격 = K, 만기일의 기초자산 가격 = ST.

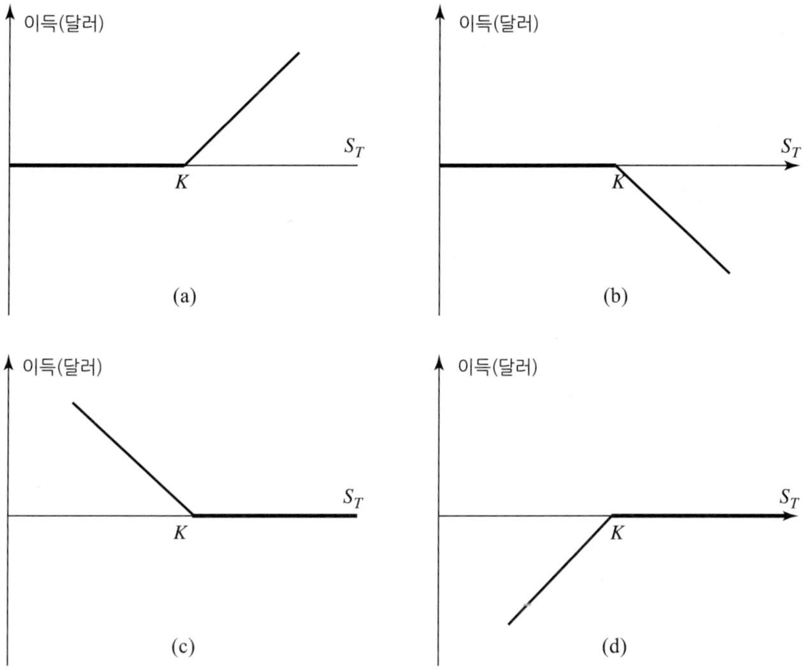

만기일에 투자자가 얻는 이득을 기준으로 유러피언옵션의 포지션을 평가하는 것이 때로는 매우 유용하다. 여기에는 옵션의 매입비용이 포함되어 있지 않다. K가 행사가격이고 S_T 가 만기일의 주가이면, 유러피언콜옵션 매입자의 만기일의 이득은 다음과 같다.

$$\max(S_T - K,\ 0)$$

이 이득패턴은 $S_T > K$ 이면 옵션을 행사하고, $S_T \leqslant K$ 이면 옵션을 행사하지 않는다는 사실을 반영한다. 유러피언콜옵션 발행자의 이득은

$$-\max(S_T - K,\ 0) = \min(K - S_T,\ 0)$$

그리고 유러피언풋옵션 매입자의 이득은

$$\max(K - S_T,\ 0)$$

유러피언풋옵션 발행자의 이득은 다음과 같다.

$$-\max(K - S_T,\ 0) = \min(S_T - K,\ 0)$$

[그림 10.5]는 이러한 이득패턴을 보여준다.

10.3 기초자산

본 절에서는 주식, 통화, 주가지수, 선물계약을 기초자산으로 하는 옵션에 대해 간단히 정리하기로 한다.

주식옵션

미국에서 대부분의 주식옵션(stock option)의 거래는 거래소에서 이루어진다. 미국에서 주식옵션이 거래되는 거래소로는 Chicago Board Options Exchange (www.cboe.com), 2008년에 아메리칸주식거래소를 인수한 NYSE Euronext (www.euronext.com), International Securities Exchange (www.ise.com) 및 Boston Options Exchange (www.bostonoptions.com)가 있다. 현재 미국에는 몇천개 이상의 주식에 대한 옵션이 거래되고 있다. 옵션 1계약은 소유자에게 약정된 행사가격에 주식 100주를 사거나 팔 수 있는 권리를 부여한다. 이는 주식 자체가 보통 100주 단위로 거래되기 때문에 매우 편리하다.

상장지수펀드옵션

CBOE에서는 많은 장내거래상품(exchange-traded product 또는 ETP)가 거래되고 있다. ETP는 거래소에 상장되고 기업의 주식처럼 거래된다. ETP는주로 기초가 되는 기준지수(benchmark index)를 추종하여 특정 시장의 성과를 복제하도록 설계되어있다. ETP는 간혹 장내거래수단(exchange-traded vehicle)이라고도 불린다. ETV는 주로 주식 또는 채권의 지수를 추종하도록 설계되어있다. 예를 들면, SPDR S&P 500 ETF 신탁은 S&P 500 지수를 구성하고 있는 500개 주식에 투자할 경우 얻을 수 있는 수익률을 투자자에게 제공하도록 설계되어있다. 다른 ETP들은 상품 또는 통화의 성과를 추종하도록 설계되어 있다.

통화옵션

통화옵션(currency option)의 대부분은 장외시장에서 거래되지만 일부는 거래소에서 거래되기도 한다. 미국에서 통화옵션을 거래하는 곳으로 2008년에 필라델피아주식거래소를 인수한 NASDAQ OMX가 있다. 이 거래소에서는 다양한 외국통화에 대한 유러피언옵션이 거래된다. 옵션 1계약은 미국 달러를 지급하면 10,000단위의 외국통화를 사거나 파는 권리를 부여한다(일본 엔의 경우 1,000,000단위). 통화옵션은 17장에서 자세히 다루기로 한다.

지수옵션

전 세계적으로 현재 거래되고 있는 많은 다양한 지수옵션(index option)은 장외시장과 거래소에서 모두 거래된다. 미국에서 가장 인기 있는 거래소 지수옵션은 S&P 500지수(SPX), S&P 100지수(OEX), 나스닥 100지수(NDX), 다우존스산업지수(DJX)에 대한 옵션이다. 이들 옵션들은 모두 시카고옵션거래소에서 거래되는 옵션이다. 이들 지수옵션들의 대부분은 유러피언 옵션이다. 반면에 S&P 100지수에 대한 옵션은 아메리칸옵션이다. 옵션 1계약은 행사가격으로 지수의 100배수를 사거나 팔 수 있다. 결제는 지수를 구성하는 포트폴리오를 인도하지 않고 항상 현금으로 한다. 예를 들어 행사가격이 980인 S&P 100에 대한 콜옵션 1계약을 고려해보자. 지수의 가치가 992이면 소유자는 콜옵션을 행사하고 발행자는 소유자에게 (992 − 980) × 100 = 1,200달러를 지불해야 한다. 지수옵션에 대해서는 16장에서 자세히 설명하기로 한다.

선물옵션

특정 선물계약을 거래하는 거래소는 종종 그 선물계약에 대한 아메리칸옵션을 동시에 거래하기도 한다. 선물옵션(futures option)의 만기는 대체로 선물계약의 인도기간(delivery period) 직전이다. 선물콜옵션 소유자가 권리를 행사하면 소유자의 이익은 선물가격이 행사가격을 초과하는 만큼이 된다. 선물풋옵션 소유자가 권리를 행사하면 소유자의 이익은 행사가격이 선물가격을 초과하는 만큼이 된다. 18장에서 선물옵션을 자세히 분석하기로 한다.

10.4 주식옵션에 관한 규정

본 장에서 옵션을 설명하는 대부분의 경우에 거래소에서 거래되는 주식옵션에 초점을 맞추기로 한다. 앞에서 언급했듯이 미국의 거래소에서 거래되는 표준주식옵션 1계약은 주식 100주를 사거나 팔 수 있는 아메리칸형의 옵션계약이다. 만기일, 행사가격, 배당금의 발표가 미치는 영향 그리고 투자자에게 허용된 포지션한도 등의 계약에 관한 자세한 내용은 거래소별로 규정된다.

만기일

주식옵션을 규정하는 항목 중의 하나는 만기가 되는 달(만기월 또는 결제월)이다. 예를 들어 IBM 주식에 대한 1월 콜옵션은 만기일이 1월에 있는 IBM 주식에 대한 콜옵션을 말한다. 정확한 만기일은 만기월의 세 번째 금요일 바로 다음날인 토요일이다. 옵션을 거래할 수 있는 마지막 날은 세 번째 금요일이다. 옵션의 거래는 만기 전까지 매 영업일 시카고 기준 오전 8:30부터 오후 3:00까지 거래가 된다.

미국에서 주식옵션의 경우 1월, 2월, 3월 만기사이클이 있다. 1월 만기사이클은 1월, 4월, 7월, 10월로 구성된다. 2월 만기사이클은 2월, 5월, 8월, 11월로 구성되고, 3월 만기사이클은 3월, 6월, 9월, 12월로 구성된다. 만일 금월의 만기일이 아직 지나지 않았으면 금월, 익월 그리고 속해 있는 만기사이클 중에서 익월 다음에 오는 2개의 달에 만기가 되는 옵션이 거래된다. 만일 금월의 만기일이 지난 경우에는 익월, 익월의 다음달 그리고 속해 있는 만기사이클 중에서 다음에 오는 2개의 달에 만기가 되는 옵션이 거래된다. 예를 들어 IBM 주식은 1월 만기사이클에 속한다. 1월 초에는 1월, 2월, 4월, 7월에 만기가 되는 옵션이 거래되며 1월 말에는 2월, 3월, 4월, 7월에 만기가 되는 옵션이 거래된다. 5월 초에는 5월, 6월, 7월, 10월에 만기가 되는 옵션이 거래된다. 한 옵션이 만기가 되면 다른 옵션의 거래가 시작된다. LEAPS (long-term equity anticipation securities)와 같이 만기가 긴 옵션이 미국에서 많은 주식에 대해 거래되기도 한다. 이들 옵션의 만기는 길게는 39개월이다. 주식에 대한 LEAPS는 항상 1월 셋째주 금요일에 만기가 된다.

행사가격

정상적으로 거래소는 발행되는 옵션이 2.5, 5, 10달러의 간격을 갖도록 행사가격을 선택한다. 전형적으로 주가가 5달러와 25달러 사이이면 행사가격이 2.5달러의 간격을 갖고, 주가가 25달러와 200달러 사이이면 행사가격이 5달러의 간격을 갖는다. 그리고 주가가 200달러 이상이면 행사가격이 10달러의 간격을 갖는다. 곧 설명하겠지만, 주식분할과 주식배당으로 인해 행사가격이 표준화되지 않을 수도 있다. 새로운 만기의 옵션이 처음 거래되기 시작하면 거래소는 현재의 주가와 가장 가까운 2개 또는 3개의 행사가격을 선택한다. 만일 주가가 거래소가 선택한 가장 높은 행사가격과 가장 낮은 행사가격의 범위를 벗어나면 거래소는 대체로 새로운 행사가격을 지정한다. 이러한 규칙을 설명하기 위해 10월 만기옵션이 처음 거래될 때 주가가 84달러라고 가정하자. 처음에는 행사가격이 80, 85, 90달러인 콜옵션과 풋옵션이 아마도 거래될 것이다. 이후 주가가 90달러이상으로 상승하면 행사가격이 95달러인 옵션이 새로 거래될 가능성이 높고, 주가가 80달러 이하로 하락하면 행사가격이 75달러인 옵션이 새로 거래될 가능성이 높다.

용어

어느 시점이든지 기초주식에 대한 여러 가지의 옵션계약이 거래될 수 있다. 어떤 기초주식에 대한 옵션이 4개의 만기일과 5개의 행사가격에 대해 거래된다고 하자. 모든 행사가격과 모든 만기에 대한 콜옵션과 풋옵션이 거래되면 총 40개의 다른 계약이 있게 된다. 같은 종류의 옵션(즉, 콜옵션 또는 풋옵션)을 옵션클래스(option class)라 한다. 예를 들어 IBM 주식에 대한 콜옵션이 하나의 클래스이고 풋옵션이 하나의 클래스이다. 같은 클래스에 속하면서 행사가격과 만기도 같은 모든 옵션을 옵션시리즈(option series)라 한다. 다시 말해 옵션시리즈는 거래되는 특정한 계약을 지칭한다. IBM 160 October 2017 콜옵션은 하나의 옵션시리즈이다.

옵션이 내가격(in the money), 등가격(at the money), 외가격(out of the money)에 있다고 말한다. S가 현재의 주가이고 K가 행사가격인 경우, 콜옵션은 $S > K$이면 내가격에, $S = K$이면 등가격에, $S < K$이면 외가격에 있다. 풋옵션의 경우, $S < K$이면 내가격에, $S = K$이면 등가격에, $S > K$이면 외가격에 있다. 소유자는 옵션이 내가격에 있는 경우만 당연히 권리를 행사한다. 거래비용을 무시하는 경우, 만기일 전에 권리를 행사하지 않은 내가격옵션은 항상 만기일에 행사될 것이다.[1]

옵션의 내재가치(intrinsic value)는 권리를 즉시 행사할 때의 가치와 0 중에서 큰 값으로 정의한다. 콜옵션의 내재가치는 $\max(S - K, 0)$이고, 풋옵션의 내재가치는 $\max(K - S, 0)$이다. 내가격에 있는 아메리칸옵션의 가치는 적어도 내재가치와 같다. 왜냐하면 소유자는 권리를 즉시 행사하여 양(+)의 내재가치만큼의 이득을 실현할 수 있기 때문이다. 내가격에 있는 아메리칸옵션의 경우에 권리를 즉시 행사하는 것보다 기다리는 것이 최적일 수 있다. 옵션의 내재가치를 초과하는 옵션의 초과가치는 옵션의

1 20장 4절에서는 종종 투자자에게 사용하는 내가격, 등가격, 그리고 외가격에 대한 또 다른 정의가 제공된다.

시간가치(time value)이다. 결국 옵션의 총가치는 내재가치와 시간가치의 합이다.

플렉스옵션

시카고옵션거래소(CBOE)는 주식과 주가지수에 대한 플렉스옵션을 제공한다. 플렉스옵션은 거래자들 간의 합의에 의해 비표준화된 조항(nonstandard term)을 갖고 있는 옵션이다. 비표준화된 조항은 거래소 규정과 상이한 행사가격 또는 만기일을 포함할 수 있다. 플렉스옵션은 장외시장으로부터의 시장잠식에 대처하기 위하여 옵션거래소가 새로 도입한 옵션이다. 거래소는 플렉스옵션 거래의 최소규모(minimum size, 100계약 등)를 정하고 있다.

다른 비표준화 상품들

플렉스옵션에 더하여 CBOE에는 다수의 비표준화 상품들이 거래되고 있다. 예를 들면,

1. Weeklys. 목요일날 생성되고 그 다음주 금요일에 만기가 도래하는 옵션이다.
2. 이항옵션(binary option). 만약 주가가 행사가격에 도달하면 고정수익인 100달러를 지급하는 옵션이다. 예를 들어 행사가격이 50달러인 이항콜옵션의 수익은 만기일에 기초주식의 가격이 50달러 이상일 경우 100달러가 되지만 그 외의 경우에는 0이 된다. 행사가격이 50달러인 이항풋옵션의 수익은 만기일에 기초주식의 가격이 50달러 이하일 경우 100달러가 되지만 그 외의 경우에는 0이 된다. 이항옵션은 26장에서 더 자세히 논의된다.
3. 신용사건이원옵션(CEBOs). (준거집단, reference entity, 이라고 알려진) 특정 기업이 만기일까지 신용 이벤트에 고통받고 있는 상황에 고정수익을 제공하는 옵션이다. 신용 이벤트는 파산, 부채의 이자 또는 원금지급 실패, 그리고 부채 재구성(debt restructuring)이 있다. 만기일은 특정 연도의 12월이며 (만약 있다면) 수익은 만기일에 지급된다. CEBO는 신용부도스왑의 한 종류이다(7장 11절에 신용부도스왑에 대한 소개가 그리고 25장에는 더 자세한 내용이 실려있다).
4. DOOM 옵션. 이 옵션은 이미 손실이 매우 큰 풋옵션이다. 아주 낮은 행사가격을 갖고 있기 때문에 아주 싸다. 이들은 기초자산의 가격이 폭락했을 때 수익을 지급한다. DOOM 옵션은 방금 이야기한 CEBO와 유사한 종류의 보호를 제공한다.

배당과 주식분할

초기에 장외시장(over-the-counter)옵션은 배당으로부터 보호를 받았다. 즉, 기업이 현금배당을 공시하면 그 주식에 대한 옵션의 행사가격은 배당락일에 배당금액만큼 하향 조정되었다. 그러나 거래소옵션의 경우, 일반적으로 현금배당에 대한 조정을 하지 않는다. 다시 말해서 현금배당이 지급돼도 옵션계약의 조건은 조정되지 않는다. 대규모의 현금배당에 대해서는 예외가 인정되기도 한다([실무사례 10.1] 참조).

거래소에서 거래되는 옵션은 주식분할(stock splits)에 대해서는 조정이 된다. 주식분할이란 현재 거래되는 주식이 많은 수의 주식으로"분할"되는 것을 말한다. 예를 들어 1대 3 주식분할은 현재의 주식 1주가 3주로 대체되는 것을 말한다. 조정되는 이유는 주식분할이 기업의 소유자산이나 수익력에 영향을

실무사례 10.1 구치그룹의 대규모 현금배당

대규모 현금배당의 경우(대체로 주당배당이 주가의 10% 이상인 경우), 시카고옵션거래소(Chicago Board Options Exchange)의 옵션결제소(OCC) 위원회는 거래소에서 거래되는 옵션의 조건을 조정할 것인지 결정할 수 있다.

2003년 5월 28일에 구치그룹(Gucci Group) NV (GUC)은 보통주 1주당 13.5유로(대략 15.88달러)의 현금배당을 공시하였으며 이는 7월 16일의 GUC 연차 주주총회에서 승인되었다. 이 배당금은 공시시점 기준으로 주가의 약 16%에 해당된다. 이 경우 OCC 위원회는 옵션의 조건을 조정하기로 결정하였다. 그 결과 옵션 1계약의 행사는 주식 100주와 현금 100 × 15.88 = 1,588달러의 인도를 의미하게 되었다. 콜옵션 1계약의 소유자는 옵션행사 시 행사가격의 100배를 지급하고 주식 100주와 현금 1,588달러를 수령하였다. 풋옵션 1계약의 소유자는 옵션행사 시 행사가격의 100배를 수령하고 주식 100주와 현금 1,588달러를 인도하였다. 이런 조정은 행사가격을 15.88달러만큼 줄이는 효과를 가졌다.

대규모 현금배당에 대한 조정이 항상 이루어지는 것은 아니다. 예를 들어 Deutsche Terminb-rse는 Daimler-Benz가 1998년 3월 10일에 주가의 12%에 해당되는 현금배당으로 시장을 놀라게 했을 때 거래소에서 거래되는 옵션의 조건이 조정되지 않았다.

미치지 않으므로 주식분할이 주주의 부(富)에 영향을 미칠 것이라고 기대하지 않기 때문이다. 만일 다른 모든 조건이 일정하면, 1대 3 주식분할은 주가를 1/3로 감소시킨다. 일반적으로 m대 n주식분할은 주가를 n분의 m으로 감소시킨다. 옵션계약에 포함된 모든 조건은 주식분할로 야기되는 주가의 변화를 반영하여 이에 상응하게 조정된다. m대 n주식분할 후 행사가격은 m/n으로 감소하고 옵션 1계약에 해당되는 주식의 수는 n/m 배로 증가한다. 주가가 기대했던 만큼 감소하면 옵션 발행자와 소유자의 포지션 가치는 변하지 않는다.

예제 10.1

30달러에 주식 100주를 살 수 있는 콜옵션 1계약을 고려해보자. 만일 1대 2로 주식분할이 이루어지면 옵션계약은 소유자가 15달러에 주식 200주를 살 수 있는 조건의 계약으로 바뀐다.

주식옵션은 주식배당(stock dividends)에 대해서도 조정이 된다. 주식배당은 기존의 주주에게 추가적으로 주식을 지급하는 것이다. 예를 들어 기업이 20%의 주식배당을 실시하면 주주는 이미 소유하고 있는 5주당 1주를 새로 받는다. 주식분할과 마찬가지로 주식배당도 기업의 자산이나 수익력에 영향을 미치지 않는다. 따라서 주식배당의 결과, 주가는 감소한다. 20%의 주식배당은 5대 6 주식분할과 본질적으로 같다. 만일 다른 모든 조건이 일정하면, 20% 주식배당은 주가를 56로 감소시킨다. 옵션계약에 포함된 모든 조건은 주식분할이 실시될 때 이루어진 것과 같은 방법으로 조정된다.

예제 10.2

15달러에 주식 100주를 팔 수 있는 풋옵션 1계약을 고려해보자. 기업이 25%의 주식배당을 실시한다고 가정하자. 이는 4대 5 주식분할과 동일하며 옵션계약은 소유자가 12달러에 125주를 팔 수 있는 조건으로 바뀐다.

옵션은 또한 구주주배정 유상증자(right issue)에 대해서도 조정된다. 기본적인 조정절차는 신주인수권(rights)의 이론적인 가치를 계산하고 이를 행사가격에서 차감한다.

포지션한도와 권리행사한도

시카고옵션거래소는 옵션계약의 포지션한도(position limit)를 보통 명시한다. 포지션한도란 동일 방향(same side of the market)의 포지션에서 투자자가 소유할 수 있는 최대한의 옵션계약의 수를 말한다. 옵션계약의 수를 계산하는 데 있어 콜옵션 매입포지션과 풋옵션 매도포지션은 같은 방향의 포지션으로 간주된다. 또한 콜옵션 매도포지션과 풋옵션 매입포지션도 같은 방향의 포지션으로 간주된다. 권리행사한도(exercise limit)는 포지션한도와 동일하다. 정확히 말하면 권리행사한도는 연속 5거래일 동안 개인이(또는 같이 행동하는 그룹이) 권리를 행사할 수 있는 최대한의 계약의 수를 말한다. 가장 규모가 크고 가장 활발히 거래되는 기업주식에 대한 옵션의 경우, 포지션한도는 250,000계약이다. 소기업주식(smaller capitalization stock)의 포지션한도는 200,000, 75,000, 50,000, 25,000계약이다.
포지션한도와 권리행사한도를 정하는 것은 개인 또는 한 그룹이 시장에서 지나친 영향력을 행사하는 것을 방지하는 데 목적이 있다. 그러나 과연 이러한 제한이 필요한가 하는 문제는 논란의 여지가 많다.

10.5 옵션거래

전통적으로 거래소는 개인들이 만나서 옵션을 거래할 수 있는 충분한 공간을 제공해야 했다. 그러나 이 개념은 변하고 있다. 많은 파생상품거래소들은 충분히 전자 시스템화되어 있어서 거래자들이 직접 만나야 할 필요가 없다. 국제증권거래소(International Securities Exchange, www.ise.com)는 2000년 5월에 미국에서 최초로 완전 전자식 주식옵션 거래 시스템을 도입하였다. 시카고옵션거래소(CBOE)의 주문 중 95%가 넘게 전자거래 시스템으로 거래되고 있다. 나머지는 대부분 거래자의 숙련성이 요구되는 대형 주문 또는 복합적인 기관 주문들이다.

시장조성자

대부분의 옵션거래소는 거래를 활발히 하기 위하여 시장조성자(market maker)를 이용한다. 특정옵션을 취급하는 시장조성자는 옵션의 매입호가(bid price)와 매도호가(offer price)를 결정하는 개인을 말한다. 매입호가는 시장조성자가 매입하는 가격이고, 매도호가는 시장조성자가 매도하는 가격이다. 거래자가 시장조성자에게 매입호가와 매도호가를 요구할 때 시장조성자는 거래자가 옵션을 매입하려는지 또는 매도하려는지를 알 수 없다. 물론 매도호가는 매입호가보다 높고, 매도호가가 매입호가를 초과하는 만큼을 매매호가 차이(bid-offer spread)라 한다. 거래소는 이 매매호가 차이의 상한선을 명시한다. 예를 들어 옵션의 가격이 0.5달러 미만이면 매매호가 차이의 상한선을 0.25달러로, 옵션의 가격이 0.5달러와 10달러 사이이면 상한선을 0.5달러로, 옵션의 가격이 10달러와 20달러 사이이면 상한선을 0.75달러로, 옵션의 가격이 20달러를 초과하면 상한선을 1달러로 명시할 수 있다.

시장조성자의 역할로 인해 모든 매입과 매도주문은 지체 없이 어떤 가격으로 항상 이루어진다. 그러므로 시장조성자가 시장의 유동성(liquidity)을 증가시킨다고 할 수 있다. 시장조성자는 매매호가 차이에서 이익을 얻는다. 시장조성자는 자신의 위험을 헷지하기 위하여 19장에 설명된 절차 중 일부를 이용한다.

반대주문

옵션을 매입한 투자자는 동일한 수의 옵션을 매도하는 반대주문(offsetting order)을 하여 자신의 포지션을 마감(close out)할 수 있다. 마찬가지로 옵션을 매도한 투자자는 동일한 수의 옵션을 매입하는 반대주문을 하여 자신의 포지션을 마감할 수 있다. 이런 점에서 옵션시장은 선물시장과 유사하다. 옵션 1계약이 거래되고 매입자와 매도자가 자신의 포지션을 마감하지 않으면 미결제약정수량은 1계약 증가한다. 만일 한 투자자가 자신의 포지션을 마감하고 다른 투자자가 자신의 포지션을 마감하지 않으면 미결제약정수량은 변하지 않는다. 만일 두 거래자가 자신의 포지션을 마감하면 미결제약정수량은 1계약 감소한다.

10.6 수수료

옵션거래에서 브로커가 낼 수 있는 주문의 유형은 선물거래에서의 주문의 유형과 유사하다(2장 8절 참조). 시장가주문(market order)은 즉시 시행될 수 있는 가격을 명시하는 주문이고, 지정가주문(limit order)은 거래가 실행될 수 있는 가장 불리한 가격을 명시하는 주문이다.

개인투자자들에게 수수료(commissions)는 브로커에 따라 차이가 많이 있다. 할인브로커(discount broker)는 대체로 풀서비스브로커(full-service broker)에 비하여 낮은 수수료를 요구한다. 실제로 요구하는 금액은 고정금액에 거래대금의 일정률에 해당하는 금액을 더하여 계산된다. [표 10.1]은 할인브로커가 요구하는 수수료표이다. 옵션의 가격이 3달러인 경우, 8계약을 매입하면 수수료는 20달러 + (0.02 × 2,400달러) = 68달러이다.

옵션포지션을 반대매매에 의하여 마감하는 경우, 수수료를 다시 지불해야 한다. 옵션을 행사하면 투자자는 기초주식을 사고 팔 때 지불하는 수수료와 동일한 금액을 지불해야 한다. 주가가 49달러일 때 행사가격이 50달러인 콜옵션 1계약을 매입한 투자자를 고려해보자. 옵션의 가격이 4.5달러이고 옵션 1계약을 매입하는 비용이 450달러로 가정하자. [표 10.1]에 의하면 옵션 1계약을 매입 또는 매도할 때 지불하는 수수료는 항상 30달러이다(첫 번째 계약의 최대수수료와 최저수수료가 모두 30달러). 주가가 상승하여 60달러일 때 옵션을 행사한다고 가정하자. 투자자가 옵션을 행사하면서 0.75%의 수수료를 지급하고 주식을 매도하면서 0.75%의 수수료를 추가 지급한다면, 추가적인 비용은 다음과 같이 90달러이다.

$$2 \times 0.0075 \times 60\text{ 달러} \times 100 = 90\text{ 달러}$$

표 10.1 할인브로커가 요규하는 수수료표 예시

거래금액	수수료*
2,500달러 미만	20달러 + 거래금액의 2%
2,500달러와 1만 달러 사이	45달러 + 거래금액의 1%
1만 달러 초과	120달러 + 거래금액의 0.25%

* 수수료의 상한선은 처음 5계약에 한해 계약당 30달러이고 5계약을 초과한 계약에 대해서는 계약당 20달러이다. 수수료의 하한선은 첫 계약에 한해 30달러이고 이후의 계약에 대해서는 계약당 2달러이다.

따라서 지불할 총 수수료는 120달러이고 투자자의 순이익은 다음과 같다.

$$1{,}000\text{달러} - 450\text{달러} - 120\text{달러} = 430\text{달러}$$

투자자가 옵션을 행사하는 대신에 10달러에 옵션을 매도한다면 투자자는 60달러의 수수료를 절약할 수 있다. 왜냐하면 [표 10.1]에 의해 옵션을 매도할 때 지불할 수수료는 30달러이기 때문이다. 이와 같은 예에서 보듯이 수수료 제도는 소매 투자자들로 하여금 옵션을 행사하는 대신에 옵션을 매도하도록 유도할 수 있다.

주식거래와 같이 옵션거래에 있어서 숨은 비용은 시장조성자의 매매호가 차이이다. 바로 앞의 예에서 옵션을 매입할 때 매입호가는 4달러이고 매도호가는 4.5달러였다고 가정하자. 이 경우 옵션의"적정"가격(fair price)은 매입호가와 매도호가의 중간인 4.25달러라는 합리적인 가정을 할 수 있다. 시장조성자 제도에서 매입자와 매도자의 비용은 적정가격과 실제로 지불한 가격 간의 차이이다. 즉, 옵션 1개당 0.25달러이고 1계약당 25달러이다.

10.7 증거금

2장에서 선물계약의 증거금률에 대해 논의했다. 증거금의 목적은 증거금을 납부하는 측으로 하여금 그들의 의무에 부응을 보장이다. 만약 주식 또는 옵션과 같은 자산을 투자자가 현금으로 매입한다면 증거금요청은 존재하지 않는다. 이는 미래의 의무를 발생시키지 않기 때문이다. 5장 2절에서 논의됐듯이 만약 거래자가 주식을 공매한다면 증거금이 요구되는데 이는 거래자가 미래 어느 시점에 주식을 매입해서 포지션을 마감해야 할 의무를 지기 때문이다. 유사하게 거래자가 옵션을 파는(발행)하는 경우 증거금이 요구되는데 이는 거래자가 옵션이 행사될 경우 의무를 지게되기 때문이다.

자산은 언제나 현금으로 구매되지 않는다. 예를 들면 미국에서 투자자가 주식을 매입할 때, 대금 중 50%까지 브로커로부터 차입하여 결제할 수 있다. 이를 증거금계정(margin account)에서 차입하여 매입한다(buying on margin)고 한다. 만일 주가가 하락하여 차입금이 주식가치의 50%를 초과하면, 브로커는 증거금을 추가 예치하라고 하는"증거금 납입요청(margin call)"을 한다. 투자자가 증거금을 추가로 납입하지 않으면, 브로커는 주식을 매도한다.

9개월 미만의 만기를 갖는 콜옵션 또는 풋옵션을 매입할 때, 투자자는 옵션가격 전체를 현금으로 지

급해야 한다. 즉, 투자자가 자금을 차입하여 옵션을 매입하는 것이 허용되지 않는다. 왜냐하면 옵션거래에는 이미 높은 수준의 레버리지(leverage)가 내재되어 있으므로, 자금을 차입하여 옵션을 매입하는 것은 레버리지를 너무 높은 수준으로 올리기 때문이다. 9개월을 초과하는 만기를 갖는 옵션의 경우 투자자는 증거금계정에서 옵션가치의 25%까지 차입하여 매입할 수 있다.

노출된 옵션을 발행하는 경우

주식옵션이 노출(naked)되었다고 하는 것은 옵션포지션이 기초주식에 대한 반대포지션과 결합되지 않는 것(즉, 옵션포지션만을 취하는 것)을 의미한다. CBOE가 노출된 콜옵션(naked call)에 대해 요구하는 개시 및 유지증거금은 다음 2가지로 측정한 값 중에서 큰 금액이다.

1. 옵션발행 수입의 100%에 기초주식 가격의 20%를 더한 후 옵션이 외가격에 있는 만큼을 차감한 금액
2. 옵션발행 수입의 100%에 기초주식 가격의 10%를 더한 금액

노출된 풋옵션의 개시 및 유지증거금은 다음 2가지로 측정한 값 중에서 큰 금액이다.

1. 옵션발행 수입의 100%에 기초주식 가격의 20%를 더한 후 옵션이 외가격에 있는 만큼을 차감한 금액
2. 옵션발행 수입의 100%에 행사가격의 10%를 더한 금액

지수옵션의 경우, 위에서 사용한 20% 대신에 15%를 이용한다. 왜냐하면 주가지수는 개별 주식의 가격보다 변동성이 보통 작기 때문이다.

예제 10.3

투자자가 노출된 콜옵션 4계약을 발행한다고하자. 옵션가격은 5달러, 행사가격은 40달러 그리고 주가는 38달러이다. 옵션이 2달러만큼 외가격에 있기 때문에 첫 번째 방법으로 계산한 값은 4,240달러이다.

$$400 \times (5 + 0.2 \times 38 - 2) = 4{,}240\text{달러}$$

두 번째 방법으로 계산한 값은 3,520달러이다.

$$400 \times (5 + 0.1 \times 38) = 3{,}520\text{달러}$$

따라서 개시증거금은 4,240달러이다. 만일 풋옵션이면 옵션이 2달러만큼 내가격에 있으므로 요구되는 개시증거금은 5,040달러이다.

$$400 \times (5 + 0.2 \times 38) = 5{,}040\text{달러}$$

콜옵션이든 풋옵션이든, 옵션발행 수입인 2,000달러를 증거금의 일부로 사용할 수 있다. 개시증거금을 계산하는 방법과 유사한 계산이 매일 반복된다(옵션발행 수입 대신에 계약의 현재가격을 사용). 증거금계정의 잔액이 개시증거금보다 많으면 차이만큼 계좌에서 찾을 수 있다. 반면에 더 많은 증거금이 필

요한 경우 증거금 납입요청(margin call)을 받을 것이다.

기타규칙

12장에서 보호된 콜, 프로텍티브 풋, 스프레드, 콤비네이션, 스트래들 그리고 스트랭글 등과 같은 옵션 거래전략들을 공부할 것이다. 시카고옵션거래소(CBOE)는 이러한 거래전략들이 이용될 때 증거금을 결정하는 특별규칙을 갖고 있다. 특별규칙은 CBOE 증거금 매뉴얼이라고 부르는데 CBOE 웹 사이트(www.cboe.com)에서 확인할 수 있다.

특별규칙의 한 예로 보호된 콜옵션을 매입하는 경우를 고려해보자. 보호된(covered) 콜옵션을 발행하는 것은 기초주식을 소유하고 있는 투자자가 콜옵션을 발행하는 것을 말한다. 보호된 콜옵션은 노출된 콜옵션보다 위험이 훨씬 적다. 왜냐하면 최악의 경우에 이미 소유하고 있는 주식을 시세보다 낮은 가격으로 매도하면 되기 때문이다. 발행된 콜옵션에 대해서는 어떤 증거금도 요구되지 않는다. 그러나 투자자는 주식포지션에 대해서 통상적인 0.5S가 아니라 0.5 min (S, K)에 해당하는 금액을 차입할 수 있다.

10.8 옵션결제소

옵션결제소 또는 옵션청산소(option clearing corporation)는 선물결제소가 선물시장에서 하는 역할과 비슷한 기능을 옵션시장에서 수행한다(2장 참조). 즉, 옵션발행자가 옵션의 계약에 따라 의무를 충실히 수행할 것을 보장하고 또한 매입포지션과 매도포지션에 관한 모든 기록을 유지한다. 옵션결제소는 회원을 가지고 있으며 모든 옵션거래는 반드시 회원을 통하여 이루어진다. 만일 브로커가 옵션결제소(OCC)의 회원이 아닌 경우에는 회원과 업무체결을 하여 거래를 해야 한다. 회원은 최소자본(minimum amount of capital)을 유지할 의무가 있으며, 특별기금에 기여(contribution)해야 한다. 특별기금은 회원이 의무를 완전히 이행하지 못할 때 사용된다.

옵션을 매입하면 매입자는 다음 영업일의 오전까지 OCC에 옵션 매입비용을 예치해야 한다. 옵션발행자(매도자)는 앞에서 설명한 바와 같이 브로커와 증거금계정을 유지한다.1) 브로커는 거래를 실행한 옵션결제소 회원과 증거금계정을 유지한다. 그리고 옵션결제소 회원은 앞에서 설명한 대로 옵션결제소와 증거금계정을 유지한다.

옵션의 행사

투자자가 옵션을 행사하려면 이를 브로커에게 통지해야 한다. 브로커는 이를 거래하는 결제소 회원에게 통보하고 결제소 회원은 결제소에 행사요구를 전달한다. 결제소는 같은 옵션에 대해 매도포지션이 있는 회원을 무작위로 선정한다. 이 회원은 미리 정해진 절차에 의하여 옵션을 발행한 특정 투자자를 선정한다. 행사되는 옵션이 콜옵션이면 선정된 투자자는 행사가격에 주식을 팔아야 할 의무가 있고, 풋옵션이면 이 투자자는 행사가격에 주식을 사야 할 의무가 있다. 이 경우에 투자자가 배정되었다고(assigned) 한다. 매도/매수 거래는 행사주문 이후 3 영업일 이후에 발생한다. 옵션이 행사되면 미결제약정수량은 1계약 감소한다.

옵션의 거래비용이 옵션의 이득을 상쇄할 만큼 크지 않은 한 만기일이 되면 모든 내가격옵션은 행사되어야 한다. 일부 증권중개회사는 옵션을 행사하는 것이 고객에게 이익이 되는 경우 만기일에 옵션을 자동적으로 행사한다. 또한 많은 거래소는 내가격 옵션을 만기일에 행사하는 것에 대한 규정을 가지고 있다.

규제

상장거래옵션 시장은 여러 측면에서 규제된다. 옵션거래소와 옵션결제소는 거래자의 행동을 통제할 수 있는 규정을 가지고 있다. 또한 연방정부 및 주정부의 규제도 있다. 일반적으로 옵션시장은 스스로 규제하고 있다. 지금까지 옵션결제소 회원이 스캔들을 일으키거나 파산한 예는 없었다. 따라서 투자자는 옵션시장의 운영에 대해 매우 높은 신뢰도를 가지고 있다.

증권거래위원회(Securities and Exchange Commission)는 주식, 주가지수, 통화 그리고 채권에 대한 옵션시장을 연방차원에서 규제할 책임을 지고 있다. 상품선물거래위원회(Commodity Futures Trading Commission)는 선물옵션시장을 규제할 책임을 지고 있다. 주요 옵션시장은 일리노이 주와 뉴욕 주에 위치해 있다. 이 주들은 불공정거래행위를 규제하는 자체의 규칙을 정해놓고 있다.

10.9 규제

옵션시장은 여러 측면에서 규제된다. 옵션거래소와 옵션결제소는 거래자의 행동을 통제할 수 있는 규정을 가지고 있다. 또한 연방정부 및 주정부의 규제도 있다. 일반적으로 옵션시장은 스스로 규제하고 있다. 지금까지 옵션결제소 회원이 스캔들을 일으키거나 파산한 예는 없었다. 따라서 투자자는 옵션시장의 운영에 대해 매우 높은 신뢰도를 가지고 있다.

증권거래위원회(Securities and Exchange Commission)는 주식, 주가지수, 통화 그리고 채권에 대한 옵션시장을 연방차원에서 규제할 책임을 지고 있다. 상품선물거래위원회(Commodity Futures Trading Commission)는 선물옵션시장을 규제할 책임을 지고 있다. 주요 옵션시장은 일리노이 주와 뉴욕 주에 위치해 있다. 이 주들은 불공정거래행위를 규제하는 자체의 규칙을 정해놓고 있다.

10.10 세금

옵션투자와 관련된 세금을 계산하는 것은 매우 까다로운 문제이므로 의문이 있을 시 투자자는 반드시 세금전문가와 상의해야 한다. 미국 세법의 기본원칙에 따르면, 납세의무자가 전문적 거래자가 아닌 이상 주식옵션의 거래에서 발생하는 이익과 손실은 자본이득(capital gains) 또는 자본손실(capital loss)과 같은 세율을 적용받는다. 자본이득과 자본손실에 대한 미국의 세금규정은 2장 10절에서 설명하였다. 주식옵션의 매입자와 매도자의 이익과 손실이 발생하는 시점은 (a) 옵션이 행사되지 않고 가치 없이 만기가 될 때 또는 (b) 옵션포지션이 마감될 때이다. 만일 옵션이 행사되면 옵션으로부터 발생하는 이익과 손실은 주식포지션에 포함되고, 주식포지션이 마감될 때 이익과 손실이 발생한 것으로 인식된다. 예를 들어 콜옵션이 행사되면 옵션매입자는 행사가격에 콜옵션가격을 더한 가격으로 주식을 매입한 것으로 간주된다.

나중에 주식이 매도되면 이 가격에 근거하여 옵션매입자의 이익과 손실이 계산된다. 마찬가지로 옵션매도자는 행사가격에 원래의 콜옵션가격(즉, 옵션을 매도하고 받은 금액)을 더한 가격으로 주식을 매도한 것으로 간주한다. 풋옵션이 행사될 때 옵션매도자는 행사가격에서 풋옵션가격을 차감한 가격으로 주식을 매입한 것으로 간주되고 옵션매입자는 이 가격에 주식을 매도한 것으로 간주된다.

워시세일 규정

미국에서 옵션을 거래할 때 세금과 관련해서 고려할 규정이 워시세일 규정(wash sale rule)이다. 이 규정을 이해하기 위해 60달러에 주식을 매입한 투자자가 장기간 주식을 보유하고자 하는 경우를 고려해보자. 주가가 40달러로 하락하는 경우, 투자자는 단지 세금을 줄이기 위한 목적으로 주식을 팔고 다시 매입하여 20달러의 손실을 볼 수 있다. 이러한 관행를 방지하기 위하여 세무당국은 매도 후 30일 이내에 같은 주식을 매입하면(즉, 매도 전 30일부터 매도 후30일까지) 매도에서 발생하는 어떤 손실도 세금계산 때 공제할 수 없다는 규정을 적용한다. 이 규정은 납세의무자가 주식을 획득하기 위하여 옵션계약 또는 유사한 계약에 61일 이내에 포지션을 취하는 경우에도 적용된다. 즉, 투자자가 손실을 보고 주식을 매도한 후 30일 이내에 콜옵션을 매입하면 주식매도 손실을 공제받지 못한다. 워시세일 규정은 납세의무자가 주식 또는 증권의 딜러이고 손실이 정상적인 영업과정에서 발생한 경우에는 적용되지 않는다.

인정매도

1997년 이전까지 미국에서는 한 증권에 매입포지션을 유지하면서 그 증권과 실질적으로 동일한 증권에 매도포지션을 취하면, 매도포지션이 마감될 때까지 이익과 손실이 실현되지 않는 것으로 간주되었다. 이는 세금목적상 매도포지션을 이용하면 이익의 실현을 연기할 수 있음을 의미한다. 그러나 이와 같은 제도는 1997년의 세금감면법(Tax Relief Act)에 의하여 변경되었다. 세금감면법에 따르면 가격이 상승한 자산을 소유하는 투자자가 다음 행동 중 하나를 하는 경우, 그 자산은 법 해석상"매도된(constructively sold)" 것으로 간주된다.

1. 동일하거나 또는 실질적으로 동일한 자산(property)의 공매
2. 동일하거나 또는 실질적으로 동일한 자산을 인도하기로 하는 선도계약 또는 선물계약의 매도
3. 손실과 이익을 얻을 기회를 실질적으로 제거하는 하나 또는 그 이상의 포지션을 취함

손실위험만을 감소시키거나 또는 이익을 얻을 기회만을 감소시키는 거래는 인정매도에 적용되지 않는다는 것을 주의해야 한다. 따라서 주식을 소유하고 있는 투자자는 인정매도(constructive sales)를 야기하지 않고 내가격에 있는 주식풋옵션을 매입할 수 있다.

세금 관련 실무자들은 세금을 줄이거나 세금혜택을 극대화하기 위하여 옵션을 이용하기도 한다([실무사례 10.2] 참조). 많은 국가의 세무당국들은 세금을 줄이기 위한 목적으로 파생상품을 사용하는 것에 대처하기 위해 새로운 법안을 제정하고 있다. 세금을 줄이기 위한 어떤 거래를 하기 전에, 기업재무

실무사례 10.2　　옵션을 이용한 절세 전략

옵션을 이용한 절세전략의 간단한 예를 설명하기로 하자. A국가는 이자와 배당에 대해서는 낮은 세율을 적용하고 자본이득에 대해서는 높은 세율을 적용하는 세법을 보유하고, 반대로 B국가는 이자와 배당에 대해서는 높은 세율을 그리고 자본이득에 대해서는 낮은 세율을 적용하는 세법을 보유하고 있다고 하자. 기업은 A국가에서는 증권으로부터 발생하는 소득을 수령하는 것이 유리하고 B국가에서는 자본이득을 실현하는 것이 유리하다. 자본손실이 다른 계정에서의 자본이득을 상쇄시키는 데 사용될 수 있는 A국가에서 기업은 자본손실을 마다하지 않을 것이다. 이런 모든 혜택은 A국가에 위치한 자회사가 증권의 법적 소유자가 되도록 하고 B국가에 위치한 자회사가 A국가 기업이 발행한 증권에 대한 콜옵션(행사가격은 증권의 현재 가치와 동일)을 매입하도록 함으로써 얻어질 수 있다. 옵션의 만기 동안, 증권으로부터 발생한 소득은 A국가에서 얻어진다. 만일 증권가격이 급격히 상승하면 옵션은 행사되고 자본이득은 B국가에서 실현될 것이다. 만일 가격이 급격히 하락하면 옵션은 행사되지 않고 자본손실은 A국가에서 실현될 것이다.

담당자와 개인들은 법이 바뀌면 어떤 영향을 받고 얼마의 비용이 발생할 수 있는지를 면밀히 분석해야 한다.

10.11 워런트, 종업원스톡옵션, 전환사채

워런트(warrants)는 금융기관 또는 기업에 의해 발행된 옵션이다. 예를 들어 어떤 금융기관이 백만개의 풋 워런트(put warrants)를 발행하며 각 워런트는 보유자에게 10온스의 금을 온스당 1000달러에 매도할 수 있는 권한을 부여한다. 다음은 워런트를 위한 시장을 조성할 것이다. 워런트를 행사하기 위하여 소유자는 금융기관에 접촉할 것이다. 기업은 채권발행 시에 워런트를 사용하는 것이 보통이다. 기업은 채권에 보유자에게 특정시점, 특정가격에 주식을 매입할 수 있는 권한을 부여하는 콜 워런트(call warrants)를 부가함으로써 투자자들로 하여금 채권이 더욱 매력적으로 보이게 한다.

종업원스톡옵션(employee stock option)은 종업원들이 주주들의 이익을 위하여 최선을 다하도록 유인하기 위하여 사용자가 종업원들에게 지급하는 콜옵션이다(16장 참조). 일반적으로 종업원스톡옵션은 발행 시에 등가격(at the money)상태에 있다. 회계기준은 현재 기업의 손익계산서 상에서 공정시장가격에 따라 비용처리 하도록 요구하고 있다.

전환사채(convertible bonds 또는 convertibles)는 일정시점에서 미리 정한 교환비율에 따라 주식으로 전환할 수 있는 회사채이다. 즉, 전환사채는 기업의 주식에 대한 콜옵션이 내재된 채권이다.

워런트, 종업원스톡옵션 그리고 전환사채의 특징 중에 하나는 미리 정해진 수의 옵션이 발행된다는 것이다. 이와 대조적으로 CBOE 또는 다른 거래소에서 거래되는 특정 주식에 대한 옵션의 수는 미리 정해지지 않는다. (사람들이 특정 옵션시리즈에 포지션을 취함에 따라 옵션의 잔고(미결제약정수량)는 증가한다. 사람들이 포지션을 마감함에 따라 옵션의 잔고는 감소한다.) 기업이 주식에 대해서 발행하는 워런트, 종업원스톡옵션 그리고 전환사채는 또 다른 점에서 거래소에서 거래되는 옵션과 다르다. 이런 상품들이 행사될 때 기업은 주식을 더 발행하여 옵션소유자에게 행사가격을 받고 그 주식을 매도한다. 그러므로 워런트 등의 상품들을 행사한다는 것은 기업의 발행주식수가 늘어난다는 것을 의미한다. 이에 비해서 거래소에서 거래되는 콜옵션이 행사되면, 매도포지션을 취한 투자자는 이미 발행되어 시장에 나와 있는 주식을 매입해서 매입포지션을 취한 투자자에게 행사가격에 매도한다. 이 경우 기초자산인 주식을 발행한 기업은 어떤 형태로든지 거래에 참여하지 않는다.

10.12 장외시장

옵션 장외시장(over the-counter market)은 1980년대 초부터 중요했고 현재는 거래소시장보다 크다. 장외시장 통화옵션과 장외시장금리옵션은 인기가 있다. 장외시장옵션의 중요한 단점은 옵션발행자의 채무불이행(default)시 매입자의 신용위험에 노출이다. 이 단점을 보완하기 위해 시장참여자 (그리고 규제당국)는 통상적으로 거래상대방에게 담보(collateral)를 요구한다. 금융기관들은 고객의 욕구를 만족시킬 수 있도록 장외시장옵션을 만들어낸다. 장외옵션의 구조는 표준콜옵션과 풋옵션의 구조와 상이하기도 하다. 이런 옵션들을 이색옵션(exotic option)이라 한다. 이색옵션의 여러 유형에 대해서는 26장에서 설명하기로 한다.

요약

옵션의 종류에는 콜옵션과 풋옵션이 있다. 콜옵션은 소유자에게 약정일까지 약정가격에 기초증권을 살 수 있는 권리를 부여한다. 풋옵션은 소유자에게 약정일까지 약정가격에 기초증권을 팔 수 있는 권리를 부여한다. 옵션시장에서 가능한 포지션은 다음 4가지이다. 즉, 콜옵션의 매입포지션, 풋옵션의 매입포지션, 콜옵션의 매도포지션 그리고 풋옵션의 매도포지션이 있다.
옵션의 매도포지션을 취하는 것은 옵션을 발행하는 것이다. 현재 거래되고 있는 옵션의 기초증권은 주식, 주가지수, 외국통화, 선물계약 등이다.

거래소는 거래되는 옵션계약의 조건을 명시해야 한다. 즉 거래소는 계약의 크기, 정확한 만기 시점, 행사가격을 명시해야 한다. 미국에서 옵션 1계약은 소유자에게 주식 100주를 사거나 팔 수 있는 권리를 부여한다. 주식옵션계약의 만기 시점은 만기월의 세 번째 금요일이다. 여러 개의 상이한 만기월을 갖는 옵션이 항상 거래된다. 행사가격은 주가에 따라 2.5달러, 5달러 또는 10달러의 간격으로 정해진다. 새로운 옵션계약이 처음 거래될 때에 행사가격은 일반적으로 주가에 매우 가깝게 결정된다.

주식옵션의 조건은 현금배당에 대해서는 조정되지 않는다. 그러나 주식배당, 주식분할 그리고 유상증자에 대해서는 조정된다. 조정을 하는 목적은 발행자와 소유자의 포지션 가치를 변하지 않게 유지하는 것이다.

대부분의 옵션거래소는 시장조성자를 이용한다. 시장조성자는 매입호가(시장조성자가 매입할 가격)와 매도호가(시장조성자가 매도할 가격)를 공시하는 개인을 말한다. 시장조성자는 시장의 유동성을 증가시키며 시장주문이 지체 없이 체결되도록 한다. 시장조성자는 매매호가 차이에서 이익을 얻는다. 거래소는 매매호가 차이의 상한선을 제한하는 규정을 두고 있다.

옵션의 발행자는 나중에 어떤 의무를 가질 수 있으므로 브로커와 증거금계좌를 유지해야 한다. 만일 브로커가 옵션결제소의 회원이 아니면 회원과 증거금계정을 유지해야 한다. 이 회원은 결제소와 증거금계정을 유지한다. 옵션결제소는 모든 거래의 기록을 유지하고 행사주문을 처리할 의무를 갖는다.

모든 옵션이 거래소에서 거래되는 것은 아니다. 많은 옵션들이 장외시장에서 전화를 통해 거래된다. 장외시장옵션은 기업재무담당자 또는 펀드매니저의 특수한 요구를 수용할 수 있도록 금융기관이 조건을 정할 수 있다는 점에서 유리하다.

참고문헌

Chicago Board Options Exchange. *Margin Manual*. Available online at the CBOE website: www.cboe.com.

연습문제

10.1. 투자자가 3달러에 유러피언풋옵션 1개를 매입했다. 현재 주가는 42달러이고 행사가격은 40달러이다. 어떤 상황에서 투자자가 이익을 얻을 수 있는가? 어떤 조건에서 투자자가 옵션을 행사해야 하는가? 만기일의 주가에 따라 변하는 투자자의 이익을 그림으로 나타내어라.

10.2. 투자자가 4달러에 유러피언콜옵션 1개를 매도했다. 현재 주가는 47달러이고 행사가격은 50달러이다. 어떤 상황에서 투자자가 이익을 얻을 수 있는가? 어떤 조건에서 옵션이 행사되는가? 만기일의 주가에 따라 변하는 투자자의 이익을 그림으로 나타내어라.

10.3. 어떤 투자자가 만기가 T이고 행사가격이 K인 유러피언콜옵션을 매도하고 만기와 행사가격이 동일한 풋옵션을 매입한다고 하자. 투자자의 포지션을 설명하라.

10.4. 고객이 옵션을 발행(매도)할 때에는 증거금계좌가 요구되는 반면에 고객이 옵션을 매입할 때에는 증거금계좌가 요구되지 않는 이유를 설명하라.

10.5. 주식옵션이 2월, 5월, 8월, 11월 사이클을 따른다고 하자. (a) 4월 1일에 거래되는 옵션은? (b) 또한 5월 30일에 거래되는 옵션은?

10.6. 기업이 1주를 2주로 늘리는 주식분할을 발표했다. 60달러의 행사가격을 갖는 콜옵션의 조건이 어떻게 변하는지 설명하라.

10.7. "기업이 발행한 종업원스톡옵션은 정규 거래소에서 거래되는 콜옵션과 다르다. 왜냐하면 기업의 재무구조에 영향을 줄 수 있기 때문이다." 이것의 의미를 설명하라.

10.8. 기업의 재무담당자가 통화옵션을 이용하는 헷지 프로그램을 고려하고 있다. (a) NASDAQ OMX와 (b) 장외시장을 이용하여 거래할 때 장점과 단점은 무엇인가?

10.9. 100달러에 주식 1주를 살 수 있는 유러피언콜옵션의 가격이 5달러이고 투자자가 만기일까지 옵션을 소유한다고 가정하자. 어떤 조건에서 옵션소유자가 이익을 얻을 수 있는가? 어떤 조건에서 옵션이 행사되는가? 옵션소유자의 이익이 만기일의 주가에 따라 변하는 것을 그림으로 나타내어라.

10.10. 60달러에 주식 1주를 팔 수 있는 유러피언풋옵션의 가격이 8달러이고 투자자가 만기일까지 옵션을 소유한다고 가정하자. 어떤 조건에서 옵션발행자가 이익을 얻을 수 있는가? 어떤 조건에서 옵션이 행사되는가? 옵션발행자의 이익이 만기일의 주가에 따라 변하는 것을 그림으로 나타내어라.

10.11. 선도계약 매입포지션과 유러피언풋옵션 매입포지션으로 구성된 포트폴리오의 만기일의 가치를 설명하라. 옵션과 선도계약의 만기는 같고 옵션의 행사가격은 포트폴리오 구성 때의 선도가격과 같다. 또한 유러피언풋옵션의 가치가 만기가 같은 유러피언콜옵션의 가치와 같음을 증명하라(두 옵션의 행사가격은 선도가격으로 동일).

10.12. 어떤 거래자가 행사가격이 45달러인 콜옵션을 매입하고 행사가격이 40달러인 풋옵션을 매입하였다. 두 옵션의 만기는 같다. 콜옵션의 가격은 3달러이고 풋옵션의 가격은 4달러이다. 기초자산의 가격에 따라 거래자의 이익이 어떻게 변하는지 그래프로 그려라.

10.13. 기초자산, 만기, 행사가격이 같은 경우에 아메리칸옵션의 가치가 유러피언옵션의 가치보다 항상 크거나 같은 이유를 설명하라.

10.14. 아메리칸옵션의 가치가 내재가치보다 항상 크거나 같은 이유를 설명하라.

10.15. 콜옵션을 매도하는 것과 풋옵션을 매입하는 것의 차이를 자세히 설명하라.

10.16. 기업의 재무담당자가 환위험을 헷지하기 위해 옵션과 선도계약 중 하나를 선택하고자 한다. 각 방법의 장점과 단점을 설명하라.

10.17. 500주를 살 수 있는 거래소 콜옵션계약을 고려해보자. 행사가격은 40달러이고 만기는 4개월이다. 다음의 경우에 옵션계약의 조건이 어떻게 변하는지 설명하라.

(a) 10%의 주식배당이 지급되는 경우

(b) 10%의 현금배당이 지급되는 경우

(c) 1대 4 주식분할의 경우

10.18. “만일 대부분의 콜옵션이 내가격에 있다면, 그것은 주가가 지난 몇 주 동안에 급상승했기 때문일 것이다.” 이 문장을 논평하라.

10.19. 기대치 않은 현금배당이 (a) 콜옵션과, (b) 풋옵션 가격에 미치는 영향은?

10.20. GM 주식에 대한 옵션이 3월, 6월, 9월, 12월 사이클에 속한다. (a) 3월 1일, (b) 6월 30일, (c) 8월 5일에 각각 거래되는 옵션은?

10.21. 시장조성자의 매매호가 차이가 옵션투자자에게 실질비용이 되는 이유를 설명하라.

10.22. 노출된 콜옵션 5계약을 발행한 미국투자자를 고려해보자. 옵션 1개의 가격은 3.50달러, 행사가격은 60달러, 현재 주가는 57달러이다. 얼마의 개시증거금이 요구되는가?

과제물 문제

10.23. [표1.2]의 9월 콜옵션의 내재가치와 시간가치를 매수호가와 매도호가의 평균으로 계산된 시장가격을 사용해 계산하라. [표1.3]의 9월 풋옵션에 대해서도 내재가치와 시간가치를 매수호가와 매도호가의 평균으로 계산된 시장가격을 사용해 계산하라. 현재 매수호가와 매도호가의 평균이 696.00달러라고 가정하라.

10.24. 거래자는 행사가격 60달러에 100주의 주식을 매도할 수 있는 풋옵션 계약을 보유하고 있다. 계약 조항에 대한 영향은 무엇인가?

(a) 2달러 배당 지급발표

(b) 2달러 배당 지급

(c) 2대 5 주식분할

(d) 5% 주식배당 지급

10.25. 거래자는 5개의 노출된 풋옵션 계약을 발행했으며 각 계약은 100개의 주식을 대상으로 한다. 옵션의 가격은 10달러이며 만기까지 6개월이 남았다. 행사가격은 64달러이다.

(a) 주가가 58달러인 경우 증거금률이 어떻게 되는가?

(b) 만약 지수옵션을 위한 규칙(rule)이 적용된다면 (a)의 답은 어떻게 달라지겠는가?

(c) 주가가 70달러였다면 (a)의 답은 어떻게 달라지겠는가?

(d) 만약 거래자가 옵션을 매도 대신 매입을 했다면 (a)의 답은 어떻게 달라지겠는가?

10.26. 주식의 가격이 40달러이다. 그 주식에 대한 행사가격이 30달러이고 만기가 1년인 유러피언풋옵션의 가격이 7달러이고 행사가격이 50달러인 동일조건의 콜옵션의 가격이 5달러이다. 투자자가 주식 100주를 매입하고 콜옵션 100개를 발행하고 풋옵션 100개를 매입한다고 가정하자. 1년 후의 주가에 따라 투자자의 이익과 손실이 어떻게 변하는지 그래프를 그려보라. 만일 투자자가 주식 100주를 매입하고 콜옵션 200개를 발행하고 풋옵션 200개를 매입한다면 결과는 어떻게 변하는가?

10.27. "만일 어떤 기업이 경쟁기업보다 우량하지는 않지만 주식시장이 좋아지면 기업의 임원들은 주식매입선택권으로부터 많은 이익을 얻을 것이다. 이는 합리적이지 않다."여기에 대한 당신의 견해를 밝히고 당신의 견해를 반영할 수 있는 대안(alternative)은 무엇인지 설명하라.

10.28. 주가 30달러, 행사가격 32달러, 무위험이자율 5%, 변동성 30% 그리고 만기가 1.5년일 때 무배당주식에 대한 아메리칸풋옵션의 가치를 계산하기 위하여 DerivaGem을 이용하고자 한다(옵션유형으로"Binomial American"을 선택하고 50개 기간을 이용할 것).

(a) 옵션의 내재가치는 얼마인가?

(b) 옵션의 시간가치는 얼마인가?

(c) 0의 시간가치는 무엇을 의미하는가? 시간가치가 0인 옵션의 가치는 얼마인가?

(d) 시행착오법을 이용하여, 옵션의 시간가치가 0이 되기 위해서는 주가가 얼마나 낮아야 하는지 계산하라.

10.29. 2004년 7월 20일에 마이크로소프트는 주당 3달러의 배당을 지급한다고 발표함으로써 시장을 놀라게 했다. 배당락일은 2004년 11월 17일이고 배당지급일은 2004년 12월 2일이다. 당시의 주가는 28달러였다. 배당지급은 종업원스톡옵션의 조건을 바꾸었다. 즉, 행사가격이 다음과 같이 하향조정되었다.

$$\text{배당전 행사가격} \times \frac{\text{종가 - 3.00달러}}{\text{종가}}$$

또한 스톡옵션에 따른 주식수도 다음과 같이 상향조정되었다.

$$\text{배당전 행사가격} \times \frac{\text{종가}}{\text{종가 - 3.00달러}}$$

"종가(closing price)"는 배당락 직전일 NASDAQ에서 형성된 마이크로소프트의 공식적인 종가이다. 이와 같은 조정방식을 거래소가 특별배당에 대해서 하는 조정방식과 비교해서 평가하라([실무사례 10.1] 참조).

CHAPTER 11

주식옵션의 속성

본 장에서는 주식옵션의 가격에 영향을 미치는 요인(factor)들에 대하여 설명하기로 한다. 유러피언옵션의 가격, 아메리칸옵션의 가격 그리고 기초자산인 주식 가격 간의 관계를 설명하기 위하여 다양한 차익거래논리(arbitrage argument)를 이용하기로 한다. 가장 중요한 관계는 풋-콜 패리티로, 이는 유러피언콜옵션 가격과 유러피언풋옵션 가격 간의 관계이다.

본 장은 아메리칸옵션의 경우 만기일 전에 권리를 행사해야 하는지의 여부를 분석한다. 무배당주식에 대한 아메리칸콜옵션의 경우 만기일 전에 권리를 행사하는 것이 결코 최적이 아니나. 그러나 무배당주식에 대한 아메리칸풋옵션의 경우 만기일 전에 권리를 행사하는 것이 최적일 수 있다. 만약 배당금이 지급되면 콜옵션 또는 풋옵션을 조기에 행사하는 것이 최적일수 있다.

11.1 11.1 옵션의 가격에 영향을 미치는 요인들

주식옵션의 가격에 영향을 미치는 6가지 요인들은 다음과 같다.

1. 현재 주식의 가격, S_0
2. 행사가격, K
3. 만기일까지의 기간(즉, 만기), T
4. 주가의 변동성, σ
5. 무위험이자율, r
6. 예상하는 배당금

본 절에서는 먼저 위에서 언급한 6가지 요인 중 어떤 한 요인의 변화(물론 다른 요인들은 변하지 않는다고 가정)가 옵션의 가격에 어떠한 영향을 미치는지 살펴보자. 결과는 [표 11.1]에 요약되어 있다.

[그림 11.1]과 [그림 11.2]는 $S_0 = 50$, $K = 50$, r = 연 5%, σ = 연 30%, T = 1로 가정하고서 유러피언콜옵션과 풋옵션의 가격이 처음 5개의 요인에 의해 어떤 영향을 받는지를 보여준다(배당금은 없다고 가정). 이 경우에 콜옵션 가격은 7.116달러이고, 풋옵션 가격은 4.677달러이다.

표 11.1 요인의 증가가 주식옵션의 가격에 미치는 영향 요약.*(다른 요인이 일정할 때)

	유러피언옵션		아메리칸옵션	
변수	콜옵션	풋옵션	콜옵션	풋옵션
현재주가	+	−	+	−
행사가격	-	+	−	+
만기	?	?	+	+
변동성	+	+	+	+
무위험이자율	+	−	+	−
미래배당금	−	+	−	+

* +는 변수가 증가하면 옵션가격이 상승함을 의미.
-는 변수가 증가하면 옵션가격이 하락함을 의미.
?는 관계가 불확실함을 의미.

주가와 행사가격

콜옵션을 미래 어느 시점에서 행사하는 경우, 콜옵션의 이득은 주가가 행사가격을 초과하는 금액이다. 따라서 주가가 상승함에 따라 콜옵션의 가치는 증가하고, 반면에 행사가격이 커짐에 따라 콜옵션의 가치는 감소한다. 풋옵션의 경우, 권리행사 시의 이득은 행사가격이 주가를 초과하는 금액이다. 따라서 풋옵션의 가치는 콜옵션의 가치와 반대 방향으로 움직인다. 즉, 주가가 상승함에 따라 풋옵션의 가치는 감소하고, 행사가격이 커짐에 따라 풋옵션의 가치는 증가한다. [그림 11.1]의 (a)~(d)는 콜옵션과 풋옵션의 가격이 주가와 행사가격에 따라 어떻게 변하는지 보여준다.

만기

만기일까지의 기간 또는 만기가 옵션의 가치에 미치는 영향을 살펴보자. 만기가 길어짐에 따라 아메리칸콜옵션과 풋옵션의 가치는 증가하거나 적어도 감소하지 않는다. 이를 이해하기 위하여 만기는 다르나 다른 모든 조건이 동일한 2개의 옵션을 고려해보자. 만기가 긴 옵션의 소유자는 만기가 짧은 옵션의 소유자가 가질 수 있는 모든 권리행사 기회 이외에도 추가로 옵션을 행사할 기회를 갖는다. 따라서 만기가 긴 옵션의 가치는 만기가 짧은 옵션의 가치보다 크거나 같다고 할 수 있다.

유러피언풋옵션과 콜옵션의 가치는 일반적으로 만기가 길수록 커지지만 [(그림 11.1)의 (e)와 (f) 참조], 항상 그런것은 아니다. 만기일까지의 기간이 1개월인 콜옵션과 2개월인 콜옵션을 비교해보자. 그리고 상당한 금액의 배당금이 6주 후에 예상된다고 가정하자. 배당금은 주가를 하락시키므로 만기가 1개월인 옵션의 가치가 만기가 2개월인 옵션의 가치보다 클 수도 있다.[1]

변동성

변동성(volatility)의 정확한 개념은 15장에서 설명하기로 한다. 대략적으로 주가의 변동성은 미래 주가

1 옵션의 만기가 변할 때 주식배당금의 크기와 지급시점은 변하지 않는다고 가정한다.

변동에 대한 불확실성을 측정하는 수단이다. 변동성이 증가함에 따라 주가가 큰 폭으로 상승하거나 하락할 가능성이 증가한다. 주식을 소유하고 있는 투자자에게는 이러한 주가 상승과 하락의 두 가지 결과가 서로 상쇄되지만 옵션을 소유하고 있는 투자자의 입장은 다르다. 주가가 상승하는 경우에 콜옵션 소유자는 이득을 보는 반면, 주가가 하락하는 경우에 콜옵션 소유자의 손해는 제한된다. 왜냐하면 최대한의 손실은 콜옵션의 가격뿐이기 때문이다. 마찬가지로 주가가 하락하는 경우에 풋옵션 소유자는 이득을 보는 반면, 주가가 상승하는 경우에 손해는 풋옵션의 가격으로 제한된다. 따라서 변동성이 증가함에 따라 콜옵션과 풋옵션의 가치는 증가한다([그림 11.2]의 (a)와 (b) 참조]).

그림 11.1 주가, 행사가격, 만기의 변화가 옵션가격에 미치는 영향. S_0 50, $K = 50$, $r = 5\%$, $\sigma = 30\%$, and $T = 1$

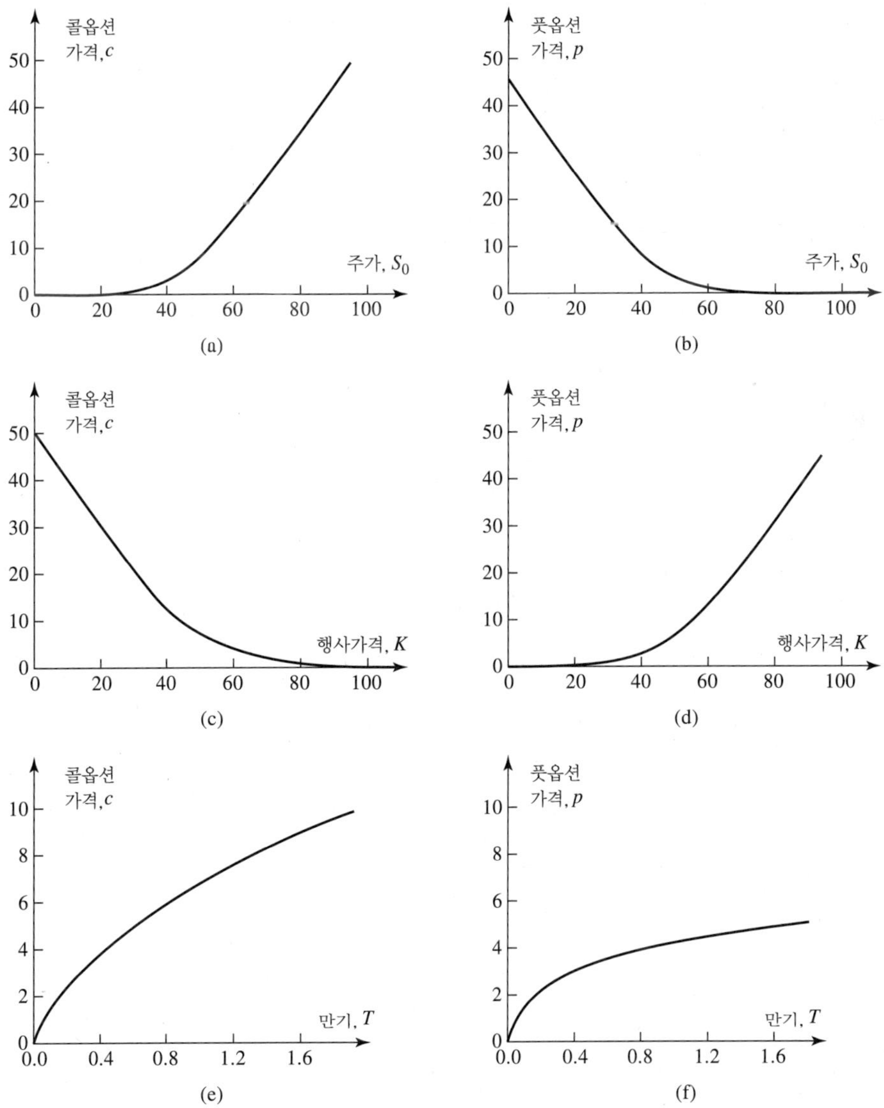

그림 11.2 변동성과 무위험이자율이 옵션가격에 미치는 영향.
S0 50, K 50, r 5%, σ 30%,

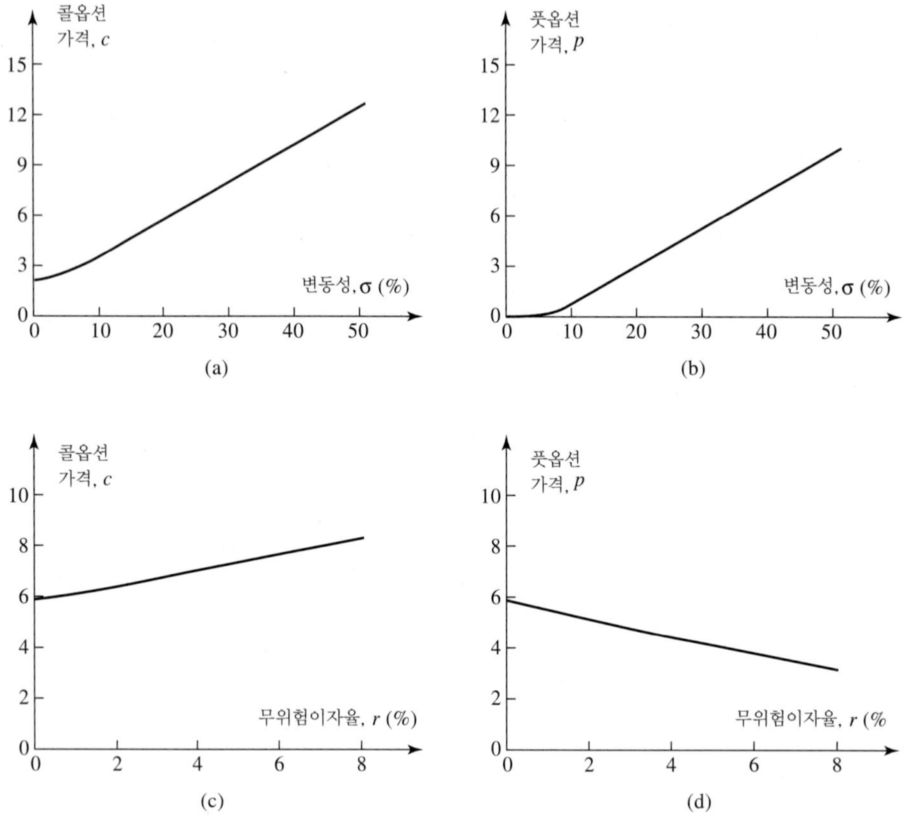

무위험이자율

무위험이자율이 옵션의 가치에 미치는 영향은 그리 명료하지 않다. 이자율이 증가함에 따라 투자자들이 주식으로부터 요구하는 기대수익률은 증가하는 경향이 있다. 또한 옵션의 소유자가 받게 되는 미래 현금흐름의 현재가치는 감소하는 경향이 있다. 이러한 두 가지 효과는 결합되어 풋옵션의 가치를 감소시키고 콜옵션의 가치를 증가시킨다([그림 11.2] (c)와 (d) 참조).

다른 모든 변수가 일정할 때 이자율만이 변한다고 가정하고 있음을 강조하는 것이 중요하다. 특히, [표 11.1]에서는 이자율이 변할 때 주가가 일정하다고 가정한다. 실제로 이자율이 상승(하락)하면, 주가는 하락(상승)하는 경향이 있다. 따라서 이자율의 증가와 이에 따른 주가하락이 콜옵션의 가치를 감소시키고 풋옵션의 가치를 증가시킬 수도 있다. 같은 논리로 이자율의 하락과 이에 따른 주가 상승이 콜옵션의 가치를 증가시키고 풋옵션의 가치를 감소시킬 수도 있다.

미래배당금

배당으로 인해 배당락일에 주가가 하락하기 때문에, 배당은 콜옵션 소유자에게는 나쁜 소식이나 풋옵션 소유자에게는 좋은 소식이다. 배당락일이 옵션의 만기 중에 있다고 하자. 미래배당금의 크기는 콜옵션의 가치와 음(−)의 관계를 갖고, 풋옵션의 가치와는 양(+)의 관계를 갖는다.

11.2 가정과 기호

5장에서 선도가격과 선물가격을 추정하는 공식을 도출할 때 이용했던 가정과 비슷한 가정이 옵션가격을 도출할 때도 필요하다. 즉, 대규모 투자은행이 존재하므로 다음과 같이 가정할 수 있다.

1. 거래비용(transaction costs)이 없다.
2. 모든 거래이익은 같은 세율의 적용을 받는다.
3. 무위험이 자율로 차입과 대출이 가능하다.

또한 차익거래기회(arbitrage opportunity)가 발생하면 투자자는 곧 이를 이용한다고 가정하자. 즉, 1장과 5장에서 설명했듯이 차익거래기회는 곧 사라지게 된다. 따라서 차익거래기회는 존재하지 않는다고 가정하자.

기호를 다음과 같이 정의하자.

S_0: 현재 주식의 가격
K: 옵션의 행사가격
T: 옵션의 만기일까지의 기간(즉, 만기) 또는 만기일
S_T: 만기일에서의 주식의 가격
r: T시점에 만기가 되는 투자의 연속복리 무위험이자율
C: 주식 1주를 살 수 있는 아메리칸콜옵션의 가치
P: 주식 1주를 팔 수 있는 아메리칸풋옵션의 가치
c: 주식 1주를 살 수 있는 유러피언콜옵션의 가치
p: 주식 1주를 팔 수 있는 유러피언풋옵션의 가치

여기서 r은 실질이자율(real rate of interest)이 아니고 명목이자율(nominal rate of interest)이 되어야 한다.[2] 시장에서 무위험이자율로 사용되는 대용치들은 4장 3절에서 논의됐다. 단순한 차익거래 논의를 통해 r이 0보다 큼을 알 수 있으며 이는 이 장에서 결과들을 도출하는데 사용된 가정이다. 그러나 유로, 스위스 프랑, 일본 엔과 같은 특정 통화에서는 간혹 정부의 통화정책으로 인해 이자율이 음(-)의 값을 갖는 경우가 발생한다. 문제 11.22는 이 장의 결과들에 대한 음(-)의 이자율의 영향을 고려한다.

---

2 실질이자율은 인플레이션 효과를 조정한 이자율이다. 예를 들어 명목이자율이 3%이고 인플레이션이 2%라면 실질이자율은 대략 1%가 된다.

11.3 옵션가격의 상한선과 하한선

여기서 옵션가치의 상·하한선(upper and lower bounds)을 도출해보자. 상·하한선을 도출하는 데 있어서 $r > 0$가정을 제외하고는 옵션의 가치에 영향을 미치는 다른 요인들에 대해서는 어떠한 가정도 필요하지 않다. 만일 옵션의 가치가 상한선을 상회하거나 하한선을 하회하는 경우, 차익거래기회가 발생하게 된다.

상한선

유러피언 또는 아메리칸콜옵션의 소유자는 행사가격으로 보통주 1주를 살 수 있는 권리를 갖는다. 어떤 상황에서도 콜옵션의 가치는 결코 주식의 가치를 초과할 수 없다. 따라서 주식의 가격이 콜옵션 가치의 상한선이 된다.

$$c \leqslant S_0 \quad \text{and} \quad C \leqslant S_0 \tag{11.1}$$

이 관계가 성립하지 않는 경우, 차익거래자는 주식을 매입하고 콜옵션을 매도함으로써 무위험이익을 얻을 수 있다.

아메리칸풋옵션의 경우, 소유자는 K의 가격으로 1주를 팔 수 있는 권리를 갖는다. 주식의 가격이 얼마나 하락하든 풋옵션의 가치는 결코 행사가격을 초과할 수 없다.

$$P \leqslant K \tag{11.2}$$

유러피언풋옵션의 경우, 만기일의 옵션가치는 행사가격을 초과할 수 없으므로 현재시점에서의 가치는 행사가격의 현재가치를 초과할 수 없다.

$$p \leqslant Ke^{-rT} \tag{11.3}$$

이 관계가 성립하지 않으면 차익거래자는 풋옵션을 발행하고 받은 금액을 무위험이자율로 투자함으로써 무위험이익을 얻을 수 있다.

무배당주식에 대한 콜옵션 가치의 하한선

무배당주식에 대한 유러피언콜옵션 가치의 하한선은 다음과 같다.

$$S_0 - Ke^{-rT}$$

예를 들어 설명한 후 증명하기로 하자.

S_0 = 20달러, K = 18달러, r = 연 10%, T = 1년으로 가정하면 하한선은 3.71달러이다.

$$S_0 - Ke^{-rT} = 20 - 18e^{-0.1} = 3.71$$

먼저 유러피언콜옵션의 가격이 이론적인 최저가치 3.71달러보다 낮은 3달러라고 가정해 보자. 차익거래자는 콜옵션을 매입하고 주식을 공매하게 되는데, 이 경우 20달러 − 3달러 = 17달러의 현금유입이 발생한다. 17달러를 10%의 무위험이자율로 1년간 투자하면 $17e^{0.1\times1} = 18.79$달러가 된다. 만기일의 주가가 18달러를 초과하면 차익거래자는 18달러에 콜옵션을 행사하고 주식을 사용해 공매포지션을 마감한다. 이를 통해 차익거래자는 0.79달러의 이익을 얻는다.

$$18.79\text{달러} - 18.00\text{달러} = 0.79\text{달러}$$

만일 만기일의 주가가 18달러 미만이면 주식시장에서 주식을 구입하여 공매포지션을 마감한다. 이 경우 차익거래자는 보다 큰 이익을 얻게 된다. 예를 들어 주가가 17달러이면, 차익거래자의 이익은 1.79달러이다.

$$18.79\text{달러} - 17.00\text{달러} = 1.79\text{달러}$$

이를 증명하기 위하여 다음 2개의 포트폴리오를 고려해보자.

A 포트폴리오: 유러피언콜옵션 1개 + T시점에서 K를 지급하는 무이표채 1개
B 포트폴리오: 보통주 1주

A 포트폴리오에 포함되어 있는 무이표채의 가치는 T시점에서 K이다. 만일 $S_T > K$이면, 만기일에 콜옵션을 행사하고 A 포트폴리오의 가치는 S_T가 된다. 만일 $S_T < K$이면, 콜옵션의 가치는 0이고, A 포트폴리오의 가치는 K이다. 따라서 만기일에서의 A 포트폴리오의 가치는 다음과 같다.

$$\max(S_T,\ K)$$

만기일의 B 포트폴리오의 가치는 S_T이다. 즉, 만기일에서의 A 포트폴리오의 가치는 B 포트폴리오의 가치보다 크거나 같다. 따라서 차익거래기회를 배제하기 위하여 현재시점에서 A 포트폴리오의 가치가 B 포트폴리오의 가치보다 크거나 같아야 한다. 오늘 현재 무이표채의 가치는 Ke^{-rT}이므로 다음 식이 성립한다.

$$c + Ke^{-rT} \geqslant S_0$$

또는

$$c \geqslant S_0 - Ke^{-rT}$$

콜옵션 소유자가 예상하는 최악의 경우는 만기일에 권리행사를 못하는 경우이므로 현재시점에서 옵션의 가치는 0보다 작을 수 없다(즉, $c \geqslant 0$). 따라서 다음 식이 성립한다.

$$c \geqslant \max(S_0 - Ke^{-rT},\ 0) \tag{11.4}$$

예제 11.1

무배당주식에 대한 유러피언콜옵션의 행사가격은 50달러, 만기는 6개월이다. 현재 주가는 51

달러이고 무위험이자율은 연 12%이다. 즉, $S_0 = 51, K = 50, T = 0.5, r = 0.12$이다. 식 (11.4)로부터 콜옵션 가격의 하한선은 $S_0 - Ke^{-rT}$, 즉 3.91달러이다.

$$51 - 50e^{-0.12\times0.5} = 3.91 \text{ 달러}$$

무배당주식에 대한 유러피언풋옵션 가치의 하한선

무배당주식에 대한 유러피언풋옵션 가치의 하한선은 다음과 같다.

$$Ke^{-rT} - S_0$$

먼저 예를 들어 설명한 후 증명하기로 하자.

$S_0 = 37$달러, $K = 40$달러, $r =$ 연 5%, $T = 0.5$년으로 가정하면 하한선은 2.01달러이다.

$$Ke^{-rT} - S_0 = 40e^{-0.05\times0.5} - 37 = 2.01$$

먼저 유러피언풋옵션의 가격이 이론적인 하한선인 2.01달러보다 작은 1달러라고 가정하자. 차익거래자는 풋옵션과 주식을 매입하기 위하여 38.00달러를 6개월간 차입한다. 6개월 후 차익거래자는 $38e^{0.05\times0.5} = 38.96$달러를 상환해야 한다. 만일 만기일의 주가가 40달러 미만이면, 차익거래자는 옵션을 행사하여 소유하고 있는 주식을 40달러에 매도하고 38.96달러를 상환하여 1.04달러의 이익을 얻는다.

$$40.00\text{달러} - 38.96\text{달러} = 1.04\text{달러}$$

만일 주가가 40.00달러를 초과하면, 차익거래자는 옵션을 포기하고 주식을 매도하여 38.96달러를 상환함으로써 보다 큰 이익을 얻는다. 예를 들어 주가가 42.00달러이면 차익거래자의 이익은 3.04달러이다.

$$42.00\text{달러} - 38.96\text{달러} = 3.04\text{달러}$$

이를 증명하기 위하여 다음 2개의 포트폴리오를 고려해보자.

C 포트폴리오: 유러피언풋옵션 1개와 보통주 1주
D 포트폴리오: T시점에서 K를 지급하는 무이표채 1개

만일 $S_T < K$이면, C 포트폴리오에 포함되어 있는 풋옵션을 만기일에 행사하여 C 포트폴리오의 가치는 K가 된다. 만일 $S_T > K$이면, 풋옵션의 가치는 0이고 C 포트폴리오의 가치는 이다. 따라서 만기일의 C 포트폴리오의 가치는 다음과 같다.

$$\max(S_T,\ K)$$

T시점에서 D 포트폴리오의 가치는 K이다. 따라서 만기일에서의 C 포트폴리오의 가치는 D포트폴리오의 가치보다 크거나 같다. 차익거래기회를 배제하기 위해서는, 현재시점에서 C 포트폴리오의 가치는

D 포트폴리오의 가치와 적어도 같아야 한다.

$$p + S_0 \geqslant Ke^{-rT}$$

또는

$$p \geqslant Ke^{-rT} - S_0$$

풋옵션 소유자가 예상할 수 있는 최악의 상황은 만기일에 권리행사를 못하는 경우이므로 옵션의 가치는 0보다 작을 수 없다. 따라서 다음 식이 성립한다.

$$p \geqslant \max(Ke^{-rT} - S_0,\ 0) \tag{11.5}$$

예제 11.2

무배당주식에 대한 유러피언풋옵션의 행사가격은 40달러, 만기는 3개월이다. 현재 주가는 38달러이고 무위험이자율은 연 10%이다. 즉, $S_0 = 38$, $K = 40$, $T = 0.25$, $r = 0.10$이다. 식 (11.5)로부터 풋옵션 가격의 하한선은 $Ke^{-rT} - S_0$, 즉 1.01달러이다.

$$40e^{-0.1\times0.25} - 38 = 1.01 \text{ 달러}$$

11.4 풋-콜 패리티

여기서 행사가격과 만기가 동일한 경우 유러피언풋옵션의 가격과 유러피언콜옵션의 가격 간의 중요한 관계를 유도해보자. 이를 위해 앞에서 구성했던 다음 2개의 포트폴리오를 고려해보자.

A 포트폴리오: 유러피언콜옵션 1개 + T시점에서 K를 지급하는 무이표채

C 포트폴리오: 유러피언풋옵션 1개 + 주식 1주

주식은 배당을 지급하지 않는다고 계속 가정한다. 콜옵션과 풋옵션은 동일한 행사가격 K와 동일한 만기 T를 갖는다.

앞 절에서 설명했듯이, A포트폴리오의 무이표채는 만기일에 K의 가치를 갖는다. 만일 만기일 T시점에서 주가 S_T가 K보다 높으면 A 포트폴리오의 콜옵션은 행사될 것이다. 이는 A포트폴리오가 만기일 T시점에서 $(S_T - K) + K = S_T$의 가치를 갖는 것을 의미한다. 만일 S_T가 K보다 낮으면 A포트폴리오의 콜옵션은 가치는 0이 되고 포트폴리오의 만기일에서의 가치는 K가 될 것이다.

C포트폴리오에서 주식은 만기일에 S_T의 가치를 갖는다. 만일 S_T가 K보다 낮으면 C포트폴리오의 풋옵션은 행사된다. 이는 C 포트폴리오가 만기일에 $(K - S_T) + S_T = K$의 가치를 갖는 것을 의미한다. 만일 S_T가 K보다 높으면 C 포트폴리오의 풋옵션의 가치는 0이고 만기일에 포트폴리오의 가치는 S_T이다.

이 상황은 [표 11.2]에 요약되어 있다. $S_T > K$이면 만기일에 두 포트폴리오의 가치는 각각 S이다. 만

표 11.2 만기일 T시점에서 A 포트폴리오와 C 포트폴리오의 가치.

		$S_T > K$	$S_T < K$
포트폴리오A	콜옵션	$S_T - K$	0
	무이표채	K	K
	합계	S_T	K
포트폴리오 C	풋옵션	0	$K - S_T$
	주식	S_T	S_T
	합계	S_T	K

일 $S_T < K$이면 만기일에 두 포트폴리오의 가치는 각각 K이다. 다시 말해서 만기일에 두 포트폴리오의 가치는 다음과 같다.

$$\max(S_T, K)$$

이들은 유러피언옵션이므로 만기일 전에 권리를 행사할 수 없다. 두 포트폴리오는 만기일(T 시점)에서 동일한 가치를 가지므로 현재 시점에서 두 포트폴리오의 가치는 같아야 한다. 만약 같지 않으면 차익거래자는 저렴한 포트폴리오를 매입하고 비싼 포트폴리오를 매도할 것이다. 두 포트폴리오는 만기일에 서로 상쇄될 것이므로 이 거래전략은 두 포트폴리오 가치 차이에 해당되는 차익거래이익을 확정시킬 것이다.

A 포트폴리오는 현재 시점에서 $c + Ke^{-rT}$의 가치를 갖는다. 그리고 C 포트폴리오는 현재 시점에서 $p + S_0$의 가치를 갖는다. 따라서 다음 식이 성립한다.

$$c + Ke^{-rT} = p + S_0 \tag{11.6}$$

이 관계를 풋-콜 패리티(또는 풋-콜 평가: put-call parity)라고 한다. 특정한 행사가격과 행사일을 갖는 유러피언콜옵션의 가치는 행사가격과 행사일이 같은 유러피언풋옵션의 가치로부터 추론할 수 있으며 반대의 경우도 성립한다.

만일 식 (11.6)이 성립하지 않으면, 차익거래기회가 발생한다. 주가가 31달러, 행사가격이 30달러, 무위험이자율이 연 10%, 만기가 3개월인 유러피언콜옵션과 풋옵션의 가격이 각각 3달러, 2.25달러라고 가정하면 다음 식이 성립한다.

$$c + Ke^{-rT} = 3 + 30e^{-0.1\times 3/12} = 32.26 \text{ 달러}$$

$$p + S_0 = 2.25 + 31 = 33.25 \text{ 달러}$$

C 포트폴리오는 A 포트폴리오에 비하여 상대적으로 과대평가되어 있다. 따라서 차익거래기회는 A포트폴리오에 포함된 증권을 매입하고 C 포트폴리오에 포함된 증권을 매도하는 것이다. 즉, 콜옵션을 매입하고 풋옵션과 주식을 매도한다(주식은 공매한다). 이 전략으로 30.25달러의 현금유입이 발생한다.

$$-3 + 2.25 + 31 = 30.25 \text{ 달러}$$

$$30.25e^{0.1\times0.25} = 31.02 \text{ 달러}$$

30.25달러를 무위험이자율로 투자하면 3개월 후에 달러가 된다. 만기일의 주가가 30달러보다 크면, 콜옵션을 행사한다. 만일 주가가 30달러보다 작으면, 풋옵션이 행사된다. 결국 만기일의 주가에 관계없이 30달러에 주식을 매입하게 된다. 매입한 주식으로 공매포지션을 마감한다. 따라서 순이익은 1.02달러이다.

31.02달러 - 30.00달러= 1.02달러

만일 콜옵션의 가격이 3달러, 풋옵션의 가격이 1달러이면 반대의 경우가 성립된다.

$$c + Ke^{-rT} = 3 + 30e^{-0.1\times3/12} = 32.26 \text{ 달러}$$
$$p + S_0 = 1 + 31 = 32.00 \text{ 달러}$$

A 포트폴리오가 C 포트폴리오에 비하여 상대적으로 과대평가되어 있다. 차익거래자는 A 포트폴리오에 포함된 증권을 매도하고 C 포트폴리오에 포함된 증권을 매입하여 무위험이익을 확정할 수 있다(만기일의 주가에 관계없이 무위험이익이 일정함을 의미). 즉 콜옵션을 매도하고, 풋옵션과 주식을 매입한다. 이 전략을 수행하기 위해서는 다음의 투자를 해야 한다.

31달러 + 1달러 - 3달러 = 29달러

무위험이자율로 차입하면 3개월 후에 $29e^{0.1\times0.25} = 29.73$달러를 상환해야 한다. 앞의 경우처럼 만기일의 주가에 따라 콜옵션 또는 풋옵션이 행사된다. 콜옵션을 매도하고 풋옵션을 매입하였으므로 결국 만기일의 주가에 관계없이 30달러에 주식을 매도하게 된다. 따라서 순이익은 0.27달러이다.

30.00달러 − 29.73달러 = 0.27달러

이 예들이 [표 11.3]에 요약되어 있다. [실무사례 11.1]은 우리가 기업의 채권자와 주주들의 포지션을 이해하는 데 옵션과 풋-콜 패리티가 어떻게 도움을 주는지 보여준다.

아메리칸옵션

풋-콜 패리티는 유러피언옵션의 경우에만 성립한다. 그러나 아메리칸옵션에 대해서도 다음과 같은 식을 도출할 수 있다(연습문제 11.18 참조).

$$S_0 - K \leqslant C - P \leqslant S_0 - Ke^{-rT} \tag{11.7}$$

예제 11.3

> 무배당주식에 대한 아메리칸콜옵션(행사가격은 20달러, 만기는 5개월)의 가격이 1.5달러이다. 현재주가는 19달러이고 무위험이자율은 연 10%이다. 식 (11.7)로부터, $P - C$는 0.18달러와 1달러 사이의 값을 가진다.

표 11.3 풋-콜 패리티가 성립하지 않는 경우 발생하는 차익거래기회: 주가 31달러, 이자율 연10%, 콜옵션 가격 3달러, 풋옵션과 콜옵션의 행사가격은 30달러, 만기는 3개월로 동일하다.

풋옵션 가격 2.25달러	풋옵션 가격 1달러
현재 차익거래전략: 콜옵션 3달러에 풋옵션 매도하여 2.25달러 실현 주식을 공매하여 31달러 실현 30.25달러를 3개월 투자	현재 차익거래전략: 매입 29달러를 3개월 차입 콜옵션 매도하여 3달러 실현 풋옵션 1달러에 매입 주식을 31달러에 매입
3개월 후에 $S_T > 30$이면, 투자로부터 31.02달러 수령 콜옵션 행사하여 주식을 30달러에 매입 이익 1.02달러	3개월 후에 $S_T > 30$이면, 콜옵션이 행사되어 주식 30달러에 매도 29.73달러로 차입 상환 이익 0.27달러
3개월 후에 $S_T < 30$이면, 투자로부터 31.02달러 수령 풋옵션이 행사되어 주식을 30달러에 매입 이익 1.02달러	3개월 후에 $S_T < 30$이면, 풋옵션을 행사하여 주식 30달러에 매도 29.73달러로 차입 상환 이익 0.27달러

$$19 - 20 \leqslant C - P \leqslant 19 - 20e^{-0.1\times 5/12}$$

또는

$$1 \geqslant P - C \geqslant 0.18$$

콜옵션 가격이 1.5달러이므로 풋옵션 가격은 1.68달러와 2.50달러 사이의 값을 가져야한다. 다시 말해서 아메리칸콜옵션 및 행사가격과 만기가 동일한 아메리칸풋옵션의 가격 상한선과 하한선은 각각 2.50달러와 1.68달러이다.

11.5 무배당주식에 대한 콜옵션의 경우

본 절에서는 무배당주식에 대한 아메리칸콜옵션의 경우 만기일 전에 권리행사를 하는 것이 결코 최적이 아님을 증명할 것이다.

증명의 기본을 이해하기 위하여 다음과 같은 무배당주식에 대한 아메리칸콜옵션을 고려하자. 현재 주가는 70달러, 행사가격은 40달러, 만기는 1개월이다. 현재 이 옵션은 심내가격(deep-in-the-money)에 있기 때문에 옵션소유자는 지금 권리를 행사하는 것이 최적이라고 생각하기 쉽다. 그러나 앞으로 1개월 후에 주식을 소유하고자 하는 투자자에게 지금 권리를 행사하는 것이 결코 최상의 결정이라고 하기 어렵다. 더 바람직한 결정은 1개월 후에 권리를 행사하는 것이다. 그렇게 하면 행사가격인 40달러의 지불을 1개월 후로 미룰 수 있다. 다시 말해서 권리행사를 미룸으로써 40달러에 대한 1개월 이자 소득을 얻게 된다. 또한 주식은 배당을 지급하지 않으므로 주식을 소유해서 얻게 되는 어떤 소득도 희생하지

실무사례 11.1 풋-콜 패리티와 자본구조

옵션 가치평가의 선구자들은 피셔 블랙(Fisher Black), 마이런 숄즈(Myron Scholes), 그리고 로버트 머튼(Robert Merton)이다. 1970년대 초 이들은 기업의 자본구조를 설명하는 데 옵션이 이용될 수 있음을 보였다. 오늘날 이 모형은 기업의 신용위험을 평가하는 데 금융기관에 의해 폭넓게 이용되고 있다.

이 모형을 설명하기 위하여 자산이 무이표채와 자기자본으로 조달된 기업을 고려해 보자. 채권의 만기는 5년이라고 하자(5년 후 원금 K가 상환되어야 한다). 이 기업은 배당을 지급하지 않는다. 만일 5년 후에 자산가치가 K보다 크면 주주는 채권자에게 K를 상환한다. 만일 5년 후의 자산가치가 K보다 작으면 주주는 파산을 선언하고 채권자는 기업을 소유하게 된다.

따라서 5년 후의 자기자본의 가치는 $\max(A_T - K\ \ 0)$ 이다(여기서 A_T는 5년 후의 자산가치이다). 이는 주주가 기업의 자산에 대한 유러피언콜옵션(행사가격 K)을 소유하고 있음을 보여준다. 채권자의 경우는 어떠한가? 채권자는 5년 후 $\min(A_T,\ K)$의 가치를 갖는다. 이는 K -$\max(K - A_T,\ 0)$와 동일하다. 채권자는 5년 후 기업자산을 K의 가격으로 자신에게 매도할 수 있는 권리를 주주에게 부여한 셈이다. 따라서 채권의 가치는 K의 현재가치에서 자산에 대한 5년 만기 유러피언풋옵션(행사가격 K)의 가치를 차감한 값이다.

요약해서 설명하면 다음과 같다. 만일 c와 p가 각각 기업자산에 대한 콜옵션과 풋옵션의 가치라면, 자기자본과 부채의 가치는 다음과 같다.

$$\text{기업 자기자본의 가치} = c$$
$$\text{기업 부채의 가치} = PV(K) - p$$

자산의 현재가치를 A_0 라고 정의하자. 자산가치는 자산구입에 필요한 자금을 조달하는데 사용된 금융수단의 총 가치와 동일해야 한다. 이는 이 가치가 자기자본가치와 부채가치의 합과 동일해야 함을 의미한다. 즉,

$$A_0 = c + [PV(K) - p]$$

이 식을 다시 정리하면,

$$c + PV(K) = p + A_0$$

이 식은 기업자산에 대한 콜옵션과 풋옵션 간에 성립하는 풋-콜 패리티 식 (11.6)과 동일한 결과이다.

않았다. 지금 권리를 행사하는 것에 비하여 만기일까지 기다림으로써 얻어지는 또 하나의 이점은 1개월 후의 주가가 40달러 이하가 될 때 권리행사를 하지 않을 수 있다는 것이다. 따라서 1개월 전에 권리행사를 하지 않았던 것을 결코 후회하지 않을 것이다.

이상의 논리는 만일 투자자가 주식을 만기일까지(위의 경우 1개월) 소유하고자 하는 경우, 옵션을 만기일 전에 행사하는 것이 결코 이점이 없음을 보여준다. 현재주가가 과대평가되었다고 생각하는 투자자가 있다면 그는 지금 권리를 행사하여 매입한 주식을 다시 매도하는 것이 최상이라고 생각할 수도 있다. 그러나 이 경우에도 투자자가 권리를 행사하는 것보다 옵션을 매도하는 것이 유리하다.2) 주식을 소유하고자 하는 다른 투자자가 옵션을 매입하게 된다. 이러한 투자자는 반드시 존재한다. 존재하지 않으면 현재주가는 70달러가 아닐 것이다. 앞에서 설명한 이유로 인해 옵션의 가격은 옵션의 내재가치인 30달러보다 항상 크다.

이를 보다 공식적으로 증명하는 방법은 식 (11.4)을 이용하는 것이다.

$$c \geqslant S_0 - Ke^{-rT}$$

아메리칸콜옵션 소유자는 유러피언콜옵션 소유자가 가질 수 있는 모든 권리행사의 기회를 가지므로, $C \geqslant c$의 관계가 성립한다.

따라서,

$$C \geqslant S_0 - Ke^{-rT}$$

$r > 0$이므로 $C > S_0 - K$이다($T > 0$일 때). 이는 C가 항상 만기일 전에 옵션의 내재가치보다 크다는 것을 의미한다. 만일 만기일 전에 권리를 행사하는 것이 최적이면 C는 그 때의 옵션의 내재가치인 $S_0 - K$와 같아야 한다. 그러나 $C > S_0 - K$이므로 만기일 전에 권리를 행사하는 것이 최적이 아님을 알 수 있다.

요약하면 무배당주식에 대한 아메리칸콜옵션을 만기일 전에 행사하지 않아야 하는 데는 2가지 이유가 있다. 첫 번째 이유는 콜옵션이 부여하는 보험(insurance)과 연관되어 있다. 즉, 주식 대신 콜옵션을 소유하고 있으면 주가가 행사가격 이하로 하락하는 경우에 소유자를 보호해준다. 일단 옵션을 행사하면 행사가격과 주식의 가격은 교환되며 보험의 기능은 사라진다. 또 다른 이유는 화폐의 시간가치와 관련되어 있다. 즉, 옵션소유자의 입장에서 행사가격을 늦게 지불할수록 유리하다.

가격 범위

무배당주식의 경우 아메리칸콜옵션은 결코 만기일 전에 행사되지 않으므로 아메리칸콜옵션은 유러피언콜옵션과 동등하다. 따라서 C = c이다. 식 (11.1)과 (11.4)로부터 상한선과 하한선은 다음과 같다.

$$\max(S_0 - Ke^{-rT}, 0) \quad \text{and} \quad S_0$$

가격 범위는 [그림 11.3]에 표시되어 있다.

콜옵션 가격이 주가 S_0에 대해 변하는 관계는 [그림 11.4]와 같다. r 또는 T 또는 주가변동성이 증가함에 따라 콜옵션가격과 주가를 연계시키는 선은 화살표 방향으로 움직인다.

그림 11.3 유러피언과 아메리칸콜옵션의 가격 범위(무배당 가정).

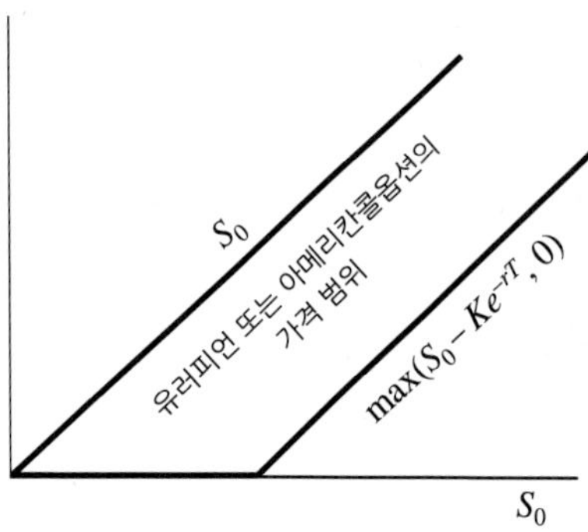

그림 11.4 무배당주식에 대한 아메리칸 또는 유러피언콜옵션의 가격과 주가와의 관계. 이자율, 만기 또는 주가변동성이 상승할 때 곡선은 화살표 방향으로 움직인다.

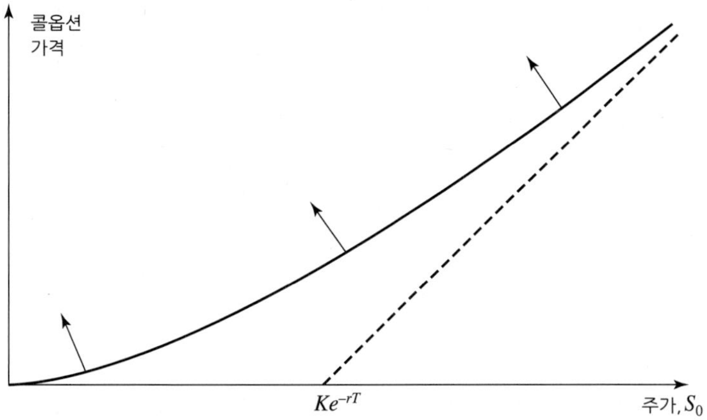

11.6 무배당주식에 대한 풋옵션의 경우

무배당주식에 대한 풋옵션의 경우, 만기일 전에 권리를 행사하는 것이 최적일 수 있다. 만기일전 어느 시점에서 풋옵션이 충분히 심내가격에 있으면 풋옵션을 행사하는 것이 유리하다.

이를 이해하기 위하여 다음의 극단적인 경우를 생각해보자. 행사가격은 10달러이고 주가는 거의 0에 가깝다. 지금 옵션을 행사하면 투자자는 10달러의 이득을 얻는다. 만일 투자자가 만기일까지 기다리면 옵션 행사에서 얻게 되는 이득이 10달러보다 작을 수는 있으나, 주가가 0보다 작을 수는 없으므로 이득이 결코 10달러 이상일 수는 없다. 또한 10달러를 지금 받는 것이 미래에 받는 것보다 유리하다. 따라서 이러한 상황에서는 풋옵션을 즉시 행사해야 한다.

콜옵션과 같이 풋옵션도 보험 기능을 가지고 있다. 풋옵션을 주식과 동시에 소유하면 주가가 일정 수준 이하로 하락할 때 투자자를 보호해준다. 그러나 콜옵션과는 달리 풋옵션의 경우, 이러한 보험 기능을 포기하고 행사가격을 즉시 받기 위하여 만기일 전에 권리를 행사하는 것이 최적일 수 있다. 주가가 하락함에 따라, 이자율이 상승함에 따라, 그리고 주식의 변동성이 감소함에 따라, 풋옵션의 만기일 전 권리행사는 일반적으로 유리해진다.

가격 범위

식 (11.3)과 (11.5)로부터 무배당의 경우 유러피언풋옵션 가격의 상한선과 하한선은 다음과 같다.

$$\max(Ke^{-rT} - S_0,\ 0) \leqslant p \leqslant Ke^{-rT}$$

무배당주식에 대한 아메리칸풋옵션의 경우 다음 조건은 반드시 적용되어야 한다.

$$P \geqslant \max(K - S_0,\ 0)$$

그림 11.5 유러피언풋옵션과 아메리칸풋옵션의 가격범위(무배당 가정).

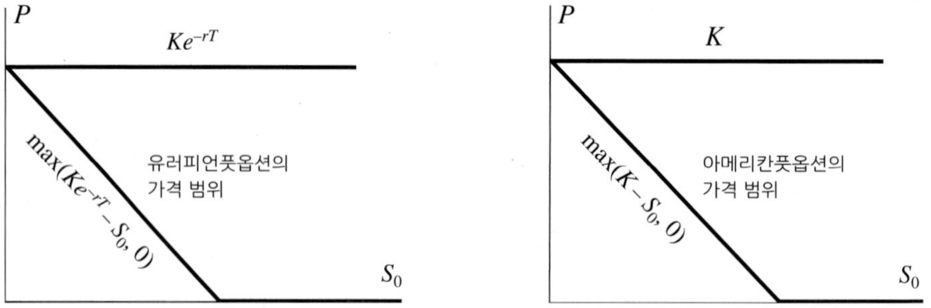

왜냐하면 아메리칸풋옵션은 항상 행사가 가능하기 때문이다. 이는 식 (11.5)의 유러피언풋옵션의 조건보다 강한 조건이다. 식 (11.2)의 결과를 이용하면 무배당주식에 대한 아메리칸풋옵션의 가격 범위는 다음과 같다.

$$\max(K - S_0,\ 0) \leqslant P \leqslant K$$

[그림 11.5]는 풋옵션의 가격 범위를 보여준다.

[그림 11.6]은 주가가 변함에 따라 아메리칸풋옵션의 가격이 어떻게 변하는지를 보여준다. 앞에서 설명했듯이 무위험이자율이 0보다 크다고 가정하면, 주가가 충분히 하락했을 때 아메리칸풋옵션을 즉시 행사하는 것이 항상 최적이다. 권리행사가 최적일 때 옵션의 가치는 $K - S_0$이다. 그러므로 풋옵션의 가치를 나타내는 곡선은 주가가 매우 낮은 경우에 풋옵션의 내재가치인 $K - S_0$와 같아진다. [그림 11.6]에서 매우 낮은 주가는 A로 표시된다. 무위험이자율이 하락함에 따라, 기초자산의 변동성이 커짐에 따라 혹은 만기가 길어짐에 따라, 풋옵션의 가격은 화살표 방향으로(즉, 내재가치에서 멀어지는 방향으로) 움직인다.

상황에 따라 만기일 전에 아메리칸풋옵션을 행사하는 것이 최적일 수 있으므로 아메리칸 풋옵션의

그림 11.6 아메리칸풋옵션의 가격과 주가와의 관계. 만기 또는 주가변동성이 상승할 때 또는 이자율이 하락할 때, 곡선은 화살표 방향으로 움직인다.

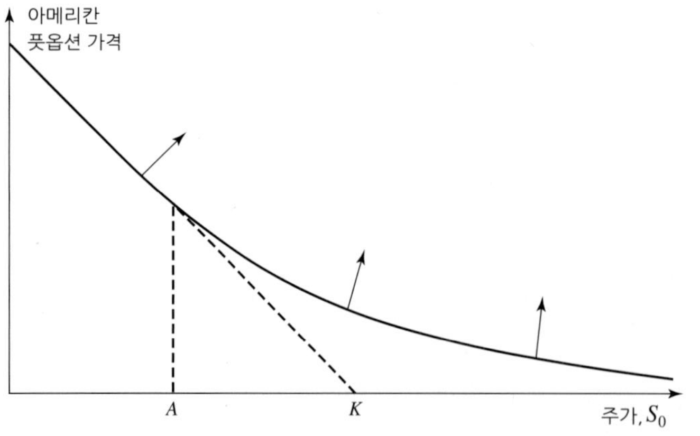

그림 11.7 유러피언풋옵션 가격과 주가와의 관계.

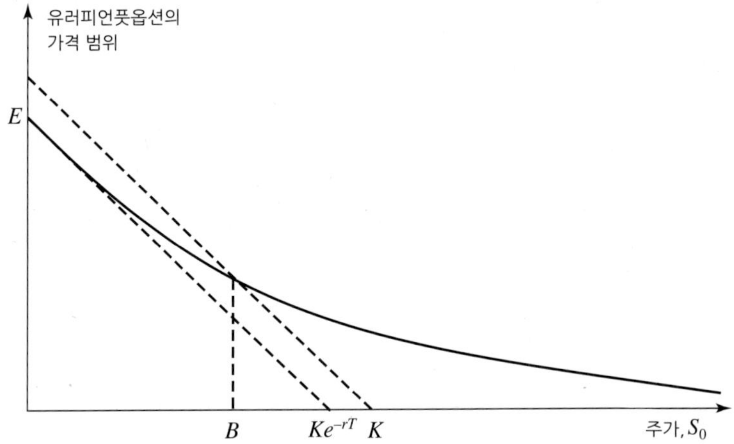

가치는 유러피언풋옵션의 가치보다 항상 크다. 아메리칸풋옵션의 가치가 내재가치와 일치하는 경우가 있으므로([그림 11.6] 참조), 유러피언풋옵션의 가치는 내재가치보다 작을 수 있다. 이는 유러피언풋옵션 가격과 주가 간의 관계를 나타내는 곡선이 아메리칸옵션의 경우 성립하는 곡선보다 아래에 위치해야 함을 의미한다.

[그림 11.7]은 주가에 따라 유러피언풋옵션의 가격이 어떻게 변하는지를 보여준다. [그림11.7]에서 B점은 옵션의 가격이 내재가치와 일치하는 점인데, B점에서의 주가는 [그림 11.6]의 A점의 주가보다 높다. 그 이유는 [그림 11.7]의 곡선이 [그림 11.6]의 곡선보다 아래에 위치하기 때문이다. [그림 11.7]의 E점은 주가가 0일 때 유러피언풋옵션의 가격이 Ke^{-rT}임을 보여준다.

11.7 배당의 효과

본 장에서 지금까지 설명한 모든 결과는 배당이 없는 주식을 가정하고서 얻어진 것이다. 여기서 배당이 미치는 영향을 설명하기로 한다. 옵션의 만기 동안 지급될 배당금을 안다고 가정한다. 이 가정은 많은 상황에서 비합리적이지 않다. 기호 D를 만기일까지 지급되는 배당금의 현재가치로 정의하자. D를 계산하는 데 있어 배당금이 배당락일에 지급된다고 가정한다.

콜옵션과 풋옵션 가격의 하한선

앞에서 사용했던 A포트폴리오와 B포트폴리오를 다음과 같이 바꾸어 정의하기로 한다.

A포트폴리오: 유러피언콜옵션 1개 + ($D + Ke^{-rT}$ 만큼의 현금)

B포트폴리오: 주식 1주

식 (11.4)을 유도할 때 사용했던 논리를 이용하여 전개하면, 다음 식이 성립한다.

$$c \geqslant \max(S_0 - D - Ke^{-rT},\ 0) \tag{11.8}$$

또한 C포트폴리오와 D포트폴리오를 다음과 같이 바꾸어 정의하자.

C포트폴리오: 유러피언풋옵션 1개 + 주식 1주
D포트폴리오: $D + Ke^{-rT}$만큼의 현금

식 (11.5)를 유도할 때 사용했던 논리를 이용하여 전개하면 다음과 같다.

$$p \geqslant \max(D + Ke^{-rT} - S_0,\ 0) \tag{11.9}$$

만기일 전 권리행사

배당이 기대되는 경우, 만기일 전에 아메리칸콜옵션을 행사하는 것이 최적이 아니라고 주장할 수 없다. 즉, 배당락일 직전에 아메리칸콜옵션을 행사하는 것이 최적일 수 있다. 그러나 다른 경우에는 만기일 전에 콜옵션을 행사하는 것이 결코 최적일 수 없다. 이러한 논지는 15장 12절에서 보다 자세히 설명하기로 한다.

풋-콜 패리티

앞에서 새로 정의한 A포트폴리오와 C포트폴리오의 만기일에서의 가치를 비교하여 배당을 지급하는 경우의 풋-콜 패리티를 유도하면 식 (11.6)은 다음과 같이 된다.

$$c + D + Ke^{-rT} = p + S_0 \tag{11.10}$$

또한 배당은 식 (11.7)를 다음과 같이 변경시킨다(연습문제 11.19 참조).

$$S_0 - D - K \leqslant C - P \leqslant S_0 - Ke^{-rT} \tag{11.11}$$

요약

주식옵션의 가치에 영향을 미치는 6가지 요인은 다음과 같다. 현재주가, 행사가격, 만기, 주가의 변동성, 무위험이자율 그리고 옵션만기일까지 예상되는 배당금 등이다. 주가가 상승함에 따라, 만기가 길어짐에 따라, 주가의 변동성이 증가함에 따라 또는 무위험이자율이 상승함에 따라, 콜옵션의 가치는 대체로 증가한다. 행사가격과 기대배당금이 커짐에 따라 콜옵션의 가치는 감소한다. 반면에 행사가격이 커짐에 따라, 만기가 길어짐에 따라, 주가의 변동성이 증가함에 따라 또는 기대배당금이 커짐에 따라, 풋옵션의 가치는 대체로 증가한다. 주가와 무위험이자율이 상승함에 따라 풋옵션의 가치는 하락한다.

주가의 변화행태에 관한 어떤 가정도 하지 않고 주식옵션의 가치에 대해 몇 가지 결론을 내릴 수 있다. 예를 들어 주식에 대한 콜옵션 가격은 주식의 가격보다 항상 작아야 한다. 마찬가지로 주식에 대한 풋옵션 가격은 행사가격보다 항상 작아야 한다.

무배당주식에 대한 콜옵션의 가치는 다음의 값보다 커야 한다.

$$\max(S_0 - Ke^{-rT},\ 0)$$

여기서 S_0는 주가, K는 행사가격, r은 무위험이자율 그리고 T는 만기이다. 무배당주식에 대한 풋옵션의 가치는 다음의 값보다 커야 한다.

$$\max(Ke^{-rT} - S_0,\ 0)$$

배당이 지급되는 경우(D를 배당금의 현재가치로 하면) 콜옵션의 하한선은

$$\max(S_0 - D - Ke^{-rT},\ 0)$$

풋옵션의 하한선은

$$\max(Ke^{-rT} + D - S_0,\ 0)$$

풋-콜 패리티는 주식에 대한 유러피언콜옵션의 가치(c)와 유러피언풋옵션의 가치(p) 간의 관계를 나타낸다. 주식이 배당을 지급하지 않으면 이 관계는 다음과 같다.

$$c + Ke^{-rT} = p + S_0$$

주식이 배당을 지급하면, 풋-콜 패리티는 다음과 같이 변한다.

$$c + D + Ke^{-rT} = p + S_0$$

아메리칸옵션의 경우에 풋-콜 패리티는 성립하지 않는다. 그러나 차익거래논리를 이용하여 아메리칸 콜옵션과 풋옵션의 가격 차이에 대한 상한선과 하한선을 정할 수 있다.

15장에서는 주가 변화의 행태에 관하여 특별한 가정을 하여 본 장에서 시도한 분석을 계속하고자 한다. 특별한 가정을 함으로써 우리는 유러피언 주식옵션의 정확한 가격공식을 유도할 수 있다. 13장, 21장에서는 아메리칸옵션의 가치를 결정하기 위해 어떻게 수치화절차(numerical procedure)를 사용할 수 있는지 설명하기로 한다.

참고문헌

Broadie, M., and J. Detemple. “American Option Valuation: New Bounds, Approximations, and a Comparison of Existing Methods,” *Review of Financial Studies*, 9, 4 (1996): 1211–50.

Merton, R. C. “On the Pricing of Corporate Debt: The Risk Structure of Interest Rates,” *Journal of Finance*, 29, 2 (1974): 449–70.

Merton, R. C. “The Relationship between Put and Call Prices: Comment,” *Journal of Finance*, 28 (March 1973): 183–84.

Stoll, H. R. "The Relationship between Put and Call Option Prices," *Journal of Finance*, 24 (December 1969): 801–24.

연습문제

11.1. 주식옵션의 가격에 영향을 미치는 6가지 요인을 나열하라.

11.2. 무배당주식에 대한 콜옵션 가격의 하한선은 얼마인가? 만기는 4개월, 현재주가는 28달러, 행사가격은 25달러, 무위험이자율은 연 8%이다.

11.3. 무배당주식에 대한 유러피언풋옵션 가격의 하한선은 얼마인가? 만기는 1개월, 현재주가는 12달러, 행사가격은 15달러, 무위험이자율은 연 6%이다.

11.4. 무배당주식에 대한 아메리칸콜옵션의 경우에 만기일 전에 권리를 행사하는 것이 최적이 아닌 이유 2가지를 설명하라. 첫 번째 이유는 화폐의 시간가치와 연관이 있으며 두 번째 이유는 이자율이 0일 때도 적용할 수 있는 논리이다.

11.5. "아메리칸풋옵션의 경우, 만기일 전에 권리를 행사하는 것은 화폐의 시간가치와 풋옵션의 보험기능의 가치를 교환하는 것이다."이를 설명하라.

11.6. 배당을 지급하는 경우 주식에 대한 아메리칸콜옵션의 가치가 항상 적어도 내재가치 이상인 이유를 설명하라. 이 관계가 유러피언콜옵션의 경우에도 성립하는지 설명하라.

11.7. 배당을 지급하지 않는 주식의 가격이 19달러이고 이 주식에 대한 3개월 만기 유러피언콜옵션의 가격이 1달러이다(행사가격은 20달러). 무위험이자율은 연 4%이다. 행사가격이 20달러인 3개월 만기 유러피언풋옵션의 가격은 얼마인가?

11.8. 유러피언옵션의 풋-콜 패리티를 유도할 때 사용했던 논리를 아메리칸옵션의 경우에는 비슷한 결론을 얻기 위해 이용할 수 없는 이유를 설명하라.

11.9. 무배당주식에 대한 콜옵션 가격의 하한선은 얼마인가? 현재의 주가는 80달러, 행사가격은 75달러, 만기는 6개월, 무위험이자율은 연 10%이다.

11.10. 무배당주식에 대한 유러피언풋옵션 가격의 하한선은 얼마인가? 현재의 주가는 58달러, 행사가격은 65달러, 만기는 2개월, 무위험이자율은 연 5%이다.

11.11. 배당을 지급하는 주식에 대한 유러피언콜옵션의 현재가격은 5달러이다. 주가는 64달러, 행사가격은 60달러, 만기는 4개월, 모든 만기에 대한 무위험이자율은 연 12%이다. 그리고 1달 후에 0.80달러의 배당금을 예상한다. 차익거래자가 이용할 수 있는 차익거래기회는?

11.12. 무배당주식에 대한 유러피언풋옵션의 가격은 2.5달러이다. 주가는 47달러, 행사가격은 50달러, 만기는 1개월, 무위험이자율은 연 6%이다. 차익거래기회는?

11.13. 무위험이자율이 증가함에 따라 또는 변동성이 감소함에 따라 아메리칸풋옵션의 만기일 전 권리행사 가능성이 점점 커지는 이유를 직관적으로 설명하라.

11.14. 만기가 6개월이고 행사가격이 30달러인 유러피언콜옵션의 가격은 2달러이다. 주가는 29달러이고 2개월과 5개월 후에 각각 0.50달러의 배당금이 지급될 것으로 예상한다. 무위험이자율은 (모든 만기에 대해서) 연 10%이다. 만기가 6개월이고 행사가격이 30달러인 유러피언풋옵션의 가격은?

11.15. 문제 11.14에서 풋옵션의 가격이 3달러인 경우 차익거래기회를 설명하라.

11.16. 무배당주식에 대한 아메리칸콜옵션의 가격은 4달러이다. 주가는 31달러, 행사가격은 30달러, 만기는 3개월, 무위험이자율은 연 8%이다. 기초주식과 만기 그리고 행사가격이 같은 아메리칸 풋옵션 가격의 상한선과 하한선은?

11.17. 아메리칸풋옵션의 가격이 문제 11.16에서 계산한 상한선보다 높은 경우의 차익거래기회를 설명하라.

11.18. 식 (11.7)을 증명하라[힌트: 다음 2개의 포트폴리오를 이용할 것. (a) 유러피언콜옵션 1개와 K만큼의 현금, (b) 아메리칸풋옵션 1개와 주식 1주].

11.19. 식 (11.11)을 증명하라[힌트: 다음 2개의 포트폴리오를 이용할 것. (a) 유러피언콜옵션 1개와 $D+K$만큼의 현금, (b) 아메리칸풋옵션 1개와 주식 1주].

11.20. 종업원에게 제공된 무배당주식에 대한 5년 만기 콜옵션을 고려해보자. 옵션은 1년이 지난 후부터 언제든지 행사될 수 있다. 거래소에서 거래되는 표준 콜옵션과 달리 종업원스톡옵션은 매도될 수 없다. 이 제약조건이 조기행사에 미치는 영향은 무엇인가?

11.21. DerivaGem을 이용하여 [그림 11.1]과 [그림 11.2]가 옳음을 확인하라.

11.22. 다음에 대한 마이너스 금리의 영향은 무엇인가?

(a) 유러피안 옵션의 풋-콜 패리티

(b) 배당을 지급하지 않는 주식에 대한 아메리칸 콜옵션은 때때로 만기일 이전에 절대 행사되어서는 안된다는 결과

(c) 배당을 지급하지 않는 주식에 대한 아메리칸 풋옵션은 때때로 만기일 이전에 행사되어야만 한다는 결과 이자를 받지 않는 현금을 보유하고 있는 것은 가능하지 않다고 가정

과제물 문제

11.23. 거래소에서는 풋옵션이 거래되기 전에 콜옵션이 먼저 거래되기 시작했다. 풋옵션이 거래되지 않던 시기에 당신은 어떻게 배당을 지급하지 않는 주식에 대한 유러피안 풋옵션을 만들 수 있겠는가?

11.24. 12개월 뒤에 만기가 도래하며 배당을 지급하지 않는 주식에 대한 행사가격이 120달러인 유러피안 콜옵션과 풋옵션의 가격은 각각 20달러와 5달러이다. 현재 주가는 130달러이다. 여기서 무위험이자율은 얼마인가?

11.25. 유러피언콜옵션과 풋옵션의 행사가격과 만기가 각각 20달러와 3개월로 동일하며 가격도 각각 3달러로 동일하다. 무위험이자율이 연 10%이며 현재주가는 19달러이고 1개월 후에 1달러의 배당금이 예상된다. 차익거래기회를 확인하라.

11.26. K_1, K_2, K_3를 행사가격으로 하는 유러피언콜옵션의 가격을 c_1, c_2, c_3로 가정하자. 단 $K_3 > K_2 > K_1$이고, $K_3 - K_2 = K_2 - K_1$이다. 그리고 모든 옵션의 만기는 같다. 다음 관계를 증명하라.

$$c_2 \leqslant 0.5(c_1 + c_3)$$

(힌트: 행사가격이 K_1과 K_3인 콜옵션을 1개씩 매입하고 행사가격이 K_2인 콜옵션을 2개 매도한 포트폴리오를 고려할 것)

11.27. 유러피언풋옵션의 경우, 문제 11.23에서 얻은 결과에 상응하는 결과는 무엇인가?

11.28. 당신이 레버리지가 매우 높은 기업의 매니저이고 또한 유일한 소유자이다. 모든 부채는 1년 후에 상환해야 한다. 만일 1년 후 기업의 가치가 부채의 원금보다 크면 당신은 부채를 상환할 수 있다. 만일 기업의 가치가 부채의 원금보다 작으면 당신은 파산을 선언하고 채권자는 당신의 기업을 소유하게 된다.

(a) 당신의 포지션을 기업의 가치에 대한 옵션으로 표현하라.

(b) 채권자의 포지션을 기업의 가치에 대한 옵션으로 표현하라.

(c) 당신이 취한 포지션의 가치를 증가시키기 위해 당신이 할 수 있는 일은?

11.29. 주가 41달러, 행사가격 40달러, 무위험이자율 연 6%, 변동성 35% 그리고 만기가 1년인 경우의 주식옵션을 고려해보자. 6개월 후에 0.50달러의 배당금이 예상된다고 가정하자.

(a) 유러피언콜옵션이라고 가정하고 DerivaGem을 이용하여 옵션의 가치를 평가하라.

(b) 유러피언풋옵션이라고 가정하고 DerivaGem을 이용하여 옵션의 가치를 평가하라.

(c) 풋-콜 패리티가 성립하는지 확인하라.

(d) DerivaGem을 이용하여 만기가 대단히 길 때 그리고 배당이 없을 때 옵션가격이 어떻게 되는지 확인하라. 당신이 얻은 결과를 설명하라.

11.30. 무배당주식에 대한 풋옵션을 고려해 보자. 주가는 40달러, 행사가격은 42달러, 무위험이자율은 연 2%, 변동성은 연 25%, 만기는 3개월이다. DerivaGem을 이용하여 다음을 구하라.

(a) 유러피언옵션이라는 가정 하에서의 옵션가격(Analytic:European을 이용할 것)

(b) 아메리칸옵션이라는 가정 하에서의 옵션가격(Binomial: American을 100기간으로 하여 이용할 것)

(c) [그림 11.7]에서 B점

11.31. 11장 1절은 유러피안 콜옵션의 가치가 만기가 증가함에 따라 감소하는 상황에 대한 예시를 보여주고 있다. 유러피안 풋옵션에 대해서 동일한 상황이 발생한다는 예시를 들어보라.

CHAPTER 12

옵션을 이용한 투자전략

개별 주식옵션에 투자해서 생기는 이익패턴은 이미 10장에서 설명하였다. 이 장에서는 옵션이 다른 자산과 같이 거래될 때 얻을 수 있는 패턴에 대해 살펴보기로 한다. 특히, (a) 옵션과 무이표채, (b) 옵션과 기초자산, (c) 동일한 기초자산에 대한 2개 이상의 옵션으로 구성된 포트폴리오의 속성을 분석하기로 한다.

왜 투자자들은 이 장에서 논의되는 이익패턴을 원하는가를 질문하는 것은 자연스러운 일이다. 답은 거래자들의 선택은 거래자들의 주가가 어떻게 움직일 것인가에 대한 판단과 위험을 감수하고자 하는 의지에 달려있다. 12장 1절에서 논의되는 원금보장증권(principal-protected note)는 위험을 회피하고자 하는 개인들에게는 매력적일 것이다. 그들은 원금을 읽고싶어 하지 않지만 특정 자산의 가치가 증가 또는 감소할지에 대한 의견을 갖고 있으며 그들의 의견이 옳고 그름에 따라 원금에 대한 수익이 결정되는 것을 원한다. 만약 거래자가 이보다 더 많은 위험을 감수할 수 있다면 거래자는 12장 3절에서 논의되는 강세스프레드 또는 약세스프레드를 사용할 것이다. 일반적인 콜이나 풋옵션 매입은 더 큰 위험을 투자자에게 야기할 수 있다.

거래자는 자산의 가격에 커다란 변동이 있을 것임을 예상하고 있지만 가격이 올라갈지 또는 내려갈지는 알지 못한다고 가정하자. 몇가지 선택 가능한 투자전략이 존재한다. 위험회피형 투자자는 12장 3절에서 논의되는 역나비형스프레드(reverse butterfly spread)를 선택할 것이다. 역나비형스프레드를 선택한 투자자는 예측이 맞은 경우 작은 수익을 얻고 만약 틀렸다면 작은 손실을 입는다. 더 공격적인 투자자는 12장 4절에서 논의되는 스트래들 또는 스트랭글을 선택할 것이다. 스트래들 또는 스트랭글을 선택한 투자자의 잠재 이익과 손실은 역나비형스프레드 보다 더 크다.

옵션을 이용하여 구성할 수 있는 추가적인 거래전략은 뒤에 있는 장에서 고려하기로 한다. 예를 들어, 17장은 주식 포트폴리오의 위험을 관리하기 위하여 어떻게 주가지수가 사용될 수 있으며 환노출을 헷지하기 위하여 레인지선도계약이 어떻게 사용될 수 있는지 설명한다. 19장은 파생상품이 거래될 때 위험을 관리하기 위하여 어떻게 그릭문자가 사용되는지 설명한다. 그리고 26장은 이색옵션과 정적 옵션복제를 설명한다.

12.1 원금보장증권

옵션은 소매시장의 원금보장증권(principal-protected note)을 만들어내는 데 이용된다. 이 증권은 보수적인 투자자에게 어필하는 상품이다. 투자자가 얻는 수익률은 주식, 주가지수, 그리고 다른 자산의 성과에 의해 결정된다. 그러나 최초의 투자된 원금은 위험에 노출되지 않는다. 예제는 단순한 원금보장증권이 어떻게 만들어지는지 보여준다.

예제 12.1

3년 만기 이자율이 연속복리로 6%라고 가정하자. 이는 $1{,}000e^{-0.06\times 3} = 835.27$ 달러가 3년 후에 1,000달러가 됨을 의미한다. 1,000달러와 835.27달러 간의 차이는 164.73달러이다. 주식 포트폴리오의 가치가 1,000달러이고 연간 1.5%의 배당수익률을 제공한다고 가정하자. 그리고 이 주식 포트폴리오를 기초자산으로 하고 만기가 3년인 등가격 유러피언콜옵션을 164.73달러보다 낮은 가격에 매입할 수 있다고 가정하자(DerivaGem으로부터 포트폴리오 가치의 변동성이 15%보다 작으면 콜옵션 가격이 164.73달러보다 작음을 확인할 수 있다). 은행은 고객에게 다음과 같이 구성된 1,000달러의 투자기회를 제안할 수 있다.

1. 3년 만기 무이표채(원금 1,000달러)
2. 3년 만기 등가격 유러피언콜옵션(기초자산: 주식 포트폴리오)

만일 포트폴리오의 가치가 증가하면 투자자는 포트폴리오에 투자된 1,000달러가 실현한 금액을 얻게 된다(이유는 무이표채가 1,000달러를 제공하고 이는 옵션의 행사가격과 동일하기 때문이다). 만일 포트폴리오의 가치가 하락하면 옵션의 가치는 0이 되지만 무이표채로부터의 이득으로 투자자는 원래의 투자금액 1,000달러를 확실히 받게 된다.

원금보장증권의 매력은 투자자가 원금손실위험을 부담하지 않고 위험한 포지션을 취할 수 있다는 점이다. 발생할 수 있는 최악의 상황은 투자자가 증권의 만기 동안 최초투자금액에 대한 이자 또는 배당과 같은 다른 소득을 수령할 기회를 상실한다는 점이다.

우리가 설명한 상품은 여러 변형된 형태를 갖는다. 자산가격이 하락할 것으로 예상하는 투자자는 무이표채와 풋옵션으로 구성된 원금보장증권을 매입할 수 있다. 3년 후 투자자가 얻는 것은 1,000달러와 풋옵션으로부터의 이득이다.

원금보장증권이 소매투자자 입장에서 볼 때 좋은 투자인가? 은행은 원금보장증권을 만들때 항상 이익을 얻도록 설계할 수 있다. 이는 [예제 12.1]에서 무이표채와 콜옵션 가격의 합이 항상 1,000달러 이하임을 의미한다. 또한, 투자자는 은행이 만기일에 원금보장증권으로부터의 이득을 지급하지 못할 위험을 부담해야 한다(일부 개인투자자는 리만브라더스가 파산한 2008년에 원금보장증권에서 손해를 보았다). 따라서 투자자는 옵션을 통상적인 방법으로 구입하고 남은 금액을 무위험 자산에 투자함으로써 더 유리해질 수 있다. 그러나 이 논리는 항상 성립하지는 않는다. 투자자는 은행보다 옵션매입시 더 큰 매매호가차이(bid-offer spread)에 직면하고, 투자시 은행보다 낮은 이자율을 적용받게 될 것이다. 따라서 은행은 자신이 이익을 얻으면서도 투자자를 위해 가치를 창출하는 것이 충분히 가능하다.

은행의 관점에서 원금보장증권의 살펴보자. [예제 12.1]에 설명된 구조의 경제성은 이자율의 수준과 포트폴리오의 변동성에 의해 전적으로 결정된다. 만일 이자율이 6%가 아니고 3%이면 은행은 콜옵션을 매입하는 데 $1{,}000 - 1{,}000e^{-0.03\times 3} = 86.07$ 달러만 투자할 수 있다. 만일 이자율이6%이고 변동성이 15%가 아닌 25%이면 옵션가격은 약 221달러이다. 두 경우에 은행은 [예제 12.1]에서 설명한 상품에서 이익을 얻을 수 없다. 그러나 은행이 경제성 있는 3년 만기 상품을 만들 수 있는 다른 방법이 있다. 예를 들어, 옵션의 행사가격이 커지면 투자자가 이익을 얻기 위해 포트폴리오의 가치는 상승해야 한다(예를 들어, 15%); 투자자의 수익률에 상한선이 설정될 수 있다; 투자자의 수익률은 최종가격 대신 평균가격에 의해 결정될 수 있고, 아니면 무효 장애물가격(knockout barrier)이 설정될 수 있다. 이런 대안에 포함된 파생상품은 이 책의 뒷부분에서 설명하기로 한다(옵션이득의 상한선을 설정하는 것은 투자자에게 강세 스프레드를 제공하는 것에 해당되며 이는 이 장의 뒷부분에서 설명하기로 한다).

이자율이 낮거나 변동성이 높을 때 은행이 수익성 있는 원금보장증권을 발행할 수 있는 방법은 만기를 증가시키는 것이다. (a) 이자율이 6%가 아니라 3%이고 (b) 주식 포트폴리오의 변동성이 15%이고 배당수익률이 1.5%인 상황에서 [예제 12.1]을 다시 고려해 보자. DerivaGem을 이용하면 3년 만기 등가격 유러피언옵션의 가격은 119달러이다. 이는 은행이 옵션을 매입하는데 사용할 수 있는 금액($1{,}000 - 1{,}000e^{-0.03\times 3} = 86.07$ 달러)을 초과한 액수이다. 10년 만기 등가격 옵션의 가격은 217달러이고 이는 은행이 사용할 수 있는 금액($1{,}000 - 1{,}000e^{-0.03\times 10} = 259.18$ 달러)보다 작은 액수이므로, 이 구조는 수익성이 있는 구조이다. 만기가 20년으로 증가하면 옵션비용은 281달러이고 이용 가능한 금액인 $1{,}000 - 1{,}000e^{-0.03\times 20} = 451.19$ 달러보다 훨씬 적은 금액이므로 수익성은 더 좋아진다.

우리의 예시에서, 은행 입장에서 주요한 변수가 배당수익률이다. 배당수익률이 높을수록 은행의 수익성은 증가한다. 만일 배당수익률이 0이면 아무리 만기를 길게 하더라도 은행은 [예제 12.1]의 원금보장증권으로부터 이익을 내지 못한다(이는 식 (11.4)로부터 유도된다).

12.2 옵션과 기초자산의 거래

편의상, 이 장에서 옵션의 기초자산은 주식이라고 가정한다(다른 기초자산의 경우 유사한 거래전략이 개발될 수 있다). 또한 이득(payoff)에서 할인하지 않고 최초비용을 차감하여 거래전략의 이익을 계산하기로 한다.

주식옵션 1개와 주식 자체를 이용하여 여러 가지 거래전략을 수립할 수 있다. 이러한 전략으로부터 얻을 수 있는 이익패턴은 [그림 12.1]에 묘사되어 있다. 이 그림에서 또는 본 장에 있는 다른 그림에서 점선은 포트폴리오를 구성하는 개별 증권의 이익과 주가와의 관계를 나타내고 실선은 전체 포트폴리오의 이익과 주가와의 관계를 나타낸다.

[그림 12.1]의 (a)에서 포트폴리오는 주식의 매입포지션과 유러피언콜옵션의 매도포지션으로 구성되어 있다. 이러한 포트폴리오 투자전략을 보호된 콜옵션(covered call)의 매도(발행) 전략이라 한다. 왜

그림 12.1 이익패턴. (a) 주식 매입포지션과 콜옵션 매도포지션의 결합, (b) 주식 매입포지션과 콜옵션 매입포지션의 결합, (c) 주식 매입포지션과 풋옵션 매입포지션의 결합, (d) 주식 매입포지션과 풋옵션 매도포지션의 결합.

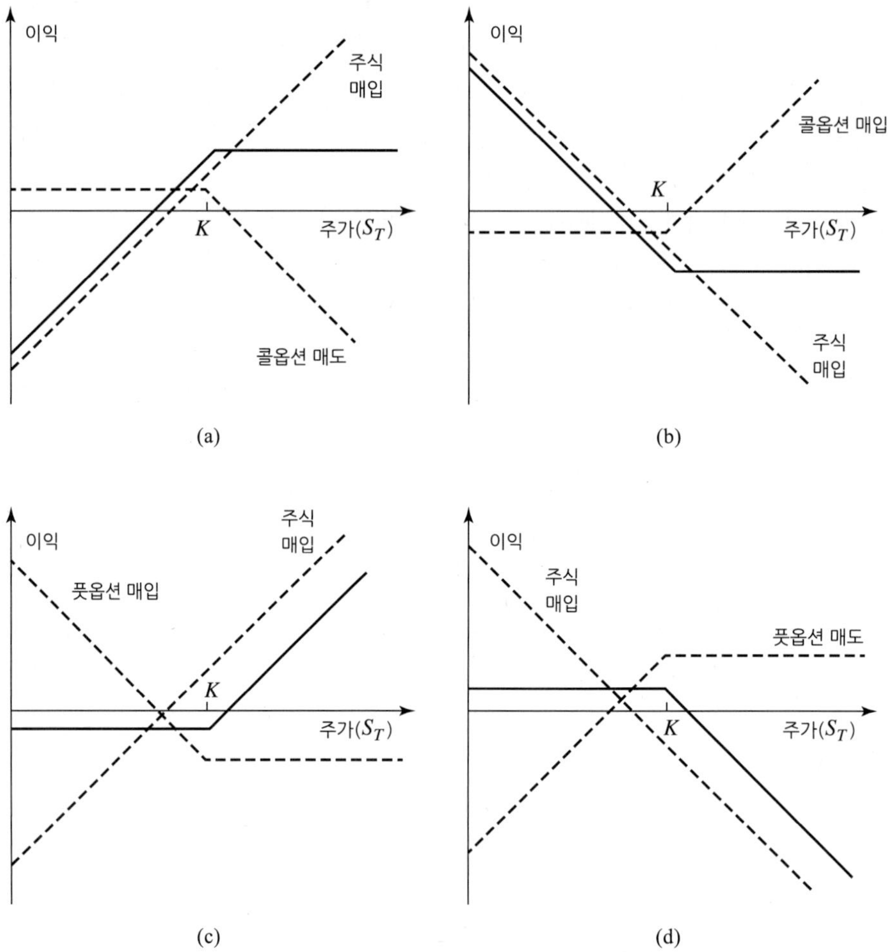

냐하면 주식의 매입포지션이 주가가 상승함에 따라 커지는 콜옵션 매도포지션의 손실로부터 투자자를 보호해주기 때문이다. [그림 12.1]의 (b)에서는 주식의 공매포지션이 콜옵션의 매입포지션과 결합되어 있다. 이것은 보호된 콜옵션 매도포지션의 반대이다. [그림 12.1]의 (c)는 풋옵션 매입포지션과 주식의 매입포지션을 결합한 투자전략을 나타내는데, 이를 프로텍티브 풋(protective put) 전략이라 한다. [그림 12.1]의 (d)는 풋옵션 매도포지션과 주식의 공매포지션이 결합한 형태이다. 이것은 프로텍티브 풋의 반대이다.

[그림 12.1]의 (a)~(d)까지 묘사된 이익패턴은 10장에서 설명한 풋옵션 매도포지션, 풋옵션 매입포지션, 콜옵션 매입포지션, 그리고 콜옵션 매도포지션의 이익패턴과 대체로 같은 형태를 갖는다. 이익패턴이 같아지는 이유는 풋–콜 패리티를 이용하여 이해할 수 있다. 11장에서 설명한 풋–콜 패리티는 다음과 같다.

$$p + S_0 = c + Ke^{-rT} + D \tag{12.1}$$

여기서 p는 유러피언풋옵션의 가격, S_0 는 주가, c는 유러피언콜옵션의 가격, K는 콜옵션과 풋옵션의 행사가격, r은 무위험이자율, T는 콜옵션과 풋옵션의 만기, D는 옵션의 만기일까지 예상하는 배당금의 현재가치이다.

식 (12.1)은 유러피언풋옵션 매입포지션과 주식 매입포지션의 결합이 유러피언콜옵션 매입포지션과 $Ke^{-rT} + D$ 만큼의 현금의 결합과 같음을 보여준다. 따라서 [그림 12.1]에서 (c)의 이익패턴은 콜옵션 매입포지션의 이익패턴과 유사하다. [그림 12.1]에서 (d)의 포지션은 [그림 12.1]에서 (c)의 포지션과 반대인 경우이므로 이익패턴이 콜옵션 매도포지션과 유사하다.

식 (12.1)을 다음과 같이 재구성할 수 있다.

$$S_0 - c = Ke^{-rT} + D - p$$

이 식은 주식 매입포지션과 유러피언콜옵션 매도포지션의 결합이 유러피언풋옵션 매도포지션과 $Ke^{-rT} + D$ 만큼의 현금의 결합과 같음을 보여준다. 따라서 [그림 12.1]에서 (a)의 이익패턴은 풋옵션 매도포지션의 이익패턴과 유사하다. [그림 12.1]에서 (b)의 포지션은 [그림12.1]에서 (a)의 포지션과 반대인 경우이므로 이익패턴이 풋옵션 매입포지션과 유사하다.

12.3 스프레드

스프레드(spread) 투자전략은 2개 이상이 같은 종류의 옵션(즉, 2개 이상의 콜옵션 또는 2개 이상의 풋옵션)에 포지션을 취하는 것이다.

강세 스프레드

가장 많이 이용하는 스프레드 중의 하나는 강세 스프레드(bull spread)이다. 강세 스프레드는 특정 행사가격을 갖는 유러피언콜옵션을 매입함과 동시에 보다 높은 행사가격을 갖는 유러피언콜옵션을 매도함으로써 만들 수 있다. 물론 두 옵션의 기초자산과 만기일은 같다. 이 전략은 [그림 12.2]에 묘사되어 있다. 점선은 두 옵션의 포지션 각각에 의해 발생하는 이익을 보여준다. 점선으로 표시된 이익의 합은 강세 스프레드의 이익을 의미하며 이는 실선으로 표시된다. 행사가격이 커짐에 따라 콜옵션 가치는 항상 감소하므로 매도한 옵션의 가치는 매입한 옵션의 가치보다 항상 작다. 따라서 콜옵션을 이용하여 강세 스프레드를 구성하려면 초기투자를 해야 한다.

K_1 이 매입한 콜옵션의 행사가격, K_2 가 매도한 콜옵션의 행사가격, S_T 가 옵션만기일의 주가라고 가정하자. [표 12.1]은 여러 가지 상황에서 얻게 되는 강세 스프레드의 이득을 보여준다. 만일 주가가 상승하여 보다 K_2 높으면, 이득은 두 행사가격의 차이인 $K_2 - K_1$ 이다. 만일 만기일의 주가가 두 행사가격

그림 12.2 콜옵션을 이용한 강세 스프레드로부터의 이익.

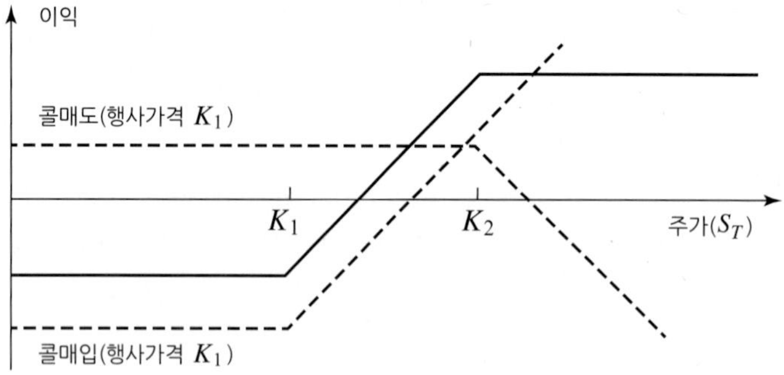

표 12.1 강세 스프레드로부터의 이득.

주가의 범위	콜옵션 매입포지션의 이득	콜옵션 매도포지션의 이득	강세 스프레드의 이득
$S_T \leqslant K_1$	0	0	0
$K_1 < S_T < K_2$	$S_T - K_1$	0	$S_T - K_1$
$S_T \geqslant K_2$	$S_T - K_1$	$-(S_T - K_2)$	$K_2 - K_1$

사이에 있으면, 이득은 $S_T - K_1$이다. 만일 만기일의 주가가 작은 행사가격보다 낮으면 이득은 0이다. [그림 12.2]의 이익은 이득에서 초기투자액을 차감하여 계산한다.

강세 스프레드는 투자자의 상향위험과 하향위험을 모두 일정 수준에 한정시킨다. 강세 스프레드는 행사가격이 K_1인 콜옵션을 매입한 투자자가 행사가격이 K_2 $(K_2 > K_1)$인 콜옵션을 매도함으로써 주가상승에서 얻을 수 있는 이익의 일부를 포기한 전략으로 이해할 수 있다. 이익의 일부를 포기한 대가로 투자자는 행사가격이 K_2인 콜옵션의 가격을 받게 된다. 강세 스프레드는 다음 3가지 유형으로 구별된다.

1. 강세 스프레드 포지션을 취할 때 두 콜옵션이 모두 외가격에 있는 경우
2. 강세 스프레드 포지션을 취할 때 하나의 콜옵션은 내가격에 있고 다른 콜옵션은 외가격에 있는 경우
3. 강세 스프레드 포지션을 취할 때 두 콜옵션이 모두 내가격에 있는 경우

가장 공격적인 강세 스프레드는 첫 번째 유형이다. 첫 번째 유형은 가장 작은 비용으로 포지션을 취할 수 있으나 비교적 높은 이득(즉, $K_2 - K_1$)을 얻을 가능성은 가장 낮다. 두 번째 유형은 첫 번째 유형보다, 세 번째 유형은 두 번째 유형보다 보수적이거나 방어적이다.

예제 12.2

행사가격이 30달러인 유러피언콜옵션을 3달러에 매입하고 행사가격이 35달러인 유러피언콜옵션을 1달러에 매도한 투자자를 생각해보자(옵션의 만기는 3개월임). 만기일의 주가가 35달러 이상이면 강세 스프레드의 이득은 5달러이고, 주가가 30달러 이하이면 이득은 0이다. 만일 주가가 30달러와 35달러 사이이면 이득은 주가가 30달러를 초과하는 만큼이다. 이 전략의 비용은 3달러 - 1달러 = 2달러이다. 따라서 이익은 다음과 같다.

주가의 범위	이익
$S_T \leqslant 30$	-2
$30 < S_T < 35$	$S_T - 32$
$S_T \geqslant 35$	3

강세 스프레드는 행사가격이 낮은 유러피언풋옵션을 매입하고 행사가격이 높은 유러피언풋옵션을 매도함으로써 만들 수도 있는데 이는 [그림 12.3]에 묘사되어 있다. 콜옵션을 이용하여 만든 강세 스프레드와는 달리, 풋옵션을 이용하여 만든 강세 스프레드는 초기에 현금유입이 발생하고(물론 증거금은 무시), 이득은 0 또는 0보다 작다.

약세 스프레드

강세 스프레드 포지션을 취하는 투자자는 주가의 상승을 기대한다. 반면에 약세 스프레드(bear spread) 포지션을 취한 투자자는 주가의 하락을 기대한다. 약세 스프레드는 유러피언풋옵션을 매입함과 동시

그림 12.3 풋옵션을 이용한 강세 스프레드로부터의 이익.

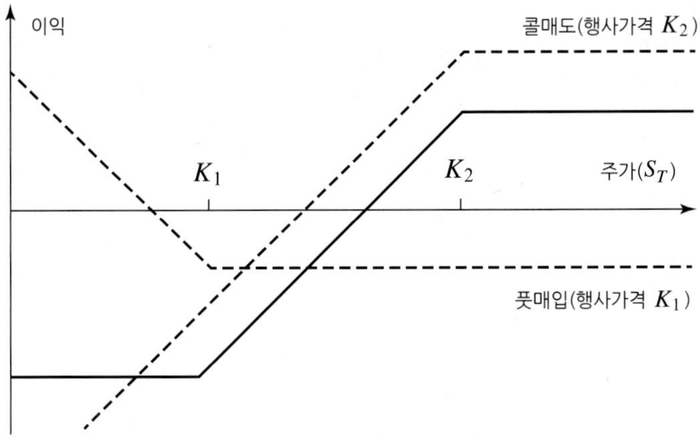

그림 12.4 풋옵션을 이용한 약세 스프레드로부터의 이익.

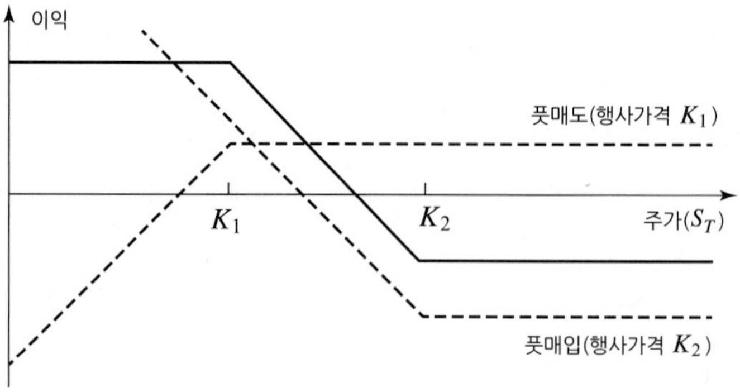

표 12.2 약세 스프레드로부터의 이득.

주가의 범위	풋옵션 매입포지션의 이득	풋옵션 매도포지션의 이득	약세 스프레드의 이득
$S_T \leqslant K_1$	$K_2 - S_T$	$-(K_1 - S_T)$	$K_2 - K_1$
$K_1 < S_T < K_2$	$K_2 - S_T$	0	$K_2 - S_T$
$S_T \geqslant K_2$	0	0	0

에 행사가격이 다른 유러피언풋옵션을 매도함으로써 만들 수 있다. 그러나 약세스프레드의 경우, 매입한 옵션의 행사가격이 매도한 옵션의 행사가격보다 높다(이는 매입한 옵션의 행사가격이 매도한 옵션의 행사가격보다 낮은 강세 스프레드의 경우와 대비된다). 약세 스프레드는 [그림 12.4]에 묘사되어 있는데 실선이 약세 스프레드의 이익·손실을 나타낸다. 풋옵션으로 구성된 약세 스프레드의 경우 매도한 풋옵션의 가격이 매입한 풋옵션의 가격보다 작으므로 최초에 현금유출이 발생한다. 본질적으로 투자자는 특정 행사가격의 풋옵션을 매입하고 낮은 행사가격의 풋옵션을 발행함으로써 매입한 풋옵션으로부터 가능한 잠재이익의 일부를 포기한 셈이다. 포기한 이익의 대가로 투자자는 매도한 옵션가격을 얻는 것이다.

두 옵션의 행사가격을 K_1과 K_2라 하고, $K_1 < K_2$라고 가정하자. 여러 상황에서 얻어지는 약세 스프레드의 만기일 이득이 [표 12.2]에 묘사되어 있다. 만일 만기일의 주가가 K_2이상이면 이득은 0이다. 만일 주가가 K_1이하이면 이득은 $K_2 - K_1$이다. 그리고 주가가 K_1과 K_2 사이이면 이득은 $K_2 - S_T$이다. 이익은 이득에서 초기비용을 차감하여 구한다.

예제 12.3

행사가격이 35달러인 유러피언풋옵션을 3달러에 매입하고, 행사가격이 30달러인 유러피언풋옵션을 1달러에 매도한 투자자를 고려해보자. 만약 만기일의 주가가 35달러 이상이면 약세 스

그림 12.5 콜옵션을 이용한 약세 스프레드로부터의 이익.

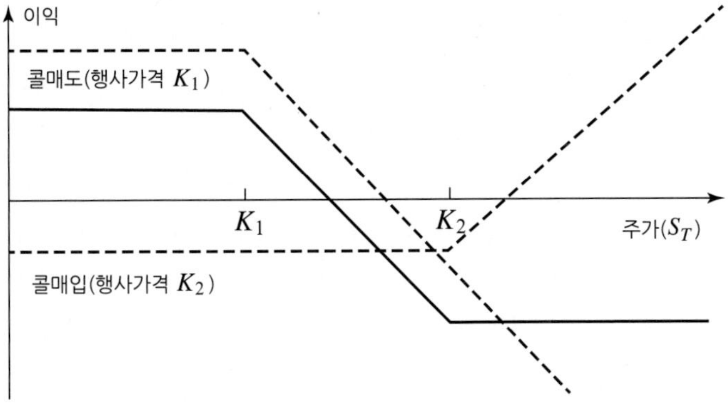

표 12.3 박스 스프레드의 이득.

주가의 범위	콜옵션 강세 스프레드의 이득	풋옵션 약세 스프레드의 이득	박스 스프레드의 이득
$S_T \leqslant K_1$	0	$K_2 - K_1$	$K_2 - K_1$
$K_1 < S_T < K_2$	$S_T - K_1$	$K_2 - S_T$	$K_2 - K_1$
$S_T \geqslant K_2$	$K_2 - K_1$	0	$K_2 - K_1$

프레드의 이득은 0달러이다. 만일 주가가 30달러 이하이면 이득은 5달러이고, 주가가 30달러와 35달러 사이이면 이득은 $35 - S_T$이다. 포지션을 취할 때의 초기비용은 3달러 - 1달러 = 2달러이다. 따라서 이익은 다음과 같다.

주가의 범위	이익
$S_T \leqslant 30$	$+3$
$30 < S_T < 35$	$33 - S_T$
$S_T \geqslant 35$	-2

강세 스프레드와 같이 약세 스프레드도 주가상승에서 얻을 수 있는 이익과 주가하락에서 발생할 손실을 일정수준으로 한정시킨다. 약세 스프레드도 풋옵션 대신에 콜옵션을 이용하여 만들 수 있다. 높은 행사가격의 콜옵션을 매입하고 낮은 행사가격의 콜옵션을 매도하여 만들 수 있으며 이는 [그림 12.5]에 묘사되어 있다. 콜옵션을 이용하여 구성된 약세 스프레드의 경우 초기에 현금유입이 발생하지만 증거금요청과 음(-)이거나 0인 이득이 존재한다.

박스 스프레드

박스 스프레드(box spread)는 행사가격이 K_1과 K_2인 콜옵션 강세 스프레드와 동일한 행사가격을 갖는 풋옵션 약세 스프레드를 결합하여 구성된다. [표 12.3]이 보여주듯, 박스 스프레드로부터의 이득은 항상 $K_2 - K_1$ 이다. 따라서 박스 스프레드의 가치는 항상 그 이득의 현재가치, 즉 $(K_2 - K_1)e^{-rT}$ 이다. 만일 박스 스프레드의 가치가 이득의 현재가치와 동일하지 않으면 차익거래가 발생한다. 만일 박스 스프레드의 시장가치가 너무 낮으면 박스 스프레드를 매입하여 이익을 얻을 수 있다. 즉 K_1 행사가격의 콜옵션을 매입하고, K_2 행사가격의 풋옵션을 매입하고, K_2 행사가격의 콜옵션을 매도하고, K_1 행사가격의 풋옵션을 매도한다. 만일 박스 스프레드의 시장가치가 너무 높으면 박스 스프레드를 매도하여 이익을 얻을 수 있다. 즉 K_2 행사가격의 콜옵션을 매입하고, K_1 행사가격의 풋옵션을 매입하고, K_1 행사가격의 콜옵션을 매도하고, K_2 행사가격의 풋옵션을 매도한다.

박스 스프레드를 이용한 차익거래가 유러피언옵션의 경우에만 성립한다는 것에 주의해야 한다. 거래소에서 거래되는 옵션의 대부분은 아메리칸옵션이다. [실무사례 12.1]에 설명되어 있듯이, 아메리칸옵션을 유러피언옵션으로 간주하는 비숙련된 거래자는 손해를 보기 마련이다.

나비형 스프레드

나비형 스프레드(butterfly spread)는 행사가격이 다른 3개의 옵션에 포지션을 취하여 만들 수 있다. 즉 비교적 행사가격이 낮은(K_1) 유러피언콜옵션 1개와 비교적 행사가격이 높은(K_3) 유러피언콜옵션 1개를 매입하고 K_1과 K_3의 중간값을 행사가격(K_2)으로 하는 유러피언콜옵션 2개를 매도한다. 일반적으로 K_2는 현재의 주가와 매우 가깝다. 이 전략의 이익패턴이 [그림 12.6]에 묘사되어 있다. 만일 만기일의 주가가 K_2와 크게 차이가 나지 않으면 이익을 얻고, 주가가 크게 상승 또는 하락하면 약간의 손실을 본다. 따라서 이 전략은 주가가 큰 폭으로 변하지 않을 것으로 기대하는 투자자가 취하는 전략이다. 이 전략은 초기에 약간의 투자를 필요로 한다. 나비형 스프레드 전략의 만기일 이득이 [표 12.4]에 요약되어 있다.

현재 주가를 61달러로 가정하고 앞으로 6개월 동안 주가가 큰 폭으로 변할 가능성이 매우 낮다고 투자자가 예측한다고 하자. 6개월 만기 콜옵션의 가격은 다음과 같다.

그림 12.6 콜옵션을 이용한 나비형 스프레드로부터의 이익.

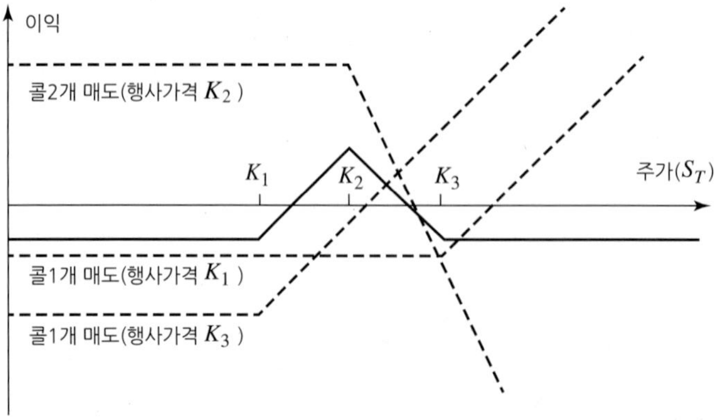

실무사례 12.1 박스 스프레드로부터의 손실

주가가 50달러이고 변동성이 30%인 주식을 고려하자. 배당은 기대되지 않으며 무위험이자율은 연 8%이다. 어떤 거래자가 당신에게 시카고옵션거래소에서 2개월 만기 박스 스프레드(행사가격은 55달러와 60달러)를 5.10달러에 매도할 수 있는 기회를 제안하였다. 당신은 거래하겠는가?

이 거래는 분명히 매력적으로 보인다. 이 경우에 $K_1 = 55$, $K_2 = 60$이고 박스 스프레드의 이득은 2개월 후에 분명히 5달러이다. 박스 스프레드를 5.10달러에 매도하고 이 금액을 2개월 동안 투자함으로써, 당신은 2개월 후에 5달러의 이득을 커버하고도 충분한 금액을 보유하게 된다. 현재 박스 스프레드의 이론적인 가치는 $5 \times e^{-0.08\times2/12} = 4.93$달러이다.

불행하게도 이 거래는 매력적이지 않다. 시카고옵션거래소의 주식옵션은 아메리칸옵션이고 박스 스프레드로부터의 이득 5달러는 박스 스프레드를 구성하는 옵션이 유러피언옵션이라는 가정에서 계산된 것이다. 이 예시에 사용된 옵션가격은 아래 표와 같다(DerivaGem을 이용하여 계산한 값). 행사가격이 각각 55달러와 60달러인 콜옵션으로 강세 스프레드를 구성하면 0.96 - 0.26 = 0.70달러가 소요된다(이 금액은 유러피언옵션이든 아메리칸옵션이든 동일하다. 왜냐하면 9장에서 설명했듯이 무배당주식의 경우 유러피언옵션의 가격과 아메리칸옵션의 가격이 동일하기 때문이다). 동일한 행사가격을 갖는 풋옵션으로 약세 스프레드를 구성하는 경우 유러피언옵션을 이용하면 9.46 - 5.23 = 4.23달러가 소요되고, 아메리칸옵션을 이용하면 10.00 - 5.44 - 4.56달러가 소요된다. 박스 스프레드가 유러피언옵션으로 구성되었다면 두 스프레드가 결합된 가치는 0.70 + 4.23 = 4.93달러이다. 이는 앞에서 계산한 박스 스프레드의 이론적 가치이다. 그러나 박스 스프레드가 아메리칸옵션으로 구성된다면 결합된 가치는 0.70 + 4.56 = 5.26달러이다. 즉 아메리칸옵션으로 구성된 박스 스프레드를 5.10달러에 매도하는 것은 좋은 거래가 아니다. 행사가격이 60달러인 풋옵션을 매도하면 매각하자마자 풋옵션이 순식간에 행사될 것이기 때문에 당신은 즉시 이런 사실을 깨닫게 될 것이다.

표 12.4 나비형 스프레드로부터의 이득.

주가의 범위	첫 번째 콜옵션 매입포지션의 이득	두 번째 콜옵션 매입포지션의 이득	콜옵션 2개 매도포지션의 이득	나비형 스프레드의 이득*
$S_T \leqslant K_1$	0	0	0	0
$K_1 < S_T \leqslant K_2$	$S_T - K_1$	0	0	$S_T - K_1$
$K_2 < S_T < K_3$	$S_T - K_1$	0	$-2(S_T - K_2)$	$K_3 - S_T$
$S_T \geqslant K_3$	$S_T - K_1$	$S_T - K_3$	$-2(S_T - K_2)$	0

* 이 표에 계산된 이득은 K2 0.5(K1 〈?〉 K3)의 관계에 근거한다.

그림 12.7 풋옵션을 이용한 나비형 스프레드로부터의 이익.

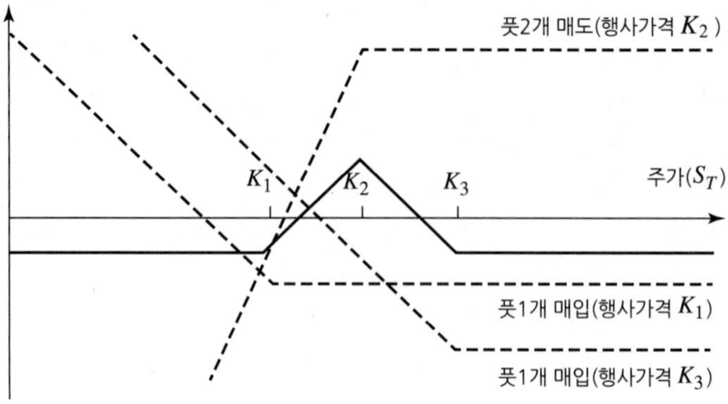

행사가격(달러)	콜옵션 가격(달러)
55	10
60	7
65	5

행사가격이 55달러인 콜옵션과 행사가격이 65달러인 콜옵션을 매입하고 행사가격이 60달러인 콜옵션 2개를 매도하여 나비형 스프레드를 만들 수 있다. 이를 만들기 위한 비용은 10달러 + 5달러 - (2 × 7달러) = 1달러이다. 만일 6개월 후의 주가가 65달러를 초과하거나 55달러 미만이면 이득은 0이고 투자자는 1달러의 손실을 본다. 만일 주가가 56달러와 64달러 사이이면 이익이 발생한다. 주가가 60달러인 경우에 4달러의 최대이익이 발생한다.

풋옵션을 이용해서도 나비형 스프레드를 만들 수 있다. 낮은 행사가격의 유러피언풋옵션과 높은 행사가격의 유러피언풋옵션을 매입하고 중간 행사가격의 유러피언풋옵션 2개를 매도하면 된다. 이는 [그림 12.7]에 묘사되어 있다. 바로 앞의 예에서 콜옵션을 이용하여 구성한 나비형 스프레드를 행사가격이 55달러와 65달러인 풋옵션을 각각 1개씩 매입하고, 행사가격이 60달러인 풋옵션 2개를 매도함으로써 구성할 수 있다. 풋옵션을 이용한 나비형 스프레드는 콜옵션을 이용한 나비형 스프레드와 완전히 동일하다. 풋–콜 패리티에 의해, 풋옵션을 이용하든지 콜옵션을 이용하든지 초기 투자금액이 동일함을 알 수 있다.

반대포지션을 취함으로써 나비형 스프레드를 매도 또는 발행할 수 있다. 즉 K_1과 K_3를 행사가격으로 하는 옵션을 매도하고 를 행사가격으로 하는 2개의 옵션을 매입하면 된다. 이 전략은 주가가 큰 폭으로 상승하거나 하락하면 약간의 이익을 얻을 수 있다.

캘린더 스프레드

지금까지는 스프레드를 만들기 위해 사용된 모든 옵션이 같은 시점에서 만기가 된다고 가정하였다. 그

그림 12.8 콜옵션 2개를 이용한 캘린더 스프레드로부터의 이익(짧은 만기 콜옵션 만기일 기준).

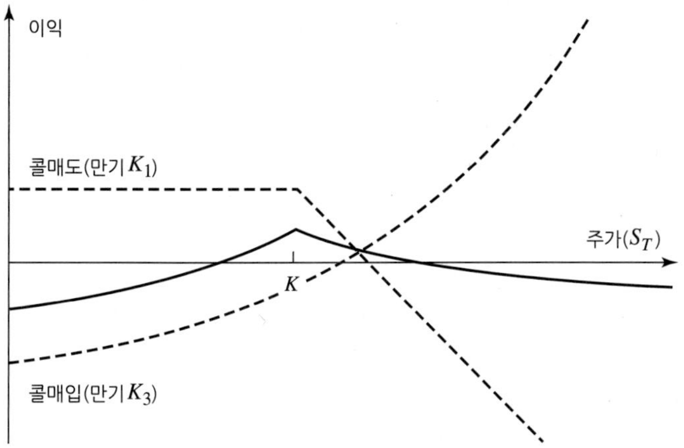

러나 캘린더 스프레드(calendar spread)에 사용되는 옵션은 행사가격이 같으나 만기일은 다르다.
캘린더 스프레드는 유러피언콜옵션을 매도함과 동시에 행사가격은 같으나 만기가 긴 유러피언콜옵션을 매입함으로써 구성할 수 있다. 만기가 길수록 옵션의 가치는 증가한다. 그러므로 캘린더 스프레드를 구성하기 위해서는 보통은 초기에 투자를 해야 한다. 캘린더 스프레드의 이익패턴은 만기가 짧은 콜옵션의 만기일에 만기가 긴 옵션을 매도한다는 가정하에서 계산된다. 콜옵션으로 구성한 캘린더 스프레드의 이익패턴은 [그림 12.8]과 같다. 이것은 [그림12.6]에서 설명한 나비형 스프레드의 형태와 유사하다. 만일 만기가 짧은 옵션의 만기일에 주가가 옵션의 행사가격과 크게 차이가 나지 않으면 투자자는 이익을 보고, 반대로 주가가 행사가격보다 크게 높거나 낮은 경우에는 손해를 본다.

캘린더 스프레드에서 생기는 이익패턴을 이해하기 위하여 만기가 짧은 옵션의 만기일에 주가가 매우 낮은 경우를 생각해보자. 만기가 짧은 옵션의 가치는 0이고, 만기가 긴 옵션의 가치는 0에 가깝다. 그러므로 이 경우 투자자는 초기에 스프레드를 구성하는 데 드는 비용에 매우 근접한 크기의 손해를 보게 된다. 반대로 만기가 짧은 옵션의 만기일에 주가(S_T)가 매우 높은 경우를 고려해보자. 매도한 만기가 짧은 옵션으로부터 $S_T - K$ 만큼의 손해가 발생하고 만기가 긴 옵션의 가치는 $S_T - K$에 가까워진다 (K는 옵션의 행사가격임). 따라서 이 경우에도 초기에 스프레드를 구성하는 데 드는 비용에 매우 근접한 크기의 손해를 보게 된다. 만일 주가가 행사가격에 아주 근접한 경우에는 매도한 만기가 짧은 옵션으로부터 발생하는 손해는 매우 적거나 0인 반면, 만기가 긴 옵션의 가치는 0보다 훨씬 커서 캘린더 스프레드의 이익이 0보다 크게 된다.

현재의 주가에 매우 근접한 행사가격을 선택하여 구성한 캘린더 스프레드를 중립 캘린더 스프레드(neutral calendar spread)라 한다. 강세 캘린더 스프레드(bullish calendar spread)는 현재의 주가보다 높은 행사가격을 선택한 경우이고, 약세 캘린더 스프레드(bearish calendar spread)는 현재의 주가보다 낮은 행사가격을 선택한 경우이다.
캘린더 스프레드도 콜옵션뿐만 아니라 풋옵션을 이용하여 구성할 수 있다. 즉 만기가 긴 풋옵션을 매입하고 만기가 짧은 풋옵션을 매도한다. [그림 12.9]에서 알 수 있듯이 이익패턴이 콜옵션을 이용한 경우

그림 12.9 풋옵션 2개를 이용한 캘린더 스프레드로부터의 이익(짧은 만기 풋옵션 만기일 기준).

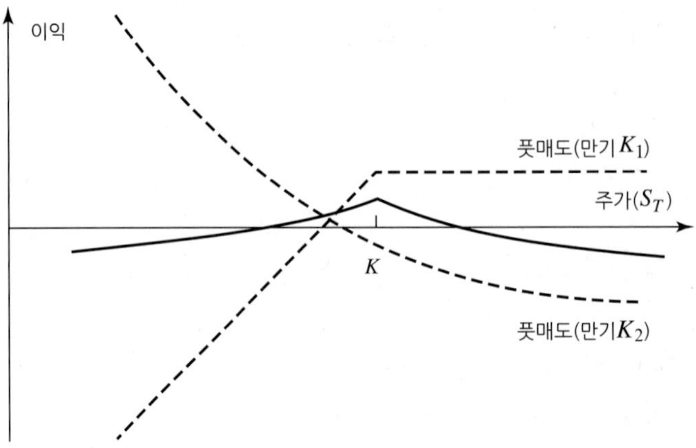

와 유사하다.

역캘린더 스프레드(reverse calendar spread)는 [그림 12.8]과 [그림 12.9]에서 묘사한 경우의 반대이다. 즉 만기가 짧은 옵션을 매입하고, 만기가 긴 옵션을 매도한다. 만일 만기가 짧은 옵션의 만기일에서의 주가가 행사가격보다 크게 높거나 낮으면 약간의 이익을 얻을 수 있다. 그러나 만기일의 주가가 행사가격과 차이가 크지 않으면 큰 손실이 발생한다.

대각선 스프레드

강세 스프레드, 약세 스프레드, 그리고 캘린더 스프레드는 콜옵션 한 개에 매입포지션을 취함과 동시에 다른 콜옵션 한 개에 매도포지션을 취하여 만들 수 있다. 강세 스프레드와 약세 스프레드에 사용되는 콜옵션은 행사가격이 다르나 만기일은 같다. 캘린더 스프레드에 사용되는 콜옵션은 행사가격은 같으나 만기일이 다르다.

대각선 스프레드(diagonal spread)에 사용되는 콜옵션의 경우에는 행사가격과 만기일이 모두 다르다. 따라서 구성 가능한 이익패턴의 범위가 다양해진다.

12.4 콤비네이션

같은 주식에 대한 콜옵션과 풋옵션을 함께 이용하는 옵션투자전략을 콤비네이션(combination)이라 한다. 여기서는 스트래들, 스트립, 스트랩, 그리고 스트랭글을 분석하기로 한다.

스트래들

인기있는 콤비네이션이 스트래들(straddle)이다. 스트래들은 행사가격과 만기일이 같은 유러피언콜옵

그림 12.10 스트래들로부터의 이익.

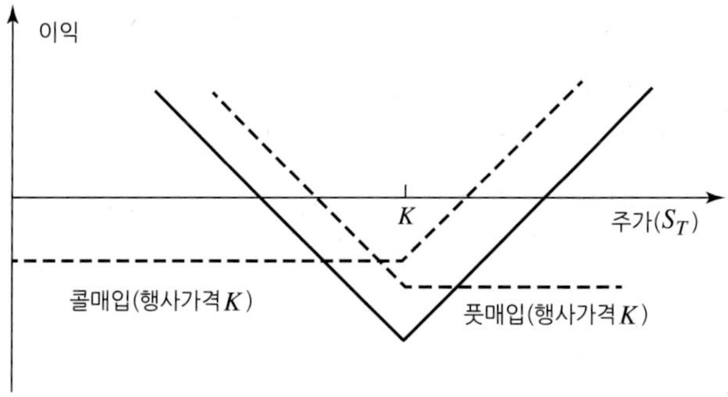

표 12.5 스트래들로부터의 이득.

주가의 범위	콜옵션의 이득	풋옵션의 이득	스트래들의 이득
$S_T \leqslant K$	0	$K - S_T$	$K - S_T$
$S_T > K$	$S_T - K$	0	$S_T - K$

션과 풋옵션을 매입하여 만들 수 있다. 스트래들의 이익패턴은 [그림 12.10]에 나타나 있으며, 여기서 K는 행사가격이다. 만일 만기일의 주가가 행사가격에 근접하면 손해를 본다. 반대로 주가가 큰 폭으로 상승하거나 하락하면 많은 이익을 얻는다. 주가에 따른 스트래들의 이득이 [표 12.5]에 요약되어 있다. 주가가 큰 폭으로 변할 것을 예상하나 방향을 예측할 수 없는 경우에는 스트래들이 적합하다. 현재 주가가 69달러인 어떤 주식의 가격이 3개월 동안 많이 변할 것으로 예상하는 투자자를 생각해보자. 투자자는 만기가 3개월이고 행사가격이 70달러인 콜옵션과 풋옵션을 매입하여 스트래들 포지션을 취할 수 있다. 콜옵션 가격이 4달러이고 풋옵션 가격이 3달러라고 가정하자. 만일 만기일의 주가가 69달러이면, 투자자의 손해는 6달러이다(초기투자는 7달러이고, 콜옵션의 가치는 0이며 풋옵션의 가치는 1달러이다). 만일 주가가 70달러이면, 투자자의 손해는 7달러이다(이 경우가 최악이다). 그러나 주가가 90달러로 크게 상승하면 투자자는 13달러의 이익을 얻고, 주가가 55달러로 크게 하락하면 투자자는 8달러의 이익을 얻는다. [실무사례12.2]에서 알 수 있듯이, 투자자는 스트래들에 포지션을 취하기 전에 기대하는 가격점프가 옵션가격에 이미 반영되었는지를 주의 깊게 고려해야 한다.

[그림 12.10]에 있는 스트래들은 때로는 하향제한 스트래들(bottom straddle) 또는 스트래들 매입(straddle purchase)으로 불리며, 반대포지션은 상향제한 스트래들(top straddle) 또는 스트래들 매도(straddle write)라고 불린다. 상향제한 스트래들은 만기일과 행사가격이 같은 콜옵션과 풋옵션을 동시에 매도함으로써 가능하다. 이 포지션은 매우 위험한 전략이다. 만일 만기일의 주가가 행사가격에 근접하면 상당한 이익을 얻으나, 주가가 큰 폭으로 상승하거나 하락할 때 예상되는 손실은 제한이 없다.

실무사례 12.2 스트래들 거래로부터 이익을 얻는 방법

합병에서 인수가격이 제안되거나 또는 중요한 소송의 결과가 곧 발표될 예정이기 때문에 주가가 크게 움직일 것으로 기대된다고 하자. 당신은 스트래들을 거래하겠는가?

이 경우에 스트래들은 자연스러운 거래전략으로 여겨진다. 그러나 만일 이런 상황에 대한 당신의 견해가 다른 시장참여자의 견해와 거의 동일하다면 그 견해는 옵션가격에 반영될 것이다. 그 주식에 대한 옵션은 주가가 큰 폭으로 변하지 않을 것으로 예상되는 주식에 대한 옵션에 비하여 매우 비싸진다. 따라서 [그림 12.10]에 도시된 V형 스트래들 이익패턴은 하향하게 되며 당신이 이익을 얻으려면 주가가 더 크게 움직여야 한다.

스트래들이 효과적인 투자전략이 되려면, 투자자는 주가가 크게 움직일 것으로 예상하고 그 믿음이 다른 투자자들의 믿음과 달라야 한다. 시장가격은 시장참여자의 믿음을 반영한다. 투자전략으로부터 이익을 얻으려면 시장 대부분의 거래자들과 다른 견해를 가져야 하며 또한 당신이 옳아야 한다.

스트립과 스트랩

스트립(strip)은 만기일과 행사가격이 같은 유러피언콜옵션 1개와 유러피언풋옵션 2개를 매입하여 만든다. 스트랩(strap)은 만기일과 행사가격이 같은 유러피언콜옵션 2개와 유러피언풋옵션 1개를 매입하여 만든다. 스트립과 스트랩의 이익패턴이 [그림 12.11]에 묘사되어 있다. 주가가 큰 폭으로 변할 것으로 기대하는 동시에 주가가 하락할 가능성이 상승할 가능성보다 크다고 판단될 경우에는 스트립을 취한다. 스트랩의 경우도 주가가 큰 폭으로 변할 것을 기대할 때 취한다. 그러나 스트랩의 경우에는 주가가 상승할 가능성이 하락할 가능성보다 클때 취한다.

스트랭글

스트랭글(strangle)은 때로 하향제한 수직적 콤비네이션(bottom vertical combination)으로 불리는데, 만

그림 12.11 스트립과 스트랩으로부터의 이익

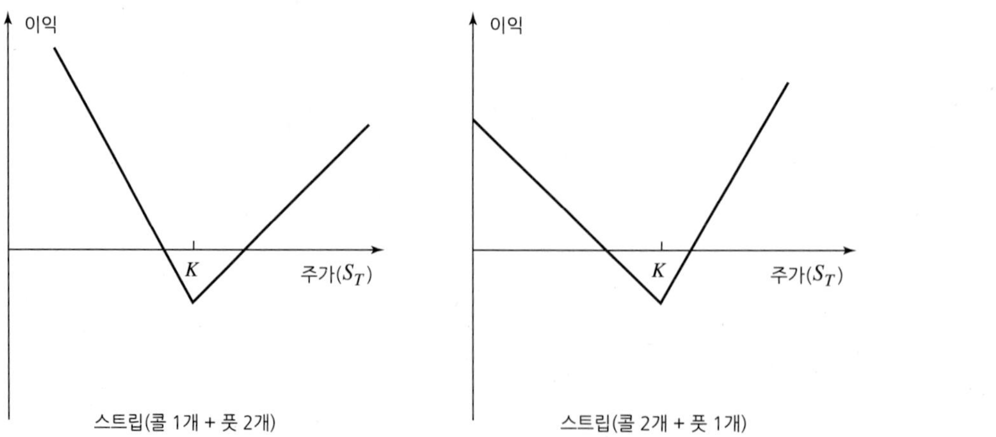

기일은 같으나 행사가격이 다른 유러피언콜옵션과 유러피언풋옵션을 동시에 매입하여 구성할 수 있다. 스트랭글의 이익패턴은 [그림 12.12]에 표시되어 있다. 콜옵션의 행사가격 K_2는 풋옵션의 행사가격 K_1보다 높다. 주가 변화에 따른 스트랭글의 이득이 [표 12.6]에 있다.

스트랭글은 스트래들과 유사한 투자전략이다. 투자자는 주가가 큰 폭으로 변할 것을 기대하나 증가할지 하락할지 예측할 수 없는 경우에 스트랭글을 취하게 된다. [그림 12.12]와 [그림 12.10]을 비교하면, 투자자가 이익을 얻기 위해서는 스트래들보다 스트랭글의 경우에 주가가 더 큰 폭으로 변해야 함을 알 수 있다. 그러나 주가가 중간값으로 끝날 경우의 손해는 스트랭글이 스트래들보다 작다.

스트랭글로부터 얻는 이익패턴은 두 옵션의 행사가격이 얼마나 가까운가에 달려 있다. 두 행사가격이 멀리 떨어질수록 손해를 볼 경우 손해금액은 작아지나 또한 이익을 얻기 위해 변해야 하는 주가 변동폭은 커진다.

스트랭글의 매도포지션은 상향제한 수직적 콤비네이션(top vertical combination)이라 한다. 이 전략은 주가가 큰 폭으로 변하지 않을 것으로 예상하는 경우에 적절한 전략이다. 그러나 스트래들 매도처럼, 투자자의 손해폭에 제한이 없으므로 매우 위험한 전략이다.

12.5 기타 이득패턴

본 장에서 우리는 옵션을 이용하여 주가와 이익 간의 흥미로운 관계를 보여주는 몇 가지 예를 고려해보았다. 만일 만기가 T인 유러피언옵션이 모든 행사가격에 대하여 존재할 때 우리는 T시점에서 어떤 형태의 이득패턴도 이론적으로 만들 수 있다. 이를 이해하는 가장 쉬운 방법은 나비형 스프레드를 고려하는 것이다. 나비형 스프레드는 행사가격이 K_1과 K_3인 옵션을 매입하고 행사가격이 K_2인 옵션 2개를 매도하여 만들 수 있다(단, $K_1 < K_2 < K_3$이고, $K_3 - K_2 = K_2 - K_1$이다). [그림 12.13]은 나비형 스프레드의 이득을 보여준다. 이 형태는 스파이크(spike)라고 할 수 있는데, K_1과 K_3가 가까워질수록 스파이크는 점점 작아진다. 매우 작은 스파이크를 무수히 결합함으로써 어떤 형태의 이득함수(payoff function)도 근사치로 만들어낼 수 있다.

그림 12.12 스트랭글로부터의 이익.

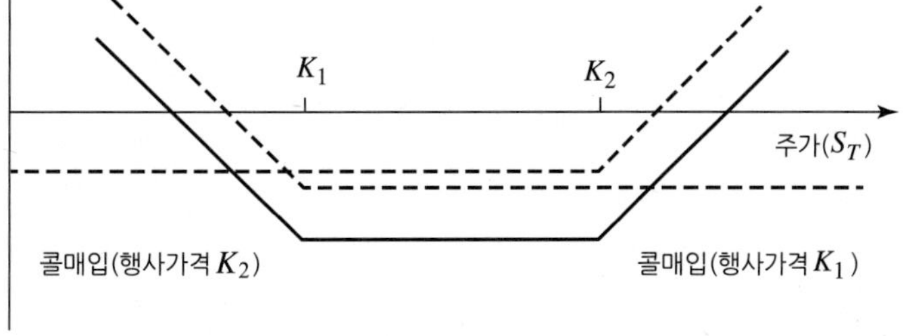

표 12.6 스트랭글로부터의 이득.

주가의 범위	콜옵션의 이득	풋옵션의 이득	스트래들의 이득
$S_T \leqslant K_1$	0	$K_1 - S_T$	$K_1 - S_T$
$K_1 < S_T < K_2$	0	0	0
$S_T \geqslant K_2$	$S_T - K_2$	0	$S_T - K_2$

그림 12.13 나비형 스프레드로부터 구성된 스파이크형 이득(다른 이득패턴을 만들기 위한 구성요소로서 사용).

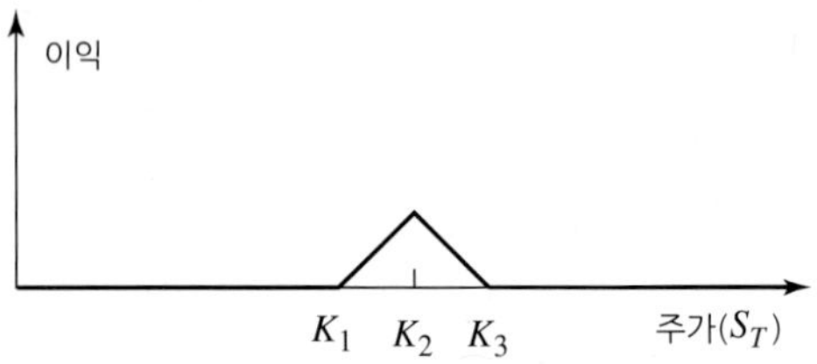

요약

원금보장증권은 무이표채와 유러피언콜옵션으로부터 만들어진다. 원금보장증권은 상품의 발행자가 옵션 기초자산의 성과와 무관하게 원금을 보장하므로 투자자에게 매력적인 상품이다. 몇 가지의 보편적인 투자전략은 옵션 1개와 기초주식 1주를 결합하여 만들 수 있다. 예를 들어 보호된 콜옵션을 매도하는 것은 주식을 매입하고 콜옵션을 매도하는 것이다. 프로텍티브 풋은 풋옵션과 주식을 매입하는 것이다. 전자는 풋옵션을 매도하는 것과 유사하고, 후자는 콜옵션을 매입하는 것과 유사하다.

스프레드는 2개 이상의 콜옵션 또는 2개 이상의 풋옵션에 포지션을 취하는 것이다. 강세 스프레드는 행사가격이 낮은 콜옵션(풋옵션)을 매입하고, 행사가격이 높은 콜옵션(풋옵션)을 매도하는 것이다. 약세 스프레드는 행사가격이 높은 콜옵션(풋옵션)을 매입하고, 행사가격이 낮은 콜옵션(풋옵션)을 매도하는 것이다. 나비형 스프레드는 행사가격이 높은 콜옵션(풋옵션)과 행사가격이 낮은 콜옵션(풋옵션)을 매입하고, 매입한 두 옵션의 행사가격의 중간값을 행사가격으로 하는 콜옵션(풋옵션) 2개를 매도하는 것이다. 캘린더 스프레드는 만기가 짧은 콜옵션(풋옵션)을 매도하고, 만기가 긴 콜옵션(풋옵션)을 매입하는 것이다. 대각선 스프레드는 행사가격과 만기가 다른 옵션에 매입과 매도포지션을 취하는 것이다.

콤비네이션은 기초주식이 동일한 콜옵션과 풋옵션에 동시에 포지션을 취하는 것이다. 스트래들은 행사가격과 만기가 같은 콜옵션과 풋옵션을 매입하는 것이다. 스트립은 행사가격과 만기가 같은 콜옵션 1개와 풋옵션 2개를 매입하는 것이다. 스트랩은 행사가격과 만기가 같은 콜옵션 2개와 풋옵션 1개를 매입하는 것이다. 스트랭글은 행사가격은 다르나 만기가 같은 콜옵션과 풋옵션을 매입하는 것이다. 이외에도 다양한 형태의 이익패턴을 만들 수 있다. 따라서 옵션의 인기가 점진적으로 증가하고 있으며 계속 투자자를 매혹시키는 것은 결코 놀랄 일이 아니다.

참고문헌

Bharadwaj, A. and J. B. Wiggins, "Box Spread and Put-Call Parity Tests for the S&P Index LEAPS Markets," *Journal of Derivatives*, 8, 4 (Summer 2001): 62–71.

Chaput, J. S., and L. H. Ederington, "Option Spread and Combination Trading," *Journal of Derivatives*, 10, 4 (Summer 2003): 70–88.

McMillan, L. G. "*Options as a Strategic Investiment*," 5th edn. Upper Saddle River, NJ: Prentice Hall, 2012.

Redleman, R.J. "Covered Call Writing from an Expected Utility Perspective," *Journal of Derivatives*, 8, 3 (Spring 2001): 63–75.

Ronn A. G. and E. I. Ronn, "The Box-Spread Arbitrage Conditions," *Review of Financial Studies*, 2, 1 (1989): 91–108.

연습문제

12.1. 프로텍티브 풋은 무엇인가? 프로텍티브 풋은 콜옵션의 어떤 포지션과 동등한가?

12.2. 약세 스프레드를 만들 수 있는 방법 2가지를 설명하라.

12.3. 투자자가 어떤 경우에 나비형 스프레드를 구성하는 것이 적절한가?

12.4. 만기가 3개월이고 행사가격을 15달러, 17 달러, 20달러로 하는 콜옵션의 가격이 각각 4달러, 2달러, 달러이다. 이 콜옵션을 이용하여 나비형 스프레드를 구성하는 방법을 설명하라. 또한 나비형 스프레드의 이익이 주가에 따라 어떻게 변하는지 표로 작성하여 설명하라.

12.5. 역캘린더 스프레드를 어떻게 구성하는지 설명하라.

12.6. 스트랭글과 스트래들의 차이점을 설명하라.

12.7. 행사가격이 50달러인 콜옵션의 가격이 2달러이고, 행사가격이 45달러인 풋옵션의 가격이 3달러이다. 두 옵션을 이용하여 스트랭글을 구성하는 방법을 기술하고, 이 전략의 이익패턴을 설명하라.

12.8. 풋옵션을 이용한 강세 스프레드의 초기투자금액(initial investment)과 콜옵션을 이용한 강세 스프레드의 초기투자금액 간의 관계를 풋–콜 패리티를 이용하여 설명하라.

12.9. 풋옵션을 이용하여 공격적인 약세 스프레드를 구성하는 방법을 설명하라.

12.10. 행사가격이 30달러와 35달러인 풋옵션의 가격을 각각 4달러와 7달러로 가정하자. 두 옵션을 이용하여 (a) 강세 스프레드와 (b) 약세 스프레드를 구성하는 방법을 설명하라. 또한 강세 및 약세 스프레드의 이득 및 이익패턴을 표로 작성하라.

12.11. 유러피언풋옵션을 이용하여 구성한 나비형 스프레드의 비용이 유러피언콜옵션을 이용하여 구성한 나비형 스프레드의 비용과 일치함을 풋–콜 패리티를 이용하여 증명하라.

12.12. 행사가격이 60달러인 콜옵션의 가격이 6달러이다. 이 콜옵션과 행사가격 및 만기가 같은 풋옵션의 가격은 4달러이다. 스트래들의 이익을 나타내는 표를 완성하라. 스트래들로부터 손실을 보는 주가의 범위는?

12.13. 행사가격이 K_1과 $K_2(K_2 > K_1)$인 풋옵션을 이용하여 만든 강세 스프레드의 이득패턴을 표로 작성하라.

12.14. 투자자가 주가 변화 방향은 모르나 주가가 크게 변할 것으로 확신한다고 가정하자. 이 경우에 투자자가 취할 수 있는 6가지의 전략을 나열하고 전략 간의 차이점을 설명하라.

12.15. 특정 인도가격과 인도일을 갖는 주식에 대한 선도계약을 옵션을 이용하여 어떻게 만들 수 있는지 설명하라.

12.16. "박스 스프레드는 4개의 옵션으로 구성된다. 2개 옵션을 이용하여 선도계약 매입포지션을 구성하고 남은 2개 옵션을 이용하여 선도계약 매도포지션을 구성한다."이를 설명하라.

12.17. 스트랭글에서 풋옵션의 행사가격이 콜옵션의 행사가격보다 높은 경우의 이익패턴을 그래프로 설명하라.

12.18. 외국통화는 현재 0.64달러의 가치를 갖는다. 행사가격이 각각 0.60달러, 0.65달러, 0.70달러인 유러피언콜옵션으로 나비형 스프레드를 구성하였다(만기는 모두 1년). 미국과 외국의 무위험이자율은 각각 5%와 4%이고, 환율의 변동성은 15%이다. DerivaGem 프로그램을 이용하여 나비형 스프레드 포지션을 구성하는 데 소요되는 비용을 계산하라. 또한 유러피언풋옵션으로 나비형 스프레드를 구성해도 비용이 같음을 증명하라.

12.19. 지수의 배당수익률은 1%이고 변동성은 20%이다. 무위험이자율은 4%이다. 원금보장증권을 발행하는 은행이 이익을 내려면 [예제 11.1]에서 만들어진 원금보장증권의 만기는 얼마여야 하는가? DerivaGem을 이용하라.

12.20. 12장 1절 말미에 있는 다음의 진술에 대해 설명하라. 배당이 0일 경우 지속기간에 상관없이 원금보호증권은 은행에게 수익성이 없다.

과제물 문제

12.21. 거래자는 행사가격이 25달러인 6개월 풋옵션을 2.15달러에 매도하고 행사가격이 29달러인 6개월 풋옵션을 4.75달러에 매입하여 약세스프레드를 구성했다. 주가가 (a) 23달러, (b) 28달러, 그리고 (c) 33달러일 때 (초기투자금을 제외한) 최종 이익은 어떻게 되는가?

12.22. 거래자는 행사가격이 50달러인 유러피안콜옵션을 3달러에 매도하고 행사가격이 40달러인 6개월 유러피안풋옵션을 4달러에 매도하여 스트랭글을 구성했다. 6개월 내에 거래자가 수익을 낼 수 있는 기초자산의 가격의 범위는 어떻게 되는가?

12.23. 만기가 동일하고 행사가격을 55달러, 60달러, 65달러로 하는 풋옵션의 가격이 각각 3달러, 5달러, 8달러이다. 이 옵션을 이용하여 나비형 스프레드를 구성하는 방법을 설명하라. 이 전략의 이익을 나타내는 표를 작성하라. 나비형 스프레드로부터 손실을 보는 주가의 범위는?

12.24. 행사가격이 K_2 이고 만기가 T_2 인 콜옵션을 매입하고, 행사가격이 K_1 이고 만기가 T_1 인 콜옵션을 매도하여 대각선 스프레드를 구성할 수 있다($T_2 > T_1$). (a) $K_2 > K_1$ 인 경우와, (b) $K_2 < K_1$ 인 경우의 이익패턴을 그래프로 설명하라.

12.25. 다음 포트폴리오를 소유한 투자자의 이익과 손실이 만기일의 주가에 따라 어떻게 변하는지 그래프로 그려라.

(a) 주식 1주 매입, 콜옵션 1개 매도

(b) 주식 2주 매입, 콜옵션 1개 매도

(c) 주식 1주 매입, 콜옵션 2개 매도

(d) 주식 1주 매입, 콜옵션 4개 매도

콜옵션의 행사가격이 현재 주가와 같다고 가정한다.

12.26. 무배당주식의 가격이 32달러, 변동성이 30%이고 모든 만기의 무위험이자율이 연 5%라고 가정하자. DerivaGem을 이용하여 다음 포지션을 구성하는 데 드는 비용을 계산하라.

(a) 행사가격이 25달러와 30달러이고, 만기가 6개월인 유러피언콜옵션을 이용한 강세 스프레드

(b) 행사가격이 25달러와 30달러이고, 만기가 6개월인 유러피언풋옵션을 이용한 약세 스프레드

(c) 행사가격이 25달러, 30달러, 35달러이고, 만기가 1년인 유러피언콜옵션을 이용한 나비형 스프레드

(d) 행사가격이 25달러, 30달러, 35달러이고, 만기가 1년인 유러피언풋옵션을 이용한 나비형 스프레드

(e) 행사가격이 30달러이고, 만기가 6개월인 옵션을 이용한 스트래들

(f) 행사가격이 25달러와 35달러이고, 만기가 6개월인 옵션을 이용한 스트랭글

각각의 경우에 주식의 종가와 이익 간의 관계를 보여주는 표를 구성하라. 현가 계산은 하지 않는다.

12.27. 스트랭글을 매입하고 스트래들을 매도하면 어떤 포지션이 구성되는가(만기는 같다고 가정)? 스트래들의 행사가격이 스트랭글 두 행사가격의 정확한 중간이라고 가정한다.

12.28. 행사가격이 K_2인 콜옵션을 매입하고 행사가격이 K_1인 풋옵션을 발행하면 어떤 래포지션이 구성되는가? 두 옵션의 만기는 동일하고 $K_2 > K_1$이다. 만일 $K_1 = K_2$이면 어떤 포지션이 만들어지는가?

12.29. 은행이 무이표채와 콜옵션 강세 스프레드를 이용하여 무배당 주식에 대한 5년 만기 원금보장증권을 만들기로 결정한다고 하자. 무위험이자율은 4%이고, 주가변동성은 25%이다. 강세 스프레드에서 낮은 행사가격의 옵션은 등가격옵션이다. 강세 스프레드에서 높은 행사가격 대 낮은 행사가격의 최대 비율은 얼마인가? DerivaGem을 이용하라.

CHAPTER 13

이항모형

주식옵션의 가격을 결정하는 방법 중 매우 유용하고 많이 사용하는 방법은 이항 모형 또는 이항 과정(binomial trees)을 이용하는 것이다. 이항과정은 옵션의 만기일까지 주가가 변할 수 있는 여러 과정(stock price path)을 보여준다. 기본 가정은 주가가 랜덤워크(random walk)를 따른다는 것이다. 각 기간에서 특정 확률로 특정 퍼센트 만큼 상승하고 특정 확률로 특정 퍼센트 만큼 하락한다. 각 기간이 점점 작아짐에 따라 극한에서 이 모형은 14장에서 설명할 블랙–숄즈–머튼 모형과 동일하다. 이 장의 부록에서 각 기간이 점점 작아짐에 따라 이항 모형으로 계산한 유러피언옵션가격이 블랙–숄즈–머튼 모형으로 계산한 가격에 수렴함을 보이기로 한다.

이 장에 설명된 내용은 여러 이유로 매우 중요하다. 첫째, 이 장은 옵션가격결정에 사용되는 무차익논리(no arbitrage argument)를 설명한다. 둘째, 이 장은 아메리칸 옵션과 다른 파생상품의 가치평가에서 광범위하게 사용되는 이항과정 수치화절차(binomial tree numerical procedure)를 설명한다. 셋째, 이 장은 위험중립 가치평가(risk-neutral valuation)로 알려진 매우 중요한 원칙을 소개한다.

이 장에서 트리(tree)를 구성하기 위해 사용된 접근법은 1979년 콕스–로스–루빈스타인의 논문에서의 내용과 유사하다. 이항과정을 이용한 수치화절차에 대한 보다 자세한 내용은 21장에서 설명하기로 한다.

13.1 기간 이항 모형과 무차익논리

3개월 후에 주식을 21달러에 매입할 수 있는 유러피언콜옵션의 가치를 평가하는 데 관심이 있다고 가정하자. 현재의 주가는 20달러이고, 3개월 후 주가가 22달러 또는 18달러가 되는 아주 단순한 가정을 하자. 콜옵션은 3개월 후에 다음 둘 중 하나의 가치를 갖게 된다. 즉, 주가가 22달러이면 옵션의 가치는 1달러이고, 주가가 18달러이면 옵션의 가치는 0이다. 이 상황은 [그림 13.1]에 묘사되어 있다.

이 경우에 아주 세련된 논리를 적용하여 옵션의 가치를 평가할 수 있다. 여기서 필요한 유일한 가정은 투자자에게 차익거래기회가 존재하지 않는다는 것이다. 기본적인 논리는 다음과 같다. 주식과 옵션을 이용하여 포트폴리오를 구성하는데 3개월 후에 이 포트폴리오의 가치에 대한 불확실성이 없도록 한

그림 13.1 이 장의 1절 예시를 위한 주가변화.

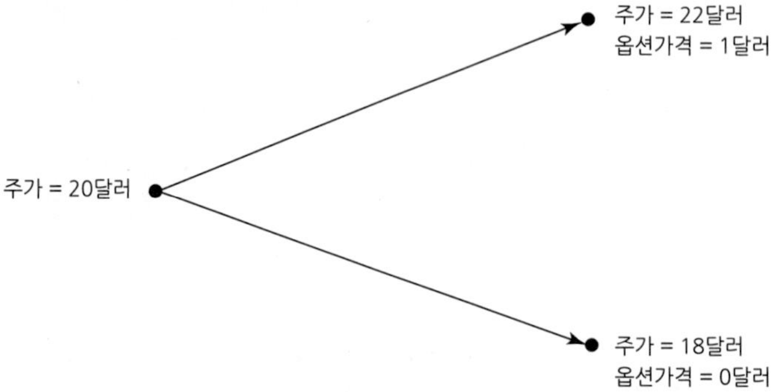

다. 이 포트폴리오는 위험이 없으므로 포트폴리오의 수익률은 무위험이자율이다. 이렇게 포트폴리오를 구성한 후, 구성하는 비용을 분석하여 결론적으로 옵션의 가치를 결정할 수 있다. 단 2개의 증권(주식과 옵션)이 존재하고 단 2개의 상황만이 존재하므로 무위험포트폴리오(riskless portfolio) 또는 헷지포트폴리오를 구성하는 것은 항상 가능하다.

콜옵션 1개를 매도하고 주식 Δ 주를 매입한 포트폴리오를 고려해 보자(Δ는 그릭문자의 델타임). 여기서 포트폴리오가 위험이 없도록 하는 Δ 값을 구할 수 있다. 만일 주가가 22달러로 상승하면 주식의 가치는 22Δ이고 옵션의 가치는 1달러이므로, 포트폴리오의 가치는 22Δ − 1이다. 반대로 주가가 18달러로 하락하면 주식의 가치는 18Δ이고 옵션의 가치는 0이므로, 포트폴리오의 가치는 18Δ이다. 주가가 18달러가 되든 22달러가 되든 포트폴리오의 가치를 같게 하는 Δ의 값을 다음과 같이 선택하면 이 포트폴리오는 위험이 없다.

$$22\Delta - 1 = 18\Delta$$

또는

$$\Delta = 0.25$$

따라서 무위험포트폴리오는 다음과 같다.

매입포지션: 주식 0.25주

매도포지션: 콜옵션 1개

만일 주가가 22달러로 상승하면 포트폴리오의 가치는 4.5달러이다.

$$22 \times 0.25 - 1 = 4.5\text{달러}$$

그리고 주가가 18달러로 하락해도 포트폴리오의 가치는 4.5달러이다.

$$18 \times 0.25 = 4.5\text{달러}$$

주가가 상승하든 하락하든 옵션 만기일의 포트폴리오 가치는 항상 4.5달러이다.

차익거래기회가 존재하지 않을 때 무위험포트폴리오의 수익률은 무위험이자율이어야 한다. 무위험이자율을 4%(연속복리기준)로 가정하면, 현재시점에서의 포트폴리오의 가치는 4.5달러의 현재 가치이다.

$$4.5e^{-0.04\times 3/12} = 4.455$$

현재 주식의 가치는 20달러이다. 만일 옵션의 가치를 f라고 하면, 1주를 매입하고 콜옵션 1개를 매도한 포트폴리오의 가치는(또는 포트폴리오를 구성하는 데 드는 비용은) 다음과 같다.

$$20 \times 0.25 - f = 5 - f$$

이를 위에서 계산한 4.455과 같다고 하여 옵션의 가치를 계산하면

$$5 - f = 4.455$$

옵션의 가치는 0.545달러이다.

$$f = 0.545$$

차익거래기회가 존재하지 않는 경우, 옵션의 가치는 0.545달러여야 한다. 만일 옵션의 가치가0.545달러 이상이면 포트폴리오를 구성하는 데 드는 비용은 4.455달러 이하가 되며, 무위험이자율 이상의 수익률을 얻을 수 있다. 만일 옵션의 가치가 0.545달러 이하이면 포트폴리오를 매도하여 무위험이자율보다 낮은 이자율로 차입하는 것이 가능하다.

0.25주를 거래하는 것은 물론 불가능하다. 하지만 이 논의는 400개의 옵션을 매도하고 100주의 주식을 매입하는 경우에도 동일하다. 일반적으로 무위험 포트폴리오를 구성하기 위해 매도된 옵션 하나 당 Δ주를 매입해야할 필요가 있다. Δ(델타)는 옵션을 헷징하데 있어 아주 중요한 모수이다. 이는 19장에서 더 자세히 논의될 예정이다.

일반화

바로 앞에서 제시한 무차익논리를 일반화하기 위하여 가치가 S_0인 주식과 가치가 f인 주식옵션(또는 주식에 대한 다른 파생상품)을 고려해 보자. 옵션의 만기를 T로, 옵션의 잔존기간 동안 주가는 S_0에서 S_0u로 상승하거나(즉, $u > 1$) 또는 S_0d로 하락한다고 가정하자(즉, $d < 1$). 주가가 상승할 때 주가의 증가율은 $u > 1$이고, 주가가 하락할 때 주가의 감소율은 $1 - d$이다. 만일 주가가 S_0u로 상승하면 옵션의 이득은 f_u이고, 만일 주가가 S_0d로 하락하면 옵션의 이득은 f_d이다. 이 상황이 [그림 13.2]에 묘사되어 있다.

앞에서처럼 콜옵션 1개를 매도하고 주식 Δ주를 매입한 포트폴리오를 고려해 보자. 이 포트폴리오가 위험이 없도록 하는 Δ값을 계산할 수 있다. 주가가 상승하는 경우에 만기일의 포트폴리오의 가치는

$$S_0u\Delta - f_u$$

주가가 하락하는 경우에 만기일의 포트폴리오의 가치는

그림 13.2 1기간 이항과정에서의 주식과 옵션의 가격.

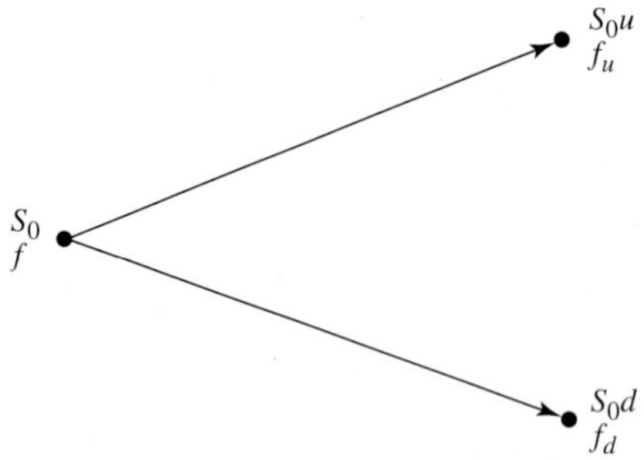

$$S_0 d\Delta - f_d$$

포트폴리오의 가치를 일정하게 하는 는 다음과 같다

$$S_0 u\Delta - f_u = S_0 d\Delta - f_d$$

또는

$$\Delta = \frac{f_u - f_d}{S_0 u - S_0 d} \tag{13.1}$$

이 포트폴리오는 위험이 없으므로 무위험이자율의 수익률을 얻어야 한다. 식 (13.1)에서 Δ는 주가의 변화에 대한 옵션가치의 변화를 의미한다.

무위험이자율을 r로 하면, 포트폴리오의 현재가치는

$$(S_0 u\Delta - f_u)e^{-rT}$$

포트폴리오를 구성하는 비용은 다음과 같다.

$$S_0\Delta - f$$

따라서

$$S_0\Delta - f = (S_0 u\Delta - f_u)e^{-rT}$$

또는

$$f = S_0\Delta(1 - ue^{-rT}) + f_u e^{-rT}$$

식 (13.1)을 이용하여 위의 식을 단순화하면 다음과 같다.

$$f = S_0\left(\frac{f_u - f_d}{S_0 u - S_0 d}\right)(1 - ue^{-rT}) + f_u e^{-rT}$$

또는

$$f = \frac{f_u(1 - de^{-rT}) + f_d(ue^{-rT} - 1)}{u - d}$$

또는

$$f = e^{-rT}[pf_u + (1-p)f_d] \tag{13.2}$$

단,

$$p = \frac{e^{rT} - d}{u - d} \tag{13.3}$$

식 (13.2)와 (13.3)을 이용하면 1기간 이항 모형에 기초하여 옵션의 가치를 결정할 수 있다. 우리가 설정한 유일한 가정은 차익거래기회가 존재하지 않는다는 것이다.

위에서 설명한 예에서([그림 12.1] 참조) $u = 1.1, d = 0.9, r = 0.04, T = 0.25, f_u = 1, f_d = 0$이다. 식 (13.3)에 이 값들을 대입하여 p를 구할 수 있다.

$$p = \frac{e^{0.04\times3/12} - 0.9}{1.1 - 0.9} = 0.5503$$

식 (13.2)를 이용해서 구한 옵션의 가치 0.545달러는 앞에서 계산한 값과 일치한다.

$$f = e^{-0.04\times0.25}(0.5503 \times 1 + 0.4497 \times 0) = 0.545 \text{ 달러}$$

주식 기대수익률의 무관련성

식 (13.2)의 옵션가격공식에 주가가 상승하거나 하락할 확률은 포함되어 있지 않다. 예를 들어 주가가 상승할 확률이 0.5인 경우나 0.9인 경우나 옵션의 가격은 같다. 이 결과는 상당히 의외이며 상식적으로 이해하기 힘들다. 주가가 상승할 확률이 증가함에 따라 콜옵션의 가치는 증가하고 풋옵션의 가치는 감소한다고 생각하기 쉬우나 이 논리는 옳지 않다.

옵션의 가치가 주식의 기대수익률과 무관한 주요 원인은 여기서 옵션의 가치를 절대적으로 평가하고 있지 않기 때문이다. 주식의 가치에 근거하여 상대적으로 옵션의 가치를 평가하므로 주가가 상승하거나 하락할 확률은 이미 주식의 가격에 반영되어 있다. 주식의 가치에 근거하여 상대적으로 옵션의 가치를 평가할 때에는 이 확률을 다시 고려할 필요가 없다.

13.2 위험중립 가치평가

파생상품의 가치를 평가하는데 매우 중요한 원칙인 위험중립 가치평가를 소개하기로 하자. 이 원칙은 파생상품을 평가할 때 투자자들이 위험중립형(risk neutral)이라고 가정할 수 있다고 설명한다. 이 가정은 위험중립형 투자자가 증가한 위험을 보상받기 위하여 투자에 대해 요구하는 기대수익률을 증가시키지 않음을 의미한다. 투자자가 위험중립형인 세상을 위험중립세계(risk-neutral world)라고 부른다. 우리가 사는 세상은 당연히 위험중립 세계가 아니다. 즉, 투자자가 부담하는 위험이 클수록 투자자는 높은 기대수익률을 요구한다. 그러나 위험중립 세계를 가정하면 위험중립 세계뿐만 아니라 우리가 사는 세상에서도 정확한 옵션가격을 구할 수 있다. 거의 기적적으로, 옵션 매입자와 매도자의 위험회피정도에 대해 거의 아무것도 알지 못하는 문제점을 피할 수 있다.

위험중립 가치평가는 처음 접하면 상당히 의외의 결과로 느껴진다. 옵션은 위험한 투자이다. 옵션의 가치를 평가하는데 투자자의 위험에 대한 태도가 영향을 미쳐야 하지 않을까? 그 질문에 대한 답은 기초자산의 가격을 기준으로 옵션의 가치를 평가할 때에는 위험에 대한 태도는 중요하지 않다는 것이다. 투자자가 더 위험회피적(risk averse)이 되면 주가는 하락한다.그러나 옵션가격을 주가에 연결시킨 공식은 변하지 않는다.

위험중립 세계는 파생상품의 가치평가를 단순화시키는 두 가지 특성을 갖는다.

1. 주식 또는 다른 상품의 기대수익률은 무위험이자율이다.
2. 옵션 또는 다른 파생상품의 기대이득에 사용되는 할인율이 무위험이자율이다.

식 (13.2)에서 p가 위험중립 세계에서 주가가 상승할 확률로 해석되어야 하므로 $1 - p$는 주가가 하락할 확률이다. ($0 < p < 1$이 되도록 $u > e^{rT}$을 가정한다.) 위험중립 세계에서 옵션의 기대미래이득(expected future payoff)은 다음과 같다.

$$pf_u + (1 - p)f_d$$

식 (13.2)는 옵션의 현재 가치가 위험중립 세계에서의 기대미래이득을 무위험이자율로 할인한 가치임을 보여준다. 이것이 위험중립 가치평가법을 응용한 것이다.

p 해석의 타당성을 증명하기 위하여 p가 주가가 상승할 확률이면 T시점에서의 기대주가 $E(S_T)$는 다음과 같다.

$$E(S_T) = pS_0u + (1 - p)S_0d$$

또는

$$E(S_T) = pS_0(u - d) + S_0d$$

식 (13.3)의 p를 이용하여 위의 식을 단순화하면,

$$E(S_T) = S_0e^{rT} \tag{13.4}$$

식 (13.4)는 p가 상승할 확률이면 주가가 평균적으로 무위험이자율로 성장함을 보여준다. 다시 말해서 p가 상승할 확률이면 주가는 위험중립 세계에서 우리가 기대하는 것과 정확히 동일하게 움직인다. 위험중립 가치평가는 파생상품의 가치를 평가하는데 매우 중요한 일반적인 결과이다. 이 결과는 세상이 위험중립이라고 가정하면 위험중립 세계에서만이 아니라 모든 세상에서 정확한 가격을 구할 수 있음을 보여준다. 우리는 단순한 이항 모형이 주가변화과정이라고 가정할 때 위험중립 가치평가가 성립함을 보였다. 우리는 주가변화과정에 대해 어떤 가정을 하든 이 결과가 성립함을 보일 수 있다.

위험중립 가치평가를 파생상품의 가격결정에 적용하기 위하여 우리는 위험중립 세계에서의 상승 또는 하락할 확률을 먼저 계산한다. 그리고 파생상품의 기대이득을 계산하고 이를 무위험이자율로 할인한다.

1기간 이항 모형 예제의 재고찰

[그림 13.1]의 예제를 다시 고려하여 위험중립 가치평가와 무차익거래 논리가 동일한 가치를 계산하는 것을 알아보기로 하자. 현재 주가가 20달러이고, 3개월 후에 22달러로 상승하거나 또는 18달러로 하락한다고 하자. 평가하는 옵션은 유러피언콜옵션이며, 행사가격은 21달러이고 만기는 3개월이다. 무위험이자율은 연 4%이다.

위험중립 가정하에서 주가가 상승할 확률을 p로 하자. p는 식 (13.3)을 이용하여 구한다. 위험중립 가정하에서 주식의 기대수익률은 4%의 무위험이자율이어야 한다. 즉 p는 다음의 조건을 만족해야 한다.

$$22p + 18(1 - p) = 20e^{0.04\times 3/12}$$

또는

$$4p = 20e^{0.04\times 3/12} - 18$$

즉, p는 0.5503이다.

3개월 후에 콜옵션의 가치가 1달러일 확률은 0.5503이고, 0일 확률은 0.4497이다. 따라서 콜옵션의 기대가치는

$$0.5503 \times 1 + 0.4497 \times 0 = 0.5503\text{달러}$$

위험중립인 세계에서 이 값은 무위험이자율로 할인되어야 한다. 따라서 현재시점에서 옵션의 가치는 0.545달러이다.

$$0.5503e^{-0.04\times 3/12}\text{ 달러}$$

이 값은 위에서 계산한 옵션의 가격과 일치한다. 즉 차익거래기회가 존재하지 않는다는 논리(무차익논리: no arbitrage argument)하에 계산한 옵션의 가치와 위험중립 가치평가 원칙에 근거하여 계산한 옵션의 가치가 같다.

실제 세계와 위험중립 세계

p는 위험중립 세계에서의 상승 확률이라는 것을 명심해야 한다. 일반적으로 이 값은 실제 세계에서의 상승 확률과 동일하지 않다. 우리의 예에서 p는 0.5503이다. 상승 확률이 55.03%이면 주식의 기대수익률은 무위험이자율인 4%이다. 실제 세계에서 주식의 기대수익률이 10%이고, p^*가 상승 확률이라고 가정하면 다음의 관계가 성립한다. 이때 p^*는 0.6266이다.

$$22p^* + 18(1 - p^*) = 20e^{0.10\times 3/12}$$

실제 세계에서 옵션의 기대이득은 다음과 같이 0.6266이다.

$$p^* \times 1 + (1 - p^*) \times 0$$

불행하게도 실제 세계에서 기대이득에 적용할 정확한 할인율을 구하는 것은 쉬운 일이 아니다. 시장이 주식에 대해 요구하는 수익률이10%이고, 이 이자율이 주식투자에서 발생하는 기대현금흐름에 이용할 할인율이다. 콜옵션포지션은 주식포지션보다 더 위험하다. 따라서 콜옵션의 이득에 적용되는 할인율은 10%보다 커야 하지만, 우리는 할인율이 10%보다 얼마나 더 커야 하는지 측정할 수 있는 척도가 없다.[1] 위험중립 가치평가는 이 문제를 해결한다. 왜냐하면 위험중립 세계에서 모든 자산의 기대수익률(따라서 모든 기대이득의 적정 할인율)이 무위험이자율이어야 하기 때문이다.

13.3 2기간 이항 모형

앞에 제시한 1기간 이항 모형을 [그림 13.3]에 있는 2기간 이항 모형으로 확장할 수 있다. 현재주가는 20달러이고 1기간마다 주가는 10%씩 상승하거나 또는 10%씩 하락한다. 1기간은 3개월을 의미하며 무위험이자율은 연 4%이다. 만기가 6개월인 옵션의 행사가격은 21달러이다.

분석의 목적은 출발점에서의(즉, 현재 시점에서의) 옵션의 가격을 계산하는 것이다. 이를 위해 앞에서 적용한 원칙을 계속적으로 적용한다. 주식과 옵션의 가격이 모두 적혀 있다는 것을 제외하고 [그림 13.4]는 [그림 13.3]과 같다(주가는 위에 적혀 있고 옵션의 가격은 아래에 적혀 있다). 2기간 이항과정의 끝에(즉, 만기일에) 적혀 있는 옵션의 가격은 옵션의 이득(즉, 내재가치)을 말한다. D점에서 주가는 24.2달러이므로 옵션의 가격은 24.2 − 21 = 3.2달러이다. E와 F에서 옵션이 외가격에 있으므로 가치는 0이다.

그림 13.3 2기간 이항과정에서의 주가 변화.

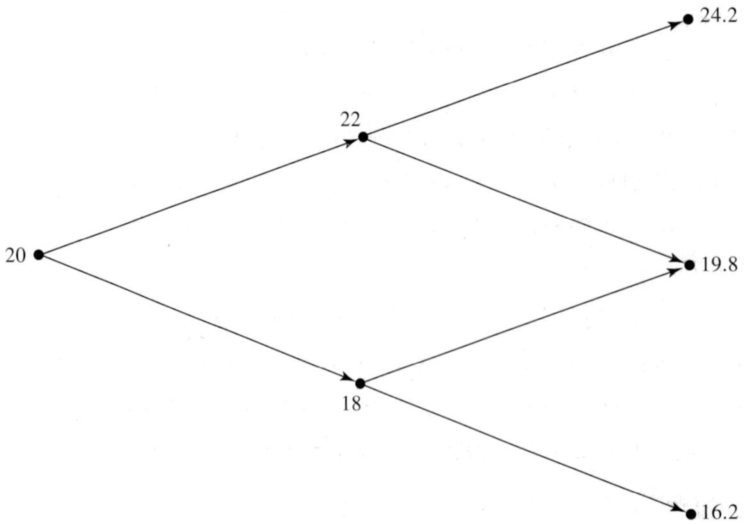

1 옵션의 가치가 0.545이므로 적정 할인율이 55.96%인 것을 추론할 수 있다. 이유는 $0.545 = 0.6266e^{-0.5596\times 3/12}$ 이기 때문이다.

그림 13.4 2기간 이항과정에서의 주식과 옵션의 가격(위의 숫자는 주가이고, 아래 숫자는 옵션가격).

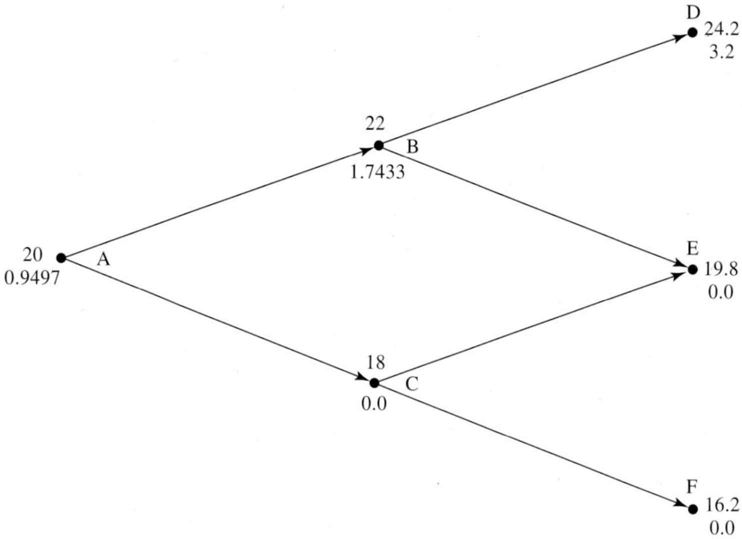

C에서 옵션의 가격은 0이다. 왜냐하면 C에서 E와 F로 가게 되는데 두 점에서 옵션의 가치가 0이기 때문이다. B에서 옵션의 가격을 계산하기 위해서는 [그림 13.4]의 일부만을 고려하면 된다([그림 13.5] 참조). $u = 1.1$, $d = 0.9$, $r = 0.04$, $T = 0.25$이므로 $P = 0.6523$이다. 식 (13.2)를 이용하여 구한 B에서의 옵션의 가격은 다음과 같다.

$$e^{-0.04\times 3/12}(0.5503 \times 3.2 + 0.4497 \times 0) = 1.7433 \text{ 달러}$$

이제 남은 것은 출발점 A에서 옵션의 가격을 결정하는 것인데, 이는 이항과정의 처음 1기간을 고려하면 된다. B에서 옵션의 가격은 1.7433달러이고, C에서 옵션의 가격은 0이다. 식 (13.2)에 의하여, A에서 옵션의 가격은 0.9497달러이다.

$$e^{-0.04\times 3/12}(0.5503 \times 1.7433 + 0.4497 \times 0) = 0.9497 \text{ 달러}$$

그림 13.5 [그림 12.4]의 B에서 옵션가격의 평가.

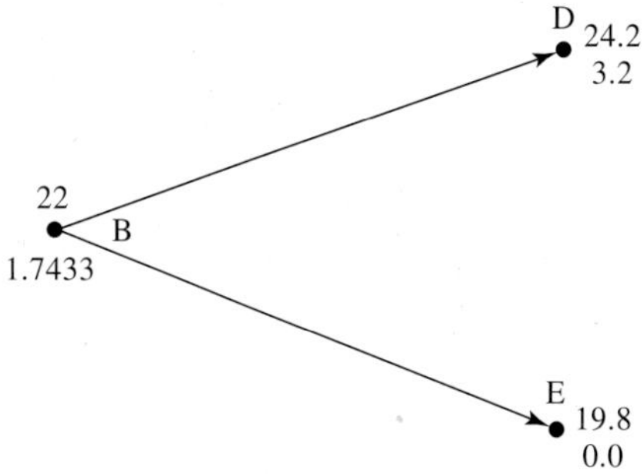

그림 13.6 일반화한 2기간 이항과정에서의 주식과 옵션의 가격.

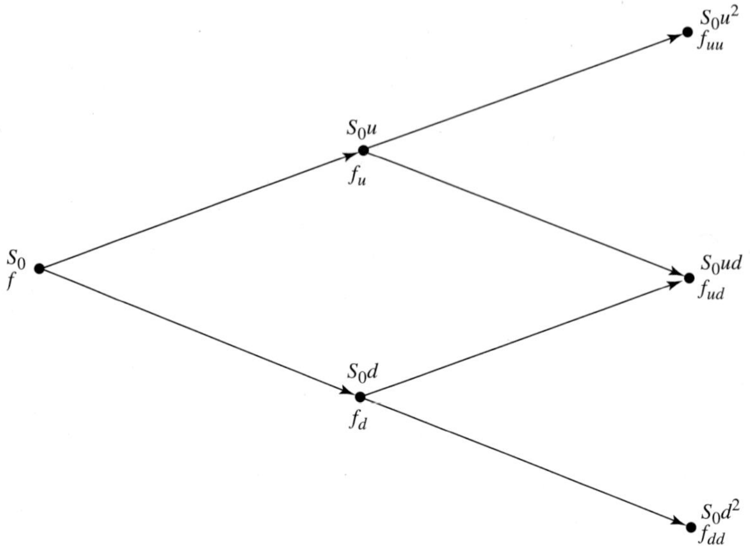

지금까지 주가의 증가율 (u)과 감소율 (d)이 모든 기간에서 일정하며 각 기간의 길이도 일정하다고 가정했다. 이렇게 가정함으로써 식 (13.3)에 의하여 계산한 위험중립 확률(risk neutral probability) p는 모든 기간에 일정하다.

일반화

[그림 13.6]에 있는 2기간 이항 모형을 일반화시킬 수 있다. 주가는 이며 1기간마다 S_0에 u를 곱한 가격으로 상승하거나 또는 S_0 에 d를 곱한 가격으로 하락한다. 옵션가격에 대한 기호는 그림에 설명되어 있다. 예를 들어 주가가 2번 상승하는 경우에 옵션의 가격은 f_{uu} 이다. 무위험이자율은 r로, 1기간은 t년으로 가정한다.

1기간이 T가 아니고 Δt 이므로 식 (13.2)와 (13.3)은 다음과 같이 변경된다.

$$f = e^{-r\Delta t}[pf_u + (1-p)f_d] \tag{13.5}$$

$$p = \frac{e^{r\Delta t} - d}{u - d} \tag{13.6}$$

식 (13.5)를 계속적으로 적용하면

$$f_u = e^{-r\Delta t}[pf_{uu} + (1-p)f_{ud}] \tag{13.7}$$

$$f_d = e^{-r\Delta t}[pf_{ud} + (1-p)f_{dd}] \tag{13.8}$$

$$f = e^{-r\Delta t}[pf_u + (1-p)f_d] \tag{13.9}$$

식 (13.7)과 (13.8)을 식 (13.9)에 대입하면 다음과 같다.

$$f = e^{-2r\Delta t}[p^2 f_{uu} + 2p(1-p)f_{ud} + (1-p)^2 f_{dd}] \tag{13.10}$$

이 식은 앞에서 설명한 위험중립 가치평가 원칙과 일치한다. 변수 $p^2, 2p(1-p), (1-p)^2$ 은 2기간 이항과정에서 주가가 가장 큰 값, 중간값, 그리고 가장 작은 값으로 끝날 확률이다. 옵션의 가격은 위험중립 가정하의 기대이득을 무위험이자율로 할인한 현재가치와 같다.

2기간 이항과정에 기간을 첨가하여(즉, 만기를 더 많은 수의 기간으로 나누어) 이항 모형을구성해도 우리가 지금까지 이용한 위험중립 가치평가 원칙은 계속 성립한다. 즉, 옵션의 가격은 위험중립 가정하의 기대이득을 무위험이자율로 할인한 현재가치와 항상 같다.

13.4 풋옵션을 이용한 사례

본 장에서 지금까지 설명한 절차는 콜옵션뿐만 아니라 풋옵션의 가격을 결정하는 데에도 사용할 수 있다. 예를 들어 만기가 2년이고 행사가격이 52달러인 유러피언풋옵션을 고려해 보자. 현재 주가는 50달러이다. 1기간을 1년으로 하면 2기간이 존재하며, 각 기간마다 주가는20% 상승하거나 또는 20% 하락한다고 가정하자. 무위험이자율은 연 5%이다.

이항과정은 [그림 13.7]에 있다. 이 경우 $u = 1.2$, $d = 0.8$, $\Delta t = 1$, $r = 0.05$이다. 위험중립확률 p는 다음과 같다.

$$p = \frac{e^{0.05\times 1} - 0.8}{1.2 - 0.8} = 0.6282$$

그림 13.7 2기간 이항과정에 의한 유러피언풋옵션의 가치평가(위의 숫자는 주가이고, 아래 숫자는 옵션가격).

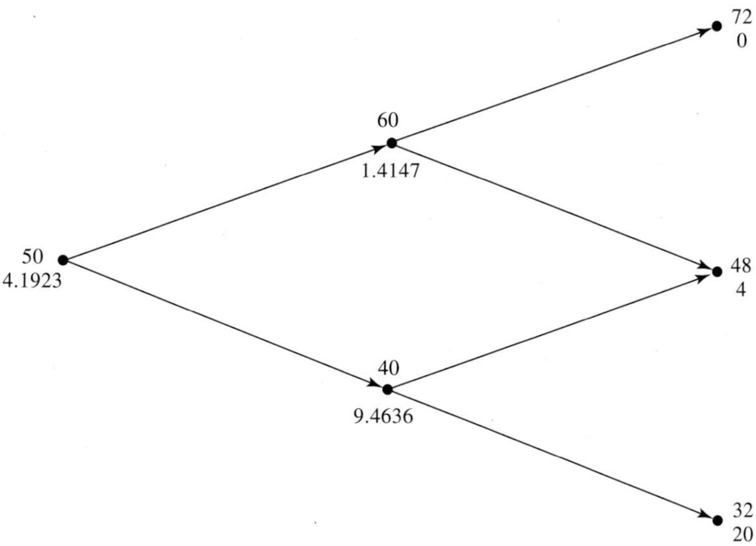

만기일에 가능한 주가는 72달러, 48달러, 32달러이므로, $f_{uu} = 0$, $f_{ud} = 4$, $f_{dd} = 20$이다. 식 (13.10)에 의하여 풋옵션의 가격은 4.1923달러이다.

$$f = e^{-2\times 0.05\times 1}(0.6282^2 \times 0 + 2 \times 0.6282 \times 0.3718 \times 4 + 0.3718^2 \times 20) = 4.1923 \text{ 달러}$$

이 가격은 식 (13.5)를 이용하여 1기간씩 뒤에서 앞으로(즉, 시간을 거슬러 올라가면서) 계산하면 구할 수 있다. [그림 13.7]은 이렇게 하여 계산한 옵션의 만기일 전 가격도 보여준다.

13.5 아메리칸옵션

지금까지 고려한 옵션은 모두 유러피언옵션이다. 이제부터 [그림 13.4]와 [그림 13.7]에서 설명한 이항과정을 이용하여 아메리칸옵션의 가격을 결정해 보자. 절차는 끝에서부터 처음으로 이항과정을 역행하면서 매 기간마다 옵션을 행사하는 것이 최적인지를 판단하는 것이다. 이항과정의 끝에서 계산한 옵션의 가치는 유러피언옵션의 경우와 같다. 이항과정의 끝을 제외한 기간에 아메리칸옵션의 가치는 다음 두 값 중에서 큰 값과 같다.

1. 식 (13.5)에 의해 계산한 옵션의 가치
2. 고려하고 있는 시점에서 권리를 행사하여 얻은 이득

[그림 13.8]은 고려하는 옵션이 유러피언옵션이 아니고 아메리칸옵션이면 [그림 13.7]이 어떻게 영향을 받는지 보여준다. 주가와 주가에 대한 확률은 물론 변하지 않는다. 이항과정 끝에서의 옵션의 가치 또한 변하지 않는다. B에서 식 (13.5)를 이용하여 계산한 옵션의 가치는 1.4147이고, 이 시점에서 옵션을

그림 13.8 2기간 이항과정에 의한 아메리칸풋옵션 가치평가(위의 숫자는 주가이고, 아래 숫자는 옵션가격).

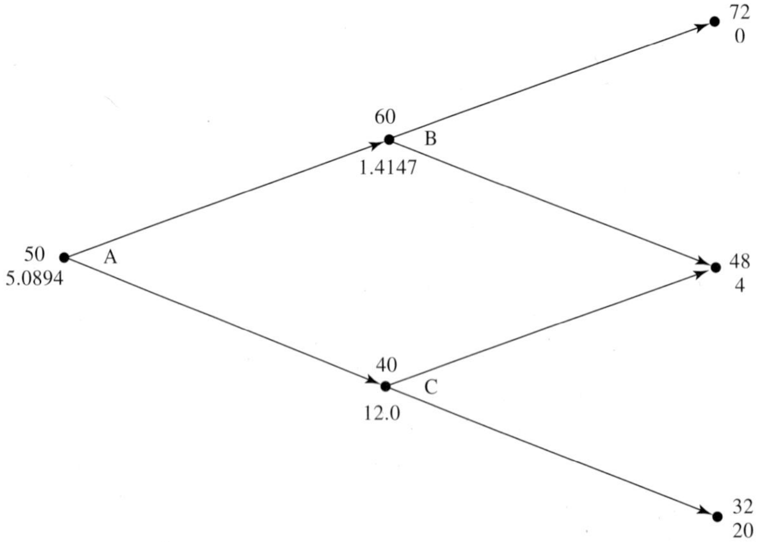

행사하면 이득은 −8이다. 따라서 B에서 옵션을 행사하는 것은 결코 최적이지 않으며 옵션의 가치는 1.4147달러이다. C에서 식 (13.5)를 이용하여 계산한 옵션의 가치는 9.4636이고, 권리를 즉시 행사함으로써 얻는 이득은 12이다. 이 경우에는 옵션을 행사하는 것이 바람직하며 옵션의 가치는 12달러이다. A에서 식 (13.5)에 의해 계산한 옵션의 가치는

$$e^{-0.05\times 1}(0.6282 \times 1.4147 + 0.3718 \times 12.0) = 5.0894 \text{ 달러}$$

반면에 권리를 행사하면 이득은 2이다. 즉, 권리를 행사하는 것은 바람직하지 않으며 옵션의 가치는 5.0894달러이다.

13.6 델타

옵션의 가격을 결정하고 옵션을 헷지하는데 있어서 매우 중요한 모수(때로는 그릭문자(Greek)로 불림)인 델타(delta)를 설명하기로 한다.

주식옵션의 델타(Δ)는 기초주식 가격의 변화에 대한 주식옵션 가격의 변화이다. 델타는 무위험헷지(riskless hedge)를 위하여 매도한 옵션 1개당 매입할 주식의 수를 말한다. 델타는 이 장에서 설명한 Δ와 같다. 무위험포트폴리오를 구성하는 것은 때로는 델타헷징(delta hedging)으로 불린다. 콜옵션의 델타는 양수이고 풋옵션의 델타는 음수이다.

[그림 13.1]로부터 콜옵션의 델타는

$$\frac{1-0}{22-18} = 0.25$$

왜냐하면 주가가 18달러에서 22달러로 변할 때 옵션의 가격은 0달러에서 1달러로 변하기 때문이다(이는 이 장의 1절에서 계산한 Δ의 가치이다).

[그림 13.4]에서 첫 번째 기간에서의 주가 변화에 대한 델타는 다음과 같다.

$$\frac{1.7433-0}{22-18} = 0.4358$$

첫 번째 기간에 주가가 상승한 후, 두 번째 기간에서의 주가변화에 대한 델타는

$$\frac{3.2-0}{24.2-19.8} = 0.7273$$

첫 번째 기간에 주가가 하락한 후, 두 번째 기간에서의 주가변화에 대한 델타는

$$\frac{0-0}{19.8-16.2} = 0$$

[그림 13.7]에서 첫 번째 기간의 델타는 다음과 같다.

$$\frac{1.4147 - 9.4636}{60 - 40} = -0.4024$$

두 번째 기간의 델타는 다음과 같다.

$$\frac{0 - 4}{72 - 48} = -0.1667 \text{ 또는 } \frac{4 - 20}{48 - 32} = -1.0000$$

2기간 이항과정의 예는 시간이 지남에 따라 델타가 변함을 보여 준다([그림 13.4]에서 델타는 0.4358에서 0.7273 또는 0으로 변하고, [그림 13.7]에서 델타는 -0.4024에서 -0.1667 또는 -1.0000으로 변한다). 델타가 변하기 때문에 주식과 옵션으로 만든 무위험헷지를 계속 유지하기 위해서는, 소유할 주식의 수를 계속적으로 조정해야 한다. 이러한 옵션의 특성은 19장에서 다시 다루기로 한다.

13.7 u와 d를 변동성과 일치시키는 방법

1기간의 길이가 Δt인 이항과정을 구성하기 위해 필요한 세가지 모수는 u, d, 그리고 p이다. u와 d가 결정되고 나면 p는 기대수익률이 무위험이자율 r이 되도록 선택되어야 한다. p가 다음과 같음을 확인했다.

$$p = \frac{e^{r\Delta t} - d}{u - d} \tag{13.11}$$

모수 u와 d는 변동성을 일치시키기도록 선택되어야 한다. 주식(또는 다른 자산)의 변동성 σ는 짧은 기간인 Δt 동안 수익률의 표준편차가 $\sigma\sqrt{\Delta t}$ 가 되도록 정의된다(더 자세한 논의는 15장을 참고). 유사하게 Δt 기간 동안의 수익률의 분산은 $\sigma^2 \Delta t$ 가 된다. 변수 X의 분산은 $E(X^2) - [E(X)]^2$ 로 정의된다. E는 기대값을 의미한다. 길이가 Δt 인 기간 동안 주식이 $u - 1$의 수익률을 제공할 확률은 p이며 d-1의 수익률을 제공할 확률은 $1 - p$이다. 변동성을 일치시키기 위해서는 다음의 관계가 성립해야 한다.

$$p(u-1)^2 + (1-p)(d-1)^2 - [p(u-1) + (1-p)(d-1)]^2 = \sigma^2 \Delta t \tag{13.12}$$

p를 식 (13.11)로 대체하면 식은 다음과 같이 간소화된다.

$$e^{r\Delta t}(u + d) - ud - e^{2r\Delta t} = \sigma^2 \Delta t \tag{13.13}$$

Δt^2 과 Δt 의 고차항을 무시하면 식 (13.13)의 해는 다음과 같다.[2]

$$u = e^{\sigma\sqrt{\Delta t}} \quad \text{and} \quad d = e^{-\sigma\sqrt{\Delta t}}$$

이 값들은 콕스-로스-루빈스타인(Cox-Ross-Rubinstein, 1979)이 제안한 u와 d의 값이다.

2 다음의 관계를 이용한다. $e^x = 1 + x + \frac{x^2}{2!} + \frac{x^3}{3!} + \cdots$

그림 13.9 (a) 실제 세계와, (b) 위험중립 세계에서 t 동안의 주가변화.

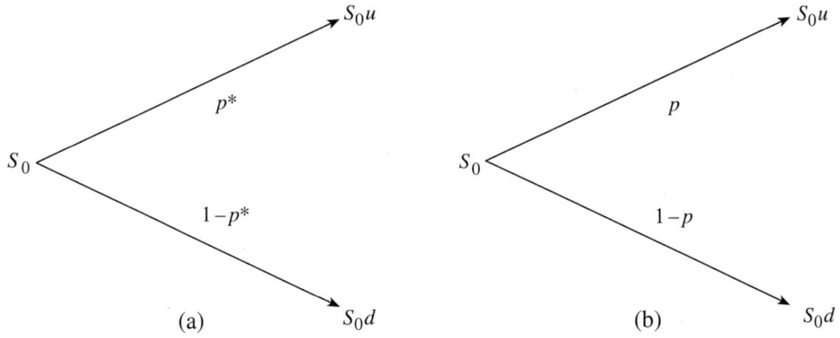

앞선 분석에서 우리는 위험중립세계에서 수익률의 변동성을 일치시키는 u와 d를 선택했다. 만약 실제세계의 변동성을 일치시킨다면 어떻게 되겠는가? 앞으로 우리가 보이는 바와 같이 u와 d를 위한 공식은 동일하다.

p^*가 실제세계에서 주가가 상승할 확률이며 p는 전과 동일하게 위험중립세계에서 주가가 상승할 확률이라고 가정하자. 이는 [그림13.9]에 묘사되어 있다. μ는 실제세계에서의 기대수익률로 정의된다. 이 경우 다음이 성립한다.

$$p^*u + (1 - p^*)d = e^{\mu\Delta t}$$

또는

$$p^* = \frac{e^{\mu\Delta t} - d}{u - d} \tag{13.14}$$

σ는 실제세계의 변동성이라고 가정하자. p 가 p^*가 대체되었다는 점을 제외하면 분산을 일치시키는 식은 식 (13.12)와 동일하다. 이 식을 식 (13.14)와 결합할 경우 우리는 다음의 식을 얻게된다.

$$e^{\mu\Delta t}(u + d) - ud - e^{2\mu\Delta t} = \sigma^2\Delta t$$

r이 μ로 대체되었다는 점을 제외하면 이 식은 식 (13.13)과 동일하다. Δt^2 과 Δt의 고차항을 무시하면, 위 식의 해는 식 (13.13)의 해와 동일하다.

$$u = e^{\sigma\sqrt{\Delta t}} \quad \text{and} \quad d = e^{-\sigma\sqrt{\Delta t}}$$

지사노브정리(Girsanov's theorem)

방금 도출된 결과는 지사노브정리라고 알려진 아주 중요한 결과와 밀접하게 연관되어 있다. 위험중립세계에서 실제세계로 옮겨올 경우, 주가의 기대수익률은 변화하지만 수익률의 변동성은 변화하지 않는다. 더 일반적으로, 특정 위험선호(risk preference)를 갖는 세계에서 다른 위험선호를 갖는 세계로 전환할 때 변수의 기대성장률은 변하지만 변수의 변동성은 변하지 않는다. 28장에서 위험선호가 시장변수에 미치는 영향을 보다 자세히 분석하기로 한다. 특정 위험선호에서 다른 위험선호로 전환하는 것을 측도의 전환(changing the measure)이라고 부른다. 실제 세계에서의 측도를 P측도라고 하고 위험중립 세계에서의 측도를 Q측도라고 한다.[3]

13.8 이항 모형의 공식

바로 앞 절의 분석은 이항과정에서 한 기간의 길이가 Δt이면 다음과 같이 정의함으로써 변동성을 일치시킬 수 있다.

$$u = e^{\sigma\sqrt{\Delta t}} \tag{13.15}$$

$$d = e^{-\sigma\sqrt{\Delta t}} \tag{13.16}$$

또한 식 (12.6)으로부터,

$$p = \frac{a-d}{u-d} \tag{13.17}$$

단,

$$a = e^{r\Delta t} \tag{13.18}$$

식 (13.15)부터 식 (13.18)까지가 이항과정을 정의한다.

[그림 13.8]의 아메리칸 풋옵션을 다시 고려해 보자. 여기서 주가는 50달러, 행사가격은 52달러, 무위험이자율은 연 5%, 옵션의 만기는 2년, 그리고 기간은 2기간이다. 이 경우에 $\Delta t = 1$이다. 변동성이 30%라고 하자. 식 (13.15)부터 식 (13.18)을 이용하여 계산하면 다음과 같다.

$$u = e^{0.3\times 1} = 1.3499, \qquad d = \frac{1}{1.3499} = 0.7408, \qquad a = e^{0.05\times 1} = 1.0513$$

그리고

$$p = \frac{1.0513 - 0.7408}{1.3499 - 0.7408} = 0.5097$$

새로운 이항과정은 [그림 13.10]과 같다. 옵션의 가치는 7.43이다. (이는 $u = 1.2$와 $d = 0.8$을 가정하고 [그림 13.8]에서 구한 가치와 상이하다.) 옵션은 1기간 말 주가가 하락하는 경우에 행사된다.

13.9 보다 많은 기간의 고려

지금까지 설명한 이항 모형은 비현실적으로 단순한 형태이다. 옵션의 잔존 기간 동안 주가의 변화가 1

3 우리가 사용하고 있는 기호에 의하면 p는 Q측도에서의 확률이고 는 p^*측도에서의 확률이다.

그림 13.10 아메리칸풋옵션의 평가를 위한 2기간 이항과정(주가 50, 행사가격 52, 무위험이자율 5%, 변동성 30%, 만기 2년).

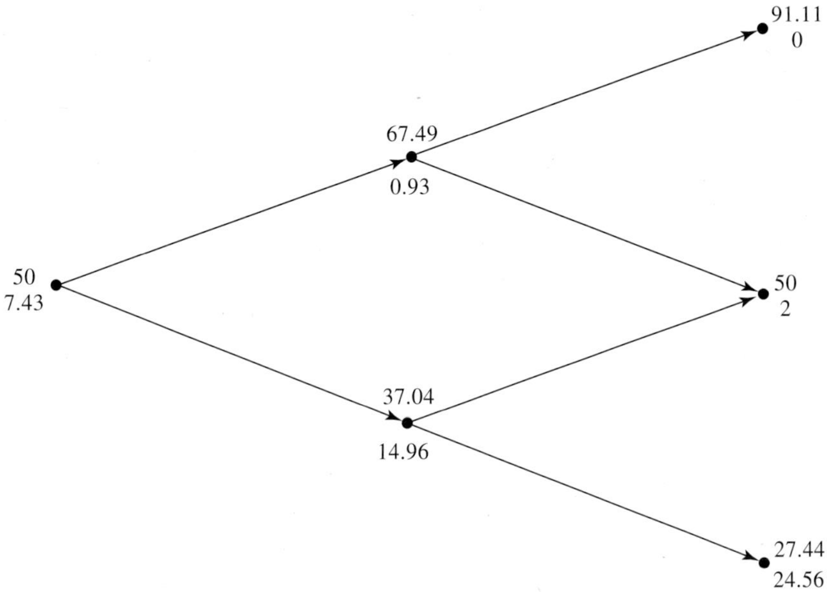

기간 또는 2기간 이항과정을 따른다는 가정에서 구한 옵션의 가격은 정확한 값이 되기 어렵고 다만 근사치이다.

이항과정을 실제로 이용하는 경우, 만기는 대체로 30개 이상의 기간으로 세분된다. 매 기간마다 주가는 상승하거나 또는 하락한다. 30기간이 있는 경우 31개의 종가(terminal stock price)가 있으며 약 10억개(정확히는 230)의 주가변화과정을 고려할 수 있다.

이항과정을 정의하는 식들은 기간의 수와 관계없이 식 (13.15)~(13.18)까지이다. 예를 들어[그림 12.10]에서 고려한 예시에서 2기간이 아니라 5기간이라고 가정하자. 모수가 각각 Δt = 2/5 = 0.4, r = 0.05, σ = 0.3이다. 따라서 $u = e^{0.3\times\sqrt{0.4}} = 1.2089$, d = 1/1.2089 = 0.8272, $a = e^{0.05\times 0.4} = 1.0202$, p = (1.0202 − 0.8272)/(1.2089 − 0.8272) = 0.5056이다.

기간의 수가 증가함에 따라(즉, 가 작아짐에 따라) 이항 모형은 주가행태에 대해 15장에서 설명할 블랙–숄즈–머튼 모형과 동일한 가정을 하는 셈이 된다. 유러피언옵션의 가치를 평가하는데 이항 모형이 사용되면, 기간의 수가 증가함에 따라 기대한 바와 같이, 이항 모형으로부터 계산된 가격은 블랙–숄즈–머튼 가격에 수렴한다. 이는 이 장의 부록에 증명되어 있다.

13.10 DerivaGem의 이용

본 서에 포함되어 있는 프로그램인 DerivaGem은 이항과정에 익숙해지는데 매우 유용한 도구이다. 본 서의 끝부분에 설명되어 있는 방식으로 프로그램을 설치한 후 Equity_FX_Index_Futures_Options의 워크시트로 가서 Underlying Type으로 Equity를 Option Type으로 Binomial American을 선택한다. 그리고 주가, 변동성, 무위험이자율, 만기, 행사가격, 기간수를 50, 30%, 5%, 2, 52, 2로 각각 입력한다. Put 버튼과 Caculate 버튼을 클릭한다. 옵션가격은 Price라는 박스에 7.428로 나타난다. Display Tree를 클릭하면 [그림 13.10]과 동등한 그림을 보게 된다(붉은색의 숫자는 옵션이 행사되는 점을 의미한다).

Equity_FX_Index_Futures_Options의 워크시트로 돌아가서 기간수를 5로 변경한다. Enter를 치고 Calculate를 클릭하면 옵션가격은 7.671로 변한다. Display Tree를 클릭하면 5기간 이항 모형이 바로 앞에서 계산한 u, d, a, p의 값과 함께 화면에 보인다.

DerivaGem은 이항 모형을 10기간까지 화면에 보일 수 있으며 계산은 500기간까지 가능하다. 500기간을 이용하는 경우 옵션가격은 소수 둘째 자리까지 계산하여 7.47달러이다. 이는 정확한 값이다. Option Type을 Binomial European으로 변경하면 유러피언옵션의 가치를 평가하는 데 이항과정을 이용할 수 있다. 500기간을 이용하는 경우, 아메리칸옵션의 가치에 이용된 동일한 모수에 기초하면 유러피언옵션의 가치는 6.76달러로 계산된다(Option Type을Analytic European으로 변경하면 15장에 설명되어 있는 블랙–숄즈–머튼 공식에 의한 옵션가치가 제공되는데 이 값은 6.76달러이다).

Underlying Type을 변경함으로써 주식 이외의 자산에 대한 옵션을 고려할 수 있다. 지금부터 이런 자산에 대한 옵션을 고려하기로 하자.

13.11 다른 자산을 기초자산으로 하는 옵션의 평가

10장에서 지수, 통화, 그리고 선물계약에 대한 옵션을 소개하였으며 17장과 18장에서 이들 옵션을 보다 자세히 설명하기로 한다. 위험중립 확률 p의 계산식이 변한다는 점을 제외하면, 주식옵션에 대해 적용했던 방식과 정확히 동일하게 이들 옵션에 대해서도 이항과정을 구성하고 적용할 수 있다. 주식옵션의 경우처럼 식 (13.2)가 적용되므로 각 점에서의 가치(조기행사의 가능성이 고려되기 전의 가치)는 p에 주가 상승 시의 가치를 곱하고 $(1-p)$에 주가 하락 시의 가치를 곱하여 더한 후 이를 무위험이자율로 할인한 값이다.

연속배당수익률을 제공하는 주식에 대한 옵션

연속배당수익률 q를 지급하는 주식을 고려해 보자. 위험중립 세계에서 배당수익과 자본이득으로부터의 총수익률은 r이다. 배당은 q의 수익률을 제공한다. 따라서 자본이득은 $r-q$의 수익률을 제공해야 한다. 만일 현재의 주가가 S_0 이면 1기간 Δt후의 기대주가는 $S_0e^{(r-q)\Delta t}$ 이어야 한다. 다음 식이 성립하므로

$$pS_0u + (1-p)S_0d = S_0e^{(r-q)\Delta t}$$

위험중립 확률은 다음과 같다.

$$p = \frac{e^{(r-q)\Delta t} - d}{u-d}$$

무배당주식에 대한 옵션의 경우처럼 $u = e^{\sigma\sqrt{\Delta t}}$, $d = 1/u$ 로 계산하여 변동성을 반영한다. 이는 $a = e^{r\Delta t}$ 대신에 $a = e^{(r-q)\Delta t}$ 를 사용하는 점을 제외하고는 식 (13.15)~(13.18)까지를 모두 이용할 수 있음을 의미한다.

주가지수옵션

5장에서 주가지수의 선물가격을 계산할 때 지수를 구성하는 주식이 q의 배당수익률을 제공한다고 가정하였다. 우리는 유사한 가정을 여기서도 하기로 한다. 따라서 주가지수옵션의 가치평가는 배당수익률을 제공하는 주식에 대한 옵션의 가치평가와 대단히 유사하다.

예제 13.1 ———

주가지수가 현재 810이고 변동성은 20%이며 배당수익률은 2%이다. 무위험이자율은 5%이다. [그림 13.11]은 2기간 이항과정을 이용하여 행사가격이 800인 6개월 만기 유러피언콜옵션의 가치를 평가하는 데 DerivaGem을 이용한 결과를 보여 준다. 이 경우에,

그림 13.11 지수에 대한 6개월 만기 유러피언콜옵션의 가치평가를 위한 1기간 모형(지수 810, 행사가격 800, 무위험이자율 5%, 변동성 20%, 배당수익률 2%) DerivaGem 산출물.

각 점에서:
위의 숫자 = 기초자산가격
아래 숫자 = 옵션가격
흐린 바탕은 옵션이 행사됨을 의미한나.
행사가격 = 800
기간당 할인요소(discount factor) = 0.9876
기간, dt = 0.2500년(91.25일)
기간당 성장요소(growth factor), a = 1.0075
상승확률, p = 0.5126
기간당 상승폭, u = 1.1052
기간당 하락폭, d = 0.9048

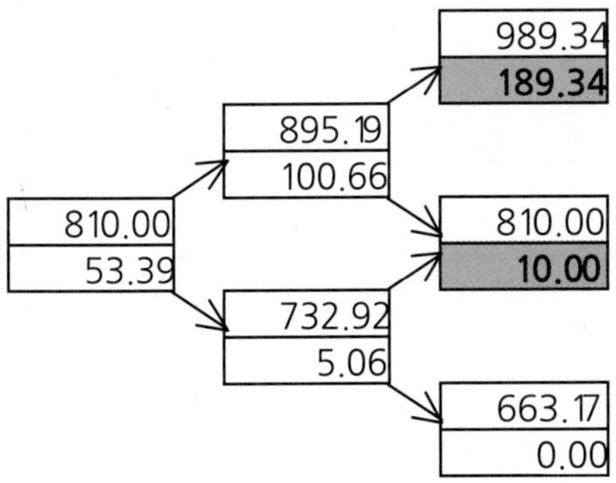

시점별 시간:
0.0000 0.2500 0.5000

$$\Delta t = 0.25, \qquad u = e^{0.20\times\sqrt{0.25}} = 1.1052,$$
$$d = 1/u = 0.9048, \qquad a = e^{(0.05-0.02)\times 0.25} = 1.0075$$
$$p = (1.0075 - 0.9048)/(1.1052 - 0.9048) = 0.5126$$

옵션의 가치는 53.39이다.

통화옵션

5장 10절에서 설명했듯이, 외국통화는 외국의 무위험이자율 에 해당되는 수익률을 제공하는 자산으로 간주될 수 있다. 주가지수의 경우처럼 식 (13.15)~(13.18)까지를 이용하고, $a = e^{(r-r_f)\Delta t}$로 하여 통화옵션의 이항과정을 구성할 수 있다.

예제 13.2

1호주 달러의 가치가 현재 0.6100 미국 달러이고 환율의 변동성은 12%이다. 호주의 무위험이자

그림 13.12 통화에 대한 3개월 만기 아메리칸콜옵션의 가치평가를 위한 3기간 모형(통화가치 0.6100, 행사가격 0.6000, 무위험이자율 5%, 변동성 12%, 외국의 무위험이자율 7%) DerivaGem 산출물.

각 점에서:
위의 숫자 = 기초자산가격
아래 숫자 = 옵션가격
흐린 바탕은 옵션이 행사됨을 의미한다.
행사가격 = 0.6
기간당 할인요소(discount factor) = 0.9958
기간, dt = 0.0833년(30.42일)
기간당 성장요소(growth factor), a = 0.9983
상승확률, p = 0.4673
기간당 상승폭, u = 1.0352
기간당 하락폭, d = 0.9660

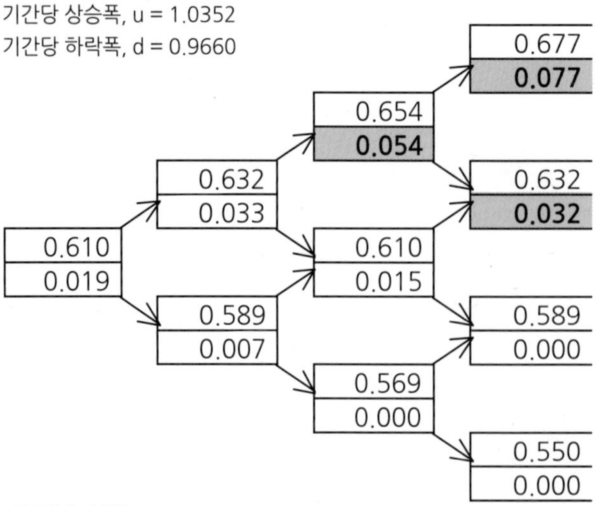

시점별 시간:
0.0000 0.0833 0.1667 0.2500

율은 7%이고, 미국의 무위험이자율은 5%이다. [그림 13.12]는 3기간 이항과정을 이용하여 행사가격이 0.6000인 3개월 만기 아메리칸콜옵션의 가치를 평가하는데 DerivaGem을 이용한 결과를 보여 준다. 이 경우에,

$$\Delta t = 0.08333, \quad u = e^{0.12\times\sqrt{0.08333}} = 1.0352$$
$$d = 1/u = 0.9660, \quad a = e^{(0.05-0.07)\times 0.08333} = 0.9983$$
$$p = (0.9983 - 0.9660)/(1.0352 - 0.9660) = 0.4673$$

옵션의 가치는 0.019이다.

선물옵션

선물계약 매입포지션 또는 매도포지션을 취하는데 비용이 발생하지 않는다. 따라서 위험중립세계에서 선물가격의 기대성장률은 0이어야 한다(이 점은 18장 6절에서 보다 자세히 설명하기로 한다). 앞에서처럼 p는 선물가격의 상승확률이고, u는 선물가격이 상승할 때 가격에 곱해지는 값이고, d는 선물가격이 하락할 때 가격에 곱해지는 값이다. 만일 F_0가 기초의 선물가격이면 기간 말 기대선물가격도 F_0이다(기간의 길이는 Δt 이다). 즉,

$$pF_0u + (1-p)F_0d = F_0$$

따라서

$$p = \frac{1-d}{u-d}$$

식 (13.15)~(13.18)까지를 이용하며 a = 1이다.

예제 13.3

선물가격이 현재 31이고 선물가격의 변동성은 30%이다. 무위험이자율은5%이다. [그림13.13]은 3기간 이항과정을 이용하여 행사가격이 30인 9개월 만기 아메리칸풋옵션의 가치를 평가하는 데 DerivaGem을 이용한 결과를 보여 준다. 이 경우에,

$$\Delta t = 0.25, \quad u = e^{0.3\sqrt{0.25}} = 1.1618$$
$$d = 1/u = 1/1.1618 = 0.8607, \quad a = 1,$$
$$p = (1 - 0.8607)/(1.1618 - 0.8607) = 0.4626$$

옵션의 가치는 2.84이다.

요약

이 장에서는 이항 모형을 이용하여 주식옵션과 다른 파생상품의 가격결정 문제를 처음으로다루었다. 옵션의 만기 동안 주가의 움직임이 1기간 이항과정을 따르는 간단한 상황에서 주식과 주식옵션을 이용하여 무위험포트폴리오를 구성하는 것이 가능하다. 차익거래기회가 존재하지 않으면 무위험 포트폴리오는 무위험이자율의 수익률을 얻어야 한다. 이러한 방법으로 주식의 가격을 기준으로 옵션의 가격을 상대적으로 결정할 수 있다. 매 기간마다 주가가 상승 또는 하락할 실제(현실세계) 확률에 대한 가정은 필요치 않다.

주가가 다기간 이항과정을 따르는 경우 1기간 이항과정별로 옵션의 가치를 계산하여 끝에서부터 거꾸로 계산함으로써 현재 시점에서의 옵션의 가치를 결정할 수 있다. 오직 차익거래기회가 존재하지 않는다는 가정만이 필요할 뿐 주가가 상승 또는 하락할 실제(현실세계) 확률에 대한 가정은 결코 필요하지 않다.

중요한 원칙에 의하면 옵션의 가치를 평가할 때 우리는 위험중립 세계를 가정할 수 있다. 무차익논리

그림 13.13 선물계약에 대한 9개월 만기 아메리칸풋옵션의 가치평가를 위한 3기간 모형(선물가격31, 행사가격 30, 무위험이자율 5%, 변동성 30%) DerivaGem 산출물.

각 점에서:
위의 숫자 = 기초자산가격
아래 숫자 = 옵션가격
흐린 바탕은 옵션이 행사됨을 의미한다.
행사가격 = 30
기간당 할인요소(discount factor) = 0.9876
기간, dt = 0.2500년(91.25일)
기간당 성장요소(growth factor), a = 1.000
상승확률, p = 0.4626
기간당 상승폭, u = 1.1618
기간당 하락폭, d = 0.8607

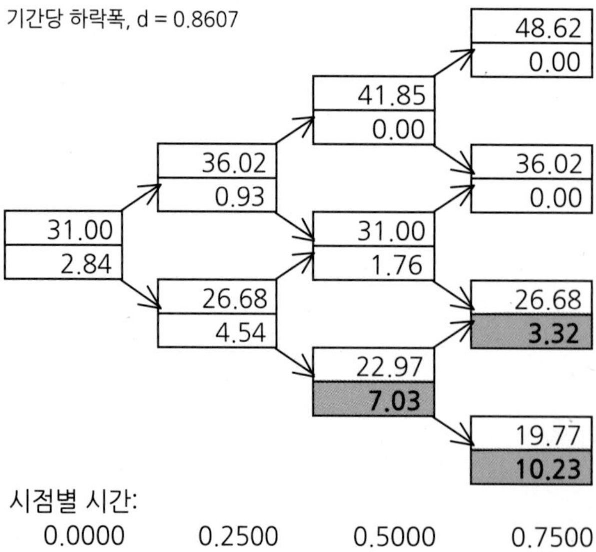

와 위험중립 가치평가가 같으며, 동일한 옵션가격을 계산한다는 것을 예를 들어서 또한 수식을 이용하여 증명하였다.

주식옵션의 델타(Δ)는 기초주식의 가격이 조금 변할 때 이 변화가 옵션의 가격에 미치는 영향을 측정한다. 즉, 주가의 변화에 대한 옵션가격의 변화이다. 무위험포트폴리오를 구성하기 위하여 투자자는 매도한 옵션 1개당 Δ주의 주식을 매입해야 한다. 이항과정을 분석하면옵션의 잔존기간 동안 델타가 일정하지 않음을 알 수 있다. 다시 말해서 특정한 옵션포지션을 헷지(hedge)하려면 기초자산인 주식포지션을 정기적으로(periodically) 조정해야 한다.

주가지수, 통화, 그리고 선물계약을 기초자산으로 하는 옵션의 가치를 평가할 때 구성하는 이항과정은 주식옵션의 가치를 평가할 때 구성하는 이항과정과 매우 유사하다. 그리고 21장에서는 이항 모형이 실제로 어떻게 이용될 수 있는지 보다 자세히 설명하기로 한다.

참고문헌

Coval, J. E. and T. Shumway“, Expected Option Returns,”*Journal of Finance*, 56, 3 (2001): 983–1009.

Cox, J. C., S. A. Ross, and M. Rubinstein“. Option Pricing: A Simplified Approach,” *Journal of Financial Economics* 7 (October 1979): 229–64.

Rendlman, R., and B. Bartter. “ Two State Option Pricing,” *Journal of Finance* 34 (1979): 1092–1110.

Shreve, S. E. *Stochastic Calculus for Finance 1: The Binomial Asset Pricing Model*. New York: Springer, 2004.

연습문제

13.1. 현재 주가는 40달러이다. 1개월 후에 주가가 38달러 또는 42달러라고 하자. 무위험이자율은 연속복리 기준으로 연 8%이다. 만기가 1개월이고 행사가격이 39달러인 유러피언콜옵션의 가격은 얼마인가?

13.2. 1기간 이항 모형을 이용하여 유러피언옵션의 가치를 결정하기 위한 무차익거래 논리와 위험중립 가치평가 논리를 설명하라.

13.3. 주식옵션의“델타”는 무엇을 의미하는가?

13.4. 현재 주가는 50달러이다. 6개월 후에 주가가 45달러 또는 55달러라고 하자. 무위험이자율은 연 10%(연속복리 기준)이다. 만기가 6개월이고 행사가격이 50달러인 유러피언풋옵션의 가치는 얼마인가?

13.5. 현재 주가는 100달러이다. 1기간은 6개월이고 총 2기간이 있으며 매 기간마다 주가가 10% 상승하거나 또는 10% 하락한다고 하자. 무위험이자율은 연 8%(연속복리 기준)이다. 만기가 1년이고 행사가격이 100달러인 유러피언콜옵션의 가격은 얼마인가?

13.6. 문제 12.5의 상황에서 만기가 1년이고 행사가격이 100달러인 유러피언풋옵션의 가격은 얼마인가? 유러피언콜옵션과 풋옵션이 풋–콜 패리티를 만족시킴을 증명하라.

13.7. 변동성으로 표현된 u와 d의 공식은 무엇인가?

13.8. 유러피언옵션의 잔존 기간 동안의 주가변화가 2기간 이항과정을 따르는 경우에 주식과 옵션으로 구성한 무위험포트폴리오가 옵션의 잔존 기간 동안 계속적으로 무위험상태에 있을 수 없는 이유를 설명하라.

13.9. 현재 주가는 50달러이다. 2개월 후의 주가가 53달러 또는 48달러라고 하자. 무위험이자율은 연속복리 기준으로 연 10%이다. 만기가 2개월이고 행사가격이 49달러인 유러피언콜옵션의 가격은 얼마인가? 무차익거래 논리를 이용하여 계산하라.

13.10. 현재 주가는 80달러이다. 4개월 후의 주가가 75달러 또는 85달러라고 하자. 무위험이자율은 연속복리 기준으로 연 5%이다. 만기가 4개월이고 행사가격이 80달러인 유러피언풋옵션의 가격은 얼마인가? 무차익거래 논리를 이용하여 계산하라.

13.11. 현재 주가는 40달러이다. 3개월 후의 주가가 45달러 또는 35달러라고 하자. 무위험이자율은 분기복리 기준으로 연 8%이다. 만기가 3개월이고 행사가격이 40달러인 유러피언풋옵션의 가격을 계산하라. 무차익거래 논리와 위험중립 가치평가 논리가 같은 가격을 보임을 확인하라.

13.12. 현재 주가는 50달러이다. 1기간은 3개월이고 총 2기간이 있으며 매 기간마다 주가가 6% 상승하거나 또는 5% 하락한다고 하자. 무위험이자율은 연속복리 기준으로 연 5%이다. 만기가 6개월이고 행사가격이 51달러인 유러피언콜옵션의 가격은 얼마인가?

13.13. 문제 13.12의 상황에서 만기가 6개월이고 행사가격이 51달러인 유러피언풋옵션의 가격은 얼마인가? 유러피언콜옵션과 풋옵션이 풋–콜 패리티를 만족시킴을 증명하라. 만일 풋옵션이 아메리칸옵션이면 만기일 전에 어느 시점에서 옵션을 행사하는 것이 최적일 수 있는가?

13.14. 현재 주가는 25달러이다. 2개월 후의 주가가 23달러 또는 27달러라고 하자. 무위험이자율은 연속복리 기준으로 연 10%이다. S_T를 2개월 후의 주가라고 가정하자. 2개월 후에 이득이 S_T^2인 파생증권의 가격은 얼마인가?

13.15. 외국통화를 기초자산으로 하는 옵션의 가치를 계산하기 위하여 이항과정을 구성하는 경우 u, d, p의 값을 계산하라. 1기간은 1개월이고 국내 이자율은 연 5%이고 외국의 이자율은 연 8%이고 변동성은 연 12%이다.

13.16. 주가가 78달러인 배당을 지급하지 않는 주식의 변동성은 30%이다. 무위험이자율은 모든 만기에 대해 연 3% (연속복리 기준)이다. 1기간이 2개월일 때 u, d, 그리고 p의 값을 구하여라. 2기간 이항과정의 의한 행사가격이 80달러인 4개월 유러피안콜옵션의 가치는 얼마인가? 거래자는 1,000개(10계약)의 옵션을 매도했다고 가정하자. 거래가 이루어지는 시기에 거래자가 자신의 포지션을 헷지하기 위해 어떠한 주식포지션이 필요하겠는가?

13.17. 주가는 현재 1,500이다. 변동성은 18%이다. 무위험이자율은 모든 만기에 대해 연4%(연속복리 기준)이다. 1기간이 6개월인 경우 u, d, 그리고 p값을 구하여라. 2기간 이항과정에 의한 행사가격이 1,480인 12개월 아메리칸풋옵션의 가치는 얼마인가?

13.18. 상품의 선물가격은 90달러이다. (a) 행사가격이 93달러인 9개월 아메리칸콜옵션 그리고 (b) 행사가격이 93달러인 9개월 아메리칸풋옵션의 가치를 3기간 모형을 통해 구하여라. 변동성은 28%이며 무위험이자율은 (모든 만기에 대해) 연속복리 기준 3%이다.

과제물 문제

13.19. 배당을 지급하지 않는 생명공학 주식의 현재 가격은 140달러이며 변동성은 25%이다. 무위험이자율은 4%이다. 1기간이 3개월일 때,

(a) 주가의 증가율은 어떻게 되는가?

(b) 주가의 감소율은 어떻게 되는가?

(c) 위험중립세계에서 주가가 상승할 확률은 어떻게 되는가?

(d) 위험중립세계에서 주가가 하락할 확률은 어떻게 되는가?

2기간 모형을 이용해 6개월 유러피안콜옵션 그리고 6개월 유러피안풋옵션의 가치를 계산하라. 모두 행사가격은 150달러이다.

13.20. 문제 13.19에서 거래자는 10,000개의 유러피안콜옵션을 매도하며 2기간 모형을 이용해 주가의 움직임을 묘사하라. 첫번째 그리고 두번째 3개월 기간동안 6개월 유러피안콜옵션을 헷지하기 위해 얼만큼의 주식이 필요한가? 두번째 기간에는 주가가 첫번째 기간 동안 상승한 경우와 주가가 첫번째 기간 동안 하락한 모든 경우를 고려하라.

13.21. 현재 주가는 50달러이다. 6개월 후의 주가가 60달러 또는 42달러라고 하자. 무위험이자율은 연속복리 기준으로 연 12%이다. 만기가 6개월이고 행사가격이 48달러인 유러피언콜옵션의 가격을 계산하라. 무차익거래 논리와 위험중립 가치평가 논리가 같은 가격을 보임을 확인하라.

13.22. 현재 주가는 40달러이다. 1기간은 3개월이고 총 2기간이 있으며 매 기간마다 주가가 10% 상승하거나 또는 10% 하락한다고 하자. 무위험이자율은 연속복리 기준으로 연 12%이다.

(a) 만기가 6개월이고 행사가격이 42달러인 유러피언풋옵션의 가격은 얼마인가?

(b) 만기가 6개월이고 행사가격이 42달러인 아메리칸풋옵션의 가격은 얼마인가?

13.23. 문제 13.22의 상황에서 지금 옵션을 행사하는 것이 최적이기 위해 행사가격이 얼마나 커야 하는가?“ 시행착오법”에 의하여 계산하라.

13.24. 현재의 주가가 30달러이다. 향후 4개월 동안 2개월마다 주가는 8%씩 상승하거나 또는 10%씩 하락할 것으로 기대된다. 무위험이자율은 5%이다. 이득이 $[\max(30 - S_T,\ 0)]^2$인 파생상품의 가치를 계산하기 위하여 2기간 이항과정을 이용하라(여기서 S_T는 4개월 후의 주가). 만일 파생상품이 아메리칸옵션이면 이 옵션은 조기에 행사되어야 하는가?

13.25. 주가 40달러, 행사가격 40달러, 무위험이자율 연 4%, 변동성 연 30%, 그리고 만기가 6개월인 경우 무배당 주식에 대한 유러피언콜옵션을 고려해 보자.

(a) 2기간인 경우 u, d, p를 계산하라.

(b) 2기간 이항과정을 이용하여 옵션의 가치를 평가하라.

(c) DerivaGem이 동일한 가치를 계산함을 확인하라.

(d) 5, 50, 100, 500개의 기간을 이용하여 DerivaGem으로 옵션의 가치를 평가하라.

13.26. 선물계약을 기초자산으로 하는 아메리칸풋옵션으로 가정하고 문제 13.25을 다시 계산하라. 행사가격과 선물가격은 모두 50달러이고 무위험이자율은 10%이고 만기는 6개월이고 변동성은 연 40%이다.

13.27. 이 장의 각주 1은 [그림 13.1]에서 고려한 콜옵션의 경우 실제 세상에서의 기대이득에 사용할 정확한 할인

율이 55.96%임을 보여 준다. 만일 고려하는 옵션이 콜옵션이 아니고 풋옵션이면 할인율이 −70.4%임을 증명하라. 그리고 두 개의 실제 세계에서의 할인율이 크게 차이나는 이유를 설명하라.

13.28. 주가는 현재 990이며 무위험이자율은 5%, 그리고 지수에 대한 배당수익률은 2%이다. 3기간 모형을 이용해 행사가격이 1,000인 18개월 아메리칸풋옵션의 가치를 평가하라. 변동성은 연 20%이다. 옵션보유자가 옵션을 조기행사함으로써 얻을 수 있는 이익은 어떻게 되는가? 언제 이 이익이 발생하는가?

13.29. 3기간 모형을 활용해 외국통화 백만단위를 매입할 수 있는 9개월 아메리칸옵션의 가치를 평가하라. 현재 환율은 0.79이며 행사가격은 0.80이다. (모두 단위 외국통화 당 달러로 표현되어 있다.) 환율의 변동성은 연 12%이다. 국내 그리고 외국의 무위험이자율은 각각 2% 그리고 5%이다. 위험을 헷지하기 위해 얼마만큼의 외국환 포지션이 필요한가?

부록

이항 모형으로부터 블랙-숄즈-머튼 공식의 도출

무배당 주식에 대한 유러피언옵션의 가치를 결정하는 유명한 블랙–숄즈–머튼의 결과를 도출 하는 하나의 방법은 이항 모형에서 기간의 수를 무한대에 접근하도록 하는 것이다.

행사가격이 K이고 만기가 T인 유러피언콜옵션의 가치를 평가하기 위하여 n개의 기간으로 구성된 이항과정을 고려해 보자. 각 기간의 길이는 T/n 이다. j개의 상향과 $n-j$ 개의 하향 움직임이 있다면 최종주가는 $S_0u^jd^{n-j}$이다(여기서 u와 d는 상향과 하향 움직임을 나타내고 S_0 는 최초의 주가임). 유러피언콜옵션의 이득은 다음과 같다.

$$\max(S_0u^jd^{n-j}-K,\ 0)$$

이항분포의 속성으로부터 정확히 j개의 상향과 $n-j$개의 하향 이동이 있을 확률은 다음과 같다.

$$\frac{n!}{(n-j)!\,j!}p^j(1-p)^{n-j}$$

따라서 콜옵션의 기대이득은 다음과 같다.

$$\sum_{j=0}^{n}\frac{n!}{(n-j)!\,j!}p^j(1-p)^{n-j}\max(S_0u^jd^{n-j}-K,\ 0)$$

이항과정이 위험중립 세계에서의 움직임을 나타내므로 우리는 이를 무위험이자율 r로 할인하여 옵션가격을 구할 수 있다.

$$c=e^{-rT}\sum_{j=0}^{n}\frac{n!}{(n-j)!\,j!}p^j(1-p)^{n-j}\max(S_0u^jd^{n-j}-K,\ 0) \tag{13A.1}$$

최종주가가 행사가격보다 크면, 즉 다음의 조건이 성립하면 식 (13A.1)에서의 항(term)은 0이 아니다.

$$S_0u^jd^{n-j}>K$$

또는

$$\ln(S_0/K)>-j\ln(u)-(n-j)\ln(d)$$

$u=e^{\sigma\sqrt{T/n}}$ 과 $d=e^{-\sigma\sqrt{T/n}}$ 이므로 위의 조건은 다음과 같이 된다.

$$\ln(S_0/K)>n\sigma\sqrt{T/n}-2j\sigma\sqrt{T/n}$$

또는

$$j>\frac{n}{2}-\frac{\ln(S_0/K)}{2\sigma\sqrt{T/n}}$$

따라서 식 (12A.1)는 다음과 같다.

$$c = e^{-rT} \sum_{j>\alpha} \frac{n!}{(n-j)!\,j!} p^j (1-p)^{n-j} (S_0 u^j d^{n-j} - K)$$

여기서 α는 다음과 같다.

$$\alpha = \frac{n}{2} - \frac{\ln(S_0/K)}{2\sigma\sqrt{T/n}}$$

편의상, 다음과 같이 정의하자.

$$U_1 = \sum_{j>\alpha} \frac{n!}{(n-j)!\,j!} p^j (1-p)^{n-j} u^j d^{n-j} \tag{13A.2}$$

$$U_2 = \sum_{j>\alpha} \frac{n!}{(n-j)!\,j!} p^j (1-p)^{n-j} \tag{13A.3}$$

따라서

$$c = e^{-rT}(S_0 U_1 - K U_2) \tag{13A.4}$$

먼저 U_2를 고려해 보자. 잘 알려져 있듯이, 이항분포는 시도(trial) 수가 무한대로 증가함에 따라 정규분포에 접근한다. 특히, n번 시도되고 p가 성공확률이면 성공할 수의 분포는 대략적으로 평균이 np이고 표준편차가 $\sqrt{np(1-p)}$ 인 정규분포를 따른다. 식 (12A.3)의 변수 U_2는 성공의 수가 α보다 클 확률이다. 정규분포의 속성으로부터 n이 큰 경우 다음이 성립한다.

$$U_2 = N\left(\frac{np-\alpha}{\sqrt{np(1-p)}}\right) \tag{13A.5}$$

여기서 N은 누적정규분포함수이다. α을 대체하면,

$$U_2 = N\left(\frac{\ln(S_0/K)}{2\sigma\sqrt{T}\sqrt{p(1-p)}} + \frac{\sqrt{n}\,(p-\frac{1}{2})}{\sqrt{p(1-p)}}\right) \tag{13A.6}$$

식 (13.13)부터 (13.15)까지를 이용하면, 다음 식이 성립한다.

$$p = \frac{e^{rT/n} - e^{-\sigma\sqrt{T/n}}}{e^{\sigma\sqrt{T/n}} - e^{-\sigma\sqrt{T/n}}}$$

지수함수를 확장하면 n이 무한대에 접근함에 따라 $p(1-p)$는 $\frac{1}{4}$에 접근하고 $\sqrt{n}(p-\frac{1}{2})$는 다음 값에 접근한다.

$$\frac{(r-\sigma^2/2)\sqrt{T}}{2\sigma}$$

따라서 n이 무한대에 접근하는 극한에서 식 (12A.6)은 다음과 같이 된다.

$$U_2 = N\left(\frac{\ln(S_0/K) + (r - \sigma^2/2)T}{\sigma\sqrt{T}}\right) \tag{13A.7}$$

이번에는 U_1 을 평가해 보자. 식 (12A.2)로부터,

$$U_1 = \sum_{j>\alpha} \frac{n!}{(n-j)!\,j!}(pu)^j[(1-p)d]^{n-j} \tag{13A.8}$$

다음과 같이 정의하면,

$$p^* = \frac{pu}{pu + (1-p)d} \tag{13A.9}$$

다음 식이 성립한다.

$$1 - p^* = \frac{(1-p)d}{pu + (1-p)d}$$

그리고 식 (13A.8)을 다음과 같이 다시 쓸 수 있다.

$$U_1 = [pu + (1-p)d]^n \sum_{j>\alpha} \frac{n!}{(n-j)!\,j!}(p^*)^j(1-p^*)^{n-j}$$

위험중립 세계에서 기대수익률이 무위험이자율 r이므로 $pu + (1-p)d = e^{rT/n}$ 이고 다음 식이 성립한다.

$$U_1 = e^{rT} \sum_{j>\alpha} \frac{n!}{(n-j)!\,j!}(p^*)^j(1-p^*)^{n-j}$$

이는 U_1 이 상승확률이 p가 아니고 p*인 이항분포를 따름을 보여준다. 이항분포를 정규분포로 비슷하게 추정하면 식 (12A.5)와 유사하게 다음 식이 도출된다.

$$U_1 = e^{rT} N\left(\frac{np^* - \alpha}{\sqrt{np^*(1-p^*)}}\right)$$

α를 대체하면 식 (13A.6)과 같은 다음 식이 유도된다.

$$U_1 = e^{rT} N\left(\frac{\ln(S_0/K)}{2\sigma\sqrt{T}\sqrt{p^*(1-p^*)}} + \frac{\sqrt{n}(p^* - \frac{1}{2})}{\sqrt{p^*(1-p^*)}}\right)$$

식 (13A.9)에서 u와 d를 대체하면 다음 식이 구해진다.

$$p^* = \left(\frac{e^{rT/n} - e^{-\sigma\sqrt{T/n}}}{e^{\sigma\sqrt{T/n}} - e^{-\sigma\sqrt{T/n}}}\right)\left(\frac{e^{\sigma\sqrt{T/n}}}{e^{rT/n}}\right)$$

지수함수를 확장하면 n이 무한대에 접근함에 따라 $p^*(1-p^*)$는 $\frac{1}{4}$ 에 접근하고 $\sqrt{n}(p^* - \frac{1}{2})$ 는 다음 값

에 접근하므로

$$\frac{(r+\sigma^2/2)\sqrt{T}}{2\sigma}$$

다음 결과가 나온다.

$$U_1 = e^{rT} N\left(\frac{\ln(S_0/K) + (r+\sigma^2/2)T}{\sigma\sqrt{T}}\right) \tag{13A.10}$$

식 (13A.4), (13A.7), (13A.10)으로부터 다음 결과가 나온다.

$$c = S_0 N(d_1) - Ke^{-rT} N(d_2)$$

단,

$$d_1 = \frac{\ln(S_0/K) + (r+\sigma^2/2)T}{\sigma\sqrt{T}}$$

그리고

$$d_2 = \frac{\ln(S_0/K) + (r-\sigma^2/2)T}{\sigma\sqrt{T}} = d_1 - \sigma\sqrt{T}$$

이는 유러피언콜옵션의 가치를 평가하는 블랙–숄즈–머튼의 공식이다. 이 공식은 14장에서 설명할 것이다. 다른 도출방법은 14장의 부록에 제시되어 있다.

CHAPTER 14

위너과정과 이토정리

시간이 지남에 따라 불확실하게 변하는 변수는 확률과정(stochastic process)을 따른다. 확률과정은 이산적 시간과정(discrete time process)과 연속적 시간과정(continuous time process)으로 나누어진다. 이산적 시간과정은 변수의 가치가 고정적 간격을 갖는 시점에서만 변할 수 있는 과정을 의미한다. 반면에 연속적 시간과정은 변수의 가치가 언제든지 변할 수 있는 과정을 의미한다. 확률과정은 또한 연속적 변수과정(continuous variable process)과 이산적 변수과정(discrete variable process)으로 분류될 수도 있다. 연속적 변수과정에서는 일정 범주 내에서 변수가 어떤 값도 가질 수 있다. 반면에 이산적 변수과정에서는 변수가 일정한 이산적 값만 가질 수 있다.

본 장은 주가변수의 연속적 변수과정과 연속적 시간과정을 설명하기로 한다. 종종 유사한 과정들이 다른 자산들의 가격을 위해 가정되기도 한다. 이런 과정을 이해하는 것은 옵션을 비롯한 기타 더 복잡한 파생상품의 가격결정 행태를 이해하는 데 기초가 된다. 실제로 우리는 주가를 연속적 변수과정과 연속적 시간과정으로 관찰하지는 않는다. 주가는 이산적 가격(센트 단위)으로 표시되고 거래소가 개장될 때에만 관찰할 수 있다. 그럼에도 불구하고 연속적 변수과정과 연속적 시간과정은 여러 가지 목적으로 유용한 모형임이 입증되고 있다.

많은 사람이 연속적 시간과정이 너무 복잡해서"로켓 과학자"가 되는 듯한 느낌이 든다고 생각하지만 그렇지가 않다. 이런 과정을 이해하는 데 가장 큰 장애물은 기호(notation)이다. 여기서 우리는 독자가 이런 장애물을 헤쳐나가도록 차근차근 설명할 것이다. 우리는 또한 이토정리(Itô's lemma)라고 하는 중요한 내용을 설명할 것이다. 이토의 정리는 파생상품의 가격 결정 이론을 충분히 이해하는 데 핵심이 되고 있다.

14.1 마코브과정

마코브과정(Markov process)은 미래를 예측하는데 변수의 현재 가치만이 적절한 특별한 유형의 확률과정이다. 즉, 변수의 과거 움직임과 과거로부터 현재로 이어지는 움직임은 변수의 현재 가치에 영향을 주지 않는다는 것이다.

일반적으로 주가는 마코브과정을 따른다고 가정된다. 주가가 현재 100달러라고 하자. 주가가 마코브과정을 따른다면, 미래 주가는 1주일 전, 1개월 전 또는 1년 전 주가에 의해영향을 받지 않을 것이다. 유일하고 적절한 주가가 현재 100달러라는 것이다.[1] 미래에 대한 예측은 불확실하기 때문에 확률분포로 표현되어야 한다. 마코브과정은 미래 특정 시점의 가격 확률분포가 과거의 가격 확률분포와는 독립적임을 가정한다.

주가의 마코브 속성은 약형 효율적 시장가설(weak form of efficient hypothesis)에 따른다. 이는 현재 주가가 과거의 모든 정보를 반영하고 있다는 가설이다. 약형 효율적 시장이 아니라면, 기술적 분석가들은 주가의 과거 행태를 분석한 정보를 이용하여 초과수익을 얻을 수 있다. 실제로 기술적 분석가들이 초과수익을 얻고 있다는 증거는 거의 없다.

시장에서의 경쟁은 약형 효율적 시장이 유지되고 마코브 속성이 성립하는 것을 가능하게 하며 많은 투자자가 주식시장을 예의주시하고 있다. 이는 주어진 시점에서 과거의 모든 정보가 주가에 반영되도록 한다. 주가의 특정 패턴이 주가가 가파르게 오를 가능성을 65% 확신하게 해준다고 가정하자. 투자자들은 그런 특정 패턴이 발견되면 즉시 주식을 매입하려고 할 것이므로 주식수요가 즉각 증가할 것이다. 주식수요가 증가하면 주가는 즉시 오를 것이고 관찰된 효과는 곧 소멸될 것이다. 따라서 이익을 얻을 수 있는 거래기회 또한 사라질 것이다.

14.2 연속적 시간 확률과정

어떤 변수가 마코브 확률과정을 따라 움직인다고 하자. 변수의 현재값이 10이고 1년 동안의 가치 변화가 $\phi(0, 1)$ 라고 하자. $\phi(m, v)$는 평균이 m이고 분산이 v인 정규분포의 확률분포를 나타낸다.[2] 2년간 변수변화의 확률분포는 어떻게 되겠는가?

2년간의 변화는 2개의 정규분포(각각의 평균은 0이고 분산은 1임)의 합으로 나타난다. 변수가 마코브과정을 따르므로, 2개의 확률분포는 독립적이다. 2개의 독립적인 정규분포를 합하면, 평균은 각 평균을 더한 값이 되고 분산은 각 분산을 더한 값이 된다. 즉, 2년간 변수변화의 평균은 0이 되고 분산은 2가 된다. 그러므로 2년간 변수변화는 $\phi(0, 2)$의 분포를 따른다.분포의 표준편차는 $\sqrt{2}$ 이다.

다음에는 6개월간의 변수변화를 고려해 보자. 1년간 변수변화의 분산은 첫 번째 6개월간 변수변화의 분산과 두 번째 6개월간 변수변화의 분산을 합한 것과 같아진다. 첫 번째 6개월간의 분산과 두 번째 6개월간 분산이 같다고 가정하면, 각각의 분산은 0.5가 된다. 따라서 6개월간 표준편차는 $\sqrt{0.5}$ 가 되고, 6개월 동안의 변수변화의 확률분포는 $\phi(0, 0.5)$가 된다.

마찬가지 논리로 3개월간 변수변화의 확률분포는 $\phi(0, 0.25)$가 된다. 이상의 내용을 일반화시키면, T 기간의 변수변화 확률분포는 $\phi(0, T)$가 된다. 특히 아주 짧은 기간인 Δt 간의 변수 변화의 확률분포는 $\phi(0, \Delta t)$가 된다.

---

1 과거 주가에 대한 통계적 속성은 주가의 확률적 과정의 특성(예를 들면 변동성)을 결정하는 데 유용할 수도 있다. 여기서 말하는 요점은 주가가 변해왔던 특정 경로가 미래 주가에 영향을 미치지 않는다는 것이다.

2 확률분포의 분산은 표준편차의 제곱이다. 그러므로 변수값의 1년 변화의 분산은 1이 된다.

마코브과정을 감안할 때 연속적인 변화의 분산은 단순 합산된다. 그러나 연속적 변화의 표준편차는 단순 합산되지 않는다. 우리의 예에서 변수변화의 분산은 연간 1.0이므로 2년간 분산은 2.0이 되고, 3년간 분산은 3.0이 된다. 2년간과 3년간의 표준편차는 각각 $\sqrt{2}$와 $\sqrt{3}$이다. 엄밀히 말해서 변수의 표준편차를 연간 1.0이라고 말하지 않아야 한다. 이상의 논의로부터 불확실성이 시간의 제곱근에 비례한다고 하는 이유를 알 수 있다.

위너과정

우리가 고려하는 변수의 변화과정을 위너과정(Wiener process)이라고 한다. 위너과정은 마코브과정의 특수한 한 형태이며 연간 변화의 평균이 0이고 분산이 1인 확률과정을 의미한다. 위너과정은 물리학에서 많은 횟수의 작은 충격에 따른 분자의 운동을 묘사하는 데 이용되고 있다. 이런 분자의 운동을 브라운 운동(Brownian motion)이라고 부른다.

변수가 다음의 두 가지 속성을 갖는다면, z 변수는 공식적으로 위너과정을 따른다고 말한다.

속성 1: 짧은 Δt 기간 동안 변수변화의 Δz 는 다음과 같다.

$$\Delta z = \epsilon\sqrt{\Delta t} \tag{14.1}$$

ϵ : 표준정규분포 즉, $\phi(0, 1)$ 분포로부터 추출된 난수

속성 2: 서로 다른 Δt 기간 동안의 Δz 의 값은 독립적이다.

속성 1은 Δz 자체가 다음과 같은 정규분포를 갖는다는 것을 의미한다.

$$\Delta z \text{ 의 평균} = 0$$
$$\Delta z \text{ 의 표준편차} = \sqrt{\Delta t}$$
$$\Delta z \text{ 의 분산} = \Delta t$$

속성 2는 z 변수가 마코브과정을 따른다는 것을 의미한다.

다음에는 상대적으로 긴 T기간 동안에 z 변수가 증가하는 경우를 고려해 보자. z 변수의 증가를 $z(T) - z(0)$으로 나타내 보자. T기간 동안의 변화는 N개의 짧은 기간 동안의 변화를 합한 것으로 간주할 수 있으므로 다음 식이 성립한다.

$$N = \frac{T}{\Delta t}$$

$$z(T) - z(0) = \sum_{i=1}^{N} \epsilon_i\sqrt{\Delta t} \tag{14.2}$$

여기서 $\epsilon_i \quad (i = 1, 2, \ldots, N)$은 $\phi(0, 1)$ 분포를 따른다. 위너과정의 속성 2로부터 알 수 있듯이 ϵ_i 들은 상호독립적이다. 식 (14.2)에서 $z(T) - z(0)$은 다음과 같은 값을 가지며 정규분포를 따른다.

$$[z(T) - z(0)]\text{의 평균} = 0$$
$$[z(T) - z(0)]\text{의 분산} = N\,\Delta t = T$$
$$[z(T) - z(0)]\text{의 표준편차} = \sqrt{T}$$

이상의 내용은 본 절의 앞에서 논의된 것과 일치한다.

예제 14.1

위너과정을 따르는 어떤 변수의 값 z가 처음에 25이고 시간은 연단위로 측정된다고 하자. 1년도 말에 변수의 값이, 평균이 25이고 표준편차가 1.0인 정규분포를 이룬다. 5년도 말에 변수의 값이, 평균이 25이고 표준편차가 $\sqrt{5}$ (= 2.236)인 정규분포를 이룬다. 표준편차로 측정된 미래 특정 시점에서 변수의 불확실성은 기간의 제곱근으로 증가한다.

작은 변화가 0에 근접할 때 작은 변화를 극한까지 계산하는 것이 일반적이다. $dx = a\,dt$는 $\Delta t \to 0$이 되는 극한에서 $\Delta x = a\,\Delta t$를 표시하기 위한 기호이다. 확률미적분에서도 유사한 기호를 이용한다. 즉, dz가 위너과정을 따르면 $\Delta t \to 0$이 되는 극한에서 위너과정은 Δz에 적용되는 속성이다.

[그림 14.1]은 $\Delta t \to 0$이 될 때 확률과정이 어떻게 되는지 보여준다. 그 과정이 "지그재그"형태임을 유의해라. 이유는 Δt 기간 후 z의 움직임의 표준편차가 $\sqrt{\Delta t}$와 같고, Δt가 작을 때 $\sqrt{\Delta t}$는 Δt 보다 훨씬 더 크기 때문이다. 이런 $\sqrt{\Delta t}$의 속성과 관련하여 위너과정의 흥미 있는 2가지 속성이 있는데, 이들은 다음과 같다.

1. 어떤 기간에서 z가 움직이는 과정의 기대 길이는 무한대이다.
2. 어떤 기간에서 z가 특정 값을 갖는 기대 횟수는 무한대이다.[3]

일반화된 위너과정

확률과정에서 기준시간당 평균변화는 평균율(drift rate)로 그리고 시간당 분산을 분산(variance rate)으로 부르기로 하자. 지금까지 전개한 기본적인 위너과정은 dz가 0의 평균율과 1.0의 분산을 갖는다. 0의 평균율이란 어떤 미래시점에서 z의 기대값이 그것의 현재 가치와 동일하다는 의미이다. 1.0의 분산이란 T시간 동안 변화의 분산이 T와 동일하다는 의미이다. x변수에 대한 일반화된 위너과정(generalized Wiener process)을 dz로 나타내면 다음과 같이 정의할 수 있다.

$$dx = a\,dt + b\,dz \tag{14.3}$$

단 a, b는 상수이다.

식 (14.3)을 이해하기 위하여, 우변의 두 항을 각각 살펴보는 것이 유용하다. $a\,dt$는 x가 단위 시간당 a의 기대평균율을 가짐을 의미한다. $b\,dz$가 없다면, $dx = a\,dt$이고 이는 $dx/dt = a$를 의미한다. 위의

3 이는 z가 어떠한 시간간격에서도 v와 같을 확률이 0이기 때문이다. 만약에 특정 시간 t에 v가 z와 같다면 t 근처에서 z가 v와 같을 확률은 무한대가 된다.

그림 14.1 마이크로소프트 포지션의 2개월 후의 가치(헷징이 있는 경우와 없는 경우).

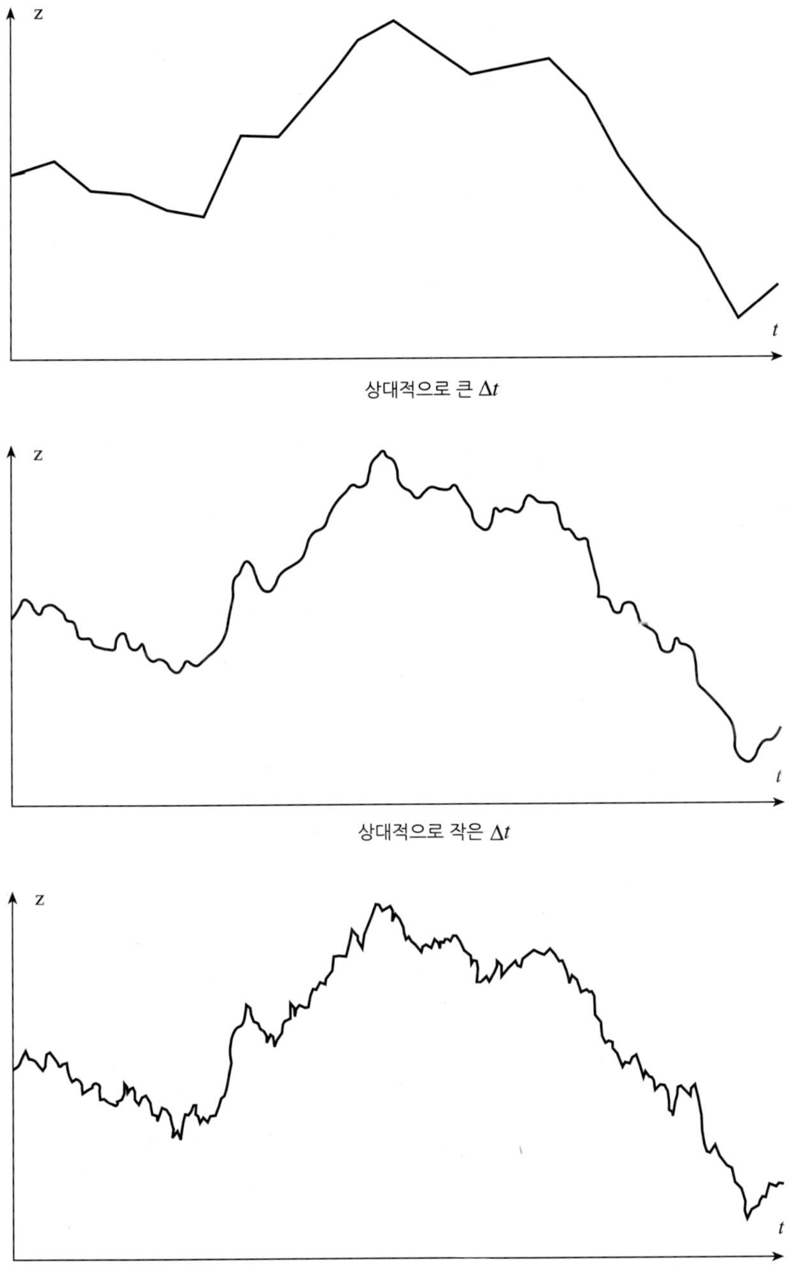

식을 시간에 대하여 적분하면 다음 식이 된다.

$$x = x_0 + at$$

단 x_0는 0시점에서 x의 값이다. T기간 동안 x의 값은 aT만큼 증가한다. 식 (14.3)의 우변의 $b\,dz$는 x값이 갖는 노이즈(noise) 또는 변동성(variability)을 합한 것으로 볼 수 있다. 즉, 노이즈(또는 변동성)의 합은 위너과정의 b배이다. 위너과정의 분산은 1.0이다. 따라서 b배의 위너과정 분산은 b^2이다. Δt의 짧은 기간 동안 x값의 변화인 Δx는 식 (14.1)과 (14.3)을 이용하여 다음과 같이 나타낼 수 있다.

$$\Delta x = a\,\Delta t + b\epsilon\sqrt{\Delta t}$$

$\epsilon\sqrt{\Delta t}$ 에서 ϵ는 표준정규분포로부터 추출한 난수이다. 즉, Δx는 다음과 같은 정규분포를 갖는다.

$$\Delta x \text{ 의 평균} = a\,\Delta t$$
$$\Delta x \text{ 의 표준편차} = b\sqrt{\Delta t}$$
$$\Delta x \text{ 의 분산} = b^2\,\Delta t$$

위너과정을 설명할 때와 비슷한 논리로 어떤 T기간 동안 x값의 변화는 다음과 같은 정규분포를 따른다.

$$x\text{변화의 평균} = aT$$
$$x\text{변화의 표준편차} = b\sqrt{T}$$
$$x\text{변화의 분산} = b^2 T$$

그림 14.2 일반화된 위너과정. a=0.3, b=1.5.

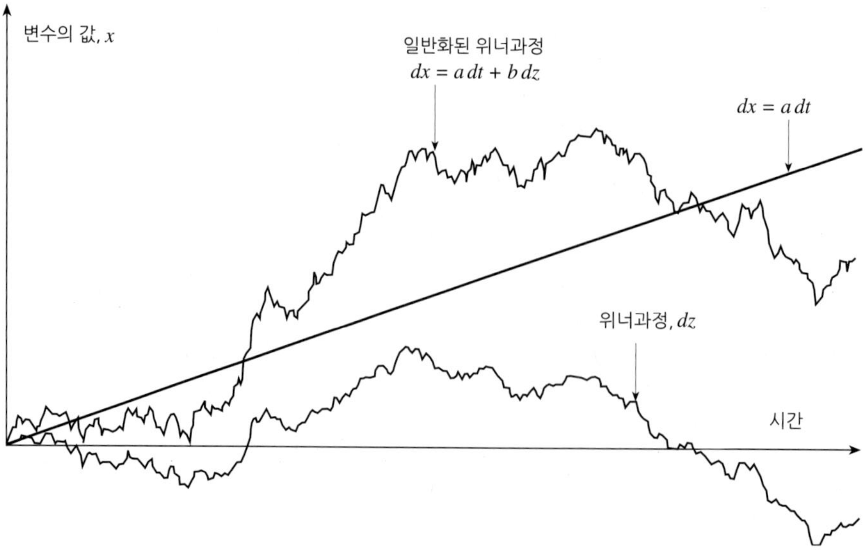

요약하면, 식 (14.3)에서 주어진 일반화된 위너과정은 a의 기대평균율(단위시간당 평균율)과 b^2의 분산(단위시간당 분산)을 갖는다. 이는 [그림 14.2]에 나타나 있다.

예제 14.2

어떤 기업의 현금포지션(1,000달러 단위)이 연간 20의 평균율과 900의 분산을 갖는다. 현재 현금포지션이 50이다. 1년도 말의 현금포지션은 평균 70, 표준편차 $\sqrt{900}$ (= 30)의 정규분포를 따를 것이다. 6개월 후의 현금포지션은 평균 60, 표준편차 30 $\sqrt{0.5}$ = 21.21의 정규분포를 따를 것이다. 미래 일정시점에서 현금포지션의 불확실성(표준편차)은 기간의 제곱근으로 증가한다. 현금포지션이 음(−)의 값을 가질 수 있음에 주의하라(기업이 자금을 차입하는 상황).

이토과정

이토과정(Itô process)으로 알려진 좀 더 확장된 확률과정을 설명하기로 하자. 이토과정은 변수 a, b가 기초변수 x와 시간 t의 함수인 일반화된 위너과정이다. 대수적으로 이토과정은 다음과 같이 정리할 수 있다.

$$dx = a(x, t)\,dt + b(x, t)\,dz \tag{14.4}$$

이토과정의 기대평균율과 분산은 시간에 따라 변하는 경향이 있다. 기대평균율과 분산은 x의 현재값과 현재의 시간 t의 함수이다. t와 Δt 사이의 짧은기간 동안에 변수는 x로부터 $x + \Delta x$ 로 변한다. 여기서는 x는 다음과 같다.

$$\Delta x = a(x, t)\Delta t + b(x, t)\epsilon\sqrt{\Delta t}$$

이 관계는 약간의 근사치계산을 필요로 한다. 즉, x의 평균율과 분산은 t와 $t + t$기간 동안에 t시점에서의 값과 동일하다고 가정한다.

식 (14.4)의 과정은 마코브과정(Markov process)이다. 왜냐하면 t시점에서의 x의 변화가 과거의 값이 아닌 t시점에서의 x의 값에 의해서만 영향을 받기 때문이다. 비마코브과정(non-Markov process)은 식 (14.4)의 a와 b가 t시점 전의 x 값에 의해 결정되도록 정의된다.

14.3 주가행태과정

본 절에서는 무배당 주식 가격의 움직임에 대한 일반적인 가정인 확률과정을 논의하기로 한다.

주가가 일반화된 위너과정, 즉 기대평균율과 분산이 일정한 위너과정을 따른다고 제의하고 싶지만 이 모형은 주가의 핵심 움직임을 놓치고 있다. 핵심 움직임은 투자자에 의해 요구되는 주식 기대수익률이 주가와는 독립적이라는 점이다. 즉, 주가가 10달러일 때 투자자가 연간 14%의 기대수익률을 요구하는 경우 다른 모든 조건이 동일하면, 투자자는 주가가 50달러일 때에도 역시 연간 14%의 수익률을 요구할 것이다.

기대평균율이 일정하다는 가정은 명백히 부적절하고, 이 가정은 기대수익률(즉, 기대평균율을 주가로 나눈 값)이 일정하다는 가정으로 대체될 필요가 있다. S를 t시점의 주가라 하면, S의 기대평균율은 어떤 일정한 상수 μ에 대하여 μS가 된다고 가정하여야 한다. 이것은 Δt 의 짧은 기간 동안에 S의 기대증가분이 $\mu S\,\Delta t$ 임을 의미한다. 모수 μ는 작은 숫자로 나타낸 주가의 기대수익률이다.

만일 dz의 계수가 0이면 불확실성이 없으므로 이 모형은 다음 식을 의미한다.

$$\Delta S = \mu S\,\Delta t$$

극한에서 $\Delta t \to 0$ 하면,

$$dS = \mu S\,dt$$

또는

$$\frac{dS}{S} = \mu\,dt$$

0시점과 T시점 사이를 적분하면 다음과 같다.

$$S_T = S_0 e^{\mu T} \tag{14.5}$$

여기서 S_0 와 S_T 는 0시점과 T시점에서의 주가이다. 식 (14.5)는 분산이 0일 때, 주가가 단위 시간당 μ의 연속복리 이자율로 성장함을 보여주고 있다.

물론 실제로 불확실성이 존재한다. Δt 의 짧은 기간 동안에 수익률의 변동성은 주가에 관계없이 동일하다는 가정이 합리적이다. 다시 말해서 투자자는 주가가 10달러일 때와 마찬가지로 주가가 50달러일 때에도 수익률에 대하여 동일한 불확실성을 갖는다. 이것은 Δt 의 짧은기간 동안 변화의 표준편차가 주가에 비례해야 하고 다음 모형이 성립함을 의미한다.

$$dS = \mu S\,dt + \sigma S\,dz$$

또는

$$\frac{dS}{S} = \mu\,dt + \sigma\,dz \tag{14.6}$$

식 (14.6)은 주가행태와 관련해 가장 널리 이용되는 모형이다. 변수 μ는 주식의 기대수익률이다. 변수 σ는 주가의 변동성이다. 변수 σ^2 는 분산이다. 식 (14.6)의 모형은 실제 세상에서의 주가 움직임을 나타낸다. 위험중립 세계에서 μ는 무위험이자율 r과 동일하다.

이산적 모형

앞 절에서 전개한 주가행태 모형은 기하 브라운 운동(geometric Brownian motion)으로 알려져 있다. 그 모형의 이산시간 형태(discrete time version)는 다음과 같다.

$$\frac{\Delta S}{S} = \mu\,\Delta t + \sigma\epsilon\sqrt{\Delta t} \tag{14.7}$$

또는

$$\Delta S = \mu S\,\Delta t + \sigma S\epsilon\sqrt{\Delta t} \tag{14.8}$$

변수 ΔS 는 짧은 기간인 Δt 동안의 주가 S의 변화이고, 는 표준정규분포를 따른다(표준정규분포는 평균이 0이고 표준편차가 1이다). 모수 μ는 주식의 단위 시간당 기대수익률이고, 모수 σ는 주가의 변동성이다. 이 장에서 이들 모수는 모두 일정하다고 가정한다.

식 (14.7)의 좌변은 짧은 기간인 Δt 동안의 주식수익률에 대한 이산적 근사치이다. $\mu\,\Delta t$ 는 기대수익률이고, $\sigma\epsilon\sqrt{\Delta t}$ 는 수익률의 확률요소(stochastic component)이다. 확률요소(즉, 전체 수익률)의 분산은 $\sigma^2\Delta t$ 이다. 이것은 13장 7절에서 설명한 변동성 σ의 정의와 일치한다. 즉, $\sigma\epsilon\sqrt{\Delta t}$ 가 짧은 기간 Δt 동안에 수익률의 표준편차를 의미하도록 σ가 정의된다.

식 (14.7)은 $\Delta S/S$ 가 근사적으로 $\mu\,\Delta t$ 의 평균과 $\sigma\sqrt{\Delta t}$ 의 표준편차를 갖는 정규분포를 이룬다는 것을 보여주고 있다. 다시 말해서

$$\frac{\Delta S}{S} \sim \phi(\mu\,\Delta t,\ \sigma^2\Delta t) \tag{14.9}$$

예제 14.3

어떤 무배당주식이 연간 30%의 변동성과, 연속복리 기준으로 연간 15%의 기대수익률을 갖는다고 할 때 $\mu = 0.15$이고, $\sigma = 0.30$이다. 주가행태는 다음과 같다.

$$\frac{dS}{S} = 0.15\,dt + 0.30\,dz$$

만약 S를 특정 시점의 주가로 하고 ΔS를 다음에 이어지는 짧은 기간 동안 주가의 증가분이라 하면, 다음 식이 성립한다.

$$\frac{\Delta S}{S} = 0.15\Delta t + 0.30\epsilon\sqrt{\Delta t}$$

여기서 ϵ는 표준정규분포에서 추출한 난수이다. 기간을 1주일 또는 0.0192년으로 하면 (Δt= 0.0192) 다음 식이 성립한다.

$$\frac{\Delta S}{S} = 0.15 \times 0.0192 + 0.30 \times \sqrt{0.0192}\,\epsilon$$

또는

$$\Delta S = 0.00288S + 0.0416S\epsilon$$

몬테카를로 시뮬레이션

확률과정의 몬테카를로 시뮬레이션(Monte Carlo simulation)이란 확률과정의 무작위 결과를 추출하는 절차이다. 우리는 식 (14.6)에서 주가과정의 속성을 이해하는 방법으로 몬테카를로 시뮬레이션을 이용할 것이다.

주식의 기대수익률이 연 15%이고 변동성이 연 30%인 [예제 14.3]을 다시 고려해 보자. 1주일 동안의 주가변화는 다음과 같다.

$$\Delta S = 0.00288S + 0.0416S\epsilon \tag{14.10}$$

10주 동안의 주가변화과정은 $\phi(0, 1)$로부터 를 계속적으로 추출하고 이를 식 (14.10)에 대입함으로써 시뮬레이션될 수 있다. 엑셀에서"=RAND( )"는 0과 1 사이의 난수를 추출한다. 역누적정규분포(inverse cumulative normal distribution)는 NORMSINV이다. 엑셀에서 표준정규분포로부터 난수를 추출하는 방법은"= NORMSINV(RAND( ))"를 이용하는 것이다. [표 14.1]은 이렇게 생성된 주가변화의 한 과정을 보여준다. 최초의 주가는 100달러로 가정되었다. 첫 번째 기간에 추출된 의 값은 0.52이다. 식 (14.10)으로부터 첫 번째 기간의 변화는 2.45이다.

$$\Delta S = 0.00288 \times 100 + 0.0416 \times 100 \times 0.52 = 2.45$$

따라서 두 번째 기간 초에서 주가는 102.45달러이다. 두 번째 기간에 추출된 ϵ는 1.44이다. 식 (14.10)으로부터 두 번째 기간의 변화는 6.43이다.

$$\Delta S = 0.00288 \times 102.45 + 0.0416 \times 102.45 \times 1.44 = 6.43$$

표 14.1 주가의 시뮬레이션($\mu = 0.15$, $\sigma = 0.30$, $t = 1$주일).

기초주가	난수 ϵ의 값	기간 동안의 주가변화
100.00	0.52	2.45
102.45	1.44	6.43
108.88	-0.86	-3.58
105.30	1.46	6.70
112.00	-0.69	-2.89
109.11	-0.74	-3.04
106.06	0.21	1.23
107.30	-1.10	-4.60
102.69	0.73	3.41
106.11	1.16	5.43
111.54	2.56	12.20

다음 기간 초에 주가는 108.88달러가 되며 이런 식으로 계속된다.[4] 우리가 시뮬레이션하는 과정은 마코브과정이므로 ϵ의 값들은 상호 독립적이다.

[표 14.1]은 주가가 0.01달러 단위까지 측정된다는 것을 가정하고 있다. [표 14.1]은 가능한 주가 움직임의 한 패턴을 보여줄 뿐이다. 서로 다른 무작위 난수 추출치가 서로 다른 주가 움직임을 보여줄 수 있다. 시뮬레이션에서 어떤 짧은 기간 Δt도 이용될 수 있다. Δt가 0에 접근함에 따라 완벽한 확률과정이 성립된다. [표 14.1]에서 최종 주가 111.54달러는 10주 후의 주가 확률분포에서 추출된 하나의 무작위 표본으로 간주될 수 있다. 주가의 움직임을 반복적으로 시뮬레이션함으로써 10주 후의 완벽한 주가 확률분포를 얻을 수 있다. 몬테카를로 시뮬레이션은 21장에서 자세히 설명하기로 한다.

14.4 모수

본 장에서 개발한 주가의 확률과정은 2개의 모수, 즉 μ와 σ를 갖고 있다. 모수 μ는 투자자가 연간 얻는 연속복리 기준의 기대수익률이다. 대부분의 투자자들은 위험이 커지면 더 많은 기대수익률을 요구한다.[5] 즉, μ는 주식수익률의 위험에 비례해야 한다. 이자율이 높을수록 주식에 대한 요구수익률은 높아진다.

다행히도 우리는 μ를 결정하는 요인들에 대해 걱정할 필요가 없다. 왜냐하면 주식에 기초한 파생상품의 가치는 일반적으로 μ와는 독립적이기 때문이다. 이와는 반대로 주가변동성인 모수 σ는 대부분 파생상품의 가치를 결정하는 데 매우 중요하다. σ의 추정과정에 대해서는 14장에서 논의할 것이다. 전형적으로 주식의 σ는 0.15~0.60의 값(15~60%)을 갖는다.

짧은 기간 Δt 동안 주가변화의 표준편차는 $\sigma\sqrt{\Delta t}$ 이다. 상대적으로 긴 T기간에 걸친 주가 변화의 표준편차는 대략 $\sigma\sqrt{T}$ 이다. 이것은 변동성(σ)이 대략 1년 후 주가변화의 표준편차로 해석될 수 있다는 것을 의미한다. 14장에서 주가의 변동성이 1년 후 주가의 연속복리 수익률 기준의 표준편차와 동일함을 보여줄 것이다.

14.5 상관확률과정

지금까지 우리는 개별변수의 확률과정이 어떻게 표현될 수 있는지 살펴보았다. 여기서는 두개 또는 그 이상의 변수가 상관확률과정(correlated stochastic process)을 따르는 경우로 분석을 확장하기로 한다. 두 변수 x_1과 x_2가 따르는 과정이 다음과 같다고 하자.

$$dx_1 = a_1\,dt + b_1\,dz_1 \quad \text{and} \quad dx_2 = a_2\,dt + b_2\,dz_2$$

4 21장 6절에 설명되어 있듯이, S보다 ln S를 추출하는 것이 실제로 보다 효율적이다.

5 더 정확히 말하면, μ는 분산투자로 제거될 수 없는 위험에 비례한다.

단 dz_1와 dz_2는 위너과정이다.

이 과정의 이산시간 행태(discrete-time version)는 다음과 같다.

$$\Delta x_1 = a_1 \Delta t + b_1 \epsilon_1 \sqrt{\Delta t} \quad \text{and} \quad \Delta x_2 = a_2 \Delta t + b_2 \epsilon_2 \sqrt{\Delta t}$$

단 ϵ_1과 ϵ_2는 표준정규분포 $\phi(0, 1)$로부터 추출된다.

변수 x_1과 x_2는 14장의 3절에서 설명한 방식으로 시뮬레이션될 수 있다. 만일 두 변수가 서로 상관성을 갖지 않으면 특정 기간인 Δt 동안의 움직임을 나타내기 위한 사용된 난수 ϵ_1과 ϵ_2는 서로 독립적이다.

만일 x_1과 x_2가 서로 독립적이지 않고 ρ의 상관성을 가지면 특정시간 동안의 움직임을 나타내기 위해 사용된 ϵ_1과 ϵ_2는 이변량 정규분포(bivariate normal distribution)로부터 구해져야 한다. 이변량 정규분포에서 각 변수는 표준정규분포를 따르고 두 변수간 상관계수는 ρ이다. 이 경우에 위너과정인 dz_1과 dz_2도 상관성 ρ를 갖는다.

엑셀에서 상관성이 없는 표준정규분포 변수를 얻는 방법은 각각의 셀에"= NORMSINV(RAND( ))"을 입력하는 것이다. 상관성 ρ를 갖는 표준정규분포 변수 ϵ_1과 ϵ_2을 얻기 위해 다음과 같이 설정한다.

$$\epsilon_1 = u, \epsilon_2 = \rho u + \sqrt{1 - \rho^2}\, v$$

여기서 u와 v는 상관성이 없는 표준정규분포 변수이다.

x_1과 x_2에 대해 가정한 과정에서 모수 a_1, a_2, b_1, b_2는 x_1, x_2, t의 함수일 수 있다. 특히 a_1과 b_1은 x_1과 t뿐만 아니라 x_1의 함수일 수 있다. 그리고 a_2와 b_2는 x_2와 t뿐만 아니라 x_1의 함수일 수 있다.

여기서의 결과는 일반화될 수 있다. 세 변수가 상관확률과정을 따르면 우리는 세 개의 상이한 를 생성해야 한다. 이는 삼변량 정규분포(trivariate normal distribution)를 따른다. 만일 n개의 연관된 변수가 있으면 우리는 n개의 ϵ가 필요하고 이는 적절한 다변량 정규분포로부터 생성되어야 한다. 이 방식은 21장에 설명되어 있다.

14.6 이토정리

주식옵션의 가격은 기초주식의 가격과 시간의 함수이다. 더 일반적으로 말해서 어떤 파생상품의 가격은 파생상품의 기초 확률변수와 시간의 함수이다. 그러므로 파생상품을 심도 있게 공부하려는 사람들은 확률변수의 함수행태를 이해해야 한다. 수학자인 키요시 이토(Kiyosi Itô)는 1951년에 이 분야에 있어서 중요한 아이디어를 제시한 바 있는데,[6] 이를 이토정리(Itô's lemma)라 부른다.

변수 x의 값이 다음과 같은 이토과정을 따른다고 하자.

$$dx = a(x, t)\, dt + b(x, t)\, dz \tag{14.11}$$

여기서 dz는 위너과정이고 a와 b는 x와 t의 함수이다. 변수 x는 a의 평균율(drift rate)과 b^2의 분산을 갖

6 K. Itô,“ On Stochastic Differential Equations,” *Memoirs of the American Mathematical Society*, 4 (1951): 1–51. 참고

는다. 이토정리에 의하면 x와 t의 함수 G가 다음과 같은 과정을 따른다.

$$dG = \left(\frac{\partial G}{\partial x}a + \frac{\partial G}{\partial t} + \frac{1}{2}\frac{\partial^2 G}{\partial x^2}b^2\right)dt + \frac{\partial G}{\partial x}b\,dz \tag{14.12}$$

여기서 dz는 식 (14.11)과 동일한 위너과정이다. 그리고 G는 이토과정을 따른다. G는 다음의 평균율을 갖는다.

$$\frac{\partial G}{\partial x}a + \frac{\partial G}{\partial t} + \frac{1}{2}\frac{\partial^2 G}{\partial x^2}b^2$$

그리고 G는 다음의 분산을 갖는다.

$$\left(\frac{\partial G}{\partial x}\right)^2 b^2$$

이토정리를 완벽하고 철저하게 증명하는 것은 본 서의 범위를 넘어서는 것으로 생각된다. 본장의 부록에서, 우리는 이토정리가 미분계산을 확장한 것임을 알 수 있다.

앞에서 우리는 다음을 배운 바 있다.

$$dS = \mu S\,dt + \sigma S\,dz \tag{14.13}$$

우리는 식 (14.13)에서 μ와 σ는 일정하며 식 (14.13)은 주가 움직임을 합리적으로 설명하는 모형이라고 설명하였다. 이토정리에 의하면 S와 t의 함수 G가 따르는 과정은 다음과 같다.

$$dG = \left(\frac{\partial G}{\partial S}\mu S + \frac{\partial G}{\partial t} + \frac{1}{2}\frac{\partial^2 G}{\partial S^2}\sigma^2 S^2\right)dt + \frac{\partial G}{\partial S}\sigma S\,dz \tag{14.14}$$

S와 G는 dz라는 동일한 불확실성 요소에 의해 영향을 받는다. 이것은 블랙-숄즈-머튼의 결과를 유도하는 데 매우 중요하다.

선도계약에의 응용

이토정리를 살펴보기 위하여, 어떤 무배당주식을 고려해보자. 무위험이자율이 모든 만기에 대하여 r로 일정하다고 하면 식 (5.1)로부터 다음 식이 성립한다.

$$F_0 = S_0 e^{rT}$$

여기서 F_0 는 0시점에서의 선도가격이고, S_0 는 0시점에서의 현물가격이며, T는 선도계약의 만기이다.

우리는 시간이 지남에 따라 선도가격이 어떻게 변하는지에 관심을 갖고 있다. t시점 $(t < T)$에서의 선도가격과 주식가격을 각각 F와 S라고 하자. F와 S간에는 다음과 같은 관계가 존재한다.

$$F = Se^{r(T-t)} \tag{14.15}$$

S의 움직임이 식 (14.13)과 같은 과정을 따른다면, F의 움직임을 결정하기 위해 이토정리를 이용할 수 있다. 식 (14.15)로부터

$$\frac{\partial F}{\partial S} = e^{r(T-t)}, \qquad \frac{\partial^2 F}{\partial S^2} = 0, \qquad \frac{\partial F}{\partial t} = -rSe^{r(T-t)}$$

식 (14.14)로부터 F의 움직임은 다음과 같이 결정된다.

$$dF = \left[e^{r(T-t)}\mu S - rSe^{r(T-t)}\right] dt + e^{r(T-t)}\sigma S\, dz$$

$Se^{r(T-t)}$ 를 F로 대체하면 다음 식을 얻을 수 있다.

$$dF = (\mu - r)F\, dt + \sigma F\, dz \tag{14.16}$$

주가 S와 같이, 선도가격 F도 기하 브라운 운동을 따른다. 이는 S와 동일한 변동성을 갖고 기대성장률은 μ 가 아닌 $\mu - r$ 이다.

14.7 대수정규분포의 속성

S가 식 (14.13)의 과정을 따를 때, $\ln S$의 움직임을 유도하기 위하여 이토정리를 사용하기로하고 다음과 같이 정의하자.

$$G = \ln S$$

다음과 같기 때문에

$$\frac{\partial G}{\partial S} = \frac{1}{S}, \qquad \frac{\partial^2 G}{\partial S^2} = -\frac{1}{S^2}, \qquad \frac{\partial G}{\partial t} = 0$$

식 (14.14)로부터 G가 따르는 과정은 다음과 같다.

$$dG = \left(\mu - \frac{\sigma^2}{2}\right) dt + \sigma\, dz \tag{14.17}$$

μ와 σ는 일정하기 때문에 이 식은 $G = \ln S$가 일반화된 위너과정을 따른다는 것을 보여준다. 식 (14.17)은 $\mu - \sigma^2/2$의 평균율과 σ^2의 일정한 분산을 갖는다. 그러므로 0시점과 어떤 T시점 간의 $\ln S$의 변화는 다음과 같은 정규분포를 따른다[평균은 $(\mu - \sigma^2/2)\,T$이고 분산은 $\sigma^2 T$ 임].

$$\ln S_T - \ln S_0 \sim \phi\left[\left(\mu - \frac{\sigma^2}{2}\right)T,\ \sigma^2 T\right] \tag{14.18}$$

또는

$$\ln S_T \sim \phi\left[\ln S_0 + \left(\mu - \frac{\sigma^2}{2}\right)T,\ \sigma^2 T\right] \tag{14.19}$$

여기서 S_T는 T시점에서의 주가이고, S_0 는 0시점에서의 주가이며 전과 동일하게 $\phi(m, v)$는 평균 m과 분산 v를 갖는 정규분포를 나타내고 있다.

식 (14.19)는 $\ln S_T$가 정규분포를 따름을 보여준다. 어떤 변수의 자연대수가 정규분포를 이루면, 그 변수는 대수정규분포(lognormal distribution)를 따른다. 그러므로 우리가 본 장에서 설명한 주가행태 모형은 오늘의 주가가 주어지면 T시점의 주가는 대수정규분포를 이룬다는 것을 의미한다. 주가에 대수를 취한 값의 표준편차는 $\sigma\sqrt{T}$ 이다. 즉, 표준편차는 미래 기간의 제곱근에 비례한다.

요약

확률과정은 어떤 변수의 가치가 시간이 흐름에 따라 확률적으로 어떻게 변하는지 설명해 준다. 마코브 과정에서는 변수의 현재 가치가 미래가치를 예측하는 적절한 정보이다. 즉, 변수의 과거 움직임과 과거의 움직임으로부터 현재 가치가 어떻게 형성되었는지는 변수의 미래가치를 예측하는 데 적절한 정보가 되지 못한다.

위너과정인 dz는 정규분포를 따르는 변수의 움직임을 설명하는 마코브 과정이다. 위너과정의 기간당 평균율은 0이고, 분산은 1이다. 이것은 만일 변수의 값이 0시점에서 x_0 라면, T시점에서 변수의 값은 x_0의 평균과 $\sqrt{T}$의 표준편차를 갖고 정규분포를 이룬다는 것을 의미한다.

일반화된 위너과정은 단위 시간당 a의 평균율, b^2 의 분산을 갖는 정규분포를 이루고 있다(a와 b는 상수이다). 이것은 만일 앞에서와 같이 0시점의 변수값이 x_0 이라면, T시점의 변수값은 $x_0 + aT$ 의 평균과 $b\sqrt{T}$의 표준편차를 갖는 정규분포를 이룬다는 것을 의미한다.

이토과정은 x의 평균율과 분산이 x자체와 시간의 함수가 될 수 있는 과정이다. 매우 짧은 기간 동안에 x의 변화는 개략적으로 정규분포를 이루나, 상대적으로 긴 기간 동안에 x의 변화는 정규분포를 이루지 않는 경향이 있다.

어떤 변수의 확률과정을 직관적으로 이해하는 한 방법은 몬테카를로 시뮬레이션을 이용하는 것이다. 이것은 기간을 많은 단위로 분해하고 변수의 값을 무작위로 추출하는 것이다. 그렇게 하면 변수의 미래 확률분포가 추정될 수 있다. 몬테카를로 시뮬레이션은 21장에서 자세히 논의할 것이다.

이토정리는 변수 자체의 변화 확률과정으로부터 변수의 함수가 갖게 되는 확률과정을 계산하는 방법이다. 15장에서 볼 수 있듯이, 이토정리는 파생상품의 가격을 결정하는 데 매우 중요하다. 핵심은 변수의 확률과정에 기초하는 위너과정 dz가 변수의 함수에 대한 확률과정에 기초하는 위너과정과 정확히 동일하다는 것이다. 이들은 둘 다 동일한 원천의 불확실성에 의존하고 있다.

주가확률과정에 대해 기하 브라운 운동을 가정하게 되는 것이 일반적이다. 이런 과정에서 짧은 기간 동안 주식보유자의 수익률은 정규분포를 이루고 연속기간 동안의 수익률은 독립적이다. 미래시점의 주가는 대수정규분포를 이룬다. 다음 장에서 공부할 블랙-숄즈 모형(Black-Scholes model)은 기하 브라운 운동을 가정하고 있다.

참고문헌

효율적 시장과 주가의 마코브과정 관련

Brealey, R. A. *An Introduction to Risk and Return from Common Stock*, 2nd edn. Cambridge, MA: MIT Press, 1986.

Cootner, P. H. (ed.) *The Random Character of Stock Market Prices*. Cambridge, MA: MIT Press, 1964.

확률과정 관련

Cox, D. R., and H. D. Miller. *The Theory of Stochastic Processes*, London: Chapman & Hall, 1977.

Feller, W. Introduction to Probability Theory and Its Applications. New York: Wiley, 1968.

Karlin, S., and H. M. Taylor. *A First Course in Stochastic Processes*, 2nd edn. New York: Academic Press, 1975.

Shreve, S. E. *Stochastic Calculus for Finance II: Continuous-Time Models*. New York: Springer, 2004.

연습문제

14.1. 특정지역의 기온이 마코브과정을 따른다는 주장은 무엇을 의미하는가? 실제로 기온이 마코브과정을 따른다고 생각하는가?

14.2. 주가의 과거 움직임에 기초한 거래전략이 일관되게 시장평균 이상의 수익률을 창출할 수 있는가?

14.3. 어떤 기업의 현금포지션(백만 달러 단위)이 분기당 0.5의 평균율과 4.0의 분산을 갖는 일반화된 위너과정에 따른다. 기업의 연도 말 현금포지션이 음(−)의 값을 가질 확률이 5%보다 작으려면 기업은 기초 현금포지션을 얼마나 갖고 있어야 하는가?

14.4. 변수 과 가 각각 μ_1과 μ_2의 평균율을 갖고 σ_1^2과 σ_2^2의 분산을 갖는 일반화된 위너과정을 따른다. 다음과 같은 경우 X_1+X_2의 어떤 과정을 따르겠는가?

(a) 어떤 짧은 기간에도 X_1과 X_2의 변화가 상관관계를 갖고 있지 않을 경우

(b) 어떤 짧은 기간에도 X_1과 X_2의 변화가 상관관계(ρ)를 갖고 있을 경우

14.5. 어떤 변수가 다음의 과정을 따른다고 하자.

$$dS = \mu\, dt + \sigma\, dz$$

처음 3년간 $\mu = 2, \sigma = 3$이고, 다음 3년간 $\mu = 3, \sigma = 4$이다. 만약에 변수의 초기값이 5라면, 6년도 말 변수값의 확률분포는 무엇인가?

14.6. G는 주가 S와 시간의 함수이고 σ_S와 σ_G가 각각 S와 G의 변동성이라고 하자. S의 기대수익률이 $\lambda\sigma_S$씩 증가하고 G의 성장률이 $\lambda\sigma_G$씩 증가함을 보여라(λ는 상수이다).

14.7. A주식과 B주식은 모두 기하 브라운 운동을 따른다. 어떤 짧은 기간의 변화도 상호독립적이다. A주식 1개와 B주식 1개로 구성된 포트폴리오의 가치가 기하 브라운 운동을 따르겠는가? 그 이유를 설명하라.

14.8. 식 (14.8)의 주가과정은 다음과 같다.

$$\Delta S = \mu S\,\Delta t + \sigma S\epsilon\sqrt{\Delta t}$$

여기서 μ와 σ는 일정하다. 이 모형과 다음의 각 모형 간의 차이를 설명하라.

$$\Delta S = \mu\,\Delta t + \sigma\epsilon\sqrt{\Delta t}$$
$$\Delta S = \mu S\,\Delta t + \sigma\epsilon\sqrt{\Delta t}$$
$$\Delta S = \mu\,\Delta t + \sigma S\epsilon\sqrt{\Delta t}$$

식 (14.8)의 모형이 위의 3가지 모형보다 주가행태를 설명하는 모형으로 더 적합한 이유는?

14.9. 단기이자율 r이 다음의 확률과정을 따른다고 하자.

$$dr = a(b - r)\,dt + rc\,dz$$

여기서 a, b, c는 양 (+)의 상수이고 dz는 위너과정이다. 단기이자율의 확률과정을 설명하라.

14.10. 주가가 μ의 평균과 σ의 변동성을 갖고 다음의 기하 브라운 운동을 따른다고 하자.

$$dS = \mu S\,dt + \sigma S\,dz$$

변수 S^n가 따르는 과정은 무엇인가? S^n 역시 기하 브라운 운동을 따름을 증명하라.

14.11. x는 T 시점에서 1달러를 지급하는 이표채의 연속복리 기준으로 측정된 만기수익률이다. x가 다음의 확률과정을 따른다고 하자.

$$dx = a(x_0 - x)\,dt + sx\,dz$$

여기서 a, x_0, s는 양(C)의 상수이고 dz는 위너과정이다. 채권가격은 어떤 확률과정을 따르겠는가?

14.12. 주가가 30달러이고 기대수익률이 9%이고 변동성이 20%이다. 엑셀에서 향후 5년 동안의 주가 변화과정을 1기간을 1개월로 하고 정규분포로부터의 난수를 이용하여 시뮬레이션하라. 시뮬레이션된 주가과정을 챠트에 그려라. 키보드의 F9 키를 이용하여 난수가 변함에 따라 주가과정이 어떻게 변하는지 관찰하라.

과제물 문제

14.13. 주가가 연간 16%의 기대수익률과 30%의 변동성을 갖는다고 하자. 어떤 특정일의 종가가 50달러일 때, 다음을 계산하라.

(a) 다음날 기대종가

(b) 다음날 종가의 표준편차

(c) 다음날 종가의 95% 신뢰구간

14.14. 어떤 기업의 현금포지션(백만 달러 단위)이 월간 0.1의 평균율과 0.16의 분산을 갖고 일반화된 위너과정을 따르고 있다. 기초의 현금포지션은 2.0이다.

(a) 1개월 후, 6개월 후, 1년 후 현금포지션의 확률분포는 각각 무엇인가?

(b) 6개월 후와 1년 후의 현금포지션이 음(−)의 값을 가질 확률은 얼마인가?

(c) 미래 어느 시점에서 음(−)의 현금포지션을 가질 확률이 가장 커지겠는가?

14.15. x를 연간 1달러씩 이자를 지급하는 영구 정부채권의 수익률이라고 하자. x는 연속복리 기준이고 이자는 연속적으로 지급되며, x는 다음 과정을 따른다고 하자.

$$dx = a(x_0 - x)\,dt + sx\,dz$$

여기서 a, x_0, s는 양(+)의 상수이고, dz는 위너과정이다. 채권가격은 어떤 확률과정을 따르겠는가? 채권 보유자가 얻는 순간 기대수익률(이자와 자본이득 포함)은 얼마인가?

14.16. S가 식 (14.6)과 같은 기하 브라운 운동을 따른다면, 다음은 어떤 확률과정을 따르는가?

(a) $y = 2S$

(b) $y = S^2$

(c) $y = e^S$

(d) $y = e^{r(T-t)}/S$

각 경우에서 S가 아니라 y를 기준으로 dt와 dz의 계수를 나타내어라.

14.17. 현재 주가는 50이다. 주식의 기대수익률과 변동성은 각각 12%와 30%이다. 2년 후의 주가가 80보다 클 확률은 얼마인가? (힌트: $S_T > \ln 80$일 때 $S_T > 80$이다)

14.18. A주식의 가격이 30달러이고 기대수익률이 11%이고 변동성이 25%이다. B주식의 가격이 40달러이고 기대수익률이 15%이고 변동성이 30%이다. 두 변수간 상관계수가 ρ이다. 엑셀에서 향후 3개월 동안 두 주식의 주가변화과정을 1기간을 1일로 하고 정규분포로부터의 난수를 이용하여 시뮬레이션하라. 시뮬레이션된 주가과정을 챠트에 그려라. 키보드의 F9 키를 이용하여 난수가 변함에 따라 주가과정이 어떻게 변하는지 관찰하라. ρ의 값으로 0.25, 0.75, 0.95를 이용하라.

부록

이토정리 등식 유도

본 부록에서 우리는 이토정리(Itô's lemma)가 더 간단한 결과를 가져오는 자연스런 확장식으로 간주될 수 있다는 것을 보여줄 것이다. 먼저 x변수의 연속적이고 미분 가능한 G함수를 고려해 보자. 만일 Δx가 x변수의 작은 변화이고 ΔG가 G의 결과적인 작은 변화라고 하면, 일반적인 계산방법을 이용하여 잘 알려진 다음의 결과를 얻을 수 있다.

$$\Delta G \approx \frac{dG}{dx}\Delta x \tag{14A.1}$$

다시 말해서 ΔG는 x변화에 대한 G의 변화 비율에 Δx를 곱한 값과 거의 같아진다. 오차는 Δx^2의 항으로 설명된다. 좀 더 정확히 계산하려면 다음과 같이 G에 대한 테일러 전개식(Taylor series expansion)을 이용하면 된다.

$$\Delta G = \frac{dG}{dx}\Delta x + \tfrac{1}{2}\frac{d^2G}{dx^2}\Delta x^2 + \tfrac{1}{6}\frac{d^3G}{dx^3}\Delta x^3 + \cdots$$

x변수와 y변수의 연속적이고 미분 가능한 G함수를 고려하면, 식 (14A.1)은 다음과 같이 확장 될 수 있다.

$$\Delta G \approx \frac{\partial G}{\partial x}\Delta x + \frac{\partial G}{\partial y}\Delta y \tag{14A.2}$$

그리고 ΔG에 대한 테일러 전개식은 다음과 같다.

$$\Delta G = \frac{\partial G}{\partial x}\Delta x + \frac{\partial G}{\partial y}\Delta y + \tfrac{1}{2}\frac{\partial^2 G}{\partial x^2}\Delta x^2 + \frac{\partial^2 G}{\partial x\,\partial y}\Delta x\,\Delta y + \tfrac{1}{2}\frac{\partial^2 G}{\partial y^2}\Delta y^2 + \cdots \tag{14A.3}$$

Δx와 Δy가 0에 수렴할 때, 식 (14A.3)은 다음과 같다.

$$dG = \frac{\partial G}{\partial x}dx + \frac{\partial G}{\partial y}dy \tag{14A.4}$$

식 (14A.4)에서 변수들이 이토과정을 따른다면 식 (14A.4)는 다음과 같이 확장될 수 있다. 먼저 식 (14A.4)에서 x변수가 이토과정을 따른다면 다음 식이 성립한다.

$$dx = a(x, t)\,dt + b(x, t)\,dz \tag{14A.5}$$

그리고 G가 x변수와 시간 t의 함수라면, 식 (14A.3)을 유추해서 다음 식을 얻을 수 있다.

$$\Delta G = \frac{\partial G}{\partial x}\Delta x + \frac{\partial G}{\partial t}\Delta t + \tfrac{1}{2}\frac{\partial^2 G}{\partial x^2}\Delta x^2 + \frac{\partial^2 G}{\partial x\,\partial t}\Delta x\,\Delta t + \tfrac{1}{2}\frac{\partial^2 G}{\partial t^2}\Delta t^2 + \cdots \tag{14A.6}$$

식 (14A.5)는 다음과 같이 이산적으로 표현될 수 있다.

$$\Delta x = a(x,t)\,\Delta t + b(x,t)\epsilon\sqrt{\Delta t}$$

또는

$$\Delta x = a\,\Delta t + b\epsilon\sqrt{\Delta t} \tag{14A.7}$$

이 식은 식 (14A.6)의 상황과 식 (14A.3)의 상황 간에 중요한 차이가 있음을 보여 준다. 식 (14A.3)으로부터 식 (14A.4)로 이동하기 위해서 극한논리가 이용되고, 이때 Δx^2 의 항은 2차 항이기 때문에 무시되었다. 식 (14A.7)로부터 우리는 다음 식을 얻을 수 있다.

$$\Delta x^2 = b^2\epsilon^2\Delta t + \Delta t \text{ 의 고차항} \tag{14A.8}$$

이 식은 식 (14A.6)의 Δx^2항이 Δt로 구성되어 있고 무시될 수 없음을 보여주고 있다.
표준정규분포의 분산은 1.0이다. 이는 다음을 의미한다.

$$E(\epsilon^2) - [E(\epsilon)]^2 = 1$$

여기서 E는 기대치를 의미한다.$E(\epsilon) = 0$이므로 $E(\epsilon^2) = 1$이다. 그러므로 $\epsilon^2\Delta t$ 의 기대치는 Δt 이다. 표준정규분포의 속성으로부터 $\epsilon^2\Delta t$ 의 분산은 $\epsilon^2\Delta t$ 이다. Δt 동안 확률변수 변화의 분산은 Δt^2가 아니라 Δt에 비례한다. 따라서 $\epsilon^2\Delta t$ 의 분산이 확률적 요소를 갖기에는 너무 작다.
그 결과 Δt가 0에 수렴함에 따라 $\epsilon^2\Delta t$ 는 비확률적이고, Δt가 0에 수렴함에 따라 Δt 의 기대치와 동일하게 된다는 것을 알 수 있다. 또한 식 (14A.8)로부터 Δt가 0에 수렴함에 따라 Δx^2 은 비확률적이고 b^2dt과 동일하게 됨을 알 수 있다. 식 (14A.6)에서 Δt와 Δx가 0에 수렴하고 이와 같은 마지막 결과를 이용하면, 다음 식이 성립한다.

$$dG = \frac{\partial G}{\partial x}dx + \frac{\partial G}{\partial t}dt + \tfrac{1}{2}\frac{\partial^2 G}{\partial x^2}b^2 dt \tag{14A.9}$$

이것이 이토정리이다. 만일 식 (14A.5)로부터 dx를 가져오면 식 (14A.9)는 다음과 같다.

$$dG = \left(\frac{\partial G}{\partial x}a + \frac{\partial G}{\partial t} + \tfrac{1}{2}\frac{\partial^2 G}{\partial x^2}b^2\right)dt + \frac{\partial G}{\partial x}b\,dz.$$

www.rotman.utoronto.ca/~hull/TechnicalNotes에서의 Technical Note 29에 확장된 이토정리가 증명되어 있다. G가 변수 $x_1, x_2, \ldots, x_n$의 함수이고 다음 식이 성립하면

$$dx_i = a_i\, dt + b_i\, dz_i$$

다음 결과가 유도된다.

$$dG = \left(\sum_{i=1}^{n} \frac{\partial G}{\partial x_i} a_i + \frac{\partial G}{\partial t} + \tfrac{1}{2} \sum_{i=1}^{n} \sum_{j=1}^{n} \frac{\partial^2 G}{\partial x_i\, \partial x_j} b_i b_j \rho_{ij} \right) dt + \sum_{i=1}^{n} \frac{\partial G}{\partial x_i} b_i\, dz_i \tag{14A.10}$$

또한, G가 여러 원천의 불확실성을 갖는 변수 x의 함수이면 다음 식이 성립하고

$$dx = a\, dt + \sum_{i=1}^{m} b_i\, dz_i$$

다음 결과가 유도된다.

$$dG = \left(\frac{\partial G}{\partial x} a + \frac{\partial G}{\partial t} + \tfrac{1}{2} \frac{\partial^2 G}{\partial x^2} \sum_{i=1}^{m} \sum_{j=1}^{m} b_i b_j \rho_{ij} \right) dt + \frac{\partial G}{\partial x} \sum_{i=1}^{m} b_i\, dz_i \tag{14A.11}$$

여기서 ρ_{ij}는 dz_i와 dz_j 간의 상관계수이다(14장 5절 참조).

CHAPTER 15

블랙-숄즈-머튼 모형

70년대 초반, 피셔 블랙(Fischer Black), 마이런 숄즈(Myron Scholes), 로버트 머튼(Robert Merton)은 유러피언 주식옵션의 가격결정에 있어 획기적인 발전을 이루었다.[1] 이는 블랙-숄즈-머튼 모형(또는 블랙-숄즈 모형)이라고 알려진 모형의 개발이었다. 이 모형은 거래자들이 파생상품의 가치를 평가하고 헷지하는 방식에 큰 영향을 미쳤다. 숄즈와 머튼이 1997년에 노벨경제학상을 수상함으로써 이 모형의 중요성이 널리 인식되었다. 불행히도 블랙은 1995년에 세상을 떠났다. 그가 생존했더라면 틀림없이 노벨경제학상을 수상하였을 것이다.

어떻게 블랙, 숄즈, 머튼은 획기적인 돌파구를 열 수 있었는가? 과거의 연구도 유사한 가정을 하였으며 유러피언옵션으로부터의 기대이득을 정확히 계산하였다. 그러나 13장의 2절에서 설명했듯이, 이 이득에 적용할 정확한 할인율을 구하는 것이 어려웠다. 블랙과 숄즈는 주식의 기대수익률과 옵션에 대한 시장의 요구수익률 간의 관계를 결정하기 위하여 자본자산 가격결정모형(3장 부록 참조)을 이용하였다. 이 관계는 주가와 시간에 모두 의존하기 때문에 쉽지 않았다. 머튼의 접근방법은 블랙과 숄즈의 접근방법과 상이했다. 머튼은 옵션과 기초자산으로 무위험 포트폴리오를 구성하고 짧은 기간 동안 포트폴리오의 수익률이 무위험이어야 한다고 주장하였다. 이는 13장 1절에서의 논리와 유사하지만, 포트폴리오가 시간이 지남에 따라 계속적으로 변하므로 훨씬 복잡하다. 머튼의 접근방법은 자본자산 가격결정모형의 가정에 의존하지 않기 때문에 블랙과 숄즈의 접근방법보다 더 일반적이다.

이 장은 블랙-숄즈-머튼 모형을 도출하기 위하여 머튼의 접근방법을 이용한다. 이 장은 변동성이 역사적 자료로부터 어떻게 추정되는지 또는 모형을 이용하여 옵션가격으로부터 어떻게 추론하는지 설명한다. 그리고 13장에서 소개한 위험중립가치평가 논리가 어떻게 사용될 수 있는지 보여준다. 또한 블랙-숄즈-머튼 모형이 어떻게 확장되어 배당주식에 대한 유러피언콜옵션과 풋옵션의 가치를 평가할 수 있으며, 배당주식에 대한 아메리칸콜옵션의 가치평가에 대한 일부 결과를 제시하기로 한다.

1 F. Black and M. Scholes, "The Pricing of Options and Corporate Liabilities," *Journal of Political Economy*, 81 (May June 1973): 637-59; R. C. Merton, "Theory of Rational Option Pricing," *Bell Journal of Economics and Management Science*, 4 (Spring 1973): 141-83.

15.1 주가의 대수정규분포 속성

블랙, 숄즈, 머튼에 의해 사용된 주가행태에 대한 모형이 14장에서 설명한 모형이다. 이 모형은 짧은 기간 동안 주가의 변화율이 정규분포(normal distribution)를 따른다고 가정한다. 다음과 같이 정의하자.

μ : 주식의 기대수익률

σ : 주가의 변동성(volatility)

Δt 기간 동안 변화율의 평균은 $\mu\,\Delta t$ 이고 변화율의 표준편차는 $\sigma\sqrt{\Delta t}$ 이다. 따라서

$$\frac{\Delta S}{S} \sim \phi(\mu\,\Delta t,\ \sigma^2 \Delta t) \tag{15.1}$$

ΔS는 Δt 기간 동안의 S의 변화이고, $\phi(m, v)$는 평균이 m이고 분산이 v인 정규분포이다.
14장 7절에 설명되어 있듯이, 이 모형은 다음 식을 의미한다.

$$\ln S_T - \ln S_0 \sim \phi\left[\left(\mu - \frac{\sigma^2}{2}\right)T,\ \sigma^2 T\right]$$

위의 식으로부터 다음 식들이 유도된다.

$$\ln\frac{S_T}{S_0} \sim \phi\left[\left(\mu - \frac{\sigma^2}{2}\right)T,\ \sigma^2 T\right] \tag{15.2}$$

$$\ln S_T \sim \phi\left[\ln S_0 + \left(\mu - \frac{\sigma^2}{2}\right)T,\ \sigma^2 T\right] \tag{15.3}$$

여기서 S_T는 미래 T 시점에서의 주가이고, S_0는 현재시점에서의 주가이다. 여기에는 어떠한 근사도 존재하지 않는다. S_T가 대수정규분포를 따르기 때문에 $\ln S_T$는 정규분포를 따른다. $\ln S_T$의 평균은 $\ln S_0 + (\mu - \sigma^2/2)T$ 이고 표준편차는 $\sigma\sqrt{T}$ 이다.

예제 15.1 ——

현재 주가가 40달러인 주식의 기대수익률이 연 16%이고 변동성은 연 20%이다. 식 (15.3)으로부터 6개월 후 주가의 확률분포는

$$\ln S_T \sim \phi[\ln 40 + (0.16 - 0.2^2/2) \times 0.5,\ 0.2^2 \times 0.5]$$
$$\ln S_T \sim \phi(3.759,\ 0.02)$$

정규분포 변수가 평균을 중심으로 표준편차의 1.96배수 이내의 값을 가질 확률은 95%이다. 이

그림 15.1 대수정규분포.

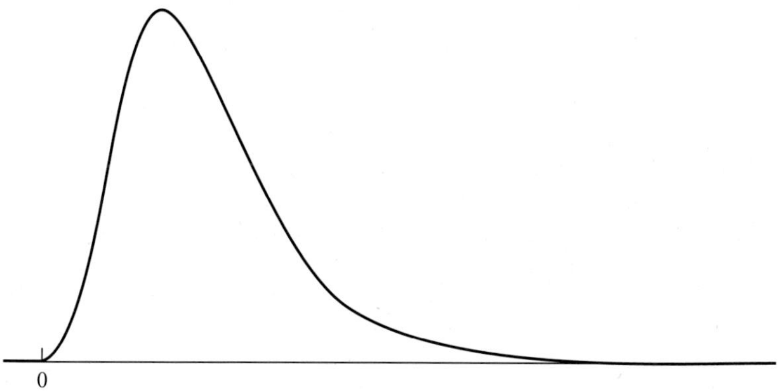

경우 표준편차는 $\sqrt{0.02} = 0.141$이다. 따라서 95% 신뢰구간은

$$3.759 - 1.96 \times 0.141 < \ln S_T < 3.759 + 1.96 \times 0.141$$

즉,

$$e^{3.759-1.96\times 0.141} < S_T < e^{3.759+1.96\times 0.141}$$

또는

$$32.55 < S_T < 56.56$$

다시 말해서 6개월 후의 주가가 32.55와 56.56 사이에 있을 확률은 95%이다.

대수정규분포를 따르는 변수는 0과 무한대 사이의 어떤 값도 취할 수 있다. [그림 15.1]은 대수정규분포의 모양을 보여 준다. 정규분포와 달리, 대수정규분포는 치우쳐 있으므로 평균, 중위수, 최빈수 값이 모두 다르다. 식 (15.3)과 대수정규분포의 속성으로부터 얻어진 S_T의 기대값 $E(S_T)$는 다음과 같다.

$$E(S_T) = S_0 e^{\mu T} \tag{15.4}$$

식 (15.4)는 μ가 기대수익률이라는 정의와 일치한다. S_T의 분산 $\text{var}(S_T)$은 다음과 같다.[2]

$$\text{var}(S_T) = S_0^2 e^{2\mu T}(e^{\sigma^2 T} - 1) \tag{15.5}$$

2 식 (15.4)와 식 (15.5)의 증명은 www-2.rotman.utoronto.ca/~hull/TechnicalNotes에서 Technical Note 2를 참조한다. 대수정규분포의 속성은 다음 논문을 참조한다. J. Aitchison and J. A. C. Brown, *The Lognormal Distribution*. Cambridge University Press, 1966.

예제 15.2

현재 주가가 20달러이고, 기대수익률이 연 20%, 변동성이 연 40%인 주식이라면 1년 후의 기대주가 $E(S_T)$ 와 변동성 $\text{var}(S_T)$은 다음과 같다.

$$E(S_T) = 20e^{0.2\times 1} = 24.43 \quad \text{and} \quad \text{var}(S_T) = 400e^{2\times 0.2\times 1}(e^{0.4^2\times 1} - 1) = 103.54$$

따라서 1년 후의 주가의 표준편차는 $\sqrt{103.54}$ 또는 10.18달러이다.

15.2 수익률의 분포

주가가 대수정규분포를 따른다는 사실은 현재와 T시점 사이에서 얻는 주식의 연속복리 수익률(continuously compounded return)의 확률분포에 대하여 정보를 제공하는데 사용될 수 있다. 현재와 T시점 사이에서 실현하는 연속복리 수익률(연간)을 x라고 정의하면 다음 식이 성립한다.

$$S_T = S_0 e^{xT}$$

따라서

$$x = \frac{1}{T}\ln\frac{S_T}{S_0} \tag{15.6}$$

식 (15.2)로부터

$$x \sim \phi\left(\mu - \frac{\sigma^2}{2}, \frac{\sigma^2}{T}\right) \tag{15.7}$$

따라서 연속복리 수익률(연간)은 평균이 $\mu - \sigma^2/2$이고 표준편차가 $\sigma/\sqrt{T}$ 인 정규분포를 따른다. T가 증가함에 따라 x의 표준편차는 감소한다. 그 이유를 이해하기 위해 $T = 1$과 $T = 20$인 두 경우를 고려해 보자. 우리는 특정 연도의 수익률보다 20년 동안의 연간 평균 수익률에 대해 더 확신한다.

예제 15.3

주식의 기대수익률은 연 17%이고 주가의 변동성은 연 20%이다. 3년 동안 실현한 실제수익률(연속복리 기준)은 정규분포를 따르고 확률분포의 평균은 15%이다.

$$0.17 - \frac{0.2^2}{2} = 0.15$$

그리고 표준편차는 11.55%이다.

$$\sqrt{\frac{0.2^2}{3}} = 0.1155$$

정규분포의 경우 변수가 평균을 중심으로 표준편차의 1.96배수 이내에 있을 확률은 95%이므로, 3년 동안 실현한 연속복리기준 평균수익률이 연간 15 − 1.96 × 11.55 = −7.6%와 15 + 1.96 × 11.55 = +37.6% 사이에 있음을 95% 신뢰할 수 있다.

15.3 기대수익률

투자자가 요구하는 기대수익률(μ)은 주식이 갖고 있는 위험의 정도에 따라 다르다. 위험이 높으면 기대수익률도 높다. 기대수익률은 또한 시장이자율에 따라 다르다. 이자율이 높으면 어떤 주식에 대해 기대되는 수익률 또한 높다. 다행히 우리는 기대수익률이 어떻게 결정되는지더는 고려할 필요가 없다. 왜냐하면 기초주식의 가격을 기준으로 상대적으로 주식옵션의 가격을 결정할 때 옵션의 가격은 주식의 기대수익률과는 무관하기 때문이다. 그러나 이 점은 혼란을 가져오기 쉽기 때문에 자세히 설명하기로 한다.

주식 가격의 행태에 대한 우리의 모형은 $\mu\,\Delta t$가 아주 짧은 기간 (Δt) 동안 주가의 평균수익률임을 의미한다. 따라서 μ를 주식의 기대 연속복리 수익률로 가정하는 것이 자연스럽게 보인다. 그러나 이는 사실이 아니다. T년 동안에 실제로 실현된 연속복리 수익률 x는 다음과 같다.

$$x = \frac{1}{T}\ln\frac{S_T}{S_0}$$

그리고 식 (15.7)에 의하면 x의 기대치 $E(x)$는 $\mu - \sigma^2/2$ 이다.

기대 연속복리 수익률이 μ와 다른 이유를 설명하기는 어렵지만 이는 매우 중요하다. Δt 라는 매우 짧은 기간이 대단히 많이 존재하는 경우를 고려해 보자. i번째 기간 말 주가를 S_i로, 그리고 ΔS_i를 $S_{i+1} - S_i$로 정의하자. 주가의 행태에 관한 가정하에서 각 기간의 주식수익률의 산술평균은 μ에 가깝다. 다시 말해서 $\mu\,\Delta t$는 $\Delta S_i/S_i$의 산술평균에 가깝다. 그러나 제공된 자료의 전 기간에 대한 기대수익률은 기하평균이며 μ가 아니라 $\mu - \sigma^2/2$ 에 가깝다(복리계산 기간은 Δt 이다).[3] [실무사례 15.1]은 왜 그렇게 되는지 뮤추얼펀드 산업에 관한 예시를 제공한다.
다른 설명을 위해 식 (15.4)를 다시 고려해 보자.

$$E(S_T) = S_0 e^{\mu T}$$

양변에 로그를 취하면

$$\ln[E(S_T)] = \ln(S_0) + \mu T$$

3 본 절의 논리에 의하면"기대수익률"이라는 말은 애매하다. 이는 μ를 의미할 수도 있고 to $\mu - \sigma^2/2$를 의미할 수도 있다. 특별히 명시하지 않는 한, 본서에서는 μ를 의미하는 것으로 한다.

여기서 $\ln[E(S_T)]$가 $E[\ln(S_T)]$와 동일하다고 생각하기 쉽다. 만일 그렇다면 $E[\ln(S_T)] - \ln(S_0) = \mu T$ 또는 $E[\ln(S_T/S_0)] = \mu T$가 성립하므로 $E(x) = \mu$이다. 그러나 ln이 비선형함수이기 때문에 이 관계는 성립하지 않는다. 실제로 $\ln[E(S_T)]$는 $E[\ln(S_T)]$ 보다 크므로, $E[\ln(S_T/S_0)] < \mu T$ 의 관계가 성립하여 $E(x) < \mu$이다(앞에서 설명했듯이, $E(x) = \mu - \sigma^2/2$ 이다).

15.4 변동성

주식의 변동성(σ)은 주식수익률에 대한 불확실성을 측정하는 수단이다. 전형적으로 주식의 변동성은 15%와 60% 사이에 있다.

식 (15.7)에서 주가의 변동성은 주식수익률을 연속복리로 계산할 때 1년 동안의 주식투자로부터 얻는 수익률의 표준편차로 정의된다.

실무사례 15.1 뮤추얼펀드 수익률은 투자자를 오도할 수 있다

μ 와 $\mu - \sigma^2/2$ 간의 차이는 뮤추얼펀드 수익률을 보고하는데 있어 발생하는 이슈와 밀접히 연관되어 있다. 다음은 뮤추얼펀드 매니저가 지난 5년 동안의 연간 수익률(연속복리 기준)로 보고한 것이라고 가정하자: 15%, 20%, 30%, −20%, 25%.

수익률의 산술평균(arithmetic mean)은 5개 수익률의 합을 5로 나눈 값으로서 14%이다. 그러나 투자자가 5년 동안 이 펀드에 투자하면 실제로 얻게 되는 수익률은 연14%보다 작다. 100달러를 투자하면 실제로 5년 후에는 179.40달러가 된다.

$$100 \times 1.15 \times 1.20 \times 1.30 \times 0.80 \times 1.25 = 179.40\text{달러}$$

반면에 14%로 복리계산을 매년하는 경우 100달러의 5년 후 가치는 다음과 같다.

$$100 \times 1.145 = 192.54\text{달러}$$

그리고 연간복리 기준 투자자의 실제 평균 수익률은 연 12.4%이다. 왜냐하면 12.4%로 5년을 투자하면 179.40달러가 되기 때문이다.

$$100 \times (1.124)5 = 179.40\text{달러}$$

펀드매니저가 어떤 숫자를 보고해야 하는가? 매니저는 다음과 같은 보고서를 쓰고 싶을 것이다." 우리가 지난 5년 동안 실현한 연간 수익률의 평균은 14%이다."사실이지만 이는 우리를 오도하기 쉽다. 다음과 같이 말하면 덜 오도하는 것이다." 지난 5년 동안 우리에게 투자한 사람이 실현한 평균 수익률은 연 12.4%이다."일부 관할구역에서는 펀드매니저가 두 번째 방법으로 수익률을 보고하도록 규제하기도 한다.

이 현상은 수학자에 의해 잘 알려진 결과의 예시이다. 동일하지 않은 일련의 수의 기하평균(geometric average)은 산술평균보다 항상 작다. 위의 예시에서 1에 수익률을 더한 숫자는 1.15, 1.20, 1.30, 0.80, 1.25이다. 이 숫자들의 산술평균은 1.140이지만 기하평균은 단 1.124에 지나지 않으며 기하평균은 5년 동안의 실현수익률에 1을 더한 값과 동일하다.

Δt가 작으면 식 (15.1)에 의해 $\sigma^2 \Delta t$는 Δt기간 동안 주가변화율(percentage change in the stock price)의 분산과 대략 동일하다. 이는 $\sigma\sqrt{\Delta t}$가 Δt 기간 동안 주가변화율의 표준편차와대략적으로 동일하다는 것을 의미한다. 표준편차가 연 30%이고 현재의 주가가 50달러라고 가정하자. 1주일 동안 주가변화율의 표준편차는 대략 4.16%가 된다.

$$30 \times \sqrt{\frac{1}{52}} = 4.16\%$$

따라서 1주일 기준으로 주가의 1 표준편차의 움직임은 50 × 0.0416 = 2.08달러이다.

표준편차로 측정되는 미래주가의 불확실성은 대략적으로, 예측하는 기간의 제곱근(square root)과 비례하여 증가한다. 예를 들어 4주 기준 주가변화율의 표준편차는 대략 1주 기준 주가변화율 표준편차의 2배이다.

과거 자료로부터 변동성 추정

실증적으로 주가의 변동성을 추정하기 위해서 주가를 대체로 일정한 간격(즉 매일, 매주, 매월)으로 관측한다. 다음과 같이 정의하자.

$n+1$: 관측 자료의 수

S_i : i번째 기간(interval) 말 시점의 주가 $i = 0, 1, \ldots, n$

τ : 연 단위로 표현한 기간의 길이

그리고

$$u_i = \ln\left(\frac{S_i}{S_{i-1}}\right) \quad \text{for } i = 1, 2, \ldots, n$$

u_i의 표준편차의 추정치, s는 다음과 같이 구한다.

$$s = \sqrt{\frac{1}{n-1} \sum_{i=1}^{n} (u_i - \bar{u})^2}$$

또는

$$s = \sqrt{\frac{1}{n-1} \sum_{i=1}^{n} u_i^2 - \frac{1}{n(n-1)} \left(\sum_{i=1}^{n} u_i\right)^2}$$

단, $\bar{u}$는 u_i의 평균이다.[4]

식 (15.2)에 의해 u_i의 표준편차는 $\sigma\sqrt{\tau}$ 이므로, 변수 s는 $\sigma\sqrt{\tau}$ 의 추정치(estimated)이다. 따라서 $\hat{\sigma}$를 σ의 추정치로 사용할 수 있다. $\hat{\sigma}$는 다음과 같다.

$$\hat{\sigma} = \frac{s}{\sqrt{\tau}}$$

4 역사적 변동성을 추정할 때 평균 $\bar{u}$는 보통 0으로 가정한다.

이 추정치의 표준오차(standard error)는 대략 $\hat{\sigma}/\sqrt{2n}$이다.

적절한 n의 값을 결정하는 것은 쉬운 일이 아니다. 일반적으로 자료의 양이 많아지면 정확도는 높아진다. 그러나 시간이 지남에 따라 σ는 변하게 되고 너무 오래된 자료는 미래를 예측하는 데 적합하지 않을 수 있다. 비교적 효과적인 방식은 최근 90일 내지 180일간의 일별 종가(closing price) 자료를 이용하는 것이다. 흔히 사용하는 대략적인 방법에서는 변동성이 적용되는 일수에 n을 맞춘다. 예를 들어 변동성 추정치가 2년 만기 옵션의 가치를 평가하는데 사용될 경우, 지난 2년 동안의 일별 자료가 이용된다. GARCH를 이용하여 보다 정교하게 변동성을 추정하는 방법은 23장에서 설명하기로 한다.

예제 15.4

[표 15.1]은 21 거래일 동안의 주가자료를 보여 준다. 이 경우, $n = 20$이고,

$$\sum_{i=1}^{n} u_i = 0.09531 \quad \text{and} \quad \sum_{i=1}^{n} u_i^2 = 0.00326$$

일별 수익률(daily return)의 표준편차의 추정치는 다음과 같다.

$$\sqrt{\frac{0.00326}{19} - \frac{0.09531^2}{20 \times 19}} = 0.01216$$

1년에 252거래일이 있다고 가정하면, $\tau = 1/252$이고 주가 변동성의 추정치는 $0.01216\sqrt{252} = 0.193$이다. 즉, 추정된 변동성은 연 19.3%이다. 추정치의 표준오차는 연 3.1%이다.

$$\frac{0.193}{\sqrt{2 \times 20}} = 0.031$$

이 분석은 주식이 배당을 지급하지 않는다고 가정하는 경우이다. 배당을 지급하는 경우는 다음과 같이 조정할 수 있다. 배당락일을 포함한 기간 동안의 수익률 u_i는 다음과 같다.

$$u_i = \ln \frac{S_i + D}{S_{i-1}}$$

단, D는 배당금액이다. 다른 기간의 수익률은 전과 같다.

$$u_i = \ln \frac{S_i}{S_{i-1}}$$

그러나 배당락일의 수익률을 구하는데 있어서 세율을 고려해야 하기 때문에, 최선의 방법은 배당락일을 포함하는 특정 기간의 수익률은 무시하는 것이다.

표 15.1 변동성 계산.

일, i	종가, (\$) S_i	전일종가대비, S_i/S_{i-1}	일별수익률 $u_i = \ln(S_i/S_{i-1})$
0	20.00		
1	20.10	1.00500	0.00499
2	19.90	0.99005	-0.01000
3	20.00	1.00503	0.00501
4	20.50	1.02500	0.02469
5	20.25	0.98780	-0.01227
6	20.90	1.03210	0.03159
7	20.90	1.00000	0.00000
8	20.90	1.00000	0.00000
9	20.75	0.99282	-0.00720
10	20.75	1.00000	0.00000
11	21.00	1.01205	0.01198
12	21.10	1.00476	0.00475
13	20.90	0.99052	-0.00952
14	20.90	1.00000	0.00000
15	21.25	1.01675	0.01661
16	21.40	1.00706	0.00703
17	21.40	1.00000	0.00000
18	21.25	0.99299	-0.00703
19	21.75	1.02353	0.02326
20	22.00	1.01149	0.01143

거래일 대 달력일

변동성의 모수를 추정하여 사용할 때 시간을 달력일(calendar days)로 측정할 것인지 아니면 거래일(trading days)로 측정할 것인지를 결정하는 것 또한 중요한 이슈이다. [실무사례 15.2]에 설명되어 있듯이, 실증연구에 의하면 거래가 이루어지지 않을 때보다 거래가 이루어질 때의 변동성이 훨씬 크다고 한다. 그 결과 실무자들은 과거자료로부터 변동성을 추정할 때와 옵션의 만기를 계산할 때 비거래일을 무시하는 경향이 있다. 연간 변동성은 다음 공식에 의해 거래일별 변동성으로부터 계산된다.

$$\begin{matrix}\text{연간} \\ \text{변동성}\end{matrix} = \begin{matrix}\text{거래일별} \\ \text{변동성}\end{matrix} \times \sqrt{\begin{matrix}\text{년 동안의} \\ \text{거래일수}\end{matrix}}$$

이 방법은 [표 15.1]의 자료로부터 변동성을 계산할 때 [예제 15.4]에서 사용했던 방법이다. 1년 동안의 거래일수는 주식의 경우 보통 252로 가정한다.

옵션의 만기도 보통 달력일이 아니라 거래일 기준으로 측정된다. 만기는 다음과 같이 T년으로 계산된다.

$$T = \frac{\text{옵션만기일까지의 거래일수}}{252}$$

실무사례 15.2 무엇이 변동성을 야기시키는가?

주식의 변동성이 시장에 전달되는 새로운 정보에 의해 야기된다고 가정하는 것이 자연스럽다. 새로운 정보는 사람들로 하여금 주식의 가치에 대한 그들의 의견을 수정하도록 한다. 주식의 가치가 변하고 그 결과 변동성도 변한다. 그러나 정보가 이렇게 변동성을 야기한다는 견해는 실증연구에 의해 지지되지는 않는다. 여러 해의 일별 주가자료를 이용하여 분석가들은 다음을 계산할 수 있다.

1. 금일과 익일 사이에 비거래일이 없는 경우, 금일의 종가와 익일의 종가를 이용한 수익률의 분산
2. 금요일의 종가와 월요일의 종가를 이용한 수익률의 분산

위에서 두 번째 분산은 3일 기준 수익률의 분산이고 첫 번째 분산은 일별 수익률의 분산이다. 두 번째 분산이 첫 번째 분산의 3배만큼 클 것이라고 합리적으로 기대할 수 있다. 파마(Fama, 1965), 프렌치(French, 1980), 프렌치-롤(French-Roll, 1986)은 이 기대가 사실이 아님을 보였다. 세 연구는 두 번째 분산이 첫 번째 분산에 비하여 각각 22%, 19%, 10.7% 큰 것으로 추정하였다.

이런 결과는 거래가 이루어질 때 시장에 전달되는 정보가 많다는 것으로 설명된다고 주장하기 쉽다. 그러나 롤의 연구(1984)는 이런 설명을 지지하지 않는다. 롤은 오렌지주스선물의 가격을 관찰하였다. 오렌지주스선물 가격에 가장 중요한 뉴스는 기후에 관한 뉴스이고, 이 뉴스는 어느 요일에 편중해서 발표되지 않는다. 롤이 앞에서 주식에 했던 것과 유사한 분석을 했을 때 두 번째(월요일부터 금요일까지) 분산이 첫 번째 분산의 단 1.54배에 지나지 않음을 발견하였다.

이런 결과로부터 유일한 합리적인 결론은 변동성이 상당 부분 거래 자체에 의해 야기된다는 것이다(거래자는 보통 이 결론을 쉽게 받아들인다!).

15.5 블랙-숄즈-머튼 미분방정식의 개념

블랙-숄즈-머튼의 미분방정식은 무배당주식에 기초하는 모든 파생상품 가격이 만족시켜야하는 방정식이다. 이 식은 다음 절에서 도출하기로 한다. 여기서는 우리가 이용하고자 하는 논리의 속성을 고려하기로 한다.

블랙-숄즈-머튼의 분석은 13장에서 주가의 변화가 이항분포를 따름을 가정할 경우 옵션의 가치를 평가할 때 사용했던 논리, 즉 차익거래기회가 존재하지 않는다고 가정한 분석(no-arbitrage argument)과 유사하다. 이는 파생상품과 주식에의 포지션으로 무위험 포트폴리오를 구성하는 것을 포함한다. 차익거래기회가 존재하지 않는 경우 이 무위험 포트폴리오의 수익률은 무위험이자율 r이어야 한다. 이는 옵션이 만족시켜야 하는 미분방정식(differential equation)으로 유도된다.

무위험 포트폴리오를 구성할 수 있는 이유는 주가와 옵션가격이 모두 같은 불확실성, 즉 주가변화에 의하여 영향을 받기 때문이다. 매우 짧은 기간 동안 파생상품의 가격은 기초주식의 가격과 완전한 상관관계(perfect correlation)를 갖는다. 주식과 파생상품을 이용하여 적절히 포트폴리오를 구성하면, 주식 포지션에서의 이익(손실)은 파생상품 포지션에서의 손실(이익)을 정확히 상쇄하므로 짧은 기간 후 포트폴리오의 전체 가치를 확실히 알 수 있다.

예를 들어 어느 시점에서 주가의 작은 변화 ΔS와 이로 인한 유러피언콜옵션 가격의 작은변화 Δc간

그림 14.2 콜옵션 가격과 주가와의 관계(현재 주가는 S_0).

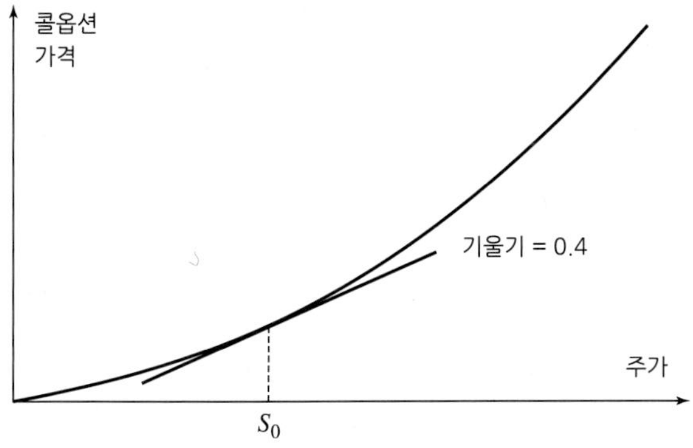

에 다음의 관계가 성립한다고 하자.

$$\Delta c = 0.4\,\Delta S$$

c와 S의 관계를 나타내는 선의 기울기는 [그림 15.2]에서 알 수 있듯이 0.4이다. 무위험 포트폴리오는 다음과 같이 구성된다.

1. 주식 40주를 매입
2. 콜옵션 100개를 매도

예를 들어 주가가 10센트 상승한다고 가정하자. 옵션가격은 4센트 상승하고, 주식에서 40 × 0.1 = 4달러의 이익은 옵션매도 포지션에서의 100 x 0.04 = 4달러의 손실과 동일하다.

블랙-숄즈-머튼의 분석과 13장에서 설명한 이항분포 모형에 의한 분석 간에는 중요한 하나의 차이점이 있다. 블랙-숄즈-머튼의 분석에서 주식과 파생상품으로 구성된 포지션은 아주 짧은 기간 동안만 무위험상태로 존재하게 된다(이론적으로는 오직 순간적으로만 무위험상태이다). 무위험상태를 계속 유지하기 위해서는 포지션을 계속 조정해야 한다.[5] 예를 들어 우리의 예에서 Δc 와 ΔS 간의 관계가 현재는 $\Delta c = 0.4\,\Delta S$ 이지만 2주일 후에는 $\Delta c = 0.5\,\Delta S$로 변할 수 있다. 이 경우 매도한 콜옵션 100개당 추가로 주식 10주를 매입해야 무위험상태를 유지할 수 있다. 그럼에도 불구하고 아주 짧은 기간 동안의 무위험 포트폴리오의 수익률은 무위험이자율이다. 이 점이 블랙-숄즈 논리의 핵심이며, 이에 근거하여 그들의 옵션가격 결정모형이 성립한다.

주요 가정

블랙-숄즈-머튼의 미분방정식을 유도하는데 사용했던 가정은 다음과 같다.

1. 주가는 14장에서 설명한 과정을 따른다(μ와 σ는 일정하다).

5 포트폴리오를 재조정하는 문제는 19장에서 자세히 설명하기로 한다.

2. 증권의 공매(short selling)가 허용되며 공매대금은 전액 사용할 수 있다.
3. 거래비용과 세금은 없다. 모든 증권은 완벽하게 분할될(perfectly divisible) 수 있다.
4. 파생상품이 만기에 이를 때까지 배당은 없다.
5. 무위험 차익거래기회는 존재하지 않는다.
6. 증권의 거래는 연속적으로 이루어진다.
7. 무위험이자율 r은 일정하며 모든 만기에 대하여 일정하다.

나중에 설명하겠지만 일부의 가정은 완화(relax)될 수 있다. 예를 들어 σ와 r이 시간의 함수로가정될 수 있다. 또한 옵션만기일에서의 주가분포가 여전히 대수정규분포라는 가정하에서 이자율이 확률적이 되도록 허용할 수도 있다.

15.6 블랙-숄즈-머튼의 미분방정식의 유도

이 절에서 기호는 이 책의 다른 장에서의 기호와 다르다. 우리는 현재 시점이 아니라 일반적 시점인 t에서의 파생상품의 가격을 고려한다. 만일 T가 만기일이면 만기일까지의 기간은 $T-t$이다.
주가변화 과정은 14장 3절에서 전개한 과정으로 다음과 같다.

$$dS = \mu S\,dt + \sigma S\,dz \tag{15.8}$$

f가 S에 기초하는 콜옵션 또는 다른 파생상품의 가격이라고 가정하자. 변수 f는 S와 t의 함수여야 한다. 따라서 식 (15.14)로부터 아래와 같이 나타난다.

$$df = \left(\frac{\partial f}{\partial S}\mu S + \frac{\partial f}{\partial t} + \tfrac{1}{2}\frac{\partial^2 f}{\partial S^2}\sigma^2 S^2\right)dt + \frac{\partial f}{\partial S}\sigma S\,dz \tag{15.9}$$

식 (15.8)과 식 (15.9)를 이산적(discrete) 변화에 기초하여 다시 쓰면 다음과 같다.

$$\Delta S = \mu S\,\Delta t + \sigma S\,\Delta z \tag{15.10}$$

$$\Delta f = \left(\frac{\partial f}{\partial S}\mu S + \frac{\partial f}{\partial t} + \tfrac{1}{2}\frac{\partial^2 f}{\partial S^2}\sigma^2 S^2\right)\Delta t + \frac{\partial f}{\partial S}\sigma S\,\Delta z \tag{15.11}$$

여기서 ΔS와 Δf는 짧은 기간 Δt 동안의 S와 f의 변화이다. 14장 6절의 이토정리(Itô's lemma)로부터 f와 S는 동일한 위너과정을 따른다는 것을 알 수 있다. 다시 말해서 식 (15.10)과 식 (15.11)의 $\Delta z\ (=\epsilon\sqrt{\Delta t})$는 동일하다. 주식과 파생상품으로 포트폴리오를 구성함으로써 위너과정은 제거될 수 있다. 위너과정을 제거할 수 있는 적절한 포트폴리오는 다음과 같다.

−1: 파생상품

$+\partial f/\partial S$: 주식

이 포트폴리오의 소유자는 파생상품 1개를 매도하고 주식 주를 매입한 투자자이다. $\partial f/\partial S$를 포트폴리오의 가치라고 정의하자. 정의에 의하여

$$\Pi = -f + \frac{\partial f}{\partial S} S \tag{15.12}$$

Δt 동안의 포트폴리오 가치의 변화 $\Delta\Pi$는 다음과 같다.[6]

$$\Delta\Pi = -\Delta f + \frac{\partial f}{\partial S} \Delta S \tag{15.13}$$

식 (15.10)과 식 (15.11)를 식 (15.13)에 대입하면 다음 식이 유도된다.

$$\Delta\Pi = \left(-\frac{\partial f}{\partial t} - \tfrac{1}{2}\frac{\partial^2 f}{\partial S^2}\sigma^2 S^2\right)\Delta t \tag{15.14}$$

이 식은 Δz를 포함하지 않으므로 포트폴리오는 Δt 동안 무위험상태여야 한다. 앞 절에서의 가정에 의하면 이 포트폴리오는 단기 무위험증권처럼 순간적으로 무위험이자율을 얻어야 한다. 만일 수익률이 무위험이자율보다 높으면 차익거래자(arbitrageur)는 차입하여 이 포트폴리오를 매입함으로써 무위험이익을 얻을 수 있다. 반대로 수익률이 무위험이자율보다 낮으면 차익거래자는 이 포트폴리오를 매도하고 무위험증권에 투자함으로써 무위험이익을 얻을 수 있다. 따라서

$$\Delta\Pi = r\Pi\,\Delta t \tag{15.15}$$

여기서 r은 무위험이자율이다. 식 (15.12)와 식 (15.14)를 식 (15.15)에 대입하면,

$$\left(\frac{\partial f}{\partial t} + \tfrac{1}{2}\frac{\partial^2 f}{\partial S^2}\sigma^2 S^2\right)\Delta t = r\left(f - \frac{\partial f}{\partial S} S\right)\Delta t$$

따라서

$$\frac{\partial f}{\partial t} + rS\frac{\partial f}{\partial S} + \tfrac{1}{2}\sigma^2 S^2 \frac{\partial^2 f}{\partial S^2} = rf \tag{15.16}$$

식 (15.16)은 블랙-숄즈-머튼의 미분방정식이다. 이 식은 기초변수 S에 대해 정의될 수 있는 여러 파생상품에 따라 상응하는 많은 해(solution)를 갖는다. 미분방정식을 풀 때 구해지는 특정 파생상품은 사용되는 경계조건(boundary condition)에 의존한다. 이 경계조건은 S와 t값의 범위 내에서 파생상품의 값을 규정한다. 유러피언콜옵션의 경우, 주요한 경계조건은 다음과 같다.

6 식 (15.16)의 유도는 완전히 엄격하지는 않다. 우리는 식 (15.13)에서 Δt 동안 일어나는 $\partial f/\partial S$의 변화를 무시하는 것을 정당화 할 필요가 있다.

$$f = \max(S - K,\ 0) \quad \text{when } t = T$$

유러피언풋옵션의 경계조건은 다음과 같다.

$$f = \max(K - S,\ 0) \quad \text{when } t = T$$

예제 15.5

무배당주식에 대한 선도계약은 주식에 의존하는 파생상품이다. 따라서 이는 식 (15.16)을 만족시켜야 한다. 식 (5.5)로부터 t시점에서 선도계약의 가치 f는 주가 S를 기준으로 다음과 같다.

$$f = S - Ke^{-r(T-t)}$$

여기서 K는 인도가격이다. 따라서

$$\frac{\partial f}{\partial t} = -rKe^{-r(T-t)}, \qquad \frac{\partial f}{\partial S} = 1, \qquad \frac{\partial^2 f}{\partial S^2} = 0$$

이 값들을 식 (15.16)의 왼쪽 항에 대입하면 다음 식이 나온다.

$$-rKe^{-r(T-t)} + rS$$

이는 rf와 동일하므로 식 (15.16)을 만족시킨다.

영구 파생상품(a perpetual derivative)

주가가 H와 처음으로 같아질 때 고정금액인 Q를 지급하는 영구 파생상품을 고려해보자. 이 경우 특정 S를 위한 파생상품의 가치는 t에 의존하지 않으며 항은 사라지게 되며 편미분방정식(partial differential equation) (15.16)은 상미분방정식(ordinary differential equation)이 된다.

$S < H$가 되는 경우를 가정하자. 파생상품을 위한 경계조건은 $S = 0$이면 $f = 0$이며 $S = H$이면 $f = Q$이다. 간단한 해 $f = QS/H$는 두 경계조건과 미분방정식을 만족시킨다. 따라서 이는 파생상품의 가치가 되어야 한다.

다음으로 $S > H$가 되는 경우를 가정하자. $S = H$일 때 S가 무한대에 접근하고 $f = Q$가 되면서 경계조건들은 이제 $f = 0$이다. 파생상품 가격은 다음과 같다.

$$f = Q\left(\frac{S}{H}\right)^{-\alpha}$$

여기서 α는 양(+)이며 경계조건들을 만족시킨다. 이는 다음의 경우 미분방정식 역시 만족시킨다.

$$-r\alpha + \tfrac{1}{2}\sigma^2\alpha(\alpha + 1) - r = 0$$

또는 $\alpha = 2r/\sigma^2$. 파생상품의 가치는 그러므로 다음과 같다.

$$f = Q\left(\frac{S}{H}\right)^{-2r/\sigma^2} \tag{15.17}$$

문제 15.23은 식 (15.17)이 어떻게 영구 아메리칸풋옵션의 가치를 평가하는데 이용될 수 있는지 보여준다. 26장 2절에서는 기초자산이 q의 수익을 제공하는 경우 어떻게 영구 아메리칸 콜옵션과 아메리칸풋옵션의 가치평가가 될 수 있는지 보여주기 위해 이 분석을 확장시켰다.

거래되는 파생상품의 가격

미분방정식 (15.16)의 해인 함수 $f(S, t)$는 거래될 수 있는 파생상품의 이론적인 가격이다. 만일 그 가격의 파생상품이 존재하면 이 파생상품은 어떤 차익거래기회도 제공하지 않는다. 반대로 함수 $f(S, t)$가 미분방정식 (15.16)을 만족시키지 않는 경우, 이 가격은 거래자에게 차익거래기회를 제공하지 않고는 파생상품의 가격이 될 수 없다.

이 점을 설명하기 위하여 먼저 함수 e^S를 고려해 보자. 이는 식 (15.16)을 만족시키지 않는다. 따라서 이 가격은 주가에 의존하는 파생상품의 가격이 될 수 없다. 만일 가격이 항상 e^S인 파생상품이 존재한다면 차익거래기회가 존재하게 된다. 두 번째 예로 다음 함수를 고려해 보자.

$$\frac{e^{(\sigma^2-2r)(T-t)}}{S}$$

이는 미분방정식을 만족시킨다. 따라서 이론적으로 거래되는 증권의 가격이 될 수 있다(이는 T시점에서 $1/S_T$의 이득을 제공하는 파생상품의 가격이다). 거래되는 파생상품의 다른 예시는 문제 15.11, 15.12, 15.23, 15.29을 참고하라.

15.7 위험중립 가치평가

13장에서 이항분포 모형과 관련하여 위험중립 가치평가를 소개하였다. 이 원칙이 파생상품을 분석하는데 가장 중요한 도구임에는 의심할 여지가 없다. 이는 블랙-숄즈-머튼의 미분방정식 (15.16)의 중요한 속성으로부터 유도된다. 이 속성은 미분방정식이 투자자의 위험선호(risk preference)에 의해 영향받는 어떤 변수도 포함하지 않는다. 방정식에 포함된 변수는 현재의주가, 시간, 주가 변동성 그리고 무위험이자율이다. 모든 변수들은 위험선호와 독립적이다.

만일 미분방정식이 주식의 기대수익률인 μ를 포함하면 이 식은 위험선호로부터 독립적이지 않을 것이다. 왜냐하면 μ는 위험선호에 의해 영향을 받기 때문이다. 투자자들이 위험 회피적일수록 기대수익률 μ는 증가한다. μ가 미분방정식 도출 과정에서 식(equation)에서 빠지게 된다는 것은 다행스러운 일이다.

블랙-숄즈-머튼의 미분방정식이 위험선호와 독립적이므로 다음과 같은 교묘한(ingenious) 논리가 사용될 수 있다. 만일 위험선호가 식에 나타나지 않으면 이는 해(solution)에 영향을 미칠 수 없다. 따라서 어떤 종류의 위험선호도 f를 평가하는데 사용할 수 있다. 특히 모든 투자자들이 위험중립이라는 가장 간단한 가정을 할 수 있다.

모든 투자자가 위험중립인 세계에서 모든 증권의 기대수익률은 무위험이자율 r이다. 왜냐하면 위험중립 투자자는 위험을 감수하면서 프리미엄을 요구하지 않기 때문이다. 위험중립 세계에서 모든 현금흐름의 현재 가치는 기대가치를 무위험이자율로 할인하여 구한다. 따라서 세상이 위험중립이라는 가정은 파생상품의 분석을 대단히 간단하게 만든다.

특정 시점에서 이득을 제공하는 파생상품을 고려해 보자. 이 파생상품은 위험중립 가치평가 원칙을 적용하여 평가할 수 있다. 평가 절차는 다음과 같다.

1. 기초자산의 기대수익률이 무위험이자율 r이라고 가정한다(즉, $\mu = r$이라고 가정).
2. 파생상품의 기대이득을 계산한다.
3. 기대이득을 무위험이자율로 할인하여 현재 가치를 계산한다.

위험중립 가치평가(또는 모든 투자자가 위험중립이라는 가정)는 블랙-숄즈-머튼의 미분방정식의 해를 구하는 인위적인 도구(artificial device)에 지나지 않는다는 것을 이해하는 것이 중요하다. 이렇게 얻어진 해는 투자자들이 위험중립 세계에서만 적용되는 것이 아니라 모든 세계에서 적용된다. 위험중립 세계에서 위험회피 세계로 전환하면 두 가지 일이 발생한다. 즉, 파생상품으로부터의 기대이득과 함께 이 이득에 사용되어야 하는 할인율도 변한다. 그런데 이 두 가지 변화는 항상 정확히 상쇄된다.

주식에 대한 선도계약에의 적용

우리는 5장 7절에서 무배당주식에 대한 선도계약의 가치를 평가하였고, [예제 15.5]에서 선도계약의 가격결정 공식이 블랙-숄즈-머튼의 미분방정식을 만족시킴을 확인하였다. 본 절에서는 위험중립 가치평가로부터 이 가격결정 공식을 유도하기로 한다. 이자율을 r이라 하고 일정하다고 가정하자. 이는 5장에서 했던 가정보다 약간 제한적이다.

인도가격을 K로 하고 인도일이 T시점인 선도계약의 매입포지션을 고려해 보자. [그림 1.2]에 표시되어 있듯이, 인도일에서의 선도계약의 가치는 아래와 같다.

$$S_T - K$$

S_T는 T에서의 주가이다. 위험중립 가치평가의 논리로부터, 현재시점에서 선도계약의 가치는 위험중립 세계인 T시점에서의 기대가치를 무위험이자율로 할인한 것이다. 현재시점에서 선도계약의 가치를 f라고 하면 이는 다음 식이 성립함을 의미한다.

$$f = e^{-rT}\hat{E}(S_T - K)$$

여기서 $\hat{E}$ 는 위험중립 세계에서의 기대치를 의미한다. K가 일정하므로 식은 다음과 같다.

$$f = e^{-rT}\hat{E}(S_T) - Ke^{-rT} \qquad (15.18)$$

주식의 기대수익률 μ는 위험중립 세계에서 r이 된다. 따라서 식 (15.4)로부터

$$\hat{E}(S_T) = S_0 e^{rT} \tag{15.19}$$

식 (15.19)을 식 (15.18)에 대입하면,

$$f = S_0 - Ke^{-rT}$$

이는 식 (5.5)와 일치한다.

15.8 블랙-숄즈-머튼 옵션가격 결정 모형

미분방정식 (15.16)에 대한 가장 유명한 해가 블랙-숄즈-머튼의 유러피언콜옵션과 풋옵션의 가격공식이다. 이 공식은 다음과 같다.

$$c = S_0 N(d_1) - Ke^{-rT} N(d_2) \tag{15.20}$$

$$p = Ke^{-rT} N(-d_2) - S_0 N(-d_1) \tag{15.21}$$

단,

$$d_1 = \frac{\ln(S_0/K) + (r + \sigma^2/2)T}{\sigma\sqrt{T}}$$

$$d_2 = \frac{\ln(S_0/K) + (r - \sigma^2/2)T}{\sigma\sqrt{T}} = d_1 - \sigma\sqrt{T}$$

함수 $N(x)$는 누적정규분포 함수이다. 다시 말해서 이는 표준정규분포 $\varphi(0, 1)$를 따르는 변수가 x보다 작을 확률이다([그림 15.3] 참조). 다른 변수들은 이미 우리가 알고 있는 변수들이다. c와 p는 유러피언콜옵션과 풋옵션 가격, S_0는 현재시점에서의 주가, K는 행사가격, r은 무위험이자율(연속복리), T는 만기, σ는 주가의 변동성이다.

블랙-숄즈-머튼 공식을 도출하는 하나의 방법은 본 장 6절에서 설명한 경계조건(boundary condition)에서 미분방정식 (15.16)의 해를 구하는 것이다.[7] (식 (15.20)의 콜옵션 가격이 미분방정식을 만족시킴을 증명하는 문제 15.17을 참고하라.) 다른 접근방법은 위험중립 가치평가를 이용하는 것이다. 유러피언콜옵션을 고려해 보자. 위험중립 세계에서 만기일에서의 옵션의 기대가치는 다음과 같다.

$$\hat{E}[\max(S_T - K,\ 0)]$$

여기서 $\hat{E}$는 전과 같이 위험중립 세계에서의 기대치이다. 위험중립 가치평가의 논리로부터 유러피언콜옵션의 가치 c는 기대치를 무위험이자율로 할인하여 구한다. 즉,

$$c = e^{-rT}\hat{E}[\max(S_T - K,\ 0)] \tag{15.22}$$

---

7 미분방정식은 일반적인 t시점에서의 콜옵션과 풋옵션 가격을 제공한다. 예를 들어 미분방정식을 만족시키는 콜옵션 가격은 다음과 같다. $c = SN(d_1) - Ke^{-r(T-t)}N(d_2)$ 단,

$$d_1 = \frac{\ln(S/K) + (r + \sigma^2/2)(T - t)}{\sigma\sqrt{T - t}}$$

$$d_2 = d_1 - \sigma\sqrt{T - t}$$

그림 15.3 음영 처리된 부분은 N(x)를 나타낸다.

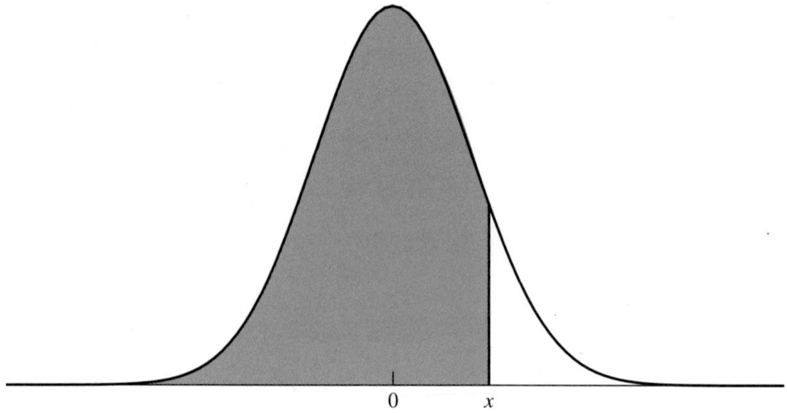

부록은 이 식으로부터 식 (15.20)의 결과가 유도됨을 보여 준다.

무배당주식에 대한 아메리칸콜옵션을 조기행사(early exercise)하는 것이 결코 최적이 아니므로 식 (15.20)으로 무배당주식(11장 5절 참조)에 대한 아메리칸콜옵션의 가격을 구할 수 있다. 불행히도 무배당주식에 대한 아메리칸 풋옵션의 가격을 구하는 정확한 분석적 공식은 유도되지 않았다. 아메리칸 풋옵션의 가치를 구하는 수치화 절차는 21장에서 설명하기로 한다.

블랙-숄즈-머튼 공식이 실제로 사용될 때 이자율 r은 만기가 T인 무위험 무이표채의 수익률과 같게 설정된다. 뒤의 여러 장에 설명되어 있듯이, 이는 r이 시간의 정해진 함수인 경우 이론적으로 정확하다. 이는 T시점에서의 주가가 대수정규분포를 따르고 변동성 계수가 적절하게 선택된다고 가정하면, 이자율이 확률적인 경우에도 이론적으로 정확하다. 앞에서 설명했듯이, 시간은 보통 옵션 잔존 기간 동안의 거래일수를 1년 동안의 거래일수로 나눈 값으로 측정된다.

$N(d_1)$과 $N(d_2)$에 대한 이해

식 (15.20)의 $N(d_2)$ 항은 꽤나 간단한 해석을 갖고 있다. 이 항은 무위험세계에서 콜옵션이 행사될 확률이다. $N(d_1)$ 항은 해석하기 쉽지 않다. $S_0N(d_1)e^{rT}$ 는 행사가격보다 낮은 주가가 0이라고 간주됐을 경우 무위험세계에서 T시점의 기대주가이다. 행사가격은 주가가 K보다 큰 경우에만 지급한다. 방금 언급했듯이 주가가 K보다 클 확률은 $N(d_2)$ 이다. 그러므로 무위험세계에서 기대이익은 다음과 같다.

$$S_0N(d_1)e^{rT} - KN(d_2)$$

T시점의 이익에 대한 0시점에서의 현재가치를 계산하면 유러피안콜옵션을 위한 블랙-숄즈-머튼의 식을 얻을 수 있다.

$$c = S_0N(d_1) - Ke^{-rT}N(d_2)$$

유러피안콜옵션의 가치를 위한 블랙-숄즈-머튼 식의 또 다른 측면을 위해 위의 식이 다음과 같이 쓰일 수 있음에 주목하라.

$$c = e^{-rT}N(d_2)[S_0e^{rT}N(d_1)/N(d_2) - K]$$

위 식의 항들은 다음과 같은 해석을 갖는다.

e^{-rT} : 현재가치 계수
$N(d_2)$: 행사확률
$S_0e^{rT}N(d_1)/N(d_2)$: 무위험세계에서 옵션이 행사될 경우의 기대주가
K : 옵션이 행사될 경우 지급해야하는 행사가격

블랙-숄즈-머튼 공식의 속성

극단적인 상황을 가정한 후 결과를 분석함으로써 블랙-숄즈 공식의 일반적인 속성을 살펴보자.
주가 S_0 가 매우 높은 경우, 콜옵션을 행사할 것은 거의 확실하다. 따라서 콜옵션은 인도가격을 K로 하는 선도계약과 매우 유사하다. 이런 경우에 식 (5.5)를 이용하면 콜옵션 가격은 다음과 같음을 짐작할 수 있다.

$$S_0 - Ke^{-rT}$$

이는 식 (15.20)에서 계산한 콜옵션 가격과 일치한다. 왜냐하면 S_0 가 매우 높을 경우 d_1과 d_2는 매우 큰 값을 가지며 $N(d_1)$과 $N(d_2)$는 1.0에 접근하기 때문이다. 주가가 매우 높은 경우, 유러피언풋옵션의 가격 p는 0에 접근한다. 이것은 식 (15.21)과 일치한다. 왜냐하면 $N(d_1)$과 $N(d_2)$는 모두 0에 아수 가까워지기 때문이다.

변동성 σ가 0에 접근하는 경우를 고려해 보자. 주식은 거의 무위험상태가 되므로 가격은 r로 성장하여 T시점에서 S_0e^{rT}가 된다. 콜옵션으로부터의 이득은 다음과 같다.

$$\max(S_0e^{rT} - K, 0)$$

이를 r로 할인하면 현재시점에서의 콜옵션의 가치는 다음과 같다.

$$e^{-rT}\max(S_0e^{rT} - K, 0) = \max(S_0 - Ke^{-rT}, 0)$$

이것이 식 (15.20)과 일관성이 있음을 보이기 위하여 먼저 $S_0 > Ke^{-rT}$인 경우를 고려해 보자. 이는 $\ln(S_0/K) + rT > 0$를 의미한다. σ이 0에 접근함에 따라 d_1과 d_2는 $+\infty$에 접근하고, 따라 $N(d_1)$과 $N(d_2)$은 1.0에 접근하므로 식 (15.20)은 다음과 같다.

$$c = S_0 - Ke^{-rT}$$

$S_0 < Ke^{-rT}$이면, 이는 $\ln(S_0/K) + rT < 0$를 의미한다. σ이 0에 접근함에 따라 d_1과 d_2는 $-\infty$에 접근하고, 따라서 $N(d_1)$과 $N(d_2)$는 0에 접근하므로 식 (15.20)에 의하면 콜옵션 가격은 0이다. 따라서 σ

이 0에 접근함에 따라 콜옵션 가격은 항상 $\max(S_0 - Ke^{-rT},\ 0)$이다. 마찬가지로 σ이 0에 접근함에 따라 풋옵션 가격 역시 항상 $(Ke^{-rT} - S_0,\ 0)$이다.

15.9 누적정규분포 함수

식 (15.20)과 (15.21)을 적용할 때, 누적정규분포 함수(cumulative normal distribution function) $N(x)$을 평가하는 것이 필요하다. $N(x)$의 표는 본 서 끝에 첨부되어 있다. 엑셀에서 NORMSDIST 함수는 $N(x)$ 값을 계산한다. 엑셀의 NORMDIST 함수를 이용하면 $N(x)$을 쉽게 계산할 수 있다.

예제 15.6

현재 주가는 42달러, 행사가격은 40달러, 무위험이자율은 연 10%, 변동성은 연 20%, 만기는 6개월이다. 즉, $S_0 = 42,\ K = 40,\ r = 0.1,\ \sigma = 0.2,\ T = 0.5$이다.

$$d_1 = \frac{\ln(42/40) + (0.1 + 0.2^2/2) \times 0.5}{0.2\sqrt{0.5}} = 0.7693$$

$$d_2 = \frac{\ln(42/40) + (0.1 - 0.2^2/2) \times 0.5}{0.2\sqrt{0.5}} = 0.6278$$

그리고

$$Ke^{-rT} = 40e^{-0.05} = 38.049$$

유러피언콜옵션의 가치 c는

$$c = 42N(0.7693) - 38.049N(0.6278)$$

유러피언풋옵션의 가치 p는

$$p = 38.049N(-0.6278) - 42N(-0.7693)$$

엑셀의 NORMSDIST 함수를 이용하면

$$N(0.7693) = 0.7791, \qquad N(-0.7693) = 0.2209$$
$$N(0.6278) = 0.7349, \qquad N(-0.6278) = 0.2651$$

따라서

$$c = 4.76, \qquad p = 0.81$$

화폐의 시간가치를 무시하면, 콜옵션의 매입자가 손익분기점(break even)에 도달하기 위해서는 주가가 2.76달러만큼 상승해야 한다. 마찬가지로 풋옵션 매입자가 손익분기점에 도달하기 위해서는 주가가 2.81달러만큼 하락해야 한다.

15.10 신주인수권과 종업원스톡옵션

보통의 콜옵션을 행사하면 기업의 발행주식수에 영향을 미치지 않는다. 만일 옵션의 발행자가 주식을 소유하지 않으면 보통 시장에서 매입하듯이 주식을 매입하여 옵션소유자에게 행사가격에 매도해야 한다. 10장에서 설명했듯이 신주인수권(warrant)과 종업원스톡옵션 (employee stock option)은 행사되면 기업이 주식을 발행하여 행사가격으로 옵션소유자에게 매도해야 한다는 점에서 보통 콜옵션과 상이하다. 만약 행사가격이 시장가격보다 낮으면 이는 기존 주주의 이익을 해치게 된다.

잠재적 희석효과(dilution)가 신주인수권과 종업원스톡옵션의 가치평가에 어떤 영향을 미치는가? 이 질문에 대한 답은 가치평가에 영향을 미치지 않는다는 것이다. 시장이 효율적이면 주가는 모든 신주인수권과 종업원스톡옵션으로부터 발생하는 희석효과를 반영할 것이다. 이는 [실무사례 15.3]에 설명되어 있다.[8]

신주인수권(또는 종업원스톡옵션)을 새로 발행하는 것을 숙고하고 있는 기업의 상황을 고려해 보자. 보상혜택이 없다는 가정하에서 기업이 신주인수권 발행에 따른 비용을 계산하고자 한다고 하자. 기업의 주가는 S_0 이고 발행주식수는 N이고 고려하는 옵션의 수는 M이고 각 옵션은 소유자에게 K의 가격으로 주식 1주를 매입할 수 있는 권리를 부여한다고 가정하자. 현재 기업의 가치는 NS_0 이다. 이 가치는 신주인수권을 발행한다고 해도 변하지 않는다. 신주인수권을 발행하지 않는 경우 신주인수권 만기일에서의 주가가 S_T 라고 가정하자. 이는 신주인수권의 발행과 무관하게 T시점에서 자기자본과 신주인수권의 총가치가 NS_T임을 의미한다.

만일 신주인수권이 행사되면 행사가격이 유입되어 가치가 $NS_T + MK$ 가 된다. 이 가치가 $N + M$주에 배분되므로 신주인수권 행사 후 주가는 다음 가격으로 즉각 변한다.

$$\frac{NS_T + MK}{N + M}$$

따라서 신주인수권이 행사되면 신주인수권 소유자의 이득은 다음과 같다.

$$\frac{NS_T + MK}{N + M} - K$$

또는

$$\frac{N}{N + M}(S_T - K)$$

8 분석가들은 때로는 자기자본의 가치가 아니라 신주인수권과 자기자본의 총가치가 대수정규분포를 따른다고 가정한다. 그 결과 신주인수권의 가치를 신주인수권의 가치로 표현하는 블랙-숄즈 타입의 식이 유도된다. 이 모형에 대한 설명은 www-2.rotman.utoronto.ca/~hull/TechnicalNotes에서 Technical Note 3을 참조한다.

실무사례 15.3 신주인수권, 종업원스톡옵션과 희석효과

주가가 50달러인 주식 100,000주를 발행한 기업을 고려해 보자. 이 기업이 행사가격을 50달러로 하여 종업원에게 스톡옵션 100,000개를 부여한다고 공시하여 시장을 놀라게 하였다고 하자. 만일 주주가 종업원스톡옵션으로부터 혜택(봉급을 줄일 수 있고 경영자 에게 동기부여가 되는 점 등)을 거의 보지 못한다고 시장이 판단하면, 종업원스톡옵션 공시 직후 주가는 하락할 것이다. 만일 주가가 45달러로 하락하면 기존 주주의 희석비용(dilution cost)은 주당 5달러 또는 총 500,000달러가 될 것이다.

만약 기업의 성과가 좋아 3년 후에 주가가 100달러가 되었다고 하자. 또한 모든 옵션이 그 시점에서 행사된다고 가정하자. 종업원의 이득은 옵션 1개당 50달러이다. 주당 100달러인 주식 100,000주가 주당 50달러가 지불된 주식 100,000주와 합쳐지므로, 주가가 75달러로 하락하고 옵션소유자의 이득이 단지 25달러에 지나지 않을 것이라고 생각하기 쉽다. 그러나 이는 논리적이지 않다. 왜냐하면 옵션의 행사는 시장에 의해 예견되었고 이는 이미 주가에 반영되었기 때문이다. 행사된 각 옵션의 이득은 50달러이다.

이 예시는 시장이 효율적이면 경영자스톡옵션 또는 신주인수권 행사에 따른 희석효과가 공시시점에서 주가에 반영되므로 옵션의 가치를 평가할 때 다시 고려할 필요가 없다는 것을 보여 준다.

이는 신주인수권의 가치가 기업주식에 대한 보통 콜옵션

$$\frac{N}{N+M}$$

개의 가치임을 의미한다. 따라서 신주인수권의 총비용은 이 가치에 M을 곱한 값이다. 신주인수권 발행으로부터 기업이 얻는 혜택이 없다고 가정하기 때문에 자기자본의 가치는 신주인수권을 발행하기로 한 결정이 대체로 알려지자마자 옵션의 총비용 만큼 감소할 것이다. 이는 주가가 표준 콜옵션(만기 T, 행사가격 K) 가치에 다음 값을 곱한 만큼 하락함을 의미한다.

$$\frac{M}{N+M}$$

예제 15.7

주가가 40달러인 주식 100만 주가 발행된 기업이 신주인수권 200,000개를 발행할 것을 고려하고 있다(각 신주인수권은 소유자에게 5년 후에 60달러로 주식 1주를 매입할 수 있는 권리를 부여한다). 기업은 이에 따른 비용을 알고자 한다. 이자율은 연 3%이고 변동성은 연 30%이다. 기업은 배당을 지급하지 않는다. 식 (15.20)에 의해 5년 만기 유러피언콜옵션의 가치가 7.04달러이다. 이 경우 $N = 1{,}000{,}000$, $M = 200{,}000$이므로 신주인수권 1개의 가치는 5.87달러이다.

$$\frac{1{,}000{,}000}{1{,}000{,}000 + 200{,}000} \times 7.04 = 5.87$$

신주인수권 발행에 따른 총비용은 200,000 × 5.87 = 1,170,000달러이다. 시장이 신주인수권 발행으로부터 혜택이 없다고 인식하면 주가가 38.83달러로 1.17달러 하락할 것으로 기대된다.

15.11 내재변동성

블랙-숄즈-머튼의 옵션가격 평가모형에 있는 모수(parameter) 중 직접 관찰할 수 없는 것은 주가의 변동성이다. 본 장 4절에서 과거의 주가 자료로부터 변동성을 어떻게 추정할 수 있는지 설명했다. 실제로 거래자들은 내재변동성(implied volatility)을 기준으로 거래한다. 내재변동성은 시장에서 관찰되는 옵션가격에 내재된 변동성을 말한다.[9]

내재변동성이 어떻게 계산되는지 보기 위하여 무배당주식에 대한 콜옵션의 가치가 1.875인 경우를 고려하자. 현재 $S_0 = 21$, $K = 20$, $r = 0.1$, $T = 0.25$이다. 내재변동성은 식 (15.20)을 이용하여 $c = 1.875$를 구할 수 있는 σ의 값이다. 불행히도 식 (15.20)을 변형하여 σ를 S_0, K, r, T, c의 함수로 표현할 수는 없다. 그러나 반복탐색 절차(iterative search procedure) 또는 시행착오법을 이용하여 σ를 구할 수 있다. 먼저 $\sigma = 0.20$을 이용하여 계산한 콜옵션의 가격은 1.76이다. 이 값은 구하는 값보다 낮기 때문에 높은 σ 값을 적용한다. 왜냐하면 σ가 증가함에 따라 콜옵션의 가격이 증가하기 때문이다. $\sigma = 0.30$을 이용하면 콜옵션의 가격은 2.10으로 너무 높다. 이번에는 σ의 값으로 0.20과 0.30 사이의 값인 0.25를 적용한다. $\sigma = 0.25$를 이용하여 계산한 콜옵션의 가격은 1.875보다 크므로 다시 0.20과 0.25 사이의 값을 사용하여 c를 계산한다. 이러한 계산을 반복하면 σ가 취할 수 있는 범위가 절반으로 줄어들게 되고, 결국 원하는 c 값에 상응하는 σ를 구할 수 있다.[10] 이 예에서 내재변동성은 0.235 또는 연 23.5%이다. 아메리칸 옵션의 내재변동성을 계산하는데 유사한 방법이 이항과정에서 사용될 수 있다.

내재변동성은 특정 주식의 변동성에 대한 시장의 의견을 파악하는데도 사용할 수 있다. 역사적 변동성(본 장 4절 참조)이 과거 지향적인데 반하여 내재변동성은 미래 지향적이다. 옵션거래자들은 종종 옵션가격 대신에 옵션의 내재변동성을 공시한다. 내재변동성은 옵션가격보다 변동성이 작은 경향이 있으므로 내재변동성을 공시하는 것이 편리하다. 활발히 거래되는 옵션의 내재변동성은 다른 옵션에 적절한 내재변동성을 추정하는데 이용된다.

VIX 지수

CBOE는 내재변동성 지수를 발표한다. 가장 인기 있는 지수인 SPX VIX는 S&P 500에 대한 30일 만기 옵션의 내재변동성 지수로서 다양한 콜옵션과 풋옵션으로부터 계산된다. VIX는 종종 공포지수(fear factor)라고도 불린다. 지수가 15라는 것은 S&P 500를 대상으로 한 30일 만기 옵션들의 내재변동성이 15%라는 것을 의미한다. 지수가 계산되는 방법에 대한 정보는 26장 15절에 설명되어 있다. VIX에 대한 선물 거래는 2004년에 시작되었으며, VIX에 대한 옵션 거래는 2006년에 시작되었다. 1계약은 지수의 1,000배이다.

---

9 유러피언옵션과 아메리칸옵션의 내재변동성은 DerivaGem에 의해 계산될 수 있다.

10 이 방법은 단지 기본 아이디어를 이해하기 위한 목적으로 제시되었다. 실제로는 뉴턴-랩슨법(Newton-Raphson method)과 같이 보다 효과적인 방법이 이용된다(4장의 각주 3 참조). 내재변동성을 계산하는 데 DerivaGem을 이용할 수 있다.

그림 15.4 VIX 지수(2004년 1월~2010년 7월).

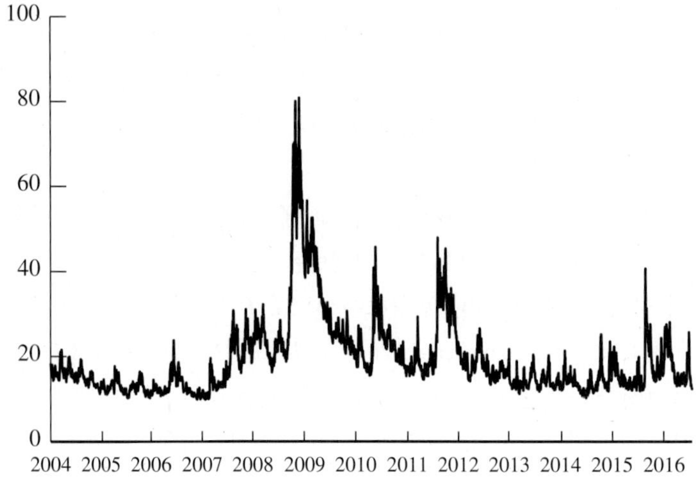

예제 15.8

선물가격이 18.5(30일 만기 S&P 500 변동성 18.5%에 해당)일 때 거래자가 VIX에 대한 4월물 선물계약을 매입하여, 선물가격이 19.3(S&P 500 변동성 19.3%에 해당)일 때 계약을 종료한다고 가정하자. 거래자의 이익은 800달러이다.

S&P 500에 대한 선물 또는 옵션 거래는 S&P 500의 미래 수준과 S&P 500의 변동성에 대한 베팅이다. 반면에 VIX에 대한 선물 또는 옵션 거래는 오직 변동성에 대한 베팅이다. [그림 15.4]는 2004년 1월부터 2016년 7월까지의 VIX 지수를 보여 준다. 2004년부터 2007년 중반까지의 기간에 지수는 10과 20 사이에서 머물렀다. 2007년 하반기에 30에 도달하고, 리만이 파산한 후인 10월과 11월에 기록적으로 80에 도달하였다. 2010년 초반까지 지수는 정상 수준으로 감소하였으나, 2010년 5월과 2011년 하반기에 금융시장의 압박과 불확실성 때문에 다시 급증하였다.

VIX는 S&P 500의 변동성을 감시한다. CBOE는 다양한 다른 변동성 지수들을 만들어낸다. 이는 다른 주가지수, 상품지수, 이자율, 통화, 그리고 몇몇의 개별주식(예를 들면 아마존 그리고 골드만삭스)을 대상으로 한다. 심지어 VIX지수를 위한 변동성 지수도 존재한다.

15.12 배당금

지금까지는 옵션이 기초하는 주식이 배당을 지급하지 않는다고 가정했으나 본 절에서는 배당을 고려하기 위하여 블랙-숄즈-머튼 모형을 수정하기로 한다. 옵션의 만기 동안 지급될 배당금액과 시점을 확실히 예측할 수 있다고 가정하자. 만기가 짧은 옵션의 경우 이는 비합리적인 가정은 아니다(만기가 긴 옵션의 경우 현금배당 대신에 배당수익률을 안다고 가정하는 것이 일반적이다. 그리고 옵션은 17장에 설명된 방법으로 가치가 평가된다. 배당이 지급되는 날을 배당락일이라고 가정해야 한다. 이날에 주가는 배당금만큼 하락한다.[11]

유러피언옵션

주가가 무위험부분(riskless component)과 위험부분(risky component)의 합이라고 가정함으로써 유러피언옵션의 가치를 평가할 수 있다. 무위험부분은 옵션의 만기일까지 지급되는 배당금을 말한다. 어떤 시점에서의 무위험부분은 옵션의 잔존 기간 동안 지급되는 배당금의 현재 가치로서, 배당락일부터 기준 시점까지 무위험이자율로 할인하여 구한다. 옵션이 만기가 되면 배당금이 지급되고, 무위험부분은 더 이상 존재하지 않는다. 따라서 가 주가의 위험부분과 동일하고, σ가 위험부분이 따르는 과정의 변동성이라고 가정하면 블랙-숄즈-머튼 공식은 정확하다.[12]
즉, 주가가 옵션의 잔존 기간 동안 지급되는 모든 배당금의 현재 가치만큼 하락한다고 가정하면 블랙-숄즈-머튼 공식을 이용할 수 있다(여기서 배당금의 현재 가치는 배당락일부터 무위험이자율로 할인하여 구한다). 물론 옵션의 잔존 기간 동안 배당락일이 있는 경우에만 배당금을 고려한다.

예제 15.9

배당락일이 2개월과 5개월 후인 주식에 대한 유러피언콜옵션을 분석해 보자. 배당락일의 배당금은 각각 0.50달러로 기대한다. 현재 주가는 40달러, 행사가격은 40달러, 주가 변동성은 연 30%, 무위험이자율은 연 9%, 만기는 6개월이다. 배당금의 현재 가치는,

$$0.5e^{-0.09\times 2/12} + 0.5e^{-0.09\times 5/12} = 0.9742$$

옵션가격이 블랙-숄즈-머튼 공식에서 $S_0 = 40 - 0.9742 = 39.0258, K = 40, r = 0.09, \sigma = 0.3, T = 0.5$의 값을 이용하여 계산된다.

$$d_1 = \frac{\ln(39.0258/40) + (0.09 + 0.3^2/2)\times 0.5}{0.3\sqrt{0.5}} = 0.2020$$

$$d_2 = \frac{\ln(39.0258/40) + (0.09 - 0.3^2/2)\times 0.5}{0.3\sqrt{0.5}} = -0.0102$$

엑셀의 NORMSDIST 함수를 이용하면,

---

11 세금으로 인해 주가는 현금배당 금액보다 약간 적게 하락한다. 이 현상을 고려하기 위해 옵션가격결정과 관련하여 배당금은 배당에 의해 발생하는 배당락일의 주가하락금액으로 해석할 필요가 있다. 따라서 주당 1달러의 배당이 예상되고 주가가 보통 배당락일에 배당금의 80%만큼 하락한다면 분석 목적상 배당금은 0.80달러로 가정되어야 한다.

12 이는 전체 주가(whole stock price)가 따르는 확률과정의 변동성과 같지는 않다(이론상으로는 이들은 기하 브라운 운동을 따르지 않는다). 위험부분의 변동성은 대략적으로 전체 주가의 변동성에 $S_0/(S_0 - D)$를 곱한 값과 동등하다. 여기서 D는 배당금의 현재 가치이다.

$$N(d_1) = 0.5800, \quad N(d_2) = 0.4959$$

그리고 식 (15.20)에 의해, 콜옵션 가격은 3.67달러이다

$$39.0258 \times 0.5800 - 40e^{-0.09\times0.5} \times 0.4959 = 3.67$$

몇몇의 연구자들은 방금 설명한 접근법이 배당을 지급하는 주식에 대한 유러피안풋옵션 가치계산에 사용되는 경우에 대해 비판해 왔다. 그들은 변동성은 배당의 현재가치를 차감한 주가가 아니라 주가에 적용되어야 한다고 주장한다. 이를 위한 다수의 수치화 절차들이 제시되어 왔다.[13] 역사적 자료로부터 변동성이 추정될 때 이 중 하나의 수치화 절차를 사용하는 것이 타당할지도 모른다. 그러나 실제로는 옵션의 가치평가에 사용되는 변동성은 거의 항상 다른 옵션의 가격에 내재되어 있는 수치를 사용한다. 이러한 내재되어있는 변동성은 20장에서 설명되는 방법에 의해 추정한다. 만약 애널리스트가 암시하는 변동성 그리고 적용하는 변동성을 위해 동일한 모형을 사용한다면 추정된 가격은 정확해야 하며 모형에 고도로 의존적이지 않아야 한다. 실제로 또 다른 중요한 점은 18장에서 설명되듯이 현업에 종사하는 사람들은 주로 유러피안옵션의 가치를 기초자산의 선도가격의 측면에서 평가한다. 이 경우 자산으로부터의 기대되는 수입을 명시적으로 고려하지 않아도 된다. 선도주가(forward stock price)의 변동성은 주가에서 배당의 현재가치를 차감한 변수의 변동성과 동일하다.

우리가 제시한 주가를 두 가지 요소로 나누는 모형은 내적으로 일관적이며 현업에서 널리 사용된다. 우리는 아메리칸옵션의 가치를 평가하는 21장에서도 동일한 모형을 사용할 것이다.

아메리칸옵션

이번에는 아메리칸콜옵션을 고려해 보자. 10장에서 보았듯이, 배당이 없는 경우 아메리칸콜옵션을 만기일 전에 행사하는 것은 결코 최적의 선택이 아니다. 이 논리를 확장하면 배당이 지급되는 경우에도 배당락일 바로 직전에만 권리를 행사하는 것이 최적일 수 있음을 알 수 있다. 만기일까지 n개의 배당락일을 예상하며 배당락일을 $t_1, t_2, \ldots, t_n$, 이라고 가정하자($t_1 < t_2 < \cdots < t_n$). 또한 각 시점에서의 배당금을 $D_1, D_2, \ldots, D_n$ 으로 가정하자.

먼저 마지막 배당락일(즉, t_n 시점) 직전에 권리행사 가능성을 고려해 보자. 만일 t_n시점에서 옵션을 행사하면, 투자자는 다음의 금액을 받는다.

$$S(t_n) - K$$

$S(t)$는 t시점에서의 주가를 의미한다. 만일 옵션을 행사하지 않으면, 주가는 $S(t_n) - D_n$ 으로 하락한다. 식 (11.4)에 의해 옵션가격의 하한선은 다음과 같다.

$$S(t_n) - D_n - Ke^{-r(T-t_n)}$$

따라서 만일 아래의 식이 성립하면

---

13 N. Areal and A. Rodrigues, "Fast Trees for Options with Discrete Dividends," Journal of Derivatives, 21, 1 (Fall 2013), 49-63.

$$S(t_n) - D_n - Ke^{-r(T-t_n)} \geqslant S(t_n) - K$$

즉,

$$D_n \leqslant K\left[1 - e^{-r(T-t_n)}\right] \tag{15.23}$$

t_n시점에서 권리행사를 하는 것이 최적일 수 없다. 반면에 주가가 따르는 확률과정에 대한 합리적 가정 하에서 아래의 식이 성립하면

$$D_n > K\left[1 - e^{-r(T-t_n)}\right] \tag{15.24}$$

$S(t_n)$ 이 매우 높은 경우 t_n 시점에서 권리행사를 하는 것이 항상 최적이다. 마지막 배당락일이 옵션의 만기일에 상당히 가깝고(즉, $T - t_n$ 이 작고) 또한 배당금이 클 경우에는 식 (15.24)이 성립할 가능성이 가장 크다.

이번에는 마지막에서 2번째 배당락일, 즉 t_{n-1} 시점을 고려해 보자. 만일 t_{n-1} 시점에서 옵션을 행사하면 소유자는 다음의 금액을 받는다. t_{n-1} 시점에서 옵션을 행사하지 않으면 주가는 $S(t_{n-1}) - D_{n-1}$ 으로 하락하게 되고, 이후 옵션을 가장 빨리 행사할 가능성이 있는 시점은 t_n 시점이다. t_{n-1} 시점에서 옵션을 행사하지 않으면 식 (11.4)에 의해 옵션가격의 하한선은 다음과 같다.

$$S(t_{n-1}) - D_{n-1} - Ke^{-r(t_n-t_{n-1})}$$

따라서 나음의 관계기 성립하면

$$S(t_{n-1}) - D_{n-1} - Ke^{-r(t_n-t_{n-1})} \geqslant S(t_{n-1}) - K$$

또는

$$D_{n-1} \leqslant K\left[1 - e^{-r(t_n-t_{n-1})}\right]$$

t_{n-1}시점 직전에 권리행사를 하는 것은 최적이 아니다. 같은 논리로 n보다 작은 어떤 i에 대해서 다음의 관계가 성립하면

$$D_i \leqslant K\left[1 - e^{-r(t_{i+1}-t_i)}\right] \tag{15.25}$$

t_i시점 직전에 권리행사를 하는 것은 최적이 아니다.
식 (15.25)은 대략 다음과 같다.

$$D_i \leqslant Kr(t_{i+1} - t_i)$$

K가 현재의 주가에 매우 가깝다고 가정하면, 이 부등식은 배당수익률이 무위험이자율보다 작을 때 만족된다. 이것은 자주 사실이다.

이러한 분석을 통하여 내릴 수 있는 결론은 대부분의 경우 만기일 전에 아메리칸콜옵션의 권리행사

를 고려할 시점은 오직 마지막 배당락일인 시점 직전뿐이라는 것이다. 또한 식 (15.25)이 성립하면서($i = 1, 2, \ldots, n-1$) 동시에 식 (15.23)도 성립하면 만기일 전 권리행사가 결코 최적이 아니며 아메리칸옵션은 유러피안옵션처럼 다룰 수 있다고 결론지을 수 있다.

블랙의 근사치추정법

블랙은 콜옵션의 조기행사를 고려할 수 있는 대략적인 방법을 제안하였다.[14] 이는 본 절 앞부분에서 설명했듯이, T와 t_n 시점에서 만기가 되는 유러피언옵션의 가격을 계산하고 두 가격 중 높은 가격을 아메리칸옵션 가격으로 정하는 것이다. 이 대략적인 방법은 대부분의 경우 비교적 정확하다.[15] 이는 사실상 옵션 보유자가 0시점에 옵션을 T 또는 t_n 시점에 행사할 것인지 결정해야만 한다고 가정하기 때문에 근사치에 해당한다.

요약

본 장은 13장에서 소개한 주가변화 과정의 속성을 분석하는 것으로 시작하였다. 이 과정은 오늘 가격에 기초한 미래의 주가는 대수정규분포를 따른다는 것을 의미한다. 또한 이 과정은 일정기간 동안 주식으로부터 실현된 연속복리 수익률이 정규분포를 따른다는 것을 의미한다. 미래 주가에 대한 불확실성은 먼 미래일수록 증가한다. 주가에 자연로그를 취한 값의 표준편차는 예측하는 기간의 제곱근에 비례한다.

실증적으로 주가의 변동성 σ를 추정하려면 주가를 일정한 간격으로(예를 들어 매일, 매주, 매월) 관찰해야 한다. 매 기간마다 기말주가를 기초주가로 나눈 비율의 자연로그 값을 계산할 수 있다. 변동성은 자연로그 값들의 표준편차를 연 단위로 표시한 기간의 제곱근으로 나누어 구한다. 변동성을 계산할 때는 일반적으로 비거래일을 무시한다.

주식에 기초하는 모든 파생상품의 가격이 만족시켜야 하는 미분방정식은 옵션과 주식에 무위험포지션을 구성함으로써 유도될 수 있다. 파생상품의 가격과 주식의 가격은 모두 동일한 원천의 불확실성에 의존하므로 항상 무위험포지션을 구성할 수 있다. 구성된 무위험포지션은 아주 짧은 기간 동안만 무위험상태로 존재한다. 그러나 무위험포지션의 수익률은 항상 무위험이자율이어야 한다. 그렇지 않으면 차익거래기회가 존재하기 때문이다.

주식의 기대수익률은 블랙-숄즈-머튼의 미분방정식에 나타나지 않는다. 이는 위험중립 가치평가로 알려진 아주 유용한 결과를 유도한다. 이 결과는 주가에 의존하는 파생상품의 가치를 평가할 때 우리가 세상이 위험중립이라고 가정할 수 있다는 것을 의미한다. 이는 주식의 기대수익률이 무위험이자율이며 기대이득을 무위험이자율로 할인할 수 있다는 것을 의미한다. 유러피언콜옵션과 풋옵션에 대한 블랙-숄즈-머튼의 가격결정 공식은 미분방정식을 풀거나 또는 위험중립 가치평가를 적용하여 유도할 수

14 F. Black, "Fact and Fantasy in the Use of Options," *Financial Analysts Journal*, 31 (July/August 1975): 36-41, 61-72.

15 롤(Roll), 게스케(Geske), 웨일리(Whaley)가 제안한 방법으로, 배당락일이 오직 한 번 존재하는 경우 아메리칸콜옵션의 가치를 평가할 수 있는 정확한 공식은 www-2.rotman.utoronto.ca/~hull/TechnicalNotes 의 Technical Note 4를 참조한다. 이는 누적 이변량 정규분포함수를 이용한다. 이 함수를 계산하는 절차는 Technical Note 5를 참조한다. 누적 이변량 정규분포를 계산할 수 있는 워크시트 역시 저자의 웹사이트에 있다.

있다.

내재변동성은 블랙-숄즈-머튼의 옵션 가격결정 공식과 사용될 때 옵션의 시장가격을 계산해주는 변동성을 말한다. 거래자들은 내재변동성을 주시한다. 거래자들은 자주 가격 대신 옵션의 내재변동성을 공시한다. 그들은 활발히 거래되는 옵션가격에서 계산한 내재변동성을 이용하여 다른 옵션의 변동성을 추정하는 절차를 개발하였다.

블랙-숄즈-머튼의 가격결정 공식을 쉽게 확장하여 배당을 지급하는 주식에 대한 유러피언콜옵션과 풋옵션의 가격을 결정할 수 있다. 하나의 방법은 블랙-숄즈-머튼의 공식을 이용하되, 옵션의 만기일까지 예상하는 배당금의 현재 가치만큼 주가를 하락시키고, 또한 배당금의 현재 가치만큼 주가에서 차감한 후 이 부분의 변동성을 이용하는 것이다.

이론적으로 아메리칸콜옵션은 어떤 배당락일이든 배당락일 직전에 조기에 행사될 수 있지만 실제로는 마지막 배당락일만 고려할 필요가 있다. 피셔 블랙은 근사치추정법을 제안하였는데, 이 방법은 아메리칸콜옵션의 가격은 다음 두 유러피언콜옵션 가격 중 큰 것과 같다고 하는 것이다. 첫 번째 유러피언옵션은 고려하는 아메리칸옵션과 만기가 같으며 두 번째 유러피언옵션은 고려하는 아메리칸옵션의 만기일 이내에 있는 배당락일 중 마지막 배당락일 직전에 만기가 되는 옵션이다.

참고문헌

주가변화의 분포와 관련

Blattberg, R., a nd N. Gonedes, "A Comparison of the Stable and Student Distributions as Statistical Models for Stock Prices," *Journal of Business*, 47 (April 1974): 244-80.

Fama, E. F., "The Behavior of Stock Market Prices," *Journal of Business*, 38 (January 1965): 34-105.

Kon, S. J., "Models of Stock Returns-A Comparison," *Journal of Finance*, 39 (March 1984): 147-65.

Richardson, M., and T. Smith, "A Test for Multivariate Normality in Stock Returns," *Journal of Business*, 66 (1993): 295-321.

블랙-숄즈-머튼의 분석과 관련

Black, F. "Fact and Fantasy in the Use of Options and Corporate Liabilities," *Financial Analysts Journal*, 31 (July/August 1975): 36-41, 61-72.

Black, F. "How We Came Up with the Option Pricing Formula," *Journal of Portfolio Management*, 15, 2 (1989): 4-8.

Black, F., and M. Scholes, "The Pricing of Options and Corporate Liabilities," *Journal of Political Economy*, 81 (May/June 1973): 637-59.

Merton, R. C., "Theory of Rational Option Pricing," *Bell Journal of Economics and Management Science*, 4 (Spring 1973): 141-83.

위험중립 가치평가에 관련

Cox, J. C., and S. A. Ross, "The Valuation of Options for Alternative Stochastic Processes," *Journal of Financial Economics*, 3 (1976): 145-66.

Smith, C. W.", Option Pricing: A Review,"*Journal of Financial Economics*, 3 (1976): 3-54.

변동성의 원인에 관련

Fama, E. E., "The Behavior of Stock Market Prices," *Journal of Busienss*, 38 (January 1965): 34-105.

French, K. R. "Stock Returns and the Weekend Effect," *Journal of Financial Economics*, 8 (March 1980): 55-69.

French, K. R., and R. Roll, "Stock Return Variances: The Arrival of Information and the Reaction of Traders," *Journal of Financial Economics*, 17 (September 1986): 5-26.

Roll R." Orange Juice and Weather," *American Economic Review*, 74, 5 (December 1984): 861-80.

연습문제

15.1. 블랙-숄즈-머튼의 옵션가격 모형은 1년 후 주가의 확률분포에 대하여 어떤 가정을 하는가? 또한 1년 동안 주가의 연속복리 수익률에 대해서는 어떤 가정을 하는가?

15.2. 주가의 변동성이 연 30%이다. 거래일 기준 주가변화율의 표준편차는?

15.3. 위험중립 가치평가 원칙을 설명하라.

15.4. 현재 주가는 50달러, 무위험이자율은 연 10%, 변동성은 연 30%이다. 만기가 3개월이고 행사가격이 50달러인 유러피언풋옵션의 가격을 계산하라(무배당주식으로 가정할 것).

15.5. 문제 15.4에서 2개월 후에 1.5달러의 배당금이 예정된다면 유러피언풋옵션의 가격은 얼마인가?

15.6. 내재변동성은 무엇인가? 내재변동성은 어떻게 계산되는가?

15.7. 현재 주가는 40달러이다. 주식의 기대수익률은 연 15%이고, 변동성은 연 25%이다. 2년 동안의 연속복리 수익률의 확률분포는?

15.8. 주가가 기대수익률이 16%, 변동성이 35%인 기하 브라운 운동을 따른다고 가정하자. 현재 주가는 38달러이다.

(a) 만기가 6개월이고 행사가격이 40달러인 유러피언콜옵션이 행사될 가능성은?

(b) 만기가 6개월이고 행사가격이 40달러인 유러피언풋옵션이 행사될 가능성은?

15.9. S_T의 95% 신뢰구간이 다음의 두 값 사이임을 증명하라.

$$S_0e^{(\mu-\sigma^2/2)T-1.96\sigma\sqrt{T}} \text{ and } S_0e^{(\mu-\sigma^2/2)T+1.96\sigma\sqrt{T}}$$

15.10. 포트폴리오의 매니저가 지난 10년 동안 매년 실현한 수익률의 평균이 연 20%라고 발표했다. 어떤 관점에서 이 발표가 투자자를 현혹할 수 있는가?

15.11. 무배당주식의 기대수익률을 μ로 그리고 변동성을 σ로 정의하자. 금융기관이 T시점에서의 금액을 지급하는 파생증권을 거래할 것이라고 발표하였다(S_T 는 T시점에서의 주가를 말한다).

(a) 위험중립 가치평가 원칙을 적용하여 t시점에서의 증권가격을 계산하라(t시점에서의 주가는 S이다).

(b) 당신이 구한 가격이 미분방정식 (15.16)을 만족시킴을 확인하라.

15.12. T시점에서 S_T^n의 이득을 지급하는 파생상품을 고려해 보자(S_T 는 T시점에서의 주가). 주가가 기하 브라운 운동을 따르면 t시점에서($t \leqslant T$) 파생상품의 가격은 다음과 같다. $h(t, T)S^n$ 여기서 S_T 는 t시점에서의

주가이고, h는 t와 T만의 함수이다.

(a) 이를 블랙-숄즈의 편미분방정식에 대입하여 $h(t, T)$가 만족시켜야 하는 일반적인 미분방정식을 유도하라.

(b) $h(t, T)$의 미분방정식의 경계조건은 무엇인가?

(c) 다음을 증명하라. $h(t, T) = e^{[0.5\sigma^2 n(n-1)+r(n-1)](T-t)}$ 여기서 r은 무위험이자율이고, σ는 주가의 변동성이다.

15.13. 현재 주가는 52달러, 행사가격은 50달러, 무위험이자율은 연 12%, 변동성은 연 30%, 그리고 만기는 3개월이다. 무배당주식에 대한 유러피언콜옵션의 가격은 얼마인가?

15.14. 현재 주가는 69달러, 행사가격은 70달러, 무위험이자율은 연 5%, 변동성은 연 35%, 그리고 만기는 6개월이다. 무배당주식에 대한 유러피언풋옵션의 가격은 얼마인가?

15.15. 현재 주가가 70달러, 행사가격이 65달러, 만기가 8개월, 무위험이자율이 연 10%, 변동성이 연 32%인 경우의 아메리칸콜옵션을 고려해 보자. 3개월과 6개월 후에 1달러의 배당금이 예상된다. 두 배당락일에 옵션을 행사하는 것이 결코 최적이 아님을 증명하라. 또한 DerivaGem을 이용하여 옵션의 가치를 계산하라.

15.16. 무배당주식에 대한 콜옵션의 시장가격이 2.5달러이다. 현재 주가는 15달러, 행사가격은 13달러, 만기는 3개월, 무위험이자율은 연 5%이다. 내재변동성은 얼마인가?

15.17. 본 장의 기호를 이용하여 다음 질문에 답하라.

(a) $N'(x)$는 무엇인가?

(b) $SN'(d_1) = Ke^{-r(T-t)}N'(d_2)$이 성립함을 증명하라($S$는 T 시점에서의 주가).

$$d_1 = \frac{\ln(S/K) + (r + \sigma^2/2)(T-t)}{\sigma\sqrt{T-t}}, \quad d_2 = \frac{\ln(S/K) + (r - \sigma^2/2)(T-t)}{\sigma\sqrt{T-t}}$$

(c) $\partial d_1/\partial S$과 $\partial d_2/\partial S$를 계산하라.

(d) $c = SN(d_1) - Ke^{-r(T-t)}N(d_2)$인 경우 다음 식이 성립함을 증명하라.

$$\frac{\partial c}{\partial t} = -rKe^{-r(T-t)}N(d_2) - SN'(d_1)\frac{\sigma}{2\sqrt{T-t}}$$

(e) $\partial c/\partial S = N(d_1)$이 성립함을 증명하라.

(f) c가 블랙-숄즈-머튼의 미분방정식을 만족시킴을 증명하라.

(g) c가 유러피언콜옵션의 경계조건을 만족시킴을 증명하라. 즉, t가 T에 접근함에 따라 $c = \max(S - K, 0)$ as $t \to T$이 성립함을 증명하라.

15.18. 콜옵션과 풋옵션의 가치를 계산하는 데 이용하는 블랙-숄즈-머튼 공식이 풋-콜 패리티를 만족시킴을 증명하라.

15.19. 현재 주가가 50달러이고 무위험이자율은 5%이다. 다음은 주식에 대한 유러피언콜옵션의 가격이다. DerivaGem 프로그램을 이용하여 각 옵션의 내재변동성을 구하라(배당금은 없다고 가정). 또한 옵션가격이 블랙-숄즈-머튼 모형과 일관성이 있는지 평가해보라.

행사가격(달러)	만기		
	3개월	6개월	12개월
45	7.0	8.3	10.5
50	3.7	5.2	7.5
55	1.6	2.9	5.1

15.20. 배당을 지급하는 주식에 대한 아메리칸콜옵션의 가격을 블랙의 방법으로 평가할 때 배당금이 한 번만 예정되는 경우도 옵션의 가격을 근사치로밖에 계산할 수 없는 이유를 정확히 설명하라. 또한 블랙의 방법으로 계산한 옵션가격이 실제의 옵션가격을 과대평가하는가 아니면 과소평가하는가?

15.21. 주식에 대한 아메리칸콜옵션을 고려해 보자. 주가는 50달러, 만기는 15개월, 무위험이자율은연 8%, 행사가격은 55달러, 그리고 변동성은 25%이다. 4개월과 10개월 후에 1.5달러의 배당금이 각각 예상된다. 두 배당락일에 옵션을 행사하는 것이 결코 최적이 아님을 설명하라. 그리고 옵션의 가격을 계산하라.

15.22. 유러피언콜옵션이 위험중립 세계에서 행사될 확률이 $N(d_2)$ 임을 설명하라. T시점에서의 주가가 K보다 높으면 100달러를 지불하는 파생상품의 가치는 어떻게 표현될 수 있는가?

15.23. 식 (15.17)의 결과를 이용해 행사가격이 K이고 배당을 하지 않는 주식에 대한 영구 아메리칸풋옵션의 가치를 추정하라. 주가가 H일 때 옵션이 행사되며 행사되며 $H < K$이다. 현재 주가 S는 H보다 크다고 가정하라. 옵션의 가치를 극대화하는 H의 값은 무엇인가? 행사가격이 K인 영구 아메리칸풋옵션의 가치를 추론하라.

15.24. 경영자스톡옵션이 발행되어 있는 기업을 고려해 보자. 옵션의 가치를 평가할 때 희석효과를 고려해야 하는지 설명하라.

15.25. 주가가 50달러이고 발행주식수는 1,000만 주이다. 이 기업은 종업원에게 300만 개의 5년 만기 등가격 콜옵션을 제공하는 것을 고려하고 있다. 옵션이 행사되면 신주가 발행되어야 한다. 주가의 변동성은 25%이고, 무위험이자율은 5%이고 기업은 배당을 지급하지 않는다. 종업원스톡옵션 발행에 따른 비용을 추정하라.

과제물 문제

15.26. 만약 주가의 변동성이 연 18%라면 (a) 1일 (b) 1 주, 그리고 (c) 한달 동안의 가격 변화율 표준편차를 추정하라.

15.27. 현재 주가는 50달러이다. 주식의 기대수익률은 연 18%이고 주가변동성은 연 30%이다. 2년 후 주가의 확률분포는? 이 분포의 평균, 표준편차, 그리고 95%의 신뢰구간을 계산하라.

15.28. 지난 15주 동안의 매주 말 주가가 다음과 같다고 하자.

30.2, 32.0, 31.1, 30.1, 30.2, 30.3, 30.6, 33.0, 32.9, 33.0, 33.5, 33.5, 33.7, 33.5, 33.2

주가의 변동성을 추정해 보라. 추정한 변동성의 표준오차는?

15.29. 금융기관이 T시점에서 S_T^2 달러를 지급하는 증권을 발행하려고 한다(S_T^2 는 배당을 지급하지 않는 주식의

T시점에서의 주가).

(a) t시점에서의 주가 S와 다른 변수를 기준으로 위험중립 가치평가를 적용하여 t시점에서의 증권의 가격을 구하라(힌트: 의 기대값은 의 평균과 분산으로부터 계산할 수 있다. 본 장 1절 참조).

(b) 당신이 구한 가격이 식 (15.16)을 만족시킴을 설명하라.

15.30. 현재 주가는 30달러, 무위험이자율은 연 5%, 변동성은 연 25%이다. 무배당주식에 대한 옵션의 행사가격이 29달러이고, 만기는 4개월이다.

(a) 유러피언콜옵션인 경우 옵션의 가격은?

(b) 아메리칸콜옵션인 경우 옵션의 가격은?

(c) 유러피언풋옵션인 경우 옵션의 가격은?

(d) 풋-콜 패리티가 성립하는지 확인하라.

15.31. 문제 15.30에서 설명한 주식이 1.5개월 후에 배당락이 이루어진다고 가정하자. 기대 배당금은 50센트이다.

(a) 유러피언콜옵션의 경우 옵션의 가격은?

(b) 유러피언풋옵션의 경우 옵션의 가격은?

(c) 만일 옵션이 아메리칸콜옵션이면, 옵션이 만기일 전에 행사될 수 있는 조건이 존재하는가?

15.32. 현재 주가가 18달러, 행사가격은 20달러, 만기는 6개월, 변동성은 연 30%, 무위험이자율은 연10%인 경우 아메리칸콜옵션을 고려해 보자. 옵션의 만기일까지 같은 금액의 배당금이 2번 지급될 것으로 예상하며, 배당락일이 2개월과 5개월 후라고 가정하자. 배당금이 40센트일 때 블랙의 근사치추정법과 DerivaGem을 이용하여 옵션의 가치를 계산하라. 상응하는 유러피언옵션보다 큰 가치를 갖기 위해서는 배당금이 얼마나 커야 하는가?

15.33. 부록에서는 다음의 핵심 결과를 이끌어 낸다.

$$E[\max(V - K, 0)] = E(V)N(d_1) - KN(d_2)$$

다음이 성립함을 보여라.

$$E[\max(K - V, 0)] = KN(-d_1) - E(V)N(-d_2)$$

이를 배당을 하지 않는 주식에 대한 유러피안풋옵션의 가격을 위한 블랙-숄즈-머튼의 식을 이끌어내는데 사용하라.

부록

위험중립 가치평가를 이용한 블랙-숄즈-머튼 공식의 증명

뒤의 장에서 이용할 수 있는 주요 결과를 먼저 증명한 후에 블랙-숄즈의 결과를 증명하기로 한다.

주요 결과

V가 대수정규분포를 따르고 $\ln V$의 표준편차가 w이면 다음 식이 성립한다.

$$E[\max(V-K,\ 0)] = E(V)N(d_1) - KN(d_2) \tag{15A.1}$$

단,

$$d_1 = \frac{\ln[E(V)/K] + w^2/2}{w}$$

$$d_2 = \frac{\ln[E(V)/K] - w^2/2}{w}$$

여기서 E는 기대치를 의미한다. (풋옵션을 위한 유사한 결과는 문제 15.33을 참고)

주요 결과의 증명

$g(V)$를 V의 확률밀도함수라고 정의하면 다음 식이 성립한다.

$$E[\max(V-K, 0)] = \int_K^{\infty} (V-K)g(V)\,dV \tag{15A.2}$$

변수 $\ln V$ 는 표준편차가 w인 정규분포를 따른다. 대수정규분포의 속성으로부터 $\ln V$의 평균 m은 다음과 같다.[16]

$$m = \ln[E(V)] - w^2/2 \tag{15A.3}$$

새로운 변수 Q를 다음과 같이 정의하자.

$$Q = \frac{\ln V - m}{w} \tag{15A.4}$$

이 변수는 평균이 0이고 표준편차가 1.0인 정규분포를 따른다. Q의 밀도함수를 $h(Q)$라고 정의하자.

$$h(Q) = \frac{1}{\sqrt{2\pi}} e^{-Q^2/2}$$

식 (15A.2)의 오른쪽 항에서 V에 대한 적분을 Q에 대한 적분으로 전환시키기 위하여 식 (15A.4)를 이

16 증명은 www-2.rotman.utoronto.ca/~hull/TechnicalNotes에서 Technical Note 2를 참조한다.

용하면

$$E[\max(V-K,\ 0)] = \int_{(\ln K-m)/w}^{\infty} (e^{Qw+m} - K)\, h(Q)\, dQ$$

또는

$$E[\max(V-K,\ 0)] = \int_{(\ln K-m)/w}^{\infty} e^{Qw+m} h(Q) dQ - K \int_{(\ln K-m)/w}^{\infty} h(Q) dQ \qquad (15A.5)$$

$e^{Qw+m}h(Q)$는 다음과 같으므로

$$\begin{aligned} e^{Qw+m}h(Q) &= \frac{1}{\sqrt{2\pi}} e^{(-Q^2+2Qw+2m)/2} = \frac{1}{\sqrt{2\pi}} e^{[-(Q-w)^2+2m+w^2]/2} \\ &= \frac{e^{m+w^2/2}}{\sqrt{2\pi}} e^{[-(Q-w)^2]/2} = e^{m+w^2/2} h(Q-w) \end{aligned}$$

식 (15A.5)는 다음과 같이 쓸 수 있다.

$$E[\max(V-K,\ 0)] = e^{m+w^2/2} \int_{(\ln K-m)/w}^{\infty} h(Q-w) dQ - K \int_{(\ln K-m)/w}^{\infty} h(Q) dQ \qquad (15A.6)$$

$N(x)$를 평균이 0이고 표준편차가 1.0인 변수가 x보다 작을 확률이라고 정의하면 식 (15A.6)의 첫 번째 적분은 다음과 같다.

$$1 - N[(\ln K - m)/w - w] = N[(-\ln K + m)/w + w]$$

식 (15A.3)의 m을 대입하면,

$$N\left(\frac{\ln[E(V)/K] + w^2/2}{w}\right) = N(d_1)$$

마찬가지로 식 (15A.6)의 두 번째 적분식은 $N(d_2)$이다. 따라서 식 (15A.6)은 다음과 같다.

$$E[\max(V-K,\ 0)] = e^{m+w^2/2} N(d_1) - KN(d_2)$$

식 (15A.3)의 m을 대입하면, 주요 결과가 도출된다.

블랙-숄즈-머튼의 결과

이번에는 T시점에서 만기가 되는 무배당주식에 대한 콜옵션을 고려해 보자. 행사가격은 K이고 무위험 이자율은 r, 현재 주가는 S_0, 변동성은 σ이다. 식 (14.22)에서 확인할 수 있듯이 콜옵션 가격 c는 다음과 같다.

$$c = e^{-rT}\hat{E}[\max(S_T - K,\ 0)] \tag{15A.7}$$

여기서 S_T 는 T시점에서의 주가이고, $\hat{E}$는 위험중립 세계에서의 기대치를 의미한다. 블랙-숄즈-머튼이 가정한 확률과정하에서 S_T는 대수정규분포를 따른다. 식 (15.3)과 식 (15.4)로부터 $\hat{E}(S_T) = S_0 e^{rT}$ 이고, $\ln S_T$ 의 표준편차는 $\sigma\sqrt{T}$ 이다.

바로 앞에서 증명한 주요 결과로부터 식 (15A.7)은 다음 관계를 의미한다.

$$c = e^{-rT}[S_0 e^{rT} N(d_1) - KN(d_2)] = S_0 N(d_1) - Ke^{-rT} N(d_2)$$

단,

$$d_1 = \frac{\ln[\hat{E}(S_T)/K] + \sigma^2 T/2}{\sigma\sqrt{T}} = \frac{\ln(S_0/K) + (r + \sigma^2/2)T}{\sigma\sqrt{T}}$$

$$d_2 = \frac{\ln[\hat{E}(S_T)/K] - \sigma^2 T/2}{\sigma\sqrt{T}} = \frac{\ln(S_0/K) + (r - \sigma^2/2)T}{\sigma\sqrt{T}}$$

이상이 블랙-숄즈-머튼의 결과이다.

CHAPTER 16

종업원스톡옵션

종업원스톡옵션(employee stock option)은 기업이 자사 종업원에게 부여한, 자사 주식에 대한 콜옵션이다. 이 옵션은 종업원에게 기업의 부에 대한 지분(stake)을 제공한다. 만약 기업이 흥하여 자사 주가가 행사가격을 초과하면 종업원은 옵션을 행사하여 주식을 받은 후 획득한 주식을 시장가격에 매도하여 이익을 얻을 수 있다.

많은 기업들은, 특히 기술기업은 최고의 종업원들을 모을 수 있는 유일한 방법이 대단히 매력적인 스톡옵션 패키지를 제공하는 것이라고 생각했다. 일부 기업은 고위 경영진에만 옵션을 부여했고, 다른 기업은 기업 모든 계층의 종업원에게 옵션을 부여했다. 마이크로소프트사의 경우 모든 직원에게 옵션이 부여되었으며 주가가 오르자 10,000명 이상의 종업원들이 백만장자가 된 것으로 추정된다. 본 장에서 설명될 이유로 종업원스톡옵션의 인기는 최근 몇년간 시들해졌다. (예를 들면 2003년에 마이크로소프트사는 스톡옵션의 사용을 중지하고 대신 종업원에게 자사주식을 제공한다고 선언하였다.) 그러나 전 세계적으로 아직도 많은 기업들이 종업원스톡옵션을 열광적으로 사용하고 있다.

종업원스톡옵션은 신생기업에게 인기가 있다. 종종 이런 기업들은 주요 종업원에게 그들이 확고히 자리잡은 기업에서 얻을 수 있는 만큼을 제공할 자원을 갖지 못한다. 따라서 봉급의 일부를 스톡옵션으로 보완함으로써 이 문제를 해결한다. 만일 기업이 영업을 잘하여 최초 공모주(IPO)를 발행하여 상장하게 되면, 스톡옵션은 매우 가치있게 될 것이다. 일부 새로 설립된 기업들은 여름 방학 동안 일한 학생들에게도 스톡옵션을 부여하였으며, 일부의 경우 학생들에게 수십만 달러의 횡재를 제공하기도 하였다.

이 장은 스톡옵션플랜이 어떻게 작용하며 이 플랜의 인기가 어떻게 회계처리방법에 의해 영향을 받게 되었는지 설명하기로 한다. 또한 이 플랜이 주주와 최고 임원의 이해관계를 일치시키는 데 있어 어떤 역할을 하는지 설명하기로 한다. 또한 스톡옵션의 가치가 어떻게 평가되며 백데이팅(소급) 스캔들에 대해서도 설명하기로 한다.

16.1 계약 내용

스톡옵션의 만기는 길게는 10년 내지 15년이다. 스톡옵션은 거래소시장 또는 장외시장에서 거래되는 일반 옵션과는 다르며 다음과 같은 속성을 갖는다.

1. 스톡옵션이 행사될 수 없는 행사유예기간(vesting period)이 있다. 이 기간은 길게는 4년이다.
2. 행사유예기간 동안에 종업원이 자발적으로 또는 다른 이유로 현직에서 물러나면, 종업원은 옵션에 대한 권리를 상실한다.
3. 행사유예기간이 종료된 후 종업원이 자발적으로 또는 다른 이유로 현직에서 물러나면, 종업원은 외가격 옵션에 대해서는 권리를 상실하지만 내가격 옵션에 대해서는 거의 즉각적으로 권리를 행사해야 한다.
4. 종업원이 스톡옵션을 매도하는 것은 허용되지 않는다.
5. 종업원이 스톡옵션을 행사하면, 기업은 새 주식을 발행하고 그 주식을 행사가격에 종업원에게 매도한다.

조기행사 결정

여기서 네 번째 속성은 중요한 함의를 갖는다. 만일 어떤 이유로든지 종업원이 행사가능옵션(vested option)으로부터 현금이득을 실현하고자 한다면 종업원은 반드시 옵션을 행사하여 기초자산을 매도해야 한다. 종업원은 스톡옵션을 제3자에게 매도할 수 없다. 이로 인해 스톡옵션은 유사한 거래소 콜옵션 또는 장외 콜옵션과 비교하여 조기에 행사되는 경향을 띄게 된다.

무배당 주식에 대한 콜옵션을 고려해 보자. 11장 5절에서 설명했듯이, 만일 이 옵션이 보통의 콜옵션이면 콜옵션은 만기일 전에 결코 행사되지 않아야 한다. 즉, 옵션소유자는 만기일 전에 행사하는 것보다 옵션을 매도하는 것이 항상 유리하다. 스톡옵션의 경우 매도가 불가능하므로 이 논리는 스톡옵션에 적용되지 않는다. 종업원이 옵션으로부터 현금이득을 실현할 수 있는 유일한 방법은 옵션을 행사하여 주식을 매도하는 것이다. 따라서 종업원스톡옵션이 표준옵션 또는 장외옵션이었으면 행사되는 최적 시점보다 훨씬 전에 조기행사되는 것은 특이한 일은 아니다.

종업원이 만기 전에 옵션을 행사한 후 주식을 매도하는 대신에 주식을 보유해야 하는가? 옵션의 행사가격은 만기 동안 일정하며 옵션은 항상 행사가 가능하다고 가정하자. 이 질문에 답하기 위하여 다음 두 옵션, 즉 종업원스톡옵션과 시장에서 매도할 수 있는 동등한 조건의 표준옵션을 고려해 보자. 첫 번째 옵션을 A옵션으로, 두 번째 옵션을 B옵션이라고 하자. 만일 주식이 배당을 지급하지 않으면 우리는 결코 B옵션을 행사하지 않아야 한다. 이는 A옵션을 행사하고 주식을 보유하는 것이 최적이 아님을 의미한다. 만약 종업원이 자신의 회사에 대한 지분(stake)을 유지하기를 원한다면 더 좋은 전략은 옵션을 보유하는 것이다. 이는 행사가격의 지불을 연기하며 11장 5절에서 설명했듯이 옵션의 보험가치(insurance value)를 유지해준다. B옵션을 행사하는 것이 최적인 경우에만 종업원이 A옵션을 만기 전에 행사하고 주식을 보유하는 것이 합리적인 전략이 될 수 있다.[1] 15장 12절에서 설명했듯이, 비교적 큰 배당이 지급되기 직전에만 B옵션을 행사하는 것이 최적이다.

실제로 종업원의 조기행사 행태는 기업별로 매우 상이하다. 일부 기업의 경우에 조기행사하지 않는 문화가 있다. 다른 기업의 경우 종업원은 행사유예기간이 끝나면 옵션이 아주 약간만 내가격에 있더라

1 유일한 예외는 종업원이 투표권을 행사하기 위하여 주식을 소유하길 원하는 경우이다.

도 곧장 옵션을 행사하여 주식을 매도하는 경향이 있다.

16.2 옵션이 주주와 매니저의 이해를 일치시키는가?

자본시장을 신뢰하는 투자자에게 주주와 매니저의 이해가 잘 일치되는 것은 중요하다. 이는 매니저가 주주의 최선의 이익을 위하여 의사결정을 할 유인이 있음을 의미한다. 매니저가 주주의 대리인(agent)이고, 8장에서 설명했듯이 경제학자는 대리인과 주주의 이해가 일치하지 않아 발생하는 손실을 설명하는데 대리인비용(agency cost)이라는 용어를 사용한다.

종업원스톡옵션이 종업원과 주주의 이해를 일치시키는데 일조하는가? 이 질문에 대한 답은 명확하지 않다. 신생기업의 경우 이런 유용한 목적에 효과적이라는 것은 의심할 여지가 없다. 옵션은 주요 주주(대체로 고위 임원이기도 함)가 종업원으로 하여금 긴 시간 일할 수 있도록 유인하는 훌륭한 방법이다. 만일 기업이 성공하면 최초공모주를 발행하게 되고 종업원은 많은 부를 얻게 될 것이다. 그러나 만일 기업이 성공하지 못하면 옵션은 가치가 없다.

가장 논쟁거리가 되는 것은 공기업(publicly traded company)의 고위 임원들에게 부여되는 옵션이다. 미국에서 종업원스톡옵션이 고위 임원 보상액의 50%를 점유하는 것으로 추정된다. 종업원스톡옵션은 때로는"임원의 성과급"으로도 불린다. 만일 기업의 주가가 상승하면 주주는 돈을 벌고 임원은 보상을 받게 된다. 그러나 이는 옵션의 비대칭적인 이득패턴을 무시한 것이다. 만일 기업이 잘 못하면 주주는 손해를 보게 되지만, 임원에게 생기는 일은 그들이 돈을 벌지 못한다는 사실일 뿐이다. 주주와 달리, 임원은 손해를 보지 않는다.[2] 많은 사람들은 더 나은 성과급의 형태가 양도제한조건부주식(restricted stock unit 또는 RSU)이라고 생각한다. 이는 고위 임원에게 기업의 주식을 미래 특정시점(vesting date)에 주식을 보유할 수 있는 권한을 부여한다. 이 경우 임원의 이익과 손실은 다른 주주의 그것과 동일하게 된다. 옵션의 비대칭적인 이득패턴은 고위 임원들이 다른 경우라면 감수하지 않았을 위험을 감수하게 만든다. 이는 기업 주주들을 위하는 것일 수도 아닐 수도 있다.

스톡옵션이 고위 임원에게 제공하는 유혹은 무엇인가? 예를 들어, 3개월 후에 많은 수의 스톡옵션을 행사하여 주식을 매도하려고 하는 임원의 계획을 고려해 보자. 임원은 그 시점에서 좋은 소식을 공시하고자 하는, 심지어는 다른 분기로 순이익을 변경시켜 옵션이 행사되기 전에 주가가 상승할 수 있도록 하는 유혹을 받을 것이다. 반대로, 만일 등가격 옵션이 3개월 후에 임원에게 부여될 예정이면, 임원은 옵션이 부여되기 전에 주가를 하락시키고자 하는 행동을 취할 유혹을 받게 될 것이다. 여기서 설명하는 행동의 유형은 물론 전적으로 수용할 수 없는 행동이고 불법적인 행동이다. 그러나 이 장의 뒤에서 설명하는 백데이팅 스캔들은 일부 임원이 스톡옵션과 관련하여 일을 처리하는 방식이 많이 잘못되었음을 보여준다.

우리가 설명한 부도덕한 행동이 없다고 하더라도 경영자스톡옵션은 임원으로 하여금 장기 성과의

---

2 옵션이 외가격이 되면 기업은 가끔 외가격옵션을 등가격옵션으로 대체한다.' 재가격(repricing)'으로 알려진 이런 행위는 임원의 손익을 주주의 이익과 덜 밀접하게 연관되도록 한다.

희생 하에 단기 이익을 추구하도록 유인하는 효과를 갖기 쉽다. 때로는 심지어 임원이 그렇지 않았으면 부담하지 않을 위험(즉, 주주의 이익에 도움이 되지 않는 위험)을 옵션의 비대칭적인 이득패턴 때문에 감수하기도 한다. 대형 펀드의 매니저는 스톡옵션이 임원 보상의 대단히 큰 부분을 차지하기 때문에 스톡옵션이 그들을 혼란시킬 수 있는 여지가 대단히 많다고 걱정한다. 고위 경영진은 보상의 다른 측면을 고려하는데 많은 시간을 낭비하고, 실제로 기업을 경영하는데 충분한 시간을 투여하지 못할 수 있다.

매니저의 내부 지식과, 결과와 공시에 영향을 미칠 수 있는 능력은 항상 다른 주주에게 불리한 방식으로 거래하도록 하기 쉽다. 이런 문제점을 감소시킬 수 있는 극단적인 제안은 임원으로 하여금 시장에 자사 주식을 매입 또는 매도할 의사를 사전에(아마도 1주일 전에) 공시하도록 요구하는 것이다(일단 거래의사가 공시되면 임원은 이를 준수해야 한다).[3] 이렇게 함으로써 시장은 왜 임원이 거래하는지에 대해 스스로 결론을 내릴 수 있다. 그 결과, 임원이 매입하기 전에 주가가 상승하고 임원이 매도하기 전에 주가가 하락할 수 있다.

16.3 회계적 이슈

종업원스톡옵션은 다른 유형의 보상과 마찬가지로 기업에게는 비용이 되고 종업원에게는 혜택이 된다. 많은 사람에게 명백한 이 점은 실제로 대단히 논쟁적이다. 많은 기업의 임원들은 옵션이 내가격이 되지 않는 한, 가치가 없다고 믿는 것처럼 보인다. 그 결과, 기업이 발행하는 등가격 옵션은 기업에게 비용이 되지 않는다고 주장한다. 현실은, 만일 옵션이 종업원에게 가치있는 것이라면 주주에게는 따라서 기업에게도 비용이 됨에 틀림없다는 것이다. 공짜 점심은 없다. 옵션이 기업에게 비용이 되는 것은 만일 주가가 상승하면 기업은 시장에서 적용되는 가격보다 낮은 가격에 종업원에게 주식을 매도하기로 약속했다는 사실로부터 발생한다.

1995년 전에, 기업이 스톡옵션을 발행할 때 기업의 손익계산서에 계상되는 비용은 내재가치(intrinsic value)였다. 옵션이 발행될 때 대부분의 옵션은 등가격에 있으므로 비용은 영(0)이었다. 1995년에, 회계표준 FAS 123이 채택되었다. 대부분의 사람들은 이 법안이 옵션을 공정가치에 비용처리하도록 요구할 것으로 기대했다. 그러나 끈질긴 로비의 결과, FAS 123의 1995년 버전은 부여된 옵션을 손익계산서에서 공정가치에 비용처리하도록 권장하는데 그쳤다. 즉, 반드시 그렇게 하도록 요구하지 않았다. 만일 손익계산서에서 공정가치로 비용이 계상되지 않으면 기업 계좌(account)의 주석으로 보고해야 한다.

지금의 회계표준은 모든 주식기반 보상의 비용을 손익계산서에서 공정가치로 하도록 변경되었다. 2004년 2월, 국제회계표준위원회(International Accounting Standard Board)는 기업으로 하여금 스톡옵션의 비용처리를 2005년부터 시작하도록 요구하는 IAS 2를 채택하였다. 2004년 겨울, FAS 123은 종업원스톡옵션의 비용처리를 2005년에 시작하도록 요구하는 내용으로 개정되었다.

새로운 회계표준의 효과는 옵션가치를 부여일 기준으로 평가하고, 그 금액을 부여된 연도의 손익계산서에 비용으로 기록하도록 요구하는 것이다. 그리고 부여일 이후에 가치를 평가하는 것은 요구되지

3 만약 임원이 옵션을 행사하여 획득한 주식을 매도하기를 원하면 매도할 의사를 공지해야 하기 때문에 이는 옵션의 행사에 적용된다.

않는다. 옵션이 행사되기까지 또는 만기일에 도달할 때까지 회계연도말에(또는 매 분기에) 재평가되어야 한다고 주장할 수 있다.[4] 이는 기업이 취한 다른 파생상품계약과 동일한 방법으로 스톡옵션을 처리하는 것이다. 만일 옵션이 한 해에서 다음 해로 넘어가면서 가치가 증가하면 더 많은 금액이 비용으로 처리되어야 한다. 만일 가치가 하락하면 순이익이 증가하는 효과가 발생한다.

이 접근방법은 여러 장점을 갖는다. 기업에 부과된 누적비용은 옵션의 실제 비용을 반영한다[옵션이 행사되지 않으면 비용은 영(0)이고 행사되면 옵션 이득이 비용임]. 특정 연도의 비용이 사용된 옵션가격결정 모형에 의해 결정되지만 옵션의 만기 동안의 누적 비용은 영향을 받지 않는다.[5] 따라서 기업이 뒤에서 설명하는 백데이팅을 할 유인을 덜 갖는다고 주장할 수 있을 것이다. 이런 방식으로 회계처리하는 것에 대해 주로 언급하는 단점은 이 방식이 손익계산서에 변동성을 야기시키므로 바람직하지 않다는 것이다.[6]

스톡옵션의 대안들

기업들은 2005년부터 시행된 회계규칙으로 인해 등가격 스톡옵션을 지급하는 전통적 보상계획에 대한 대안을 고려하기 시작했다. 앞서 양도제한조건부주식(RSU)에 대해서는 이미 설명했다. 주식들은 미래 특정시점에 종업원들에게 귀속된다. 많은 기업들은 스톡옵션을 RSU로 대체해왔다. RSU의 변형은 market-leveraged stock unit(MSU)이다. 여기서 종업원은 행사일에 보유하게 되는 주식의 수는 S_T/S_0과 같으며 여기서 S_0은 지급일 당시의 주시이며 S_T는 행사일의 주가이다.[7]

만약 시장 전체가 올라간다면 기업의 성과가 시장보다 좋지 못하더라도 종업원의 스톡옵션 성과는 좋을 것이다. 이 문제를 극복하는 방법은 옵션의 행사가격을 예를 들면 S&P 500에 대한 옵션 행사가격에 연동시키는 것이다. 옵션 부여일에 주가는 30달러이고 S&P 500은 2,000이라고 가정하자. 행사가격은 초기에 30달러로 설정됐다. 만약 S&P 500이 10% 증가해 2,200이 됐다면 행사가격은 10% 증가한 33달러가 될 것이다. 만약 S&P 500이 15% 감소하여 1,700이 됐다면 행사가격은 15% 감소한 25.50달러가 될 것이다. 이러한 효과는 기업의 성과가 S&P 500보다 좋아야 내가격 옵션이 될 수 있다는 것이다. S&P 500을 기준지수로 사용하는 대신 동일 산업군(industry sector) 주식들의 가격지수를 사용할 수도 있다.

16.4 가치평가

회계표준은 기업에게 종업원스톡옵션의 가치를 평가하는 방법을 선택하는데 있어 상당한 자유를 허용

4 J. Hull and A. White, "Accounting for Employee Stock Options: A Practical Approach to Handling the Valuation Issues," *Journal of Derivatives Accounting*, 1, 1 (2004): 3–9

5 흥미롭게도, 옵션이 기업의 신주 발행 대신에 현금으로 결제되면 여기에 제안된 회계처리방법의 적용을 받는다(그러나 현금으로 결제된 옵션과 종업원에게 신주를 매도함으로써 결제되는 옵션 간에 경제적인 차이는 없다).

6 사실 손익계산서는 스톡옵션이 재평가된다면 덜 변동할 것이다, 기업이 잘 하면 경영자스톡옵션을 재평가함으로써 이익이 감소할 것이다. 반대로 기업이 잘 못하면 이익은 증가할 것이다.

7 종종 보유하게 될 주식의 수에 상한과 하한이 존재하기도 하며 와 는 부여일과 행사일 일정 기간 동안의 평균으로 정의되기도 한다. MSU에 대한 분석은 다음의 논문을 참고하라. J. C. Hull and A. White, "The Valuation of Market-Leveraged Stock Units," *Journal of Derivatives*, 21, 3 (Spring 2014): 85-90.

한다. 이 절에서는 몇 가지 대안을 살펴보기로 한다.

"간단한"접근방법

자주 사용하는 접근방법은 옵션의 기대수명(expected life)에 기반을 둔다. 기대수명은 옵션이 행사되거나 만기가 되기 전에 종업원이 옵션을 보유하는 평균시간이다. 기대수명은 종업원의 조기행사 행태에 대한 역사적 자료로부터 추정될 수 있으며, 기대수명은 행사유예기간, 종업원의 이직이 미치는 영향, 종업원스톡옵션이 표준옵션보다 일찍 행사되는 경향(16장 1절에서 설명했음) 등을 반영한다. 블랙-숄즈-머튼 모형이 사용된다(만기 T는 기대수명으로 설정됨). 변동성은 대체로 15장 4절에서 설명한 것처럼 수년간의 역사적 자료로부터 추정된다.

이 방식에서 블랙-숄즈-머튼의 공식을 이용하는 것은 이론적으로 적절하지 않다. 이유는 만기가 T인 유러피언 주식옵션의 가치가 우리가 평가하고자 하는 아메리칸형의 종업원스톡옵션과 동일한 가치를 가져야 할 이유가 없기 때문이다. 그러나 모형에 의한 결과가 전적으로 비논리적이지는 않다. 기업이 종업원스톡옵션의 비용을 보고할 때, 기업은 블랙-숄즈-머튼의 공식에 사용된 변동성과 기대수명에 대해 자주 언급한다.

예제 16.1

기업이 2014년 11월 1일에 임원에게 1,000,000개의 스톡옵션을 부여한다고 하자. 이날의 주가는 30달러이고 옵션의 행사가격도 30달러이다. 옵션의 만기는 10년이고 3년 후에 행사가 가능하다. 이 기업은 지난 10년 동안 유사한 등가격옵션을 발행하였다. 이들 옵션이 행사되거나 종료되기까지의 평균 시간은 4.5년이었다. 따라서 기업은 기대수명을 4.5년으로 사용하기로 결정한다. 지난 5년간의 자료에 기초하여 주가의 장기 변동성은 25%로 예측된다. 향후 4.5년 동안 예상되는 배당금의 현재가치는 4달러로 추정된다4.5년 만기 무이표채 무위험이자율은 5%이다. 옵션은 블랙-숄즈-머튼 모형에 $S_0 = 30 - 4 = 26$, $K = 30$, $r = 5\%$, $\sigma = 25\%$, $T = 4.5$를 대입하여 평가된다. 블랙-숄즈-머튼 가격 공식에 의하면 옵션의 가치는 6.31달러이다. 따라서 손익계산서 상의 비용은 1,000,000 × 6.31 또는 6,310,000달러이다.

이항모형 접근방법

종업원스톡옵션의 가치를 평가하는 보다 세련된 접근방법은 13장에서 설명한 것처럼 이항과정(binomial tree)을 구성하고, 이항과정을 역행할 때 사용하는 규정을 (a) 옵션이 행사 가능한지 여부, (b) 종업원이 회사를 떠날 확률, (c) 종업원이 옵션을 행사할 확률 등을 반영하여 조정하는 것이다. 옵션의 조건은 옵션이 이항과정의 여러 점(node)에서 행사 가능한지의 여부를 결정한다. 종업원의 이직률에 대한 역사적 자료는 각 점에서 옵션이 만기일 전에 행사될 확률 또는 종업원이 화사를 떠남으로 인해 몰수될 확률을 추정하는데 이용될 수 있다. 이항과정의 점에서 종업원이 옵션을 행사할 확률은 측정하기가 더욱 어렵다. 분명히 이 확률은 행사가격에 대한 주가의 비율이 증가함에 따라 그리고 옵션의 만기가 감소함에 따라 증가할 것이다. 만일 충분한 역사적 자료가 확보되면 행사확률을 언급한 두 가지 변수의 함수로, 적어도 대략적으로라도, 추정할 수 있다.

예제 16.2

기업이 만기가 8년이고 3년 후에 행사가 가능한 스톡옵션을 부여한다고 가정하자. 주가와 행사가격은 모두 40달러이다. 주가변동성은 30%이고, 무위험이자율은 5%이고, 기업은 배당을 지급하지 않는다. [그림 16.1]은 4기간 이항모형이 스톡옵션의 가치를 평가하는데 어떻게 이용되는지 보여 준다(이는 설명을 위한 것으로 실제로는 보다 많은 기간이 이용된다). 이 경우 $a = 0.3$, $\Delta t = 2$, $r = 0.05$이므로 13장의 기호를 이용하면 $a = e^{0.05\times2} = 1.1052$, $u = e^{0.3\sqrt{2}} = 1.5285$, $d = 1/u = 0.6543$, and $p = (a - d)/(u - d) = 0.5158$ 이다. "상승할 확률"은 0.5158이고 "하락할 확률"은 0.4842이다. 조기행사가 바람직한 점(node)은 D, G, H의 세 개다(옵션은 B점에서는 행사가 가능하지 않고 만기일 전의 다른 점에서는 옵션이 내가격에 있지 않다). 옵션소유자가 D, G, H에서(그 전에 행사하지 않는다는 가정 하에서) 옵션을 행사할 확률은 각각 40%, 80%, 30%로 추정된다고 가정한다. 종업원이 이직할 확률은 각 기간별로 5%이다. (이는 종업원의 이

그림 16.1 [예제 15.2]에서의 종업원스톡옵션의 가치평가

각 점에서:
위의 숫자 = 기초자산가격
아래 숫자 = 옵션가격
진하게 표시된 가격은 옵션이 조기행사된 결과이다.
행사가격 = 40
기간당 할인요소(discount factor) = 0.9048
기간, dt = 2.0000년, 730.00일
기간당 성장요소(growth factor), a = 1.1052
상승확률, p = 0.5158
기간당 상승폭, u = 1.5285
기간당 하락폭, d = 0.6543

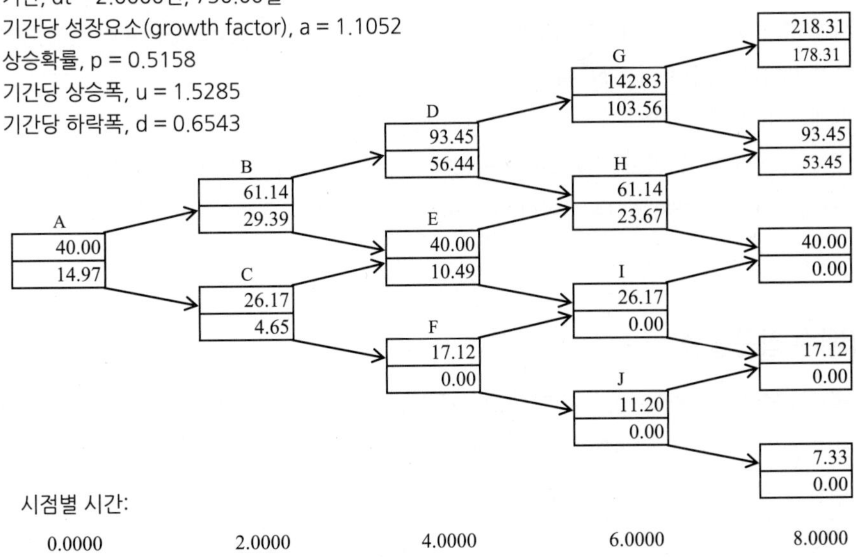

직률이 대략적으로 연2.5%임을 의미한다). 계산 목적 상, 종업원은 항상 기간 말에 이직한다고 가정한다. 만일 옵션이 행사 가능하기 전에 또는 옵션이 외가격에 있을 때 종업원이 이직한다면 옵션은 몰수된다. 다른 경우에 옵션은 즉시 행사되어야 한다.

마지막 점에서 옵션의 가치는 내재가치이다. 6년 후에 있는 점들을 고려해 보자. I점과 J점은 쉽다. 두 점은 옵션의 가치가 0인 점으로 진행되므로 각 점에서의 옵션가치는 0이다. H점에서 종업원이 옵션을 행사할 확률은 5%이다. 따라서 옵션을 행사할 총확률은 3.0 + 0.7 × 0.05 = 0.335이다. 만일 옵션이 행사되면 가치는 61.14 − 40 = 21.14이다. 만일 옵션이 행사되지 않으면 가치는 24.95이다.

$$e^{-0.05\times 2}(0.5158 \times 53.45 + 0.4842 \times 0) = 24.95$$

따라서 H점에서의 옵션가치는 23.67이고,

$$0.335 \times 21.14 + 0.665 \times 24.95 = 23.67$$

유사하게 *G*점에서의 옵션가치는 103.56이다.

$$0.81 \times 102.83 + 0.19 \times 106.64 = 103.56$$

4년 후에서의 점으로 가보자. *F*점에서 옵션가치는 분명히 0이다. *E*점에서 종업원이 이직하기 때문에 옵션이 몰수될 확률이 5%이고 옵션을 보유할 확률이 95%이다. 후자의 경우 옵션가치는 11.05이다.

$$e^{-0.05\times 2}(0.5158 \times 23.67 + 0.4842 \times 0) = 11.05$$

따라서 옵션가치는 0.95 × 11.05 = 10.49이다. *D*점에서 옵션이 행사될 확률은 43%이고 옵션이 보유될 확률은 57%이다. 옵션가치는 56.44이다.

이번에는 최초 시점과 2년 후 시점을 고려해 보자. 이 점들에서는 옵션의 행사가 가능하지 않다. 옵션이 몰수될 확률이 5%이고 향후 2년 동안 보유될 확률이 95%이다. 가치평가는 [그림 16.1]과 같다. 최초 시점에서 옵션가치는 14.97이다(동일한 이항과정을 이용하여 주식옵션의 가치를 평가하면 17.98이다).

행사배수 접근방법

헐(Hull)과 화이트(White)는 옵션이 행사 가능해지고 주가 대 행사가격의 비율이 일정 수준을 넘어서면 종업원이 옵션을 행사하는 단순한 모형을 제안하였다.[8] 그들은 행사를 유발시키는, 행사가격에 대한 주가의 비율을 "행사배수(exercise multiple)"라고 부른다. 옵션은 이항 또는 삼항모형으로 가치가 평가될

8 J. Hull and A.White, "How to value employee stockoptions," Financial Analysts Journal, 60, 1 (January/February 2004): 3–9.

수 있다. 27장 6절에서 설명하듯이, 옵션의 행사를 야기시키는 주가가 나오도록 이항 또는 삼항트리를 구성하는 것이 중요하다. 예를 들어, 행사가격이 30달러이고 주가 대 행사가격의 비율이 1.5일 때, 종업원이 행사한다고 가정하면 트리는 주가가 45달러가 되는 점이 있도록 트리가 구성되어야 한다. 계산은 [예제 16.2]에서와 유사하며 종업원이 이직할 확률을 고려해야 한다.[9] 행사배수를 추정하려면 역사적 자료로부터 행사시점에서의 주가 대 행사가격의 평균 비율을 추정해야 한다(만기일에서의 행사와 종업원의 퇴직으로 인해 발생하는 행사는 평균 계산에서 제외되어야 한다). 기대수명은 주가가 따르는 특별한 과정에 전적으로 의존하므로 기대수명보다 역사적 자료로부터 추정하는 것이 용이하다.

시장기반 접근방법

종업원스톡옵션의 가치를 평가하는 하나의 방법은 시장이 얼마나 지급할 것인가를 확인하는 것이다. 시스코(Cisco)는 2006년에 이 방법을 최초로 시도하였다. 시스코는 종업원스톡옵션과 정확하게 조건이 동일한 옵션을 기관투자자에게 매도하는 것을 제안하였다. 이 접근방법은 SEC에 의해 기각되었는데 이유는 옵션을 매입할 의사가 있는 투자자의 범위가 충분히 넓지 않다는 것이었다.

지온스(Zions Bancorp)는 대안을 제시하였다. 이 회사는 종업원이 실제로 실현하는 이득을 모방하는 증권이 매각된다고 제안하였다. 종업원에게 부여된 옵션의 행사가격이 40달러이고, 종업원의 1%가 주가가 60달러이면 정확히 5년 후에 옵션을 행사하고, 주가가 65달러이면 정확히 6년 후에 2%가 행사하는 식으로 가정하자. 그러면 투자자가 소유하는 증권의 1%는 5년 후에 20달러의 이득을 제공하고, 2%는 6년 후에 25달러의 이득을 제공하고, 이런 식으로 계속 계산된다.

지온스는 이 아이디어를 종업원에게 부여된 자사의 스톡옵션을 이용하여 검증하였다. 지온스는 화란식 경매(Dutch auction)과정을 통하여 증권을 매각하였다. 여기서 개인 또는 기업은 그들이 기꺼이 지불하고자 하는 가격과 매입하고자 하는 옵션의 수를 제출할 수 있다. 결제가격은 그 가격 또는 더 높은 가격에 매입될 총 옵션의 수가 매각할 옵션의 수를 초과하는 경우의 최고가격이다. 결제가격 이상을 제안한 매입자는 결제가격에 주문을 넣고 결제가격을 제시한 투자자는 나머지를 차지한다. 지온스는 2007년 10월에 SEC가 시장기반 접근방법을 승인했다고 발표하였지만 널리 사용되지는 않아오고 있다.

희석효과

종업원스톡옵션이 행사되면 기업이 새 주식을 발행해야 하는데 새 주식은 현재의 주가보다 낮은 가격에 매각되므로 기존 주주에게는 희석효과(dilution)가 발생한다. 이 희석효과는 옵션이 행사되는 시점에서 발생한다고 가정하는 것이 자연스럽다. 그러나 이는 사실이 아니다. 15장 10절에서 설명했듯이, 시장이 스톡옵션을 부여한 사실을 처음 알았을 때 주가는 희석된다. 옵션이 행사될 가능성이 기대되고 이는 즉각 주가에 반영된다. 이 점은 [실무사례 15.3]의 예에서 강조하였다.

스톡옵션부여가 대중에게 공시된 직후에 주가는 희석효과를 반영한다. 이 주가가 옵션가치평가에 이용된다고 가정하면 옵션가격을 희석효과에 대해 조정하는 것은 필요하지 않다. 많은 경우, 시장은 기

9 이 접근방법을 시행하는 소프트웨어는 www-2.rotman.utoronto.ca/~hull에 있음.

업이 스톡옵션을 부여할 것을 기대하고 주식의 시장가치는 심지어 공시되기 전에 희석효과를 반영하기도 한다.
만일 기업이 시장을 놀라게 할 스톡옵션부여를 계획하면 비용은 [예제 15.7]에서 설명한 방법으로 계산될 수 있다. 이 비용은 종업원의 낮은 정규보상과 감소한 종업원 이직률과 같은 혜택과 비교될 수 있다.

16.5 백데이팅 스캔들

백데이팅 스캔들(backdating scandal)에 관해 언급하지 않고 종업원스톡옵션에 대한 설명을 끝낼 수는 없다. 백데이팅은 현재일보다 과거의 날짜로 문서를 작성하는 행위이다.

기업이 주가가 50달러인 4월 30일에 종업원에게 등가격옵션을 부여하기로 결정한다고 가정하자. 만일 4월 3일에 주가가 42달러였으면 옵션이 4월 3일에 부여된 것처럼 행동하고 행사가격으로 42달러를 사용하고자 하는 유혹이 생길 것이다. 옵션을 부여하기로 결정한 날에 옵션이 8달러 내가격에 있다고 기업이 보도하는 것은 합법적이다. 그러나 기업이 옵션을 등가격으로 보고하고 4월 3일에 부여했다고 하는 것은 불법이다. 행사가격이 42달러인 4월 3일에서의 옵션가치는 4월 30일에서의 가치보다 훨씬 작다. 만일 기업이 옵션을 4월 3일에 부여한 것처럼 보도하면 옵션을 부여하기로 한 결정의 진실한 비용에 대해 주주를 오도하게 된다.

백데이팅이 얼마나 만연되어 있는가? 이 질문에 대해 답하기 위해, 분석가들은 기업이 보고하는 옵션부여일에 기업의 주가가 평균적으로 낮은 경향이 있는지 조사하였다. 예맥(Yermack)의 초기 연구에 의하면 주가는 부여일 이후에 상승하는 경향이 있다.[10] 리(Lee)는 예맥의 연구를 확장하여 옵션부여일 전에 주가가 하락하는 경향이 있음을 발견하였다.[11]

이 연구에서는 1993년부터 2002년에 해당하는 고려했다. 연구는 명확히 주가가 보고된 옵션부여일에 주가가 평균적으로 지난 30일 그리고 이후 30일의 주가보다 낮음을 보였다. 연구자들에 의해 이루어진 통계적 검증은 이러한 현상이 우연에 의해 발생할 수 없음을 말해준다. 그의 연구결과에 따라 학자와 감독당국은 백데이팅이 실무에서 공공연히 행해지고 있다고 2002년에 결론지었다. 2002년 8월, SEC는 공기업이 옵션을 부여하면 2영업일 이내에 보고하도록 요구하였다. 헤론(Heron)과 리(Lee)는 부여일 근처의 초과수익률이 급격하게 감소한 것을 발견하였다(특히, 이 규정을 준수해야 하는 기업의 경우 더욱 그러함).[12] 보고된 부여일의 주가는 더 이상 낮지 않았다. 예맥과 리가 발견한 패턴은 매니저가 나쁜 소식 후 또는 좋은 소식 전으로 부여일을 결정함에 따라 발생하는 것으로 주장할 수 있으나, 헤론과 리의 연구는 그 주장이 사실이 아니라는 신빙성있는 증거를 제공한다.

미국에서 불법적으로 옵션부여일을 조정하는 기업의 수는 대단히 많을 것으로 추정된다. 수십 또는 수백 개의 기업이 이런 관행에 참여하는 것으로 보인다. 많은 기업은 1개월까지 백데이팅하는 것이 수

10 D.Yermack, "Good timing: CEO stock option awards and company news announcements," *Journal of Finance*, 52 (1997), 449–476.

11 E.Lie, "On the timing of CEO stock optionawards," *Management Science*, 51, 5 (May 2005), 802–12.

12 R. Heron and E.Lie, "Does backdating explain the stock price pattern around executive stock option grants, *Journal of Financial Economics*, 83, 2 (February 2007), 271–95.

용 가능하다는 견해를 갖는다. 일부 CEO는 백데이팅이 밝혀짐에 따라 사임하였다. 2007년 8월, Brocade Communications System의 그레고리 레예스(Gregory Reyes)는 스톡옵션의 백데이팅으로 인해 기소된 최초의 CEO가 되었다. 전해진 바에 의하면, 레예스는 종업원에게"당신이 적발되지 않으면 백데이팅은 불법이지 않다"고 말했다고 한다. 2010년 6월, 그는 18개월 징역형과 1,500만 달러의 벌금형을 선고받았다.

백데이팅을 한 기업은 지난 재무제표를 수정해야 했으며, 백데이팅 결과 금전적 손실을 보았다고 주장하는 주주가 제기하는 집단소송에서 피고가 되었다. 예를 들어, McAfee는 2007년 12월, 1995년부터 2005년까지의 순이익을 137.4백만 달러만큼 수정한다고 발표했다. 2006년에 이 기업은 소송비용으로 13.8백만 달러를 준비하였다.

요약

2005년까지 등가격 스톡옵션 부여는 대단히 매력적인 형태의 보상이었다. 스톡옵션 부여는 손익계산서에 영향을 미치지 않았으며 종업원에게는 대단히 가치가 컸다. 지금의 회계표준은 스톡옵션이 비용으로 처리되도록 요구한다.

종업원스톡옵션의 가치를 평가하는 방법에는 여러 접근방법이 있다. 공통적인 접근방법은 옵션의 만기를 행사 또는 만료일까지의 기대기간으로 하여 블랙-숄즈-머튼 모형을 이용하는 것이다. 다른 접근방법은 주가 대 행사가격의 비율이 일정 장애물에 도달하자마자 옵션이 행사된다고 가정한다. 세 번째 접근방법은 행사확률, 주가 대 행사가격의 비율, 옵션의 만기간의 관계를 추정하는 방법이다. 네 번째 접근방법은 옵션의 이득을 복제하는 증권에 대한 시장을 만드는 방법이다.

학문적 연구는 많은 기업이 행사가격을 줄이기 위하여 옵션이 등가격에 있다고 여전히 주장하면서, 스톡옵션부여를 백데이팅하는 불법적 관행을 저지르고 있음에 의심할 여지가 없음을 보여 준다. 이런 불법 관행에 대한 첫 번째 기소는 2007년에 이루어졌다.

참고문헌

Carpenter, J., "The Exercise and Valuation of Executive Stock Options," *Journal of Financial Economics*, 48, 2 (May): 127–58.

Core, J.E., and W. R.Guay, "Stock Option Plans for Non-Executive Employees," *Journal of Financial Economics*, 61, 2 (2001): 253–87.

Heron, R., and E.Lie, "Does Backdating Explain the Stock Price Pattern around Executive Stock Option Grants," *Journal of Financial Economics*, 83, 2 (February 2007): 271–95.

Huddart, S., and M.Lang, "Employee Stock Option Exercises: An EmpiricalAnalysis," *Journal of Accounting and Economics*, 21, 1 (February): 5–43.

Hull, J., and A.White, "How to Value Employee StockOptions," *Financial Analysts Journal*, 60, 1 (January February 2004): 3–9.

Lie, E., "On the Timing of CEO Stock Option Awards," *Management Science*, 51, 5 (May 2005): 802–12.

Yermack, D., "Good Timing: CEO Stock Option Awards and Company News Announcements," *Journal of Finance*, 52 (1997): 449–76.

연습문제

16.1. 기업이 2005년 전에 등가격 스톡옵션을 부여하는 것이 매력적이었던 이유는 무엇인가? 2005년에 무엇이 변경되었는가?

16.2. 전형적인 종업원스톡옵션과 거래소 또는 장외시장에서 거래되는 아메리칸콜옵션 간의 주요 차이점은 무엇인가?

16.3. 무배당 주식에 대한 종업원스톡옵션이 종종 만기일 전에 행사되지만 동일 조건의 거래소 콜옵션이 결코 조기행사되지 않는 이유를 설명하라.

16.4. "스톡옵션 부여는 임원으로 하여금 주주의 이익을 위하여 최선을 다하도록 유인하는 효과가 있으므로 유익하다."이 관점을 설명하라.

16.5. "임원에게 스톡옵션을 부여하는 것은 프로축구 선수에게 게임의 결과에 베팅하도록 허용하는 것과 유사하다."이 관점을 논의하라.

16.6. 일부 기업이 2002년까지 미국에서 스톡옵션부여를 백데이팅한 이유는 무엇인가? 2002년에 어떤 변화가 있었는가?

16.7. 만일 스톡옵션이 매 분기 말에 재평가되어야 한다면 백데이팅의 혜택이 어떤 측면에서 감소하는가?

16.8. 예맥과 리와 유사게 스톡옵션부여의 백데이팅이 발생하는지 확인하기 위해 당신은 어떠한 분석을 할 지 설명하라.

16.9. 5월 31일에 주가는 70달러이다. 100만 주의 주식이 발행되어 있다. 임원이 행사가격이 50달러인 스톡옵션 100,000주를 행사한다. 이 행사가 주가에 미치는 영향은 무엇인가?

16.10. 기업 재무제표의 각주는 다음과 같다."임원스톡옵션은 10년 유효하며 4년 후 행사가 가능하다. 우리는 기대수명 5년 변동성 20%로 하여 블랙–숄즈–머튼 모형으로 올해 부여된 스톡옵션의 가치를 평가하였다." 이는 무엇을 의미하는가? 기업이 이용하는 모형 접근방법에 대하여 논의하라.

16.11. 옵션 10,000주의 화란식 경매(Dutch auction)에서 매입호가는 다음과 같다. A: 30달러, 3,000주; B: 33달러, 2,500주; C: 29달러, 5,000주; D: 40달러, 1,000주; E: 22달러, 8,000주; F: 35달러, 6,000주; 경매의 결과는 무엇인가? 누가 얼마에 몇 주를 매입하게 되는가?

16.12. 기업이 임원에게 500,000주의 옵션을 부여하였다. 주가와 행사가격은 모두 40달러이다. 옵션은 12년 유효하며 4년 후 행사가 가능하다. 기업은 기대수명을 5년으로 하고 변동성을 연 30%로 하여 옵션의 가치를 평가하기로 결정하였다. 기업은 배당을 지급하지 않으며 무위험이자율은 4%이다. 기업이 손익계산서에 옵션의 비용으로 보고하는 금액은 얼마인가?

16.13. 기업의 CFO가 다음과 같이 말하였다." 스톡옵션의 회계처리는 미친 짓이다. 우리는 작년에 주가가 30달러일 때 종업원에게 10,000,000주의 등가격 스톡옵션을 부여하였다. 우리는 부여일에 개별 스톡옵션의 가

치를 5달러로 추정하였다. 연말에 주가는 4달러로 하락하였으나 우리는 여전히 5,000만 달러를 비용으로 계상해야 한다."이에 대해 토론하라.

과제물 문제

16.14. [예제 16.2]에서 종업원스톡옵션의 (위험중립) 기대수명은 얼마인가? 블랙-숄즈-머튼 모형에 이 기대수명을 이용하여 추정한 옵션의 가치는 얼마인가?

16.15. 기업이 종업원에게 2,000,000주의 스톡옵션을 부여하였다. 주가와 행사가격은 모두 60달러이다. 옵션은 8년 유효하며 2년 후 행사가 가능하다. 기업은 기대수명 6년, 변동성 연 22%를 이용하여 옵션의 가치를 평가하기로 결정하였다. 연간 배당은 1달러이고(중간 시점에서 지급됨) 무위험이자율은 5%이다. 기업은 손익계산서에 옵션비용으로 얼마를 보고해야 하는가?

16.16. 기업이 종업원에게 1,000,000주의 스톡옵션을 부여하였다. 주가와 행사가격은 모두 20달러이다. 옵션은 10년 유효하며 3년 후 행사가 가능하다. 주가 변동성은 30%이고 무위험이자율은 5%이고 기업은 배당을 지급하지 않는다. 4기간 모형을 이용하여 옵션의 가치를 평가하라. 종업원이 각 기간 말에 이직할 확률이 4%라고 가정한다. 또한 각 점에서 자발적 조기행사의 확률(전에 행사하지 않았다는 조건 하에서)이 (a) 옵션의 행사가 가능하고 (b) 옵션이 내가격에 있을 때 다음과 같다고 가정한다.

$$1 - \exp[-a(S/K - 1)/T]$$

여기서 S는 주가, K는 행사가격, T는 만기이고 $a = 2$이다.

16.17. (a) 헷지펀드는 관리수수료와 그들이 창출한 이익의 일정 비율인 성공보수(incentive fee)를 얻는다 (실무사례 1.3 참조). 펀드매니저는 이러한 보상과 관련해 어떻게 행동할 것으로 보이는가?

(b) 경영진에 대한 옵션의 지급은 헷지펀드 매니저들이 받는 보상과 동일한 유형이며 경영진이 헷지펀드 매니저와 동일하게 행동할 유인을 제공한다. 이 진술에 대해 논하라.

CHAPTER 17

주가지수옵션과 통화옵션

주가지수옵션과 통화옵션은 10장에서 소개하였다. 본 장에서는 이들 옵션을 보다 자세히 다루기로 한다. 본 장은 주가지수옵션과 통화옵션의 기능과 사용방법에 대하여 설명하기로 한다. 그리고 본 장의 후반부에서 15장의 가치평가 결과를 확장하여 배당수익률을 지급하는 주식에 대한 유러피언옵션의 가치를 평가하기로 한다. 주가지수와 통화는 배당수익률을 지급하는 주식과 같은 것으로 간주된다. 따라서 배당수익률을 지급하는 주식을 기초자산으로 하는 옵션에 대한 결과를 주가지수옵션과 통화옵션에도 적용할 수 있다.

17.1 주가지수옵션

여러 거래소가 주가지수에 대한 옵션을 거래한다. 일부 지수는 시장 전체의 움직임을 추적(track)한다. 다른 지수는 특정 산업(예를 들어 컴퓨터기술, 원유와 가스, 교통, 텔레콤 등)의 성과에 기초한다. 시카고옵션거래소에서 거래되는 옵션 중에, S&P 100에 대한 아메리칸옵션(OEX)과 유러피언옵션(XEO), S&P 500에 대한 유러피언옵션(SPX), 다우존스산업평균에 대한 유러피언옵션(DJX), 나스닥 100에 대한 유러피언옵션(NDX) 등이 있다. 9장에서 시카고옵션거래소가 개별 주식에 대한 LEAPS와 플렉스옵션을 취급한다고 설명하였다. 또한 시카고옵션거래소는 주가지수에 대한 LEAPS와 플렉스옵션을 취급한다.

옵션 1계약은 지수의 주로 100배수에 대한 계약이다(지수옵션의 기초가 되는 다우존스지수는 보통 공시되는 다우존스지수의 0.01배이다). 지수옵션은 현금으로 결제된다. 이는 옵션이 행사되면 콜옵션 소유자는 $(S - K) \times 100$의 금액을 현금으로 수령하고, 옵션 발행자는 동일 금액을 현금으로 지급해야 함을 의미한다(여기서 S는 행사일에 거래가 마감되는 시점에서의 지수가치이고 K는 행사가격이다). 마찬가지로 풋옵션 소유자는 $(K - S) \times 100$의 금액을 현금으로 수령하고 옵션 발행자는 동일 금액을 현금으로 지급한다.

포트폴리오 보험

포트폴리오 매니저는 주가 하락으로 인한 손실을 일정수준으로 제한하기 위하여 분산이 잘 된(well diversified) 지수에 대한 옵션을 이용한다. 지수의 현재 가치를 라고 가정하자. 베타가 1.0인 분산이 잘 된 포트폴리오를 관리하고 있는 매니저를 생각해 보자. 베타가 1.0이라는 의미는 관리하고 있는 포트폴리오의 수익률이 지수의 수익률을 반영하고 있다는 것이다. 만일 포트폴리오의 배당수익률이 지수의 배당수익률과 같다면, 포트폴리오 가치의 변화율은 지수 가치의 변화율과 매우 유사하다. S&P 500에 대한 옵션 1계약은 지수의 100배이다. 포트폴리오의 100S0달러당 행사가격이 K인 풋옵션 1계약을 매입하면, 지수가 K 이하로 떨어지는 경우에 포트폴리오의 가치를 보호할 수 있다. 예를 들어 포트폴리오의 가치는 50만 달러이고 지수의 가치는 1,000이다. 즉, 포트폴리오의 가치는 지수의 500배이다. 매니저는 행사가격이 900이고 만기가 3개월인 풋옵션 5계약을 매입함으로써 향후 3개월 동안 포트폴리오의 가치가 45만 달러 이하로 하락하는 것을 방지할 수 있다.

보험이 어떻게 작용하는지 이해하기 위해, 3개월 후에 지수가 880으로 하락하는 경우를 살펴보자. 포트폴리오의 가치는 44만 달러이다. 옵션 포지션의 이득이 5 × (900 − 880) × 100 = 10,000달러이므로, 풋옵션을 포함한 전체 포트폴리오의 가치는 45만 달러가 된다.

포트폴리오의 베타가 1.0이 아닌 경우

만일 포트폴리오의 베타가 1.0이 아니면 포트폴리오의 100S0달러당 풋옵션을 β 계약수만큼 매입하여야 한다(는 지수의 현재 가치). 앞에서 고려한 50만 달러의 포트폴리오 베타가 1.0이 아니라 2.0이라고 가정하자. S&P 500지수의 현재 가치는 1,000이다. 매입해야 하는 풋옵션은 5계약이 아니라 10계약이다.

$$2.0 \times \frac{500,000}{1,000 \times 100} = 10$$

표 17.1 3개월 후 지수가 1,040이고 $\beta = 2.0$인 경우의 포트폴리오 기대가치의 계산.

3개월 후의 지수	1,040
3개월 동안의 지수수익률	40/1,000 또는 4% (3개월 동안)
지수의 배당수익률	0.25 × 4 = 1% (3개월 동안)
지수의 총 수익률	4 + 1 = 5% (3개월 동안)
무위험이자율	0.25 × 12 = 3% (3개월 동안)
지수의 초과수익률(무위험이자율 기준)	5 − 3 = 2% (3개월 동안)
포트폴리오의 초과수익률 (무위험이자율 기준)	2 × 2 = 4% (3개월 동안)
포트폴리오의 수익률	3 + 4 = 7% (3개월 동안)
포트폴리오의 배당수익률	0.25 × 4 = 1% (3개월 동안)
포트폴리오의 가치 증가	7 − 1 = 6% (3개월 동안)
포트폴리오의 가치	500,000달러 × 1.06 = 530,000달러

표 17.2 $\beta = 2.0$인 경우, 지수와 포트폴리오 가치와의 관계.

3개월 후의 지수	3개월 후 포트폴리오의 가치(달러)
1,080	570,000
1,040	530,000
1,000	490,000
960	450,000
920	410,000
880	370,000

적절한 행사가격을 계산하기 위하여 자본자산 가격결정 모형(capital asset pricing model)을 이용한다(3장 부록 참조). 무위험이자율은 12%이고 지수와 포트폴리오의 배당수익률이 4%로 동일하며 3개월 동안 보호받고자 하는 가치가 45만 달러라고 가정하자. 자본자산 가격결정 모형에 따라 포트폴리오의 기대초과수익률이 베타에 지수의 기대초과수익률을 곱한 값과 동일하다고 가정하자(기대초과수익률은 무위험이자율을 초과한 수익률). 모형에 의해 3개월 후 지수 수준에 따른 포트폴리오의 기대가치를 계산할 수 있다. [표 17.1]은 3개월 후의 지수가 1,040인 경우의 계산이다. 3개월 후 포트폴리오의 기대가치는 53만 달러이다. 3개월 후의 지수가치가 다른 경우에도 유사한 계산을 할 수 있다. 이 결과가 [표 17.2]에 제시되어 있다.

매입하는 옵션의 행사가격은 포트폴리오의 가치가 보호받고자 하는 가치로 하락하였을 때 예상하는 지수가치여야 한다. 이 경우 보호받고자 하는 가치가 45만 달러이므로 매입할 풋옵션 10계약의 정확한 행사가격은 960이다.[1]

보험이 어떻게 작용하는지 이해하기 위해 지수가 880으로 하락한 경우를 분석해 보자. [표17.2]가 보여주듯이, 포트폴리오의 가치는 37만 달러이다. 풋옵션의 이득은 $(960 - 880) \times 10 \times 100 = 80{,}000$달러이고, 이 금액은 포트폴리오의 가치를 37만 달러에서 매니저가 원하는 수준인 45만 달러까지 증가시킬 수 있는 정확한 액수이다.

예제는 포트폴리오 베타가 증가함에 따라 헷지비용이 증가하는 이유 두 가지를 보여준다. 이유는 보다 많은 풋옵션이 필요할 뿐만 아니라 풋옵션의 행사가격도 증가하기 때문이다.

17.2 통화옵션

통화옵션은 주로 장외시장에서 거래된다. 장외시장의 이점은 기업 재무담당자의 요구에 맞도록 행사가격과 만기 및 기타 조건을 조정한 대규모 거래가 가능하다는 점이다. 통화옵션이 미국의 NASDAQ OMX에서 거래되기는 하지만, 통화옵션의 거래소시장은 장외시장에 비하면 매우 작다.

1 대략 500,000달러의 1%인 5,000달러가 향후 3개월 동안 배당금의 형태로 유입될 것이다. 만일 보장수준인 450,000 달러에 배당금을 포함시키고자 하면, 450,000달러 대신에 445,000달러에 상응하는 행사가격을 선택해야 한다.

예를 들어 유러피언콜옵션은 소유자에게 1유로당 1.1000달러의 환율로 1백만 유로를 달러로 매입할 수 있는 권리를 부여한다. 만약 옵션만기일에 실제의 환율이 1.1500이 되면 이득은 1,000,000 × (1.1500 − 1.1000) = 50,000달러이다. 같은 논리로 예를 들어 유러피언풋옵션은 소유자에게 호주 1달러당 0.7000 미국 달러의 환율로 10백만 호주 달러를 미국 달러로 매도할 수 있는 권리를 부여한다. 만일 옵션의 만기일에 실제 환율이 0.6700이면 이득은 10,000,000 × (0.7000 − 0.6700) = 300,000달러이다.

환위험을 헷지하고자 하는 기업에게 통화옵션은 선도계약을 대신하는 좋은 대안이 된다. 미래 어느 날에 영국 파운드화를 받기로 되어 있는 기업은 받기로 예정된 날에 만기가 되는 파운드 풋옵션을 매입하여 위험을 헷지할 수 있다. 이 전략은 헷지 기업이 환율이 유리하게 변하는 경우에는 혜택을 보고, 환율이 불리하게 변하는 경우에는 매각할 파운드의 가치가 행사가격 이하로 하락하지 않을 것이라는 것을 보장한다. 마찬가지로 미래 어느 날에 영국 파운드화를 지불해야 하는 기업은 지불하기로 되어 있는 날에 만기가 되는 파운드 콜옵션을 매입하여 위험을 헷지할 수 있다. 이 전략은 헷지 기업이 환율이 유리하게 변하는 경우에는 혜택을 보고, 불리하게 변하는 경우에는 파운드를 구입하기 위해 행사가격 이상으로 지불하지 않게 됨을 보장받는다. 선도계약이 미래에 이행할 거래의 환율을 현재시점에서 확정시키는 반면, 옵션은 일종의 보험기능을 수행한다. 물론 보험에 대한 댓가를 지불해야 한다. 선도계약을 체결하는 데는 비용이 발생하지 않는 반면, 옵션을 매입할 때는 초기에 옵션프리미엄(즉, 옵션가격)을 지불해야 한다.

레인지선도계약

레인지선도계약(range-forward contract)은 환위험을 헷지하는 표준선도계약이 변형된 형태이다. 3개월 후에 1백만 파운드를 받기로 예정된 미국 기업을 고려해 보자. 3개월 만기 선도환율은 1파운드당 1.3200달러이다. 미국 기업은 3개월 후 1백만 파운드를 매도하는 선도계약 매도포지션을 취함으로써 수령하는 파운드에 적용되는 환율을 확정시킬 수 있다. 즉, 1백만 파운드의 달러 금액이 1,320,000달러

그림 17.1 레인지선도계약. (a) 매도포지션과, (b) 매입포지션의 이득패턴.

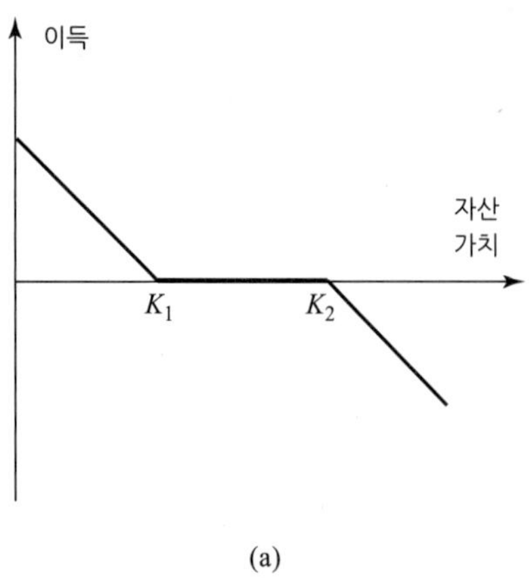

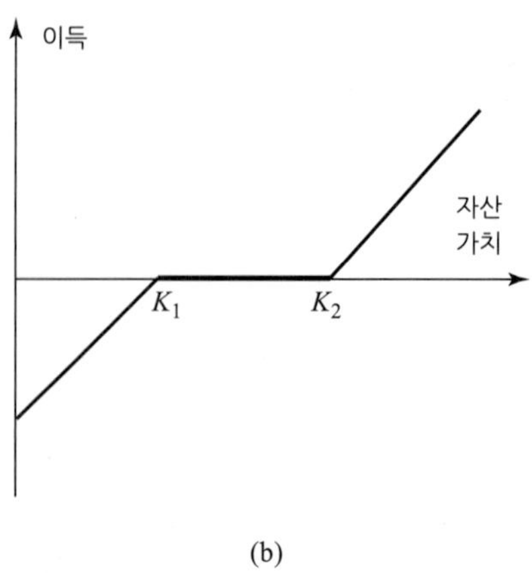

그림 17.2 (a)레인지선도계약 매도포지션이 미래에 유입되는 외국통화를 헷지하는 경우와, (b)레인 지선도계약 매입포지션이 미래에 유출되는 외국통화를 헷지하는 경우 각각에 적용되는 환율.

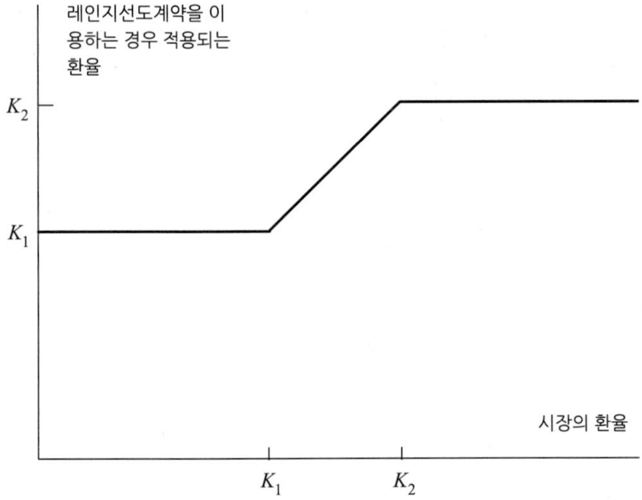

로 확정된다.

대안은 행사가격이 K_1인 유러피언풋옵션 1계약을 매입하고, 행사가격이 K_2인 유러피언콜옵션 1계약을 매도하는 것이다($K_1 < 1.3200 < K_2$). 이 포지션은 레인지선도계약 매도포지션으로 알려져 있다. 이득패턴은 [그림 17.1]의 (a)와 같다. 매입 또는 매도하는 옵션의 기초자산은 1백만 파운드이다. 만일 3개월 후의 환율이 K_1 보다 낮으면 풋옵션을 행사하여 기업은 1백만 파운드를 K_1의 환율로 매도할 수 있다. 만일 환율이 K_1과 K_2 사이이면 어떤 옵션도 행사되지 않으며, 기업은 현재의 환율로 1백만 파운드를 매도한다. 만일 환율이 K_2 보다 높으면, 콜옵션이 행사되며 기업은 K_2의 환율로 1백만 파운드를 매도할 수 있다. 1백만 파운드에 대해 적용되는 환율은 [그림 17.2]와 같다.

만일 기업이 3개월 후에 1백만 파운드를 수령하는 것이 아니라 지불해야 한다면 기업은 행사가격이 인 유러피언풋옵션 1계약을 매도하고, 행사가격이 인 유러피언콜옵션 1계약을 매입해야 한다. 이런 포지션을 레인지선도계약 매입포지션이라 하며, 이득패턴은 [그림 17.1]의 (b)와 같다. 만일 3개월 후의 환율이 K_1 보다 낮으면 풋옵션이 행사되고 기업은 필요한 1백만 파운드를 K_1의 환율로 매입해야 한다. 만일 환율이 K_1 과 K_2 사이이면 어떤 옵션도 행사되지 않으며 기업은 현재의 환율로 1백만 파운드를 매입한다. 만일 환율이 K_2 보다 높으면, 콜옵션을 행사하여 기업은 K_2 의 환율로 1백만 파운드를 매입할 수 있다. 1백만 파운드에 대해 적용하는 환율은 앞의 예시에서 1백만 파운드에 대해 적용할 환율과 동일하며 이는 [그림 17.2]와 같다.

실제로 레인지선도계약은 풋옵션의 가격이 콜옵션의 가격과 동일하도록 설정된다. 이는 보통의 선도계약을 체결하는데 비용이 발생하지 않는 것처럼, 레인지선도계약을 체결하는데 비용이 발생하지 않음을 의미한다. 미국과 영국의 이자율이 모두 2%이고 현물환율이 1.3200이라고 가정하자(이는 선도환율과 동일하다). 또한 환율의 변동성이 14%라고 가정하자. DerivaGem을 이용하면, 행사가격 1.3000으로 1파운드를 매도할 수 있는 유러피언풋옵션의 가치가 행사가격 1.3414으로 1파운드를 매입할 수 있는 유러피언콜옵션의 가치와 동일하다는 것을 알 수 있다(옵션의 가치는 0.0273로 동일하다). 따라서 $K_1 = 1.3000$, $K_2 = 1.3414$ 으로 하면 무비용 레인지선도계약을 체결할 수 있다.

레인지선도계약에서 콜옵션과 풋옵션의 행사가격이 가까워짐에 따라 레인지선도계약은 표준 선도계약이 된다. 즉, [그림17.1]의 (a)의 레인지선도계약 매도포지션은 선도계약 매도포지션이 되고, [그림17.1]의 (b)의 레인지선도계약 매입포지션은 선도계약 매입포지션이 된다.

17.3 배당수익률을 지급하는 주식에 대한 옵션

본 절에서는 무배당주식에 대한 유러피언옵션에 적용되는 가치평가 결과를 확장하여, 배당수익률을 지급하는 주식에 대해 유러피언옵션에 적용할 수 있는 간단한 규칙을 소개하고자 한다. 그리고 이 간단한 규칙이 어떻게 주가지수옵션과 통화옵션의 가치를 평가할 수 있도록 하는지 보이기로 한다.

연간 배당수익률이 (연속복리기준으로 측정된) q라고 가정하자. 배당금의 지급은 배당금만큼 주가를 하락시킨다. 배당수익률 q의 지급은 지급하지 않는 경우와 비교해서 주가의 성장률을 q만큼 작게 한다. 즉, 배당수익률 q를 지급하는 경우에 주가가 현재 S_0 에서 T시점에 S_T 로 성장한다면, 지급하지 않는 경우에 주가는 현재 S_0 에서 T시점에 $S_T e^{qT}$로 성장한다. 다시 설명하면 배당을 지급하지 않는 경우에 주가는 현재 $S_0 e^{-qT}$ 에서 T시점에 S_T 로 성장한다.

이 논리를 이용하면 다음의 두 가지 경우에 T시점에서 주가의 확률분포는 동일하다.

1. 주가가 S_0 에서 시작하여 배당수익률 q를 지급하는 경우
2. 주가가 $S_0 e^{-qT}$ 에서 시작하여 배당을 지급하지 않는 경우

따라서 다음과 같은 간단한 규칙이 성립한다. 배당수익률 q를 지급하는 주식에 대한 유러피언옵션(만기는 T)을 평가할 때, 주가를 S_0 에서 $S_0 e^{-qT}$ 로 감소시킨 후 마치 주식이 배당을 지급하지 않는 것처럼 옵션의 가치를 평가한다.[2]

옵션가격의 하한선

배당수익률 q를 지급하는 주식에 대한 유러피언콜옵션 가격의 범위를 결정하기 위하여 간단한 규칙을 적용해 보자. 식 (11.4)에서 대신 S_0 대신 $S_0 e^{-qT}$ 를 대입하면, 유러피언콜옵션의 가격 c의 하한선은 다음과 같다.

$$c \geqslant \max\left(S_0 e^{-qT} - Ke^{-rT},\ 0\right) \tag{17.1}$$

다음 2개의 포트폴리오를 구성하여 콜옵션의 하한선을 증명할 수 있다.

A포트폴리오: 유러피언콜옵션 1개와만큼의 Ke^{-rT} 현금

B포트폴리오: 보통주 e^{-qT} 주(배당금은 주식을 추가로 구입하기 위해 재투자된다)

---

2 이 규칙은 현금배당을 지급하는 주식에 대한 유러피언옵션의 가치를 평가할 때 15장 12절에서 적용한 규칙과 유사하다(15장에서는 주가를 배당금의 현재가치만큼 하락시켰고, 여기서는 주가를 배당수익률로 할인한다).

유러피언풋옵션 가격의 하한선은 식 (11.5)에서 S_0를 S_0e^{-qT}로 대체하여 구한다.

$$p \geqslant \max\left(Ke^{-rT} - S_0e^{-qT},\ 0\right) \tag{17.2}$$

다음 2개의 포트폴리오를 구성하여 풋옵션의 하한선을 증명할 수 있다.

C포트폴리오: 유러피언풋옵션 1개와 보통주 e^{-qT}주(배당금은 주식을 추가로 구입하기 위해 재투자된다)

D포트폴리오: Ke^{-rT} 만큼의 현금

풋-콜 패리티

주가지수옵션, 통화옵션, 선물옵션 식 (11.6)에서 S_0 대신 S_0e^{-qT}를 사용하여 배당수익률 q를 지급하는 주식에 대한 옵션의 풋–콜 패리티를 구할 수 있다.

$$c + Ke^{-rT} = p + S_0e^{-qT} \tag{17.3}$$

이를 증명하기 위해서는 다음 2개의 포트폴리오를 이용한다.

A포트폴리오: 유러피언콜옵션 1개와 Ke^{-rT} 만큼의 현금

C포트폴리오: 유러피언풋옵션 1개와 보통주 e^{-qT}주(배당금은 주식을 추가로 구입하기 위해 재투자된다)

T시점에서 A포트폴리오와 C포트폴리오의 가치는 $\max(S_T,\ K)$으로 같다. 따라서 현재시점에서 두 포트폴리오의 가치는 같아야 하고, 여기서 식 (17.3)의 풋–콜 패리티를 유도할 수 있다. 아메리칸옵션의 경우 풋–콜 패리티 관계는 다음과 같다(연습문제 17.12 참조).

$$S_0e^{-qT} - K \leqslant C - P \leqslant S_0 - Ke^{-rT}$$

옵션가격 공식

블랙–숄즈-머턴의 옵션가격 공식인 식 (15.20)와 (15.21)에서 S_0를 S_0e^{-qT}로 대체하여 기초주식이 배당수익률 q를 지급하는 경우의 c와 p를 구할 수 있다.

$$c = S_0e^{-qT}N(d_1) - Ke^{-rT}N(d_2) \tag{17.4}$$

$$p = Ke^{-rT}N(-d_2) - S_0e^{-qT}N(-d_1) \tag{17.5}$$

아래의 관계가 성립하므로

$$\ln\frac{S_0e^{-qT}}{K} = \ln\frac{S_0}{K} - qT$$

d_1과 d_2는 다음과 같이 변형된다.

$$d_1 = \frac{\ln(S_0/K) + (r - q + \sigma^2/2)T}{\sigma\sqrt{T}}$$

$$d_2 = \frac{\ln(S_0/K) + (r - q - \sigma^2/2)T}{\sigma\sqrt{T}} = d_1 - \sigma\sqrt{T}$$

이 결과는 머턴(Merton)이 최초로 도출하였다.[3] 15장에서 설명했듯이, 배당금은 공시된 배당금으로 인해 배당락일에 발생하는 주가의 하락폭으로 정의된다. 옵션의 만기일까지 배당수익률이 일정하지 않은 경우에는, q를 옵션만기 동안의 연간 평균배당수익률로 하여 사용하면 식 (17.4)와 (17.5)는 여전히 성립한다.

미분방정식과 위험중립 가치평가

식 (17.4)와 (17.5)의 결과를 정식으로 증명하기 위하여 옵션가격이 만족시켜야 하는 미분방정식의 해를 구하거나 또는 위험중립 가치평가를 사용해야 한다.

15장 6절의 분석에 q의 배당수익률이 포함되면 미분방정식 (15.16)은 다음과 같이 변경된다.[4]

$$\frac{\partial f}{\partial t} + (r - q)S\frac{\partial f}{\partial S} + \tfrac{1}{2}\sigma^2 S^2 \frac{\partial^2 f}{\partial S^2} = rf \tag{17.6}$$

식 (15.16)처럼 이 방정식은 위험선호(risk preference)에 의해 영향받는 어떤 변수도 포함하지 않는다. 따라서 15장 7절에서 설명한 위험중립 가치평가 절차가 사용될 수 있다.

위험중립 세계에서 주식으로부터의 총 수익률은 r이어야 한다. 배당금은 q의 수익률을 제공한다. 따라서 주가의 기대성장률은 $r - q$이어야 한다. 위험중립에서 주가의 변화과정은 다음과 같다.

$$dS = (r - q)S\,dt + \sigma S\,dz \tag{17.7}$$

배당수익률 q를 지급하는 주식에 의존하는 파생상품을 평가하려면 주식의 기대성장률을 $r - q$로 하고, 기대이득을 r을 이용하여 할인한다. 주가의 기대성장률이 $r - q$이면 T시점에서의 기대주가는 $S_0e^{(r-q)T}$이다. 15장 부록의 분석과 유사한 분석을 하면 위험중립 세계에서 콜옵션의 기대이득은 다음과 같이 계산된다.

$$e^{(r-q)T}S_0N(d_1) - KN(d_2)$$

여기서 d_1과 d_2는 앞의 정의와 동일하다. T기간 동안 r로 할인하면 식 (17.4)가 도출된다.

---

3 R. C. Merton, "Theory of Rational Option Pricing," Bell *Journal of Economics and Management Science*, 4 (Spring 1973): 141–183

4 증명은 www-2.rotman.utoronto.ca/~hull/TechnicalNotes에서 Technical Note 6을 참조한다.

17.4 유러피언 주가지수옵션의 가치평가

5장에서 주가지수선물의 가격을 결정할 때 주가지수는 배당수익률을 지급하는 주식으로 이해했다는 점을 상기하자. 주가지수옵션의 가치를 결정할 때도 비슷한 가정을 할 수 있다. 즉, 식 (17.1)과 (17.2)를 유러피언 지수옵션 가격의 하한선으로, 식 (17.3)을 유러피언 지수옵션의 풋-콜 패리티로, 식 (17.4)와 (17.5)를 유러피언 지수옵션 가격공식으로 이해할 수 있다. 이 경우 S_0는 지수의 가치, σ는 지수의 변동성, q는 옵션의 만기일까지 예상하는 지수의 연속복리로 표현된 연간 평균배당 수익률을 말한다.

예제 17.1

주가지수에 대한 유러피언콜옵션(만기는 2개월)을 고려해 보자. 현재 지수의 가치는 930, 옵션의 행사가격은 900, 무위험이자율은 연 8%, 지수의 변동성은 연 20%이다. 처음 1개월 동안의 연속복리 기준 배당수익률은 0.2%, 다음 1개월 동안은 0.3%로 예상한다. 즉 $S_0 = 930, K = 900, r = 0.08, \sigma = 0.2, T = 2/12$이다. 총 배당수익률은 2개월 동안 0.5%이고, 이는 연 3%에 해당된다. 즉 $q = 0.03$이다.

$$d_1 = \frac{\ln(930/900) + (0.08 - 0.03 + 0.2^2/2) \times 2/12}{0.2\sqrt{2/12}} = 0.5444$$

$$d_2 = \frac{\ln(930/900) + (0.08 - 0.03 - 0.2^2/2) \times 2/12}{0.2\sqrt{2/12}} = 0.4628$$

$$N(d_1) = 0.7069, \qquad N(d_2) = 0.6782$$

식 (17.4)에 의해 콜옵션의 가격은 51.83달러이다.

$$c = 930 \times 0.7069e^{-0.03\times2/12} - 900 \times 0.6782e^{-0.08\times2/12} = 51.83 \text{ 달러}$$

따라서 콜옵션 1계약의 가격은 5,183달러이다.

q를 계산할 때, 옵션의 만기 동안 배당락일이 있는 경우에만 배당금을 고려해야 한다. 미국의 경우 배당락일이 2월, 5월, 8월, 11월의 첫 번째 주에 집중되는 경향이 있다. 어떤 시점에서 정확한 q의 값은 옵션의 만기에 따라 다르다. 이러한 현상은 외국에서 더욱 심하게 나타난다. 예를 들어 일본의 경우에는 모든 기업이 같은 배당락일을 갖는 경향이 있다.

배당수익률 대신 지수에 포함된 주식의 배당금액을 아는 경우에 블랙-숄즈-머턴의 공식을 사용할 수 있으나 주가에서 배당금의 현재가치를 차감하여 사용해야 한다. 이 방법은 15장에서 배당을 지급하는 주식의 경우에 추천했던 방법이다. 그러나 이러한 방법은 주가지수에 적용하기는 어려울 수 있는데, 왜냐하면 지수에 포함된 모든 주식에 대하여 기대배당금을 알아야 하기 때문이다.

장기적으로 보면, 잘 분산된 주식포트폴리오로부터의 수익이 동일 금액이 투자된 채권포트폴리오의 수익보다 확실히 클 것이라고 종종 주장된다. 만일 이 주장이 사실이라면 주식포트폴리오에 대한 장기 풋옵션(행사가격은 채권포트폴리오의 가치)의 가치가 그리 크지 않을 것이다. 그러나 [실무사례 17.1]에 설명되어 있듯이, 실제로 이런 풋옵션은 가격이 대단히 비싼 옵션이다.

선도가격

F_0를 만기가 T인 계약에서 지수의 선도가격으로 정의하자. 식 (5.3)에 의해 $F_0 = S_0e^{(r-q)T}$ 이다. 이는 식 (17.4)와 (17.5)에서의 유러피언콜옵션 가격 c와 유러피언풋옵션 가격 p가 다음과 같이 변경될 수 있음을 의미한다.

$$c = F_0e^{-rT}N(d_1) - Ke^{-rT}N(d_2) \tag{17.8}$$

$$p = Ke^{-rT}N(-d_2) - F_0e^{-rT}N(-d_1) \tag{17.9}$$

단,

$$d_1 = \frac{\ln(F_0/K) + \sigma^2T/2}{\sigma\sqrt{T}} \quad \text{and} \quad d_2 = \frac{\ln(F_0/K) - \sigma^2T/2}{\sigma\sqrt{T}}$$

실무사례 17.1 장기적으로 주식이 채권보다 높은 수익률을 제공할 것을 보장할 수 있는가?

당신이 장기투자자라면 사람들은 종종 채권 대신 주식을 사야 한다고 말하곤 한다. 투자자로 하여금 장기투자로서 S&P 500을 모방할 것으로 기대되는 주식펀드에 투자하도록 권유하는 미국 펀드매니저를 고려해 보자. 펀드매니저는 펀드의 매입자에게 향후 10년 동안 주식펀드의 수익률이 적어도 무위험채권의 수익률과 같을 것이라고 보장하는 제안을 하고 싶을 것이다. 역사적으로 미국에서 어떤 10년의 기간에서도 주식은 채권보다 높은 수익률을 제공하였다. 따라서 이런 보장을 한다는 것이 펀드매니저가 투자자에게 특별히 많은 것을 제공하지 않는 것처럼 보인다.

실제로 이런 유형의 보장에는 놀라울 정도로 많은 비용이 수반된다. 현재 주가지수가 1,000, 지수의 배당수익률이 연 1%, 지수의 변동성이 연 15%, 10년 무위험이자율이 연 5%라고 가정하자. 채권보다 높은 수익률을 제공하려면 지수를 구성하는 주식들은 연 5% 이상의 수익률을 제공해야 한다. 배당수익률은 연 1%이다. 따라서 자본이득이 남은 4%의 수익률을 제공해야 한다. 이는 10년 후에 지수가 적어도 $1{,}000e^{0.04\times10} = 1{,}492$여야 함을 의미한다.

따라서 향후 10년 동안 1,000달러를 S&P 500에 투자하여 얻은 수익률이 1,000달러를 채권에 투자하여 얻는 수익률보다 높을 것이라는 보장은 10년 후에 지수를 1,492에 매도할 수 있는 권리와 동등하다. 이는 지수에 대한 유러피언풋옵션이고, 이 옵션은 $S_0 = 1{,}000$, $K = 1{,}492$, $r = 5\%$, $\sigma = 15\%$, $T = 10$, $q = 1\%$로 하여 식 (17.5)로 평가될 수 있다. 풋옵션의 가치는 169.7이다. 이는 펀드매니저가 생각한 보장이 펀드가치의 17%가 됨을 보여준다. 따라서 펀드매니저는 결코 이런 보장을 제공해서는 안 된다.

식 (17.3)의 풋–콜 패리티는 다음과 같다.

$$c + Ke^{-rT} = p + F_0 e^{-rT}$$

또는

$$F_0 = K + (c - p)e^{rT} \tag{17.10}$$

거래소시장에서는 흔히 볼 수 있듯이, 만일 행사가격이 동일한 한 쌍의 콜옵션과 풋옵션이 특정 만기에 대하여 활발하게 거래되면 식 (17.10)을 이용하여 동일 만기에 대한 지수의 선도가격을 추정할 수 있다. 일단 여러 만기에 대한 지수의 선도가격이 구해지면 선도가격의 기간구조가 추정되고 식 (17.8)과 (17.9)를 이용하여 다른 옵션의 가치를 평가할 수 있다. 이 접근방법의 장점은 지수의 배당수익률을 직접적으로 추정할 필요가 없다는 점이다.

내재 배당수익률

만일 배당수익률의 추정치가 필요하면(예를 들어 아메리칸옵션의 가치를 평가하므로) 행사가격과 만기가 동일한 콜옵션과 풋옵션이 이용될 수 있다. 식 (17.3)으로부터

$$q = -\frac{1}{T}\ln\frac{c - p + Ke^{-rT}}{S_0}$$

특정 행사가격과 만기의 옵션을 이용하여 위 식으로부터 계산된 q의 추정치는 신뢰하기 어렵다. 그러나 많은 쌍의 콜옵션과 풋옵션으로부터의 결과를 결합하여 추정하면 시장이 가정하는 배당수익률이 비교적 정확하게 계산된다.

17.5 유러피언 통화옵션의 가치평가

통화옵션의 가격을 결정하기 위하여 S_0를 현재 환율로 정의하자. 정확히 말하면 는 외국통화 1단위의 가치를 달러로 표시한 것이다. 5장 10절에서 언급했듯이, 외국통화는 배당수익률을 지급하는 주식과 유사하다. 외국통화의 소유자는 외국의 무위험이자율 r_f와 같은 수준의 수익률을 받는 것으로 이해할 수 있다. 식 (17.1)과 (17.2)에서 q대신 r_f 를 사용하면 유러피언콜옵션과 풋옵션 가격의 하한선을 구할 수 있다.

$$c \geqslant \max\left(S_0 e^{-r_f T} - Ke^{-rT},\ 0\right)$$

$$p \geqslant \max\left(Ke^{-rT} - S_0 e^{-r_f T},\ 0\right)$$

식 (17.3)에서 q 대신 r_f 를 사용하면 통화옵션의 풋–콜 패리티를 구할 수 있다.

$$c + Ke^{-rT} = p + S_0 e^{-r_f T}$$

마지막으로 식 (17.4)와 (17.5)에서 q 대신 r_f 를 사용하면 통화옵션의 가격을 구할 수 있다.

$$c = S_0 e^{-r_f T} N(d_1) - Ke^{-rT} N(d_2) \tag{17.11}$$

$$p = Ke^{-rT} N(-d_2) - S_0 e^{-r_f T} N(-d_1) \tag{17.12}$$

단,

$$d_1 = \frac{\ln(S_0/K) + (r - r_f + \sigma^2/2)T}{\sigma\sqrt{T}}$$

$$d_2 = \frac{\ln(S_0/K) + (r - r_f - \sigma^2/2)T}{\sigma\sqrt{T}} = d_1 - \sigma\sqrt{T}$$

국내이자율 r과 외국이자율 r_f는 만기 T년에 적용되는 이자율이다.

예제 17.2

영국 파운드화에 대한 4개월 만기 유러피언콜옵션을 고려해 보자. 현재 환율은 1.6000, 행사가격은 1.6000, 미국의 무위험이자율은 연 8%, 영국의 무위험이자율은 연 11%, 옵션가격은 4.3센트이다. 즉 $S_0 = 1.6$, $K = 1.6$, $r = 0.08$, $r_f = 0.11$, $T = 0.3333$, $c = 0.043$이다. 내재변동성은 시행착오법에 의하여 계산할 수 있다. 즉 20%의 변동성을 이용하면 옵션가격은 0.0639, 10%의 변동성을 이용하면 옵션가격은 0.0285이다. 이렇게 계속하면 14.1%의 내재변동성을 구할 수 있다.

통화 콜옵션과 풋옵션은 대칭적이다. 즉 A국의 화폐를 B국의 화폐로 K의 행사가격에 팔 수 있는 풋옵션은, B국의 화폐를 A국의 화폐로 $1/K$의 행사가격에 살 수 있는 콜옵션과 같다(연습문제 17.8 참조).

선도환율의 이용

은행과 금융기관들이 외국환율에 대한 선도계약을 활발하게 거래하기 때문에 옵션의 가치를 평가하는데 선도환율을 이용하기도 한다.

5장의 식 (5.9)에 의해, 만기가 T인 선도가격(즉, 선도환율) F_0는 다음과 같다.

$$F_0 = S_0 e^{(r - r_f)T}$$

이를 이용하여 식 (17.11)과 (17.12)를 다음과 같이 단순화할 수 있다.

$$c = e^{-rT}[F_0 N(d_1) - KN(d_2)] \tag{17.13}$$

$$p = e^{-rT}[KN(-d_2) - F_0 N(-d_1)] \tag{17.14}$$

단,

$$d_1 = \frac{\ln(F_0/K) + \sigma^2 T/2}{\sigma\sqrt{T}}$$

$$d_2 = \frac{\ln(F_0/K) - \sigma^2 T/2}{\sigma\sqrt{T}} = d_1 - \sigma\sqrt{T}$$

이 식들은 식 (17.8)과 (17.9)와 동일하다. 18장에 설명되어 있듯이, 어떤 자산에 대한 유러피언옵션의 가치는 식 (17.13)과 (17.14)를 이용하여 그 자산에 대한 선도가격 또는 선물가격 기준으로 평가될 수 있다. 여기서 선도 또는 선물계약의 만기는 유러피언옵션의 만기와 동일해야 한다.

17.6 아메리칸옵션

13장에서 설명했듯이, 주가지수와 통화에 대한 아메리칸옵션의 가치를 평가하는데 이항과정을 이용할 수 있다. 무배당주식에 대한 아메리칸옵션의 경우처럼 상향 움직임의 크기를 규정하는 u는 $e^{\sigma\sqrt{\Delta t}}$와 동일하다($\sigma$는 변동성이고 Δt는 1기간이나). 하향 움직임의 크기를 규정하는 d는 $1/u$ 또는 $e^{-\sigma\sqrt{\Delta t}}$로 설정된다. 무배당주식의 경우 상향 확률은 다음과 같다.

$$p = \frac{a - d}{u - d}$$

여기서 $a = e^{r\Delta t}$이다. 주가지수와 통화에 대한 옵션의 경우, p의 공식은 동일하지만 a는 다르게 정의된다. 지수옵션의 경우

$$a = e^{(r-q)\Delta t} \tag{17.15}$$

여기서 q는 지수의 배당수익률이다. 통화옵션의 경우

$$a = e^{(r-r_f)\Delta t} \tag{17.16}$$

여기서 r_f는 외국의 무위험이자율이다. 13장 11절의 [예제 13.1]은 2기간 이항과정을 이용하여 지수옵션의 가치를 평가하는 방법을 보여준다. [예제 13.2]는 3기간 이항과정을 이용하여통화옵션의 가치를 평가하는 방법을 보여준다. 이항과정을 이용하여 주가지수옵션과 통화옵션의 가치를 평가하는 다른 예제들은 21장에 있다.

일부 상황의 경우 만기일 전에 아메리칸 통화옵션과 지수옵션을 행사하는 것이 최적이다. 따라서 아메리칸 통화옵션과 지수옵션의 가치는 동일 조건의 유러피언옵션 가치보다 크다. 일반적으로 높은 이자율 통화에 대한 콜옵션과 낮은 이자율 통화에 대한 풋옵션은 만기일 전에 행사될 가능성이 가장 크다. 이유는 높은 이자율 통화의 가치는 하락하고 낮은 이자율 통화의 가치는 상승할 것으로 예상되기

때문이다. 또한 배당수익률이 높은 지수에 대한 콜옵션과 배당수익률이 낮은 지수에 대한 풋옵션은 조기에 행사될 가능성이 가장 크다.

요약

지수옵션은 현금으로 결제된다. 지수콜옵션 1계약을 행사하면 소유자는 거래 마감 시 지수가 행사가격을 초과하는 만큼의 금액을 받는다. 마찬가지로 지수풋옵션 1계약을 행사하면 소유자는 행사가격이 거래 마감 시의 지수를 초과하는 만큼의 금액을 받는다. 지수옵션을 포트폴리오 보험에 이용할 수 있다. 만일 포트폴리오의 가치가 지수를 모방하면, 포트폴리오의 100달러당 풋옵션 1계약을 매입하는 것이 바람직하다(S_0는 지수의 수준이다). 만일 포트폴리오가 지수를 모방하지 않으면 포트폴리오의 100 S_0 달러당 β계약의 풋옵션을 매입한다(β는 자본자산 가격결정 모형을 이용하여 계산한 포트폴리오의 베타). 매입할 풋옵션의 행사가격은 필요한 보험수준 또는 보호받고자 하는 포트폴리오의 최저가치수준을 반영한다.

통화옵션은 거래소뿐만 아니라 장외시장에서도 거래된다. 환위험을 헷지하고자 하는 기업이 주로 통화옵션을 이용한다. 예를 들어 미래 어느 시점에 파운드화를 받을 예정인 미국 기업의 재무담당자는 그 시점에 만기가 되는 풋옵션을 매입하여 위험을 헷지할 수 있다. 마찬가지로 미래 어느 시점에 파운드화로 지불해야 하는 미국 기업의 재무담당자는 그 시점에 만기가 되는 콜옵션을 매입하여 위험을 헷지할 수 있다. 통화옵션은 레인지선도계약을 만드는데 사용될 수있다. 이는 상향이익의 일부를 포기하면서 하향보호를 제공하는 무비용 계약이다.

무배당주식에 대한 블랙–숄즈–머턴의 유러피언옵션가격 공식을 확장하여 배당수익률을 지급하는 주식에 대한 유러피언옵션의 가격을 결정할 수 있다. 또한 다음과 같은 이유로 확장된 공식은 유러피언 주가지수옵션과 통화옵션의 가치를 평가하는데 사용될 수 있다.

1. 지수는 배당수익률을 지급하는 주식과 유사하다. 이 경우 배당수익률은 지수를 구성하는 주식들의 배당수익률을 말한다.
2. 외국통화는 배당수익률을 지급하는 주식과 유사하다. 이 경우 외국의 무위험이자율은 배당수익률의 역할을 한다.

아메리칸 주가지수옵션과 통화옵션의 가치를 평가하는데 이항 모형이 사용될 수 있다.

참고문헌

Biger, N., and J. C. Hull. "The Valuation of Currency Options," *Financial Management*, 12 (Spring 1983): 24–28

Bodie, Z." On the Risk of Stocks in the Long Run," *Financial Analysts Journal*, 51, 3 (1995): 18–22.

Garman, M. B., and S. W. Kohlhagen. "Foreign Currency Option Values," *Journal of International Money and Finance*, 2 (December 1983): 231–37.

Giddy, I. H., and G. Dufey. "Uses and Abuses of Currency Options," *Journal of Applied Corporate Finance*,

8, 3 (1995): 49–57.

Grabbe, J. O. "The Pricing of Call and Put Options on Foreign Exchange." *Journal of International Money and Finance*, 2 (December 1983): 239–53.

Merton, R. C. "Theory of Rational Option Pricing," *Bell Journal of Economics and Management Science*, 4 (Spring 1973): 141–83.

연습문제

16.1. 포트폴리오의 베타는 1.0이고 가치는 1천만 달러이다. 지수의 현재수준은 800이다. 포트폴리오 보험 전략을 구사하기 위하여 행사가격이 700인 주가지수 풋옵션을 사용하는 방법을 설명하라.

17.2. "배당수익률을 지급하는 주식에 대한 옵션의 가치를 평가하는 방법을 알면 주가지수와 통화에 대한 옵션의 가치를 쉽게 평가할 수 있다."이를 설명하라.

17.3. 주가지수의 현재 수준은 300, 지수의 배당수익률은 연 3%, 무위험이자율은 연 8%이다. 만기가 6개월이고, 행사가격이 290인 유러피언콜옵션 가격의 하한선은?

17.4. 어떤 외국통화의 현재 가치는 0.80달러이고 변동성은 12%이다. 국내의 무위험이자율은 6%이고 외국의 무위험이자율은 8%이다. 2기간 이항과정을 이용하여 (a) 만기가 4개월이고 행사가격이 0.79인 유러피언콜옵션의 가치와, (b) 만기가 4개월이고 행사가격이 0.79인 아메리칸콜옵션의 가치를 계산하라.

17.5. 미래에 일정 금액의 외화를 수령할 예정인 기업이 레인지선도계약을 이용하여 어떻게 환위험을 헷지할 수 있는지 설명하라.

17.6. 주가지수는 250, 무위험이자율은 연 10%, 지수의 변동성은 연 18%, 지수의 배당수익률은 연3%이다. 만기가 3개월이고 현재 등가격에 있는 유러피언콜옵션의 가치를 계산하라.

17.7. 현재 환율은 0.52, 환율의 변동성은 12%, 자국과 외국의 무위험이자율은 각각 연 4%와 8%이다. 만기가 8개월이고 행사가격이 0.50인 유러피언풋옵션의 가격을 계산하라.

17.8. A통화 1단위를 행사가격 K로 B통화로 매도할 수 있는 풋옵션에 적용되는 식 (17.12)가 B통화 K단위를 행사가격 $1/K$로 A통화로 매입할 수 있는 콜옵션의 가치에 적용되는 식 (17.11)과 동일한 가치를 계산함을 보여라.

17.9. 어떤 외국통화의 환율은 현재 1.50달러이다. 자국과 외국의 무위험이자율은 각각 5%와 9%이다. 행사가격이 1.40달러인 6개월 만기 콜옵션 가격의 하한선을 계산하라.
(a) 유러피언콜옵션인 경우
(b) 아메리칸콜옵션인 경우

17.10. 주가지수의 현재 수준은 250이다. 지수의 배당수익률은 연 4%, 무위험이자율은 연 6%이다. 만기가 3개월이고 행사가격이 245인 콜옵션의 가격이 현재 10달러이다. 행사가격과 만기가 동일한 풋옵션의 가치는 얼마인가?

17.11. 주가지수의 현재 수준은 696이고, 지수의 변동성은 연 30%이다. 무위험이자율은 연 7%이고, 지수의 배당수익률은 연 4%이다. 행사가격이 700인 3개월 만기 유러피언풋옵션의 가치를 계산하라.

17.12. 배당수익률 q를 지급하는 주식에 대한 아메리칸콜옵션의 가격을 C로, 아메리칸풋옵션의 가격을 P로 정

의하자. 행사가격은 K, 만기는 T, 주가는 S_0, 무위험이자율은 $r(r > 0)$이다. 두 옵션의 행사가격과 만기는 같다. 다음을 증명하라(힌트: 왼쪽 관계를 증명하기 위하여 다음 2개의 포트폴리오를 이용한다).

$$S_0e^{-qT} - K < C - P < S_0 - Ke^{-rT}$$

*A*포트폴리오: 유러피언콜옵션 1개와 K만큼의 현금(현금은 무위험이자율로 투자된다)

*B*포트폴리오: 아메리칸풋옵션 1개와 보통주 e^{-qT} 주(배당금은 주식에 재투자된다)

오른쪽의 관계를 증명하기 위하여 다음 2개의 포트폴리오를 이용한다.

*C*포트폴리오: 아메리칸콜옵션 1개와 Ke^{-rT} 만큼의 현금(현금은 무위험이자율로 투자된다)

*D*포트폴리오: 유러피언풋옵션 1개와 보통주 1주(배당금은 주식에 재투자된다)

17.13. 선도가격이 행사가격과 동일하면, 유러피언 통화 콜옵션의 가치에 상응하는 유러피언 통화 풋옵션의 가치와 동일함을 보여라.

17.14. 주가지수의 변동성이 특정 개별 주식의 변동성보다 크다고 생각하는가? 아니면 작다고 생각하는가?

17.15. 포트폴리오의 베타가 증가함에 따라 포트폴리오 보험의 비용이 증가하는가? 아니면 감소하는가?

17.16. 포트폴리오의 가치는 6천만 달러이고 S&P 500은 1,200이다. 포트폴리오의 가치가 주가지수의 가치를 반영한다고 가정하자. 향후 1년 동안 포트폴리오의 가치가 5천 4백만 달러 이하로 하락하는 것을 방지하기 위해서는 어떤 옵션을 매입해야 하는가? 옵션의 종류, 행사가격, 계약수를 명시해야 한다.

17.17. 문제 17.16의 상황을 다시 고려하자. 포트폴리오의 베타는 2.0, 무위험이자율은 연 5%, 포트폴리오와 지수의 배당수익률은 연 3%로 같다고 가정하자. 포트폴리오의 가치가 5천 4백만 달러이하로 하락하는 것을 방지하기 위해서는 어떤 옵션을 매입해야 하는가? 옵션의 종류, 행사가격, 계약수를 명시해야 한다.

17.18. 지수가 현재 1,500이다. 행사가격이 1,400이고 만기가 6개월인 유러피언콜옵션과 풋옵션의 가격이 각각 154.00과 34.25이다. 무위험이자율은 5%이다. 내재 배당수익률은 얼마인가?

17.19. 총 수익률지수(total return index)가 특정 포트폴리오의 수익률(배당금 포함)을 모방한다. 이지수에 대한 (a) 선도계약과, (b) 유러피언옵션을 어떻게 평가할 수 있는지 설명하라.

17.20. 유러피언 통화옵션의 경우 풋–콜 패리티는 무엇인가?

17.21. 포트폴리오를 이용하여 식 (17.1), 식 (17.2), 식 (17.3)의 결과를 증명하라.

17.22. 엔–유로 환율에 대한 옵션이 다음 2개의 옵션으로부터 구성될 수 있는가? 하나는 달러–유로 환율에 대한 옵션이고, 다른 하나는 달러–엔 환율에 대한 옵션이다. 자세히 설명하라.

과제물 문제

17.23. 2016년 7월 20일, 다우존스 산업평균지수가 18,580이었고, 9월 만기 185행사가격의 (유러피안)콜옵션 가격은 3.35달러였다. DerivaGem 프로그램을 이용하여 이 옵션의 내재변동성을 계산하라. 무위험이자율은 0.7%이고 배당수익률은 2.75%이다. 옵션의 만기일은 2016년 9월 16일이다. 그리고 9월 만기 185행사가격의 풋옵션 가격을 추정하라. 추정된 풋옵션 가격에 내재된 변동성은 얼마인가? (옵션은 지수를 100으로 나눈 값에 기초한다)

17.24. 현재 주가지수는 300이다. 앞으로 3개월마다 지수가 20%씩 증가하거나 또는 감소할 예정이다. 무위험이자율은 연 8%이고 지수의 배당수익률은 3%이다. 3기간 이항과정을 이용하여 행사가격이 300인 6개월 만기 풋옵션의 가치를 계산하라.

(a) 유러피언풋옵션의 경우

(b) 아메리칸풋옵션의 경우

17.25. 캐나다 달러의 현재 환율은 0.95미국 달러이다. 캐나다 달러/미국 달러 환율의 변동성은 연4%이다. 캐나다와 미국의 무위험이자율은 각각 4%와 5%이다. 행사가격이 미국 0.95달러인 9개월 만기 유러피언콜옵션의 가격을 계산하라. 풋–콜 패리티를 이용하여 행사가격이 미국 0.95달러이고 만기가 9개월인 유러피언풋옵션의 가격을 계산하라. 또한 9개월 후에 미국 0.95 달러를 캐나다 1달러로 매입할 수 있는 콜옵션의 가치를 계산하라.

17.26. 주가지수의 현물가격은 1,000이며 무위험이자율은 4%이다. 3개월 만기 유러피안콜옵션과 유러피안풋옵션의 가격은 행사가격이 950일 때 78과 26이다. (a) 배당수익률과 (b) 내재변동성을 추정하라.

17.27. B통화의 가격으로 표현된 A통화의 가격이 다음과 같은 과정을 따른다고 가정하자.

$$dS = (r_B - r_A)S\,dt + \sigma S\,dz$$

여기서 r_A는 A통화의 무위험이자율이고, r_B 는 B통화의 무위험이자율이다. A통화의 가격으로 표현된 B통화의 가격은 어떤 과정을 따르는가?

17.28. 달러/유로 환율이 1.3000이다. 환율의 변동성은 15%이다. 미국 기업은 3개월 후에 1백만 유로를 수령할 예정이다. 유로와 달러의 무위험이자율은 각각 5%와 4%이다. 기업은 레인지선도계약(낮은 행사가격은 1.2500이다)을 이용하고자 한다.

(a) 무비용 계약을 구성하기 위한 높은 행사가격은 얼마인가?

(b) 기업은 콜옵션과 풋옵션에 어떤 포지션을 취해야 하는가?

(c) 만일 두 통화간의 이자율 차이인 가 일정하면 (a)에서의 답이 이자율에 의해 영향을 받지 않음을 보여라

17.29. [실무사례 17.1]에서 향후 10년 동안 펀드의 수익률이 마이너스가 아님을 보장하는 비용은 얼마인가?

17.30. 멕시코 페소의 1년 선도가격은 1멕시코 페소 당 0.0750달러이다. 미국의 무위험이자율은 1.25%이며 멕시코의 무위험이자율은 4.5%이다. 환율의 변동성은 13%이다. 행사가격이 0.0800달러인 1년 만기 유러피안 풋옵션과 아메리칸 풋옵션의 가치는 어떻게 되는가?

CHAPTER 18 선물옵션

지금까지는 특정자산을 특정 가격에 사거나 팔 수 있는 권리를 미래의 특정시점까지 소유자에게 부여하는 옵션을 설명했다. 이런 옵션은 현물옵션(option on spot 또는 spot option)으로 불린다. 왜냐하면 옵션을 행사하면 약정된 가격으로 기초자산을 즉시 매입 또는 매도해야 하기 때문이다. 본 장에서는 선물옵션(option on futures 또는 futures option)에 대하여 설명하기로 한다. 선물옵션계약에서 옵션을 행사하면 옵션소유자는 선물계약 포지션을 획득한다.

미국의 상품선물거래위원회는 1982년에 시험적으로 선물옵션의 거래를 승인했다. 본격적인 선물옵션거래는 1987년에 승인되었고, 그 이후로 선물옵션은 대단히 빠른 속도로 인기를 얻고 있다.

본 장에서는 선물옵션이 어떻게 운영되고 있으며 선물옵션과 현물옵션의 차이가 무엇인지 논의해 보기로 한다. 우리는 어떻게 선물옵션의 가격이 책정될 수 있는지 살펴본 뒤에 선물옵션의 가치와 현물옵션의 가치를 비교할 것이다. 그리고 선물형 옵션에 대해 논의한다.

피셔 블랙(Fischer Black)은 1976년에 선물에 대한 유러피안옵션의 가치평가를 위한 블랙 모형(Black's model)이라는 모형을 제시했다.[1] 이 장에서 볼 수 있듯이 이 모형은 다른 다양한 유러피안현물옵션의 가치평가를 위해 블랙-숄즈-머튼 모형의 대안으로써 사용될 수 있다.

18.1 선물옵션의 속성

선물옵션은 약정일까지 약정된 선물가격으로 선물계약에 포지션을 취할 수 있는 권리이다(의무는 아니다). 구체적으로 말해서 콜선물옵션(call futures option)은 약정가격으로 선물계약에 매입포지션을 취할 수 있는 권리이고, 풋선물옵션(put futures option)은 약정가격으로 선물계약에 매도포지션을 취할 수 있는 권리이다. 선물옵션은 일반적으로 아메리칸형이다. 즉, 대부분의 선물옵션은 옵션의 잔존기간 중에 어느 때라도 권리를 행사할 수 있다.

만일 콜선물옵션이 행사되면 소유자는 기초 선물계약 매입포지션과 현금(가장 최근의 선물정산 가격에서 행사가격을 차감한 금액)을 갖게 된다. 만일 풋선물옵션이 행사되면 소유자는 기초 선물계약 매

1 다음의 논문을 참고. F. Black, "The Pricing of Commodity Contracts," *Journal of Financial Economics*, 3 (1976), 167-79.

도포지션과 현금(행사가격에서 가장 최근의 선물정산 가격을 차감한 금액)을 갖게 된다. 다음 예제가 보여주듯이, 콜선물옵션으로부터의 실질적인 이득(effective payoff)은 $\max(F - K,\ 0)$ 이고, 풋선물옵션으로부터의 실질적인 이득은 $\max(F - K,\ 0)$ 이다(F는 행사 시점의 선물가격이고 K는 행사가격임).

예제 18.1

오늘이 8월 15일이고 투자자가 파운드당 320센트의 행사가격으로 구리에 대한 9월 만기 콜선물옵션 1계약을 소유하고 있다고 가정하자. 선물 1계약은 구리 25,000파운드에 해당한다. 9월 인도 예정 구리의 선물가격이 현재 331센트이며 8월 14일 거래 마감 시의 최종 정산가격이 330센트라고 가정하자. 만일 옵션이 행사되면 투자자는 2,500달러의 현금을 수령함과 동시에 9월에 25,000파운드를 매입할 수 있는 선물계약 매입포지션을 획득한다.

$$25{,}000 \times (330 - 320)\ \text{센트} = 2{,}500\text{달러}$$

또는 원하는 경우 선물계약 포지션은 즉각 마감될 수 있다. 이 경우에 투자자는 2,500달러 이외에 250달러(최종 정산가격 이후 선물가격의 변화를 반영한다)를 추가로 수령한다.

$$25{,}000 \times (331 - 330)\ \text{센트} = 250\text{달러}$$

따라서 8월 15일에 옵션을 행사함으로써 얻게 되는 총이득은 2,750달러이고 이는 $25{,}000(F - K)$이다(F는 옵션 행사 시의 선물가격이고 K는 행사가격이다).

예제 18.2

투자자가 옥수수에 대한 12월 풋선물옵션 1계약을 소유하고 있다(행사가격은 부셸당 600센트). 선물 1계약은 옥수수 5,000부셸에 해당된다. 12월 인도 예정인 선물계약의 현재 가격은 580센트이고, 가장 최근의 정산가격은 579센트이다. 만일 옵션이 행사되면 투자자는 1,050달러의 현금을 수령함과 동시에 12월 옥수수 5,000부셸을 매도할 수 있는 선물계약에 매도포지션을 획득한다.

$$5{,}000 \times (600 - 579)\text{센트} = 1{,}050\text{달러}$$

또는 원하는 경우 선물포지션은 즉각 마감될 수 있다. 이는 투자자의 현금을 50달러만큼 감소시킨다(최종 정산가격 이후 선물가격의 변화를 반영하는 것이다).

$$5{,}000 \times (580 - 579)\text{센트} = 50\text{달러}$$

따라서 옵션을 행사함으로써 얻는 총이득은 $5{,}000(K - F)$이다(F는 옵션 행사 시의 선물가격이고 K는 행사가격이다).

만기월

선물옵션의 명칭은 옵션의 만기월이 아니라 기초선물계약의 만기월 단위로 불린다. 앞에서 언급한 바와 같이 대부분의 선물옵션은 아메리칸형이다. 선물옵션계약의 만기일은 일반적으로 기초선물계약의 마지막 거래일 며칠 전이다(예를 들어 시카고상품거래소의 T-bond선물옵션 만기일은 선물계약 만기월 전월의 말일보다 영업일 기준으로 적어도 5일 앞선 마지막 금요일이다.) 이 규칙의 예외는 시카고상업거래소 미드커브 유로달러계약(mid-curve Eurodollar contract)의 경우이며 이 선물계약은 옵션계약 한참 후에(much later) 종료된다.

미국에서 거래되는 인기있는 계약은 옥수수, 콩, 면화, 설탕, 원유, 천연가스, 금, 장기국채, 중기국채, 5년 만기 중기국채, 30일 만기 페더럴 펀드(federal fund), 유로달러, 1년과 2년 만기 미드커브 유로달러, 유로차입금리(Euribor), 유럽국채(Eurobunds), S&P 500 등에 대한 선물옵션이다.

금리선물에 대한 옵션

미국에서 가장 활발히 거래되는 선물옵션은 미국 장기국채 선물, 중기국채 선물, 유로달러 선물에 대한 옵션이다.

시카고상품거래소(CBOT)에서 거래되는 장기국채 선물옵션(Treasury bond futures option)은 장기국채 선물계약에 포지션을 취할 수 있는 옵션이다. 6장에서 언급했듯이 장기국채 선물 1계약은 액면가가 10만 달러인 장기국채의 인도를 요구한다. 장기국채 선물옵션의 가격은 기초 장기국채 액면가의 퍼센트로 공시된다(1%의 가장 가까운 1/64까지 표현된다).

시카고상업거래소(CME)에서 거래되는 유로달러 선물옵션(option on Eurodollar futures)은 유로달러 선물 계약에 포지션을 취할 수 있는 옵션이다. 6장에서 설명했듯이, 유로달러 선물 공시가격이 1베이시스포인트(basis point) 또는 0.01% 변하면 유로달러 선물 1계약에서의 이익 또는 손실은 25달러이다. 마찬가지로 유로달러 선물옵션의 경우에도 1베이시스포인트는 25달러에 해당된다.

금리선물옵션 계약은 본 장에서 설명한 선물옵션 계약들과 기본원리는 같다. 예를 들어, 옵션을 행사하면 현금이득 이외에 콜선물옵션 소유자는 선물계약 매입포지션을 획득하고 발행자는 선물계약 매도포지션을 획득한다. 콜옵션으로부터의 총이득은 선물포지션의 가치를 포함하여 $\max(F - K,\ 0)$이다(F는 행사시점의 선물가격이고 K는 행사가격이다).

채권의 가격이 상승하면(즉 이자율이 하락하면), 금리선물의 가격은 상승한다. 반대로 채권가격이 하락하면(즉 이자율이 상승하면), 금리선물의 가격은 하락한다. 단기이자율이 상승할 것으로 예상하는 투자자는 유로달러 선물에 대한 풋옵션을 매입하여 투기할 수 있고, 단기이자율이 하락할 것으로 예상하는 투자자는 유로달러 선물에 대한 콜옵션을 매입하여 투기할 수 있다. 장기이자율이 상승할 것으로 예상하는 투자자는 T-bond 또는 T-note에 대한 풋선물옵션을 매입하고, 장기이자율이 하락할 것으로 예상하는 투자자는 콜선물옵션을 매입하여 투기할 수 있다.

예제 18.3

현재는 2월이고 6월 만기 유로달러 선물가격이 96.82라고 가정하자(즉, 3개월 만기 유로달러 이자율이 연 3.18%임을 의미한다). 행사가격이 97.00인 유로달러 콜선물옵션의 가격은 CME 공시기준으로 0.1 또는 10베이시스포인트로 공시되었다. 이 옵션은 이자율이 하락할 것으로 예상하는 투자자에게 매우 매력적이다. 단기이자율이 100베이시스포인트 하락하고, 투자자는 유로달러 선물가격이 97.78일 때 콜옵션을 행사한다고 가정하자(즉, 3개월 만기 유로달러 이자율이 연 3.22%임을 의미한다). 이득은 $25 \times (97.78 - 97.00) \times 100 = 1,950$달러이다. 콜옵션의 매입비용은 $10 \times 25 = 250$달러이므로 투자자의 이익은 1,700달러이다.

예제 18.4

현재는 8월이고 12월 만기 T-bond선물가격이 96-09(또는 $96\frac{9}{32} = 96.28125$)라고 가정하자. T-bond의 수익률은 약 6.4%이다. 12월까지 수익률이 하락할 것으로 예상하는 투자자는 행사가격이 98이고 12월에 만기가 되는 콜옵션을 매입한다. 콜옵션의 가격이 1-04(또는 $1\frac{4}{64}$ = 원금의 1.0625%)라고 가정하자. 만일 장기수익률이 6%로 하락하면 T-bond선물의 가격은 100-00으로 상승하게 되며 투자자는 채권선물 100달러당 0.9375달러의 순이익을 얻을 수 있다.

$$100.00 - 98.00 - 1.0625 = 0.9375$$

옵션 1계약이 원금 10만 달러의 기초자산을 매입 또는 매도하는 것이므로 투자자는 매입한 옵션 1계약당 937.50달러의 이익을 얻는다.

18.2 선물옵션이 인기 있는 이유

독자들은 자연히 사람들이 왜 기초자산에 대한 옵션 대신에 선물옵션을 거래하는가하는 의문을 가질 것이다. 이 질문에 대한 주된 답변은 선물계약이 기초자산보다 대체로 유동성이 높고 거래하기가 용이하다는 것이다. 더구나 선물가격은 선물거래소를 통해 즉각 알 수 있는 반면에, 기초자산의 현물가격은 쉽게 확인하지 못할 수 있다.

T-bond를 고려해 보자. T-bond 선물시장은 어떤 T-bond 시장보다 훨씬 더 활발하다. 또한 T-bond 선물가격은 거래소에서 거래된 후 즉시 일반에게 알려진다. 이와는 대조적으로 T-bond의현재 시장가격은 한 사람 이상의 딜러와 접촉해야만 알 수 있다. 따라서 투자자들이 T-bond보다는 T-bond 선물계약을 인수하려 한다는 것은 결코 놀랄 일이 아니다.

또한 상품선물(commodity futures)도 기초자산 자체보다 거래가 용이하다. 예를 들어 생돈(돼지) 자체를 인도·인수하는 것보다 생돈선물 계약을 인도·인수하는 것이 훨씬 용이하고 편리하다.

선물옵션의 경우 중요한 점은 옵션의 행사가 대체로 기초자산의 인도로 이어지지 않는다는 사실이다. 왜냐하면 대부분의 경우에 기초선물 계약을 인도일 전에 마감하기 때문이다. 그러므로 선물옵션은 보통 최종적으로 현금으로 정산된다. 바로 이 점이 많은 투자자에게 어필한다. 특히 옵션을 행사하여 기초자산을 매입할 때 투자자는 매입자금을 필요로 하는데, 자금조달에 어려움이 있는 투자자에게 선물옵션은 매력적일 수밖에 없다. 선물옵션의 또 다른 장점은 선물과 선물옵션의 거래가 동일한 거래소에서 이루어진다는 것이다. 이런 사실이 헷징, 차익거래 및 투기거래를 용이하게 하고 또한 시장을 보다 효율적으로 만드는 경향이 있다. 마지막으로 많은 경우 선물옵션은 현물옵션에 비해 거래비용이 저렴하다는 장점을 갖고 있다.

18.3 유러피언 현물옵션과 선물옵션

행사가격이 K인 유러피언 현물콜옵션의 이득은 다음과 같다.

$$\max(S_T - K,\ 0)$$

여기서 S_T는 옵션만기일의 현물가격이다. 동일한 행사가격을 갖는 유러피언 콜선물옵션의 이득은 다음과 같다.

$$\max(F_T - K,\ 0)$$

여기서 F_T는 옵션만기일의 선물가격이다. 만일 유러피언 콜선물옵션의 만기와 선물계약의 만기가 같으면, $F_T = S_T$이고 이론적으로 콜선물옵션과 현물콜옵션이 동등한 가치를 갖는다. 같은 논리로 풋선물옵션의 만기와 선물계약의 만기가 같으면 유러피언 풋선물옵션의 가치와 상응하는 유러피언 현물풋옵션의 가치는 동일하다.

거래되는 대부분의 선물옵션은 아메리칸형이다. 그렇지만 유러피언 선물옵션을 공부하는 것이 유용한데, 그 이유는 유러피언 선물옵션으로부터 얻은 결과가 상응하는 유러피언 현물옵션의 가치를 평가하는 데 유용하게 사용되기 때문이다.

18.4 풋-콜 패리티

11장에서 유러피언 주식옵션의 풋–콜 패리티를 유도했다. 선물계약과 선도계약으로부터의 이득 간에 차이가 없다는 가정하에서, 유러피언 선물옵션의 풋–콜 패리티를 유도하기 위하여 유사한 논리를 적용하기로 한다. 행사가격이 K이고 만기가 T인 유러피언 콜선물옵션과 풋선물옵션을 이용하여 다음 2개의 포트폴리오를 구성해보자.

*A*포트폴리오: 유러피언 콜선물옵션 1개와 Ke^{-rT} 만큼의 현금

*B*포트폴리오: 유러피언 풋선물옵션 1개와 선물 1계약 매입 및 F_0e^{-rT} 만큼의 현금(F_0는 선물가격)

A포트폴리오에 있는 Ke^{-rT}의 현금을 무위험이자율 r로 투자하면 T시점에서 K가 된다. F_T를 옵션만기일에서의 선물가격이라 하자. 만약 $F_T > K$ 이면, A포트폴리오의 콜선물옵션은 행사되고 A포트폴리오의 가치는 F_T 이다. 만약 $F_T \leqslant K$ 이면 콜선물옵션은 행사되지 않으며, 이때 A포트폴리오의 가치는 K이다. 따라서 만기 T시점에서 A포트폴리오의 가치는 다음과 같다.

$$\max(F_T,\ K)$$

*B*포트폴리오에 있는 F_0e^{-rT}의 현금을 무위험이자율 r로 투자하면 T시점에서 가 된다. 풋선물옵션의 이득은 $\max(K - F_T,\ 0)$ 이고, 선물계약의 이득은 $F_T - F_0$ 이다.[2] 따라서 T시점에서 B포트폴리오의 가치는 다음과 같다.

$$F_0 + (F_T - F_0) + \max(K - F_T,\ 0) = \max(F_T,\ K)$$

T시점에서 A포트폴리오와 B포트폴리오의 가치는 동일하고 만기일 전에 행사할 수 없기 때문에(유러피언형), 현재시점에서 두 포트폴리오의 가치는 같아야 한다. 현재 A포트폴리오의 가치는 다음과 같다(c는 유러피언 콜선물옵션의 가격).

$$c + Ke^{-rT}$$

일일정산(marking to market)에 의해 *B*포트폴리오에 속한 선물계약의 가치가 현재 0이므로, 현재 B포트폴리오의 가치는 다음과 같다(p는 유러피언 풋선물옵션의 가격).

$$p + F_0e^{-rT}$$

결국 다음 식이 성립한다.

$$c + Ke^{-rT} = p + F_0e^{-rT} \tag{18.1}$$

이 풋–콜 패리티와 무배당주식에 대한 식 (11.6)의 풋–콜 패리티간의 차이는 주가 S_0가 할인된 선물가격 F_0e^{-rT}로 대체되었다는 점이다.

본 장 3절에 설명되어 있듯이 기초자산인 선물계약의 만기일이 옵션의 만기일과 동일하면 유러피언 선물옵션과 현물옵션은 동일하다. 따라서 식 (18.1)은 현물가격에 대한 콜옵션 가격, 현물가격에 대한 풋옵션 가격, 그리고 선물가격 간의 관계를 보여 준다(두 옵션의 만기일과 선물계약의 만기일은 모두 동일하다).

2 이 분석은 선물계약이 선도계약과 유사하며, 매일 정산되지 않고 만기일에 일괄정산된다고 가정한다.

예제 18.5

만기가 6개월인 유러피언 상품선물의 콜옵션 가격이 온스당 0.56달러이고, 옵션의 행사가격은 8.50달러이다. 만기가 6개월인 선물의 가격은 현재 8.00달러이고, 6개월 만기 무위험이자율은 연 10%이다. 식 (18.1)에 의해 은선물에 대한 유러피언풋옵션의 가치는 1.04달러이다(콜옵션과 동일한 만기와 행사가격을 가진다).

$$0.56 + 8.50e^{-0.1\times 6/12} - 8.00e^{-0.1\times 6/12} = 1.04$$

아메리칸 선물옵션의 풋–콜 패리티는 다음과 같다(연습문제 18.19 참조).

$$F_0e^{-rT} - K < C - P < F_0 - Ke^{-rT} \tag{18.2}$$

18.5 선물옵션 가격의 범위

식 (18.1)의 풋–콜 패리티로부터 유러피언 콜선물옵션 가격과 유러피언 풋선물옵션 가격의 하한선, 즉 하한가를 유도할 수 있다. 유러피언풋옵션의 가격 p는 0보다 작을 수 없으므로, 식 (18.1)로부터 다음 식을 유도할 수 있다.

$$c + Ke^{-rT} \geqslant F_0e^{-rT}$$

$$c \geqslant \max\big((F_0 - K)e^{-rT},\ 0\big) \tag{18.3}$$

마찬가지로 콜옵션의 가치 c도 0보다 작을 수 없으므로, 식 (18.1)로부터 다음 식을 유도할 수 있다.

$$Ke^{-rT} \leqslant F_0e^{-rT} + p$$

$$p \geqslant \max\big((K - F_0)e^{-rT},\ 0\big) \tag{18.4}$$

식 (18.3)과 (18.4)에서 얻은 c와 p의 범위는 11장에서 설명한 유러피언 주식옵션 가격의 범위와 유사하다. 유러피언 콜선물옵션과 유러피언 풋선물옵션의 가격은 그 옵션이 심내가격에 있을 때 가격의 하한선에 매우 근접하게 된다. 이를 이해하기 위해 식 (18.1)의 풋–콜 패리티를 다시 분석해 보자. 어떤 콜선물옵션이 심내가격에 있으면 상응하는 풋선물옵션은 심외가격에 있게 된다. 이때 p는 거의 0의 값을 갖게 된다. c와 콜옵션의 하한가 간의 차이가 p와 같으므로, 콜선물옵션의 가치는 하한가에 매우 근접하게 된다. 풋선물옵션에도 유사한 논리를 적용할 수 있다.

아메리칸 선물옵션은 만기일 전에 언제든지 행사할 수 있으므로 다음 식이 성립한다.

$$C \geqslant \max(F_0 - K,\ 0)$$

그리고

$$P \geqslant \max(K - F_0,\ 0)$$

따라서 이자율이 0보다 크다는 가정 하에서 아메리칸옵션의 하한가가 상응하는 유러피언옵션의 하한가보다 항상 크다. 즉, 아메리칸 선물옵션을 만기일 전에 행사할 가능성은 항상 존재한다.

18.6 위험중립 세계에서의 선물가격의 변화

17장 3절에서의 분석을 선물옵션에도 적용할 수 있다. 즉, 위험중립 세계에서 선물가격은 국내 무위험 이자율 r로 배당수익률을 지급하는 주식과 같은 행태로 변한다.
선물옵션 가격에 적용되는 풋–콜 패리티가 q의 배당수익률을 지급하는 주식에 대한 옵션의 풋–콜 패리티와 동일하다는 실마리를 얻을 수 있다 데에서 실마리를 얻을 수 있다(식 (18.1)과 식 (17.3)을 비교할 것).

결과를 공식적으로 증명하기 위하여, 위험중립 세계에서 선물가격의 기대성장률을 계산하자. 그리고 F_t를 t시점에서의 선물가격으로, 그리고 결제시점을 $0,\ \Delta t,\ 2\Delta t, \ldots$ 등으로 정의하자. 만일 0시점에서 선물계약을 매입하면 선물계약의 가치는 0이다. Δt 에서 선물계약은 $F_{\Delta t} - F_0$ 의 이득을 제공한다. 만일 r이 0시점에서 Δt 기간에 적용되는 초단기이자율이면 위험중립 가치평가에 의해 0시점에서 계약의 가치는 다음과 같다.

$$e^{-r\Delta t}\hat{E}[F_{\Delta t} - F_0]$$

여기서 $\hat{E}$는 위험중립 세계에서의 기대치를 의미한다. 따라서

$$e^{-r\Delta t}\hat{E}(F_{\Delta t} - F_0) = 0$$

즉,

$$\hat{E}(F_{\Delta t}) = F_0$$

마찬가지로 $\hat{E}(F_{2\Delta t}) = F_{\Delta t},\ \ \hat{E}(F_{3\Delta t}) = F_{2\Delta t}$ 등이다. 이런 결과들을 종합하면 어떤 시점 T에 대해서도 다음 식이 성립한다.

$$\hat{E}(F_T) = F_0$$

따라서 위험중립 세계에서 선물가격의 기대성장률은 0이다. 식 (17.7)로부터 선물가격은 r과 동일한 q를 지급하는 주식과 같이 행동한다. 이 결과는 대단히 일반적인 결과이다. 즉 이는 모든 선물가격에 대해 성립하고, 이자율, 변동성 등과 같은 어떤 가정에도 영향을 받지 않는다.[3]

---

3 28장에서알 수 있듯이, 이결과의보다정확한표현은다음과같다. "선물가격은전통적인위험중립세계[즉, 가치척도(numeraire)가 단기유동성계정(money market account)인 위험중립 세계]에서 0의 기대수익률을 갖는다."기대수익률이 0인 확률과정은 마팅게일이라고 한다. 선도가격은 다른 위험중립 세계에서 마팅게일을 따른다. 다른 위험중립 세계는 가치척도가 T시점에서 만기가 되는 무이표채인 경우이다.

위험중립 세계에서 선물가격 F가 따르는 과정에 대한 일반적인 가정은 다음과 같다(여기서 σ는 상수이다).

$$dF = \sigma F\, dz \tag{18.5}$$

미분방정식

선물가격이 q의 배당수익률을 지급하는 주식과 같이 움직인다는 것을 다른 방법으로 확인하기 위하여 15장 6절에서 무배당주식에 의존한 파생상품에 적용되는 미분방정식을 도출했듯이, 동일하게 선물가격에 의존하는 파생상품이 만족시켜야 하는 미분방정식을 도출할 수 있다. 이는 다음과 같다.[4]

$$\frac{\partial f}{\partial t} + \tfrac{1}{2}\frac{\partial^2 f}{\partial F^2}\sigma^2 F^2 = rf \tag{18.6}$$

이는 $q = r$인 경우의 식 (17.6)과 동일하다. 이는 파생상품의 가치를 평가하는 목적에서 선물가격이 r의 배당수익률을 지급하는 주식으로 간주될 수 있다는 것을 확인시켜 준다.

18.7 블랙의 모형을 이용한 선물옵션 평가

앞에서의 결과를 확장함으로써 유러피언 선물옵션의 가치를 평가할 수 있다. 블랙은 1976년에 발표한 논문에서 처음으로 블랙–숄즈–머턴 모형을 확장하여 선물옵션의 가치를 평가할 수 있음을 보였다.[5] 선물가격이 식 (18.5)의 대수정규분포를 따른다고 가정하고, 식 (17.4)와 (17.5)에서 S_0를 F_0로 대체하고 $q = r$로 하면, 유러피언 콜선물옵션의 가격 c와 유러피언 풋선물옵션의 가격 p가 다음과 같다.

$$c = e^{-rT}[F_0N(d_1) - KN(d_2)] \tag{18.7}$$

$$p = e^{-rT}[KN(-d_2) - F_0N(-d_1)] \tag{18.8}$$

단,

$$d_1 = \frac{\ln(F_0/K) + \sigma^2T/2}{\sigma\sqrt{T}}$$

$$d_2 = \frac{\ln(F_0/K) - \sigma^2T/2}{\sigma\sqrt{T}} = d_1 - \sigma\sqrt{T}$$

여기서 σ는 선물가격의 변동성이다. 보유비용(cost of carry)과 보유편익률(convenience yield)이 시간만의 함수인 경우, 선물가격의 변동성은 기초자산의 변동성과 동일하다.

4 이에 대한 증명은 www-2.rotman.utoronto.ca/~hull/TechnicalNotes의 Technical Note 7을 참조한다.

5 F. Black, "The Pricing of Commodity Contracts," *Journal of Financial Economics*, 3 (March 1976): 167–79.

예제 18.6

원유에 대한 유러피언 풋선물옵션을 고려해 보자. 만기가 4개월, 현재 선물가격이 20달러, 행사가격도 20달러, 무위험이자율이 연 9%, 그리고 선물가격의 변동성이 연 25%이다. 즉 $F_0 = 20, K = 20, r = 0.09, T = 4/12, \sigma = 0.25, \ln(F_0/K) = 0$이다.

$$d_1 = \frac{\sigma\sqrt{T}}{2} = 0.07216$$

$$d_2 = -\frac{\sigma\sqrt{T}}{2} = -0.07216$$

$$N(-d_1) = 0.4712, \quad N(-d_2) = 0.5288$$

풋선물옵션의 가격은 1.12달러이다.

$$p = e^{-0.09\times 4/12}(20 \times 0.5288 - 20 \times 0.4712) = 1.12$$

18.8 블랙-숄즈-머턴 모형 대신에 블랙의 모형을 이용하는 경우

18장 3절의 결과는 옵션계약이 선물계약과 동시에 만기가 되면, 유러피언 선물옵션과 유러피언 현물옵션이 동등함을 보여준다. 따라서 식 (18.7)와 (18.8)은 자산의 현물가격에 대한 유러피안옵션의 가격을 제공하며 F_0는 자산의 선물가격이다. 계약의 만기는 옵션과 동일하다.

예제 18.7

금의 현물가격에 대한 6개월 만기 유러피언 콜옵션(즉, 6개월 후에 현물시장에서 1온스의 금을 살 수 있는 권리)을 고려해 보자. 행사가격은 1,200달러, 6개월 만기 선물가격은 1,240달러, 무위험이자율은 연 5%, 선물가격의 변동성은 20%이다. 이 옵션은 6개월 만기 선물계약에 대한 6개월 만기 유러피언 콜선물옵션과 동일하다. 따라서 옵션의 가치는 식 (18.7)에 의해 다음과 같이 88.37달러이다.

$$e^{-0.05\times 0.5}[1{,}240N(d_1) - 1{,}200N(d_2)]$$

단,

$$d_1 = \frac{\ln(1{,}240/1{,}200) + 0.2^2 \times 0.5/2}{0.2 \times \sqrt{0.5}} = 0.3026$$

$$d_2 = \frac{\ln(1{,}240/1{,}200) - 0.2^2 \times 0.5/2}{0.2 \times \sqrt{0.5}} = 0.1611$$

거래자들은 유러피언 현물옵션의 가치를 평가하는 데 블랙–숄즈–머턴 공식 대신에 블랙의 모형을 사용하기를 좋아한다. 블랙 모형은 상당히 일반적으로 이용된다. 즉, 기초자산은 소비자산 또는 투자자산일 수 있고, 소유자에게 소득을 제공할 수 있다. 보통 F_0는 선물가격이 아닌 선도가격과 동일하게 설정된다. 금리가 이미 결정되어 있다고 가정하는 경우 선도가격과 선물가격은 동일하기 때문에 이는 타당하다고 할 수 있다.

블랙 모형의 최대 장점은 기초자산의 현금소득(또는 보유편익)을 추정할 필요가 없다는 점이다. 모형에서 사용하는 선물가격 또는 선도가격은 이런 소득에 대한 시장의 추정치를 반영하고 있다.

식 (17.13)과 (17.14)는 통화의 현물가격에 대한 유러피언옵션의 가치를 평가하는 데 블랙의 모형이 사용된 것이다. 이 경우 블랙 모형은 무위험이자율에 대한 모든 필요한 정보가 에 포함되어 있기 때문에 외국의 무위험이자율을 명시적으로 추정하지 않아도 된다. 식 (17.8)과 (17.9)는 지수의 현물가격에 대한 유러피언옵션의 가치를 평가하는 데 블랙의 모형이 사용된 것이다. 이 경우 기초 주식의 포트폴리오 배당을 명시적으로 추정하지 않아도 되는데 이는 모든 필요한 배당에 대한 정보가 F_0에 포함되어 있기 때문이다.

17장 4절에서 주가지수를 고려할 때 우리는 활발히 거래되는 옵션의 만기별로 선도가격을 추론하는 데 풋–콜 패리티를 이용할 수 있다고 설명하였다. 그리고 다른 만기의 선도가격을 추정하는데 보간법을 이용한다. 동일한 접근방법이 다른 기초자산에도 적용될 수 있다.

18.9 이항분포 모형을 이용한 선물옵션의 평가

선물옵션의 가치를 평가하기 위해서 13장에서 사용했던 것과 유사한 이항분포 모형을 이용해 보자. 선물옵션과 주식옵션 간의 주요 차이점은 선물계약을 체결할 때에 비용이 발생하지 않는다는 점이다. 현재 선물가격이 30이고 1개월 후에 가격이 33으로 상승하든지 또는 28로 하락하는 것으로 가정하자. 행사가격이 29이고 만기가 1개월인 콜선물옵션을 고려해보자. 이 상황이 [그림 18.1]에 묘사되어 있다. 만일 선물가격이 33으로 상승하면, 옵션의 이득은 4이고 선물계약의 가치는3이다. 만일 선물가격이 28로 하락하면, 옵션의 이득은 0이고 선물계약의 가치는−2이다.[6]

그림 18.1 선물가격의 변화.

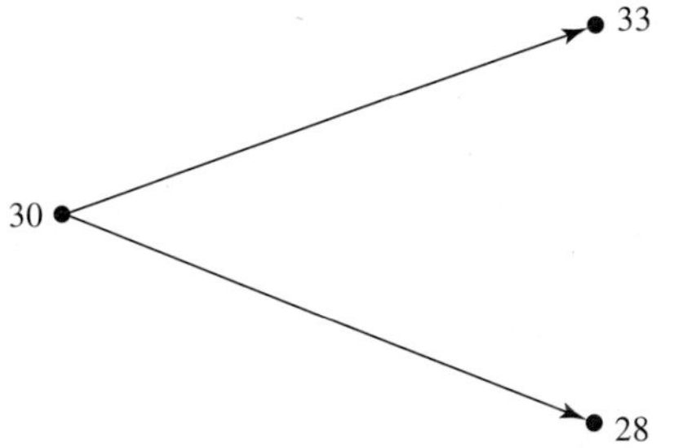

6 선물계약의 이익 또는 손실이 T시점에서 실현되지 않기 때문에 이는 근사치로 성립한다. 이익 또는 손실은 0시점과 T시점 사이에서 매일 실현된다. 그러나 이항과정에서 1기간의 길이가 짧아짐에 따라 근사값은 점점 정확해진다.

무위험헷징 상태를 만들기 위해 선물옵션 1계약에 매도포지션을 취함과 동시에 선물 1계약에 매입포지션을 취한 포트폴리오를 고려해보자. 선물가격이 33으로 상승하면 포트폴리오의 가치는 3 Δ− 4이고, 선물가격이 28로 하락하면 포트폴리오의 가치는 −2Δ이다. 선물가격과 관계없이 포트폴리오의 가치가 항상 일정할 때 포트폴리오는 무위험 상태가 된다.

$$3\Delta - 4 = -2\Delta$$

또는

$$\Delta = 0.8$$

Δ 가 0.8이면 1개월 후에 포트폴리오의 가치는 3 × 0.8 − 4 =−1.6이 된다. 무위험이자율을 6%로 가정하면 현재 포트폴리오의 가치는 −1.592여야 한다.

$$-1.6e^{-0.06\times 1/12} = -1.592$$

포트폴리오는 콜선물옵션 1개에 매도포지션을 취하고 선물 1계약에 매입포지션을 취한 것이다. 현재 선물계약의 가치는 0이므로, 현재 옵션의 가치는 1.592이다.

평가공식의 일반화

선물옵션을 평가하는 공식을 유도하기 위해서, 선물가격이 현재 F_0 이고 T기간 동안에 F_0u 로 상승하든지 또는 F_0d 로 하락할 것으로 예상한다고 하자. 그리고 옵션의 만기일이 T시점이고, 선물가격이 상승하면 옵션의 이득은 f_u 이고, 선물가격이 하락하면 이득은 f_d 라고 하자. 이 내용이 [그림 18.2]에 묘사되어 있다.

이 경우에 무위험 포트폴리오는 선물옵션 1개의 매도포지션과 선물 1계약의 매입포지션으로 구성된다. Δ는 다음과 같다.

$$\Delta = \frac{f_u - f_d}{F_0u - F_0d}$$

T시점에서 포트폴리오의 가치는 항상 다음과 같다.

$$(F_0u - F_0)\Delta - f_u$$

그리고 무위험이자율을 r이라고 하면, 현재시점에서 포트폴리오의 가치는 다음과 같다.

$$[(F_0u - F_0)\Delta - f_u]e^{-rT}$$

포트폴리오의 현재 가치(즉, 포트폴리오를 구성하는 비용)는 $-f$ 이므로 다음의 식이 성립한다(f는 옵션의 가치이다).

$$-f = [(F_0u - F_0)\Delta - f_u]e^{-rT}$$

그림 18.2 일반화한 선물가격과 옵션 가격의 변화.

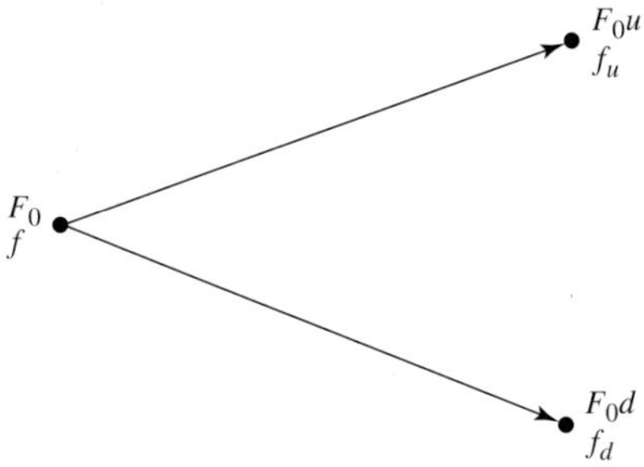

를 로 대체하고 정리하면 위의 식은 다음과 같이 정리된다.

$$f = e^{-rT}[pf_u + (1-p)f_d] \tag{18.9}$$

단,

$$p = \frac{1-d}{u-d} \tag{18.10}$$

이는 13장 9절의 결과와 일치한다. 위험중립 상승확률은 식 (18.10)에 의해 계산된다.

앞의 [그림 18.1]의 예를 공식에 적용하여 옵션의 가치를 구해보자. 즉 $u = 1.1$, $d = 0.9333$, $r = 0.06$, $T = 1/12$, $f_u = 4$, $f_d = 0$이다. 식 (18.6)으로부터 p는 0.4이다.

$$p = \frac{1-0.9333}{1.1-0.9333} = 0.4$$

그리고 식 (18.9)를 적용하면 f는 1.592이다.

$$f = e^{-0.06\times 1/12}[0.4\times 4 + 0.6\times 0] = 1.592$$

현재 옵션의 가치(f) 1.592는 앞에서 구한 값과 일치한다.

다기간 이항과정

다기간 이항과정는 주식옵션의 가치를 평가하는 데 사용되었던 방식과 동일하게 아메리칸 선물옵션의 가치를 평가하는 데 사용된다. 이는 13장 9절에 설명되어 있다. 선물가격의 상향 움직임을 정의하는 계수 u는 $e^{\sigma\sqrt{\Delta t}}$ 이다(여기서 σ는 선물가격의 변동성이고, Δt는 1기간의 길이이다). 선물가격의 상향 확률은 식 (18.10)과 같다.

$$p = \frac{1-d}{u-d}$$

[예제 13.3]은 선물옵션의 가치를 평가하는 데 필요한 다기간 이항과정를 이용하는 방법을 보여 준다.

21장의 [예제 21.3]은 이용방법에 관한 추가적인 내용을 보여 준다.

18.10 아메리칸 선물옵션과 아메리칸 현물옵션

실제로 시장에서 거래되는 선물옵션은 대부분 아메리칸형이다. 무위험이자율 r이 양(+)의 값을 갖는 한, 아메리칸 선물옵션을 만기일 전에 행사하는 것이 최적일 가능성은 항상 있다. 따라서 아메리칸 선물옵션의 가치가 상응하는 유러피언 선물옵션의 가치보다 크다.

선물계약과 옵션계약이 동일한 만기를 가질 때, 아메리칸 선물옵션의 가치와 상응하는 아메리칸 현물옵션의 가치는 일반적으로 동일하지 않다.[7] 만기일 전에 선물가격이 현물가격보다 일관되게 높은 정상시장을 고려해 보자. 정상시장에서 아메리칸 콜선물옵션의 가치는 상응하는

아메리칸 현물콜옵션의 가치보다 크다. 왜냐하면 아메리칸 콜선물옵션은 만기일 전에 행사할 수 있고, 행사하는 경우에 아메리칸 콜선물옵션은 옵션소유자에게 더 큰 이익을 제공하기 때문이다. 이와 유사하게 아메리칸 풋선물옵션의 가치는 상응하는 아메리칸 현물풋옵션의 가치보다 작다. 그러나 선물가격이 현물가격보다 일관되게 낮은 역조시장에서는 반대의 현상이 나타난다. 즉, 아메리칸 콜선물옵션의 가치는 상응하는 아메리칸 현물콜옵션의 가치보다 작은 반면에, 아메리칸 풋선물옵션의 가치는 상응하는 아메리칸 현물풋옵션의 가치보다 크다.

바로 위에서 설명한 아메리칸 선물옵션과 아메리칸 현물옵션 간의 차이는, 선물계약과 옵션계약의 만기가 동일할 때뿐만 아니라 선물계약의 만기가 옵션계약의 만기보다 늦은 때에도 똑같이 성립한다. 실제로 선물계약의 만기가 늦어질수록, 가격 차이가 커지는 경향이 있다.

18.11 선물형 옵션

일부 거래소 특히 유럽에서는 선물형 옵션(futures-style option)으로 불리는 증권을 거래한다. 이는 옵션으로부터의 이득에 기초하는 선물계약이다. 자산의 현물가격에 기초하는 또는 자산의 선물가격에 기초하는 옵션을 매입(매도)하는 거래자는 미리 현금을 지급(수령)한다. 반면에 선물형 옵션을 매입 또는 매도하는 거래자는 보통의 선물계약(2장 참조)에서 하듯이 증거금을 제공해야 한다. 이 계약은 다른 선물계약과 같이 일일정산되며 마지막 결제가격은 옵션으로부터의 이득이다. 선물계약이 자산의 선물가격이 얼마가 될 것인가에 대한 베팅인 것처럼, 선물형 옵션은 옵션으로부터의 이득이 얼마가 될 것인가에 대한 베팅이다.[8] 만일 이자율이 일정하면 선물형 옵션에서의 선물가격은 옵션이득에 대한 선도계약에서의 선도가격과 동일하다. 5장의 선도계약에 대한 분석은 이것이 무위험이자율로 복리계산한 현재

7 선물옵션에 "상응하는" 현물옵션은 행사가격과 만기일이 동일한 옵션으로 정의된다.

8 선물형 옵션에 대한 보다 자세한 내용은 다음 논문을 참조한다. D. Lieu, "Option Pricing with Futures-Style Margining," *Journal of Futures Markets*, 10, 4 (1990), 327–38. 그리고 이자율이 확률과정을 따르는 경우의 가치평가는 다음 논문을 참조한다. R.-R. Chen and L. Scott, "Pricing Interest Rate Futures Options with Futures-Style Margining," *Journal of Futures Markets*, 13, 1 (1993) 15–22.

옵션의 가격임을 보여준다.

식 (18.7)와 식 (18.8)의 블랙 모형을 통해 현재 유러피안옵션의 가격을 결정할 수 있다. 따라서 선물형 콜옵션의 선물가격은 다음과 같다.

$$F_0N(d_1) - KN(d_2)$$

그리고 선물형 풋옵션의 선물가격은 다음과 같다.

$$KN(-d_2) - F_0N(-d_1)$$

여기서 d_1과 d_2는 식 (18.7)과 식 (18.8)의 식과 같이 정의된다. 이 공식들은 이자율의 수준에 의해 영향을 받지 않는다. 이 공식들은 선물계약에 대한 선물형 옵션과 현물가격에 대한 선물형 옵션에게 정확하다. 첫 번째 경우 F_0는 옵션의 기초가 되는 계약의 현재 선물가격이다. 두 번째 경우 F_0는 옵션과 동시에 만기가 되는 기초자산에 대한 선물계약의 현재 선물가격이다.

선물형 옵션의 풋–콜 패리티는 다음과 같다.

$$p + F_0 = c + K$$

아메리칸 선물형 옵션은 조기에 행사될 수 있으며 그 경우 옵션의 내재가치에 해당되는 최종금액을 즉시 지급해야 한다. 그러나 아메리칸 선물형 옵션을 조기에 행사하는 것은 결코 최적이 아니다. 왜냐하면 옵션의 선물가격이 항상 내재가치보다 크기 때문이다. 따라서 이런 아메리칸 선물형 옵션은 상응하는 유러피언 선물형 옵션으로 간주될 수 있다.

요약

선물옵션은 옵션이 행사되면 행사가격으로 기초선물계약을 맺게 되는 옵션이다. 콜선물옵션을 행사하면, 옵션소유자는 선물계약에 매입포지션을 획득함과 동시에 선물가격이 행사가격을 초과하는 만큼의 현금을 받는다. 마찬가지로 풋선물옵션을 행사하면, 옵션소유자는 선물계약에 매도포지션을 획득함과 동시에 행사가격이 선물가격을 초과하는 만큼의 현금을 받는다. 대부분의 경우 체결되는 선물계약은 옵션계약보다 약간 나중에 만기가 된다.

선물가격은 무위험이자율 r로 배당수익률을 지급하는 주식의 가격과 같은 식으로 움직인다. 이는 주가를 선물가격으로 대체하고 배당수익률을 무위험이자율로 대체하는 경우, 배당수익률을 지급하는 주식에 대한 옵션으로부터 얻은 결과(17장 참조)를 선물옵션에도 적용할 수 있음을 의미한다. 유러피언 선물옵션의 가격을 결정하는 모형은 1976년에 블랙에 의해 개발되었다. 이 모형은 선물가격이 옵션만기일에 대수정규분포를 따른다는 가정에 근거한다.

만일 두 옵션의 만기일이 동일하면, 유러피언 선물옵션의 가치는 상응하는 유러피언 현물옵션의 가치와 정확히 일치한다. 이 결과는 종종 유러피언 현물옵션의 가치평가에 이용된다. 그러나 아메리칸옵션의 경우에 이 논리는 성립하지 않는다. 선물시장이 정상시장이면 아메리칸 콜선물옵션의 가치는 상응하는 아메리칸 현물콜옵션의 가치보다 큰 반면에, 아메리칸 풋선물옵션의 가치는 상응하는 아메리칸 현물풋옵션의 가치보다 작다. 만일 선물시장이 역조시장이면, 반대의 결과가 성립한다.

참고문헌

Black, F. "The Pricing of Commodity Contracts," *Journal of Financial Economics*, 3 (1976): 167–79.

연습문제

18.1. 엔에 대한 콜옵션과 엔선물에 대한 콜옵션 간의 차이를 설명하라.

18.2. 왜 채권선물옵션이 채권옵션보다 더 활발히 거래되는가?

18.3. "선물가격이 배당수익률을 지급하는 주식의 가격과 유사하다."라는 말은 무엇을 의미하는가?

18.4. 현재 선물가격은 50이다. 6개월 후에 선물가격이 56 또는 46이 된다고 하자. 무위험이자율은 연 6%이다. 행사가격이 50이고 만기가 6개월인 유러피언 콜옵션의 가치는 얼마인가?

18.5. 선물옵션의 풋–콜 패리티 공식은 무배당주식에 대한 옵션의 풋–콜 패리티 공식과 어떻게 다른가?

18.6. 선물계약과 옵션계약이 동시에 만기가 되는 아메리칸 콜선물옵션의 경우, 어떤 조건하에서 선물옵션의 가치가 상응하는 아메리칸 현물옵션의 가치보다 크게 되는가?

18.7. 선물가격이 19달러, 행사가격이 20달러, 무위험이자율이 연 12% 그리고 선물가격의 변동성이 연 20%일 때, 만기가 5개월인 유러피언 풋선물옵션의 가치를 구하라.

18.8. 행사가격이 온스당 1,200달러인 10월 만기 금선물에 대한 풋옵션 1계약을 매입한 투자자를 고려해 보자. 1계약의 규모는 100온스이다. 만일 10월 만기 선물가격이 1,180달러일 때 옵션을 행사하면 어떤 일이 발생하는가?

18.9. 행사가격이 파운드당 90센트인 4월 만기 생우선물에 대한 콜옵션 1계약을 매도한 투자자를 고려해 보자. 1계약의 규모는 4만 파운드이다. 가장 최근의 정산가격이 95센트일 때 옵션이 행사되면, 어떤 일이 발생하는가?

18.10. 무위험이자율이 연 10%일 때, 행사가격이 40이고 만기가 2개월인 콜선물옵션을 고려해 보자. 선물가격은 현재 47이다. 콜선물옵션이 (a) 유러피언형일 때와, (b) 아메리칸형일 때 콜선물옵션 가치의 하한선은 각각 얼마인가?

18.11. 무위험이자율이 연 10%일 때, 행사가격이 50이고 만기가 4개월 후인 풋선물옵션을 고려해 보자. 선물가격은 현재 47이다. 풋선물옵션이 (a) 유러피언형일 때와, (b) 아메리칸형일 때 풋선물옵션 가치의 하한선은 각각 얼마인가?

18.12. 선물가격이 현재 60이고, 변동성은 30%이다. 무위험이자율은 연 8%이다. 행사가격이 60이고 만기가 6개월인 유러피언 콜선물옵션의 가치를 2기간 이항분포 모형으로 평가하라. 그리고 만일 이 옵션이 아메리칸형이면 옵션을 만기일 전에 행사할 가치가 있는가?

18.13. 문제 18.12에서 행사가격이 60이고 만기가 6개월인 유러피언 풋선물옵션의 가치는 얼마인가? 또한 만일 옵션이 아메리칸형이면, 옵션을 만기일 전에 행사할 가치가 있는가? 문제 18.12에서 계산한 콜옵션가격과 여기서 계산한 풋옵션가격이 풋–콜 패리티를 만족시키는지 검증하라.

18.14. 선물가격이 현재 25이고, 선물가격의 변동성이 연 30%이며, 무위험이자율이 연 10%이다. 행사가격이 26

이고 만기가 9개월인 유러피언 콜선물옵션의 가치는 얼마인가?

18.15. 선물가격이 현재 70이고, 선물가격의 변동성이 연 20%이며, 무위험이자율이 연 6%이다. 행사가격이 65이고 만기가 5개월인 유러피언 풋선물옵션의 가치는 얼마인가?

18.16. 1년 만기 선물가격이 현재 35이고, 이 선물에 대한 유러피언 콜옵션과 유러피언 풋옵션의 행사가격이 34로 동일하며, 시장가격도 2로 동일하다. 옵션의 만기는 모두 1년이고 무위험이자율은 연 10%이다.

18.17. "등가격에 있는 유러피언 콜선물옵션의 가격은 등가격에 있는 유사한 유러피언 풋선물옵션의 가격과 항상 일치한다."라는 말이 왜 사실인지 설명하라.

18.18. 현재 선물가격이 30이고, 무위험이자율이 연 5%이다. 행사가격이 28이고 만기가 3개월인 아메리칸 콜선물옵션의 가치가 4이다. 행사가격이 28이고 만기가 3개월인 아메리칸 풋선물옵션 가치의 범위를 계산하라.

18.19. 행사가격이 K이고 만기가 T인 아메리칸 콜선물옵션의 가격이 C이고 동일 조건의 아메리칸 풋선물옵션의 가격이 P일 때 아래의 식을 증명하라.

$$F_0 e^{-rT} - K < C - P < F_0 - Ke^{-rT}$$

여기서 는 선물가격이고, r은 무위험이자율이다. $r > 0$이고 선도계약과 선물계약 간에 차이가 없다고 가정한다(힌트: 문제 17.12에서 사용한 접근방법을 이용한다).

18.20. 은의 현물가격에 대한 3개월 만기 유러피언 콜옵션의 가치를 계산하라. 3개월 만기 선물가격은 12달러이고 행사가격은 13달러이다. 그리고 무위험이자율은 4%이고, 은가격의 변동성은 25%이다.

18.21. 어떤 기업이 LIBOR − 50bp로 90일간 투자할 수 있는 5백만 달러를 3개월 후에 수령할 예정으로 있는데, 그 투자의 수익률이 적어도 6.5%일 것을 보장받고자 한다. 이 기업은 거래소에서 거래되는 금리옵션에 어떤 포지션을 취해야 하는가?

과제물 문제

18.22. 선물가격이 현재 40이다. 3개월 후에 선물가격은 35 또는 45일 것으로 예상한다. 무위험이자율이 연 7%이며, 행사가격이 42이고 만기가 3개월인 유러피언 콜선물옵션의 가치는 얼마인가?

18.23. 자산의 선물가격이 현재 78이며 무위험이자율은 3%이다. 행사가격이 80인 선물에 대한 6개월 풋옵션은 현재 가격이 6.5이다. 행사가격이 만약 모두 유러피안옵션이라면 80인 선물에 대한 6개월 콜옵션의 가격은 얼마인가? 만약 모두 아메리칸옵션이라면 행사가격이 80인 6개월 콜옵션의 가능한 가치의 범위는 어떻게 되는가?

18.24. 3기간 모형을 활용해 선물가격이 50, 옵션의 만기가 9개월, 행사가격이 50, 무위험이자율이 3%, 그리고 변동성이 25%인 경우 아메리칸 선물 풋옵션의 가치를 평가하라.

18.23. 2월 4일 현재, 행사가격이 260, 270, 280, 290, 300인 옥수수 선물에 대한 7월 만기 콜옵션의 가격이 각각 26.75, 21.25, 17.25, 14.00, 11.375이다. 동일한 행사가격에 대한 7월 만기 풋옵션의 가격이 각각 8.50, 13.50, 19.00, 25.625, 32.625이다. 옵션의 만기일은 6월 19일이고, 현재 7월 만기 옥수수 선물가격은 278.25이고, 무위험이자율은 1.1%이다. DerivaGem 프로그램을 이용하여 옵션의 내재변동성을 계산하라. 결과

에 대해 설명하라.

18.24. 유러피언 풋콩선물옵션(European put on soybean futures)과 관련한 다음의 정보를 사용하여 콩선물가격의 내재변동성을 계산하라.

현재 선물가격	525
행사 가격	525
무위험이자율	연 6%
만기	5개월
풋옵션 가격	20

18.25. S&P 500지수에 대한 6개월 만기 유러피언 풋옵션의 가치를 계산하라. 지수의 6개월 선도가격은 1,400이고 행사가격은 1,450, 무위험이자율은 5%, 지수의 변동성은 15%이다.

18.26. 선물옵션의 행사가격이 550센트이고, 무위험이자율이 3%이고, 선물가격의 변동성이 20%이고, 옵션의 만기가 9개월이다. 선물가격은 500센트이다.

(a) 옵션이 유러피언 콜옵션이면 옵션가격은 얼마인가?

(b) 유러피언 풋옵션이면 옵션가격은 얼마인가?

(c) 풋-콜 패리티가 성립함을 증명하라.

(d) 콜옵션인 경우 선물형 옵션의 선물가격은 얼마인가?

(e) 풋옵션이면 선물형 옵션의 선물가격은 얼마인가?

CHAPTER 19

그릭문자

금융기관은 장외시장에서 고객들에게 옵션을 매도한 후, 옵션에 대한 위험을 관리해야 한다. 만일 매도한 옵션이 거래소 또는 장외에서 활발히 거래되는 것과 우연히 동일하면 금융기관은 매도한 것과 동일한 옵션을 거래소에서 매입하여 포지션을 중립화(neutralize)시킬 수 있다. 그러나 매도한 옵션이 고객의 욕구에 맞춰 설계되어 거래소에서 거래되는 옵션과 일치하지 않으면 노출된 위험을 헷지하는 것이 훨씬 어렵다.

본 장에서는 이 문제를 해결하는 대안인"그릭문자(Greek letters 또는 Greeks)"에 대하여 설명하기로 한다. 각 그릭문자는 옵션포지션의 위험을 다른 측면에서 측정하는 데 이용된다. 거래자의 목적은 그릭문자들을 관리하여 모든 위험을 적절한 수준에서 유지하는 것이다. 본 장에 제시된 분석은 거래소의 옵션시장 조성자뿐만 아니라 금융기관을 위해 일하는 거래자에게 모두 적용된다.

본 장의 끝부분에서 옵션을 합성하는(create synthetically) 방법을 소개하기로 한다. 옵션을 합성하는 것은 옵션의 헷징과 매우 밀접하게 연관되어 있다. 옵션포지션을 합성하는 것은 본질적으로 반대 옵션포지션을 헷지하는 것과 동일하다. 예를 들어 콜옵션 매입포지션을 합성하는 것은 콜옵션 매도포지션을 헷지하는 것과 동일하다.

19.1 예시

무배당주식 10만 주에 대한 유러피언 콜옵션 1개를 30만 달러에 매도한 금융기관의 포지션을 예로 들어 금융기관이 어떻게 위험을 헷지할 수 있는지 분석해보자. 현재 주가는 49달러, 행사가격은 50달러, 무위험이자율은 연 5%, 주가변동성은 연 20%, 만기는 20주(0.3846년), 주식의 기대수익률은 연 13%이다.[1] 즉,

$$S_0 = 49, \quad K = 50, \quad r = 0.05, \quad \sigma = 0.20, \quad T = 0.3846, \quad \mu = 0.13$$

블랙-숄즈-머튼 공식에 의한 옵션가격은 약 24만 달러이다(이는 한개의 주식을 사기 위한 옵션의 가치

1 13장과 15장에서 설명했듯이 주식의 기대수익률은 옵션가격과 무관하다. 그러나 특정 헷징전략의 효율성(effectiveness)에는 영향을 미칠 수 있다.

가 2.4달러이기 때문이다). 즉, 금융기관은 이론적인 가격보다 6만 달러 비싸게 옵션을 매도한 셈이다. 반면에 금융기관은 콜옵션 발행에 따른 위험을 헷지해야 하는 문제에 직면한다.[2]

19.2 노출된 포지션과 보호된 포지션

금융기관이 구사할 수 있는 하나의 전략은 아무것도 하지 않는 것이다. 이를 노출된 포지션(naked position)을 취한다고 한다. 만일 20주 후에 주가가 50달러 이하이면 이 전략은 대단히 효과적이다. 즉, 금융기관은 어떤 비용도 부담하지 않고 30만 달러의 이익을 얻는다. 그러나 콜옵션이 행사되어 금융기관이 20주 후의 시장가격으로 10만 주를 매입해야 하다면 노출된 포지션은 덜 효과적이다. 금융기관이 부담할 비용은 주가가 행사가격을 초과하는 금액에 10만을 곱한 금액이다. 즉, 20주 후에 주가가 60달러이면 옵션 발행으로 인하여 1백만 달러의 비용이 발생한다. 이 비용은 옵션을 발행하고서 받은 30만 달러의 프리미엄보다 훨씬 큰 금액이다.

금융기관은 노출된 포지션 대신에 보호된 포지션(covered position)을 취할 수 있다. 즉 옵션을 발행한 직후, 주식 10만 주를 매입하는 것이다. 만일 옵션이 행사되면 이 전략은 효과적이다. 그러나 만일 옵션이 행사되지 않으면 보호된 포지션은 큰 손실을 가져올 수 있다. 예를 들어 만일 주가가 40달러로 하락하면 금융기관은 주식포지션에서 90만 달러의 손해를 본다. 이는 옵션을 발행하고 받은 30만 달러보다 훨씬 큰 금액이다.[3]

따라서 노출된 포지션도 보호된 포지션도 만족할 수 있는 헷징방법은 아니다. 만일 블랙–숄즈–머튼 모형이 기초하는 가정이 성립하면, 금융기관이 지불할 비용은 어떤 포지션을 취하든지 평균 24만 달러여야 한다.[4] 그러나 경우에 따라 비용은 0에서 100만 달러 이상이 될 수 도 있다. 완전헷지(perfect hedge)는 비용이 항상 24만 달러임을 보장하는 것이다.

손실 방지전략

손실 방지전략(stop-loss strategy)은 흥미로운 헷징전략이다. 기본 아이디어를 설명하기 위하여, 주식 1주를 행사가격 K에 살 수 있는 콜옵션 1개를 발행한 금융기관을 고려해 보자. 헷징전략은 주가가 K이상으로 상승하면 주식 1주를 매입하고, K이하로 하락하면 주식 1주를 매도하는 것이다. 이 전략의 목적은 주가가 K보다 낮은 경우에는 노출된 포지션을 취하고, 주가가 K보다 높은 경우에는 보호된 포지션을 취하는 것이다. 이 전략으로 T시점에서 옵션이 내가격으로 마감하면 금융기관은 주식을 소유하고, 옵션이 외가격으로 마감하면 주식을 소유하지 않게 된다. [그림 18.1]에서 이 전략은 t_1시점에서 주식을 매입하여 t_2 시점에서 매도하고, t_3 시점에서 매입하여 t_4 시점에서 매도하고, t_5 시점에서 매입하여 T시

2 무배당주식에 대한 콜옵션을 이용하면 아이디어를 전개하기에 편리하다. 이 옵션으로 전개된 논리는 다른 유형의 옵션과 파생상품에도 적용된다.

3 풋-콜 패리티에 의하면, 보호된 콜옵션 발행으로부터의 위험은 노출된 풋옵션 발행으로부터의 위험과 같다.

4 보다 정확히 말하면 위험을 고려한 적정이자율을 사용하는 경우, 노출된 포지션과 보호된 포지션의 기대비용의 현재 가치가 각각 24만 달러이다.

그림 19.1 손실방지전략.

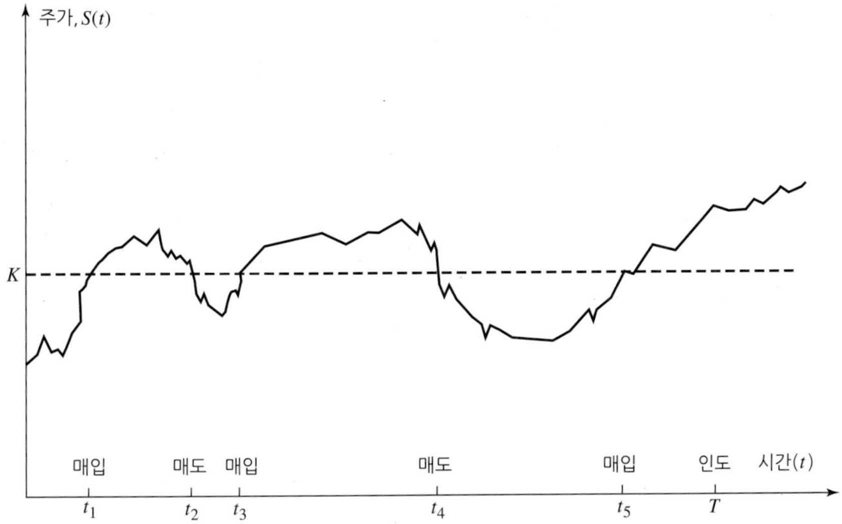

점에서 주식을 인도하는 것이다.

기초 주가(initial stock price)를 S_0라고 하자. 기초에 헷징비용은 만일 $S_0 > K$이면 S_0이고, 반대의 경우에 0이다. 콜옵션을 발행하고 이를 헷지하는 데 드는 총비용 Q가 옵션의 내재가치(intrinsic value)와 같이 보인다.

$$Q = \max(S_0 - K,\ 0) \tag{19.1}$$

왜냐하면 모든 매입과 매도가 K가격으로 이루어진다고 생각하기 때문이다. 만일 이것이 사실상 정확하다고 가정하면, 손실방지전략은 거래비용을 무시하면 완벽하다. 나아가 옵션을 헷지하는 데 드는 비용은 블랙–숄즈–머튼 가격보다 항상 작게 된다. 따라서 옵션을 발행하고 이를 헷지하여 무위험이익을 얻을 수 있다.

그러나 다음 두 가지 이유로 인해 식 (19.1)은 옳지 않다. 첫 번째 이유는 헷저에게 발생하는 현금흐름의 시점이 다르므로 현재 가치로 환산되어야 한다. 두 번째 이유는 매입과 매도를 정확히 K가격으로 할 수 없다는 것이다. 두 번째 이유는 매우 중요하다. 위험중립을 가정하고 무위험이자율이 0이라면 화폐의 시간 가치는 무시할 수 있다. 그러나 주식의 매입과 매도가 같은 가격으로 이루어진다는 가정은 논리에 맞지 않는다. 만일 시장이 효율적이면 헷저는 언제 주가가 K가 될지 예측할 수 없으며, 주가는 계속 K보다 높거나 낮게 된다.

실제로 헷저는 $K - \epsilon$ 가격에 주식을 매입하고, $K - \epsilon$ 가격에 주식을 매도하게 된다(ϵ는 작은 양수). 한 번 왕복 거래할 때마다 드는 비용(물론 거래비용은 제외)은 2ϵ이다. 헷저는 ϵ를 줄이기 위해 주가 변화를 주의 깊게 관찰한다. 주가가 연속적으로 계속 변하면, 주가 변화를 주의 깊게 관찰하여 ϵ를 매우 작게 만들 수 있다. 그러나 를 작게 만들수록 거래 빈도는 점점 증가한다. 즉, 거래당 비용(ϵ)은 감소

표 19.1 손실방지전략의 헷징 성과. 헷징 성과 평가기준은 옵션을 발행하고 헷지하는 데 드는 비용의 표준편차를 이론적인 옵션가격으로 나눈 비율이다.

Δt (단위: 주)	5	4	2	1	0.5	0.25
헷징 성과 평가기준	1.02	0.93	0.82	0.77	0.76	0.76

하나 이는 거래 빈도의 증가로 상쇄된다. ϵ 가 0에 접근함에 따라 거래수는 무한대(∞)에 접근한다.[5] 손실방지전략은 매력적으로 보이지만 헷징전략으로서는 특별히 우수하다고 말하기 어렵다. 이 전략을 외가격 옵션에 적용해 보자. 만일 주가가 행사가격 K에 도달하지 않으면 손실방지전략은 어떤 비용도 수반하지 않는다. 그러나 만일 주가가 행사가격과 여러 번 같게 되면, 손실방지전략에 드는 비용은 매우 커진다. 몬테카를로 시뮬레이션(Monte Carlo simumulation)을 이용하여 손실방지전략의 성과를 평가할 수 있다. 즉, 주가를 무작위로 반복하여 변경시키고 손실방지전략의 결과를 평가하는 것이다. [표 19.1]은 앞에서 고려한 옵션을 이용하여 수행한 손실방지전략의 성과를 보여 준다. 주가는 매 기간(기간의 길이는 Δt) 말에 관찰하는 것으로 가정한다.[6] 헷징 성과 평가기준은 옵션을 헷지하는 데 드는 비용의 표준편차를 블랙–숄즈–머튼 옵션가격으로 나눈 비율을 이용한다. (헷징의 비용은 이자지급과 할인에 대한 영향을 제외한 누적비용으로 계산된다.) 표에 있는 각각의 결과는 100만개의 주가변화 과정으로부터 얻은 것이다. 완전헷지의 경우 헷징성과 평가기준이 0이 된다. 이 경우 t를 아무리 작게 하더라도 헷징 성과 평가기준 비율을 0.70이하로 만드는 것은 불가능해 보인다. 이는 손실방지전략이 좋은 헷징절차가 아님을 강조한다.

19.3 그릭문자 계산

대부분의 거래자들은 앞서 설명한 것보다 더 정교한 헷징전략을 사용한다. 이를 위해 델타, 감마, 베가와 같은 측정치를 계산해야한다. 이러한 측정치들은 그릭문자라 불린다. 그릭문자들은 옵션 포지션의 다른 측면의 위험을 수량화한다. 본 장에서는 중요한 그릭문자 중 일부 그릭문자의 성질에 대해 설명한다.

그릭문자를 계산하기 위해 옵션가격결정모형을 가정해야한다. 거래자들은 주로 유러피안 옵션을 위해 블랙-숄즈-머튼 모형을 (또는 17장과 18장의 블랙-숄즈-머튼 확장모형) 가정하고 아메리칸 옵션을 위해 (13장에서 소개된) 이항모형을 가정한다. (지금까지 지적되어 온 바와 같이 문자들은 블랙-숄즈-머튼 모형과 동일한 가정을 한다.) 그릭문자를 계산할 때 거래자는 일반적으로 변동성이 현재 내재변동성과 동일하도록 설정한다. 실무자 블랙-숄즈-머튼 모형이라고도 불리는 이 접근방법은 매력적이다. 변동성이 내재변동성과 동일하게 설정된 경우 모형에서 특정시점의 옵션가격은 기초자산의 가격, 내

5 14장 2절에서 언급했듯이 특정 시간간격(time interval)에서 위너과정이 특정한 값과 같아질 기대횟수는 무한하다.

6 사용된 정확한 헷징방법은 다음과 같다. 만일 주가가 Δt 기간 동안 K 이하에서 K 이상으로 상승하면 기간 말에 주식을 매입한다. 반대로 Δt기간 동안 K 이상에서 K 이하로 하락하면 기간 말에 주식을 매도한다. 다른 경우에는 주식을 매입 또는 매도하지 않는다.

재변동성, 이자율, 그리고 배당의 함수이다. 옵션가격이 짧은 기간 내에 변동하는 유일한 길은 이 변수들 중 하나가 변화하는 것이다. 만약 이 모든 변수들의 변화에 대한 위험이 적절히 헷지 된다면 거래자는 자연스럽게 걱정이 없게 된다.

본 장에서는 우리는 먼저 배당을 지급하지 않는 주식에 대한 유러피안옵션의 그릭문자 계산에 대해 다룬다. 다른 유러피안옵션에 대한 결과는 그 이후에 등장한다. 21장에서는 아메리칸 옵션의 그릭문자들이 어떻게 계산될 수 있는지 다룬다.

19.4 델타헷징

대부분의 거래자들은 앞에서 설명한 것보다 훨씬 정교한 헷징전략을 이용한다. 이를 위해서는 델타, 감마, 베가와 같은 측정치를 계산해야 한다. 본 절에서 델타의 역할을 고려하기로 한다.

옵션의 델타 Δ(delta)는 13장에서 처음 설명하였다. 델타는 기초자산의 가격 변화에 대한 옵션가격의 변화로 정의된다. 델타는 옵션가격을 기초자산 가격의 함수로 나타내는 곡선의 기울기를 말한다. 콜옵션의 델타를 0.6으로 가정하자. 즉, 주가가 조금 변하는 경우에 옵션의 가격은 주가변화의 약 60%만큼 변한다. [그림 19.2]는 기초주식의 가격과 옵션가격 간의 관계를 보여 준다. 현재 주가가 A점이라면 옵션의 가격은 B점이고, 델타는 그림에 표시된 것과 같다. 일반적으로 콜옵션의 델타는 다음과 같다.

$$\Delta = \frac{\partial c}{\partial S}$$

S는 주가이고 c는 콜옵션 가격이다.

[그림 19.2]에서 주가가 100달러, 옵션가격이 10달러라고 가정하자. 투자자가 콜옵션 20계약(즉 2,000주를 살 수 있는 권리)을 매도했다고 하자. 투자자의 포지션은 주식 0.6 × 2,000 = 1,200주를 매입함으로써 헷지할 수 있다. 주식포지션의 이익(손실)은 옵션포지션의 손실(이익)을 상쇄하는 경향이 있다. 예를 들어 주가가 1달러 상승하면(즉, 매입한 주식으로부터 1,200달러의 이익이 발생하면), 옵션의

그림 19.2 델타의 계산.

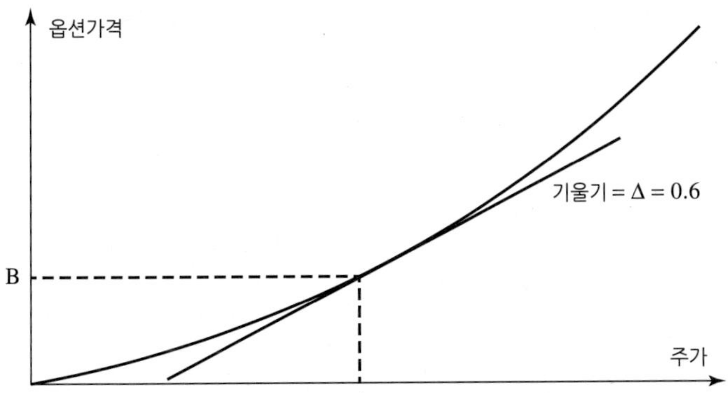

가격은 0.6 × 1달러 = 0.60달러 상승한다(즉, 발행한 옵션으로부터 1,200달러의 손실이 발생한다). 반대로 주가가 1달러 하락하면(즉, 매입한 주식으로부터 1,200달러의 손실이 발생하면), 옵션가격은 0.60달러 하락한다(즉, 발행한 옵션으로부터 1,200달러의 이익이 발생한다).

이 예에서 거래자가 옵션 2,000개를 매도한 포지션의 델타는

$$0.6 \times (-2{,}000) = -1{,}200$$

이다. 다시 말해서 주가가 ΔS만큼 상승하면 옵션 매도포지션을 취한 투자자의 손실은1,200 ΔS이다. 주식의 델타는 1.0이므로 매입한 1,200주 주식포지션의 델타는 +1,200이다. 따라서 이 예에서 투자자의 전체포지션의 델타는 0이다. 즉, 주식포지션의 델타가 옵션포지션의 델타를 상쇄한다. 델타가 0인 포지션을 델타중립(delta neutral)이라 한다.

중요한 사실은 델타가 변하므로 거래자의 포지션이 매우 짧은 기간 동안만 델다헷지된(또는 델타중립인) 상태로 남아 있는다는 점이다. 헷징포지션은 주기적으로 조정되어야 한다. 이를 재조정(rebalancing)이라 한다. 31일 후에 주가가 110달러로 상승했다고 가정하자. [그림19.2]가 보여주듯 주가가 상승하면 콜옵션의 델타도 증가한다. 만일 델타가 0.60에서 0.65로 증가하면 주식 0.05 × 2,000 = 100주를 추가로 매입해야만 헷지를 유지할 수 있다. 헷지가 정기적으로 조정되는 이런 절차는 동적 헷징(dynamic hedging)으로 불린다. 동적 헷징은 정적 헷징(static hedging)과 다른데, 정적 헷징은 초기에 포지션을 취한 후 이를 재조정하지 않는다. 정적 헷징을 때로는 헷지 후 망각 전략(hedge-and-forget scheme)이라고도 한다.

델타는 블랙–숄즈–머튼의 분석과 밀접하게 연관되어 있다. 15장에서 설명한 바와 같이 블랙–숄즈–머튼의 미분방정식은 주식포지션과 옵션포지션으로 무위험 포트폴리오를 구성함으로써 도출될 수 있다. 를 이용하여 표현하면, 이 무위험 포트폴리오는 다음과 같다.

−1 : 옵션

+Δ : 주식의 수

그림 19.3 옵션의 델타와 주가와의 관계. (a) 무배당주식에 대한 콜옵션, (b) 무배당주식에 대한 풋옵션.

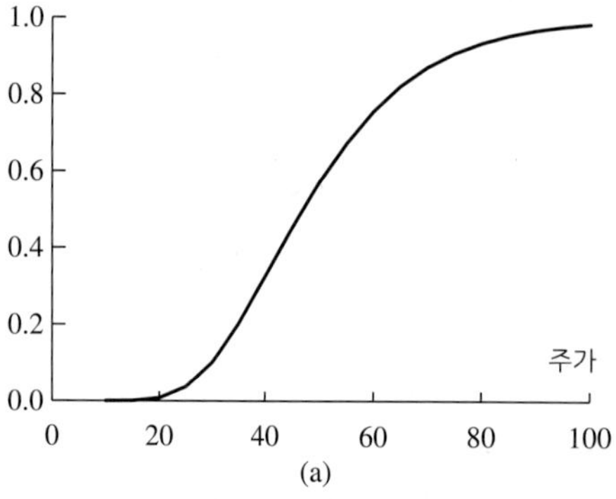

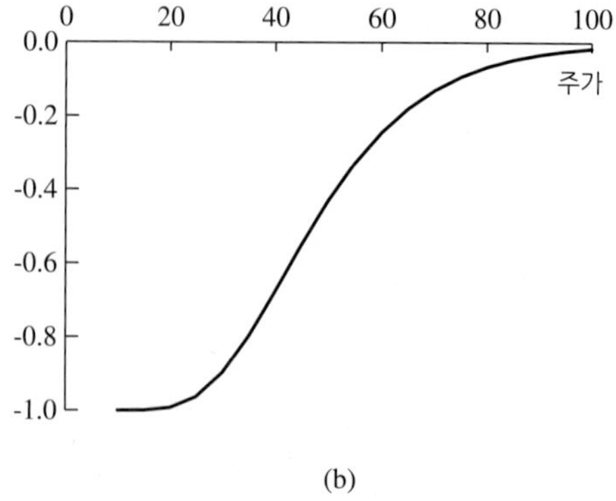

그림 19.4 콜옵션의 델타와 만기와의 전형적인 관계.

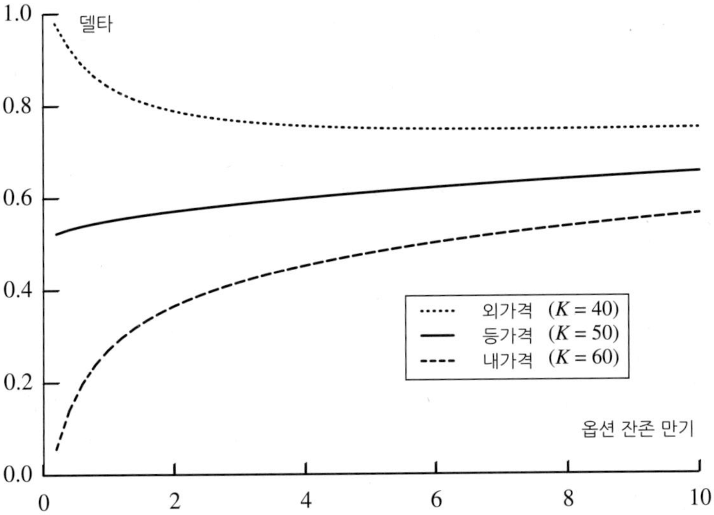

새로운 용어를 이용하면, 델타중립의 포지션을 구성하고, 이 포지션의 수익률이 순간적으로 무위험 이자율이어야 한다는 논리에 근거하여 옵션의 가치를 결정한다고 말할 수 있다.

유러피언 주식옵션의 델타

무배당주식에 대한 유러피언 콜옵션의 델타는 다음과 같다(연습문제 15.17 참조).

$$\Delta(\text{call}) = N(d_1)$$

단, d_1은 15장의 식 (15.20)에서 정의한 것과 같다. $N(x)$는 표준정규분포의 누적분포함수이다. 이 공식은 콜옵션 1개 매입포지션의 델타를 계산한다. 콜옵션 1개 매도포지션의 델타는 $-N(d_1)$이다. 유러피언 콜옵션의 매도포지션에 대한 델타헷징은 어느 시점에서든지 주식 $N(d_1)$주의 매입포지션을 유지하는 것이다. 마찬가지로 유러피언 콜옵션의 매입포지션에 대한 델타헷징은 항상 주식 $N(d_1)$주의 공매포지션을 유지하는 것이다.

무배당주식에 대한 유러피언 풋옵션의 델타는

$$\Delta(\text{put}) = N(d_1) - 1$$

풋옵션의 델타는 음수인데, 이 의미는 풋옵션의 매입포지션은 기초주식의 매입포지션으로 헷지할 수 있고, 풋옵션의 매도포지션은 기초주식의 공매포지션으로 헷지할 수 있다는 것이다.

[그림 19.3]은 주가에 따라 콜옵션과 풋옵션의 델타가 변하는 것을 보여 준다. [그림 19.4]는 내가격, 등가격, 외가격 콜옵션의 경우 만기에 따라 델타가 변하는 것을 보여준다.

예제 19.1

본 장의 1절에서 무배당주식에 대한 콜옵션을 고려해 보자. 주가는 49달러, 행사가격은 50달러, 무위험이자율은 5%, 만기는 20주(= 0.3846년), 그리고 변동성은 20%이다. d_1이 0.0542이므로

$$d_1 = \frac{\ln(49/50) + (0.05 + 0.2^2/2) \times 0.3846}{0.2 \times \sqrt{0.3846}} = 0.0542$$

델타 $N(d_1)$은 0.522이다. 주가가 S만큼 변하면 옵션가격은 $0.522\Delta S$만큼 변한다.

델타헷징의 동적 메커니즘

[표 19.2]와 [표 19.3]은 본 장 1절의 예시에 대하여 델타헷징을 적용한 두 가지의 시뮬레이션 결과를 보여 준다. 헷지는 1주일 간격으로 재조정되며 변동성이 20% 수준에 머문다면 블랙-숄즈-머튼 모형이 성립됨을 가정한다. 최초의 델타값은 본 장 1절의 자료에서 0.522로 계산되었다. 이는 옵션 매도포지션의

표 19.2 델타헷징 시뮬레이션. 옵션이 내가격으로 마감한다. 헷징비용 = 263,300달러.

주 (week)	주가	델타	매입 주식수	주식매입비용 (단위: 천 달러)	누적비용 (매입비용과 이자 포함) (단위: 천 달러)	이자비용 (단위: 천 달러)
0	49.00	0.522	52,200	2,557.8	2,557.8	2.5
1	48.12	0.458	(6,400)	(308.0)	2,252.3	2.2
2	47.37	0.400	(5,800)	(274.7)	1,979.8	1.9
3	50.25	0.596	19,600	984.9	2,996.6	2.9
4	51.75	0.693	9,700	502.0	3,471.5	3.3
5	53.12	0.774	8,100	430.3	3,905.1	3.8
6	53.00	0.771	(300)	(15.9)	3,893.0	3.7
7	51.87	0.706	(6,500)	(337.2)	3,559.5	3.4
8	51.38	0.674	(3,200)	(164.4)	3,398.5	3.3
9	53.00	0.787	11,300	598.9	4,000.7	3.8
10	49.88	0.550	(23,700)	(1,182.2)	2,822.3	2.7
11	48.50	0.413	(13,700)	(664.4)	2,160.6	2.1
12	49.88	0.542	12,900	643.5	2,806.2	2.7
13	50.37	0.591	4,900	246.8	3,055.7	2.9
14	52.13	0.768	17,700	922.7	3,981.3	3.8
15	51.88	0.759	(900)	(46.7)	3,938.4	3.8
16	52.87	0.865	10,600	560.4	4,502.6	4.3
17	54.87	0.978	11,300	620.0	5,126.9	4.9
18	54.62	0.990	1,200	65.5	5,197.3	5.0
19	55.87	1.000	1,000	55.9	5,258.2	5.1
20	57.25	1.000	0	0.0	5,263.3	

표 19.3 델타헷징 시뮬레이션. 옵션이 외가격으로 마감한다. 헷징비용 = 263,300달러.

주 (week)	주가	델타	매입 주식수	주식매입비용 (단위: 천 달러)	누적비용 (매입비용과 이자 포함) (단위: 천 달러)	이자비용 (단위: 천 달러)
0	49.00	0.522	52,200	2,557.8	2,557.8	2.5
1	49.75	0.568	4,600	228.9	2,789.2	2.7
2	52.00	0.705	13,700	712.4	3,504.3	3.4
3	50.00	0.579	(12,600)	(630.0)	2,877.7	2.8
4	48.38	0.459	(12,000)	(580.6)	2,299.9	2.2
5	48.25	0.443	(1,600)	(77.2)	2,224.9	2.1
6	48.75	0.475	3,200	156.0	2,383.0	2.3
7	49.63	0.540	6,500	322.6	2,707.9	2.6
8	48.25	0.420	(12,000)	(579.0)	2,131.5	2.1
9	48.25	0.410	(1,000)	(48.2)	2,085.4	2.0
10	51.12	0.658	24,800	1,267.8	3,355.2	3.2
11	51.50	0.692	3,400	175.1	3,533.5	3.4
12	49.88	0.542	(15,000)	(748.2)	2,788.7	2.7
13	49.88	0.538	(400)	(20.0)	2,771.4	2.7
14	48.75	0.400	(13,800)	(672.7)	2,101.4	2.0
15	47.50	0.236	(16,400)	(779.0)	1,324.4	1.3
16	48.00	0.261	2,500	120.0	1,445.7	1.4
17	46.25	0.062	(19,900)	(920.4)	526.7	0.5
18	48.13	0.183	12,100	582.4	1,109.6	1.1
19	46.63	0.007	(17,600)	(820.7)	290.0	0.3
20	48.12	0.000	(700)	(33.7)	256.6	

델타가 최초에 −52,200임을 의미한다. 델타-중립 포지션을 만들기 위해 옵션을 발행하자마자 주당 49달러에 52,200주를 매입하기 위하여 2,557,800달러를 차입해야 한다. 이자율이 5%이다. 따라서 첫 주에 발생한 이자비용은 대략 2,500달러이다.

[표 19.2]에서 첫 주말에 주가는 48.12달러로 하락한다. 델타는 0.458로 하락하고 옵션포지션의 새 델타는 −45,800이 된다. 이는 델타-중립 헷지를 유지하기 위하여 최초에 매입한 주식 중에서 6,400주를 매도해야 함을 의미한다. 주식 매도로 308,000달러의 현금유입이 발생하여 첫 주말 기준 차입금은 2,252,300달러로 줄어든다. 둘째 주에 주가는 47.37달러로 하락하고 델타는 다시 감소한다. 옵션만기일이 다가오면서 옵션이 행사될 가능성이 거의 확실해지고 델타는 1.0에 접근한다. 결과적으로 20번째 주까지 헷저는 완전히 보호된 포지션을 유지하게 된다. 헷저는 소유하고 있는 주식 10만 주를 인도하고 500만 달러를 받아, 옵션을 헷지하는 데 드는 총비용은 5,263,300 − 5,000,000 = 263,300달러이다.

[표 19.3]에서는 옵션이 외가격으로 마감된다. 시간이 지남에 따라 옵션이 행사되지 않을 가능성은 점점 커지고, 델타는 0에 접근한다. 20주 후에 헷저는 노출된 포지션을 취하게 되고 총비용은 256,000달러이다.

표 19.4 델타헷징의 헷징 성과. 헷징 성과 평가기준은 옵션을 발행하고 헷지하는 데 드는 비용의 표준편차를 이론적인 옵션가격으로 나눈 비율이다.

헷징 재조정 간의 기간(단위: 주)	5	4	2	1	0.5	0.25
헷징 성과 평가기준	0.43	0.39	0.26	0.19	0.14	0.09

[표 19.2]와 [표 19.3]에서 옵션을 헷지하는 데 소요되는 비용의 현재가치는 블랙–숄즈–머튼 공식에 의한 가격 24만 달러에 매우 가까우나 완전히 일치하지는 않는다. 헷징전략이 완벽하게 수행되면 헷지비용의 현재가치는 어떤 주가 움직임을 시뮬레이션해서 고려하더라도 블랙–숄즈–머튼 가격과 정확히 일치한다. 델타헷징의 비용이 24만 달러와 일치하지 않는 이유는 헷지를 1주일 간격으로 재조정하기 때문이다. 재조정을 보다 자주하면 비용의 변화폭은 감소한다. 물론 [표 19.2]와 [표 19.3]의 예시는 변동성이 일정하고 거래비용이 없다고 가정하고 실행한 시뮬레이션 결과이므로 현실적이지는 않다.

[표19.4]는 100만번의 무작위 주가변화 과정으로부터 측정한 델타헷징의 성과를 보여준다. [표19.1]과 유사하게 성과지표는 헷징비용의 표준편차를 블랙–숄즈–머튼의 옵션 가격으로 나눈 비율을 이용해 계산됐다. 표에서 알 수 있듯이 분명히, 델타헷징은 손실방지전략보다 훨씬 우수하다. 손실방지전략과는 달리 델타헷징전략은 헷징조정 기간이 짧아짐에 따라 델타 헷징의 성과도 점진적으로 나아지는 것을 알 수 있다.

델타헷징의 목표는 금융기관 포지션의 가치를 거의 변하지 않게 유지하는 것이다. 기초(0주)에 발행된 옵션의 가치는 24만 달러이다. [표 19.2]의 상황에서 9주 후에 옵션의 가치는 414,500달러이다. (이 가치는 주가가 53달러 그리고 잔존만기가 11주로 설정된 블랙-숄즈-머튼 모형에서 얻어졌다.) 따라서 금융기관은 옵션 포지션에서 174,500달러의 손실을 본다. 9주 후의 현금포지션(누적비용으로 계산)은 기초에 비하여 1,442,900달러만큼 하락하였다. 그러나 금융기관이 소유하고 있는 주식의 가치는 기초의 2,557,800달러에서 4,171,100 달러로 증가한다. 이 두 결과를 합하면 금융기관 포지션의 전체 가치는 9주 동안에 4,100달러 감소했을 뿐이다.

비용이 발생하는 이유

[표 19.2]와 [표 19.3]의 델타헷징전략은 옵션의 매입포지션을 합성하여 만드는 효과가 있다. 이 효과는 옵션의 매도포지션을 중화시킨다. 이 전략은 주가가 하락한 직후에 주식을 매도하고, 주가가 상승한 직후에 주식을 매입하도록 한다. 높은 가격에 주식을 사고, 낮은 가격에 주식을 파는 전략(buy high sell low scheme)이라 할 수 있다. 24만 달러의 비용은 주식의 매입가격과 매도가격 간의 평균차이에서 발생한다.

포트폴리오의 델타

가격이 S인 개별자산을 기초자산으로 하는 옵션 포트폴리오 또는 다른 파생상품 포트폴리오의 델타는 다음과 같다.

$$\frac{\partial \Pi}{\partial S}$$

여기서 Π는 포트폴리오 가치이다.

포트폴리오의 델타는 포트폴리오에 포함된 개별옵션 델타로부터 계산할 수 있다. 포트폴리오가 i 옵션 w_i개로 구성되면(i $(1 \leqslant i \leqslant n)$), 포트폴리오의 델타는 다음과 같다.

$$\Delta = \sum_{i=1}^{n} w_i \, \Delta_i$$

단 Δ_i는 i 번째 옵션의 델타이다. 이 공식은 포트폴리오의 델타를 0으로 만들기 위하여 필요한 기초자산의 포지션을 계산하는 데 사용될 수 있다. 이 포지션을 취하면 포트폴리오는 델타중립이라고 한다. 주식옵션에 대하여 다음과 같은 세 가지 포지션을 취한 금융기관을 고려해 보자.

1. 행사가격이 0.55달러이고 만기가 3개월인 콜옵션 10만 개를 매입한 포지션. 콜옵션 1개의 델타는 0.533이다.
2. 행사가격이 0.56달러이고 만기가 5개월인 콜옵션 20만 개를 매도한 포지션. 콜옵션 1개의 델타는 0.468이다.
3. 행사가격이 0.56달러이고 만기가 2개월인 풋옵션 5만 개를 매도한 포지션. 풋옵션 1개의 델타는 −0.508이다.

전체 포트폴리오의 델타는

$$100{,}000 \times 0.533 - 200{,}000 \times 0.468 - 50{,}000 \times (-0.508) = -14{,}900$$

즉, 포트폴리오를 델타중립으로 만들려면 14,900주를 매입해야 함을 의미한다.

거래비용

파생상품 딜러들은 보통 델타중립을 유지하기 위하여 하루에 한 번 포지션을 재조정한다. 특정자산에 대한 옵션의 수가 적으면 델타중립을 유지하는 데에는 실행하기 힘들 정도로 거래비용이 많이 발생한다. 그러나 대규모 옵션 포트폴리오의 경우 델타중립을 유지하는 것이 훨씬 실행 가능해진다. 왜냐하면 기초자산을 한 번만 거래함으로써 전체 포트폴리오의 델타를 중립으로 만들 수 있기 때문이다. 그리고 헷징에 수반되는 거래비용은 많은 거래에서 발생하는 이익으로 흡수된다.

19.5 세타

옵션포트폴리오의 세타 Θ(theta)는 시간 경과에 대한 포트폴리오 가치의 변화를 말한다(물론 다른 모든 조건은 동일하다). 세타는 포트폴리오의 시간가치 하락(time decay)이라 한다. 무배당주식에 대한 유러피언 콜옵션의 경우 세타는 블랙–숄즈–머튼 공식으로부터 다음과 같이 유도된다(연습문제 15.17 참조).

$$\Theta(\text{call}) = -\frac{S_0 N'(d_1)\sigma}{2\sqrt{T}} - rKe^{-rT}N(d_2)$$

단 d_1과 d_2는 식 (15.20)에서 정의한 것과 같고 $N'(x)$는 표준정규분포의 확률밀도함수이다.

$$N'(x) = \frac{1}{\sqrt{2\pi}}e^{-x^2/2} \tag{19.2}$$

무배당주식에 대한 유러피언풋옵션의 경우 세타는 다음과 같다.

$$\Theta(\text{put}) = -\frac{S_0 N'(d_1)\sigma}{2\sqrt{T}} + rKe^{-rT}N(-d_2)$$

$N(-d_2) = 1 - N(d_2)$ 이므로 풋옵션 세타는 상응하는 콜옵션 세타를 rKe^{-rT} 만큼 초과한다.
이들 공식에서 시간은 연으로 측정된다. 일반적으로 세타가 공시될 때에 시간은 일로 측정되므로 세타는 다른 모든 조건이 동일할 때 하루 동안의 포트폴리오 가치의 변화이다. 우리는 세타를 "달력일 기준(calendar day)" 또는 "거래일 기준(trading day)"으로 측정할 수 있다. 달력일 기준으로 세타를 계산하려면 세타의 공식을 365로 나누어야 한다. 그리고 거래일 기준으로 세타를 계산하려면 세타의 공식을 252로 나누어야 한다(DerivaGem은 세타를 달력일 기준으로 계산한다).

예제 19.2

[예제 19.1]의 무배당주식에 대한 콜옵션을 다시 고려해 보자. 주가는 49달러, 행사가격은 50달러, 무위험이자율 5%, 만기는 20주(= 0.3846년), 변동성은 20%이다. 즉 $S_0 = 49$, $K = 50$, $r = 0.05$, $\sigma = 0.2$, $T = 0.3846$이다.
옵션의 세타는 −4.31이다.

$$-\frac{S_0 N'(d_1)\sigma}{2\sqrt{T}} - rKe^{-rT}N(d_2) = -4.31$$

세타는 달력일 기준으로 −4.31/365 = −0.0118이고, 거래일 기준으로 −4.31/252 = −0.0171이다.

옵션의 경우 세타는 거의 대부분 음수이다.[7] 왜냐하면 만기일까지의 기간이 감소함에 따라 또는 만기일에 접근함에 따라(다른 모든 조건은 동일하다), 옵션의 가치가 감소하는 경향이 있기 때문이다. 주식에 대한 콜옵션의 경우 주가에 대한 세타의 값은 [그림 19.5]에 나타나있다. 주가가 매우 낮은 경우에 세타는 0에 가깝다. 등가격 콜옵션의 경우에 세타는 비교적 절대값이 큰 음수로 나타난다. 주가가 상승함에 따라 세타는 $-rKe^{-rT}$에 접근한다. (우리의 예에서 $r = 0$이다.) [그림 19.6]은 내가격, 등가격, 외가격 콜옵션의 만기에 대한 세타의 변화를 보여준다.
세타는 델타와 동일한 유형의 헷징모수(hedging parameter)는 아니다. 미래 주가에 대해서는 불확실성

7 세타가 음수가 아닌 옵션의 예로는 무배당주식에 대한 내가격 유러피언 풋옵션 또는 이자율이 매우 높은 통화에 대한 내가격 유러피언 콜옵션을 들 수 있다.

그림 19.5 유러피언 콜옵션의 세타와 주가와의 관계 ($K = 50$, $r = 0$, $\sigma = 0.25$, $T = 2$).

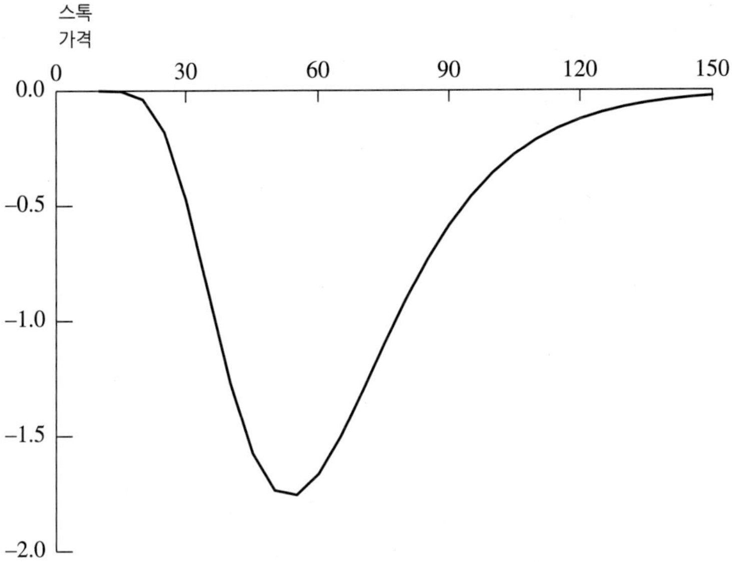

그림 19.6 유러피안 콜옵션의 세타와 만기와의 전형적인 관계 ($S_0 = 50$, $K = 50$, $r = 0$, $\sigma = 25\%$).

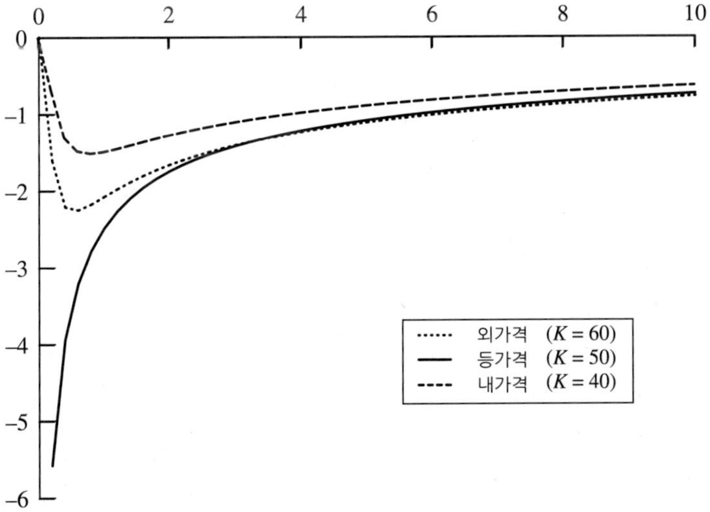

이 존재하는 반면, 시간의 경과에 대해서는 불확실성이 존재하지 않는다. 따라서 가격의 변화에 대해서는 헷지하는 것이 당연하고, 시간경과가 옵션 포트폴리오에 미치는 영향을 헷지하는 것은 전혀 논리적이지 않다. 그럼에도 불구하고 거래자들은 세타를 포트폴리오의 현재상태를 설명하는 주요한 기술 통계량(descriptive statistic)으로 간주한다. 왜냐하면 나중에 설명하겠지만 델타중립 포트폴리오의 경우 세타는 감마의 대용치(proxy)로 사용되기 때문이다.

19.6 감마

옵션 포트폴리오의 감마 (gamma)는 기초자산의 가격 변화에 대한 포트폴리오 델타의 변화이다. 이는 자산가격에 대한 포트폴리오의 2차 편도함수(second partial derivative)이다.

$$\Gamma = \frac{\partial^2 \Pi}{\partial S^2}$$

만일 감마가 작으면 델타는 천천히 변하며 포트폴리오가 델타중립을 유지하기 위해서 비교적 드물게 재조정이 필요하다. 그러나 감마가 큰 음수 또는 큰 양수의 값을 가지면, 델타는 기초자산의 가격변화에 민감해진다. 이 경우 델타중립의 포트폴리오를 조정하지 않고 일정 기간 방치하는 것은 매우 위험하다. [그림 19.7]은 이 논리를 그림으로 보여 준다. 만일 주가가 S에서 S'로 변하면 델타헷징은 옵션의 가격이 C에서 C'로 변한 것으로 가정하지만, 실제로 옵션의 가격은 C에서 C''로 변한다. C'과 C'의 차이가 바로 헷징오차(hedging error)이다. 오차의 크기는 주가와 옵션가격 간의 관계를 나타내는 곡선의 형태에 의하여 결정되며 감마는 이러한 곡선 형태를 측정한다.

짧은 Δt 기간 동안의 기초자산 가격의 변화를 ΔS 로, 이에 상응하는 포트폴리오 가치의 변화를 $\Delta \Pi$ 로 가정하자. 델타중립 포트폴리오의 경우 본 장의 부록에 의해 다음의 관계가 성립한다(Δt 보다 고차항은 무시).

$$\Delta \Pi = \Theta \, \Delta t + \tfrac{1}{2} \Gamma \, \Delta S^2 \tag{19.3}$$

단, Θ는 포트폴리오의 세타이다. [그림 18.8]은 $\Delta \Pi$ 와 ΔS 간 관계의 속성을 보여 준다. 감마가 양(+)인 경우, S가 변하지 않으면 포트폴리오의 가치는 감소하고, S가 크게 상승하거나 하락하면 포트폴리오의 가치는 증가한다. 감마가 음(−)이면 반대의 경우가 성립한다. 즉, S가 변하지 않으면 포트폴리오의 가치는 증가하고, S가 큰 폭으로 상승하거나 하락하면 포트폴리오의 가치는 감소한다. 감마의 절대값이 커지면, S에 대한 포트폴리오 가치의 민감도 또한 커진다.

그림 19.7 감마에 의해 야기되는 헷징오차.

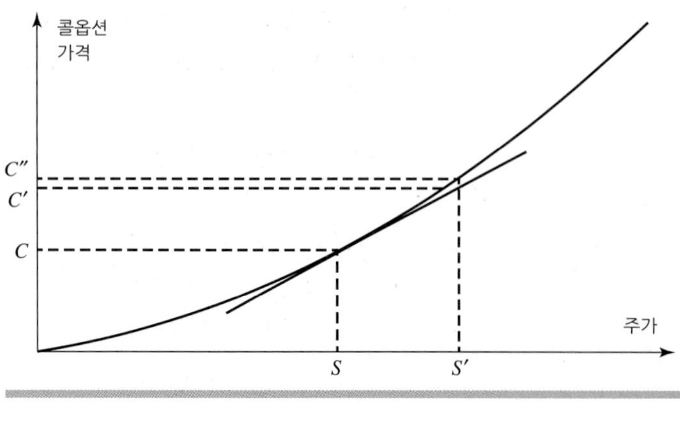

그림 19.8 델타중립 포트폴리오의 $\Delta\Pi$ 와 ΔS간의 관계. (*a*) 감마가 양이고 작은 경우, (*b*) 감마가 양이고 큰 경우, (*c*) 감마가 음이고 절대치가 작은 경우, (*d*) 감마가 음이고 절대치가 큰 경우.

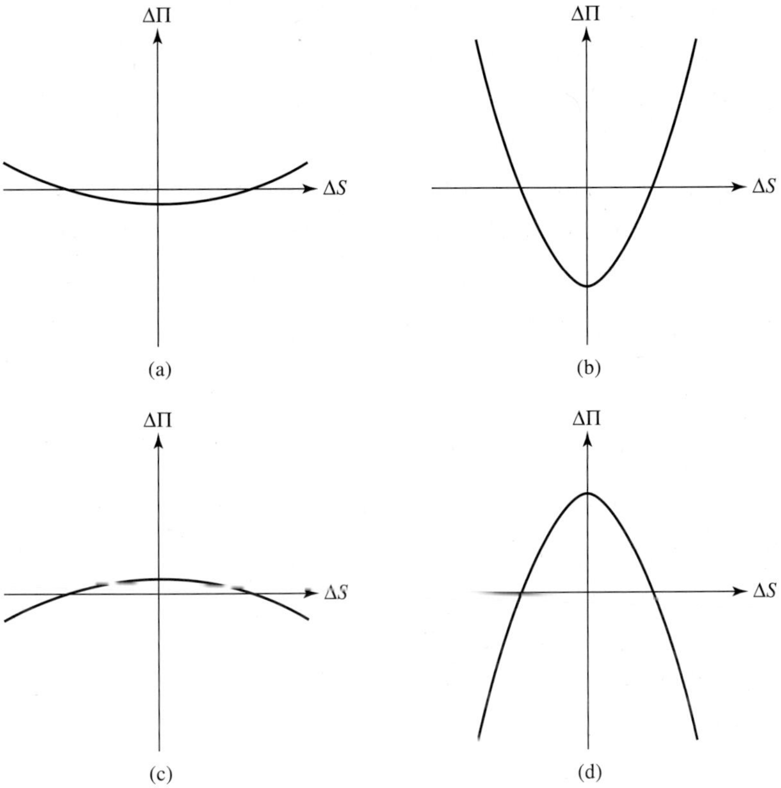

예제 19.3

델타중립 포트폴리오(옵션으로 구성)의 감마가 −10,000이라고 가정하자. 식 (19.3)에의하면, 짧은 기간 동안에 자산의 가격이 +2 또는 −2만큼 변하면 포트폴리오의 가치는 대략 $0.5 \times 10{,}000 \times 2^2 = 20{,}000$달러 하락한다.

포트폴리오를 감마중립으로 만드는 방법

기초자산의 포지션 또는 선도계약 포지션의 감마는 0이므로, 포트폴리오의 감마를 변화시키기 위해 사용할 수 없다. 따라서 포트폴리오의 감마를 변화시키기 위해서는 기초자산에 선형으로 의존하지 않는 옵션과 같은 금융상품에 포지션을 취해야 한다.

현재 델타중립인 포트폴리오의 감마가 Γ 이고 거래되는 옵션의 감마가 Γ_T 라고 가정하자. 만일 포트폴리오에 추가될 옵션이 w_T 개이면, 포트폴리오의 감마는 다음과 같다.

$$w_T\,\Gamma_T + \Gamma$$

즉, 새로운 포트폴리오를 감마중립으로 만들기 위해서 옵션에 취할 포지션(즉, 추가될 옵션의 수)은 $-\Gamma/\Gamma_T$ 이다. 옵션이 추가되면 포트폴리오의 델타는 변하고 따라서 델타중립을 유지하기 위해 기초자산에 대한 포지션 또한 조정되어야 한다. 중요한 것은 포트폴리오가 짧은 기간 동안만 감마중립이라는 사실이다. 시간이 지남에 따라 옵션에 대한 포지션을 계속 조정해주어야만 감마중립을 유지할 수 있다. 이 경우 필요한 포지션은 항상 $-\Gamma/\Gamma_T$ 이다.

포트폴리오를 델타중립뿐만 아니라 감마중립으로도 만드는 것은 [그림 19.7]에 설명된 헷징오차에 대한 수정으로 간주될 수 있다. 델타중립이 되면 재조정 사이에 발생하는 비교적 작은 주가 변화에 대하여 포트폴리오의 가치를 보호할 수 있다. 감마중립은 헷징 재조정 사이에 발생하는 비교적 큰 폭의 주가변화에 대하여 포트폴리오의 가치를 보호해 준다. 포트폴리오가 델타중립이고 감마가 −3,000이라고 가정하자. 거래되는 특정 콜옵션의 델타와 감마가 각각 0.62와 1.50이다. 포트폴리오를 감마중립으로 만들기 위해서는 콜옵션 2,000개를 매입해야 한다.

$$\frac{3{,}000}{1.5} = 2{,}000$$

그러나 포트폴리오의 델타는 0에서 2,000 × 0.62 = 1,240으로 변한다. 따라서 델타중립을 유지하기 위하여 1,240개의 기초자산을 매도해야 한다.

감마의 계산

무배당주식에 대한 유러피언 콜옵션 또는 풋옵션의 감마는 다음과 같다.

$$\Gamma = \frac{N'(d_1)}{S_0\sigma\sqrt{T}}$$

그림 19.9 옵션의 감마와 주가와의 관계 ($K = 50$, $r = 0$, $\sigma = 25\%$, $T = 2$).

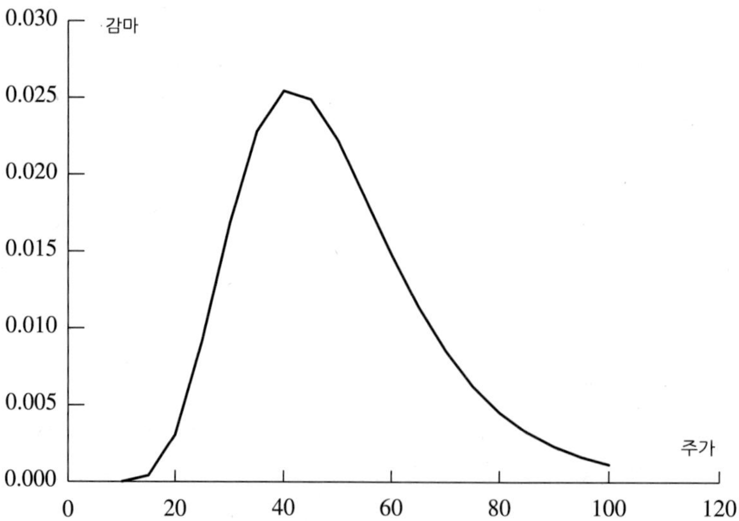

그림 19.10 주식옵션의 감마와 만기와의 전형적인 관계 (S_0 = 50, K = 50, r = 0, σ = 25%).

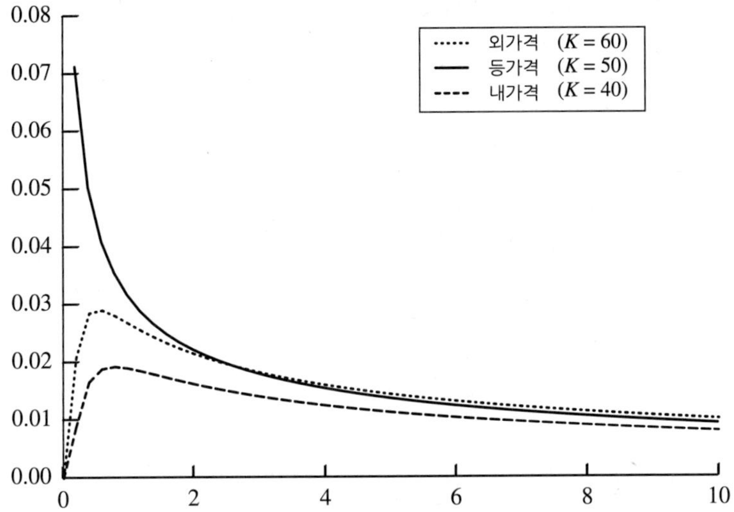

단 d_1은 식 (15.20)에서, $N'(x)$는 식 (19.2)에서 정의한 것과 같다. 감마는 항상 양(+)이며 [그림 19.9]는 S_0에 대한 감마의 변화를 보여 준다. 외가격, 등가격, 내가격 옵션의 만기에 대한 감마의 변화가 [그림 19.10]에 나타나 있다. 등가격 옵션의 경우에 만기가 짧아짐에 따라 감마는 증가한다. 만기가 짧은 등가격 옵션의 감마는 매우 크다. 즉, 만기가 짧은 등가격 옵션 매입포지션의 가치가 주가변화에 대하여 매우 민감하다는 것을 알 수 있다.

예제 19.4

[예제 18.1]의 무배당주식에 대한 콜옵션을 다시 고려해 보자. 주가는 49달러, 행사가격은 50달러, 무위험이자율 5%, 만기는 20주(= 0.3846년), 변동성은 20%이다. 즉 S_0 = 49, K = 50, r = 0.05, σ = 0.2, T = 0.3846이다.

옵션의 감마는 0.066이다.

$$\frac{N'(d_1)}{S_0\sigma\sqrt{T}} = 0.066$$

주가가 ΔS 만큼 변하면 옵션의 델타는 $0.066\Delta S$ 만큼 변한다.

19.7 델타, 세타, 감마 간의 관계

무배당주식에 기초하는 개별 파생상품의 가격은 식 (15.16)의 미분방정식을 만족시켜야 한다. 이는 이런 파생상품으로 구성된 포트폴리오의 가치 Π 도 다음의 미분방정식을 만족시켜야 함을 의미한다.

$$\frac{\partial \Pi}{\partial t} + rS\frac{\partial \Pi}{\partial S} + \tfrac{1}{2}\sigma^2 S^2 \frac{\partial^2 \Pi}{\partial S^2} = r\Pi$$

그런데 델타, 세타, 감마가 다음과 같이 정의되므로

$$\Theta = \frac{\partial \Pi}{\partial t}, \qquad \Delta = \frac{\partial \Pi}{\partial S}, \qquad \Gamma = \frac{\partial^2 \Pi}{\partial S^2}$$

위의 미분방정식은 다음과 같이 정리된다.

$$\Theta + rS\Delta + \tfrac{1}{2}\sigma^2 S^2 \Gamma = r\Pi \tag{19.4}$$

같은 결과가 다른 기초자산의 경우에도 유도된다(연습문제 19.19 참조).
델타중립인 포트폴리오의 경우 $\Delta = 0$이므로 다음의 관계가 성립한다.

$$\Theta + \tfrac{1}{2}\sigma^2 S^2 \Gamma = r\Pi$$

이 식에서 Θ 가 큰 양수이면 감마는 절대값이 큰 음수가 되는 경향이 있음을 알 수 있다. 또한 감마가 절대값이 큰 음수이면, Θ 는 큰 양수가 되는 경향이 있다. 이는 [그림 19.8]과 일관성이 있으며 또한 세타가 델타중립 포트폴리오에서 감마의 대용치로 간주될 수 있음을 보여준다.

19.8 베가

본장 3절에서 언급했듯이 실제로 그릭문자을 계산할 때 자산의 변동성은 내재변동성과 동일하게 설정된다. 블랙-숄즈-머튼 모형은 옵션의 기초자산이 되는 자산의 변동성이 변하지 않는다고 가정한다. 이는 자산에 대한 모든 옵션의 내재변동성이 변하지 않으며 가정된 변동성과 동일함을 의미한다.
실제로는 자산의 변동성은 시간에 따라 변화한다. 결과적으로, 옵션의 가치는 변화하기 쉬운데 이는 자산가격의 변화 그리고 시간의 흐름과 더불어 변동성의 움직임 때문이다. 옵션의 베가, $\mathcal{V}$(vega)는 기초자산 변동성에 대한 옵션가치의 변화율을 의미한다.[8]

$$\mathcal{V} = \frac{\partial f}{\partial \sigma}$$

여기서 f는 옵션의 가격, σ는 변동성 측정치이며 주로 옵션의 내재변동성이다. 만일 베가가 큰 양수 또

8 베가는 옵션가격결정과 관련하여 "그릭문자"의 하나로 주어졌지만 실제로 그릭문자는 아니다.

는 큰 음수의 값을 가지면 변동성 변화에 대해 아주 민감함을 의미한다. 만일 베가가 0에 가까우면 변동성 변화는 포지션의 가치에 거의 영향을 미치지 않는다.

기초자산 포지션의 베가는 0이다. 베가는 그러므로 기초자산 포지션을 취함으로써 변하지 않는다. 이 관점에서 베가는 감마와 유사하다. 문제는 포트폴리오의 다른 옵션들은 서로 다른 내재변동성을 가질 가능성이 높다는 것이다. 만일 $\mathcal{V}$가 포트폴리오의 베가이고 $\mathcal{V}_T$ 가 거래되는 옵션의 베가이면, 포트폴리오를 순간적으로 베가중립으로 만들기 위한 옵션의 포지션 (즉, 추가해야 할 옵션의 수)은 $-\mathcal{V}/\mathcal{V}_T$이다. 불행히 감마중립인 포트폴리오는 일반적으로 베가중립이지 않다. 마찬가지로 베가중립인 포트폴리오는 일반적으로 감마중립이지 않다. 만일 헷저가 감마중립과 베가중립을 동시에 원하면 적어도 2개의 옵션을 필요로 한다.

예제 19.5

델타중립이고 감마가 −5,000, 베가가 −8,000인 포트폴리오를 고려해 보자. 아래 표에 주어진 옵션이 거래되고 있다. 4,000개의 옵션 1을 매입하여 포트폴리오를 베가중립으로 만들 수 있다. 그러나 델타는 2,400으로 증가하고 델타중립을 유지하기 위해 2,400개의 기초자산을 매도해야 한다. 이 경우 포트폴리오의 감마는 −5,000에서 3,000으로 변한다.

	델타	감마	베가
포트폴리오	0	−5000	−8000
옵션 1	0.6	0.5	2.0
옵션 2	0.5	0.8	1.2

포트폴리오를 감마중립과 베가중립으로 만들기 위해 옵션 1과 옵션 2를 이용한다. 만일 w_1과 w_2가 포트폴리오에 포함될 옵션 1과 옵션 2의 수라고 하면 다음 2개의 식이 성립해야 한다.

$$-5{,}000 + 0.5\,w_1 + 0.8\,w_2 = 0$$
$$-8{,}000 + 2.0\,w_1 + 1.2\,w_2 = 0$$

두 방정식의 해는 $w_1 = 400$, $w_2 = 6{,}000$이다. 포트폴리오를 동시에 감마와 베가중립으로 만들기 위해서는 400개의 옵션 1을 매입하고, 6,000개의 옵션 2를 매입해야 한다. 두 옵션의 매입으로 포트폴리오의 델타는 400 × 0.6 + 6,000 × 0.5 = 3,240이 된다. 따라서 3,240개의 기초자산을 매도하면 델타중립을 유지할 수 있다.

예제 19.5에서 나타난 방법으로 헷징을 하는 것은 포트폴리오의 모든 옵션의 내재변동성이 짧은 기간 동안 동일한 양만큼 변화한다고 가정한다. 실제로는 이는 사실이 아니며 거래자의 헷징 문제는 더욱 복잡하다. 다음 장에서 볼 수 있듯이 거래자는 어떠한 기초자산에 대해서도 행사가격과 잔존만기가 다른 옵션의 내재변동성을 묘사하는 변동성 표면(volatility surface)을 추적한다. 포트폴리오의 총 베가 위험

그림 19.11 옵션의 베가와 주가와의 관계.

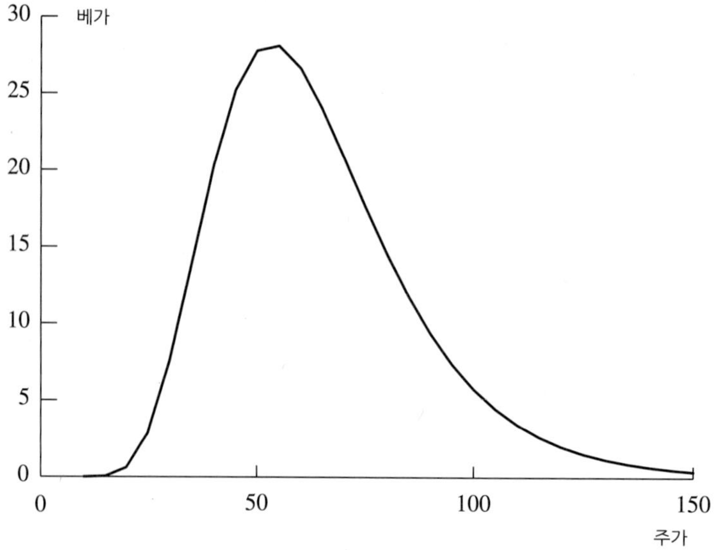

량은 변동성 표면이 어떻게 변화하느냐와 연관이 있다.

무배당주식에 대한 유러피언 콜옵션 또는 풋옵션의 베가는 다음과 같다.

$$\mathcal{V} = S_0\sqrt{T}\,N'(d_1)$$

단 d_1은 식 (15.20)에서 정의한 것과 같고, $N'(x)$는 식 (18.2)에서 정의한 것과 같다. 유러피언 또는 아메리칸옵션 매입포지션의 베가는 항상 양수이다. [그림 19.11]은 S_0의 변화에 따른 베가의 일반적인 변화를 보여준다.

예제 19.6

[예제 19.1]의 무배당주식에 대한 콜옵션을 다시 고려해 보자. 주가는 49달러, 행사가격은 50달러, 무위험이자율 5%, 만기는 20주(= 0.3846년), 변동성은 20%이다. 즉 $S_0 = 49, K = 50, r = 0.05, \sigma = 0.2, T = 0.3846$이다.

옵션의 베가는 12.1이다.

$$S_0\sqrt{T}N'(d_1) = 12.1$$

따라서 변동성 1% 포인트의 증가(즉, 20%에서 21%로 증가)는 옵션가치를 대략적으로 0.01 × 12.1 = 0.121만큼 증가시킨다.

블랙-숄즈-머튼 모형과 확장된 모형으로부터 베가를 계산하는 것은 이상하게 보일 수 있다. 왜냐하면 이 모형은 변동성이 일정하다고 가정하기 때문이다. 따라서 변동성이 확률적이라고 가정하는 모형으로부터 베가를 계산하는 것이 이론적으로 보다 정확하다.[9] 그러나 거래자는 블랙-숄즈-머튼 내재 변동성에 대한 베가를 측정하는 더 단순한 접근법을 선호한다.

감마중립은 헷징 재조정 간에 시간이 경과한다는 사실을 반영해서 수정(correction)한 것이고, 베가중립은 σ가 일정하지 않다는(nonconstant) 사실을 반영해서 수정한 것이다. 베가헷징 또는 감마헷징을 위해 옵션을 사용하는 것이 최선이냐 하는 것은 헷징 재조정 간의 시간과 변동성의 변동성(volatility of the volatility)에 달려 있다.[10]

변동성이 변하면 짧은 만기 옵션의 내재변동성은 긴 만기 옵션의 내재변동성보다 크게 변하는 경향이 있다. 따라서 포트폴리오의 베가는 긴 만기 옵션의 변동성을 짧은 만기 옵션의 변동성보다 작게 변화시켜 계산하기도 한다. 이렇게 조정하는 하나의 방법은 23장 6절에서 설명하기로 한다.

19.9 로

옵션 포트폴리오의 로(rho)는 이자율의 변화에 대한 옵션가치의 변화를 말한다.

$$\frac{\partial f}{\partial r}$$

즉, 이자율에 대한 포트폴리오 가치의 민감도를 측정하는 것이다. 실제로는 (적어도 유러피안옵션에 대해서는) r은 주로 옵션의 만기와 동일한 만기에 대한 무위험이자율로 설정된다 (28장 6절 참조). 이는 거래자의 포트폴리오에 있는 옵션들의 만기가 다를 때 거래자는 기간구조 전체의 움직임에 대해 노출되어 있음을 의미한다. 무배당주식에 대한 유러피언 콜옵션의 로는

$$\text{로(call)} = KTe^{-rT}N(d_2)$$

단 d_2는 식 (15.20)에서 정의한 것과 같다. 유러피언풋옵션의 로는

$$\text{로(put)} = -KTe^{-rT}N(-d_2)$$

예제 19.7

[예제 19.1]의 무배당주식에 대한 콜옵션을 다시 고려해 보자. 주가는 49달러, 행사가격은 50달러, 무위험이자율 5%, 만기는 20주(= 0.3846년), 변동성은 20%이다. 즉, $S_0 = 49, K = 50, r = 0.05, \sigma = 0.2, T = 0.3846$이다.

---

9 변동성 확률 모형에 대한 논의는 27장 참조

10 이 주제에 대한 논의는 다음의 논문을 참고. J. C. Hull and A. White, "Hedging the Risks from Writing Foreign Currency Options," *Journal of International Money and Finance*, 6 (June 1987): 131–52.

옵션의 로는 8.91이다.

$$KTe^{-rT}N(d_2) = 8.91$$

무위험이자율 1% 포인트의 증가(즉, 5%에서 6%로 증가)는 옵션가치를 대략적으로 0.01 × 8.91 = 0.0891만큼 증가시킨다.

19.10 헷징의 실제

이상적인 세상에서 금융기관에 종사하는 거래자들은 모든 그릭문자를 0으로 유지하기 위하여 매우 빈번히 포트폴리오를 재조정할 수 있다. 그러나 실제적으로 이는 가능하지 않다. 단 하나의 자산으로 구성된 대규모 포트폴리오를 관리하는 경우, 거래자는 기초자산을 거래함으로써 적어도 하루에 한 번 델타를 0으로 또는 0에 가깝게 만들 수 있다. 그러나 불행히도 감마중립과 베가중립을 유지하기는 현실적으로 어렵다. 왜냐하면 공정한 가격(competitive price)으로 요구되는 수량만큼 거래되는 옵션 또는 비선형 파생상품을 찾기가 어렵기 때문이다. [실무사례 19.1]은 금융기관에서 동적 헷징(dynamic hedging)이 어떻게 적용되는지 보여준다.

옵션거래자에게도 규모의 경제(economies of scale)가 크게 적용된다. 특정자산에 대한 소수의 옵션을 매일의 거래를 통해 델타중립으로 유지하는 것은 경제적으로 실행 가능하지 않다. 왜냐하면 헷지하는 옵션당 거래비용이 너무 높기 때문이다.[11] 그러나 파생상품 딜러가 특정자산에 대한 대형 포트폴리오를 델타중립으로 유지하는 경우 헷지하는 옵션당 거래비용은 훨씬 더 합리적이 된다.

19.11 시나리오 분석

델타, 감마, 베가 등의 위험을 관찰하는 이외에도 옵션거래자들은 시나리오 분석(scenario analysis)을 행하기도 한다. 시나리오 분석은 다양한 상황(즉, 시나리오)에서 일정 목표기간 동안 포트폴리오의 이득과 손실을 계산하는 방법이다. 목표기간은 금융상품(instrument)의 유동성(liquidity)에 의해 결정된다. 상황은 경영자가 설정하거나 또는 모형에 의해 생성된다.

미국달러화 대 유로화 환율에 의해 가치가 결정되는 옵션 포트폴리오를 소유한 은행을 고려해보자. 포트폴리오의 가치를 결정하는 주요 변수는 환율과 환율의 변동성이다. 예를 들어 현재의 환율이 1.0000이고 변동성이 연 10%라고 하자. 은행은 여러 상황에서 2주 동안에 실현될 수 있는 이익과 손실을 [표19.5]와 같이 계산할 수 있다. 이 표는 7개의 환율과 3개의 변동성을 고려한다. 이 표에서는 모든 옵션의 내재 변동성이 동일한 양만큼 변화한다는 단순화 가정을 했다. (+2%는 변동성이 10%에서 10.2%가 아닌 10%에서 12%로 변화한 것이다.)

11 거래비용은 헷저가 매일 기초자산을 매도호가(offer price)에 매입하고, 매입호가(bid price)에 매도하는 현실에서 발생한다.

실무사례 19.1 동적 헷징의 실제

금융기관에서체결되는전형적인협약에서, 특정기초자산에기초한파생상품포트폴리오에 대한 책임은 한 명의 거래자 또는 같이 일하는 거래자 그룹에게 돌아간다. 예를 들어 골드만삭스(Goldman Sachs)에서 한 거래자가 호주 달러에 기초한 모든 파생상품에 대하여 책임을 진다. 컴퓨터 시스템은 포트폴리오의 가치와 그릭문자를 계산한다. 한도는 각 그릭문자별로 정의되며 만일 거래자가 각 거래일이 끝나는 시점에서 한도를 초과하고자 하는 경우 특별한 허가를 받아야 한다.

델타한도(delta limit)는 종종 기초자산에서의 동등한 최대포지션으로 표현된다. 예를 들어 골드만삭스에서 마이크로소프트사에 대한 델타한도는 100만 달러이다. 만일 주가가 50달러이면 이는 우리가 계산한 델타의 절대값이 20,000을 초과할 수 없다는 것을 의미한다. 베가한도는 변동성1%의 변화에 대한 최대 달러노출금액으로 정의된다.

사실상 옵션거래자들은 각 거래일이 끝나는 시점에서 자신의 포지션을 델타중립으로 (또는 델타중립에 가깝게) 만든다. 감마와 베가는 주의 깊게 관찰되지만 보통은 일별 단위로 관리되지는 않는다. 금융기관은 고객과 영업을 하다보면 종종 옵션을 매도하게 되며, 그 결과 누적된 부(−)의 감마와 베가포지션을 갖게 된다. 그래서 금융기관들은 공정가격으로 옵션을 매입함으로써 감마와 베가위험을 관리할 기회를 찾게 된다.

옵션 포트폴리오를 관리하다보면 감마와 베가를 관리하는 데서 부딪히는 문제점이 완화되기도 한다. 옵션은 처음에 매각될 때 등가격에 있는 경우가 종종 있는데 이때 옵션은 상대적으로 높은 감마와 베가를 갖는다. 그러나 일정한 시간이 지나면 기초자산 가격은 종종 충분히 변하여 옵션이 심내가격 또는 심외가격에 있게 된다. 이런 옵션의 감마와 베가는 대단히 작고 따라서 별로 중요하지 않다. 옵션거래자에게 최악의 시나리오는 옵션만기일이 가까워졌는데도 발행한 옵션이 등가격에 매우 가까이 있는 경우이다.

[표 19.5]에서 가장 큰 손실은 표의 오른쪽 제일 아랫줄에서 발생한다. 즉 변동성이 2% 증가하고, 환율이 0.06으로 상승하는 경우이다. 대체로 가장 큰 손실은 이 표에서처럼 여러 코너 중 한 코너에서 발생하지만 항상 그런 것은 아니다. 예를 들어 12장 3절에서 설명한 역나비형 스프레드(reverse butterfly spread)로 구성된 은행 포트폴리오를 고려해 보자. 가장 큰 손실은 환율이 변하지 않는 경우에 발생한다.

표 19.5 유러피언 콜옵션의 세타와 주가와의 관계 ($K = 50$, $r = 0$, $\sigma = 0.25$, $T = 2$).

	환율						
변동성	-0.06	-0.04	-0.02	0.00	+0.02	+0.04	+0.06
-2%	+102	+55	+25	+6	-10	-34	-80
0%	+80	+40	+17	+2	-14	-38	-85
+2%	+60	+25	+9	-2	-18	-42	-90

19.12 공식의 확장

앞에 제시된 델타, 세타, 감마, 베가, 로의 공식은 무배당주식에 대한 유러피언옵션에 적용된다. [표 19.6]은 주식이 q의 연속배당수익률을 지급하는 경우의 공식이다. d_1과 d_2는 식 (17.4)와 식 (17.5)와 같다. q를 지수의 배당수익률로 사용하면 유러피언 지수옵션의 그릭문자가 계산된다. q를 외국의 무위험이자율로 사용하면 유러피언 통화옵션의 그릭문자가 계산된다. 그리고 $q = r$의 경우 유러피언 선물옵션의 델타, 감마, 세타, 베가가 계산된다. 유러피언 콜선물옵션의 로는 $-cT$이고 풋선물옵션의 로는 $-pT$이다.

통화옵션의 경우 2개의 무위험이자율에 대하여 각각의 로가 존재한다. 국내이자율에 대한 로는 [표 19.6]에 제시되어 있다(식 17.11의 d_2 이용). 유러피언 통화콜옵션의 경우, 외국 이자율에 대한 로는

$$\text{rho(call, foreign rate)} = -Te^{-r_f T} S_0 N(d_1)$$

유러피언 통화풋옵션의 경우, 외국이자율에 대한 로는 다음과 같다.

$$\text{rho(put, foreign rate)} = Te^{-r_f T} S_0 N(-d_1)$$

여기서 d_1은 식 (17.11)과 같다.
아메리칸옵션의 그릭문자 계산은 21장에서 설명하기로 한다.

선도계약의 델타

델타 개념은 옵션 이외의 금융자산에도 적용될 수 있다. 무배당주식에 대한 선도계약을 고려해 보자. 식 (5.5)에 의해 선도계약의 가치는 $S_0 - Ke^{-rT}$ 이다(K는 인도가격이고, T는 선도계약의 만기이다). 주가가 ΔS 만큼 변하면(물론 다른 요인은 변하지 않는다) 주식에 대한 선도계약의 가치도 ΔS 만큼 변한

표 19.6 q의 수익률을 제공하는 자산에 대한 옵션의 그릭문자.

그릭 문자	콜옵션	풋옵션
델타	$e^{-qT}N(d_1)$	$e^{-qT}[N(d_1) - 1]$
감마	$\dfrac{N'(d_1)e^{-qT}}{S_0\sigma\sqrt{T}}$	$\dfrac{N'(d_1)e^{-qT}}{S_0\sigma\sqrt{T}}$
세타	$-S_0N'(d_1)\sigma e^{-qT}/(2\sqrt{T})$ $+qS_0N(d_1)e^{-qT} - rKe^{-rT}N(d_2)$	$-S_0N'(d_1)\sigma e^{-qT}/(2\sqrt{T})$ $-qS_0N(-d_1)e^{-qT} + rKe^{-rT}N(-d_2)$
베가	$S_0\sqrt{T}N'(d_1)e^{-qT}$	$S_0\sqrt{T}N'(d_1)e^{-qT}$
로	$KTe^{-rT}N(d_2)$	$-KTe^{-rT}N(-d_2)$

다. 따라서 주식 1주에 대한 선도계약의 델타는 항상 1.0이다. 이는주식 1주에 대한 선도계약 매도포지션은 주식 1주를 매입함으로써 헷지할 수 있고, 주식 1주에 대한 선도계약 매입포지션은 주식 1주를 공매함으로써 헷지할 수 있음을 의미한다.[12]

식 (5.7)에 따르면 q의 배당수익률을 제공하는 자산의 경우 선도계약의 델타는 e^{-qT}이다. 주가지수 선도계약 델타의 경우 q는 주가지수의 배당수익률이고, 통화선도계약 델타의 경우 q는 외국의 무위험이자율 r_f이다.

선물계약의 델타

식 (5.1)에 따르면 무배당주식에 대한 선물가격은 S_0e^{rT} 이다(T는 선물계약의 만기이다). 이는 주가가 ΔS 만큼 변하면(물론 다른 요인은 변하지 않는다) 선물가격은 $\Delta S\, e^{rT}$ 만큼 변함을 의미한다. 선물계약은 일일정산되므로 선물계약의 매입포지션은 이 금액만큼의 이익을 즉시 실현한다. 따라서 선물계약의 델타는 e^{rT}이다. 식 (5.3)에 따르면 배당수익률 q를 제공하는 자산에 대한 선물계약의 경우 델타가 $e^{(r-q)T}$ 이다.

일일정산으로 인해 선물계약과 선도계약의 델타가 약간 상이해진다는 것은 흥미 있는 일이다. 이와 같은 사실은 이자율이 일정하고 선도가격이 선물가격과 일치하는 경우에도 성립한다(이는 [실무사례 5.2]의 내용과 연관되어 있다).

델타중립 포지션을 만들기 위하여 때로는 선물계약이 이용된다. 설명을 위해 다음과 같이 정의하자.

T : 선물계약의 만기

H_A : 델타헷징을 위하여 요구되는 자산의 포지션

H_F : 델타헷징을 위하여 요구되는 선물계약의 포지션

만일 기초자산이 무배당주식이면 앞에서 설명했듯이 다음 식이 성립한다.

$$H_F = e^{-rT} H_A \tag{19.5}$$

만일 기초자산의 배당수익률이 q라면 다음의 관계가 성립한다.

$$H_F = e^{-(r-q)T} H_A \tag{19.6}$$

주가지수의 경우 q는 주가지수의 배당수익률이고, 통화의 경우 q는 외국의 무위험이자율 r_f이므로 통화선물의 경우 다음의 관계가 성립한다.

$$H_F = e^{-(r-r_f)T} H_A \tag{19.7}$$

예제 19.8

미국은행이 보유하고 있는 통화옵션 포트폴리오가 458,000파운드에 매도포지션을 취하면 델

12 이는 헷지 후 망각전략(hedge-and-forget schemes)이다. 델타가 항상 1.0이므로 계약의 잔존 기간 동안 주식포지션을 변경시킬 필요가 없다.

타중립이 된다고 가정하자. 미국과 영국의 무위험이자율은 각각 4%와 7%이다. 식 (19.7)에 따르면, 9개월 만기 통화선물계약을 이용하여 헷지하는 경우 필요한 통화선물 매도포지션은 468,442파운드이다.

$$e^{-(0.04-0.07)\times 9/12}\times 458{,}000$$

선물 1계약의 거래단위는 62,500파운드이므로 통화선물 7계약을 매도해야 한다(468,442/62,500의 가장 가까운 정수는 7이다).

19.13 포트폴리오 보험

포트폴리오 매니저는 종종 관리하는 포트폴리오에 풋옵션을 포함시키고자 한다. 이렇게 하면 시장이 상승하는 경우 이익의 잠재력을 그대로 취할 수 있는 한편 시장이 하락하는 경우 손실을 보호해줄 수 있기 때문이다. 풋옵션을 포함시키는 하나의 방법은 17장 1절에서 설명했듯이 S&P 500과 같은 시장지수에 대한 풋옵션을 매입하는 것이다. 다른 방법은 옵션을 인위적으로 합성(create option synthetically)하는 것이다.

옵션을 합성하는 것은 기초자산(또는 기초자산에 대한 선물계약)에 대한 포지션을 유지하여 포지션의 델타가 요구되는 옵션의 델타와 같아지도록 하는 것이다. 옵션을 합성하여 만드는 포지션은 옵션을 헷지하기 위해 취하는 포지션의 반대이다. 왜냐하면 옵션을 헷지하는 절차는 같은 옵션이나 반대의 옵션을 합성하는 과정을 거쳐야 하기 때문이다.

펀드 매니저에게 필요한 옵션을 시장에서 직접 구입하는 것보다 합성하는 것이 더 매력적인 데는 다음 두 가지 이유가 있다. 첫 번째 이유는 옵션시장이 거액의 자금을 운용하는 펀드매니저가 수행할 거래를 감당할 정도의 유동성을 유지하지 못할 수가 있다. 두 번째 이유는 매니저가 필요로 하는 행사가격과 만기일이 옵션 거래소시장에서 거래되는 옵션의 그것과 일치하지 않는 경우가 자주 발생한다.

포트폴리오를 이용하거나 또는 주가지수 선물계약을 이용하여 옵션을 합성할 수 있다. 먼저 포트폴리오를 이용하여 풋옵션을 합성하는 방법을 분석해 보자. [표 19.6]으로부터 포트폴리오에 대한 유러피언풋옵션의 델타는 다음과 같다.

$$\Delta = e^{-qT}[N(d_1)-1] \tag{19.8}$$

단

$$d_1 = \frac{\ln(S_0/K)+(r-q+\sigma^2/2)T}{\sigma\sqrt{T}}$$

다른 변수는 동일하게 정의된다: 즉, S_0는 포트폴리오 가치, K는 행사가격, r은 무위험이자율, q는 포트폴리오의 배당수익률, σ는 포트폴리오의 변동성, T는 옵션의 만기이다. 일반적으로 포트폴리오의 변동성은 잘 분산된 시장지수의 변동성에 베타를 곱한 값으로 가정된다.

풋옵션을 합성하기 위해서 펀드 매니저는 어떤 시점에서든지 포트폴리오에 있는 주식의 $e^{-qT}[1 - N(d_1)]$ 비율만큼 매도하고, 유입된 자금을 무위험이자율로 투자해야 한다. 주식포트폴리오의 가치가 감소함에 따라 식 (19.8)의 풋옵션 델타의 절대값은 커지고(즉, 절대값이더 큰 음수가 되고), 매도해야 할 포트폴리오의 비율 또한 증가한다. 주식포트폴리오의 가치가 증가하면 풋옵션 델타의 절대값은 작아지고, 매도해야 할 포트폴리오의 비율은 감소한다(매도해야 할 비율의 감소는 주식의 재매입을 의미한다).

이렇게 포트폴리오 보험 전략을 구사하는 것은 어느 시점에서의 포트폴리오를 보험이 요구되는 주식포트폴리오와 무위험자산으로 구분하는 것을 의미한다. 주식포트폴리오의 가치가 증가하면 무위험자산의 일부를 매도하여 주식포트폴리오의 포지션을 크게 한다. 주식포트폴리오의 가치가 하락하면 주식포트폴리오의 포지션을 감소시켜(즉, 주식의 일부를 매도하여) 무위험자산을 추가 매입한다. 이러한 보험전략의 비용은 가격이 하락한 후에 주식을 팔고 가격이 상승한 후에 주식을 사는 과정에서 발생한다.

예제 19.9

포트폴리오의 가치는 현재 9천만 달러이다. 포트폴리오의 가치를 시장의 하락으로부터 보호하기 위하여 매니저는 행사가격이 8천7백만 달러인 6개월 만기 유러피언풋옵션을 필요로 한다. 무위험이자율은 연 9%, 배당수익률은 연 3%, 포트폴리오의 변동성은 연 25%이다. 현재 S&P 500지수는 900이다. 포트폴리오는 S&P 500지수를 잘 모방(mimic)하므로, 16장 1절에서 설명했듯이 하나의 방법은 행사가격이 870인 S&P 500에 대한 풋옵션 1,000계약을 매입하는 것이다. 다른 방법은 옵션을 합성하는 것이다. 이 경우에 $S_0 = 90$백만 달러, $K = 87$백만 달러, $r = 0.09$, $q = 0.03$, $\sigma = 0.25$, $T = 0.5$이므로 d_1은 0.4499이다.

$$d_1 = \frac{\ln(90/87) + (0.09 - 0.03 + 0.25^2/2)0.5}{0.25\sqrt{0.5}} = 0.4499$$

필요한 풋옵션의 델타는

$$e^{-qT}[N(d_1) - 1] = -0.3215$$

즉, 요구되는 옵션의 델타를 유지하기 위하여 포트폴리오의 32.15%를 매도하여 무위험 자산에 투자해야 한다. 매도해야 할 포트폴리오의 금액을 주의 깊게 자주 살펴야 한다. 예를 들어 다음 날 포트폴리오 가치가 8천8백만 달러로 감소하면 필요한 옵션의 델타는 0.3679로 변하므로 추가적으로 원래 포트폴리오의 4.64%를 매도하여 무위험자산에 투자해야 한다. 만일 포트폴리오 가치가 9천2백만 달러로 증가하면 필요한 옵션의 델타는 −0.2787로 변하므로 원래 포트폴리오의 4.28%를 재매입해야 한다.

주가지수선물의 이용

펀드 매니저는 옵션을 합성할 때 주식을 이용하는 것보다 주가지수선물을 이용하는 것을 선호한다. 왜냐하면 주가지수선물의 거래비용이 이에 상응하는 주식의 거래비용보다 일반적으로 적기 때문이다. 식 (19.6)과 (19.8)에 따르면 포트폴리오의 가치에 대한 매도할 선물계약의 달러 금액의 비율은 다음과 같다.

$$e^{-qT}e^{-(r-q)T^*}[1 - N(d_1)] = e^{q(T^*-T)}e^{-rT^*}[1 - N(d_1)]$$

단 T^*는 선물계약의 만기이다. 만일 포트폴리오의 가치가 지수의 A_1 배이고, 주가지수선물 1계약이 지수의 A_2 배이면, 특정 시점에서 매도할 선물계약의 수는 다음과 같다.

$$e^{q(T^*-T)}e^{-rT^*}[1 - N(d_1)]A_1/A_2$$

예제 19.10

앞의 예제에서 9개월 만기 S&P 500 선물계약을 이용하여 옵션을 합성한다고 가정하자. 이 경우에 $T = 0.5$, $T^* = 0.75$, $A_1 = 100{,}000$, $d_1 = 0.4499$이다. 지수선물계약은 지수의 250배이므로 $A_2 = 250$이다. 매도할 선물계약의 수는 다음과 같이 123계약이다.

$$e^{q(T^*-T)}e^{-rT^*}[1 - N(d_1)]A_1/A_2 = 122.96$$

시간이 지나고 지수가 변하면 선물계약 포지션은 조정되어야 한다. 이 분석은 포트폴리오가 주가지수를 모방(mirror)한다고 가정한다. 만일 이 가정이 사실이 아니면 우리는 (a) 포트폴리오의 베타를 계산하고, (b) 필요한 보호를 제공하는 지수에 대한 옵션포지션을 찾고, (c) 옵션을 합성하기 위하여 지수선물 포지션을 선택해야 한다. 17장 1절에서 설명했듯이 옵션의 행사가격은 포트폴리오가 보호받고자 하는 수준에 도달했을 때 예상되는 시장지수의 수준이어야 한다. 필요한 옵션의 수는 포트폴리오의 베타가 1.0인 경우 요구되는 옵션의 수에 베타를 곱한 값이다.

19.14 주식시장의 변동성

15장에서 설명했듯이, 변동성이 새로운 정보가 시장에 도달하기 때문에 야기되는 것인지 아니면 거래 자체에 의해 생기는 것인지는 이미 앞에서 다루었다. 앞에서 설명한 포트폴리오 보험전략은 변동성을 증가시킬 소지가 있다. 시장이 약세이면 포트폴리오 매니저는 주식 또는 주가지수 선물계약을 매도해야 한다. 이러한 거래는 가격 하락을 더욱 부추긴다([실무사례19.2] 참조). 즉, 주식의 매도는 직접적으로 주가지수를 더욱 하락시킨다. 주가지수 선물계약의 매도는 선물가격을 하락시키고, 주가지수 차익거래(index arbitrage) 기능을 통하여 주식가격을 하락시키게 되어(5장 참조), 주가지수를 다시 하락시킨다. 마찬가지로 시장이 강세이면, 포트폴리오 보험전략은 매니저로 하여금 주식 또는 주가지수선물을 매입하게 하여 가격상승을 부추기게 된다.

포트폴리오 매니저가 이러한 보험전략을 구사하는 것 외에도 많은 개인 투자자들이 의식적으로 또는 무의식적으로 포트폴리오 보험전략을 모방한다. 예를 들어 투자자가 가격이 상승할 때 주식을 매입하고 가격이 하락할 때 손실을 줄이기 위하여 주식을 매도하는 경우이다.이러한 공식적인 또는 비공식적인 포트폴리오 보험전략이 변동성에 얼마나 영향을 미치는가 하는 문제는 포트폴리오 보험전략에 의하여 생기는 거래를 시장이 얼마나 쉽게 흡수할 수 있느냐에 달려 있다. 만일 보험전략에 의한 거래량이 전체 거래의 극히 일부분만 점유하면 영향력은 극히 미미할 것이다. 그러나 보험전략이 보편적으로 이용되면 1987년에 그랬듯이 시장을 불안하게(destablizing) 하는 데 일조한다.

요약

금융기관은 고객에게 다양한 옵션상품을 제공한다. 금융기관이 제공하는 옵션은 거래소에서 거래되는 옵션과 다를 수 있는데, 이 경우에 금융기관은 위험을 헷지해야 하는 문제에 직면한다. 노출된 포지션과 보호된 포지션을 취하는 금융기관은 적절한 수준 이상의 위험에 노출된다. 이때 종종 제안되는 전략이 손실방지 전략이다. 손실방지전략은 옵션이 외가격이면 노출된 포지션을 취하고, 옵션이 내가격이면 보호된 포지션으로 전환하는 전략이다. 그러나 이 전략은 매력적으로 보이지만 효율적이지 않다. 옵션의 델타(Δ)는 기초자산의 가격 변화에 대한 옵션가격의 변화이다. 델타헷징은 델타를 0으로 만드

실무사례 19.2 포트폴리오보험이 1987년 주가폭락의 원인인가?

1987년 10월 19일 월요일 다우존스 산업평균지수는 20% 이상 하락하였다. 많은 사람들은 포트폴리오보험이 이 주가폭락에 주요한 역할을 했다고 느꼈다. 1987년 10월, 600억 달러 내지 900억 달러 상당의 주식이 18장 13절에서 설명한 방식으로 풋옵션이 합성된 포트폴리오보험 전략에 이용되고 있었다. 1987년 10월 14일 수요일부터 10월 16일 금요일까지의 기간에 시장은 약 10% 하락하였고, 대부분의 하락은 금요일 오후에 발생하였다. 이 하락으로 포트폴리오보험 전략은 적어도 120억 달러 상당의 주식 또는 지수선물의 매도를 야기했음에 틀림없다. 실제로 포트폴리오보험을 구사하는 매니저는 단 40억 달러만을 매도할 수 있었고, 모형이 제시한 엄청난 매도물량이 다음 주에 시장에 나오게 되었다. 10월 19일 월요일에 세 기관이 포트폴리오보험 전략에 의해 매도한 물량이 뉴욕 증권거래소 전체 매도 물량의 약 10%를 점유하였으며, 지수선물시장 전체 매도량의 약21.3%를 점유한 것으로 추정되었다. 포트폴리오보험에 의한 이런 행동을 미리 예견하고 매도물량을 쏟아낸 다른 투자자들에 의해 이와 같은 엄청난 주가하락이 부추겨졌을 가능성이 있다.

시장이 너무 빨리 하락했기 때문에 증권거래소 시스템은 과부하(overload)가 걸렸으며 포트폴리오보험 전략을 수행하는 거래자들은 그들의 모형이 주문하는 거래의 대부분 을 실행할 수가 없어 예정된 보호를 받을 수 없었다. 말할 것도 없이 포트폴리오보험 전략의 인기는 1987년 이후 급격히 하락했다. 이와 같은 사례가 주는 교훈 중의 하나는 많은 다른 시장참여자들이 동일한 전략으로 거래한다면 그 거래전략(비록 그것이 헷징전략이 더라도)을 따르는 것이 위험하다는 것이다.

는 것이다(이를 델타중립 포지션이라 한다). 기초자산의 델타는 1.0이므로 헷징하는 하나의 방법은 헷지하고자 하는 옵션 1개 매입포지션당 −(Δ)개의 기초자산을 매도하는 것이다. 옵션의 델타는 시간에 따라 변한다. 즉, 델타중립을 유지하기 위하여 기초자산의 포지션을 자주 재조정해야 한다.

일단 옵션포지션을 델타중립으로 만들면 다음 과정은 옵션의 감마를 분석하는 것이다. 감마는 기초자산의 가격 변화에 대한 델타의 변화이다. 감마는 기초자산의 가격과 옵션가격의 관계를 나타내는 곡선의 형태를 측정한다. 옵션포지션을 감마중립으로 만들면 곡선의 형태가 델타중립 포트폴리오의 성과에 미치는 영향을 감소시킬 수 있다. 만일 가 헷지할 포지션의 감마이면, 감마가 −인 옵션에 포지션을 취함으로써 감마중립을 만들 수 있다.

델타와 감마헷징은 기초자산의 변동성이 일정하다는 가정에 근거한다. 그러나 변동성은시간에 따라 변한다. 옵션 또는 옵션 포트폴리오의 베가는 변동성의 변화에 대한 옵션 또는 옵션 포트폴리오 가치의 변화이다. 만일 거래자가 변동성의 변화로부터 옵션포지션을 헷지하고자 하면 포지션을 베가중립으로 만들어야 한다. 감마중립을 만드는 방법처럼, 베가중립은 옵션에 반대포지션을 취하여 만들 수 있다. 만일 거래자가 감마와 베가중립을 동시에 원하면 대체로 2개의 옵션이 필요하다.

옵션포지션의 위험을 측정하는 다른 두 가지는 세타와 로이다. 세타는 다른 모든 조건이 일정할 때 시간의 경과에 대한 옵션가치의 변화이다. 로는 다른 모든 조건이 일정할 때 단기이자율 변화에 대한 옵션포지션 가치의 변화이다.

실제로 옵션거래자들은 델타중립을 유지하기 위하여 적어도 하루에 한 번 포트폴리오를 재조정한다. 그러나 정기적으로 감마중립과 베가중립을 유지하는 것은 보통은 실행 가능하지 않다. 전형적으로 거래자들은 감마와 베가를 주의 깊게 감시한다. 만일 이 값들이 너무 커지면 문제를 해결하기 위해 적절한 행동을 취하거나 또는 거래를 줄인다.

포트폴리오 매니저는 주식포트폴리오의 가치를 보호하기 위하여 풋옵션을 합성한다. 합성하는 방법은 주식포트폴리오 자체를 이용하거나 주가지수선물을 이용하는 것이다. 포트폴리오 자체를 이용하는 것은 포트폴리오를 주식과 무위험증권으로 나누는 것을 말한다. 시장이 약세

이면 무위험증권에 대한 투자를 증가시켜야 한다. 반대로 시장이 강세이면 주식에 대한 투자를 증가시켜야 한다. 주가지수선물을 이용하는 방법은 포트폴리오 자체는 그대로 두고 주가지수 선물을 매도하는 것이다. 시장이 약세가 되면 주가지수선물을 추가적으로 매도하고 반대로 시장이 강세가 되면 매도할 선물의 수는 감소한다(즉 반대매매를 하여 일부 매도포지션을 마감한다). 이 전략은 정상적인 시장에서는 상당히 효과적이다. 그러나 1987년 10월 19일처럼 다우존스 산업평균이 500포인트 이상 하락하면 이 전략은 비효율적이다. 왜냐하면 포지션을 보호할 수 있을 만큼 신속하게 주식과 주가지수선물을 매도할 수 없기 때문이다.

참고문헌

Passarelli, D. *Trading Option Greeks: How Time, Volatility, and Other Factors Drive Profits*, 2nd edn. Hoboken, NJ: Wiley, 2012.

Taleb, N. N., *Dynamic Hedging: Managing Vanilla and Exotic Options*. New York: Wiley, 1996.

연습문제

19.1. 외가격 콜옵션의 발행자가 손실방지전략을 사용하는 방법을 설명하라. 이 경우에 헷지가 효율적이지 않은 이유를 설명하라.

19.2. 콜옵션의 델타가 0.7이라는 의미는 무엇인가? 옵션의 델타가 0.7일 때 옵션 1,000개를 발행한 포지션을 델타중립으로 만드는 방법은?

19.3. 무위험이자율은 연 10%이고, 주가의 변동성은 연 25%이다. 무배당주식에 대한 6개월 만기 등가격 유러피언 콜옵션의 델타를 계산하라.

19.4. 옵션포지션의 세타가 −0.1임(시간은 연 단위로 계산)은 무엇을 의미하는가? 만일 거래자가 주가와 내재변동성이 모두 변하지 않을 것으로 예상하면 어떤 옵션포지션이 적절한가?

19.5. 옵션포지션의 감마는 무엇을 의미하는가? 포지션의 감마가 절대값이 큰 음수이고, 델타가 0인 경우의 위험은?

19.6. "옵션포지션을 합성하는 절차는 옵션포지션을 헷지하는 절차의 반대이다."이를 설명하라.

19.7. 1987년 10월 19일에 포트폴리오 보험전략이 성공하지 못한 이유는?

19.8. 행사가격이 40달러인 외가격 콜옵션의 블랙–숄즈–머튼 가격이 4달러이다. 옵션의 발행자가 손실방지전략을 사용하고자 한다. 발행자는 40.10달러에 주식을 매입하고, 39.90달러에 주식을 매도하고자 한다. 옵션발행자가 주식을 몇 번 매입 또는 매도할 것으로 예상하는가?

19.9. 현재 주가는 20달러이다. 주식포지션을 계속 조정함으로써 행사가격이 25달러인 콜옵션을 합성한다고 가정하자. 다음 두 개의 시나리오를 고려해 보자. (a) 옵션의 만기일까지 주가가 20달러에서 35달러로 점진적으로 상승하는 경우 (b) 주가가 큰 폭으로 오르락내리락하다 35달러로 마감하는 경우 어떤 시나리오에서 옵션을 합성하는 방법이 많은 비용을 발생시키는가?

19.10. 은선물에 대한 유러피언 콜옵션 1,000개 매도포지션의 델타는 얼마인가? 옵션의 만기는 8개월이고, 은선물의 만기는 9개월이다. 만기가 9개월인 선물가격은 온스당 8달러, 옵션의 행사가격은 8달러, 무위험이자율은 연 12%, 은의 변동성은 연 18%이다.

19.11. 문제 19.10의 상황에서 델타헷징을 하려면 9개월 만기 은선물의 초기에 취해야 하는 포지션은 무엇인가? 만일 은 자체를 이용하여 헷지한다면 초기포지션은 무엇인가? 만일 1년 만기 은선물을 이용한다면 초기포지션은 무엇인가? 보관비용은 없다고 가정한다.

19.12. 통화콜옵션과 풋옵션의 매입포지션으로 구성된 포트폴리오를 헷지하기 위해 기업이 델타헷징을 사용한다고 하자. 어떤 상황에서 가장 유리한 결과를 가져오는가?

(a) 현물환율이 거의 변하지 않는 경우

(b) 현물환율이 크게 변하는 경우

당신의 답을 설명하라.

19.13. 통화콜옵션과 풋옵션을 발행한 금융기관의 경우, 문제 19.12에 답하라.

19.14. 금융기관이 일본 엔화에 대한 7개월 만기 유러피언 콜옵션 1,000개를 매도했다고 가정하자. 현물환율은 1엔당 0.80센트, 행사가격은 1엔당 0.81센트, 미국의 무위험이자율은 연 8%, 일본의 무위험이자율은 연 5%, 엔화의 변동성은 15%이다. 금융기관이 취한 포지션의 델타, 감마, 베가, 세타와 로를 계산하고 이를

해석하라.

19.15. 어떤 상황에서 유러피언옵션 1개를 이용하여 유러피언 주가지수옵션 포지션을 감마와 베가중립으로 만들 수 있는가?

19.16. S&P 500지수를 모방하는 3억 6천만 달러의 잘 분산된 포트폴리오를 관리하는 펀드 매니저를 고려해 보자. 현재 S&P 500의 가치는 1,200이고, 매니저는 향후 6개월 동안 포트폴리오의 가치가 5% 이상 하락하는 것을 방지하고자 포트폴리오 보험 전략을 사용하려고 한다. 무위험이자율은 연 6%이다. 포트폴리오와 S&P 500지수의 배당수익률은 연 3%로 같고 지수의 변동성은 연 30%이다.

(a) 만일 매니저가 유러피언풋옵션을 매입한다면 얼마의 비용이 발생하는가?

(b) 유러피언콜옵션을 이용한 대안을 자세히 설명하고 이 전략이 (a)와 같은 결과를 가져오는 것을 증명하라.

(c) 매니저가 옵션을 사용하는 대신에 포트폴리오의 일부를 무위험증권에 투자하고자 한다면 어떤 초기 포지션을 취해야 하는가?

(d) 9개월 만기 주가지수선물을 이용한다면 어떤 초기포지션을 취해야 하는가?

19.17. 포트폴리오의 베타가 1.5이고 배당수익률이 연 4%라고 가정하고 문제 19.16에 답하라.

19.18. 식 (19.4)이 다음의 옵션 또는 포트폴리오에도 성립함을 증명하라.

(a) 무배당주식에 대한 유러피언 콜옵션 1개

(b) 무배당주식에 대한 유러피언풋옵션 1개

(c) 무배당주식에 대한 유러피언 콜옵션과 풋옵션으로 구성된 포트폴리오

19.19. 다음의 경우 식 (19.4)에 상응하는 식은 무엇인가?

(a) 통화옵션 포트폴리오의 경우

(b) 선물옵션 포트폴리오의 경우

19.20. 포트폴리오 보험전략을 700억 달러의 주식포트폴리오에 적용한다고 하자. 보험전략으로 향후 1년 동안 포트폴리오의 가치가 5% 이상 하락하는 것을 방지하고자 한다. 만일 단 하루에 시장 전체의 가치가 23% 하락한다면 보험전략을 수행하는 매니저가 매도할 주식 또는 선물계약의 가치를 DerivaGem 프로그램을 이용하여 계산하라. 계산을 위해 필요한 가정을 한다.

19.21. 주가지수에 대한 선도계약이 선물계약과 동일한 델타를 갖는가?

19.22. 달러/유로 환율에 대한 옵션으로 구성된 은행 포트폴리오의 델타가 30,000이고 감마는−80,000이다. 30,000과 −80,000의 의미를 설명하라. 현재의 환율은 0.90이다(유로 1단위에 대한 달러의 가치를 의미한다). 델타중립을 만들기 위해 어떤 포지션을 취해야 하는가? 짧은 기간이 지난 후에 환율이 0.93으로 변하였다. 새로운 델타를 계산하라. 델타를 중립으로 만들기 위해 추가로 어떤 포지션을 취해야 하는가? 은행이 처음 포지션을 취할 때 델타중립에 있었다면, 환율의 움직임으로 이익을 보았는가 아니면 손해를 보았는가?

19.23. 무배당주식의 경우 다음 관계를 유도하기 위하여 풋–콜 패리티를 이용하라.

(a) 유러피언 콜옵션의 델타와 유러피언풋옵션의 델타

(b) 유러피언 콜옵션의 감마와 유러피언풋옵션의 감마

(c) 유러피언 콜옵션의 베가와 유러피언풋옵션의 베가
(d) 유러피언 콜옵션의 세타와 유러피언풋옵션의 세타

과제물 문제

18.24. 금융기관이 아래와 같은 파운드화에 대한 장외시장 옵션 포트폴리오를 소유하고 있다고 가정하자.

옵션의 종류	포지션	옵션의 델타	옵션의 감마	옵션의 베가
콜옵션	-1,000	0.50	2.2	1.8
콜옵션	-500	0.80	0.6	0.2
풋옵션	-2,000	-0.40	1.3	0.7
콜옵션	-500	0.70	1.8	1.4

또한 델타가 0.6, 감마가 1.5, 베가가 0.8인 옵션이 거래소에서 거래되고 있다고 가정하자.

(a) 포트폴리오를 감마와 델타중립으로 동시에 만들기 위해 거래되는 옵션과 파운드화에 취해야 하는 포지션은 무엇인가?

(b) 포트폴리오를 베가와 델타중립으로 동시에 만들기 위해 거래되는 옵션과 파운드화에 취해야 하는 포지션은 무엇인가? 모든 내재 변동성의 변화는 동일한 양만큼 변한다고 가정하여 베가가 모두 합해질 수 있도록 한다.

19.25. 문제 19.24의 상황을 다시 고려하자. 델타가 0.1, 감마가 0.5, 베가가 0.6인 또 다른 옵션이 거래된다고 가정하자. 포트폴리오를 델타, 감마, 그리고 베가중립으로 동시에 만들기 위한 방법을 설명하라.

19.26. 만기가 1년인 콜옵션을 고려해 보자(기초자산은 주식이다). 현재의 주가는 30달러, 행사가격도30달러, 무위험이자율은 연 5%, 변동성은 연 25%이다. DerivaGem 프로그램을 이용하여 콜옵션의 가격, 델타, 감마, 베가, 세타, 로 등을 계산하라. 주가를 30.1달러로 변경시키고 옵션가격을 다시 계산하여 델타가 옳은지 확인하라(즉, 주가가 30에서 30.1로 증가할 때 옵션가치가 델타만큼 변하는지 확인하라는 의미이다). 주가가 30.1달러인 경우의 델타를 다시 계산하여 감마가 옳은지 확인하라. 유사한 계산을 베가, 세타, 로에 적용하여 확인하라. 옵션가격, 델타, 감마, 베가, 세타, 로 등과 주가 간의 관계를 그래프로 그려라. DerivaGem 프로그램을 이용한다.

19.27. 금융기관이 은행예금에 대하여 향후 6개월 동안 (a) 0%와 (b) 시장지수 수익률의 40% 중 높은 이자율을 보장한다고 가정하자. 어떤 투자자가 10만 달러의 투자를 계획하고 있다. 예금의 이득패턴을 주가지수옵션으로 설명하라. 무위험이자율이 연 8%, 지수의 배당수익률이 연 3%, 지수의 변동성이 연 25%라고 가정하자. 투자자가 10만 달러를 은행에 예금하는 것이 좋은 투자인지 분석하라.

19.28. 유러피언 콜선물옵션의 가격 공식은 17장으로부터 다음과 같다(F_0는 선물가격).

$$c = e^{-rT}[F_0N(d_1) - KN(d_2)]$$

단

$$d_1 = \frac{\ln(F_0/K) + \sigma^2 T/2}{\sigma\sqrt{T}} \quad \text{and} \quad d_2 = d_1 - \sigma\sqrt{T}$$

여기서 K, r, T, σ는 각각 행사가격, 이자율, 만기, 변동성이다.

(a) $F_0 N'(d_1) = KN'(d_2)$ 을 증명하라.

(b) 선물가격에 대한 콜옵션의 델타가 $e^{-rT}N(d_1)$ 임을 증명하라.

(c) 콜옵션의 베가가 $F_0\sqrt{T}N'(d_1)e^{-rT}$ 임을 증명하라.

(d) 본 장 12절에 제시된 콜선물옵션 로(rho)의 공식을 증명하라. 콜선물옵션의 델타, 감마, 세타, 베가는 q의 비율로 배당을 지급하는 주식에 대한 콜옵션의 그것들과 동일하다(단 q는 r로 대체하고 S_0 는 F_0 로 대체한다). 콜선물옵션 로의 경우 위의 논리가 적용되지 않는 이유를 설명하라.

19.29. 식 (19.4)가 본 장 1절에서 고려한 옵션의 경우 성립되는지 확인하기 위하여 DerivaGem을 이용하라(참고: DerivaGem은 세타의 값을"달력일 기준"으로 계산한다. 그리고 식 (19.4)의 세타는"연 기준"이다).

19.30. [표 19.2]를 재확인하기 위하여 DerivaGem Application Builder 함수들을 이용하라([표 19.2]에서 주식포지션은 가장 가까운 100주 단위로 반올림한다). 포지션의 감마와 세타를 주별로 계산하라. 포트폴리오 가치의 변화를 주별로 계산하고 식 (19.3)이 대략적으로 성립하는지 확인하라(참고: DerivaGem은 세타의 값을"달력일 기준"으로 계산한다. 그리고 식 (19.3)의 세타는"연 기준"이다).

부록

테일러 전개식과 헷징 모수

짧은 기간 동안 포트폴리오 가치 변화의 테일러 전개식은 여러 그릭문자들의 역할을 보여준다. 만일 기초자산의 변동성이 일정하다고 가정하면 포트폴리오 가치 Π 는 자산가치 S와 시간 t의 함수이다. 테일러 전개식은 다음과 같다.

$$\Delta\Pi = \frac{\partial\Pi}{\partial S}\Delta S + \frac{\partial\Pi}{\partial t}\Delta t + \tfrac{1}{2}\frac{\partial^2\Pi}{\partial S^2}\Delta S^2 + \tfrac{1}{2}\frac{\partial^2\Pi}{\partial t^2}\Delta t^2 + \frac{\partial^2\Pi}{\partial S\,\partial t}\Delta S\,\Delta t + \cdots \tag{19A.1}$$

여기서 $\Delta\Pi$ 와 ΔS 는 짧은 Δt 기간 동안의 각각 Π 와 S의 변화이다. 델타헷징은 위의 식 오른쪽의 첫 번째 항을 제거한다. 두 번째 항은 확률적이지 않다. 세 번째 항(Δt 와 동일한 차원이다)은 포트폴리오를 델타와 감마중립으로 만듦으로써 0으로 만들 수 있다. 다른 항은 Δt 보다 고차항이다.
델타중립 포트폴리오의 경우, 식 (19A.1) 오른쪽의 첫 번째 항은 0이므로 다음 식이 성립한다(Δt 보다 고차항은 무시).

$$\Delta\Pi = \Theta\,\Delta t + \tfrac{1}{2}\Gamma\,\Delta S^2$$

이는 바로 식 (19.3)이다.

현실적 블랙-숄즈-모형

실제로는 변동성은 일정하지 않다. 본 장에서 설명한 바와 같이 실무자들은 일반적으로 그릭문자를 계산할 때 변동성을 내재변동성과 동일하게 설정한다. 내재 변동성의 정의로부터 옵션가격은 자산격, 내재변동성, 시간, 이자율, 그리고 배당의 함수이다. 근사함에 따라 우리는 이자율과 배당의 변화를 무시할 수 있으며 옵션의 가격(f)는 어느 때건 자산가격(S) 그리고 내재변동성(σ_{imp})의 함수이다.
짧은 기간 동안의 옵션 가격의 변화는 다음과 같다.

$$\Delta f = \frac{\partial f}{\partial S}\Delta S + \frac{\partial f}{\partial\sigma_{\text{imp}}}\Delta\sigma_{\text{imp}} + \tfrac{1}{2}\frac{\partial^2 f}{\partial S^2}(\Delta S)^2 + \tfrac{1}{2}\frac{\partial^2 f}{\partial\sigma_{\text{imp}}^2}(\Delta\sigma_{\text{imp}})^2 + \frac{\partial^2 f}{\partial S\,\partial\sigma_{\text{imp}}}\Delta S\,\Delta\sigma_{\text{imp}} + \cdots$$

이 확장에서 델타, 베가, 그리고 감마 헷징은 첫 세개의 항을 다루며 이는 가장 중요한 항들이다. 거래자는 종종 다른 그릭문자를 $\partial^2 f/\partial\sigma_{\text{imp}}^2$ 와 $\partial^2 f/\partial S\,\partial\sigma_{\text{imp}}$ 와 같이 정의하는데 이는 그들의 테일러 급수의 고차항에 대한 노출도를 확인하기 위함이다.

옵션의 포트폴리오가 고려될 때 거래자의 문제는 더 복잡한데 이는 특정 자산에 대한 옵션의 내재변동성이 행사가격과 만기까지의 시간에 의해 결정되기 때문이다.

CHAPTER 20

변동성 미소

블랙–숄즈–머튼 모형은 옵션의 시장가격을 얼마나 정확하게 추정하는가? 거래자들은 옵션가격을 추정하는 데 블랙–숄즈–머튼 모형을 실제로 이용하는가? 자산가격의 확률분포가 실제로 대수정규분포인가? 블랙–숄즈–머튼 모형의 유효성(validity)을 검증하기 위하여 어떤 연구가 수행되어 왔는가? 본 장에서는 이런 질문에 대하여 답하기로 한다. 거래자들은 블랙–숄즈–머튼 모형을 이용하기는 하나, 블랙과 숄즈, 머튼이 원래 생각했던 것과는 다른 방식으로 모형을 이용한다. 왜냐하면 거래자들은 옵션의 가치평가에 이용되는 변동성을 행사가격과 만기에 따라 달리 적용하기 때문이다.

특정 만기 옵션의 내재변동성을 행사가격의 함수로 표현한 것이 변동성 미소(volatility smile)이다. 본 장에서는 거래자들이 주식시장과 외환시장에서 사용하는 변동성 미소에 대하여 설명하기로 한다. 또한 변동성 미소가 미래 자산가격의 분포로 가정한 확률분포와 어떤 관계를 갖는지에 대해서도 설명하기로 한다. 그리고 옵션거래자들이 옵션가격을 결정하는 데 어떻게 변동성 표면(volatility surface)을 이용하는지에 대하여 설명하기로 한다.

20.1 변동성 미소가 콜옵션과 풋옵션에 동일한 이유

본 절은 행사가격과 만기가 동일하면 유러피언콜옵션과 풋옵션의 내재변동성이 동일하다는 것을 보여준다. 이는 특정 만기의 유러피언콜옵션의 내재변동성이 동일 만기의 유러피언풋옵션의 내재변동성과 같음을 의미한다. 이는 특히 편리한 결과이다. 즉, 변동성미소를 얘기할 때 우리는 이 옵션이 콜옵션인지 아니면 풋옵션인지 걱정할 필요가 없다.

앞 장에서 설명했듯이 풋–콜 패리티는 행사가격과 만기가 동일한 경우 유러피언콜옵션과 풋옵션의 가격 간에 성립해야 하는 관계를 보여준다. 기초자산의 배당수익률이 q이면 그 관계는 다음과 같다.

$$p + S_0 e^{-qT} = c + Ke^{-rT} \tag{20.1}$$

여기서 c와 p는 유러피언콜옵션과 풋옵션의 가격이다. 콜옵션과 풋옵션은 동일한 행사가격 K와 만기 T를 갖는다. S_0는 기초자산의 현재 가격이고, r은 만기 T동안의 기간당 무위험이자율이며, q는 기초자산의 수익률(yield)이다.

풋–콜 패리티의 주요한 특성은 비교적 간단한 차익거래논리에 기초한다는 점이다. 반면에 기초자산 가격의 미래 확률분포에 대해서는 어떤 가정도 하지 않는다. 즉, 이 관계는 기초자산 가격의 분포가 대수정규분포를 따르든 정규분포를 따르든 성립한다.

p_{BS}와 c_{BS}를 각각 특정한 변동성에 기초하여 블랙–숄즈–머튼 모형으로 계산한 유러피언풋 옵션과 콜옵션의 가치라고 가정하자. 그리고 p_{mkt}와 c_{mkt}를 각각 이 옵션들의 시장가격이라고 가정하자. 블랙–숄즈–머튼 모형으로 계산한 가격 간에 풋–콜 패리티가 성립해야 하므로 다음식이 성립한다.

$$p_{BS} + S_0e^{-qT} = c_{BS} + Ke^{-rT}$$

차익거래기회가 존재하지 않으면 풋–콜 패리티는 시장가격에 대해서도 성립한다.

$$p_{mkt} + S_0e^{-qT} = c_{mkt} + Ke^{-rT}$$

위의 두 개의 식으로부터 다음 관계가 도출된다.

$$p_{BS} - p_{mkt} = c_{BS} - c_{mkt} \tag{20.2}$$

이 식에 의하면 블랙–숄즈–머튼 모형을 이용하여 유러피언풋옵션을 평가할 때 발생하는 금액기준의 가격오차(pricing error)는 동일한 행사가격과 만기를 갖는 유러피언콜옵션을 평가할 때 발생하는 가격오차와 정확히 일치해야 한다.

풋옵션의 내재변동성을 22%라고 가정하자. 이는 변동성 22%를 블랙–숄즈–머튼 모형에 사용하면 $p_{BS} = p_{mkt}$임을 의미한다. 식 (20.2)에서 이 변동성을 사용하면 $c_{BS} = c_{mkt}$의 관계가 성립해야 한다. 따라서 콜옵션의 내재변동성도 22%이다. 이 논리에 의하면 유러피언콜옵션의 내재변동성은 행사가격과 만기가 동일한 유러피언풋옵션의 내재변동성과 항상 같아야 한다. 다시 말해서 주어진 행사가격과 만기에 대하여, 블랙–숄즈–머튼 모형에서 유러피언콜옵션의 가치를 평가하는 데 사용해야 할 변동성은 유러피언풋옵션의 가치를 평가하는 데 사용해야 하는 변동성과 항상 같아야 한다. 이는 변동성 미소(즉, 특정 만기에 대한 행사가격과 내재변동성 간의 관계)가 유러피언콜옵션과 유러피언풋옵션의 경우 동일함을 의미한다. 이는 또한 변동성의 기간구조(즉, 특정 행사가격에 대한 만기와 내재변동성 간의 관계)도 유러피언콜옵션과 유러피언풋옵션의 경우 동일함을 의미한다.

예제 20.1

1호주 달러의 가치는 미화 0.60달러이다. 미국의 무위험이자율은 연 5%이고, 호주의 무위험이자율은 연 10%이다. 만기가 1년이고 행사가격이 0.59달러이며 기초자산이 호주 달러인 유러피언콜옵션의 시장가격이 0.0236이다. DerivaGem에 의하면 콜옵션의 내재변동성은 14.5%이다. 차익거래기회가 존재하지 않으려면 식 (20.1)의 풋–콜 패리티가 성립해야 한다(q는 호주의 무위험이자율). 행사가격이 0.59달러이고 만기가 1년인 유러피언풋옵션의 가격 p는 다음의 관계로부터 구할 수 있다.

$$p + 0.60e^{-0.10\times 1} = 0.0236 + 0.59e^{-0.05\times 1}$$

따라서 풋옵션 가격 p는 0.0419가 된다. DerivaGem에 의하면 풋옵션의 가격이 0.0419이면 내재변동성은 14.5%이다. 14.5%는 우리가 기대한 값이다.

20.2 통화옵션

거래자들이 통화옵션의 가치를 평가하는 데 이용하는 변동성 미소는 일반적으로 [그림 19.1]과 같은 모양을 갖는다. 등가격 옵션의 변동성은 비교적 낮다. 그리고 옵션이 내가격 또는 외가격 상태로 이동함에 따라 변동성은 점점 커진다.

본 장의 부록에서 우리는 미래시점에서 만기가 되는 옵션이 제공하는 변동성 미소로부터 그 시점에서 자산가격의 위험중립 확률분포를 어떻게 결정하는지 알아보기로 한다. 이런 분포를 내재분포(implied distribution)라고 한다. [그림 20.1]의 변동성 미소는 [그림 20.2]의 실선이 보여주는 확률분포와 일관성을 갖는다. 내재분포와 동일한 평균과 표준편차를 갖는 대수정규분포는 [그림 20.2]에 점선으로 나타나 있다. 내재분포는 대수정규분포보다 두터운 꼬리(fatter tail)를 갖고 있다.[9]

[그림 20.1]과 [그림 20.2]가 서로 일관성이 있는지 확인하기 위하여, 높은 행사가격 K_2 (K_2/S_0이 1보다 큰) 를 갖는 심외가격(deep out-of-the-money) 콜옵션을 먼저 고려해 보자. 이 옵션은 환율이 K_2보다 높은 경우에만 이득을 제공한다. 이렇게 될 확률은 대수정규분포일 경우보다 내재분포일 경우에 높다는 것을 [그림 20.2]에서 확인할 수 있다. 따라서 내재분포를 적용할 경우 옵션가격이 비교적 높게 계산된다. 비교적 높은 가격은 비교적 높은 내재변동성을 갖고 있음을 의미한다. 이는 [그림 20.1]에서 관찰한 것과 정확히 일치한다. 따라서 행사가격이 높은 경우 두 그림은 서로 일관성을 갖는다. 이번에는 낮

그림 20.1 통화옵션의 변동성 미소 (K = 행사가격, S_0 = 현재환율).

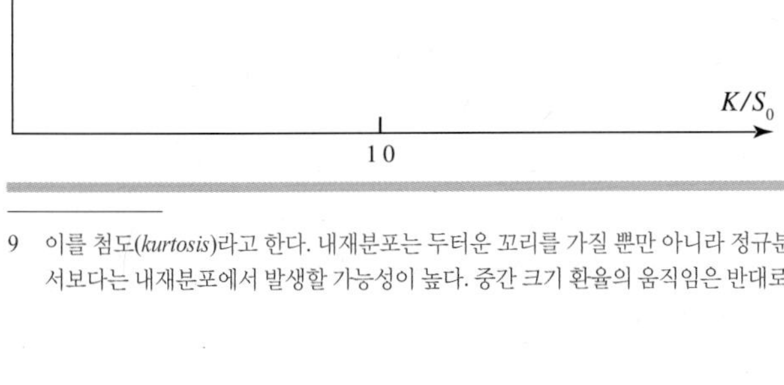

9 이를 첨도(*kurtosis*)라고 한다. 내재분포는 두터운 꼬리를 가질 뿐만 아니라 정규분포보다 "뾰족"하다. 환율의 크고 작은 변화들은 정규분포에서보다는 내재분포에서 발생할 가능성이 높다. 중간 크기 환율의 움직임은 반대로 내재분포에서보다는 정규분포에서 발생할 가능성이 높다.

그림 20.2 통화옵션의 내재분포와 대수정규분포.

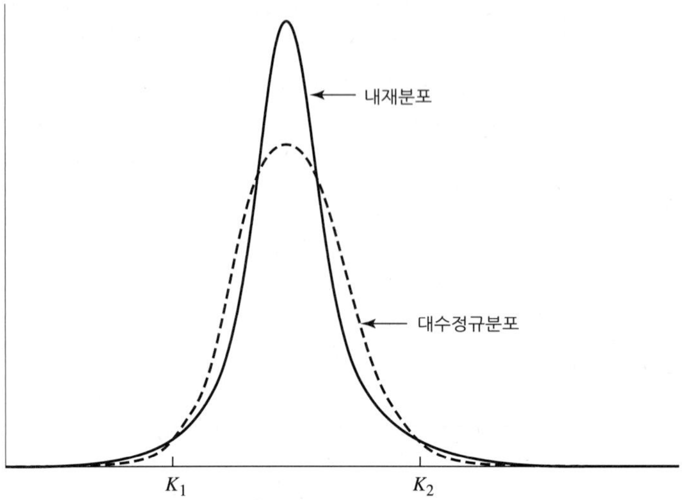

은 행사가격 K_1(K_1/S_0 이 1보다 작은)을 갖는 심외가격 풋옵션을 고려해 보자. 이 옵션은 환율이 K_1 보다 낮은 경우에만 이득을 제공한다. [그림 20.2]에 의하면 이렇게 될 확률은 대수정규분포일 경우보다 내재분포일 경우에 높다. 따라서 우리는 내재분포를 적용하면 상대적으로 옵션가격(변동성)이 높게 계산된다는 것을 짐작할 수 있다. 이런 사실은 [그림20.1]에서 관찰한 것과 정확히 일치한다.

실증 결과

통화옵션에서 거래자들이 변동성 미소를 사용한다는 것은, 대수정규분포를 적용할 경우 환율이 극단적으로 움직일 확률이 과소평가된다는 점을 거래자가 인식하고 있음을 의미한다. 거래자들의 생각이 옳은지 확인하기 위하여 [표 20.1]에서 2005년부터 2015년까지 10년 동안 서로 다른 10개 환율의 일별 변화를 분석하였다. 미국 달러화와 다음의 통화 간의 환율들이 고려됐다: 호주 달러화, 영국 파운드화, 캐나다 달러화, 덴마크 크론화, 일본 엔화, 멕시코 페소화, 뉴질랜드 달러화, 스웨덴 크로나화, 스위르

표 20.1 환율의 일별 변화율이 표준편차의 1배수, 2배수, . . . , 6배수보다 클 확률(%, SD는 표준편차).

	실제	대수정규분포
> 1 SD	25.04	31.73
> 2 SD	5.27	4.55
> 3 SD	1.34	0.27
> 4 SD	0.29	0.04
> 5 SD	0.08	0.00
> 6 SD	0.03	0.00

실무사례 20.1 통화옵션을 이용하여 돈 버는 방법

블랙, 숄즈, 그리고 머튼은 그들의 옵션가격결정모형에서 기초자산의 가격이 대수정규분포를 따른다고 가정했다. 이는 짧은 기간, 예를 들면 하루, 동안의 자산가격 변화가 정규분포를 따른다는 것과 동일하다. 대부분의 시장참여자들은 환율에 대한 블랙-숄즈-머튼 가정들에 대해 동의한다고 가정하자. 당신은 [표20.1]의 분석을 완료했으며 환율에 대한 대수정규분포의 가정이 적절하지 않음을 알게 됐다. 당신은 어떻게 해야하겠는가?

답은 당신이 다양한 통화에 대한 심외가격 콜옵션과 풋옵션을 매입하고 기다려야 한다는 것이다. 이들 옵션들은 상대적으로 가격이 저렴하고 대부분은 대수정규분포 가정시 예측되는 것보다 내가격으로 마감할 가능성이 높다. 옵션이득의 현가는 평균적으로 옵션비용보다 훨씬 크게 될 것이다.

1980년대 중반에 소수의 거래자만이 환율분포가 두터운 꼬리를 갖는다는 것을 알고 있었다. 다른 모든 사람들은 블랙–숄즈–머튼의 대수정규분포가 합리적이라고 생각하였다. 이런정보를알고있는소수의거래자들은우리가설명한전략으로많은돈을벌었다. 1980년 후반에 들어서 많은 사람들은 통화옵션이 변동성 미소에 기초하여 평가되어야 한다는 것을 알게 되었으며, 이후 돈을 많이 벌 수 있는 거래기회는 사라지게 되었다.

프랑화.

먼저 각 환율의 일별 변화율의 표준편차를 계산한 후 실제의 변화율이 얼마나 자주 표준편차의1배수, 2배수 등을 초과하는지 확인하였다. 마지막으로 변화율이 정규분포를 따른다고 가정하는 경우 얼마나 자주 초과하게 되는지 계산하였다(대수정규분포 모형은 일별 변화율이 거의 정확하게 정규분포를 따름을 의미한다).

일별 변화율이 표준편차의 3배수를 초과할 확률이 실제로 1.30%였다. 반면에 대수정규분포에서는 그 확률이 단지 0.27%일 것으로 예측된다. 일별 변화율이 표준편차의 4배수, 5배수, 6배수를 초과할 확률이 각각 0.49%, 0.24%, 0.13%였으나, 대수정규분포 모형에서는 그 확률이 거의 없는 것으로 나타났다. 따라서 [표20.1]은 거래자들이 사용하는 두터운 꼬리(그림 20.2)와 변동성 미소의 존재(그림 20.1)를 확인해주는 결과로 해석된다([실무사례 20.1]은 만일 당신이 시장보다 앞서 [표 20.1]의 분석을 한다면 어떻게 돈을 벌 수 있었는지 보여준다).

통화옵션에서 변동성 미소가 존재하는 이유

왜 환율분포는 대수정규분포를 따르지 않는가? 자산가격의 분포가 대수정규분포를 따르기 위한 두 가지 조건은 다음과 같다.

1. 자산가격의 변동성이 일정하다.
2. 자산가격은 점프하지 않고 유연하게 변한다.

환율의 경우 실제로 위의 두 가지 조건을 모두 만족시킬 수 없다. 환율의 변동성은 전혀 일정하지 않으며 환율은 자주 점프한다. 이는 종종 중앙은행이 취한 행위에 대한 반응으로 인해 발생한다. 이로 인해 극단적인 결과가 나올 가능성이 높다.

환율이 점프하거나 환율의 변동성이 일정하지 않을 경우 그 영향은 옵션만기에 따라 다르게 나타난다. 일정하지 않은 변동성이 가격에 미치는 충격(변화율 기준)은 옵션만기가 증가함에 따라 보다 확연히 나타난다. 점프가 가격과 변동성에 미치는 충격(변화율 기준)은 옵션만기가 증가함에 따라 덜 나타난다(less pronounced).[10] 이 결과 옵션만기가 증가함에 따라 변동성 미소는 덜 확실하게 나타난다.

20.3 주식옵션

1987년 전에는 주식옵션을 위한 뚜렷한 변동성 미소가 존재하지 않았다. 1987년 이후 거래자들이 주식옵션(개별주식옵션과 주가지수옵션)의 가치를 평가하는 데 사용하는 변동성 미소는 일반적으로 [그림 20.3]과 같은 모양을 갖는다. 이를 변동성 왜도(volatility skew)라고 한다. [그림 20.3]에서 보듯이, 변동성은 행사가격이 증가함에 따라 감소한다. 행사가격이 낮은 옵션(심외가격 풋옵션과 심내가격 콜옵션)의 가치평가에 사용되는 변동성은 행사가격이 높은 옵션(심내가격 풋옵션과 심외가격 콜옵션)의 가치평가에 사용되는 변동성보다 훨씬 크다.

주식옵션의 변동성 미소는 [그림 20.4]의 실선이 보여주는 내재분포와 일관성을 갖는다. 내재분포와 동일한 평균과 표준편차를 갖는 대수정규분포가 [그림 19.4]에 점선으로 표시되어 있다. 이 그림에 의하면 내재분포는 대수정규분포보다 두터운(heavier) 왼쪽 꼬리와 덜 두터운(less heavy) 오른쪽 꼬리를 갖는다.

그림 20.3 주식옵션의 변동성 미소 (K = 행사가격, S_0 = 현재환율).

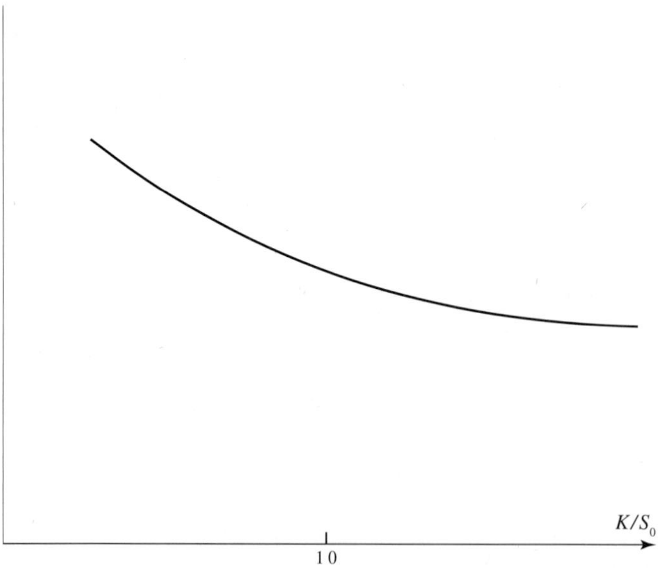

10 왜냐하면 만기가 충분히 긴 옵션의 경우 점프는 서로"상쇄되고(average out)", 점프가 있는 경우의 환율분포는 유연하게 변하는 경우의 환율분포와 거의 차이가 없기 때문이다.

그림 20.4 주식옵션의 내재분포와 대수정규분포.

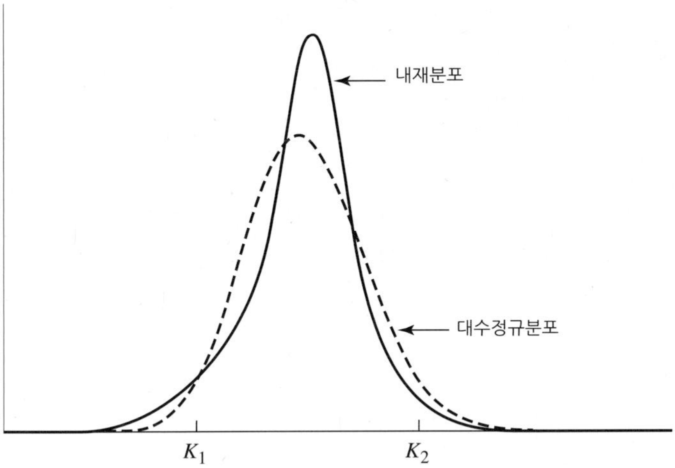

[그림 20.3]과 [그림 20.4]가 서로 일관성이 있는지 확인하기 위하여 [그림 20.1]과 [그림20.2]에서 검토했던 방식으로 심외가격 옵션을 분석해 보자. [그림 20.4]로부터 행사가격이 K_2 (K_2/S_0 이 1보다 큰)인 심외가격 콜옵션은 대수정규분포일 경우보다 내재분포일 경우에 낮은 가격을 갖는다는 것을 알 수 있다. 왜냐하면 주가가 K_2 보다 높은 경우에만 콜옵션은 이득을 제공하고 이렇게 될 확률이 대수정규분포일 경우보다 내재분포일 경우에 낮기 때문이다. 따라서 우리는 내재분포가 상대적으로 낮은 옵션가격을 계산해줄 것으로 기대한다. 상대적으로 낮은 옵션가격은 상대적으로 낮은 내재변동성을 의미한다. 이런 사실은 [그림 20.3]에서 관찰한 것과 정확히 일치한다. 이번에는 행사가격이 K_1 (K_1/S_0 이 1보다 작은)인 심외가격 풋옵션을 고려해 보자. 이 옵션은 주가가 K_1 보다 낮은 경우에만 이득을 제공한다. [그림 20.3]은 이렇게 될 확률이 대수정규분포일 경우보다 내재분포일 경우에 높다는 것을 보여준다. 따라서 우리는 내재분포를 적용할 경우 상대적으로 높은 가격(즉, 상대적으로 높은 내재변동성)으로 계산된다는 것을 짐작할 수 있다. 이런 사실은 [그림 20.3]에서 관찰한 것과 정확히 일치한다.

주식옵션에서 변동성 미소가 존재하는 이유

주가와 변동성 간에는 음의 상관관계가 존재한다. 가격이 내려가면 (올라가면), 변동성은 올라가는 (내려가는) 경향이 있다. 이에 대한 몇가지 가능한 이유가 존재한다. 주식 가격이 내려가면서 (올라가면서), 레버리지가 증가하고 (내려가고) 결과적으로 변동성이 증가한다 (감소한다). 다른 이유는 변동성 피드백 효과(volatility feedback effect)라고 불린다. 외부적 요인에 의해 변동성이 증가하면서 (감소하면서) 투자자들은 더 높은 (낮은) 수익률을 요구하고 결과적으로 주가는 감소하게 (증가하게) 된다. 추가적인 설명은 "폭락공포증"이다. (실무사례 20.2 참고)

음의 상관관계에 대한 어떠한 이유건 이는 주가의 하락은 변동성의 증가를 동반함을 의미하며 이는 더 커다란 하락을 가능하게 할 수 있다. 주가의 증가는 변동성의 감소를 동반하며 추가적인 주가의 상승의 가능성은 제한적이다. 이는 [그림20.4]의 내재분포에서 두꺼운 왼쪽 꼬리와 얇은 오른쪽 꼬리에

실무사례 20.2　　폭락공포증

[그림 20.3] 주식의 변동성 미소 패턴이 1987년 10월의 주가대폭락 이후에만 존재한다는 사실이 흥미롭다. 1987년10월 이전에는 내재변동성이 행사가격의 영향을 훨씬 덜 받았다. 마크 루빈스타인(Mark Rubinstein)은 [그림 20.3]과 같은 패턴이 존재하는 이유를 "폭락공포증 (crashophobia)"에 두고 있다. 즉, 거래자들은 1987년 10월의 대폭락과 유사한 폭락의 가능성을 우려하고 있고, 따라서 이에 상응하여 옵션의 가치를 평가한다는 것이다.
이 설명을 지지하는 약간의 실증증거가 존재한다. 즉 S&P 500이 하락하면 변동성 왜도(skew)는 보다 심해지고, S&P 500이 증가하면 왜도는 덜 두드러지는 경향이 있다.

대한 설명이 된다.

20.4 변동성 미소를 규정하는 다른 방법

변동성 미소를 특정짓는 방법이 존재한다. 가끔 우리는 변동성 미소를 행사가격 K와의 관계를 통해 정의했다. 그러나 이 관계는 자산의 가격에 의존한다. 자산의 가격이 증가함에 (감소함에) 따라 the central at-the-money 행사가격은 증가한고 (감소한고) 내재변동성을 행사가격과 연관시키는 곡선은 오른쪽으로 (왼쪽으로) 움직인다.[11] 이러한 이유에 따라 내재변동성은 종종 현재 자산의 가격으로 나눈 행사가격의 함수로 표현된다. 이는 [그림20.1]과 [그림20.3]에 나타나있다.
이렇게 변동성 미소를 다시 정의하는 것은 변동성 미소를 내재변동성과 K/S_0 간의 관계로 계산하는 것이다(여기서 F_0 는 고려하는 옵션과 만기가 동일한 계약의 선도가격이다). 거래자는 종종 "등가격" 옵션을 $K = S_0$ 가 아닌 $K = F_0$ 인 옵션으로 정의한다. 이유는 S_0 가 아닌 F_0가 위험중립 세계에서 옵션 만기일에서의 기대주가이기 때문이다.

또 다른 방법은 변동성 미소를 내재변동성과 옵션델타 간의 관계로 정의하는 것이다(델타는 19장을 참조). 이 접근방법은 유러피언과 아메리칸 콜옵션과 풋옵션 이외의 옵션에 변동성 미소를 적용하는 것이 가능하도록 한다. 이 접근방법이 사용될 때 등가격 옵션은 델타가 0.5인 콜옵션 또는 델타가 -0.5인 풋옵션으로 정의된다. 이런 옵션은"50-델타 옵션"으로 불린다.

20.5 변동성의 기간구조와 변동성 표면

거래자들은 내재변동성을 행사가격뿐만 아니라 만기의 함수로 표현한다. 만기가 짧은 옵션의 변동성(short-dated-volatility)이 과거 평균보다 낮을 때에는 변동성이 만기의 증가함수가 되는 경향이 있다. 왜냐하면 변동성이 증가할 것이라는 기대가 작용하기 때문이다. 마찬가지로 만기가 짧은 옵션의 변동성

11 Derman의 연구는 이러한 조정이 exchange-traded options의 경우 가끔 sticky하다고 제안한다. 다음의 논문을 참고하라. E. Derman, "Regimes of Volatility," Risk, April 1999: 55-59.

표 20.2 변동성 표면.

	K/S_0				
	0.90	0.95	1.00	1.05	1.10
1개월	14.2	13.0	12.0	13.1	14.5
3개월	14.0	13.0	12.0	13.1	14.2
6개월	14.1	13.3	12.5	13.4	14.3
1년	14.7	14.0	13.5	14.0	14.8
2년	15.0	14.4	14.0	14.5	15.1
3년	14.8	14.6	14.4	14.7	15.0

이 과거 평균보다 높을 때에는 변동성이 만기의 감소함수가 되는 경향이 있다. 왜냐하면 변동성이 감소할 것이라는 기대가 작용하기 때문이다.

변동성 표면(volatility surface)은 임의의 행사가격과 만기를 갖는 옵션의 가격을 결정하는데 이용되는 적절한 변동성을 구하기 위해 행사가격과 변동성 미소와 변동성 기간구조를 결합한 것이다. 통화옵션의 가치를 평가하는 데 사용될 수 있는 변동성 표면의 예가 [표 20.2]에 제시되어 있다.

변동성 표면은 K/S_0 와 만기에 대하여 구성된다. [표 20.2]의 각 셀(cell)은 블랙–숄즈–머튼 모형으로 계산된 내재변동성을 보여 준다. 표의 일부 셀은 믿을 만한 시장자료가 존재하는 옵션의 가격으로부터 계산된다. 시장자료가 있는 옵션의 내재변동성은 시장가격으로부터 직접 계산하고 나머지 옵션의 내재변동성은 선형보간법(linear interpolation)으로 추정한다. 이 표는 옵션만기가 증가함에 따라 변동성 미소가 덜 두드러짐을 보여 준다. 앞에서 언급했듯이, 이는 통화옵션에서 관찰할 수 있는 현상이다(이는 대부분의 다른 자산에 대한 옵션에서도 관찰할 수 있다).

[표 20.2]에 없는 새로운 옵션을 평가해야 하는 경우, 금융공학전문가(financial engineer)들은 표를 이용하여 적절한 변동성을 구한다. 예를 들어 K/S_0 의 비율이 1.05이고 만기가 9개월인 옵션의 내재변동성은 [표 20.2]에서 13.4%와 14.0%를 이용하여 선형보간법으로 구한 13.7%이다. 블랙–숄즈–머튼의 공식에 또는 이항모형에 사용될 변동성은 이런 방법으로 구한다. K/S_0 비율이 0.925이고, 만기가 1.5년인 옵션의 가치를 평가할 때 사용되는 내재변동성은 14.525%이다.

변동성 미소의 모양은 옵션만기에 의해 영향을 받는다. [표 20.2]가 보여주듯이 변동성 미소의 모양은 옵션만기가 증가함에 따라 덜 확실해진다. T를 만기로 F_0 를 자산의 선도가격(선도계약의 만기는 옵션과 동일하다)으로 정의하자. 일부 금융공학전문가들은 변동성 미소를 내재변동성과 행사가격 K간의 관계가 아닌 내재변동성과 다음 변수 간의 관계로 정의하기도 한다.

$$\frac{1}{\sqrt{T}}\ln\left(\frac{K}{F_0}\right)$$

이렇게 정의한 변동성 미소는 일반적으로 만기에 의해 훨씬 덜 영향을 받는다.

20.6 최소분산 델타

19장에서 델타와 다른 그릭문자를 위한 공식은 자산가격이 변화할 때 내재변동성이 동일하게 유지된다고 가정한다. 하지만 이는 보통 일어나리라고 기대되는 일이 아니다. 예를 들어 주식 또는 주식옵션을 고려해보자. 변동성 미소는 [그림20.3]에 나타난 형태를 갖는다. 주가지 현상들이 식별될 수 있다.

1. 주가가 증가하면서 (감소하면서), K/S_0 가 감소하고 (증가하고) 변동성은 증가한다 (감소한다). 달리 말하면 주가가 증가할 때 옵션은 [그림20.3]의 곡선을 위로 이동시키며 주가가 감소할 때 곡선을 아래로 이동시킨다.
2. 주가와 변동성 간에는 음의상관관계가 존재한다. 주가가 증가하면 [그림20.3]의 전체 곡선은 아래로 이동하는 경향이 있으며 주가가 하락하면 [그림20.3]의 전체곡선은 위로 이동하는 경향이 있다.

두번째 효과가 첫번째 효과를 앞도하는 것으로 나타났으며 이에 따라 내재변동성은 주가가 증가함에 (감소함에) 따라 내려가는 (올라가는) 경향이 있다. 내재변동성과 주가의 관계를 고려한 델타를 최소분산 델타라고 부른다. 이는 다음과 같다.

$$\Delta_{\text{MV}} = \frac{\partial f_{\text{BSM}}}{\partial S} + \frac{\partial f_{\text{BSM}}}{\partial \sigma_{\text{imp}}} \frac{\partial E(\sigma_{\text{imp}})}{\partial S}$$

여기서 f_{BSM} 은 옵션의 블랙-숄즈-머튼 가격, σ_{imp} 는 옵션의 내재변동성, $E(\sigma_{\text{imp}})$ 는 σ_{imp} 에 대한 기대값이며 이는 주가 S의 함수이다. 이를 통해 다음의 관계를 얻을 수 있다.

$$\Delta_{\text{MV}} = \Delta_{\text{BSM}} + \mathcal{V}_{\text{BSM}} \frac{\partial E(\sigma_{\text{imp}})}{\partial S}$$

여기서 Δ_{BSM} 과 $\mathcal{V}_{\text{BSM}}$ 은 변화하지 않는 변동성을 가정한 블랙-숄즈-머튼 모형에서 계산된 델타와 베가이다. $\mathcal{V}_{\text{BSM}}$ 가 양수이며 방금 설명했듯이 $\partial E(\sigma_{\text{imp}})/\partial S$ 는 음(-)이기 때문에 최소분산 델타는 블랙-숄즈-머튼의 델타보다 작아야 한다.[12]

20.7 모형의 역할

만일 거래자들이 모든 옵션에 대해서 다른 변동성을 이용하여 가격을 결정한다면, 가격결정모형은 얼마나 중요한가? 블랙–숄즈–머튼 모형은 활발히 거래되고 있는 옵션들의 시장가격이 일관성 있게 평가된다는 것을 확신하기 위하여 거래자가 사용하는 정교한 보간 도구(interpolation tool)에 지나지 않는다

12 이에 대한 더 자세한 논의는 예를 들면 다음의 논문을 참고하라. J. C. Hull and A. White, "Optimal Delta Hedging of Options," *Working Paper, University of Toronto*, 2016.

고 주장할 수 있다. 만일 거래자들이 블랙–숄즈–머튼 모형을 사용하지 않고 다른 그럴 듯한 모형을 이용하면 변동성 표면은 변하고 미소의 모양도 변하게 된다. 그러나 시장에서 호가되는 가격(금액 기준)은 감지할 수 있을 정도로 달라지지는 않는다. 그릭문자와 헷진전략은 사용된 모형에 의존한다. 비현실적인 모형은 좋지 못한 헷징으로 이어질 수 있다.

유사한 파생상품이 활발하게 시장에서 거래되지 않을 때 모형은 파생상품의 가격결정에 가장 큰 영향을 미친다. 예를 들어, 나중에 설명하는 비표준화된 이색파생상품 대부분의 가격은 모형에 의해 영향을 받는다.

20.8 큰 점프가 한 번 예상되는 경우

어떻게 비정상적인 변동성 미소가 주식시장에서 생길 수 있는지 다음 예시를 고려해 보자. 현재 주가가 50달러이고 아주 중요한 뉴스가 며칠 후에 공시될 예정이며, 이때 주가는 8달러만큼 증가하거나 또는 감소한다고 가정하자(이 뉴스는 합병 시도의 결과일 수도 있고 중요한 소송에서의 판결일 수도 있다). 예를 들어 1개월 후 주가의 확률분포가 두 개의 대수정규분포를 결합한 형태로 나타난다고 하자. 첫 번째 분포는 좋은 소식이 나온 경우의 분포이고, 두 번째 분포는 나쁜 소식이 나온 경우의 분포이다. 이런 확률분포는 [그림 20.5]에 예시되어 있다. 실선은 1개월 후 주가를 모형화하기 위하여 두 개의 대수정규분포를 결합한 분포이고, 점선은 실선분포와 평균과 표준편차가 같은 대수정규분포이다.

진실한 확률분포는 쌍봉분포(bimodal)이다(분명히 대수정규분포가 아니다). 주가 쌍봉분포가 갖는 일반적인 효과를 알기 쉽게 조사하는 방법은 오직 두가지 가능한 미래주가가 존재하는 극단적인 경우를 고려하는 것이다. 여기서는 이 방법을 이용해서 설명하기로 한다.

주가가 현재 50달러이고 1개월 후에 42달러 혹은 58달러가 될 것이라고 가정하자. 무위험이자율은 연 12%이라고 가정한다. 이 상황은 [그림 19.6]에 묘사되어 있다. 옵션은 13장에서 설명한 이항분포 모

그림 20.5 한 번의 큰 점프가 미치는 영향(실선은 실제의 분포이고, 점선은 대수정규분포이다).

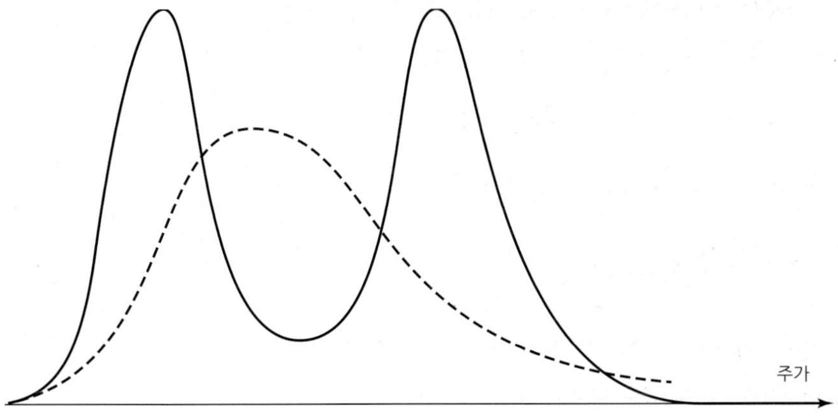

형을 이용하여 평가될 수 있다. 이 경우에 $u = 1.16$, $d = 0.84$, $a = 1.0101$, $P = 0.5314$이다. 다양한 옵션들을 평가한 결과가 [표 20.3]에 제시되어 있다. 첫 번째 열은 여러 행사가격을 보여 준다. 두 번째 열은 1개월 만기 유러피언콜옵션 가격을, 세 번째 열은 1개월 만기 유러피언풋옵션 가격을, 그리고 마지막 열은 내재변동성을 보여 준다(본 장의 1절에서 설명했듯이 행사가격과 만기가 동일한 경우 유러피언풋옵션의 내재변동성은 유러피언콜옵션의 내재변동성과 동일하다). [그림 20.7]은 [표20.3]으로부터 그려진 변동성 미소이다. 실제는 통화옵션의 경우 관측된 것과는 반대로, 내가격이 됨에 따라 또는 외가격이됨에 따라 변동성이 감소하는"찡그림(frown)"의 형태가 된다. 행사가격 50의 옵션으로부터 계산된 내재변동성을 이용하여 행사가격 44 또는 56의 옵션을 평가하면 그 결과는 과대평가 될 것이다.

요약

블랙–숄즈–머튼 모형과 확장된 모형들은 미래 일정 시점에서의 기초자산 가격의 확률분포가 대수정규분포를 따른다고 가정한다. 거래자들은 이 가정 외에도 다른 가정을 추가한다. 즉, 거래자들은 주가의 확률분포가 대수정규분포보다 두터운 왼쪽 꼬리와 덜 두터운 오른쪽 꼬리를 갖는다고 가정한다. 또한 거래자들은 환율의 확률분포는 대수정규분포보다 두터운 꼬리(오른쪽과 왼쪽 꼬리 모두)를 갖는다고 가정한다.

거래자들은 주가의 확률분포가 정확히 대수정규분포가 아님을 반영하여 변동성 미소를 이용한다. 변동성 미소는 옵션의 내재변동성과 행사가격 간의 관계로 정의된다. 주식옵션의 경우 변동성 미소는 하향하는 경향이 있다. 이는 외가격 풋옵션과 내가격 콜옵션이 높은 변동성을 갖는 반면에, 외가격 콜옵션과 내가격 풋옵션은 낮은 변동성을 가짐을 의미한다. 통화옵션의 경우, 변동성 미소는 U자형이다. 이는 심외가격과 심내가격 옵션이 등가격 옵션보다 높은 내재변동성을 가짐을 의미한다.

가끔 거래자들은 변동성 기간구조를 이용한다. 옵션의 내재변동성은 만기에 의해 영향을 받는다. 변동성 미소와 변동성 기간구조를 결합하면 변동성 표면이 구성된다. 변동성 표면은 내재변동성을 행사가격과 만기의 함수로 정의한다.

참고문헌

Bakshi, G., C. Cao, and Z. Chen. "Empirical Performance of Alternative Option Pricing Models," *Journal of Finance*, 52, No. 5 (December 1997): 2004–49.

Bates, D. S. "Post-'87 Crash Fears in the S&P Futures Market," *Journal of Econometrics*, 94 (January/February 2000): 181–238.

Daglish, T., J.Hull, and W. Suo. "Volatility Surfaces:Theory, Rules of Thumb, and Empirical Evidence," *Quantitative Finance*, 7, 5(2oo7), 507–24.

Derman, E. "Regimes of Volatility," *Risk, April* 1999: 55–59.

Ederington, L. H., and W. Guan. "Why Are Those Options Smiling." *Journal of Derivatives*, 10, 2 (2002): 9–34.

Jackwerth, J. C., and M. Rubinstein. "Recovering Probability Distributions from Option Prices," *Journal of Finance*, 51 (December 1996): 1611–31.

Melick, W. R., and C. P. Thomas. "Recovering an Asset's Implied Probability Density Function from Option Prices: An Application to Crude Oil during the Gulf Crisis." *Journal of Financial and Quantitative Analysis*, 32, 1 (March 1997): 91–115.

Reiswich, D., and U. Wystup. "FX Volatility Smile Construction," *Working Paper, Frankfurt School of Finance and Management, April* 2010.

Rubinstein, M. "Nonparametric Tests of Alternative Option Pricing Models Using All Reported Trades and Quotes on the 30 Most Active CBOE Option Classes from August 23, 1976, through August 31, 1978," *Journal of Finance*, 40 (June 1985): 455–80.

연습문제

20.1. 확률분포가 다음과 같을 때, 변동성 미소의 패턴을 설명하라.
(a) 주가분포의 양쪽 꼬리가 대수정규분포보다 얇은 경우
(b) 대수정규분포와 비교하여 오른쪽 꼬리는 두텁지만 왼쪽 꼬리는 얇은 경우

20.2. 주식의 경우 관찰되는 변동성 미소의 형태는 무엇인가?

20.3. 기초자산 가격이 점프하는 경우, 변동성 미소는 어떤 패턴을 갖겠는가? 이 패턴은 3개월 만기 옵션보다 2년 만기 옵션에서 보다 확실하게 나타나는가?

20.4. 유러피언콜옵션과 풋옵션은 동일한 행사가격과 만기를 갖는다. 콜옵션의 내재변동성은 30%이고, 풋옵션의 내재변동성은 25%이다. 어떤 거래를 하겠는가?

20.5. 대수정규분포에 비하여 왼쪽 꼬리가 더 두텁지만 오른쪽 꼬리가 덜 두터운 분포가 하향하는 변동성 미소를 만드는 이유를 자세히 설명하라.

20.6. 유러피언콜옵션의 시장가격이 3달러이고 변동성이 30%일 때 블랙–숄즈–머튼 모형의 가격이 3.50달러이다. 행사가격과 만기가 동일한 유러피언풋옵션의 블랙–숄즈–머튼 모형의 가격이 1 달러이다. 이 옵션의 시장가격은 얼마인가? 그런 가격을 제시한 이유를 자세히 설명하라.

20.7. "폭락공포증"이란 무엇을 의미하는가?

20.8. 현재 주가는 20달러이다. 내일 중대한 발표가 있을 예정인데, 이 발표로 주가가 5달러 증가하거나 5달러 감소할 예정이다. 이 주식에 대한 옵션의 가치를 평가하기 위해 블랙–숄즈–머튼 모형을 사용하는 데 어떤 문제가 있는가?

20.9. 변동성이 불확실하고 주가와 양(+)의 상관관계를 갖는 경우에, 6개월 만기 옵션의 변동성 미소는 어떤 패턴을 갖겠는가?

20.10. 주식옵션의 가치평가 모형을 실증적으로 검증할 때 발생하는 문제점은 무엇인가?

20.11. 중앙은행의 정책은 환율이 0.97과 1.03 사이에서 변동하도록 하는 것이라고 가정하자. 이 환율에 대한 옵션의 경우 어떤 패턴의 내재변동성이 기대되는가?

20.12. 옵션거래자들은 심외가격 옵션을 변동성에 대한 옵션이라 한다. 그 이유를 설명하라.

20.13. 유러피언콜옵션의 행사가격은 30달러, 만기는 1년, 내재변동성은 30%이다(기초자산은 주식이다). 유러피언풋옵션의 행사가격은 30달러, 만기는 1년, 내재변동성은 33%이다(기초자산은 동일하다). 차익거래기회를 확인하라. 또한 이 차익거래기회는 블랙–숄즈–머튼 모형이 가정한 대수정규분포가 성립하는 경우에만 존재하는가? 그 이유를 자세히 설명하라.

20.14. 마이크로소프트의 주가에 영향을 미치는 중요한 소송의 결과가 내일 발표될 예정이라고 가정하자. 마이크로소프트의 주가는 현재 60달러이다. 만일 판결이 마이크로소프트에 유리하면 주가는 75달러로 점프할 것으로 기대된다. 반면에 불리하면 주가는 50달러로 점프할 것으로 기대된다. 좋은 뉴스의 위험중립확률은 얼마인가? 마이크로소프트 주가의 변동성(판결 후 6개월 동안)은 판결이 유리하면 25%이고, 불리하면 40%일 것으로 예상된다. DerivaGem을 이용하여 마이크로소프트 주식에 대한 6개월 만기 유러피언옵션의 내재변동성과 행사가격을 계산하라. 기초주식은 배당을 지급하지 않는다고 가정한다. 6개월 만기 무위험이자율은 연 6%이다. 행사가격이 30, 40, 50, 60, 70, 80달러인 콜옵션을 고려하라.

20.15. 환율이 현재 0.8000이다. 환율의 변동성이 12%로 공시되고 두 국가의 이자율은 동일하다. 대수정규분포 가정하에서 3개월 후의 환율이 (a) 0.7000보다 작을 확률, (b) 0.7000과 0.7500 사이일 확률, (c) 0.7500과 0.8000 사이일 확률, (d) 0.8000과 0.8500 사이일 확률, (e) 0.8500과 0.9000 사이일 확률, (f) 0.9000보다 클 확률을 구하라. 환율시장에서 주로 관찰되는 변동성 미소에 따르면 어떤 추정치가 너무 낮을 것으로 예상되는가? 또한 어떤 추정치가 너무 높을 것으로 예상되는가?

20.16. 주가가 40달러이다. 행사가격이 30달러이고 만기가 6개월인 유러피언 주식 콜옵션의 내재변동성이 35%이다. 기초자산이 동일하고 행사가격이 50달러이며 만기가 6개월인 유러피언 주식콜옵션의 내재변동성이 28%이다. 6개월 만기 무위험이자율은 5%이고 기초자산은 배당을 지급하지 않는다. 두 개의 변동성이 다른 이유를 설명하라. DerivaGem을 이용하여 두 옵션의 가치를 계산하라. 풋–콜 패리티를 이용하여 행사가격이 30달러와 50달러이고 만기가 6개월인 유러피언풋옵션의 가치를 각각 계산하라. 그리고 두 풋옵션의 내재변동성을 DerivaGem을 이용하여 계산하라.

20.17. "블랙–숄즈–머튼 모형은 거래자들에 의해 보간 도구(interpolation tool)로 이용된다."이 견해에 대하여 논하라.

20.18. [표 19.2]를 이용하여 거래자가 만기가 8개월이고, K/S0 = 1.04인 옵션에 적용하는 내재변동성을 계산하라.

과제물 문제

20.19. 어떤 기업의 주가가 현재 4달러이다. 이 기업은 부채를 사용하지 않는다. 분석가들은 이 기업의 청산가치(liquidation value)가 적어도 30만 달러일 것으로 예상하고 있다. 이 기업의 현재 발행주식수는 10만 주이다. 당신은 어떤 모양의 변동성 미소를 기대하는가?

20.20. 어떤 기업이 중대한 소송사건의 결과를 기다리고 있다. 이 결과는 1개월 이내에 발표될 것으로 기대된다. 주가는 현재 20달러이다. 만일 결과가 긍정적이면 주가는 1개월 후에 24달러가 될 것으로 기대된다. 만일 결과가 부정적이면 주가는 1개월 후 18달러가 될 것으로 기대된다. 1개월 무위험이자율은 연 8%이다.

(a) 긍정적 결과의 위험중립 확률은 얼마인가?

(b) 행사가격이 19, 20, 21, 22, 23달러인 1개월 만기 콜옵션의 가치는 각각 얼마인가?

(c) DerivaGem을 이용하여 1개월 만기 콜옵션의 변동성 미소를 계산하라.

(d) 동일한 변동성 미소가 1개월 만기 풋옵션으로부터도 계산됨을 확인하라.

20.21. 선물가격이 현재 40달러이다. 무위험이자율은 연 5%이다. 어떤 뉴스가 내일 발표될 예정인데, 이로 인해 향후 3개월 동안의 변동성은 10% 또는 30%가 될 것으로 기대된다. 첫 번째 결과의 확률이 60%이고, 두 번째 결과의 확률이 40%이다. DerivaGem을 이용하여 3개월 만기 옵션의 변동성 미소를 계산하라.

20.22. 여러 외국통화의 자료가 저자의 웹사이트(http://www-2.rotman.utoronto.ca/~hull)에 제공되어 있다. 하나의 통화를 선택하고 자료를 이용하여 [표 20.1]과 유사한 표를 만들어라.

20.23. 여러 주가지수의 자료가 저자의 웹사이트에 제공되어 있다(http://www-2.rotman.utoronto.ca/~hull). 특정 지수를 선택하고 표준편차의 3배수 하락이 표준편차 3배수 상승보다 더 자주 발생하는지 검증하라.

20.24. 행사가격과 만기가 동일한 유러피언콜옵션과 풋옵션을 고려해 보자. 짧은 기간 동안 변동성이 σ1에서 새로운 수준인 σ2로 증가하는 경우 콜옵션과 풋옵션 가격이 동일한 금액만큼 변함을 증명하라(힌트: 풋–콜 패리티를 이용한다).

20.25. 환율이 현재 1.0이고 행사가격이 각각 0.7, 0.8, 0.9, 1.0, 1.1, 1.2, 1.3인 6개월 만기 유러피언옵션의 내재변동성이 각각 13%, 12%, 11%, 10%, 11%, 12%, 13%이다. 국내와 외국의 무위험이자율은 모두 2.5%이다. 본 장 부록의 [예제 20A.1]에 사용된 방법과 유사한 방법으로 내재확률분포를 계산하라. 그리고 이 확률분포를 모든 내재변동성이 11.5%인 경우의 내재분포와 비교하라.

20.26. [표 20.2]를 이용하여 거래자가 만기가 11개월이고, K/S0 = 0.98인 옵션에 적용하는 내재변동성을 계산하라.

부록

변동성 미소로부터 내재된 위험중립 분포를 결정하는 방법

행사가격이 K이고, 만기가 T인 유러피언콜옵션의 가격은 다음과 같다.

$$c = e^{-rT} \int_{S_T=K}^{\infty} (S_T - K)\, g(S_T)\, dS_T$$

여기서 r은 이자율이고(일정하다고 가정한다), S_T은 T시점에서의 자산가격이고, g는 S_T의 위험중립 확률밀도함수(risk-neutral probability density function)이다. K에 대하여 한번 미분하면

$$\frac{\partial c}{\partial K} = -e^{-rT} \int_{S_T=K}^{\infty} g(S_T)\, dS_T$$

K에 대하여 한 번 더 미분하면

$$\frac{\partial^2 c}{\partial K^2} = e^{-rT}\, g(K)$$

이로부터 확률밀도함수 g는 다음과 같다.

$$g(K) = e^{rT}\, \frac{\partial^2 c}{\partial K^2} \tag{20A.1}$$

브리덴-리첸버거(Breeden-Litzenberger, 1978)가 제안한 이 결과는 위험중립 확률분포가 변동성 미소로부터 추정될 수 있도록 한다.[9] c_1, c_2, c_3가 만기가 T이고 행사가격이 각각 $K-\delta$, K, $K+\delta$인 유러피언 콜옵션 가격이라고 가정하자. δ가 작다고 가정하면 식 (19A.1)에서 편미분하여 구한 (K)의 추정치는 다음과 같다.

$$e^{rT}\, \frac{c_1 + c_3 - 2c_2}{\delta^2}$$

이 공식을 다른 방법으로 이해하기 위하여 만기가 T이고, 행사가격이 각각 $K-\delta$, K, $K+\delta$인 옵션을 이용하여 나비형 스프레드를 구성한다고 가정하자. 즉 행사가격이 $K-\delta$인 콜옵션1개를 매입하고, 행사가격이 $K+\delta$인 콜옵션 1개를 매입하고, 행사가격이 K인 콜옵션 2개를 매도한다.

포지션의 가치는 $c_1 + c_3 - 2c_2$이다. 포지션의 가치는 이득을 위험중립 확률분포인 (S_T)에대하여 적분하고 그리고 무위험이자율로 할인함으로써 계산될 수도 있다. 이득은 [그림 19A.1]과 같다. δ가 작으므로 이득이 0이 아닌 $K-\delta < S_T < K+\delta$ 의 범위에서 $(S_T) = (K)$를 가정할 수 있다. [그림 19A.1]에서

9 D. T. Breeden and R. H. Litzenberger, "Prices of State-Contingent Claims Implicit in Option Prices,"Journal of Business, 51 (1978), 621–51.

그림 20A.1 나비형 스프레드로부터의 이득.

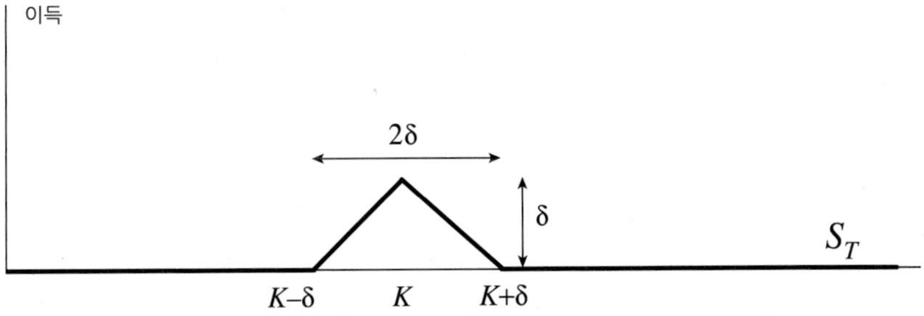

"스파이크(spike)" 아래의 면적은 0.5 × 2δ × δ =δ2이다. 따라서 δ가작을 때 이득의 가치는 $e^{-rT}g(K)\delta^2$ 이므로,

$$e^{-rT}g(K)\delta^2 = c_1 + c_3 - 2c_2$$

즉,

$$g(K) = e^{rT}\frac{c_1 + c_3 - 2c_2}{\delta^2} \tag{19A.2}$$

예제 20A.1

무배당주식의 가격이 10달러이고, 무위험이자율이 3%이고, 행사가격이 각각 6, 7, 8, 9,10, 11, 12, 13, 14달러인 3개월 만기 유러피언옵션의 내재변동성이 각각 30%, 29%,28%, 27%, 26%, 25%, 24%, 23%, 22%라고 가정하자. 이 결과를 적용하는 하나의 방법은 다음과 같다. (S_T)가 S_T = 6과 S_T = 7 사이에서 일정하고, S_T = 7과 S_T = 8 사이에서 일정하다는 식으로 계속 가정하자. 즉,

$6 \leqslant S_T < 7$의 경우 $g(S_T) = g_1$
$7 \leqslant S_T < 8$의 경우$g(S_T) = g_2$
$8 \leqslant S_T < 9$의 경우 $g(S_T) = g_3$
$9 \leqslant S_T < 10$의 경우 $g(S_T) = g_4$
$10 \leqslant S_T < 11$의 경우 $g(S_T) = g_5$
$11 \leqslant S_T < 12$의 경우 $g(S_T) = g_6$
$12 \leqslant S_T < 13$의 경우 $g(S_T) = g_7$
$13 \leqslant S_T < 14$의 경우 $g(S_T) = g_8$

g_1의 가치는 행사가격이 6.5달러이고, 만기가 3개월인 옵션의 내재변동성을 선형보간법으로 구함으로써 계산되는데 여기서 내재변동성은 29.5%이다. 이는 행사가격이 6, 6.5, 7달러인 옵션

그림 20A.2 [예제 19A.1]의 내재확률분포.

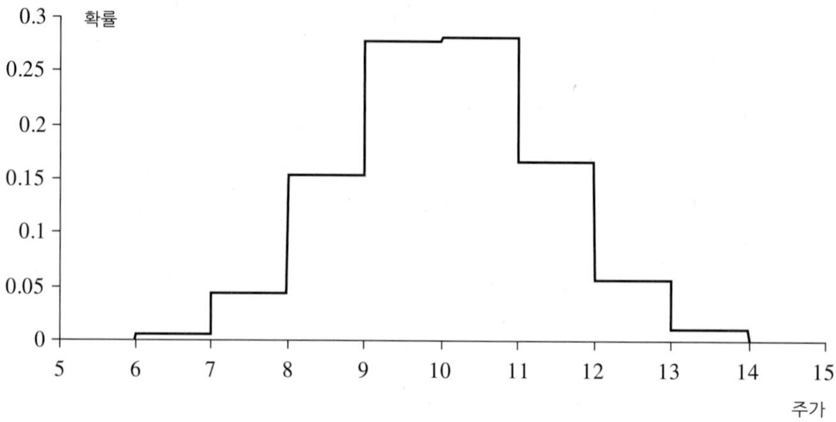

의 내재변동성이 각각 30%, 29.5%, 29%임을 의미한다. DerivaGem을 적용하면 이들 가격은 각각 4.045, 3.549, 3.055달러이다. 식 (19A.2)에 $K = 6.5$, $\delta = 0.5$를 적용하면

$$g_1 = \frac{e^{0.03\times0.25}(4.045 + 3.055 - 2 \times 3.549)}{0.5^2} = 0.0057$$

같은 논리로 계산하면,

$$g_2 = 0.0444, \quad g_3 = 0.1545, \quad g_4 = 0.2781$$

$$g_5 = 0.2813, \quad g_6 = 0.1659, \quad g_7 = 0.0573, \quad g_8 = 0.0113$$

[그림 19A.2]는 내재분포를 보여준다(확률분포 아래의 면적은 0.9985이다. 따라서 $S_T < 6$ 또는 $S_T > 14$인 확률은 0.0015이다). [그림 19A.2]로부터 확실하지는 않지만, 내재 분포는 대수정규분포에 비하여 더 두터운 왼쪽 꼬리와 덜 두터운 오른쪽 꼬리를 갖는다. 단일변동성 26%에 기초한 대수정규분포의 경우 주가가 6달러와 7달러 사이일 확률은 0.0031이고([그림 19A.2]에서 이 확률은 0.0057이다), 주가가 13달러와 14달러 사이일 확률은 0.0167이다([그림 19A.2]에서 이 확률은 0.0113이다).

CHAPTER 21

기본 수치화 절차

본 장에서는 블랙–숄즈–머튼 모형과 같은 파생상품 평가 공식이 없는 경우 사용할 수 있는 세 가지의 수치화 절차(numerical procedure)에 대하여 소개하기로 한다. 첫 번째 수치화 절차는 자산가치 움직임을 이항 모형으로 구성하는 것으로 12장에서 설명하였다. 두 번째 절차는 몬테카를로 시뮬레이션으로, 확률과정을 설명하면서 13장에서 간략히 설명하였다. 세 번째 절차는 유한차분법(finite difference method)이다.

몬테카를로 시뮬레이션에 의한 가치평가는 투자 이득이 과거의 기초변수 값에 따라 달라지거나 여러 개의 기초변수들이 있는 경우에 주로 사용된다. 이항 모형과 유한차분법은 주로 아메리칸옵션과 또한 파생상품 보유자가 만기 이전에 의사결정권을 갖는 다른 파생상품의 경우 유용한 평가 기법이 된다. 이와 같은 기법들은 파생상품의 가치평가뿐만 아니라 델타, 감마, 베가 등의 그릭문자(Greek letters) 계산에도 이용할 수 있다.

본 장에서 설명하는 기본 절차는 파생상품의 가치를 평가할 때 실제로 부딪히는 대부분의 문제점을 해결하는 데 사용할 수 있다. 그러나 때로는 기본 절차는 26장에서 설명하듯이 특수한 상황에 대응할 수 있도록 수정되어야 한다.

21.1 이항 모형

이항 모형은 13장에서 설명하였으며, 이항 모형으로 유러피언 또는 아메리칸옵션의 가치를 평가할 수 있다. 15장, 17장, 18장에 소개된 블랙-숄즈-머튼 공식과 또한 확장된 공식들은 유러피언옵션의 가치를 평가할 수 있는 분석적 가치평가모형이다.[1] 아메리칸옵션의 경우 분석적 가치평가모형은 존재하지 않는다. 따라서 이항 모형이 이런 유형의 옵션을 평가하는데 가장 유용한 모형이다.[2]

13장에서 설명했듯이, 이항 모형에 의한 가치평가는 옵션의 잔존 만기를 아주 많은 수의짧은 기간인

1 블랙–숄즈–머튼 모형은 이항 모형과 동일한 가정에 기초한다. 12장의 부록에서 증명한 것처럼,기간의 수가 증가함에 따라 극한에서 이항 모형으로 계산한 유러피언옵션의 가치는 블랙-숄즈-머튼 공식으로 구한 가격에 수렴한다.

2 아메리칸옵션의 가치를 대략적으로 구할 수 있는 분석적 모형이 제안되었다. 예를 들어, 2차함수 접근법(quadratic approximation approach)에 대한 설명은 www-2.rotman.utoronto.ca/~hull/TechnicalNotes 에서 Technical Note 8을 참조한다.

그림 21.1 이항과정에서 t 기간 동안의 자산가격 변화.

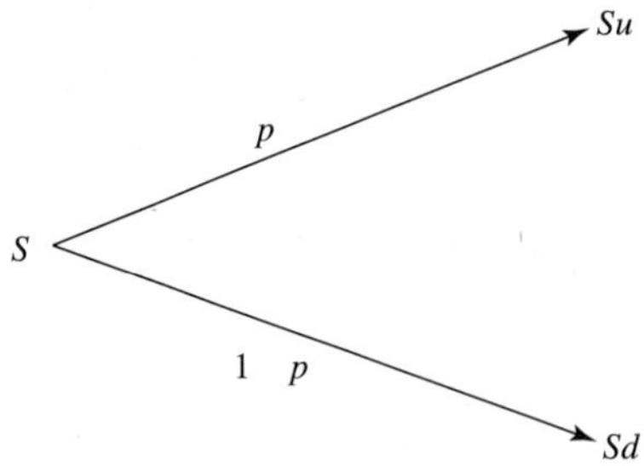

Δt로 나눈다. 매 기간 동안 기초자산의 가격은 초기의 값인 S에서 Su와 Sd둘 중 하나의 값으로 변동한다고 가정한다. 이 접근방법은 [그림 21.1]에 묘사되어 있다. 일반적으로 u, d는 $u > 1, d < 1$과 같은 값을 갖게 되고 따라서 S에서 Su로의 주가 변화는 "주가상승"이고 S에서 Sd로의 주가 변화는 "주가하락"이 된다. 한편 주가상승 확률을 p로 표시하면 주가하락 확률은 $1 - p$가 된다.

위험중립 가치평가

13장과 15장에서 소개한 위험중립 가치평가 원칙은 위험중립 세계라는 가정 아래, 옵션이나 파생상품의 가치를 결정할 수 있다는 것이다. 이것은 파생상품 가치평가를 위하여 다음과 같은 절차를 따르는 것을 의미한다.

1. 거래되는 모든 증권의 기대수익률이 무위험이자율이라고 가정한다.
2. 파생상품 이득의 가치는 기대가치를 무위험이자율로 할인하여 계산한다.

이 원칙이 이항 모형이 기초하는 원리이다.

p, u, d의 결정

모수인 p, u, d는 Δt 기간 동안의 자산가격 변화의 평균과 분산에 대한 정확한 측정치를 제공할 수 있는 값이어야 한다. 여기서는 위험중립 세계를 가정하고 있으므로 주식으로부터의 기대수익률은 무위험이자율인 r이라 한다. 자산이 q의 수익률을 제공한다고 가정하자. 자본이득 형태의 기대수익률은 $r - q$이어야 한다. 이는 Δt가 경과한 기말시점에서 자산가격의 기대값이 $Se^{(r-q)\Delta t}$ 가 됨을 의미한다(여기서 S는 기간 초의 자산가격이다). 이항 모형에서 평균 수익률을 매칭하기 위하여 다음 조건이 성립해야 한다.

$$Se^{(r-q)\Delta t} = pSu + (1 - p)Sd$$

또는

$$e^{(r-q)\Delta t} = pu + (1-p)d \tag{21.1}$$

변수 Q의 분산은 $E(Q^2) - [E(Q)]^2$ 으로 정의된다. R을 Δt 동안의 자산가격의 변화율로 정의하면, $1+R$이 u일 확률이 p이고 d일 확률이 $1-p$이다. 식 (21.1)을 이용하면 $1+R$의 분산은 다음과 같다.

$$pu^2 + (1-p)d^2 - e^{2(r-q)\Delta t}$$

변수에 상수를 가산하는 것은 변수의 분산에 영향을 미치지 않으므로 $1+R$의 분산은 R의 분산과 동일하다. 15장 4절에서 설명했듯이, 이는 $\sigma^2 \Delta t$ 이다.
따라서 다음이 성립한다.

$$pu^2 + (1-p)d^2 - e^{2(r-q)\Delta t} = \sigma^2 \Delta t$$

식 (21.1)로부터 $e^{(r-q)\Delta t}(u+d) = pu^2 + (1-p)d^2 + ud$ 이므로,

$$e^{(r-q)\Delta t}(u+d) - ud - e^{2(r-q)\Delta t} = \sigma^2 \Delta t \tag{21.2}$$

식 (21.1)과 (21.2)는 $p,\ u,\ d$에 대한 두 가지 조건을 부여한다. 그리고 콕스–로스–루빈스타인이 사용한 세 번째 조건은 다음과 같다.[3]

$$u = 1/d \tag{21.3}$$

식 (21.1)부터 (21.3)까지에 대한 해는 다음과 같다(Δt보다 고차항은 무시한다).[4]

$$p = \frac{a-d}{u-d} \tag{21.4}$$

$$u = e^{\sigma\sqrt{\Delta t}} \tag{21.5}$$

$$d = e^{-\sigma\sqrt{\Delta t}} \tag{21.6}$$

$$a = e^{(r-q)\Delta t} \tag{21.7}$$

변수 a를 성장요소(growth factor)라고 부르기도 한다. 식 (21.4)~(21.7)까지는 13장 8절과 13절의 식들과 동일하다.

---

3 J. C. Cox, S. A. Ross, M. Rubinstein, "Option Pricing: A Simplified Approach," Journal of Financial Economics, 7 (October 1979), 229–63.

4 이를 증명하기 위하여 식 (21.4)와 (21.7)이 식 (21.1)과 (21.3)의 조건을 정확히 만족시킨다는 점에 주목하자. 지수함수 e^x는 $1 + x + x^2/2 + \cdots$ 로 확장된다. Δt 보다 고차항을 무시하면 식 (21.5)는 $u = 1 + \sigma\sqrt{\Delta t} + \frac{1}{2}\sigma^2 \Delta t$ 를 의미하고, 식 (21.6)은 $d = 1 - \sigma\sqrt{\Delta t} + \frac{1}{2}\sigma^2 \Delta t$ 를 의미한다. 또한 $e^{(r-q)\Delta t} = 1 + (r-q)\Delta t$ 과 $e^{2(r-q)\Delta t} = 1 + 2(r-q)\Delta t$ 이다. 따라서 Δt 보다 고차항을 무시하면 식 (21.2)가 만족됨을 확인할 수 있다.

자산가격의 이항과정

[그림 21.2]는 5기간 이항 모형을 이용할 때 고려해야 할 자산가격의 변화 과정을 보여 준다. 0시점에서 자산가격 S_0 는 알려져 있다. 향후의 자산가격은 시점 Δt 에서는 S_0u 와 S_0d중의 하나가 되고 $2\Delta t$ 시점에서는 S_0u^2, S_0, S_0d^2 중의 하나가 되는 식으로 변화한다. 이를 일반화시키면 $i\ \Delta t$ 시점에서의 자산가격은 다음과 같은 i + 1 개 중 하나가 된다.

$$S_0u^jd^{i-j}, \quad j = 0, 1, \ldots, i$$

이때 [그림 21.2]의 각 점에서 자산가격을 계산하는 경우 $u = 1/d$를 이용하고 있다는 점을 주목할 필요가 있다. 예를 들어 $j = 2$와 $i = 3$일 때 자산가격은 $S_0u^2d = S_0u$ 이다. 또한 자산가격이 상승한 후에 하락하는 자산가격은 자산가격이 하락한 후에 상승하는 자산가격과 같다는점도 기억해야 한다.

이항과정을 역행하여 계산하기

옵션의 가치는 이항과정의 끝(시점 T)에서 시작하여 출발점으로 역행해 가면서 계산할 수 있다. 이는 역진귀납법(backward induction)이라고 알려져 있다. 왜냐하면 우리는 이미 시점 T에서 옵션의 가치를 알 수 있기 때문이다. 예를 들어 시점 T에서 자산가격을 S_T, 행사가격을 K라고 할 때 풋옵션의 가치는 $\max(K - S_T,\ 0)$이고, 콜옵션의 가치는 $\max(S_T - K,\ 0)$가 된다. 여기서는 위험중립 세계를 가정하고 있으므로 시점 $T - \Delta t$의 각 점에서 옵션의 가치는 시점 T에서의 기대가치를 무위험이자율로 Δt 기간

그림 21.2 옵션의 가치평가를 위한 이항과정.

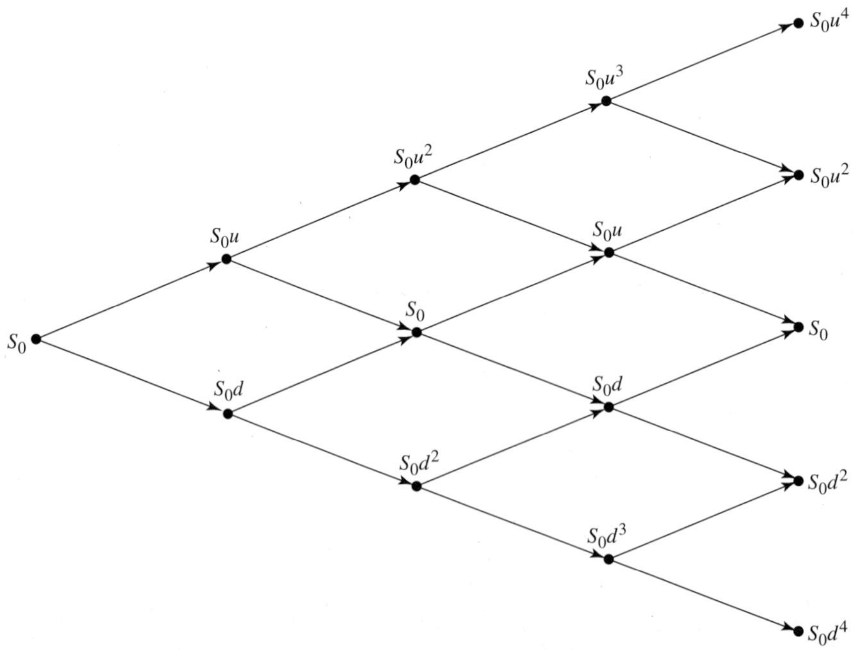

동안 할인하여 계산할 수 있다. 마찬가지로 시점 $T-2\Delta t$의 각 점에서 옵션의 가치는 $T-\Delta t$ 시점에서의 기대가치를 무위험이자율로 Δt 기간 동안 할인하여 계산할 수 있고 이러한 과정을 계속 반복할 수 있다. 단, 아메리칸옵션 경우에는 각 점에서 옵션을 조기행사하는 경우와 옵션을 한 기간(Δt) 더 보유하는 경우 중 어느 것이 더 유리한지 따져보아야 한다. 결국 모든 점을 시간상으로 역행해감으로써 현재 시점에서의 옵션가치를 얻을 수 있다.

예제 21-1

무배당주식에 대한 아메리칸 풋옵션을 고려해보자. 옵션 만기는 5개월, 현재 주가와 행사가격은 50달러, 무위험이자율은 연 10%, 변동성을 연 40%라고 하자. 즉, $S_0=50, K=50, r=0.10, \sigma=0.40, T=0.4167, q=0$이다. 이항과정을 구성하기 위하여 옵션만기를 1개월(0.0833년) 단위의 5기간으로 나누어 보자. 즉 $\Delta t=0.0833$이다. 식 (21.4)에서 (21.7)에 의해 다음과 같이 모수들이

그림 21.3 DerivaGem을 이용하여 계산한 [예제 20.1]의 무배당주식에 대한 아메리칸 풋옵션의 이항과정.

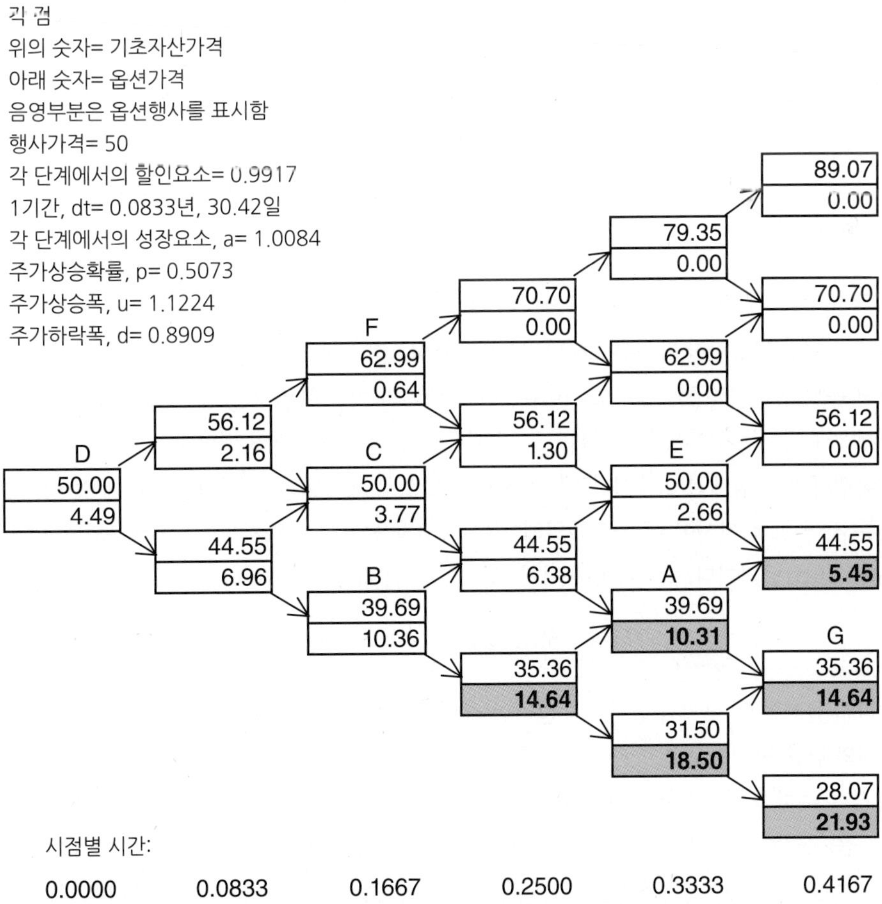

계산된다.

$$u = e^{\sigma\sqrt{\Delta t}} = 1.1224, \qquad d = e^{-\sigma\sqrt{\Delta t}} = 0.8909, \qquad a = e^{r\Delta t} = 1.0084$$

$$p = \frac{a-d}{u-d} = 0.5073, \qquad 1-p = 0.4927$$

DerivaGem을 이용하여 이 예제에 대한 이항과정을 구성한 결과가 [그림 21.3]에 나타나있다. 그림의 각 점에는 두 개의 숫자가 있는데 위의 숫자는 주가이고 아래 숫자는 옵션가격을 나타낸다. 주가 상승 확률과 하락 확률은 각각 0.5073, 0.4927로 고정되어 있다.

$i\,\Delta t$ 시점 ($i = 0, 1, \ldots, 5$)의 j번째 ($j = 0, 1, \ldots, i$) 주가는 이다. 예를 들어 A점($i = 4$, $j = 1$, 즉 네 번째 시점에서 아래로부터 두 번째)의 주가는 달러이다. 이항과정의 마지막 시점에서 옵션의 가치는 max ($K - S_T$, 0)이다. 예를 들어서 G점에서 옵션의 가치는 50.00 − 35.36 = 14.64가 된다. 이항과정의 마지막 시점 전 시점에서의 옵션의 가치는 이와 같은 만기일의 옵션가치로부터 계산한다. 먼저, 옵션의 권리를행사할 수 없다고 가정해 보자. 즉 옵션가치는 Δt 기간 후의 옵션의 기대가치의 현재 가치가 된다. 예를 들어 점 E에서의 옵션가격은

$$(0.5073 \times 0 + 0.4927 \times 5.45)e^{-0.10\times 0.0833} = 2.66$$

이 된다. 점 A에서의 옵션가격을 계산하면 다음과 같다.

$$(0.5073 \times 5.45 + 0.4927 \times 14.64)e^{-0.10\times 0.0833} = 9.90$$

그리고 옵션을 조기행사하는 것이 기다리는 것보다 유리한지 판단한다. E점에서 주가와 행사가격이 모두 50달러이므로 옵션을 조기행사하면 가치가 0이 된다. 분명히 기다리는 것이 최적이다. 따라서 E점에서 옵션의 정확한 가치는 2.66달러이다. 그러나 점 A에서는 상황이 다르다. 여기서는 옵션을 행사하면 옵션가치가 50.00 − 39.69 = 10.31달러가 되지만 이는 옵션보유 시 가치인 9.90달러보다 크다. 따라서 점 A에서는 조기행사가 유리하고 이때 옵션가치는 10.31달러가 된다.

선행하는 각 점에서의 옵션가격도 유사한 방법으로 계산된다. 옵션이 내가격에 있어도 옵션을 행사하는 것이 항상 최선이 아님에 주의해야 한다. B점을 고려해 보자. 옵션이 행사되면 가치는 50.00 − 39.69 10.31달러이다. 그러나 행사되지 않으면 가치는 10.36달러이다.

$$(0.5073 \times 6.38 + 0.4927 \times 14.64)e^{-0.10\times 0.0833} = 10.36$$

따라서 옵션은 이 점에서 행사되지 않아야 하며, 이 점에서 정확한 옵션가치는 10.36달러이다.

이와 같은 방법으로 이항과정을 역행하여 계산해가면 현재 시점에서 옵션가치는 4.49달러가 된다. 이 값은 수치화 절차를 이용하여 계산한 옵션가치의 추정치이다. 실무에서는 t를 짧게 하여 훨씬 많은 점들을 고려하여 옵션가치를 계산하게 된다. DerivaGem을 이용하여 기간을 30, 50, 100, 500개로 나누어 가치를 평가하면 옵션가치는 각각 4.263달러, 4.272달러, 4.278달러, 4.283달러가 된다.

수치화 절차의 대수학적 표현

아메리칸옵션의 잔존만기를 각 기간이 Δt인 N개의 기간으로 나눈다고 가정해 보자. 이때 $i\,\Delta t$ 시점의 j번째 점을 점 $(i,\ j)$라고 표시하기로 약속하면 i와 j는 각각 $0 \leqslant i \leqslant N$과 $0 \leqslant j \leqslant i$ 이라는 조건을 만족시킨다. 이제 점 $(i,\ j)$에서 옵션의 가치를 $f_{i,j}$ 라고 정의하자. 점$(i,\ j)$에서의 주가는 $S_0 u^j d^{i-j}$ 이다. 만일 옵션이 콜옵션이면 T시점(만기일)에서 콜옵션의 가치가 $\max(S_T - K, 0)$이므로 다음이 성립한다.

$$f_{N,j} = \max(S_0 u^j d^{N-j} - K,\ 0), \quad j = 0, 1, \ldots, N$$

만일 옵션이 풋옵션이면 T시점에서 풋옵션의 가치가 $\max(K - S_T,\ 0)$이므로 다음이 성립한다.

$$f_{N,j} = \max(K - S_0 u^j d^{N-j},\ 0), \quad j = 0, 1, \ldots, N$$

$i\,\Delta t$시점의 $(i,\ j)$점에서 $(i+1)\,\Delta t$ 시점의 $(i+1,\ j+1)$점으로 이동하게 될 확률은 p이고 $(i+1,\ j)$점으로 이동하게 될 확률은 $1-p$이다. 따라서 조기행사의 가능성을 배제하면 위험중립가치평가 원칙에 의하여 다음 식이 성립한다.

$$f_{i,j} = e^{-r\Delta t}[p f_{i+1,j+1} + (1-p) f_{i+1,j}]$$

단, $0 \leqslant i \leqslant N-1$ a, $0 \leqslant j \leqslant i$. 만약 조기행사를 고려한다면 위의 $f_{i,j}$ 값은 옵션의 내재가치와 비교되어야 하므로 콜옵션의 경우 다음이 성립한다.

$$f_{i,j} = \max\{S_0 u^j d^{i-j} - K,\ e^{-r\Delta t}[p f_{i+1,j+1} + (1-p) f_{i+1,j}]\}$$

그리고 풋옵션의 경우 다음이 성립한다.

그림 21.4 DerivaGem Application Builder를 이용하는 경우 [예제 20.1]의 옵션가격의 수렴현상.

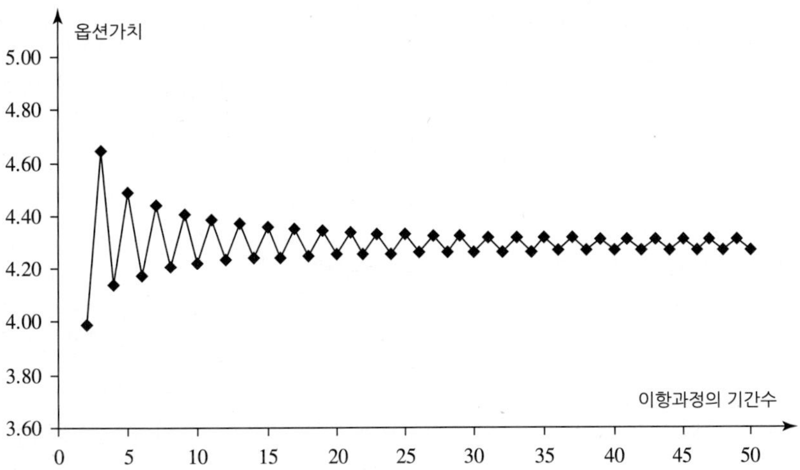

$$f_{i,j} = \max\{K - S_0u^jd^{i-j},\ e^{-r\Delta t}[pf_{i+1,j+1} + (1-p)f_{i+1,j}]\}$$

주목할 점은 시점 T에서 시작하여 시간을 역행하여 계산해나가기 때문에 $i\,\Delta t$시점에서의 옵션가치는 $i\,\Delta t$시점에서의 조기행사 가능성이 옵션가치에 주는 효과뿐만 아니라 그 이후 시점에서의 조기행사 가능성의 효과까지 반영하고 있다는 점이다.

이 경우 만약 Δt가 0에 수렴한다면 아메리칸 풋옵션에 대한 정확한 가치를 계산할 수 있다. 대체로 $N=$ 30인 경우 합리적인 결과를 얻을 수 있다. [그림 21.4]는 [예제 21.1]의 옵션가격이 수렴함을 보여 준다. 이 그림은 DerivaGem과 함께 제공되는 Application Builder 기능을 이용하여 작성되었다(Sample Application A 참조).

델타와 기타 그릭문자의 추정

여기서는 이항 모형을 이용한 그릭문자 계산에 대해 알아본다. 우선 옵션의 델타(Δ)는 기초자산의 가격변화에 대한 옵션가격의 변화율이라는 점을 상기해 보자. 따라서 델타는 다음과 같이 추정할 수 있다.

$$\frac{\Delta f}{\Delta S}$$

이때 ΔS는 주가의 작은 변화이고 Δf는 그에 따른 옵션가격의 작은 변화이다. 시점 Δt에서 주가가 S_0u인 경우 옵션가격의 추정치는 $f_{1,1}$이고 주가가 S_0d 인 경우에 옵션가격의 추정치는 $f_{1,0}$ 가 된다. 이는 $\Delta S = S_0u - S_0d$ 이면 Δf의 가치가 $f_{1,1} - f_{1,0}$가 됨을 의미한다. 따라서 시점 Δt에서 델타의 추정치는 다음과 같다.

$$\Delta = \frac{f_{1,1} - f_{1,0}}{S_0u - S_0d} \tag{21.8}$$

다음으로 감마(Γ)를 결정하기 위해서는 시점 $2\Delta t$에서 두 개의 델타 추정치가 있다는 점을 인식하면 된다. 즉 $S = (S_0u^2 + S_0)/2$ (둘째 점과 셋째 점의 중간)일 때 델타는 $(f_{2,2} - f_{2,1})/(S_0u^2 - S_0)$ 가 되고 $S = (S_0 + S_0d^2)/2$ (첫째 점과 둘째 점의 중간)일 때 델타는 $(f_{2,1} - f_{2,0})/(S_0 - S_0d^2)$ 가 된다. 이 두 주가의 차이를 h라고 하면 h는 다음과 같이 표시되는데

$$h = 0.5(S_0u^2 - S_0d^2)$$

감마는 델타의 변화를 h로 나눈 값이므로 다음과 같이 계산된다.

$$\Gamma = \frac{[(f_{2,2} - f_{2,1})/(S_0u^2 - S_0)] - [(f_{2,1} - f_{2,0})/(S_0 - S_0d^2)]}{h} \tag{21.9}$$

이와 같은 절차를 통해 시점 Δt에서 델타의 추정치들과 시점 $2\Delta t$ 에서의 감마의 추정치를 계산할 수 있다. 실제 이 추정치들을 시점 0에서의 델타와 감마의 추정치들로 사용한다.[5]

---

5 델타와 감마를 좀더 정확하게 추정하려면 시점 $-2\Delta t$에서 이항과정을 시작하여 이 시점에서의 주가를 S_0라고 가정한다. 이렇게 하면 시점 0에서의 세 개의 다른 주가에 대하여 옵션가격을 계산할 수 있게 된다.

이항과정에서 직접 얻을 수 있는 또 하나의 모수는 세타, Θ 이다. 이 모수는 다른 변수들이 고정되어 있는 경우 시간에 따른 옵션가격의 변화율을 측정한다. 자산가치가 S_0인 경우, 옵션가치는 0시점에서 $f_{0,0}$이고 $2\Delta t$시점에서 $f_{2,1}$이다. 따라서 세타의 추정치는 다음과 같다.

$$\Theta = \frac{f_{2,1} - f_{0,0}}{2\Delta t} \tag{21.10}$$

한편 베가는 변동성을 $\Delta\sigma$ 만큼 변화시키고 새로운 이항과정을 구성하여 옵션가치를 다시 구하여 계산할 수 있다. 이때 기간 Δt는 동일하게 구성한다. 베가의 추정치는

$$\mathcal{V} = \frac{f^* - f}{\Delta\sigma}$$

가 되고 f와 f^*는 각각 원래의 이항과정과 새로운 이항과정으로부터 얻은 옵션가격의 추정치를 의미한다. 로(ρ)도 비슷한 방법으로 계산할 수 있다.

예제 21.2

[예제 21.1]을 다시 고려해 보자. [그림 21.3]에서 알 수 있듯이 $f_{1,0} = 6.96$, $f_{1,1} = 2.16$이다. 따라서 식 (21.8)에 의해 델타를 계산하면 다음과 같다.

$$\frac{2.16 - 6.96}{56.12 - 44.55} = -0.41$$

감마의 추정치는 점 B, C, F에서의 옵션가치를 이용하여 식 (21.9)를 이용하면

$$\frac{[(0.64 - 3.77)/(62.99 - 50.00)] - [(3.77 - 10.36)/(50.00 - 39.69)]}{11.65} = 0.03$$

이 된다. 식 (21.10)을 이용하면 세타를 계산할 수 있는데 이때 점 D, C에서의 옵션가치를 이용한다.

$$\frac{3.77 - 4.49}{0.1667} = -4.3\,(\text{1년 기준})$$

이는 1일 기준으로는 −0.012에 해당한다. 물론 이 값들은 대충의 추정치일 뿐이다. 이항과정상의 기간 수를 늘려가면 이러한 추정치들도 더욱 정확한 값에 가까워진다. 50기간을 이용하는 경우 DerivaGem에 의한 추정치는 델타, 감마, 세타가 각각 −0.415,0.034, −0.0117이 된다. 계수를 조금 변화시키고 가치를 다시 계산하면 베가와 로는 각각 0.123과 −0.072로 추정된다.

21.2 이항 모형을 이용한 주가지수옵션, 통화옵션, 선물옵션의 가치평가

옵션의 가치를 평가하기 위해서는 주가지수, 통화, 선물계약 등은 일정한 수익률을 제공하는 자산으로 간주될 수 있다는 점을 13, 17, 18장에서 밝혔음을 기억해 보자. 이때 수익률이라 함은 주가지수의 경우 지수를 구성하는 주식 포트폴리오에 대한 배당수익률, 통화의 경우에는 해당 통화의 무위험이자율, 선물계약의 경우에는 국내 무위험이자율이 된다. 따라서 식 (21.7)에서의 q를 적절하게 해석한다면 이항 모형을 주가지수, 통화, 선물계약에 대한 옵션의 가치평가를 위해서 이용할 수 있다.

예제 21.3

주가지수선물에 대한 아메리칸 콜옵션이 있다고 하자. 이 옵션의 만기는 4개월, 현재 선물가격

그림 21.5 DerivaGem을 이용하여 계산한 [예제 20.3]의 지수선물에 대한 아메리칸 콜옵션의 이항과정.

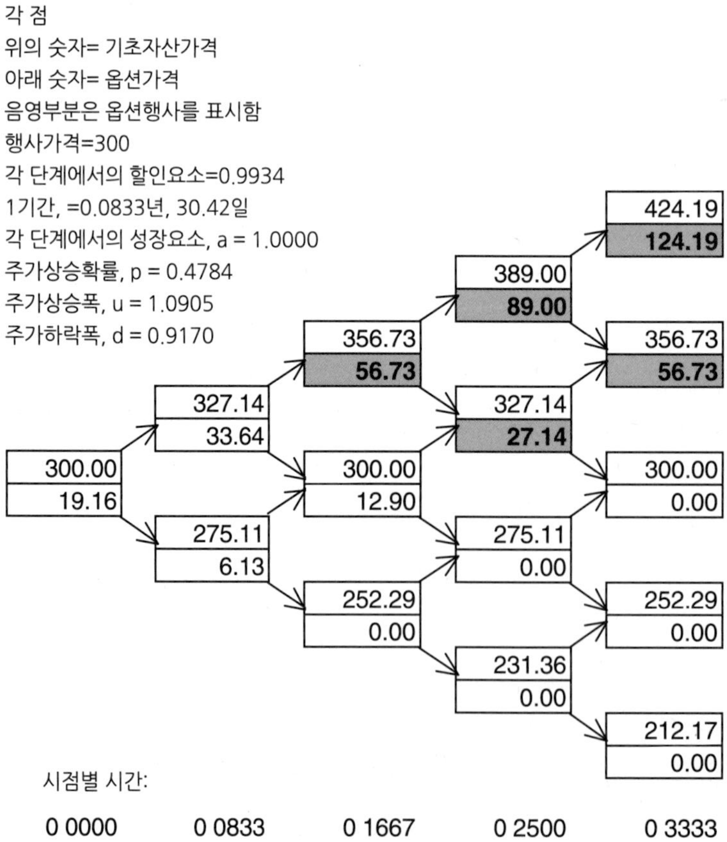

은 300포인트, 행사가격도 300포인트, 무위험이자율은 연 8%, 지수 변동성은 연30%라고 하자. 이항과정을 구성하기 위해서 옵션 만기를 1개월 단위로 나누기로 한다. 즉 $F_0 = 300$, $K = 300$, $r = 0.08$, $\sigma = 0.3$, $T = 0.3333$ 그리고 $\Delta t = 0.0833$이 된다. 선물계약은 연속 배당수익률 r을 지급하는 주식과 유사하므로 식 (21.7)에서 q를 r로 대체하면 된다. 이때, a는 1이 된다. 이항과정을 구성하는 다른 모수들의 값은 다음과 같다.

$$u = e^{\sigma\sqrt{\Delta t}} = 1.0905, \qquad d = 1/u = 0.9170$$

$$p = \frac{a - d}{u - d} = 0.4784, \qquad 1 - p = 0.5216$$

DerivaGem에 의해 계산된 이항과정은 [그림 21.5]와 같다. 여기서 위의 숫자는 선물가격, 아래 숫자는 옵션가격을 나타내고 있다. 옵션가격의 추정치는 19.16달러인 것으로 계산되었다. 기간의 수를 더 늘리면 옵션가격은 더 정확해진다. 50개 기간을 이용하여 DerivaGem으로 구한 옵션가치는 20.18달러이고 100개 기간을 이용하는 경우에는 20.22달러가 된다.

그림 21.6 DerivaGem을 이용하여 계산한 [예제 20.4]의 아메리칸 통화 풋옵션의 이항과정.

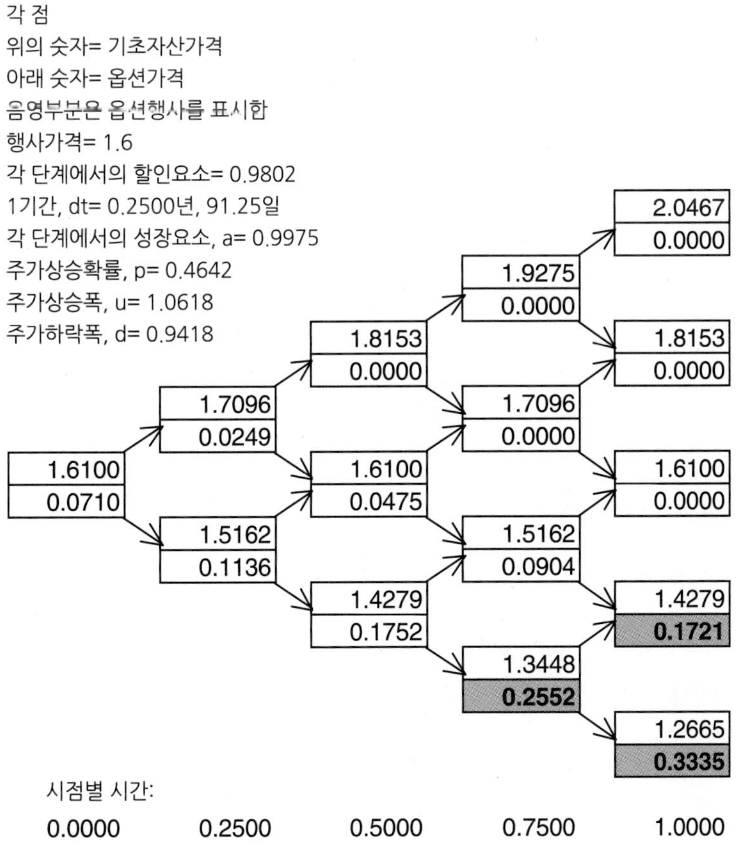

예제 21.4

영국 파운드화(GBP)에 대한 아메리칸 풋옵션이 있다고 하자. 이 옵션의 만기는1년, 현재 환율(파운드당 달러)은 1.61(달러/파운드), 행사가격은 1.60, 미국의 무위험이자율은 연8%, 영국의 무위험이자율은연 9%, 환율변동성은연12%라고하자. S_0 =1.61, K = 1.60, r = 0.08, r_f = 0.09, σ = 0.12, T = 1.0이다. 그리고 이항과정을 구성하기 위해서 옵션만기를 4개의 3개월 단위로 나누기로 한다. 즉, Δt = 0.25이다. 여기서 $q = r_f$이므로 식 (21.7)에 의해서

$$a = e^{(0.08-0.09)\times 0.25} = 0.9975$$

가 되고 이항과정을 구성하는 다른 모수들의 값은 다음과 같다.

$$u = e^{\sigma\sqrt{\Delta t}} = 1.0618, \quad d = 1/u = 0.9418 \quad p = \frac{a-d}{u-d} = 0.4642, \quad 1-p = 0.5358$$

DerivaGem에 의해 계산된 이항과정은 [그림 21.6]과 같다. 여기서 위의 숫자는 환율, 아래 숫자는 옵션가격을 나타내고 있다. 옵션가격의 추정치는 0.0710달러이다. 50개기간을 이용하여 DerivaGem으로 구한 옵션가치는 0.0738달러이고 100개 기간을 이용하는 경우에도 0.0738달러가 된다.

21.3 배당 주식에 대한 이항 모형

이제 배당 주식에 대한 옵션가치평가를 위해서 이항 모형을 어떻게 이용할 수 있는지 알아보기로 한다. 15장에서처럼 논의의 목적상 “배당”이라는 단어는 그 결과로서 배당락일에 주가감소를 가져옴을 의미하는 것으로 약속한다.

배당수익률

만기가 긴 주식옵션의 경우 우리는 주식의 연속배당 수익률 q를 편의상 안다고 가정한다. 그리고 주식옵션을 주가지수옵션과 동일한 방식으로 평가한다.

보다 정확히 계산하기 위하여 배당수익률이 이산적으로 지급된다고 가정하자. 배당이 한보다 정확히 계산하기 위하여 배당수익률이 이산적으로 지급된다고 가정하자. 배당이 한번 지급되며 배당수익률(배당을 주가의 퍼센트로 표시한 값)을 안다고 가정하자. u, d, p의 값은 마치 배당이 지급되지 않는 것으로 가정하고 추정한다. 만약 $i\,\Delta t$ 시점이 배당락 전의 시점이라면 이항과정의 점들에서의 주가는

$$S_0 u^j d^{i-j}, \quad j = 0, 1, \ldots, i$$

로 표시되고, 만약 $i\,\Delta t$ 시점이 배당락 후의 시점이라면 이항과정 점들에서의 주가는

그림 21.7 특정시점에서 일정한 배당률을 지급하는 주식에 대한 이항과정.

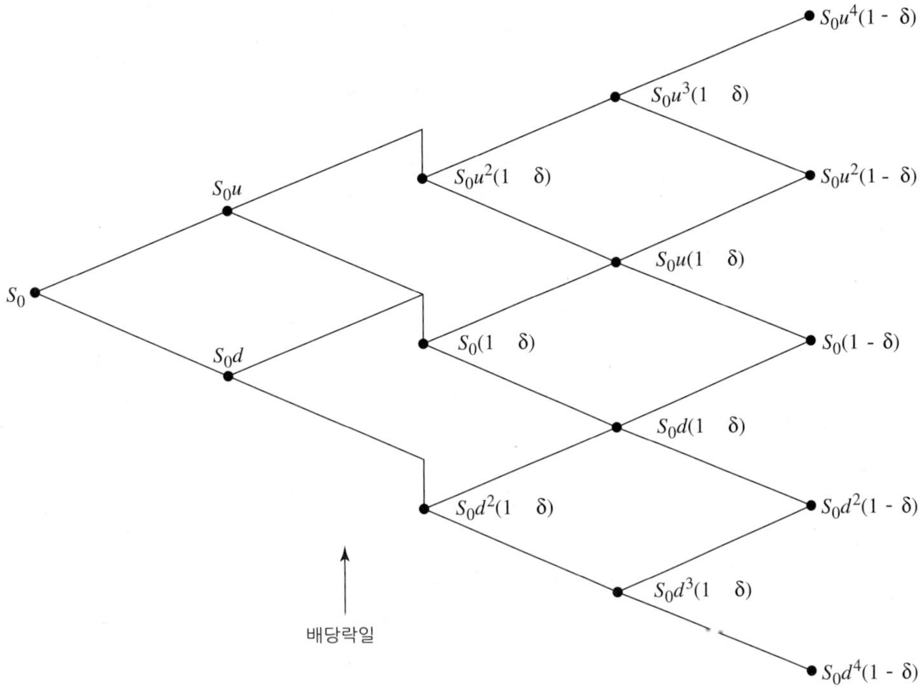

$$S_0(1-\delta)u^j d^{i-j}, \quad j=0,1,\ldots,i$$

로 표시되는데 이때 δ는 배당수익률을 표시한다. 이항과정은 [그림21.7]과 같은 형태를 갖게 된다. 옵션 잔존 만기 동안 여러 번의 배당수익률을 고려해야 하는 경우에도 같은 방법으로 처리하면 된다. 즉 현재 시점과 $i\,\Delta t$ 시점 사이의 총배당수익률을 δi라고 한다면 $i\,\Delta t$ 시점의 점들에서의 주가는 다음과 같이 표시할 수 있다.

$$S_0(1-\delta_i)u^j d^{i-j}$$

현금배당

어떤 경우, 특히 옵션의 잔존 만기가 짧은 경우, 배당수익률 대신에 일정 금액의 배당금을 미리 안다고 가정하는 것이 가장 현실적일 것이다. 이런 경우 만약 주가 변동성 σ가 일정하다고 가정하면 이항과정은 [그림 21.8]에 나타난 형태를 갖는다. 그런데 이때 이항과정은 각 점에서 재결합되지 않는데 이것은 주가를 계산해야 할 점의 숫자가 매우 많아질 수도 있다는 것을 의미한다. 단 1회의 배당금만 지급되며 배당락일 τ는 $k\,\Delta t$와 $(k+1)\,\Delta t$사이에 있으며, 현금 배당액은 D라고 가정해 보자. $i \leqslant k$일 때 $i\,\Delta t$시점의 각 점에서의 주가는 전과 마찬가지로

$$S_0u^j d^{i-j}, \quad j=0,1,2,\ldots,i$$

그림 21.8 배당금이 일정하고 변동성이 상수인 경우의 이항과정.

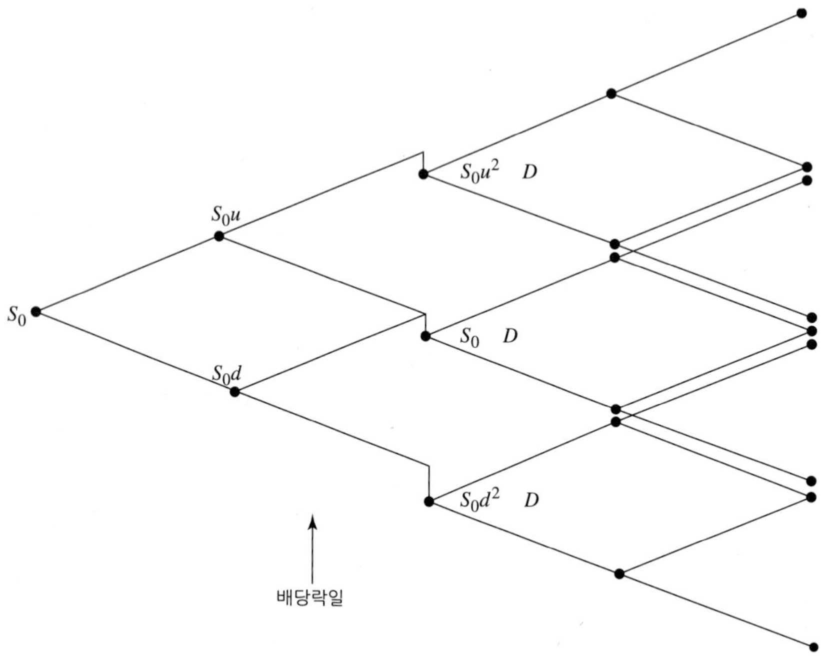

이 된다. 그러나 $i = k + 1$시점에서는 각 점에서의 주가가 다음과 같게 된다.

$$S_0u^jd^{i-j} - D, \quad j = 0, 1, 2, \ldots, i$$

또, $i = k + 2$시점에서는 각 점에서의 주가가

$$(S_0u^jd^{i-1-j} - D)u \quad \text{and} \quad (S_0u^jd^{i-1-j} - D)d$$

가 되고(i = 0.1, . . . i = 1) 이때 점의 수는 원래의 i + 1이 아닌 2i가 된다. 또한 $i = k + m$시점에서는 원래의 $k + m + 1$개의 점이 아니라 $m(k + 2)$개의 점이 생긴다. 옵션의 만기 동안 여러 개의 배당락일이 존재하면 점의 수는 훨씬 빨리 증가한다.

15장 12절에서는 배당을 지급하는 주식에 대한 유러피안옵션은 주가가 두 가지 요소들로 구성되어 있다는 가정하에 가치평가를 했다. 이 두가지 요소는 불확실한 부분과 옵션의 존속기간 동안 지급된 배당의 현재가치인 부분이다. 15장에서는 왜 실무자들이 이 가정이 합리적이라고 생가가하는 서술하고 있다. 아메리칸옵션의 가치는 분명히 유러피안옵션과 동일한 모형을 통해 평가되어야 한다. (그렇지 않으면 조기행사되지 않는 아메리칸옵션은 유러피안옵션의 가격과 동일하지 않을 것이다.) 따라서 실제로는 알려진 배당(known dividend)을 지급하는 주식에 대한 아메리칸옵션은 15장 12절에서 사용된 접근법을 사용하여 가치평가를 해야한다. 때마침 이는 [그림21.8]의 노드확산문제(node-proliferation problem)를 해결해준다.

앞에서와 마찬가지로 단 1회의 배당금이 지급되고 배당락일 τ는 $k\,\Delta t$와 $(k+1)\,\Delta t$ 사이에 있다고 가정해보자. $i\,\Delta t$ 시점에서 불확실한 부분의 가치 (즉, 배당을 지급하는데 사용되지 않은 부분), S^*는

$$i\,\Delta t > \tau \text{ 인 시점에서 } S^* = S$$

그리고

$$i\,\Delta t \leqslant \tau \text{ 인 시점에서 } S^* = S - De^{-r(\tau - i\Delta t)}$$

가 되는데 이때 D는 현금배당액이다. 이제 S^*의 변동성을 σ^*라고 정의하자. 그러면 앞에서의 식 (21.4)에서 (21.7)까지의 식에서 σ를 σ^*로 대체하여 모수 p, u, d를 계산해낼 수 있고 보통의 경우와 마찬가지 방법으로 S^*에 대한 이항과정을 구성할 수 있다.[6] 그리고 나서 미래 배당금의 현재 가치를 각 점의 주가에 더해주면 S^*에 대한 이항과정을 S의 이항과정으로 전환할 수 있다. 시점 0에서 S^*값이 라고 하자. $i\,\Delta t$ 시점의 각 점에서의 주가는 $i\,\Delta t$ <τ인 시점에서는

$$S_0^* u^j d^{i-j} + De^{-r(\tau - i\,\Delta t)}, \quad j = 0, 1, \ldots, i$$

가 되고 $i\,\Delta t$ >τ인 시점에서는

$$S_0^* u^j d^{i-j}, \quad j = 0, 1, \ldots, i$$

가 된다. 이러한 접근기법은 $i\,\Delta t$ 시점에서의 주가를 $2i$에서 $i+1$로 줄일 수 있으며 이 과정을 일반화시키면 배당금이 여러 번 지급되는 경우에도 문제를 쉽게 해결할 수 있다.

예제 21.5

옵션 만기일까지 2.06달러의 배당금을 1회 지급할 예정인 주식에 대한 만기 5개월짜리 풋옵션이 있다고 해보자. 현재 주가는 52달러, 행사가격은 50달러, 무위험이자율은 연10%, 변동성은 연 40%, 배당락일은 3.5개월 후라고 한다.

우선 옵션의 만기일까지 예상되는 배당금의 현재 가치를 주가에서 차감한 값, 즉 S^*를 이용하여 이항과정을 구성한다. 현재 시점에서 배당금의 현재 가치는

$$2.06 \times e^{-0.2917 \times 0.1} = 2.00$$

이 된다. 따라서 S^*의 초기값은 50.00이 되는데 변동성은 여전히 연 40%라고 가정하자. [그림 21.3]은 S^*에 대한 이항과정을 보여주고 있다(이는 S^*가 [그림 21.3]이 기초하는 주가와 동일한 초기가치와 변동성을 갖기 때문이다). 이러한 이항과정에서 배당락일 전에 위치한 모든 주가에

6 15장 12절에서 논의된 바와 같이 일반적으로 σ와 σ^*의 차이는 명시적으로 고려되지 않는데 이는 실제로 애널리스트들이 주로 모형을 통해 시장가격으로부터 계산된 내재변동성을 사용하기 때문이다. 이는 σ^*이다.

그림 21.9 DerivaGem을 이용한 [예제 20.5]의 이항과정.

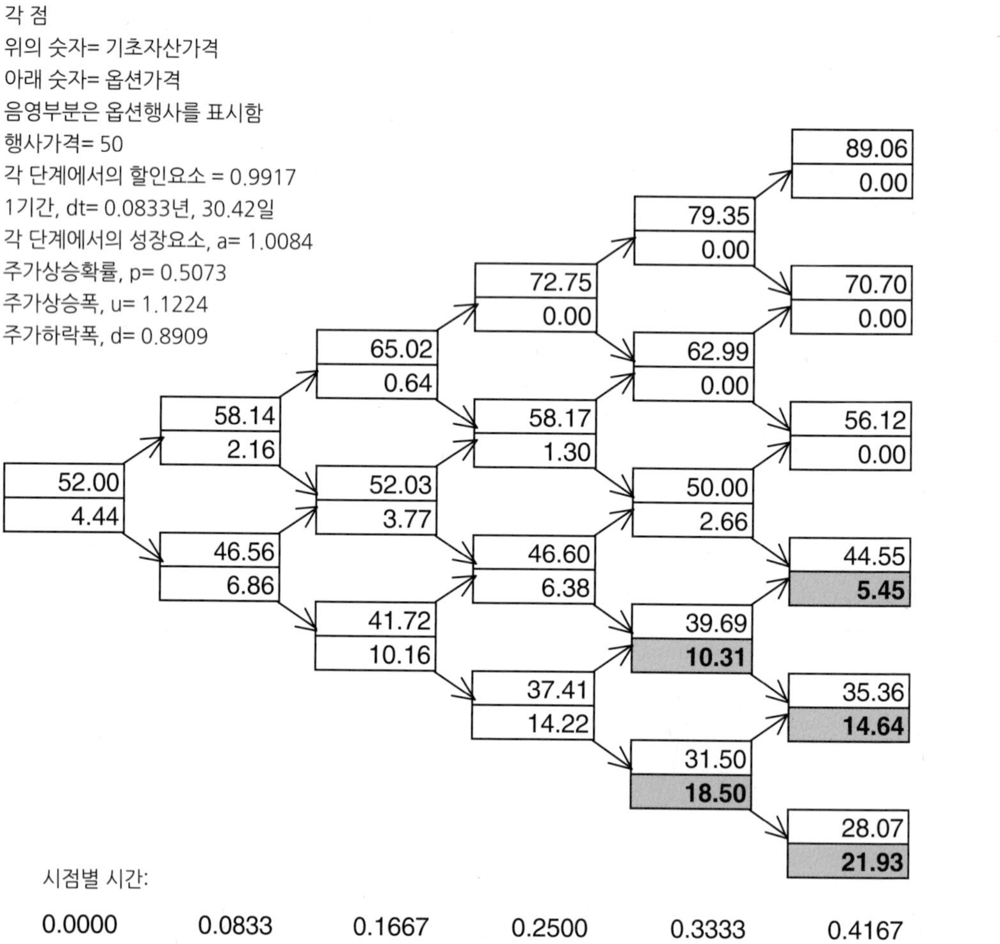

배당금의 현재 가치를 더해주면 [그림 21.9]가 되는데 여기서의 이항과정은 S에 대한 이항과정이 된다. [그림 21.3]에서처럼 모든 점에서 주가의 상승과 하락 확률은 각각 0.5073, 0.4927이다. 이제 이항과정을 역행하여 계산해가면 옵션가치는 4.44달러로 추정된다(DerivaGem을 이용하여 기간을 50기간으로 나누어 계산하면 4.202달러, 100기간으로 나누면 4.212달러가 된다).

통제변수기법

통제변수기법(control variate technique)을 통해 아메리칸옵션 가격 평가의 정확성을 향상시킬 수 있다.[7] 이 기법은 모든 조건이 동일한 아메리칸옵션의 가치 f_A와 유러피언옵션의 가치 f_E를 같은 이항과정을 이용하여 평가하는 기법으로, 여기서는 블랙–숄즈–머튼 모형에 의한 유러피

7 J. Hull and A. White, "The Use of the Control Variate Technique in Option Pricing," *Journal of Financial and Quantitative Analysis*, 23 (September 1988): 237–51.

그림 21.10 [예제 20.3]의 옵션이 유러피언옵션인 경우 DerivaGem에 의한 이항과정. 각 점에서 위의 숫자는 주가, 아래 숫자는 옵션가격을 표시.

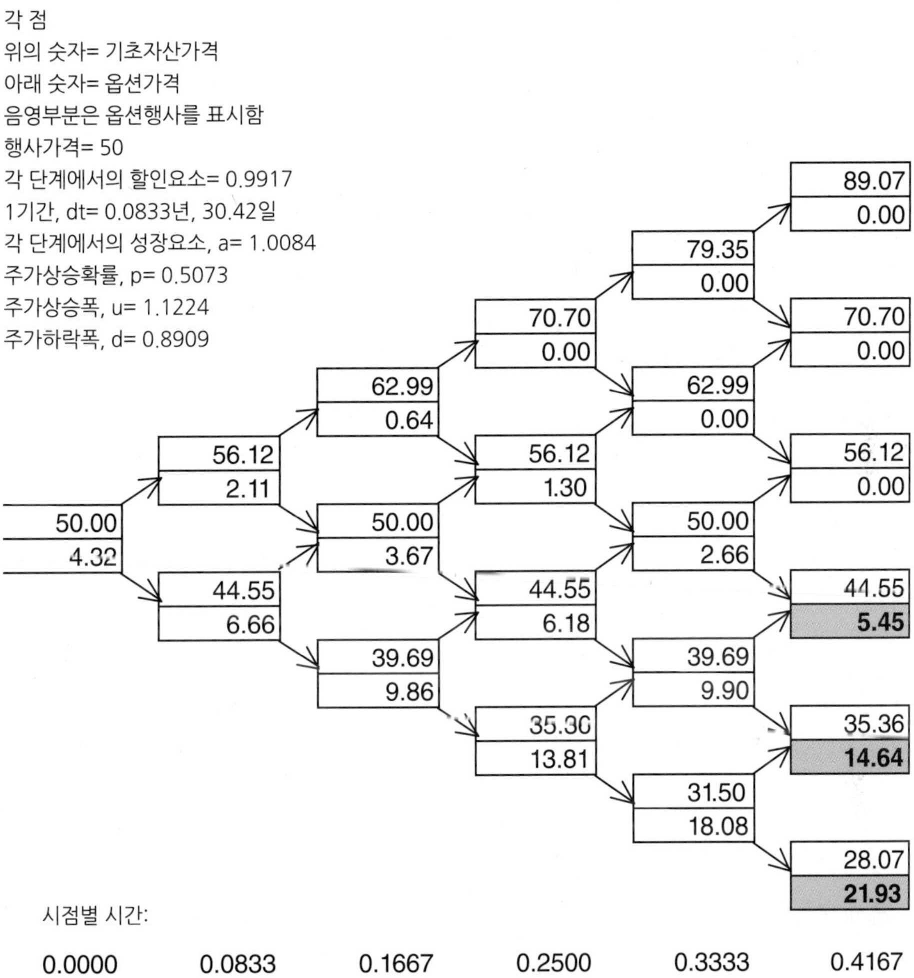

언옵션가격 f_{BSM}도 계산한다. 이 기법은 유러피언옵션의 가치를 평가할 때 이항과정에 의해 생기는 오차 $f_{\text{BSM}} - f_E$ 가 아메리칸옵션의 가치를 평가할 때 이항과정에 의해 생기는 오차와 같다고 가정한다. 이 기법에 의해 아메리칸옵션의 가치를 추정하면 다음과 같다.

$$f_A + (f_{\text{BSM}} - f_E)$$

[그림 21.10]은 통제변수기법을 설명하기 위해서 [그림 21.3]에서의 옵션가치를 다시 평가해본 결과이다. 유러피언옵션가격 f_E는 4.32달러이고 블랙–숄즈–머튼 공식에 의한 유러피언 옵션가격 f_{BSM}는 4.08달러이다. 한편 [그림 21.3]에서 아메리칸옵션가격의 추정치 f_A는 4.49달러였다. 따라서 통제변수기법을 이용한 아메리칸옵션의 가격 f_A는 다음과 같이 4.25달러가 된다.

$$4.49 + (4.08 - 4.32) = 4.25$$

참고로 100기간의 이항과정을 이용하여 아메리칸옵션가격을 추정하면 4.278달러가 된다. 따라서 통제변수기법을 이용하면 기본 이항 모형을 이용한 추정 가격 4.49달러보다 훨씬 정확한 가격을 계산할 수 있음을 알 수 있다.

그런데 통제변수기법은 이항 모형을 이용해 아메리칸옵션의 가격을 계산하기보다는 사실상 유러피언옵션과 아메리칸옵션의 가격 차이를 계산하는 데 더 큰 의미가 있다. 통제변수기법의 추가 활용에 대해서는 이 장 후반부 몬테카를로 시뮬레이션에 대해 소개하는 과정에서 설명하기로 한다.

21.4 이항과정을 구성하는 다른 기법들

지금까지 설명한 콕스-로스-루빈스타인의 접근법이 이항과정을 구성하는 유일한 방법은 아니다. 위험중립세계에서 Δt 동안의 $\ln S$의 변화는 평균이 $(r - q - \sigma^2/2)\Delta t$ 이며 표준편차는 $\sigma\sqrt{\Delta t}$ 이다. 이 평균과 표준편차를 일치시키기 위해 $p = 0.5$로 놓고,

$$u = e^{(r-q-\sigma^2/2)\Delta t+\sigma\sqrt{\Delta t}}, \qquad d = e^{(r-q-\sigma^2/2)\Delta t-\sigma\sqrt{\Delta t}}$$

로 설정할 수 있다.

이렇게 이항과정을 구성하는 방법은 σ의 값 또는 기간의 수와 무관하게 확률이 항상 0.5라는 점에서 콕스–로스–루빈스타인의 방법보다 우수하다.[8] 그러나 이 방법은 이항과정이 기초자산의 가치를 중심으로 구성되지 않기 때문에 이항과정으로부터 델타, 감마, 세타를 계산하는 것이 그리 간단하지 않다는 단점을 갖는다.

예제 21.6

외국통화에 대한 9개월 만기 아메리칸 콜옵션을 고려해 보자. 현재 외국통화는 국내통화 기준으로 0.7900의 가치를 갖고, 행사가격은 0.7950, 국내 무위험이자율은 연 6%, 외국의 무위험이자율은 연 10%, 환율 변동성은 연 4%이다. $S_0 = 0.79$, $K = 0.795$, $r = 0.06$, $r_f = 0.10$, $\sigma = 0.04$, $T = 0.75$이다. 대안 이항과정 구성 절차를 사용할 때, $\Delta t = 0.25$이고 (3기간 모형) 확률이 0.5이면 u, d는 다음과 같다.

$$u = e^{(0.06-0.10-0.0016/2)0.25+0.04\sqrt{0.25}} = 1.0098$$

$$d = e^{(0.06-0.10-0.0016/2)0.25-0.04\sqrt{0.25}} = 0.9703$$

환율에 대한 이항과정은 [그림 21.11]에 나타나 있으며 옵션가격은 0.0026달러로 추정된다.

---

8 기간의 수가 많은 경우 $\sigma < \left|(r-q)\sqrt{\Delta t}\right|$가 성립하게 되어 콕스–로스–루빈스타인 방법에 의한 이항과정은 음의 확률을 발생시킬 수도 있지만 여기에 설명된 대안은 이러한 문제점은 없다.

그림 21.11 외국 통화에 대한 아메리칸 콜옵션의 이항과정. 각 점에서 위의 숫자는 현물환율, 아래 숫자는 옵션가격을 표시. 확률은 모두 0.5이다.

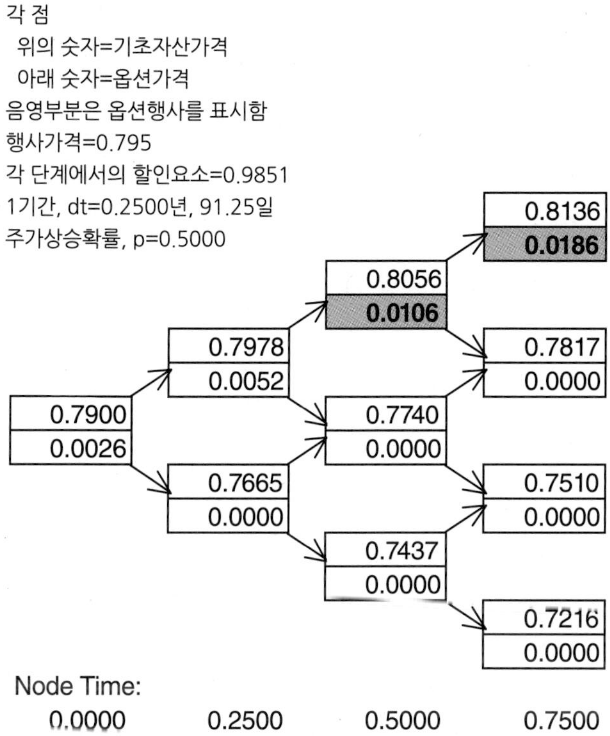

삼항과정

한편 이항과정의 대안으로 삼항과정(trinomial tree)을 이용할 수도 있다. 삼항과정의 일반적인 형태는 [그림 21.12]에 나타나 있다. p_u, p_m, p_d를 각 점에서의 주가 상승, 유지, 하락 확률이라고 하고 Δt는 1기간이라고 하자. q의 배당수익률을 지급하는 자산의 경우 ln S의 변화 평균과 표준편차와 조화되는 모수의 값들은 다음과 같다.

$$u = e^{\sigma\sqrt{3\Delta t}}, \quad d = 1/u$$

$$p_d = -\sqrt{\frac{\Delta t}{12\sigma^2}}\left(r - q - \frac{\sigma^2}{2}\right) + \frac{1}{6}, \quad p_m = \frac{2}{3}, \quad p_u = \sqrt{\frac{\Delta t}{12\sigma^2}}\left(r - q - \frac{\sigma^2}{2}\right) + \frac{1}{6}$$

삼항과정의 계산과정은 이항과정과 유사하다. 과정의 끝에서 시작점으로 진행한다. 각 점에서 행사하는 경우의 가치와 행사하지 않는 경우(계속하는 경우)의 가치를 계산한다. 계속하는 경우의 가치는 다음과 같다.

$$e^{-r\Delta t}(p_u f_u + p_m f_m + p_d f_d)$$

여기서 f_u, f_m, f_d 는 각각 상승, 유지, 하락하는 점에서의 가치이다. 삼항과정은 뒤의 8절에서 소개할

그림 21.12 외국 통화에 대한 아메리칸 콜옵션의 이항과정. 각 점에서 위의 숫자는 현물환율, 아래 숫자는 옵션가격을 표시. 확률은 모두 0.5이다.

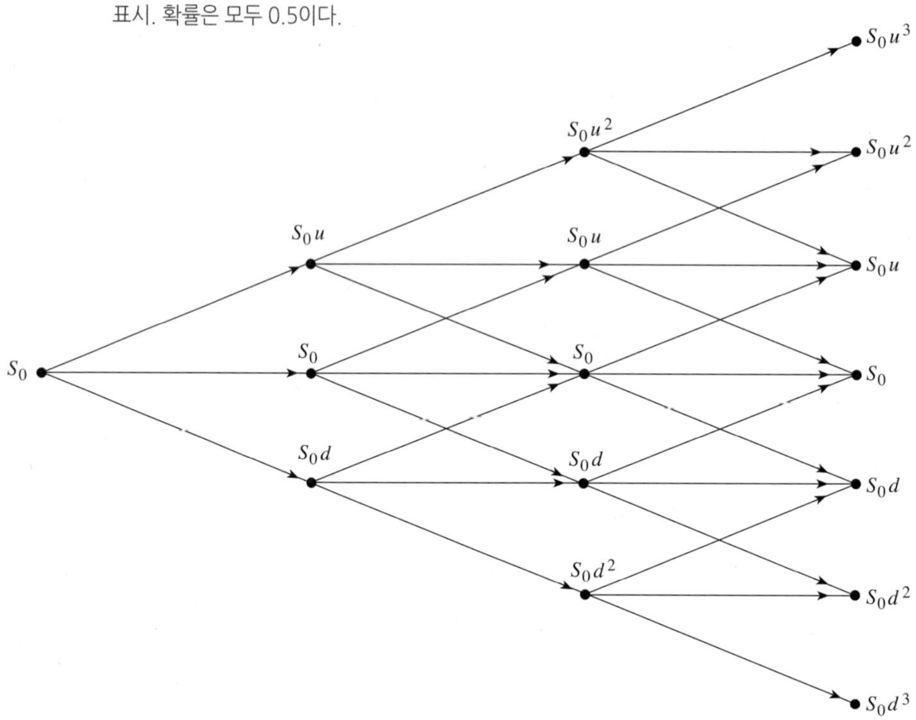

명시적 유한차분법과 동등한 기법이다.

피글스키–가오(Figlewski and Gao)는 삼항과정을 향상시킨 그물망 조정 모형(adaptive mesh model)이라는 기법을 제시하였다. 이 모형에서 고해상 과정(high-resolution tree)(즉 Δt가 작은 과정)은 저해상 과정(low-resolution tree)(즉 Δt가 큰 과정)에 접목되었다.[9] 일반 아메리칸옵션의 가치를 평가할 때 고해상 과정은 옵션 잔존 만기말에 이항과정이 행사가격에 근접한 부분에서 가장 유용하다.

21.5 시간의존적 모수

지금까지 우리는 r, q, r_f, σ가 모두 상수라고 가정하였다. 실제로 이 변수들은 시간 의존적인 것으로 가정된다. t와 $t+\Delta t$ 사이에서 이 변수들의 가치는 선도가치와 동일한 것으로 가정된다.[10]

콕스–로스–루빈스타인의 이항 모형에서 r과 q (또는 r_f)를 시간의 함수로 만들기 위하여 우리는 t시점의 각 점에서 다음과 같이 설정한다.

$$a = e^{[f(t)-g(t)]\Delta t} \tag{21.11}$$

9 S. Figlewski and B. Gao, "The Adaptive Mesh Model: A New Approach to Efficient Option Pricing," *Journal of Financial Economics*, 53 (1999), 313–51.

10 선도 배당수익률과 선도 분산은 선도이자율이 계산되는 것과 동일한 방식으로 계산된다(분산은 변동성의 제곱이다).

여기서 $f(t)$는 t와 $t+\Delta t$ 사이의 선도이자율이고 (t)는 동일 기간의 q(또는 r_f)의 선도가치이다. u와 d가 a에 의해 영향을 받지 않으므로 이 과정이 이항모형의 구조를 바꾸지는 않는다. t시점의 점에서 출발하는 상승과 하락 확률은 다음과 같다.[11]

$$p = \frac{e^{[f(t)-g(t)]\Delta t} - d}{u - d} \tag{21.12}$$

$$1 - p = \frac{u - e^{[f(t)-g(t)]\Delta t}}{u - d}$$

이항과정을 사용할 때 나머지 방법은 t와 $t+\Delta t$ 사이에서 할인할 때 $f(t)$를 사용한다는 점을 제외하면 전과 동일하다.

이항 모형에서 σ를 시간의 함수로 설정하는 것은 어려운 문제이다. $\sigma(t)$를 만기가 t인 옵션 가격을 평가하기 위해 사용한 변동성이라고 가정하자. 하나의 접근방법은 기간의 길이를 기간 동안의(during the time step) 분산에 역비례하게 하는 것이다. 그러면 u와 d의 값은 항상 동일하며 이항과정은 재결합된다. $V = \sigma(T)^2 T$로 정의하고(T는 이항 모형의 만기이다) t_i를 i번째 기간 말이라고 하자. 총 N개의 기간이 있으므로 $\sigma(t_i)^2 t_i = iV/N$이 되도록 t_i를 선택하고 $u = e^{\sqrt{V/N}}$로 설정하며 $d = 1/u$이다. 모수 p는 u, d, r 그리고 q를 통해 변하지 않는 변동성(constant volatility)과 유사하게 정의한다. 이 과정은 방금 언급한 변화하는 이자율(nonconstant interest rate)을 위한 절차(procedure)와 결합되어 이자율과 변동성이 모두 시간 의존적이게 할 수 있다.

실무사례 21.1 몬테카를로 시뮬레이션을 이용한 Pi의 계산

[그림 21.13]에서 정사각형의 한 변의 길이가 1단위라고 가정하자. 당신이 정사각형을 향해 무작위로 다트(dart)를 던져 다트가 원안에 들어갈 비율을 계산한다고 하자. 당신은 이 실험에서 무엇을 발견하는가? 정사각형의 면적은 1.0이고 원의 반지름은 0.5이다. 원의 면적은 π에 반지름의 제곱을 곱한 π/4이다. 따라서 원안에 들어갈 비율에 4를 곱하면 π를 추정할 수 있다.

우리는 엑셀 스프레드시트를 이용하여 [표 21.1]처럼 다트 던지기를 시뮬레이션할 수 있다. 셀 A1과 B1을 = RAND()로 정의하자. 그러면 A1과 B1은 0과 1 사이의 무작위 숫자를 생성하며 이는 [그림 21.13]의 정사각형에서 다트가 얼마나 오른쪽으로 그리고 얼마나 위로 던져지는가를 결정한다. 그리고 C1을 다음과 같이 정의하자.

= IF((A1−0.5)^2 + (B1 − 0.5) ^2 < 0.5^2,4,0)

이는 만일 다트가 원안에 들어가면 C1이 4의 값을, 아니면 0의 값을 갖게 해준다. 첫 번째 줄에서 했던 것과 유사하게 다음 99개 줄을 정의하자[이는 엑셀에서 해당 셀을 "선택한 후 드랙(drag)하는 것"이다]. C102를 = AVERAGE(C1:C100)으로, 그리고 C103을 = STDEV(C1:C100)으로 정의하자. C102의 값(즉 [표 21.1]의 3.04)이100번의 무작위 시도에서 계산된 π의 추정치이다. 그리고 C103이 결과의 표준편차인데 [예제 21.7]에서처럼 추정치의 정확성을 평가하는 데 이용된다. 시도 횟수를 증가하면 정확성이 향상되지만, 정확한 값인 3.14159에 수렴하는 속도는 느리다.

21.6 몬테카를로 시뮬레이션

이항 모형과 상당히 다른 접근방법인 몬테카를로 시뮬레이션으로 파생상품의 가치를 평가하는 방법을 설명하기로 한다. [실무사례 21.1]은 엑셀 프로그램으로 π를 추정하는 방법을 보임으로써, 몬테카를로 시뮬레이션의 기초가 되는 무작위 추출(random sampling)의 아이디어를 설명한다.

몬테카를로 시뮬레이션을 이용하여 옵션의 가치를 평가하면 이는 위험중립 가치평가법을 적용하는 것이다. 즉 표본경로를 이용하여 위험중립 세계에서의 기대이득을 구하고 이를 무위험이자율로 할인한다. 어떤 시장변수 S에 종속적이며 시점 T에서 이득을 지불하는 파생상품이 있다고 해보자. 이자율이 일정하다고 가정하면 다음과 같은 단계를 거쳐 이 파생상품을 평가할 수 있다.

1. 위험중립 세계에서의 S의 임의경로를 표본 추출한다.
2. 파생상품으로부터의 이득을 계산한다.
3. 위험중립 세계에서 파생상품 이득의 난수를 여러 개 추출하기 위해 1, 2단계를 반복한다.
4. 앞에서 계산한 이득의 표본값을 평균하여 위험중립 세계에서의 기대이득의 추정치로 사용한다.
5. 기대이득을 무위험이자율로 할인하여 파생상품 가치의 추정치를 계산한다.

이는 DerivaGem 3.00의 몬테카를로 워크시트에 의해 구현되어 있다.

이러한 과정을 구체적으로 설명하기 위해서 우선 위험중립 세계에서 기초 시장변수가 따르는 확률과정은

$$dS = \hat{\mu} S\, dt + \sigma S\, dz \tag{21.13}$$

와 같다고 가정하자. 단 dz는 위너과정이고, $\hat{\mu}$ 은 위험중립 세계에서의 기대수익률이며, σ는변동성이다.[12] 이제 S의 경로를 시뮬레이션하기 위해서 파생상품의 잔존 만기를 N개의 소구간 Δt 로 나누고 식 (21.13)을

그림 21.13 다트 던지기에 의한 π 의 계산.

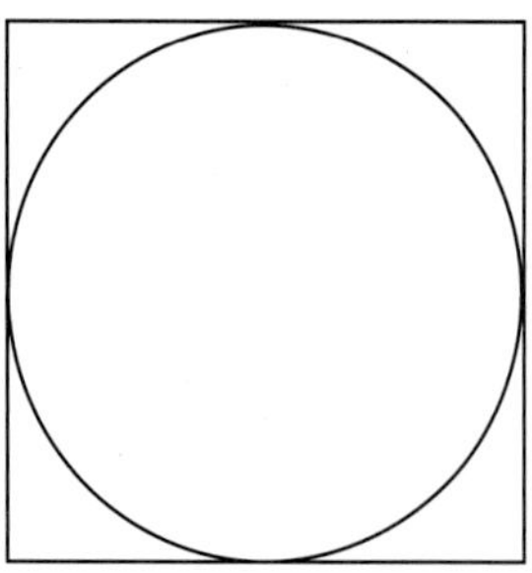

12 만약 S가 무배당주식의 주가라면 $\hat{\mu} = r$ 이고, 환율이라면 $\hat{\mu} = r - r_f$ 가 된다. 13장 7절에서 설명한 바와 같이 위험중립 세계에서의 변동성은 실제 세계에서의 변동성과 같다.

표 21.1 [실무사례 20.1]에서의 표본 스프레드 시트 계산.

	A	*B*	*C*
1	0.207	0.690	4
2	0.271	0.520	4
3	0.007	0.221	0
⋮	⋮	⋮	⋮
100	0.198	0.403	4
101			
102		평균:	3.04
103		표준편차:	1.69

$$S(t+\Delta t) - S(t) = \hat{\mu} S(t)\,\Delta t + \sigma S(t)\epsilon\sqrt{\Delta t} \tag{21.14}$$

과 같이 근사값으로 표현해 보자. 여기서 $S(t)$은 시점 t에서 S의 값이고 은 평균 0, 표준편차 1인 표준정규분포로부터의 난수이다. 이제 시점 Δt 에서 S의 값을 초기의 S값으로부터 계산하고 $2\,\Delta t$에서 S의 값은 Δt 에서의 값으로부터 계산하는 방법으로 계속 계산해간다(14장 3절에서도 이와 같은 예를 소개한 바 있다). 이제 정규분포로부터의 N개의 난수를 이용하여 S의 완벽한 경로를 구성하면 한 번의 시뮬레이션 과정이 끝나게 된다.

그런데 실제로는 S대신 $\ln S$를 시뮬레이션하는 것이 더 정확한 경우가 많다. 이토정리에 따라서 $\ln S$은

$$d\ln S = \left(\hat{\mu} - \frac{\sigma^2}{2}\right)dt + \sigma\,dz \tag{21.15}$$

와 같은 확률과정을 따르므로

$$\ln S(t+\Delta t) - \ln S(t) = \left(\hat{\mu} - \frac{\sigma^2}{2}\right)\Delta t + \sigma\epsilon\sqrt{\Delta t}$$

이 성립하는데 이는 다음을 의미한다.

$$S(t+\Delta t) = S(t)\exp\left[\left(\hat{\mu} - \frac{\sigma^2}{2}\right)\Delta t + \sigma\epsilon\sqrt{\Delta t}\right] \tag{21.16}$$

S의 경로를 구성하는 데 이 식이 이용된다.

S대신에 $\ln S$를 이용하면 보다 정확해진다. $\hat{\mu}$ 와 σ가 일정하다고 가정하면 모든 T에 대해 다음 식이 성립한다.[13]

13 반면에, 식 (21.14)는 Δt가 0에 접근하는 극한에서만 정확히 성립한다.

$$\ln S(T) - \ln S(0) = \left(\hat{\mu} - \frac{\sigma^2}{2}\right)T + \sigma\epsilon\sqrt{T}$$

따라서

$$S(T) = S(0)\exp\left[\left(\hat{\mu} - \frac{\sigma^2}{2}\right)T + \sigma\epsilon\sqrt{T}\right] \tag{21.17}$$

이 식은 T시점에서 비표준화된 이득을 제공하는 파생상품의 가치를 평가하는 데 이용될 수 있다. [실무사례 21.2]가 보여주듯이, 이는 또한 블랙–숄즈–머튼 공식을 점검하는 데 사용될 수 있다.

이와 같은 몬테카를로 시뮬레이션의 장점은 이득이 기초변수 S의 최종 값에 따라 결정되는 경우뿐만 아니라 S의 경로에 따라서 달라지는 경우에도 사용할 수 있다는 점이다(예를 들어, 이득이 0시점과 T시점 사이의 평균 S값에 의해 결정될 때 이용될 수 있다). 또한 파생상품 만기일에만 이득이 발생하는 것이 아니라 잔존 만기 중 여러 시점에서 이득이 발생하는 경우에도 사용할 수 있고, S의 확률과정이 어떤 경우라도 상관없이 이를 반영하여 사용할 수 있다는 것이 장점이다. 더구나 곧 설명하겠지만 파생상품의 이득이 여러 개의 기초 시장변수에 따라 달라지는 경우에까지 이 기법을 확장, 적용할 수 있지만 연산 시간이 매우 오래 걸리고 조기행사가 가능한 경우에는 적용하기가 어렵다는 것이 단점이다.[14]

실무사례 21.2 엑셀을 이용한 블랙-숄즈-머튼 공식의 점검

유러피언콜옵션의 가치를 평가할 수 있는 블랙–숄즈–머튼 공식은 매우 많은 수의 기간으로 구성된 이항모형을 이용하여 체크할 수 있다. 공식을 체크할 수 있는 또 다른 방법은 몬테카를로 시뮬레이션을 이용하는 것이다. [표 21.2]는 구성된 스프레드시트를 보여 준다. C2, D2, E2, F2, G2의 셀들은 각각 S_0, K, r, σ, T의 값을 의미한다. D4, E4, F4는 각각 d_1, d_2 그리고 블랙–숄즈–머튼 가격을 계산한 것이다(스프레드시트에서 블랙–숄즈–머튼 가격은 4.817이다).

NORMSINV는 표준정규분포의 역누적함수이다. 즉 NORMSINV(RAND())는 표준정규분포로부터의 난수(random sample)를 제공한다. A1을 다음과 같이 설정하자.

= $C$2*EXP(($E$2−$F$2*$F$2/2)*$G$2+$F$2*NORMSINV(RAND())*SQRT($G$2)

이는 식 (21.17)에 해당되고 이는 T시점에서의 모든 주가로부터 무작위 표본이다. 그리고 B1을 다음과 같이 설정하자.

=EXP(−$E$2*$G$2)*MAX(A1−$D$2,0)

이는 콜옵션 이득의 현재 가치이다. 그리고 아래 999개 줄을 첫 번째 줄에서처럼 동일하게 정의하자(이는 엑셀에서 "첫 번째 줄을 선택하고 아래 999개줄로 드랙(drag)하는것"이다). B1002를 AVERAGE(B1: B1000)으로 정의하자. 이는 스프레드시트에서 4.98이며 옵션가격의 추정치이다. 이 가격은 블랙–숄즈–머튼 가격과 크게 차이나지 않아야 한다. B1003을 STDEV(B1: B1000)으로 정의하자. 이는 [예제 21.8]에서 확인할 수 있듯이, 추정치의 정확성을 평가하는 데 사용된다.

14 27장에서 논의했듯이, 많은 학자들이 몬테카를로 시뮬레이션을 아메리칸옵션의 가치 평가에 확장할 수 있는 방법들을 제시한 바 있다.

표 21.2 블랙-숄즈-머튼 공식을 체크하기 위한 몬테카를로 시뮬레이션.

	A	B	C	D	E	F	G
1	45.95	0	S_0	K	r	σ	T
2	54.49	4.38	50	50	0.05	0.3	0.5
3	50.09	0.09				BSM 가격	
4	47.46	0		0.2239	0.0118	4.817	
5	44.93	0					
⋮	⋮	⋮					
1000	68.27	17.82					
1001							
1002	평균:	4.98					
1003	표준편차	7.68					

한 개 이상의 시장변수에 종속적인 파생상품

14장의 5절에서 상관성을 갖는 확률과정을 설명하였다. 이제는 파생상품으로부터의 이늑이 n개의 변수 θ_i $(1 \leqslant i \leqslant n)$에 따라 결정되는 경우를 고려해 보자. 여기서 θ_i의 변동성을 s_i라고 하고 $\hat{m}_i$를 위험중립 세계에서 θ_i의 기대성장률, ρ_{ik}를 θ_i, θ_k의 순간 상관계수라고 하자.[15] 물론 이 경우에도 변수가 1개 있는 경우와 마찬가지로 파생상품의 잔존 만기를 N개의 소구간 Δt로 나누어야 한다. θ_i의 확률과정을 이산과정으로 표시하면

$$\theta_i(t + \Delta t) - \theta_i(t) = \hat{m}_i\theta_i(t)\,\Delta t + s_i\theta_i(t)\epsilon_i\sqrt{\Delta t} \tag{21.18}$$

와 같은데 ϵ_i은 평균 0, 표준편차 1인 표준정규분포로부터의 난수이다. $1 \leqslant i; k \leqslant n$일 때 ϵ_i와 ϵ_k 간의 상관계수는 ρ_{ik}라고 하자. 이때 시뮬레이션 과정은 다음과 같다. 우선 각 시뮬레이션 단계에서 다변량 표준정규분포로부터 ϵ_i $(1 \leqslant i \leqslant n)$에 대한 N개의 표본을 추출한다. 다음으로 이 값들을 식 (21.18)에 대입하여 각 θ_i의 경로에 대한 시뮬레이션 결과를 계산하고 이를 토대로 하여 파생상품의 표본값을 계산하면 된다.

정규분포로부터 난수를 추출하는 기법

[실무사례 21.2]의 경우처럼, 엑셀에서 "=NORMSINV(RAND( ))"을 이용하면 표준정규분포로부터 난수를 생성시킬 수 있다. 만약 상관관계가 있는 두 개의 난수 1, 2를 표준정규분포로부터 추출해야 하는 경우에는 다음과 같은 과정을 따르면 된다. 우선 표준정규분포로부터 독립적인 두 개의 난수 x_1, x_2를 앞에서와 같은 기법으로 추출한다. 그러고 나서 다음과 같은 식을 이용하여 난수 ϵ_1, ϵ_2를 계산하는데 ρ는 상관계수를 나타낸다.

15 s_i, $\hat{m}_i$, ρ_{ik}는 상수일 필요는 없고 θ_i의 함수일 수도 있다.

$$\epsilon_1 = x_1$$
$$\epsilon_2 = \rho x_1 + x_2\sqrt{1-\rho^2}$$

다음으로 표본 i, j 간의 상관계수가 ρ_{ij}인 정규분포에서 n개의 표본을 추출해야 하는 경우를 생각해보자. 이를 위해서 우선 n개의 독립적인 변수들 x_i $(1 \leqslant i \leqslant n)$를 표준정규분포에서 추출하고 필요한 난수 ϵ_i $(1 \leqslant i \leqslant n)$를 다음과 같이 정의한다.

$$\left.\begin{aligned}\epsilon_1 &= \alpha_{11}x_1\\ \epsilon_2 &= \alpha_{21}x_1 + \alpha_{22}x_2\\ \epsilon_3 &= \alpha_{31}x_1 + \alpha_{32}x_2 + \alpha_{33}x_3\end{aligned}\right\} \tag{21.19}$$

계수 α_{ij}는 상관계수와 분산이 정확한 값을 갖도록 선택된다. 이는 다음의 단계별 과정을 거쳐 선택된다. 먼저 α_{11}을 1로 한다. $\alpha_{21}\alpha_{11} = \rho_{21}$이 성립하도록 α_{21}을 선택한다. $\alpha_{21}^2 + \alpha_{22}^2 = 1$이 성립하도록 α_{22}를 선택한다. $\alpha_{31}\alpha_{11} = \rho_{31}$이 성립하도록 α_{31}을 선택한다. $\alpha_{31}\alpha_{21} + \alpha_{32}\alpha_{22} = \rho_{32}$가 성립하도록 α_{32}를 선택한다. $\alpha_{31}^2 + \alpha_{32}^2 + \alpha_{33}^2 = 1$이 성립하도록 α_{33}를 선택하는 방식으로 계속 진행한다.[16] 이 절차를 촐레스키분해법(Cholesky decomposition)이라고 한다.

시행 횟수

시행 횟수는 가치 평가의 정확성을 얼마나 요구하느냐에 따라 달라진다. 만약 위에서 설명한대로 M번의 독립적 시행을 수행하는 경우에는 보통 파생상품의 시뮬레이션에 의해 주어진 이득의 현재 가치의 평균뿐만 아니라 표준편차까지 계산하는 것이 일반적이다. 이때의 평균과 표준편차를 각각 μ, ω라고 하면 변수 μ는 파생상품의 가치에 대한 시뮬레이션 추정치이다. 추정치의 표준오차는 다음과 같다.

$$\frac{\omega}{\sqrt{M}}$$

여기서 M은 시행 횟수이다. 따라서 파생상품 가치에 대한 95% 신뢰구간은 다음과 같이 계산된다.

$$\mu - \frac{1.96\omega}{\sqrt{M}} < f < \mu + \frac{1.96\omega}{\sqrt{M}}$$

위의 식은 파생상품 가치에 대한 오차는 시행 횟수의 제곱근에 반비례한다는 것을 보여 준다. 따라서 시뮬레이션의 정확성을 2배로 증가시키려면 시행 횟수를 4배로 늘려야 하고 시뮬레이션의 정확성을 10배로 증가시키려면 시행 횟수를 100배로 늘려야 한다.

예제 21.7

[표 21.1]에서 π는 100개 숫자의 평균으로 계산된다. 숫자의 표준편차는 1.69이다. 이경우에 ω = 1.69, M = 100이므로 추정치의 표준오차(standard error)는 $1.69/\sqrt{100}$ 이다. 따라서 스프레드

16 α에 대한 방정식들이 해가 없는 경우 23장 7절에서 설명한 것처럼 상관관계에 대한 가정은 모형 내에서 일관성을 잃게 된다.

시트는 π의 95% 신뢰구간을 $(3.04 - 1.96 \times 0.169)$부터 $(3.04 + 1.96 \times 0.169)$까지, 즉 2.71부터 3.37까지로 계산한다. (정확한 값인 3.14159는 이 신뢰구간에 속한다).

예제 21.8

[표 21.2]에서 옵션의 가치는 1000개 숫자의 평균으로 계산된다. 숫자의 표준편차는 7.68이다. 이 경우 $\omega = 7.68$, $M = 1000$이므로 추정치의 표준오차는 $7.68/\sqrt{1000} = 0.24$ 이다. 따라서 스프레드시트는 옵션가치의 95% 신뢰구간을 $(4.98 - 1.96 \times 0.24)$부터 $(4.98 + 1.96 \times 0.24)$까지, 즉 4.51부터 5.45까지로 계산한다(블랙–숄즈–머튼 가격인 4.817은 이 신뢰구간에 속한다).

이항과정을 이용한 표본추출법

기초변수에 대한 확률과정으로부터 난수를 추출하여 몬테카를로 시뮬레이션을 이용하는 대신 N기간 이항 모형을 이용하여 가능한 2^N개의 과정으로부터 표본을 구성할 수 있다. 예를 들어 "주가상승" 확률이 0.6인 경우의 이항과정이 있다고 가정해 보자. 이항과정을 통한 임의의 경로를 추출하는 과정은 다음과 같다. 각 점에서 0과 1 사이의 난수를 추출한다. 만약 그 표본이 0.4보다 작으면 주가하락 경로를 택하고 0.4보다 큰 경우에는 상승 경로를 택한다. 초기의 점에서 이항과정의 종료 시점까지 완전한 경로를 구성하게 되면 이득을 계산할 수 있게 되고 이로써 한 번의 시행이 종료된다. 이와 유사한 과정을 통하여 여러 번의 시행을 더 완성시킬 수 있다. 이후 이득의 평균값을 무위험이자율로 할인하여 파생상품 가치의 추정치를 계산하게 된다.[17]

예제 21.9

$\max(S_{\text{ave}} - 50, 0)$의 이득을 제공하는 옵션의 가치를 평가하는 데 [그림 21.3]에서의 이항과정을 이용할 수 있다. 여기서 S_{ave} 는 5개월 동안의 평균 주가이다(첫 번째와 마지막 주가는 평균 계산에 포함된다). 이는 아시안옵션이다. 10번의 시뮬레이션이 시도된 결과 구성된 주가경로는 다음 [표 21.3]과 같다. 옵션가치는 평균이득을 무위험이자율로 할인하여 계산한다. 이 경우 평균이득은 7.08달러이고 무위험이자율이 10%이므로 계산된 가치는 $7.08e^{-0.1\times5/12} = 6.79$ 달러이다(이는 방법론을 보여주기 위한 것이다. 실제로 정확한 값을 구하려면 이항과정에서 보다 많은 기간을 고려해야 하며 또한 시뮬레이션의 횟수도 훨씬 많아야 한다).

그릭문자의 계산

몬테카를로 시뮬레이션을 이용해서도 19장에서 설명한 그릭문자를 계산할 수 있다. f를 파생상품의 가치, x를 기초변수나 모수의 값이라고 할 때 x에 대한 f의 편도함수를 구해보자. 우선 통상적인 몬테카를로 시뮬레이션 방법을 사용하여 파생상품 가치의 추정치 $\hat{f}$를 계산한다. 그러고 나서 Δx 를 약간 증가시킨 후 $\hat{f}$ 를 계산한 방법과 같은 방법으로 새로운 추정치 $\hat{f}^*$를 계산한다. 그러면 델타의 추정치

17 이항과정을 이용하여 표본을 효율적으로 추출하는 방법은 다음 논문을 참조한다. D. Mintz, "Less is More," *Risk*, July 1997: 42–45.

표 21.3 [그림 20.3]의 이항과정으로부터 아시안옵션의 가치를 평가하기 위한 몬테카를로 시뮬레이션(이득은 평균주가가 50달러를 초과하는 금액이고 U는 상승을, D는 하락을 의미함).

시도	획수경로	평균주기	옵션 이득
1	UUUUD	64.98	14.98
2	UUUDD	59.82	9.82
3	DDDUU	42.31	0.00
4	UUUUU	68.04	18.04
5	UUDDU	55.22	5.22
6	UDUUD	55.22	5.22
7	DDUDD	42.31	0.00
8	UUDDU	55.22	5.22
9	UUUDU	62.25	12.25
10	DDUUD	45.56	0.00
평균			7.08

를 다음과 같이 계산할 수 있다.

$$\frac{\hat{f}^* - \hat{f}}{\Delta x}$$

이때 추정치의 표준오차를 최소화하려면 $\hat{f}$ 와치 $\hat{f}^*$를 계산하기 위한 기간의 수 N, 임의 표본의 수, 시행 횟수 M등이 모두 같아야 한다.

적용

몬테카를로 시뮬레이션은 3개 이상의 확률적 변수가 있는 경우 다른 수치화 절차보다 연산 측면에서 훨씬 효율적이다. 그 이유는 다른 수치화 절차에서 소요되는 시간은 변수의 숫자에 비례하여 기하급수적으로 증가하지만, 몬테카를로 시뮬레이션에 소요되는 시간은 변수의 숫자에 거의 선형적으로 비례하여 증가할 뿐이기 때문이다. 몬테카를로 시뮬레이션의 장점 중 하나는 파생상품 가치의 추정치를 표준오차와 함께 제공한다는 점이다. 또 다른 장점은 파생상품의 이득이 복잡하거나 확률 과정이 복잡한 경우도 다룰 수 있다는 점이다. 또한 파생상품의 이득이 단지 어떤 변수의 최종 값이 아니라 이 변수의 전체 경로 함수에 따라 달라지는 경우에도 사용할 수 있다.

21.7 분산감소 기법

만일 파생상품의 기초가 되는 변수의 확률과정이 식 (21.13)부터 (21.18)까지에 의해 시뮬레이션된다면, 비교적 정확하게 파생상품의 가치를 추정하기 위해서는 아주 많은 수의 시도가필요하며 이는 많은 계산시간을 요구한다. 본 절에서는 연산 시간을 대폭 줄일 수 있는 분산 감소기법에 대해 몇 가지 알아보기로 한다.

대조변수법

대조변수법(antithetic variable technique)에서는 시뮬레이션 과정에서 파생상품가치를 두 번 계산하게 된다. 첫 번째 가치 f_1은 통상적인 기법으로 계산하고, 두 번째 가치 f_2는 표준정규분포로부터의 난수의 부호를 바꿈으로써 계산한다(즉, f_1 값 계산에 난수 ϵ 을 이용하였다면 f_2의 계산에는 $-\epsilon$ 을 이용한다). 이때 f_1 과 f_2 의 평균을 한 단계의 시뮬레이션에서 계산되는 파생상품의 표본값으로 이용한다 f_1 값이 실제 값보다 큰 경우 f_2 값은 그것보다 작게 되므로(반대의 경우도 마찬가지) 이러한 과정은 효과적인 기법이 된다.

여기서 f_1 과 f_2 의 평균을 $\bar{f}$ 라고 하자.

$$\bar{f} = \frac{f_1 + f_2}{2}$$

그러면 최종적인 파생상품의 추정치는 의 평균값이 된다. 만약 $\bar{\omega}$ 를 $\bar{f}$ 의 표준편차라 하고, M을 시뮬레이션 시행 횟수(f_1 과 f_2 의 측정값의 개수)라고 하면, 이 추정치의 표준오차는

$$\bar{\omega}/\sqrt{M}$$

이 된다. 이 표준오차는 2M개의 시뮬레이션 횟수를 이용한 경우의 표준오차보다 훨씬 작은 값이다.

통제변수기법

이 방법에 대해서는 이미 본 장 3절에서 아메리칸옵션의 가치평가를 위한 이항과정과 관련하여 소개한 바 있다(21장 3절 참조). 그런데 통제변수기법은 유사한 두 파생상품 A, B의 경우에도 적용할 수 있다. 예를 들어서 파생상품 A가 가치평가 대상이고 파생상품 B는 이와 유사한 파생상품인데 B의 경우에는 평가 공식이 존재한다고 해보자. 우선 동일한 임의표본과 동일한 Δt를 이용하여 두 개의 시뮬레이션을 동시에 진행시킨다. 이때 첫째 시뮬레이션은 A의 가치 추정치 f_A^*를 계산하는 데 이용하고, 둘째 시뮬레이션은 B의 가치 추정치 f_B^*를 계산하는데 이용한다. 이때 A의 가치 추정치 f_A는 다음의 공식을 이용하여 계산함으로써 더 나은 추정치를 얻을 수 있다.

$$f_A = f_A^* - f_B^* + f_B \tag{21.20}$$

이때 f_B는(평가 공식을 이용한) B의 진정한 가치를 나타낸다. 헐–화이트(Hull & White)는 변동성이 확률적인 경우 이것이 유러피언콜옵션의 가격에 미치는 영향을 측정하는 데 통제변수
기법을 이용한 사례를 제시한 바 있다.[18] 이 경우 A는 변동성이 확률적이라고 가정한 경우의 옵션이고, B는 변동성이 일정하다고 가정한 경우의 옵션이다.

18 J. Hull and A. White, "The Pricing of Options on Assets with Stochastic Volatilities," *Journal of Finance*, 42 (June 1987): 281–300.

중요 표본추출법

중요 표본추출법(importance sampling)은 예를 들어 설명하는 것이 가장 좋을 것 같다. 예를 들어 행사가격이 K이고, 만기가 T인 심외가격 유러피언콜옵션의 가격을 계산하려 한다고 가정하자. 만약 통상적인 기법으로 T시점에서 기초자산 가격의 표본값을 계산한다면 대부분의 주가경로에서는 파생상품 가치가 0이 된다. 그러나 파생상품 가치가 0이 되는 경로들은 옵션가치 결정에 거의 영향을 미치지 않으므로 이러한 과정은 시간 낭비인 셈이다. 따라서 주가가 만기일에 행사가격 K보다 큰 경로인 중요 경로만을 선택하려 노력할 필요가 있다.

이를 위해서 T시점에서 주가의 확률밀도함수를 F라고 하고, 만기일에 주가가 K보다 크게될 확률 q를 모형을 이용해 계산할 수 있다고 가정해보자. 이때 $G = F/q$는 주가가 K보다 클때 주가의 조건부 확률밀도함수가 된다. 중요 표본추출법을 활용하기 위해서는 F가 아니라 G로부터 표본을 추출하면 된다. 그러고 나서 이득의 현재 가치 평균값을 확률 q로 곱하면 옵션가치의 추정치가 계산된다.

층화 표본추출법

확률분포로부터 생성된 무작위 값을 이용하기보다는 표본대표 값(sampling representative value)을 이용하는 것이 보다 정확하다. 층화 표본추출법(stratified sampling)이 대표값을 이용하는 하나의 방법이다. 확률분포로부터 1000개의 표본을 구성한다고 가정하자. 분포를 확률이 일정한 1000개의 구간으로 나누고 각 구간에서 대표값(대체로 평균 또는 중위수)을 선택한다.
여기서 구간이 n개이고 표준정규분포인 경우 i번째 구간의 대표값은

$$N^{-1}\left(\frac{i-0.5}{n}\right)$$

와 같이 계산되는데 N^{-1}은 표준정규분포의 역함수를 나타낸다. 예를 들어 $n=4$인 경우 네개의 구간에 대응하는 대표값들은 각각 $N^{-1}(0.125)$, $N^{-1}(0.375)$, $N^{-1}(0.625)$, $N^{-1}(0.875)$가 된다. N^{-1} 함수값은 엑셀의 NORMSINV 함수를 이용하여 계산할 수 있다.

적률매칭

적률매칭(moment matching)은 표준정규분포로부터의 표본을 조정하는 과정을 통해 1차, 2차, 그리고 가능하다면 이보다 고차의 적률들이 일치되도록 하는 방법이다. 특정 기간 동안에 특정 변수값의 변화를 계산하기 위해 평균이 0이고 표준편차가 1인 정규분포로부터 표본을 구성한다고 가정하자. 표본이 $\epsilon_i \ (1 \leqslant i \leqslant n)$ 라고 하자. 1, 2차 적률을 일치시키기 위해서는 우선 표본평균 m과 표준편차 s를 계산해야 한다. 이제 아래와 같이 원래 표본을 조정한 표본을 $\epsilon_i^* \ (1 \leqslant i \leqslant n)$ 라고 하자.

$$\epsilon_i^* = \frac{\epsilon_i - m}{s}$$

이렇게 조정한 표본들의 평균과 표준편차는 각각 0과 1이 되고 모든 계산 과정에 이렇게 조정한 표본을

사용한다.

적률매칭법은 연산 시간을 절약해주지만 모든 표본들을 시뮬레이션 종료 시까지 계속 보존해야 하는 문제점을 갖고 있다. 적률매칭법은 2차 재표본법(quadratic resampling)이라고 부르기도 하는데 대조변수법과 함께 사용하기도 한다. 그런데 대조변수법은 모든 홀수의 적률들을 자동적으로 일치시키므로 이러한 경우의 적률매칭법의 목표는 2차 혹은 4차 적률을 일치시키는 것이 된다.

준 임의수열을 이용하는 기법

준 임의수열[quasi-random sequences, 저불일치(low discrepancy)수열이라고도 한다]은 임의의 확률분포로부터의 대표 표본의 수열이다.[19] 준 임의수열을 사용하는 방법에 대한 설명은 브라더튼–랫클리프(Brotherton-Ratcliffe) 등이 제시한 바 있다.[20] 준 임의수열은 추정치의 표준오차가 $1/\sqrt{M}$ 이 아니라 $1/M$(M은 표본 크기)에 비례하는 바람직한 특성을 지닌다.

이 기법에 의한 표본추출 기법은 층화 표본추출법과 비슷한데 표본추출의 목표가 기초변수에 대한 대표값들의 추출에 있기 때문이다. 그런데 층화 표본추출법에서는 미리 몇 개의 표본이 필요한지 안다고 가정한다. 준 임의 표본추출법은 보다 유연하다. 왜냐하면 현재 추출된 표본들 사이에"채워줄"틈이 존재하도록 표본을 추출하기 때문이다. 즉, 시뮬레이션 각 단계에서 표본값들은 전체 확률공간에 걸쳐 대강 일정한 간격으로 배열된다는 것이다.

[그림 21.14]는 소볼(Sobol)이 제안한 기법을 이용하여 2차원 공간에 생성된 표본값들을 보여주고 있는데,[21] 새로 추출되는 표본값들이 이전의 값들이 남겨놓은 틈을 채워준다는 것을 알 수 있다.

21.8 유한차분법

유한차분법(finite difference method)은 파생상품이 만족시켜야 하는 미분방정식의 해를 구함으로써 파생상품의 가치를 평가하는 기법이다. 이 기법에서는 미분방정식을 연립 차분방정식으로 변환시키고 이 차분방정식들을 반복 절차로 풀어 해를 구한다.

쉬운 이해를 위해 q의 배당수익률을 지급하는 주식에 대한 아메리칸 풋옵션에 이 기법이 어떻게 적용될 수 있는지 알아보자. 우선 식 (17.6)으로부터 아메리칸 풋옵션이 만족시켜야하는 미분방정식은 다음과 같음을 알 수 있다.

$$\frac{\partial f}{\partial t}+(r-q)S\frac{\partial f}{\partial S}+\tfrac{1}{2}\sigma^2S^2\frac{\partial^2 f}{\partial S^2}=rf \tag{21.21}$$

---

19 사실 준 임의수열이라고 부르는 것은 오기라고 할 수 있다. 왜냐하면 이 수열은 완벽하게 확정적인 수열이기 때문이다.

20 R. Brotherton-Ratcliffe, "Monte Carlo Monitoring," *Risk*, December,1994: 53–58; W. H. Press, S. A . Teukolski, W. T. Vetterling, and B. P. Flannery, *Numerical Recipes in C: The Art of Scientific Computing*, 2nd edn. Cambridge University Press, 1992.

21 I. M. Sobol', *USSR Computational Mathematics and Mathematical Physics*, 7, 4 (1967), 86–112; W. H. Press, S. A. Teukolsky, W. T. Vetterling, and B. P. Flannery, *Numerical Recipes in C: The Art of Scientific Computing,* 2nd edn, Cambridge University Press, 1992.

그림 21.4 소볼수열의 기법을 적용하는 경우 1024개 표본값.

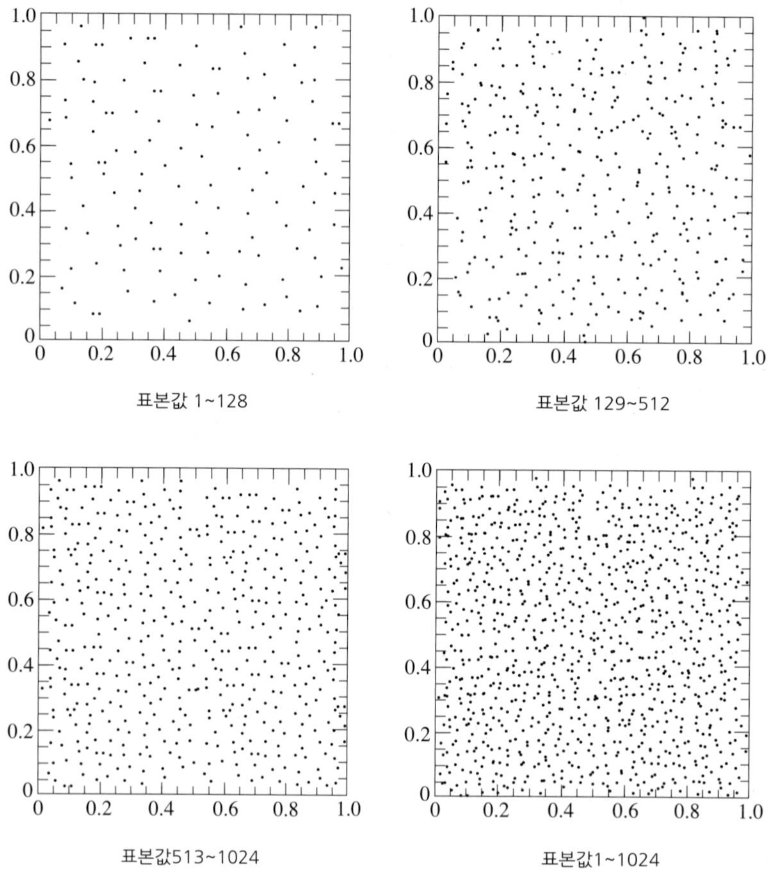

여기서 옵션의 잔존 만기를 T라고 하고 이를 N개의 같은 간격인 $\Delta t = T/N$으로 나누어 총 $N+1$개의 시점을 고려하기로 한다.

$$0,\ \ \Delta t,\ \ 2\,\Delta t,\ \ \ldots,\ \ T$$

한편 $S_{\max}$ 를 풋옵션 가치가 실질적으로 0이 되게 할 정도로 아주 높은 수준의 주가라고 가정하고 $\Delta S = S_{\max}/M$라 함으로써 같은 간격의 주가 $M+1$개를 고려하기로 한다.

$$0,\ \ \Delta S,\ \ 2\,\Delta S,\ \ \ldots,\ \ S_{\max}$$

그런데 $S_{\max}$ 를 선택할 때는 위의 $M+1$개의 주가들 중 하나가 현재의 주가가 되도록 한다.

이와 같이 정의된 시점들과 주가들은 [그림 21.15]에 있는 바와 같이 총 $(M+1)(N+1)$개의 점으로 구성된 격자(grid)를 형성하게 된다. 이러한 격자 상의 (i, j)점은 $i\,\Delta t$ 시점, 주가 $j\,\Delta S$ 를 나타내는 점으로 정의된다. 변수 $f_{i,j}$ 는 (i, j)점에서 옵션의 가치를 표시하기로 약속한다.

암묵적 유한차분법

앞에서 정의된 격자상의 내부 점 (i, j)에 대해서는 아래와 같이 $\partial f/\partial S$의 근사값을 계산할 수 있다.

$$\frac{\partial f}{\partial S} = \frac{f_{i,j+1} - f_{i,j}}{\Delta S} \tag{21.22}$$

또는

$$\frac{\partial f}{\partial S} = \frac{f_{i,j} - f_{i,j-1}}{\Delta S} \tag{21.23}$$

이때 식 (21.22)를 후방차분근사식(*forward difference approximation*), (21.23)을 전방차분 근사식(*backward difference approximation*)이라고 부른다. 식 (21.22)와 (21.23)을 다음과 같이 평균하면 좀더 균형 있는 근사식을 이용할 수 있다.

$$\frac{\partial f}{\partial S} = \frac{f_{i,j+1} - f_{i,j-1}}{2\,\Delta S} \tag{21.24}$$

한편, $\partial f/\partial t$에 대해서는 다음과 같이 후방차분근사식을 이용하여 $i\,\Delta t$시점에서의 값이 $(i+1)\,\Delta t$에서의 값과 연결되도록 할 수 있다.

$$\frac{\partial f}{\partial t} = \frac{f_{i+1,j} - f_{i,j}}{\Delta t} \tag{21.25}$$

이번에는 $\partial^2 f/\partial S^2$ 을 고려해 보자. 점 (i, j)에서 $\partial f/\partial S$ 의 전방차분근사식은 앞에서의 식 (21.23)이고 $(i, j+1)$에서의 전방차분근사식은 다음과 같다.

$$\frac{f_{i,j+1} - f_{i,j}}{\Delta S}$$

따라서 점 (i, j)에서 $\partial^2 f/\partial S^2$ 에 대한 유한차분근사식은

$$\frac{\partial^2 f}{\partial S^2} = \left(\frac{f_{i,j+1} - f_{i,j}}{\Delta S} - \frac{f_{i,j} - f_{i,j-1}}{\Delta S}\right) \Big/ \Delta S$$

또는

$$\frac{\partial^2 f}{\partial S^2} = \frac{f_{i,j+1} + f_{i,j-1} - 2f_{i,j}}{\Delta S^2} \tag{21.26}$$

와 같이 된다.

이제 식 (21.24), (21.25), (21.26)을 식 (21.21)에 대입하고 $S = j\,\Delta S$임을 이용하면 $j = 1, 2, \ldots, M-1$, $i = 0, 1, \ldots, N-1$에 대하여

$$\frac{f_{i+1,j} - f_{i,j}}{\Delta t} + (r-q)j\,\Delta S\frac{f_{i,j+1} - f_{i,j-1}}{2\,\Delta S} + \tfrac{1}{2}\sigma^2 j^2 \Delta S^2 \frac{f_{i,j+1} + f_{i,j-1} - 2f_{i,j}}{\Delta S^2} = rf_{i,j}$$

그림 21.5 유한차분법에서의 격자.

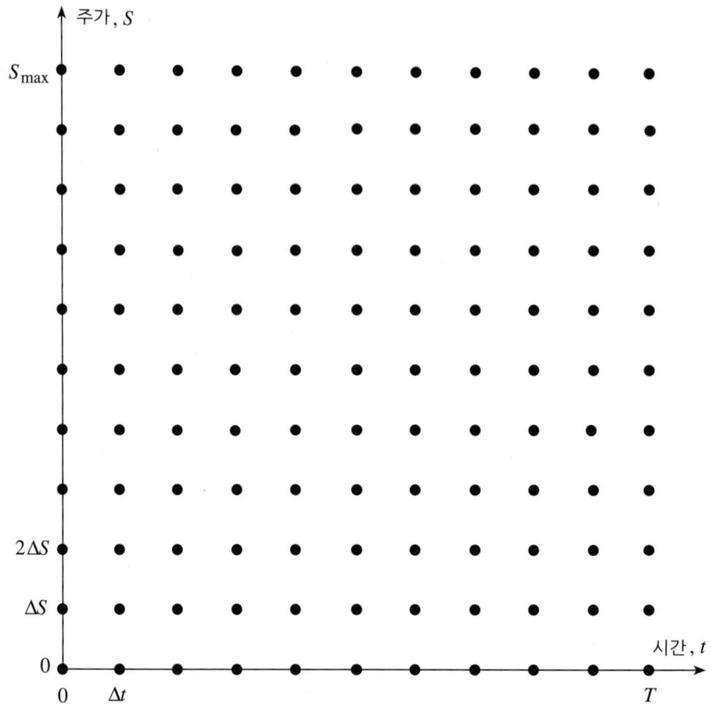

가 성립하게 된다. 위의 식에서 동류항들을 정리하면

$$a_j f_{i,j-1} + b_j f_{i,j} + c_j f_{i,j+1} = f_{i+1,j} \tag{21.27}$$

가 성립하는데 여기서

$$\begin{aligned} a_j &= \tfrac{1}{2}(r-q)j\,\Delta t - \tfrac{1}{2}\sigma^2 j^2 \Delta t \\ b_j &= 1 + \sigma^2 j^2 \Delta t + r\,\Delta t \\ c_j &= -\tfrac{1}{2}(r-q)j\,\Delta t - \tfrac{1}{2}\sigma^2 j^2 \Delta t \end{aligned}$$

이다. 그런데 T시점에서 풋옵션의 이득은 S_T를 T시점에서의 주가라 할 때 $\max(K - S_T,\ 0)$가 되므로 다음 식이 성립한다.

$$f_{N,j} = \max(K - j\,\Delta S,\ 0), \quad j = 0, 1, \ldots, M \tag{21.28}$$

또한, 주가가 0인 경우 풋옵션 가치는 K가 되므로

$$f_{i,0} = K, \quad i = 0, 1, \ldots, N \tag{21.29}$$

이 성립한다. 마지막으로 $S = S_{\max}$ 일 때는 풋옵션 가치가 0임을 상기하면 다음 식이 성립한다.

$$f_{i,M} = 0, \quad i = 0, 1, \ldots, N \tag{21.30}$$

결과적으로 식 (21.28), (21.29), (21.30)은 $S=0, S=S_{\max}, t=T$일 경우 [그림 21.15]의 격자상의 세 변 위의 점들에서 풋옵션의 가치를 나타내고 있는 셈이다. 이제 이 점들에서의 풋옵션 가치를 이용하고 식 (21.27)을 활용함으로써 다른 점들에서의 f의 값을 계산하게 된다. 우선 $T-\Delta t$시점에서의 점들에서 계산해 보자. $i = N - 1$일 때 식 (21.27)을 $j = 1, 2, \ldots, M - 1$에 대하여 다음과 같게 된다.

$$a_j f_{N-1,j-1} + b_j f_{N-1,j} + c_j f_{N-1,j+1} = f_{N,j} \tag{21.31}$$

그런데 이 식들의 우변의 값은 식 (21.28)에서 얻을 수 있고 또 식 (21.29)와 (21.30)으로부터 다음의 값들을 계산할 수 있다.

$$f_{N-1,0} = K \tag{21.32}$$

$$f_{N-1,M} = 0 \tag{21.33}$$

따라서 식 (21.31)은 $f_{N-1,1}$, $f_{N-1,2}, \ldots$, $f_{N-1,M-1}$이라는 $M-1$개의 미지수를 갖는 $M-1$개의 연립방정식이 된다.[22] 이 연립방정식의 해를 구한 후 각 $f_{N-1,j}$ 값을 $K - j\Delta S$의 값과 비교하여 조기행사의 최적 여부를 판단한다. 만약 $f_{N-1,j} < K - j\Delta S$ 이면 $T - \Delta t$ 시점에서는 조기행사가 최적이 되고, $f_{N-1,j}$는 $K - j\Delta S$가 된다. $T - 2\Delta t$ 시점에서의 점들도 이와 같은 방법으로 계산하고 다른 모든 시점에서도 동일한 계산을 계속한다. 그 결과로 $f_{0,1}$, $f_{0,2}$, $f_{0,3}, \ldots, f_{0,M-1}$의 값 모두를 계산하게 되는데 이 중 하나가 우리가 구하고자 하는 옵션가격이 된다.

앞에서 소개한 통제변수기법(control variate technique)을 유한차분법과 함께 이용할 수도 있다. 이때는 위의 예에서 고려한 옵션과 유사하지만 평가 공식이 존재하는 옵션의 가치평가를 위해서 동일한 격자를 사용한다. 그러고 나서 식 (21.20)을 이용한다.

예제 21.10

[표 21.4]는 [예제 21.1]의 아메리칸 풋옵션에 암묵적 유한차분법을 적용하여 계산한 결과이다. $M, N, \Delta S$의 값으로는 각각 20, 10, 5를 사용하였다. 이는 주가를 0달러와 100달러 사이의 5달러 간격으로, 옵션 잔존 만기를 0.5개월 간격으로 하여 옵션가치를 추정한다는 의미를 갖는다. 격자 상의 옵션가격은 4.07달러로 추정되었다. 이 옵션이 유러피언옵션이라면 결과는 3.91달러가 된다. 블랙-숄즈-머튼 모형을 이용한 값은 4.08달러이다. 따라서 통제변수법을 이용하면 다음과 같은 결과가 얻어진다.

4.07 + (4.08 − 3.91) 4.24달러

22 이 과정에서 역행렬을 구할 필요는 없다. 식 (20.31)에서 j=1인 경우의 식을 이용하여 $f_{N-1,2}$를 $f_{N-1,1}$로 나타낼 수 있고, $j=1$인 경우의 식과 함께 $j=2$인 경우의 식을 이용하여 $f_{N-1,3}$을 $f_{N-1,1}$로 나타낼 수 있다. 앞의 여러 식들과 함께 $j=\mathrm{M}-2$인 경우의 식을 이용하여 $f_{N-1,M-1}$을 $f_{N-1,1}$로 나타낼 수 있다. 이와 같은 방식으로 계속하면 $j=\mathrm{M}-1$인 마지막 식에서 $f_{N-1,1}$의 값을 구할 수 있다. 이 값을 이용하면 다른 $f_{N-1,1}, j$를 구할 수 있다.

명시적 유한차분법

ΔS와 Δt가 0에 수렴하는 경우 암묵적 유한차분법은 그 해가 항상 미분방정식의 해로 수렴한다는 점에서 매우 강력한 분석 기법이 된다는 장점을 지니고 있다.[23] 그러나 이 기법의 단점 중 하나는 $f_{i+1,j}$ 값들로부터 $f_{i,j}$ 을 계산하기 위하여 $M-1$개의 연립방정식을 풀어야 한다는 점이다. 그런데 격자 상의 점 (i, j)에서 $\partial f/\partial S$, $\partial^2 f/\partial S^2$ 의 값이 점 $(i+1, j)$에서의 값과 같다고 가정하면 계산과정을 좀 더 단순화할 수 있다. 이와 같은 가정을 하면 식 (21.24)와 (21.26)는 다음과 같이 수정된다.

$$\frac{\partial f}{\partial S} = \frac{f_{i+1,j+1} - f_{i+1,j-1}}{2\,\Delta S}$$

$$\frac{\partial^2 f}{\partial S^2} = \frac{f_{i+1,j+1} + f_{i+1,j-1} - 2f_{i+1,j}}{\Delta S^2}$$

이때 차분방정식은

표 21.4 [예제 20.1]의 아메리칸 옵션가치평가에 암묵적 유한차분법을 적용하여 얻은 격자.

주가 (달러)	만기(월)										
	5	*4.5*	*4*	*3.5*	*3*	*2.5*	*2*	*1.5*	*1*	*0.5*	*0*
100	0.00	0.00	0.00	0.00	0.00	0.00	0.00	0.00	0.00	0.00	0.00
95	0.02	0.02	0.01	0.01	0.00	0.00	0.00	0.00	0.00	0.00	0.00
90	0.05	0.04	0.03	0.02	0.01	0.01	0.00	0.00	0.00	0.00	0.00
85	0.09	0.07	0.05	0.03	0.302	0.02	0.01	0.00	0.00	0.00	0.00
80	0.16	0.12	0.09	0.07	0.04	0.03	0.02	0.01	0.00	0.00	0.00
75	0.27	0.22	0.17	0.13	0.09	0.06	0.03	0.02	0.01	0.00	0.00
70	0.47	0.39	0.32	0.25	0.18	0.13	0.08	0.04	0.02	0.00	0.00
65	0.82	0.71	0.60	0.49	0.38	0.28	0.19	0.11	0.05	0.02	0.00
60	1.42	1.27	1.11	0.95	0.78	0.62	0.45	0.30	0.16	0.05	0.00
55	2.43	2.24	2.05	1.83	1.61	1.36	1.09	0.81	0.51	0.22	0.00
50	4.07	3.88	3.67	3.45	3.19	2.91	2.57	2.17	1.16	0.99	0.00
45	6.58	6.44	6.29	6.13	5.96	5.77	2.57	5.36	5.17	5.02	5.00
40	10.15	10.10	10.05	10.01	10.00	10.00	10.00	10.00	10.00	10.00	10.00
35	15.00	15.00	15.00	15.00	15.00	15.00	15.00	15.00	15.00	15.00	15.00
30	20.00	20.00	20.00	20.00	20.00	20.00	20.00	20.00	20.00	20.00	20.00
25	25.00	25.00	25.00	25.00	25.00	25.00	25.00	25.00	25.00	25.00	25.00
20	30.00	30.00	30.00	30.00	30.00	30.00	30.00	30.00	30.00	30.00	30.00
15	35.00	35.00	35.00	35.00	35.00	35.00	35.00	35.00	35.00	35.00	35.00
10	40.00	40.00	40.00	40.00	40.00	40.00	40.00	40.00	40.00	40.00	40.00
5	45.00	45.00	45.00	45.00	45.00	45.00	45.00	45.00	45.00	45.00	45.00
0	50.00	50.00	50.00	50.00	50.00	50.00	50.00	50.00	50.00	50.00	50.00

23 유한차분법에서 일반적인 규칙은 S를 에 비례하도록 해야 한다는 것이다.

$$\frac{f_{i+1,j} - f_{i,j}}{\Delta t} + (r-q)j\,\Delta S\,\frac{f_{i+1,j+1} - f_{i+1,j-1}}{2\Delta S} + \tfrac{1}{2}\sigma^2 j^2 \Delta S^2\,\frac{f_{i+1,j+1} + f_{i+1,j-1} - 2f_{i+1,j}}{\Delta S^2} = r f_{i,j}$$

또는

$$f_{i,j} = a_j^*\, f_{i+1,j-1} + b_j^*\, f_{i+1,j} + c_j^*\, f_{i+1,j+1} \tag{21.34}$$

가 되는데 단,

$$a_j^* = \frac{1}{1+r\,\Delta t}\left(-\tfrac{1}{2}(r-q)j\,\Delta t + \tfrac{1}{2}\sigma^2 j^2 \Delta t\right)$$
$$b_j^* = \frac{1}{1+r\,\Delta t}\left(1 - \sigma^2 j^2 \Delta t\right)$$
$$c_j^* = \frac{1}{1+r\,\Delta t}\left(\tfrac{1}{2}(r-q)j\,\Delta t + \tfrac{1}{2}\sigma^2 j^2 \Delta t\right)$$

이다. 이러한 결과를 명시적 유한차분법이라고 한다.[24] [그림 21.16]은 암묵적 유한차분법과 명시적 유한차분법의 차이를 보여주고 있다. 암묵적 유한차분법은 식 (21.27)로 대표되는데 이 식은 $i\,\Delta t$시점에서 세 옵션가치 $(f_{i,j-1}, f_{i,j}, f_{i\,j+1})$ 와 $(i+1)\,t$시점에서 옵션가치 $(f_{i+1,j})$ 간에 존재하는 관계식을 보여 준다. 반면 명시적 유한차분법은 식 (21.34)로 대표되는데 여기서는 $i\,\Delta t$에서의 옵션가치 $(f_{i,j})$와 $(i+1)\,t$시점에서 세 옵션가치 $(f_{i,j-1}, f_{i,j}, f_{i\,j+1})$ 간에 존재하는 관계식을 보여 준다.

24 $\partial f/\partial t$에 대한 후방차분근사 계산법 대신 전방차분근사 계산법을 이용해도 명시적 유한차분법을 얻을 수 있다.

그림 21.16 암묵적 유한차분법과 명시적 유한차분법의 차이.

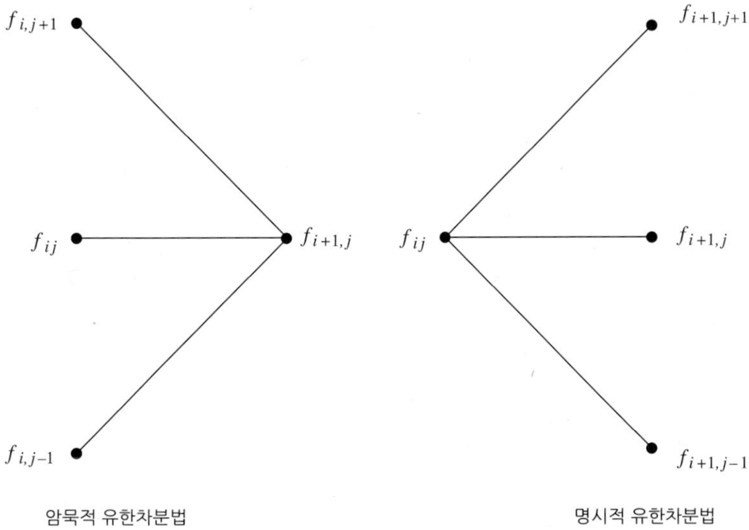

예제 21.11

[표 21.5]는 [예제 21.1]의 아메리칸 풋옵션에 명시적 유한차분법을 적용하여 계산한 결과이다. [예제 21.10]에서처럼 M, N, ΔS의 값으로 각각 20, 10, 5를 사용하였다. 격자상의 옵션가격은 4.26달러로 추정되었다.[25]

변수의 교환

기하적 브라운 운동이 기초자산가격의 확률과정으로 이용되는 경우, 기초변수를 S가 아니라 $\ln S$로 하여 유한차분법을 이용하는 것이 계산상 훨씬 효과적이다. 이를 위해 $Z = \ln S$라고 정의하면 식 (21.21)은 다음과 같아진다.

$$\frac{\partial f}{\partial t} + \left(r - q - \frac{\sigma^2}{2}\right)\frac{\partial f}{\partial Z} + \tfrac{1}{2}\sigma^2 \frac{\partial^2 f}{\partial Z^2} = rf$$

그러고 나서 같은 간격의 S값이 아니라 같은 간격의 Z값에 대하여 형성된 격자들의 점들에 대하여 파생상품 가치를 평가하면 된다. 암묵적 유한차분법은

$$\frac{f_{i+1,j} - f_{i,j}}{\Delta t} + (r - q - \sigma^2/2)\frac{f_{i,j+1} - f_{i,j-1}}{2\Delta Z} + \tfrac{1}{2}\sigma^2 \frac{f_{i,j+1} + f_{i,j-1} - 2f_{i,j}}{\Delta Z^2} = rf_{i,j}$$

또는

$$\alpha_j f_{i,j-1} + \beta_j f_{i,j} + \gamma_j f_{i,j+1} = f_{i+1,j} \tag{21.35}$$

가 되며 단,

$$\alpha_j = \frac{\Delta t}{2\Delta Z}(r - q - \sigma^2/2) - \frac{\Delta t}{2\Delta Z^2}\sigma^2$$

$$\beta_j = 1 + \frac{\Delta t}{\Delta Z^2}\sigma^2 + r\,\Delta t$$

$$\gamma_j = -\frac{\Delta t}{2\Delta Z}(r - q - \sigma^2/2) - \frac{\Delta t}{2\Delta Z^2}\sigma^2$$

이다. 명시적 유한차분법의 경우에는

$$\frac{f_{i+1,j} - f_{i,j}}{\Delta t} + (r - q - \sigma^2/2)\frac{f_{i+1,j+1} - f_{i+1,j-1}}{2\Delta Z} + \tfrac{1}{2}\sigma^2 \frac{f_{i+1,j+1} + f_{i+1,j-1} - 2f_{i+1,j}}{\Delta Z^2} = rf_{i,j}$$

또는

$$\alpha_j^* f_{i+1,j-1} + \beta_j^* f_{i+1,j} + \gamma_j^* f_{i+1,j+1} = f_{i,j} \tag{21.36}$$

25 격자 상의 음수와 기타 비정상적 결과들에 대해서는 본 장의 후반부에서 설명할 것이다.

표 21.5 [예제 20.1]의 아메리칸옵션 가치평가에 명시적 유한차분법을 적용하여 얻은 격자.

주가 (달러)	만기(월)										
	5	*4.5*	*4*	*3.5*	*3*	*2.5*	*2*	*1.5*	*1*	*0.5*	*0*
100	0.00	0.00	0.00	0.00	0.00	0.00	0.00	0.00	0.00	0.00	0.00
95	0.06	0.00	0.00	0.00	0.00	0.00	0.00	0.00	0.00	0.00	0.00
90	-0.11	0.05	0.00	0.00	0.00	0.00	0.00	0.00	0.00	0.00	0.00
85	0.28	-0.05	0.05	0.00	0.00	0.00	0.00	0.00	0.00	0.00	0.00
80	-0.13	0.20	0.00	0.05	0.00	0.00	0.00	0.00	0.00	0.00	0.00
75	0.46	0.06	0.20	0.04	0.06	0.00	0.00	0.00	0.00	0.00	0.00
70	0.32	0.46	0.23	0.25	0.10	0.09	0.00	0.00	0.00	0.00	0.00
65	0.91	0.68	0.63	0.44	0.37	0.21	0.14	0.00	0.00	0.00	0.00
60	1.48	1.37	1.17	1.02	0.81	0.65	0.42	0.27	0.00	0.00	0.00
55	2.59	2.39	2.21	1.99	1.77	1.50	1.24	0.90	0.59	0.00	0.00
50	4.26	4.08	3.89	3.68	3.44	3.18	2.87	2.53	2.07	1.56	0.00
45	6.76	6.61	6.47	6.31	6.15	5.96	5.57	5.50	5.24	5.00	5.00
40	10.28	10.20	10.13	10.06	10.01	10.00	10.00	10.00	10.00	10.00	10.00
35	15.00	15.00	15.00	15.00	15.00	15.00	15.00	15.00	15.00	15.00	15.00
30	20.00	20.00	20.00	20.00	20.00	20.00	20.00	20.00	20.00	20.00	20.00
25	25.00	25.00	25.00	25.00	25.00	25.00	25.00	25.00	25.00	25.00	25.00
20	30.00	30.00	30.00	30.00	30.00	30.00	30.00	30.00	30.00	30.00	30.00
15	35.00	35.00	35.00	35.00	35.00	35.00	35.00	35.00	35.00	35.00	35.00
10	40.00	40.00	40.00	40.00	40.00	40.00	40.00	40.00	40.00	40.00	40.00
5	45.00	45.00	45.00	45.00	45.00	45.00	45.00	45.00	45.00	45.00	45.00
0	50.00	50.00	50.00	50.00	50.00	50.00	50.00	50.00	50.00	50.00	50.00

가 성립하는데 단,

$$\alpha_j^* = \frac{1}{1+r\,\Delta t}\left[-\frac{\Delta t}{2\Delta Z}(r-q-\sigma^2/2)+\frac{\Delta t}{2\Delta Z^2}\sigma^2\right] \tag{21.37}$$

$$\beta_j^* = \frac{1}{1+r\,\Delta t}\left(1-\frac{\Delta t}{\Delta Z^2}\sigma^2\right) \tag{21.38}$$

$$\gamma_j^* = \frac{1}{1+r\,\Delta t}\left[\frac{\Delta t}{2\Delta Z}(r-q-\sigma^2/2)+\frac{\Delta t}{2\Delta Z^2}\sigma^2\right] \tag{21.39}$$

이다. 이와 같이 변수를 교환하는 경우에는 $\alpha_j^*, \beta_j^*, \gamma_j^*$ 뿐만 아니라 $\alpha_j, \beta_j, \gamma_j$도 j에 독립적이라는 특징을 가지며 r ΔZ is $\sigma\sqrt{3\Delta t}$ 가 되게 설정하는 것이 계산상 가장 효율적인 것으로 알려져 있다.

삼항분포 모형과의 관계

명시적 유한차분법은 삼항분포 모형과 동일하다.[26] 이를 알아보기 위해 식 (21.34)의 a_j^*, b_j^*, c_j^* 에서 다음 항들을 아래와 같이 해석해 보자.

$-\frac{1}{2}(r-q)j\,\Delta t + \frac{1}{2}\sigma^2 j^2 \Delta t$:	Δt시점에서 주가가 $j\,\Delta S$ 에서 $(j-1)\Delta S$ 로 감소할 확률
$1-\sigma^2 j^2 \Delta t$:	Δt시점에서 주가가 $j\,\Delta S$ 로 유지될 확률
$\frac{1}{2}(r-q)j\,\Delta t + \frac{1}{2}\sigma^2 j^2 \Delta t$:	Δt시점에서 주가가 $j\,\Delta S$ 에서 $(j+1)\Delta S$로 증가할 확률

이와 같은 해석을 그림으로 표현하면 [그림 21.17]과 같은데 이 세 확률의 합은 1이다. 따라서 Δt시점에서 주가상승의 기대값은 $(r-q)j\,\Delta S\,\Delta t = (r-q)S\,\Delta t$가 되는데 이 값은 위험중립 세계에서의 주가상승의 기대값이다. 한편 Δt 가 적은 값일 때 Δt 시점에서 주가 변화의 분산은 $\sigma^2 j^2 \Delta S^2 \Delta t = \sigma^2 S^2 \Delta t$가 된다. 이러한 결과는 S의 확률과정과 일치하는 결과이다. $i\,\Delta t$ 시점에서 f의 값은 위험중립 세계에서 $(i+1)\,\Delta t$시점에서의 기대이득을 무위험이자율로 할인하여 계산하면 된다.

그런데 명시적 유한차분법이 제대로 작용하려면 세 확률들이 모두 양의 값을 가져야 한다.

$$-\tfrac{1}{2}(r-q)j\,\Delta t + \tfrac{1}{2}\sigma^2 j^2 \Delta t,$$

$$1-\sigma^2 j^2 \Delta t$$

$$\tfrac{1}{2}(r-q)j\,\Delta t + \tfrac{1}{2}\sigma^2 j^2 \Delta t$$

[예제 21.11]에서는 $j \geqslant 13$ (즉, $S \geqslant 65$)일 때 $1-\sigma^2 j^2$의 값이 음이 되는데 이것은 [표21.5]의 왼쪽 모서리 부분의 결과 중 옵션가격이 음이 되는 등의 비정상적 결과들이 나타나는 이유가 된다. 이러한 예는 명시적 유한차분법과 관련된 핵심적인 문제점을 잘 예시해주고 있다. 즉, 다항 과정상의 확률들이 음이 될 수도 있기 때문에 명시적 유한차분법에 의한 해가 항상 미분방정식의 해에 수렴하지는 않게 된

그림 21.17 삼항과정으로서의 명시적 유한차분법의 해석.

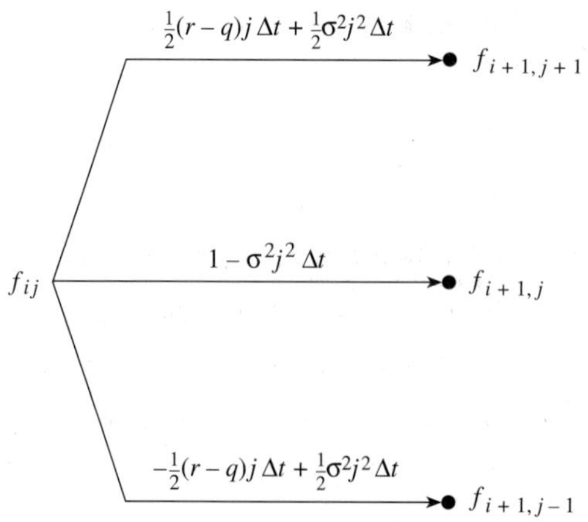

26 암묵적 유한차분법은 각 점에서 $M+1$개의 가지로 퍼져가는 다항분포 모형과 동일하다는 것도 증명할 수 있다.

다는 것이다.[27]

변수교환법을 이용하는 경우[식 (21.36~21.39) 참조]에 $Z = \ln S$가 ΔZ 만큼 감소하거나, 변동이 없거나 ΔZ 만큼 증가할 확률은 각각 다음과 같다.

$$-\frac{\Delta t}{2\Delta Z}(r - q - \sigma^2/2) + \frac{\Delta t}{2\Delta Z^2}\sigma^2$$

$$1 - \frac{\Delta t}{\Delta Z^2}\sigma^2$$

$$\frac{\Delta t}{2\Delta Z}(r - q - \sigma^2/2) + \frac{\Delta t}{2\Delta Z^2}\sigma^2$$

이와 같은 Z의 변화는 주가가 S로부터 각각 $Se^{-\Delta Z}$, S, $Se^{\Delta Z}$로 변화하는 결과에 해당한다. 만약 $\Delta Z = \sigma\sqrt{3\Delta t}$ 라고 놓으면 삼항과정과 확률들은 본 장 4절에서 설명한 삼항과정의 경우와 동일해진다.

기타 유한차분법

연구자들은 순수하게 암묵적 또는 순수하게 명시적이기 보다는 많은 상황속에서 계산적으로 효율적인 다른 유한 차분법을 개발해 왔다. 그런데 건너뛰기법(Hopscotch method)이라고 알려진 기법은 한 점에서 다른 점으로 이동하면서 명시적 기법과 암묵적 기법을 교대로 이용하는 기법인데 [그림 21.18]에 이 기법이 묘사되어 있다. 매번, 명시적 기법이 적용되는 점들(E)에서 보통과 같은 기법으로 계산을 한다. 그 다음 암묵적 기법을 적용할 점(I)에서 계산을 한다. 이때 연립방정식을 풀 필요가 없는데 그 이유는 이미 인접 점에서의 계산 결과를 알고 있기 때문이다.
크랭크-니컬슨(Crank-Nicolson) 기법에서는

$$\frac{f_{i+1,j} - f_{i,j}}{\Delta t}$$

는 암묵적 그리고 명시적 기법의 평균으로 설정된다.

유한차분법의 적용

유한차분법은 유러피언옵션이나 아메리칸옵션에도 적용할 수 있지만, 파생상품의 이득이 기초변수의 과거 자료에 따라 달라지는 경우에는 사용하기가 쉽지 않다. 또한 연산시간이 상당히 증가하는 손실을 감수한다면 기초변수가 여러 개인 경우에도 적용할 수 있기는 하다. 이런 경우에는 [그림 21.15]의 격자가 다차원 공간의 격자가 된다.

유한차분법을 이용하여 그릭문자를 계산하는 방법도 이항과정의 경우와 유사하다. 즉, 델타, 감마,

---

27 J. Hull and A. White,“ Valuing Derivative Securities Using the Explicite Finite Difference Method, ” *Journal of Financial and Quanititative Analysis*, 25 (March 1990): 87–100. 이 논문에서는 이 문제를 어떻게 극복할 수 있는지 보여주고 있다. 이 논문에서 고려하고 있는 사례에서는 수렴현상을 확보하기 위해 *S*가 아니라 *ln S*에 대한 격자를 구성할 수 있다.

그림 21.18 건너뛰기법. I점들은 암묵적 유한차분법을, E점들은 명시적 유한차분법을 이용한 점들을 표시한다.

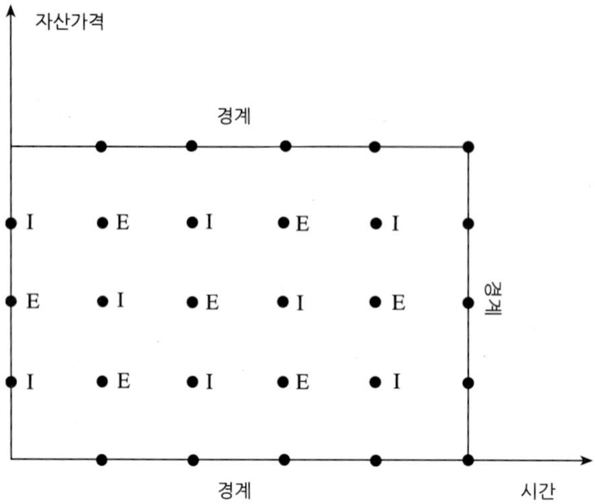

그리고 세타를 격자 상의 $f_{i,j}$ 값에서 직접 계산할 수 있다. 베가 계산을 위해서는 변동성을 약간 변경하고 동일한 격자 상에서 파생상품의 가치를 다시 계산하면 된다.

요약

본 장에서는 공식에 의한 가치평가가 불가능한 경우에 사용 가능한 세 가지의 수치화 절차에 대하여 설명하였는데 다항분포 모형, 몬테카를로 시뮬레이션, 유한차분법 등이 그것이다.

이항 모형은 아주 짧은 기간 Δt 동안 주가가 u%만큼 증가하거나 d%만큼 감소한다고 가정하고 있다. 이때 주가 변화가 위험중립 세계에서의 평균과 표준편차에 일치할 수 있도록 u, d의 크기와 발생 확률을 결정해야 한다. 이항과정에서는 옵션만기 기점에서 시작하여 시간을 거슬러 역행함으로써 옵션가격을 계산해간다. 이때 아메리칸옵션의 경우에는 (a)조기행사 시의 옵션가치와 (b)계속 옵션으로 보유할 경우의 옵션가치 중 큰 값이 그 가치가 된다.

몬테카를로 시뮬레이션은 임의의 수를 이용하여 파생상품의 기초변수들이 위험중립 세계에서 따르게 될 여러 다른 경로들을 표본 추출한다. 경로별로 이득이 계산되고 무위험이자율로 할인된다. 할인된 이득의 산술평균이 옵션의 추정가치이다.

유한차분법에서는 옵션가치에 대한 미분방정식을 차분방정식으로 전환시켜 옵션가치를 계산하는 기법이다. 이 기법은 파생상품 만기에서 역행하여 가치를 계산해간다는 점에서 다항과정과 유사한 기법이라고 할 수 있다. 즉, 명시적 유한차분법은 삼항과정과 기능적으로(functionally) 같은 기법이다. 암묵적 유한차분법은 이 기법보다 복잡하지만 가치의 추정치가 일정한 값에 수렴하도록 주의를 기울일 필요가 없다는 것이 장점이다.

실무적으로는 가치평가대상인 파생상품의 특징과 요구되는 정확성에 따라 이러한 기법들 중 적절한 기법을 선택한다. 몬테카를로 시뮬레이션은 현재 시점에서 시작하여 만기까지 이동하면서 가치평가를 하게 되는데, 유러피언옵션에 이용할 수 있으며 파생상품과 관련된 복잡한 문제들을 다룰 수 있고 또한, 기초변수의 수가 증가할수록 상대적으로 더욱 효과적인 기법이 된다. 다항과정과 유한차분법은 옵션만기에서 시작하여 현재시점으로 거꾸로 이동하면서 가치평가를 하게 되는데 유러피언옵션뿐만 아니라 아메리칸옵션에도 이용할 수 있는 기법이다. 그러나 이 두 기법들은 상태 변수의 현재 값뿐만 아니라 과거 값에 따라서도 달라지는 경우에는 적용하기 어렵게 된다. 더구나 변수가 세 개 이상인 경우에는 연산 시간이 매우 오래 걸린다는 단점을 갖고 있다.

참고문헌

일반론

Clewlow. L., and C. Strickland, *Implementing Derivatives Models*. Chichester: Wiley, 1998.

Press, W. H., S. A. Teukolsky, W. T. Vetterling, and B. P. Flannery, *Numerical Recipes in C: The Art of Scientific Computing*, 2nd edn. Cambridge University Press, 1992.

이항 모형

Cox, J. C, S. A. Ross, and M. Rubinstein, "Option Pricing: A Simplified Approach," *Journal of Financial Economics*, 7 (October 1979): 229–64.

Figlewski, S., and B. Gao. "The Adaptive Mesh Model: A New Approach to Efficient Option Pricing," *Journal of Financial Economics*, 53 (1999): 313–51.

Hull, J. C., and A. White, "The Use of the Control Variate Technique in Option Pricing," *Journal of Financial and Quantitative Analysis*, 23 (September 1988): 237–51.

Rendleman, R., and B, Bartter, "Two State Option Pricing," *Journal of Finance*, 34 (1979): 1092–1110

몬테카를로 시뮬레이션

Boyle, P. P., " Options: A Monte Carlo Approach," *Journal of Financial Economics*, 4 (1977): 323–38

Boyle, P. P., M. Broadie, and P. Glasserman, "Monte Carlo Methods for Security Pricing," *Journal of Economic Dynamics and Conrtol*, 21(1977): 1267–1332

Broadie, M., P. Glasserman and G, Jain, "Enhanced Monte Carlo Estimates for American Option Prices," *Journal of Derivatives*, 5 (Fall 1997): 25–44

유한차분법

Hull, J. C., and A, White, "Valuing Derivative Securities Using the Explicit Finite Difference Method," *Journal of Financial and Quantitative Analysis*, 25 (March 1990): 87–100

Wilmott, P., Derivatives: *The Theory and Practice of Financial Engineering*. Chichester: Wiley. 1998

연습문제

21.1. 아메리칸옵션의 경우 중 한 개의 이항과정을 구성함으로써 추정 가능한 것은 델타, 감마, 베가, 로 중 어느 것인가?

21.2. 주가 60달러, 행사가격 60달러, 무위험이자율 연 10%, 변동성 연 45%일 때, 무배당주식에 대한 3개월 만기 아메리칸 풋옵션의 가격을 계산하라. 단, 1기간이 1개월인 이항과정 모형을 이용하라.

21.3. 아메리칸옵션의 가치평가에 이항과정을 이용하는 경우 통제변수기법을 어떻게 활용할 수 있는지 설명하라.

21.4. 현재 선물가격 198센트, 행사가격 200센트, 무위험이자율 연 8%, 변동성 연 30%인 경우 옥수수선물에 대한 9개월 만기 아메리칸 콜옵션의 가격을 계산하라. 단, 1기간이 3개월인 이항과정모형을 이용하라.

21.5. 옵션만기 시의 주가가 옵션만기까지의 평균 주가를 상회하는 만큼의 이득을 지급하는 옵션이 있다고 해보자. 이항 모형을 이용하여 이러한 옵션의 가치를 평가할 수 있는지 설명하라.

21.6. "배당주식의 경우 주가에 대한 이항과정은 다시 결합하지 않지만 미래 배당금의 현재 가치를 차감한 주가에 대한 이항과정은 다시 결합하게 된다."이러한 주장에 대하여 설명하라.

21.7. 만약 본 장 각주 8의 조건이 충족된다면 콕스–잉거솔–로스 기법에 의한 주가변동 확률이 음수가 됨을 증명하라.

21.8. [실무사례 21.1]과 [표 21.1]의 π의 추정치를 향상시키기 위하여 층화 표본추출법을 이용하라 (100번 시도하라).

21.9. 아메리칸옵션의 경우 몬테카를로 시뮬레이션 기법을 이용하는 것이 쉽지 않은 이유를 설명하라.

21.10. 무배당주식에 대한 만기 9개월의 아메리칸 풋옵션의 행사가격이 49달러라고 한다. 현재 주가는 50달러, 무위험이자율은 연 5%, 변동성은 연 30%라고 한다. 3기간 이항 모형을 이용하여 옵션가격을 계산하라.

21.11. 3기간 이항 모형을 이용하여 밀(wheat) 선물에 대한 9개월 만기 아메리칸 콜옵션 가격을 계산하라. 현재 선물가격은 400센트, 행사가격은 420센트, 무위험이자율은 연 6%, 변동성은 연35%라고 한다. 옵션의 델타도 계산하라.

21.12. 주식에 대한 3개월 만기 아메리칸 콜옵션의 행사가격이 20달러라고 한다. 현재 주가는 20달러, 무위험이자율은 연 3%, 변동성은 연 25%라고 한다. 1.5개월 후에 2달러의 배당금이 지급될 것으로 예상되는 경우 3기간 이항 모형을 이용하여 옵션가격을 계산하라.

21.13. 무배당주식에 대한 만기 1년의 아메리칸 풋옵션의 행사가격이 18달러라고 한다. 현재 주가는20달러, 무위험이자율은 연 15%, 변동성은 연 40%라고 한다. 1기간이 3개월인 4기간 이항과정으로 설정하고, DerivaGem 소프트웨어를 이용하여 옵션가치를 평가해 보라. 이항과정을 그림으로 나타내고 3기간과 4기간 말의 점들에서 옵션가격이 옳은지 확인하라. 이 옵션이 유러피언인 경우 DerivaGem을 이용하여 가격을 계산하라. 또한, 통제변수기법을 이용하여 아메리칸옵션의 경우 더 나은 가격 추정치를 계산하라.

21.14. 주가지수에 대한 만기 2개월 아메리칸 풋옵션의 행사가격이 480포인트라고 한다. 현재 주가지수는 484포인트, 무위험이자율은 연 10%, 주가지수 배당수익률은 연 3%, 변동성은 연 25%라고 한다. 옵션 만기를 4개의 기간으로 나누고 이항과정을 이용하여 가격을 계산하라.

21.15. 이항과정을 이용하여 아메리칸옵션의 델타를 추정하는 경우 통제변수기법을 이용하여 더 나은 추정치를

얻는 방법은 무엇인가?

21.16. 변동성이 확률적인 무배당주식에 대한 유러피언콜옵션의 가격을 평가하기 위하여 몬테카를로시뮬레이션을 이용한다고 가정해 보자. 이 경우 통제변수기법과 대조변수법을 이용하여 연산의 효율성을 높이는 방법이 무엇인지 설명하라. 통제변수기법과 대조변수법을 둘 다 사용하는 경우 각 시뮬레이션 과정에서 6개의 옵션가치를 계산해야 하는 이유를 설명하라.

21.17. 통화에 대한 아메리칸 콜옵션의 가치 평가에 암묵적 유한차분법을 이용하는 경우 식 (21.27)~(21.30)이 어떻게 바뀌는지 설명하라.

21.18. 무배당주식에 대한 아메리칸 풋옵션의 잔존 만기가 4개월이라고 한다. 행사가격은 21달러, 현재주가는 20달러, 무위험이자율은 연 10%, 변동성은 연 30%라고 한다. 명시적 유한차분법을 이용하여 옵션가치를 평가하라. 단, 주가와 시간 간격은 각각 4달러, 1개월로 한다.

21.19. 구리 현물가격이 파운드당 0.60달러라고 한다. 선물가격(파운드당)이 다음과 같다고 하자.

3월	0.59
6월	0.57
9월	0.54
12월	0.50

구리 가격의 연 변동성은 40%이고 무위험이자율은 연 6%라고 한다. 행사가격 60센트, 잔존만기가 1년인 구리에 대한 아메리칸 콜옵션의 가격을 이항과정을 이용하여 계산하라. 단, 이항과정 구성을 위해 옵션만기를 4개의 3개월 기간으로 나누어라(힌트: 18장 7절에서 설명한 바와 같이 어떤 변수의 선물가격은 위험중립 세계에서는 기대가격과 동일하다).

21.20. 1년 후 구리 가격의 제곱에 해당하는 이득을 지급하는 옵션의 경우 [그림 21.19]의 이항과정을 이용하여 가치를 계산하라.

21.21. $S = 0$, $S \to \infty$라는 경계조건(boundary condition)이 명시적 유한차분법에 의한 파생상품 가치의 추정치에 영향을 줄 때는 어떤 경우인가?

21.22. [실무사례 21.2]와 [표 21.2]의 유러피언옵션의 추정치를 향상시키기 위하여 대조변수법을 어떻게 이용할 수 있는가?

21.23. 어떤 기업이 발행한 전환사채는 액면가가 25달러이고 언제라도 이 기업의 주식 2주와 교환할 수 있다고 한다. 그런데 이 기업의 주가가 18달러 이상이 되면, 이 기업은 전환사채를 수의상환하여 전환을 강제할 수 있다고 한다. 이 기업이 가장 이른 시기에 전환을 강제하게 된다고 가정할 때 전환사채 가치의 경계조건은 무엇인가? 이자율이 일정하다고 가정할 때 전환사채의 가치평가를 위하여 유한차분법을 어떻게 이용할 것인지 설명하라. 단, 이 기업의 채무불이행위험은 없는 것으로 가정한다.

21.24. 표본 i, j 간의 상관계수가 $\rho_{i,j}$ 일 때 표준정규분포로부터의 임의의 표본 3개를 추출하는 데 이용할 수 있는 공식은 무엇인지 밝혀라.

과제물 문제

21.25. 스위스 프랑을 팔 수 있는 아메리칸 풋옵션(지급통화는 달러)의 행사가격이 0.80달러이고 잔존 만기는 1년이라고 한다. 스위스 프랑의 변동성은 10%, 달러 이자율은 6%, 프랑 이자율은3%이고 현재 환율은 0.81달러(1프랑당)이다. 3기간 이항과정을 이용하여 옵션가격을 계산하라. 또, 이항과정에서 옵션 델타도 계산하라.

21.26. 은(silver) 선물에 대한 만기 1년의 아메리칸 풋옵션의 행사가격이 9달러라고 한다. 현재 선물가격은 8.5달러, 무위험이자율은 연 12%, 선물가격의 변동성은 연 25%이라고 한다. 1기간이 3개월인 4기간 이항과정으로 설정하고 DerivaGem 소프트웨어를 이용하여 옵션가치를 평가해보라. 이항과정을 그림으로 나타내고 3기간과 4기간 말의 점들에서 옵션가격이 옳은지 확인하라. 이 옵션이 유러피언인 경우 DerivaGem을 이용하여 가격을 계산하라. 또한 통제변수기법을 이용하여 아메리칸옵션의 경우 더 나은 가격 추정치를 계산하라.

21.27. 향후 2개월과 5개월 후에 각각 1달러의 배당금을 지불할 것으로 예상되는 주식에 대한 만기 6개월의 아메리칸 콜옵션이 있다고 하자. 현재 주가는 30달러, 행사가격은 34달러, 무위험이자율은 연 10%, 변동성은 연 30%라고 한다. 옵션 잔존 만기를 6기간으로 나누고 DerivaGem 소프트웨어를 이용해 옵션가치를 평가하라. 그 결과를 15장 12절의 블랙의 근사치 추정법을 이용한 결과와 비교하라.

21.28. 영국 파운드의 현재 환율은 1.6달러이고, 파운드의 변동성 대 달러 환율의 변동성은 연 15%라고 한다. 파운드에 대한 아메리칸 콜옵션의 행사가격이 1.62달러이고, 잔존 만기는 1년이라고 하자. 미국과 영국의 무위험이자율은 각각 연 6%, 9%라고 한다. 명시적 유한차분법을 이용하여 옵션가치를 평가하라. 단, 환율은 0.80달러와 2.40달러 사이에서 0.20달러 간격으로 설정하고, 시간 간격은 3개월로 설정한다.

21.29. 본 장 4절의 이항과정을 구성하는 여러 기법들과 관련된 다음의 질문들에 답하라

(a) 본 장 4절의 이항 모형은 Δt 기간 후의 주가 로그값의 변화의 평균과 표준편차가 정확하게 일치한다는 것을 증명하라.

(b) 본 장 4절의 삼항분포 모형은 $(\Delta t)^2$ 이상의 고차항을 무시하는 경우 Δt 기간 후의 주가의 로그값의 변화의 평균과 표준편차가 정확하게 일치한다는 것을 증명하라.

(c) 각 점에서 상승, 유지, 하락 점으로의 확률이 각각 1/6, 2/3, 1/6이 되도록 본 장 4절의 삼항과정을 대체할 수 있는 삼항과정을 구성하라. 단, S로부터의 주가 변화가 Su, Sm, or Sd with $m^2 = ud$ 라고 가정하고 주가의 로그값 변화의 평균과 표준편차와 정확하게 일치시켜라.

21.30. DerivaGem Application Builder 기능을 활용하면 이항과정에서 계산된 옵션가격이 이항과정의 기간 수를 늘림에 따라 점점 정확한 가치에 수렴한다는 것을 알 수 있다([그림 21.4]와DerivaGem의 Sample Application 참조). 현재 주가지수가900포인트, 행사가격이900포인트, 무위험이자율 5%, 배당수익률 2%, 잔존 만기가 2년인 주가지수 풋옵션이 있다고 해보자.

(a) 유러피언옵션이고 주가지수 변동성이 20%인 경우 Sample Application A와 유사한 수렴현상을 밝혀라.

(b) 아메리칸옵션이고 주가지수 변동성이 20%인 경우 Sample Application A와 유사한 수렴현상을 밝혀라.

(c) 변동성이 20%일 때 통제변수법을 이용하는 경우 아메리칸옵션가격을 기간 수의 함수로 나타내는 그래프를 작성하라.

(d) 시장에서 아메리칸옵션의 가격이 85.0포인트라고 가정해 보자. 내재변동성을 기간 수의 함수로 나타내는 그래프를 작성하라.

21.31. [예제 21.3]에서의 과정을 이용하여 델타, 감마, 세타를 추정하라. 그리고 각각이 어떻게 해석되는지 설명하라.

21.32. [예제 21.4]에서 9개월 후의 가장 아래 점에서 조기행사하는 경우 이득은 얼마인가?

21.33. 4기간 콕스-로스-루빈스타인 이항모형이 지수에 대한 1년 만기 아메리칸 풋옵션의 가격을 추정하는데 사용되었으며 지수가 500, 행사가격이 500, 배당수익률이 2%, 무위험이자율이 5%, 그리고 변동성이 연25%이다. 옵션가격, 델타, 감마, 그리고 세타는 어떻게 되는가? 베가와 로를 어떻게 추정할지 설명하라.

CHAPTER 22

VAR(Value at Risk)와 ES(Expected Shortfall)

옵션과 금융자산들로 구성된 포트폴리오의 위험을 다양한 측면에서 측정하기 위하여 19장에서 델타, 감마, 베가 등을 살펴보았다. 금융기관은 노출된 시장변수(market variable)의 각각에 대하여 매일 델타, 감마 등의 헷징모수를 계산한다. 그러나 시장변수들은 수백 개 심지어는 수천 개에 이를 수 있다. 따라서 델타·감마·베가 분석을 위해서는 매일 수많은 위험측정치(risk measure)를 계산해야 한다. 이렇게 계산된 위험측정치는 금융기관이 소유하고 있는 포트폴리오의 일부를 관리하는 각 거래자들에게 중요한 정보를 제공한다. 그러나 이런 위험측정치는 고급관리자에게는 그리 유용하지 않다.

VaR (Value at Risk)와 ES(Expected Shortfall)는 금융자산으로 구성된 포트폴리오의 총 위험을 경영자에게 보고하기 위하여 하나의 수치로 요약한 개념이다. VaR와 ES는 금융기관뿐만 아니라 기업의 재무담당자와 펀드매니저에 의해서도 널리 사용되고 있다. 은행감독기관은 시장 위험부담 수준에 따라 은행이 유지해야 할 자본(capital)을 결정하는 데 VaR를 이용해 왔다. 하지만 은행감독기관은 시장위험(market risk)를 위해 ES로 전환하고 있다.

본 장에서는 VaR와 ES의 개념을 설명하고 이들를 계산하는 두 가지 주요한 접근방법을 설명하기로 한다. 두 가지 접근방법은 역사적 시뮬레이션 접근방법(historical simulation approach)과 모형기반 접근방법(model-building approach)이다.

22.1 VaR와 ES의 개념

VaR를 사용할 때 금융자산 포트폴리오를 관리하는 매니저는 다음과 같은 표현에 관심을 갖는다. "향후 N일 이내에 V달러 이상을 손해보지 않을 것을 X%의 신뢰수준에서 확신한다." 여기서 V는 포트폴리오의 VaR이다. VaR는 보유기간(time horizon) N일과 신뢰수준(confidence level) X%의 함수이다. 즉, VaR는 (100 - X)% 확률로 초과하는 N일 동안의 손실 수준이다.

전통적으로, 시장위험에 대비해서 은행이 보유해야 할 자본을 계산할 때, 감독기관은 N = 10일과, X = 99%를 적용한다([실무사례 22.1] 참조). 만약 이 모수들과 함께 계산한 은행의 VaR가 2천만 달러라면, 99% 확률로 향후 10일 동안 2천만 달러 이상의 손실을 입지 않을 것이다. 대신에 우리는 이익(gain)

실무사례 22.1 은행 감독당국이 VaR를 이용하는 방법

바젤위원회(Basel Committee)는 은행감독의 범세계적 위원회이며, 스위스의 바젤에서 정기적으로 모임을 갖는다. 1988년 위원회는 바젤I(Basel I)으로 알려진 보고서를 발표하였다. 이 협약은 은행이 신용위험에 대비하여 유지해야 하는 자본을 어떻게 계산해야 하는지에 대하여 감독기관 간에 맺은 협약이다. 몇 년 후에 바젤위원회는'1996년 수정안(The 1996 Amendment)'을 발표하였다. 이 수정안은 1998년에 시행되었으며 은행에게 신용위험뿐만 아니라 시장위험에 대하여 일정한 자본을 유지하도록 요구하였다. 수정안은 은행의 거래장부와 은행장부를 구별하였다. 은행장부(banking book)는 주로 대출로 구성되며 경영 또는 회계 목적상 보통 정기적으로 가치평가되지 않는다. 거래장부(trading book)는 은행에 의해 거래되는 여러 다양한 금융상품(주식, 채권, 스왑, 선도계약 등)으로 구성되며 정상적으로 매일 가치평가된다.

1996년 수정안은 VaR (N = 10일, X = 99%)를 이용하여 거래장부에 대한 일정한 자본을 요구한다. 이는 단 1%의 확률로 초과할 것으로 예상되는 10일 기준의 재평가 손실에 초점을 맞춘다는 것을 의미한다. 은행이 유지해야 하는 자본은 VaR에 k를 곱한 금액이다[특수위험(specific-risk)에 대한 조정과 함께]. 여기서 k는 감독기관이 은행별로 결정하며 3.0 이상이다. 잘 검증된 VaR 시스템을 유지하고 있는 은행의 경우 k는 최소값인 3이다. 그렇지 못한 은행의 경우 k는 이보다 클 수 있다.

바젤I 이후에 바젤 II, 바젤 II.5, 바젤III이 뒤따랐다. (대부분의 국가에서 2007는 쯤 시행된) 바젤II는 신용위험과 영업위험(operational risk)을 위한 자본을 계산하기 위해 99% 신뢰수준 그리고 1년 VaR 사용했다. (2012년에 시행된) 바젤II.5는 시장위험 자본을 계산하는 방법을 수정했다. 변화 중 한가지는 스트레스 VaR로 알려져있다. 스트레스 VaR는 시장변수들이 특히 어려운 시기에 어떻게 움직이는지를 기반으로 한다. 바젤III은 은행이 보유하도록 요구받는 자본의 크기와 자기자본(equity)이어야 하는 자본의 비율을 증가시켰다. 규제기관에 의해 만들어진 다른 변화는 Fundamental Review of the Trading Book이라고 알려져 있다. 이는 시장위험을 위한 자본을 99% 신뢰수준의 VaR가 아닌 97.5% 신뢰수준의 ES 기반으로 계산하는 것을 포함한다.

의 분포에서 첫번째 퍼센타일 -2천만 달러라고 이야기 할 수 있을 것이다. VaR는 [그림22.1]과 [그림 22.2]에 묘사되어 있다.

VaR는 이해하기가 쉽기 때문에 매력적인 위험 측정치이다. 본질적으로 VaR는"미래 상황이 얼마나 악화될 수 있는가"라는 단순한 질문에 대한 답을 제공한다. 이는 모든 경영자가 알고자 하는 정보이다. 그들은 포트폴리오 가치에 영향을 미치는 모든 시장변수(market variable)들의 민감도인 여러 그릭문자(Greek letter)들을 하나의 숫자로 요약해주기를 원하고 있었고, 이를 충족시키는 VaR 정보에 대단히 만족해한다.

포트폴리오의 위험을 단 하나의 숫자로 요약하는 것이 유용하다고 일단 인정하면, 다음의 흥미로운 질문은 VaR가 최선의 대안(best alternative)인가 하는 것이다. 일부 연구자들은 VaR가 거래자들로 하여금 [그림 22.2]와 유사한 분포를 갖는 포트폴리오를 선택하도록 부추긴다고 주장한다. [그림 22.1]과 [그림 22.2]에서 VaR는 동일하다. 그러나 [그림 22.2] 포트폴리오의 잠재적 손실은 [그림 22.1] 포트폴리오의 잠재적 손실보다 훨씬 크므로, [그림 22.2]의 포트폴리오가 훨씬 위험하다.

그림 22.1 포트폴리오 가치변화의 확률분포로부터의 VaR의 계산. 신뢰수준 X%, 이익은 양(C)이고 손실은 음(-)이다.

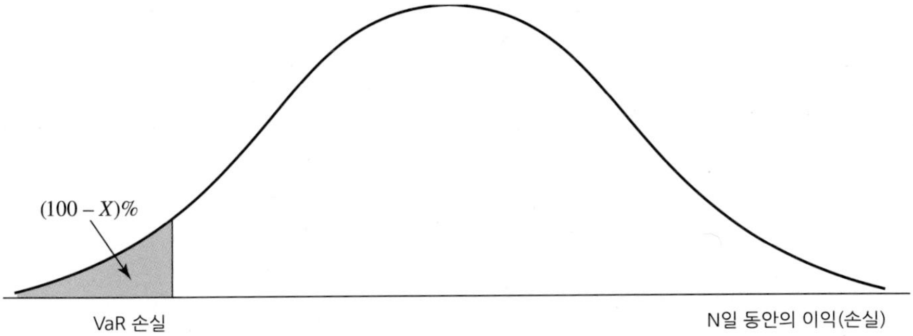

그림 22.2 [그림 21.1]과 VaR는 동일하나 잠재적 손실이 더 큰 상황의 분포.

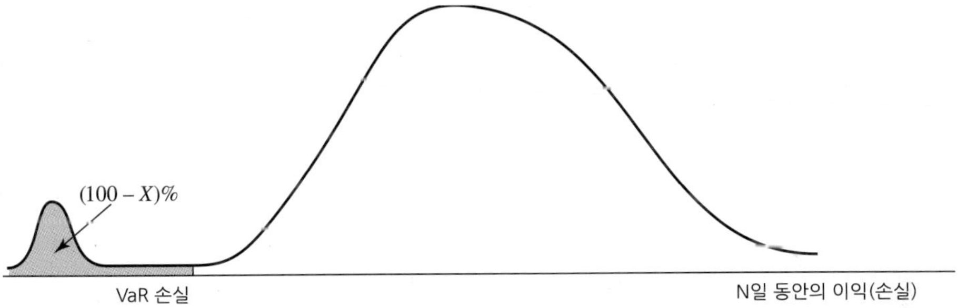

이런 문제점을 해결할 수 있는 측정치가 ES(expected shortfall)이다.[1] VaR가"상황이 얼마나 악화될 수 있는가"하는 질문이라면, ES는 "상황이 악화된 경우에 얼마의 손실이 발생할 것인가"하는 질문이다. ES는VaR의 손실보다 더 큰 손실이 발생한다는 조건하에 N일 동안에 발생 가능한 기대손실이다. 예를 들어 10일 기준 99% 신뢰수준의 경우, ES는 손실이 10일 기준 99% VaR 보다 클 경우 10일 동안에 손해 보는 평균금액이다. [실무사례22.1]에서 언급했듯이 은행감독기관은 시장위험에 대한 자본을 VaR가 아닌 ES를 기반으로 계산하기 시작했다. 신뢰수준은 99%에서 97.5%로 변화하고 있다.

보유기간

이론적으로 VaR와 ES를 계산하기 위해서는 두 가지 모수가 정해져야 한다. 즉, N일의 보유기간과 X%의 신뢰수준이 그것이다. 실무적으로 분석가들은 시장위험을 위한 VaR 또는 ES를 계산할 때 거의 보유기간을 1일로 가정한다. 그 이유는 하루보다 긴 기간 동안의 시장변수 행태(behavior)를 직접적으로 추

1 *C-VaR*(conditional VaR) 또는 꼬리손실(tail loss)로 불리는 ES는 P. Artzner, F. Delbaen, J-M.Eber, D. Heath의 "Coherent Measures of Risk,"*Mathematical Finance*, 9 (1999): 203–28에 의해 제안되었다. 이들은 좋은 위험측정치가 가져야 하는 속성들을 정의하고 ES는 갖고 있으나 일반적인 VaR 측정치는 이런 모든 속성을 갖지 못함을 보였다. 보다 자세한 내용은 J. Hull, *Risk Management and Financial Institutions*, 4th edn. Hoboken, NJ: Wiley, 2015을 참고할 것.

정할 수 있는 충분한 자료를 얻기 어렵기 때문이다. 일반적으로 N일의 VaR는 다음과 같이 구한다.

$$N\text{일 VaR} = 1\text{일 VaR} \times \sqrt{N}$$
$$N\text{일 ES} = 1\text{일 ES} \times \sqrt{N}$$

이 공식은 포트폴리오 가치의 시계열적 변화가 독립적이고 동일한 정규분포(independent identical normal distribution, 평균은 0이다)를 따르는 경우에 정확히 성립한다. 다른 경우에는 단지 개략적인 근사치에 지나지 않는다.

22.2 역사적 시뮬레이션

역사적 시뮬레이션(historical simulation)은 VaR 또는 ES를 추정하는 데 많이 이용되는 인기 있는 방법 중의 하나이다. 이 방법은 미래에 발생 가능한 사건의 가이드로써 과거자료를 이용한다. 예를 들어, 99% 신뢰수준하에서 1일 기준의 포트폴리오 VaR를 501일의 과거자료를 이용하여 계산한다고 하자(이 보유기간과 신뢰수준은 시장리스크 VaR 계산 시 전형적으로 사용되는 값이고, 501일의 과거 자료가 가장 많이 사용되는데 이유는 이로부터 500개의 시나리오를 만들 수 있기 때문이다). 첫 단계는 포트폴리오에 영향을 미치는 시장변수를 확인하는 것이다. 시장변수는 대체로 환율, 주가, 금리 등이다. 모든 가격은 국내통화 기준으로 측정된다. 예를 들어 독일 은행의 경우 가능한 시장변수 중의 하나는 유로로 측정한 S&P500이다.

다음에는 가장 최근 501일 동안의 시장변수 움직임에 대한 자료를 모은다. 이는 오늘과 내일 사이에 발생할 수 있는 500개의 시나리오를 제공한다. 자료의 첫 번째 날을 Day 0으로, 그리고 그 다음 날을 Day 1 등으로 표기하자. 첫 번째 시나리오에서 모든 변수의 변화율(percentage change)이 Day 0와 Day 1 사이에 발생한 것과 동일하고, 두 번째 시나리오는 Day 1과 Day 2 사이에 발생한 것과 동일하고, 이런 식으로 계속 가정된다. 시나리오별로 오늘과 내일 사이에 발생할 포트폴리오의 가치변화를 금액으로 계산한다. 이렇게 함으로써 우리는 포트폴리오가치 일별 손실의 확률분포를 얻을 수 있다(이익은 마이너스로 표시함). 분포의 99퍼센타일은 5번째 큰 손실로 추정된다.[2] VaR의 추정치는 99퍼센타일에서의 손실이다. 과거 501일 동안에 발생한 사건이 내일 발생할 사건의 좋은 지침이 된다면, 우리는 VaR 추정치보다 더 큰 손실을 입지 않을 것을 99% 신뢰수준에서 확신할 수 있다.

이 접근방법을 대수학적으로 표시하기 위해, v_i를 Day i에서의 시장변수가치로 정의하고 오늘이 Day n이라고 가정하자. 역사적 시뮬레이션 접근방법에서 i번째 시나리오는 내일 시장변수의 가치가 다음과 같다고 가정한다.

$$i\text{ 번째 시나리오에서의 가치} = v_n \frac{v_i}{v_{i-1}}$$

2 여러 대안이 존재한다. 대안은 5번째 큰 손실 또는 여섯 번째 큰 손실 또는 두 값의 평균을 이용하는 것이다. 엑셀의 PERCENTILE 함수에서(n은 관찰치의 수, k는 정수) $k/(n-1)$ 퍼센타일은 $k+1$번째 관찰치이다. 다른 퍼센타일은 선형보간법으로 계산된다.

표 22.1 VaR 계산에 사용된 투자 포트폴리오

지수	포트폴리오가치(천 달러).
DJIA	$ 4,000
FTSE 100	$ 3,000
CAC 40	$ 1,000
Nikk 225	$ 2,000
합계	$ 10,000

예시: 네 가지 주가지수에의 투자

역사적 시뮬레이션 접근방법에서의 계산과정을 설명하기 위하여, 투자자가 2008년 9월 25일에 네 가지 주가지수[미국의 Dow Jones Industrial Average (DJIA), 영국의 FTSE 100, 프랑스의 CAC 40, 일본의 Nikkei 225]에 투자한 10백만 달러 상당의 포트폴리오를 소유한다고 가정하자. 2008년 9월 25일 현재, 각 지수에 투자한 가치는 [표 22.1]과 같다. 네 지수의 종가와 환율에 대한 501일의 과거 자료와 VaR 계산과정을 포함하는 엑셀 스프레드시트는 저자의 다음 웹사이트에 올려져 있다.[3]

www-2.rotman.utoronto.ca/~hull/Fundamentals/VaRExample

우리는 미국 투자자들을 고려하고 있기 때문에 FTSE 100, CAC 40, 그리고 Nikkei 225의 가치는 FTSE 100, CAC 40, Nikkei 225의 가치는 미국 달러 기준으로 측정되어야만 한다. 예를 들어, 2006년 8월 10일 지수는 5823.40이고 환율은 1.8918달러이다. 이는 미국 달러로 측정하는 경우5,823.40 x 1.8918 = 11,016.71됨을 의미한다. 환율조정된 자료의 일부는 [표 22.2]와같다.

표 22.2 역사적 시뮬레이션을 위한 주가지수 자료(환율 조정 후).

일	일자	*DJIA*	*FTSE 100*	*CAC 40*	*Nikkei 225*
0	Aug.7, 2006	11,219.38	11,131.84	6,373.89	131.77
1	Aug.8, 2006	11,173.59	11,096.28	6,378.16	134.38
2	Aug. 9, 2006	11,076.18	11,185.35	6,474.04	135.94
3	Aug. 10, 2006	11,124.37	11,016.71	6,357.49	135.44
⋮	⋮	⋮	⋮	⋮	⋮
499	Sept. 24, 2008	10,825.17	9,438.58	6,033.93	114.26
500	Sept. 25, 2008	11,022.06	9,599.90	6,200.40	112.82

3 예시를 최대한 간단하게 만들기 위하여 네 가지 주가지수가 모든 거래되는 날만 자료에 포함하였으며 배당은 고려하지 않았다.

표 22.3 2008년 9월 26일의 시나리오([표 21.2]의 자료 이용).

시나리오번호	*DJIA*	*FTSE 100*	*CAC 40*	*Nikkei 225*	포트폴리오가치 (천 달러)	손실 (천 달러)
1	10,977.08	5,180.40	4,229.64	12,244.10	10,014.334	-14.334
2	10,925.97	5,238.72	4,290.35	12,146.04	10,027.481	-27.481
3	11,070.01	5,118.64	4,150.71	11,961.91	19,946.736	53.264
⋮	⋮	⋮	⋮	⋮	⋮	
499	10,831.43	5,079.84	4,125.61	12,115.90	19,857.465	142.535
500	11,222.53	5,285.82	4,343.42	10,126.40	10,126.439	-126.439

2008년 9월 25일은 주식투자를 평가하는데 있어 선택할 수 있는 흥미로운 날이다. 2007년8월에 시작한 신용시장(credit market)에서의 혼란은 1년이 넘게 지속되고 있었다. 주가는 여러 개월 동안 하락하고 있었고, 변동성은 증가하고 있었다. 리만브라더스는 10일 전에 파산을 신청하였으며, 미국 재무장관의 7,000억 달러 구조프로그램인 TARP (Troubled Asset Relief Program)은 아직 국회에서 통과되지 않았다.

[표 22.3]은 시뮬레이션 대상일인 2008년 9월 26일의 미국 달러로 측정된 지수들의 가치를 보여 준다. 첫 번째 시나리오([표 22.3]의 첫 번째 줄)는 2008년 9월 25일과 26일 사이에서의 가격변화율이 2006년 8월 7일과 8일 사이에서 발생한 것과 같다는 가정하에서 계산한 2008년 9월 26일의 지수들의 가치를 보여 준다. 두 번째 시나리오([표 22.3]의 두 번째 줄)는 가격변화율이 2006년 8월 8일과 9일 사이에서 발생한 것과 같다는 가정하에서 계산한 2008년 9월 26일의 시장변수의 가치를 보여 준다. 일반적으로 시나리오 i는 2008년 9월 25일과 26일 사이에서의 가격변화율이 $i-1$과 i사이의 1일 동안 발생한 것과 같다고 가정한다($1 \leqslant i \leqslant 500$). [표 22.3]에서 500번째 줄은 500번째 시나리오이다.

2008년 9월 25일 DJIA는 11,022.06이었다. 2006년 8월 8일에 11,173.59이고 이는 2006년 8월 7일의 11,219.38에서 하락한 값이다. 따라서 첫 번째 시나리오에서 DJIA의 가치는 다음과 같다.

$$11{,}022.06 \times \frac{11{,}173.59}{11{,}219.38} = 10{,}977.08$$

마찬가지로, FTSE 100, CAC 40, Nikkei 225의 가치는 각각 9,569.23, 6,204.55, 115.05이다. 따라서 첫 번째 시나리오에서 포트폴리오의 가치는 다음과 같다(단위는 천 달러).

$$4{,}000 \times \frac{10{,}977.08}{11{,}022.06} + 3{,}000 \times \frac{9{,}569.23}{9{,}599.90} + 1{,}000 \times \frac{6{,}204.55}{6{,}200.40} + 2{,}000 \times \frac{115.05}{112.82} = 10{,}014.334$$

그림 22.3 2008년 9월 25일과 26일 사이에 고려한 시나리오의 손실 히스토그램.

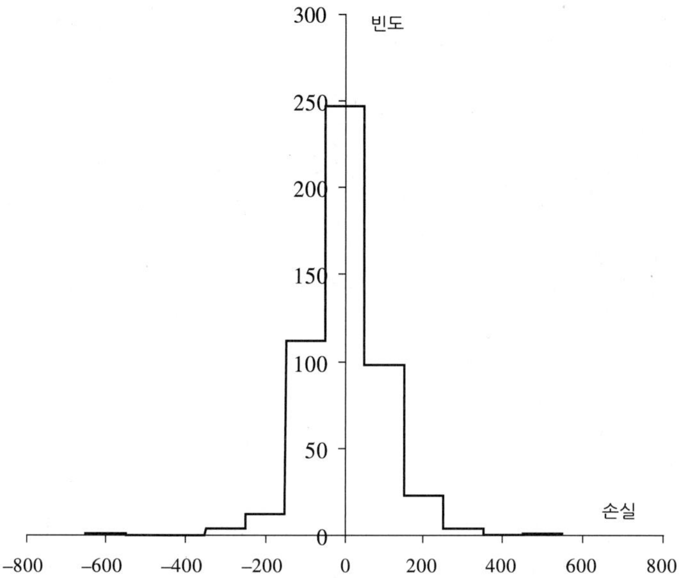

결과적으로 첫 번째 시나리오에서 포트폴리오의 이익은 14,334달러이다. 동일한 계산이 다른 시나리오에도 적용된다. 손실의 히스토그램은 [그림 22.3]과 같다[히스토그램에서 막대는 450~550, 350~450, 250~350 범위 등에서 이 손실(단위는 천 달러)을 나타낸다].

그리고 500개의 상이한 시나리오로부터 계산된 손실의 순위를 매긴다. 이 순위의 일부가 [표 22.4]와 같다. 최악의 시나리오는 494번째 시나리오이다(이는 가치변화가 리만브라더스의 파산일과 같다고 가정한 경우임). 99% 신뢰수준에서의 1일 VaR는 5번째 최악의 손실로 추정된다. 이는 253,385달러이다.

제1절에서 설명했듯이, 99% 신뢰수준에서의 10일 VaR는 99% 신뢰수준에서의 1일 VaR에 을 곱하여 계산된다. 이 경우 10일 VaR는 801,274달러이다.

$$\sqrt{10} \times 253{,}385 = 801{,}274$$

우리의 예시에서 VaR 추정치는 가장 최근 501일의 자료를 이용하여 매일 갱신된다. 예를 들어, 2008년 9월 26일(Day 501)에 어떤 일이 발생하는지 살펴보자. 모든 시장변수의 새 값들을 구하고 포트폴리오의 새 가치를 계산할 수 있다. 그리고 설명한 절차를 거쳐 새로운 VaR를 계산한다. 2006년 8월 8일부터 2008년 9월 26일까지(Day 1부터 Day 501까지)의 시장변수 자료가 계산에 이용된다(500개의 시장변수 변화율이 이용된다. 2006년 8월 7일인 Day 0의 시장변수 값은 더 이상 이용되지 않는다). 같은 논리로, 다음 거래일인 2008년 9월29일(Day 502)에 2006년 8월 9일부터 2008년 9월 29일까지(Day 2부터 Day 502까지)의 자료가 VaR 계산에 이용된다. 이런 식으로 계속 진행된다.

실제로 금융기관의 포트폴리오는 우리가 여기서 설명한 것보다 훨씬 복잡하다. 포트폴리오는 (환율, 상품가격, 이자율 등을 포함한) 수천 또는 수만 개의 포지션으로 구성될 것이다. 은행 포지션의 일부는

표 22.4 500개 시나리오의 손실
(가장 큰 것부터 가장 작은 것으로 배열).

시나리오번호	손실(천 달러)
494	477.841
339	345.435
349	282.204
329	277.041
487	253.385
227	217.974
131	205.256
238	201.389
473	191.269
306	191.050
477	185.127
495	184.450
376	182.707
237	180.105
365	172.224
⋮	⋮

선도계약, 옵션, 그리고 다른 파생상품이다. 또한 포트폴리오는 매일 가치가 변할 가능성이 높다. 만일 은행의 일중 거래가 포트폴리오를 더(덜) 위험하게 만들면 99% 신뢰수준에서 10일 VaR는 전형적으로 전일 값에 비하여 증가(감소)할 것이다. VaR는 다음 거래일에 포트폴리오의 구성이 바뀌지 않을 것이라는 가정하에서 매일 계산된다.

이자율의 경우 은행은 전형적으로 포트폴리오의 가치를 평가하기 위하여 여러 화폐의 무이표채 이자율의 기간구조(term structure)를 알아야 한다. 고려되는 시장변수는 기간구조를 계산하는데 필요한 변수들이다(무이표채 수익률의 기간구조를 계산하는 것은 4장을 참고할 것). 은행이 노출된 개별 무이표채 곡선당 많게는 10개의 시장변수가 필요할 수 있다.

Expected Shortfall

역사적 시뮬레이션을 이용하여 ES를 계산하기 위해 손실 분포의 꼬리에 있는 우리는 관측치의 평균을 계산한다. 우리의 예에서는 다섯 개의 최악의 손실(단위는 천 달러)은 494, 339, 349, 329, 그리고 487번 시나리오에서 온다 ([그림.22.4] 참고). 이 시나리오의 손실의 평균은 327,181달러이다. 이는 ES의 추정치이다.

스트레스 VaR와 스트레스 ES

지금까지의 계산은 역사적 시뮬레이션을 위해 가장 최근이 자료가 사용된다고 가정했다. 예를 들면 우리는 과거 501일의 자료를 사용해 네 지수의 VaR과 ES를 계산했다. 그러나 역사적 시뮬레이션은 과거 어느 기간 동안의 자료를 기반으로 시행될 수 있다. 변동성이 높았던 기간의 자료를 사용하면 높은 값의 VaR과 ES를 갖게 되는 경향을 보일 것이며 변동성이 낮았던 기간의 자료를 사용하면 낮은 값의 VaR과 ES를 갖게 되는 경향을 보일 것이다.

규제기관은 스트레스VaR와 스트레스 ES라는 척도를 소개했다. 이를 계산하기 위해 금융기관은 그들의 현재 포트폴리오가 극도로 스트레스를 받은 251 일 기간을 찾아야 만 한다. 251일 기간은 우리의 예시에서 501일 기간과 동일한 역할을 수행한다. 251일 기간의 Day 0부터 Day 1사이의 시장변수의 변화는 첫번째 시나리오를 생성하기 위해 사용된다. 215일 기간의 Day 1부터 Day 2 사이의 시장변수의 변화는 두번째 시나리오를 생성하기 위해 사용된다. 나머지 시나리오도 유사하게 생성되며 총 250개의 시나리오가 생성된다. 99% 신뢰수준에서 1일 VaR는 두번째 최악의 시나리오와 세번째 최악 시나리오의 중간인 손실이다. 99% 신뢰수준에서 1일 ES는 $0.4c_1 + 0.4c_2 + 0.2c_3$ 으로 계산될 수 있으며 여기서 c_1, c_2, c_3 은 세개의 최악의 손실이고 $c_1 > c_2 > c_3$ 이다.

22.3 모형기반 접근방법

역사적 시뮬레이션에 대한 대안은 분산–공분산 접근방법(variance-covariance approach)이라고 불리기도 하는 모형기반 접근방법(model-building approach)이다. 이 접근방법을 자세하게 살펴보기 전에 먼저 변동성 측정의 기간단위와 연관된 이슈 한 가지를 언급하기로 한다.

일별 변동성

옵션의 가격을 결정할 때 기간은 연간 단위로 측정되고 자산의 변동성(volatility)도 보통 "연간 단위로" 공시(quoted)된다. 모형기반 접근방법으로 VaR와 ES를 계산할 때 기간은 일별 단위로 측정되며 자산의 변동성도 보통 "일별 단위"로 공시된다.

옵션가치평가에서 사용된 연간 변동성과 VaR 와 ES 계산에 사용되는 일별 변동성 사이에는 어떤 관계가 있는가? σ연을 특정자산의 연간 변동성으로, σ일을 특정자산의 일별 변동성으로 정의하자. 1년에 252일의 거래일이 있다고 가정하면, 식 (15. 2)를 이용하여 1년 동안 자산이 얻은 연속복리 수익률의 표준편차를 σ연 또는 σ일 로 표시할 수 있다. σ연과 σ일 간에는 다음의 관계가 성립한다.

$$\sigma_{\text{year}} = \sigma_{\text{day}}\sqrt{252}$$

$$\sigma_{\text{day}} = \frac{\sigma_{\text{year}}}{\sqrt{252}}$$

일별 변동성은 대략 연간 변동성의 6%이다.

15장 4절에서 지적했듯이, σ일은 자산가격의 일별 변화율(percentage change)의 표준편차와 대략 같다. VaR를 계산할 때 이 두 가지는 정확히 같다고 가정한다. 따라서 자산가격(또는 다른 변수)의 일별 변동성은 일별 변화율의 표준편차와 동일하다고 정의된다.

다음 몇 개의 절에서 우리는 일별 변동성과 상관계수를 알고 있다고 가정한다. 그리고 23장에서 이들 변수를 어떻게 추정하는지 설명하기로 한다.

개별자산의 VaR

여기서는 포트폴리오가 1개의 주식으로 구성되어 있는 아주 간단한 경우에 모형기반 접근방법으로 VaR가 어떻게 계산되는지 살펴보기로 한다. 마이크로소프트 주식에 1천만 달러를 투자한 포트폴리오를 예로 들어보자. $N = 10$일, $X = 99\%$로 가정한다. 즉, 99%의 신뢰수준에서 10일 동안의 최대손실금액을 계산하고자 한다.

마이크로소프트 주식의 일별 변동성이 2%라고 가정하자(이는 연간 변동성 약 32%에 해당된다). 투자 포지션의 규모가 1천만 달러이므로 포지션 가치 일별 변화의 표준편차는 1천만달러의 2%인 20만 달러이다.

모형기반 접근방법으로 VaR를 계산할 때에는 시장변수 가격의 기대변화율을 0으로 가정하는 것이 관례이다. 이 가정이 정확한 것은 아니지만 합리적인(reasonable) 가정이다. 일반적으로 짧은 기간 동안에 시장변수 가격의 기대변화율은 변화율의 표준편차에 비해 작다. 예를 들어 마이크로소프트 주식의 연간 기대수익률이 20%라고 가정하자. 이를 하루 기준으로 전환하면 기대수익률은 약 0.08%(= 20%/252)인 반면에, 수익률의 표준편차는 2%이다. 10일을 기준으로 하면, 기대수익률은 0.8%(= 0.08% × 10)인 반면에, 수익률의 표준편차는6.3%(=$2\sqrt{10}$)이다.

마이크로소프트 주식으로 구성된 포트폴리오의 하루 동안 가치변화의 표준편차는 20만 달러이고, 평균은 대략 0이다. 가격변화가 정규분포를 따른다고 가정하자.[4] 엑셀의 NORMSINV 함수를 이용하면 $N^{-1}(0.01) = -2.326$이다. 즉, 정규분포를 따르는 변수가 표준편차의 2.326배 이상으로 하락할 가능성이 1%이다. 다시 말하면 정규분포를 따르는 변수가 표준편차의 2. 326배 이상으로 하락하지 않을 것을 99% 신뢰수준에서 확신할 수 있다. 따라서 마이크로소프트 주식으로 구성된 1천만 달러 포트폴리오의 VaR(신뢰수준: 99%, 보유기간: 1일)는 다음과 같다.

$$2.326 \times 200{,}000 = 465{,}300\text{달러}$$

앞에서 설명했듯이 N일 기준의 VaR는 1일 기준의 VaR에 을 곱하여 구한다. 따라서99% 신뢰수준에서 10일 기준의 VaR는 다음과 같이 1,473,621달러이다.

$$465{,}300 \times \sqrt{10} = 1{,}471{,}300\text{달러}$$

4 14장의 옵션가격 결정모형의 가정과 일관성 있게 마이크로소프트 주식의 내일 가격이 대수정규분포(lognormal distribution)를 따른다고 가정할 수 있다. 하루는 매우 짧은 기간이므로 이 가정은 오늘과 내일 간의 주가변화가 정규분포를 따른다는 가정과 거의 차이가 없다.

이번에는 AT&T 주식에 500만 달러를 투자한 포트폴리오를 고려해 보자. AT&T 주식의 일별 변동성은 1%(연간 변동성은 약 16%)라고 가정하자. 위의 계산과정을 반복하면, 하루 동안 포트폴리오 가치변화의 표준편차는 5만 달러이다.

$$5{,}000{,}000 \times 0.01 = 50{,}000$$

가치변화가 정규분포를 따른다고 가정하면 1일 기준의 VaR는 116,500달러이다.

$$50{,}000 \times 2.326 = 116{,}300\text{달러}$$

그리고 99% 신뢰수준에서 10일 기준의 VaR는 368,405달러이다.

$$116{,}300 \times \sqrt{10} = 367{,}800\text{달러}$$

2개 자산으로 구성된 포트폴리오의 VaR

이번에는 마이크로소프트 주식에 1천만 달러를, 그리고 AT&T 주식에 500만 달러를 투자한 포트폴리오를 고려해 보자. 두 주식의 수익률이 이변량 정규분포(bivariate normal distribution)를 따르며 상관계수가 0.3이라고 가정하자. 두 변수 X와 Y의 표준편차가 각각 σ_X와 σY이고 두 변수 간의 상관계수가 ρ이면, 통계학의 기초지식에 의하여, $X+Y$의 표준편차는 다음과 같이 계산된다.

$$\sigma_{X+Y} = \sqrt{\sigma_X^2 + \sigma_Y^2 + 2\rho\sigma_X\sigma_Y}$$

위의 식을 이용하기 위하여 X를 IBM 주식에 투자한 포지션의 하루 동안의 가치변화로, Y를 AT&T 주식에 투자한 포지션의 하루 동안의 가치변화로 정의하자. 즉,

$$\sigma_X = 200{,}000,\ \sigma_Y = 50{,}000$$

위의 공식을 이용하여 두 주식으로 구성된 포트폴리오의 하루 동안 가치변화의 표준편차를 구하면 220,200달러가 된다.

$$\sqrt{200{,}000^2 + 50,000^2 + 2 \times 0.3 \times 200{,}000 \times 50{,}000} = 220{,}200$$

여기서 평균 변화는 0이라고 가정한다. 따라서 포트폴리오의 VaR(신뢰수준: 99%, 보유기간: 1일)는 512,300달러이다.

$$220{,}227 \times 2.326 = 512{,}300\text{달러}$$

10일 기준의 포트폴리오 VaR는 1일 기준의 포트폴리오 VaR에 을곱한1,620,100달러이다.

분산효과의 혜택

바로 앞의 예에서 계산한 VaR(10일 기준, 99% 신뢰수준)는 다음과 같다.

1. 마이크로소프트 주식에 투자한 포트폴리오의 VaR는 1,471,300달러이다.

2. AT&T 주식에 투자한 포트폴리오의 VaR는 367,800달러이다.

3. 마이크로소프트와 AT&T 주식에 투자한 포트폴리오의 VaR는 1,620,100달러이다.

이를 이용하여 분산효과(diversification)의 혜택을 계산하면 219,000달러가 된다.

$$(1{,}471{,}300 + 367{,}800) - 1{,}620{,}100 = 219{,}000\text{달러}$$

만일 마이크로소프트와 AT&T 주식이 완전 정(+)의 관계에 있으면, IBM과 AT&T 주식으로 구성된 포트폴리오의 VaR는 마이크로소프트 주식으로 구성된 포트폴리오의 VaR와 AT&T 주식으로 구성된 포트폴리오의 VaR의 합이다. 그러나 앞의 예에서와 같이 완전 정의 관계에 있지 않으면 위험 중의 일부는"분산되어 제거(diversified away)"된다.[5]

ES 계산(ES Calculation)

손실이 평균이 이고 표준편차가 인 정규분포를 따를 경우 신뢰수준이 X인 ES는 다음과 같이 계산된다.

$$\mathrm{ES} = \mu + \sigma \frac{e^{-Y^2/2}}{\sqrt{2\pi}(1-X)} \tag{22.1}$$

여기서 Y는 표준정규분포의 X퍼센타일 포인트이며 (즉, 평균이 0이고 표준편차가 1인 정규분포에서 초과될 확률이 1-X인 지점) 이는 μ 0이라는 가정 하에 ES는 VaR와 유사하게 에 비례함을 보여준다. 공식에 따르면 마이크로소프트 포트폴리오의 신뢰주순 99%의 10일 기준 ES는 (X= 0.99, Y = 2.326) 1,687,000 달러이다; AT&T 포트폴리오의 신뢰주순 99%의 10일 기준 ES는 421,400 달러이다; 혼합된 포트폴리오의 신뢰주순 99%의 10일 기준 ES는 1,856,100 달러이다.

22.4 선형 모형

바로 앞에서 살펴본 예는 선형 모형을 이용하여 VaR 또는 ES를 계산하는 간단한 예이다. 자산 i의 투자금액이 α_i 이고, n개의 자산으로 구성된 포트폴리오 가치가 P라고 가정하자($1 \leqslant i \leqslant n$). Δx_i를 자산 i의 일별 수익률로 정의하자. 자산 i에 투자한 가치에서 하루 동안의 변화금액은 $\alpha_i\,\Delta x_i$ 이므로 P는 다음과 같이 계산된다.

$$\Delta P = \sum_{i=1}^{n} \alpha_i\,\Delta x_i \tag{22.2}$$

여기서 ΔP는 전체 포트폴리오의 하루 동안의 가치변화 금액이다.

앞의 예에서 마이크로소프트와 AT&T 주식에 각각 1천만 달러와 500만 달러가 투자되었으므로(α_1 = 10, α_2 = 5) 다음 식이 성립한다.

5 해리 마코비츠(Harry Markowitz)는 포트폴리오의 분산효과를 연구한 첫 번째 연구자였다. 그는 이 공로로 인해 1990년에 노벨상을 수상하였다. H. Markowitz," Portfolio Selection," *Journal of Finance*, 7, 1 (March 1952): 77–91를 참조한다.

$$\Delta P = 10\Delta x_1 + 5\Delta x_2$$

만일 식 (22.2)의 Δx_i 가 다변량 정규분포를 따른다고 가정하면 P는 정규분포를 따른다. VaR 또는 ES를 계산하려면 P의 평균과 표준편차만을 계산하면 된다. 앞에서 설명했듯이 각 Δx_i 의 기대치는 0이라고 가정하므로 P의 기대치도 0이다.

ΔP의 표준편차를 계산하기 위하여 자산 i의 일별 변동성을 σ_i로, 자산 i와 j수익률 간의상관계수를 ρ_{ij}로 정의하자. 즉 σ_i는 Δx_i 의 표준편차이고, ρ_{ij}는 Δx_i 와 Δx_j 간의 상관계수이다.
P의 분산, 즉 σ_P^2는 다음과 같다.

$$\sigma_P^2 = \sum_{i=1}^{n}\sum_{j=1}^{n} \rho_{ij}\alpha_i\alpha_j\sigma_i\sigma_j \tag{22.3}$$

이 식은 다음과 같이 쓸 수 있다.

$$\sigma_P^2 = \sum_{i=1}^{n}\alpha_i^2\sigma_i^2 + 2\sum_{i=1}^{n}\sum_{j<i} \rho_{ij}\alpha_i\alpha_j\sigma_i\sigma_j$$

N일 동안의 가치변화의 표준편차는 이고, 99% 신뢰수준에서 N일 기준의 VaR는 $2.326\sigma_P\sqrt{N}$이다.
포트폴리오의 일별 수익률은 $\Delta P/P$이다. 식 (22.3)로부터, 이 변수의 분산은 다음과 같이 계산된다.

$$\sum_{i=1}^{n}\sum_{j=1}^{n} \rho_{ij}w_i w_j\sigma_i\sigma_j$$

여기서 $w_i = \alpha_i/P$는 포트폴리오 i번째 투자의 가중치이다. 식 (22.3)로부터 도출된 이 식이 포트폴리오 매니저가 주로 이용하는 식이다.
앞의 예에서 $\sigma_1 = 0.02$, $\sigma_2 = 0.01$, $\rho_{12} = 0.3$이고, $\sigma_1 = 10$, $\sigma_2 = 5$이므로 식(22.3)으로부터 σ_P^2는 다음과 같다.

$$\sigma_P^2 = 10^2 \times 0.02^2 + 5^2 \times 0.01^2 + 2 \times 10 \times 5 \times 0.3 \times 0.02 \times 0.01 = 0.0485$$

즉, σ_P는 0.220이다. 이는 포트폴리오의 1일 기준 가치변화(백만 달러)의 표준편차이다. 따라서 99% 신뢰수준에서 10일 기준의VaR는 $2.326 \times 0.220 \times \sqrt{10} = 1.623$백만달러이고, 이는 앞에서 구한값과같다(약간의 오차는 반올림 때문이다).

상관계수와 공분산 행렬

상관계수행렬(correlation matrix)은 i번째 줄과 j번째 열의 항목이 변수 i와 변수 j간의 상관계수인 행렬이다. 이는 [표 22.5]와 같다. 변수는 항상 자신과 완전한 상관성을 가지므로 상관계수행렬의 대각선은 1의 값을 갖는다. 그리고 $\rho_{ij} = \rho_{ij}$ 이므로 상관계수행렬은 대칭적이다. 변수의 일별 표준편차와 상관계수행렬을 함께 이용하면 식 (22.3)에 의해 포트폴리오의 분산을 계산할 수 있다.
상관계수와 변동성을 이용하는 대신, 분석가들은 종종 분산과 공분산을 이용한다. 변수 i의 일별 분산인 var_i는 일별 변동성의 제곱이다.

$$\text{var}_i = \sigma_i^2$$

표 22.5 상관계수행렬(변수 i와 변수 j 간의 상관계수임).

$$\begin{bmatrix} 1 & \rho_{12} & \rho_{13} & \cdots & \rho_{1n} \\ \rho_{21} & 1 & \rho_{23} & \cdots & \rho_{2n} \\ \rho_{31} & \rho_{32} & 1 & \cdots & \rho_{3n} \\ \vdots & \vdots & \vdots & \vdots & \vdots \\ \rho_{n1} & \rho_{n2} & \rho_{n3} & \cdots & 1 \end{bmatrix}$$

변수 i와 변수 j간의 공분산 cov_{ij}는 변수 i의 일별 변동성, 변수 j의 일별 변동성, 그리고 변수 i와 변수 j간 상관계수의 곱이다.

$$\text{cov}_{ij} = \sigma_i \, \sigma_j \, \rho_{ij}$$

식 (22.3)에서 포트폴리오 분산 식은 다음과 같이 쓸 수 있다.

$$\sigma_P^2 = \sum_{i=1}^{n} \sum_{j=1}^{n} \text{cov}_{ij} \, \alpha_i \, \alpha_j \tag{22.4}$$

공분산행렬(covariance matrix)에서 i번째 줄과 j번째 열의 항목은 변수 i와 변수 j간의 공분산이다. 앞에서 설명했듯이, 변수와 자신간의 공분산은 분산이다. 따라서 행렬에서 대각선의 값은 분산이다([표 22.6] 참조). 이런 이유로 공분산행렬은 분산–공분산 행렬(variance-covariance matrix)로 불리기도 한다(상관계수행렬처럼, 공분산행렬도 대칭적이다). 행렬 기호를 사용하면 식 (22.4)의 포트폴리오 분산 식은 다음과 같이 된다.

$$\sigma_P^2 = \boldsymbol{\alpha}^{\mathsf{T}} C \boldsymbol{\alpha}$$

여기서 는 i번째 요소가 α_i인 열벡터(column vector)이고, C는 분산–공분산행렬이고, $\boldsymbol{\alpha}^{\mathsf{T}}$는 $\boldsymbol{\alpha}$의 전치행렬이다.

표 22.6 분산-공분산 행렬(cov_{ij}는 변수 i 와 변수 j 간의 공분산이고, 대각선은 분산임($\text{cov}_{ii} = \text{var}_i$).

$$\begin{bmatrix} \text{var}_1 & \text{cov}_{12} & \text{cov}_{13} & \cdots & \text{cov}_{1n} \\ \text{cov}_{21} & \text{var}_2 & \text{cov}_{23} & \cdots & \text{cov}_{2n} \\ \text{cov}_{31} & \text{cov}_{32} & \text{var}_3 & \cdots & \text{cov}_{3n} \\ \vdots & \vdots & \vdots & \vdots & \vdots \\ \text{cov}_{n1} & \text{cov}_{n2} & \text{cov}_{n3} & \cdots & \text{var}_n \end{bmatrix}$$

분산과 공분산은 일반적으로 역사적 자료로부터 계산된다. 본장 2절에서 소개한 4개 지수 예시를 이용하여 23장 8절에서 다시 설명하기로 한다.

금리 이용하기

모형기반 접근방법에서 기업이 노출된 모든 개별 채권가격 또는 이자율을 시장변수로 선택한다는 것은 거의 불가능하다. 즉, 모형기반 접근방법이 사용될 때 약간의 단순화가 필요하다. 하나의 가능성은 수익률곡선에서 평행이동만이 발생한다고 가정하는 것이다. 이 경우 평행이동의 크기를 측정하는 단 하나의 시장변수만이 필요하다. 채권 포트폴리오 가치변화는 듀레이션을 이용한 다음 관계로부터 계산된다.

$$\Delta P = -DP\Delta y$$

여기서 P는 포트폴리오의 가치, ΔP는 1일 기준의 P의 변화, D는 포트폴리오의 수정듀레이션, Δy는 1일 기준의 평행이동한 수익률 변화이다.

이 접근방법은 일반적으로 그다지 정확하지 않다. 다른 접근방법은 표준만기(standard maturity, 즉 1개월, 3개월, 6개월, 1년, 2년, 5년, 7년, 10년, 30년) 무이표채의 가격을 시장변수로 선택하는 것이다. 그리고 VaR 또는 ES를 계산하기 위하여 포트폴리오에 포함된 자산으로부터의 현금흐름을 표준만기에 발생하는 현금흐름으로 매핑(mapping)한다. 만기가 1.2년이고 반기마다 연 6%의 액면이자(즉, 6개월마다 3%)를 지급하는 장기국채에 100만 달러를 투자한 포지션을 고려해보자. 액면이자(coupon)는 0.2년, 0.7년, 1.2년에 지급되고, 원금은 1.2년에 지급된다. 따라서 이 국채는 먼저 만기가 0.2년인 무이표채에 3만 달러를 투자한 포지션, 만기가 0.7년인 무이표채에 3만 달러를 투자한 포지션, 그리고 만기가 1.2년인 무이표채에 103만 달러를 투자한 포지션의 합으로 간주된다. 만기가 0.2년인 무이표채의 포지션은 만기가 1개월과 3개월인 무이표채의 포지션으로 전환된다. 만기가 0.7년인 무이표채의 포지션은 만기가 6개월과 1년인 무이표채의 포지션으로 전환된다. 그리고 만기가 1.2년인 무이표채의 포지션은 만기가 1년과 2년인 무이표채의 포지션으로 전환된다. 결과적으로 만기가 1.2년인 이표채(coupon-bearning bond)는 VaR 계산 목적상, 만기가 1개월, 3개월, 6개월, 1년, 2년인 표준만기 무이표채의 포지션으로 간주된다.

이 절차를 현금흐름 매핑(cash-flow mapping)이라고 한다. 하나의 방법이 www-2.rotman.utoronto.ca/hull/TechnicalNotes의 [Technical Note 25]에 설명되어 있다. 그러나 역사적 시뮬레이션이 사용되는 경우 현금흐름 매핑은 필요하지 않다. 왜냐하면 4장의 붓스트랩법을 사용해 생성한 각 시나리오에서 고려된 변수로부터 완벽한 이자율 기간구조가 계산되기 때문이다.

선형 모형 적용하기

선형 모형을 가장 간단히 적용할 수 있는 경우는 주식 그리고 채권으로 구성된 포트폴리오(파생상품은 포함되지 않는다)이다. 현금흐름 매핑은 채권을 표준만기들을 갖는 무이표채로 전환한다. 이 경우에 포트폴리오의 가치변화는 주식과 무이표채의 가격변화율에 선형적으로 의존한다.

4장에서 설명했듯이 OIS 할인은 파생상품 가치평가에 일반적으로 사용된다. 그러므로 파생상품을 고려할 때 현금흐름 매핑 절차는 매핑된 현금흐름과 OIS 할인 하에서의 본래의 현금흐름이 동일하게 할 필요성이 있다. 외환을 매입하기로 한 선도계약의 만기가 T라고 가정하자. 이 계약은 만기가 T인 외국 무이표채를 만기가 T인 국내 무이표채를 교환하는 것으로 간주 될 수 있다. VaR와 ES의 계산을 위해 선도계약은 그러므로 외국채권의 매입포지션과 국내채권의 매도포지션이 혼합되어 있다고 간주된다. 각 채권은 현금흐름 매핑을 이용하여 계산된다.

OIS가 고정금리로 교환되는 금리스왑은 고정된 현금흐름을 제공하는 채권을 변동(OIS) 현금흐름을 제공하는 채권의 교환과 동일하다. 우리는 이자지급일 직후 변동금리를 제공하는 채권의 가치는 원금과 동일함을 이용해 구조를 무이표채의 교환으로 전환하는데 이용할 수 있다. 변동금리가 LIBOR인 경우 우리는 LIBOR와 OIS가 스프레드가 오늘 계산된 선도 스프레드와 동일하다고 가정할 수 있다. 이들 선도 스프레드는 고정금리 쪽으로부터 차감되어 OIS와 고정금리 스왑으로 구조를 전환할 수 있다.

선형 모형과 옵션

옵션이 있는 경우에 선형 모형을 어떻게 적용할 수 있는지 고려해 보자. 현재 가격이 S인 개별주식에 대한 옵션들로 구성된 포트폴리오를 먼저 고려해 보자. 18장에서 설명한 방식으로 계산한 포지션의 델타가 δ라고 가정하자.[6] δ는 S의 변화에 대한 포트폴리오의 가치변화를 의미하므로 대략 다음의 식이 성립한다.

$$\delta = \frac{\Delta P}{\Delta S}$$

또는

$$\Delta P = \delta\, \Delta S \tag{22.5}$$

여기서 ΔS는 하루 동안의 주가변화 금액이고, ΔP는 하루 동안의 포트폴리오 가치변화의 금액이다. Δx를 하루 동안의 주가변화율(percentage change)로 정의하자. 즉,

$$\Delta x = \frac{\Delta S}{S}$$

ΔP와 Δx간에는 대략 다음의 관계가 성립한다.

$$\Delta P = S\delta\, \Delta x$$

옵션을 포함하여 여러 개의 시장변수에 포지션을 취하면, ΔP와 Δx_i들 간에는 대략 다음의 선형관계가 성립한다.

$$\Delta P = \sum_{i=1}^{n} S_i \delta_i\, \Delta x_i \tag{22.6}$$

6 일반적으로 포트폴리오의 델타와 감마를 각각 Δ와 Γ로 표시한다. 본 절과 다음 절에서는 Δ를 지나치게 많이 사용하는 것을 피하기 위하여 δ와 γ를 이용하기로 한다.

단 S_i는 i번째 시장변수의 가격이고, δ_i는 i번째 시장변수에 대한 포트폴리오의 델타이다. 위의 식은 식 (22.2)의 형식으로 다음과 같이 다시 쓸 수 있다.

$$\Delta P = \sum_{i=1}^{n} \alpha_i \, \Delta x_i$$

단, $\alpha_i = S_i \delta_i$ 이다. 따라서 식 (22.3) 또는 (22.4)을 이용해서 ΔP의 표준편차를 계산할 수 있다.

예제 22.1

마이크로소프트와 AT&T 주식옵션에 대한 투자를 고려해 보자. 마이크로소프트 주식옵션 포지션의 델타는 1,000이고, AT&T 주식옵션 포지션의 델타는 20,000이다. 마이크로소프트 주가는 120달러이고, AT&T 주가는 30달러이다. 이들 값을 식 (22.6)에 대입하면 다음의 식이 성립한다.

$$\Delta P = 120 \times 1{,}000 \times \Delta x_1 + 30 \times 20{,}000 \times \Delta x_2$$

또는

$$\Delta P = 120{,}000 \Delta x_1 + 600{,}000 \Delta x_2$$

단 Δx_1과 Δx_2는 각각 마이크로소프트와 AT&T 주식가격의 일별 변화율이고, ΔP는 포트폴리오 가치 변화이다(이 포트폴리오는 마이크로소프트 주식에 12만 달러를 투자하고 AT&T 주식에 60만 달러를 투자한 포지션과 동등하다). 마이크로소프트 주식의 일별 변동성이 2%이고, AT&T 주식의 일별 변동성이 1%이며, 상관계수가 0.3이면, ΔP (단위: 천 달러)의 표준편차는 7.099이다.

$$\sqrt{(120 \times 0.02)^2 + (600 \times 0.01)^2 + 2 \times 120 \times 0.02 \times 600 \times 0.01 \times 0.3} = 7.099$$

22.5 2차함수 모형

포트폴리오가 옵션을 포함하면, 선형 모형은 근사치로 성립한다. 왜냐하면 선형 모형은 감마(gamma)

그림 22.4 포트폴리오 가치의 확률분포. (a) 감마가 양인 경우, (b) 감마가 음인 경우.

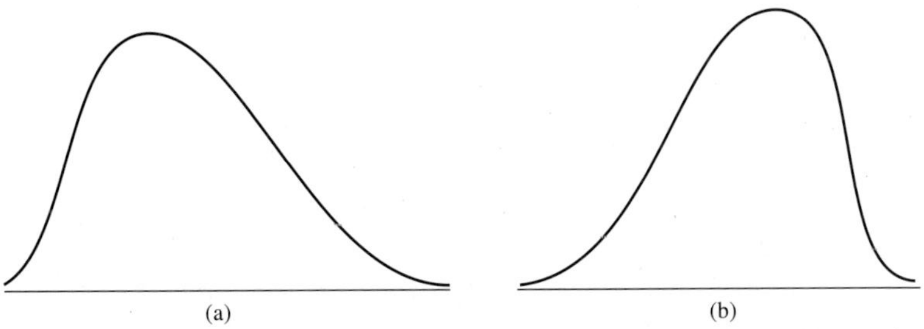

를 고려하지 않기 때문이다. 19장에서 설명했듯이 델타는 시장변수에 대한 포트폴리오의 가치변화율이고, 감마는 시장변수에 대한 델타의 변화율이다. 즉, 감마는 포트폴리오의 가치와 시장변수 간의 관계의 곡률(curvature)을 측정한다.

[그림 22.4]은 감마가 0이 아닌 경우 감마가 포트폴리오 가치의 확률분포에 미치는 영향을 보여 준다. 감마가 0보다 크면, δP의 확률분포는 오른쪽으로 긴 꼬리를 갖고(positively skewed), 반대로 감마가 0보

그림 22.5 기초자산이 정규분포를 따르는 경우 콜옵션 매입포지션의 확률분포.

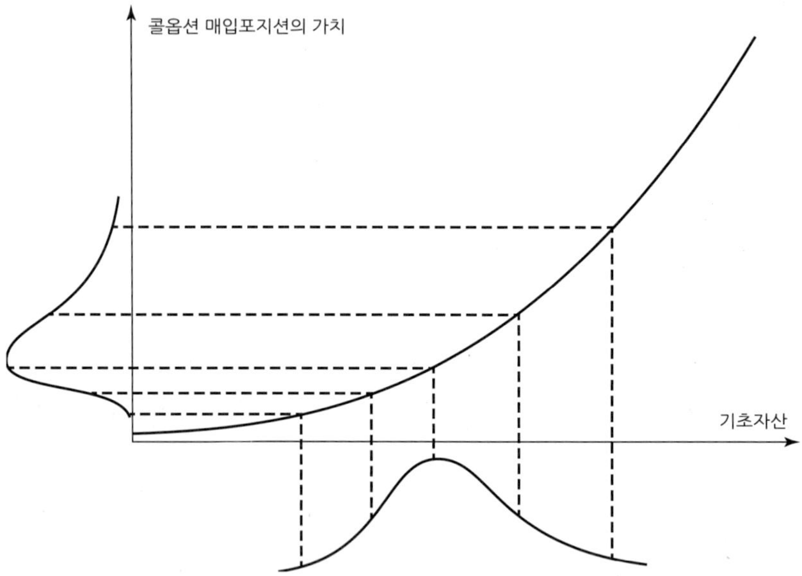

그림 22.6 기초자산이 정규분포를 따르는 경우 콜옵션 매도포지션의 확률분포.

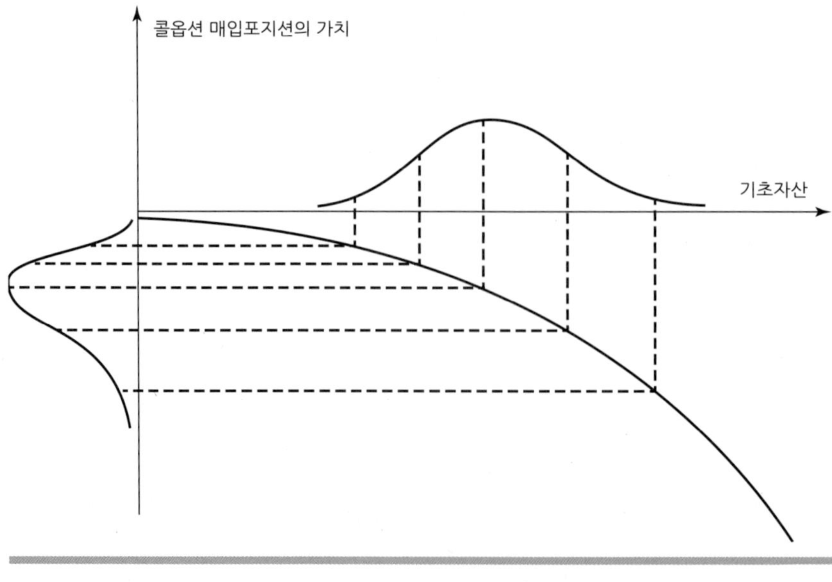

다 작으면, δP의 확률분포는 왼쪽으로 긴 꼬리를 갖는다(negatively skewed). [그림 22.5]와 [그림 22.6]는 이런 결과가 나온 이유를 보여 준다. [그림22.4]는 콜옵션 매입포지션의 가치와 기초자산 가치 간의 관계를 보여 준다. 콜옵션 매입포지션은 감마가 0보다 큰 옵션포지션의 대표적인 예이다. 그림이 보여주듯이 Day1에서의 기초자산 가격의 확률 분포가 정규분포이더라도, 옵션의 확률분포는 오른쪽으로 긴 꼬리를 갖는다.[7] [그림 22.6]은 콜옵션 매도포지션의 가치와 기초자산 가치 간의 관계를 보여 준다. 콜옵션 매도포지션의 감마는 0보다 작다. 이 경우에 기초자산 가격의 하루 후 분포가 정규분포이더라도, 옵션포지션 가치의 확률분포는 왼쪽으로 긴 꼬리를 갖는다.

포트폴리오의 VaR는 포트폴리오 가치의 확률분포의 왼쪽 꼬리(tail)의 모양에 의해 크게 영향을 받는다. 예를 들어 99%의 신뢰수준인 경우, VaR는 분포의 왼쪽 꼬리의 단 1%를 차지하는 가치이다. [그림 22.4]의 (a)와 [그림 22.5]에 나타나 있듯이, 감마가 양수인 포트폴리오는 정규분포보다 덜 두터운(less heavy) 왼쪽 꼬리를 갖는 경향이 있다. 따라서 이 경우에 정규분포를 가정하여 계산한 VaR는 과대평가되는 경향이 있다. 마찬가지로 [그림 22.4]의 (b)와 [그림 22.6]에 나타나 있듯이, 감마가 음수인 포트폴리오는 정규분포보다 두터운(heavier) 왼쪽 꼬리를 갖는 경향이 있다. 따라서 이 경우에 정규분포를 가정하여 계산한 VaR는 과소평가되는 경향이 있다.

선형 모형보다 더 정확히 VaR를 계산하기 위해서는 델타와 감마를 모두 이용하여 ΔP를 Δx_i 에 연계시켜야 한다. 가격이 S인 자산으로만 구성된 포트폴리오를 고려해 보자. 포트폴리오의 델타를 δ로, 감마를 γ로 가정하자. 18장의 부록으로부터 다음 식이 성립한다.

$$\Delta P = \delta\,\Delta S + \tfrac{1}{2}\gamma(\Delta S)^2$$

위의 식은 식 (22.4)보다 정확한 식이다.[8] Δx 가 다음과 같으므로,

$$\Delta x = \frac{\Delta S}{S}$$

다음 식이 성립한다.

$$\Delta P = S\delta\,\Delta x + \tfrac{1}{2}S^2\gamma(\Delta x)^2 \tag{22.7}$$

n개의 시장변수에 노출된 포트폴리오의 경우 [포트폴리오에 포함된 개별 금융상품 (instrument)이 오직 한 개의 시장변수에 노출된다고 가정한다]식 (22.7)은 다음과 같이 전환된다.

$$\Delta P = \sum_{i=1}^{n} S_i\delta_i\,\Delta x_i + \sum_{i=1}^{n} \tfrac{1}{2}S_i^2\gamma_i\,(\Delta x_i)^2$$

여기서 S_i는 i번째 시장변수의 가치이고, δ_i와 γ_i는 i번째 시장변수에 대한 포트폴리오의 델타와 감마이다. 포트폴리오에 포함된 개별 금융상품이 1개 이상의 시장변수에 의존하면 위의 식은 다음과 같이 일반화된다.

---

7 본 장 각주 4에서 언급했듯이, VaR를 계산할 때 대수정규분포의 근사치로 정규분포를 이용할 수 있다.

8 19장의 부록에서 테일러 전개식(Taylor series expansion)은 다음과 같은 대략적인 관계를 제시한다(Δt 보다 고차항은 무시). $\Delta P = \Theta\,\Delta t + \delta\,\Delta S + \frac{1}{2}\gamma(\Delta S)^2$. 실제로 $\Theta\,\Delta t$항은 대단히 작으므로 대체로 무시된다.

$$\Delta P = \sum_{i=1}^{n} S_i \delta_i \, \Delta x_i + \sum_{i=1}^{n} \sum_{j=1}^{n} \frac{1}{2} S_i S_j \gamma_{ij} \, \Delta x_i \, \Delta x_j \tag{22.8}$$

여기서 γ_{ij}는 "교차감마(cross gamma)"로 다음과 같이 정의된다.

$$\gamma_{ij} = \frac{\partial^2 P}{\partial S_i \, \partial S_j}$$

식 (22.8)은 식 (22.2)만큼 사용이 편리하지는 않은데 이는 ΔP가 정규분포를 따르지 않기 때문이다. 만약 적은 수의 변수들만 있다면 식 (22.8)이 ΔP의 적률을 계산하기 위해 계산됐다. 적률(moments)로부터 확률분포의 백분위수를 추정하기 위하여 코니시–피셔 확장식(Cornish-Fisher expansion)으로 알려진 통계학의 결과를 이용할 수 있다.[9]

22.6 몬테카를로 시뮬레이션

지금까지 설명한 접근방법에 대한 대안으로, P의 확률분포를 생성시키기 위하여 몬테카를로 시뮬레이션(Monte Carlo simulation)을 이용한 모형기반 접근방법을 실행할 수 있다. 우리가 포트폴리오의 VaR를 1일 기준으로 99% 신뢰수준에서 계산하고자 한다고 가정하자. 시뮬레이션의 절차는 다음과 같다.

1. 시장변수의 현재 가치를 이용하여 포트폴리오의 현재 가치를 평가한다.
2. Δx_i의 다변량 정규 확률분포로부터 1개의 값을 추출한다.[10]
3. 추출한 Δx_i의 값을 이용하여 하루가 종료되는 시점에서 각 시장 변수의 값을 결정한다.
4. 하루 종료 시점에서의 포트폴리오의 가치를 재평가한다.
5. ΔP를 결정하기 위하여 첫 번째 단계에서 계산한 가치를 네 번째 단계에서 계산한 가치에서 차감한다.
6. ΔP의 확률분포를 구성하기 위하여 두 번째 단계부터 다섯 번째 단계까지를 반복한다.

VaR는 ΔP 확률분포의 적절한 백분위수로부터 계산된다. 예를 들어 위에서 설명한 방법으로 5,000개의 P값을 계산했다고 가정하자. VaR(신뢰수준: 99%, 보유기간: 1일)는 50번째로 나쁜 ΔP의 가치이고, VaR(신뢰수준: 95%, 보유기간: 1일)는 250번째로 나쁜 ΔP의 가치이다.[11] N일 기준의 VaR는 1일 기준의 VaR에 $\sqrt{N}$ 을 곱하여 구한다.[12]

몬테카를로 시뮬레이션의 단점은 수백 수천의 다른 금융상품으로 구성된 포트폴리오를 여러 번 재평

---

9 적률의 계산과 코니시–피셔 확장식의 이용에 관한 자세한 내용은 www-2.rotman.utoronto.ca/~hull/TechnicalNotes의 [Technical Note] 10을 참조한다. 기초변수가 1개인 경우 $E(\Delta P) = 0.5S^2\gamma\sigma^2$, $E(\Delta P^2) = S^2\delta^2\sigma^2 + 0.75S^4\gamma^2\sigma^4$, and $E(\Delta P^3) = 4.5S^4\delta^2\gamma\sigma^4 + 1.875S^6\gamma^3\sigma^6$ 이다(S는 변수의 가치이고, σ는 일별 변동성이다). DerivaGem Application Builder의 Sample Application E는 코니시–피셔 확장식을 시행시킨다.

10 하나의 방법이 21장 6절에 제시되어 있다.

11 역사적 시뮬레이션의 경우처럼 극단치이론(extreme value theory)을 이용하여"꼬리를 유연화"하면 (smoothing the tails) 극단적인 백분위수의 추정치를 보다 정확하게 구할 수 있다.

12 이 관계는 포트폴리오가 옵션을 포함하는 경우에는 대략적으로만 성립한다. 그러나 실제로 VaR를 계산하는 모든 방법들은 이 관계를 가정한다.

가해야 하기 때문에 시간이 많이 소요된다는 점이다.[13] 시간을 단축시키는 하나의 방법은 식 (22.8)이 ΔP와 Δx_i 간의 관계를 규정한다고 가정하는 것이다. 그러면 몬테카를로 시뮬레이션의 두 번째 단계에서 곧장 다섯 번째 단계로 진행할 수 있으므로 포트폴리오를 완전히 재평가해야 하는 일을 피할 수 있다. 이런 방법을 부분 시뮬레이션 접근방법(partial simulation approach)이라고 부른다. 역사적 시뮬레이션을 시행할 때 유사한 접근방법이 종종 이용된다.

22.7 접근방법의 비교

앞에서 VaR를 추정하는 두 가지 방법(역사적 시뮬레이션 접근방법과 모형기반 접근방법)을 설명하였다. 본장 3절과 4절의 모형기반 접근방법은 포트폴리오 가치변화가 내재 시장변수에 선형적으로 의존한다고 가정한다. 이는 포트폴리오가 파생상품을 포함하고 있을 경우 결과가 정확하지 않음을 의미한다. 몬테카를로 시뮬레이션은 이러한 선형성에 대한 가정을 피하기 위해 사용될 수 있지만 모형기반 접근방법의 빠르다는 장점을 잃게 된다. 모형기반 접근법은 포트폴리오가 파생상품을 포함하지 않는 다른 자산들이 매입 그리고 매도포지션으로 구성된 경우 가장 적합한다. 결과는 빠르게 제공되며 다음 장에서 설명될 변동성 갱신 절차와 혼합하여 사용될 수 있다. 모형기반 접근방법의 단점은 자산의 수익률의 다변량 정규분포를 따른다고 가정한다는 점이다. ([표 20.1]에서 묘사되어 있듯이 이들 수익률은 종종 정규분포 보다 더 두꺼운 꼬리를 갖는다.)

역사적 시뮬레이션 접근방법은 역사적 자료가 시장변수의 결합확률분포를 결정한다는 것과 현금흐름 매핑을 할 필요가 없다는 것이 장점이다. 주요 단점은 계산하는 데 시간이 많이 소요되며 변동성을 갱신하는 모형을 쉽게 사용할 수 없다는 점이다.[14]

22.8 사후검증

모형을 이용해 VaR를 계산하면, 사후검증(back testing)으로 유효성을 점검하는 것이 대단히 중요하다. 사후검증은 VaR 추정치가 실제로 얼마나 잘 맞았는지에 대한 검증이다. 99% 신뢰수준에서 일별 VaR를 계산한다고 가정하자. 사후검증은 일별 손실이 99% 신뢰수준의 일별 VaR를 얼마나 자주 초과하는지 조사하는 것이다. 만일 초과하는 일수가 1%의 비율로 발생하면, VaR를 계산하는 방법에 대하여 비교적 안심할 수 있다. 그러나 예를 들어 7% 비율로 발생하면 VaR 계산방법을 의심해야 한다. 아쉽게도 ES는 사후검증을 하기가 VaR보다 어렵다.

---

13 포트폴리오의 재평가 횟수를 제한하는 접근방법이 다음 논문에 제안되어 있다. F. Jamshidian and Y. Zhu, "Scenario simulation model: theory and methodology", *Finance and Stochastics*, 1 (1997): 43–67.

14 변동성을 갱신(update)하여 역사적 시뮬레이션을 실시하는 방법은 다음 논문을 참조한다. J. Hull and A. White, "Incorporating volatility updating into the historical simulation method for value-at-risk," *Journal of Risk* 1, No. 1 (1998): 5–19.

22.9 주성분분석

상관성이 대단히 높은 일련의 시장변수들로부터 발생하는 위험을 분석하는 하나의 접근방법이 주성분분석(principal components analysis)이다. 이는 위험관리에서 많이 사용되는 표준적인 통계적 방법이다. 이 방법은 시장변수들의 움직임에 대한 역사적 자료를 구한 후 이들 움직임을 설명하는 일련의 성분(component) 또는 요인(factor)들을 찾고자 하는 방법이다.

쉬운 이해를 위해 만기가 1년, 2년, 3년, 4년, 5년, 7년, 10년, 그리고 30년인 스왑이자율을 고려한다. [표 22.7]과 [표 22.8]는 2000년부터 2011까지 관찰된 2,780개의 일별 관찰치를 이용하여 분석한 결과이다. [표 22.7]의 첫 번째 열은 고려하는 수익률의 만기이다. 그리고 나머지 8개의 열은 수익률의 움직임을 설명하는 8개의 요인 또는 주성분을 보여 준다. PC1 열의 첫 번째 요인은 수익률곡선의 평행이동에 대략적으로 상응한다. 이 요인이 한 단위 증가하면 1년 수익률은 0.216베이시스포인트 증가하고, 2년 수익률은 0.331베이시스포인트 증가한다. PC2 열은 두 번째 요인인 수익률곡선의"뒤틀림(twist)"또는 "수익률 곡선의 기울기 변화"에 해당된다. 1~4년 만기까지의 수익률은 한 방향으로 움직이고, 5~30년 만기까지의 수익률은 다른 방향으로 움직인다. 세 번째 요인은 수익률곡선의 "활 모양 움직임(bowing)"에 상응한다. 상대적으로 짧은 만기의 금리와 (1~2년) 그리고 상대적으로 긴 만기의 금리 (10~30년)은 같은 방향으로 움직인다. 반대로 만기가 중간수준인 금리는 다른 방향으로 움직인다. 특정 요인에 대한 이자율의 움직임을 요인부하량(factor loading)이라고 한다. 우리의 예에서 3개월 만기 수익률의 첫 번째 요인부하량은 0.216이다.[15]

수익률이 8개이고 요인도 8개이므로 특정일에 관찰된 이자율의 움직임은 항상 요인들의 선형결합으로 표현될 수 있다(8개 연립방정식의 해를 구한다). 특정일의 이자율 움직임에서 특정 요인의 양(quantity)은 특정일의 요인점수(factor score)로 알려져 있다.

요인의 중요성은 요인점수의 표준편차에 의해 측정된다. 우리의 예에서 요인점수의 표준편차는 [표

표 22.7 스왑 데이터를 위한 요인부하량

	PC1	*PC2*	*PC3*	*PC4*	*PC5*	*PC6*	*PC7*	*PC8*
1년	0.216	-0.501	0.627	0.487	0.122	0.237	0.011	-0.034
2년	0.331	-0.429	0.129	0.354	-0.212	-0.674	-0.100	0.236
3년	0.372	-0.267	-0.157	0.414	-0.096	0.311	0.413	-0.564
4년	0.392	-0.110	-0.256	0.174	-0.019	0.551	-0.416	0.512
5년	0.404	0.019	-0.355	-0.269	0.595	-0.278	-0.316	-0.327
7년	0.394	0.194	-0.195	-0.336	0.007	-0.100	0.685	0.422
10년	0.376	0.371	0.068	-0.305	-0.684	-0.039	-0.278	-0.279
30년	0.305	0.554	0.575	0.398	0.331	0.022	0.007	0.032

15 J. Frye, Principals of Risk: Finding VAR through Factor-Based Interest Rate Scenarios, in VAR: *Understanding and Applying Value at Risk, Risk* Publications, London, 1997, pp. 275–88.

표 22.8 요인점수의 표준편차.

PC1	*PC2*	*PC3*	*PC4*	*PC5*	*PC6*	*PC7*	*PC8*	*PC9*	*PC10*
17.49	6.05	3.10	2.17	1.97	1.69	1.27	1.24	0.80	0.79

22.8]에 제시되어 있는데 요인들은 중요성의 순서로 배열되어 있다. [표 22.8]의 숫자들은 베이시스포인트로 측정된 것이다. 따라서 첫 번째 요인의 1표준편차에 해당되는 값은 1년 만기 이자율의 경우 0.216 × 17.55 = 3.78베이시스포인트에 해당되고, 6개월 만기 이자율의 경우 0.331 × 17.55 = 5.81베이시스포인트에 해당된다.

[표22.7]과 [표22.8]의 계산에 이용된 소프트웨어는 저자의 웹사이트 (www-2.rotman. utoronto. ca/~hull/ofod)에 있다. 요인점수는 서로 상관되어 있지 않다는 성질을 갖고 있다. 예를 들어 우리의 예에서 2,780일에 걸쳐, 첫 번째 요인점수(평행이동의 크기)는 두 번째 요인점수(뒤틀림의 크기)와 연관되어 있지 않다. 요인점수의 분산(즉, 표준편차의 제곱)은 개별분산이 합해지면 자료의 총 분산(total variance)이 되는 속성을 갖는다. [표 22.8]로부터 원자료(original data)의 총 분산(즉, 1~30년 만기까지 수익률 관찰치의 분산을 모두 합한 값)은 다음과 같이 338.8이다.

$$17.55^2 + 4.77^2 + 2.08^2 + \cdots + 0.53^2 = 338.8$$

이로부터 첫 번째 요인은 원자료 분산의 $17.55^2/338.8 = 90.9\%$를 설명하고 처음 2개의 요인은 원자료 분산의

$$(17.55^2 + 4.77^2)/338.8 = 97.7\%$$

를 설명한다. 그리고 세 번째 요인은 분산의 1.3%를 설명한다. 이는 이자율 움직임에 따른 위험의 대부분이 처음 2개 또는 3개의 요인에 의해 설명될 수 있음을 의미한다. 이는 이자율 움직임에 노출된 상품으로 구성된 포트폴리오의 위험을 8개 수익률 모두가 아니고 이들 요인만의 움직임에 연결시킬 수 있음을 의미한다.

[표 22.7]에서 확인된 가장 중요한 3개 요인이 [그림 22.7]에 나타나 있다.

주성분분석을 이용한 VaR의 계산

VaR 계산에 주성분분석이 어떻게 이용될 수 있는지 알아보기 위하여 이자율의 움직임에 [표22.9]처럼 노출된 포트폴리오를 가정하자. 3년 만기 수익률의 1베이시스포인트 움직임은 포트폴리오의 가치를 10백만 달러만큼 증가시키고, 4년 만기 수익률의 1베이시스포인트 움직임은 포트폴리오의 가치를 4백만 달러만큼 증가시킨다. 이자율 움직임에 대한 2개의 요인을 이용하기로 하자(앞에서 언급했듯이 두 개의 요인은 이자율 움직임에서의 97.7%의 불확실성을 반영한다). [표 22.7]의 자료를 이용하면 첫 번째 요인에 대한 포트폴리오의 노출은 다음과 같다.

그림 22.7 수익률곡선의 움직임을 야기하는 세 개의 가장 중요한 요인.

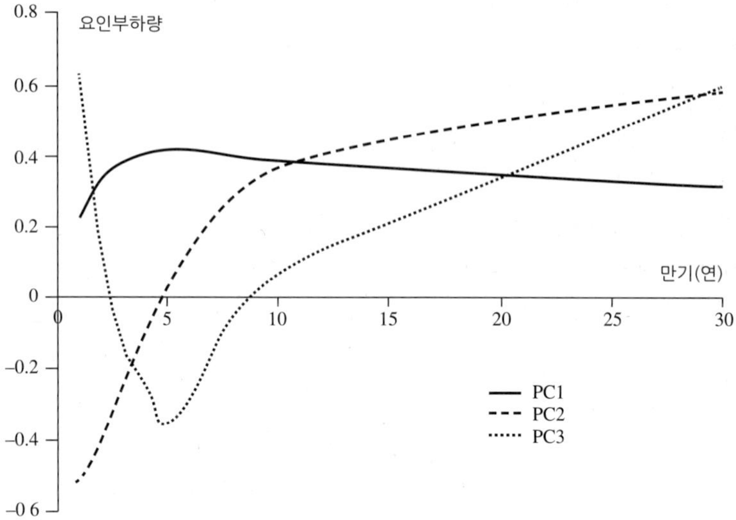

f_1

$$10 \times 0.372 + 4 \times 0.392 - 8 \times 0.404 - 7 \times 0.394 + 2 \times 0.376 = +0.05$$

그리고 두 번째 요인에 대한 노출은 다음과 같다.

$$10 \times (-0.267) + 4 \times (-0.110) - 8 \times 0.019 - 7 \times 0.194 + 2 \times 0.371 = -3.88$$

f_1과 f_2를 각각 첫번째와 두번째 요인점수(베이시스포인트로측정)라고 가정하자. 포트폴리오 가치의 변화는 대략 다음과 같다.

$$\Delta P = -0.05 f_1 - 3.88 f_2$$

요인점수들은 상호 연관되어 있지 않으며 표준편차는 [표 22.8]에 제시되어 있다. 따라서 ΔP의 표준편차는 다음과 같다.

$$\sqrt{0.05^2 \times 17.55^2 + 3.88^2 \times 4.77^2} = 18.48$$

요인이 정규분포한다는 가정 하에, 일별 99% VaR는 18.48 × 2.326 = 32.08이다. [표 22.9]의 자료에 의하면 포트폴리오는 첫 번째 요인에는 별로 노출되어 있지 않고, 두 번째 요인에는 크게 노출되어 있다. 이 경우 하나의 요인을 이용하여 계산하면 이는 VaR를 심각하게 과소평가할 것이다(연습문제22.11 참

표 22.9 이자율의 1베이시스포인트 움직임으로 인한 포트폴리오 가치의 변화(백만 달러).

1년 만기 이자율	2년 만기 이자율	3년 만기 이자율	4년 만기 이자율	5년 만기 이자율
+10	+4	-8	-7	+2

조). (듀레이션을 이용하여 이자율의 위험을 설명하는 방법(본 장 4절 참조)은 수익률 곡선의 평행이동만을 고려하므로 VaR를 심각하게 과소평가할 것이다.)

이론적으로 주성분분석은 이자율 이외의 시장변수에도 적용될 수 있다. 여러 주가지수에 노출된 금융기관을 고려해 보자. 이 경우 주성분분석을 이용하여 주가지수의 움직임을 설명하는 요인들을 확인할 수 있으며, 이들 중에서 중요한 요인은 VaR 분석에서 시장변수를 대체할 수 있다. 시장변수들에 적용하는 주성분분석이 얼마나 효과적인가는 시장변수들이 얼마나 밀접하게 연관되어 있는가에 달려 있다.

본 장 앞에서 설명했듯이 VaR는 보통 시장변수(xi)의 변화율(percentage change)에 따른 포트폴리오의 실제 변화에 의해 계산된다. 따라서 주성분분석은 종종 시장변수의 실제 변화보다 변화율에 대하여 이루어지기도 한다.

요약

VaR (Value at Risk) 계산은 다음 표현과 같다." 향후 N일 동안에 V달러 이상을 잃지 않을것을 X% 확신한다."변수 V는 VaR이고, X는 신뢰수준이고, N은 보유기간이다. ES는 손실이 VaR 수준보다 클 경우 기대 손실이나.

VaR 또는 ES를 계산하는 하나의 접근방법은 역사적 시뮬레이션이다. 이 방법은 일정 기간 동안의 모든 시장변수의 일별 움직임에 대한 데이터베이스를 필요로 한다. 첫 번째 시뮬레이션은 각 시장변수의 변화율이 데이터베이스의 첫 번째 거래일의 변화율과 같다고 가정한다. 두 번째 시뮬레이션은 각 시장변수의 변화율이 두 번째 거래일의 변화율과 같다고 가정하고 진행된다. 그 이후에도 계속 똑같은 가정하에 시뮬레이션이 진행된다. 포트폴리오 가치의 변화, ΔP는 시뮬레이션별로 계산되고 VaR는 ΔP의 확률분포에서 적절한 백분위수를 기준으로 계산된다. ES는 VaR 꼬리에 있는 관측치의 평균이다.

VaR를 계산하는 다른 방법은 모형기반 접근방법이다. 다음 두 가지 가정하에서 VaR는 비교적 간단히 계산된다.

1. 포트폴리오의 가치변화(P)는 시장변수의 변화율에 의해 선형으로 결정된다.
2. 시장변수의 변화율은 다변량 정규분포를 따른다.

이와 같은 가정을 하면 ΔP의 확률분포는 정규분포를 이루고, ΔP의 표준편차를 시장변수들의 변동성과 상관계수들로 표현할 수 있는 분석적 공식이 존재하게 된다. 그리고 VaR는 정규분포의 특성을 이용하여 쉽게 계산된다.

포트폴리오가 옵션을 포함하면, ΔP는 시장변수의 변화율과 선형관계를 갖지 않는다. 포트폴리오의 감마를 이용하면 ΔP와 시장변수 변화율 간의 대략적인 2차함수 관계를 유도할 수 있다. 그 다음에 몬테카를로 시뮬레이션을 이용하여 VaR를 추정할 수 있다.

다음장에서 우리는 변동성과 상관계수가 어떻게 추정되고 모니터링될 수 있는지 설명하기로 한다.

참고문헌

Artzner P., F. Delbaen, J.-M. Eber, and D. Heath. "Coherent Measures of Risk," *Mathematical Finance*, 9 (1999): 203–28.

Basak, S., and A. Shapiro. "Value-at-Risk-Based Risk Management: Optimal Policies and Asset Prices." *Review of Financial Studies*, 14, 2 (2001): 371–405.

Boudoukh, J., M. Richardson, and R. Whitelaw," The Best of Both Worlds," *Risk*, May 1998: 64–67.

Dowd, K. *Beyond Value at Risk: The New Science of Risk Management*. New York: Wiley, 1998.

Duffie, D., and J. Pan. "An Overview of Value at Risk," *Journal of Derivatives*, 4, 3 (Spring 1997): 7–49.

Embrechts, P., C. Kluppelberg, and T. Mikosch. *Modeling Extremal Events for Insurance and Finance*. New York: Springer. 1997.

Hull, J. C., and A. White." Value at Risk When Daily Changes in Market Variables Are Not Normally Distributed," *Journal of Derivatives*, 5 (Spring 1998): 9–19.

Hull, J. C., and A, White, "Incorporating Volatility Updating into the Historical Simulation Method for Value at Risk," *Journal of Risk*, 1, 1 (1998): 5–19.

Jackson, P., D. J. Maude, and W. Perraudin. "Bank Capital and Value at Risk." *Journal of Derivatives*, 4, 3 (Spring 1997): 73–90.

Jamshidian, F., and Y. Zhu. "Scenario Simulation Model: Theory and Methodology," *Finance and Stochastics*, 1 (1997): 43–67.

Jorion, P. *Value at Risk*, 3rd edn. McGraw-Hill, 2007.

Longin, F. M." Beyond the VaR," *Journal of Derivatives*, 8, 4 (Summer 2001): 36–48.

Marshall, C., and M. Siegel." Value at Risk: Implementing a Risk Measurement Standard." *Journal of Derivatives* 4, 3 (Spring 1997): 91–111.

Neftci, S. N. "Value at Risk Calculations, Extreme Events and Tail Estimation," *Journal of Derivatives*, 7, 3 (Spring 2000): 23–38.

Rich, D. "Second Generation VaR and Risk-Adjusted Return on Capital, *Journal of Derivatives*, 10, 4 (Summer 2003): 51–61.

연습문제

22.1. A자산에 10만 달러를 투자하고 B자산에 10만 달러를 투자한 포트폴리오를 고려해 보자. 두자산의 일별 변동성(표준편차)이 모두 1%이고, 두 자산수익률 간의 상관계수가 0.3이라고 가정하자. 포트폴리오의 VaR를 99% 신뢰수준과 5일 기준으로 계산하라.

22.2. VaR를 계산하는 데 모형기반 접근방법을 이용하는 경우, 금리의존 상품(interest-rate dependent instrument)을 처리하는 세 가지 대안을 설명하라. VaR를 계산하는 데 역사적 시뮬레이션을 이용하는 경우 금리의존 상품을 어떻게 처리하겠는가?

22.3. 어떤 금융기관이 미국 달러-영국 파운드 환율에 대한 옵션을 포함한 포트폴리오를 소유하고 있다. 포트폴리오의 델타는 56.0이고, 현재의 환율은 1.5000이다. 포트폴리오 가치변화와 환율의 변화율 간의 대략적인 선형관계를 유도하라. 만일 환율의 일별 변동성이 0.7%이면, VaR(신뢰수준: 99%, 보유기간: 10일)는 얼마인가?

22.4. 문제 22.3에서의 포트폴리오의 감마가 16.2라고 가정하는 경우, 포트폴리오의 가치변화와 환율 변화율 간의 추정된 관계가 어떻게 영향을 받는가?

22.5. 포트폴리오 가치의 일별 변화가 대략적으로 주성분분석으로부터 계산된 2개의 요인에 선형으로 의존한다고 가정하자. 첫 번째 요인에 대한 포트폴리오의 델타는 6이고, 두 번째 요인에 대한 포트폴리오의 델타는 -4이다. 요인들의 표준편차는 각각 20과 8이다. 5일 기준 90% 신뢰수준의 VaR는 얼마인가?

22.6. 주식, 채권, 외환, 상품으로 구성된 포트폴리오를 고려해 보자. 이 포트폴리오에는 파생상품이 포함되어 있지 않다. 포트폴리오의 VaR를 계산하는 데 사용되는 (a) 선형 모형과, (b) 역사적 시뮬레이션 모형의 가정들을 각각 설명하라.

22.7. 외환을 매도하기로 하는 선도계약을 VaR를 계산하기 위해 어떻게 표준만기를 갖는 무이표채로 변형시킬 수 있는지 설명하라.

22.8. VaR와 ES 간의 차이를 설명하라.

22.9. 포트폴리오가 옵션을 포함하는 경우, 선형 모형을 이용하면 VaR의 대략적인 추정치만 계산되는 이유를 설명하라.

22.10. 얼마 전 어떤 기업이 150만 달러를 100만 파운드에 매입할 수 있는 선도계약을 체결하였다. 선도계약의 만기는 6개월이다. 6개월 만기 파운드화 무이표채의 일별 변동성(가격을 달러로 전환한 후에 변동성을 계산하였다)은 0.06%이고, 6개월 만기 달러화 무이표채의 일별 변동성은 0.05%이다. 두 채권 수익률 간의 상관계수는 0.8이다. 현재의 환율은 1.53이다. 선도계약의 달러기준 일별 가치변화의 표준편차를 계산하라. 99% 신뢰수준과 10일 기준의 VaR는 얼마인가? 파운드화와 달러화의 6개월 만기 수익률은 연속복리로 연 5%이다.

22.11. 본문은 [표 22.9]의 예시에서 2개의 요인을 가정하고 VaR를 계산한다. (a) 1개의 요인만을 이용하는 경우, (b) 3개의 요인을 이용하는 경우 VaR 추정치가 어떻게 변하는가?

22.12. 은행이 옵션 포트폴리오를 소유하고 있다. 옵션의 델타는 –30이고 감마는 –5이다. 이 숫자들을 어떻게 해석할 수 있는지 설명하라. 자산가격이 20이고 변동성이 1%(일별)이다. DerivaGem Application Builder의 Sample Application E를 이용하여 VaR를 계산하라.

22.13. 문제 22.12에서 포트폴리오의 베가가 연간 변동성 1% 변화에 대하여 -2라고 가정하자. 하루동안의 포트폴리오 가치의 변화를 델타, 감마, 베가에 연결하는 모형을 도출하라. VaR를 계산하는 데 모형을 어떻게 이용할 수 있는지 자세한 계산을 생략하고 설명하라.

22.14. 2절 네 지수의 예시에서 1일, 99%의 VaR가 253,385달러로 계산되었다. 저자의 웹사이트에 있는 엑셀 스프레드시트를 이용하여 (a) 1일, 95% VaR와 (b) 1일 97% VaR를 각각 계산하라.

22.15. 2절의 네 지수 포트폴리오가 네 지수를 동일 비율로 포함한다는 가정 하에서, 2절의 기본 방법으로 저자의 웹사이드에 있는 스프레드시드를 이용하여 1일, 99% VaR를 계산하라.

과제물 문제

22.16. 어떤 기업이 600만 달러 상당의 채권에 포지션을 가지고 있다. 포트폴리오의 수정듀레이션이 5.2년이다. 수익률곡선에서 오직 평행이동만이 발생할 수 있으며 일별 수익률변화의 표준편차(수익률은 퍼센트로 측정한다)가0.09라고가정하자. 20일기준90% 신뢰수준에서의 포트폴리오VaR를 추정하기 위하여 듀레이션 모형을 이용하라. VaR를 계산하는데 이 접근방법의 약점을 자세히 설명하라.

22.17. 금에 30만 달러를 투자하고, 은에 50만 달러를 투자한 포지션을 고려해 보자. 두 자산의 일별 변동성은 각각 1.8%와 1.2%이고, 두 자산수익률 간의 상관계수는 0.6이다. 이 포트폴리오의 VaR(신뢰수준: 97.5%, 보유기간: 10일)는 얼마인가? 분산효과에 의해 VaR가 얼마나 감소하는가?

22.18. 특정 개별자산에 대한 옵션으로 구성된 포트폴리오를 고려해 보자. 포트폴리오의 델타는 12이고, 자산의 가치는 10달러이며, 자산의 일별 변동성은 2%이다. 델타로부터 포트폴리오의 VaR(신뢰수준: 95%, 보유기간: 1일)를 계산하라. 포트폴리오의 감마가 -2.6이라고 가정하자. 포트폴리오가치의 일별 변화와 기초자산가치의 일별 변화율 간에 성립하는 2차함수 관계를 도출하라. 당신은 이 결과를 몬테카를로 시뮬레이션에서 어떻게 이용하겠는가?

22.19. 어떤 기업이 2년 만기 채권과 3년 만기 채권에 매입포지션을 그리고 5년 만기 채권에 매도포지션을 취하고 있다고 가정하자. 각 채권의 원금은 100달러이고 5%의 액면이자를 연 1회 지급한다. 이 기업이 1년, 2년, 3년, 4년, 5년 만기 이자율에 얼마나 노출되어 있는지 계산하라. [표 22.7]과 [표 22.8]의 자료를 이용하여 다음 가정하에서 VaR(보유기간: 20일, 신뢰수준: 95%)를 계산하라. 무이표채 수익률곡선은 5%에서 수평이다.

(a) 수익률의 변화가 1개 요인에 의해 설명되는 경우

(b) 수익률의 변화가 2개 요인에 의해 설명되는 경우

(c) 수익률의 변화가 3개 요인에 의해 설명되는 경우

22.20. 금융기관이 어떤 주식에 대한 콜옵션과 다른 주식에 대한 풋옵션을 발행하였다고 가정하자. 첫번째 옵션의 경우 주가는 50이고, 행사가격은 51, 변동성은 연 28%, 만기는 9개월이다. 두 번째 옵션의 경우 주가는 20, 행사가격은 19, 변동성은 연 25%, 만기는 1년이다. 두 주식 모두 배당을 지급하지 않으며 무위험이자율은 연 6%이고 두 주식 수익률 간의 상관계수는 0.4이다. 10일 기준으로 99% 신뢰수준에서의 VaR를 계산하라.

(a) 델타만을 이용하는 경우

(b) 부분시뮬레이션(partial simulation) 접근방법을 이용하는 경우

(c) 완전시뮬레이션(full simulation) 접근방법을 이용하는 경우

22.21. 식(22.1)을 이용해 손실의 분포가 정규분포를 따를 때 99% 신뢰수준 VaR와 97.5% 신뢰수준의 ES가 거의 정확하게 같음을 보여라.

22.22. 2절에서 고려한 포트폴리오가 DJIA의 3,000달러, FTSE의 3,000달러, CAC 40의 1,000달러, Nikkei 225의 3,000달러로 구성된다고 가정하자(단위는 천 달러임). 저자 웹사이트의 스프레드시트를 이용하여 이 가정이 2절에서 계산된 1일, 99% VaR에 어떤 영향을 미치는지 계산하라.

CHAPTER 23

변동성과 상관성의 추정

본 장에서는 역사적 자료를 이용하여 현재와 미래의 변동성과 상관성을 추정하는 방법을 설명할 것이다. 본 장에서 공부할 내용은 모형구축 방법(model-building approach)을 이용하여VaR(Value at Risk)를 계산하는 것과 파생상품의 가격을 평가하는 데 유용하다. VaR를 계산하는 경우 우리는 매우 짧은 기간의 포트폴리오 가치 변화를 평가하기 때문에 변동성과 상관성의 현재 수준에 대하여 가장 많은 관심을 갖는다. 반면에 포트폴리오의 가치를 평가하는 경우에는, 일반적으로 파생상품의 전 잔존기간에 걸쳐 변동성과 상관성을 예측하는 것이 필요하다.

본 장에서는 지수가중 이동평균법(EWMA: Exponentially Weighted Moving Average)과 자기회귀 조건부 이분산성(ARCH: Autoregressive Conditional Heteroscedasticity) 및 일반화된 자기회귀 조건부 이분산성(GARCH: Generalized Autoregressive Conditional Heteroscedasticity)에 대해 설명할 것이다. 이 모형들의 특성은 변동성과 상관성이 일정하지 않다는 것을 고려한다는 점이다. 일부 기간 동안 변동성 또는 상관성은 상대적으로 낮고, 다른 기간 동안 상대적으로 높을 수 있다. 이 모형들은 변동성 또는 상관성의 시간적 변화를 추적하고자 한다.

23.1 변동성의 추정

σ_n을 시장변수의 n일에서의($n-1$일 말에 추정한) 변동성이라고 하자. 그리고 시장변수의 n일의 변동성의 제곱인 σ_n^2을 분산이라고 하자. 15장 4절에서 역사적 자료로부터 σ_n을 추정하는 표준접근법을 설명한 바 있다. S_i를 i일 말의 시장변수의 가치라고 하자. 변수 u_i를 i일 동안($i-1$일 말부터 i일 말까지)의 연속복리 수익률이라고 하자. u_i는 다음과 같이 측정된다.

m개의 최근 관찰치를 이용하여 추정한 일별 분산의 불편추정치 σ_n^2은 다음과 같다.

$$u_i = \ln \frac{S_i}{S_{i-1}}$$

$$\sigma_n^2 = \frac{1}{m-1}\sum_{i=1}^{m}(u_{n-i} - \bar{u})^2 \tag{23.1}$$

여기서 $\bar{u}$는 u_is들의 평균이다.

$$\bar{u} = \frac{1}{m}\sum_{i=1}^{m} u_{n-i}$$

일별 변동성을 모니터링할 목적으로 식 (23.1)은 대체로 다음과 같이 여러 방법으로 변형된다.

1. u_i는 i일 말과 $i-1$일 말 사이의 시장변수의 변화율로 다음과 같이 정의된다.[1]

$$u_i = \frac{S_i - S_{i-1}}{S_{i-1}} \tag{23.2}$$

2. $\bar{u} = 0$으로 가정한다.[2]
3. $m-1$은 m으로 대체된다.[3]

이와 같이 세 가지를 변경해도 계산된 추정치는 거의 영향을 받지 않지만 분산을 구하는 공식은 다음과 같이 간단하게 쓸 수 있다.

$$\sigma_n^2 = \frac{1}{m}\sum_{i=1}^{m} u_{n-i}^2 \tag{23.3}$$

여기서 u_i는 식 (23.2)에서 구한 것이다.[4]

가중치 부여

식 (23.3)에서 은 모두 동일한 가중치를 갖는다. 현재 변동성 수준 σ_n을 추정하려면 현재의 자료에 더 많은 가중치를 부여하는 것이 합리적이다. 이를 위하여 다음과 같은 모형을 이용하기로 하자.

$$\sigma_n^2 = \sum_{i=1}^{m} \alpha_i u_{n-i}^2 \tag{23.4}$$

변수 α_i는 i일 전의 관찰치에 부여한 가중치이다. α값들은 양(+)의 값을 갖는다. 만약에 $\alpha_i < \alpha_j$ (여기서 $i > j$)가 되도록 가중치를 부여한다면, 오래된 관찰치일수록 더 작은 가중치를 부여하는 결과가 된다. 가중치의 합은 1이 되어야 하므로 다음 식이 성립된다.

$$\sum_{i=1}^{m} \alpha_i = 1$$

---

1 이것은 VaR 계산 목적으로 변동성을 정의한 22장 3절의 내용과 일치한다.

2 22장 3절에서 설명했듯이 이 가정은 합리적인데 어떤 변수의 1일 동안의 기대변화는 표준편차와 비교할 때 매우 작기 때문이다.

3 $m-1$을 m으로 대체하는 것은 분산의 추정치를 최우추정치(maximum likelihood estimate)로 바꾸게 한다. 최우추정치는 본 장 뒤에서 설명할 것이다.

4 본 장에서의 u는 22장에서 설명한 x와 같은 역할을 한다. 둘 다 시장변수의 1일 변화율이다. u의 경우 하첨자는 서로 다른 날에 이루어진 동일 시장변수의 관찰치를 의미한다. Δx의 경우 하첨자는 같은 날에 이루어진 서로 다른 시장변수의 관찰치를 의미한다. 이와 유사하게 σ의 경우도 하첨자는 2개 장에서 서로 다르다. 본 장에서의 하첨자는 날짜를 의미하고, 22장에서의 하첨자는 시장변수를 의미한다.

식 (23.4)를 확장하여 장기평균분산이 존재하고 이것에 일정한 가중치를 부여한다고 가정하자. 이와 같은 가정을 전제하면 모형은 다음과 같이 된다.

$$\sigma_n^2 = \gamma V_L + \sum_{i=1}^{m} \alpha_i u_{n-i}^2 \tag{23.5}$$

여기서 V_L 은 장기평균분산이고, γ 는 V_L 에 부여된 가중치이다. 가중치의 합은 1이어야 하므로 다음 식이 성립한다.

$$\gamma + \sum_{i=1}^{m} \alpha_i = 1$$

이런 모형을 ARCH(m) 모형이라 한다. ARCH(m) 모형은 엔글(Engle)에 의해 최초로 제시되었다.[5] 분산 추정치는 장기평균분산과 m개의 관찰치에 기초해서 추정된다. 오래된 관찰치일수록 더 작은 가중치를 부여받는다. $\omega = \gamma V_L$ 이라고 정의하면 식 (23.5)는 다음과 같이 정리된다.

$$\sigma_n^2 = \omega + \sum_{i=1}^{m} \alpha_i u_{n-i}^2 \tag{23.6}$$

다음 2개의 절에서 식 (23.4)와 식 (23.5)의 아이디어를 이용해 변동성을 추정하는 2개의 중요한 방법을 설명할 것이다.

23.2 지수가중 이동평균 모형

지수가중 이동평균 모형(EWMA: Exponentially Weighted Moving Average)은 시간이 과거로 갈수록 가중치 α_i가 지수적으로 감소하는 모형으로서 식 (23.4)의 특별한 형태이다. 구체적으로 말해서 $\alpha_{i+1}=\lambda\alpha_i$ 인 모형이다(여기서 λ는 0과 1 사이의 값을 갖는 상수이다).

이와 같은 가중치 부여 방법은 변동성 추정치를 갱신하는 데 매우 단순한 공식을 만들어낸다. 변동성 추정공식은 다음과 같다.

$$\sigma_n^2 = \lambda\sigma_{n-1}^2 + (1-\lambda)u_{n-1}^2 \tag{23.7}$$

$n-1$일 말에 추정한 n일의 변동성 추정치 σ_n은 $n-1$일의 추정을 위해 $n-2$일 말에 이루어진 변동성 추정치 σ_{n-1}과 시장변수의 최근 일별 변화율인 u_{n-1}로부터 계산된다.

식 (23.7)이 지수적으로 감소하는 가중치를 갖는 이유를 알기 위하여 σ_{n-1}^2을 대체하여 식을 전개하면 다음과 같다.

$$\sigma_n^2 = \lambda[\lambda\sigma_{n-2}^2 + (1-\lambda)u_{n-2}^2] + (1-\lambda)u_{n-1}^2$$

또는

5 R. Eagle, "Autoregressive Conditional Heteroscedasticity with Estimates of the Variance of UK Inflation," *Econometrica*, 50 (1982): 987–1008.

$$\sigma_n^2 = (1-\lambda)(u_{n-1}^2 + \lambda u_{n-2}^2) + \lambda^2 \sigma_{n-2}^2$$

같은 방식으로 σ_{n-2}^2을 대체하여 식을 전개하면 다음 식을 얻을 수 있다.

$$\sigma_n^2 = (1-\lambda)(u_{n-1}^2 + \lambda u_{n-2}^2 + \lambda^2 u_{n-3}^2) + \lambda^3 \sigma_{n-3}^2$$

이와 같은 대체를 계속하면 다음과 같은 일반화된 식을 얻을 수 있다.

$$\sigma_n^2 = (1-\lambda)\sum_{i=1}^{m} \lambda^{i-1} u_{n-i}^2 + \lambda^m \sigma_{n-m}^2$$

m이 상당히 커지면 $\lambda^m \sigma_{n-m}^2$은 무시할 정도로 충분히 작아지며, 따라서 식 (23.7)은 $\alpha_i = (1-\lambda)\lambda^{i-1}$인 경우의 식 (23.4)와 같아진다. u_i의 가중치는 과거로 갈수록 λ의 비율로 감소한다. 각각의 가중치는 전기의 가중치에 λ를 곱한 값이다.

예제 23.1

λ가 0.90이고, $n-1$일의 시장변수의 추정변동성은 일별기준으로 1%이며, $n-1$일 동안 시장변수는 2%만큼 증가하였다고 하자. 이것은 $\sigma_{n-1}^2 = 0.01^2 = 0.0001$이고, $u_{n-1}^2 = 0.02^2 = 0.0004$임을 의미한다. 식 (23.7)에 의하면 다음 값을 얻을 수 있다.

$$\sigma_n^2 = 0.9 \times 0.0001 + 0.1 \times 0.0004 = 0.00013$$

그러므로 변동성 추정치 σ_n은 일별기준으로 $\sqrt{0.00013} = 1.14\%$이다. u_{n-1}^2의 기대치가 σ_{n-1}^2 또는 0.0001임을 유의하라. 이 예에서 u_{n-1}^2의 실현된 값은 기대치보다 크고, 그 결과 변동성 추정치는 증가한다. 만약에 u_{n-1}^2의 실현된 값이 기대치보다 작으면 변동성 추정치는 감소할 것이다.

EWMA 모형은 상대적으로 필요한 정보의 양이 적다는 점에서 매력적이다. 현재 분산추정치와 시장변수의 최근 관찰 자료만 있으면 어떤 시점에서나 새로운 변동성을 추정할 수 있다. 시장변수의 값을 새로 얻을 때, 우리는 새로운 일별 변화율을 계산하고 이를 식 (23.7)에 대입해서 새로운 분산추정치로 갱신할 수 있다. 그러면 과거의 분산추정치와 시장변수의 값을 더 이상 이용할 필요가 없다.

EWMA 모형은 변동성의 변화를 감안하도록 설계된 모형이다. n - 1일에 시장변수가 크게 움직였다고 하면 u_{n-1}^2이 커질 것이다. 식 (23.7)에 따르면, 이런 큰 움직임은 우리가 지금까지 추정한 변동성을 상향 이동시킬 것이다. λ의 값은 일별 변동성의 추정치가 최근의 일별변화율에 어떻게 반응하는지를 결정한다. 낮은 λ값은 σ_n을 계산할 때 u_{n-1}^2에 큰 가중치를 부여하는데 이 경우 연속되는 날짜의 변동성 추정치는 스스로 크게 변한다. 높은 λ값(즉, 1에 가까운)은 일별 변화율에 의해 제공되는 새로운 정보에 상대적으로 느리게 반응하는 일별 변동성 추정치를 만들어낸다.

모건(J. P. Morgan)사에 의해 개발되어 1994년에 일반에게 공개된 리스크메트릭스(Risk-Metrics) 데이터베이스는 일별 변동성 추정치를 갱신하기 위하여 λ = 0.94로 하여 EWMA모형을 사용한다. 모건사는 다양한 시장변수에 대해서 0.94의 λ값이 실현된 분산과 가장 가까운 분산추정치를 제공한다는 것을 알게 되었다.[6] 특정일에 실현된 분산은 연속된 25일의 u_i^2의 동일가중 평균치로 계산되었다(연습문제 23.19 참조).

23.3 GARCH(1, 1) 모형

1986년에 볼러슬레브(Bollerslev)에 의해 제시된 GARCH(1, 1) 모형을 설명하기로 하자.[7] GARCH(1, 1) 모형과 EWMA 모형 간의 차이는 식 (23.4)와 식 (23.5) 간의 차이와 유사하다. GARCH(1, 1) 모형에서는 σ_n^2이 σ_{n-1}과 u_{n-1}뿐만 아니라 장기평균분산 VL에 의해 계산된다. GARCH(1, 1) 등식은 다음과 같다.

$$\sigma_n^2 = \gamma V_L + \alpha u_{n-1}^2 + \beta \sigma_{n-1}^2 \tag{23.8}$$

여기서 γ는 V_L의 가중치이고, α는 u_{n-1}^2의 가중치이며, β는 σ_{n-1}^2의 가중치이다. 가중치의 합은 1이어야 하므로 다음 식이 성립한다.

$$\gamma + \alpha + \beta = 1$$

EWMA 모형은 GARCH(1, 1) 모형의 특수한 형태로서 $\gamma = 0,\ \ \alpha = 1 - \lambda, \beta = \lambda$이다.

GARCH(1, 1) 모형에서"(1, 1)"이란 σ_n^2이 u^2의 최근 관찰치와 최근 분산추정치에 기초해서 결정된다는 것을 의미한다. GARCH(1, 1)의 일반 모형인 GARCH(p, q) 모형은 u^2의 최근 p개의 관찰치와 q개의 최근 분산추정치에 의해 σ_n^2이 계산되는 모형이다.[8] GARCH(1, 1) 모형은 GARCH 모형 중에서 가장 널리 쓰이는 모형이다.

$\omega = \gamma V_L$ 이라 하면 GARCH(1, 1) 모형은 다음과 같이 정리된다.

$$\sigma_n^2 = \omega + \alpha u_{n-1}^2 + \beta \sigma_{n-1}^2 \tag{23.9}$$

식 (23.9)의 모형은 모수를 추정하기 위하여 일반적으로 사용되는 모형이다. 일단 ω, α, β가 추정되면, γ는 $1 - \alpha - \beta$로 추정할 수 있다. 장기평균분산 V_L은 ω/γ로 계산할 수 있다. 안정적인 GARCH(1, 1)

6 J. P. Morgan, Risk Metrics Monitor, Fourth Quarter, 1995. 본 장의 후반에서 모수를 추정하는 대체적인 방법(최우추정법)을 설명할 것이다.

7 T. Bollerslev, "Generalized Autoregressive Conditional Heteroscedasticity," *Journal of Econometrics*, 31 (1986): 307–27.

8 다른 GARCH 모형들은 비대칭 정보를 구체적으로 반영하고 있다. 이런 모형들은 σ_n이 u_{n-1}의 부호에 의존하도록 설계되었다. 그 모형들이 GARCH(1, 1) 모형보다 주식을 설명하는 데 더 적절한지는 논쟁의 여지가 있다. 20장에서 언급했듯이 주가의 변동성은 주가와 반대로 관련되는 경향이 있어서 음(-)의 u_{n-1}이 동일한 양(+)의 un-1보다 σ_n에 더 큰 효과를 주고있다. 비대칭정보를 조정하기 위한 모형들은 다음과 같다. D. Nelson," Conditional Heteroscedasticity and Asset Returns: A New Approach," *Econometrica*, 59 (1990): 347–70; R. F. Engle and V. Ng", Measuring and Testing the Impact of News on Volatility," *Journal of Finance*, 48 (1993): 1749–78.

과정을 위해서는 $\alpha + \beta < 1$이어야 한다. 그렇지 않으면 장기평균분산의 가중치가 음수(-)가 된다.

예제 23.2

GARCH(1, 1) 모형이 일별 자료로부터 다음과 같이 추정된다고 하자.

$$\sigma_n^2 = 0.000002 + 0.13u_{n-1}^2 + 0.86\sigma_{n-1}^2$$

위의 식에서 $\alpha = 0.13$, $\beta = 0.86$, $\omega = 0.000002$이다. $\gamma = 1 - \alpha - \beta$이므로 $\gamma = 0.01$이된다. $\omega = \gamma V_L$이므로 $V_L = 0.0002$가 된다. 다시 말해서 위의 모형에서 장기평균분산은0.0002이다. 이것은 일별 변동성이 $\sqrt{0.0002}$ 또는 1.4%에 해당됨을 의미한다.
n - 1일에서 일별 변동성 추정치가 1.6%이므로 $\sigma_{n-1}^2 = 0.016^2 = 0.000256$이고, n - 1일에 시장변수가 1% 감소하여 $u_{n-1}^2 = 0.01^2 = 0.0001$이라고 하자. 그러면 σ_n^2은 다음과 같이 추정된다.

$$\sigma_n^2 = 0.000002 + 0.13 \times 0.0001 + 0.86 \times 0.000256 = 0.00023516$$

그러므로 변동성의새로운추정치는일별 기준으로 $\sqrt{0.00023516}$ 또는1.53%가된다.

가중치

식 (23.9)에 σ_{n-1}^2을 대입하면 다음 식이 성립한다.

$$\sigma_n^2 = \omega + \alpha u_{n-1}^2 + \beta(\omega + \alpha u_{n-2}^2 + \beta\sigma_{n-2}^2)$$

또는

$$\sigma_n^2 = \omega + \beta\omega + \alpha u_{n-1}^2 + \alpha\beta u_{n-2}^2 + \beta^2\sigma_{n-2}^2$$

그리고 위의 식에 σ_{n-2}^2을 대입하면 다음 식이 성립한다.

$$\sigma_n^2 = \omega + \beta\omega + \beta^2\omega + \alpha u_{n-1}^2 + \alpha\beta u_{n-2}^2 + \alpha\beta^2 u_{n-3}^2 + \beta^3\sigma_{n-3}^2$$

이런 식으로 계속하면 u_{n-i}^2에 적용되는 가중치는 $\alpha\beta^{i-1}$이 됨을 알 수 있다. 가중치는 (at rate β)지수적으로 감소한다. 모수 β는 "소멸률(decay rate)"로 불린다. β는 EWMA 모형에서의 λ와 유사하다. β는 현재 분산을 결정하는 데 있어서 u관찰치들의 상대적인 중요성을 규정한다. 예를 들어서 만일 $\beta = 0.9$라면, u_{n-2}^2은 u_{n-1}^2에 비해서 90%만큼 중요하다. u_{n-3}^2은 u_{n-1}^2에 비해서 81%만큼 중요하다. GARCH(1, 1) 모형은 과거 u^2에 지수적으로 감소하는 가중치를 부여하는 것과 함께 장기 평균변동성에 일부의 가중치를 부여한다는 것 외에는 EWMA 모형과 유사하다.

평균회귀성

GARCH(1, 1) 모형은 시간이 흐름에 따라 분산이 장기평균수준인 V_L에 회귀하는 것으로 인식하고 있다. V_L에 부여된 가중치는 $1-\alpha-\beta$이다. GARCH(1, 1) 모형은 분산 V가 다음과 같은 확률과정을 따르는 모형과 동등하다.

$$dV = a(V_L - V)\,dt + \xi V\,dz$$

여기서 시간은 일수로 측정되고 $a = 1-\alpha-\beta$이며, 이다(연습문제 23.14 참조). 이것이 평균회귀 모형이다. 분산은 α율로 V_L에 회귀하고 있는 평균율(drift)을 갖고 있다. $V > V_L$ 일 때, 분산은 음(-)의 평균율을 가지며, $V < V_L$일 때 분산은 양(+)의 평균율을 갖는다. 변동성 ξ가 평균율에 추가 부과되어 있다. 27장에서 이런 형태의 모형에 대해 좀 더 논의할 것이다.

23.4 모형의 선택

실제로 분산은 평균회귀되는 경향이 있다. GARCH(1, 1) 모형은 평균회귀성을 반영하고 있다. 반면에 EWMA 모형은 평균회귀성을 반영하지 못하고 있다. GARCH(1,1) 모형은 이론적으로 EWMA 모형보다 더 매력적이다.

다음 절에서 우리는 GARCH(1, 1) 모형의 모수 ω, α, β를 어떻게 정확히 추정할지에 대해서 논의할 것이다. 모수 ω가 0일 때, GARCH(1, 1) 모형은 EWMA가 된다. ω의 최선의 추정치가 음(-)의 값을 갖는 상황에서 GARCH(1, 1) 모형은 안정적이지 않으며, 이때 EWMA 모형으로 바꿔서 추정하는 것이 의미가 있다.

23.5 최우추정법

이제 지금까지 소개한 모형에서 과거 자료로부터 모수를 어떻게 추정해야 하는지를 최우추정법(maximum likelihood method)을 이용하여 논의해 보자. 최우추정법은 이미 발생한 샘플의 발생 확률을 최대화하는 모수 값을 선택하는 방법이다

이 방법을 살펴보기 위하여 아주 단순한 예를 들어보기로 하자. 우리가 특정일에 무작위로 10개의 주식을 추출한다고 할 때 이들 중 1개 주식의 가격이 당일에 하락하고, 나머지 9개 주식의 가격이 변하지 않거나 증가한다고 하자. 특정일에 무작위로 선택한 주식의 가격이 하락할 확률에 대한 최선의 추정치는 어떻게 되는가? 답은 10%이다. 최우추정법을 이용해 이 답이 맞는지 살펴보기로 하자.

주가가 하락하는 비율을 p라고 하자. 1개의 특정 주식의 가격이 하락하고 나머지 9개의 주식이 하락하지 않을 확률은 $p(1-p)^9$이다. 최우추정법을 이용하여 구한 p의 최선의 추정치는 $p(1-p)^9$을 최대화시키는 것이다. $p(1-p)^9$을 p에 대하여 미분하고 그 결과를 0으로 놓으면, 우리는 $p = 0.1$에서 $p(1-p)^9$이 최대화된다는 것을 알게 된다. 이것은 p의 최우추정치가 기대한 대로 10%임을 보여 준다.

분산의 추정

최우추정법의 다른 예를 들어보기로 하자. 즉, 기초분포가 0의 평균을 갖는 정규분포를 이룰때, X에 대한 m개의 관찰치로부터 변수 X의 분산을 추정하는 예를 고려해 보자. 관찰치가 $u_1, u_2, \ldots, u_m$이고, 기초분포의 평균이 0이라고 가정하고 분산을 v라고 나타내자. 관찰되는 u_i의 가능한 값은 $X = u_i$일 X에 대한 확률밀도함수의 값이다. 이는 다음과 같이 정리된다.

$$\frac{1}{\sqrt{2\pi v}} \exp\left(\frac{-u_i^2}{2v}\right)$$

관찰되는 순서로 발생하는 m개의 가능한 관찰치 값은 다음과 같다.

$$\prod_{i=1}^{m}\left[\frac{1}{\sqrt{2\pi v}} \exp\left(\frac{-u_i^2}{2v}\right)\right] \tag{23.10}$$

최우추정법을 이용하여 구한 v의 최선의 추정치는 위의 값을 최대화시키는 값이다.
어떤 값을 최대화한다는 것은 그 식의 로그를 취한 값을 최대화하는 것과 같다. 식 (23.10)의 값에 로그를 취하고 상수 곱셈요인을 무시하면 이는 다음을 최대화시키는 것을 의미한다.

$$\sum_{i=1}^{m}\left[-\ln(v) - \frac{u_i^2}{v}\right] \tag{23.11}$$

또는

$$-m\ln(v) - \sum_{i=1}^{m}\frac{u_i^2}{v}$$

위의 식을 v에 대해서 미분하고 그 결과를 0으로 놓으면, 우리는 v의 최우추정치가 다음과 같음을 알 수 있다.[9]

$$\frac{1}{m}\sum_{i=1}^{m} u_i^2$$

GARCH(1. 1) 모형의 모수를 추정하는 방법

GARCH(1. 1) 모형 또는 어떤 다른 변동성 갱신방법이 이용될 때, 최우추정법이 모수를 추정하는 데 어떻게 이용될 수 있는지를 설명하면 다음과 같다. i일에 추정한 분산을 $v_i = \sigma_i^2$이라고 하자. 그리고 분산에 대해 조건적인 u_i의 확률분포가 정규분포라고 하자. 방금 전에 앞에서 설명한 것과 유사한 분석에 따르면 최선의 모수는 다음을 최대화시키는 것이다.

$$\prod_{i=1}^{m}\left[\frac{1}{\sqrt{2\pi v_i}} \exp\left(\frac{-u_i^2}{2v_i}\right)\right]$$

9 이것은 각주 3에서 지적한 것을 확인해준다.

표 23.1 GARCH(1,1) 모형에서의 모수 추정(자료: 2005년 7월 18일부터 2010년 8월 13일까지의 S&P 500 지수).

일자	일i	S_i	u_i	$v_i = \sigma_i^2$	$-\ln(v_i) - u_i^2/v_i$
05년-7월-18일	1	1221.13			
05년-7월-19일	2	1229.35	0.006731		
05년-7월-20일	3	1235.20	0.004759	0.00004531	9.5022
05년-7월-21일	4	1227.04	0.006606	0.00004447	9.0393
05년-7월-22일	5	1233.68	0.005411	0.00004546	9.3545
05년-7월-25일	6	1229.03	0.003769	0.00004517	9.6906
⋮	⋮	⋮	⋮	⋮	⋮
10년-8월-11일	1277	1089.47	0.028179	0.00011834	2.3322
10년-8월-12일	1278	1083.61	0.005379	0.00017527	8.4841
10년-8월-13일	1279	1079.25	0.004024	0.00016327	8.6209
					10,228.2349

GARCH 모수의 시험 추정치

$\omega = 0.0000013465 \quad \alpha = 0.083394 \quad \beta = 0.910116$

위의 값에 로그를 취하면, 이것은 다음을 최대화하는 것과 동등하다는 것을 알 수 있다.

$$\sum_{i=1}^{m}\left[-\ln(v_i) - \frac{u_i^2}{v_i}\right] \tag{23.12}$$

위의 값은 v가 v_i로 대체된 것을 제외하고는 식 (23.11)과 동일하다. 따라서 식 (23.12)의 값을 최대화하는 모형의 모수를 순환적으로 찾으면 된다.

[표 23.1]은 GARCH(1, 1) 모형의 체계적인 계산과정을 보여 준다. 이 표는 2005년 7월 18일부터 2010년 8월 13일 사이의 S&P 500에 대한 자료를 분석한 표이다.[10] 첫 번째 열은 일자를 기록한 것이고, 두 번째 열은 일수를 나타낸다. 세번째 열은 i일 말의 S&P 500인 Si를 정리한 것이다. 네 번째 열은 i - 1일 말과 i일말 간의 S&P 500의 변화율을 보여 준다. 즉, $u_i = (S_i - S_{i-1})/S_{i-1}$이다.

우리는 ω, α, β를 위한 시행값(trial value)을 엑셀의 셀에 저장하는 것에서부터 시작한다. 우리는 반복절차를 통해 이 값들로부터 최적값으로 이동한다. 다섯 번째 열은 i - 1일 말 기준의 분산추정치, 즉 $v_i = \sigma_i^2$을 보여준다. 3일째의 추정분산을 u_2^2이라고 놓고 시작하자. 이후의 분산은 식 (23.9)와 현재 ω, α, β 값이 사용해 계산된다. 여섯 번째 열은 가능한 추정치, 즉 $-\ln(v_i) - u_i^2/v_i$의 값을 계산한 것이다. 우리의 관심사인 여섯 번째 열에 있는 숫자의 합을 최대화시키는 ω, α, β의 값은 반복적인 시도를 통해서

10 자료와 계산결과는 www-2.rotman.utoronto.ca/~hull/OFOD/GarchExample에 있다.

그림 23.1 2005년 7월 18일부터 2010년 8월 13일까지의 S&P 500 지수.

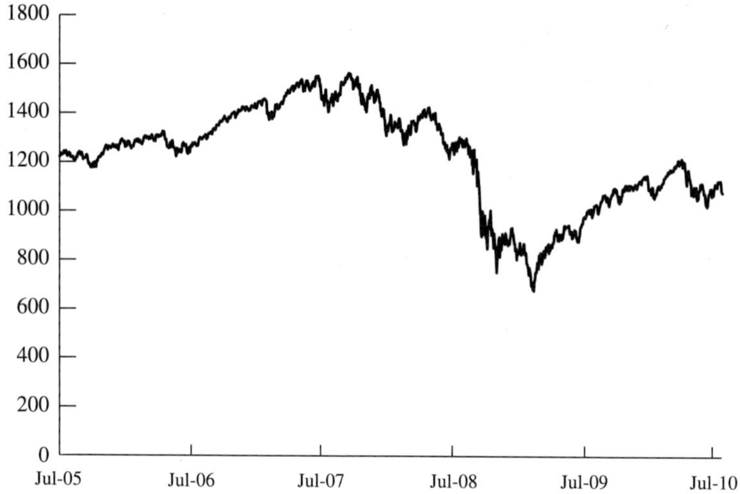

그림 23.2 2005년 7월 18일부터 2010년 8월 13일까지의 S&P 500 지수의 일별 변동성.

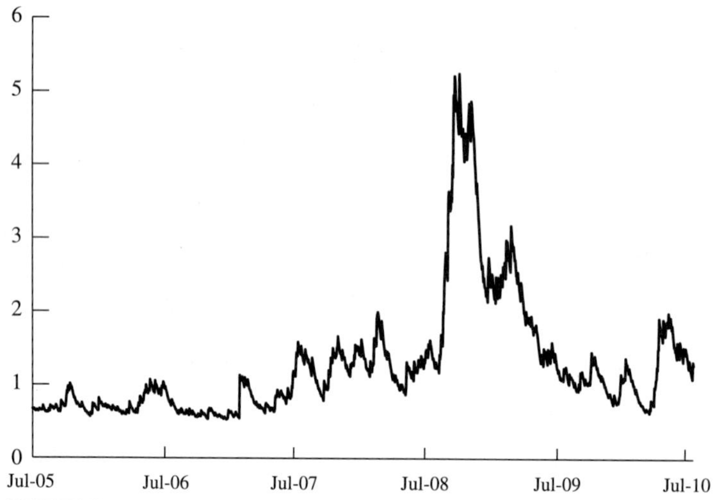

추정 가능하다.[11]

우리의 예에서 모수의 최적값은 다음과 같게 된다.

$$\omega = 0.0000013465, \quad \alpha = 0.083394, \quad \beta = 0.910116$$

11 뒤에 설명되어 있듯이 마이크로소프트의 엑셀에 있는 해찾기(solver)와 같은 일반목적의 알고리즘을 사용할 수 있다. 또는 레벤버그-마르콰르트(Levenberg-Marquardt)가 개발한 것과 같은 특수목적의 알고리즘을 사용할 수 있다. 다음 논문을 참조하자. W. H. Press, B. P. Flannery, S. A. Teukolsky, and W. T. Vetterling, *Numerical Recipes in C: The Art of Scientific Computing*, Cambridge University Press, Cambridge, 1988.

그리고 식 (23.12)의 최대값은 10,228.2349이 된다. [표 23.1]의 숫자들은 최적 ω, α, β를 찾는 최종과정에서 계산된 것이다.

우리의 예에서 장기평균분산 V_L은 다음과 같이 0.0002075가 된다.

$$\frac{\omega}{1-\alpha-\beta} = \frac{0.0000013465}{0.006490} = 0.0002075$$

따라서 장기평균 일별 변동성(표준편차)은 $\sqrt{0.0002075}$ 또는 1.4404%이다.

[그림 23.1]과 [그림 23.2]는 분석기간인 5년 동안의 S&P 500지수와 GARCH(1,1) 변동성을 보여 준다. 대부분의 경우 변동성이 일별로 2% 미만이었지만, 신용위기 동안 변동성은 높게는 5%로 나타났다(이처럼 높은 변동성은 15장 11절의 VIX지수에 의해서도 확인된다).

GARCH(1, 1) 모형의 모수를 추정하는 대안으로 분산표적법(variance targeting)이 있다[이 방법은 때로는 보다 강건함(robust)].[12] 이 방법은 장기평균분산을 역사적 자료로부터 계산된 표본분산(또는 합리적이라고 생각하는 어떤 분산)과 동일하게 하는 분산이다. ω의 값은 $V_L(1-\alpha-\beta)$와 동일하게 되므로 결국 2개의 모수만을 추정하면 된다. [표 23.1]의 자료를 이용하여 표본분산을 구하면 0.0002412이 되고 변동성은 1.5531%가 된다. V_L을 표본분산과 일치시키면, 식 (22.12)에서 목적함수를 최대화시키는 α와 β의 값은 각각 0.08445과 0.9101이 된다. 목적함수의 값은 10,228.1941가 되고, 이 값은 앞에서 계산한 10,228.2349과 거의 같아진다.

EWMA 모형이 사용될 때, 추정절차는 상대적으로 단순하다. $\omega = 0$, $\alpha = 1-\lambda$, $\beta = \lambda$라고 놓으면 우리가 추정해야 할 모수는 1개의 λ뿐이다. [표 23.1]의 자료에서 식 (23.12)의 목적함수를 최대화시키는 λ의 값은 0.9374이고, 이때 목적함수의 값은 10,192.5104이다.

최우도함수를 최대화하는 모수값을 찾기 위하여 엑셀의 해찾기(Solver)를 이용하여 GARCH(1, 1)과 EWMA방법을 모두 실행할 수 있다. 찾는 모수값이 대체로 동일하도록 스프레드시트(spreadsheet)가 구성되면 해찾기는 잘 적용된다. 예를 들어 GARCH(1, 1)에서 A1, A2, A3셀이 각각 $\omega \times 10^5$, 10α, β의 값을 갖도록 하자. 그리고 B1 = A1/100,000, B2 = A2/10, B3 = A3로 설정하자. 그리고 B1, B2, B3셀을 이용하여 최우도함수를 계산하고 해찾기에서최우도함수를 최대화하는A1, A2, A3셀의 값을 계산하도록 명령한다. 때로는, 해찾기가 지역적 최대치(local maximum)를 제공하므로, 여러 다른 초기 모수값을 이용하여 검증하는 것이 필요하다.

모형이 얼마나 우수한가?

GARCH 모형의 가정은 시간이 흐름에 따라 변동성이 변한다는 것이다. 어떤 기간은 변동성이 상대적으로 크고, 다른 기간은 변동성이 상대적으로 작다. 이를 달리 표현하면 u_i^2이 클 때 u_{i+1}^2, $u_{i+2}^2, \ldots$ 등이 높아지는 경향이 있고, u_i^2이 작을 때 u_{i+1}^2, $u_{i+2}^2, \ldots$ 등이 작아지는 경향이 있다. 이것이 얼마나 사실인지는 u_i^2의 자기상관 구조를 조사함으로써 검증할 수 있다.

12 R. Engle and J. Mezrich,“ GARCH for Groups,” *Risk, August 1996: 36–40.*

표 23.2 GARCH 모형을 사용하기 전후의 자기상관계수(S&P 500 지수).

시차(lag)	u_i^2의 자기상관계수	u_i^2/σ_i^2의 자기상관계수
1	0.183	-0.063
2	0.385	-0.004
3	0.160	-0.007
4	0.301	0.022
5	0.339	0.014
6	0.308	-0.011
7	0.329	0.026
8	0.207	0.038
9	0.324	0.041
10	0.269	0.083
11	0.431	-0.007
12	0.286	0.006
13	0.224	0.001
14	0.121	0.017
15	0.222	0.031

u_i^2이 자기상관성을 갖는다고 가정하자. 만약에 GARCH 모형이 좋은 모형이 되려면 그것이 기상관성을 제거할 수 있어야 한다. 자기상관성이 제거되는지는 변수 u_i^2/σ_i^2의 자기상관구조를 살펴봄으로써 검증할 수 있다. 만일 변수 u_i^2/σ_i^2이 상관성을 거의 갖지 않는다면, σ_i에 대한 우리의 모형이 u_i^2의 자기상관성을 잘 해결하고 있는 것이다.

[표 23.2]는 앞에서 살펴본 S&P 500에 대한 검증 결과를 보여 준다. 첫 번째 열은 자기상관성이 계산될 때 고려된 시차(time-lag)이다. 두 번째 열은 u_i^2의 자기상관계수이고, 세 번째열은 u_i^2/σ_i^2의 자기상관계수이다.[13] [표 23.2]는 1~15차까지의 모든 시차에 대해서 u_i^2의 자기상관성이 양(+)의 값을 가짐을 보여 준다. u_i^2/σ_i^2의 경우 자기상관성이 일부는 양(+)의 값을 갖고 일부는 음(-)의 값을 갖는다. u_i^2/σ_i^2의 자기상관성은 u_i^2의 자기상관성보다 훨씬 작다.

GARCH 모형은 자료를 설명하는 데 유용한 것으로 밝혀지고 있다. 이보다 더 과학적인 검증을 위해서는 Ljung-Box 통계량을 이용할 수 있다.[14] 특정 시리즈가 m개의 관찰치를 갖는다면, Ljung-Box 통계량은 다음과 같다.

$$m\sum_{k=1}^{K} w_k \eta_k^2$$

여기서 η_k는 k차 시차의 자기상관계수이고, K는 고려하는 시차의 수이고, w_k는 다음과 같다.

$$w_k = \frac{m+2}{m-k}$$

13 시리즈 x_i에 대해서 k차 시차의 자기상관성은 x_i와 x_{i+k} 간의 상관계수이다.

14 G. M. Ljung and G. E. P. Box, "On a Measure of Lack of Fit in Time Series Models," Biometrica, 65 (1978): 297–303.

$K = 15$의 경우 Ljung-Box 통계량이 25보다 클 때 자기상관성이 없다는 것이 95% 신뢰수준에서 기각될 수 있다.

[표 23.2]로부터 u_i^2의 Ljung-Box 통계량은 약 1,566이다. 이것은 u_i^2이 자기상관성을 갖는다 것을 보여주는 결과이다. u_i^2/σ_i^2 계열에 대해서 Ljung-Box 통계량은 21.7이다. 이는 자기관성이 GARCH 모형에 의해서 크게 제거되었음을 의미한다.

23.6 GARCH(1, 1) 모형을 이용한 미래변동성의 예측

GARCH(1, 1)이 이용될 때, n - 1일 말에 추정한 n일의 분산은 다음과 같다.

$$\sigma_n^2 = (1 - \alpha - \beta)V_L + \alpha u_{n-1}^2 + \beta\sigma_{n-1}^2$$

위의 식을 정리하면 다음 식이 성립한다.

$$\sigma_n^2 - V_L = \alpha(u_{n-1}^2 - V_L) + \beta(\sigma_{n-1}^2 - V_L)$$

위의 식을 미래 $n + t$일로 확장하면 다음 식이 성립한다.

$$\sigma_{n+t}^2 - V_L = \alpha(u_{n+t-1}^2 - V_L) + \beta(\sigma_{n+t-1}^2 - V_L)$$

u_{n+t-1}^2의 기대분산은 σ_{n+t-1}^2이므로 다음 식이 성립한다.

$$E[\sigma_{n+t}^2 - V_L] = (\alpha + \beta)E[\sigma_{n+t-1}^2 - V_L]$$

여기서 E는 기대치를 의미한다. 이 식을 반복적으로 사용하면 다음 식을 얻을 수 있다.

$$E[\sigma_{n+t}^2 - V_L] = (\alpha + \beta)^t(\sigma_n^2 - V_L)$$

또는

$$E[\sigma_{n+t}^2] = V_L + (\alpha + \beta)^t(\sigma_n^2 - V_L) \tag{23. 13}$$

식 (23.13)은 n - 1일 말의 정보를 이용하여 n + t일의 변동성을 예측하게 한다. EWMA 모형에서 $\alpha + \beta = 1$이고, 식 (23.13)은 기대 미래분산이 현재분산과 동일함을 보여준다. $\alpha + \beta < 1$일 때, 식 (23.13)의 마지막 항은 t가 커짐에 따라 급속히 작아진다. [그림 23.3]는 현재분산이 V_L과 다른 경우 기대분산이 어떻게 움직이는지 보여 준다. 앞에서 설명했듯이 분산은 $1 - \alpha - \beta$의 회귀율로 V_L에 평균회귀하고 있다. 미래분산의 예측치는 먼 미래일수록 V_L에 근접하는 경향이 있다. 이런 분석은 안정적인 GARCH(1, 1) 과정을 위해서 $\alpha + \beta < 1$이어야 한다는 것을 강조하고 있다. $\alpha + \beta > 1$일 때, 장기평균분산에 부여된 가중치는 음(-)의 값을 가지며 과정은‘평균회귀’가 아니라“평균이탈”이 된다. 앞에서 살펴본 S&P 500의 예에서 $\alpha + \beta = 0.9935$이고, $V_L = 0.0002075$이다. 현재의 일별분산의 추정치가 0.0003

그림 23.3 (a) 현재 분산이 장기분산 이상인 경우와, (b) 현재 분산이 장기분산 이하인 경우 분산의 변화과정.

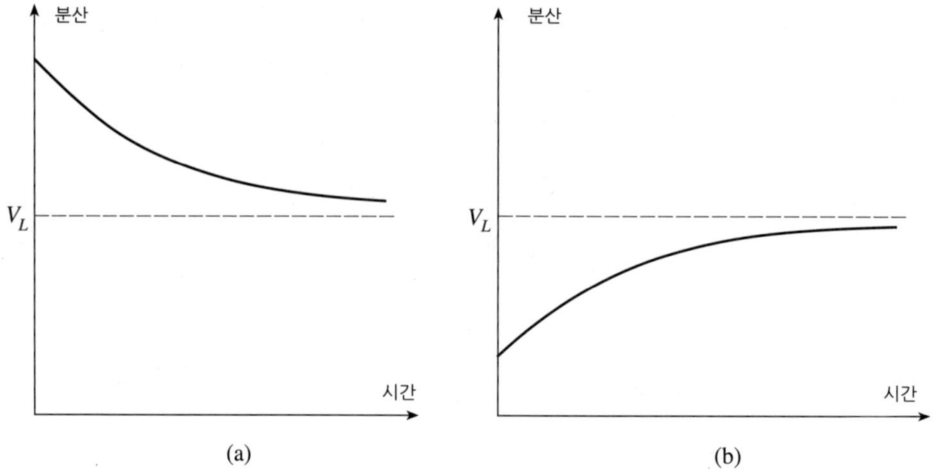

이라고 하자(이를 일별 변동성으로 환산하면 1.732%이다). 10일 후의 기대분산은 0.0002942이다.

$$0.0002075 + 0.9935^{10}(0.0003 - 0.0002075) = 0.0002942$$

즉, 일별 기대변동성은 1.72%이며, 이는 장기 일별변동성인 1.44%보다 훨씬 높은 수준이다. 그러나 500일 후의 기대분산은 0.0002110이다.

$$0.0002075 + 0.9935^{500}(0.0003 - 0.0002075) = 0.0002110$$

즉, 일별 기대변동성은 1.45%이며, 이는 장기변동성에 매우 근접한 수준이다.

변동성의 기간구조

오늘이 n일이라고 하자. 그리고 다음과 같이 정의하자.

$$V(t) = E(\sigma_{n+t}^2)$$

$$a = \ln \frac{1}{\alpha + \beta}$$

따라서 식 (22.13)은 다음과 같다.

$$V(t) = V_L + e^{-at}[V(0) - V_L]$$

여기서 $V(t)$는 t일 후의 순간분산(instantaneous variance rate) 추정치이다. 현재와 T시점 사이의 일별 평균분산은 다음과 같다.

$$\frac{1}{T}\int_0^T V(t)\,dt = V_L + \frac{1 - e^{-aT}}{aT}[V(0) - V_L]$$

표 23.3 GARCH(1, 1) 모형으로부터 추정한 S&P 500의 변동성 기간구조.

옵션존속기간(일수)	10	30	50	100	500
옵션변동성(연간 %)	27.36	27.10	26.87	26.35	24.32

T가 클수록 이 값은 V_L에 접근한다. $\sigma(T)$를 GARCH(1, 1) 모형에서 T일 만기 옵션의 가치를 평가하기 위하여 사용되어야 하는 연간 변동성으로 정의하자. 연간 252일을 가정하면 $\sigma(T)^2$는 다음과 같이 일별 평균분산에 252를 곱한 값이다.

$$\sigma(T)^2 = 252\left(V_L + \frac{1 - e^{-aT}}{aT}[V(0) - V_L]\right) \tag{23.14}$$

20장에서 설명했듯이 동일한 기초자산에 대한 상이한 옵션의 시장가격이 종종 변동성의 기간구조를 계산하는 데 이용된다. 이는 옵션의 내재변동성과 만기 간의 관계이다. GARCH(1, 1)에 기초한 변동성 기간구조를 추정하는데 식 (23.14)가 이용될 수 있다. 추정된 변동성 기간구조는 보통 실제의 변동성 기간구조와 동일하지 않다. 그러나 뒤에서 보여주듯이 실제의 변동성 기간구조가 변동성 변화에 대하여 어떻게 반응하는지를 예상하기 위하여 추정된 변동성 기간구조가 이용된다.

현재의 변동성이 장기변동성보다 크면 GARCH(1, 1)은 하향곡선의 변동성 기간구조를 추정한다. 그리고 현재의 변동성이 장기변동성보다 작으면 GARCH(1, 1)은 상향곡선의 변동성 기간구조를 추정한다. S&P 500의 경우 $a = \ln(1/0.99351) = 0.006511$, $V_L = 0.0002075$이다. 현재의 일별분산 $V(0)$이 0.0003으로 추정된다고 가정하자. 식 (23.14)에 의해 $\sigma(T)^2$는 다음과 같이 계산된다.

$$\sigma(T)^2 = 252\left(0.0002075 + \frac{1 - e^{-0.006511T}}{0.006511T}(0.0003 - 0.0002075)\right)$$

여기서 T는 일수로 측정된다. [표 23.3]은 상이한 T에 대한 연간 변동성을 보여 준다.

변동성 변화의 영향

식 (23.14)는 다음과 같이 쓸 수 있다.

$$\sigma(T)^2 = 252\left[V_L + \frac{1 - e^{-aT}}{aT}\left(\frac{\sigma(0)^2}{252} - V_L\right)\right]$$

$\sigma(0)$가 $\Delta\sigma(0)$만큼 변하면 $\sigma(T)$의 변화는 다음과 같다.

$$\frac{1 - e^{-aT}}{aT}\frac{\sigma(0)}{\sigma(T)}\Delta\sigma(0) \tag{23.15}$$

표 23.4 GARCH(1, 1)로부터 추정한 순간 변동성의 1% 변화가 주는 영향.

옵션존속기간(일수)	10	30	50	100	500
옵션변동성(연간 %)	0.97	0.92	0.87	0.77	0.33

[표 23.4]는 S&P 500의 예시에서 변동성 변화가 다양한 만기의 옵션에 미치는 영향을 보여준다. 앞에서처럼 $V(0) = 0.0003$을 가정하므로, $\sigma(0) = \sqrt{252} \times \sqrt{0.0003} = 27.50\%$이다. 표는 순간변동성이 연간 27.50%에서 28.50%로 100베이시스포인트(basis Point) 변하는 경우를 고려한 것이다. 이는 $\Delta\sigma(0) = 0.01$ 또는 1%을 의미한다.

많은 금융기관들은 변동성 변화에 대한 장부가치의 노출정도를 파악하고자 하는 경우 이런 분석을 이용한다. 베가를 계산할 때 내재변동성이 일률적으로 1% 증가한다고 고려하는 대신에, 고려하는 변동성의 변화 크기를 옵션의 만기에 연결시킨다. [표 23.4]에 의하면 10일 만기 옵션의 경우 0.97%의 변동성 증가를 고려하고, 30일 만기 옵션의 경우 0.92%의 증가를 고려하고, 50일 만기 옵션의 경우 0.87%의 증가를 고려하는 식이다.

23.7 상관성

지금까지는 변동성의 추정과 예측에 대해 중점적으로 설명하였다. 21장에서 설명했듯이 상관성 역시 VaR를 계산하는 데 중요한 역할을 한다. 본 절에서는 변동성 추정과 유사한 방법으로 상관성(상관계수) 추정치가 어떻게 갱신될 수 있는지를 살펴볼 것이다.

변수 X와 Y간의 상관성(상관계수)은 다음과 같이 정의된다.

$$\frac{\text{cov}(X, Y)}{\sigma_X \sigma_Y}$$

여기서 σ_X와 σ_Y는 X와 Y각각의 표준편차이고, cov(X,Y)는 X와 Y간의 공분산이다. X와 Y간의 공분산은 다음과 같이 정의된다.

$$E[(X - \mu_X)(Y - \mu_Y)]$$

여기서 μ_X와 μ_Y는 각각 X와 Y의 평균이고, E는 기대치를 나타낸다. 직관적으로 의미를 이해하기엔 공분산보다는 상관성이 더 쉽지만, 우리의 분석에서는 공분산이 기본변수이다.[15]

x_i와 y_i를 각각 i - 1일 말과 i일 간의 X, Y의 변화율이라고 정의하자.

15 비슷한 예로 변동성(표준편차)이 이해하기엔 더 쉽지만, 본 장의 앞부분에서 분산이 EWMA와 GARCH 모형의 기본변수로 이용되었다.

$$x_i = \frac{X_i - X_{i-1}}{X_{i-1}}, \qquad y_i = \frac{Y_i - Y_{i-1}}{Y_{i-1}}$$

여기서 X_i와 Y_i는 각각 i일 말의 X와 Y의 값이다. 또한 다음과 같이 정의하자.

$\sigma_{x,n}$: X변수의 n일의 일별 추정 변동성

$\sigma_{y,n}$: Y변수의 n일의 일별 추정 변동성

cov_n : n일에 계산된 X와 Y간의 추정 공분산

n일에 계산된 X와 Y간의 추정 상관계수는 다음과 같다.

$$\frac{\text{cov}_n}{\sigma_{x,n}\,\sigma_{y,n}}$$

가중치를 동일하게 하고 x_i와 y_i의 평균을 0이라고 가정하면, 식 (23.3)을 이용하여 다음과 같이 m개의 최근 관찰치로부터 X와 Y의 분산을 추정할 수 있다.

$$\sigma_{x,n}^2 = \frac{1}{m}\sum_{i=1}^{m} x_{n-i}^2, \qquad \sigma_{y,n}^2 = \frac{1}{m}\sum_{i=1}^{m} y_{n-i}^2$$

이와 유사하게 X와 Y간의 공분산 추정치도 계산할 수 있다.

$$\text{cov}_n = \frac{1}{m}\sum_{i=1}^{m} x_{n-i}\, y_{n-i} \tag{23.16}$$

공분산을 갱신하는 하나의 모형은 식 (23.7)과 유사한 EWMA 모형이다. EWMA 모형에 따르면 공분산 추정치는 다음과 같이 갱신된다.

$$\text{cov}_n = \lambda\, \text{cov}_{n-1} + (1-\lambda)x_{n-1}\, y_{n-1}$$

EWMA 변동성 모형에서는 $x_i\, y_i$에 부여된 가중치가 과거로 갈수록 감소한다. λ의 값이 작을수록 최근 관찰치에 부여된 가중치는 더욱 커진다.

예제 23.3

$\lambda = 0.95$이고, n-1일에 계산된 X와 Y간의 상관계수 추정치가 0.6이라고 하자. 그리고 n-1일의 X와 Y의변동성추정치가각각1%와 2%라고 하자. 상관계수와 공분산간의 관계로부터 n-1일에 계산한 X와 Y간의 공분산 추정치는 다음과 같이 0.00012이다.

$$0.6 \times 0.01 \times 0.02 = 0.00012$$

n - 1일에 X와 Y의 변화율이 각각 0.5%와 2.5%라고 하자. n일의 분산과 공분산은 다음과 같이 갱신된다.

$$\sigma_{x,n}^2 = 0.95 \times 0.01^2 + 0.05 \times 0.005^2 = 0.00009625$$

$$\sigma_{y,n}^2 = 0.95 \times 0.02^2 + 0.05 \times 0.025^2 = 0.00041125$$
$$\text{cov}_n = 0.95 \times 0.00012 + 0.05 \times 0.005 \times 0.025 = 0.00012025$$

X의새로운변동성은 $\sqrt{0.00009625} = 0.981\%$이고, Y의새로운 변동성은 $\sqrt{0.00041125} = 2.028\%$이다. 그리고 X와 Y간의새로운상관계수는다음과같이0.6044이다.

$$\frac{0.00012025}{0.00981 \times 0.02028} = 0.6044$$

GARCH 모형은 또한 공분산 추정치를 갱신하고 미래의 공분산 수준을 예측하는 데 이용될 수 있다. 예를 들어 공분산을 갱신하기 위한 GARCH(1, 1) 모형을 나타내면 다음과 같다.

$$\text{cov}_n = \omega + \alpha x_{n-1} y_{n-1} + \beta \text{cov}_{n-1}$$

그리고 장기평균 공분산은 $\omega/(1 - \alpha - \beta)$ 이다. 식 (23.13)과 (23.14)와 같은 공식들은 미래공분산을 추정하고 옵션 만기 동안의 평균 공분산을 계산하는 데 이용될 수 있다.[16]

공분산에 대한 일관성 조건

일단 모든 분산과 공분산이 계산되면, 분산–공분산 행렬(variance-covariance matrix)이 구성될 수 있다. 22장의 4절에서 설명했듯이, $i \neq j$일 때, 이 행렬의 (i, j)구성요소는 변수 i와 j 간의 공분산이다. $i = j$일 때, 그것은 변수 i의 분산이다.

모든 분산–공분산 행렬이 내부적으로 일관성 있는 것은 아니다. 내부적으로 일관성 있기 위한 $N \times N$ 분산–공분산 행렬(Ω)의 조건은 모든 $N \times 1$ 벡타 $\boldsymbol{w}$에 대하여 다음과 같다.

$$\boldsymbol{w}^{\mathsf{T}} \Omega \boldsymbol{w} \geqslant 0 \tag{23.17}$$

여기서 $\boldsymbol{w}^{\mathsf{T}}$는 $\boldsymbol{w}$의 전치행렬이다. 이 속성을 만족시키는 행렬을 양반정치(陽半定値) 행렬(positive semidefinite matrix)이라고 한다.

식 (23.17)의 조건이 왜 지켜져야 하는지를 이해하기 위하여 다음을 가정하자.$\boldsymbol{w}^{\mathsf{T}}$ $[w_1, w_2, \ldots, w_n]$. $\boldsymbol{w}^{\mathsf{T}} \Omega \boldsymbol{w}$는 $w_1 x_1 + w_2 x_2 + \cdots + w_n x_n$의 분산이고, x_i는 변수 i의 값이다. 따라서 x_i는 음일 수 없다.

양반정치 행렬이 만들어지기 위해서 분산과 공분산은 일관되게 계산되어야 한다. 예를 들어 만일 분산이 m개의 자료에 대해서 동일 가중으로 계산된다면, 공분산도 동일한 방법으로 계산되어야 한다. 만일 분산이 $\lambda = 0.94$인 EWMA 모형으로 계산된다면, 공분산도 동일한 방법으로 계산되어야 한다.

내부적으로 일관성이 없는 분산–공분산의 예는 다음과 같다.

$$\begin{bmatrix} 1 & 0 & 0.9 \\ 0 & 1 & 0.9 \\ 0.9 & 0.9 & 1 \end{bmatrix}$$

16 본 장에서 이용한 아이디어는 다변량 GARCH 모형이다. 다변량 GARCH 모형에서 분산-공분산 행렬은 일관된 방법으로 갱신된다. 대체적인 방법들에 대해서는 다음 문헌을 참조하라. R. Engle and J. Mezrich, "GARCH for Groups," *Risk*, August 1996: 36–40.

각 변수의 분산이 1.0이어서 공분산이 상관계수가 된다. 첫 번째 변수는 세 번째 변수와 밀접히 상관되어 있고, 두 번째 변수는 세 번째 변수와 밀접히 상관되어 있다. 그러나 첫 번째 변수와 두 번째 변수 간에는 상관성이 전혀 없다. 이것은 이상한 얘기이다. 우리가 $\boldsymbol{w}$를 (1, 1, -1)과 동일하게 놓을 때, 식 (23.17)의 조건이 만족하지 않음을 알 수 있다. 이것은 행렬이 양반정치이지 못함을 보여주는 것이다.[17]

23.8 네 가지 주가지수를 이용한 예시

22장의 2절에서 고려한 예시로 돌아가 보자. 포트폴리오는 2008년 9월 25일 기준으로 DJIA에 4백만 달러, FTSE 100에 3백만 달러, CAC 40에 1백만 달러, Nikkei 225에 2백만 달러를 투자한 포트폴리오이다. 2008년 9월 25일까지의 500일 동안의 일별수익률 자료를 모은다. 여기에 제시된 자료와 모든 계산은 www-2.rotman.utoronto.ca/~hull/Fundamentals/VaRExample에서 확인할 수 있다.

과거 500일 수익률에 동일가중치를 부여하여 2008년 9월 25일에 계산한 상관계수행렬이 [표 23.5]와 같다. FTSE 100과 CAC 40은 대단히 높은 상관성을 갖는다. DJIA은 FTSE 및 CAC 40과 약간 높은 상관성을 갖는다. Nikkei 225와 다른 지수는 이 보다 약간 낮은 상관성을 갖는다.

동일가중으로 구한 공분산행렬은 [표 23.6]과 같다. 식 (22.3)에 의해 이 행렬로부터 계산한 포트폴리오손실의 분산이 8,761.833천 달러이다. 표준편차는 이 수치의 제곱근인 93.60천달러이다. 99% 신뢰수준에서 1일 VaR는 2.33 × 93.60 = 217.757천 달러 또는 217,757달러이다. 이는 21장 2절에서 역사적 시

표 23.5 2008년 9월 25일의 상관계수행렬(과거 500일 수익률에 동일 가중치를 부여함, 변수 1은 DJIA, 변수 2는 FTSE 100, 변수 3은 CAC 40, 변수 4는 Nikkei 225임).

$$\begin{bmatrix} 1 & 0.489 & 0.496 & -0.062 \\ 0.489 & 1 & 0.918 & 0.201 \\ 0.496 & 0.918 & 1 & 0.211 \\ -0.062 & 0.201 & 0.211 & 1 \end{bmatrix}$$

표 23.6 2008년 9월 25일의 공분산행렬(과거 500일 수익률에 동일 가중치를 부여함, 변수 1은 DJIA, 변수 2는 FTSE 100, 변수 3은 CAC 40, 변수4는 Nikkei 225임).

$$\begin{bmatrix} 0.0001227 & 0.0000768 & 0.0000767 & -0.0000095 \\ 0.0000768 & 0.0002010 & 0.0001817 & 0.0000394 \\ 0.0000767 & 0.0001817 & 0.0001950 & 0.0000407 \\ -0.0000095 & 0.0000394 & 0.0000407 & 0.0001909 \end{bmatrix}$$

17 3 × 3 상관계수행렬이 내부적으로 일관성을 갖기 위한 조건은 다음과 같다.

$$\rho_{12}^2 + \rho_{13}^2 + \rho_{23}^2 - 2\rho_{12}\rho_{13}\rho_{23} \leqslant 1$$

여기서 ρ_{ij}는 i변수와 j변수 간의 상관계수이다.

표 23.7 EWMA 모형(λ = 0.94)으로 계산된 2008년 9월 25일의 공분산행렬(변수 1은 DJIA, 변수 2는 FTSE 100, 변수 3은 CAC 40, 변수 4는 Nikkei 225임).

$$\begin{bmatrix} 0.0004801 & 0.0004303 & 0.0004257 & -0.0000396 \\ 0.0004303 & 0.0010314 & 0.0009630 & 0.0002095 \\ 0.0004257 & 0.0009630 & 0.0009535 & 0.0001681 \\ -0.0000396 & 0.0002095 & 0.0001681 & 0.0002541 \end{bmatrix}$$

뮬레이션 접근방법으로 계산한 253,385달러와 비교된다.

모든 수익률에 동일 가중치를 부여하여 분산과 공분산을 계산하는 대신에 λ = 0.94로 하여 지수가중이동평균(EWMA) 모형을 이용하기로 하자. 이 방법에 의한 분산–공분산 행렬은 [표 23.7]이다.[18] 식 (22.3)에 의해 포트폴리오 손실의 분산은 40,995.765천 달러이다. 표준편차는 제곱근인 202.474천 달러이다. 따라서 99% 신뢰수준에서 1일 VaR는 다음과 같이 471.025천 달러 또는 471,025달러이다.

$$2.33 \times 202.474 = 471.025$$

그리고 식 (22.1)에 의해 1일 ES는 539,637달러이다. 이는 수익률이 동일 가중치를 갖는 경우와 비교하여 두 배 이상 큰 값이다. [표 23.8]과 [표23.9]는 그 이유를 보여 준다. 증권 매입포지션으로 구성된 포트폴리오의 표준편차는 증권 수익률의 표준편차와 함께 증가하고 또한 증권 수익률 간의 상관계수와 함께 증가한다. [표23.8]은 추정된 일별 표준편차가 동일 가중치를 갖는 경우보다 EWMA 모형이 사용된 경우에 훨씬 크다는 것을 보여 준다. 이유는 변동성이 데이터에 포함된 500일의 남은 기간보다2008년

표 23.8 동일가중과 EWMA를 이용한 경우의 변동성(%, 일별).

	DJIA	*FTSE 100*	*CAC 40*	*Nikkei 225*
동일가중	1.11	1.42	1.40	1.38
EWMA	2.19	3.21	3.09	1.59

표 23.9 EWMA방법으로 계산된 2008년 9월 25일의 상관계수행렬(변수 1은 DJIA, 변수 2는 FTSE 100, 변수 3은 CAC 40, 변수 4는 Nikkei 225임).

$$\begin{bmatrix} 1 & 0.611 & 0.629 & -0.113 \\ 0.611 & 1 & 0.971 & 0.409 \\ 0.629 & 0.971 & 1 & 0.342 \\ -0.113 & 0.409 & 0.342 & 1 \end{bmatrix}$$

18 EWMA 계산에서 분산은 최초에 모집단 분산과 동일하다고 가정한다. 모든 합리적인 최초 분산 값은 본질적으로 동일한 결과를 가져온다. 왜냐하면 우리는 마지막 분산 값을 필요로 하기 때문이다.

9월 25일 직전 기간에 크게 증가하였기 때문이다. 또한 [표 23.9]를 [표 23.5]와 비교하면 상관계수도 증가하였음을 알 수 있다.[19]

요약

블랙–숄즈 모형(Black-Scholes Model)과 같이 유명한 옵션가격결정 모형은 기초자산의 변동성이 일정하다고 가정한다. 이런 가정은 완전하지 못하다. 실제로 자산가격의 변동성은 확률과정이다. 자산가격과는 다르게 자산가격의 변동성은 직접 관찰되지 않는다. 본 장은 변동성 수준이 어떻게 변하는지 추적하는 방법들을 설명하였다.

u_i를 $i-1$일 말과 i일 말 동안의 시장변수의 변화율이라고 정의한다. 시장변수의 분산(즉, 시장변수 변동성의 제곱)은 u_i^2의 가중평균치로 계산된다. 여기서 논의된 방법들의 주요 특징은 u_i^2에 대하여 동일한 가중치를 부여하지 않는다는 것이다. 최근의 관찰치일수록 그것의 가중치는 더 커진다. EWMA 모형과 GARCH(1, 1) 모형에서는 오래된 자료일수록 그것의 가중치는 지수적으로 감소한다. GARCH(1,1) 모형은 장기평균 분산에도 일정 가중치가 부여된다는 점에서 EWMA 모형과 다르다. GARCH(1, 1) 모형은 미래분산 수준에 대한 예측치가 상대적으로 쉽게 추정될 수 있는 구조를 갖고 있다.

최우추정법은 일반적으로 EWMA, GARCH(1, 1), 그리고 유사 모형의 모수를 역사적 자료로부터 추정하기 위하여 이용된다. 이런 방법들은 역사적 발생 가능성을 최대화시키는 모수 값을 결정하기 위하여 반복적인 절차를 이용한다. 일단 모수가 결정되면, GARCH(1,1) 모형은 u_i^2으로부터 자기상관성을 얼마나 잘 제거하느냐에 의해서 평가될 수 있다.

분산을 추적하는 데 이용되는 모든 모형은 공분산을 추정하는 데 일관되게 이용되어야 한다. 따라서 여기서 설명된 절차들은 VaR 계산에 사용되는 완전 분산-공분산 행렬을 갱신하는 데 이용될 수 있다.

참고문헌

Bollerslev, T., "Generalized Autoregressive Conditional Heteroscedasticity," *Journal of Econometrics*, 31(1986): 307–27.

Cumby, R., S. Figlewski, and J. Hasbrook, "Forecasting Volatilities and Correlations with EGARCH Models," *Journal of Derivatives*, 1, 2 (Winter 1993): 51–63.

Engle, R. F., "Autoregressive Conditional Heteroscedasticity with Estimates of the Variance of UK Inflation," *Econometrica* 50 (1982): 987–1008.

Engle, R. F., and J. Mezrich," Grappling with GARCH," *Risk*, September 1995: 112–117.

Engle, R. F., and J. Mezrich," GARCH for Groups," *Risk*, August 1996: 36–40.

Engle, R. F., and V. Ng, "Measuring and Testing the Impact of News on Volatility," *Journal of Finance*, 48 (1993): 1749–78.

Nelson, D., "Conditional Heteroscedasticity and Asset Returns: A New Approach," *Econometrica*, 59 (1990): 347–70.

19 이는 시장이 하락하는 상황에서 상관계수가 증가하는 경향이 있는 현상의 예시이다.

연습문제

23.1. 역사적 자료를 이용하여 변동성을 추정하는 지수가중 이동평균 모형을 설명하라.

23.2. 변동성을 갱신하는 데 이용되는 EWMA 모형과 GARCH(1, 1) 모형의 차이는 무엇인가?

23.3. 어떤 자산의 일별 변동성의 최근 추정치가 1.5%이고, 어제 종가가 30달러였다. EWMA 모형의 λ는 0.94이다. 오늘 종가는 30.5달러이다. EWMA 모형으로 변동성을 갱신하는 데 이것이 어떤 영향을 줄 것인가?

23.4. 어떤 기업은 변동성을 예측하는 데 EWMA 모형을 사용한다. 기업은 λ값을 0.95에서 0.85로 낮출 것을 결정하였다. 이것이 변동성의 미래 예측치에 미치는 영향을 설명하라.

23.5. 특정 시장변수의 연간 변동성이 30%이다. 변수의 일별 변화율의 99% 신뢰범위를 계산하라.

23.6. 어떤 기업이 변동성을 갱신하는 데 GARCH(1, 1) 모형을 사용하고 있다. 3가지의 모수 ω, α, β가 있다. 다른 것은 일정할 때, 세 가지 모수 각각을 약간 증가시키면 어떤 영향이 있는지 설명하라.

23.7. 달러–파운드(USD-GBP) 환율의 최근 일별 변동성의 추정치가 0.6%이고, 어제 오후 4시의 환율이 1.5000이었다. EWMA 모형의 λ값이 0.9이다. 오늘 오후 4시의 환율은 1.4950이다. 일별변동성의 추정치가 어떻게 갱신되겠는가?

23.8. 어제 S&P 500의 종가가 1,040이었고, 지수의 일별 변동성이 1%로 추정되었다. GARCH(1, 1) 모형의 모수는 $\omega = 0.000002$, $\alpha = 0.06$, $\beta = 0.92$이다. 지수의 오늘 종가가 1,060이라면, 새로운 변동성 추정치는 얼마인가?

23.9. 어제 거래 종료시점에서 계산한 A자산과 B자산의 일별 변동성이 각각 1.6%, 2.5%이고, 어제의 종가는 각각 20달러, 40달러였다. 그리고 두 자산수익률 간의 상관계수는 어제 기준으로 0.25이었다. EWMA 모형의 λ값은 0.95이다.

(a) 두 자산수익률 간의 현재 공분산 추정치를 계산하라.

(b) 두 자산의 오늘 종가가 20.5달러와 40.5달러라고 가정하고 상관계수를 갱신하라.

23.10. GARCH(1, 1) 모형의 모수는 $\omega = 0.000004$, $\alpha = 0.05$, $\beta = 0.92$이다. 장기평균 변동성은 얼마인가? 그리고 분산이 장기평균에 회귀하는 것을 보여주는 식은 무엇인가? 만약에 현재 변동성이 연간 20%라면 20일 후의 기대변동성은 얼마인가?

23.11. X자산과 Y자산의 현재 일별 변동성이 각각 1.0%, 1.2%이다. X자산과 Y자산의 어제 종가가 각각 30달러, 50달러이고 두 자산수익률 간의 상관계수는 0.5였다. GARCH(1, 1) 모형을 이용하여 상관성과 변동성이 갱신된다. 모수의 추정치는 $\alpha = 0.04$, $\beta = 0.94$이다. 상관성에 대해서 $\omega = 0.000001$이고, 변동성에 대해서 $\omega = 0.000003$이다. 만약 두 자산의 오늘 종가가 각각 31 달러, 51달러라면 상관계수 추정치는 얼마인가?

23.12. FTSE 100 주가지수(파운드화 주가지수)의 일별 변동성이 1.8%이고 달러-파운드(USD-GBP) 환율의 일별 변동성이 0.9%라고 하자. FTSE 100과 달러-파운드 환율 간의 상관계수가 0.4라고 하자. 미국 달러로 환산할 때, FTSE 100의 변동성은 얼마인가? 달러-파운드 환율은 파운드당 달러의 값이다(힌트: $Z = XY$일 때, Z의 일별 변화율은 X의 일별 변화율에 Y의 일별 변화율을 합한 것과 대략 같다).

23.13. 문제 23.12에서 S&P 500지수(달러화 주가지수)와 FTSE 100지수(파운드화 주가지수) 간의 상관계수가 0.7이고, S&P 500지수와 달러-파운드 환율 간의 상관계수가 0.3이며, S&P 500지수의 일별 변동성이 1.6%라고 하자. 달러로 환산할 경우 S&P 500지수와 FTSE 100지수 간의 상관계수는 얼마인가? (힌트: X, Y, Z

의 세 변수에 대해서, $X+Y$와 Z 간의 공분산은 X와 Z 간의 공분산에 Y와 Z 간의 공분산을 합한 것과 같다)

23.14. 식(23.9)의GARCH(1,1)모형$\sigma_n^2 = \omega + \alpha u_{n-1}^2 + \beta\sigma_{n-1}^2$이확률변동성모형$dV = a(V_L - V)\,dt + \xi V\,dz$와 동등함을 보여라.

$$a = 1 - \alpha - \beta, \qquad V_L = \frac{\omega}{1-\alpha-\beta}, \qquad \xi = \alpha\sqrt{2}$$

여기서 시간은 일수로 측정되며, V는 자산가격 변동성의 제곱이고, 시간이 연수(年數)로 측정될 때, 확률변동성 모형은 어떻게 될까? (힌트: 변수 u_{n-1}은 Δt 기간후의 자산가격에 대한 수익률이다. 그것은 0의 평균과 σ_{n-1}의 표준편차를 갖는 정규분포인 것으로 가정될 수 있다. u_{n-1}^2의 평균은 각각 σ_{n-1}^2, $2\sigma_{n-1}^4$이다.)

23.15. 8절의 끝에서 네 지수 예시의 VaR와 ES가 모형기반 접근방법으로 계산되었다. 만약 각 지수의 투자금액이 2.5백만 달러이면 VaR와 ES는 어떻게 계산되는가? (a) 변동성과 상관계수가 동일 가중 모형으로 추정되는 경우와 (b) $\lambda = 0.94$를 이용하여 EWMA모형으로 추정된 경우에 VaR와 ES를 각각 계산하라. 저자 웹사이트의 스프레드시트를 이용할 것.

23.16. 8절의 네 주가지수 예시의 EWMA 계산에서 λ를 0.94에서 0.97로 변경하면 효과는 무엇인가? 저자 웹사이트의 스프레드시트를 이용할 것.

과제물 문제

23.17. 금의 어제 종가가 600달러이고, 일별 변동성은 1.3%로 추정되었다. 금의 오늘 종가는 596달러이다. 다음을 이용하여 변동성 추정치를 갱신하라.

(a) $\lambda = 0.94$인 EWMA 모형

(b) $\omega = 0.000002$, $\alpha = 0.04$, $\beta = 0.94$인 GARCH(1, 1) 모형

23.18. 문제 23.17에서 은의 어제 종가가 16달러이고, 그것의 일별 변동성이 1.5%이며, 금과의 상관계수가 0.8로 추정되었다. 은의 오늘 종가는 어제와 동일하게 16달러이다. 문제 232.17의 두 모형으로 은의 변동성 및 은과 금 간의 상관계수를 갱신하라.

23.19. 다양한 여러 환율과 주가지수에 대한 900일간의 일별 자료가 담겨 있는 엑셀 스프레드시트를 다음의 저자의 웹사이트로부터 다운로드받을 수 있다

www-2.rotman.utoronto.ca/~hull/data

하나의 환율과 주가지수를 선택하여 $\sum_i (v_i - \beta_i)^2$을 최소화시키는 EWMA 모형의 λ값을 추정하라. 여기서 v_i는 i - 1일 말의 분산 예측치이고 β_i는 i일과 i + 25일간 자료를 이용해서 계산한 분산 실제치이다. 엑셀의 해찾기를 이용하고, EWMA 계산을 시작하기 위해 첫 번째 날 말에 분산 예측치를 그날의 수익률의 제곱으로 하라.

23.20. GARCH(1, 1) 모형의 모수 $\alpha = 0.03$, $\beta = 0.95$, $\omega = 0.000002$를 가정하자.

(a) 장기평균 변동성은 얼마인가?

(b) 현재 일별 변동성이 1.5%라면, 20일과 40일, 그리고 60일 후의 변동성 추정치는 얼마인가?

(c) 어떤 변동성이 20일, 40일 그리고 60일 만기 옵션의 가격을 평가하는 데 이용되어야 하는가?

(d) 현재 일별 변동성이 0.5% 포인트 증가하여2%가 된다고 하자. 이것이 20일과 40일 그리고 60일 후의 변동성에 미치는 효과를 추정하라.

(e) (d)의 변동성 증가가 20일과 40일 그리고 60일 만기 옵션의 가격을 평가하는 데 이용되는 변동성을 얼마나 증가시키는가?

23.21. 8절의 네 주가지수 예시의 계산은 DJIA, FTSE 100, CAC 40, Nikkei 225에 각각 4백만, 3백만, 1백만, 2백만 달러를 투자한다고 가정한다. 만일 투자금액이 각각 3백만, 3백만, 1백만, 3백만 달러라고 가정하면 VaR는 어떻게 변하는가? (a) 변동성과 상관계수가 동일 가중 모형으로 추정되는 경우와 (b) 변동성과 상관계수가 EWMA모형으로 추정되는 경우 VaR를 각각 계산하라. EWMA계산에서 λ가 0.94에서 0.90으로 바뀌면 효과는 무엇인가? 저자 웹사이트의 스프레드시트를 이용하라.

23.22. 2005년 7월 27일부터 2010년 7월 27일까지의 유로–달러 환율자료에 EWMA 모형과 GARCH(1, 1) 모형을 위한 모수를 추정하라. 이 자료는 www-2.rotman.utoronto.ca/~hull/data에 있다.

CHAPTER 24

신용위험

지금까지 본서에서 다뤄진 파생상품들은 시장위험과 관련되어 있었다. 본 장에서는 금융기관의 또 다른 위험인 신용위험을 고려하기로 한다. 대부분의 금융기관들은 신용위험의 측정과 관리에 상당한 재원을 투자한다. 여러 해 동안 감독당국은 금융기관으로 하여금 그들이 부담하는 신용위험을 반영하는 자본을 보유하도록 요구하였다.

신용위험은 차입자와 파생상품계약의 상대방이 채무불이행할 가능성으로부터 발생한다. 본 장은 채무불이행 확률을 추정하는 여러 접근방법을 설명하고 또한 위험중립 채무불이행률 과 실제의 채무불이행률 간의 차이에 대해서도 설명하기로 한다. 장외파생상품 거래에서의 신용위험의 속성을 분석하고, 신용위험을 줄이기 위하여 파생상품딜러들이 계약에 포함하는 조항에 대해서도 설명하기로 한다. 또한 채무불이행 상관계수, 가우시안 코풀라 모형, 신용 VaR의 추정에 대해서도 설명하기로 한다.

25장은 신용파생상품을 다루며 본 장에서 설명하는 아이디어가 어떻게 신용파생상품의 가 치평가에 사용될 수 있는지 보여줄 것이다.

24.1 신용등급

무디스(Moody's), S&P, 피치(Fitch)와 같은 신용평가기관들은 회사채의 신용도를 결정하는 신용등급을 제공하는 영업을 한다. 무디스의 시스템에 의하면 가장 높은 등급은 Aaa이다. 이 등급의 채권은 채무불이행 가능성이 거의 없는 것으로 간주된다. 다음으로 높은 등급은 Aa이다. Aa 다음으로 A, Baa, Ba, B, Caa, Ca, C등급이 있다. Baa와 그 이상의 등급을 갖는 채권 은 투자적격 등급(investment grade)으로 간주된다. 무디스의 Aaa, Aa, A, Baa, Ba, B, Caa, Ca, C의 등급에 상응하는 S&P와 피치의 등급은 각각 AAA, AA, A, BBB, BB, B, CCC, CC, C이다. 보다 정교한 등급을 만들기 위하여 무디스는 Aa등급을 Aa1, Aa2, Aa3등급으로 세분 한다. 그리고 A등급은 A1, A2, A3등급으로 세분된다. 마찬가지로 S&P와 피치는 AA등급을 AA+, AA, AA-로 세분하고 A등급을 A+, A, A-로 세분한다(무디스의 Aaa등급과 S&P와 피치의 AAA등급은 세분되지 않는다. 또한 가장 낮은 두 등급도 세분되지 않는다).

24.2 역사적 채무불이행 확률

[24.1]은 신용평가기관이 제공하는 전형적인 자료를 보여준다. 이는 기간 초에 특정 신용등 급을 가지고 시작한 채권의 20년 동안의 채무불이행 자료이다. 예를 들어 최초 등급 Baa의 채권 이첫번째연도 말까지 채무불이행할 확률은 0.185%이고, 두번째연도 말까지 채무불이행할 확 률은 0.480%이다. 특정 연도에 채권이 채무불이행할 확률은 로부터 계산된다. 예를 들어 최초 등급 Baa의 채권이 2연도에 채무불이행할 확률은 0.480 - 0.185 = 0.295%이다.

[표 24.1]은 투자적격채권의 경우 연간 채무불이행 확률이 시간의 증가함수임을 보여준다(예 를 들어 A등급 채권의 0~5년, 5~10년, 10~15년, 15~20년 기간 동안 채무불이행 확률은 각각 0.794%, 1.519%, 1.737%, 2.037%이다). 이는 채권발행자가 최초에는 신용이 건전한 것으로 간 주되지만, 시간이 지남에 따라 재무적 상태가 악화될 가능성이 커지기 때문이다. 반면에 신용등 급이 낮은 채권의 경우 채무불이행 확률은 시간의 감소함수이다(예를 들어 B등급 채권의 0~5년, 5~10년, 10~15년, 15~20년 기간 동안 채무불이행 확률은 각각 22.071%, 14.227%, 7.070%, 4.703%이다). 이유는 등급이 낮은 채권의 경우 다음 해와 그다음 해가 힘든 해이고, 또한 발행기 업이 오래 생존할수록 재무적 상태가 좋아질 가능성이 커지기 때문이다.

위해율

[표 24.1]로부터Caa 또는그이하등급채권의3연도채무불이행확률 25.639 – 18.857 = 6.782%를 계산할 수있다. 이 확률은 무조건부 채무불이행 확률(unconditional default probability)로 불린다. 이는 0시점에서 본 3연도의 채무불이행 확률이다. 채권이 2연도 말까지 채무불이행할 확률 은 100 - 18.857 = 81.143%이다. 따라서 전에 채무불이행하지 않았다는 조건하에서 3연도에 채 무불이행할 확률은 0.06782/0.81143또는 8.36%이다. 조건부 채무불이행 확률(conditional default probability)은 위해율(hazard rate) 또는 채무불이행도(default intensity)로 불린다.

바로 앞에서 계산한 8.36%는 1년 동안의 조건부 채무불이행 확률이다. 대신 기간이 Δt인 짧은 기간

표 24.1 평균 누적 채무불이행률(%), 1970~2015년, 출처: Moody's.

기간 (연)	*1*	*2*	*3*	*4*	*5*	*7*	*10*	*15*	*20*
Aaa	0.000	0.011	0.011	0.031	0.087	0.198	0.396	0.725	0.849
Aa	0.022	0.061	0.112	0.196	0.305	0.540	0.807	1.394	2.266
A	0.056	0.170	0.357	0.555	0.794	1.345	2.313	4.050	6.087
Baa	0.185	0.480	0.831	1.252	1.668	2.525	4.033	7.273	10.734
Ba	0.959	2.587	4.501	6.538	8.442	11.788	16.455	23.930	30.164
B	3.632	8.529	13.515	17.999	22.071	29.028	36.298	43.368	48.071
Caa–C	10.671	18.857	25.639	31.075	35.638	41.812	47.843	50.601	51.319

을 고려해 보자. t시점에서의 채무불이행도가 $\lambda(t)$이면 전에 채무불이행하지 않았다는 조건하에서 t시점과 $t + \Delta t$ 시점 사이에서의 채무불이행 확률은 $\lambda(t)\,\Delta t$이다. 만일 $V(t)$가 t시점까지 생존할 누적확률로 정의하면(즉, t시점까지 채무불이행하지 않으면), t시점과 $t + \Delta t$시점 사이에서의 조건부 채무불이행 확률은 $[V(t) - V(t + \Delta t)]/V(t)$이다. 이는 $\lambda(t)\,\Delta t$와 동일하므로 다음 식이 성립한다.

$$V(t + \Delta t) - V(t) = -\lambda(t)V(t)\,\Delta t$$

극한에서,

$$\frac{dV(t)}{dt} = -\lambda(t)V(t)$$

따라서

$$V(t) = e^{-\int_0^t \lambda(\tau)d\tau}$$

$Q(t)$를 t시점까지 채무불이행할 확률로 정의하면, $Q(t) = 1 - V(t)$이므로 다음 식이 성립한다.

$$Q(t) = 1 - e^{-\int_0^t \lambda(\tau)d\tau}$$

또는

$$Q(t) = 1 - e^{\bar{\lambda}(t)t} \tag{24.1}$$

단, $\bar{\lambda}(t)$ 는 0과 t시점 사이에서의 평균 위해율(또는 채무불이행도)이다.

24.3 회수율

기업이 파산하면 기업에게 돈을 빌려준 쪽은 기업자산에 대하여 청구권을 행사한다. 때로는 채권 자가 청구액의 일부만을 상환받기로 동의하는 채무재조정(reorganization)을 거치기도 한다.[1] 다른 경우

표 24.2 회사채의 회수율(액면가의 %, 1982~2009년, 무디스).

유형	평균 회수율(%)
1차 담보권 은행대출	*53.4*
2차 담보권 은행대출	49.7
선순위담보부사채	37.6
시니어 후순위채	31.1
하위채권	31.9
주니어 후순위채	24.2

에는 자산이 청산인(liquidator)에 의하여 매각되고 매각대금은 가능한 한 많은 채무를 갚는 데 사용된다. 어떤 청구권은 전형적으로 다른 청구권에 비하여 우선권(priority)을 가지며 따라서 먼저 최대한 행사된다.

채권의 회수율은 채무불이행 후 얼마 안된 시점에서의 시장가격을 채권 액면가의 백분율로 정의된다. [표 24.2]는 미국에서 다양한 유형의 은행대출과 채권의 평균 회수율에 대 한 역사적 자료이다. 자산에 대해 1차 담보권을 갖는 채권의 평균 회수율은 가장 높은 53.4%이며 다른 채권자보다 하위이고 후순위인 경우 평균 회수율은 24.2%이다.

회수율의 채무불이행확률 의존성

8장에서 우리는 주택담보대출(mortgage)의 평균회수율이 주택담보대출의 채무불이행률과 음의 관계를 갖는다는 것을 2007년 신용위기 사례를 통해 배울 수 있다. 주택담보부대출의 채무불이행률이 증가할수록 담보권 행사를 통해 매물로 나오는 주택이 늘어나고 집값이 하락한다. 이는 결국 회수율의 하락으로 이어진다.

회사채의 평균회수율도 채무불이행률과 유사한 음의관계를 보인다.[2] 채무불이행에 빠지는 채권의 숫자가 적은 연도에는 경제적 상황이 보통 좋으며 채무불이행에 빠진 회사채에 대한 평균회수율은 대략 60% 수준이다. 채무불이행에 빠지는 채권의 숫자가 높은연도에는 보통 경제적 상황이 나쁘며 채무불이행에 빠진 회사채에 대한 평균회수율은 30% 수준이다. 음의 의존성은 채무불이행이 많은 연도가 자금의 대여자가에 두 배로 나쁜 상황이며 이는 낮은 회수율을 수반되기 때문이다.

24.4 채권의 수익 스프레드를 통한 채무불이행 확률의 추정

표 [24.1]과 같은 를 이용해 채무불이행 확률을 계산할 수 있다 다른 방법은 채권의 수익율의 스프레드를 사용하는 것이다. 채권의 수익률 스프레드는 약정된 수익률과 무위험이자율의 차이이다. 일반적으로 초과수익률이 채무불이행 확률에 대한 보상이라고 가정한다.[3]

T년 만기 채권의 수익률 스프레드가 연 $s(T)$ 라고 가정하자. 이는 0부터 T시점까지의 채권에 대한 평균 손실률이 대략적으로 연 $s(T)$ 임을 의미한다. 해당 기간 동안 평균 위해율이 $\bar{\lambda}(T)$ 이라고 가정하자. 평균 손실율에 대한 또다른 현은 $\bar{\lambda}(T)(1-R)$ 이며 여기서 R은 추정된 회수율이다. 이는 대략적으로 다음이 성립함을 의미한다.

$$\bar{\lambda}(T)(1-R) = s(T)$$

또는

$$\bar{\lambda}(T) = \frac{s(T)}{1-R} \tag{24.2}$$

2 E. I. Altman, B. Brady, A. Resti, and A. Sironi, "The Link between Default and Recovery Rates: Theory, Empirical Evidence, andImplications," *Journal of Business*, 78, 6 (2005), 2203-28을 참조하라. 이는 무디스가 발행한 자료에도 설명되어 있다.

3 이 가정은 완벽하지 않다. 실제로 회사채의 가격은 유동성에 의해 영향을 받는다. 즉 유동성이 낮을수록 가격이 낮다.

이 근사치는 다양한 상황에서 잘 맞는다.

예제 24.1

기업에 의해 발행된 1, 2, 3년 만기 채권의 무위험이자율 대비 초과수익률이 각각 150, 180, 195 베이시스 포인트라고 가정하자. 만약 회복률이 40%라면 식 (24.2)에 의해 주어진1년 동안의 평균 위해율은 연 0.0150/(1-0.4) = 0.025 또는2.5%가 된다. 유사하게2년 간의 평균위해율은 연 0.0180/(1-0.4) = 0.030 또는 3.0%가 된다. 3년 간의 평균위해율은 연 0.0195/(1-0.4) = 0.0325 또는 3.25%가 된다. 따라서 두번째 연도의 평균 위해율은 $2 \times 0.03 - 1 \times 0.025 = 0.035$ 또는 3.5% 이며 세번째 연도의 평균 위해율은 $3 \times 0.0325 - 2 \times 0.03 = 0.0375$ 또는 3.5%가 된다.

Matching Bond Prices

더 정확한 계산을 위해 우리는 채권 가격을 일치시키는 위해율을 선택할 수 있다. 이 접근법은4장 7절의 무이채권 수익률 곡선을 위한 붓스트랩법과 유사하다. 만기가 인 채권이 사용된다고 가정하자. 여기서 이다. 가장 짧은 만기의 채권이 의 위해율을 추정하기 위해 사용된다. 그 다음으로 만기가 짧은 채권이 과 사이의 위해율을 추정하는데 사용된다. 유사하게 다른 기간의 위해율도 추정된다.

예제 24.2

모든 만기에 대해서 무위험이자율이 연속복리 기준 연 5%이며 1, 2, 3년 만기 채권의 수익률이 역시 연속복리 기준 6.5%, 6.8%, 6.95%이라고 가정하자. (이는 예제 24.1의 자료와 동일하다.) 우리는 각 채권의 액면가가 100달러이며 반기마다 연 8% 이자를 지급한다고 가정하자. (방금 이자가 지급되었다.) 채권의 수익률로부터 계산된 채권의 가치는101.33, 101.99, 102.47 달러이다. 만약 무위험 채권이었다면 (5%로 현금흐름을 할인해서 얻을 수 있는) 채권의 가치는 각각 102.83, 105.52, 108.08달러이다. 이는 예상되는 채무불이행 손실의 현가가 1년 만기 채권의 경우 반드시 102.83 – 101.33 = 1.50달러가 되어야 함을 의미한다. 유사하게 3년만기 그리고 3년만기 채권의 예상되는 채무불이행 손실의 현가가 3.53 그리고 5.61달러가 되어야 함을 의미한다. i연도 위해율이 λ_i $(1 \leqslant i \leqslant 3)$ 그리고 회수율은 40%이다.

1년만기 채권을 고려해보자. 첫 6개월 동안의 채무불이행 확률은$1 - e^{-0.5\lambda_1}$ 그리고 그 이후 6개월 동안의 채무 불이행 확률은$e^{-0.5\lambda_1} - e^{-\lambda_1}$이다. 우리는 채무불이행이 오직 이 6개월 동안의 중간지점에서 일어난다고 가정한다. 가능한 채무불이행 시점은 3개월 그리고 9개월 이후이다. 3개월 시점에서 채권의 (선도) 무위험 가치는

$$4e^{-0.05\times0.25} + 104e^{-0.05\times0.75} = \$104.12$$

앞 절에서 논의한 것처럼 회수율의 정의에 의해 만약 채권이 채무불이행 상태가 된다면 채권의

가치는 40달러가 될 것이다. 만약 3개월 시점에 채무불이행이 발생한다면 손실의 현재가치는 63.33달러이다.

$$(104.12 - 40)e^{-0.05\times 0.25} = \$63.33$$

채권의 무위험 가치의 9개월 시점의 가치는 $104e^{-0.05\times 0.25} = 104$달러이다. 만약 채무불이행이 발생한다면 채권의 가치는 40달러가 될 것이다. 9개월 시점에 채무불이행이 발생한다면 손실의 현재가치는 60.40달러이다.

$$(102.71 - 40)e^{-0.05\times 0.75} = \$60.40$$

만약 위해율 λ_1은 반드시 다음을 만족시켜야 한다.

$$(1 - e^{-0.5\lambda_1}) \times 63.33 + (e^{-0.5\lambda_1} - e^{-\lambda_1}) \times 60.40 = 1.50$$

엑셀의 Solver 를 사용하여 구한 해는 $\lambda_1 = 2.46\%$ 이다.
2년 만기 채권이 다음으로 고려된다. 3개월 그리고 9개월 시점의 채권의 채무불이행 확률은 1년 만기 채권의 분석을 통해 이미 알려져 있다. 두번째 연도의 위해율이 계산되며 채권에 대한 기대 손실의 현재가치는 3.53달러가 된다. 3년 만기 채권의 경우도 유사하다. 두번째 그리고 세번째 연도의 위해율은 3.48% 그리고 3.74%이다. (추정된 위해율은 예제 24.1에서 식 (24.2)를 이용해 계산된 것과 매우 유사하다.) 계산과정을 보여주는 워크시트는 저자의 웹사이트에 있다: www-2.rotman.utoronto.ca/~hull/ofod.

무위험이자율

앞서 확인한 채무불이행 확률 계산법은 무위험이자율의 선택에 의해 좌우된다. 예제 24.1의 예제에서의 스프레드는 채권 수익률과 무위험이자율의 차이이다. 예제 24.2에서 채권가격을 이용한 채무불이행 기대손실의 계산은 무위험채권의 가격 계산에 의존한다. 채권 거래자들이 사용하는 기준 무위험이자율은 국채금리이다. 예를 들어 채권 거래자는 채권의 수익률을 국채 대비 250 베이지스 포인트 스프레드라로 공시할 수 있다. 그러나 4장 3절에서 논의됐듯이 국채금리는 무위험이자율의 대용치가 되기에는 너무 낮다.

7장 11절에서 간략하게 설명됐고 25장에서 자세하게 논의 될 신용부도스왑(CDS)은 무위험이자율에 의존하지 않는 신용 스프레드 추정치를 제공한다. 여러 연구자들이 채권 수익률과 CDS의 스프레드를 통해 내재 무위험이자율을 추정하기 위해 노력해왔다. 내재된 무위험이자율은 일반적인 시장상황에서 LIBOR/스왑금리 보다 대략 10 베이시스 포인트 낮거나 또는 OIS 금리와 비슷하다.[4]

---

4 J. Hull, M. Predescu, A. White," The Relationship betweeen Credit Default Swap Spreads, Bond Yields, and Credit Rating Announcements," *Journal of Banking and Finance* 28, (2004년 11월): 2789-2811.

자산스왑 스프레드

실제로 신용 추정이 이루어 질 때 LIBOR/스왑금리가 주로 무위험이자율 기준치로 사용된다. 이유는 자산스왑 스프레드가 채권수익률 스프레드 (LIBOR/스왑이자율 곡선 기준)의 직접적인 추정치이기 때문이다.

자산스왑이 어떻게 작용하는지 설명하기 위해, 특정 채권의 자산스왑 스프레드가 150 bp로 공시된 경우를 고려해 보자. 다음 세 상황이 가능하다.

1. 채권이 액면가인 100달러에 거래된다. 스왑에서 한쪽(A기업)은 채권의 액면이자 (coupons)를 지급하고 다른 쪽(B기업)은 LIBOR + 150 bp를 지급한다. 교환되는 것은 약정된 액면이자이다. 채권의 채무불이행과 무관하게 현금교환은 이루어진다.
2. 채권이 액면가 이하로, 예를 들어 95달러에 거래된다. 그러면 A기업은 액면이자뿐만 아 니라 스왑 시작 시점에서 액면가 100달러당 5달러를 지급하도록 설계된다. B기업은 LIBOR + 150 bp를 지급한다.
3. 채권이 액면가 이상으로, 예를 들어 108달러에 거래된다. 그러면 B기업은 LIBOR + 150 bp를 지급할 뿐만 아니라 스왑 시작 시점에서 액면가 100달러당 8달러를 지급하도 록 설계된다. A기업은 액면이자를 지급한다.

세 상황에서의 효과는 자산스왑 스프레드의 현재가치가 유사한 무위험채권의 가격(무위험이 자율은 LIBOR/스왑이자율로 가정)이 회사채 가격을 초과하는 금액이라는 점이다(연습문제 24.22 참조). 이는 예제 24.2에서와 같은 계산을 할 때 유용하다.

24.5 채무불이행 확률 추정치의 비교

역사적 자료로부터 추정한 채무불이행 확률은 채권수익률로부터 추정한 채무불이행 확률보다 훨씬 작다. 두 확률의 차이는 2007년 중반에 시작된 신용위기 동안 특히 커졌다. 이유는 모든 투자자가 국채와 같은 안전자산을 보유하기를 원하는 위기 동안 안전자산으로의 이동현상(flight to quality)이 발생하였기 때문이다. 회사채의 가격이 감소함에 따라 수익률은 상승하였다. 회사채의 신용스프레드는 상승하였으며, 식 (24.2)와 같은 계산을 하면 채무불이행 확률 추정치는 매우 높게 된다.

[24.3]은 역사적 자료로부터 추정한 채무불이행 확률 추정치와 신용 스프레드에 내재된 채무불이행 확률의 차이를 보여준다. 위기 기간에 심대하게 결과가 영향받는 것을 방지하기 위해 채권수익률 스프레드로부터 추정치를 계산하기 위해 위기 전의 자료를 이용했다.

[24.3]의 두번째 열은 [24.1]의 7년 만기 열을 기반으로 하는데 우리가 이후에 보게 될 채권의 만기(life)가 대략 7년이기 때문이다. 계산을 설명하기 위해 식 (24.1)로부터 다음이 성립함을 주목하자.

$$\bar{\lambda}(7) = -\tfrac{1}{7}\ln[1 - Q(7)]$$

여기서 $\bar{\lambda}(t)$는 t시점의 평균 위해율이며 $Q(t)$는 신용등급이 다른 기업들의 채무불이행율을 보여주는

표 24.3 7년 평균 위해율 (% per annum)

순위	역사적 위험률	위험률 사채에서	비율	차이
Aaa	0.028	0.596	21.0	0.568
Aa	0.077	0.728	9.4	0.651
A	0.193	1.145	5.9	0.952
Baa	0.365	2.126	5.8	1.761
Ba	1.792	4.671	2.6	2.879
B	4.898	8.017	1.6	3.119
Caa and lower	7.736	18.395	2.4	10.659

[24.1]의 자료로부터 얻어진 t시점의 누적 채무불이행 확률이다. 예를 들어 신용등급이 A인 기업의 경우, $Q(7)$은 0.01441이다. 그러므로 평균 7년 위해율은

$$\bar{\lambda}(7) = -\frac{1}{7}\ln(1 - 0.01345) = 0.00193$$

(또는 0.193%.

[24.3]의 세번째 열에 있는 채권수익률로부터 평균 위해율을 계산하기 위해 식 (24.2)와 메릴린치가 발한 채권수익 률을 이용한다. 결과는 1996년 12월부터 2007년 6월까지의 평균이다. 회수율은 40%로 가정한다. 메릴린치 채권의 만기 는 대략 7년이다. (이것이 역사적 채무불이행 확률을 계산할 때 [표 24.1]에서 7년 만기 열의 자료를 이용한 이유이다.) 채권 수익률스프레드를 계산하기 위해 앞 절에서의 논리와 일관성 있게, 무위험이자율을 7년 만기 스왑이자율에서 10베이시스포인트를 차감한 값으로 가정한 다. 예를 들어, A등급 채권의 경우 평균 메릴린치 수익률은 5.995%이다. 평균 7년 만기 스왑 이자율이 5.408%이므로 평균 무위험이자율은 5.308%이다. 따라서 평균 7년 위해율은 1.145%이다.

표 24.4 채권의 기대 초과수익률 (베이시스 포인트)

등급	국채 대비 채권 수익률 스프레드	국채 대비 무위험이자율 스프레드	역사적 채무불이행 스프레드	초과수익률
Aaa	78	42	2	34
Aa	86	42	5	39
A	111	42	12	57
Baa	169	42	22	105
Ba	322	42	108	172
B	523	42	294	187
Caa	1146	42	464	640

$$\frac{0.05995 - 0.05308}{1 - 0.4} = 0.01145$$

[표 24.4]는 채권가격으로부터 계산한 위해율 대 역사적 자료로부터 계산한 위해율의 비율 이 투자적격 기업의 경우 대단히 높고 신용등급이 하락함에 따라 감소하는 경향이 있음을 보 여준다.[5] 두 위해율 간의 차이는 신용등급이 하락함에 따라 증가하는 경향이 있다.

[표 24.4]는 이 결과를 바라보는 다른 시각을 제공한다. 표는 신용등급이 상이한 채권에 투자한 투자자가 무위험이자율(7년 만기 스왑이자율에서 10 bp를 차감한 값)을 초과하여 얻는 기대 초과수익률(excess return)을 보여준다. A등급 채권을 고려해 보자. 평균 스프레드는 111 bp 이다. 이 중에서 42 bp는 7년 만기 국채수익률과 무위험이자율 간의 스프레드이다. 그리고 12 bp 스프레드는 기대 채무불이행을 커버하기 위한 것이다(이는 [표 23.4]에서 계산한 역사적 채무불이행 확률에 회수율을 반영하기 위해 0.6을 곱한 값과 동일하다). 남은 값인 57 bp가 기대 채무불이행을 고려한 후의 초과수익률이다.[6]

[표 24.3]와 [표 24.4]는 채무불이행 확률 추정치 간의 큰 백분율 차이가 작은(그러나 유의 적인) 초과수익률로 전환됨을 보여준다. Aaa등급 채권의 경우 두 위해율의 비율은 21.0이지만 기대 초과수익률은 단 34 bp에 지나지 않는다. 초과수익률은 신용등급이 하락함에 따라 커 지는 경향이 있다.

[표 24.4]의 초과수익률은 시간적으로 일정하지 않다. 신용스프레드와 초과수익률은 2001 년, 2002 년, 그리고 2003년의 선반기에 높았다. 그 이후 신용위기 때까지 비교적 낮은 수준을 유지하였다

실제 채무불이행 확률 대 위험중립 채무불이행 확률

신용 스프레드에 내재되어 있는 채무불이행 확률은 위험중립 추정치이다. 이는 위험중립세계에서 신용위험이 존재할 때 기대 현금흐름을 계산하기 위해 사용될 수 있다. 현금흐름의 가치는 기대 현금흐름을 무위험이자율로 할인하는 위험중립 가치평가를 이용해 얻을 수 있다. 예제 24.2는 이를 채무불이행 비용을 계산을 위해 이를 응용한다. 더 많은 응용사례는 다음 장에서 확인할 수 있다.

역사적 자료로부터 계산한 채무불이행 확률은 실제의 채무불이행 확률이다. [표 24.3]은 위험중립 채무불이행 확률이 실제 채무불이행 확률보다 훨씬 더 높음을 보여준다. [표 24.4] 의 기대 초과수익률은 실제 채무불이행 확률과 위험중립 채무불이행 확률 간의 차이로부터 직접 적으로 발생한다. 만일 기대 초과수익률이 0이면 실제 확률과 위험중립확률은 동일해야 한다.

두 채무불이행 확률 간에 그렇게 큰 차이가 존재하는 이유는 무엇인가? 방금 설명했듯이 이 질문은 왜 회사채 거래자가 평균적으로 무위험이자율보다 높은 수익률을 얻는가라는 질문 과 같다.

결과에 대해 종종 언급되는 하나의 이유는 회사채가 상대적으로 유동성이 낮으므로 이를 보상하기 위해 상대적으로 채권수익률이 높게 된다는 것이다. 이는 사실이지만, [표 24.4]의 결과를 완전히 설명하지 못한다.[7] 다른 이유는 채권거래자의 주관적인 채무불이행 확률이 [표 24.1]에 주어진 값보다 훨씬 크다는 점이다. 채권거래자는 침체기의 시나리오가 역사적 자료의 기간에 관찰한 것보다 훨씬 나쁠 가능성을 고려했을 수도 있다. 그러나 이 점이 어떻 게 우리가 관찰한 초과수익률의 대부분을 설명할 수 있는지 이해하기는 어렵다.

지금까지 [표 24.3]와 [표 24.4] 결과의 가장 중요한 이유는 채권이 서로 독립적으로 채무 불이행하지

않는다는 점이다. 채무불이행률이 대단히 낮은 기간이 있고, 채무불이행률이 대단 히 높은 기간도 있다. 1970년부터 모든 신용등급 기업을 위한 연도별 채무불이행률을 분석하면 증거를 찾을 수 있다. 무디스의 통계에 의하면 1970부터 연도별 채무불이행률은 낮게는 1979년의 0.09%부터 높게는 2001년의 3.97%와 2009년의 5.35%까지의 범위를 갖는다. 채무불이행률 의 연도별 변화는 체계적 위험(즉, 제거될수 없는 위험)을 야기하고 채권거래자는 이 위험을 부담한 대가로 기대 초과수익률을 얻게 된다. [이는 자본자산가격결정모형(capital asset pricing model)에 의해 계산되는 주주의 초과기대수익률과 유사하다. 3장의 부록을 참조할 것.] 연도별 채무불이행률의 변화는 전반적인 경제 상황 때문일 수도 있고 아니면 한 기업의 채무불이행이 다른 기업의 채무불이행에 영향을 미치는 효과 때문일 수도 있다[두 번째 현상을 신용전염(credit contagion)이라고 부른다].

앞에서 설명한 체계적 위험 이외에 개별 채권과 연관된 비체계적 위험(nonsystematic risk) 이 존재한다. 주식의 경우 투자자는 대략 30개 종목의 주식으로 포트폴리오를 구성함으로써 비 체계적 위험을 제거할 수 있다. 따라서 이런 비체계적 위험을 부담하는 대가로 위험프리미엄을 요구하지 않을 것이다. 채권의 경우 이 논리가 적용될 수 있는지는 확실하지 않다. 채권수익률 은 상향이익이 제한된 매우 치우친 분포를 이룬다(예를 들어 개별 채권의 경우 연 7%의 수익률을 얻을 확률이 99.75%이고, -60%의 수익률을 얻을 확률이 0.25%이다. 첫 번째 경우는 채무 불이행하지 않는 경우이고 두 번째 경우는 채무불이행한 경우이다). 이런 유형의 위험은 분산시 키기가 어렵다.[8] 이를 분산시키려면 수천 종류의 채권이 필요할 것이다. 실제로 대부분의 채권 포트폴리오는 완전히 분산된 경우와는 상당히 차이가 있다. 그 결과 채권거래는 체계적 위험을 부담하는 것뿐만 아니라 비체계적 위험을 부담하는 것에 대해서도 초과수익률을 얻게 된다.

어떤 채무불이행 확률 추정치가 사용되어야 하는가?

이 시점에서 신용위험을 분석하는 데 실제의 채무불이행 확률을 사용해야 하는지 아니면 위 험중립 채무불이행 확률을 사용해야 하는지 묻는 것은 당연한 질문이다. 질문에 대한 답은 분석의 목적에 달려 있다. 신용파생상품의 가치를 평가하거나 또는 채무불이행위험이 상품가격 에 미치는 영향을 추정한다면 위험중립 채무불이행 확률이 사용되어야 한다. 이유는 기대 현 금흐름의 현재가치를 계산하므로 틀림없이 위험중립 가치평가 방법을 사용할 것이기 때문이 다. 그러나 채무불이행으로부터의 미래 손실을 계산하기 위하여 시나리오분석을 시행한다면 실제의 채무불이행 확률이 사용되어야 한다.

24.6 주식가격을 이용한 채무불이행 확률의 추정

기업의 실제 채무불이행 확률을 추정하기 위하여 [표 24.1]과 같은 를 이용할 때 우리는 채권의 신용등급을 이용하였다. 불행히도 신용등급은 비교적 자주 수정되는 것은 아니다. 따라서 일부 분석가들은 주식가격이 채무불이행 확률을 추정하는 데 보다 최신의 정보를 제공한 다고 주장한다.

8 J. D. Amato, E. M. Remolana," The credit spread puzzle,"BIS quarterly Review, 5 (2003년 겨울): 51-63.

1974년에 머튼(Merton)은 기업의 자기자본(equity)을 기업의 자산에 대한 옵션으로 이해 하는 모형을 제시하였다.[9] 단순화하기 위하여 기업이 하나의 무이채를 발행했고, 채권이 T 시점에서 만기가 된다고 가정하자. 그리고 다음과 같이 정의하자.

V_0 : 기업 자산의 현재가치

V_T : 기업 자산의 T시점에서의 가치

E_0 : 기업 자기자본의 현재가치

E_T : 기업 자기자본의 T시점에서의 가치

D : T시점에서 갚아야 하는 부채

σ_V : 자산의 변동성(일정하다고 가정)

σ_E : 자기자본 또는 주식의 순간 변동성

만일 $V_T < D$ 이면, 적어도 이론적으로는 기업이 T시점에서 부채에 대하여 채무불이행하는 것 이 합리적이다. 이때 자기자본의 가치는 0이다. 만일 $V_T > D$ 이면, 기업은 T시점에서 부채를 상환하고 이 시점에서 자기자본의 가치는 $V_T - D$ 이다. 따라서 머튼의 모형은 T시점에서의 자기자본의 가치를 다음과 같이 현한다.

$$E_T = \max(V_T - D,\ 0)$$

이는 자기자본이 자산가치에 대한 콜옵션(행사가격은 부채 상환금액이다)이라는 것을 보여순 나. 블랙-숄즈 공식은 현재 시점에서의 자기자본의 가치를 다음과 같이 현한다.

$$E_0 = V_0N(d_1) - De^{-rT}N(d_2) \tag{24.3}$$

단,

$$d_1 = \frac{\ln(V_0/D) + (r + \sigma_V^2/2)T}{\sigma_V\sqrt{T}} \quad \text{and} \quad d_2 = d_1 - \sigma_V\sqrt{T}$$

현재 시점에서 부채의 가치는 $V_0 - E_0$ 이다.

이 기업이 부채에 대하여 채무불이행할 위험중립 확률은 $N(-d_2)$ 이다. 이를 계산하기 위해서는 V_0와 σ_V가 필요하다. 그런데 두 변수 모두 직접 관찰할 수 없는 변수이다. 그러나 만일 이 기업의 주식이 거래되면 우리는 E_0 를 관찰할 수 있다. 이는 식 (24.3)이 V_0 와 σ_V 에 의하여 만족되어야 하는 하나의 조건을 제공함을 의미한다. 또한 우리는 σE를 추정할 수 있다. 이토정리(Itô's lemma)로부터 다음 식이 성립한다.

$$\sigma_E E_0 = \frac{\partial E}{\partial V}\sigma_V V_0 = N(d_1)\sigma_V V_0 \tag{24.4}$$

이는 V_0 와 σ_V에 의하여 만족되어야 하는 또 다른 식을 보여준다. 결국 식 (24.3)과 (24.4)는 V_0 와 σ_V를 구할 수 있는 한 쌍의 식을 제공한다.[10]

---

9 R. Merton, "On the Pricing of Corporate Debt: The Risk Structure of Interest Rates," *Journal of Finance*, 29 (1974): 449-70.

10 $F(x, y) = 0$과 $G(x, \ ) = 0$의 형식을 갖는 두 개의 비선형 방정식의 해를 구하기 위해, 우리는 $[F(x, y)]^2 + [G(x, y)]^2$을 최소화하는 x와 y의 값을 찾는 데 엑셀 Solver 함수를 이용할 수 있다.

예제 24.3

기업의 자기자본의 가치가 3백만 달러이고 자기자본의 변동성이 80%이다. 1년 후에 상환 해야 할 부채는 1,000만 달러이다. 무위험이자율은 연 5%이다. 즉 $E_0 = 3, \sigma_E = 0.80, r = 0.05, T = 1, D = 10$이다. 각주 10에 나타난 것처럼 식(24.3)과(24.4)를 풀면 $V_0 = 12.40, \sigma_V = 0.2123$이다. 계수 d_2는 1.1408이므로 채무불이행 확률인 $N(-d_2)$ 는 12.7%이다. 부채의 시장가치인 $V_0 - E_0$는 9.40이다. 채권자에게 갚아야 할 금액의 현재가치는 $10e^{-0.05\times 1} = 9.51$ 이다. 따라서 채권자의 기대손실은 무위험가치(no-default value)의 (9.51 - 9.40) / 9.51 즉, 1.2%이다. 기 대손실(expected loss: EL)은채무불이행 확률(PD)에(1 - 회수율)을곱한값과동일하다. 따라서 회수율은 1에서 EL/PD를 차감한 값이다. 이 경우 회수율은 채무불이행위험이 없 는 경우의 부채가치의 1 - 1.2/12.7 = 91%이다.

앞에서 설명한 기본 머튼 모형은 여러 방법으로 확장되었다. 예를 들어 한 확장 모형은 자산 가치가 기준값 이하로 하락할 때마다 채무불이행이 발생한다고 가정한다. 다른 모형은 부채 증권(debt instrument)에서의 상환이 1회 이상 발생한다고 가정한다.

머튼 모형과 확장 모형에 의해 추정된 채무불이행 확률은 실제의 채무불이행 확률과 얼마나 잘 대응되는가? 답은 머튼 모형과 확장 모형은 채무불이행 확률(위험중립 또는 실제)의 순위를 비교 적 정확하게 매긴다는 것이다. 이는 머튼 모형으로부터의 결과물인 채무불이행 확률을 실제 또는 위험중립 채무불이행 확률로 전환시키는 데 단조전환(monotonic transformation)이 사용될 수 있음을 의미한다.[11] 이론적으로 옵션가격결정모형에서 계산된 위험중립 채무불이행 확률인 $N(-d_2)$ 를 이용하여 실제 세상에서의 채무불이행 확률을 추정하는 것이 이상해 보일 수 있다. 바로 앞에서 설명한 과정을 고려해 볼 때, 기본적인 가정은 여러 기업들의 위험중립 확률의 순위가 실제 세상 채무불이행 확률의 순위와 동일하다는 것이다.

24.7 파생상품계약에서의 신용위험

이 절에서는 우리는 양방청산되는 파생상품 거래에서 어떻게 신용위험이 수량화 되는지 살펴본다. 이 주제는 9장에서 소개됐다. 일반적으로 양방청산되는 기업 간의 파생상품 거래는 국제스왑파생상품협회(International Swap and Derivatives Association, ISDA) 마스터계약(master agreement)에 의해 통제된다. 금융기관 간의 파생상품 거래는 개시증거금과 추가증거금을 명시해야만 한다. 채무불이행이 발생하는 경우 청구금액의 계산 그리고 추가증거금의 계산을 위해 거래는 상쇄된다.

마스터계약(master agreement)는 채무불이행 사건이 일어났을 때, 상황을 정의한다. 예를 들면 한쪽이 미결된 파생상품거래에 대한 지불에 실패 했을 때 또는 요청되는 증거금(즉, 담보)을 납부하지 못하였을때 또는 파산을 선언했을 때, 채무불이행 사건이 발생한다. 다른 한쪽은 모든 미결된 파생상품 거래를 종결시킬 수 있는 권한을 갖게된다. 이러한 상황에서 파산하지 않은쪽이 손실을 입을 수 있는 두 가지 상황이 존재한다.

1. 파산하지 않은 쪽의 입장에서 거래 총액이 양(+)이며 거래 총액이 파산한 쪽이 지급한 담보의 가치보다 크다. 파산하지 않은 쪽은 거래에서 담보를 차감한 만큼의 가치에 대한 무담보 채권자이다.
2. 파산하는 쪽 입장에서의 거래 총액이 양(+)이며 nondefaulting party가 지급한 담보의 가치가 거래 총액 보다 크다. 파산하지 않은 쪽은 제공한 초과 담보가치에 대한 수익률에 대한 무담보 채권자이다.

우리의 논의의 목적을 위해 우리는 nondefaulting party가 defaulting party와의 거래를 대체할 때 부담해야 하는 매수-매도호가 차이를 무시하기로 한다.

CVA and DVA

CVA와 DVA는 9장에서 소개됐다. 은행의 거래상대방을 위한 신용가치평가조정(CVA)은 거래상대방의 채무불이행으로 인한 은행의 기대비용의 현가이다. 은행의 부채가치평가조정 (DVA)는 은행의 채무불이행으로 인한 거래상대방의 기대비용의 현가이다. 은행이 채무불이행에 빠질 확률은 은행에게 이익이며 이는 은행이 파생상품으로부터 요구받은 납입(payment)을 이행하지 않아도 될 확률이 존재하기 때문이다. DVA는 거래상대방의 비용이기 때문에 은행 입장에서의 파생상품 가치를 증가시킨다. 채무불이행을 고려하지 않은 미결된 파생상품의 가치는 양쪽 거래자 모두 채무불이행 상태에 빠지지 않는다는 가정 하에서의 가치이다. (블랙-숄즈-머튼과 같은 파생상품 가치평가 모형은 채무불이행을 고려하지 않은 파생상품 가치를 제공한다.) 만약 f_{nd}가 채무불이행을 고려하지 않은 은행 입장에서의 파생상품의 가치라면 채무불이행을 고려한 미결된 파생상품의 가치는 다음과 같다.

$$f_{\text{nd}} - \text{CVA} + \text{DVA}$$

은행과 거래상대방 사이의 가장 긴 미결된 파생상품의 만기가 T년이라고 가정하자. 9장에서 설명했듯이 0부터 T시점까지의 구간을 N개의 하위구간으로 나누고 CVA와 DVA는 다음과 같이 계산된다.

$$\text{CVA} = \sum_{i=1}^{N} q_i v_i, \quad \text{DVA} = \sum_{i=1}^{N} q_i^* v_i^*$$

여기서 q_i는 i번째 구간에서 거래상대방이 채무를 불이행 할 위험중립 확률, v_i는 i구간의 중간점에서 거래상대방이 채무를 불이행할 경우 은행의 기대되는 손실의 현재가치, q_i^*는 은행이 i구간에서 채무를 불이행할 위험중립 확률, 그리고 v_i^*는 i구간의 중간점에서 은행이 채무를 불이행할 경우 거래상대방의 기대되는 손실(은행 입장에서 이익)의 현재가치이다.

q_i의 계산에 대해서 먼저 고려해보자. q_i는 위험중립 채무불이행확률이 되어야만 하는데 이는 미래의 현금흐름의 가치를 (암묵적으로) 위험중립가치평가를 이용해 평가하기 때문이다 (24장 5절 참조). t_i는 i구간의 종점이고 q_i는 t_{i-1}부터 t_i사이의 거래상대방의 채무불이행에 대한 위험중립 확률이라고 가정하자. 우리는 먼저 다양한 만기에 대해서 거래상대방의 신용 스프레드를 추정해야 한다. 보간법을 이용

해 우리는 만기 t_i $(1 \leqslant i \leqslant N)$에 대한 추정치, $s(t_i)$, 를 얻을 수 있다. 식 (24.2)로부터 거래상대방의 0부터 t_i시점 사이의 평균 위해율의 추정치는 $s(t_i)/(1-R)$이 되며 여기서 R은 거래상대방이 채무불이행 상태에 빠지는 사건이 일어났을 경우 기대되는 회수율이다. 식 (24.1)로부터 거래상대방이 t_i시점까지 채무를 불이행 하지 않을 확률은 다음과 같다.

$$\exp\left(-\frac{s(t_i)t_i}{1-R}\right)$$

이는 다음을 의미한다.

$$q_i = \exp\left(-\frac{s(t_{i-1})t_{i-1}}{1-R}\right) - \exp\left(-\frac{s(t_i)t_i}{1-R}\right)$$

q_i는 i구간에서 거래상대방이 채무를 불이행할 확률이다. q_i^*도 은행의 신용 스프레드를 통해 비슷하게 계산될 수 있다.

다음으로는 담보가 없는 경우를 가정한 v_i의 계산이다. 이는 일반적으로 시간이 많이 소요되는 몬테카를로 시뮬레이션을 이용해야 한다. 은행과 거래상대방 사이의 미결된 거래의 추무불이행을 고려하지 않는 가치를 결정하는 시장 변수들이 위험중립 세계에서 0부터 T시점까지 시뮬레이션된다. 각 시뮬레이션 시행마다 각 구간의 중간점에서 은행의 거래상대방에 대한 노출도(exposure)가 계산된다. 노출도는 $\max(V, 0)$ 과 같으며 V는 은행입장에서의 파생상품 거래의 총가치이다. (만약 은행입장에서의 총가치가 음(-)이라면 노출도는 없다; 만약 가치가 양(+)이라면 노출도는 이 양의 가치와 동일하다.) 변수 v_i는 모든 시뮬레이션 시행에 대한 평균 노출도 의 현재가치에 1에서 회수율을 차감한 값을 곱한 값과 동일하게 설정된다.

은행과 거래상대방 사이에 담보협약이 있을 경우 v_i의 계산은 더 복잡하다. 각 시뮬레이션 시행에서 채무불이행이 발생할 경우 i구간의 중간점에서 각 거래자가 보유하고 있는 담보의 총액을 추정해야할 필요성이 있다. 이 계산에서 일반적으로 채무불이행 c일 이전에 거래상대방은 담보의 제공을 중단하고 보유하고 있는 어떠한 초과 담보도 돌려주지 않는다고 가정한다. 모수 c는 일반적으로 10 또는 20일이며 보정기간(cure period) 이라고 불린다. 채무불이행이 발생한 구간의 중간점에 어떠한 담보를 보유하고 있는지 알기 위해 c일 앞서 거래의 가치를 계산할 필요가 있다. 노출도가 계산되는 방법은 다음의 예제에 묘사되어있다. 기대손실의 현재가치 v_i 는 담보가 없는 경우처럼 모든 시뮬레이션 시행에서 계산된 평균 노출도로부터 계산된다. 거래상대방의 은행에 대한 평균 노출도에 대한 유사한 분석을 통해 v_i^*도 계산할 수 있다.

예제 24.4

은행과 (비금융기관인) 거래상대방 사이의 양자간 0의 한계점을 가지고 있는 담보협약이 있다. 이는 양측이 $\max(V, 0)$ 만큼의 담보를 제공해야 함을 의미한다. 여기서 V는 거래상대방 입장에서의 미결된 파생상품 거래의 가치이다. 보정기간은 20일이다. 만약 τ가 은행의 CVA 계산을 위해 사용된 한 구간의 중간점이라고 가정하자.

1. 특정 시뮬레이션 시행에서 은행 입장에서 τ 시점의 미결된 거래의 가치는 50이며 20일 이전의 가치는 45이다. 이 경우 계산은 τ 시점에 채무불이행 발생 시 은행이 가치가 45인 담보를 갖고 있다고 가정한다. 은행의 노출도는 파생상품 거래에서 은행이 가진 담보되지 않은 가치이며 5이다.
2. 특정 시뮬레이션 시행에서 τ 시점의 은행 입장에서의 미결된 거래의 가치는 50이며 그들의 20일 이전의 가치는 55이다. 이 경우 은행은 충분한 담보를 갖고 있으며 그들의 노출도는 0이다.
3. 특정 시뮬레이션 시행에서 τ 시점의 은행 입장에서의 미결된 거래의 가치는 -50이며 20일 이전의 가치는 -45이다. 이 경우 τ 시점의 채무불이행이 발생했을 때 은행은 제공한 담보의 가치는 50이하라고 가정하며 은행의 노출도는 0이다.
4. 특정 시뮬레이션 시행에서 τ 시점의 미결된 거래의 가치는 -50이며 20일 이전의 가치는 -55이다. 이 경우 τ 시점으로부터 20일 이전에 거래상대방은 55만큼의 담보를 보유하고 있으며 τ 시점에 채무불이행이 발생해도 담보는 반환되지 않는다고 가정한다. 그러므로 은행의 노출도는 은행이 제공한 초과 담보이다.

CVA 계산에 추가로 은행은 일반적으로 각 구간 중간점의 정점(peak) 노출도를 계산한다. 이는 몬테카를로 시뮬레이션 시행에 의해 주어진 높은 퍼센타일 노출도이다. 예를 들어 퍼센타일이 97.5%이고 10,000 몬테카를로 시행이 있다면, 특정 중간점에서의 최고 노출도는 해당 중간점에서 250번째로 높은 노출도이다. 최대 정점(maximum peak)는 모든 중간점에서 가장 높은 최고 노출도이다.[12]

은행은 일반적으로 모든 시장변수를 위한 시도된 모든 경로를 그리고 각 경로로부터 계산된 모든 가치들을 보관한다. 이는 새로운 거래의 CVA와 DVA에 대한 영향을 상대적으로 신속하게 계산할 수 있게 해준다. CVA와 DVA에 대한 증분효과를 계산하기 위해 각 본 경로에 대해서 새로운 거래의 가치만 계산하면 된다. 만약 새로운 거래의 가치가 기존 거래와 양의 상관관계를 갖는다면 이는 CVA와 DVA를 증가시킬 가능성이 높다. 만약 새로운 거래의 가치가 기존의 거래와 음의 상관관계를 갖는다면 이는 CVA와 DVA를 감소시킬 가능성이 높다.

우리가 보여준 CVA를 계산하기 위한 방법은 거래상대방의 채무를 불이행할 가능성이 은행의 노출도와 독립임을 가정했다. 이는 많은 상황에서 합리적인 가정이다. 거래자는 wrong-way risk라는 용어를 채무불이행 확률이 노출도와 양의 상관관계를 갖는 경우를 현하기 위해 사용하며 right-way risk는 채무불이행 확률이 노출도와 음의 상관관계를 경우를 현하기 위해 사용한다. 우리가 묘사한 것보다 더 복잡한 모형이 채무불이행 확률과 노출도의 의존성을 고려하기 위해 개발되어 왔다.

은행은 각 거래상대방에 대해서 하나의 CVA와 하나의 DVA를 갖는다. CVA들과 DVA들은 시장변수가 변함에 따라, 거래상대방의 신용 스프레드가 변함에 따라, 은행의 신용 스프레스가 변함에 따라 변

12 (주로 고려되지 않는) 이론적 문제점이 존재한다. 최고 노출도(peak exposure)는 시나리오 분석치 이며 위험중립 추정치가 아닌 실제 채무불이행 추정치를 이용해 계산되어야 한다.

화하는 파생상품으로 간주될 수 있다. 그릭 문자, 시나리오 분석 등을 이용해 다른 파생상품의 위험을 관리하는 것과 동일한 방법을 이용해 CVA (그리고 가끔 DVA)의 위험들을 관리한다.

신용위험의 경감

양방 청산되는 거래에서 은행의 신용위험을 경감시키기 위한 다양한 방법이 있다. 하나는, 우리가 이미 언급한 네팅(netting)이다. 은행은 거래상대방과 세개의 담보되지 않은 거래를 갖고 있으며 그 가치는 +1천만 달러, +3천만 달러, -2천5백만 달러이다. 만약 거래가 독립적인 거래로 간주된다면 은행의 거래에 대한 노출도는 총 4천만 달러의 노출도에 대해서 1천만달러, 3천만 달러, 0달러이다. 네팅을 한다면 거래들은 1천5백만 달러의 가치를 갖는 단일 계약으로 간주되며 노출도는 4천만 달러에서 1천 5백만 달러로 감소한다.

담보협약은 신용위험을 감소시키는 중요한 방법이다. 담보는 (보통 이자를 받을 수 있는) 현금 또는 시장성이 있는 증권이다. (후자는 아마도 헤어컷을 조건으로 담보 목적을 위해 현금등가물을 계산한다.) 금융기관 사이의 담보협약은 현재 규제에 의해 결정된다. 파생상품 거래는 채무불이행 시 유리한 대우를 받는다. 채무를 불이행하지 않은 거래자는 상대방이 제공한 담보를 계속 보유할 수 있다. 비용과 시간이 많이 소요되는 소송절차는 일반적으로 필요하지 않다.

금융기관에 의해 사용되는 다른 신용위험경감 기법은 계약종료조항(downgrade trigger)라고 알려져 있다. 이는 은행과 비금융기관 거래상대방 사이의 마스터계약에 있는 조항으로 만약 거래상대방의 신용등급이 특정 수준 이하로 떨어질 경우, 예를 들면 BBB, 은행은 담보를 요구하거나 모든 미결된 파생상품 거래를 시장가치로 종료할 수 있는 권리를 갖게 된다. 계약종료조항은 거래상대방의 신용등급에 상대적으로 커다란 변화가 있는 경우에 대한 보호를 제공하지 못한다. (예를 들면 A에서 채무불이행.) 또한 이 조항은 상대적으로 사용빈도가 낮을 때 잘 작동된다. 왜냐하면 기업이 여러 상대방과 많은 계약종료조항을 설정하면 이런 계 약종료조항은 상대방을 잘 보호해 주지 못할 것이기 때문이다([실무사례 24.1] 참조).

Special Cases

이 절에서는 우리는 CVA가 몬테카를로 시뮬레이션 없이 계산될 수 있는 두 가지 특별한 경우를 고려한다.

첫번째 특별한 경우는 은행과 거래상대방 사이의 포트폴리오는 은행에게 T시점에 손익을 제공하는 단일 무담보 파생상품으로 구성되어 있다. (은행은 예를 들어 남은 수명이 T인 유러피안옵션을 거래상대방으로부터 매입할 수 있다.) 미래의 은행의 노출도는 그러므로 파생상품 미래가치의 현가이다. 이는 채무불이행을 고려하지 않은 오늘의 파생상품의 가치이다. 따라서,

$$v_i = f_{\text{nd}}(1 - R)$$

여기서 이 식은 모든 i에 대해서 성립하며 f_{nd}는 채무불이행을 고려하지 않은 오늘의 파생상품 가치, R은 회수율이다. 이는 다음을 의미한다.

실무사례 24.1 계약종료조항과 AIG

AIG는 계약종료조항(downgrade trigger)의 운용(operation)의 예시를 제공한다. 2008년까지 AIG는 ABS CDO의 AAA등급의 트랑슈의 성과를 보장하는 많은 파생상품 거래에 참여하였다. (ABS CDO에 대한 설명은 8장 참고하라.) 많은 AIG의 거래는 AIG의 신용등급이 AA 이상으로 유지되는 한 담보를 제공하지 않아도 되는 계약종료조항을 갖고 있었다. 2008년 9월 15일 AIG의 신용등급은 Moody's, S&P, Fitch에 의해 AA이하로 떨어졌다. AIG가 보장한 트랑슈의 성과는 나빴으며 거래상대방으로부터 곧바로 담보의 요청을 받았다. AIG는 담보요청을 충족시킬 수 없었으며 정부의 긴급구제에 의해 간신히 파산을 면할 수 있었다.

$$\text{CVA} = (1 - R) f_{\text{nd}} \sum_{i=1}^{N} q_i$$

이 경우 DVA=0이며 신용위험을 반영한 오늘의 파생상품 가치 f는 다음과 같다.

$$f = f_{\text{nd}} - (1 - R) f_{\text{nd}} \sum_{i=1}^{N} q_i \tag{24.5}$$

우리가 고려하는 특정한 파생상품의 종류는 거래상대방이 발행한 T년 만기 무이채권이다. 채권과 파생상품의 회수율이 동일하다고 가정하면 채권의 가치 B는 다음과 같다.

$$B = B_{\text{nd}} - (1 - R) B_{\text{nd}} \sum_{i=1}^{N} q_i \tag{24.6}$$

여기서 B_{nd} 는 채무불이행을 고려하지 않은 채권의 가치이다. 식 (24.5)와 (24.6)으로부터,

$$\frac{f}{f_{\text{nd}}} = \frac{B}{B_{\text{nd}}}$$

만약 y가 거래상대방이 발행한 T년 만기 채권의 수익률이며 y_{nd}는 유사한 무위험채권의 수익률이라면, $B = e^{-yT}$ 그리고 $B_{\text{nd}} = e^{-y_{\text{nd}}T}$ 이며 이 식은 다음을 의미한다.

$$f = f_{\text{nd}} e^{-(y - y_{\text{nd}})T}$$

이 식은 위험중립적인 세계의 기대이득에 적용되는 할인률을 거래 상대의 T년간 신용스프레드만큼 증가시킴으로서 파생상품의 가치를 추정할 수 있음을 보여준다.

예제 24.5

2년 무담보 옵션의 블랙-숄즈-머튼 가격은 3달러이다. 옵션을 매도한 기업이 발행한 2년 무이채 채권의 수익률은 무위험이자율 보다 1.5% 높다. 채무불이행 위험을 고려한 옵션의 가치는 $3e^{-0.015\times 2} =$ 달러이다. (이는 채무불이행 발생 시 옵션은 분리되어 다른 파생상품과 네딩되지

않음을 가정한다.

두번째 특수한 경우를 위해 우리는 거래상대방과 무담보 선도거래에 참여하는 은행을 고려한다. 거래에서 은행은 T시점에 K가격에 자산을 매입하기로 동의한다. 은행은 거래상대방과 다른 거래를 보유하고 있지 않고 있다. F_t 는 T시점의 자산 인도를 위한 t시점의 선도가격이다. t시점의 거래의 가치는 5장 7절로부터,

$$(F_t - K)e^{-r(T-t)}$$

여기서 r은 무위험이자율이다(변화하지 않는다고 가정).

t시점의 은행의 노출도는 그러므로,

$$\max[(F_t - K)e^{-r(T-t)},\ 0] = e^{-r(T-t)}\max[F_t - K,\ 0]$$

위험중립 세계에서 F_t 의 기대가치는 F_0 이다. LnFt의 준편차는 $\sigma\sqrt{t}$ 이며는 F_t의 변동성이다. 그러므로 식 (15A.1)으로부터 t시점의 기대 노출도는,

$$w(t) = e^{-r(T-t)}\left[F_0 N\left(d_1(t)\right) - KN\left(d_2(t)\right)\right]$$

여기서

$$d_1(t) = \frac{\ln(F_0/K) + \sigma^2 t/2}{\sigma\sqrt{t}}, \quad d_2(t) = d_1(t) - \sigma\sqrt{t}$$

결과적으로,

$$v_i = w(t_i)e^{-rt_i}(1-R) = e^{-rT}(1-R)\left[F_0 N\left(d_1(t_i)\right) - KN\left(d_2(t_i)\right)\right]$$

예제 24.6

은행은 광산기업과 2년 후에 온스당 1,00달러에 백만온스의 금을 매입하는 선도계약을 체결했다. 현재 2년 선도가격은 온스당 1,600달러이다. 우리는 CVA 계산 시에 길이가 1년인 두 개의 구간이 있다고 가정한다. 첫번째와 두번째 연도에 기업이 채무를 불이행할 확률은 각각 2%와 3%이다. 무위험이자율은 연5%이다. 채무불이행 발생 시 30%의 회수율이 예상된다. 금 선도가격의 변동성은 20%이다.

이 경우 $q_1 = 0.02$, $q_2 = 0.03$, $F_0 = 1{,}600$, $K = 1{,}500$, $\sigma = 0.2$, $r = 0.05$, $R = 0.3$, $t_1 = 0.5$, $t_2 = 1.5$이다.

$$d_1(t_1) = \frac{\ln(1600/1500) + 0.2^2 \times 0.5/2}{0.2\sqrt{0.5}} = 0.5271$$

$$d_2(t_1) = d_1 - 0.2\sqrt{0.5} = 0.3856$$

따라서

$$v_1 = e^{-0.05\times 2.0} \times (1-0.3)[1600N(0.5271) - 1500N(0.3856)] = 92.67$$

유사하게 v_2=130.65이다.

채무불이행의 기대 비용은,

$$q_1v_1 + q_2v_2 = 0.02 \times 92.67 + 0.03 \times 130.65 = 5.77$$

채무불이행을 고려하지 않은 선도계약의 가치는 $(1600 - 1500)e^{-0.05\times2} = 90.48$ 이다. 거래상대방의 채무불이행이 고려될 경우, 가치는 90.48-5.77=84.71로 감소한다. 이러한 계산은 광산기업이 파산할 수 있는 시간이 더 잦도록 확장될 수 있다 (문제 24.29 참고). 파생상품의 가치를 증가시키는 DVA도 CVA와 유사하게 계산될 수 있다 (문제 24.30 참고).

24.8 채무불이행 상관계수

채무불이행 상관성(default correlation)이라는 용어는 두 기업이 비슷한 시점에서 채무불이 행할 경향을 묘사하는 데 이용된다. 채무불이행 상관성이 존재하는 데는 여러 가지 이유가 있다. 같은 산업에 소속되거나 또는 같은 지역에 위치한 두 기업은 외부 사건에 의하여 유사하 게 영향을 받는 경향이 있으며 그 결과 동시에 재무적 곤경에 처할 수 있다. 또한 경제상황이 특정 연도의 평균 채무불이행률을 다른 연도에 비하여 높게 만들 수 있다. 한 기업의 채무불 이행은 다른 기업의 채무불이행을 야기할 수 있다(이를 신용전염효과라고 한다). 채무불이행 상관성은 신용위험이 완벽하게 분산 제거될 수 없음을 의미하며 위험중립 채무불이행 확률이 실제의 채무불이행 확률보다 크게 되는 중요한 이유이기도 하다(본 장의 5절 참조).

채무불이행 상관성은 여러 상대방에게 노출된 포트폴리오로부터 발생하는 채무불이행 손실의 확률분포를 결정하는 데 중요하다.[13] 두 유형의 채무불이행 상관성 모형은 축약 모형 (reduced form model)과 구조 모형(structural model)으로 불린다.

축약 모형은 기업의 위해율이 확률과정을 따르며 거시경제 변수와 상관성을 갖는다고 가 정한다. A기업의 위해율이 높으면 B기업의 위해율도 높게 되는 경향이 있다. 이는 두 기업간 채무불이행 상관성을 야기시킨다.

축약 모형은 수학적으로 매력적이며 경기사이클이 채무불이행 상관성을 야기하는 경향을 반 영한다. 이 모형의 중요한 단점은 사용할 수 있는 채무불이행 상관계수의 범위가 제한된다는 점 이다. 두 기업의 위해율에 완전한 상관성이 존재하더라도 아주 짧은 기간 동안 동시에 채무불이 행할 확률은 보통 대단히 낮다. 이는 일부 상황의 경우 문제의 소지가 있다. 예를 들어 두 기업이 동일 산업에 속하거나 또는 한 기업의 재무상태가 어떤 이유로 다른 기업의 재무상태에 크게 의 존하는 경우 비교적 높은 채무불이행 상관계수가 적절하다. 이런 문제점을 해결하는 하나의 접근 방법은 모형을 확장하여 채무불이행도가 큰 점프를 하도록 하는 것이다.

13 신용평가기관이 사용하는 이항 상관계수 측정치(binomial correlation measure)는 www-2.rotman.utoronto.ca/~hull/TechnicalNotes의 Technical Note 26에 설명되어 있다.

구조 모형은 머튼 모형과 유사한 모형에 기초한다(본장 6절 참조). 자산가치가 일정 수준 이하로 하락하면 기업은 채무불이행한다. 두 기업 간의 채무불이행 상관성은 A기업의 자산이 따르는 확률과정과 B기업의 자산이 따르는 확률과정이 서로 연관되어 있다고 가정함으로써 모형에 반영된다. 축약 모형에 비하여 구조 모형은 상관계수를 원하는 만큼 높게 유지할 수 있다는 장점을 갖는다. 구조 모형의 단점은 계산이 복잡하여 시간이 많이 소요된다는 점이다.

가우시안 코플라 모형

실무적으로 인기 있는 모형이 채무불이행까지의 시간(time to default), 즉 채무불이행 시점을 모형화하는 가우시안 코플라 모형(Gaussian copula model)이다. 이 모형은 단순한 구조 모형 으로 분류된다. 이는 모든 기업이 궁극적으로 채무불이행한다고 가정하고 두 기업 채무불이 행 시점 확률분포 간의 상관성을 측정하고자 한다.

모형은 실제의 채무불이행 확률 또는 위험중립 채무불이행 확률과 함께 사용될 수 있다. 기업의 채무불이행 시점에 대한 실제 확률분포의 왼쪽 꼬리는 신용평가기관이 제공하는 자료 (예를 들어 [표 24.1]과 같은 자료)로부터 추정될 수 있다. 반면에 위험중립 확률분포의 왼쪽 꼬리는 4절에서 설명한 접근방법을 이용하여 채권가격으로부터 추정될 수 있다.

t_1을 기업 1의 채무불이행까지의 시간으로, t_2를 기업 2의 채무불이행까지의 시간으로 정의 하자. 만일 t_1과 t_2의 확률분포가 정규분포이면 결합확률분포(joint probability distribution)가 이변량 정규분포라고 가정할 수 있다. 그러나 실제로 채무불이행 시점의 확률분포는 대략적 으로도 정규분포가 아니다. 이럴 때 가우시안 코플라 모형이 필요하다. 다음과 같이 t_1과 t_2를 x_1과 x_2로 전환하자.

$$x_1 = N^{-1}[Q_1(t_1)], \qquad x_2 = N^{-1}[Q_2(t_2)]$$

여기서 Q_1과 Q_2는 각각 t_1과 t_2의 누적확률분포이고, N^{-1}은 역누적정규분포이다[즉, $v = N(u)$이면, $u = N^{-1}(v)$ 이다]. 이를 퍼센타일-퍼센타일 전환(percentile-to-percentile transformation)이 라고 한다. t1 확률분포의 5퍼센타일은 준정규분포의 5퍼센타일인 x_1 = -1.645로 전환된다. 그리고 t_1 확률분포의 10퍼센타일은 준정규분포의 10퍼센타일인 x_1= -1.282로 전환된다. t_2와 x_2간의 전환도 이와 유사하다. x_1과 x_2는 평균이 0이고 준편차가 1인 정규분포를 따르도록 설계된다. 모형은 x_1과 x_2의 결합분포가 이변량 정규분포라고 가정한다. 이 가정으로 가우시안 코플라 모형으로 불린다. 이 가정은 t_1과 t_2의 결합확률분포가 누적 채무불이행 확률분포인 Q_1과 Q_2 그리고 하나의 채 무불이행 상관계수에 의해 완전하게 정의되므로 편리한 가정이다.

가우시안 코플라 모형의 매력은 모형이 많은 기업에 적용되도록 확장될 수 있다는 점이다. n개 기업을 고려하고, t_1 가 i번째 기업이 채무불이행하는 시점이라고 가정하자. 각 t_1 를 준정 규분포를 따르는 새 변수 x_i로 전환한다. 퍼센타일–퍼센타일 전환은 다음과 같다.

$$x_i = N^{-1}[Q_i(t_i)]$$

여기서 Q_i는 t_i의 누적확률분포이다. 그리고 xi가 다변량 정규분포를 따른다고 가정한다. t_i와 t_j 간 의 채무불이행 상관계수는 x_i 와 x_j 간의 상관계수로 측정된다. 이를 코플라 상관계수(copula correlation)라

고 부른다.[14]

가우시안 코풀라는 정규분포를 따르지 않는 변수 간의 상관성 구조(correlation structure) 를 규정할 수 있는 유용한 방법이다. 이는 변수의 상관성 구조가 각각의 한계분포(marginal distribution) 또는 무조건분포(unconditional distribution)로부터 개별적으로 추정될 수 있도 록 해준다. 변수들 자체가 다변량 정규분포를 따르지 않더라도 이 접근방법은 개별변수에 대 한 전환이 이루어진 후 변수들이 다변량 정규분포를 따른다고 가정한다.

예제 24.7

10개 기업의 향후 5년 동안의 채무불이행을 시뮬레이션하고자 한다. 두 기업 간 코풀라 상관계수는 0.2이다. 개별 기업의 경우 향후 1년, 2년, 3년, 4년, 5년 동안 누적채무불이 행 확률은 각각 1%, 3%, 6%, 10%, 15%이다. 가우시안 코풀라 모형이 사용되면 다변 량 정규분포를 이용하여 x_i(1 :s; i :s; 10)를 생성한다(x_i 간의 상관계수는 0.2). 그리고 x_i를 t_i로 전환한다. 정규분포로부터의 값이 $N^{-1}(0.01) = -2.33$ 보다 작으면 채무불이행 이 1년도에 발생한다. 그 값이 -2.33보다 크고 $N^{-1}(0.03) = -1.88$ 보다 작으면 채무불 이행은 2년도에 발생한다. 값이 -1.88보다 크고 $N^{-1}(0.06) = -1.55$ 보다 작으면 채무 불이행은 3년도에 발생한다. 값이 -1.55보다 크고 $N^{-1}(0.10) = -1.28$보다 작으면 채 무불이행은 4년도에 발생한다. 값이 -1.28보다 크고 $N^{-1}(0.15) = -1.04$보다 작으면 채무불이행은 5년도에 발생한다. 그리고 값이 -1.04보다 크면 5년 동안 채무불이행하지 않는다.

단일요인 모형의 상관성 구조

가우시안 코풀라 모형에서 i기업과 j기업 간의 모든 쌍(pair)에 대해 x_i와 x_j간에 상이한 상관 계수가 정의되는 것을 피하기 위하여 종종 단일요인 모형이 사용된다. 이 모형의 가정은 다음 과 같다.

$$x_i = a_i F + \sqrt{1 - a_i^2}\, Z_i \tag{24.7}$$

이 식에서 F는 모든 기업의 채무불이행에 영향을 미치는 공통요인이고, Z_i는 i기업에만 영향을 미치는 요인이다. 변수 F와 변수 Z_i는 독립적인 준정규분포를 따른다. a_i는 -1과 +1 사 이의 값을 취하는 일정한 계수이다. 그리고 x_i와 x_j간의 상관계수는 $a_i\, a_j$ 이다.[15]

i기업의 T시점까지 채무불이행할 확률이 $Q_i(T)$라고 가정하자. 가우시안 코풀라 모형에서 $N(x_i) < Q_i(T)$ 또는 $x_i < N^{-1}[Q_i(T)]$이면 기업은 T시점까지 채무불이행한다. 식 (24.7)으로부 터 다음 조건이 도출된다.

$$a_i F + \sqrt{1 - a_i^2}\, Z_i < N^{-1}[Q_i(T)]$$

또는

14 대략적으로 t_i와 t_j 간의 상관계수는 종종 i기업과 j기업 주식수익률 간의 상관계수로 가정된다.

15 계수 a_i는 종종 i기업 주식수익률과 잘 분산된 시장지수 간의 상관계수로 대략적으로 추정된다.

$$Z_i < \frac{N^{-1}[Q_i(T)] - a_i F}{\sqrt{1 - a_i^2}}$$

요인 F의 값을 조건으로 하는 확률분포는 다음과 같다.

$$Q_i(T \mid F) = N\left(\frac{N^{-1}[Q_i(T)] - a_i F}{\sqrt{1 - a_i^2}}\right) \tag{24.8}$$

단일요인 가우시안 코풀라 모형의 특별한 경우는 채무불이행 확률분포가 모든 i에 대하여 동 일하고 x_i와 x_j간의 상관계수가 모든 i와 j에 대하여 동일한 경우이다. 모든 i에 대하여 $Q_i(T) = Q(T)$ 이고 공통의 상관계수가 ρ 이면 모든 i에 대하여 $a_i = \sqrt{\rho}$ 이다. 따라서 식 (24.8)은 다음과 같다.

$$Q(T \mid F) = N\left(\frac{N^{-1}[Q(T)] - \sqrt{\rho}\, F}{\sqrt{1 - \rho}}\right) \tag{24.9}$$

24.9 신용 VaR

신용 VaR(credit value at risk)은 시장위험(21장 참조)을 측정하기 위해 소개된 VaR과 유사 하게 정의된다. 예를 들어 1년 기준으로 99.9% 신뢰수준에서 측정된 신용 VaR는 1년 동안 초과하지 않을 것이라고 99.9% 확신할 수 있는 신용손실이다.

아주 많은 수의 유사한 대출로 구성된 포트폴리오를 소유하고 있는 은행을 고려해 보자. 대략적으로 채무불이행 확률이 모든 대출에 동일하며 모든 쌍의 상관계수가 동일하다고 가정하 자. 채무불이행 시점에 대한 가우시안 코풀라 모형을 사용하면 (식 23.12)의 우변 항은 T시점 까지 채무불이행하는 채무불이행 비율을 F의 함수로 대략적으로 계산한 값이 된다. 변수 F는 준정규분포를 따른다. 우리는 이 값이 $N^{-1}(1 - X) = -N^{-1}(X)$ 보다 클 것을 X% 확신한다. 따 라서 T년 동안 대형포트폴리오에서 채무불이행률이 $V(X, T)$보다 작을 것을 X% 확신한다.

$$V(X, T) = N\left(\frac{N^{-1}[Q(T)] + \sqrt{\rho}\, N^{-1}(X)}{\sqrt{1 - \rho}}\right) \tag{24.10}$$

이 결과는 최초로 배시세크(Vasicek)에 의해 도출되었다.[16] 식 (24.9)에서와 같이, $Q(T)$는 T시점까지 채무불이행할 확률이고, ρ는 모든 쌍에 적용되는 코풀라 상관계수이다.

X% 신뢰수준과 T기간을 기준으로 대략적으로 추정한 신용 VaR은 $L(1 - R)V(X, T)$, 이다 (여기서 L은 대출포트폴리오의 규모이고, R은 회수율이다). 규모가 L_i인 개별대출이 신용 VaR에 공헌하는 정도는 $L_i(1 - R)V(X, T)$ 이다. 이 모형은 감독당국이 신용위험의 요구자본 을 계산할 때 사용하는 공식의 기초가 되었다.[17]

예제 24.8

은행의 소매 노출규모가 총 1억 달러라고 가정하자. 1년 채무불이행 확률은 평균 2%이 고 회수율은 평균 60%이다. 코풀라 상관계수는 0.1로 가정하면 V(0.999, 1)은 다음과 같다.

$$V(0.999,1) = N\left(\frac{N^{-1}(0.02) + \sqrt{0.1}\,N^{-1}(0.999)}{\sqrt{1-0.1}}\right) = 0.128$$

이는 99.9%의 신뢰수준에서 최악의 채무불이행률이 12.8%임을 보여준다. 따라서 1년, 99.9%를 이용한 신용 VaR은 100 × 0.128 × (1 - 0.6) = 5.13백만 달러이다.

크레디트메트릭스

많은 은행들은 내부용도로 신용 VaR을 계산할 수 있는 다른 절차를 개발하였다. 인기 있는 접근방법은 크레디트메트릭스(CreditMetrics)로 알려진 모형이다. 이 모형은 모든 상대방의 신용등급 변화를 몬테카를로 시뮬레이션으로 시행함으로써 신용손실의 확률분포를 추정하는 방법을 이용한다. 1년 동안의 신용손실의 확률분포를 결정하고자 한다고 가정하자. 각 시뮬레 이션에서 1년 동안 모든 상대방의 신용등급 변화와 채무불이행을 결정하기 위해 본을 추출 한다. 그리고 총 신용 손실을 결정하기 위해 모든 계약의 가치를 재평가한다. 많은 수의 시뮬레 이션이 시도되면 신용손실의 확률분포가 얻어진다. 이로부터 신용 VaR을 계산할 수 있다.

이 접근방법을 이용하면 계산이 상당히 복잡 해지는 경향이 있다. 그러나 이 모형은 신용손 실이 채무불이행뿐만 아니라 신용등급하락으로부터 발생되도록 정의된다는 장점을 갖는다. 또한 8절에서 설명

표 24.5 무디스의 데이터로부터 계산된 1970년부터 2015년까지의 1년 등급 전이 매트릭스. 확률이은 백분율로 시되어 있고 신용등급이 없는 구간으로의 전이는 다른 범주에 비례하여 할당

최초 등급	연말 등급								
	Aaa	Aa	A	Baa	Ba	B	Caa	Ca–C	Default
Aaa	90.85	8.45	0.61	0.06	0.02	0.00	0.00	0.00	0.00
Aa	0.88	89.62	8.89	0.46	0.07	0.04	0.02	0.00	0.02
A	0.06	2.70	90.85	5.63	0.54	0.12	0.05	0.01	0.06
Baa	0.04	0.17	4.53	90.19	3.95	0.73	0.17	0.02	0.19
Ba	0.01	0.05	0.51	6.73	83.02	7.82	0.74	0.14	1.00
B	0.01	0.04	0.17	0.50	5.35	82.24	7.26	0.63	3.82
Caa	0.00	0.01	0.03	0.13	0.49	8.19	77.93	3.28	9.95
Ca–C	0.00	0.00	0.07	0.00	0.82	3.23	12.41	51.90	31.58
Default	0.00	0.00	0.00	0.00	0.00	0.00	0.00	0.00	100.00

한 신용경감조항이 미치는 영향을 대략적으로 분석에 반영할 수 있다.

[표 24.5]은 신용등급 변화에 대해 신용평가기관이 제공한 전형적인 역사적 자료로 크레디 트메트릭스의 몬테카를로 시뮬레이션에서 사용될 수 있다. 는 채권의 등급이 1년 동안 다른 등급으로 변할 수 있는 확률을 보여준다. 예를 들어 A등급 채권이 1년후 A등급을 유지할 확 률은 90.91%이다. 그리고 채무불이행할 확률은 0.05%이고 B등급으로 하락할 확률은 0.09% 이다.[18]

신용손실을 결정하기 위하여 본을 추출할 때 상대방별 신용등급 변화는 상호 독립적으로 간주되어서는 안 된다. 전형적으로 가우시안 코퓰라 모형이 채무불이행 시점의 결합확률분포 를 묘사하기 위하여 앞 절에서 사용된 것과 유사한 방식으로 신용등급 변화의 결합확률분포를 구성하는 데 사용된다. 두 기업의 등급변화 간의 코퓰라 상관계수는 대체로 8절에 설명한 모형 과 유사한 요인 모형으로 추정한 주식수익률 간의 상관계수와 동일한 것으로 설정된다.

크레디트메트릭스의 접근방법을 설명하기 위하여 [표 24.5]의 등급변화행렬을 이용하여 1 년 기준으로 Aaa등급과 Baa등급 기업의 등급변화를 시뮬레이션해 보자. 두 주식수익률 간의 상관계수는 0.2로 가정한다. 개별 시뮬레이션별로 정규분포로부터 변수 xA와 xB의 값을 상관 계수가 0.2가 되도록 추출한다. 변수 xA는 Aaa 기업의 새로운 등급을 결정하고 변수 xB는 Baa 기업의 새로운 등급을 결정한다. $N^{-1}(0.9085) = 1.3316$이므로, 만일 $x_A < 1.3316$이면 Aaa등 급 기업은 자신의 등급을 유지한다; $N^{-1}(0.9085 + 0.0845) = 2.4573$이므로, 1.3316 $x_A < 2.4593$의 경우 Aa등급이 되고, $N^{-1}(0.9085 + 0.0845 + 0.0061) = 3.1214$이므로, 2.4593 $x_A < 3.1214$의 경우 A등급이 된다. 이번에는 Baa등급의 기업을 고려해 보자. $N^{-1}(0.0004) = -3.3528$이므로 $x_B < -3.3528$의 경우 Baa등급 기업은 Aaa등급이 되고, $N^{-1}(0.0004 + 0.0017) = -2.8627$이므로, -3.3528 $x_B < -2.8627$의 경우 Aa등급이 된다. $N^{-1}(0.0004 + 0.0017 + 0.0453) = -1.6706$가 성립하므로-2.8627 $x_B < -1.6706$의 경우 A등급이 된다. Aaa등급은 1년 동안 결코 채무 불이행하지 않는다. Baa등급의 경우 $x_B > N^{-1}(0.9981)$ 또는 $x_B > 2.8943$이면 채무불이행한다.

요약

미래의 특정 기간에 어떤 기업이 채무불이행할 확률은 역사적 자료, 채권가격 또는 주식가격 으로부터 추정될 수 있다. 채권가격으로부터 계산된 채무불이행 확률을 위험중립 확률, 역사적 자료로부터 계산된 확률을 실제의 확률, 주식가격으로부터 계산된 확률을 실제의 확률 또는 위험중립 확률이라고 한다. 실제의 확률은 시나리오분석과 신용 VaR의 계산에 사용되어야 한다. 그리고 위험중립 확률은 신용에 민감한 금융자산 의 가치평가에 사용되어야 한다. 일반적으로 위험중립 채무불이행 확률은 실제 확률보다 훨씬 크다.

신용가치평가조정(CVA)는 거래상대방의 채무불이행 확률 때문에 은행 입장에서 거래상대방과 체결한 파생상품 포트폴리오 가치를 감소시키는 양이다. 신용가치평가조정(DVA)는 은행의 채무불이행 확률 때문에 은행의 입장에서 거래상대방과 체결한 파생상품 포트폴리오 가치를 증가시키는 양이다.

신용 VaR은 VaR이 시장위험에 대해 정의된 것과 유사한 방식으로 정의된다. 신용 VaR을 계산하는

18 www-2.rotman.utoronto.ca/~hull/TechnicalNotes의 Technical Note 11은 1년 이외의 기간의 경우 신용등급 변화행렬 (transition matrices)을 계산하는 데 [표 24.5]과 같은 가 어떻게 이용될 수 있는지 설명한다.

하나의 접근방법은 채무불이행까지의 시간에 대해 가우시안 코풀라 모형을 적용하 는 것이다. 이 모형은 감독당국이 신용위험에 대한 요구자본을 계산하는 데 사용된다. 신용 VaR을 계산하는 다른 인기 있는 접근방법은 크레디트메트릭스이다. 이는 신용등급 변화에 대해 가우시안 코풀라 모형을 적용한다.

참고문헌

Altman, E. I., "Measuring Corporate Bond Mortality and Performance", *Journal of Finance*, 44 (1989): 902–22.

Altman, E.I., B.Brady, A.Resti, and A. Sironi. "The Link Between Default and Recovery Rates: Theory, Empirical Evidence, and Implications," *Journal of Business*,78, 6 (2005), 2203–28.

Duffie, D., and K. Singleton,"Modeling Term Structures of Defaultable Bonds", *Review of Financial Studies*, 12 (1999): 687–720.

Finger, C. C, "A Comparison of Stochastic Default Rate Models," *RiskMetrics Journal*, 1 (November 2000): 49–73.

Gregory, J. *Counterparty Credit Risk and Credit Value Adjustment: A Continuing Challenge for Global Financial Markets*, 2nd edn. Chichester, U.K.: Wiley, 2012.

Hull, J., M. Predescu, and A. White, "Relationship between Credit Default Swap Spreads, Bond Yields, and Credit Rating Announcements", *Journal of Banking and Finance*, 28 (November 2004): 2789–2811.

Kealhofer, S.,"Quantifying Default Risk I: Default Prediction," *Financial Analysts Journal*, 59, 1 (2003a): 30–44.

Kealhofer, S.,"Quantifying Default Risk II: Debt Valuation," Financial Analysts Journal, 59, 3 (2003b): 78–92.

Li, D. X."On Default Correlation: A Copula Approach," *Journal of Fixed Income*, March 2000: 43–54.

Merton, R. C., "On the Pricing of Corporate Debt: The Risk Structure of Interest Rates," *Journal of Finance*, 29 (1974): 449–70.

Vasicek, O., "Loan Portfolio Value." *Risk* (December 2002), 160–62.

연습문제

24.1. 3년 만기 회사채 수익률과 유사한 무위험채권 수익률 간의 스프레드가 50 bp이다. 회수율은 30%이다. 3년 동안의 평균 연간 유해율을 추정하라.

24.2. 문제 24.1에서 5년 만기 회사채 수익률과 유사한 무위험채권 수익률 간의 스프레드가 60 bp라 고 가정하자. 회수율은 30%이다. 5년 동안의 평균 연간 위해율을 추정하라. 결과가 4년 후와 5 년 후의 평균 위해율에 대해 의미하는 것은 무엇인가?

24.3. 연구자들이 신용 VaR을 계산하거나 또는 파생상품의 가격을 채무불이행에 대하여 조정하는 경우 실제의 채무불이행 확률을 이용해야 하는가? 아니면 위험중립 채무불이행 확률을 이용해 야 하는가?

24.4. 회수율은 보통 어떻게 정의되는가?

24.5. 무조건 채무불이행 확률밀도와 위해율 간의 차이를 설명하라.

24.6. [표 24.3]의두 번째 열의 숫자가 [표 24.1]의 숫자와 일관성이 있다는 것을 확인하라. 또한 [표 24.4]의네 번째 열의 숫자가 [표 24.3]의 숫자 및 회수율 40%와 일관성이 있음을 확인하라.

24.7. 네팅이 어떻게 적용되는지 설명하라. 은행은 이미 상대방과 1개의 계약을 장부상으로 체결하 였다. 은행이 그 상대방과 다른 계약을 체결하면 이는 그 상대방에 대한 은행의 노출을 증가시 키는가 아니면 감소시키는가?

24.8. 은행이 재무적 곤경을 겪고 있을 때 DVA는 최종손익을 증가시킬 수 있다. 왜 이 진술이 사실인지 설명하라.

24.9. 채무불이행 시점에 대한 가우시안 코풀라 모형과 크레디트메트릭스 간의 차이를 다음 측면에 서 설명하라.

(a) 신용손실의 정의

(b) 채무불이행 상관성이 모형화되는 방식

24.10. LIBOR/스왑이자율 곡선이 연속복리로 6%에서 수평이고, 액면이자율이 5%인 5년 만기 채권 (이자는 연 2회 지급)이 90달러에 거래된다. 이 채권에 대한 자산스왑은 어떻게 구성되는가? 이 경우에 계산되는 자산스왑 스프레드는 얼마인가?

24.11. 청구금액이 채권의 무위험 가치와 동일한 경우 이채의 가치가 채권을 구성하는 무이채 가 치의 합이지만, 청구금액이 액면과 발생이자의 합인 경우에는 그렇지 아니함을 증명하라.

24.12. 4년 만기 회사채가 연간 4%의 액면이자(연 2회 이자지급)를 제공하고 5%의 연속복리 수익률 을 제공한다. 무위험 수익률곡선은 3%에서 수평이다(연속복리 기준). 채무불이행은 매년 연말 (즉, 이자와 원금이 지급되기 직전)에 발생하며 회수율은 30%로 가정한다. 위험중립 채무불이 행 확률을 추정하라(매년 동일하다고 가정한다).

24.13. 기업이 액면이자율이 4%이고 만기가 3년과 5년인 채권을 발행하였다(연 1회 이자지급). 채권 의 수익률은 연속복리로 각각 4.5%와 4.75%이다. 무위험이자율은 모든 만기에 대해 연 3.5%(연속복리)이고 회수율은 40%이다. 채무불이행은 매년 중간에 발생한다. 연도별 위험중 립 채무불이행 확률은 처음 3년 동안에는 Q_1이고, 다음 2년 동안에는 Q_2이다. Q_1과 Q_2를 추정 하라.

24.14. 금융기관이 상대방 *X*와 영국이자율에 의해 영향을 받는 스왑계약을 체결하고 상대방 *Y*와 반 대계약을 체결하였다. 다음 중 옳은 것은?

(a) 채무불이행 비용의 총 현가는 X와의 계약에 대한 채무불이행 비용의 현가와 Y와의 계약에 대한 채무불이행 비용의 현가의 합이다.

(b) 두 계약에서 1년 후 기대노출은 X와의 계약에 대한 기대노출과 Y와의 계약에 대한 기대노 출의 합이다.

(c) 두 계약에서 1년 후 노출의 95% 신뢰수준 상한선(upper confidence limit)은 X와의 계약에 대한 1년 후

노출의 95% 신뢰수준 상한선과 Y와의 계약에 대한 1년 후 노출의 95% 신뢰 수준 상한선의 합이다.

24.15. "신용위험에 노출된 선도계약 매입포지션은 채무불이행 위험이 없는 풋옵션 매도포지션과 신 용위험에 노출된 콜옵션 매입포지션의 결합이다."이 문장을 설명하라.

24.16. 선도계약 매입과 매도포지션의 신용노출이 스트래들(straddle)의 신용노출과 유사한 이유를 설명하라.

24.17. 신용위험이 금리스왑의 매입과 매도포지션에 미치는 영향이 통화스왑의 매입과 매도포지션에 미치는 영향보다 작은 이유를 설명하라.

24.18. "은행이 통화스왑을 협의할 때 신용위험이 작은 상대방으로부터 이자율이 낮은 통화를 수령하 고자 노력해야 한다."이유를 설명하라.

24.19. 채무불이행 위험이 존재하면 풋-콜 패리티가 성립하는가?

24.20. 자산스왑에서 B는 채권의 시장가격이고, B^*는 채권의 무위험가치이고, V는 자산스왑 스프레드의 현가이다(가격과 현가는 모두 원금 1달러 기준으로 시된다). $V = B^* - B$임을 보여라.

24.21. 본장 6절의 머튼 모형에서 T년 만기 무이채의 신용스프레드가 $-\ln[N(d_2) + N(-d_1)/L]/T$ 임을 보여라. 단 $L = De^{-rT}/V_0$ 이다.

24.22. 3년 만기 무위험 무이채 수익률과 기업이 발행한 3년 만기 이채 수익률 간의 스프레드가 1%라고 가정하자. 블랙-숄즈 모형은 기업이 발행한 3년 만기 유러피언옵션의 가치를 얼마만 큼 과대평가하는가?

24.23. 정방향위험과 부방향위험의 예를 들어보라.

과제물 문제

24.24. 1, 2, 3, 4, 5년 만기 무이채의 신용스프레드는 각각 50, 60, 70, 80, 87 베이시스 포인트이다. 회수율은 35%이다. 각 연도의 평균 위해율을 계산하라.

24.25. LIBOR/스왑 커브는 3%에서 평평하고 연속복리이다. 반년마다 이자를 지급하는 면이자율이 4%인 4년만기 채권의 가격은 101이다. 채권에 대한 자산스왑은 어떻게 설계될 수 있는가? 자산스왑의 스프레드는 얼마인가?

24.26. 만기가 3년이고 액면이자율이 7%이고 수익률이 5%인 회사채를 고려해 보자(연 2회 이자를 지급하고 수익률은 반기복리 기준이다). 무위험채권의 수익률은 모든 만기에 대하여 반기복리 기준으로 연 4%이다. 채무불이행은 매 6개월마다 가능하며(액면이자가 지급되기 직전) 회수율은 45%이다. (상수로 가정한) 3년 동안의 위해율을 추정하라. 액면이자 지급 직전의 채무불이행 확률은 과거 6개월 동안의 위해율에 의해 주어진 채무불이행 확률이라고 가정한다.

24.27. 기업의 미상환된 채권의 만기는 1년과 2년이다(액면이자율은 8%로 동일하며 이자는 연 1회 지급). 채권의 수익률은 연속복리 기준으로 각각 6.0%와 6.6%이다. 무위험이자율은 모든 만기 에 대해 4.5%이고, 회수율은 35%이다. 채무불이행은 매년 중간에 발생할 수 있다. 연도별 위 험중립 채무불이행 확률을 추정하라.

24.28. 실제의 채무불이행 확률과 위험중립 채무불이행 확률 간의 차이를 자세히 설명하라. 어떤 것이 더 큰가? 은행이 기업의 신용등급이 1년 동안 A에서 Baa 또는 그 이하로 하락하면 1년도 말에 100달러를 지급하기로 약속한 신용파생상품에 포지션을 취하였다. 무위험이자율은 5%이다. [표 23.6]을 이용하여 파생상품

의 가치를 추정하라. 추정할 시 어떤 가정들을 하는가? 이런 가 정들은 파생상품의 가치를 과대평가하게 하는가? 아니면 과소평가하게 하는가?

24.29. 기업의 자기자본의 가치가 400만 달러이고, 자기자본의 변동성은 60%이다. 2년 후에 상환되 어야 하는 부채는 1천5백만 달러이다. 무위험이자율은 연 6%이다. 머튼의 모형을 이용하여 채 무불이행으로부터의 기대손실, 채무불이행 확률, 그리고 채무불이행 시의 회수율을 추정하라. (힌트: 각주 10에 설명되어 있듯이 이 문제를 푸는 데 엑셀의 Solver 함수를 이용할 수 있음).

24.30. 은행이 특정 유형의 노출금액이 1,000만 달러에 이른다고 가정하자. 1년 채무불이행 확률은 평균 1%이고, 회수율은 평균 40%이다. 코풀라 상관계수는 0.2이다. 1년 기준으로 99.5% 신뢰 수준에서 신용 VaR을 추정하라.

24.31 각 월의 중간점에 채무불이행이 발생할 수 있는 경우 예제 24.6을 CVA 계산을 위해 확장하리. 첫번째 연도 각 월의 채무불이행 확률은 0.001667이며 두번째 연도 각월의 채무불이행 확률은 0.0025이다.

24.32. 에세 24.6의 DVA를 계산하라. 채무불이행은 각 월의 중간점에 발생할 수 있다고 가정한다. 2년간(for the two years) 은행의 각 월 채무불이행 확률은 0.001이며 은행이 채무불이행하는 경우 회수율은 40%이다.

CHAPTER 25

신용파생상품

1990년대 말 이후 파생상품시장에서의 중요한 발전은 신용파생상품의 성장에서 이루어졌다. 2000년에 신용파생상품의 명목원금 기준 총 계약금액은 약 8조 달러에 이르렀다. 2007년 신용위기까지 이는 50조 달러가 됐다. 신용위기 이후에 시장의 규모는 감소했다. 총 명목기준 원금은 2015년 12월에 대략 12조 달러였다. 신용파생상품은 하나 혹은 복수의 기업 또 는 국가의 신용상태에 따라 투자수익이 결정되는 계약이리고 할 수 있다. 본 장에서는 이러한 신용파생상품의 기본 원리와 가치평가에 대하여 설명하게 된다.

신용파생상품은 기업들로 하여금 신용위험(credit risks)을 거래할 수 있게 해 주는데 시장 위험(market risks)과 동일한 방법으로 거래된다. 과거에는 은행과 기타 금융기관들이 신용위 험에 노출되게 되더라도(최선의 상황을 기대하면서) 그저 기다리는 것 이외에는 할 수 있는 일이 별로 없었다. 그러나 현재는 적극적으로 신용위험 포트폴리오를 관리하는 것이 가능해졌는데, 일부 신용위험은 그대로 보유하고 또 다른 신용위험은 신용파생상품계약을 통하여 회피할 수 있다는 것이다. 이때 [실무사례 25.1]에 소개되어 있듯이 신용 보장을 매입하는 기관들은 주로 은행들이고, 신용보장을 매도하는 기관은 주로 보험회사들이 된다.

신용파생상품은 그 성격에 따라 "단일기관(single-name)" 상품과 "복수기관(multi-name)" 상품으로 분류된다. 단일기관상품 중 가장 인기 있는 상품은 신용 디폴트 스왑(credit default swap)이라 할 수 있다. 이 상품의 투자수익은 한 기업이나 국가의 신용상태에 따라서 결정된 다. 이 계약에는 두 거래 당사자가 존재하는데 하나는 보장 매입자이고 다른 하나는 보장 매도자이다. 만약 준거기관(reference entity, 기업이나 국가)이 자신의 채무에 대하여 상환을 못 하게 되는 경우 보장 매도자는 매장 매입자에게 일정한 투자수익을 지급하게 된다. 복수 기관 상품 중 하나는 CDO (collateralized debt obligation)가 있다. 이 상품은 특정한 채권 포트폴리오를 대상으로 정해놓고, 이 포트폴리오의 현금흐름이 여러 개의 다른 클래스 의 투자가들에게 배정되도록 하는 복잡한 구조를 갖는다. 8장에서는 신용위기 이전에 거주용 모기지로부터 복수기관 신용파생상품들이 어떻게 만들어지는지에 대하여 설명한 바 있다. 본 장에서는 기업이나 국가의 신용위험인 경우에 대하여 설명하기로 한다.

본 장에서는 우선 신용 디폴트 스왑의 운영 방법과 가치평가에 대하여 설명할 것이다. 우리는 신용 지수와 거래자들이 포트폴리오 보장을 매입하는데 사용할 수 있는 방법에 대해 설명한다. 설명 뒤에 바스

실무사례 25.1 신용위험은 누가 부담하는가?

대출을 해주고 차입자가 파산하는 경우의 신용위험을 부담하게 되는 사업을 하는 은행들은 차입자가 파산하면 은행 역시 파산하게 마련이다. 그러나 은행들은 종종 대출자산이 자신들의 대차대조표에 표시되는 것을 꺼리는 경향이 있다. 이것은 규제기관이 요구하는 준비금을 고려할 때 대출자산에서의 평균적인 수익이 다른 자산들로부터의 수익보다 덜 매력적이기 때문이다. 8.1절에서 설명하였던 바와 같이 은행들은 ABS를 구성하여 대출자산(과 그 신용위험)을 일반 투자가들에게 이전시킬 수 있어다. 1990년대 말과 2000년대 초에 이르면 은행들은 신용위험을 금융시장 내의 다른 참여자들에게 전가시키기 위하여 신용파생상품을 광범위하게 활용하기에 이르렀다.
그런데 이와 같은 신용위험의 거래는 대출 자산의 신용위험을 부담하는 금융기관이 원래 대출과정에서의 심사를 담당하는 금융기관과 달라지는 결과를 초래하게 된다. 이러한 결과가 금융기관의 전반적인 건전성에 항상 도움이 되지는 않는다는 점을 2007년의 금융위기가 잘 보여 주고 있다.

켓 신용 디폴트 스왑(basket credit default swap), 자산담보증권(asset-backed securities), CDO(collateralized debt obligation)에 대해 다룬다. 또한 24장에서 소개한 내용을 확장하여 CDO 트랑슈의 가치평가를 위해서 채무불이행 상 관계수의 가우시안 접합 모형을 이용하는 방법에 대해서도 설명할 것이다.

25.1 신용 디폴트 스왑

신용파생상품 중 가장 인기 있는 상품은 신용 디폴트 스왑(CDS: credit default swap)일 것이다. 이는 7장 11절에서 소개되었다. 이 계약은 특정 기업의 채무불이행 위험에 대한 보험 효과를 제공해주는 계약이다. 이때 대상기업을 준거기관(reference entity)이라고 하고, 이 기업의 채무불이행을 신용 사건이라고 한 다. 신용 사건이 발생할 경우 보험의 매입자는 해당 기업이 발행한 채권을 액면가에 매도할 수 있는 권리를 보유하게 되고, 보험의 매도자는 채권을 액면가에 매입하는 것에 동의하게 된다.[1] 이때 매도할 수 있는 채권의 총 액면가를 신용 디폴트 스왑의 명목 원금이라고 부른다.

CDS의 매입자는 신용 사건이 발생하거나 CDS가 만기가 될 때까지 매도자에게 정기적으 로 현금을 지불한다. 표준계약 하에서는 이러한 현금 지불액은 보통 분기별로 후 지급되지만 때에 따라서는 1개월, 6개월, 12개월 간격으로 발생하기도 하도 선지급되는 경우도 있다. 채무불이행이 발생하 게 되면 채권 실물을 인도하거나 현금 결제함으로써 CDS의 결제가 이루어진다.

전형적인 CDS 거래가 어떻게 이루어지는지 다음과 같은 예를 들어서 설명하기로 한다. 두 계약 당사자가 2015년 3월 20일에 5년짜리 CDS에 계약했다고 하자. 명목원금은 1억 달러이 고 준거증권의 채무불이행에 대한 보험의 대가로 매입자는 매년 90베이시스포인트를 지불하 기로 하였고 이 금액은 매 분기 후지급된다고 하자.

[그림 25.1]에이 CDS의 현금흐름이 표시되어 있다. 만약 준거증권에 채무불이행이 발생하 지 않으면 매입자에게는 아무런 투자수익이 생기지 않고 2015년 6월 20일에 100만 달러에 대하여 22.5베이시스

1 이표채의 액면가는 채무불이행이 발생하지 않는 경우 발행기업이 만기에 지급하는 원금이다.

그림 25.1 신용 디폴트 스왑.

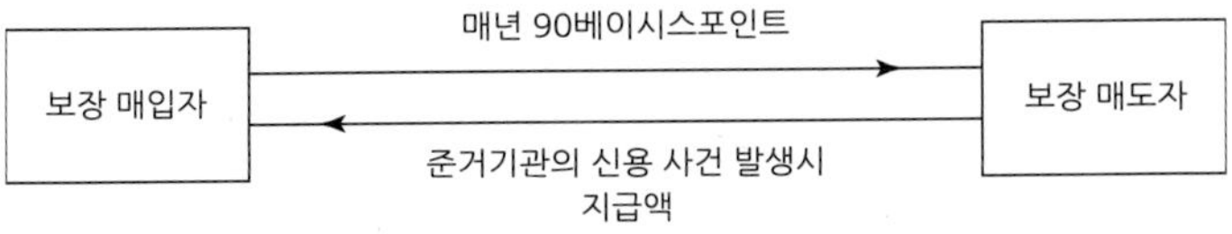

포인트(90 베이시스포인트의 1/4)을 지불하게 되고, 이후 2020년 3월 20일까 지 분기마다 동일한 금액을 지불하게 된다. 분기마다 지불하게 되는 금액은 0.00225 × 100,000,000, 즉 225,000달러가 된다.[2] 만약 신용 사건이 발생하게 되면 매입자에게 상당한 금 액의 투자수익이 발생한다. 이제 2018년 5월 20일(4차년도 2개월차)에 매입자가 매도자에게 신용 사건의 발생을 통지하였다고 하자. 실물 인도를 해야 하는 경우 매입자는 준거기관이 발 행한 액면가 1억 달러짜리 채권을 1억 달러에 매도할 권리를 갖게 된다. 통상적으로 그러하듯 이 현금 결제가 이루어진다면 ISDA가 지정한 방식의 경매를 통하여 신용 사건 발생 이후 일정 기간 동안의 최저가 인도 가능 채권의 중간시장가격을 결정하게 된다. 경매를 통하여 채권의 가 치가 액면가 100달러당 35달러로 결정되었다고 해보자. 그러면 현금 지급액은 6천 5백만 달러 가 된다.

보장 매입자에서 보장 매도자로 이루어지는 정기적인 현금납입은 신용사건이 일어나면 중단된다. 그러나 이러한 현금납입이 지연되는 경우도 있기 때문에 구매자는 일반적으로 연체료를 내도록 요구받는다. 2018년 5월 20일에 채무불이행이 발생한 경우 보장 매입자는 2018년 3월 20일부터 2018년5월 20일까지의 발생 프리미엄(약 150,000달러)을 매도자에게 지불해야 하지만 그 이후에는 더 이상의 프리미엄지급을 요구받지 않는다.

보장 매입을 위하여 연간 지불해야 하는 총 금액을 명목원금 대비 백분율로 표시한 것을 CDS 스프레드라고 한다. CDS시장에서의 주요 시장 조성 자(market makers)들은 대형 상업은행들이다. 예를 들어 어떤 시장조성자가 특정 기업에 대 한 5년 만기 신규 CDS에 대하여 250베이시스포인트의 매수호가를, 260베이시스포인트의 매 도호가를 제시하였다고 하여 보자. 이것은 이 금융기관이 보장을 매입하는 경우에는 250 베이시스포인트(즉, 연간 명목원금의 2.5%)를 지급하려 하며, 보장을 매도하는 경우에는 260 베이시스포인트(즉, 연간 명목원금의 2.6%)를 수령하려는 의사표시가 된다.

실제 거래되고 있은 CDS 계약들의 준거기관은 기업일 수도 있고 국가일 수도 있다. 앞에 서 설명한 바와 같이 프리미엄 지급은 통상적으로 분기마다 후 지급된다. 이러한 계약들에서 프리미엄의 지급은 각 분기 말에 이루어지는 것이 보통이다. 또한 만기는 5년짜리가 가장 흔 한 계약이지만, 1, 2, 3, 7, 10년 만기도 드물지는 않다. 만기일은 3월 20일, 6월 20일, 9월 20일 그리고 12월 20일인 경우가 표준적이라 할 수 있다. 이렇게 하는 이유는 계약이 개시되는 시점부터 만기일까지의 실제 기간이 계약에 명기된 만기 연수와 가깝게(반드시 일치할 필요 는 없지만) 하기 위함이다. 예를 들어 어떤 기업에 대한 보장을 매입하기 위하여 2015년 11월 15일에 CDS 조성자와 접촉하였다고 해보자. 이 계약은 아마도 2020년 12월 20일까지 존속 하는 계약이 될 것이다. 최초 프리미엄의 지급일은 2015년 12월 20일이 될 것이고,

2 6장에서 설명한 일수 계산법 중 어떤 방법을 채택하느냐에 따라 분기별 지급금액은 225,000달러와 약간 차이가있을 수 있다.

실무사례 25.2 CDS시장

1998년과 1999년도에 ISDA (International Swaps and Derivatives and Association)는 장외시장에서 CDS를 거래하기 위한 표준계약을 개발하였다. 그 이후 CDS 시장의 인기는 급속하게 성장하였다. 여러 측면에서 CDS계약은 보험계약과 유사한 면이 있지만 중요한 차이가 있다. 보험계약의 경우 피보험자가 자신이 소유하고 있는 자산의 손실에 대한 보장을 제공하는 계약이다. 반면 CDS의 경우 기초자산을 소유하고 있을 필요는 없다.

2007년부터 2008년까지의 신용 위기기간 동안 감독기관들은 체계적 위험에 대하여 극도로 우려하게 되었다(실무사례 1.2 참조). 왜냐하면 감독기관들은 CDS를 금융시장이 불안정하게 된 원인으로 여기고 있었기 때문이다. 그들이 우려한 것은 CDS계약을 맺고있는 한 금융기관이 부실화되면 해당 금융기관과 CDS계약을 맺고 있는 타 금융기관들이 막대한 손실을 입게 되고 이는 또 다른 금융기관들의 부실화를 초래하는 상황이었다. 거대 보험회사인 AIG사가 겪고 있었던 사태는 이러한 감독기관들의 우려를 부채질하는 결과를 낳았다. 사실 AIG사는 모기지에서 생성된 AAA 트랑슈 채권에 대한 CDS시장에서 거대한 보장 매각자 역할을 하고 있었다(실무사례 24.1 참조). 그런데 이러한 보장계약은 AIG에 치명적인 손실을 입혔고 결과적으로 미국 정부의 구제금융을 지원받게 되는 사태에 이르렀다.

2007년과 2008년도에 많은 파생상품들이 거래가 중단되었지만 CDS의 경우에는 (보장매입의 비용이 크게 증가하였음에도 불구하고) 계속 활발한 거래가 이루어졌다. 이는 다른 파생상품들과 비교할 때 CDS가 투명하게 운영되기 때문이다. 예를 들어 주거용 모기지론의 증권화를 통하여 파생되는 신용파생상품들의 경우는 이러한 투명성이 결여되어 있다.

그런데 특정 기업에 대한 CDS 거래 규모가 해당 기업의 총 부채 규모를 초과하는 경우도 자주 발생한다. 따라서 당연히 CDS계약을 현금정산해야 할 필요가 생기게 된다. 2008년 9월 리먼 브라더스사가 파산할 당시 리먼의 총 부채는 1,550억 달러였지만 CDS의 계약 규모는 4,000억 달러였다. 보장 매입자들에게 지불된(경매과정을 거쳐 결정된) 금액은 원금의 91.375%에 해당하는 규모이었다.

CDS와 장외시장 본 서에서 고려하는 파생상품 사이에는 아주 중요한 차이가 하나 있다. 다른 장외시장 파생상품은 이자율, 환율, 주가지수, 상품가격 등에 의존한다. 따라서 한 시장의 참여자가 다른 시장의 참여자보다 이 변수들에 대해 더 많은 정보를 갖고 있다고 가정할 이유가 없다.

CDS 스프레드는 특정 기업이 특정 기간에 채무를 불이행할 확률의 의존한다. 거의 틀림없이 어떤 시장의 참여자는 이 확률을 추정하기 위한 더 많은 정보를 갖고 있을 것이다. 특정 기업과 자문제공, 대출, 신주발행 등과 같은 업무를 수행하며 가깝게 일하는 금융기관은 해당 기업과 거래를 하지 않는 금융기관보다 기업의 신용도에 대해 더 많은 정보를 갖고 있을 가능성이 높다.

경자학자들은 이를 비대칭정보(asymmetric information) 문제라고 한다. 금융기관은 채무불이행 위험에 대한 보장 매입결정은 일반적으로 위험관리자(risk manager)이며 금융기관 내 어딘가에 존재하는 기업에 대한 특정한 정보를 바탕으로 이루어지지 않는다고 강조한다.

지불금액은 2015년 11월 15일부터 2015년 12월 20일까지의 기간에 발생한 프리미엄이 될 것이다.[3] CDS 계약에서 가장 중요한 요소는 신용 사건(즉, 채무불이행)에 대한 정의라 할 수 있다. 신 용 사건은 보통 만기가 도래한 채무에 대한 채무불이행, 구조조정 또는 파산으로 정의한다. 북 미의 경우에는 구

3 만약 첫 표준 만기일까지의 기간이 1년 미만이면 첫 프리미엄 지급은 보통 둘째 지급일에 이루어지지만 그렇지 않은 경우에는 첫 지급일에 지급된다.

조조정은 제외하기도 하는데 특히 회사채수익률이 높은 경우에 더욱 그러하 다. CDS 시장에 대한 자세한 정보는 [실무사례 25.2]를 참고하기 바란다.

CDS와 채권의 수익률

회사채의 포지션에 대한 헷징 목적으로 CDS를 이용할 수도 있다. 예를 들어 어떤 투자가가 수익률이 연 7%인 5년 만기 회사채를 액면가에 매입하고, 동시에 채권 발행기업의 채무불이 행에 대비하여 보장을 매입한다고 하여보자. CDS 스프레드는 연 200베이시스포인트, 즉 2% 라고 가정한다. 이러한 CDS의 매입은 회사채를 (완벽하지는 않지만) 무위험 채권으로 전환시 켜 주는 역할을 하게 된다. 만약 채권 발행기업의 채무불이행이 발생하지 않으면, 채권 투자자 는 채권수익률에서 CDS 스프레드를 차감한 수익률을 벌게 된다. 그러나 채무불이행이 발생 하면, 채무불이행 발생시점까지는 5%를 벌게 된다. 또한 CDS의 계약조건에 따라 투자자는 채권을 채권의 액면가와 교환할 수 있게 된다. 그는 이 금액을 5년 중 나머지 기간 동안 무위 험수익률에 투자할 수 있을 것이다.

이는 n년 만기 CDS 스프레드가 대략적으로 n년 만기 회사채의 수익률 그리고 무위험이자율 간의 스프레드와 같아야 함을 보여주고 있다. 만약 스프레드가 이 값보 다 낮은 값이라면 회사채를 매입하고 CDS 보장을 매입함으로써 무위험수익률 이상의 수익률 을 버는 차익거래가 가능할 것이다. 반면, 만약 스프레드가 이 값보다 높은 값이라면 회사채를 공매하고 CDS 보장을 매도함으로써 무위험수익률 이하의 이자율로 차입하는 것이 가능할 것 이다.

CDS-채권 베이시스는 다음과 같이 정의한다.

CDS-채권 베이시스 = CDS 스프레드 – 채권수익률 스프레드

채권수익률 스프레드는 LIBOR/스왑금리를 무위험이자율로 사용하여 계산할 수 있다. 일반적으로 채권 수익률 스프레드는 자산 스왑 스프레드와 동일하게 설정된다.

이와 같은 차익거래의 가능성을 고려한다면 CDS-채권 베이시스는 0에 가까운 값이라야 할 것이다. 어떤 기간(2007년 이전)에는 이는 양의 값, 또 다른 기간(2007년-2009년 신용위기 기간)에는 음의 값을 갖는 경향이 있었다. 신용위험 이후 CDS-채권 베이시스가 양과 음 모두 될 수 있고 준거기관에 따라 달라진다.

최소 비용 인도가능 채권

24장 3절에서 설명한 바와 같이 채권의 회수율은 채무불이행 발생 직후 채권의 가치를 의미하며, 보통 액면가의 백분율로 정의한다. 즉, L은 명목원금, R은 회수율이라고 하면 CDS로부 터의 투자수익은 $L(1 - R)$이 된다.

보통 CDS 계약에서는 채무불이행이 발생할 경우 인도할 수 있는 채권의 종류를 여러 개 지정해 놓게 된다. 그런데 이 채권들은 순위(seniority)가 동일한 채권이라 하더라도 채무불이 행 직후의(액면가의 백

분율로 표시한) 매매가격은 같지 않을 수도 있다.[4]따라서 CDS 매입자 는 최소 비용 인도 가능 채권옵션을 보유하고 있게 되는 것이다. 앞에서 설명한 바와 같이 ISDA에 의해 고안된 경매과정을 거쳐 최소비용 인도 가능 채권의 가치가 결정되고 이에 따 라 보장 매입자의 수익이 결정된다.

25.2 CDS의 가치평가

특정 준거기관에 대한 CDS 스프레드는 채무불이행 확률의 추정치로부터 계산할 수 있다. 우리는 5년 만기 CDS를 예로 들어 설명한다.

CDS의 만기까지 기간인 5년 동안 한 준거기관의 위해율이 연2%라고 가정하자. [표 25.1]에는 향후 5년간 매년의 생존 확률과 무조건부 채무불이행 확률(즉, 시점 0에서 예측한 채무불이행 확률)이 표시되어 있다. 식(24.1)로부터 t시점까지의 생존확률은 $e^{-0.02t}$, 1년 동안의 채무불이행확률은 연초까지의 생존확률에서 연말까지의 생존확률을 차감하여 계산된다. 예를 들어, 두번째 연도까지 생존할 확률은 $e^{-0.02\times2} = 0.9608$이며 세번째 연도까지 생존할 확률은 $e^{-0.02\times3} = 0.9418$ 이다. 세번째 연도의 채무불이행확률은 0.9608-0.9418=0.0190이다.

이제 채무불이행이 각 연도의 중간 시점에서 발생하고, CDS 프리미엄 지급은 1년에 한 번 연말에 이루어진다고 해보자. 무위험이자율(LIBOR)은 연속복리 기준으로 연 5%이고, 회수 율은 40%로 가정한다. 여기서 우리는 세 가지의 값들을 계산해야 한다. 계산결과는 [표 25.2, 25.3, 25.4]에 요약되어 있다.

[표 25.2]에는 매년 원금 1달러당 s의 프리미엄이 지불된다는 가정 아래 CDS 계약의 기대 프리미엄의 현재가치가 계산되어 있다. 예를 들어 3차년도에 프리미엄 s가 지불될 확률은 0.9418이다. 따라서 기대 현금흐름은 $0.9418s$이고 현재가치는 $0.9418se^{-0.05\times3} = 0.8106s$가 된 다. 이와 같은 기대 프리미

표 25.1 무조건부 채무불이행 확률과 생존확률.

연도	연말까지의 생존 확률	해당 연도의 채무불이행 확률
1	0.9802	0.0198
2	0.9608	0.0194
3	0.9418	0.0190
4	0.9231	0.0186
5	0.9048	0.0183

4 여기에는 여러 가지 이유가 있다. 우선, 채무불이행이 발생하는 경우 채권 보유자의 청구액은 보통 채권 액면가와 발생 이자를 합한 금액이 된다. 따라서 채무불이행 시점에서 발생 이자가 큰 채권의 가격이 채무불이행 직후 더 높 게 마련이다. 또한 기업의 구조조정이 이루어지는 경우 시장에서는 특정 채권 보유자들이 다른 채권 보유자들보다 더 유리한 상황이 될 수 있으리라는 점에 대해서도 고려하게 된다.

표 25.2 기대 프리미엄의 현재가치계산. 프리미엄 지불액 = 연간 s.

시점(연)	생존확률	기대 프리미엄 지불액	할인요소	기대 프리미엄 지불액의 현재가치
1	0.9802	0.9802s	0.9512	0.9324s
2	0.9608	0.9608s	0.9048	0.8694s
3	0.9418	0.9418s	0.8607	0.8106s
4	0.9231	0.9231s	0.8187	0.7558s
5	0.9048	0.9048s	0.7788	0.7047s
합계				4.0728s

표 25.3 기대투자수익의 현재가치계산. 명목원금 = 1달러.

시점(연)	채무불이행 확률	회수율	기대 투자수익 (달러)	할인요소	현재가치
0.5	0.0198	0.4	0.0119	0.9753	0.0116
1.5	0.0194	0.4	0.0116	0.9277	0.0108
2.5	0.0190	0.4	0.0114	0.8825	0.0101
3.5	0.0186	0.4	0.0112	0.8395	0.0094
4.5	0.0183	0.4	0.0110	0.7985	0.0088
합계					0.0506

엄의 현재가치의 합은 4.0728s이다.

[표 25.3]에는 원금 1달러를 가정한 경우의 CDS의 기대 투자수익의 현재가치가 계산되어 있다. 앞에서 설명한 바와 같이 채무불이행은 각 연도의 중간 시점에서 발생한다고 가정한다. 예를 들어 3차년도 중간 시점에서는 투자수익의 발생확률이 0.0190이다. 회수율이 40%라고 한다면 이 시점에서의 기대 투자수익은 $0.0190 \times 0.6 \times 1 = 0.0114$가 된다. 이 기대 투자수 익의 현재가치는 $0.0114e^{-0.05\times2.5} = 0.0101$가 된다. 이와 같은 기대 투자수익의 현재가치의 합은 0.0506달러이다.

이제 마지막으로 채무불이행 발생 시 최종 발생 프리미엄에 대하여 고려하면 되는데 이 과정은 [표 25.4]에 제시되어 있다. 예를 들어 3차년도 중간 시점에서는 최종 발생 프리미엄이 생길 확률이 0.0190이다. 이때 발생 프리미엄은 0.5s이다. 따라서 이 시점에서의 기대 발생 프리미엄은 $0.0190 \times 0.5s = 0.0095s$가 된다. 현재가치는 $0.0095se^{-0.05\times2.5} = 0.0084s$이다. 이 와 같은 최종 발생 프리미엄들의 현재가치의 합은 0.0422s이다.

[표 25.2]와 [표 25.4]의 결과를 이용하면 기대 프리미엄의 현재가치는 다음과 같다.

$$4.0728s + 0.0422s = 4.1150s$$

표 25.4 기대투자수익의 현재가치계산. 프리미엄 지불액 = 연간 s.

시점(연)	생존확률	기대 프리미엄 지불액	할인요소	기대 프리미엄 지불액의 현재가치
0.5	0.0198	0.0099s	0.9753	0.0097s
1.5	0.0194	0.0097s	0.9277	0.0090s
2.5	0.0190	0.0095s	0.8825	0.0084s
3.5	0.0186	0.0093s	0.8395	0.0078s
4.5	0.0183	0.0091s	0.7985	0.0073s
합계				0.0422s

한편 [표 25.3]의 결과를 이용하면 기대 투자수익의 현재가치는 0.0506이다. 이 두 값들은 같 아야 하므로

$$4.1150s = 0.0506$$

이어야 하고 따라서 $s = 0.0123$가 된다. 이 만기 5년짜리 CDS의 중간-스프레드 값은 원금의 0.0123, 즉 연 123베이시스포인트어야 한다. 이 결과는 DerivaGem의 CDS 워크시트를 이용해 서도 계산할 수 있다.

이 때 채무불이행은 지급일 중간 시점에서만 발생하는 것으로 가정한다. 이러한 가정을 하더라도 계산결과에 큰 오차가 발생하지는 않는다. 또한 이 가정은 손쉽게 완화되어 더 많은 채무불이행 시간을 고려할 수 있다.

CDS의 일일정산

다른 파생상품과 마찬가지로 CDS도 매일 재평가 (즉, 일일정산이) 된다. 이 때 그 가치는 양의 가치를 갖기 도 하고 음의 가치를 갖기도 한다. 예를 들어 앞의 예에서의 CDS 스프레드가 150베이시스이 고 이 CDS는 얼마 전에 계약되었다고 해보자. 이때 보장 매입자에 의한 프리미엄 지급액의 현재가치는 4.1150 × 0.0150 = 0.0617이고, 보장 매입자의 투자수익의 현재가치는 위에서와 마찬가지로 0.0506이 된다. 따라서 CDS는 보장 매도자에게 0.0617 – 0.0506, 즉 원금의 0.0111만큼의 가치를 갖게 된다. 마찬가지로 CDS는 보장 매입자에게 원금의 –0.0111만큼 의 가치를 갖게 된다.

채무불이행 확률의 추정

CDS의 가치평가를 위해 이용되는 채무불이행 확률은 실제의 확률이 아니라 위험중립 확률 이어야만 한다(두 확률 간의 차이에 대한 설명은 24장 5절을 참조). 위험중립 채무불이행 확률은 24장에서 설명한 바와 같이 채권가격이나 자산 스왑에서 추정할 수 있다. 또 다른 방법은 CDS의 호가에 내재된 확률을 계산하는 방법이다. 이 방법은 거래가 활발한 옵션의 시장가격에서 내재변동성을 계산하고 다른 옵션의 가치를 평가하기 위해 사용하는 것과 유사한 방법이다.

표 25.5 이원 CDS의 기대투자수익의 현재가치계산. 원금 = 1달러.

시점(연)	채무불이행 확률	기대투자수익 달러)	할인 요소	기대투자수익의 현재가치
0.5	0.0198	0.0198	0.9753	0.0193
1.5	0.0194	0.0194	0.9277	0.0180
2.5	0.0190	0.0190	0.8825	0.0168
3.5	0.0186	0.0186	0.8395	0.0157
4.5	0.0183	0.0183	0.7985	0.0146
합계				0.0844

[표 25.2]~[표 25.4]에 소개된 예를 약간 수정하여 채무불이행 확률을 모른다고 하여 보자. 대신 신규로 발행된 5년 만기 CDS의 CDS 스프레드 중간값이 연 100베이시스포인트인 것은 알고 있다고 하여보자. 이때 (엑셀 해찾기 기능을 이용하는 등의) 역산과정을 통하여 (이전에 채무불이행이 발생하지 않았다는 조건 하에) 내재 위해율은 연간 1.63%라는 것을 알 수 있게 된다.

DerivaGem 소프트웨어는 위해율의 기간구조를 CDS 스프레드의 기간구조로부터 또는 CDS 스프레드의 기간구조를 위해율의 기간구조로부터 계산하기 위해 사용될 수 있다.

이원 CDS

이원 CDS는 투자수익이 고정된 현금액이라는 점을 제외하고는 일반 CDS와 유사한 구조를 갖는다. [표 25.1]~[표 25.4]의 표에서의 예에서 투자수익이 1 - R이 아니라 1달러라고 하고 스왑 스프레드는 s라고 해보자. 이때 [표 25.1], [표 25.2], [표 25.4]는 동일하지만 [표 25.3]은 [표 25.5]로 대체된다. 이러한 신규 이원 CDS의 스프레드는 4.1150s = 0.0844를 만족시켜야 하므로 CDS 스프레드 s는 0.0205, 즉 205베이시스포인트가 된다.

회수율은 얼마나 중요한가?

채무불이행 확률을 추정하기 위해서 CDS 스프레드를 사용하든 채권가격을 사용하든 이와는 별개로 회수율을 추정해야 한다. 그러나 (a) 채무불이행 확률을 추정하는 과정과, (b) CDS의 가치평가과정에 동일한 회수율을 사용한다면 CDS의 가치(혹은 CDS 스프레드의 추정치)는 회수율에 따라 크게 달라지지는 않는다. 이것은 내재 채무불이행 확률은 대략 1/(1 - R)에 비례하고, CDS 투자수익은 1 - R에 비례하기 때문이다.

그러나 이러한 논리는 이원 CDS의 가치평가에는 적용할 수 없다. 그 이유는 내재 채무불 이행 확률은 대략 1/(1 - R)에 비례하지만, 이원 CDS의 투자수익은 R과 독립적이기 때문이 다. 만약 기본형 CDS와 이원 CDS의 스프레드 모두가 주어져 있다면 회수율과 채무불이행 확률을 함께 추정할 수 있게 된다 (연습문제 25.25참조).

25.3 신용 지수

신용시장의 참여자들은 CDS 스프레드를 추적하기 위하여 신용 지수(credit index)를 개발하였다. 2004년도에는 여러 신용 지수들의 제공자들 간에 협의가 이루어져 이에 대한 조정이 이루어졌다. 신용 지수 제공자들이 이용하기로 한 두 개의 중요한 포트폴리오는 다음과 같다.

1.CDX NA IG, 북미의 125개 투자등급기업의 포트폴리오

2.iTraxx Europe, 유럽의 125개 투자등급기업의 포트폴리오

이 포트폴리오들은 매년 3월 20일과 9월 20일에 재조정된다. 즉, 투자등급에서 탈락한 기업 들은 포트폴리오에서 빠지고 새로 투자등급이 된 기업들이 추가된다.[5]

어떤 시장조성자가 5년 만기 CDX NA IG지수에 대하여 명목원금 1달러 당 65베이시스포인트의 매수호가와 66베이시스포인트의 매도호가를 제시하고 있다고 하여 보자[이것을 지수 스프레드(index spread)라고 한다]. 이것은 대략 한 기업당 66베이시스포인트의 스프레드를 지불하여 지수에 포함된 125개 모든 기업에 대한 CDS 보장을 매입할 수 있다는 의미가 된다. 어떤 거래자가 각 기업에 대하여 80만 달러의 보장을 원한다고 하여 보자. 이때 총비용은 $0.0066 \times 800,000 \times 125$, 즉 연간 66만 달러가 된다. 마찬가지로 이 거래자는 연 65만 달러의 비용으로 125개 기업에 대하여 한 기업당 80만 달러의 보장을 매도할 수 있다. 이 기업들 중 한 기업이 파산하 게 되면 보장 매입자는 일반적인 CDS에서와 같은 투자수익을 수령하게 되고 연 프리미엄 지 급액은 $660,000/125 = 5,280$달러만큼 감소하게 된다. 지수 CDS를 위한 가장 일반적인 만기는 5년이지만 만기가 3, 7, 10년인 계약 역시 거래되고 있다. 이와 같은 신용 지수에 대한 계약의 만기일은 대개 12월 20일과 6월 20일이다(이는 실제로 5년 만기 계약의 존속기간이 $4\frac{3}{4}$ 또는 $5\frac{1}{4}$ 년임을 의미한다). 신용 지수는 포트폴리오에 포함된 기업들에 대한 CDS 스프레드의 평균값이라고 할수 있다.[6]

25.4 이표의 이용

실제로 정확하게 CDS와 CDS 지수의 거래가 이루어지는 방법은 앞에서 설명한 것보다 조금 복잡하다. 우선 각각의 기초자산과 만기에 대하여 이표와 회수율을 설정한다. 그리고 다음과 같은 과정을 거쳐 스프레드 호가로부터 가격을 계산한다.

1.매년 4번의 지급액이 후불로 지급된다고 가정한다.

2.스프레드 호가로부터 위험률(채무불이행 확률)을 계산한다. 이 과정은 25장 2절에서 이용 한

---

5 2016년 9월 20일 기준으로 Series 26 iTraxx Europe 포트폴리오와 the Series 27 CDX NA IG 포트폴리오가 정의 되었다. 여기서 series 번호는 2016년 9월말 iTraxx Europe 포트폴리오는 25번, CDX NA IG 포트폴리오는 26 번 업데이트되었음을 의미한다.

6 더 정확하게는 신용 지수는 포트폴리오 내의 기업들에 대한 CDS 스프레드의 평균값보다는 약간 낮은 값이어야 한다. 그 이유를 이해하기 위하여 스프레드가 1,000베이시스포인트인 한 기업과 스프레드가 10베이시스포인트인 두 기업으로 구성된 포트폴리오가 있다고 해 보자. 이 기업들에 대한 보장을 매입하기 위해서는 한 기업당 505베이시 스포인트보다는 약간 낮은 비용이 소요된다. 이것은 1,000베이시스포인트가 지불되리라고 기대할 수는 없기 때문에 그 가중치가 낮아지기 때문이다. 또한 iTraxx Europe의 경우와는 달리 CDX NA IG의 경우 구조조정이 채무불이행 의 정의에 포함되지만, CDS의 채무불이행의 정의에는 포함되지 않기 때문이다.

것과 유사한 계산과정을 포함한다. 이 때 호가가 계산되도록 시행착오법을 이용한다.

3.CDS 지급액의 듀레이션 D를 계산한다. 이 듀레이션에 스프레드를 곱하면 스프레드 지 급액의 현가가치가 계산된다(25장 2절에서 이 값은 4.1150이었다.)[7]

4.가격 $P = 100 - 100 \times D \times (s - c)$가 되는데 s는 스프레드이고 c는 소수점까지 계 산한 이표액이다.

만약 어떤 거래자가 잔존 명목원금 100달러당 100 - P를 지불하는 보장 매입자인 경우 보장 매도자는 이 금액을 수령하게 된다(만약 100 - P가 음수인 경우에는 보장 매입자가 이 금액을 수령하게 되고 매도자가 지불한다). 보장 매입자는 매 지급일에 잔존 명목원금에 이표 를 곱한 금액을 지불한다(CDS 거래에서는 채무불이행 발생 기점까지는 본래의 원금이 잔존 원금이 되지만 그 이후에는 0이 된다. CDS 지수거래의 경우에는 채무불이행이 발생하지 않 은 기관들의 수에 기관별 원금을 곱한 금액이 잔존 명목원금이 된다). 채무불이행이 발생할 경우의 투자수익은 보통의 경우와 마찬가지 방법으로 계산한다. 이와 같은 거래 방식은 거래 를 촉진시키는 결과를 가져오는데, 왜냐하면 CDS지수가 채권과 유사하게 거래되기 때문이다. 보장 매입자가 지불하는 분기별 지급액은 보장 매입자가 계약을 하는 시점의 스프레드와 독립적이 되기 때문이다.

예제 25.1

향후 5년 간 존속하게 될 iTraxx Europe 지수의 호가가 34베이시스포인트이고, 이표는 40베이시스포인트라고 하여보자(일수 계산은 둘 다 CDS 시장과 CDS 지수 시장에서 일상적으로 이용하는 실제 경과일수/360일 기준이라 하여보자). 이를 실제 경과일수/실제 경과일수 기준으로 환산하면 각각 0.345%와 0.406%가 된다. 수익률곡선은 연 4%에서 수평 으로 가정한다(실제 경과일수/실제 경과일수, 연속복리 기준). 설정된 회수율은 40%이 다. 듀레이션은 4.447년이다. 매년 4회의 지급액이 후불로 지급되며 내재 위험률은 0.5717%이다. 따라서 가격은 다음과 같다.

$$100 - 100 \times 4.447 \times (0.00345 - 0.00406) = 100.27$$

각 기업당 보장 금액이 백만달러인 계약을 가정해보자. 계약 초기에 매도자는 매입자에 게 1,000,000달러 × 125 × 0.0027를 지불한다. 이후 보장 매입자는 각 분기 말에 연 간 1,000,000달러 × 0.00406 × n을 지불하는데, 이때 n은 현재시점까지 채무불이행이 발생하지 않은 기업의 수이다. 어떤 한 기업에서 채무불이행이 발생하면 통상적인 방법 으로 투자수익을 계산하고, 매입자는 백만달러당 연 0.406%의 금액을 분기 말에 매도 자에게 지불하게 된다.

25.5 CDS 선도계약과 CDS 옵션계약

CDS시장이 정착되어 가면서 파생상품 거래자들은 자연스럽게 CDS에 대한 선물과 옵션을 거래하게

7 듀레이션이라는 용어의 사용은 4장에서 사용됐던 것과 다르다.

되었다.[8]

CDS 선도거래는 미래 특정 시점 T에서 특정 준거기관에 대한 CDS 계약을 매입하거나 매 도하여야 하는 계약이다. 만약 준거기관이 시점 T 이전에 파산하게 되면, 선도 CDS계약은 파 기된다. 예를 들어 어떤 은행이 280베이시스포인트에 특정 기업에 대한 5년 만기 CDS계약을 매도하여야 하는 만기 1년짜리 선도계약을 하였다고 해보자. 만약 1년 이내에 이 기업이 파산 하는 경우에는 이 선도계약은 무효가 된다.

CDS옵션은 미래 특정 시점 T에서 특정 준거기관에 대한 CDS계약을 매입하거나 매도할 수 있는 옵션계약이다. 어떤 거래자가 280베이시스포인트에 특정 기업에 대한 5년 만기 CDS 계약을 매입할 수 있는 만기 1년짜리 옵션계약을 하였다고 해보자. 이것은 콜옵션이다. 만약 1년 후 이 기업에 대한 5년 만기 CDS계약의 스프레드가 280베이시스포인트보다 높다면 옵 션은 행사될 것이고, 그렇지 않은 경우에는 행사되지 않을 것이다. 통상적으로 옵션의 가격은 계약시점에서 지불된다. 마찬가지로 어떤 거래자가 280베이시스포인트에 특정 기업에 대한 5 년 만기 CDS계약을 매도할 수 있는 만기 1년짜리 옵션계약을 하였다고 해보자. 이것은 풋옵 션이다. 만약 1년 후 이 기업에 대한 5년 만기 CDS 계약의 스프레드가 280베이시스포인트보 다 낮다면 옵션은 행사될 것이고 그렇지 않은 경우에는 행사되지 않을 것이다. 이 경우에도 옵션의 가격은 계약시점에서 지불된다. 선도 CDS와 마찬가지로 CDS옵션계약도 만기 전에 준거기관이 파산하면 무효가 되도록 계약하는 것이 일반적이다.

25.6 바스켓 CDS

바스켓 CDS (basket CDS)는 준거기관이 여러 개 있는 경우이다. 포괄적 CDS (add up basket CDS)의 경우에는 준거기관 중 어느 하나라도 채무불이행이 발생하면 투자수익을 지급한다. 따라서 각 준거기관에 대한 CDS의 포트폴리오라고 할 수 있다. 1차-채무불이행-바스켓 CDS (first-to-default basket CDS)의 경우에는 첫 번째 준거기관에 채무불이행이 발생하는 경우에만 투자수익을 지급한다. 이후에는 스왑에서 더 이상의 현금지급이 발생하지 않고, 스 왑계약은 종료된다. *k*차–채무불이행–바스켓 CDS (kth-to-default basket CDS)의 경우에는 *k* 번째 준거기관에 채무불이행이 발생하는 경우에만 투자수익을 지급하는데 이때 투자수익은 일반적인 CDS에서와 같은 방법으로 계산한다. *k*번째 준거기관이 파산하면 정산이 이루어진 다. 이후 스왑은 종료되고 더 이상의 현금 지급은 거래 당사자들에게 발생하지 않는다.

25.7 총수익 스왑

총수익 스왑(TRS: total return swap)은 일종의 파생상품이라 할 수 있다. 이 상품은 채권(또는 임의의 자

8 J. C. Hull and A. White, "The Valuation of Credit Default Swap Options," Journal of Derivatives, 10, 5 (Spring 2003): 40–50.

그림 25.2 총수익 스왑.

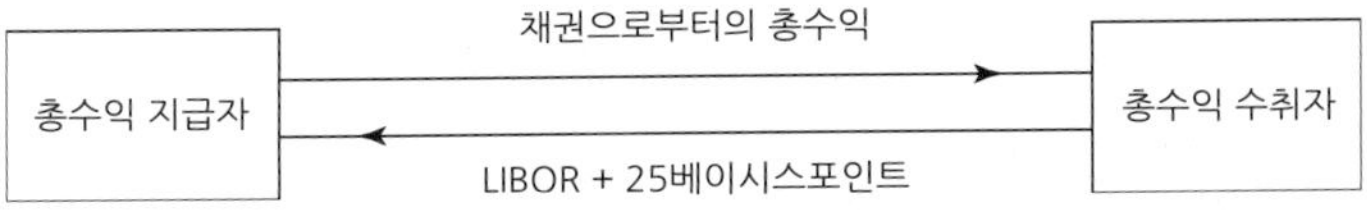

산 포트폴리오)의 총수익과 LIBOR + 스프레드를 교환하는 거래라 할 수 있다. 이 경우 총수익에는 채권 이표, 이자, 스왑 기간 동안 자산에서 발생하는 자본이득이나 자본손 실 등이 포함된다.

총수익 스왑의 예를 들기 위해서 명목원금 1억 달러에 대하여 어떤 회사채의 총수익을 LIBOR + 25 베이시스포인트와 교환하는 만기 5년짜리 계약이 있다고 하여보자. [그림 25.2] 에 이러한 스왑에서의 현금흐름 교환이 설명되어 있다. 이표 지급일이 되면 TRS 지급자 (payer)는 1억 달러의 채권 투자에서 생기는 이표를 지불한다. TRS 수취자(receiver)는 1억 달러의 원금에 LIBOR + 25베이시스포인트의 이자를 지급한다(기본형 이자율 스왑에서처럼 LIBOR는 이표 지급일에 확정되어, 다음 기간에 지급된다). 한편 스왑계약이 종료되는 시점 에서는 채권가치의 변화를 반영하는 현금 지급이 이루어진다. 예를 들어 채권가치가 스왑기 간 동안 10% 증가하였다면 TRS 지급자는 5년 후에(1억 달러의 10%인) 1천만 달러를 지급 해야 한다. 마찬가지로 채권가격이 15% 감소하였다면 TRS 수취자는 5년 후에 1천 5백만 달 러를 지불해야 한다. 만약 스왑기간 중 준거채권에 채무불이행이 발생하면 보통 TRS 수취자 는 1억 달러에서 채권의 시장가격을 차감한 만큼의 현금을 마지막으로 지급자에게 지불하고 TRS는 종료된다.

명목원금을 스왑 만기 시점에서 양쪽에 더하여 주는 경우를 가정하면 총수익 스왑은 다음과 같이 설명할 수 있다. TRS의 지급자는 회사채에 1억 달러를 투자한 데서 발생하는 현금흐름을 지급한다. 반면 수취자는 LIBOR + 25베이시스포인트를 지불하는 채권에 1억 달러를 투자한 데서 발생하는 현금흐름을 지불하게 된다. 이때 지급자가 채권을 소유하고 있는 경우 그는 총 수익 스왑을 통하여 채권의 신용위험을 수취자에게 전가시킬 수 있게 된다. 반면에 채권을 소 유하고 있지 않은 경우에 지급자는 TRS를 통하여 채권의 매도포지션을 갖게 되는 셈이다.

흔히 TRS를 자금조달 수단으로 이용하는 경우가 있다. [그림 25.2]에서와 같은 TRS를거 래하게 되는 다음과 같은 상황을 생각해보자. 어떤 TRS 수취자가 준거증권에 투자하는 데 필 요한 1억 달러의 자금을 조달하고자 한다고 하자. 수취자는 이 자금을 대출받아 직접 준거증 권에 투자하는 대신 TRS 지급자(보통 금융기관일 가능성이 많음)와 교섭하여 스왑계약을 체 결한다. 이때 TRS 지급자는 채권에 1억 달러를 투자한다. 결과적으로 TRS 수취자는 채권을 매입하기 위하여 LIBOR + 25베이시스포인트의 이자율에 자금을 차입한 것과 동일한 상태 가 된다. TRS 지급자는 스왑기간 동안 채권의 소유권을 보유하게 되는데, 이는 지급자가 채 권을 담보로 하여 수취자에게 채권 매입대금을 대출해 주는 경우보다 적은 신용위험에 노출 되게끔 하여준다. 또한 수취자가 파산하더라도 지급자는 담보물의 가치를 회수해야 할 법적 문제에 부딪치지 않을 수 있다. 총수익 스왑은 유가증권의 매입대금을 조달하여야 하는 경우 의 신용위험을 최소화시킬 목적으로 구성된다는 점에서 리포(4장 1절 참조)와 유사한 계약이라 할 수 있다.

TRS의 지급자가 수령하는 스프레드([그림 25.2]에서는 25베이시스포인트)는 수취자가 파 산할 경우의 위험에 대한 보상이라고 할 수 있다. 만약 준거증권의 가격이 하락하는 시기에 수취자가 채무불이행에 빠지면 지급자는 손실을 입게 된다. 따라서 스프레드는 수취자의 신 용상태, 채권 발행기업의 신용상태, 그리고 이 두 변수 간의 상관관계에 따라 달라진다.

지금까지 설명한 표준적인 TRS와는 다른 변형된 형태의 TRS도 많이 존재하는데, 예를 들 어 TRS 만기일에 준거증권가치의 변동금액과 현금을 교환하지 않고 지급자가 기초자산을 현 금과 교환하는 실물 인도가 이루어지는 경우도 종종 있다. 또 준거증권가치 변화에 따른 현금 지급을 스왑 만기일에 한꺼번에 하지 않고 정기적으로 지급하는 경우도 있다.

25.8 부채담보부 증권 CDO

우리는 8장에서 자산유동화증권(ABS)에 대하여 설명한 바 있다. [그림 8.1]은 ABS의 구조를 보여주고 있다. 채권이 기초자산인 경우의 ABS를 부채담보부 증권(CDO)라고 한다. [그림 8.2] 에 소개된 것과 유사한 폭포수형현금흐름 구조를 채권의 원금과 이자에 대하여 정의할 수 있 다. 폭포수형 현금흐름의 배분 법칙은 상당히 복잡하기는 하지만 설계의 기본 원칙은 한 트랑 슈가 다른 트랑슈보다 선순위인 경우 원금과 이자를 수령할 확률이 높아지도록 하는 것이다.

합성 CDO

앞에서 설명한 바와 같이 채권 포트폴리오로부터 CDO를 구성하는 경우 이를 현금 CDO라고 부른다. CDO시장의 성장과정에서 특정 기업의 채권에의 매수포지션(long position)은 해 당 채권의 발행기업이 준거기업인 CDS계약의 매도포지션(short position)과 유사한 위험을 갖게 된다는 점이 알려지게 되었다. 이는 합성 CDO라는 새로운 구조를 탄생시키게 되었고 이후 합성 CDO는 매우 인기있는 상품으로 자리 잡게 되었다.

합성 CDO의 구성자(originator)는 우선 기업들의 포트폴리오와 CDO의 만기(예를 들어 5 년)을 결정한다. 이후 포트폴리오 내의 각 기업에 대한 CDS 보장계약을 매도하는데 이때 CDS의 만기를 CDO의 만기와 일치시킨다. 또한, 합성 CDO의 원금은 기초자산이 되는 CDS 의 명목원금의 합계와 일치시킨다. 구성자에게 발생하는 현금유입액은 CDS 스프레드와 동일 하고 현금 유출액은 포트폴리오 내의 기업들의 채무불이행 발생 시의 금액과 동일하게 된다. 합성 CDO에서 각 트랑슈에 발생하는 현금 유입액과 유출액을 결정하는 방식은 현금 CDO의 경우보다 더 단순하다. 예를 들어 지분 트랑슈, 중간 트랑슈, 선순위 트랑슈 등 세개의 트랑슈 만이 있는 경우를 가정하여보자. 이 때 현금흐름 계산 방식은 다음과 같다.

1. 지분 트랑슈는 합성 CDO의 원금의 5%에 해당하는 CDS 지급액에 대하여 책임을 진다. 트랑슈의 잔존 원금에 대하여 연 1000 베이시스포인트의 스프레드 수익이 발생한다.
2. 중간 트랑슈는 합성 CDO 원금의 5% 초과, 최대 20%에 해당하는 CDS 지급액에 대하 여 책임

을 진다. 또한 트랑슈의 잔존 원금에 대하여 연 100베이시스포인트의 스프레드 수익이 발생 한다.

3.선순위 트랑슈는 합성 CDO 원금의 20% 초과에 해당하는 CDS 지급액에 대하여 책임 을 진다. 또한 트랑슈의 잔존 원금에 대하여 연 10베이시스포인트의 스프레드 수익이 발 생한다.

합성 CDO의 운영방식에 대하여 이해를 돕기 위해서 원금이 1억 달러라고 해보자. 또한 지분, 중간, 선순위 트랑슈의 원금은 각각 5백만 달러, 1,500만 달러, 8,000만 달러라고 해보자. 각 트랑슈의 초기 수익은 할당된 명목 원금에 대하여 지정된 스프레드가 된다. 이제 1년 후에포 트폴리오 내 기업들의 채무불이행으로 인해 CDS 지급액이 2백만 달러라고 하여보자. 이 때 지분트랑슈 보유자들이 이 금액에 대하여 책임을 진다. 따라서 지분 트랑슈 원금은 3백만 달 러로 감소하게 되고 이제 5백만 달러가 아니라 3백만 달러에 대하여 스프레드(1,000베이시스 포인트)를 벌게 된다. 이후 CDO 만기 동안 4백만 달러의 추가적인 CDS 지급액이 발생하여 지분 트랑슈가 책임질 누적 지급액이 5백만 달러가 되면 잔존 원금은 0이 된다. 이때 중간트랑슈 보유자들이 나머지 백만 달러를 지급해야 한다. 따라서 이들의 잔존 원금은 1,400만 달 러로 감소한다.

현금 CDO의 경우(기초 자산 채권의 구입자금 마련을 위해) 트랑슈 보유자들은 초기 투자 액이 필요하게 된다. 반면 합성 CDO 보유자들은 이와 같은 초기 투자가 필요없다. 그들은 단 지 현금 유입액과 유출액의 결정 방식에 대하여 동의하기만 하면 된다. 그러나 실제로는 거의 예외없이 초기 트랑슈 원금에 해당하는 금액을 담보로 제공하는 것이 일반적이다. 이때 특정 트랑슈에 CDS 지급액에 대한 책임이 발생하면 이 담보금으로부터 인출된다. 담보금 잔액에 대해서는 LIBOR에 해당하는 이자가 지급된다.

표준 포트폴리오와 단일 트랑슈 거래

위에서 설명한 합성 CDO의 경우, 개별 기업에 대한 CDS들은 채권 포트폴리오와 동일한 투자수단의 포트폴리오를 생성하기 위해 매도됐다. In a further market development, 트랑슈가 기초가 되는 포트폴리오을 생성하지 않고 거래될 수 있다는 것을 알게 됐다. 가상의 준거 포트폴리오(reference portfolio)는 트랑슈의 현금흐름을 규정하는데 사용된다. 보장 매입자는 트랑슈 스프레드를 보장 매도자에게 지급하고 보장 매도자는 트랑슈가 채임지는 CDS의 준거 포트폴리오에 발생한 손실금액에 해당하는 금액을 보장 매입자에게 지불한다. 이는 종종 단일 트랑슈 거래(single-tranche trading)라고 불리며 이는 하

표 25.6 5년 만기 iTraxx Europe 트랑슈의 호가 중간값. 호가는 0~3% 트랑슈를 제외하고 베이시스포인트 기준이며 0~3% 트랑슈의 경우 호가는 트랑슈 원금의 백분율을 의미하고 연 500 베이시스포인트와 함께 선납해야 하는 금액이다.

날짜	트랑슈 0~3%	3~6%	6~9%	9~12%	12~22%	iTraxx 지수
2007년 1월 31일	10.34%	41.59	11.95	5.60	2.00	23
2008년 1월 31일	30.98%	316.90	212.40	140.00	73.60	77
2009년 1월 30일	64.28%	1185.63	606.69	315.63	97.13	165

나의 트랑슈가 다른 트랑슈를 거래하지 않고 거래될 수 있기 때문이다.

25장 3절에서 우리는 CDX NA IG와 iTraxx Europe와 같은 CDS 지수에 대하여 설명한 바 있다. 시장에서는 표준적인 합성 CDO 트랑슈들을 정의하게 위하여 이와 같은 지수들의 기초 포트폴리오들을 이용한다. 이러한 트랑슈들은 매우 활발하게 거래되고 있다. iTraxx Europe의 경우 각각 0~3%, 3~6%, 6~9%, 9~12%, 12~22%, 22~100%에 해당하는 손실액을 부담하는 트랑슈들이 표준이 된다. 반면 CDX NA IG의 경우 각각 0~3%, 3~7%, 7~10%, 10~15%, 15~30%, 30~100%에 해당하는 손실액을 부담하는 트랑슈들이 표준이 된다.

[표 25.6]에는 1월 말 시점에서 5년 만기 iTraxx 트랑슈들의 호가가 3년에 걸쳐 소개되어 있다. 25장 3절에서와 같이 지수 스프레드는 지수 내의 모든 기업들에 대한 보장을 매입하는 경우의 베이시스포인트 표시 비용을 의미한다. 0~3% 트랑슈를 제외한 나머지 트랑슈들의 호 가는 해당 트량슈 보장을 매입하는 경우의 베이시스포인트 표시 비용을 의미한다(앞에서 설 명한 바와 같이 이 금액은 트량슈에 발생한 손실을 반영한 잔존 원금에 대하여 지급된다).

[표 25.6] 5년 만기 iTraxx Europe 트랑슈의 호가 중간값. 호가는 0~3% 트랑슈를 제외하고 베이시스포인트 기준이며 0~3% 트랑슈의 경우 호가는 트랑슈 원금의 백분율을 의미하고 연 500 베이시스 포인트와 함께 선납해야 하는 금액이다(자료: Creditex roup Inc.).

0~3% 트랑슈(지분 트랑슈)의 경우 보장 매입자는 초기 비용을 지불하고 매년 트랑슈 잔존 원금에 대하여 500베이시스포인트를 지불하게 된다. 이 경우 호가는 트랑슈 잔존 원금 대비 백분율로 표시한 초기 비용을 의미한다.

[표 25.6]은 단 2년이라는 시간이 신용시장에 얼마나 큰 차이를 가져왔는지 잘 보여주고 있다. [표 25.6]에는 신용 붕괴가 초래한 신용 스프레드의 급격한 상승이 잘 나타나 있다. 즉, iTraxx 지수는 2007년 1월의 23베이시스포인트에서 2009년 1월에는 165베이시스포인트로 증가하였다. 개별 트랑슈의 호가 역시 급격한 증가를 보이고 있다. 이와 같은 변화의 이유 중 하나는 투자등급기업들의 채무불이행 확률에 대한 시장의 평가가 높아졌기 때문이다. 그러나 보장 매도자들이 유동성 위기를 겪고 있었던 경우가 많았던 것도 한 요인이라고 할 수 있다. 보장 매도자들의 위험 회피 성향이 증가하고 따라서 더 높은 위험 프리미엄을 요구하게 되었 던 것이다.

25.9 바스켓 CDS와 CDO에서 상관계수의 역할

k차–채무불이행 CDS 혹은 어떤 CDO의 트랑슈에 대한 보장에 소요되는 비용은 채무불이행 상관계수 값에 따라 크게 달라진다. 예를 들어 100개 준거기관들의 바스켓을 k차–채무불이행 CDS를 정의하는 데 이용하고, 각 준거기관의 향후 5년 동안 위험중립 채무불이행 확률은 2% 라고 하여보자. 준거기관 간의 채무불이행 상관계수가 0인 경우, 향후 5년 간 1개 이상의 준 거기관이 파산할 확률을 이항분포를 이용하여 계산하면 86.74%이 되고 10개 이상의 준거기 관이 파산할 확률은 0.0034%가 된다. 따라서 1차–채무불이행 CDS는 상당한 가치를 가지는 반면 10차–채무불이행 CDS는 거의 가치가 없게 된다.

그런데 채무불이행 상관계수가 커짐에 따라 1개 이상의 준거기관이 파산할 확률은 감소하는 반면에 10개 이상의 준거기관이 파산할 확률은 증가하게 된다. 만약 상관계수가 1에 수렴하게 되면 1개 이상의 준거기관이 파산할 확률과 10개 이상의 준거기관이 파산할 확률은 같아지게 되고 확률값은 2%가 된다. 왜냐하면 이런 경우 각 준거기관들은 본질적으로 동일한 기관이 되 기 때문이다. 이때는 모든 기관이 파산하거나(확률 2%), 파산하는 기관이 없게 된다(확률 98%). CDO의 한 트랑슈의 가치평가 역시 상관계수에 따라 달라진다. 상관계수가 낮은 경 우에는 후순위 트랑슈의 위험은 매우 크지만, 선순위 트랑슈의 위험은 거의 사라진다. 상관계 수가 증가함에 따라 후순위 트랑슈의 위험은 감소하지만 선순위 트랑슈의 위험은 점차 증가한다. 상관계수가 1이고 회수율이 0인 경우 트랑슈들의 위험은 같아진다.

25.10 합성 CDO의 가치평가

합성 CDO는 DerivaGem을 이용하여 가치를 평가할 수 있다. 계산과정을 설명하기 위해서 어떤 합성 CDO의 지급일이 각각 $\tau_1, \tau_2, \ldots, \tau_m$ 라고 하고 $\tau_0 = 0$ 이라고 하여보자. E_j는 시점 τ_j 에서 트랑슈의 기대원금이고, $v(\tau)$는 시점 τ에서 수령하는 1달러의 현재가치라고 해보자. 특정 트랑슈에 대한 스프레드(즉, 보장 매입을 위해 지급하는 베이시스포인트 값)를연 s라고 해 보자. 스프레드는 이 트랑슈의 잔존원금에 대하여 지불된다. CDO에서의 정기적인 기대 스프 레드 지급액의 현재가치는 sA가 되는데 여기서 A는 다음과 같다.

$$A = \sum_{j=1}^{m} (\tau_j - \tau_{j-1}) E_j v(\tau_j) \tag{25.1}$$

시점 τ_{j-1} 과 시점 τ_j 동안의 기대 손실은 $E_{j-1} - E_j$이다. 이 손실이 각 기간의 중간 시점(즉, 시점 $0.5\tau_{j-1} + 0.5\tau_j$)에서 발생한다고 가정해보자. 이때 이 CDO 트랑슈에 대한 기대 투자수 익의 현재가치는 다음과 같다.

$$C = \sum_{j=1}^{m} (E_{j-1} - E_j) v(0.5\tau_{j-1} + 0.5\tau_j) \tag{25.2}$$

원금 손실 발생시 발생 프리미엄은 sB 이고, 여기서 B는 다음과 같다.

$$B = \sum_{j=1}^{m} 0.5(\tau_j - \tau_{j-1})(E_{j-1} - E_j) v(0.5\tau_{j-1} + 0.5\tau_j) \tag{25.3}$$

따라서 보장 매입자에게 이 트랑슈의 가치는 $C - sA - sB$가 된다. 이 트랑슈의 손익분기 스 프레드는 프리미어 지급액의 현재가치와 투자수익의 현재가치가 같을 때이므로 $C = sA + sB$가 된다. 따라서 손익분기 스프레드는 다음과 같다.

$$s = \frac{C}{A + B} \tag{25.4}$$

식 (25.1)~(25.3)은 손익분기 스프레드를 계산함에 있어 트랑슈 기대 원금의 역할이 중요함을 보여주고 있다. 만약 모든 지급일에서 트랑슈의 기대 원금을 알고 있고, 무이표 수익률곡선을 알고 있다면 손익분기 스프레드는 식 (25.4)을 이용하여 계산할 수 있다.

만약 ([표25.6]의 s^*가 500 베이시스포인트인 0-3% 트랑슈를 위한 경우와 같이) 선지불(upfront payment)과 s^*의 고정 스프레드가 존재한다면 원금의 비율로써 선지불은 $C - s^*(A + B)$ 이다.

채무불이행 발생기간을 모형화하기 위한 가우시안 접합법의 이용

우리는 24장 8절에서 채무불이행 발생기간 예측을 위한 1요인 가우시안 접합법에 대하여 소 개한 바 있다. 이 방법이 합성 CDO의 가치를 평가하는 표준적인 모형이다. 시점 t까지 채무 불이행이 발생할 확률이 모든 기업에 대하여 $Q(t)$로 동일하다고 가정하여보자. 식 (24.9)에 의해 이와 같은 시점 t까지의 무조건부 채무불이행 확률을 다음과 같이 시점 t까지의 1요인 F조건부 채무불이행 확률로 전환할 수 있다.

$$Q(t \mid F) = N\left(\frac{N^{-1}[Q(t)] - \sqrt{\rho}\, F}{\sqrt{1-\rho}}\right) \tag{25.5}$$

여기서 ρ은 접합 상관계수이고 모든 조합의 기업들에 대하여 동일한 것으로 가정한다.

$Q(t)$값을 계산할 때 보통 특정 기업의 위험률은 지수 스프레드와 일치하는 상수값으로 가정한다. 이 상수값은 25장 2절에서 소개한 CDS 가치평가과정을 이용해서 지수 스프레드 값을 산출해 내는 위험률을 탐색함으로써 계산할 수 있다. 이 위험률을 λ라고 해보자. 이제 식 (25.1)로부터 다음 식이 성립한다.

$$Q(t) = 1 - e^{-\lambda t} \tag{25.6}$$

이항분포의 속성에 따라 시점 t까지 k회의 채무불이행이 발생할 F조건부 확률은 표준시장 모형에 의하면 다음과 같이 계산된다.

$$P(k, t \mid F) = \frac{n!}{(n-k)!\,k!} Q(t \mid F)^k [1 - Q(t \mid F)]^{n-k} \tag{25.7}$$

여기서 n은 포트폴리오의 준거기관의 숫자이다. 우리가 고려하고 있는 트랑슈가 α_L과 α_H 사이의 포트폴리오 손실을 부담하는 트랑슈라고 하여보자. 모수 α_L과 α_H은 각각 손실 시작점(attachment point)과 손실 종료점(detachment point)이라고 부른다. 이제 다음과 같은 기호를 정의한다.

$$n_L = \frac{\alpha_L n}{1-R} \quad \text{and} \quad n_H = \frac{\alpha_H n}{1-R}$$

여기서 R은 회수율이다. 또한 $m(x)$를 x보다 큰 수 중 가장 작은 정수값이라고 하자. 이때 트랑 슈 초기 원금은 1이라고 가정하여 보자. 채무불이행의 횟수 k가 $m(n_L)$보다 적은 경우에는 트 랑슈 원금은 1로 유지된다. 반면에 채무불이행의 횟수 k가 $m(n_H)$보다 큰 경우에는 트랑슈 원금은 0이 된다. 나머지 경우 트랑슈 원금은 다음과 같다.

$$\frac{\alpha_H - k(1-R)/n}{\alpha_H - \alpha_L}$$

$E_j(F)$를 요인 F값에 따른 시점 τ_j에서의 트랑슈 기대 원금으로 정의해보자. 이제 다음 식이 성립한다.

$$E_j(F) = \sum_{k=0}^{m(n_L)-1} P(k, \tau_j \mid F) + \sum_{k=m(n_L)}^{m(n_H)-1} P(k, \tau_j \mid F) \frac{\alpha_H - k(1-R)/n}{\alpha_H - \alpha_L} \tag{25.8}$$

다음으로 $A(F)$, $B(F)$, $C(F)$를 F값에 따른 A, B, C의 값이라고 정의한다. 이 값들은 다음과 같이 식 (25.1)~(25.3)과 유사한 형태로 표시할 수 있다.

$$A(F) = \sum_{j=1}^{m} (\tau_j - \tau_{j-1}) E_j(F) v(\tau_j) \tag{25.9}$$

$$B(F) = \sum_{j=1}^{m} 0.5(\tau_j - \tau_{j-1})(E_{j-1}(F) - E_j(F)) v(0.5\tau_{j-1} + 0.5\tau_j) \tag{25.10}$$

$$C(F) = \sum_{j=1}^{m} (E_{j-1}(F) - E_j(F)) v(0.5\tau_{j-1} + 0.5\tau_j) \tag{25.11}$$

변수 F의 분포는 표준 정규분포이다. 따라서 A, B, C의 무조건부 값을 계산하려면 $A(F)$, $B(F)$, $C(F)$를 표준정규분포에 대하여 적분하여야 한다. 이러한 무조건부 값들이 계산되면 트랑슈에 대한 손익분기 스프레드는 $C/(A+B)$ 또는 선지불은 $C - s^*(A+B)$로 계산된다.

이때 적분은 가우시안 구적법(Gaussian quadrature)이라고 불리는 절차를 이용하는 것이 최상의 방법이다. 이 방법은 다음과 같은 개략적 계산에 의하여 적분값을 계산한다.

$$\int_{-\infty}^{\infty} \frac{1}{\sqrt{2\pi}} e^{-F^2/2} g(F)\, dF \approx \sum_{k=1}^{M} w_k g(F_k) \tag{25.12}$$

이때 M이 증가할수록 정확도도 증가한다. M값에 따른 w_k 값과 F_k 값은 저자의 홈페이지에 수록되어 있다.[9] M의 값은 DerivaGem에서의 변수 “number of integration points” 값의 2배 이다. 보통 이 변수의 값은 20으로 놓으면 비교적 정확한 결과를 얻을 수 있다.

예제 25.2

iTraxx Europe의 중간층 트랑슈(5년 만기)가 있는데 접합 상관계수가 0.15이고 회수율은 40%라고 해보자. 또한 $\alpha_L = 0.03$, $\alpha_H = 0.06$, $n = 125$, $n_L = 6.25$, $n_H = 12.5$라고 하자. 이자율의 기간구조는 3.5%에서 수평이고 현금흐름 지불은 분기별로 이루어지며 지수에 대한 CDS 스프레드는 50베이시스포인트라고 해보자. 본 장 2절에서 한 것과 유사한 계산을 거치면 CDS 스프레드에 상응하는 위험률은 0.83%임을 알 수 있다(연속복리 가정). 나머지 계산 결과들은 [표 25.7]에 표시되어 있다. 식 (25.12)의 계산을 위해서는 $M = 60$을 사용하였다. 요인값, F_k와 가중치, w_k는 표

9 모수 w_k, F_k는 허마이트(Hermite) 다항식의 근에서 계산할 수 있다. 가우시안 구적법(quadrature)에 대한 자세한 내용은 저자 홈페이지(www-2.rotman.utoronto.ca/~hull/TechnicalNotes)의 [Technical Note] 21을 참조하시오

표 25.7 [예제 24.2] CDO의 가치 평가(지급액은 1스프레드당 금액임).

요인값과 가중치						
w_k	⋯	0.1579	0.1579	0.1342	0.0969	⋯
F_k	⋯	0.2020	−0.2020	−0.6060	−1.0104	⋯
기대원금 $E_j(F_k)$						
Time						
$j = 1$	⋯	1.0000	1.0000	1.0000	1.0000	⋯
⋮	⋮	⋮	⋮	⋮	⋮	⋮
$j = 19$	⋯	0.9953	0.9687	0.8636	0.6134	⋯
$j = 20$	⋯	0.9936	0.9600	0.8364	0.5648	⋯
기대 지급액 현재가치 $A(F_k)$						
$j = 1$	⋯	0.2478	0.2478	0.2478	0.2478	⋯
⋮	⋮	⋮	⋮	⋮	⋮	⋮
$j = 19$	⋯	0.2107	0.2051	0.1828	0.1299	⋯
$j = 20$	⋯	0.2085	0.2015	0.1755	0.1185	⋯
Total	⋯	4.5624	4.5345	4.4080	4.0361	⋯
기대 발생 프레미엄 현재가치 $B(F_k)$						
$j = 1$	⋯	0.0000	0.0000	0.0000	0.0000	⋯
⋮	⋮	⋮	⋮	⋮	⋮	⋮
$j = 19$	⋯	0.0001	0.0008	0.0026	0.0051	⋯
$j = 20$	⋯	0.0002	0.0009	0.0029	0.0051	⋯
Total	⋯	0.0007	0.0043	0.0178	0.0478	⋯
기대 투자수익 현재가치 $C(F_k)$						
$j = 1$	⋯	0.0000	0.0000	0.0000	0.0000	⋯
⋮	⋮	⋮	⋮	⋮	⋮	⋮
$j = 19$	⋯	0.0011	0.0062	0.0211	0.0412	⋯
$j = 20$	⋯	0.0014	0.0074	0.0230	0.0410	⋯
Total	⋯	0 0055	0 0346	0 1423	0 3823	⋯

의 서두 부분에 표시되 어 있다. 프리미엄 지불시점에서 요인 값들에 따른 트랑슈 기대원금은 식 (25.5)~(25.8)의 식들을 이용하여 계산하였으며 표의 두 번째 부분에 표시되어 있다. 요인 값들에 따른 A, B, C의 무조건부 값들은 식 (25.9)~(25.11)의 식들을 이용하여 계 산하였으며 표의 마지막 세 부분에 표시되어 있다. A, B, C의 무조건부 값들은 $A(F)$, $B(F)$, $C(F)$를 F의 확률분포에 대하여 적분하여 계산하였다. 이 계산과정은 식 (25.12) 에서 (F)를 순차적으로 $A(F)$, $B(F)$, $C(F)$로 설정함으로써 이루어진다. 그 결과는 다음과 같다.

$$A = 4.2846, \quad B = 0.0187, \quad C = 0.1496$$

따라서 손익 분기 트랑슈 스프레드는 0.1496/(4.2846 + 0.0187) = 0.0348, 즉 348베이시스 포인트가 된다.

이러한 계산 결과는 DerivaGem을 이용해서도 얻을 수 있다. 우선 DerivaGem의 CDS 워 크시트를 이용하여 50베이시스포인트의 스프레드를 0.83%의 위험률로 전환한다. 이제 CDO 워크시트에서 이 위험률 값과"number of integration point"값 30을 입력하여 계산하면 같 은 결과가 얻어진다.

k차-채무불이행 CDS의 가치평가

k차–채무불이행 CDS(본장 5절 참조)도 요인 F에 따른 표준시장 모형을 이용하여 가치를 평 가할수 있다. 시점 τ_{j-1}과 τ_j 사이에 k차 채무불이행의 조건부 발생확률은 시점 τ_j 까지 k회 이상의 채무불이행이 발생할 조건부 확률에서 시점 τ_{j-1} 까지 k회 이상의 채무불이행이 발생할 확률을 차감한 값이다. 식 (25.5)~(25.7)까지의 식들을 이용하면 이 값은 다음과 같다.

$$\sum_{q=k}^{n} P(q, \tau_j \mid F) - \sum_{q=k}^{n} P(q, \tau_{j-1} \mid F)$$

시점 τ_{j-1}과 τ_j 사이에 F차 채무불이행은 중간 시점인 $0.5\tau_{j-1} + 0.5\tau_j$ 에서 발생하는 것으로 가정한다. 따라서 프리미엄 지불액과 F에 따라 결정되는 투자수익의 현재가치를 일반적인 CDS 의 가치평가와 같은 방법으 로 계산할 수 있게 된다(본장 2절 참조). 이들 값을 F에 대하여 적 분하면 프리미엄 지불액과 투자수익의 무조건부 현재가치가 계산된다.

예제 25.3

위해율이 연 2%인 10개의 채권 포트폴리오가 있다고 하고, 프리미엄 지불은 매년 말에 이루어지는 3차–채무불이행 CDS의 가치를 평가한다고 하여 보자. 접합 상관계수는 0.3이고 회수율은 40%이며 무위험이자율은 만기에 관계없이 5%라고 해보자. [표 25.7]에서와 같이 $M = 60$인 경우의 요인 값들을 이용한다. 1, 2, 3, 4, 5년도 말에서 각 채권의 무조건부 채무불이행 누적확률은 각각 0.0198, 0.0392, 0.0582, 0.0769, 0.0952이다. 식 (25.5)에 의하면 만약 $F = -1.0104$라면 이 확률들은 각각 0.0361, 0.0746, 0.1122, 0.1484, 0.1830이 된다. 이항분포를 이용하여 1, 2, 3, 4, 5년도 말에서 3회 이상의 채무불이행이 발생할 조건부확률을 계산하면 0.0047, 0.0335, 0.0928, 0.1757, 0.2717이 된다. 따라서 1, 2, 3, 4, 5년도 동안에 3번째 채무불이행이 발생할 조건부 확률은 각각 0.0047, 0.0289, 0.0593, 0.0829, 0.0960가 된다. 본 장 2절의 분석과 유사한 분석을 통하여 F = -1.0104일 경우 투자수익의 현재가치, 프리미엄의 현재가치, 발생 프리미엄의 현재가치는 각각 0.1379, 3.8443s, 0.1149s임을 알 수 있다. 같은 계산을 나머지 59개의 요인 값에 대하여 반복하고 식 (25.12)를 이용하여 F에 대하여 적분을 한다. 그 결과 무조건부 투자수익의 현재가치, 프리미엄의 현재가치, 발생 프리미엄의 현재가치는 각각 0.0629, 4.0580s, 0.0524s가 된다. 따라서 손익 분기 CDS 스프레드는 0.0629/(4.0580 + 0.0524) = 0.0153, 즉 153베이시스포인트가 된다.

내재 상관계수

표준시장 모형에서는 회수율 R을 보통 40%로 가정한다. 따라서 접합 상관계수 ρ만이 유일한 미지의 모수가 된다. 이것은 블랙–숄즈–머턴 모형에서 미지의 모수가 변동성 하나뿐인 경우 와 유사하다. 따라서 시장 참여자들은 옵션의 시장가격에서 내재변동성을 계산하는 것과 동 일한 방법으로 트랑슈들의 시장 호가에서 내재 변동성을 계산하기를 원한다.

연속적인 순위 트랑슈들에 대하여 $\{\alpha_L, \alpha_H\}$의 값들이 $\{\alpha_0, \alpha_1\}$, $\{\alpha_1, \alpha_2\}$, $\{\alpha_2, \alpha_3\}, \ldots, (\alpha_0 = 0)$라고 하여 보자(예를 들어 iTraxx Europe 지수의 경우 $\alpha_0 = 0,\ \alpha_1 = 0.03,\ \alpha_2 = 0.06,\ \alpha_3 = 0.09,\ \alpha_4 = 0.12,\ \alpha_5 = 0.22,\ \alpha_6 = 1.00$ 이다). 이때 내재 상관계수는 두 가지로 정의할 수 있다. 하나는 복합상관계수이다. 이 값은 $\{\alpha_{q-1}, \alpha_q\}$ 트랑슈에 대하여 모형에서 계산한 스프레 드와 시장에서의 스프레드를 일치시켜 주는 상관계수 값을 말한다. 이 값은 순환기법을 이용 하여 계산할 수 있다. 또 하나는 기초 상관계수이다. 이 값은 특정한 $\alpha_q\ \ (q \geqslant 1)$에 대하여 $\{0, \alpha_q\}$ 트랑슈의 가치가 시장가격과 일치하도록 해 주는 ρ값을 말한다. 이 값은 다음과 같은 과 정을 통하여 계산할 수 있다.

1. 각 트랑슈에 대하여 복합상관계수를 계산한다.
2. 복합상관계수를 이용하여 CDO 만기 동안 각 트랑슈의 기대 손실의 현재가치를 트랑슈 잔존원금의 백분율로 계산한다. 이 값을 우리는 앞에서 C라는 변수로 정의한 바 있다. 이제 $\{\alpha_{q-1}, \alpha_q\}$ 트랑슈에 대한 C 값을 C_q 라고 해보자.
3. $\{0, \alpha_q\}$ 트랑슈의 기대 손실의 현재가치를 기초 포트폴리오 총 원금의 백분율로 계산한 다. 이는 $\sum_{p=1}^{q} C_p(\alpha_p - \alpha_{p-1})$ 이 된다.
4. $\{0, \alpha_q\}$에 대한 C값은 3단계에서의 값을 αq로 나눈 값이다. 기초 상관계수는 이 C 값과 일치하는 상관계수 ρ값이 된다. 계산은 순환기법을 이용하면 된다.

그림 25.3 2007년 1월 31일 현재 iTraxx Europe에 대한 총 기초원금의 백분율로 표시한 0~X% 트랑슈의 기대손실의 현재가치.

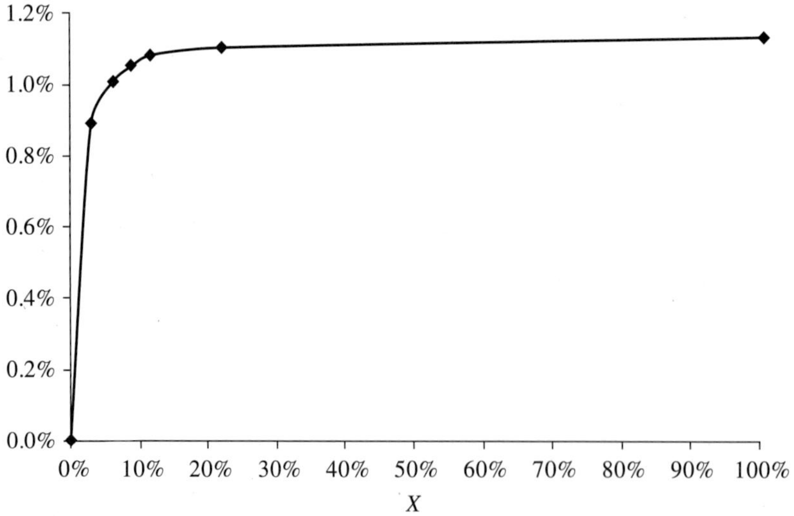

표 25.8 2007년 1월 31일 현재 5년 만기 iTraxx Europe 트랑슈의 내재 상관계수

복합상관계수					
트랑슈	0~3%	3~6%	6~9%	9~12%	12~22%
호가	17.7%	7.8%	14.0%	18.2%	23.3%
기초 상관계수					
트랑슈	0~3%	0~6%	0~9%	0~12%	0~22%
호가	17.7%	28.4%	36.5%	43.2%	60.5%

2007년 1월 31일 호가를 이용하여 3단계에서 계산한 iTraxx Europe 지수에 대하여 기대 손실 의 현재가치를 기초 포트폴리오의 총 원금의 백분율로 계산한 결과([표 25.6]에 있음)가 [그림25.3]에 묘사되어 있다. 호가에 대한 내재 상관계수 값은 [표 25.8]에 요약되어 있다. 이것은 이 자율 기간구조는 3%에서 수평이고, 회수율은 40%라고 가정하여 DerivaGem을 이용하여 얻은 결과이다. DerivaGem의 CDS 워크시트를 이용하면 23 베이시스의 스프레드는 내재 위험률 0.382%로 계산된다. 내재 상관계수 계산은 CDO 워크시트를 이용하였다. [그림 25.3]에 나타 나 있는 값들은 위에서 설명한 3단계를 적용하여 CDO 워크시트를 이용하면 계산할 수 있다.

[그림 25.8]에 패턴은 "상관계수 미소" 현상을 보여주고 있다. 즉, 트랑슈 순위가 선순위일수록 내재 상관계수는 처음에는 감소하다가 점차 증가하게 된다. 내재 상관계수는 트랑슈 손실 종료 점의 증가함수인 반면 기초 상관계수는 왜도를 보인다.

만약 시장 가격들이 1요인 가우시안 접합 모형과 일치한다면 내재 상관계수(복합 및 기초 모두)는 모든 트랑슈들에 대하여 동일하게 될 것이다. 그런데 시장에서는 상관계수 미소와 왜 도가 뚜렷이 관찰되는 점을 고려하면 시장가격들이 모형과는 일치하지 않으리라는 것을 알 수 있다.

비표준형 트랑슈의 가치평가

iTraxx Europe과 같은 표준 포트폴리오에 대한 표준 트랑슈의 가치평가를 위해서는 모형이 필요하지 않은데 그 이유는 이러한 트랑슈들의 스프레드는 시장에서 관찰할 수 있기 때문이 다. 그러나 때로는 표준 포트폴리오에 대한 비표준형 트랑슈들의 호가를 제공해야 할 필요가 있다. 예를 들어 4~8% iTraxx Europe 트랑슈에 대한 호가가 필요하다고 해보자. 한 가지 방 법은 우선 0~4% 트랑슈와 0~8% 트랑슈의 기초 상관계수를 이용하여 보간법으로 기초 상관 계수를 계산한다. 이 기초 상관계수 값을 이용하여 이 트랑슈의 기대 손실의 현재가치(기초 포트폴리오의 원금의 백분율로서)를 계산할 수 있다. 4~8% 트랑슈의 기대 손실의 현재가치 (기초 포트폴리오의 원금의 백분율로서)의 추정치는 0~4% 트랑슈와 0~8% 트랑슈의 기대손 실의 현재가치의 차이가 된다. 이 값을 이용하여 이 트랑슈의 복합 상관계수와 손익분기 스프 레드를 계산할 수 있다.

그러나 이러한 방법은 최선의 방법은 아니라는 것이 밝혀졌다. 더 나은 방법은각 표준트 랑슈들의 기대손실을 계산하여 [그림 25.3]에 나타난 것과 같은 챠트를 그려 0~*X*% 트랑슈의 기대손실과 *X*와의 괴

리를 보여주는 것이다. 이 차트에서의 값들을 보간법을 이용하여 0~4% 트랑슈와 0~8% 트랑슈의 기대손실을 계산할 수 있다. 4~8% 트랑슈의 기대손실의 추정치로 서는 이 두 값의 차이가 앞에서 설명한 기초 상관계수에 의한 추정치보다 더 낫다고 한다.

그런데 [그림 25.3]에서의 기대손실들이 점차 증가(증가율은 감소하지만)해야만 차익거래가 존재하지 않게 된다고 한다. 만약 기초 상관계수 값들을 보간법으로 계산하고 이를 기대손실의 계산에 이용한다면 차익거래가 존재할 가능성이 발생한다(여기서는 0~X% 트랑슈의 기초 상 관계수가 0~X% 트랑슈 기대손실의 비선형 함수라는 점이 문제가 된다). 따라서 기대손실 값 을 보간법으로 계산하는 직접적인 방법이 기초 상관계수를 보간법으로 계산하는 간접적인 방 법보다 나은 방법이다. 이 경우 앞에서 언급한 무차익조건도 만족시키는 것도 가능해진다.

25.11 표준시장 모형의 대체 모형들

여기서는 시장의 표준모형이 된 1요인 가우시안 접합법을 대체할 수 있는 모형들에 대하여 소개하기로 한다.

이질 모형

표준시장 모형은 모든 기업들의 채무불이행기간의 확률분포가 동일하고, 임의의 두 기업들 간 의 접합 상관계수 역시 모두 동일하다는 점에서 동질 모형이라할수 있다. 그러나 보다 일반적 인 모형들을 이용하기 위해서는 이러한 동질성 가정을 완화할 필요가 있다. 그런데 각 기업이 특정 시점까지 파산할 확률이 서로 다르고 $P(k, t \mid F)$값을더 이상 식 (25.7)의 이항분포 모형을 이용하여 계산할 수 없다는 점에서 이러한 모형은 매우 복잡한 모형이 될 것이다. 이 경우에는 앤더슨(2003)과 헐–화이트(2004) 등이 제시한 수치화 절차를 이용해야 할 필요가 있다.[10]

기타 접합법

1요인 접합법은 채무불이행기간들의 상관계수에 대한 하나의 모형일 뿐이다. 이외에도 많은 1요인 접합 모형들이 개발되었다. 이러한 모형들에는 t-분포 접합법, 클레이튼 접합법, 마샬– 올킨 접합법 등이 있다. 또한 식 (24.7)의 F와 Z_i 변수가 평균 0, 표준편차 1인 정규분포가 아 닌 다른 형태의 분포를 한다는 가정 아래 새로운 1요인 접합법을 만들어낼 수도 있다. 헐–화 이트는 F와 Z_i가 자유도 4인 t분포를 하는 경우 모형이 시장 가격에 가장 잘 부합함을 증명한 바 있다.[11] 이들은 이러한 방법을 이중 t접합법이라고 부르고 있다.

또 다른 방법은 모형내의 요인의 수를 증가시키는 방법이다. 그러나 불행하게도 이러한 경 우 하나의

---

10 L. Andersen, J. Sidenius, and S. Basu, "All Your Hedges in One Basket,"Risk, Novemer, 2003; J. C. Hull and A. White, "Valuation of a CDO and nth-to-Default Swap without Monte Carlo Simulation," Journal of Derivatives, 12, 2 (Winter 2004), 8-23.

11 J. C. Hull and A. White,"Valuation of a CDO and nth-to-Default Swap without Monte Carlo Simulation," *Journal of Derivatives*, 12, 2(Winter 2004): 8–23.

정규분포가 아니라 다수의 정규분포에 대하여 적분값을 계산하여야 하기 때문에 연산과정이 느려지는 단점을 갖는다

Random Recovery and Factor Loadings

앤더슨과 사이데니우스는 식 (25.5)에서의 접합 상관계수 ρ가 F와 채무불이행율과 음의 상관관계를 갖는 회수율의 함수인 모형을 제시하였다.[12]
일반적으로는 F가 감소함에 따라 증가한다. 이것은 채무불이행률이 높은 경우(즉, F가 낮은 경우) 채무불이행 상관계수 역시 높아짐을 의미한다.[13] 앤더슨-사이데니우스는 이 모형이 표준시장 모형보다 시장 호가에 더 잘 부합함을 보인 바 있다.

내재접합 모형

헐-화이트는 시장의 호가로부터 내재 접합값을 계산할 수 있는 방법을 제시하였다.[14] 이 모 형의 가장 단순한 경우는 CDO 만기 동안 포트폴리오 내의 모든 기업에 일정한 평균 위험률 이 적용된다고 가정하는 것이다. 그런데 이 평균 위험률의 내재 확률분포는 트랑슈의 가치평 가로부터 계산할 수 있다. 내재 접합값의 계산은 (20장에서 설명한 바 있는) 옵션가격에서 주 가의 내재 확률분포를 계산하는 것과 유사한 방법으로 계산한다.

동적 모형

지금까지 설명한 모형들은 정저 모형이라 할 수 있다. 즉, 정적 모형들은 본질적으로는 CDO 만기 동안의 평균적인 채무불이행 환경을 모형화하는 것들이라 할 수 있다. 그러나 5년 만기 CDO에 대한 모형은 7년 만기 CDO의 모형과는 다르고 7년 만기 CDO의 모형은 10년 만기CDO의 모형과도 다르다. 동적 모형은 시간 경과에 따른 포트폴리오 손실의 변동을 모형화한 다는 점에서 정적 모형과 다르다. 동적 모형에는 다음과 같은 모형들이 있다.

1.구조 모형: 이 모형은 24장 6절에서 설명한 모형과 유사하지만 많은 기업의 주가의 확률 과정을 동시에 모형화한다는 점에서 차이가 있다. 이 모형은 어떤 기업의 자산가격이 장 애물가격에 이르면 채무불이행이 발생하는 것으로 간주한다. 또한 자산가격의 확률과정 들은 서로 상관관계가 있는 것으로 가정한다. 그런데 이 모형은 몬테카를로 시뮬레이션 을 이용해야 하고 따라서 모수추정이 어렵다는 문제점을 갖게 된다.

---

12 L. B. G. Andersen, J. Sidenius, "Extension of the Gaussian Copula Model: Random Recovery and Random Factor Loadings," *Journal of Credit Risk*, 1, 1 (Winter 2004): 29–70.

13 A. Sevigny and O. Renault, "Default Correlation: empirical Evidence," Working Paper, Standard and Poors, 2002; R.R. Das, L. Freed, G. Geng, and N. Kapadia, "Correlated Default Risk," Journal of Fixed Income, 16(2006), 2, 7-32, J. C.Hull, M.Predescu, and A.White,"The Valuation of Correlation-Dependent Credit Derivatives Using a Structural Model," Journal of Credit Risk,6 (2010),99–132; and A. Ang and J.Chen,"Asymmetric Correlation of Equity Portfolios," *Journal of Financial Economics*, 63(2002), 443–494.

14 J. C. Hull and A. White, "Valuing Credit Derivatives Using an Implied Copula Approach," Journal of Derivatives, 14 (2006): 8–28; and J. C. Hull and A. White,""An Improved Implied Copula Model and its Application to the Valuation of Bespoke CDO Tranches," *Journal of Investment Management*, 8, 3(2010), 11–31.

2.축약 모형: 이 모형에서는 기업들의 위험률을 모형화한다. 상관계수의 현실적 크기를 반 영하기 위하여 이 모형에서는 위험률의 점프가 있는 것으로 가정한다.
3.하향 모형: 이 모형은 포트폴리오의 총 손실을 직접 모형화하는 모형이다. 이때 각 기업 에 어떤 상황이 발생하는지는 고려하지 않는다.

요약

신용파생상품은 은행이나 기타 금융기관들로 하여금 신용위험을 적극적으로 관리할 수 있게 금해 준다. 신용파생상품을 이용하면 한 기업의 신용위험을 다른 기업으로 이전시킬 수도 있 고 한 종류의 노출(exposure)을 다른 종류의 노출과 교환함으로써 신용위험을 분산시킬 수도 있다.

가장 흔한 신용파생상품은 신용 디폴트 스왑이다. 이 상품은 한 기업이 채무불이행을 일으 킬수 있는 제3의 기업(준거기업)에 대한 보장을 다른 기업으로부터 매입하는 계약이다. 투자 수익은 대개 해당 기업이 발행한 채권의 액면가와 채무불이행 직후의 가치와의 차이로 정의 된다. 신용 디폴트 스왑은 위험중립 세계에서 기대 투자수익의 현재가치와 기대 프리미엄 지급액의 현재가치를 계산하여 가치를 평가할 수 있다.

선도 CDS는 미래 특정 시점에서 특정 CDS를 계약할 수 있는 선도계약이다. CDS 옵션은 미래 특정 시점에서 특정 CDS를 계약할 수 있는 권리이다. 두 상품 모두 만기일 전에 준거기 관의 채무불이행이 발생하면 효력을 잃게 된다. *k*차–채무불이행 CDS은 기업 포트폴리오 내의 *k*번째 기업에서 채무불이행이 발생하면 투자수익이 지급되는 CDS이다.

총수익 스왑은 신용에 민감한 어떤 포트폴리오의 총수익을 LIBOR + 스프레드와 교환하 는 계약이다. 총수익스왑은 자금 조달 수단으로 이용되기도 한다. 즉, 특정 자산 포트폴리오의 매입을 원하는 기업은 금융기관으로 하여금 자신을 대신하여 해당 자산을 매입하도록 한다. 그 다음 금융기관은 해당 자산으로부터의 총수익을 기업에게 지불하고 대신 LIBOR + 스프 레드를 기업으로부터 수령한다. 이와 같은 계약은 금융기관은 만약 금융기관이 포트폴리오를 매입하기 위해 기업에게 돈을 빌려준 경우 보다 노출을 낮출 수 있다는 장점이 있다.

CDO는 회사채 포트폴리오나 대출자산들로부터 서로 다른 다수의 유가증권들을 만들어 내는 구조이다. 이때는 신용손실을 어떻게 할당할 것인지에 대한 규칙들이 필요하다. 이러한 규칙들을 적용하게 되면 기초 포트폴리오로부터 신용등급이 매우 높은 유가증권들과 매우 낮 은 유가증권들이 만들어지게 된다. 합성 CDO에서는 트랑슈의 현금흐름이 CDS의 준거 포트폴리오에 기초하여 정의된다. *k*차–채무불이행 CDS와 CDO의 각 트랑슈들의 가치를 평가하기 위해서 이용하는 표준시장 모형은 채무불이행기간에 대한 1요인 가우 시안 접합 모형이다.

참고문헌

Andersen, L., and J. Sidenius, "Extensions to the Gaussian Copula: Random Recovery and Random Factor Loadings," *Journal of Credit Risk*, 1, No. I (Winter 2004): 29–70.

Andersen, L., J. Sidenius, and S. Basu, "All Your Hedges in One Basket,"*Risk*, November 2003.

Das, S., Credit Derivatives: Trading & Management of Credit & Default Risk, 3rd edn. New York: *Wiley*, 2005.

Hull, J. C., and A. White, "Valuation of a CDO and nth to Default Swap without Monte Carlo Simulation," *Journal of Derivatives*, 12, No. 2 (Winter 2004): 8–23.

Hull, J. C., and A. White, "Valuing Credit Dervatives Using an Implied Copula Approach," *Journal of Derivatives*, 14, 2 (Winter 2006): 8–28.

Hull, J. C., and A.White, "An Improved Implied Copula Model and its Application to theValuation of Bespoke CDO Tranches," *Journal of Investment Management*, 8, 3(2010), 11–31.

Laurent, J. P., and J. Gregory, "Basket Default Swaps, CDOs and Factor Copulas," *Journal of Risk*, 7, 4 (2005), 8–23.

Li, D. X., "On Default Correlation: A Copula Approach," *Journal of Fixed Income*, March 2000: 43–54.

Schönbucher. P. J., Credit Derivatives Pricing Models. New York: *Wiley*, 2003.

Tacakoli, J. M., Credit Derivatives & Synthetic Structures: A Guide to Instruments and Applications, 2nd ed. New York: *Wiley*, 1998.

연습문제

25.1. 일반적인 CDS와 이원 CDS의 차이를 설명하여보라.

25.2. 분기마다 연 60베이시스포인트의 프리미엄을 지급해야 하는 5년 만기 CDS가 있다고 하자. 원금은 3억 달러이고 CDS는 현금으로 정산된다고 한다. 4년 2개월 후에 채무불이행이 발생하여 채무불이행 직후 준거채권의 가격은 액면가의 40%로 계산되었다. CDS 매도 자의 입장에서 현금흐름 규모와 그 시기를 밝혀라.

25.3. CDS를 정산하는 두 가지 방법에 대하여 설명하여보라.

25.4. 현금 CDO와 합성 CDO를 구성하는 방법에 대하여 설명하여 보라.

25.5. 1차–채무불이행 CDS가 무엇인지 설명하여보라. 바스켓 내의 기업들 간의 상관계수가 증가함 에 따라이 CDS의 가치는 증가하는가 감소하는가? 설명하여보라.

25.6. 위험중립 채무불이행 확률과 실제 채무불이행 확률 간의 차이에 대하여 설명하여보라. CDS 가치평가를 위해 어떤 확률을 사용해야 하겠는가?

25.7. 총수익 스왑이 유용한 자금조달이 될 수 있는 이유를 설명하여보라.

25.8. 무위험 무이표 수익률곡선이 연속복리 기준으로 연 7%로 수평이고, 채무불이행은 각 연도의 중반부에서 발생하는 5년 만기 신규 CDS가 있다고 하여 보자. 회수율은 30%이고 위해율은3%라고 하자. CDS 프리미엄을 추정하여 보라. 프리미엄 지급은 매년 이루어진다고 한다.

25.9. 문제 25.8의 CDS에서 만약 스프레드가 150베이시스포인트라면 이 CDS는 보장 매입자에게 원금 1달러당 얼마의 가치를 갖는가?

25.10. 문제 25.8의 CDS가 이원 CDS라면 CDS 스프레드는 얼마인가?

25.11. 5년 만기 n차-채무불이행 CDS의 운영과정에 대하여 설명하라. 100개의 준거기관의 바스켓에 서 각 준거기관의 채무불이행 확률이 매년 1%라고 하여보자. 준거기관들의 상관계수가 증가 하면 스왑의 가치는 (a) $n = 1$인 경우, (b) $n = 25$인 경우 각각 얼마인가? 설명하여보라.

25.12. CDS의 투자수익을 명목원금과 회수율과 연관시켜주는 공식에 대하여 설명하라.

25.13. 신규 기본형 CDS의 스프레드는 이와 유사한 신규 이원 CDS의 스프레드에 (1 - R)을 곱한값 임을 보이라. 단, R은 회수율이다.

25.14. [표 25.1]~[표 25.4]에서 설명한 예에서 만약 CDS 스프레드가 100베이시스포인트라면(이전 에 채무불이행이 없다는 전제 아래) 위해율이 매년 1.61%임을 보이라. 회수율이 40%가 아니라 20%라면 채무불이행 확률은 어떻게 달라지는가? 당신의 답이 내재 위해율은 대략 1/(1 - R)과 비례한다는 점과 일치함을 보이라(R은 회수율).

25.15. 어떤 기업이 이표율 5%인 특정 회사채의 수익을 수령하고 LIBOR를 지급하는 총수익스왑을 체결하였다고 해보자. 이 계약과 5%의 금리를 LIBOR와 교환하는 일반 스왑의 차이를 설명하 여 보라.

25.16. CDS에 대한 선도계약과 옵션계약의 구조에 대하여 설명하여보라.

25.17. "CDS 매입자의 포지션은 무위험 채권을 매수하고 회사채를 공매한 포지션과 유사하다."이러 한 주장에 대하여 설명하라.

25.18. CDS에서 정보비대칭이 존재할 수 있는 이유에 대하여 설명하라.

25.19. 위험중립 채무불이행 확률이 아니라 실제의 채무불이행 확률을 이용하면 CDS의 가치는 과대 평가되는가 과소평가되는가? 설명하여보라.

25.20. 총수익 스왑과 자산 스왑의 차이는 무엇인가?

25.21. 1요인 가우시안 접합 모형에서 125개 기업 중 각각의 5년 채무불이행 확률이 3%이고, 접합 상관계수는 0.2라고 해보자. 요인 값이 -2, -1, 0, 1, 2일 경우 요인 값에 따라 (a) 채무불이행 확률과, (b) 10개 이상의 기업에서 채무불이행이 발생할 확률이 어떻게 달라지는지 계산하라.

25.22. 기초 상관계수와 복합 상관계수의 차이에 대하여 설명하라.

25.23. [예제 25.2]에서 9~12% 트랑슈의 트랑슈 스프레드는 얼마인가? 트랑슈 상관계수는 0.15라고 가정하라 (assume a tranche correlation of 0.15).

과제물 문제

25.24. 연속복리 기준으로 무위험이자율은 연 6%에서 수평이고, 반년 단위 지급 조건인 4년 만기 기 본형 CDS에서 채무불이행이 0.25년, 0.75년, 1.25년, 2년 차에 발생한다고 가정해보자. 회수율 은 20%이고, (시점 0에서 추정한) 무조건부 채무불이행 확률이 0.25년과 0.75년 시점에서는 1%, 1.25년과 1.75년차 시점에서는 1.5%라고 하여보자. 이러한 CDS의 스프레드는 얼마인가? 만약이 CDS가 이원 CDS라면 스프레드는 얼마가 되는가?

25.25. 이전에 채무불이행이 발생하지 않은 경우 어떤 기업의 위해율이 매년 λ이고 회수율 은 R이라고 하여보자. 무위험이자율은 연 5%이다. 채무불이행은 매년 중반부에 발생한다. 프 리미엄 지급이 1년마다 이루어지는 5년 만기 기본형 CDS의 스프레드가 120베이시스포인트 이고 프리미엄 지급이 1년마다 이루어지는 5

년 만기 기본형 CDS의 스프레드가 160베이시스 포인트라고 한다. R과 λ를 추정하라.

25.26. 포트폴리오 내의 채권들 간의 상관계수가 증가하는 경우 합성 CDO의 각 트랑슈의 약속 수익 률이 어떻게 달라질지에 대하여 설명하라.

25.27. 다음과 같은 가정을 하여보자.

(a)5년 만기 무위험 채권의 수익률은 7%

(b)기업 X가 발행한 5년 만기 회사채의 수익률은 9.5%

(c)기업 X의 채무불이행에 대한 보험을 제공하는 5년 만기 CDS의 스프레드는 연 150베이시 스포인트

이러한 상황에서 발생하는 차익거래기회는 무엇인가? CDS의 스프레드가 연 150베이시스포 인트가 아니라 300베이시스포인트라면 어떤 차익거래기회가 존재하는가? 이와 같은 차익거래 가 완벽한 차익거래가 될 수 없는 두 가지 이유를 제시하여 보라.

25.28. [예제 25.2]에서 (a) 1차–채무불이행 CDS와, (b) 2차–채무불이행 CDS의 스프레드는 각각 얼 마인가 ?

25.29. [예제 25.2]에서 6~9% 트랑슈의 스프레드는 얼마인가? 트랑슈 상관계수는 0.15라고 가정하라(assume a tranche correlation of 0.15).

25.30. 1, 2, 3, 4, 5년 CDS 스프레드가 각각 100, 120, 135, 145, 152베이시스포인트라고 하여보자. 무위험이자율은 모든 만기에 대하여 3%이고 회수율은 35%이며 스프레드는 분기별로 지급된 다고 하여보자. 매년의 연속복리 기준 위험률을 DerivaGem을 이용하여 계산하시오. 1차년도 의 채무불이행 확률은 얼마인가? 2차년도의 채무불이행 확률은 얼마인가?

25.31. [표 25.6]에는 2008년 1월 현재 5년 만기 iTraxx 지수가 77베이시스포인트임을 보여주고 있다. 무위험이자율은 모든 만기에 대하여 5%이고 회수율은 40%이며 스프레드는 분기별로 지급된 다고 하여 보자. 또한 77베이시스포인트의 스프레드는 모든 만기에 대하여 적용된다고 가정하 여보자. 이와 같은 스프레드와 일치하는 위험률을 DerivaGem CDS 워크시트를 이용하여 계산 하시오. 또한 그 결과와"number of integration points"가 10인 경우의 CDO 워크시트를 이용 하여 2008년 1월 31일 호가로부터 각 트랑슈의 내재 기초 상관계수를 계산하여 보시오.

CHAPTER 26

이색옵션

유러피언옵션과 아메리칸옵션과 같은 파생상품들을 우리는 기본형 상품(plain vanilla products)이라고 부른다. 기본형 상품들은 계약 내용들이 표준화되어 있으며 거래가 활발하 게 이루어지고 있다. 이러한 기본형 상품의 가격과 내재변동성은 거래소와 브로커들에 의해 정기적으로 공시된다. 그런데 장외에서 거래되는 파생상품시장들의 흥미 있는 특징 중 하나 는 재무공학전문가(financial engineer)들에 의하여 수많은 비표준화 상품들이 개발된다는 점 이다. 이 파생상품들을 우리는 이색옵션(exotic options)이라고 부른다. 이러한 이색상품들은 전체 포트폴리오에서 상대적으로 비중은 적지만 기본형 상품에 비하여 훨씬 높은 수익성을 보이고 있다. 따라서 이색상품들은 투자은행에게는 대단히 중요한 상품으로 인식되고 있다.

이색상품(exotic product)이 개발되는 이유는 매우 다양하다. 이색옵션은 유가증권시장에 서 순수한 헷징의 요구를 충족시켜주기도 하고 세금, 회계, 법률, 규제 등의 측면에서 기업의 재무담당자(corporate treasurer), 펀드매니저, 금융기관들에게 매력적인 상품이 되기도 한다. 때로는 특정한 시장변수들의 미래 움직임에 대한 예측을 반영할 목적으로 만들어지기도 한 다. 또한 부주의한 기업 재무담당자나 펀드매니저에게 실제보다 매력적으로 보이도록 하기 위하여 투자은행(investment bank)들이 이색옵션을 설계하기도 한다.

본 장에서는 활발하게 거래되고 있는 이색옵션들에 대하여 소개하고 이 옵션들의 가치평가 모형에 대해서도 설명하기로 한다. 단, 여기서는 옵션의 기초자산의 수익률은 q로 가정한다. 이때 17장과 18장에서와 같이 q를 주가지수옵션, 통화옵션, 선물옵션에 대해서 각각 배당수 익률, 기초자산 통화의 무위험수익률, 자국 무위험수익률로 가정한다. 본 장에서 소개하고 있 는 대부분의 이색옵션들은 DerivaGem을 이용하여 가치를 평가할 수 있다.

26.1 패키지

패키지(package)는 표준 유러피언콜옵션, 표준 유러피언풋옵션, 선도계약, 현금, 그리고 기초 자산으로 구성된 포트폴리오이다. 12장에서 이미 여러 유형의 패키지, 즉 강세 스프레드, 약세 스프레드, 나비형 스프레드, 캘린더 스프레드, 스트래들, 스트랭글 등에 대하여 설명한 바 있다. 때로 파생상품 거래자들은 초기 비용이 0이 되도록 패키지를 구성하기도 한다. 일례로 범주 선도계약(range-forward contract)을 들수 있다.[1] 이에 대해서는 17장 2절에서 다룬 바 있다.

이 상품은 콜매수와 풋매도 또는 콜매도와 풋매수로 구성된다. 이때 콜의 행사가격은 풋의 행사가격보다 높은 값을 갖게 되지만 콜과 풋의 가격은 같아지도록 행사가격들을 선택해야 한다. 그런데 어떤 파생상품이든 만기일까지 매입대금의 지불을 연기함으로써 무비용상품(zero- cost product)으로 전환시킬 수 있다는 점에 주목할 필요가 있다. 예를 들어 유러피언콜옵션 의 경우를 생각해보자. 만일 현재시점에서의 옵션가격이 c인데 옵션가격을 옵션만기일인 T시점에서 지불한다면 $A = ce^{rT}$가 비용이 된다. 이 경우 이득은 $\max(S_T - K,\ 0) - A$ 또는 $\max(S_T - K - A,\ -A)$가 된다. 이때 행사가격 K를 선도가격으로 설정하는 경우를 지급연기 옵션(deferred payment option), 브레이크선도(break forward), 보스턴옵션(Boston option), 취소가능 선도계약(forward with optional exit 또는 cancelable forward)이라 부른다.

26.2 영구적 아메리칸 콜 과 풋옵션

배당수익률이 q인 경우 파생상품의 가격 만족시켜야하는 미분방정식은 식(17.6)이다.

$$\frac{\partial f}{\partial t} + (r-q)S\frac{\partial f}{\partial S} + \tfrac{1}{2}\sigma^2 S^2 \frac{\partial^2 f}{\partial S^2} = rf$$

처음으로 $S = H$일 때, 고정된 금액 Q를 지급하는 파생상품을 고려해보자. 만약 $S < H$라면, 미분방적식을 위한 경계조건은 $S = H$일 때 $f = Q$이며 $S = 0$일 때 $f = 0$이다. 해(solution) $f = Q(S/H)^{\alpha}$은 $\alpha > 0$일 때 경계조건을 만족한다. 더 나아가 이는 다음의 경우 미분방정식을 반족시킨다.

$$(r-q)\alpha + \tfrac{1}{2}\alpha(\alpha - 1)\sigma^2 = r$$

이 등식의 양(+)의 해는 $\alpha = \alpha_1$ 이며 α_1은 다음과 같다.

$$\alpha_1 = \frac{-w + \sqrt{w^2 + 2\sigma^2 r}}{\sigma^2}$$

그리고 $w = r - q - \sigma^2/2$ 이다. 이는 경계조건과 미분방정식을 만족시키기 때문에 파생상품의 가치는 반드시 $Q(S/H)^{\alpha_1}$ 이 되어야만 한다.

다음으로 행사가격이 K인 perpetual 아메리칸콜옵션을 고려해 보자. 만약 옵션이 $S = H$일 때 행사된다면, 이득은 $H - K$가 되며 방금 증명된 결과로부터 옵션의 가치는 $(H-K)(S/H)^{\alpha_1}$가 된다. 콜옵션의 보유자는 옵션을 행사할 자산의 가격 H를 고를 수 있다. 최적의 H는 우리가 방금 계산한 가치를 극대화 하는 값이다. 일반적인 미적분 방법을 이용하면 $H = H_1$ 이며 H_1 은 다음과 같다.

1 범주선도계약은 zero-cost collar, flexible forward, cylinder option, option fence, min-max, forward band 등으로 불리기도 한다.

$$H_1 = K\frac{\alpha_1}{\alpha_1 - 1}$$

그러므로 만약 $S < H_1$ 이라면영구적 콜옵션의 가격은

$$(H_1 - K)\left(\frac{S_0}{H_1}\right)^{\alpha_1} = \frac{K}{\alpha_1 - 1}\left(\frac{\alpha_1 - 1}{\alpha_1}\frac{S}{K}\right)^{\alpha_1}$$

만약 $S > H_1$ 이라면, 콜옵션은 즉시 행사되어야만 하며 가치는 $S - K$ 이다.

아메리칸옵션의 가치를 평가하기 위해, 우리는 $S > H$인 상황에서 $S = H$일 때 (즉, 위에서부터 배리어 H에 도달 할 때) Q를 지급하는 파생상품을 고려했다. 이 경우, 미분방정식의 경계조건은 $S = H$일 때 $f = Q$ 이며 S가 무한히 커질 때 $f = 0$ 이다. 이 경우 해 $f = Q(S/H)^{-\alpha}$는 $\alpha > 0$인 경우 경계조건을 만족시킨다. 위와 같이 우리는 이 해가 $\alpha = \alpha_2$ 인 경우 미분방정식을 역시 만족시킴을 보일 수 있다. 여기서 α_2 는 다음과 같다.

$$\alpha_2 = \frac{w + \sqrt{w^2 + 2\sigma^2 r}}{\sigma^2}$$

만약 $S = H$일 때 아메리칸 풋옵션 보유자가 행사가격을 고를 수 있다면 풋옵션의 가치는 $(K - H)(S/H)^{-\alpha_2}$ 이다. 풋옵션의 소유자가 풋옵션의 가치를 극대화하기 위해 행사가격의 수준을 $H = H_2$로 고를 것이다. H_2는 다음과 같다.

$$H_2 = K\frac{\alpha_2}{\alpha_2 + 1}$$

따라서 만약 $S > H_2$ 이라면 perpetual 의 가격은 다음과 같다.

$$(K - H_2)\left(\frac{S_0}{H_2}\right)^{-\alpha_2} = \frac{K}{\alpha_2 + 1}\left(\frac{\alpha_2 + 1}{\alpha_2}\frac{S}{K}\right)^{-\alpha_2}$$

만약 $S < H_2$ 이라면 풋옵션은 즉시 행사되어야만 하며 가치는 $K - S$가 된다.

15장 6절과 문제 15.23은 이들 결과의 $q = 0$인 특수한 경우를 제공한다.

26.3 비표준형 아메리칸옵션

표준형(standard) 아메리칸옵션의 경우, 옵션의 행사는 옵션만기 동안 언제든지 가능하며 행 사가격은 항상 일정하다. 그런데 장외시장에서 거래되는 아메리칸옵션의 경우는 종종 다음과 같이 비표준화된 특성을 갖는 경우가 있다.

1.조기행사(early exercise)는 특정일로만 제한된다. 이런 옵션은 버뮤다옵션(Bermudan option)이라고 한다(참고로 버뮤다는 유럽과 미국의 중간에 위치한 지역이다).

2.조기행사는 옵션만기 동안 일부 기간에서만 가능하다. 예를 들어 초기에는 조기행사가 불가능한"행사제한"기간(lock out period)이 있을수 있다.

3.행사가격이 옵션만기 동안에 변동할 수도 있다.

기업들이 자사 주식에 대하여 발행한 신주인수권(warrant)이 이와 같은 특성을 갖는 경우라 할 수 있다. 예를 들어 7년 만기 신주인수권의 경우, 발행 후 3년 후부터 7년까지의 기간 중 특정일에만 행사하도록 할 수 있다. 또한 행사가격이 3년과 4년 후에는 30달러, 이후 2년 동 안에는 32달러 그리고 마지막 연도에는 33달러로 증가하도록 설정할 수도 있다.

비표준형(nonstandard) 아메리칸옵션의 가치는 보통 이항과정을 이용하여 평가한다. 이때 각 점(node)에서 조기행사를 할 것인지의 여부는 위에서와 같은 옵션의 조건들을 반영하여 조정하게 된다.

26.4 갭옵션

갭 콜옵션은 $S_T > K_2$일 때 이 투자수익 $S_T - K_1$을 지급하는 유러피언옵션이다. 행사가격이 K_2인 일반적인 콜옵션과 갭 콜옵션의 차이는 $S_T > K_2$인 경우 투자수익이 $K_2 - K_1$만큼 증가 한다는 점이다(이 금액은 $K_2 > K_1$이냐 또는 $K_1 > K_2$ 이냐에 따라 양수 또는 음수가 된다).

갭 콜옵션의 가치는 블랙-숄즈-머튼 모형을 약간 수정하면 계산할 수 있다. 앞에서 사용 한 기호들을 사용하여 가치를 표시하면 다음과 같다.

$$S_0 e^{-qT} N(d_1) - K_1 e^{-rT} N(d_2) \tag{26.1}$$

단,

$$d_1 = \frac{\ln(S_0/K_2) + (r - q + \sigma^2/2)T}{\sigma\sqrt{T}}$$

$$d_2 = d_1 - \sigma\sqrt{T}$$

이 공식에 의하여 계산되는 갭 콜옵션 가치는 행사가격이 K_2 인 일반적인 콜 옵션에 대하여 블랙-숄즈-머튼 공식을 적용한 값보다 다음 금액만큼 큰 값을 갖는다.

$$(K_2 - K_1)e^{-rT} N(d_2)$$

이러한 결과는 갭 콜옵션의 행사 확률이 $N(d_2)$이고 옵션이 행사될 경우의 투자수익이 일반적인 콜옵션의 투자수익보다 $K_2 - K_1$만큼 크다는 점을 고려하면 쉽게 고려할 수 있을 것이다.

갭 풋옵션의 경우는 $S_T < K_2$ 일 때 투자수익이 $K_1 - S_T$ 인 옵션이다. 이 옵션의 가치는 다음과 같다.

$$K_1 e^{-rT} N(-d_2) - S_0 e^{-qT} N(-d_1) \tag{26.2}$$

여기서 d_1과 d_2는 식 (26.1)에서와 같다

예제 26.1 ———

어떤 자산의 현재 가격이 500,000달러라고 하여 보자. 일년 후 이 자산 가격의 변동성은 20%라고 한다. 무위험이자율은 5%이고 중간 소득은 없다고 한다. 어떤 보험회사가 일년 후에 이 자산의 가격이 400,000달러 미만으로 하락하는 경우 400,000달러의 가격으로 자산을 매 입하여 주기로 한다고 해보자. 이 자산의 가격이 400,000달러보다 낮아지는 경우 투자수 익은 400,000 - S_T가 된다. 즉, 보험회사는 일년 후 400,000의 가격으로 자산을 매도할 수 있는 권리인 보통의 풋옵션을 보험계약자에게 제공하는 셈이다. 이러한 옵션의 가치는 식 (15.21)을 이용하여 이때 $S_0 = 500{,}000$, $K = 400{,}000$, $r = 0.05$, $\sigma = 0.2$, $T = 1$가 된다. 계산 결과 가치는 3,436달러가 된다. 그런데 이 자산의 이전 비용이 50,000달러이고 이 비용은 보험계약자가 부담한다고 하 여보자. 이 경우 자산 가치가 350,000달러 미만으로 하락하는 경우에 옵션이 행사될 것이 다. 이 때 보험회사에 발생하는 손실액은 $S_T < K_2$ 일때 $K_1 - S_T$ 가 되는데 이 때 $K_2 = 350{,}000$, $K_1 = 400{,}000$이고 S_T는 일 년 후의 자산가치이다. 이 옵션은 갭 풋옵션이 된다. 옵션 가치는 식 (26.2)를 이용하여 계산할 수 있는데 이 때 $S_0 = 500{,}000$, $K_1 = 400{,}000$, $K_2 = 350{,}000$, $r = 0.05$, $q = 0$, $\sigma = 0.2$, $T = 1$이다. 계산결과는 1,896달러이다. 보험 청구 과정에서 보험계약자에게 발생하는 비용을 고려하게 되면 보험회사의 손실금액이 약 45% 감소함을 알 수 있다.

26.5 선도유효옵션

선도유효옵션(forward start option)은 미래의 특정시점에서 효력이 발생하기 시작하는 옵션이다. 16장에서 다루었던 스톡옵션을 선도유효옵션으로 이해하는 경우도 종종 있다. 왜냐하 면 스톡옵션이 기업들이 (명시적으로 혹은 묵시적으로) 종업원들에게 미래 시점에서 등가격 옵션을 부여하기로 하는 계약이기 때문이다.

예를 들어 T_1 시점에서 시작하여 T_2 시점에서 만기가 되는 등가격 유러피언 선도옵션을 고려 해보자. 기초자산의 가격은 현재시점에서 S_0이고 T_1 시점에서는 S_1 이라고 가정하자. 15장과 17 장에서 소개된 유러피언옵션 가격결정 모형에 따라 등가격 콜옵션의 가치는 자산가치에 비례 (proportional)한다는 사실이 선도유효옵션의 가치평가의 기초가 된다. 따라서 T_1 시점에서 선 도유효옵션의 가치는 cS_1/S_0 이다 (c는 T_2 - T_1 동안 존속하는 등가격옵션의 현재시점에서의 가치임). 위험중립 가치평가를 이용하면 현재시점에서 선도유효옵션의 가치는 다음과 같다.

$$e^{-rT_1}\hat{E}\left[c\frac{S_1}{S_0}\right]$$

여기서 $\hat{E}$는 위험중립 세계에서의 기대치를 의미한다. c와 S_0 값은 상수이고, $\hat{E}[S_1] = S_0 e^{(r-q)T_1}$ 이므로 선도유효옵션의 가치는 ce^{-qT_1} 이 된다. 기초자산이 배당을 지급하지 않는 무배당 주식 인 경우에는 $q = 0$이므로 선도유효옵션의 가치는 동일한 만기의 등가격 표준옵션의 가치와 정확히 일치한다.

26.6 클리켓옵션

클리켓옵션(점성옵션 또는 행사가격 조정옵션)은 행사가격을 결정하는 규칙이 포함된 일련의 콜옵션 또는 풋옵션이다. t_n 은 옵션만기일이고, 행사가격 조정일이 t_1, $t_2, \dots$, t_{n-1} 라고 하여보자. 이 때 다음과 같이 단순한 규칙을 설정할 수 있다. 첫 번째 옵션의 행사가격은 K(자산의 초기 가격과 동일하게 설정 가능)이고 시점 0과 t_1 기간 동안 적용되며, 두 번째 옵션은 시점 t_1 에서의 자산가격이 행사가격인 투자수익을 시점 t_2 에서 지급하는 옵션이고, 세 번째 옵션은 시점 t_2 에서의 자산가격이 행사가격인 투자수익을 시점 t_3 에서 지급하는 옵션이며 나머지 옵션들도 같은 방법으로 설정한다. 이러한 옵션은 보통의 옵션에 $n-1$개의 선도유효옵션이 더해진 옵션이라 할 수 있다. 이 때 선도유효옵션은 26장 4절에서 소개한 방법으로 가치를 평 가할 수 있다.

일부 클리켓옵션들은 위에서 설명한 유형보다 훨씬 복잡하게 설계되기도 한다. 예를 들어 옵션만기 동안 투자수익의 상한선과 하한선을 설정할 수도 있고, 자산 가격이 일정 범위 내에 들어가면 해당 기간 말에 옵션을 소멸시키기도 한다. 클리켓옵션의 경우 평가공식이 존재하 지 않으면 몬테카를로 시뮬레이션을 이용하여 가치를 평가할 수 있다.

26.7 복합옵션

복합옵션(compound option)은 옵션에 대한 옵션이다. 복합옵션에는 콜옵션에 대한 콜옵션, 콜 옵션에 대한 풋옵션, 풋옵션에 대한 콜옵션, 풋옵션에 대한 풋옵션 등과 같이 4개의 유형이 있다. 복합옵션의 경우 행사가격과 만기일은 각각 2개이다. 예를 들어 콜옵션에 대한 콜옵션을 고려해보자. 첫 번째 옵션 행사일 T_1에서 복합옵션의 소유자는 행사가격 K_1 을 지불하고 콜옵션을 매입할 권리를 행사할 수 있다. 이렇게 매입한 콜옵션은 옵션소유자에게 두 번째 옵션행사 일인 T_2 에서 행사가격 K_2를 지불하고 기초자산을 매입할 수 있는 권리를 부여한다. 복합옵션 은 첫 번째 옵션 행사일에서 옵션의 가치가 첫 번째 행사가격보다 높은 경우에만 행사된다.

일반적인 경우처럼 기하 브라운 운동을 가정하면, 유러피언 복합옵션은 이변량 정규분포를 적분하여 분석적으로 평가할 수 있다.[2] 즉, 지금까지 사용했던 기호들을 이용하면, 콜옵션 에 대한 유러피언콜옵션의 현재시점에서의 가치는 다음과 같다.

$$S_0e^{-qT_2}M(a_1, b_1; \sqrt{T_1/T_2}) - K_2e^{-rT_2}M(a_2, b_2; \sqrt{T_1/T_2}) - e^{-rT_1}K_1N(a_2)$$

단,

$$a_1 = \frac{\ln(S_0/S^*) + (r - q + \sigma^2/2)T_1}{\sigma\sqrt{T_1}}, \quad a_2 = a_1 - \sigma\sqrt{T_1}$$

$$b_1 = \frac{\ln(S_0/K_2) + (r - q + \sigma^2/2)T_2}{\sigma\sqrt{T_2}}, \quad b_2 = b_1 - \sigma\sqrt{T_2}$$

2 R. Geske, "The Valuation of Compound Options," Journal of Financial Economics, 7 (1979): 63–81; M. Rubinstein, "Double Trouble," *Risk*, December 1991/January 1992: 53–56.

함수 $M(a, b : \rho)$은 이변량 누적정규분포함수로서, 두 확률변수 간의 상관계수가 ρ이고 첫 번 째 변수는 a보다 작고, 둘째 변수는 b보다 작은 경우의 누적확률 값을 나타낸다.[3] 변수 S^*는 옵션가치가 K_1과 동일해지는 경우 T_1시점에서의 자산가격이다. 만일 기초자산의 가치가 T_1 시점에서 S^*보다 높으면 첫 번째 옵션은 행사될 것이고 S^*보다 낮으면 옵션은 가치 없이 소멸될 것이다.

앞에서와 동일한 기호를 이용하면, 콜옵션에 대한 유러피언풋옵션의 가치는 다음과 같다.

$$K_2e^{-rT_2}M(-a_2, b_2; -\sqrt{T_1/T_2}) - S_0e^{-qT_2}M(-a_1, b_1; -\sqrt{T_1/T_2}) + e^{-rT_1}K_1N(-a_2)$$

풋옵션에 대한 유러피언콜옵션의 가치와 풋옵션에 대한 유러피언 풋옵션의 가치는 각각 다음 과 같다.

$$K_2e^{-rT_2}M(-a_2, -b_2; \sqrt{T_1/T_2}) - S_0e^{-qT_2}M(-a_1, -b_1; \sqrt{T_1/T_2}) - e^{-rT_1}K_1N(-a_2)$$

$$S_0e^{-qT_2}M(a_1, -b_1; -\sqrt{T_1/T_2}) - K_2e^{-rT_2}M(a_2, -b_2; -\sqrt{T_1/T_2}) + e^{-rT_1}K_1N(a_2)$$

26.8 선택옵션

선택옵션(chooser option 또는 as-you-like-it-option)은 특정 기간이 지난 후에 소유자가 옵션 을 콜옵션으로 할 것인지 아니면 풋옵션으로 할 것인지를 결정할 수 있는 옵션이다. 선택시점을 T_1 이라고 가정하자. 이 시점에서 선택옵션의 가치는 다음과 같다.

$$\max(c, p)$$

여기서 c는 선택옵션의 기초가 되는 콜옵션의 가치이고 p는 선택옵션의 기초가 되는 풋옵션의 가치이다.

선택옵션의 기초가 되는 옵션이 모두 유러피언옵션이고 동일한 행사가격을 갖는다면, 풋- 콜 패리티를 이용하여 선택옵션의 가치를 평가할 수 있다. S_1은 T_1 시점에서의 주가, K는 행사 가격, T_2는 선택옵션의 만기일, r이 무위험이자율이라고 정의하면, 풋-콜 패리티에 의하여 다음의 관계가 성립한다.

$$\begin{aligned}\max(c, p) &= \max(c,\ c + Ke^{-r(T_2-T_1)} - S_1e^{-q(T_2-T_1)}) \\ &= c + e^{-q(T_2-T_1)}\max(0,\ Ke^{-(r-q)(T_2-T_1)} - S_1)\end{aligned}$$

위 식은 선택옵션이 다음 두 포지션으로 구성된 패키지임을 보여준다.

1. 행사가격이 K이고 만기가 T_2 인 콜옵션 1주
2. 행사가격이 $Ke^{-(r-q)(T_2-T_1)}$ 이고 만기가 T_1 인 풋옵션 $e^{-(r-q)(T_2-T_1)}$ 주

---

3 M값을 계산하기 위한 수치화 절차에 대해서는 저자 홈페이지의 [Technical Note] 5를 참조한다. M값의 계산에 이용되는 함수도 소개되어 있다.

따라서 선택옵션의 가치는 이 패키지의 가치를 평가하면 쉽게 측정된다.

콜옵션과 풋옵션이 동일한 행사가격과 만기를 갖지 않도록 구성하게 되면 선택옵션은 보다 복잡한 형태가 된다. 이 경우에 선택옵션은 더 이상 패키지로 볼 수 없게 되고, 복합옵션과 유사한 속성을 갖게 된다.

26.9 장애물옵션

장애물옵션(barrier option)은 기초자산의 가격이 일정기간 동안에 일정 수준에 도달했는지 여부에 의하여 이득이 결정되는 옵션이다.

장외시장에서는 여러 유형의 장애물옵션이 일상적으로 거래되고 있다. 이들 옵션은 기본 형 옵션보다 가격이 저렴해 일부 시장참여자에게 인기를 끌고 있다. 장애물옵션은 실격옵션 (knock-out option)과 진입옵션(knock-in option)으로 분류된다. 실격옵션은 기초자산의 가격 이 장애물가격에 도달하면 효력이 소멸되는 옵션이고, 진입옵션은 기초자산의 가격이 일정 장애물가격에 도달하면 효력이 발생하기 시작하는 옵션이다.

식 (17.4)와 (17.5)에 의하면 표준콜옵션과 풋옵션의 현재시점에서의 가치는 다음과 같다.

$$c = S_0 e^{-qT} N(d_1) - K e^{-rT} N(d_2)$$
$$p = K e^{-rT} N(-d_2) - S_0 e^{-qT} N(-d_1)$$

단,

$$d_1 = \frac{\ln(S_0/K) + (r - q + \sigma^2/2)T}{\sigma\sqrt{T}}$$
$$d_2 = \frac{\ln(S_0/K) + (r - q - \sigma^2/2)T}{\sigma\sqrt{T}} = d_1 - \sigma\sqrt{T}$$

실격옵션의 한 유형으로 하향실격콜옵션(down-and-out call)이 있다. 이 옵션은 기초자산의 가격이 일정한 장애물가격 H에 도달하면 효력이 소멸되는 표준콜옵션이다. 이때 장애물가격 은 옵션 개시 때의 기초자산의 가격보다 낮게 설정된다. 이에 대응하는 진입옵션으로는 하향 진입콜옵션이 있다. 하향진입콜옵션(down-and-in call)은 기초자산의 가격이 장애물가격에 도달하면 효력이 발생하기 시작하는 표준콜옵션이다.

만일 H가 행사가격 K보다 낮거나 또는 행사가격과 동일하면, 하향진입콜옵션의 현재시점 에서의 가치는 다음과 같다.

$$c_{\text{di}} = S_0 e^{-qT} (H/S_0)^{2\lambda} N(y) - K e^{-rT} (H/S_0)^{2\lambda - 2} N(y - \sigma\sqrt{T})$$

단,

$$\lambda = \frac{r - q + \sigma^2/2}{\sigma^2}$$
$$y = \frac{\ln[H^2/(S_0 K)]}{\sigma\sqrt{T}} + \lambda\sigma\sqrt{T}$$

표준콜옵션의 가치는 하향진입콜옵션 가치와 하향실격콜옵션 가치의 합과 같기 때문에 하향 실격콜옵션의 가치는 다음과 같다.

$$c_{\text{do}} = c - c_{\text{di}}$$

만일 $H \geqslant K$ 이면 다음의 식들이 성립해야 한다.

$$c_{\text{do}} = S_0 N(x_1) e^{-qT} - K e^{-rT} N(x_1 - \sigma\sqrt{T}) - S_0 e^{-qT} (H/S_0)^{2\lambda} N(y_1) + K e^{-rT} (H/S_0)^{2\lambda-2} N(y_1 - \sigma\sqrt{T})$$

단,

$$c_{\text{di}} = c - c_{\text{do}}$$

$$x_1 = \frac{\ln(S_0/H)}{\sigma\sqrt{T}} + \lambda\sigma\sqrt{T}, \quad y_1 = \frac{\ln(H/S_0)}{\sigma\sqrt{T}} + \lambda\sigma\sqrt{T}$$

상향실격콜옵션은 기초자산의 가격이 장애물가격 H(현재 기초자산의 가격보다 높음)에 도달 하면 효력을 상실하는 표준콜옵션이다. 상향진입콜옵션은 장애물가격에 도달할 때에만 효력 이 발생하는 표준콜옵션이다. H가 K보다 낮거나 또는 K와 같으면 상향실격 콜옵션의 가치 c_{uo}는 0이고 상향진입 콜옵션의 가치 c_{ui} 는 c가 된다. 그러나 H가 K보다 높으면 다음과 같은 식이 성립한다.

$$c_{\text{ui}} = S_0 N(x_1) e^{-qT} - K e^{-rT} N(x_1 - \sigma\sqrt{T}) - S_0 e^{-qT} (H/S_0)^{2\lambda} [N(-y) - N(-y_1)] + K e^{-rT} (H/S_0)^{2\lambda-2} [N(-y + \sigma\sqrt{T}) - N(-y_1 + \sigma\sqrt{T})]$$

$$c_{\text{uo}} = c - c_{\text{ui}}$$

장애물풋옵션(put barrier option)은 장애물콜옵션(call barrier option)과 유사하세 정의된다.
상향실격풋옵션(up-and-out put)은 장애물가격 H(현재 기초자산의 가격보다 높음)에 도달하 면 효력을 상실하는 풋옵션이다. 상향진입풋옵션(up-and-in put)은 장애물가격에 도달할 때에 만 효력이 발생하는 풋옵션이다. 장애물가격 H가 행사가격 K보다 높거나 또는 K와 같으면 상향실격풋옵션과 상향진입풋옵션의 가격 p_{ui}와 p_{uo}은 각각 다음과 같다.

$$p_{\text{ui}} = -S_0 e^{-qT} (H/S_0)^{2\lambda} N(-y) + K e^{-rT} (H/S_0)^{2\lambda-2} N(-y + \sigma\sqrt{T})$$

$$p_{\text{uo}} = p - p_{\text{ui}}$$

그리고 H가 K보다 낮으면 다음의 식들이 성립한다.

$$p_{\text{uo}} = -S_0 N(-x_1) e^{-qT} + K e^{-rT} N(-x_1 + \sigma\sqrt{T}) + S_0 e^{-qT} (H/S_0)^{2\lambda} N(-y_1) - K e^{-rT} (H/S_0)^{2\lambda-2} N(-y_1 + \sigma\sqrt{T})$$

$$p_{\text{ui}} = p - p_{\text{uo}}$$

하향실격풋옵션은 현재 기초자산의 가격보다 낮은 장애물가격에 도달하면 효력을 상실하는 풋옵션이다. 하향진입풋옵션은 장애물가격에 도달할 때에만 효력이 발생하는 풋옵션이다. 장 애물가격이 행사가격보다 높으면 $p_{do} = 0$이고 $p_{di} = p$이다. 한편 장애물가격이 행사가격보다 낮으면 다음의 식들이 성립한다.

$$p_{di} = -S_0N(-x_1)e^{-qT} + Ke^{-rT}N(-x_1+\sigma\sqrt{T}) + S_0e^{-qT}(H/S_0)^{2\lambda}[N(y)-N(y_1)] - Ke^{-rT}(H/S_0)^{2\lambda-2}[N(y-\sigma\sqrt{T})-N(y_1-\sigma\sqrt{T})]$$

$$p_{do} = p - p_{di}$$

앞에서 설명한 장애물옵션들의 가치평가식들은 미래시점에서 자산가격의 확률분포가 대수 정규분포를 따른다는 가정하에 도출된 결과이다. 장애물옵션의 경우 중요한 이슈는 장애물가 격에 도달했는지의 여부를 판단하기 위하여 자산가격 S를 얼마나 자주 관찰하느냐의 문제이다. 앞에서의 분석적 공식들은 S를 연속적으로 관찰한다는 가정을 하고 있으며 실제로 그러한 경우도 종종 있다.[4] 계약조건에 S를 정기적으로(예를 들어 매일 한 번 오후 세시에) 관찰한다고 명 시하는 경우도 자주 있다. 브로아디-글래서만-코(Broadie-Glasserman-Kou)는 기초자산의 가격을 이와 같이 불연속적으로 관찰하는 경우에 앞에 제시된 공식들을 조정하는 방법을 제시한 바 있다.[5] 이들의 모형에서는 상향진입옵션 또는 상향실격옵션의 경우에는 장애물가격 H를 $He^{0.5826\sigma\sqrt{T/m}}$ 로 대체하고, 하향진입옵션과 하향실격옵션의 경우에는 $He^{-0.5826\sigma\sqrt{T/m}}$ 로 대체한다(따라서 T/m은 관찰시점 간의 간격이다).

장애물옵션은 종종 표준옵션과 매우 다른 속성을 갖기도 한다. 예를 들어 장애물옵션의 베 가는 0보다 적은 경우도 있다. 기초자산의 가격이 장애물가격에 근접한 경우의 상향실격 콜옵 션의 예를 들어보자. 이러한 경우 기초자산의 변동성이 증가함에 따라 장애물가격에 도달할 가능성은 증가한다. 따라서 기초자산의 변동성의 증가는 장애물옵션의 가격을 하락시키는 원인이 된다.

지금까지 소개한 장애물옵션의 단점 중 하나는 자산가격이 급격한 변동으로 말미암아 옵 션의 "실격"이나 진입이 발생할 수 있다는 점이다. 이러한 단점을 극복하기 위한 대안이 파리 시앙옵션인데 이 경우 자산가격이 일정기간 동안 장애물가격을 상회하거나 하회해야만 옵션의 실격이나 진입이 발생하도록 한다. 예를 들어서 행사가격이 초기 자산가격의 90%이고 장 애물가격은 초기 자산가격의 75%로 설정한 하향실격 파리시앙풋옵션의 경우 자산가격이 장 애물가격을 50일 이상 상회해야만 실격이 발생하도록 할 수 있다. 이 때 50일이라는 기간은 "50일 연속"일 수도 있고" 옵션만기 동안 총 50일"로 설정할 수도 있다. 파리시앙옵션의 가 치평가는 일반 장애물옵션보다 매우 복잡하다.[6] 이 경우에는 몬테카를로 시뮬레이션이나 이 항 모형을 27장 5절과 27장 6절에 소개되어 있는 추가적인 기법과 결합하면 가치평가를 할 수 있다.

4 가격이 상승(하락)하여 장애물가격에 도달했는지 확인하는 하나의 방법은 기초자산을 특정가격에 매도(매입)하기 위한 지정가주문(limit order)을 거래소에 내고 주문이 체결되는지를 확인하는 것이다.

5 M. Broadie, P. Glasserman, and S. G. Kou, "A Continuity Correction for Discrete Barrier Options," *Mathematical Finance*, 7, 4 (October 1997): 325–49.

6 M. Chesney, J. Cornwall, M. Jeanblanc-Picque, G. Kentwell, and M. Yor, "Parisian Pricing," *Risk*, 10, 1(1977), 77–79

26.10 이원옵션

이원옵션(binary option) 또는 디지털옵션(digital option)은 이득패턴이 불연속적인(discontinuous) 옵션이다. 이원옵션의 단순한 예는 현금이원콜옵션(cash-or-nothing call option)이다. 이 옵션은 T시점에서 자산가격 이 행사가격보다 낮으면 아무런 이득도 지급하지 않고, 반대로 자산가격이 행사가격보다 높으면 고정금액 Q를 지급한다. 그런데 위험중립 가정 하에서 옵션의 만기일에 자산가격이 행 사가격보다 높을 확률은 $N(d_2)$ 이다. 따라서 현금이원콜옵션의 가치는 $Qe^{-rT}N(d_2)$ 가 된다. 현금이원풋옵션(cash-or-nothing put option)도 이와 유사하게 정의한다. 즉, 이 옵션은 자산가 격이 행사가격보다 낮으면 Q를 지급하고 반대로 자산가격이 행사가격보다 높으면 아무런 이 득도 지급하지 않는다. 따라서 현금이원풋옵션의 가치는 $Qe^{-rT}N(-d_2)$ 가 된다.

이원옵션의 다른 유형으로 자산이원콜옵션(asset-or-nothing call option)이 있다. 이 옵션 은 기초자산의 가격이 행사가격보다 낮으면 아무런 이득도 지급하지 않고 반대로 자산가격이 행사가격보다 높으면 주가에 해당하는 금액을 지급한다. 이 콜옵션의 가치는 $S_0e^{-qT}N(d_1)$이 된다. 자산이원풋옵션(asset-or-nothing put option)은 자산가격이 행사가격보다 높으면 아무 런 이득도 지급하지 않고 반대로 자산가격이 행사가격보다 낮으면 주가에 해당하는 금액을 지급한다. 이 풋옵션의 가치는 $S_0e^{-qT}N(-d_1)$이 된다.

이원옵션은 불연속적인 이득패턴을 갖고 있다. 만약 기초자산의 드문드문 거래되어 상대적으로 적은 매입 또는 매도 거래가 가격을 움직이는 경우 문제가 발생한다. 행사가격이 20달러이며 이득이 백만달러인 현금이원콜옵션을 고려해보자. 만약 최종 자산가격이 19.99달러라면, 이득이 없지만 20달러이거나 20달러 이상이면 이득은 백만달러가 된다. 만약 옵션의 만기까지 하루가 남았고 가격이 20달러에 조금 못미친다면 현금이원콜옵션 보유자는 기초자산의 매입주문을 통해 가격을 20달러 이상으로 끌어올리려고 시도할 것이다. 유사한 문제는 많이 거래되지 않는 장애물옵션의 경우에도 일어날 수 있다. 만약 기초자산의 가격이 장애물에 가깝다면, 매입 또는 매도주문을 통해 장애물에 주가가 도달할 수 있도록 시도할 것이다.

표준 유러피언콜옵션은 자산이원콜옵션에 매입포지션을 취하고 동시에 현금이원콜옵션에 매도포지션을 취한 것과 같다(이때 현금이원콜옵션의 현금이득은 행사가격과 같음). 마찬가 지로 표준 유러피언풋옵션은 현금이원풋옵션에 매입포지션을 취하고 동시에 자산이원풋옵션 에 매도포지션을 취한 것과 같다(이때 현금이원풋옵션의 현금이득은 행사가격과 같음).

26.11 룩백옵션

룩백옵션(lookback option)은 옵션만기 동안의 기초자산의 최대가격 또는 최소가격에 따라 이득이 결정되는 옵션이다. 변동 룩백콜옵션(floating lookback call)의 이득은 옵션만기일의 기초자산의 최종가격이 옵션 잔존기간 동안의 최소가격을 얼마나 초과하느냐에 따라 계산된 나. 반면에 변동 룩백풋옵션

(floating lookback put) 이득은 옵션 잔존기간 동안 기초자산의 최대 자산가격이 만기일의 최종가격을 얼마나 초과하느냐에 따라 계산된다.

변동 룩백옵션들의 가치평가 모형들은 이미 개발되어 있다.[7] 변동 룩백콜옵션의 현재시점 에서의 가치는 다음과 같이 계산할 수 있다.

$$c_{\text{fl}} = S_0 e^{-qT} N(a_1) - S_0 e^{-qT} \frac{\sigma^2}{2(r-q)} N(-a_1) - S_{\min} e^{-rT} \left[N(a_2) - \frac{\sigma^2}{2(r-q)} e^{Y_1} N(-a_3) \right]$$

단,

$$a_1 = \frac{\ln(S_0/S_{\min}) + (r - q + \sigma^2/2)T}{\sigma\sqrt{T}}$$
$$a_2 = a_1 - \sigma\sqrt{T},$$
$$a_3 = \frac{\ln(S_0/S_{\min}) + (-r + q + \sigma^2/2)T}{\sigma\sqrt{T}}$$
$$Y_1 = -\frac{2(r - q - \sigma^2/2)\ln(S_0/S_{\min})}{\sigma^2}$$

$S_{\min}$은 현재까지 기초자산의 최소가격이다(룩백옵션이 현재시점에서 처음 거래되기 시작한 경우에는 $S_{\min} = S_0$임).$r = q$인 경우에 대해서는 연습문제 26.23을 참조하면 된다.

변동 룩백풋옵션의 가치평가모형은 다음과 같다.

$$p_{\text{fl}} = S_{\max} e^{-rT} \left[N(b_1) - \frac{\sigma^2}{2(r-q)} e^{Y_2} N(-b_3) \right] + S_0 e^{-qT} \frac{\sigma^2}{2(r-q)} N(-b_2) - S_0 e^{-qT} N(b_2)$$

단,

$$b_1 = \frac{\ln(S_{\max}/S_0) + (-r + q + \sigma^2/2)T}{\sigma\sqrt{T}}$$
$$b_2 = b_1 - \sigma\sqrt{T}$$
$$b_3 = \frac{\ln(S_{\max}/S_0) + (r - q - \sigma^2/2)T}{\sigma\sqrt{T}}$$
$$Y_2 = \frac{2(r - q - \sigma^2/2)\ln(S_{\max}/S_0)}{\sigma^2}$$

$S_{\max}$은 현재까지 기초자산의 최대가격이다(룩백옵션이 현재시점에서 처음 거래되기 시작한 경우에는 $S_{\max} = S_0$).

변동 룩백콜옵션은 옵션 잔존기간 동안 기초자산의 최소가격에 기초자산을 매수할 수 있는 방편을 제공하게 된다. 반면에 변동 룩백풋옵션은 옵션 잔존기간 동안 기초자산의 최대가 격에 기초자산을 매도할 수 있는 방편을 제공하게 된다.

7 B. Goldman, H. Sosin, and M. A. Gatto, "Path-Dependent Options: Buy at the Low, Sell at the High," *Journal of Finance*, 34 (December 1979), 1111–27.; M. Garman", Recollection in Tranquility," *Risk*, March (1989): 16–19.

예제 26.2

> 무배당 주식을 기초자산으로 신규 발행된 룩백풋옵션을 고려해보자. 기초자산의 가격 은 50, 주가의 변동성은 연 40%, 무위험이자율은 연 10%, 만기는 3개월이다. 이 경우 에 $S_{max}=50$, $S_0=50$, $r=0.1$, $q=0$, $\sigma=0.4$, $T=0.25$이다. 앞의 공식에서 $b_1=-0.025$, $b_2=-0.225$, $b_3=0.025$, $Y_2=0$이므로 룩백풋옵션의 가치는 7.79이다. 동일 한 주식을 기초자산으로 신규 발행된 룩백콜옵션의 가치는 8.04이다.

고정 룩백옵션(fixed lookback option)의 경우에는 행사가격이 고정되어 있다. 고정 룩백콜옵 션(fixed lookback call option)의 이득은 보통의 유러피언콜옵션의 이득과 같은 방법으로 계산 하지만 기초자산의 최종가격 대신 옵션 잔존기간 동안의 최대가격을 이용한다는 차이가 있다. 마찬가지로 고정 룩백풋옵션(fixed lookback put option)의 이득은 보통의 유러피언풋옵션의 이득과 같은 방법으로 계산하지만 기초자산의 최종가격 대신 옵션 잔존기간 동안의 최소가격 을 이용한다. 이제 S_{max}를 옵션 잔존기간 동안 기초자산의 최대가격, K를 행사가격이라 하고 $S^*_{max}=\max(S_{max}, K)$라 정의해보자. 한편, 고정 룩백콜옵션과 잔존기간이 동일한 변동 룩백풋 옵션의 가치를 p^*_{fl}라고 정의하는데, 단 이때 실제의 최대가격 S_{max}는 S^*_{max}로 대체한다. 풋-콜 패리티의 논리를 적용하면 고정 룩백콜옵션의 가치 c_{fix}는 다음과 같이 정리할 수 있다.[8]

$$c_{fix}=p^*_{fl}+S_0e^{-qT}-Ke^{-rT}$$

마찬가지로 $S^*_{min}=\min(S_{min}, K)$라고 하면, 고정 룩백풋옵션의 가치 p_{fix}는 다음과 같이 표시 할수 있다.

$$p_{fix}=c^*_{fl}+Ke^{-rT}-S_0e^{-qT}$$

여기서 c^*_{fl}는 고정 룩백풋옵션과 잔존기간이 동일한 변동 룩백콜옵션의 가치를 의미하는데, 이때 실제의 최대가격 S_{min}는 S^*_{min}로 대체한다. 이와 같은 결과는 변동 룩백옵션들의 가치를 활용하여 고정 룩백옵션들의 가치를 평가할 수 있음을 보여준다.

룩백옵션들은 투자들에게는 매우 매력적이기는 하지만 일반적인 옵션과 비교할 때 가격이 상당히 비싸다는 특징을 갖는다. 또한 장애물옵션과 마찬가지로 룩백옵션도 기초자산의 최대 가격과 최소가격을 관찰하는 빈도에 따라서 그 가치가 매우 민감하게 변한다는 특성을 갖게 된다. 앞에서 설명한 모형들은 기초자산가격을 연속적으로 관측한다는 가정하에 성립하는 모 형들이다. 자산가격을 이산적으로 관측하는 경우의 모형들은 브로아디-글래서만-코 등이 개 발한바 있다.[9]

8 이러한 논리에 대해서는 Wong과 Kwok의 논문"Sub-replication and Replenishing Premium: Efficient Pricing of Multi-state Lookbacks,"Review of Derivatives Research, 6 (2003), 83–106을 참조.

9 M.Broadie, P. Glasserman, and S. G. Kou, "Connecting Discrete and Continuous Path-Dependent Options," *Finance and Stochastics*, 2 (1998): 1-28.

26.12 샤우트옵션

샤우트옵션(shout option)은 소유자가 만기 동안 단 한번 발행자에게 선언할(shout) 수 있는 유러피언옵션이다. 옵션만기일에 옵션소유자는 표준 유러피언옵션의 이득 또는 선언한 시점 에서의 내재가치 중에서 큰 금액을 수령한다. 예를 들어 행사가격이 50달러이고 기초자산의 가격이 60달러일 때 콜옵션소유자가 선언했다고 가정하자. 만기일에서 기초자산의 최종가격 이 60달러 이하이면 소유자의 이득은 10달러가 된다. 그러나 만일 기초자산의 최종가격이 60 달러 이상이면 소유자는 최종가격에서 50달러를 차감한 금액을 수령한다.

샤우트옵션은 룩백옵션과 여러 면에서 같은 속성을 갖지만 가치는 훨씬 낮다. τ시점(자산 가격은 S_τ임)에서 옵션소유자가 선언한 경우 만기일(T)에서 옵션의 이득이 다음과 같다는 점 을 고려하여 샤우트옵션의 가치를 평가할 수 있다.

$$\max(0,\ S_T - S_\tau) + (S_\tau - K)$$

단 K는 행사가격, S_T는 T시점에서 기초자산의 가격이다. 따라서 선언하는 시점인 τ에서의 옵 션의 가치는 $S_\tau - K$ (T시점에서 수령)의 현재가치와 행사가격이 S_τ인 유러피언콜옵션의 가치 를 합한 값이다. 후자인 유러피언콜옵션의 가치는 블랙-숄즈-머턴 공식으로 계산할 수 있다. 기초자산에 대하여 이항과정(binomial tree) 또는 삼항과정(trinomial tree)을 구성함으로써 샤우트옵션의 가치를 평가할 수도 있다. 이때는 과정의 끝에서 출발점으로 역행하면서 선언 하는 경우의 옵션가치와 선언하지 않는 경우의 옵션가치를 모든 점(node)에서 계산한다. 이 때 각 점에서의 옵션가치는 두 값중큰 값이 된다. 따라서 샤우트옵션의 가치를 평가하는 절차는 표준 아메리칸옵션의 가치를 평가하는 절차와 매우 유사하다.

26.13 아시안옵션

아시안옵션(Asian option)은 옵션만기기간 중 일부기간 동안의 기초자산의 평균가격에 의해 이득이 결정되는 옵션이다. 평균가격콜옵션(average price call)의 이득은 $\max(0,\ S_{\text{ave}} - K)$ 이고, 평균가격풋옵션(average price put)의 이득은 $\max(0,\ K - S_{\text{ave}})$ 이다. 여기서 S_{ave}는 미리 정해놓은 기간 동안의 기초자산 평균가격을 의미한다. 평균가격 옵션은 일반 옵션보다 저렴한 편이며, 논쟁의 여지는 있지만 기업 재무담당자의 요구에 보다 적절하게 활용될 수 있다. 예를 들어 어떤 미국기업이 1억 호주 달러를 향후 1년 동안에 걸쳐 균등하게 받을 예정이라고 가 정하자. 이때 재무담당자는 향후 1년 동안에 일정 수준 이상의 평균환율을 보장해줄 수 있는 옵션에 관심을 가질 것이다. 이 목적을 달성하는 데 평균가격풋옵션이 표준풋옵션보다 더 효 과적일 수 있다는 것이다.

평균가격옵션은 S_{ave}가 대수정규분포라고 가정하면 보통의 옵션 평가에 이용하는 공식과 유사한 방법으로 가치를 평가할 수 있다. 자산 가격의 확률과정에 대하여 통상적인 가정을 하는 경우 이 가정은 상당히 합리적인 가정이라 할 수 있다.[10] 이제 대수정규분포를 S_{ave}의 일차, 이차 적률에 대응시키고 블랙 모형을 이용하면 된다.[11] 즉, M_1과 M_2를 각각 S_{ave}의 일차, 이차 적률이라고 하여보자. 이제 식 (18.9)와 (18.10)을 이용하여 평균가격 옵션의 가치를 계 산하되 다음의 결과를 적용한다

$$F_0 = M_1 \tag{26.3}$$

$$\sigma^2 = \frac{1}{T}\ln\left(\frac{M_2}{M_1^2}\right) \tag{26.4}$$

평균 가격을 연속으로 계산하고 r, q, σ가 상수인 경우에는(DerivaGem 활용 시) 다음의 결과 를 적용한다.

$$M_1 = \frac{e^{(r-q)T} - 1}{(r-q)T} S_0$$

$$M_2 = \frac{2e^{[2(r-q)+\sigma^2]T} S_0^2}{(r-q+\sigma^2)(2r-2q+\sigma^2)T^2} + \frac{2S_0^2}{(r-q)T^2}\left(\frac{1}{2(r-q)+\sigma^2} - \frac{e^{(r-q)T}}{r-q+\sigma^2}\right)$$

보다 일반적인 경우로서 시점 T_i $(1 \leqslant i \leqslant m)$ 에서의 관찰결과를 가지고 평균을 계산할 경우 에는 다음의 결과를 적용한다.

$$M_1 = \frac{1}{m}\sum_{i=1}^{m} F_i \quad \text{and} \quad M_2 = \frac{1}{m^2}\left(\sum_{i=1}^{m} F_i^2 e^{\sigma_i^2 T_i} + 2\sum_{j=1}^{m}\sum_{i=1}^{j-1} F_i F_j e^{\sigma_i^2 T_i}\right)$$

여기서 F_i 와 σ_i 는 각각 만기 T_i 인 선도가격과 선도가격의 내재변동성을 의미한다. 이에 대한 증명은 저자 홈페이지(www-2.rotman.utoronto.ca/~hull/TechnicalNotes)의 [Technical Note] 27을 참고하기 바란다.

예제 26.3

무배당 주식에 대해 신규 발행된 평균가격콜옵션을 고려해보자. 주가는 50달러, 행사가 격 50달러, 주가변동성은 연 40%, 무위험이자율은 연 10%, 만기는 1년이다. 즉, $S_0 = 50$, $K = 50$, $r = 0.1$, $q = 0$, $\sigma = 0.4$, $T = 1$이다. 평균을 연속으로 계산하는 경우에는 $M_1 = 52.59$, $M_2 = 2{,}922.76$이 된다. 식 (26.3)와 (26.4)를 이용하면 $F_0 = 52.59$, $\sigma = 23.54\%$가 된다. 이제 $K = 50$, $T = 1$, $r = 0.1$인 경우 식 (18.9)를 적용하면 옵션 가치 는 5.62가 된다. 평균가격 계산에 12, 52, 250개의 가격을 이용하는 경우 옵션 가격은 각각 6.00, 5.70, 5.63이 된다.

옵션이 과거에 이미 발행된 옵션이고, 평균가격을 계산하는 데 이용할 가격들이 관찰되어 있 는 경우에는 앞에서의 분석결과를 약간 수정하면 된다. 우선, 평균을 계산하는 기간을 가격이 관찰

10 주가가 기하 브라운 운동을 따르는 경우 가격의 기하평균은 정확하게 대수 정규분포를 하며 산술평균의 경우에 도 대략적으로는 대수정규분포를 하게 된다.

11 S. M. Turnbull and L. M. Wakeman, "A Quick Algorithm for Pricing European Average Options," *Journal of Financial and Quantitative Analysis*, 26 (September 1991): 377–89.

된 기간 t_1과 옵션의 잔존만기인 기간 t_2으로 구분한다. t_1 기간 동안의 평균가격은 $\bar{S}$라고 가정하자. 이제 평균가격콜옵션의 이득을 다음과 같이 표시할 수 있다.

$$\max\left(\frac{\bar{S}t_1 + S_{\text{ave}}t_2}{t_1 + t_2} - K,\ 0\right)$$

여기서 S_{ave}는 t_2기간 동안의 평균가격이다. 위의 식은 다음과 같이 정리할 수 있다.

$$\frac{t_2}{t_1 + t_2}\max(S_{\text{ave}} - K^*,\ 0)$$

단,

$$K^* = \frac{t_1 + t_2}{t_2}K - \frac{t_1}{t_2}\bar{S}$$

따라서 $K^* > 0$이면 옵션가치는 신규 발행된 옵션처럼 계산할 수 있는데, 이때 행사가격 K를 K^*로 바꾸어 옵션가치를 계산한 후 여기에 $t_2/(t_1 + t_2)$를 곱한다. 반대로 $K^* < 0$ 이면 옵션은 반드시 행사될 것이므로 선도계약처럼 평가할 수 있다. 이 경우에 옵션의 가치는 다음과 같다.

$$\frac{t_2}{t_1 + t_2}[M_1 e^{-rt_2} - K^* e^{-rt_2}]$$

또 다른 유형의 아시안 옵션은 평균 행사가격 옵션이다. 평균행사가격콜옵션의 투자수익은 $\max(0,\ S_T - S_{\text{ave}})$ 이고 평균행사가격풋옵션의 투자수익은 $\max(0,\ S_{\text{ave}} - S_T)$ 이다. 평균행사가 격옵션은 일정기간 동안의 잦은 거래에서 지불한 자산의 평균가격이 최종가격보다 높지 않도 록 해주는 효과가 있다. 반대로 일정기간 동안의 잦은 거래에서 수령한 자산의 평균가격이 최 종가격보다 낮지 않도록 해주는 효과가 있다. 이 옵션은 S_{ave}가 대수정규분포라고 가정하고 자산과 자산을 교환하는 옵션으로 갖주하여 가치를 평가할 수 있다

26.14 교환옵션

교환옵션(exchange option)은 한 유형의 자산을 다른 유형의 자산과 교환할 수 있는 권리가 부여된 옵션으로 여러 가지 상황에서 발행된다. 예를 들어 호주 달러로 일본 엔화를 매입할 수 있는 옵션은 미국 투자자 입장에서는 한 유형의 외화자산을 다른 유형의 외화자산과 교환 하는 옵션이다. 주식의 공개매수(tender offer)는 어떤 기업의 주식을 다른 기업의 주식과 교 환하는 옵션이라 할 수 있다.

T시점에서 가치가 U_T인 자산을 포기하고 대신에 가치가 V_T 인 자산을 수령하는 유러피언 옵션이 있다고 하여 보자. 옵션으로부터의 이득은 다음과 같다.

$$\max(V_T - U_T,\ 0)$$

이 옵션의 가치를 평가하는 공식은 마그라베(Margrabe)에 의해 처음으로 도출되었다.[12] 우선, 자산가격

12 W. Margrabe, "The Value of an Option to Exchange One Asset for Another," *Journal of Finance*, 33 (March 1978): 177–86.

U와 V가 변동성이 각각 σ_U와 σ_V인 기하 브라운 운동을 따른다고 가정하자. 또한 U와 V간의 순간 상관계수(instantaneous correlation)가 ρ이고 U와 V가 제공하는 수익률 이 각각 q_U와 q_V라고 가정하자. 이때 현재시점에서의 옵션의 가치는 다음과 같다.

$$V_0 e^{-q_V T} N(d_1) - U_0 e^{-q_U T} N(d_2) \tag{26.5}$$

단,

$$d_1 = \frac{\ln(V_0/U_0) + (q_U - q_V + \hat{\sigma}^2/2)T}{\hat{\sigma}\sqrt{T}}, \quad d_2 = d_1 - \hat{\sigma}\sqrt{T}$$

$$\hat{\sigma} = \sqrt{\sigma_U^2 + \sigma_V^2 - 2\rho\sigma_U\sigma_V}$$

여기서 U_0 와 V_0 는 현재시점에서의 U와 V의 가치이다.

이 결과에 대한 증명은 28장에서 하기로 한다. 식 (26.5)에 무위험이자율이 포함되지 않는 점은 흥미롭다. 그 이유는 r이 증가하면 위험중립 세계에서 두 자산가격의 성장률도 증가하지 만 이는 할인율의 증가에 의하여 정확히 상쇄되기 때문이다. 변수는 V/U의 변동성이다. 식 (17.4)와 비교하면, 이 옵션가격은 가치가 V/U인 자산에 대한 유러피언콜옵션(행사가격 1.0, 무위험이자율 q_U, 자산의 배당수익률 q_V) U_0 주의 가격과 동일함을 알 수 있다. 마크 루빈스타 인(Mark Rubinstein)은 아메리칸 교환옵션의 경우도 이와 유사한 방법으로 가치를 평가할 수 있음을 증명한 바 있다.[13] 즉, 아메리칸 교환옵션은 가치가 V/U인 자산을 1.0의 가격으로 매 입할 수 있는 아메리칸콜옵션(무위험이자율 q_U, 자산의 배당수익률 q_V) U_0 주로 간주될 수 있다. 그러므로 이 옵션은 이항과정을 이용하여 20장에서 설명한 방법으로 평가할 수 있다.

한편, 두 자산의 최종가치 중 높은 값이나 낮은 값을 선택적으로 취득할 수 있는 옵션은 한 자산에 포지션을 취하면서 동시에 그 자산을 다른 자산과 교환할 수 있는 옵션을 함께 소유한 것으로 간주할 수 있는데 이러한 옵션의 이득을 식으로 나타내면 다음과 같다.

$$\min(U_T, V_T) = V_T - \max(V_T - U_T, 0)$$
$$\max(U_T, V_T) = U_T + \max(V_T - U_T, 0)$$

26.15 기초자산이 다수인 옵션들

2개 또는 그 이상의 위험자산에 기초하는 옵션은 보통 무지개옵션(rainbow option)으로 불린 다. 6장에서 설명한 CBOT에서 거래되는 채권선물계약은 이러한 옵션에 속한다. 채권선물계 약에 매도포지션을 취한 거래자는 채권 인도 시 다양한 채권들 중에서 하나를 선택할 수 있기 때문이다.

아마도 기초자산이 여러 개인 옵션 중 가장 보편적인 옵션은 유러피언 바스켓옵션(basket option)일 것이다. 이 옵션은 자산의 포트폴리오(또는 바스켓)가치에 따라 이득이 결정되는 옵 션이다. 기초자산

13 M. Rubinstein, "One for Another," *Risk*, July/August 1991: 30–32.

이 되는 자산들은 대개 개별 주식, 주가지수, 또는 외국통화 등이다. 유러피언 바스켓옵션은 자산들이 상관관계가 있는 기하 브라운 운동과정을 따른다고 가정하고 몬테카를 로 시뮬레이션을 이용함으로 가치를 평가할 수 있다. 보다 빠르게 가치를 계산하는 방법은 위 험중립 세계에서 옵션만기일에 바스켓의 1차, 2차 적률을 계산하고 바스켓의 가치는 그 시점에 서 대수정규분포를 따른다고 가정하는 것이다. 이런 경우에는 블랙 모형을 이용하면 되고 이때 모수들은 식 (26.3)과 (26.4)를 이용하여 계산하면 된다. 이 때 다음의 결과를 적용한다.

$$M_1 = \sum_{i=1}^{n} F_i \quad \text{and} \quad M_2 = \sum_{i=1}^{n}\sum_{j=1}^{n} F_i F_j e^{\rho_{ij}\sigma_i\sigma_j T}$$

여기서 n은 자산의 수, T는 옵션 만기, F_i 와 σ_i 는 각각 i번째 자산의 선도가격과 선도가격의 내 재변동성, ρ_{ij}는 자산 i와 자산 j의 상관계수를 의미한다. 이에 대한 증명은 저자 홈페이지 (www-2.rotman.utoronto.ca/~hull/TechnicalNotes)의 [Tcchnical Note] 28을 참고하기 바란다.

26.16 변동성 스왑과 분산 스왑

변동성 스왑(volatility swap)은 시점 0과 시점 T기간 동안 특정 자산의 실제 변동성 $\bar{\sigma}$을 미리 정해놓은 고정 변동성 σ_K과 교환하기로 하는 계약이다. 이때 실제 변동성은 평균 일 수익률이 0이라는 가정 하에 15장 4절에서 설명한 바와 같은 방식으로 계산한다. 만약 시점 0과 시점 T사이에 n개의일 주가(daily stock price) 자료가 있다고 가정하여보자. S_i를 i 번째 주가라고 하면 변동성은 다음과 같이 계산할 수 있다(n - 2 대신 n - 1을 이용하기도 함).

$$\bar{\sigma} = \sqrt{\frac{252}{n-2}\sum_{i=1}^{n-1}\left[\ln\left(\frac{S_{i+1}}{S_i}\right)\right]^2}$$

시점 T에서 변동성 스왑으로부터 고정 변동성지급자에게 발생하는 이득은 $L_{\text{vol}}(\bar{\sigma} - \sigma_K)$가 되는데, 여기서 L_{vol}은 명목원금이며 σ_K는 고정 변동성 값이다. 일반적인 옵션이 기초자산의 가격과 변동성에 대한 복합적으로 노출되어 있다면 변동성 스왑은 변동성에만 노출되어 있다는 점에서 일반적인 옵션보다 단순한 계약이 된다.

분산 스왑(variance swap)은 시점 0과 시점 T기간 동안 특정 자산의 실제 분산 를 미리 정 해놓은 고정 분산 값과 교환하기로 하는 계약이다. 분산 $\bar{V}$ 는 변동성의 제곱이다($\bar{V} = \bar{\sigma}^2$). 분산 스왑은 변동성 스왑보다 가치평가가 쉬운 편이다. 왜냐하면 시점 0과 시점 T기간 동안의 분 산은 풋옵션과 콜옵션의 포트폴리오로부터 복제할 수 있기 때문이다. 시점 에서 분산 스왑으 로부터 고정 분산지급자에게 발생하는 이득은 $L_{\text{var}}(\bar{V} - V_K)$가 되는데, 여기서 L_{var}은 명목원금 이며 V_K는 고정 분산 값이다. 분산 스왑의 명목원금은 $L_{\text{var}} = L_{\text{vol}}/(2\sigma_K)$와 같이 조건이 같은 변동성 스왑의 명목원금을 기준으로 표시되기도 한다.

분산 스왑의 가치평가

저자의 홈페이지(www-2.rotman.utoronto.ca/~hull/TechnicalNotes)의 [Technical Note] 22에 서는 자산가격 S^*에 대하여 시점 0과 시점 T기간 동안의 평균 분산의 기대값이 다음과 같음을 증명하고 있다.

$$\hat{E}(\bar{V}) = \frac{2}{T}\ln\frac{F_0}{S^*} - \frac{2}{T}\left[\frac{F_0}{S^*} - 1\right] + \frac{2}{T}\left[\int_{K=0}^{S^*}\frac{1}{K^2}e^{rT}p(K)\,dK + \int_{K=S^*}^{\infty}\frac{1}{K^2}e^{rT}c(K)\,dK\right] \quad (26.6)$$

여기서, F_0는 시점 T가 만기인 선도가격을 의미하고, $c(K)$와 $p(K)$는 각각 행사가격이 K이고 잔존만기가 T인 유러피언콜옵션과 유러피언풋옵션의 가격을 의미한다.

위 식은 분산 스왑의 가치를 평가할 수 있는 방법을 제시해준다.[14] 명목원금을 L_{var}이라 할 때, 시점 0과 시점 T기간 동안의 실제 분산을 받고'분산 고정'값 V_K를 지불하게 되는 계약의 가치는 다음과 같다.

$$L_{\text{var}}[\hat{E}(\bar{V}) - V_K]e^{-rT} \quad (26.7)$$

이제 행사가격이 K_i ($1 \leqslant i \leqslant n, K_1 < K_2 < \cdots < K_n$인 유러피언콜옵션들의 가격을 알고 있다고 가정하여보자. 식 (26.6)를 활용하는 일반적인 방법은 S^*는 F_0 직전 단계의 행사가격과 같게 설정하고, 식 (26.6)의 적분항의 값은 다음과 같이 근사값을 구하는 것이다.

$$\int_{K=0}^{S^*}\frac{1}{K^2}e^{rT}p(K)dK + \int_{K=S^*}^{\infty}\frac{1}{K^2}e^{rT}c(K)dK = \sum_{i=1}^{n}\frac{\Delta K_i}{K_i^2}e^{rT}Q(K_i) \quad (26.8)$$

여기서 $2 \leqslant i \leqslant n-1$에 대하여 $\Delta K_i = 0.5(K_{i+1} - K_{i-1})$이고 $\Delta K_1 = K_2 - K_1$, $\Delta K_n = K_n - K_{n-1}$이다. 함수 $Q(K_i)$는 행사가격이 $K_i < S^*$인 경우에는 유러피언풋옵션의 가격이며, $K_i > S^*$인 경우에는 유러피언콜옵션의 가격을 의미한다. $K_i = S^*$인 경우에는 함수 $Q(K_i)$의 값은 행사가격이 K_i인 유러피언콜옵션과 유러피언풋옵션 가격의 평균이 된다.

예제 26.4

어떤 주가지수의 향후 3개월 동안 실제 분산 값을 수령하고 0.045의 고정 분산 값을지 불하는 만기 3개월인 분산 스왑의 원금이 1억 달러하고 해 보자. 무위험이자율은 4%이 고 주가지수의 배당수익률은 1%라고 가정한다. 지수의 현재 값은 1020이라고 한다. 행 사가격 800, 850, 900, 950, 1,000, 1,050, 1,100, 1,150, 1,200에 대하여 지수의 3개월 내재변동성이 각각 29%, 28%, 27%, 26%, 25%, 24%, 23%, 22%, 21%라고 한다. 즉 $n = 9$, $K_1 = 800$, $K_2 = 850$, . . . , $K_9 = 1{,}200$이고, $F_0 = 1{,}020e^{(0.04-0.01)\times 0.25} = 1{,}027.68$이며 $S^* = 1{,}000$이 된다. DerivaGem을 이용하면 $Q(K_1) = 2.22$, $Q(K_2) = 5.22$, $Q(K_3) = 11.05$, $Q(K_4) = 21.27$, $Q(K_5) = 51.21$, $Q(K_6) = 38.94$,

14 K.Demeterf, E.Derman, M.Kamal, and J.Zou, "A Guide to Volatility and VarianceSwaps," The Journal of Derivatives, 6, 4 (Summer1999), 9-32. 분산옵션과 변동성 옵션에 대해서는 다음을 참고할 것. P. Carr and R.Lee, "Realized Volatility and Variance: Options viaSwaps," *Risk*, May2007, 76–83.

$Q(K_7) = 20.69$, $Q(K_8) = 9.44$, $Q(K_9) = 3.57$가 된다. 또한 모든 i에 대하여 $\Delta K_i = 0.5$이다. 따라서 식 (26.8)의 값은 다음과 같다.

$$\sum_{i}^{n} \frac{\Delta K_i}{K_i^2} e^{rT} Q(K_i) = 0.008139$$

이제 식 (26.6)과식 (26.8)을 이용하게 되면 다음과 같은 결과를 얻게 된다.

$$\hat{E}(\bar{V}) = \frac{2}{0.25}\ln\left(\frac{1027.68}{1{,}000}\right) - \frac{2}{0.25}\left(\frac{1027.68}{1{,}000} - 1\right) + \frac{2}{0.25} \times 0.008139 = 0.0621$$

이제 식 (26.7)를 이용하면 분산 스왑의 가치는 $100 \times (0.0621 - 0.045)e^{-0.04\times 0.25} = 1.69$ (백 만 달러)가 된다.

변동성 스왑의 가치평가

변동성 스왑의 가치평가를 위해서 우리는 시점 0과 시점 T기간 동안의 변동성의 평균값 $\bar{\sigma}$의 기대값인 $\hat{E}(\bar{\sigma})$가 필요하다. 그런데 $\bar{\sigma}$는 다음과 같은 식으로 표현된다.

$$\bar{\sigma} = \sqrt{\hat{E}(\bar{V})}\sqrt{1 + \frac{\bar{V} - \hat{E}(\bar{V})}{\hat{E}(\bar{V})}}$$

이제 우변의 둘째 항을 시리즈로 전개하면 다음과 같다.

$$\bar{\sigma} = \sqrt{\hat{E}(\bar{V})}\left\{1 + \frac{\bar{V} - \hat{E}(\bar{V})}{2\hat{E}(\bar{V})} - \frac{1}{8}\left[\frac{\bar{V} - \hat{E}(\bar{V})}{\hat{E}(\bar{V})}\right]^2\right\}$$

이제 양변의 기대값을 구하면 아래와 같다.

$$\hat{E}(\bar{\sigma}) = \sqrt{\hat{E}(\bar{V})}\left\{1 - \frac{1}{8}\left[\frac{\text{var}(\bar{V})}{\hat{E}(\bar{V})^2}\right]\right\} \tag{26.9}$$

여기서 $\text{var}(\bar{V})$는 $\bar{V}$의 분산이다. 따라서 변동성 스왑의 가치평가를 위해서는 계약기간 동안 평 균분산의 기대값이 필요함을 알 수 있다. 시점 0과 시점 T기간 동안의 실제 변동성을 수령하고 고정 변동성 값 σ_K을 지불하는 계약의 가치는 명목원금 L_{vol}이 양쪽에 적용될 경우 아래와 같다.

$$L_{\text{vol}}[\hat{E}(\bar{\sigma}) - \sigma_K]e^{-rT}$$

예제 26.5

[예제 26.4]에서와 같은 경우를 가정하고, 실제 변동성을 수령하고 23%의 고정 변동성 값을 지불하는 명목원금 1억 불인 변동성 스왑계약이 있다고 해보자. 이때 $\hat{E}(\bar{V})$는 0.0621이었다. 3개월 동안의 평균분산의 표준편차가 0.01로 추정되었다고 하여보자. 이것은 $\text{var}(\bar{V}) = 0.0001$임을

의미한다. 식 (26.9)에 의하면 다음과 같은 계산이 가능해 진다.

$$\hat{E}(\bar{\sigma}) = \sqrt{0.0621}\left(1 - \tfrac{1}{8} \times \frac{0.0001}{0.0621^2}\right) = 0.2484$$

따라서 변동성 스왑의 가치는 다음과 같다.

$$100 \times (0.2484 - 0.23)e^{-0.04\times 0.25} = 1.82$$

VIX 지수

식 (26.6)에서 $\ln(F_0/S^*)$값은 다음과 같이 시리즈 전개식에서 처음 두 항의 값으로 추정할 수 있다.

$$\ln\left(\frac{F_0}{S^*}\right) = \left(\frac{F_0}{S^*} - 1\right) - \tfrac{1}{2}\left(\frac{F_0}{S^*} - 1\right)^2$$

따라서 위험중립 누적분산의 기대값은 다음과 같이 계산할 수 있다.

$$\hat{E}(\bar{V})T = -\left(\frac{F_0}{S^*} - 1\right)^2 + 2\sum_{i=1}^{n}\frac{\Delta K_i}{K_i^2}e^{rT}Q(K_i) \tag{26.10}$$

2004년 이후로는 VIX 변동성 지수(15장 11절 참조)를 식 (26.10)에 기초하여 산출하여 오 고 있다. 특정일에 지수를 계산하는 절차를 설명하자면, 우선 거래소에서 거래되는 옵션들 중 잔존 만기가 30일 직전인 옵션과 직후인 옵션에 대하여 $\hat{E}(\bar{V})T$를 계산한다. 그 다음 보간법 을 이용하여 30일 위험중립 누적분산의 기대값을 계산하다. 이제 이 값에 365/30을 곱하고 제곱근을 구하면 VIX 지수가 계산된다. 이에 대한 자세한 내용은 CBOE 홈페이지에 소개되어 있다.

26.17 정적옵션복제

19장에서 소개한 바 있는 델타 헷징의 절차를 이색옵션의 헷징에도 이용하는 경우, 어떤 이색 옵션들은 다루기 쉽지만 비연속성의 문제 때문에 어떤 옵션들은 다루기 쉽지 않다([실무사례 25.1] 참조). 후자에 속하는 옵션들의 경우에는 정적옵션복제라는 기법을 사용하기도 한다.[15] 이 기법은 거래가 활발한 옵션들로 구성된 포트폴리오를 탐색하여 개략적으로 이색옵션을 복 제하려는 시도이다. 이 포트폴리오의 매도포지션을 취하면 헷징이 가능해지는 것이다.[16]

정적 옵션복제의 기본적인 논리는 다음과 같다. 만약 두 포트폴리오가 일정한 경계에서 가 치가 동일하다면 경계 내의 점들에서도 가치가 동일하리라는 것이다. 예를 들어, 무배당 주식 에 대한 9개월 만기

15 E. Derman, and I. Kani, "Static Options Replications," Journal of Derivatives, 2, 4 (Summer 1995): 78–95.

16 [Technical Note] 22에는 정적복제의 예가 소개되어 있다. 이 예에서는 해당 자산과 해당 자산을 기초로 하는 외 가격옵션에 대한 포지션을 가짐으로써 어떤 자산의 분산율을 복제할 수 있음을 보여주고 있다.식 (26.4)가 성립하게 되는 이러한 결과를 분산 스왑의 헷징에 이용할 수 있다.

실무사례 26.1 이색옵션의 델타헷징은 기본형 옵션의 경우보다 더 쉬운가 어려운가?

19장에서 소개한 바와 같이 델타중립포지션을 구성하고 델타중립을 유지하기 위하여 자주 포지션 변경을 하면 이색옵션에 대한 델타헷징은 가능하다. 이러한 작업을 시도할 때 어떤 이색옵션들은 기본형 옵션보다 쉬운 작업이나 어떤 옵션들의 경우에는 더 어려운 작업이 된다.

헷징이 용이한 이색옵션의 한 예로는 옵션 잔존만기 동안 평균가격을 계산하는 평균가격옵션을 들 수 있다. 이 경우 시간이 경과함에 따라 최종 평균가격을 계산하기 위한 주가의 관측수가 증가하게 된다. 즉, 옵션의 이득에 대한 불확실성이 시간의 경과와 함께 감소하게 된다는 것이다. 결과적으로 옵션의 헷징이 점점 쉬워지는 것이다. 만기 며칠 전에는 주가변동이 옵션의 이득에 거의 영향을 주지 않으므로 옵션 델타가 거의 0에 가까워진다.

이와는 대조적으로 장애물옵션의 경우 헷징이 상대적으로 더 까다롭다. 예를 들어 환율이 장애물가격 0.0005보다 높은 경우의 통화 하향실격콜옵션의 경우를 보자. 환율이 장애물가격으로 하락하게 되면 옵션의 가치는 0이 된다. 그러나 환율이 장애물가격으로 하락하지 않으면 옵션은 상당한 가치를 갖는다. 따라서 옵션 델타는 장애물가격 근처에서 불연속적이게 되고 일반적인 델타헷징은 매우 어려운 작업이 된다.

상향실격콜옵션을 고려해보자. 주가는 50, 행사가격도 50, 장애물가격은 60, 무위험이자율은 연 10%, 변동성은 연 30%이다. $f(S, t)$를 주가가 S인 경우 t시점에서의 옵 션가치로 가정하자. 복제 포트폴리오를 구성하는 목적으로는 $f(S, t)$의 공간에서 어떤 경계라 도 사용할 수 있다. 편리하게 선택할 수 있는 경계가 [그림 26.1]에 표시되어 있다. 여기서 수 평경계는 $S = 60$이고 수직경계는 $t = 0.75$이다. 이와 같은 수직경계와 수평경계에서 상향실 격옵션의 가치를 경계가치(boundary value)라고 하는데 각각 다음과 같이 표시할 수 있다.

그림 26.1 정적옵션복제 사례에 쓰인 경계점.

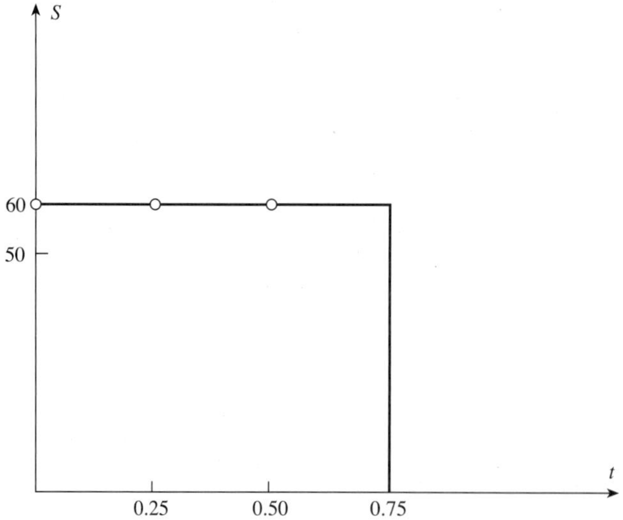

$$f(S, 0.75) = \max(S - 50,\ 0) \quad \text{when } S < 60$$
$$f(60, t) = 0 \quad \text{when } 0 \leqslant t \leqslant 0.75$$

표 26.1 상향실격옵션을 복제하는 데 사용된 유러피언콜옵션 포트폴리오.

옵션	행사가격	만기 (연)	포지션	포지션 최초 가치
A	50	0.75	1.00	+6.99
B	60	0.75	−2.66	−8.21
C	60	0.50	0.97	+1.78
D	60	0.25	0.28	+0.17

표준옵션을 이용하여 위와 같은 경계가치를 대략적으로 매칭(matching)할 수 있는 방법은 여러 가지가 있다. 우선, 수직경계를 매칭하기에 적합한 옵션은 행사가격이 50, 9개월 만기의 유러피언콜옵션이다. 따라서 복제 포트폴리오의 첫 번째 구성요소는 이러한 옵션에 대한 1단 위의 매수포지션이다(이 옵션을 A옵션이라고 부르기로 한다).

$f(60, t)$라는 수평경계를 매칭하는 한 방법은 다음과 같은 절차를 따르는 것이다.

1.옵션의 잔존만기를 각 구간이 t인 Δt개의 구간으로 나눈다.

2.$\{60, (N-1)\Delta t\}$ 경계를 매칭하기 위하여 행사가격, 60, 만기 $N\Delta t$(= 9개월)인 유러피 언콜옵션을 선택한다.

3.$\{60, (N-2)\Delta t\}$ 경계를 매칭하기 위하여 행사가격, 60, 만기 $(N-1)\Delta t$인 유러피언콜 옵션을 선택한다.

이와 같이 연속적으로 옵션들을 선택하되 각 옵션들은 이전에 선택된 옵션들에 의하여 매칭 된 경계에서는 0의 가치를 갖노록 해야 한나.[17] 즉, 행사사격 60, 진존민기 9개월인 옵션은 옵 션 A에 의하여 매칭된 수직경계에서 0의 가치를 갖는다는 것이다. 일반적으로는 만기 $i\,\Delta t(1 \leqslant i \leqslant N-1)$인 옵션는 만기 $(i+1)\Delta t$인 옵션에 의하여 매칭된 경계점 $\{60, i\,\Delta t\}$에서 "0" 의 가치를 갖게 된다.

예를 들어 $\Delta t = 0.25$라고 하여보자. 이러한 경우 복제 포트폴리오는 옵션 A 이외에도 행 사사격이 60이고 잔존만기가 각각 9, 6, 3개월인 유러피언옵션들로 구성된다. 이 옵션들을 각 각 옵션 B, C, D라고 하여보자. 변동성과 무위험이자율이 앞에서 가정한 값을 갖는 경우 옵션 B는 {60, 0.5}점에서 4.33의 가치를 갖는다. 이때 옵션 A의 가치는 11.54이다. 따라서 {60, 0.5}경계점을 매칭하기에 필요한 옵션 B의 포지션은 -11.54/4.33 = -2.66이 된다. 옵션 C 는 {60, 0.25}점에서 4.33의 가치를 갖는다. 이 점에서 A와 B의 포지션은 -4.21의 가치를 갖 는다. 따라서 {60, 0.25} 경계점을 매칭하기 위한 옵션 C의 포지션은 4.21/4.33 = 0.97이된 다. 이와 같은 계산을 거치면 {60, 0} 경계점을 매칭하기 위한 옵션 D의 포지션은 0.28이 됨 을알수 있다.

[표 26.1]에 앞에서 선택한 포트폴리오가 요약되어 있다(DerivaGem Application Builder 의 예제 Application F도 참조). 이 포트폴리오는 초기에(즉, 주가가 50인 0시점) 0.73의 가치 를 갖는다. 이는 본장 전반부에 제시된 상향실격콜옵션의 분석적 공식에 의한 가격인 0.31과 비교할 때 큰 차이가 있다. 즉, 복제 포트폴리오가 상향실격옵션과 정확하게 일치하지 않는다 는 것이다. 그 이유는 2차 경계의 오

17 이 조건은 필수적이지는 않다. 만약 경계에서 K개의 점을 매칭하려고 한다면 K개의 옵션을 선택하고 K개의 일차 방정식의 해를 구하여 각 옵션에의 포지션을 결정할 수 있다.

직 세 점에서만 복제 포트폴리오가 옵션을 매칭하고 있기 때문이다. 만일 우리가 동일한 방법을 이용하되 2차 경계에서 18개의 점(즉 0.5개월마다 만기 가 되는 옵션을 이용하면)에서 매칭한다면 복제 포트폴리오의 가치는 0.38로 감소한다. 만일 100개의 점이 이용되면 가치는 0.32로 더 감소하여 복제 포트폴리오가 상향실격옵션과 거의 일치하게 된다.

어떤 파생상품을 헷징하기 위해서는 경계점에서의 조건들을 복제하는 포트폴리오의 매도 포지션을 취해야 한다. 그리고 경계점에 도달하게 되면 즉시 포트폴리오를 청산해야 한다.

정적옵션복제는 델타헷징보다 유리한 점이 있는데 그것은 델타헷징에서처럼 포지션 재조 정을 자주 할 필요가 없다는 점이다. 또한 정적옵션복제는 다양한 파생상품에 적용할 수 있다. 이 때 매칭해야 할 경계의 선택과 옵션들의 선택에 있어 상당한 융통성을 발휘할 수 있다.

요약

이색옵션은 이득패턴을 규정하는 규칙이 표준옵션보다 훨씬 복잡한 옵션이다. 26장에서 소개 한 15개의 다양한 이색옵션들은 패키지, 영구적 아메리칸옵션, 비표준 아메리칸옵션, 갭옵션, 선도유효옵션, 클리켓 옵션, 복합옵션, 선택옵션, 장애물옵션, 이원옵션, 룩백옵션, 샤우트옵션, 아시안옵션, 하나의 자산을 다른 자산과 교환할 수 있는 옵션, 기초자산이 다수인 옵션 등이다. 본 장에서는 15장 에서 소개한 블랙-숄즈-머턴 공식을 도출하는 데 필요한 동일한 가정들을 이용하여 이 옵션 들의 가치를 어떻게 평가할 수 있는지에 대하여 설명하였다. 일부 옵션은 공식을 이용하여 평 가할 수 있으나 표준 유러피언 콜옵션과 표준풋옵션의 경우보다는 훨씬 복잡한 공식을 이용하 여야 한다. 또한 일부 옵션은 근사적 평가공식(analytical approximation)을 이용하여 평가할 수 있으며, 일부는 21장에서 설명한 수치화 절차(numerical procedure)를 확장하여 평가할 수 있다. 이색옵션의 가치를 평가하기 위한 수치화 절차에 대해서는 27장에서 설명하기로 한다.

일부 이색옵션은 그와 상응하는 표준옵션보다 헷지하기가 쉬운 반면 다른 이색옵션은 훨 씬 어렵다. 일반적으로 아시안옵션은 헷지하기가 쉬운데 이유는 옵션만기일에 다가감에 따라 이에 비례하여 이득이 확실해지기 때문이다. 장애물옵션은 헷지하기가 훨씬 어려운데 이유는 장애물가격에서 델타가 연속적이지 않기 때문이다. 이색옵션을 헷지하는 접근방법으로 정적 옵션복제가 있는데 이것은 어떤 경계에서 복제 포트폴리오의 가치가 이색옵션의 가치와 매칭 하도록 표준옵션으로 구성된 복제 포트폴리오를 찾는 방법이다. 이 복제 포트폴리오를 매도 함으로써 이색옵션을 헷지할 수 있게 된다.

참고문헌

Carr, P., and R. Lee, "Realized Volatility and Variance: Options via Swaps," *Risk*, May 2007, 76–83

Clewlow, L., and C. Strickland, *Exotic Options: The State of the Art*. London: Thomson Business Press, 1997.

Demeterfi, K., E. Derman, M. Kamal, and J. Zou, "More than You Ever Wanted to Know about Volatility Swaps," *Journal of Derivatives*, 6, 4 (Summer, 1999), 9–32

Derman, E., D. Ergener, and I. Kani, "Static Options Replication," *Journal of Derivatives*, 2, 4 (Summer

1995): 78–95

Geske, R., "The Valuation of Compound Options," *Journal of Financial Economics*, 7 (1979): 63–81

Goldman, B., H. Sosin, and M. A. Gatto, "Path Dependent Options: Buy at the Low, Sell at the High," *Journal of Finance*, 34 (December 1979); 1111–27

Margrabe, W., "The Value of an Option to Exchange One Asset for Another," *Journal of Finance*, 33 (March 1978): 177–86.

Rubinstein, M., and E. Reiner, "Breaking Down the Barriers," *Risk*, September (1991): 28–35.

Rubinstein, M., "Double Trouble," *Risk*, December/January (1991/1992): 53–56.

Rubinstein, M., "One for Another," *Risk*, July/August (1991): 30–32.

Rubinstein, M., "Options for the Undecided," *Risk*, April (1991): 70–73.

Rubinstein, M., " Pay Now, Choose Later," *Risk*, February (1991): 44–47.

Rubinstein, M., "Somewhere Over the Rainbow," *Risk*, November (1991): 63–66.

Rubinstein, M., "Two in One," *Risk* May (1991): 49.

Rubinstein, M., and E. Reiner, "Unscrambling the Binary Code," *Risk*, October 1991: 75–83.

Stulz, R. M., "Options on the Minimum or Maximum of Two Assets," *Journal of Financial Economics*, 10 (1982): 161–85.

Turnbull, S. M., and L. M. Wakeman, "A Quick Algorithm for Pricing European Average Options," *Journal of Financial and Quantitative Anaslysis*, 26 (September 1991): 377–89.

연습문제

26.1. 선도유효옵션과 선택옵션의 차이를 설명하라.

26.2. 룩백콜옵션 1개와 룩백풋옵션 1개로 구성된 포트폴리오의 이득패턴을 설명하라(두 옵션의 만 기는 동일).

26.3. 2년 동안 언제든지 유러피언콜옵션과 유러피언풋옵션 중 하나를 선택할 수 있는 권리를 소유 자에게 부여하는 선택옵션을 고려해보자. 언제 선택을 하든 만기와 행사가격은 동일하다. 2차 년도 말 전에 선택하는 것이 최적일 수 있는가? 설명하여 보시오.

26.4. c_1과 p_1을 각각 유러피언 평균가격콜옵션과 평균가격풋옵션으로, c_2 와 p_2를 각각 유러피언 평 균행사가격콜옵션과 평균행사가격풋옵션으로, c_3와 p_3를 각각 표준 유러피언콜옵션과 표준풋 옵션으로 정의하자. 행사가격은 K, 만기는 T로 모두 동일하다. 다음 관계를 증명하라. $c_1 + c_2 - c_3 = p_1 + p_2 - p_3$.

26.5. 본 서에서는 특정 유형의 선택옵션을 T_2에 만기가 되는 콜옵션과 T_1에 만기가 되는 풋옵션으 로 분해하였다. 이 옵션을 T_1에 만기가 되는 콜옵션과 T_2에 만기가 되는 풋옵션으로 분해하라.

26.6. 본 장 68절에서는 하향실격콜옵션의 가치를 구하는 2개의 공식을 보여준다. 첫 번째 공식은 장애물가격 H가 행사가격 K보다 낮거나 또는 같은 경우에 적용된다. 두 번째 공식은 $H \geqslant K$인 상황에 적용된다. $H = K$인 경우 두 공식이 같음을 증명하라.

26.7. 장애물가격이 행사가격보다 높으면 하향실격풋옵션의 가치가 0이 되는 이유를 설명하라.

26.8. 무배당주식에 대한 아메리칸콜옵션의 행사가격이 씩 성장한다고 가정하자. 만일 성장률 g가무 위험이자율 r보다 낮으면, 콜옵션을 만기일 전에 행사하는 것이 결코 최적이 아님을 증명하라.

26.9. 행사가격이 옵션이 시작하는 시점에서의 주가보다 10% 크다는 가정 하에서, 무배당주식에 대 한 선도유효풋옵션의 가치는 어떻게 계산되겠는가?

26.10. 만일 주가가 기하 브라운 운동을 따른다면, 현재시점과 t시점 간의 산술평균주가인 $A(t)$는 어 떤 확률과정을 따르는가?

26.11. 표준옵션보다 아시안옵션의 경우 델타헷징이 더 쉬운 이유를 설명하라.

26.12. 1온스의 금을 얻기 위해 100온스의 은을 포기해야 하는 1년 만기 유러피언옵션의 가격을 계산 하시오. 금과 은의 현재가격은 각각 1,520달러와 16달러이고, 무위험이자율은 10%, 각 상품가격 의 변동성은 20%, 두 가격 간의 상관계수는 0.7이다. 보관비용은 무시할 것.

26.13. 어떤 자산에 대한 유러피언 하향실격옵션이 자산의 선물가격에 대한 유러피언 하향실격옵션(선물가격은 옵션과 같은 시점에서 만기가 되는 선물계약의 가격임)과 동일한 가치를 갖는가?

26.14. 복합옵션에 대한 다음 질문에 답하라.

(a)콜옵션에 대한 유러피언콜옵션 가격과 콜옵션에 대한 유러피언풋옵션 가격 간에는 어떤 풋-콜 패리티 관계가 존재하는가?

(b)풋옵션에 대한 유러피언콜옵션 가격과 풋옵션에 대한 유러피언풋옵션 가격 간에는 어떤 풋-콜 패리티 관계가 존재하는가?

26.15. 최저가격을 계산할 때 기초자산의 가격을 관찰하는 빈도를 증가시키면 룩백콜옵션의 가치는 증가하는가 아니면 감소하는가?

26.16. 행사가격에 도달했는지를 관찰할 때 기초자산의 가격을 관찰하는 빈도를 증가시키면 하향실 격콜옵션의 가치는 증가하는가 아니면 감소하는가? 하향진입콜옵션의 경우는 어떠한가?

26.17. 표준 유러피언콜옵션이 유러피언 하향실격콜옵션과 유러피언 하향진입콜옵션을 합한 포트폴 리오가 되는 이유를 설명하라.

26.18. S&P 500지수가 1,000을 넘으면 6개월 후에 100달러를 지급하고 1,000보다 낮으면 이득이 0 인 파생상품의 가치는 얼마인가? 현재지수는 960, 무위험이자율은 연 8%, 지수의 배당수익률 은연 3%, 지수의 변동성은 연 20%라고 가정한다.

26.19. 은선물에 대한 3개월 만기 하향실격콜옵션에서 행사가격은 1온스당 20달러이고 장애물가격은 18달러이다. 현재 선물가격은 19달러, 무위험이자율은 5%, 은선물의 변동성은 연 40%이다. 옵션이 어떻게 운영되는지 설명하고 이 옵션의 가치를 계산하시오. 동일한 조건의 은선물에 대 한 표준콜옵션의 가치는 얼마인가? 동일한 조건의 은선물에 대한 하향진입콜옵션의 가치는 얼 마인가?

26.20. 주가지수에 대한 신규 유러피언 룩백콜옵션의 만기가 9개월이다. 지수의 현재 수준은 400이 고, 무위험이자율은 연 6%이고, 지수의 배당수익률은 연 4%이고, 지수의 변동성은 20%이다. DerivaGem을 이용하여 옵션의 가치를 평가하라.

26.21. 무배당 주식에 대한 6개월 만기 유러피언 평균가격콜옵션의 가치를 추정하시오. 초기 주가는 30달러, 행사가격은 30달러, 무위험이자율은 5%, 주가의 변동성은 30%이다.

26.22. DerivaGem을 이용하여 다음 옵션의 가치를 계산하라.

(a)무배당주식에 대한 유러피언 표준콜옵션: 주가와 행사가격은 50달러, 무위험이자율은 연 5%, 변동성은 30%, 만기는 1년이다.

(b)장애물가격이 45달러인 경우 (a)와 같은 조건에서의 유러피언 하향실격콜옵션

(c)장애물가격이 45달러인 경우 (a)와 같은 조건에서의 유러피언 하향진입콜옵션 (a)옵션의 가치가 (b)와 (c)의 옵션가치의 합과 같음을 증명하라.

26.23. $r = q$인 경우 본 장 11절 룩백옵션의 가치평가모형과 본 장 13절의 M_1, M_2에 대한 공식들을 어떻게 조정해야 하는지 설명하라.

26.24. 행사가격 800, 850, 900, 950, 1,000, 1,050, 1,100, 1,150, 1,200인 옵션들의 내재변동성이 각각 20%, 20.5%, 21%, 21.5%, 22%, 22.5%, 23%, 23.5%, 24%라고 가정하고 본 장 16절 예제 26.4에서의 분산 스왑의 가치를 계산하라.

26.25. 본 장 2절의 $S = H$일 때 Q를 지급하는 파생상품 가치를 위한 결과가 15장 6절의 결과와 일치함을 증명하라.

과제물 문제

26.26. 달러-파운드 환율이 1.5000보나 높으면 1년 후에 1만 파운드를 지급하는 파생상품의 가치는 달러로 얼마인가? 현재의 환율은 1.4800이다. 미국과 영국의 이자율은 각각 연 4%와연 8%이 다. 그리고 환율의 변농성은 연 12%이다.

26.27. 무배당주식에 대한 상향실격콜옵션을 고려해보자(주가 50달러, 행사가격 50달러, 변동성 연 30%, 무위험이자율 연 5%, 만기 1년, 장애물가격 80달러). DerivaGem을 이용하여 이 옵션의 가치를 계산하고 (a) 옵션가격과 주가, (b) 옵션가격과 만기, (c) 옵션가격과 잔존만기, (d) 옵션 가격과 변동성 간의 관계를 그래프로 그려라. 그리고 당신이 얻은 결과를 직관적으로 설명하시오. 상향실격콜옵션의 델타, 세타, 베가가 양(+)의 값을 갖는지 아니면 음(-)의 값을 갖는지를 설명하라.

26.28. DerivaGem Application Builder 프로그램에서 Sample Application F는 본 장 17절에서 설명 한 정적 옵션복제의 예시를 고려한다. 이는 본 장 17절에서처럼 4개의 옵션을 이용하여 헷지 가 이행될 수 있는 하나의 방법과 16개의 옵션을 이용하여 헷지가 이행될 수 있는 두 가지 방 법을 보여준다.

(a)16개 옵션의 옵션을 이용하여 헷지가 이행될 수 있는 두 방법 간의 차이를 설명하시오. 왜 두 번째 방법이 더 효과적인지 직관적으로 설명하라.

(b)세 번째와 네 번째 옵션의 Tmat을 바꿈으로써 4개 옵션을 이용한 헷지를 향상시켜보라.

(c)16개 옵션으로 구성된 포트폴리오가 얼마나 정확히 장애물옵션의 델타, 감마, 베가를 매칭 시킬 수 있는지 확인하라.

26.29. 외국통화에 대한 하향실격콜옵션을 고려해보자. 최초의 환율은 0.90, 만기는 2년, 행사가격은 1.00, 장애물가격은 0.80, 국내의 무위험이자율은 5%, 외국의 무위험이자율은 6%, 변동성은 연 25%이다. DerivaGem을 이용하여 5개 옵션을 이용한 정적옵션복제 전략을 구상하라.

26.30. 주가지수가 현재 900이라고 가정하자. 배당수익률은 2%, 무위험이자율은 5%, 변동성은 40% 이다. 1

년 만기 평균가격콜옵션(행사가격은 900이고 평균을 계산하기 위하여 지수수준은 각 분 기 말에 관찰된다)의 가치를 계산하기 위하여 저자의 웹사이트에 있는 Technical Note 27의 결과를 이용하라. 이를 DerivaGem 을 이용하여 계산한 1년 만기 평균가격콜옵션(가격이 연속적으로 관찰됨)의 가격과 비교하라.

26.31. (a) [표 19.2]와 [표 19.3]에서 고려한 옵션에 대한 델타헷징의 유효성과 (b) 동일한 계수를 갖는 평균가격콜옵션에 대한 일별 델타헷징의 유효성(effectiveness)을 비교하기 위하여 Deriva- Gem Application Builder 프로그램을 이용하시오. Sample Application C를 이용하시오. 평균 가격콜옵션의 경우, 셀(cell) C16의 옵션가격, H15와 H16의 이득, 그리고 델타(G46부터 G186 까지 그리고 N46부터 N186까지)의 계산을 변경하는 것이 필요하다는 것을알수 있을 것이다. F9을 연속적으로 누름으로써 각 옵션의 경우 몬테카를로 시뮬레이션을 20회씩 실행하라. 한번 실행할 때마다, 옵션의 발행과 헷지에 따른 비용, 전체 20주 동안의 거래량 그리고 11주부터 20 주까지의 거래량을 기록하고, 결과에 대하여 논하라.

26.32. DerivaGem Application Builder 프로그램에서, 외국통화 100,000단위에 대한 복합옵션(콜옵 션에 대한 콜옵션)의 델타헷징과 감마헷징의 유효성을 검증하기 위하여 Sample Application D를 수정하라. 여기서 환율은 0.67, 국내의 무위험이자율은 5%, 외국의 무위험이자율은 6%, 변동성은 12%이다. 첫 번째 옵션의 만기는 20주이고 행사가격은 0.015이다. 두 번째 옵션은 오늘부터 40주 후에 만기가 되고 행사가격은 0.68이다. 당신이 어떻게 셀(cell)을 수정하였는 지 설명하라. 헷징의 유효성에 대하여 논하라.

26.33. Outperformance certificate ("sprint certificate","accelerator certifcates" 또는"speeders"라고 도 함)라는 파생상품은 주식투자의 한 방법으로 유럽은행들에 의하여 판매되고 있는 상품이다. 초기 투자액은 현재의 주가 S_0 수준과 같은 금액이다. 이후 시점 0와 시점 T기간 동안 주가가 상승하게 되면 투자가는 시점 T에서 주가상승률의 k배(0보다 큰 상수)의 수익률을 얻게 된다. 그러나 시점 T에서 수익률 계산시 이용되는 주가는 최대 수준인 M으로 제한되기도 한다. 반면 주가가 하락하면 투자자의 손실은 주가 하락율만큼이 된다. 단, 배당금은 지급되지 않는다.

(a)Outperformance certificate은 패키지임을 보이라.

(b)주가 50유로, $k = 1.5$, $M = 70$유로, 무위험이자율 5%, 주가 변동성이 25%임을 가정하고 DerivaGem을 이용하여 만기 일년짜리 Outperformance certificate의 가치를 계산하라. 단, 2개월 후, 5개월 후, 8개월 후, 11개월 후에 각각 0.5유로의 배당금이 예정되어 있다고 한다.

26.34. 본 장 16절 [예제 26.4]에서 소개된 분산 스왑의 계약기간이 3개월이 아닌 1개월이라고 가정 하고 분산 스왑의 가치를 계산하라.

26.35. 기본형 콜옵션, 이원 콜옵션, 갭 콜옵션 간의 관계는 무엇인가?

26.36. n기간 말 시점에서 임의의 이득을 발생시키기 위해서 Q 라는 금액이 투자되어야 하는 클리켓 옵션의 가치평가 공식을 제시하여 보시오. 단, 각 기간 동안의 수익율은 지수 수익률(배당락)과 0보다는 크다고 한다.

CHAPTER 27

기타 가치평가 모형과 수치화 절차

지금까지 옵션의 가치평가를 위하여 이용한 모형들은 블랙-숄즈-머튼 모형에서와 같이 자산 가격이 기하 브라운 운동(geometric Brownian motion)을 따른다는 가정에 기초하고 있었고, 수치화절차 또한 비교적 단순한 경우에 해당하는 것들이었다. 본 장에서는 블랙-숄즈-머튼 모형 이외의 다른 여러 가지 모형들에 대해 소개하고, 또 특수한 상황들을 다루는 데 수치화 절차들을 어떻게 이용할 수 있는지에 대해 설명하고자 한다.

20장에서는 기하 브라운 운동에 기초한 모형의 단점을 극복하기 위하여 파생상품 거래자 들이 변동성 기간구조를 이용하는 과정에 대하여 설명한 바 있다. 즉, 변동성구조를 이용하여 기본형 옵션의 가치평가를 위한 적절한 변동성을 계산한 후 블랙-숄즈-머튼 모형을 이용하 면 되는 것이다. 그러나 불행히도 이러한 과정 역시 26장에서 소개한 이색옵션의 가치평가에 이용할 수 있는 변동성에 대한 해답은 제공해주지 못한다. 예를 들어 행사가격이 40달러인 만 기 1년짜리 기본형 옵션의 가치평가를 위해 사용할 수 있는 정확한 변동성이 27%라고 가정 하여 보자. 그러나 이 변동성은 40달러인 만기 1년짜리 장애물 옵션의 가치평가를 위해서는 매우 부적절한 변동성 값이 될 가능성이 높다는 것이다.

본 장의 첫 부분에서는 기하 브라운 운동이외의 확률과정에 기초한 모형들을 소개할 것인 데, 이 모형들은 기본형 옵션의 가치평가와 일관성을 유지하면서도 이색옵션의 가치평가 문 제를 다룰 수 있게 된다. 이 모형들에 의한 평가는 기하 브라운 운동에 기초한 모형보다 좀 더 기본형 옵션의 시장가격에 일치하는 결과를 가져온다. 따라서 이색옵션의 가치평가를 위하여 이러한 모형들을 사용함으로써 그 결과에 대해 좀 더 신뢰할 수 있게 될 것이다.

본 장의 두 번째 부분에서는 지금까지 설명한 수치화 절차를 확장하는 작업에 대하여 소개 할 것이다. 우선 다항 모형을 이용하여 전환사채와 경로의존적인 파생상품들의 가치를 평가 하는 방법에 대하여 설명할 것이다. 또한 수치화 절차에 의한 장애물옵션의 가치평가와 관련 된 몇 가지 문제들에 대하여 소개하고, 이러한 문제들을 어떻게 다루어야 하는지에 대하여 설 명할 것이다. 마지막으로 상관관계가 있는 두 변수에 대하여 다항 모형을 구축하는 다양한 방 법들과 조기행사의 기회가 있는 파생상품의 가치평가를 위하여 몬테카를로 시뮬레이션을 이 용하는 방법에 대하여 소개할 것이다.

27장의 분석 결과는 26장에서처럼 수익률 q를 지급하는 자산을 기초로 하는 파생상품들에 적용할 수 있는 기법들이라고 할 수 있다. 이때 q는 주가지수옵션의 경우 지수의 배당수익률 을, 통화옵션의 경우에는 기초자산인 외국 통화의 무위험이자율을, 선물옵션의 경우에는 무위 험이자율을 의미한다.

27.1 블랙-숄즈-머튼 모형의 대체 모형들

블랙–숄즈–머튼 모형에서는 자산가격이 연속적으로 변동하면서 미래 일정 시점에서의 자산 가격이 대수정규분포를 하게 된다는 가정에 기초하고 있다. 그러나 이와 같은 확률과정을 대 체할 수 있는 다양한 확률과정들을 가정할 수도 있다. 그 중 한 방법은 자산가격이 연속적으 로 변동하기는 하지만 기하 브라운 운동과는 다른 확률과정을 가정하는 것이다. 또 다른 방법 은 연속적인 가격변동과 가격의 점프를 함께 고려하는 방법이다. 또한 모든 자산가격의 변동 이 점프에 의하여 결정되는 확률과정을 가정할 수도 있다. 본 절에서는 이와 같은 세 가지 유 형의 확률과정들의 사례에 대해 소개할 것이다. 우리는 변동성 모형의 탄력성이 변하지 않는 머튼의 점프–확산 혼합 모형(mixed jump-diffusion model)와 분산-감마 모형(variance-gamma model)을 고려한다. 모형(pure jump model)이라고 한다. 이러한 모형들은 레비과정(Levy process)이라고 통칭한다.[1]

CEV 모형

블랙–숄즈–머튼 모형을 대체할 수 있는 모형 중 하나는 CEV (constant elasticity of variance) 모형이다. 이 모형은 주가 S의 위험중립 확률과정이 다음과 같은 확산과정을 따르 게 되는 경우이다.

$$dS = (r - q)S\,dt + \sigma S^{\beta}\,dz$$

여기서 r은 무위험이자율, q는 배당수익률, dz는 위너과정, σ는 변동성 그리고 는 양의 상수 이다.[2] σ는 일반적인 대수정규 모형(lognormal model)의 변동성에 $F_0^{1-\beta}$를 곱한 것과 동일하다.

$\beta = 1$인 경우 CEV 모형은 지금까지 이용해 온 기하 브라운 운동이 된다.$\beta < 1$인 경우에 는 주가가 감소함에 따라 변동성이 증가하게 된다. 이 경우의 확률분포는 두터운 왼쪽 꼬리와 덜 두터운 오른쪽 꼬리를 갖는 주가의 실제 확률분포와 유사하게 된다([그림 20.4] 참조).[3] $\beta > 1$인 경우에는 주가의 증가에 따라서 변동성이 증가하게 된다. 이는 두터운 오른쪽 꼬리 와 덜 두터운 왼쪽 꼬리를 갖는 확률분포를 의미한다. 이 경우는 내재변동성이 행사가격의 증 가함수인 변동성 미소와 일치하는 경우라고 할 수 있는데, 이와 같은 유형의 변동성 미소는 선물옵션의 경우 가끔 관찰할 수 있다.

CEV 모형에서 유러피언콜옵션과 풋옵션의 가치평가 모형은 다음과 같다.

$$c = S_0 e^{-qT}[1 - \chi^2(a, b+2, c)] - Ke^{-rT}\chi^2(c, b, a)$$
$$p = Ke^{-rT}[1 - \chi^2(c, b, a)] - S_0 e^{-qT}\chi^2(a, b+2, c)$$

1 개략적으로 말한다면 레비과정은 안정적 독립 증분이 있는 연속 확률과정이라할수 있다.

2 J. C. Cox and S. A. Ross, "The Valuation of Options for Alterntive Stochastic Processs," *Journal of Financial Economics*, 3 (March 1976): 145–66.

3 그 이유는 다음과 같다. 주가가 감소함에 따라 변동성이 증가하고 따라서 주가가 더욱 떨어질 확률이 커지고, 주가 가 증가함에 따라 변동성이 감소하면 주가가 더 높아질 확률은 작아진다.

단, $0 < \beta < 1$의 경우,

$$c = S_0e^{-qT}[1 - \chi^2(c, -b, a)] - Ke^{-rT}\chi^2(a, 2 - b, c)$$
$$p = Ke^{-rT}[1 - \chi^2(a, 2 - b, c)] - S_0e^{-qT}\chi^2(c, -b, a)$$

$\beta > 1$인 경우 유러피언콜옵션과 풋옵션의 가치평가모형은 다음과 같다.

$$a = \frac{[Ke^{-(r-q)T}]^{2(1-\beta)}}{(1-\beta)^2 v}, \qquad b = \frac{1}{1-\beta}, \qquad c = \frac{S^{2(1-\beta)}}{(1-\beta)^2 v}$$

이때 a, b, c는 각각 다음과 같다.

$$v = \frac{\sigma^2}{2(r-q)(\beta-1)}[e^{2(r-q)(\beta-1)T} - 1]$$

$\chi^2(z, k, v)$는 비중심화 모수 v, 자유도 k인 비중심 카이제곱(noncentral chi-square)분포를 하는 확률변수가 보다 적은 값을 가질 누적확률을 의미한다. $\chi^2(z, k, v)$ 값의 계산과정은 저자 홈페이 지(www-2.rotman.utoronto.ca/~hull/TechnicalNotes)의 [Technical Note] 12를 참조하기 바란다. 이와 같은 CEV 모형은 특히 이색 주식옵션의 가치평가에 유용하다. 모형의 모수들은 기본형 옵션의 모형가격과 시장가격의 차이 제곱합을 최소화시킴으로써 추정할 수 있다.

머튼의 점프-확산 혼합 모형

머튼은 사산가격의 연속적인 변동과 점프가 결합된 모형을 제시하였다.[4] 우선 필요한 기호를 다음과 같이 정의해보자.

λ : 점프의 연평균 횟수

k : 주가 백분율로 측정한 점프의 평균 크기

이때 점프의 크기는 모형 내의 확률분포로부터 추출되는 것으로 가정한다.

Δt 기간 동안 점프가 발생할 확률은 $\lambda\,\Delta t$이다. 따라서 점프에서 발생하는 자산가격의 평균 증가율은 λk가 된다. 따라서 자산가격의 위험중립 확률과정은 다음과 같다.

$$\frac{dS}{S} = (r - q - \lambda k)\,dt + \sigma\,dz + dp$$

여기서 dz는 위너과정, dp는 점프를 생성하는 포아송과정, σ는 기하 브라운 운동의 변동성을 의미한다. dz와 dp는 서로 독립적인 과정으로 가정한다.

머튼 모형의 특별한 경우로서 1 더하기 백분율 점프의 로그값이 정규분포를 하는 경우를 들 수 있다. 이 정규분포의 표준편차가 s라고 가정하여보자. 머튼은 이 경우 유러피언옵션 가격은 다음과 같음을 증명하였다.

$$\sum_{n=0}^{\infty} \frac{e^{-\lambda' T}(\lambda' T)^n}{n!} f_n$$

4 R. C. Merton, "Option Pricing When Underlying Stock Returns Are Discontinuous," *Journal of Financial Economics*, 3 (March 1976): 125–44.

여기서 $\lambda' = \lambda(1+k)$이다. 이때 f_n은 배당수익률이 q이고, 분산율과 무위험이자율은 각각 다음과 같은 경우의 블랙–숄즈–머튼 옵션가격이다.

$$\sigma^2 + \frac{ns^2}{T}$$

$$r - \lambda k + \frac{n\gamma}{T}$$

여기서 $\gamma = \ln(1+k)$이다.

이 모형은 블랙–숄즈–머튼 모형의 경우보다 왼쪽 꼬리와 오른쪽 꼬리가 두터운 분포를 내 포하게 된다. 따라서 통화옵션의 가치평가에 적합하다고 할 수 있다. CEV 모형의 경우와 마 찬가지로 이 모형의 모수들도 모형가격과 시장가격의 차이 제곱합을 최소화시키는 값을 선택 하여 추정하면 된다.

점프 시뮬레이션

점프를 포함하는 모형들은 몬테카를로 시뮬레이션을 활용하여 사용할 수 있다. 만약 점프들이 포아송 확률과정에 의해 생성되는 경우라면 t기간 동안 정확히 m번의 점프가 발생할 확률은 다음과 같다.

$$\frac{e^{-\lambda t}(\lambda t)^m}{m!}$$

이때 λ는 1년 동안의 평균 점프 횟수를 의미한다. 따라서 λt는 t기간 동안의 평균점프 횟수를 나타낸다. 가령 1년에 평균 0.5회의 점프가 발생한다고 하여보자. 2년 동안 m번의 점프가 발생할 확률은 다음과 같다.

$$\frac{e^{-0.5\times 2}(0.5\times 2)^m}{m!}$$

[표 27.1]에는 2년 동안 0, 1, 2, 3, 4, 5, 6, 7, 8번의 점프가 발생할 확률과 누적확률이 계산되 어 있다 ([표 27.1]의 확률 값들은 엑셀의 POISSON 함수를 이용하여 계산할 수 있다).

표 27.1 2년 동안의 점프횟수 확률.

점프횟수, m	m번의 점프 확률	m 이하 점프 확률
0	0.3679	0.3679
1	0.3679	0.7358
2	0.1839	0.9197
3	0.0613	0.9810
4	0.0153	0.9963
5	0.0031	0.9994
6	0.0005	0.9999
7	0.0001	1.0000
8	0.0000	1.0000

이제 2년 동안의 점프가 발생하는 확률과정을 시뮬레이트하기 위해서는 각 시뮬레이트 시 행마다 다음과 같은 값들을 결정하면 된다.

1.점프의 횟수

2.각 점프의 크기

각 시뮬레이트 시행에서 점프의 회수를 결정하기 위해서는 0과 1 사이 난수를 추출하고 [표27.1]을 활용한다. 만약 난수가 0과 0.3679의 값이라면 점프는 발생하지 않는 것으로 처리한 다. 만약 난수가 0.3679와 0.7358 사이의 값이라면 1번의 점프가 발생하는 것으로 처리한다. 만약 난수가 0.7358과 0.9197 사이의 값이라면 2번의 점프가 발생하는 것으로 처리하는 방식 으로 점프회수를 결정한다. 다음으로 각 점프의 크기를 결정하기 위해서는 점프크기의 확률 분포로부터 점프가 발생할 때마다 그 크기를 표본추출하면 된다. 이와 같이 점프의 횟수와 크 기들이 결정되면 시뮬레이트하고자 하는 변수의 최종값이 매 시행마다 계산된다.

머튼의 점프-확산 혼합 모형에서는 주가에 대한 가정인 대수정규 확산과정에 점프가 더해 지는 결과가 된다. 따라서 이 모형의 확률과정에는(통상적인 확산과정과 점프 부분) 두 요소가 존재하고 각각은 별도의 과정을 거쳐 표본값이 추출되어야 한다. 이 때 확산과정 부분은 21장 6절 과 21장 7절에서 소개한 방법에 의해 표본값을 추출하면 되고 점프 부분은 위에서 설명한 방법에 의해 표본값을 추출하면 된다. 이 모형을 이용하여 파생상품의 가치를 평가할 경우 자산(의두 가지 요소)으로부터의 기대수익률은 무위험 수익률이 되도록 해야 하는 점을 명심할 필요가 있다.

분산-감마 모형

순수 점프 모형의 한 예로서 분산–감마 모형을들수 있다.[5]확률변수 를 평균 1, 분산 v인 감마과정을 따르는 변수의 T기간 동안의 변화라고 정의하여보자. 감마과정은 작은 크기의 점 프가 자주 발생하고 큰 크기의 점프도 가끔 발생하는 순수 점프과정이다. g의 확률밀도함수는 다음과 같다.

$$\frac{g^{T/v-1}e^{-g/v}}{v^{T/v}\Gamma(T/v)}$$

$\Gamma(\bullet)$는 감마함수를 나타낸다. 감마 확률밀도함수의 값은 엑셀에서 GAMMADIST(•, •, •, •) 함수를 이용하여 계산할 수 있다. GAMMADIST 함수의 첫 번째 변수는 g, 둘째 변수는 T/v, 셋째 변수는 v, 마지막은 TRUE 또는 FALSE인데 TRUE는 누적확률값, FALSE는 확률밀도함수값을 계산해준다.

이제 S_T를 시점 T에서의 자산가격, S_0를 현재 시점의 자산가격, r을 무위험이자율, q를 배 당수익률로 정의하여보자. 분산–감마 모형에서 g에 대한 조건부 ln S_T의 위험중립 확률분포는 정규분포이다. 조건부 평균은

$$\ln S_0 + (r - q)T + \omega + \theta g$$

이고 조건부 표준편차는

5 D. B. Madan, P. P. Carr, and E. C. Chang, "The Variance-Gamma Process and Option Pricing," *European Finance Review*, 2 (1988): 79-105

$$\sigma\sqrt{g}$$

가 되는데 이때는 다음과 같다.

$$\omega = (T/v)\ln(1 - \theta v - \sigma^2 v/2)$$

분산-감마 모형에는 v, σ, θ 등 세 개의 모수가 있다.[6] 모수 v는 감마과정의 분산율이고 σ는 변동성, θ는 왜도를 나타내는 모수이다. $\theta = 0$인 경우 $\ln S_T$의 확률밀도함수는 대칭이 되고, $\theta < 0$인 경우에는 (주식의 경우에서처럼) 음의 왜도를, $\theta > 0$인 경우에는 양의 왜도를 갖는다. 분산–감마 모형을 이용하여 시점 0과 시점 T 사이의 자산가격 변화에 대한 10,000개의 표 본을 엑셀을 활용하여 추출하고자 하는 경우를 생각해보자. 이 경우 일단 엑셀파일의 E1, E2, E3, E4, E5, E6, E7셀에 T, v, θ, σ, r, q, S_0 값을 각각 입력한다. 다음 E8셀에 다음과 같이 ω값에 해당하는 식을 입력한다.

= \$E\$1 * LN(1 − \$E\$3 * \$E\$2 − \$E\$4 * \$E\$4 * \$E\$2/2)/\$E\$2

그 다음 아래와 같은 과정을 진행한다.

1.엑셀의 GAMMAINV 함수를 이용하여 의 표본을 추출한다. 즉, 셀 A1, A2, . . . , A10000에 다음 식을 입력한다.

= GAMMAINV(RAND(), \$E\$1/\$E\$2, \$E\$2)

2.각 g값에 대하여 평균이 θg이고 표준편차가 $\sigma\sqrt{g}$인 정규분포에서 표본 z값을 추출한다. 이 과정은 B1셀 을 다음과 같이 입력하고 B2, B3, …, B10000셀에도 같은 식을 입력함으로써 이루

그림 27.1 분산-감마모형과 기하 브라운 운동 모형의 확률분포.

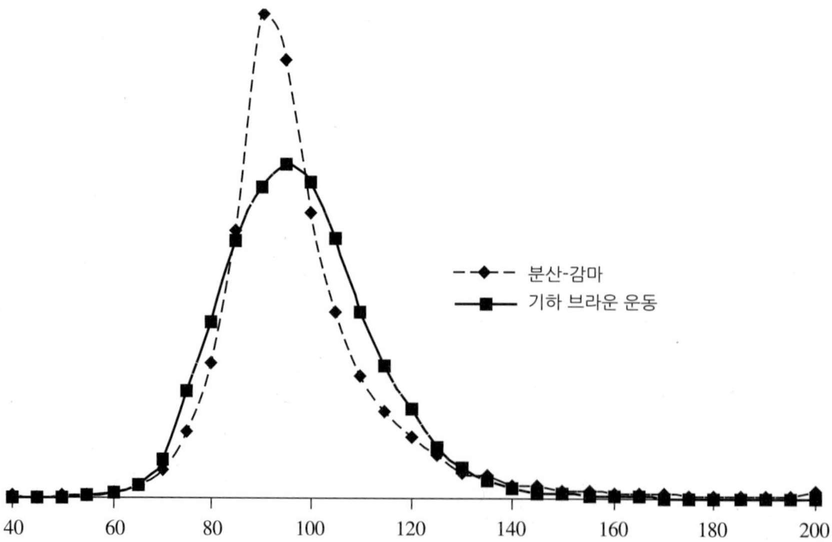

6 이 모든 변수들은 실제 세계에서 위험중립 세계로 이동할 경우 그 값들이 변하게 됨에 주의해야 한다. 이것은 변동 성이 일정한 순수 확산과정과 대비되는 점이다.

어진다.

= A1*$E$3 + SQRT(A1) * $E$4 * NORMSINV(RAND())

3.주가 S_T는

$$S_T = S_0 \exp[(r-q)T + \omega + z]$$

이므로 셀 C1에 다음 식을 입력하고

= $E$7 * EXP($E$5 − $E$6) * $E$1 + B1 * $E$8

C2, C3, . . . , C10000 셀에도 같은 식을 입력하면 이 셀들에 10,000개의 주가 S_T 표본들이 생성된다. [그림 27.1]은 $S_0 = 100, T = 0.5, v = 0.5, \theta = 0.1, \sigma = 0.2, r = q = 0$ 인 경우 S_T 에 대하여 분산–감마 모형을 적용하여 얻어지는 확률분포를 보여주고 있다. 또한 변동성이 20%인 경우 의 기하 브라운 운동을 적용했을 때의 확률분포도 제시하여 두 결과를 비교하고 있다. 비록 [그림 27.1]에서 명확하게 보이지는 않지만 분산-감마 모형에 의한 확률분포가 기하 브라운 운동이 내포하고 있는 대수정규분포보다 양쪽 꼬리 부분이 두터운 양상을 보이고 있다.

분산–감마 모형에 의미를 부여할 수 있는 한 가지 방법은 가 T기간 동안 정보가 도달하는 정도를 의미하도록 하는 것이다. 가 큰 경우에는 많은 양의 정보가 생성됨을 의미하고 이에 따라 위의 2단계에서 추출한 정규분포 표본의 평균과 분산이 커지게 된다. 반대로 g가 작은 경우에는 상대적으로 적은 양의 정보가 생성되고 평균과 분산도 작아지세 된다. 모수 T는 시간을 측정하는 변수이고 g는 경제적 시간 또는 정보흐름 조정 시간으로 부르기도 한다.

분산-감마 모형의 경우 근사적 옵션가치평가 공식은 마단(Madan)등이 제시한 바 있다. 분 산-감마 모형은 U자 형의 변동성 미소를 보이는 경향이 있다. 그러나 대칭적이지는 않다. 즉 짧은 만기의 경우에는 변동성이 상당히 크지만 만기가 긴 경우에는 점차적으로 감소하게 된 다. 이 모형은 기본형 주식옵션이나 통화옵션의 가치평가에 응용할 수 있다.

27.2 확률적 변동성 모형

블랙–숄즈–머튼 모형은 변동성이 일정한 것으로 가정하고 있다. 그러나 23장에서 설명한 바 와 같이 실제로는 변동성이 시간에 따라 변동하기 마련이다. 분산-감마 모형은 모수 g를 이용하여 이러한 점을 반영하고 있다. g값이 작은 경우에는 정보의 양도 적고 따라서 변동성도 작아지지만 g값이 큰 경우에는 정보의 양이 많아져 변동성도 커진다.

분산–감마 모형을 대체할 수 있는 모형은 변동성의 확률과정을 명시적으로 정의하는 모형 이다. 우선 기하 브라운 운동에서 변동성 모수가 일정한 시간의 함수라고 가정하여보자. 이때 자산가격의 위험중립 확률과정은 다음과 같다.

$$dS = (r - q)S\,dt + \sigma(t)S\,dz \tag{27.1}$$

따라서 옵션만기 동안의 평균분산비율이 분산율(variance rate)이라고 가정하면 블랙-숄즈- 머튼 모형은 정확한 평가 모형이 된다(연습문제 27.6 참조). 여기서 분산율이라 함은 변동성 의 제곱을 말한다. 예를 들어서 주가의 변동성이 처음 6개월 동안은 20%이고, 나머지 기간에 는 30%라고 해보자. 그러면 평균분산비율은

$$0.5 \times 0.20^2 + 0.5 \times 0.30^2 = 0.065$$

가 된다. 따라서 분산율을 0.065라고 하고 블랙–숄즈–머튼 모형을 이용하면 정확한 평가가 이루어지는데 이는 변동성이 $\sqrt{0.065} = 0.255$, 즉 25.5%인 경우가 된다.

그런데 식 (27.1)은 어떤 자산의 순간변동성을 완벽하게 예측할 수 있다고 가정하고 있다. 그러나 실제로 변동성은 확률적으로 변동하게 마련이다. 바로 이러한 점이 주가와 변동성 둘 다 확률과정을 따르는 것을 가정하는 좀 더 복잡한 모형이 필요한 이유가 된다.

이러한 모형들 중 연구자들이 많이 이용하는 모형은 다음과 같다.

$$dS/S = (r - q)\,dt + \sqrt{V}\,dz_S \tag{27.2}$$

$$dV = a(V_L - V)\,dt + \xi V^{\alpha}\,dz_V \tag{27.3}$$

여기서 a, V_L, ξ 는 모두 상수이고 dz_S, dz_V는 위너과정이다. 이 모형에서 변수 V는 자산의 분산율인데 a의 속도로 V_L수준으로 회귀하는 것으로 가정하고 있다.

헐-화이트는 변동성이 확률적이기는 하지만 자산가격과 상관관계가 없는 경우에는 옵션 잔존만기 동안의 평균분산비율의 확률분포를 이용하여 블랙-숄즈-머튼 공식을 적분하면 유 러피언 옵션가격을 계산할 수 있음을 증명하였다.[7] 즉, 유러피언옵션의 가격은

$$\int_0^{\infty} c(\bar{V})\,g(\bar{V})\,d\bar{V}$$

과 같이 계산되는데, 여기서 $\bar{V}$는 평균분산비율이고, c는 $\bar{V}$의 함수로 표시한 블랙–숄즈–머튼 공식이며, g는 위험중립 세계에서 $\bar{V}$의 확률밀도함수를 의미하고 있다. 이 같은 결과는 블랙– 숄즈–머튼 공식이 등가격옵션 또는 등가격에 가까운 옵션의 가격은 과대평가하게 되고 내가 격옵션 또는 심외가격옵션은 과소평가하게 된다는 것을 잘 보여주고 있다. 이와 같은 헐–화이트의 모형은(20장 2절 참조) 통화옵션 가격에서 관찰되는 변동성 미소와 일치하는 경우라고 할수 있다.

그러나 변동성과 자산가격간에 상관관계가 있는 경우에는 옵션의 가치평가가 상당히 복잡해지는데 이

7 J. C. Hull and A. White, "The Pricing of Options on Assets with Stochastic Volatilities," *Journal of Finance*, 42 (June 1987): 281-300. 단, 이와 같은 결과는 분산비율의 확률과정과는 관계없이 성립한다.

러한 경우 옵션의 가격은 몬테카를로 시뮬레이션을 이용하여 구할 수 있다. a가 0.5인 특수한 경우에 대해서는 헐–화이트가 급수 전개식을 제시하고 헤스톤(Heston)이평 가 공식을 제시한 바 있다.[8] 한편 변동성이 자산가격과 음의 상관관계가 있는 경우 내재변동 성의 패턴은 주가의 경우에서 관찰되는 패턴(20장 3절 참조)과 유사하다.[9]

23장에서 지수가중 이동평균(EWMA)과 GARCH(1,1) 모형에 대하여 설명한 바 있는데 이러한 모형들은 확률적 변동성 모형을 구성하는 또 다른 대안이 될 수 있다. 예를 들어 단 (Duan)은 GARCH(1,1)을 이용하여 내부적으로 논리적인 옵션평가 모형을 유도할 수 있음을 증명한 바 있다[GARCH(1,1)과 확률적 변동성 모형(stochastic volatility models)이 동일함 을 증명하는 문제는 연습문제 23.14 참조].[10]

SABR Model

특정 시점 T에 만기가 되는 유러피안옵션을 (특히 금리 옵션) 가치평가를 할 때 실무자들 사이에서 인기가 많은 확률적 변동성 모형 Hagan et al. (2002)이 개발한 SABR 모형이다.[11] 이 모델의 장점은 실제로 관측되는 변동성 미소를 상당부분 반영할 수 있는데다가 미소가 시간에 따라 변화하는데에 따른 리스크 관리에 있어 유용하다는 점이다.

모형은 다음과 같다.

$$dF = \sigma F^{\beta}\, dz$$

$$\frac{d\sigma}{\sigma} = \nu\, dw$$

단, F는 선도 이자율이거나 자산의 선도가격, dz와 dw는 위너과정, σ는 확률적 변동성, 그리고 β와 ν는 상수이다.[12] 다른 세가지 파라미터는 dz와 dw 사이의 상관계수 ρ, σ의 초기값인, F의 초기값인 F_0이다.

Hagan et al.은 SABR 모형에 의해 주어진 블랙 모형에 내재된 변동성을 위한 대략적인 식을 유도했다. 이는 행사가격이 K인 유러피안 옵션을 위한 식이다(블랙 모형은 18장 7절과 18장 8절 참고). 다음과 같이 정의한다.

$$x = (F_0 K)^{(1-\beta)/2}, \qquad y = (1-\beta)\ln(F_0/K)$$

$$A = \frac{\sigma_0}{x(1 + y^2/24 + y^4/1920)}, \qquad B = 1 + \left(\frac{(1-\beta)^2\sigma_0^2}{24x^2} + \frac{\rho\beta\nu\sigma_0}{4x} + \frac{2-3\rho^2}{24}\nu^2\right)T$$

$$\phi = \frac{\nu x}{\sigma_0}\ln\left(\frac{F_0}{K}\right), \qquad \chi = \ln\left(\frac{\sqrt{1-2\rho\phi+\phi^2}+\phi-\rho}{1-\rho}\right)$$

---

11 다음의 논문과 웹사이트를 참고하라. P. Hagan, D. Kumar, A. Lesniewski, and D. Woodward, “Managing Smile *Risk*,” Wilmott, September 2002: 84-108., www.math.ku.dk/~rolf/SABR.pdf. SABR은 “stochastic alpha, beta, and rho.”의 약자이다. 우리는 Hansen el al.의 대신 를 사용했다.

12 이자율이 확률적일 때 파생상품으로부터의 기대 이득을 T연도 이자율을 활용해 T시점에서 0시점으로 할인하는 것이 옳다. 이에 대해서는 다음 장에서 논의된다.

내재변동성은 $AB\phi/\chi$ 이다. 만약 $F = K$라면, 이는 $\sigma_0 B/(F_0^{1-\beta})$ 가 된다.[13]
모수 σ_0 는 변동성의 수준을 정의한다. (대략적으로 일반적인 대수정규 모형에서 추정된 변동성 추정치에 $F_0^{1-\beta}$ 곱한 값과 동일하다.) 모수 ρ는 미소의 모양을 정의한다. ρ가 큰 양(+)의 값을 갖는다면 미소는 위로 상승(upward sloping)하며 ρ가 큰 음(-)의 값을 갖는다면 아래로 하강(downward sloping)한다. ρ가 중간수준이라면 U-형(u-shape)이다. 모수 ν 가 증가함에 따라 미소는 더욱 두드러진다. (문제 27.24 참고) SABR 모형은 DerivaGem 4.00 모형에서 실행된다.

금리에 SABR 모형이 적용되는 경우 종종 β 는 0.5로 설정된다. 미소를 맞추는 모수 ρ, σ_0 와 ν 는 만기인 T에 달려있다. 그러나, 앞서 언급된 바와 같이, 이 모형은 미소의 움직임에 대한 위험을 관리하기 위해 유용한 방법임이 증명됐다.

27.3 내재변동성 함수 모형

지금까지 소개한 모형들의 경우에는 특정 시점에서의 가치평가 결과가 기본형 옵션의 시장가 격과 개략적으로 일치하도록 모수들을 선택하게 된다. 그런데 종종 금융기관들은 한 단계 더 나가 기본형 옵션의 시장가격과 정확히 일치하는 모형을 사용하기를 원하기도 한다.[14] 1994 년도에 더만, 카니, 듀피어, 루빈스타인 등은 이러한 목적에 맞게 설계된 모형을 개발하였다. 이후 이 모형은 내재변동성 함수 모형(implied volatility function, IVF model) 또는 내재다항 모형(implied tree model)으로 불리게 되었다.[15] 이 모형은 변동성 미소의 형태와 관계없이 특정한 시점에 관찰된 유러피언옵션의 시장가격과 정확하게 일치하는 모형이다.
이 모형에서 주가의 위험중립과정은

$$dS = [r(t) - q(t)]S\,dt + \sigma(S, t)S\,dz$$

와 같은 형태를 갖는데 $r(t)$는 시점 t가 만기인 선도계약에 대한 순간 선도이자율이고 $q(t)$는 시간의 함수로 표시한 배당수익률을 의미한다. 변동성을 나타내는 $\sigma(S, t)$는 S와 t의 함수인데 IVF 모형에 의한 유러피언 옵션가치가 시장가격과 일치하도록 선택하게 된다. 듀파이어와 앤 더슨-브라더튼–랫클리프(Andersen and Brotherton-Ratcliffe) 등은 $\sigma(S, t)$계산을 위한 다음 과 같은 공식을 개발하였다.[16]

$$[\sigma(K, T)]^2 = 2\frac{\partial c_{\text{mkt}}/\partial T + q(T)c_{\text{mkt}} + K[r(T) - q(T)]\partial c_{\text{mkt}}/\partial K}{K^2(\partial^2 c_{\text{mkt}}/\partial K^2)} \tag{27.4}$$

여기서 $c_{\text{mkt}}(K, T)$는 행사가격이 K이고, 만기가 T인 유러피언콜옵션의 시장가격을 나타낸다. 옵션시장에서 유러피언콜옵션의 가격을 충분히 확보할 수 있는 경우에는 위의 식을 이용하여 $\sigma(S, t)$를 추정

13 다른 연구자들이 더 정확한 식을 고안해 냈지만 이 식이 가장 널리 사용되고 있다.

16 B. Dupire, "Pricing with a Smile," Risk, February (1994): 18-20; L. B. G Andersen and R. Brotherton-Ratcliffe "The Equity Option Volatility Smile: An Implicit Finite Approach," Journal of Computational Finance, 1, No. 2 (Winter 1997/98): 5–37. 듀파이어는 r, q가 0인 경우를, 브라더튼-랫클리프는 그보다 일반적인 경우를 고려하였다.

할수 있다.[17]

앤더슨-브라더튼-랫클리프 등은 식 (27.4)를 암묵적 유한차분법과 함께 사용함으로써 IVF 모형을 활용하였다. 이러한 기법의 대안으로는 더만–카니와 루빈스타인이 제안한 내재 다항과정 기법이라는 것이 있는데 이것은 옵션의 시장가격과 일치하도록 주가의 다항과정을 구성하는 방법이다.

실무에서 IVF 모형을 사용하는 경우에는 기본형 옵션가격을 이용하여 매일 모수를 재추정 해야 한다. 이렇게 해야 기본형 옵션과 일관성 있게 이색옵션의 가치를 평가할 수 있게 된다. 20장에서 설명한 바와 같이 기본형 옵션은 미래의 모든 시점에서 자산가격의 위험중립 확률 과정을 정의한다. 따라서 IVF 모형은 미래 모든 시점에서 자산가격의 위험중립 확률과정이 정확한 것이 되도록 해준다. 이는 이득이 단 한 번만 지급되는 옵션들(예를 들어서 현금이원 옵션과 자산이원옵션)은 IVF 모형에 의하여 정확하게 평가할 수 있음을 의미한다. 그러나 IVF 모형은 자산가격의 결합확률분포를 2회 이상 맞게 해주지는 못한다. 이는 복합옵션과 장 애물옵션 같은 이색옵션들의 경우에는 가치평가가 부정확하게 이루어게 됨을 의미한다.[18]

27.4 전환사채

이제 몇 가지 특수한 경우의 가치평가 문제에 적용하기 위하여 20장에서 소개한 수치화절차 늘을 수정하는 방법에 대하여 소개하기로 한다. 우선 전환사채의 경우를 고려해보기로 하자. 전환사채(convertible bond)는 기본적으로는 회사채인데 채권의 소유자가 미래 일정 시점 에 해당 기업의 주식을 채권과 교환할 수 있는 옵션을 갖고 있는 채권이다. 이때 전환비율 (conversion ratio)은 채권 1주와 교환되는 주식의 수량을 말하는데, 보통은 일정하지만 시간 의 함수가 되기도 한다. 그런데 전환사채는 거의 항상 수의 상환이 가능한(callable) 채권이다 (즉 발행기업은 일정한 시점에 미리 정해진 가격으로 채권을 다시 사들일 권리를 갖고 있다). 채권이 수의 상환되면 채권 보유자는 즉시 전환권을 행사할 수 있다. 따라서 수의 상환 조건 은 보통 채권 보유자들로 하여금 조기에 전환권을 행사하도록 강제하는 방법이 된다. 한편 해 당 기업의 주가가 일정 수준 이상인 경우에만 행사할 수 있도록 전환사채 보유자의 전환권이 제한되는 경우도 가끔 있다.

이러한 전환사채의 평가에는 신용위험이 중요한 역할을 하게 된다. 만약 신용위험을 무시 하면 전환사채의 가치는 부정확하게 계산된다. 이것은 전환이 이루어지지 않는다고 가정할 경우 신용위험을 무시한 가치평가에서는 채권의 이표와 원금이 과대평가되는데, 이표와 원금 을 무위험자산으로 간주하여 무위험이자율로 할인하기 때문이다. 잉거솔(Ingersoll)은 23장 6 절에서 설명한 머튼(Merton, 1974)

17 보통은 관찰된 변동성 표면을 완만하게 하는 과정이 필요할 때가 많다.

18 헐–수오는 모든 파생상품의 가격이 확률변동성 모형에 의하여 결정된다는 가정 아래 IVF 모형을 검증하여 보았 다. 그 결과 복합옵션의 경우에는 IVF 모형이 우수한 결과를 가져오지만 장애물옵션의 경우에는 심각한 오차를 발 생시키기도 함을 밝혀냈다. 구체적인 내용은 다음 논문을 참조하라. J. C. Hull and W. Suo, "A Methodology for the Assessment of Model Risk and Its Application to the Implied Volatility Function Model," *Journal of Financial and Quantitative Analysis*, 37, 2 (June 2002): 297-318

의 모형과 유사한 모형을 이용하여 전환사채의 가치를 평 가하는 방법을 제시하였다.[19] 그는 발행자의 총 자산이 기하 브라운 운동을 따른다고 가정하 고, 기업의 주주 지분, 전환사채, 기타 다른 부채들을 총 자산가치에 따라 달라지는 청구권으 로 가정하였다. 여기서 신용위험을 고려한 이유는 부채 소유자들은 총 자산가치가 기업의 부 채를 초과하는 경우에만 채권 전액을 상환받게 되기 때문이다.

이와 달리 실무에서는 좀 더 단순한 모형이 폭 넓게 이용되고 있는데 이 때에는 발행기업 의 주가를 모형화시키게 된다. 이때 각 Δt기간 동안 $\lambda\,\Delta t$의 확률로 채무불이행 가능성이 있다는 점을 제외하면 주가는 통상적인 기하 브라운 운동을 따르는 것으로 가정한다. 채무불이행 이 발생하면 주가는 0이 되고, 채권 원금의 일부는 회수되는 것으로 가정한다. 여기서 λ는 23 장 2절에서 정의한 위험중립 채무불이행 확률이다.

이제 이항과정의 각 점을 다음과 같이 변형시킴으로써 주가의 확률과정을 나타낼 수 있다.

1. 우선 p_u는 Δt 기간 후 시점의 주가가 u만큼 증가할 확률이 되게 한다.
2. p_d는 Δt 기간 후 시점의 주가가 d만큼 감소할 확률이 되게 한다.
3. $\lambda\,\Delta t$, 더 정확히는 $1-e^{-\lambda\Delta t}$는 Δt 기간 후 시점의 주가가 0이 되는 채무불이행 발생확 률이 되게 한다.

위의 각 모수들은 주가 확률분포의 1, 2차 적률과 일치하도록 다음과 같이 선택한다.

$$p_u=\frac{a-de^{-\lambda\Delta t}}{u-d},\quad p_d=\frac{ue^{-\lambda\Delta t}-a}{u-d},\quad p_{\text{def}}=1-e^{-\lambda\Delta t},\quad u=e^{\sigma\sqrt{\Delta t}},\quad d=\frac{1}{u}$$

이때 $a=e^{(r-q)\Delta t}$은 무위험이자율, q는 주식의 배당수익률이다.

이때 주가에 대한 다항과정은 통상적인 방법으로 구성하면 되는데, 다항과정의 전체 기간 은 전환사채의 잔존만기와 일치시킨다. 다음으로 다항과정의 마지막 시점의 점들에서 채권 보유자들이 갖고 있는 전환권에 기초하여 이들 점에서의 전환사채의 가치를 계산한다. 그리고 나서 다항과정을 역행하여 진행하며 계산을 계속한다. 이때 전환권이 허용되는 점들에서 는 전환권 행사가 최적인지 아닌지 따져 본다. 또한 수의 상환이 발행기업의 입장이 유리하게 되는지에 대해서도 따져 보고, 만약 그런 경우에는 채권이 상환되는 것으로 가정한 후 전환권 행사가 최적인지 다시 따져 본다.

예제 27.1

전환사채가치평가의 예를 들기 위해 액면가 100달러, 만기 9개월인 무이표채를 발행한 기업 XYZ가 있다고 하여보자. 이 채권은 9개월 내 임의의 시점에서 이 기업의 주식 2 주와 교환할 수 있다고 한다. 또한 113달러의 가격에 언제라도 상환될 수도 있다고 하 자. 최초 주가는 50달러, 주가 변동성은 연 30%, 배당금은 없다고 가정하자. 채무불이 행 확률 λ는연 1%이고, 무위험수익률곡선을 연 5%에서 수평으로 가정한다. 채무불이 행이 발생하는 경우 채권가치는 40달러가 되는 것으로 가정한다(즉 회수율이 40%인 것으로 가정한다).

[그림 27.2]에 이러한 전환사채를 평가하기 위한 3단계($\Delta t = 0.25$)주가의 이항과 정이 표시되어

19 J. E. Ingersoll, "A Contingent Claims Valuation of Convertible Securities", Journal of Financial Economics, 4, (May 1977): 289–322.

그림 27.2 전환사채의 가치평가를 위한 이항과정. 각 점의 위쪽의 숫자는 주가이고 아래쪽 숫자는 전환사채의 가치임.

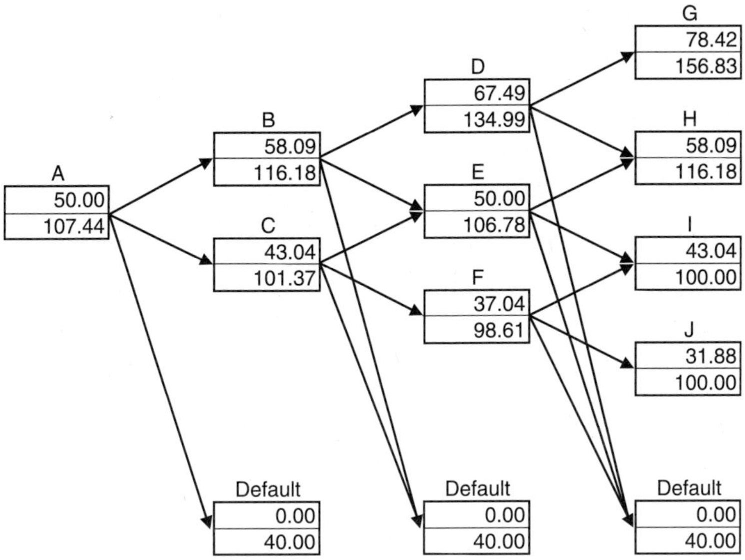

있다. 각 점에서 위 칸은 주가이고 아래 칸은 전환사채의 가치이다. 이항 과정 상의 모수는 다음과 같다.

$$u = e^{0.3\sqrt{0.25}} = 1.1618, \quad d = 1/u = 0.8607$$
$$a = e^{0.05\times0.25} = 1.0126, \quad p_u = 0.5115, \quad p_d = 0.4860, \quad p_{\text{def}} = 0.0025$$

이 꼭지점들에서 주가는 0이고, 채권가격은 40이다.

우선 만기의 맨 위 꼭지점 G를 살펴보자. 꼭지점 G와 H에서 채권은 당연히 전환될 것이므로 전환사채가치는 주가의 두 배가 된다. 점 I와 J에서 채권은 전환되지 않으므 로 전환사채가치는 100이다.

다음으로 전 단계 꼭지점으로 역행하여 전 단계에서의 전환사채가치를 계산한다. 예 를 들어점 E를 살펴보자. 여기서는 전환이 이루어지면 전환사채가치는 2 × 50 = 100 달러가 된다. 그러나 전환이 이루어지지 않으면 (a) 점 H로 이동할 확률이 0.5115이고 전환사채가치는 116.18이 되고, (b) 점 I로 이동할 확률이 0.4860이고 사채가치는 100 이 되며, (c) 채무불이행이 발생하여 사채가치가 40이 될 확률이 0.0025이다. 따라서 전환이 이루어지지 않으면 전환사채가치는 다음과 같다.

$$(0.5115 \times 116.18 + 0.4860 \times 100 + 0.0025 \times 40) \times e^{-0.05\times0.25} = 106.78$$

이 값은 전환이 이루어질 때의 값보다 크다. 따라서 점 E에서는 전환하지 않는 것이 최선의 선택이 된다. 마지막으로 채권 발행기업은 106.78짜리 채권을 113에 사들일 필요가 없으므로 점 E

에서는 수의상환이 발생하지 않게 된다.

또 다른 예로 점 B를 고려해보자. 여기서 채권가치는 전환이 이루어질 경우 2 × 58.09 = 116.18가 된다. 전환이 이루어지지 않을 경우는 점 E에서와 같은 방법으로 계 산하면 사채가치는 119.54이 된다. 따라서 사채 보유자는 전환을 하지 않게 된다. 그러나 여기서 채권 발행기업은 113에 채권을 수의상환하고, 채권 보유자는 수의상환보다 전환이 유리하므로 전환을 선택하게 된다. 따라서 점 B에서 사채의 가치는 116.18가된다. 점 D에서도 같은 논리가 적용된다. 전환하지 않을 경우 사채가치는 135.08이다. 그 러나 수의상환이 이루어지면 전환이 강제되어 사채가치는 134.99로 감소하게 된다.

최종적으로 점 A에서 채권가치는 107.44이 된다.

만약 채권에 이표가 지급되는 경우에는 이를 고려해야 한다. 즉 각 점에서 채권이 전환되지 않을 경우의 채권 가치를 계산할 때 다음 시점에서 지급될 이표의 현재가치를 포함시켜야 한 다는 것이다. 여기서 채무불이행의 위험중립 확률 λ는 채권 가격이나 CDS 스프레드로부터 추정한다. 이 방법을 좀 더 일반화시키려면 λ, σ, r 등을 시간의 함수로 정의할 수 있다. 또이 항 모형대신 삼항 모형을 이용할 수도 있다(21장 4절 참조).

지금까지 소개한 절차의 단점으로는 채무불이행 확률이 주가와 독립적이라는 점을 들 수 있다. 이 때문에 일부 학자들은 채무불이행 확률 λ가 주가와 시간의 함수인 모형을 활용할 수 있는 암묵적 유한차분법을 이용하여 전환사채가치를 계산하는 방법을 제시한 바 있다.[20]

27.5 경로의존적 파생상품

경로의존적 파생상품(혹은 과거 가격의존적 파생상품)은 이득이 기초자산의 최종가격뿐 아니 라 기초자산가격이 지나온 과거 경로에 따라서도 달라지는 파생상품이다. 이러한 경로의존적 파생상품의 예로는 아시안옵션(Asian option)과 룩백옵션(Lookback option) 등이 있다. 26장에서 설명한 바와 같이 아시안옵션으로부터의 이득은 기초자산의 평균가격에 따라 결정되고, 룩백옵션의 경우에는 기초자산의 최저가격이나 최고가격에 따라서 이득이 결정된다. 평가공 식이 존재하지 않는 경우 경로의존적 옵션을 평가하는 한 방법은 21장에서 설명한 바와 같은 몬테카를로 시뮬레이션을 이용하는 것이다. 이 방법을 사용하는 경우에는 위험중립 세계에서 기초자산의 임의의 경로를 추출하고 자산가격이 그와 같은 경로를 따르는 경우의 파생상품의 이득을 계산한 후, 이득을 무위험이자율로 할인함으로써 파생상품 가격에 대한 하나의 표본 값을 계산한다. 이러한 과정을 여러 번 반복하여 얻은 표본값들의 평균이 파생상품가치의 최 종적인 추정치가 된다.

몬테카를로 시뮬레이션을 이용하여 평가하는 데 있어 중요한 문제점은 상당한 정도의 정 확성을 확보하기에 필요한 연산시간이 너무나 길다는 점이다. 또한 경로의존적 아메리칸옵션 (계약의 한 당사자가 행사권을 갖고 있거나 다른 의사결정권을 갖고 있는 경우)들을 다루기가 쉽지 않다는 점도 문제점

20 L. Anderson and D. Buffum," Calibration and Implementation of Convertible Bond Models", *Journal of Computational Finance*, 7, 1 (Winter 2003/04), 1–34. 이들은 채무불이행 강도가 S^{α}(S는 주가 α는 양수)와 반비례 한다는 가정을 권고한다.

으로 지적된다. 따라서 본 절에서는 20장에서 소개한 이항분포 모형 을 일부 경로의존적 옵션을 다루기 위해 확장하는 방법에 대해 소개하기로 한다.[21] 여기서 소 개할 기법들은 경로의존적 아메리칸옵션의 평가에도 이용할 수 있으며, 몬테카를로 시뮬레이 션보다 경로의존적 유러피언옵션을 평가하는 데 있어 연산 효율성이 높다고할수 있다.

그런데 이러한 기법이 효과적으로 사용되기 위해서는 다음 두 가지 조건이 반드시 충족되 어야 한다.

1.파생상품으로부터의 이득은 기초자산이 따르는 경로 함수 F에 따라서만 결정되어야 한다.

2.시점 τ의 F값과 시점 $\tau+\Delta t$의 기초자산 값으로부터 시점 $\tau+\Delta t$의 F 값을 계산하는 것이 가능해야 한다.

우리는 먼저 일반적인 방법으로 기초자산의 가격에 대한 이항과정을 구성한다. 다음 단계는 이항과정을 시간에 따라 진행시키면서 각 점에서 경로함수의 최대값과 최소값을 설정하는 일이다. 이때 시점 $\tau+\Delta t$에서 경로함수의 함수값이 시점 τ에서 의 경로함수값과 시점 $\tau+\Delta t$에서의 기초변수 값에 의해서만 결정되기 때문에 시점 τ 의 점들에서 경로함수의 최대값과 최소값으로부터 시점 $\tau+\Delta t$의 점들에서의 경로함수의 최대 값들과 최소값들을 간단하게 계산할 수 있게 된다. 둘째 단계에서는 각 점에서의 경로함수의 대표값들을 선택하여야 한다. 여기에는 여러 가지 방법들이 있지만 간단한 방법은 최대값과 최소값을 대표값으로 정하고 나머지 값들은 이 두 값 사이에서 일정한 간격으로 배열되도록 하는 방법이다. 이후 이항과정을 역행하면서 경로함수의 각 대표값들을 이용하여 파생상품가 치를 평가하면 된다. 파생상품의 가치가 다른 경로함수의 가치를 위해 필요한 경우, 파생상품의 가치는 보간법을 통해 계산된다.

이와 같은 계산법의 성격을 설명하기 위해서 26장 13절의 [예제 26.3]에서 소개한 유로피 언 평균가격콜옵션의 가치평가 문제를 생각해보기로 하자. 여기서는 옵션의 이득이 주가의 산술평균에 따라 결

그림 27.3 산술평균에 대한 옵션의 가치평가를 위한 이항과정의 일부분.

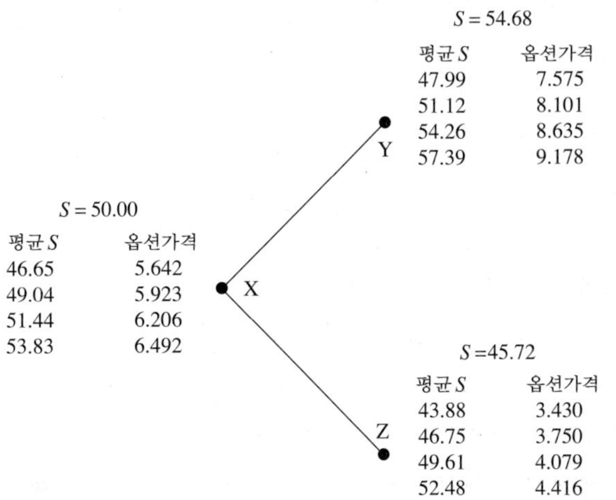

21 J. Hull and A. White, "Efficient Procedures for Valuing European and American Path-Dependent Options," *Journal of Derivatives*, 1 1 (Fall 1993): 21–31.

정되는 경우를 분석하기로 한다. 초기 주가는 50, 행사가격은 50, 무위험 이자율은 10%, 주가 변동성은 40%, 잔존만기는 1년이다. 20기간 이항 모형을 사용하는 경우 모수들의 값은 $\Delta t = 0.05$, $u = 1.0936$, $d = 0.9144$, $p = 0.5056$, $1 - p = 0.4944$가 된다. 이 경우 경로함수는 주가의 평균값이 된다.

[그림 27.4]에는 이항과정의 일부분에서 이루어지는 계산과정을 보여주고 있다. 여기서 점 X는 0.2년 시점 (4기간 말)에서 중앙 꼭지점이다. 점 Y와 Z는점 X로부터 0.25년 시점에 다다 를 수 있는 점들이다. 점 X에서의 주가는 50달러이며 점 X까지의 경로상에서 주가 평균값의 최대값은 53.83달러이고 최소값은 46.65라고 하자(주가 평균을 계산할 때는 초기 주가와 최종 주가를 모두 포함하여 계산한다). 이항과정은 점 X로부터 Y, Z 중 한 점으로 뻗어가며 구성되 는데 점 Y에서는 주가가 54.68이고, 평균주가의 최소값과 최대값은 각각 47.99와 57.39이다. 한편 점 Z에서는 주가가 45.72이고, 평균주가의 최대값과 최소값은 각각 43.88과 52.48이다.

각 점에서 주가 평균의 대표값은 동일한 간격의 네 값이라고 가정해보자. 즉, 점 X에서는 평균주가 46.65, 49.04, 51.44, 53.83, 점 Y에서는 평균주가 47.99, 51.12, 54.26, 57.39, 점 Z에서는 평균주가 43.88, 46.75, 49.61, 52.48 등을 고려하게 되는 것이다. 이제 점 Y, Z에서 역 행과정을 거쳐서 각 평균가에 대응하는 옵션가격을 계산하였다고 해보자. 그 결과가 [그림 27.4]에 나타나 있는데 예를 들어 점 Y에서 주가 평균이 51.12인 경우 옵션가격은 8.101이라 는 것을알 수 있다.

이제 예를 들어 점 X에서 주가 평균이 51.44인 경우 옵션가격을 어떻게 계산하는지 알아 보자. 주가가 점 Y로 상승하는 경우 새로운 주가 평균은 다음과 같다.

$$\frac{5 \times 51.44 + 54.68}{6} = 51.98$$

이때 점 Y에서 옵션가격은 주가 평균이 51.12인 경우와 54.26인 경우의 옵션가격을 보간법 에 의해 계산할 수 있는데 그 값은 다음과 같다.

$$\frac{(51.98 - 51.12) \times 8.635 + (54.26 - 51.98) \times 8.101}{54.26 - 51.12} = 8.247$$

마찬가지로 점 Z로 하락하는 경우 새로운 주가 평균은

$$\frac{5 \times 51.44 + 45.72}{6} = 50.49$$

이 되고 보간법에 의한 옵션가격은 4.182가 된다.

따라서 점 X에서 주가 평균이 51.44인 경우 옵션가격은 다음과 같다.

$$(0.5056 \times 8.247 + 0.4944 \times 4.182)e^{-0.1 \times 0.05} = 6.206$$

꼭지점 X에서 나머지 옵션가격들도 마찬가지 방법으로 계산할 수 있다. 이와 같은 방법으 로 시점 0.2년인 꼭지점들에서 옵션가격을 모두 계산하고 다음으로 시점 0.15년의 점들로 이 동하여 계속 계산하면 된다.

이와 같은 계산과정을 계속하면 시점 0에서 옵션가격은 7.17달러가 된다. 물론 기간 수와 평균주가의 수를 늘리면 옵션가격 추정치는 점점 정확한 값에 수렴하게 되는데 기간 수 60, 주가 평균 100개를 고려하는 경우 옵션가격은 5.58이 된다. 근사 공식을 이용하는 경우에는 [예제 26.2]에서 계산한 바와 같이 5.62달러가 된다.

지금까지 소개한 기법의 주요 장점은 아메리칸옵션을 다룰 수 있다는 점이다. 이 경우 각 점에서 경로함수의 여러 값들에 대하여 조기행사가 유리한지를 따져본다는 점을 제외하고는 앞에서 설명한 방법대로 옵션가격을 계산하면 된다(실제로는 조기행사에 대한 의사 결정은 경로함수의 값과 기초자산의 가격에 따라서 결정되는 경향이 있다). 위의 예에서 소개한 옵션 이 아메리칸옵션이라고 가정하여 보자. 이때 기간이 20기간이고, 각 점에서 4개의 평균주가를 고려하는 경우 옵션가격은 7.77이고, 기간이 60기간이고, 주가 평균 100개를 고려하는 경우 옵션가격은 6.17로 계산된다.

지금까지 설명한 기법은 다른 여러 경우로도 폭넓게 적용시킬 수 있다. 단, 본 절의 서두에 서 설명한 두 가지 조건은 반드시 충족되어야 한다. 그런데 이와 같은 기법을 이용하는 경우 이항과정의 각 점에서 선형보간법이 아니라 2차 보간법을 이용하면 연산 효율성이 많이 개선 되는 것으로 알려져 있다.

27.6 장애물옵션

26장에서 장애물옵션의 평가 공식에 대해 공부한 바 있다. 본 절에서는 평가 공식이 존재하지 않는 경우 수치화 절차에 의하여 장애물옵션의 가치를 평가하는 방법에 대하여 소개하기로 한다.

원칙적으로 대부분의 장애물옵션들은 21장에서 소개한 이항과정이나 삼항과정을 이용하 여 가치를 평가할 수 있다. 예를 들어 상향실격옵션(up-and-out option)을 평가할 때 장애물가 격(barrier)의 위쪽에 위치하는 점들에서는 옵션가치가 0이 되도록 한다는 점을 제외하고는 일반적인 옵션과 동일한 방법으로 평가할 수 있다.

삼항 모형은 이항 모형보다는 낫지만 이 경우에도 일반적인 다항 모형보다 수렴이 느리게 발생한다. 이것은 비교적 정확한 결과를 얻기 위해서는 기간 수가 많아야 함을 의미한다. 이러 한 현상은 이항과정이 가정하고 있는 장애물가격과 실제의 장애물가격이 다르기 때문에 발생 한다.[22] 이 점에 대한 이해를 돕기 위해서 실제의 장애물가격의 안쪽(즉 이항과정의 중심부에 가까운 쪽) 꼭지점 점들 위에 위치한 장애물가격을 내장애물가격(inner barrier)이라 하고, 장 애물가격의 바깥쪽(즉 이항과정의 중심부에서 먼 쪽) 꼭지점 점들 위에 위치하는 장애물가격 을 외장애물가격(outer barrier)이라고 정의해보자. [그림 27.4]에는 실제 장애물가격이 수평 이라는 가정 아래 삼항과정 상의 내장애물가격과 외장애물가격이 표시되어 있다. 그런데 통상적인 다항과정 계산에서는 외장애물 가격을 실제 장애물가격으로 암묵적으로 가정하게 되는 데, 이는 장애물가격 조건이 이 꼭지점들에서 우선적으로 적용되기 때문이다. 하지만 1기간이 Δt인 경우 각 점들 간의 크이 차이는 $\sqrt{\Delta t}$ 차가 되고, 이것은 실제 장애물가격과 외장애물가 격 간의 $\sqrt{\Delta t}$ 차이에 의하여 발생하는 오차 역시 차가 된다는 것을 의미한다.

이러한 문제점을 극복할 수 있는 한 방법은 다음과 같다.

1.우선 내장애물가격이 실제 장애물가격이라고 가정하고 파생상품의 가치를 계산한다.

22 P. P, Boyle and S. H. Lau, " Bumpting Up Against the Barrier with Binomial Method," Journal of Derivatives, 1, 4 (Summer 1994): 6–14.

그림 27.4 삼항 모형이 가정하는 장애물가격.

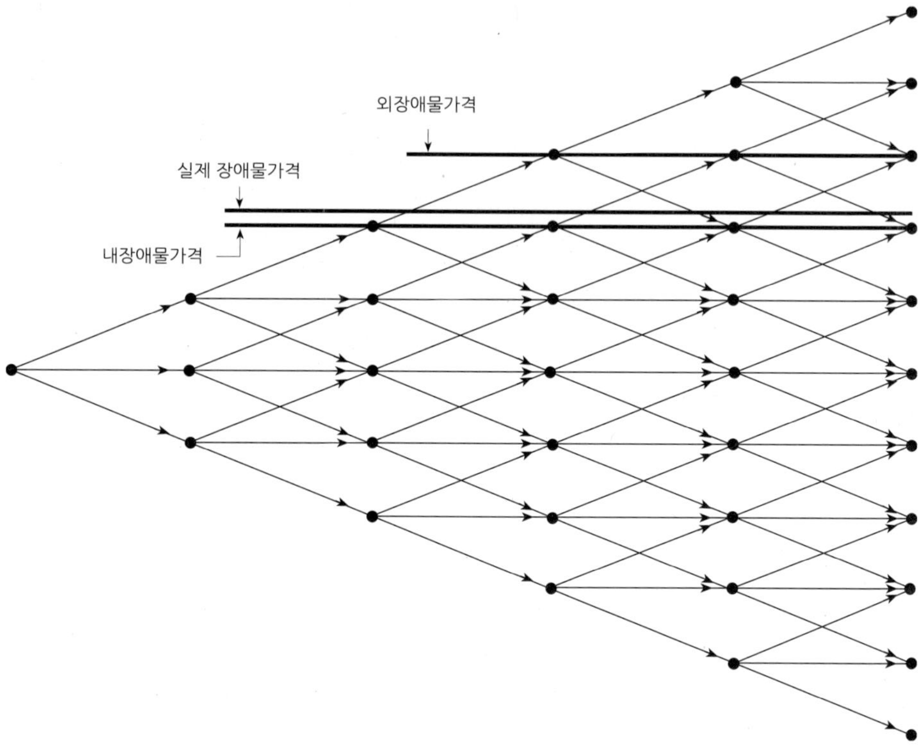

2.다음으로 외장애물가격이 실제 장애물가격이라고 가정하고 파생상품의 가치를 계산한다.

3.위의 두 값을 보간법으로 계산한다.

또 다른 방법은 장애물가격이 꼭지점들에 위치하게 하는 방법이다. 최초 주가가 S_0이고, 장애 물가격이 H라고 가정하여보자. 삼항과정 상의 한 점에서 주가 변화는 주가 상승(확률 u), 하락 (확률 $d = 1/u$) 또는 유지라는 세 가지 가능성을 갖고 변한다고 하자. 이때 각 점들이 장애물 가격상에 위치하도록 u값을 선택할 수 있는데 u값이 만족시켜야 할 조건은 정수 N에 대하여

$$H = S_0 u^N$$

또는

$$\ln H = \ln S_0 + N \ln u$$

가 된다.

21장 4절에서 삼항과정에 대하여 설명할 때 u값으로 $e^{\sigma\sqrt{3\Delta t}}$를 제안한 바 있다(즉, $\ln u = \sigma\sqrt{3\Delta t}$). 여기서는 $\ln u$ 값을 최대한 이 값에 가깝게 선택하는 것이 좋은 방법이라고 할수 있다(단, 이때 위의 조건을 충족시켜야 한다). 이것은

$$\ln u = \frac{\ln H - \ln S_0}{N}$$

그림 27.5 꼭지점들이 장애물가격에 위치하는 경우의 삼항과정.

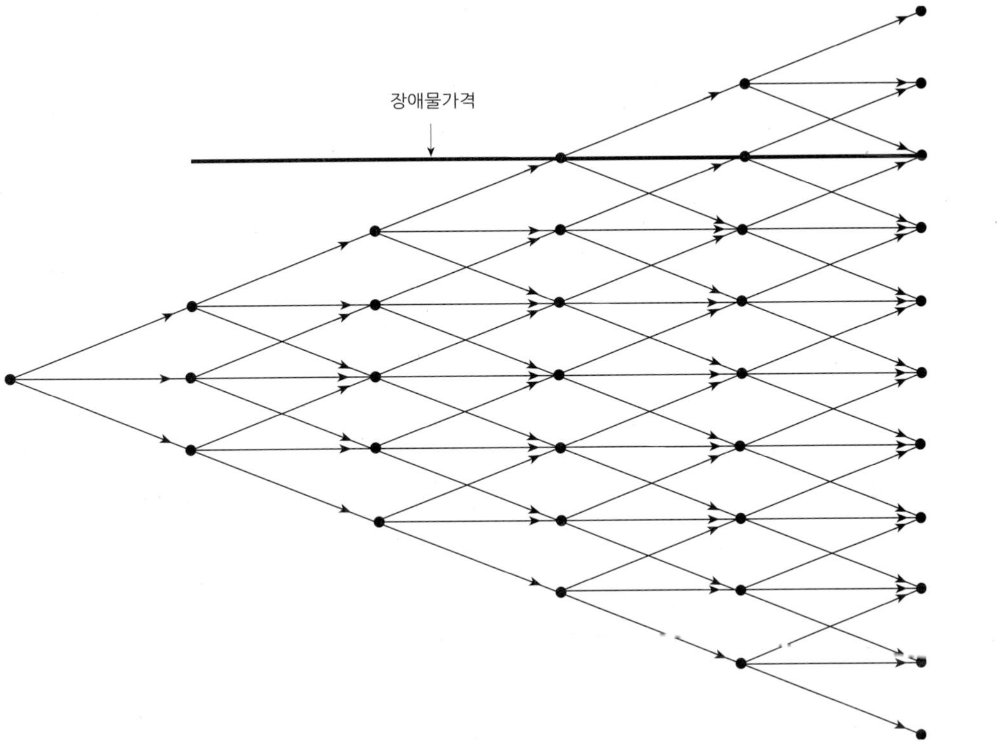

단,

$$N = \text{int}\left[\frac{\ln H - \ln S_0}{\sigma\sqrt{3\Delta t}} + 0.5\right]$$

이라야 함을 의미하는데 이때 int(x)는 x라는 수의 정수 부분을 의미한다.

이러한 과정의 결과는 [그림 27.5]에 표시되어 있다. 여기서 다음 시점의 위, 중간, 아래 꼭 지점으로 이동 확률 p_u, p_m, p_d는 주가 확률분포의 1, 2차 적률과 일치하도록 다음과 같이 계 산한다.

$$p_d = -\frac{(r-q-\sigma^2/2)\Delta t}{2\ln u} + \frac{\sigma^2\Delta t}{2(\ln u)^2},\quad p_m = 1 - \frac{\sigma^2\Delta t}{(\ln u)^2},\quad p_u = \frac{(r-q-\sigma^2/2)\Delta t}{2\ln u} + \frac{\sigma^2\Delta t}{2(\ln u)^2}$$

지금까지 소개한 두 방법은 자산의 초기가격이 장애물가격과 가깝지 않은 경우에는 상당히 효과적인 방법들이다. 그러나 자산의 초기가격이 장애물가격에 가까운 경우에는 20장 4절에 서 소개하였던 그물망 조정 모형을 사용할 수 있다.[23] 이 모형은 성긴 다항과정에 촘촘한 다 항과정을 덧붙임으로써(자산가격에 대한 자세한 모형화가 요구되는 경우) 자산가격을 좀 더 세밀하게 모형화할 수 있다는 점에서 착안했다고 할 수 있다. 그런데 장애물옵션을 평가할 때는 장애물가격과 가깝게 촘촘한 다항과정을 덧붙이는 것이 좋다.

---

23 S. Figlewski and B. Gao, "The Adaptive Mesh Model: A New Approach to Efficient Option Pricing," Journal of Financial Economics, 53 (1999): 313–51.

27.7 상관관계가 있는 두 자산에 대한 옵션

가격 간에 상관관계가 존재하는 두 자산에 기초한 아메리칸옵션을 평가하는 문제는 수치화 절차와 관련된 문제 중 다루기 어려운 문제 중 하나이다. 여기서는 이 문제를 다룰 수 있는 세 가지 기법에 대하여 소개하기로 한다.

변수 변환기법

두 변수가 상관관계가 없는 경우에는 두 변수의 변동을 나타내기 위해 3차원의 다항과정을 구성하는 것은 상대적으로 쉬운 작업이다. 그 과정은 다음과 같다. 우선 각 변수에 대한 2차원 의 다항과정을 구성한 다음 두 다항과정을 하나의 3차원 다항과정으로 통합한다. 이때 3차원 다항과정상의 가지들에서 확률은 2차원 다항과정 상의 대응하는 확률들의 곱에 의하여 계산 한다. 예를 들어 두 변수를 주가 S_1, S_2라고 가정할 때 각 주가를 콕스-잉거솔-로스의 이항과 정에 의하여 나타낸다고 하자. 또한 S_1은 u1의 비율만큼 상승 확률이 p_1, d_1의 비율만큼 하락 확률이 1 - p_1이고, S_2은 u_2의 비율만큼 상승 확률이 p_2, d_2의 비율만큼 하락 확률이 $1 - p_2$ 라고 가정해보자. 이 경우 3차원 이항과정의 각 점에서는 4개의 가지들이 존재하게 되는데 각 확률은 다음과 같다.

$p_1 p_2$: S_1도 증가하고, S_2도 증가할 확률
$p_1(1 - p_2)$: S_1은 증가하고, S_2는 감소할 확률
$(1 - p_1)p_2$: S_1은 감소하고, S_2는 증가할 확률
$(1 - p_1)(1 - p_2)$: S_1도 감소하고, S_2도 감소할 확률

그러면 S_1, S_2가 상관관계가 있는 경우에는 어떻게 될까? 이에 대해 알아보기 위해 우선 다음 과 같이 위험중립 확률과정을 가정하기로 한다.

$$dS_1 = (r - q_1)S_1\,dt + \sigma_1 S_1\,dz_1$$
$$dS_2 = (r - q_2)S_2\,dt + \sigma_2 S_2\,dz_2$$

단, 위너과정 dz_1, dz_2 간의 순간 상관계수는 ρ라고 하자. 그런데 위 식은 다음을 의미한다.

$$d\ln S_1 = (r - q_1 - \sigma_1^2/2)\,dt + \sigma_1\,dz_1$$
$$d\ln S_2 = (r - q_2 - \sigma_2^2/2)\,dt + \sigma_2\,dz_2$$

이제 다음과 같이 상관관계가 없는 두 개의 새로운 변수 x_1, x_2를 정의해보자.[24]

$$x_1 = \sigma_2 \ln S_1 + \sigma_1 \ln S_2$$
$$x_2 = \sigma_2 \ln S_1 - \sigma_1 \ln S_2$$

이제 이 변수들의 확률과정은 다음과 같게 된다.

$$dx_1 = [\sigma_2(r - q_1 - \sigma_1^2/2) + \sigma_1(r - q_2 - \sigma_2^2/2)]\,dt + \sigma_1\sigma_2\sqrt{2(1+\rho)}\,dz_A$$
$$dx_2 = [\sigma_2(r - q_1 - \sigma_1^2/2) - \sigma_1(r - q_2 - \sigma_2^2/2)]\,dt + \sigma_1\sigma_2\sqrt{2(1-\rho)}\,dz_B$$

24 J. Hull and A. White, "Valuing Derivative Securities Using the Explicit Finite Difference Method," *Journal of Financial and Quantitative Analysis*, 25 (1990): 87–100.

여기서 dz_A, dz_B는 상관관계가 없는 위너과정을 나타낸다.

위와 같이 정의한 두 변수 x_1, x_2는 별도의 두 이항과정을 이용하여 모형화할 수 있다. 이때 시점 Δt에서 x_i가 h_i만큼 상승할 확률은 p_i, h_i만큼 하락할 확률은 $1 - p_i$가 되는 것으로 설정 한다. 단, 이때 변수 h_i를 적절히 선택하여 x_1, x_2의 1, 2차 적률값이 일치되도록 해야 한다. 그 런데 x_1, x_2는 상관관계가 없으므로 앞에서 설명한 바와 같이 각각의 이항과정을 통합하면 하 나의 3차원 이항과정이 구성된다. 이제 이항과정 상의 각 점에서 S_1, S_2의 값은 다음과 같은 역함수 관계를 이용하여 x_1, x_2으로부터 계산할 수 있다.

$$S_1 = \exp\left[\frac{x_1 + x_2}{2\sigma_2}\right] \quad \text{and} \quad S_2 = \exp\left[\frac{x_1 - x_2}{2\sigma_1}\right]$$

옵션가격 계산을 위해 3차원 이항과정에서 역행계산을 하는 과정은 2차원 이항과정의 경우와 비슷하다.

비직사각 형태의 다항과정을 이용하는 방법

루빈스타인은 3차원 과정의 각 점들을 비직사각 형태로 배열함으로써 상관관계가 있는 두 변 수의 3차원 다항과정을 구성하는 방법을 제시하였다.[26] 그는 처음 자산의 주가가 S_1이고, 둘째 자산의 주가가 S_2인 경우 점 (S_1, S_2)로부터 다음의 각 점으로 이동할 확률은 각각 0.25라 고 가정하였다.

$$(S_1u_1, S_2A), \quad (S_1u_1, S_2B), \quad (S_1d_1, S_2C), \quad (S_1d_1, S_2D)$$

단,

$$u_1 = \exp[(r - q_1 - \sigma_1^2/2)\,\Delta t + \sigma_1\sqrt{\Delta t}\,]$$

$$d_1 = \exp[(r - q_1 - \sigma_1^2/2)\,\Delta t - \sigma_1\sqrt{\Delta t}\,]$$

이때 위의 결과에 사용된 각 모수는 다음과 같이 정의된다.

$$A = \exp[(r - q_2 - \sigma_2^2/2)\Delta t + \sigma_2\sqrt{\Delta t}\,(\rho + \sqrt{1 - \rho^2}\,)]$$

$$B = \exp[(r - q_2 - \sigma_2^2/2)\Delta t + \sigma_2\sqrt{\Delta t}\,(\rho - \sqrt{1 - \rho^2}\,)]$$

$$C = \exp[(r - q_2 - \sigma_2^2/2)\Delta t - \sigma_2\sqrt{\Delta t}\,(\rho - \sqrt{1 - \rho^2}\,)]$$

$$D = \exp[(r - q_2 - \sigma_2^2/2)\Delta t - \sigma_2\sqrt{\Delta t}\,(\rho + \sqrt{1 - \rho^2}\,)]$$

그런데 상관계수가 0인 경우에는 루빈스타인의 기법은 21장 4절에서 소개한 이항과정 구성 기법을 이용하여 S_1, S_2에 대한 각각의 이항과정을 구성하는 것과 같은 결과가 된다.

---

25 M. Rubinstein, "Return to Oz," *Risk*, November (1994): 67–70.

표 27.2 상관관계가 없는 경우 이항과정의 통합.

	S_1의 변화	
S_2의 변화	하락	증가
증가	0.25	0.25
하락	0.25	0.25

표 27.3 상관관계가 있는 경우 이항과정의 통합.

	S_1의 변화	
S_2의 변화	하락	증가
증가	$0.25(1-\rho)$	$0.25(1+\rho)$
하락	$0.25(1+\rho)$	$0.25(1-\rho)$

확률을 조정하는 방법

S_1, S_2에 대한 3차원 다항과정을 구성하는 세 번째 방법은 우선 상관관계가 없음을 가정한 다 음 각 점에서 상관관계를 반영하여 확률을 조정하는 방법이다.[26] 이때는 21장 4절에서 소개 한 이항과정 구성 기법을 이용하여 S_1, S_2에 대한 이항과정을 구성한다. 이러한 방법은 모든 확률이 0.5가 된다는 특성을 갖는다. 상관관계가 없다는 가정 하에 두 이항과정을 통합하면 각 확률은 [표 27.2]에 표시한 바와 같게 된다. 만약 상관관계를 반영하여 확률을 조정하면 그 결과는 [표 27.3]에 나타난 바와 같게 된다.

27.8 몬테카를로 시뮬레이션과 아메리칸옵션

몬테카를로 시뮬레이션은 경로의존적 옵션의 가치평가와 확률적 변수가 여러 개인 경우의 옵 션가치평가에 적절한 방법이다. 반면에 다항분포 모형과 유한차분법은 아메리칸옵션의 가치 평가에 적절한 모형이라고 할 수 있다. 그런데 어떤 옵션이 경로의존적인 아메리칸옵션이라 면 어떤 방법이 좋을까? 또 어떤 옵션이 확률적 변수가 여러 개인 아메리칸옵션이라면 어떤 방법이 좋을까? 본 장 5절에서 경로의존적 옵션의 가치평가를 위해서 이항분포 모형을 수정 할 수 있는 방법에 대하여 알아보았다. 반면 여러 학자들이 이와는 다른 접근방법으로, 몬테카 를로 시뮬레이션을 통하여 아메리칸옵션의 가치를 평가하는 방법에 대하여 모색하였다.[27] 여 기서는 이와 같은 방법 중 두 가지를 소개하기로 한다.

26 이 방법은 이자율 다항과정을 구성하기 위한 목적으로 다음 논문에서 제안되었다. J. Hull and A. White, "Numerical Procedures for Implementing Term Structure Models II: Two-Factor Models," *Journal of Derivatives, Winter* (1994): 37–48.

27 틸리(Tilley)는 이 문제에 대한 해결 방안을 제시한 최초의 학자이다. J. A. Tilley, "Valuing American Options in a Path Simulation Model" *Transactions of the Society of Actuaries*, 45 (1993): 83–104.

최소자승법

아메리칸옵션의 가치를 평가하기 위해서는 행사 가능시점에서 옵션을 조기행사할 것인지, 유 지할 것인지를 결정해야 한다. 보통 조기옵션 행사 시의 가치는 쉽게 결정할 수 있지만 옵션을 유지하는 경우의 가치는 그렇지 않다. 옵션 평가에 몬테카를로 시뮬레이션을 이용할 때 옵션을 유지하는 경우의 가치를 결정하는 방법에 대해서는 롱스태프-슈워츠(Longstaff and Schwartz) 를 포함하여 많은 학자가 해결방법을 제시하였다.[28] 롱스태프-슈워츠의 기법은 조기행사에 대 한 의사결정을 해야 하는 각 시점에서 옵션 유지 시의 가치와 관련 변수값들 사이에 존재하는 최적의 관계를 결정하는 최소자승법을 이용하는 방법이다. 이 방법은 예를 들어 설명하는 것이 가장 좋은데 여기서는 롱스태프–슈워츠의 논문에서 사용된 예를 이용하기로 한다.

1년차, 2년차, 3년차 말에 행사가 가능한 무배당주식에 대한 3년 만기 아메리칸풋옵션이 있다고 해보자. 무위험이자율은 (연속복리 기준으로) 연 6%라고 하자. 현재 주가는 1.00, 행 사가격은 1.10이라고 하자. 또한 주가에 대하여 8개의 표본경로를 [표 27.4]에서와 같이 추출 하였다고 가정해보자(이 예는 단지 이해를 돕기 위한 것이다. 실제로는 더 많은 표본경로를 추출해야 한다). 만약 3년차 말에서만 옵션을 행사할 수 있다면 옵션은 그 시점에서의 내재가 치에 해당하는 현금흐름을 제공하게 되는데 이 값은 [표 27.5]의 마지마 열에 표시되어 있다.

만약 2년차 말에 풋옵션이 내가격상태에 있다면 옵션보유자는 행사 여부를 결정해야만 한 다. [표 27.4]을 보면 2년차 말 시점에서 옵션은 경로 1, 3, 4, 6, 7에서 내가격임을 알 수 있다. 이제 이 경로들에 대하여 다음과 같은 개략적인 관계식을 가정한다.

$$V = a + bS + cS^2$$

여기서 S는 2년차 말에서의 주가이고, V는 옵션 유지 시의 가치를 2년차 말 시점으로 할인한 값을 의미한다. 2년차 말 시점에서 경로 1, 3, 4, 6, 7 상의 주가는 각각 1.08, 10.7, 0.97, 0.77, 0.84이다. [표 27.5]를

표 27.4 풋옵션 사례에 대한 표본경로.

경로	$t=0$	$t=1$	$t=2$	$t=3$
1	1.00	1.09	1.08	1.34
2	1.00	1.16	1.26	1.54
3	1.00	1.22	1.07	1.03
4	1.00	0.93	0.97	0.92
5	1.00	1.11	1.56	1.52
6	1.00	0.76	0.77	0.90
7	1.00	0.92	0.84	1.01
8	1.00	0.88	1.22	1.34

28 F. A. Longstaff and E. S. Schwartz, "Valuing American Options by Simulation: A Simple Least-Squares Approach," Review of Financial Studies, 14, 1 (Spring 2001): 113–47.

표 27.5 3년차 말에서만 행사할 경우 현금흐름.

경로	$t=1$	$t=2$	$t=3$
1	0.00	0.00	0.00
2	0.00	0.00	0.00
3	0.00	0.00	0.07
4	0.00	0.00	0.18
5	0.00	0.00	0.00
6	0.00	0.00	0.20
7	0.00	0.00	0.09
8	0.00	0.00	0.00

보면 이들 주가에 대응하는 V의 값은 각각 0.00, $0.07e^{-0.06\times1}$, $0.18e^{-0.06\times1}$, $0.20e^{-0.06\times1}$, $0.09e^{-0.06\times1}$이라는 것을 알 수 있다. 이제 이 값들을 이용하여 다음 식을 최소화시키는 a, b, c의 값을 계산한다.

$$\sum_{i=1}^{5}(V_i - a - bS_i - cS_i^2)^2$$

여기서 S_i, V_i는 각각 S, V의 i번째 표본값이다. 계산 결과는 a = -1.070, b = 2.983, c = -1.813이 되고 따라서 최적 관계식은 다음과 같다.

$$V = -1.070 + 2.983S - 1.813S^2$$

이 식을 이용하면 경로 1, 3, 4, 6, 7에서 옵션 유지 시의 가치는 2년차 말 시점에서 각각 0.0369, 0.0461, 0.1176, 0.1520, 0.1565가 된다. [표 27.4]에 의하면 행사 시의 가치가 0.02, 0.03, 0.13, 0.33, 0.26이 되는 것을알수 있는데, 이것은 2년차 말에서는 경로 4, 6, 7에서 옵 션을 행사해야만 한다는 것을 의미한다. [표 27.6]에는 2년차 말이나 3년차 말에서 옵션을 행 사할 수 있다고 가정할 경우 8개의 경로에 대한 현

표 27.6 2년차 말과 3년차 말에서 행사할 경우 현금흐름.

경로	$t=1$	$t=2$	$t=3$
1	0.00	0.00	0.00
2	0.00	0.00	0.00
3	0.00	0.00	0.07
4	0.00	0.13	0.00
5	0.00	0.00	0.00
6	0.00	0.33	0.00
7	0.00	0.26	0.00
8	0.00	0.00	0.00

표 27.7 옵션의 현금흐름.

경로	$t=1$	$t=2$	$t=3$
1	0.00	0.00	0.00
2	0.00	0.00	0.00
3	0.00	0.00	0.07
4	0.17	0.00	0.00
5	0.00	0.00	0.00
6	0.34	0.00	0.00
7	0.18	0.00	0.00
8	0.22	0.00	0.00

금흐름을 요약해 놓았다.

다음으로는 1년차 말에서 옵션이 내가격인 경로 1, 4, 6, 7, 8을 고려해보자. [표 27.4]을 보면 이 경로 상의 주가는 1.09, 0.93, 0.76, 0.92, 0.88이고, [표 27.6]에 의해 옵션 유지시의 가치를 $t=1$ 시점으로 할인한 값은 각각 0.00, $0.13e^{-0.06\times 1}$, $0.33e^{-0.06\times 1}$, $0.26e^{-0.06\times 1}$, 0.00임을 알 수 있다. 따라서 최소자승 관계식은 다음과 같다.

$$V = 2.038 - 3.335S + 1.356S^2$$

이 식을 이용하면 경로 1, 4, 6, 7, 8에서 옵션 유지 시의 가치는 1년차 말 시점에서 각각 0.0139, 0.1092, 0.2866, 0.1175, 0.1533이 된다. [표 27.4]에 의하여 행사 시의 가치가 0.01, 0.17, 0.34, 0.18, 0.22가 되는 것을알수 있는데, 이것은 1년차 말에서는 경로 4, 6, 7, 8에서 옵션을 행사해야 한다는 것을 의미한다. [표 27.7]에는 1, 2, 3년차 말 모두에서 옵션을 행사할 수 있다고 가정할 경우 8개의 경로에 대한 현금흐름을 요약해놓았다. 이제 옵션가격은 각 현 금흐름을 무위험이자율로 현재시점으로 할인하고 그 결과들의 평균을 계산하여 되는데 그 결 과는 다음과 같다.

$$\tfrac{1}{8}(0.07e^{-0.06\times 3} + 0.17e^{-0.06\times 1} + 0.34e^{-0.06\times 1} + 0.18e^{-0.06\times 1} + 0.22e^{-0.06\times 1}) = 0.1144$$

그런데이 값이 0.10보다 크므로 옵션을 즉시 행사하는 것은 최적의 결정이 아니라는 것을 알 수 있다.

한편, 이 기법은 여러 가지 경우로 확장시킬 수 있다. 만약 옵션이 언제라도 행사할 수 있는 옵션이라면(이항과정에서처럼) 많은 숫자의 행사 시점을 고려함으로써 옵션가치의 근사값을 계산할 수 있다. 또한, V, S_i 간의 관계를 좀 더 복잡한 형태로 가정할 수 있는데, 예를 들어서 V가 S의 2차함수가 아니라 3차함수라고 가정할 수도 있다는 것이다. 조기행사가 여러 개의 확률적 변수에 따라 결정되는 경우에도 앞에서 소개한 예에서와 같은 방법을 그대로 적용할 수 있다. 즉, V와 확률적 변수들 간에 함수관계를 가정하고 최소자승법을 이용하여 함수관계 의 모수를 추정하면 된다.

행사경계 모수화 기법

앤더슨(Andersen)을 포함한 많은 학자는 조기행사의 경계를 모수화하고 옵션만기 시점에서 시 작하여 역행계산을 통하여 모수의 최적값을 결정하는 대안을 제시하였다.[29] 이 방법을 설명하기 위해 앞에서 소개한 풋옵션의 예를 계속 이용하기로 하고 [표 27.4]의 8개 경로가 추출되었 다고 해보자. 이와 같은 경우, 시점 t에서 조기행사 경계를 S의 임계값인 $S^*(t)$에 의해 모수화시 킬수 있다. 시점 t에서 주가가 $S^*(t)$보다 낮으면 옵션을 행사하고, 주가가 $S^*(t)$보다 높으면 행사 하지 않는다. 예를 들어 $S^*(3)$의 값은 1.10이다. 따라서 $t=3$인 경우 주가가 1.10보다 크면 옵션 을 행사하지 않지만 1.10보다 작으면 옵션을 행사한다. 다음에는 $S^*(2)$의 값을 결정해야 한다.

만약 $S^*(2)$의 값이 0.77보다 작다고 가정해보자. 그러면 2년차 말 시점에서는 어떤 경로에 서도 옵션이 행사되지 않게 된다. 이때 8개 경로 상의 2년차 말 시점에서의 옵션가치는 각각 0.00, 0.00, $0.07e^{-0.06\times1}$, $0.18e^{-0.06\times1}$, 0.00, $0.20e^{-0.06\times1}$, $0.09e^{-0.06\times1}$, 0.00이 된다. 이 값들의 평균은 0.0636이다. 다음으로 $S^*(2)=0.77$이라고 해보자. 이때 8개 경로 상의 2년차말시 점에서의 옵션가치는 각각 0.00, 0.00, $0.07e^{-0.06\times1}$, $0.18e^{-0.06\times1}$, 0.00, 0.33, $0.09e^{-0.06\times1}$, 0.00이 된다. 이 값들의 평균은 0.0813이다. 마찬가지로 $S^*(2)$의 값이 0.84, 0.97, 1.07, 1.08인 경우 2년차 말에서 옵션의 평균가치는 각각 0.1032, 0.0982, 0.0938, 0.0963이 된다. 이상의 분석결과는 $S^*(2)$의 최적값(즉 옵션의 평균가치를 최대화시켜주는 값)이 0.84가 됨을 보여준 다(더 정확하게는 $0.84 \leqslant S^*(2) < 0.97$)이 되도록 하는 것이 최적이다). 만약 0.84가 $S^*(2)$의 최적값이라면 8개 경로 상의 2년차 말 시점에서의 옵션가치는 각각 0.00, 0.00, 0.0659, 0.1695, 0.00, 0.33, 0.26, 0.00이 되고 평균값은 0.1032가 된다.

다음으로는 $S^*(1)$를 계산해야 한다. 만 $S^*(1)$의 값이 0.76보다 작다고 가정하면 1년차 말 시점에서는 어떤 경로에서도 옵션을 행사하지 않게 되고 1년차 말 시점에서 옵션가치는 $0.1032e^{\ 0.06\times1}=0.0972$가 된다. 만 $S^*(1)=0.76$이면 8개 경로 상의 1년차 말 시점에서의 옵 션가치는 각각 0.00, 0.00, $0.0659e^{-0.06\times1}$, $0.1695e^{-0.06\times1}$, 0.0, 0.34, $0.26e^{-0.06\times1}$, 0.00이다. 이 값들의 평균은 0.1008이 된다. 마찬가지로 S*(1)의 값이 0.88, 0.92, 0.93, 1.09인 경우 2년차 말에서 옵션의 평균가치는 각각 0.1283, 0.1202, 0.1215, 0.1228이 된다. 따라서 $S^*(1)$의 최적값(즉 옵션의 평균가치를 최대화시켜주는 값)은 0.88이 됨을 보여준다[더 정확하게는 $0.88 \leqslant S^*(1) < 0.92$이 되도록 하는 것이 최적이다]. 시점 0에서 조기행사하지 않은 경우 옵션가치는 $0.1283e^{-0.06\times1}=0.1208$이 되는데 이 값은 시점 0에서 조기행사 시의 가치 0.10보다 큰 값이다.

실무에서는 위에서 설명한 방법으로 조기행사 경계를 결정하기 위해서 수만 번의 시뮬레 이션을 수행한다. 조기행사의 경계를 계산한 후에는 이를 계산하는 데 이용한 경로들은 폐기 하고 계산된 행사경계를 이용하여 새로운 시뮬레이션을 수행함으로써 옵션의 가치를 평가하 게 된다. 앞에서 설명한 풋옵션의 예는 임의의 시점에서의 행사 경계가 그 시점에서의 주가에 의해서 완전하게 정의되는 간단한 경우이다. 이보다 복잡한 경우에는 행사 경계를 모수화시키는 방법에 대한 가정을 할 필요가 있다.

---

29 L. Andersen, "A Simple Approach to the Pricing of Bermudan Swaptions in the Multifactor LIBOR Market Model," *Journal of Computational Finance*, 3, 2 (Winter 2000):1–32.

옵션가격의 상한선

지금까지 설명한 두 가지 기법은 차선의 행사 경계를 가정하고 있기 때문에 아메리칸옵션의 가치를 과소평가하는 경향이 있다. 이러한 문제점을 해결하기 위하여 앤더슨-브로디(Ander- sen and Broadie)는 옵션가격의 상한선을 제시하는 기법을 제안하였다.[30] 이 기법을 옵션가격에 대한 하한선을 생성하는 임의의 알고리듬과 함께 사용하면 하한선을 생성하는 알고리듬만 을 사용하는 경우보다 더 정확하게 아메리칸옵션의 진정한 가치를 정밀 계산할 수 있게 된다.

요약

본 장에서는 실제 시장에서 관찰되는 변동성 미소를 반영하기 위해서 개발된 많은 모형에 대 하여 소개하였다. 이중 CEV 모형이 내포하는 변동성은 주식옵션의 경우 관찰되는 변동성 미 소와 유사하며 점프확산 모형이 내포하는 변동성은 통화옵션의 경우 관찰되는 변동성 미소와 유사하다. 한편 분산 감마 모형과 확률적 변동성 모형은 주식옵션의 변동성 미소나 통화옵션 의 변동성 미소와 유사한 변동성을 내포하게 할 수 있다는 점에서 보다 탄력적인 모형이라고 할수 있다. IVF 모형은 확률적 변동성 모형보다 더욱 탄력적인 모형인데 시장에서 관찰되는 어떤 패턴의 유러피언옵션 가격과도 일치하도록 설계할 수 있기 때문이다.

경로의존적 옵션의 가치평가에 이용할 수 있는 자연스러운 기법은 몬테카를로 시뮬레이션 이라고 할 수 있다. 그러나 이 방법은 연산 시간이 오래 걸리고 또한 아메리칸옵션을 다루기 쉽지 않다는 단점을 갖고 있다. 26장에서는 다항과정을 이용하여 여러 가지 형태의 아메리칸 옵션을 평가할 수 있는 방법을 소개하였다. 이때는 다항과정 상의 각 점에서 기초자산의 경로 함수의 대표값들을 선택하고 다항과정을 역행해가면서 각 경로함수값에 대응하는 파생상품 가치를 계산해가게 된다.

한편 이항 모형을 확장하면 전환사채의 가치를 평가할 수 있다. 이때는 일반적인 이항과정에 채무불이행 발생 시의 주가를 나타내는 가지를 추가하면 된다. 그 다음 역행 계산시 채권 보유 자의 전환권과 채권 발행기업의 수의상환권을 고려하여 전환사채의 가치를 계산하면 된다.

다항과정은 여러 유형의 장애물옵션 평가에도 이용할 수 있지만 기간 수를 증가시키더라 도 정확한 값으로 수렴하는 속도가 매우 느리다는 단점이 있다. 이를 개선하기 위해 본 장에 서 소개한 세 가지 방법 중 하나는 다항과정 상의 점들이 장애물가격 상에 놓이도록 다항과정 의 형태를 배열하는 것이다. 또 다른 방법은 다항과정이 가정하는 장애물가격이 실제와 다르 다는 점을 조정하기 위해서 보간법을 이용하는 것이다. 마지막 방법은 장애물가격 근처에서 기초자산가격의 움직임을 세밀하게 고려할 수 있도록 다항과정을 설계하는 방법이다.

자산가격 사이에 상관관계가 있는 두 자산에 기초한 옵션을 평가하는 방법 중 하나는 자산 가격을 변환시켜 이로부터 상관관계가 없는 새로운 변수를 만들어내는 방법이다. 즉 새로운 변수들에 대하여 각각의 다항과정을 구성하고 이를 결합하여 3차원의 다항과정을 구성한 후 각 점에서 역함수 변환을 통하여 자산가격을 계산해내는 것이다. 이렇게 계산된 자산가격을 기초로 각 점에서 파생상품가치를 계

---

30 L. Andersen and M. Broadie, "A Primal-Dual Algorithm for Pricing Multi-Dimensional American Options," *Management Science*, 50, 9 (2004): 1222–34.

산하고 역행과정을 통하여 옵션가치를 계산하면 된다. 둘째 방법은 3차원 다항과정 상의 점들의 위치를 조정하여 상관관계를 반영하도록 하는 방법 이다. 마지막으로 소개한 방법은 상관관계가 없다고 가정하여 다항과정을 구성하고 다항과정 상의 확률들을 조정하여 상관관계를 반영하는 방법이다.

본래 몬테카를로 시뮬레이션은 아메리칸옵션을 평가하는 데 적절치는 않지만 이러한 목적 에 적합하도록 시뮬레이션과정을 조정할 수 있는 두 가지 방법에 대해 소개하였다. 첫번째 방 법은 최소자승법을 이용하여 옵션 유지 시(즉 행사하지 않는 경우)의 옵션가치와 관련 변수값 사이에 존재하는 최적의 관계를 모색하는 방법이다. 둘째 방법은 조기행사 경계를 모수화한 후 옵션만기로부터 현재 시점까지 역행하여 반복적으로 이 모수의 최적값을 계산해 나감으로 써 옵션가치를 평가하는 방법이다.

참고문헌

Andersen, L., "A Simple Approach to the Pricing of Burmudan Swaptions in the Multifactor LIBOR Market Model," *Journal of Computational Finance*, 3, 2 (Winter 2000): 1–32.

Andersen, L. B. G., and R. Brotherton-Ratcliffe, "The Equity Option Volatility Smile: An Implicit Finite Difference Approach," *Journal of Computational Finance*, 1, 2 (Winter 1997/98): 3–37.

Bedurtha, J. N., and M. Jermakyan,"Non-Parametric Estimation of an Implied Volatility Surface," *Journal of Computational Fiance*, 2, 4 (Summer 1999): 29–61.

Boyle, P. P., and S. H. Lau, "Bumping Up Against the Barrier with the Binomial Method," *Journal of Derivatives*, 1, 4 (Summer 1994): 6–14.

Cox, J. C., and S. A. Ross, "The Valuation of Options for Alternative Stochastic Process," *Journal of Financial Economics*, 3 (March 1976): 145–66.

Derman, E., and I. Kani, "Riding on a Smile," *Risk*, February (1994): 32–39.

Duan, J.-C., "The GARCH Option Pricing Model," *Mathematical Finance*, 5 (1995): 13–32.

Duan, J.-C., "Cracking the Smile," *Risk*, December (1996): 55–59.

Dupire, B., "Pricing with a Smile," *Risk*, February (1994): 18–20.

Figlewski, S., and B. Gao, "The Adaptive Mesh Model: A New Approach to Efficient Option Pricing," *Journal of Financial Economics*, 53 (1999): 313–51.

Hagan, P., D. Kumar, A. Lesniewski, and D. Woodward, "*Managing Smile Risk*," Wilmott, September 2002: 84-108. Also www.math.ku.dk/~rolf/SABR.pdf

Heston, S. L., "A Closed Form Solution for Options with Stochastic Volatility with Applications to Bonds and Currency Options," *Review of Financial Studies*, 6, 2 (1993): 327–43.

Hull, J., and A. White, "Efficient Procedures for Valuing European and American Path-Dependent Options," *Journal of Derivatives*, 1, 1 (Fall 1993): 21–31.

Hull, J. C., and A. White, "The Pricing of Options on Assets with Stochastic Volatilities," *Journal of Finance*, 42 (June 1987): 281–300.

Hull, J. C. and W. Suo, "A Methodology for the Assessment of Model Risk and its Application to the

Implied Volatility Function Model," *Journal of Financial and Quantitative Analysis*, 37, 2 (June 2002): 297–318.

Longstaff, F. A., and E. S. Schwartz, "Valuing American Options by Simulation: A Simple Least- Squares Approach," *Review of Financial Studies*, 14, 1 (Spring 2001): 113–47.

Madan, D. B., P. P. Carr, and E. C. Chang, "The Variance-Gamma Process and Option Pricing," *European Finance Review*, 2 (1988): 7–105.

Merton, R, C., "Option Pricing When Underlying Stock Returns Are Discontinuous," *Journal of Financial Economics*, 3 (March 1976): 125–44.

Milanov, K., O. Kounchev, K. F. Fabozzi, S. Kim, and S. T. Rachev, "A Binomial Tree Model for Convertible Bond Pricing," 22, 3 (Winter 2013): 79-94.

Rebonato, R., "*Volatility and Correlation: The Perfect Hedger and the Fox.*" 2nd edn, Chichester: Wiley, 2004.

Ritchken, P, and R. Trevor, "Pricing Options Under Generalized GARCH and Stochastic Volatility Processes," *Journal of Finance* 54, 1 (February 1999): 377–402.

Rubinstein, M., "Implied Binomial Trees," *Journal of Finance*, 49, 3 (July 1994): 771–818.

Rubinstein, M., " Return to Oz," *Risk*, November (1994): 67–70.

Stutzer, M., "A Simple Nonparametric Approach to Derivative Security Valuation," *Journal of Finance*, 51 (December 1996): 1633–52.

Tilley, J. A., "Valuing American Options in a Path Simulation Model," *Transaction of the Society of Actuaries*, 45 (1993): 83–104.

연습문제

27.1. CEV 모형이 풋-콜 패리티를 만족시킴을 증명하라.

27.2. r=5%, q=0, λ=0.3, k=50%, σ =25%, S_0 =30, K=30, s=50%, T=1일 때 머튼의 점프-확산 혼합 모형에서 유러피안콜옵션의 가격은 얼마인가? 가격을 확인하기 위해 DerivaGem을 사용하라.

27.3. 점프 크기가 대수정규분포를 하는 경우 머턴의 점프확산 모형이 풋-콜 패리티를 만족시킴을 증명하라.

27.4. 어떤 자산의 변동성이 시점 0에서 6개월 간은 20%, 다음 6개월 간은 22%, 다음 12개월 간은 24%라고 해보자. 만기 2년짜리 옵션 평가를 위해 블랙-숄즈-머튼 모형을 이용한다면 어떤 변동성을 이용해야 하는가?

27.5. 점프가 발생하면 자산가격이 항상 0이 되는 머턴의 점프확산 모형을 고려해보기로 하자. 연간 평균점프 횟수는 λ라고 가정해보자. 이때 유러피언콜옵션의 가치는 무위험이자율이 r이 아니 라 $r+\lambda$라는 점을 제외하면 점프가 없는 경우의 가치와 같다는 것을 보여라. 이러한 경우 점 프의 발생 가능성은 콜옵션의 가치를 증가시키는가, 감소시키는가(힌트: 점프가 없는 경우와 점프가 한두 번 정도 발생하는 경우를 가정하고 가치평가를 해보라. 단, T기간 동안 점프가 없 을 가능성은 $e^{-\lambda T}$이다)?

27.6. 시점 0에서 무배당주식의 가격은 S_0 이다. 시점 0과 시점 T사이의 기간을 t_1, t_2의 소구간으로 나눈다고 가정해보자. t_1의 기간 동안 무위험이자율과 변동성은 각각 r_1, σ_1이라고 한다. t_2의 기간 동안 무위험이자율과 변동성은 각각 r_2, σ_2이라고 한다. 단, 위험중립 세계를 가정한다.

(a)14장의 결과를 이용하여 시점 T에서의 주가를 r_1, r_2, σ_1, σ_2, t_1, t_2와 S_0를 이용하여 표현하여 보시오.

(b) $\bar{r}$를 시점 0과 시점 T사이 기간 동안의 평균 이자율이라 하고 $\bar{V}$를 같은 기간 동안의 평균 분산율이라고 해보자. T의 함수로서의 주가 분포를 $\bar{r}$, $\bar{V}$, T, S_0를 이용하여 밝혀라.

(c)만약 소구간을 세 구간으로 나누고 구간마다 이자율과 변동성이 다르다면 (a)와 (b)의 결과 는 어떻게 달라지겠는가?

(d)무위험이자율 r과 변동성 σ가 시간의 함수이라면 시점 T에서의 주가 분포는 위험중립 세계에서 다음과 같음을 보여라.

단, $\bar{r}$은 r의 평균값이고, $\bar{V}$는 σ_2의 평균값, S_0는 현재 주가, $\phi(m, v)$는 평균 m분산 v인 정규분포를 의미한다.

27.7. 식 (27.2)와 (27.3)의 확률적 변동성 모형에서 주가가 따르는 경로를 시뮬레이트하기 위한 식 들을 밝혀라.

27.8. "IVF 모형이 변동성 표면의 변동을 항상 바르게 설정해주지는 않는다."이러한 주장에 대하여 설명해보라.

27.9. "파생상품의 이득이 기초자산의 가치에 따라 단 한 번만 결정되는 어떠한 파생상품의 가치라도 IVF 모형에 의하여 가치를 정확하게 계산해낼 수 있다."이러한 주장에 대하여 설명해보라.

27.10. 초기 환율은 1.6, 무위험이자율은 연 5%, 외국통화 이자율은 연 8%, 환율 변동성은 15%, 잔존 만기는 18개월인 경우 통화옵션에 대한 아메리칸 룩백콜옵션의 가치평가를 위한 3단계 이항 과정을 이용해보라. 본장 5절에 소개된 방법을 이용하라.

27.11. 분산 감마 모형에서 모수 v가 0으로 수렴하게 되면 어떻게 되는가 ?

27.12. 주가 40달러, 행사가격 40달러, 무위험이자율 연 10%, 변동성 연 35%, 잔존만기가 3개월인 경 우 무배당주식가격의 기하평균에 대한 아메리칸풋옵션의 가치평가를 위해 3단계 이항과정을 이용하라. 단, 기하평균은 오늘부터 옵션만기까지 계산한다.

27.13. 본장 5절에서 소개한 경로의존적 옵션의 가치평가를 위한 기법을 $\max(S_{\text{ave}} - K, 0)$의 이득을 제공하는 2년 만기 아메리칸옵션에 이용할 수 있는가? 단, S_{ave}는 행사일 전 3개월 동안의 평균 자산가격이다. 당신의 풀이를 설명해보라.

27.14. [그림 27.4]의 6.492라는 옵션가격을 증명해보라.

27.15. 본 장 8절의 예제에서 고려한 바 있는 8개 경로에 대한 조기행사 결정에 대하여 고려해보자. 최소자승법 기법과 행사경계의 모수화 기법에 의한 조기행사 결정 간에는 어떤 차이가 있는가? 위의 경로를 이용하는 경우 어떤 기법이 높은 옵션가격을 계산해내는가?

27.16. 주가 100달러, 행사가격 110달러, 무위험이자율 연 5%, 잔존만기가 1년인 경우 무배당주식에 대한 유러피언풋옵션을 고려해보자. 옵션만기 동안 평균분산율은 0.06이 될 확률 0.2, 0.09가 될 확률 0.5, 0.12가 될 확률이 0.3이라고 해보자. 변동성은 주가와 상관관계가 없다고 한다. DerivaGem을 이용하여 옵션가치를 평가해보라.

27.17. 장애물 가격이 두 개인 경우 두 장애물 가격이 꼭지점에 위치하게 하려면 어떻게 다항과정을 설계하여야 하는가?

27.18. 잔존만기 동안 언제라도 주식 5주로 전환할 수 있는 만기 18개월, 액면가 100달러인 무이표채가 있다고 하여보자. 현재 주가는 20달러이고 배당금은 없으며 무위험이자율은 연속복리기준 으로 모든 만기에 대하여 6%, 주가의 변동성은 채무불이행이 일어나지 않는다는 조건 하에 연25%이다.위해율은 연 3%이고, 회수율은 35%라고 한 다. 채권수의 상환가격은 110달러이다. 3단계 다항과정을 이용하여 채권가치를 평가하여 보 라. 발행기업 수의 상환권가치를 제외한 전환권의 가치는 얼마인가?

과제물 문제

27.19. 주가지수에 대하여 신규로 발행된 유러피언 룩백콜옵션의 만기가 9개월이라고 해보자. 현재 주가지수는 400, 무위험이자율은 연 6%, 지수 배당수익률은 연 4%, 지수 변동성은 20%라고 한다. 본 장 5절의 방법을 이용하여 옵션가치를 평가해보고 분석적 평가 공식을 이용한 DerivaGem의 결과와 당신이 계산한 결과를 비교해보라.

27.20. www-2.rotman.utoronto.ca/~hull/TechnicalNotes의 Techninal Note 13는 룩백옵션의 가치평가를 위한 다른 접근법을 제공한다. 이 접근법을 이용해 [문제27.19]의 룩백옵션의 가치를 평가하라. 27장 5절의 방법과 똑같은 답을 제공함을 보여라.

27.21. 6개월 통화옵션의 가치평가를 위해 이용하는 변동성이 [표 20.2]에서와 같다고 해보자. 무위험 이자율과 외국 무위험이자율이 5%이고, 현재 환율은 1.00이라고 가정한다. 행사가격 1.05인 6 개월 콜옵션의 매수포지션과 행사가격 1.10인 6개월 풋옵션의 매도포지션으로 구성된 강세 스 프레드를 고려해보자.

(a)이 옵션의 가치는 얼마인가?

(b)두 옵션에 적용하는 경우 강세 스프레드의 정확한 가치를 계산해주는 변동성의 값은 얼마 인가(Goal Seek나 Solver를 함께 사용하여 DerivaGem Application을 활용하라)

(c)당신의 풀이는 본 장 전반부에서 제기된 바와 같이"이색옵션의 가치를 평가할 때 정확한 변동성을 사용하는 것은 직관에 반하는 것이다."라는 주장과 일치하는가?

(d)IVF 모형은 강세 스프레드에 대한 정확한 가치를 계산해주는가?

27.22. 본장 8절의 옵션이 행사가격 1.13인 풋옵션이라고 가정하고, 본장 8절에서와 같은 분석을 해 보라. 최소자승법과 행사경계의 모수화 기법을 모두 사용하라.

27.23. SABR 모형에서 $F_0 = 5$, $\beta = 0.5$, $\sigma_0 = 0.447$ (대수정규 변동성 20%와 동일), $T = 1$이라고 가정하자. (a) $\nu = 0.6$인 경우와 (b) $\nu = .12$인 경우에 대하여 변동성미소가 ρ를 따라 어떻게 변화하는지 보여라. ρ가 0.4, 0.2, 0, -0.2, -0.4 그리고 행사가격이 4.0, 4.5, 5.0, 5.5, 6.0인 경우를 고려하라.

27.24. 배당을 지급하지 않는 주식에 대한 유러피안 콜옵션의 잔존만기는 6새개월이며 행사가격은 100달러이다. 주가가 100달러이며 무위험이자율은 5%이다. DerivaGem을 이용해 다음의 질문에 답하라.

(a) 변동성이 30%인 경우 블랙-숄즈-머튼 옵션가격은 얼마인가?

(b) (a)에서 $\alpha = 0.5$인 경우 계산된 옵션의 가격과 동일한 가격을 가져다주는 CEV 변동성 모수는 어떻게 되는가?

(c) 머튼의 점프-확산 혼압 모형에서 평균 점프의 빈도가 연 1회, 평균 백분율 점프 크기는 2%, 1 더하기 백분율 점프 크기의 표준편는 20%이다. (a)에서 계산한 옵션의 가격과 동일한 가격을 가져다주는 과정의 확산부분의 변동성은 어떻게 되는가?

(d) 분산-감마 모형에서, θ =0이고 v =40%이다. (a)에서 계산한 옵션의 가격과 동일한 가격을 가져다주는 변동성의 값은 얼마인가?

(e) (b), (c), (d)에서 개발한 모형을 위해 행사가격이 80달러에서 120달러 사이인 유러피안콜옵션을 고려하여 변동성 미소를 계산하라. 미소가 암시하는 확률분포의 특성을 묘사하라.

27.25. ABC 기업은 액면가 100달러인 3년 만기 전환사채를 발행하였다. 이표는 매년 말 5달러가 지 급된다. 이 채권은 1년차 말과 2년차 말에 ABC 기업의 주식으로 전환이 가능하다고 한다. 1년 차 말에는 이표일 직후 주식 3.6주로 전환할 수 있다. 2년차 말에는 이표일 직후 주식 3.5주로 전환할 수 있다. 현재 주가는 25달러이고 주가변동성은 채무불이행이 없다는 조건 하에 25%이다.배당금은 없다고 가정한다. 무위험이자율은 연속복리 기준으로 연 5%이다. ABC 기업의 채권 수익률은 연속복리 기준으 로연 7%이고, 회수율은 30%라고 한다.

(a) 3단계 다항 모형을 이용하여 채권가격을 계산하여보라.

(b) 전환권의 가치는 얼마인가?

(c) 만약 채권이 첫 2년 동안에 115달러의 가격으로 수의상환이 가능하다면 채권 가격과 전환 권의 가치는 어떻게 달라지는가 ?

(d) 만약 6개월, 18개월, 30개월 후에 각각 1달러의 배당금이 예정되어 있다면 결과가 어떻게 달라지는가? 상세한 계산 결과는 제시하지 않아도 된다

(힌트: 식 (24.2)를 이용하여 평균 채무불이행 확률을 추정하여 보라).

27.26. 만약 채권으로부터 채무불이행이 일어났을 때 회수가 일어나지 않는다면, (a) 기대수익률과 할인율이 $r+\lambda$ 이며 (b) 채무불이행이 일어나지 않는다는 가정 하에 전환사채의 가치를 평가할 수 있음을 보여라.

CHAPTER 28

마팅게일과 측도

우리는 지금까지 옵션평가에 있어 이자율은 일정하다고 가정해왔다. 그러나 앞으로 29장에서 34장에 걸쳐 다루게 될 금리파생상품의 가치평가에서는 이러한 가정을 하지 않게 될 것이다.

지금까지 우리가 사용해온 위험중립 가치평가원칙은 (a) 기초자산의 기대수익률이 무위험 이자율과 같다는 가정 아래서 파생상품의 기대이득을 계산하고 (b) 그 기대이득을 무위험이 자율로 할인함으로써 파생상품의 가치평가가 이루어진다는 것을 의미한다. 이와 같은 위험중 립 가치평가는 이자율이 일정하다고 가정하는 경우에는 분명하고도 정확한 가치평가 도구가 된다. 하지만 이자율이 확률적인 경우는 덜 정확한 평가수단이 된다. 기초자산의 기대수익률 이 무위험이사율과 같다는 가정은 무슨 의미인가? 그것은 (a) 하루 동안 기대수익률이 항상 1 일 무위험이자율과 같다. (b) 1년 동안 기대수익률이 1년 무위험이자율과 같다. (c) 5년 동안 기대수익률이 기초 시점에서의 5년 무위험이자율과 같다는 것들 중 어떤 의미인가? 또 무위 험이자율로 할인한다는 것은 무슨 의미인가? 예를 들어 5년 후의 기대이득을 현재의 5년 무위험이자율로 할인할 수 있다는 것인가?

본 장에서는 우선 이자율이 확률적인 경우의 위험중립 가치평가의 이론적 토대에 대하여 설명하고 나서, 주어진 상황에 따라 다양한 형태의 위험중립 세계를 가정할 수 있다는 것에 대해 설명할 것이다. 이를 위해서 우선 시장위험가격이라는 모수에 대하여 정의하고, 짧은 기 간 동안 모든 유형의 파생상품에서 발생하는(무위험이자율에 대한) 초과수익률이 기초 변수 의 시장위험가격과 선형관계에 있음을 증명할 것이다. 또한, 우리가 전통적인 위험중립 세계 라고 부르는 상황에서는 시장위험가격이 0이지만, 어떤 경우에는 시장위험가격에 대하여 다 른 가정을 하는 것이 유용하다는 것에 대해서도 설명하게 될 것이다.

마팅게일(martingale)과 측도(measure)라는 개념들은 이러한 위험중립 가치평가를 확실 하게 이해하는 데 매우 중요한 개념들이다. 마팅게일이란 순간 평균항이 0인 확률과정이고 측 도란 증권의 가치를 평가하는 단위를 말한다. 본 장에서의 주요 분석 결과를 우리는 동등 마 팅게일 측도 결과(equivalent martingale measure result)라고 부를 것이다. 이것은 시장에서 거래되는 특정 증권의 가격을 측정단위로 이용할 경우, 모든 증권가격이 마팅게일을 따르게 되는 시장위험가격이 있다는 것을 의미한다.

본 장에서는 블랙 모형(18장 7절 참조)을 이자율이 확률적인 경우로 확장시키는 경우와 한 자산을 다른 자산으로 교환하는 옵션의 가치를 평가하는 경우에 있어 동등 마팅게일 측도 결 과가 얼마나 효과적인지를 보여주게 될 것이다. 앞으로 29장에서는 금리파생상품의 가치평가 를 위한 표준시장 모형에 동등 마팅게일 측도 결과를 응용하게 될 것이다. 또한 30장과 33장 에서는 동등 마팅게일 측도 결과를 각각 비표준형 파생상품의 가치평가와 리보시장 모형을 유도하는 데 응용할 예정이다.

28.1 시장위험가격

우선 하나의 상황변수 θ의 가치에 기초한 파생상품들의 특성에 대하여 고려해보자. 여기서 θ는 다음과 같은 과정을 따른다고 가정한다.

$$\frac{d\theta}{\theta} = m\,dt + s\,dz \tag{28.1}$$

단 dz는 위너과정을 의미한다. 위 식에서 모수인 m과 s는 각각 θ의 기대 성장률과 변동성을 의미하는데 이 모수들은 θ와 시간 t만의 함수라고 가정한다. 여기서 변수 θ는 반드시 어떤 투 자자산의 가격일 필요는 없다. 그것은 뉴올리언스 중심부의 기온과 같이 자본시장과는 전혀 상관없는 그 어떤 것이라도 상관없다.

이제 f_1과 f_2가 θ와 시간 t에만 기초한 두 파생상품의 가격을 나타낸다고 하자. 이 파생상품 들은 옵션일 수도 있고 미래의 일정 시점에서 θ의 함수 형태로 투자이득을 발생시키는 증권 일 수도 있다. 단, 해당 기간 동안 f_1과 f_2에는 중간소득이 없는 것으로 가정한다.[1]

이제 f_1과 f_2가 다음과 같은 확률과정을 따른다고 가정해보자.

$$\frac{df_1}{f_1} = \mu_1\,dt + \sigma_1\,dz$$

$$\frac{df_2}{f_2} = \mu_2\,dt + \sigma_2\,dz$$

단 $\mu_1, \mu_2, \sigma_1, \sigma_2$는 모두 θ와 시간 t의 함수이다. 또한"dz"는 f_1과 f_2의 가격에 내재된 유일한 불확실성 요인이기 때문에 식 (28.1)의"dz"와 동일한 위너과정이라야 한다.

15장 6절에서 설명한 블랙-숄즈 모형에서의 분석방법과 유사한 방법으로 가격 f_1과 f_2간의 관계를 분석할 수 있다. 우선 이 과정들을 이산과정으로 나타내면 다음과 같다.

$$\Delta f_1 = \mu_1 f_1\,\Delta t + \sigma_1 f_1\,\Delta z \tag{28.2}$$

$$\Delta f_2 = \mu_2 f_2\,\Delta t + \sigma_2 f_2\,\Delta z \tag{28.3}$$

이제 첫 번째 증권을 $\sigma_2 f_2$주, 두 번째 증권을 $-\sigma_1 f_1$ 주 매입함으로써 순간적 무위험 포트폴리 오를 구성하여 1항을 제거할 수 있다. 이러한 무위험 포트폴리오의 가치를 Π 라고 하면 다음 식이 성립한다.

$$\Pi = (\sigma_2 f_2) f_1 - (\sigma_1 f_1) f_2 \tag{28.4}$$

$$\Delta\Pi = \sigma_2 f_2\,\Delta f_1 - \sigma_1 f_1\,\Delta f_2$$

---

1 여기서의 분석 결과는 중간소득을 지급하는 파생상품의 경우에까지 확장시킬 수도 있다(연습문제 28.7 참조).

위의 식에 식 (28.2)와식 (28.3)을 대입하면 다음의 결과가 얻어진다.

$$\Delta\Pi = (\mu_1\sigma_2 f_1 f_2 - \mu_2\sigma_1 f_1 f_2)\Delta t \tag{28.5}$$

이 포트폴리오는 순간적으로 위험이 없으므로 수익률은 무위험이자율이라야 한다. 따라서 다음이 성립하게 된다.

$$\Delta\Pi = r\Pi\,\Delta t$$

식 (28.4)와식 (28.5)를 위의 결과에 대입하면

$$\mu_1\sigma_2 - \mu_2\sigma_1 = r\sigma_2 - r\sigma_1$$

또는

$$\frac{\mu_1 - r}{\sigma_1} = \frac{\mu_2 - r}{\sigma_2} \tag{28.6}$$

과 같은 관계가 성립하게 된다. 이때 식 (28.6)의 좌변은 f_1의 확률과정에 포함된 모수들의 값에 따라서만 달라지고, 우변은 f_2의 확률과정에 포함된 모수들의 값에 따라서만 달라지게 됨을 알수 있다. 이제 식 (28.6)의 양변의 값을 λ라고 정의하면 다음 식이 성립하게 된다.

$$\frac{\mu_1 - r}{\sigma_1} = \frac{\mu_2 - r}{\sigma_2} = \lambda$$

이제 앞에서의 식에서 첨자들을 제거하고, θ와 t에만 종속된 어떤 파생상품의 가격인 f가 다음과 같은 과정을 따른다고 해보자.

$$\frac{df}{f} = \mu\,dt + \sigma\,dz \tag{28.7}$$

그러면 다음과 같은 관계식이 성립하게 된다.

$$\frac{\mu - r}{\sigma} = \lambda \tag{28.8}$$

여기서 모수 λ를 θ의 시장위험가격(market price of risk)이라고 부르기로 한다(포트폴리오 관 리라는 측면에서 보면 이것은 샤프지수를 의미한다). 시장위험가격은 θ와 t에는 종속적일 수 있지만 파생상품 f의 속성에는 종속적이지 않다. 우리는 지금까지의 분석을 통하여 차익거래 기회가 존재하지 않기 위해서는 θ와 t값에만 기초한 모든 파생상품에 대해서 $(\mu - r)/\sigma$ 값이 언제나 동일해야 함을 알 수 있다. 그런데 θ의 시장위험가격은 θ에 종속적인 증권들의 위험과 수익률 간에 형성되는 균형관계 를 측정하는 것으로 해석할 수 있다. 이를 살펴보기 위해 식 (28.8)을 다음과 같이 표현해보자.

$$\mu - r = \lambda\sigma \tag{28.9}$$

위 식의 의미를 파악하기 위해서 변수 σ를 정확하지는 않지만 f에 내재된 θ 위험의 양으로 해석해보자. 이때 식 (28.9)의 우변은 θ 위험의 가격에 θ 위험의 크기를 곱해준 형태를 갖게 되고 식 (28.9)의 좌변은 이러한 위험에 대한 보상으로 요구되는 무위험이자율에 대한 초과 기대수 익률이 된다. 그러면 식

(28.9)는 주식의 초과 기대수익률과 위험간의 관계를 설명하는 자본 자산가격결정 모형(CAPM)과 유사한 식이 된다. 이 장에서는 시장위험가격을 측정하는 문제에 대해서는 자세히 다루지 않을 것이다. 이 문제는 실물옵션의 평가와 관련하여 36장에서 다 루게 된다.

식 (27.8)에서 dz의 계수인 σ는 f의 변동성으로 가정하는 것이 좋을 것이다. 그런데 σ는음 수가 될 수도 있다. 이런 경우는 f가 θ과 음의 상관관계를 갖는 경우가 될 것이다(따라서 $\partial f/\partial\theta$ 는 음수가 된다). f의 변동성은 σ의 절대값인 $|\sigma|$가 된다. 이는 f를 $-dz$ 로 대체하더라도 dz의 확률과정이 갖는 통계적 속성은 동일하다는 점을 상기하면 이해하기 쉬울 것이다.

우리는 5장에서 투자자산과 소비자산을 구별한 바 있다. 즉, 투자자산이란 수많은 투자자들에 의하여 단지 투자목적으로만 매매되는 자산을 의미한다. 반면 소비자산은 주로 소비목적으로만 보유되는 자산을 일컫는다. 그런데 식 (28.8)은 중간소득이 발생하지 않고 단지 θ값에만 기초한 모든 투자자산에 대하여 성립한다. 만약 상황변수 θ 자체가 이러한 투자자산인 경우에는 다음 식이 성립하게 된다.

$$\frac{m-r}{s}=\lambda$$

그러나 이 외의 다른 경우에는 이러한 관계가 성립하지는 않는다.

예제 28.1

어떤 파생상품의 가격이 원유가격과는 비례하지만 다른 확률적 변수와는 관계가 없는 경우를 생각해보자. 이 파생상품의 기대수익률이 연 12%이고 수익률 변동성이 연 20%라고 해보자. 무위험이자율이 연 8%라면 원유의 시장위험가격은 다음과 같다.

$$\frac{0.12-0.08}{0.2}=0.2$$

여기서 원유는 투자자산이 아니라 소비자산임을 기억해야 한다. 따라서 식 (28.8)에서 원유투자에서 발생하는 기대수익률을 μ라고 하고 원유가격의 변동성을 σ라고 하더라도 원유의 시장위험가격을 계산할 수는 없다.

예제 28.2

90일 이자율과 비례하는 두 유가증권이 있다고 하자. 첫 번째 증권의 기대수익률과 연 변동성은 각각 3%, 20%라 하고 두 번째 증권의 연 변동성은 30%라고 해보자. 순간 무 위험이자율은 연 6%라고 한다. 이때 첫 번째 증권의 기대수익률과 변동성을 이용하여 시장위험가격을 계산하면 다음과 같다.

$$\frac{0.03-0.06}{0.2}=-0.15$$

식 (28.9)를 정리하면 두 번째 증권의 기대수익률은 연 1.5%가 된다.

$$0.06-0.15\times 0.3=0.015$$

여러 유형의 대체적인 세계들

파생상품 f의 가격이 다음과 같은 확률과정을 따른다고 하자.

$$df = \mu f\,dt + \sigma f\,dz$$

μ의 값은 투자자들의 위험 선호도에 따라 결정되므로 시장위험가격이 0인 세계에서는 λ가 0이다. 따라서 식 (28.9)로부터 $\mu = r$이 되므로 f의 확률과정은 다음과 같다.

$$df = rf\,dt + \sigma f\,dz$$

이와 같은 세계를 우리는 전통적인 위험중립 세계라고 부르기로 한다.
그런데 시장위험가격이 0이 아닌 다른 값을 갖는다는 가정을 함으로써 자체적으로 일관성 있는 다른 세계들을 정의할 수 있다. 일반적으로 시장위험가격이 λ인 경우 식 (28.9)에 의하면

$$\mu = r + \lambda\sigma$$

가 되고 따라서 다음 식이 성립한다.

$$df = (r + \lambda\sigma) f\,dt + \sigma f\,dz \tag{28.10}$$

식 (28.10)은 어떤 변수의 시장위험가격이 그 변수에 종속적인 모든 증권들의 성장률을 결정 하게 된다는 의미로 해석할 수 있다. 따라서 시장위험가격의 값을 변경시킴에 따라서 증권가 격의 기대 성상률도 달라진다. 이는 Girsanov's의 그러나 이때에도 변동성들은 변하지 않는데 이는 확률과정을 따르는 변수들의 일반적 특성이며 이미 13장 7절에서 설명한 바 있다. 사실 적절한 시장위험 가격을 선택하는 과정은 확률 측도를 정의하는 과정으로 이해해도 된다. 시상위험가격의 값 의 선택에 따라서 우리는 실제 세계를 정의할 수도 있고 실제에서 관측되는 증권수익률을 정 의할 수도 있게 된다.

27.2 27.2 상황변수가 여러 개인 경우

$\theta_1, \theta_2, \ldots, \theta_n$ 등 n개의 상황변수들이

$$\frac{d\theta_i}{\theta_i} = m_i\,dt + s_i\,dz_i \tag{28.11}$$

위와 같은 형태의 확률과정을 따르고 dz_i는 위너과정들이라고 하자. 여기서 모수 m_i, s_i는 각각 기대 성장률과 변동성이며 θ_i와 시간의 함수일 수도 있다고 하자. 14장의 부록에 수록된 식 (14A.10)은 다변수 함수의 경우 적용되는 이토정리를 제시하고 있다. 식에 의하면 θ_i에 기초한 어떤 증권의 가격 f의 확률과정은 n개의 확률적 요소를 포함하게 됨을 보여주고 있다. 이를 식으 로 표시하면 다음과 같다.

$$\frac{df}{f} = \mu\,dt + \sum_{i=1}^{n} \sigma_i\,dz_i \tag{28.12}$$

이 식에서 μ는 증권으로부터의 기대수익률이고 $\sigma_i\, dz_i$ 는 수익률의 위험 중 θ_i에 기인한 부분이 다. 또한 μ와 σ_i는 모두 θ_i와 시간에 종속적일 수도 있다.

저자 홈페이지(www-2.rotman.utoronto.ca/~hull/TechnicalNotes)의 [Technical Note] 30에 는 다음이 증명되어 있다.

$$\mu - r = \sum_{i=1}^{n} \lambda_i \sigma_i \tag{28.13}$$

여기서 λ_i는 θ_i에 대한 시장위험가격이다. 위의 식은 투자자들이 해당 증권에 대하여 요구하는 기대 초과수익률이 λ_i는 θ_i에 대해 갖는 관계를 보여준다. 식 (28.9)는 $n = 1$인 특별한 경우라 고 할 수 있다. 식 (28.13)의 우변의 $\lambda_i\sigma_i$ 항은 어떤 증권에 대해 투자자들이 요구하는 초과 기 대수익률이 그 증권의 θ_i에 대한 종속성으로부터 얼마나 영향을 받는지를 측정해준다. 만약 $\lambda_i\sigma_i = 0$인 경우에는 아무 영향이 없지만 $\lambda_i\sigma_i > 0$인 경우에는 투자자들은 θ_i로부터의 위험에 대한 보상으로 더 높은 수익률을 요구하게 되며, $\lambda_i\sigma_i < 0$인 경우에는 θ_i에 대한 증권의 종속성 이 투자자들로 하여금 그렇지 않은 경우보다 더 낮은 수익률을 요구하게끔 한다. 그런데 $\lambda_i\sigma_i < 0$인 상황은 θ_i가 전형적인 투자자의 포트폴리오의 위험을 증가시키기보다는 감소시키는 경 우에 발생하게 된다.

예제 28.3

어떤 주식의 가격이 원유가격, 금가격, 주가지수에 달려 있다고 해보자. 이 세 변수들의 시장위험가격이 각각 0.2, -0.1, 0.4라고 가정한다. 또한 이 변수들에 해당하는 식 (28.12)에서의 θ_i 값들이 각각 0.05, 0.1, 0.15로 추정되었다고 해보자. 이때 이 주식의 무위험이자율 초과수익률은

$$0.2 \times 0.05 - 0.1 \times 0.1 + 0.4 \times 0.15 = 0.06$$

즉, 연 6%가 된다. 만약 이 변수들 외의 다른 변수들이 주가에 영향을 주더라도 다른 변수들의 시장위험가격이 0이라면 여전히 초과수익률은 6%가 된다.

식 (28.13)은 1976년에 스티븐 로스(Stephen Ross)에 의해 개발된 차익가격결정 모형(APT) 과도 밀접하게 관련되어 있는데, 연속 시간(continuous time)을 가정한 자본자산 가격결정모 형(CAPM)은 식 (28.13)의 특수한 경우라고 할 수 있다.[2] CAPM에 의하면 투자자들은 주식 시장수익률의 위험과 관련된 어떤 위험에 대해서도 초과수익률을 요구하게 되지만 다른 위험 요소들에 대해서는 초과수익률을 요구하지 않는다고 한다. CAPM에서는 주식 시장의 수익률 과 상관관계를 갖는 위험들을 체계적 위험이라고 부르며 기타 위험들은 비체계적 위험이라고 부른다. 만약 CAPM이 옳다면 λ_i는 θ_i의 변동과 시장수익률 간의 상관관계에 비례하게 되지만 θi가 시장수익률과 상관관계가 없는 경우에는 λ_i는 0이 된다.

2 S. A. Ross, "The Arbitrage Theory of Capital Asset Pricing," *Journal of Economic Theory*, 13 (December 1976): 343–62.

28.3 마팅게일

마팅게일은 순간 평균항이 0인 확률과정이다.[3] 변수 θ가 마팅게일을 따르는 경우는 확률과정이

$$d\theta = \sigma\, dz$$

와 같은 형태를 갖는 경우이며 여기서 dz는 위너과정이다. 이때 변수 σ자체도 확률과정일 수 있으므로 θ나 다른 확률적 변수에 따라 달라질 수 있다. 마팅게일은 미래 임의의 시점에서의 기대값이 현재 시점에서의 값과 같다는 편리한 속성을 갖고 있다. 즉, θ_T와 θ_0 가 각각 T시점과 0시점에서의 θ값을 나타낸다고 하면 다음이 성립한다.

$$E(\theta_T) = \theta_0$$

이러한 결과를 이해하려면 아주 짧은 기간 동안 θ의 변화는 기대값 0인 정규분포를 함을 이해 해야 한다. 이 경우 아주 짧은 기간 동안 θ 변화의 기대값은 0이라고 할 수 있다. 그런데 0시점과 T시점 사이에서의 θ의 증감은 여러 기간에 걸친 증감의 합이 되고 따라서 0시점과 T시점 사이에서 θ 변화의 기대값 역시 0이어야만 한다는 것이다.

동등 마팅게일 측도 결과

f와 가 단 하나의 불확실성 요인에 기초하는 유가증권들의 가격을 표시한다고 해보자. 해당 기간 동안에는 이 유가증권들로부터 아무런 중간소득이 없다고 가정하고 변수 ϕ를 f/g로정 의하여 보자.[4] 이때 변수 ϕ는 에 대한 f의 상대가격이 된다. 이 값은 f의 가격을 어떤 통화 (예를 들어 달러)가 아니라 g의 단위로 측정한 것으로 생각할 수 있다. 여기서 g의 가격을 가 치척도(numeraire)라고 부른다.

동등 마팅게일 측도 결과(equivalent martingale measure result)는 만약 차익거래기회가 존재하지 않는다면 어떤 시장위험가격에 대해서 ϕ가 마팅게일이 된다는 것을 의미한다. 또한 일정한 가치척도 에 대해서 동일한 시장위험가격을 선택하게 되면 모든 증권 f에 대해서 ϕ가 마팅게일이 된다는 의미이기도 하다. 이때 g의 변동성이 바로 그러한 시장위험가격이 된다. 즉, 시장위험가격이 g의 변동성인 경우 f/g는 모든 증권가격 f에 대해서 마팅게일이 된다 는 것이다(시장위험가격은 변동성과 차원이 같음을 기억하여야 한다. 즉, 둘 다"시간의 제곱 근"을 기준으로 한다. 위험의 시장가격을 변동성과 동일하게 설정하는 것은 그러므로 차원적으로(dimensionally) 유효하다.

이와 같은 결과를 증명하기 위해 f와 g의 변동성을 각각 σ_f와 σ_g그리고 r은 순간이자율(instantaneous rate)이라고 해보자. (이들 변수는 가정된 하나의 불확실성에 의존할 수 있다.) 식 (28.10)에 의하면 시장위험가격이 σ_g라면 다음이 성립한다.

여기에 이토정리를 적용하게 되면 다음이 성립한다.

---

3 좀 더 엄밀하게는 모든 양의 i 값에 대하여 $E(X_i \mid X_{i-1}, X_{i-2}, \ldots, X_0) = X_{i-1}$인 경우 확률변수들 $X_0, X_1, \ldots$는 마팅게 일이라고 정의할 수 있다.

4 연습문제 28.8은 중간소득이 있는 경우로 확장되는 경우이다.

$$df = (r + \sigma_g \sigma_f) f\, dt + \sigma_f f\, dz$$
$$dg = (r + \sigma_g^2) g\, dt + \sigma_g g\, dz$$

따라서 다음 식이 성립한다.

$$d \ln f = (r + \sigma_g \sigma_f - \sigma_f^2/2)\, dt + \sigma_f\, dz$$
$$d \ln g = (r + \sigma_g^2/2)\, dt + \sigma_g\, dz$$

이는 다음과 같이 정리할 수 있다.

$$d(\ln f - \ln g) = (\sigma_g \sigma_f - \sigma_f^2/2 - \sigma_g^2/2)\, dt + (\sigma_f - \sigma_g)\, dz$$

$$d\left(\ln \frac{f}{g}\right) = -\frac{(\sigma_f - \sigma_g)^2}{2}\, dt + (\sigma_f - \sigma_g)\, dz$$

이제 $\ln(f/g)$의 확률과정으로부터 f/g의 확률과정을 유도하기 위해 이토정리를 이용하면 다음과 같은 결과를 얻게 된다.

$$d\left(\frac{f}{g}\right) = (\sigma_f - \sigma_g)\frac{f}{g}\, dz \tag{28.14}$$

식 (28.14)는 f/g가 마팅게일임을 보여주고 있으며 이는 바로 우리가 증명하려던 결과이다.
지금부터 우리는 가치척도 g에 의해 정의되는 세상을 g의 변동성에 의해 위험의 시장가격이인 세상을 지칭하기 위해 사용한다. 위험중립 세계에서f/g는 마팅게일이므로 다음 식이 성립한다.

$$\frac{f_0}{g_0} = E_g\left(\frac{f_T}{g_T}\right)$$

또는

$$f_0 = g_0 E_g\left(\frac{f_T}{g_T}\right) \tag{28.15}$$

여기서 E_g는 가치척도 g에 의해 정의된 세상의 기대값을 의미한다.

28.4 가치척도로서 이용 가능한 요소들

여기서는 동등 마팅게일 측도 결과의 몇 가지 예를 살펴 보기로 한다. 첫째 예에서는 동등 마 팅게일 측도 결과가 앞의 몇 장에서 이용하였던 전통적인 위험중립 가치평가와 일치한다는 것을 보여줄 것이다. 나머지 예들은 29장에서 다루게 될 채권옵션, 금리 캡, 스왑옵션 등의 가 치평가를 위한 이론적 기초를 제시하여 주게 된다.

가치척도로서의 MMA

MMA (money market account)는 현재 시점에서의 가치는 1달러이고 미래 임의의 시점에서 순간 무위험이자율 r을 벌게 되는 증권이다.[5] 여기서 r은 확률과정일 수도 있다. 만약 MMA를 앞에서의 라고 정의한다면 MMA는 r의 성장률로 증가하므로 다음이 성립하게 된다.

$$dg = rg\,dt \tag{28.16}$$

여기서 의 순간 평균(drift)은 확률과정이라도 상관없지만 의 변동성은 0이다. 따라서 g에 대한 선도 위험중립인 세계는 시장위험가격이 0인 세계가 된다. 이것은 바로 우리가 전통적인 위험중립 세계라고 정의하는 세계가 된다. 이와 같은 경우, 식 (28.15)는 다음과 같게 된다.

$$f_0 = g_0 \hat{E}\left(\frac{f_T}{g_T}\right) \tag{28.17}$$

단 $\hat{E}$는 전통적인 위험중립 세계에서의 기대값을 나타낸다.
여기서 $g_0 = 1$이고

$$g_T = e^{\int_0^T r\,dt}$$

이므로 식 (28.17)은 다음과 같이 된다.

$$f_0 = \hat{E}\left(e^{-\int_0^T r\,dt} f_T\right) \tag{28.18}$$

즉,

$$f_0 = \hat{E}\left(e^{-\bar{r}T} f_T\right) \tag{28.19}$$

여기서 은 0시점과 T시점 동안 r의 평균값이다. 식 (28.19)는 전통적인 위험중립 세계에서의 단기금리 r을 시뮬레이트하는 것이 금리파생상품의 가치를 평가하는 한 방법이 된다는 것을 보여주고 있다. 즉, 파생상품의 기대이득과 단기금리를 시뮬레이트하여 기대이득을 단기금리 의 평균으로 할인하면 이러한 파생상품의 가치평가를 할 수 있다는 것이다.
만약 단기금리 r을 일정한 상수로 가정한다면 식 (28.19)는

$$f_0 = e^{-rT}\hat{E}(f_T)$$

가 되고 이는 위험중립 가치평가의 경우와 같은 결과가 된다.

가치척도로서의 무이표채

T시점에서 1달러를 지불하는 무이표채의 t시점에서의 가격을 $P(t, T)$라고 정의하자. 이제 $P(t, T)$가

5 MMA를 정의하기 위해 다음과 같이 투자가 이루어지는 유가증권이 있다고 해보자. 우선 현재 시점에서 Δt기간 동안 Δt기간의 이자율에 투자한다. Δt시점에서는 Δt기간의 이자율에 투자한다. $2\Delta t$시점에서 Δt기간의 이자율에 투자하는 과정을 반복하는데 이때 투자기간은 각각 Δt가 되게 한다. MMA는 이러한 증권에서 Δt가 0에 수렴하는 경우라고할수 있다. 여러 다른 통화에 대한 MMA도 같은 방법으로 정의할 수 있다.

가치척도가 되는 경우는 어떤 의미인지 알아보자. 여기서, E_T는 이 가치척도에 의해 정의되는 세계에서의 기대값을 의미한다. 그런데 $T = P(T, T) = 1$이고 $0 = P(0, T)$이므로 식 (28.15)에 의하면 다음 식이 성립한다.

$$f_0 = P(0, T)E_T(f_T) \tag{28.20}$$

식 (28.19)와 식 (28.20)의 차이에 주목하기 바란다. 즉 식 (28.19)에서는 기대값 안에서 할인 이 이루어지고 있으나 식 (28.20)에서는 $P(0, T)$를 곱하여 이루어지는 할인과정이 기대값 밖 에서 이루어지고 있다. 이는 $P(t, T)$를 가치척도로 사용하게 되면, T시점에서만 이득을 발생시키는 유가증권의 가치평가를 상당히 단순화시킬 수 있음을 보여주고 있다.

이제 이자율이 아닌 어떤 변수 θ가 있다고 하여 보자.[6] 이때 θ가 기초자산인 만기 T인 선도 계약을 시점에서 $\theta_T - K$ 만큼의 이득을 지급하는 계약이라 정의하고, θ_T는 T시점에서 변수 θ의 값이라고 하여보자. f를 이러한 선도계약의 가치라고 정의하면 식 (27.20)으로부터 다음 식이 성립하게 된다.

$$f_0 = P(0, T)[E_T(\theta_T) - K]$$

θ의 선도가격 F는 f_0 값이 0이 되게 하는 K값이므로 다음 식이 성립하게 된다.

$$P(0, T)[E_T(\theta_T) - F] = 0$$

따라서 선도가격은 다음과 같다.

$$F = E_T(\theta_T) \tag{28.21}$$

식 (28.21)은 (이자율이 아닌) 어떤 변수에 대한 선도가격은 가치척도 $P(t, T)$에 의해 정의된 세계에서의 기대 현물가격임을 보여주고 있다. 여기서 우리는 선도가격과 선물가격 간의 차이 에 대하여 주목할 필요가 있다. 왜냐하면 어떤 변수의 선물가격은 전통적인 위험중립 세계에 서의 기대 현물가격이기 때문이며 이는 18장 6절에서 설명한 바 있다 .

이제 식 (28.20)과 (28.21)이 갖는 의미를 알아보자. T시점에서 이득을 발생시키는 유가증 권의 경우, 만기가 T인 채권 가치척도에 의해 정의된 세계에서 해당 유가증권의 기대이득을 계산 하고 이 기대이득을 T기간 동안의 무위험이자율로 할인함으로써 그 가치를 평가할 수 있다는 것이 식 (28.20)이 갖는 의미이다. 이때 식 (28.21)은 기대이득을 계산할 때 해당 유가증권의 기초자산들의 기대값이 선도가격과 일치한다는 가정을 할 수 있다는 의미를 갖는다.

선도이자율

$T^* - T$을 복리계산 기간으로 정하고(예를 들어 $T^* - T = 0.5$인 경우는 6개월 복리, $T^* - T = 0.25$인 경우는 3개월 복리 등) t시점에서 측정한 T와 T^* 동안의 선도이자율을 $R(t, T, T^*)$이라고 정의해보자. R을 동일한 복리빈도로 표현된 $T^* - T$기간 동안의 실현이자율이라고 정의하자. 선도금리의 정의에 의해 T^*에 $F(t) - R$을 지급하는 t시점의 선도금리계약의 가치는 0이다. 식 (28.21)으로부터 다음이

6 여기서 전개되는 논리는 이자율에는 적용할 수 없는데 이는 이자율 선도계약이 다른 변수들에 대한 선도계약과는 다르기 때문이다. 즉, 선도이자율은 그에 대응하는 채권의 선도가격에 내재되어 있기 때문이다.

성립한다.

$$P(0, T^*)E_{T^*}(F(t) - R) = 0$$

따라서,

$$E_{T^*}(R) = F(t) \tag{28.22}$$

이 결과에서 $F(t)$와 R은 어떠한 수익률곡선으로부터도 계산될 수 있다. $F(t)$와 R은 $P(0, T^*)$을 정의하기 위해 사용된 무위험이자율로부터 계산되지 않아도 된다. 특히 무위험이자율이 OIS 무이표이자율곡선(zero curve)로부터 오는 경우 $F(t)$와 R은 LIBOR금리로부터 계산될 수 있다. 우리가 방금 제시한 결과는 다음 장의 금리상한선과 하한선을 설명하는데 유용하다.

가치척도로서의 연금 현재가치 요소

동등 마팅게일 측도 결과를 적용하는 다음의 예로서 미래시점 T에서 시작하여 $T_1, T_2, \ldots, T_N$ 시점에 현금흐름을 교환하는 변동-고정 스왑(floating-fixed swap)에 대해 다루기로 한다. 여기서 $T_0 = T$라고 정의하고 스왑의 원금은 1달러로 가정한다. 이제 선도스왑이자율(즉, 스왑의 가치가 0이 되게 하는 고정금 리)이 $(t \leqslant T)$시점에서 $s(t)$라고 하자. 이 스왑의 고정금리 부분의 가치는

$$s(t)A(t)$$

가 되는데 단

$$A(t) = \sum_{i=0}^{N-1}(T_{i+1} - T_i)P(t, T_{i+1})$$

이다. 변동금리 부분의 가치는 $V(t)$로 정의하자. 고정금리와 변동금리 부분의 가치가 같도록 하면 다음과 같다.

$$s(t)A(t) = V(t)$$

또는

$$s(t) = \frac{V(t)}{A(t)} \tag{28.23}$$

f를 $V(t)$와 그리고 g를 $A(t)$와 같다고 설정하면 동등 마팅게일 측도 결과를 적용할 수 있게 된다. 그 결과

$$s(t) = E_A[s(T)] \tag{28.24}$$

여기서 E_A는 가치척도 $A(t)$에 의해 정의된 세상에서의 기대값이다. 따라서 가치척도 $A(t)$에 의해 정의된 세계에서 기대미래스왑이자율은 현재의 스왑이자율이 된다.
한편 식 (28.15)는 다음이 성립함을 의미한다.

$$V(0) = A(0)E_A\left[\frac{V(T)}{A(T)}\right] \tag{28.25}$$

이 식은식 (28.24)와 더불어 28장의 유러피언스왑옵션의 표준 모형을 이해하는 데 중요한 기초 가 된다.

이 결과에서 $V(t)$는 어떠한 수익률 곡선에 의해서도 계산될 수 있지만 $A(t)$는 무위험이자율 무이표곡선을 통해서 계산된다. 특히, 스왑은 LIBOR-고정 스왑이 될 수 있지만 무위험이자율은 OIS 무이표곡선을 통해서 계산된다.

28.5 독립 요소가 여러 개인 경우로의 확장

앞의 3절과 4절의 결과들을 독립 요소가 여러 개인 경우로 확장시킬 수 있다.[7] 이를 위해 우선 독립요소가 n개이고 전통적인 위험중립 세계에서의 f와 g의 확률과정이 각각

$$df = rf\,dt + \sum_{i=1}^{n} \sigma_{f,i} f\,dz_i$$

와

$$dg = rg\,dt + \sum_{i=1}^{n} \sigma_{g,i} g\,dz_i$$

라고 해보자. λ_i $(1 \leqslant i \leqslant n)$를 n개의 시장위험가격이라고 하고 본 장 2절에서처럼

$$df = \left[r + \sum_{i=1}^{n} \lambda_i \sigma_{f,i}\right] f\,dt + \sum_{i=1}^{n} \sigma_{f,i} f\,dz_i$$

와

$$dg = \left[r + \sum_{i=1}^{n} \lambda_i \sigma_{g,i}\right] g\,dt + \sum_{i=1}^{n} \sigma_{g,i} g\,dz_i$$

라고 놓음으로써 자체적으로 일관성 있는 또 다른 세계들을 정의할 수 있다. 물론 이와 같은 세계 중의 하나는 실제 세계이다.

우리는 이제 우리의 용어를 확장한다. 가치척도 g에 의해 정의된 세계는 이제 모든 i에 대해 $\lambda_i = \sigma_{g,i}$인 세상이다. dz_i들은 서로 독립적이므로 이토정리를 적용하면 f/g는 순간 평균이 0인 확률과정을 따르게 된다는 것을 증명 할수 있다(연습문제 28.12 참조). 따라서 [식 28.15 이후에 전개된] 3절과 4절의 결과들은 여전히 유효하게 된다.

28.6 블랙 모형

우리는 18장 8절의 분석을 통하여 이자율이 일정한 경우에는 기초자산의 선도가격이나 선물 가격을 이용하여 유러피언 채권옵션의 가치를 평가하게 해 주는 블랙 모형이 유용한 모형임 을알수 있었다. 이제 이자율이 일정하다는 가정을 완화하여 이자율이 확률적인 경우에도 기 초자산의 선도가격을 이용하여

7 독립적이라는 조건은 그다지 중요하지는 않다. 변수들이 독립적이지 않은 경우 변수들을 직교화할 수 있기 때문이다.

유러피언옵션의 가치평가에 블랙 모형을 이용할 수 있음을 증 명하여 보기로 한다.
만기가 T이고 행사가격이 K인 어떤 자산에 대한 유러피언콜옵션이 있다고 해보자. 식 (28.20)을 이용하면 옵션가격은 다음과 같게 된다.

$$c = P(0, T)E_T[\max(S_T - K,\ 0)] \tag{28.26}$$

단 S_T는 T시점에서의 주가를 나타내고, E_T는 $P(t, T)$가 가치척도인 세계에서의 기대값이다. 이제 F_0와 F_T를 각각 만기가 $P(t, T)$인 선도계약의 0시점과 T시점에서의 선도 가격이라고 하여 보자. $S_T = F_T$이므로 다음이 성립한다.

$$c = P(0, T)E_T[\max(F_T - K,\ 0)]$$

현재 우리가 고려하고 있는 선도 위험중립 세계에서 F_T가 대수정규분포를 한다고 가정하고 $\ln(F_T)$의 표준편차는 $\sigma_F\sqrt{T}$라고 하여 보자. 이것은 선도가격이 변동성이 일정한 값 σ_F를 갖는 확률과정을 따르기 때문이다. 식 (15A.1)은 다음을 의미한다.

$$E_T[\max(F_T - K, 0)] = E_T(F_T)N(d_1) - KN(d_2)$$

이때 d_1, d_2는 다음과 같다.

$$d_1 = \frac{\ln[E_T(F_T)/K] + \sigma_F^2 T/2}{\sigma_F\sqrt{T}}$$

$$d_2 = \frac{\ln[E_T(F_T)/K] - \sigma_F^2 T/2}{\sigma_F\sqrt{T}}$$

식 (28.21)에 의하면 $E_T(F_T) = E_T(S_T) = F_0$가 성립한다. 따라서 다음 식이 성립한다.

$$c = P(0, T)[F_0 N(d_1) - KN(d_2)] \tag{28.28}$$

단,

$$d_1 = \frac{\ln[F_0/K] + \sigma_F^2 T/2}{\sigma_F\sqrt{T}}$$

$$d_2 = \frac{\ln[F_0/K] - \sigma_F^2 T/2}{\sigma_F\sqrt{T}}$$

유러피언풋옵션의 경우도 동일한 논리를 적용하면 다음과 같은 결과를 얻을 수 있게 된다.

$$p = P(0, T)[KN(-d_2) - F_0 N(-d_1)] \tag{28.29}$$

p는 만기가 T이고 행사가격이 K인 유러피언풋옵션의 가격을 나타낸다. 식 (28.28)과 (28.29) 가 바로 블랙 모형이다. 이 모형은 기초자산이 투자자산과 소비자산인 경우 모두에 적용될 수 있으며, 위에서 증명한 바와 같이 F_0이 만기가 옵션의 만기와 동일한 계약의 선도가격인 이상 이자율이 확률적인 경우 에도 유효한 모형이 된다. 이때 변수 σ_F는 선도가격의 (일정한) 변동성으로 해석할 수 있다.

28.7 한 자산을 다른 자산과 교환할 수 있는 옵션

여기서는 가치가 U인 투자자산을 가치가 V인 다른 투자자산으로 교환할 수 있는 옵션에 대 해 생각해 보자. 이러한 옵션에 대해서는 이미 26장 13절에서 다룬 바 있다. 이제 U와 V의변 동성은 각각 σ_U와 σ_V 이고 두 변수 간 상관계수는 ρ라고 해보자.

이들 자산으로부터는 중간소득이 없다고 가정하고 가치척도 g로는 U를 선택하여보자. 식 (28.15)에서의 f를 V가 되게 하면 다음 식이 성립하게 된다.

$$V_0 = U_0 E_U\left(\frac{V_T}{U_T}\right) \tag{28.30}$$

이때 E_U는 가치척도 U에 의해 정의된 세계에서의 기대값을 나타낸다. (우리는 여기서 식 (28.15)의 다요인 확장을 사용했는데 V와 U는 다른 위너 확률과정에 의존할 수도 있기 때문이다.)

다음으로 한 자산을 다른 자산과 교환할 수 있는 옵션의 가치를 식 (28.15)에서의 f라고 하 면 $f_T = \max(V_T - U_T,\ 0)$.이 된다. 따라서 다음이 성립한다.

$$f_0 = U_0\ E_U\left[\frac{\max(V_T - U_T,\ 0)}{U_T}\right]$$

즉, 다음 관계가 성립한다.

$$f_0 = U_0\ E_U\left[\max\left(\frac{V_T}{U_T} - 1,\ 0\right)\right] \tag{28.31}$$

이때 $\hat{\sigma}$는 V/U의 변동성인데 다음과 같이 계산할 수 있다(연습문제 28.13 참조).

$$\hat{\sigma}^2 = \sigma_U^2 + \sigma_V^2 - 2\rho\sigma_U\sigma_V$$

식(15A.1)으로부터 식 (28.31)은

$$f_0 = U_0\left[E_U\left(\frac{V_T}{U_T}\right)N(d_1) - N(d_2)\right]$$

가 되고 이때 d_1, d_2는 다음과 같다.

$$d_1 = \frac{\ln(V_0/U_0) + \hat{\sigma}^2 T/2}{\hat{\sigma}\sqrt{T}} \quad \text{and} \quad d_2 = d_1 - \hat{\sigma}\sqrt{T}$$

이제 식 (28.30)을 위의 결과에 대입하면 다음과 같은 결과를 얻게 된다.

$$f_0 = V_0 N(d_1) - U_0 N(d_2) \tag{28.32}$$

바로 이 식이 중간소득이 발생하지 않는 경우 한 자산을 다른 자산으로 교환하는 옵션의 가치 를 나타내는 식이 된다.

연습문제 28.8은 f와 g가 각각 q_f와 q_g의 수익률로 중간소득을 발생시키는 경우 식 (28.15)가 다음과 같이 표시됨을 보여주고 있다.

$$f_0 = g_0 e^{(q_f - q_g)T} E_g\left(\frac{f_T}{g_T}\right)$$

이에 따라서 식 (28.30)과식 (28.31)은 각각

$$E_U\left(\frac{V_T}{U_T}\right) = e^{(q_U - q_V)T} \frac{V_0}{U_0}$$

와

$$f_0 = e^{-q_U T} U_0 E_U\left[\max\left(\frac{V_T}{U_T} - 1,\ 0\right)\right]$$

로 바뀌게 되며 식 (28.32)는

$$f_0 = e^{-q_V T} V_0 N(d_1) - e^{-q_U T} U_0 N(d_2)$$

가 되는데 단 d_1, d_2는 다음과 같이 정의된다.

$$d_1 = \frac{\ln(V_0/U_0) + (q_U - q_V + \hat{\sigma}^2/2)T}{\hat{\sigma}\sqrt{T}} \quad \text{and} \quad d_2 = d_1 - \hat{\sigma}\sqrt{T}$$

이것은 한 자산을 다른 자산으로 교환하는 옵션의 가치를 나타내며 식 (26.5)의 가치평가모형 과 동일한 모형이다

28.8 가치척도의 교체

본 절에서는 가치척도의 교체가 시장변수의 확률과정에 어떤 영향을 미치는지에 대하여 다루 기로 한다. 우선 시장변수가 어떤 유가증권 f의 가격이라고 하여보자. dz_i 위험에 대한 시장위 험가격이 λ_i인 경우 다음이 성립한다.

$$df = \left[r + \sum_{i=1}^{n} \lambda_i \sigma_{f,i}\right] f\, dt + \sum_{i=1}^{n} \sigma_{f,i} f\, dz_i$$

마찬가지로 시장위험가격이 λ_i^*인 경우 다음이 성립한다.

$$df = \left[r + \sum_{i=1}^{n} \lambda_i^* \sigma_{f,i}\right] f\, dt + \sum_{i=1}^{n} \sigma_{f,i} f\, dz_i$$

따라서 첫 번째 세계에서 두 번째 세계로 이동하게 되면 유가증권 가격의 기대성장율은 다음 값만큼 증가하게 된다.

$$\sum_{i=1}^{n}(\lambda_i^* - \lambda_i)\sigma_{f,i}$$

다음으로 변수 v는 유가증권의 가격이 아니라고 하여보자. 저자 홈페이지(www-2.rotman. utoronto. ca/~hull/TechnicalNotes)의 [Technical Note] 20에는 변수 v의 기대 성장율은 시장 위험가격의 변화에 대하여 유가증권의 가격의 기대성장율과 동일하게 반응한다는 것이 증명 되어 있다. 즉, 다음의 값만큼 증가한다는 것이다.

$$\alpha_v = \sum_{i=1}^{n}(\lambda_i^* - \lambda_i)\sigma_{v,i} \tag{28.33}$$

이때 $\sigma_{v,i}$는 v의 변동성의 i번째 요소이다.

만약 g의 가치적도에서 h의 가치척도로 이동하게 되면, $\lambda_i = \sigma_{g,i}$, $\lambda_i^* = \sigma_{h,i}$가 된다. 이제 $w = h/g$, $\sigma_{w,i}$는 w의 변동성의 i번째 요소라고 해보자. 이토정리에 따르면

$$\sigma_{w,i} = \sigma_{h,i} - \sigma_{g,i}$$

가 성립하게 되므로(연습문제 28.13 참조) 식 (28.33)은 다음과 같이 된다.

$$\alpha_v = \sum_{i=1}^{n}\sigma_{w,i}\,\sigma_{v,i} \tag{28.34}$$

여기서 w를 가치척도 비율이라고 부르기로 한다. 식 (28.34)는

$$\alpha_v = \rho\sigma_v\sigma_w \tag{28.35}$$

와 같이 정리할 수 있는데 이때 σ_v는 v의 변동성, σ_w는 w의 변동성, ρ는 v와 w간의 순간 상관 계수를 나타낸다.[8]

식 (28.35)에 나타난 결과는 놀랄만큼 단순한 결과이다. 이 식에 의하면 가치척도를 교체하 게 되는 경우 변수 v의 기대 성장률은 v의 백분율 변화와 가치척도 비율의 백분율 변화 사이의 순간공분산 만큼 조정된다는 것이다. 30장에서는 이와 같은 결과를 시기조정과 콴토조정이라는 문제에 적용해 보기로 한다.

본 절에서의 결과 중 특별한 경우가 실제 세계에서 위험중립 세계(모든 시장위험가격이 0 인 경우)로 이동하는 경우이다. 이 때는 식 (28.33)에 따라 v의 성장율이 $\sum_{i=1}^{n}\lambda_i\sigma_{v,i}$ 만큼 변하게 된다. 이것은 v가 유가증권의 가격인 경우의 식 (28.13)의 결과에 대응하는 결과이다. v가 유가증권의 가격이 아닌 경우

8 이것을 증명하기 위해서 Δv 기간 동안 v와 w가 각각 아래와 같이 정의되는 Δv 와 Δw만큼 변화한다고 해보자.

$$\Delta v = \cdots + \sum \sigma_{v,i}\, v\epsilon_i\sqrt{\Delta t}$$
$$\Delta w = \cdots + \sum \sigma_{w,i}\, w\epsilon_i\sqrt{\Delta t}$$

dz_i는 서로 상관관계가 없으므로, $i \neq j$인 경우 $E(\epsilon_i\epsilon_j) = 0$이 된다. 또한 ρ의 정의에 따라 다음이 성립한다.

$$\rho v\sigma_v w\sigma_w = E(\Delta v\,\Delta w) - E(\Delta v)\,E(\Delta w)$$

이제 Δt보다 고차항을 무시하면 다음 식이 성립한다.

$$\rho\sigma_v\sigma_w = \sum \sigma_{w,i}\,\sigma_{v,i}$$

에도 이러한 결과가 성립함은 앞에서 증명한 바 있다. 일반 화하면 유가증권의 가격인 변수들과 그렇지 않은 변수들에 대하여 어떤 세계에서 다른 세계 로 이동하는 것은 같은 결과를 의미한다는 것이다.

마지막 포인트

본 장에서는 우리는 변수들을 위한 과정(process)을 그들의 기대수익률과 변동성으로 표현했다. 만약 우리가 표류항(drift)와 표준편차를 사용해도 결과는 아주 비슷할 것이다. 다음을 가정하자.

$$df = \mu f\, dt + \sigma f\, dz$$

우리는 이 과정을 다음과 같이 쓸 수 있다.

$$df = \mu^*\, dt + \sigma^*\, dz$$

(따라서 $\mu^* = \mu f$와 $\sigma^* = \sigma f$). 이 과정들이 위험인 λ_1의 시장가격인을 반영한다고 가정하자. 이미 설명하였듯이 시장가격을 λ_2 로 바꾸는 것에 대한 영향은 과정을 다음과 같이 변화하는 것이다.

$$df = (\mu + \lambda_2\sigma - \lambda_1\sigma) f\, dt + \sigma f\, dz$$

이는 다음과 동일하다.

$$df = (\mu^* + \lambda_2\sigma^* - \lambda_1\sigma^*)\, dt + \sigma^*\, dz$$

요약

어떤 변수의 시장위험가격은 그 변수에 종속적인 유가증권의 위험과 수익률 간의 관계를 정 의해준다. 파생상품의 기초변수가 하나인 경우, 파생상품의 무위험 초과수익률은 그 변수의 변동성에 시장위험가격을 곱한 값이 된다. 파생상품의 기초변수가 여러 개인 경우, 파생상품 의 무위험 초과수익률은 각 변수의 변동성에 시장위험가격을 곱한 값의 합이 된다.

파생상품 가치평가에 있어서 위험중립 가치평가는 매우 강력한 도구가 된다. 이에 대해서 는 13장과 15장에서 소개한 바 있다. 위험중립 가치평가는, 파생상품을 평가하는 데에 있어서 세계가 위험중립적인 것으로 가정하면 위험중립 세계에서뿐만 아니라 다른 세계에서도 올바 른 답을 얻을 수 있다는 원칙을 말한다. 여기서 중요한 점은 전통적인 위험중립 세계에서는 모든 변수의 시장위험가격은 0이 된다는 것이다. 본 장에서는 이와 같은 위험중립 가치평가의 원칙을 확장시키고 있다. 즉, 이자율이 확률적인 경우에도 전통적인 위험중립 세계를 대체할 수 있는 여러 형태의 선도 위험중립 세계를 유도해 낼 수 있다는 것이다.

마팅게일은 순간 평균이 0인 확률과정이다. 그런데 임의의 변수가 마팅게일을 따르는 경우 에는 임의의 미래 시점에서 그 변수의 기대값이 현재 그 변수의 값이 된다는 속성이 존재한 다. 한편, g가 어떤 유가증권의 가격이라면 f/g는 f라는 유가증권 가격에 대하여 마팅게일이 되는 세계가 존재할 수 있는데 이를 동등 마팅게일 측도 결과라고 부른다. 이러한 결과를 이 용하면 가치척도인 증권 g를 적절하게 선택함으로써 여러 형태의 금리 관련 파생상품의 가 치평가를 단순화할 수 있게 된다.

또한 본 장에서는 이자율이 확률적인 경우로 블랙 모형을 확장하거나, 한 자산을 다른 자 산으로 교환하는 옵션의 가치평가에도 동등 마팅게일 측도 결과를 적용할 수 있음을 보여주 고 있다. 이러한 결과는 앞으로 29장부터 34장까지에서 다루게 될 금리파생상품의 가치평가 에 매우 유용하게 이용될 것이다.

참고문헌

Baxter, M., and A. Rennie, *Financial Calculus*. Cambridge University Press, 1996.

Cox, J. C., J. E. Ingersoll, and S. A. Ross, "An Intertemporal General Equilibrium Model of Asset Prices," *Econometrica*, 53 (1985), 363–84.

Duffie, D., *Dynamic Asset Pricing Theory*, 3rd edn. Princeton University Press, 2001.

Harrison J. M., and D. M. Kreps, "Martingales and Arbitrage in Multiperiod Securities Markets," *Journal of Economic Theory*, 20 (1979), 381–408.

Harrison, J, M., and S. R. Pliska, "Martingales and Stochastic Interals in the Theory of Continuous Trading," *Stochastic Processes and Their Applications*, 11 (1981), 215–60.

연습문제

28.1. 어떤 변수가 투자자산의 가격이 아닌 경우 시장위험가격을 어떻게 정의하는지 설명하라.

28.2. 금의 시장위험가격이 0이라고 가정하자. 만약 금의 보관비용이 연 1%이고 무위험이자율은 연 6%라고 할 경우 금가격의 기대 성장률은 얼마인가? 단 금은 중간 소득을 발생시키지 않는다고 가정한다.

28.3. 동일한 시장변수에 기초한 두 유가증권이 있다고 하여보자. 유가증권들의 기대수익률은 각각 8%와 12%라고 한다. 첫 번째 유가증권의 변동성은 15%이다. 순간 무위험이자율이 4%라면 두 번째 유가증권의 변동성은 얼마인가?

28.4. 텍사스의 한 작은 지역에 있는 유전 개발만을 목적으로 설립된 정유회사가 있다고 하자. 이기업의 가치는 원유 가격과 원유 매장량이라는 두 변수에 달려 있다고 한다. 원유 매장량의 시장 위험가격이 양수, 음수 또는 0이 될 수 있는지에 대해 설명하라.

28.5. 두 개의 무배당 유가증권과 이에 기초한 파생상품으로 무위험 포트폴리오를 구성하여 이 파생 상품의 미분방정식을 유도하라.

28.6. 이자율 x가 다음과 같은 확률과정을 따른다고 해보자.

$$dx = a(x_0 - x)\,dt + c\sqrt{x}\,dz$$

단 a, x_0, c는 양의 상수이다. x의 시장위험가격을 λ라고 할 경우 전통적인 위험중립 세계에서 x는 어떤 확률과정을 갖게 되는가?

28.7. 증권 f가 수익률 q를 지급하는 경우 식 (28.9)는 $\mu + q - r = \lambda\sigma$가 됨을 증명하라(힌트: f로부 터의 모든 소득이 f에 재투자된다고 가정하고 아무런 소득을 지급하지 않는 새로운 증권 f^*를 구성하라).

28.8. f, g가 각각 q_f, q_g의 수익률을 지급하는 경우 식 (28.15)가

$$f_0 = g_0 e^{(q_f - q_g)T} E_g\left(\frac{f_T}{g_T}\right)$$

와 같이 됨을 증명하라(힌트: f로부터의 모든 소득은 f에 재투자되고 g로부터의 모든 소득은 g에 재투자된다고 가정하여 아무런 소득을 지급하지 않는 새로운 증권 f^*와 g^*를 구성하라).

28.9. "위험중립 세계에서 미래 이자율의 기대값은 실제 세계에서의 기대값보다 크다."라는 주장이 (a) 이자율과, (b) 채권가격의 시장위험가격에 대하여 갖는 의미가 무엇인지 설명하라. 이와 같은 주장이 옳다고 생각하면 그 이유를 밝혀 설명하라.

28.10. 변수 S는 통화 A로 측정되는 수익률 q를 지급하는 투자자산이다. 이 자산의 실제 세계에서의 확률과정은 다음과 같다.

$$dS = \mu_S S\,dt + \sigma_S S\,dz$$

필요하다면 새로운 변수를 정의하고 다음과 같은 세계에서 S의 확률과정과 그에 상응하는 시 장위험가격을 밝혀라.

(a) 통화 A에 대한 전통적인 위험중립 세계

(b) 통화 B에 대한 전통적인 위험중립 세계

(c) 만기 T인 통화 A표시 무이표채 가치척도에 의해 정의된 세계

(d) 만기 T인 통화 B표시 무이표채 가치척도에 의해 정의된 세계

28.11. 주가, 상품가격, 환율 등에 대한 선도가격을 정의하는 방법과 선도이자율을 정의하는 방법 간 의 차이점에 대하여 설명하여 보시오.

28.12. 다음과 같은 경우 28장 5절의 결과를 증명하라.

$$df = \left[r + \sum_{i=1}^{n} \lambda_i \sigma_{f,i}\right] f\,dt + \sum_{i=1}^{n} \sigma_{f,i} f\,dz_i$$

$$dg = \left[r + \sum_{i=1}^{n} \lambda_i \sigma_{g,i}\right] g\,dt + \sum_{i=1}^{n} \sigma_{g,i} g\,dz_i$$

단, dz_i는 상관관계가 없고 f/g는 $\lambda_i = \sigma_{g,i}$인 마팅게일이라고 한다(힌트: $\ln f$와 $\ln g$의 확률과정을 유도하기 위해 식 (14A.11)을 이용할 것).

28.13. $w = h/g$ 이고 h, g가 n개의 위너과정에 종속적인 경우 w의 변동성의 i번째 요소는 h의 변동성의 i번째 요소에서 g의 변동성의 i번째 요소를 차감한 값이라는 것을 증명하라(힌트: $\ln f$와 $\ln h$의 확률과정을 유도하기 위해 식 (13A.11)을 이용할 것).

28.14. 만약 X가 한 변수의 기대값이라면, X는 마팅게일을 따른다. 이 진술에 대해 설명하라.

과제물 문제

28.14. 어떤 증권의 가격이 2개의 기초변수인 구리가격과 엔=달러 환율에 따라 변동한다고 하여보자. 단, 두 기초변수의 시장위험가격이 각각 0.5와 0.1이라고 가정한다. 또한 이 증권의 변동성은 구리가격이 고정되어 있을 경우에는 연 8%가 되고, 엔/달러 환율이 고정되어 있을 경우에는 연 12%가 된다고 한다. 무위험이자

율은 연 7%이다. 이 증권의 기대수익률은 얼마인가? 두 기 초변수들이 상관관계가 없다면 이 증권의 변동성은 얼마인가 ?

28.15. 만기가 T인 무이표채의 가격이 다음과 같은 확률과정을 따른다고 가정해보자.

$$dP(t, T) = \mu_P P(t, T)\, dt + \sigma_P P(t, T)\, dz$$

또한 이 채권을 기초자산으로 하는 파생상품의 가격이 다음과 같은 확률과정을 따른다고 해보자.

$$df = \mu_f f\, dt + \sigma_f f\, dz$$

불확실성 요인은 하나이고 f는 중간소득을 발생시키지 않는다고 가정한다.

(a) 만기가 T인 선도계약에 대한 f의 선도가격 F는 무엇인가?

(b) 가치척도 $P(t, T)$에 의해 정의된 세계에서 F의 확률과정은 무엇인가?

(c 전통적인 위험중립 세계에서 F의 확률과정은 무엇인가?

(d) 만기가 T^* ($T^* \neq T$)인 무이표채 가치처도에 의해 정의된 세세에서 f의 확률과정은 무엇인가? 단 σ_P^*는 이 채권의 변동성이라고 가정한다.

28.16. 이자율이 아닌 변수에 대하여 다음 질문에 답하시오.

(a) 이 변수의 선물가격은 어떤 종류의 세계에서 마팅게일이 되는가?

(b) 이 변수의 선도가격은 어떤 종류의 세계에서 마팅게일이 되는가?

(c) 전통적인 위험중립 세계에서 이 변수의 선물가격의 평균항과 선도가격의 평균항의 차이의 표현식을 적절한 변수들을 정의하여 유도하여 보라.

(d) 5장 8절에서 선물가격이 선도가격보다 높은 경우 성립하였던 결과들이 이 문제에서의 결과와 일치함을 보여라.

CHAPTER 29

금리파생상품: 표준시장 모형

금리파생상품이란 어떤 형태로든 이자율의 수준에 따라 이득이 결정되는 증권을 말한다. 1980년대와 1990년대에 들어 거래소시장과 장외시장에서 금리파생상품의 거래 규모는 급격히 증가하였으며 또한 최종 사용자들의 다양한 요구에 따라 여러 신상품이 개발되었다. 그런 데 파생상품을 거래하는 사람들에게 중요한 과제는 금리파생상품들의 가격 결정과 헷징에 이 용할 수 있는 신뢰할 만한 모형을 개발해야 한다는 점이다. 그러나 금리파생상품은 주식이나 통화 관련 파생상품보다 가치평가가 더 어려운데 그 이유는 다음과 같다.

1. 개별 이자율의 변화 행태는 주가나 환율의 변화 행태보다 더욱 복잡하다.
2. 여러 금리파생상품의 가치평가를 위해서는 완벽하게 무이표 수익률곡선(zero coupon yield curve)을 묘사할 수 있는 모형을 개발해야 한다.
3. 수익률곡선 상의 각 점에서 변동성의 값이 다르게 마련이다.
4. 이자율은 파생상품의 이득을 결정하는 데뿐만 아니라 이득을 할인하는 데도 이용된다.

본 장에서는 세 가지의 장외 금리파생상품인 채권옵션, 금리캡/플로어, 스왑옵션에 대하여 알아보기로 한다. 구체적으로는 이러한 상품들의 작동원리와 표준시장 모형을 이용한 가치평가에 대하여 소개하기로 한다.

29.1 채권옵션

채권옵션은 만기까지 일정한 가격에 특정 채권을 사거나 팔 수 있는 권리를 말한다. 채권옵션 은 장외에서 거래되는 옵션도 있지만, 채권의 발행자나 잠재적인 투자자들에게 채권을 좀 더 매력적인 증권이 되도록 하기 위해서 채권을 발행할 때 채권에 부가하는 경우도 많이 있다.

부가된 채권옵션

부가된 채권옵션(embedded bond option)의한 예는 수의상환채권(callable bond)이다. 이 채권은 미래 일정 시점에서 미리 정해진 가격에 발행기업이 채권을 재매입하는 조항을 포함하 고 있는 채권이다. 사실상 이러한 채권의 보유자는 채권 발행자에게 콜옵션을 매도한 셈이다. 이 옵션의 행사가격, 즉 수의상환가격(call price)은 사전에 결정되어 있는데 옵션행사 시 채권 발행자는 채권 보유자에게 이를 지불해야만 한다. 수의상환채권이라 하더라도 채권의 만 기 중 처음 몇 년 동안은 상환할 수 없는 경우가 대부분이다[이 기간을 상환금지 기간(lock out period)이라고 한다]. 이 기간이 경과한 후에 수의상환가격은 보통 시간의 감소함수가 된 다. 예를 들어 만기 10년짜리 수의상환채권에서 처음 2년이 상환금지기간이라고 하자. 이 기 간이 지나면 채권 발행자는 발행 후 3년차와 4년차에는 110의 가격에, 5년차와 6년차에는 107.5의 가격에, 7년차와 8년차에는 106의 가격에, 9년차와 10년차에는 103의 가격에 채권 을 재매입할 권리를 갖도록 설정할 수 있다. 콜옵션의 가치는 채권의 공시 수익률에 반영되는 데 수의상환 조건을 가진 채권들은 대개 일반 채권들보다 수익률이 높게 마련이다.

또 다른 형태의 채권옵션이 부가되어 있는 채권은 상환요구 채권(puttable bond)이다. 이 채권은 채권 보유자가 미래 일정 시점에 미리 정해진 가격에 채권의 조기상환을 요구할 수 있 는 권리를 갖는 채권이다. 이러한 채권의 투자자는 채권뿐만 아니라 채권에 대한 풋옵션을 사 게 되는 것이다. 풋옵션은 채권 보유자 입장에서는 채권의 가치를 증가시키므로 이러한 조항 이 포함된 채권들은 일반 채권들보다 낮은 표면금리를 제공한다. 상환요구 채권의 간단한 예 로서 채권 보유자가 5년 후에 원금을 지급받을 수 있는 권리가 포함된 10년 만기 채권을 들 수 있을 것이다[이 채권은 철회가능채권(retractable bond)이라고도 한다].

예금이나 대출관련 상품에도 종종 부가된 채권옵션이 포함되기도 한다. 예를 들어서 5년짜 리 고정금리 정기예금을 수수료 없이 아무 때나 중도 해지할 수 있는 경우는 채권에 대한 아 메리칸풋옵션을 포함하고 있는 것이다(이러한 금융상품은 언제든 금융기관에 액면가에 되팔 수 있는 권리가 포함된 채권이라 할 수 있다). 대출금이나 주택담보대출에 대한 조기 상환권 은 채권에 대한 콜옵션이라 할 수 있다.

마지막으로 은행이나 다른 금융기관에 의해 맺어진 대출약정은 채권에 대한 풋옵션이 된 다. 예를 들어 어떤 은행이 잠재 차입자에게 5년 만기 대출금리가 연 5%이고 이 금리가 향후 2개월 동안 유효하다고 제시하는 경우를 고려해보자. 이 경우 고객들은 이표율 5%, 만기 5년 의 채권을 향후 2개월 동안 아무 때나 액면가로 금융기관에 팔 수 있는 권리를 갖게 되는 결 과가 되는 것이다. 만약 이자율이 상승하게 되면 고객들은 옵션을 행사하게 될 것이다.

유러피언 채권옵션

대부분의 장외 채권옵션과 일부 부가된 채권옵션들은 유러피언옵션의 형태를 갖는다. 이와 같은 유러피언 채권옵션의 가치를 평가하기 위해 사용하는 표준시장 모형의 기본 가정은 채 권의 선도가격이 일정한 변동성 σ_B를 갖는다는 것이다. 이러한 가정을 함으로써 우리는 27장 6절에서 소개한 블랙 모형을 이용할 수 있게 된다. 즉, 식 (28.28)과 (28.29)에서 σ_F를 σ_B로놓 고, F_0를 채권의 선도가격인 F_B로 놓으면 다음과 같은 식이 성립한다.

$$c = P(0, T)[F_B N(d_1) - KN(d_2)] \tag{29.1}$$

$$p = P(0, T)[KN(-d_2) - F_B N(-d_1)] \tag{29.2}$$

단,

$$d_1 = \frac{\ln(F_B/K) + \sigma_B^2 T/2}{\sigma_B \sqrt{T}} \quad \text{and} \quad d_2 = d_1 - \sigma_B \sqrt{T}$$

여기서 K는 채권옵션의 행사가격이고 T는 옵션의 잔존만기, $P(0, T)$는 만기 T에 대한 (무위험) 할인요인이다.

5장 5절의 결과에 따르면 F_B는 다음과 같이 계산할 수 있다.

$$F_B = \frac{B_0 - I}{P(0, T)} \tag{29.3}$$

여기서 B_0는 시점 0에서의 채권가격, I는 옵션만기 동안 지불되는 이표의 현재가치를 나타내 는데 식 (29.3)에서 채권의 현물가격과 선도가격은 모두 공시가격(quoted price)이 아닌 현금 가격(cash price)이다(현금가격과 공시가격 간의 관계에 대해서는 6장 1절에 설명한 바 있다).

그런데 식 (29.1)과 (29.2)에 사용되는 행사가격 K는 현금 행사가격이라야만 한다. 따라서 K의 값을 정확하게 선택하기 위해서는 옵션의 조건을 정확하게 규정해야 한다. 만약 행사가 격을 옵션행사 시 채권과 교환되는 현금금액으로 정의한다면 K에 이러한 가격을 이용하면 된 다. 그러나 행사가격이 옵션행사 시의 공시가격이라면 행사가격에 옵션만기일까지의 발생이 자를 더한 가격을 K로 사용해야만 하는데 대개 이러한 경우가 더 많다. 이런 이유로 거래자들 은 채권의 공시가격을 청결한 가격(clean price), 현금가격을 불결한 가격(dirty price)이라고 부른다.

예제 29.1

액면가 1,000달러이고 만기 9.75년인 채권에 대한 잔존만기 10개월짜리 유러피언콜옵 션이 있다고 하자(옵션만기일에 채권 잔존만기는 8년 11개월이 된다). 채권의 현금가 격은 960달러, 행사가격은 1,000달러, 10개월 무위험이자율은 연 10%, 채권 선도가격 의 변동성은 연 9%라고 하자, 채권의 액면이자율(이표율)은 10%이고(1년에 2회 지 급), 50달러의 이표를 3개월, 9개월 후에 지급한다고 하자(즉, 발생이자는 25달러이고 채권의 공시가격은 935달러가 된다). 3개월, 9개월 무위험이자율은 각각 9%, 9.5%이 다. 따라서 이표의 현재가치는 다음과 같이 95.45달러가 된다.

$$50e^{-0.25\times 0.09} + 50e^{-0.75\times 0.095} = 95.45$$

이제 식 (29.3)을 이용하여 채권의 선도가격을 계산하면 939.68달러가 된다.

$$F_B = (960 - 95.45)e^{0.1\times 0.8333} = 939.68$$

이때

(a) 행사가격이 현금가격인 경우 식 (28.1)에 사용할 값들은 $F_B = 939.68$, $K = 1000$, $P(0, T) =$

그림 29.1 시간의 함수로서 표시한 채권가격의 로그값의 표준편차.

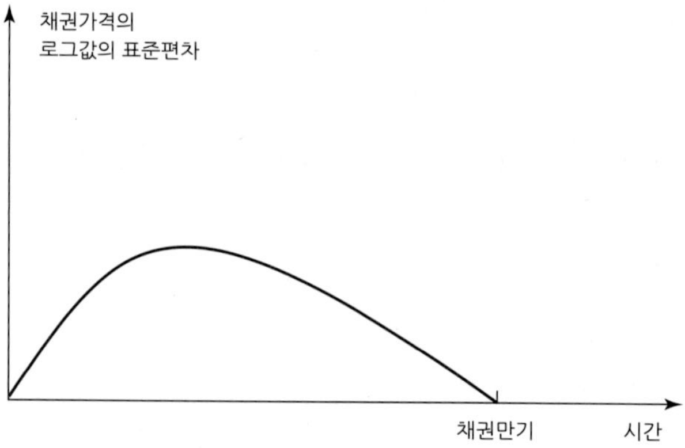

$e^{-0.1\times(10/12)} = 0.9200$, $\sigma_B = 0.09, T = 0.8333$이 된다. 따라서 콜옵션의 가격은 9.49달러가 된다.

(b) 행사가격이 공시가격인 경우에는 옵션만기일이 이표 지급일로부터 1개월 후이므로 1개월 이표를 행사가격에 더해야 한다. 따라서 행사가격은 다음과 같이 조정된다.

$$1{,}000 + 100 \times 0.08333 = 1{,}008.33$$

다른 변수들의 값은 같으므로[즉, $F_B = 939.68, P(0, T) = 0.9200, \sigma_B = 0.09, T = 0.8333$] 이때 옵션가격은 7.97달러로 추정된다.

[그림 29.1]은 채권가격의 로그값의 표준편차가 시간에 따라 어떻게 변하는지를 보여주고 있 다. 표준편차는 현재시점에서는 0인데 현재시점에서는 채권가격에 대한 불확실성이 없기 때문이다. 채권만기시점에서 채권가격은 액면가와 같아지므로 만기시점에서도 변동성은 역시 0 이다. 한편, 현재와 채권

그림 29.2 옵션만기에 따른 채권의 선도가격의 변동성, σB의 변화.

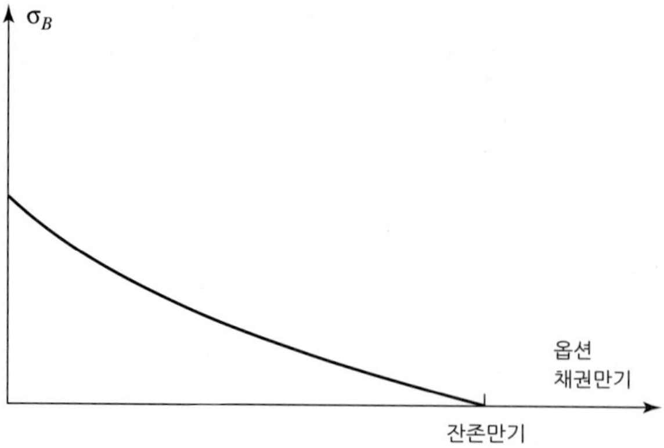

만기 사이의 기간 동안 표준편차는 처음에는 증가하다가 감소한다.

채권에 대한 유러피언옵션을 평가할 때 사용되어야 하는 변동성 σ_B는 다음과 같다.

$$\frac{\text{옵션만기 시 채권가격의 로그값의 표준편차}}{\sqrt{\text{옵션의 잔존만기}}}$$

특정한 채권에 대하여 옵션 잔존만기가 증가하면 σ_B는 어떻게 될 것인가? [그림 29.2]는 옵션 잔존만기의 함수로서의 σ_B의 전형적인 유형을 보여준다. 일반적으로 σ_B는 옵션 잔존만기가 증가함에 따라 감소한다.

수익률 변동성

브로커들에 의해 공시되는 채권옵션의 변동성은 보통 가격 변동성이 아니라 수익률 변동성이 다. 채권시장에서는 공시되는 수익률 변동성을 가격 변동성으로 전환하기 위해 4장에 소개된 듀레이션의 개념을 이용하기로 한다. 4장에서 정의한 것처럼 D가 옵션만기일에서 옵션의 기 초자산인 채권의 수정 듀레이션이라고 해보자. 채권의 선도가격의 증감인 ΔF_B와 선도수익률의 증감인 Δy_F간의 관계는 다음과 같다.

$$\frac{\Delta F_B}{F_B} \approx D\Delta y_F$$

또는

$$\frac{\Delta F_B}{F_B} \approx -Dy_F\frac{\Delta y_F}{y_F}$$

라 표시된다. 그런데 변동성은 변수값의 백분율 변화의 표준편차를 측정한다. 따라서 위의 식은 블랙 모형에 사용되는 채권의 선도가격의 변동성 σ_B가 채권의 선도수익률의 변동성 σ_y와 개략적으로

$$\sigma_B = Dy_0\sigma_y \tag{29.4}$$

와 같은 관계를 가짐을 의미하는데 이때 y_0는 y_F의 초기값을 나타낸다. 그런데 유러피언 채권옵션의 경우 수익률 변동성을 공시하게 되므로 옵션 가격을 계산하기 위해서는 식 (29.4)를 이용해 수익률 변동성을 가격 변동성으로 전환시키고, 이를 식 (29.1)과 (29.2)에 대입한다는 것을 암묵적으로 가정하고 있는 것이다. 예를 들어 콜옵션의 기초자산인 채권이 옵션만기일에 수정 듀레이션이 5년이며 채권의 선도수익률은 8%, 브로커가 제시한 선도수익률 변동성이 20%라 고 해보자. 이때 옵션의 시장가격은 브로커의 변동성 호가를 가격변동성 연 8%(5 × 0.08 × 0.2)로 전환하고 이를 식 (29.1)에 대입하여 계산한다는 것이다. [그림 29.2]는 채권의 선도가격 의 변동성이 옵션에 따라 달라짐을 보여주고 있다. 그러나 앞에서 정의한 채권의 선도수익률의 변동성은 상수에 가깝다. 이러한 이유 때문에 파생상품 딜러들이 후자를 선호하게 되는 것이다. 블랙 모형을 이용하여 유러피언 채권옵션의 가치를 평가하기 위해서는 본 서의 부록에 있는 DerivaGem의 Bond_Options 워크시트를 이용할 수 있는데 Pricing Model에서 Black-European을 선택하면 된다. 이때 변동성에는 수익률 변동성을 입력하면 앞에서 설명한 바와 같

이 자동으로 가격 변동성으로 전환된다. 행사가격은 현금가격 또는 공시가격을 사용하면 된다.

예제 29.2

액면가 100달러 만기 10년인 채권에 대한 유러피언풋옵션이 있다고 해보자. 채권의 이 표율은 연 8%이고 이표는 6개월마다 지급된다고 한다. 옵션만기는 2.25년이고 행사가 격은 115달러이다. 선도수익률의 변동성은 20%, 무이표수익률은 연속복리 기준으로 5%에서 수평으로 가정한다. DerivaGem에 의해 계산하면 채권의 공시가격은 122.82 달러이다. 공시가격이 행사가격인 경우에는 옵션가격이 2.36달러이고 현금가격이 행사 가격인 경우에는 1.74달러이다(수작업에 의한 계산은 연습문제 29.16을 참조).

29.2 금리캡과 금리플로어

금융기관들이 장외시장에서 제공하는 금리옵션 중 인기 있는 옵션이 금리캡이다. 금리캡을 가장 쉽게 이해하기 위하여 정기적으로 관측되는 LIBOR에 따라 이표율이 변동하는 변동금 리채권(floating rate note)이 있다고 하여보자. 변동금리채권의 금리조정일 사이의 기간을 기준기간(tenor)이라고 하는데 기준기간은 3개월이라고 가정하자. 이 경우 현재의 3개월 LIBOR 이자율이 처음 3개월 동안에 변동금리채권에 적용되는 이자율이 되고, 3개월후 시점 에서의 3개월 만기 LIBOR 이자율이 그 후 3개월 시점에 적용되는 이자율이 된다.

금리캡은 이자율이 일정 수준 이상으로 올라가지 않도록 하는 보험기능을 제공한다. 이일 정 수준의 금리를 캡금리(cap rate)라고 한다. 예를 들어 원금이 1천만 달러, 만기는 5년, 캡금 리는 연 4%인 금리캡이 있다고 하여 보자(기준기간이 3개월이므로 캡금리는 분기복리이자이 다). 이러한 캡은 변동금리채의 이표율이 4%이상으로 상승하지 않도록 해주는 보험기능을 제 공하게 된다는 것이다.

당분간은 일수 계산 문제는 무시하고 기준기간이 정확히 0.25년이라고 가정해보자(날짜 계산 문제는 본 절의 후반부에서 다룰 것이다). 특정 금리조정일에 3개월 만기 LIBOR가 5% 라고 가정하면 변동금리채권 발행자는 3개월 후에 12만 5천 달러의 이자를 지급해야 한다.

$$0.25 \times 0.05 \times 10{,}000{,}000\text{달러} = 125{,}000\text{달러}$$

그런데 4%의 3개월 LIBOR 이자율에 대한 이자는 10만 달러이다.

$$0.25 \times 0.04 \times 10{,}000{,}000\text{달러} = 100{,}000\text{달러}$$

따라서 금리캡은 125,000 - 100,000 = 25,000달러의 이득을 제공한다. 이때 캡의 이득은 LIBOR 이자율 5%가 관찰되는 시점에서 계산되지만 실제로는 3개월 후에 지급된다는 점에 주의해야 한다. 즉, 이자율이 관찰되어 결정되는 시점과 이득이 지급되는 시점 간에 시차가 존 재한다는 것이다.

금리캡계약에서는 만기 동안의 매 금리조정일에 LIBOR를 관찰하게 된다. 이때 만약 LIBOR가 4%보다 낮으면 3개월 후에 금리캡으로부터는 아무런 이득도 발생하지 않는다. 그 러나 LIBOR가 4%보다 높으면 LIBOR가 4%를 초과하는 만큼의 이자를 1천만 달러에 적용 해 계산한 금액의 1/4이 캡의 이득이 된다. 그런데 캡 개시 시점의 LIBOR가 캡금리보다 높 더라도 첫 금리조정일에서는 아무런 이득도 발생하지 않도록 금리캡이 설계되어 있다는 점에 주의해야 한다. 앞의 예에서 금리캡의 만기는 5년이다. 따라서 총 19번의 금리조정일(즉, 0.25, 0.5, 0.75, . . . , 4.75년 후)이 있으며 금리캡으로부터 발생한 19번의 이득이 금리조정일 3개월 후(즉, 0.5, 0.75, 1.00, . . . , 5.00년 후)에 발생한다.

금리옵션 포트폴리오로서의 캡

원금이 L, 캡금리가 R_K인 금리캡을 고려해보자. 금리조정일이 각각 $t_1, t_2, \ldots, t_n$이고 $t_{n+1} = T$라고 정의하여보자. R_k를 t_k $(1 \leqslant k \leqslant n)$시점에서 관측된 t_k시점과 t_{k+1}시점 간의 LIBOR 이자율 로 정의하여보자. 이때 t_{k+1} $(k = 1, 2, \ldots, n)$시점에서 지급되는 금리캡의 이득은 다음과 같다.

$$L\delta_k \max(R_k - R_K,\ 0) \tag{29.5}$$

여기서 $\delta_k = t_{k+1} - t_k$이다.[1] R_k와 R_k 모두 기준기간의 복리기준(예를 들어 금리조정일이 반 년마다 이루어지면 반년 복리기준)으로 표시된다.

식 (29.5)는 t_k시점에서의 LIBOR에 대한 콜옵션 이득을 나타내는데 이득은 실제로는 t_{k+1}시점에 지급된다. 캡은 이와 같은 n개의 옵션들의 포트폴리오로 이해할 수 있다. LIBOR를관 측하는 시점은 $t_1, t_2, t_3, \ldots, t_n$이고, 계산된 이득은 $t_2, t_3, t_4, \ldots, t_{n+1}$에 지급된다. 이러한 캡을 구성하는 각각의 n개의 옵션을 캡레트(caplet)라고 부른다.

채권옵션 포트폴리오로서의 캡

금리캡은 무이표채에 대한 풋옵션의 포트폴리오로 이해할 수도 있는데, 이때 풋옵션의 이득 은 이득 계산 시점에서 지급되는 경우이다. 이를 이해하기 위해서는 우선 t_{k+1}시점에서 지급 되는 식 (29.5)의 이득은 다음과 같이 t_k 시점에서의 이득으로 변환시킬 수 있음을 파악할 필요가 있다 .

$$\frac{L\delta_k}{1 + R_k\delta_k}\max(R_k - R_K,\ 0)$$

그런데 위의 식을 정리하면 다음과 같다.

$$\max\left[L - \frac{L(1 + R_K\delta_k)}{1 + R_k\delta_k},\ 0\right] \tag{29.6}$$

그런데 위의 식에서

$$\frac{L(1 + R_K\delta_k)}{1 + R_k\delta_k}$$

1 일수 계산 문제는 본 절의 후반부에서 다루기로 한다.

는 t_{k+1} 시점에서 $L(1 + R_K\delta_k)$를 지급하는 무이표채의 t_k 시점에서의 가치이다. 따라서 식 (29.6)은 결국 채권 액면가가 $L(1 + R_K\delta_k)$이고 만기일이 t_{k+1} 인 무이표채에 대한 만기일 t_k, 행사가격 L인 풋옵션으로부터의 이득이 된다. 그러므로 금리캡은 무이표채에 대한 유러피언풋옵션의 포트폴리오로 간주할 수 있게 된다는 것이다.

플로어와 칼라

금리플로어(interest rate floor)와 금리칼라(interest rate collar, floor-ceiling agreement라고도 함)는 금리캡과 유사한 방법으로 정의된다. 플로어는 기초자산인 변동금리 채권의 이자율 이 일정 수준 이하로 하락하면 이득을 제공하는 계약인데 앞에서 사용한 기호를 이용하면 플 로어는 t_{k+1} $(k = 1, 2, \ldots, n)$ 시점에서 다음과 같은 이득을 지급한다.

$$L\delta_k \max(R_K - R_k,\ 0)$$

금리캡이 이자율에 대한 콜옵션 포트폴리오라면 금리플로어는 이자율에 대한 풋옵션 포트폴 리오라고 할 수 있다. 플로어를 구성하는 각각의 개별 옵션은 플로어레트(floorlet)라고 한다. 한편, 칼라는 기초 변동금리채권의 이자율이 항상 두 값 사이가 되도록 보장하는 계약으로서 칼라는 캡 매입포지션과 플로어 매도포지션의 합성 포지션으로 이해할 수 있다. 칼라는 계약 초기에는 캡의 가격과 플로어의 가격과 일치하도록 설정하는 것이 일반적인데 이 경우 칼라 의 투자비용은 0가 된다.

[실무사례 29.1]에서는 캡과 플로어 간에 성립하는 풋-콜-패리티에 대하여 설명하고 있다.

캡과 플로어의 가치평가

식 (29.5)에서도 알 수 있듯이 t_k시점에서의 금리에 상응하는 캡레트로부터는 t_{k+1} 시점에서 다음과 같은 이득이 지급된다.

$$L\delta_k \max(R_k - R_K,\ 0)$$

표준시장 모형에 의하면 이러한 캡레트의 가치는 다음과 같다.

$$L\delta_k P(0,\ t_{k+1})[F_k N(d_1) - R_K N(d_2)] \tag{29.7}$$

단,

$$d_1 = \frac{\ln(F_k/R_K) + \sigma_k^2 t_k/2}{\sigma_k\sqrt{t_k}}$$

$$d_2 = \frac{\ln(F_k/R_K) - \sigma_k^2 t_k/2}{\sigma_k\sqrt{t_k}} = d_1 - \sigma_k\sqrt{t_k}$$

여기서 F_k는 0시점에서의 t_k 시점과 t_{k+1} 시점 기간 동안의 선도이자율이고, σ_k는 이 선도이자율의 변동성을 의미한다. 위의 식은 블랙 모형을 자연스럽게 확장한 결과이다. 변동성 σ_k에 $\sqrt{t_k}$ 를 곱하는 이유는 이자율 R_k를 t_k 시점에서 관찰하기 때문이고 할인 요소가 $P(0,\ t_{k+1})$ 인 이유 는 옵션의 이득이 t_k 시

실무사례 29.1 캡과 플로어 간의 풋-콜 패리티

캡과 플로어의 가격 간에는 다음과 같은 풋-콜 패리티가 성립한다.

캡의 가치 = 플로어의 가치 +스왑의 가치

여기서 캡과 플로어의 행사가격은 RK로 동일해야 한다. 또한 스왑은 LIBOR를 수령하고 고정이자율 R_K를 지급하지만, 첫 금리조정일에는 현금흐름이 발생하지 않는 비표준형의 스왑이다. 세 계약 모두 잔존만기가 동일하며 현금흐름 발생빈도도 동일한 경우이다.

위의 결과가 사실임을 증명하기 위하여 캡에 롱포지션을 취하고 플로어에 숏포지션을 취한 포트폴리오가 있다고 하자. 이때 캡에서는 LIBOR가 R_K보다 큰 경우 LIBOR− R_K 만큼의 현금흐름이 발생하게 된다. 한편, 플로어 숏포지션에서는 LIBOR가 R_K보다 작은 경우 −(R_K − LIBOR) = LIBOR − R_K 만큼의 현금흐름이 발생하게 된다. 즉, 어떤 경우에도 이 포트폴리오로부터는 LIBOR − R_K 만큼의 현금흐름이 발생하게 된다.

그런데 이 현금흐름은 스왑에서 발생하는 현금흐름과 동일하다. 따라서 이 포트폴리오의 가치(캡의 가치 − 플로어의 가치)는 스왑의 가치와 일치하여야만 한다.

스왑계약은 0시점의 LIBOR 이자율에 따라 결정된 현금흐름이 첫 금리조정일에서 발생한다. 그러나 캡과 플로어의 경우 첫 금리조정일에는 현금흐름이 발생하지 않도록 설정하는 것이 일반적이다. 이것이 위의 풋-콜 패리티에 첫 금리조정일에는 현금흐름이 발생하지 않는 비표준형 스왑계약을 포함하게 되는 이유이다.

점이 아니라 t_{k+1} 시점에서 지급되기 때문이다. 마찬가지로 플로어레트의 가치는 다음과 같다.

$$L\delta_k P(0, t_{k+1})[R_K N(-d_2) - F_k N(-d_1)] \tag{29.8}$$

예제 29.3

1년 후 시점에서 3개월 동안 1만 달러 대출에 대하여 연 8%(분기복리 기준)의 LIBOR 캡 금리를 적용하는 계약이 있다고 하자. 이 계약은 캡레트일 수도 있고 캡의 일부일 수도 있다. 캡레트가 적용되는 기간 동안의 선도 LIBOR 금리는 분기복리 기준 연 7%이며 이 선도 금리의 변동성은 연 20%이다. 연속복리 기준 무위험 이자율은 모든 만기에 대해 6.5%이다. 식 (29.7)에서 F_k = 0.07, δ_k = 0.25, L = 10, R_K = 0.08, t_k = 1.0, t_{k+1} = 1.25, $P(0, t_{k+1}) = e^{-0.065\times 1.25} = 0.9220$, σ_k = 0.20이 된다. 따라서

$$d_1 = \frac{\ln(0.07/0.08) + 0.2^2 \times 1/2}{0.20 \times 1} = -0.5677$$

$$d_2 = d_1 - 0.20 = -0.7677$$

이고 캡레트의 가격은 다음과 같다

$$0.25 \times 10 \times 0.9220[0.07N(-0.5677) - 0.08N(-0.7677)] = 0.00519$$

즉, 5,190달러가 된다. 이 결과는 DerivaGem을 이용해서도 계산할 수 있다.

캡을 구성하는 각각의 캡레트는 식 (29.7)을 이용하여 가치를 평가해야만 한다. 마찬가지로 플로어를 구성하는 각각의 플로어레트는 식 (29.8)을 이용하여 가치를 평가해야만 한다. 이 때 각각의 캡레트(또는 플로어레트)에 대하여 각각 다른 변동성을 적용하는 방법이 있다. 이 때 사용하는 변동성을 현물변동성이라고 한다. 또 다른 방법은 모든 캡레트(플로어레트)에대 하여 동일한 변동성을 사용하되, 캡(플로어)의 만기에 따라 변동성을 조정하는 방법이다. 이러한 변동성을 수평변동성이라고 한다.[2] 수평변동성은 현물변동성의 누적평균과 유사하며 따라서 만기의 함수이기 때문에 변동이 적다. 거래소에서 호가되는 변동성은 주로 수평변동성이다. 그러나 거래자들은 현물변동성을 추정하기를 선호하는데 이를 이용하면 과소평가되거나 과대평가된 캡레트(플로어레트)를 찾아낼 수 있기 때문이다. 즉, 유로달러선물에 대한 풋 (콜)옵션이 캡레트(플로어레트)와 매우 비슷하므로, 3개월 리보금리에 대한 캡레트와 플로어 레트에 이용되는 현물변동성들을 유로달러에 대한 선물옵션의 가격에서 계산되는 현물변동성들과 비교할 수 있다.

캡레트/플로어레트 가격으로부터 추정된 내재변동성에는 미소(smile) 또는 왜곡(skew)이 존재한다. 몇몇의 애널리스트들은 27장 2절에 소개된 SABR 모형을 사용하여 이를 모형화 한다. 이는 미소의 움직임과 관련된 위험을 관리하는데 유용할 수 있다.

모형의 이론적 합리화

t_{k+1} 시점이 만기일인 무이표채 가치척도에 의해 정의된 세계를 고려함으로써 캡레트의 가치평 가를 위해 사용하는 블랙 모형이 내부적 일관성을 갖춘 모형이라는 것을 증명할 수 있다. 우선 28장 4절의 분석에 따르면 다음과 같은 사실이 성립함을 기억해보자.

1. 어떤 증권의 현재가치는 이 세계에서 t_{k+1} 시점에서의 기대이득에 t_{k+1} 시점이 만기인 무이표채의 가격을 곱한 값이다 [식 (28.20) 참조].
2. t_k 와 t_{k+1} 기간 동안의 이자율의 기대값은 이 세계에서의 선도이자율과 일치한다[식 (28.22) 참조.

앞에서 소개한 기호를 사용하면 (1)의 결과는 t_{k+1} 시점에 이득을 지급하는 캡레트의 가격이

$$L\delta_k P(0, t_{k+1})E_{k+1}[\max(R_k - R_K, 0)] \tag{29.9}$$

이 되어야 함을 의미하는데 E_{k+1}는 t_{k+1} 시점이 만기일인 무이표채 가치척도에 의해 정의된 세계에서의 기대값이다. 캡의 기초자산인 선도이자율(초기값 F_k)이 일정한 변동성 σ_k를 갖는다고 가정하면 R_k는 위험중립세계에서 대수정규분포를 따르게 되고 이때 $\ln(R_k)$의 표준편차는 $\sigma_k\sqrt{t_k}$ 이다. 식 (15A.1)를 이용하면 식 (29.9)는 다음과 같이 정리된다.

$$L\delta_k P(0, t_{k+1})[E_{k+1}(R_k)N(d_1) - R_K N(d_2)]$$

2 수평변동성과 현물변동성은 한 값이 주어지면 다른 값을 계산할 수 있다(연습문제 29.20 참조).

$$d_1 = \frac{\ln[E_{k+1}(R_k)/R_K] + \sigma_k^2 t_k/2}{\sigma_k \sqrt{t_k}}$$

단,

$$d_2 = \frac{\ln[E_{k+1}(R_k)/R_K] - \sigma_k^2 t_k/2}{\sigma_k \sqrt{t_k}} = d_1 - \sigma_k \sqrt{t_k}$$

한편, (2)의 결과는 다음을 의미한다.

$$E_{k+1}(R_k) = F_k$$

위의 결과들을 요약하면 결국 식 (29.7)의 캡 가치평가 모형으로 귀결된다. 우리가 이용한 28장 4절의 결과들은 어떠한 수익률 곡선이 R_k와 F_k를 정의하기 위해 사용된 경우에도 성립한다.(수익률 곡선은 반드시 $P(0, t_{k+1})$의 기초가 되는 무위험 수익률 곡선이어야 할 필요는 없다.) 식 (29.7)은 따라서 이익을 할인하기 위해 LIBOR 를 사용하고 OIS 기간구조가 무위험이자율을 정의하는 일반적인 상황에서도 유효한 이론적 근거를 갖는다.

DerivaGem의 이용

본 교과서에 첨부된 DerivaGem 프로그램 내의 블랙 모형을 이용하여 금리캡과 플로어의 가치를 평가할 수 있다. 이를 위해서는 우선 Cap_and_Swap_Option 워크시트에서 Underlying Type로 Cap/Floor를 선택하고 Pricing Model로는 Black-European을 선택하면 된다. 복리빈도가 기준기간에 상응하는 LIBOR 선도금리는 입력 변수이다. 이는 Fk를 결정하는데 사용된다. 연속복리 기준 OIS 금리는 할인요인 P(0, tk+1)를 결정하는 입력 변수이다 나머지 입력 변수는 캡이 존속하는 기간의 시작일과 종료일, 수평변동성, 기준기간 등이다. 이때 DerivaGem 프로그램은 캡의 만 료일부터 개시일로 역행하면서 각 지급일을 계산하며, 첫 번째 캡레트와 플로어레트는 정상 적인 기간의 0.5~1.5배 사이의 기간에 걸치는 것으로 가정한다. 예를 들어서 전체 캡기간이 1.22~2.80년 사이이고 금리는 분기별로 조정된다고 하자. 이러한 경우에는 2.55~2.80년, 2.30~2.55년, 2.05~2.30년, 1.80~2.05년, 1.55~1.80년, 1.22~1.55년까지 총 6개의 기간에 해당하는 6개의 캡레트가 존재함을 의미한다.

일수 계산방법의 영향

지금까지 소개한 모형들은 일수 계산방법을 반영하지 않은 모형들이다(6장 1절 참조). 만약 캡금리 R_k가 (미국시장에서 통상적으로 이용되는) 실제 일수/360의 방법으로 표시되어 있다고 하여보자. 이는 앞에서 소개한 모형들에서 δ_k를 a_k, 즉 시점 t_k와 t_{k+1} 간의 실 제 일수를 반영한 가중치로 바꾸어야 함을 의미한다. 예를 들어 t_k는 5월 1일이고 t_{k+1}은 8월 1 일이라고 해보자. 실제 일수/360의 방법을 이용하면 기준기간은 92일이 되므로 $a_k = 92/360 = 0.2526$이 된다. 이때 선도이자율도 실제 일수/360의 방법으로 표시하여야 한다. 따라서 선 도이자율은 다음 식을 만족시키는 값이라야 한다.

$$1 + a_k F_k = \frac{P(0, t_k)}{P(0, t_{k+1})}$$

이와 같은 조정은 δ_k를 실제 일수/실제 일수(actual/actual) 기준으로 계산하고, R_K를 실제일 수/360 (actual/360) 기준에서 실제 일수/실제 일수 기준으로 변환시키는 동시에 F_k도 실제 일수/실제 일수 기준으로 계산하는 것과 같은 의미를 갖게 되는데 이때 F_k는 다음 식을 만족 시키는 값이라야 한다.

$$1 + \delta_k F_k = \frac{P(0, t_k)}{P(0, t_{k+1})}$$

Negative Rates

마이너스 금리는 2014년 금융시장의 특징이 됐다. 2016년 전반기 말까지 스웨덴 크로나, 덴마크 크론, 일본 엔, 유로, 스위스 프랑의 금리는 음(-)이었다. 10조 달러에 달하는 전세계 국채가 마이너스 수익률을 갖는 것으로 추정됐다.

경제학의 관점에서 마이너스 금리는 말이 되지 않는다. 마이너스 금리는 모형을 만드는 사람들에게도 어려움을 안겨주었다. 캡(cap) 그리고 플로어(floor)를 가치평가 하기 위한 표준시장모형은 관련된 미래 이자율이 대수정규분포를 따른다고 가정하기 때문에 음의 값을 가질 수 없다. 이에 대응하기 위한 손쉬운 방법은 수정로그정규모형(shifted lognormal model)을 사용하는 것이다. 이 모형에서는 미래 이자율에 스프레드 를 더한 값이 대수정규분포를 따른다고 가정한다. 캡과 플로어는 F_k를 $F_k + \alpha$ 그리고 R_K를 $R_K + \alpha$로 대체하여 식 (29.7)과 (29.8)에 의해 가치평가 될 수 있다. 수정 α는 수평변동성과 사용될 때 가끔 캡/플로어의 만기에 의존한다. SABR 모형은 유사한 방식을 통해 조정될 수 있으며 수정 SABR 모형이 된다.

또 다른 대안은 Bachelier 정규모형을 사용하는 것이다. 가치척도 $P(0, t_{k+1})$에 의해 정의되는 세상에서, (t_k, t_{k+1})의 금리에 대한 캡레트의 기초가 되는 선도금리를 위한 과정이 표준시장모형에서는 다음과 같다고 가정된다.

$$dF_k = \sigma_k F_k \, dz$$

여기서 dz는 위너과정이다. Bachelier 정규모형에서는 선도금리가 다음과 같은 과정을 따른다고 가정한다.

$$dF_k = \sigma_k^* \, dz$$

상응하는 27장의 마팅게일 척도 결과와 일치하며 두 과정 모두 마팅게일이다. Bachelier 모형에서는 기초 금리가 대수정규분포가 아닌 정규모형으로 귀결되며 따라서 금리가 음의 값을 가질 수 있다. 캡레트를 위한 식 (29.7)은 다음과 같이 변한다.

$$L\delta_k P(0, t_{k+1})\left[(F_k - R_K)N(d) + \sigma_k^* \sqrt{t_k} N'(d)\right]$$

그리고 플로어레트를 위한 식 (29.8)은 다음과 같이 변한다.

$$L\delta_k P(0, t_{k+1})\left[(R_K - F_k)N(-d) + \sigma_k^* \sqrt{t_k} N'(d)\right]$$

단,

$$d = \frac{F_k - R_K}{\sigma_k^* \sqrt{t_k}}$$

그리고 $N'(x)$는 정규분포의 밀도(density) 함수이다 (식 (19.2) 참고). 두 모형에서 변동성 모수인 σ_k와 σ_k^*는 상당히 다름에 주의하라. 예를 들어 선도 금리가 3%일 때 σ_k는 33%인 반면 σ_k^*는 대략 1%이다. DerivaGem 4.00에서 Bachelier 정규모형과 수정 대수정규모형은 캡, 플로어, 그리고 스왑션에 대해 적용가능하다.

29.3 유러피언스왑옵션

스왑옵션(swap option) 또는 스왑션(swaptions)은 금리스왑을 기초자산으로 하는 옵션으로 최근에 급속히 인기를 얻고 있는 금리옵션의 한 형태이다. 스왑옵션의 소유자는 미래의 어느 시점에서 특정 금리스왑에 참여할 수 있는 권리를 갖는다(물론 소유자가 권리를 행사해야 할 의무는 없음). 기업 고객들과 금리스왑계약을 거래하는 대규모 금융기관들이 스왑션, 즉 스왑 옵션을 기업들에게 매도하거나 또는 기업들로부터 매입하는 주체가 된다. [실무사례 29.2]에서 설명하는 바와 같이 스왑션은 채권옵션의 한 유형으로 볼 수도 있다.

스왑옵션이 어떻게 사용되는지 알아보기 위해 다음과 같은 기업을 고려해보자. 어떤 기업 이 6개월 후에 LIBOR 금리와 연동되어 있는 변동금리로 5년 만기의 차입을 할 계획인데 이러한 차입을 고정금리 차입으로 전환하고자 한다(이 경우에 스왑을 어떻게 이용할 수 있는지는 7장을 참고). 이 기업은 일정 한 가격을 지불하고 스왑옵션을 매입함으로써, 6개월 후부터 5년 동안 6개월 LIBOR를 받고 고정금리(예를 들어 연 3%)를 지급하는 권리를 획득할 수 있다. 만약 6개월 후에 5년 만기스 왑의 스왑이자율이 연 3% 미만이면 이 기업은 옵션을 행사하지 않고 스왑시장에서의 금리로 스왑계약을 체결할 것이다. 그러나 3%를 초과하면 이 기업은 옵션을 행사하여 시장에서보다 유리한 조건으로 스왑계약을 체결할 수 있게 될 것이다.

이와 같은 방법으로 스왑옵션을 이용하게 되면 스왑옵션은 미래에 차입할 계획이 있는 기 업에게 이자율 상승에 대한 보호 수단을 제공해줄 수 있다. 따라서 스왑옵션은 선도스왑(for- ward swap) 또는 이연스왑(deferred swap)을 대체할 수 있는 좋은 대안이 된다. 왜냐하면 선 도스왑에서는 계약 체결 시의 비용은 발생하지 않지만 만기일에 반드시 스왑계약을 체결해야 하는 의무를 갖는 반면에, 스왑옵션의 경우 옵션 매입 시 비용을 부담하기는 하지만 불리한 이자율 변화에 대해서는 보호를 받을 수 있는 동시에 유리한 이자율 변동으로부터는 이익을 볼 수 있기 때문이다. 이는 스왑옵션과 선도스왑 간의 차이가 통화옵션과 통화선도계약 간의 차이점과 유사하다고 생각하면 쉽게 이해할 수 있을 것이다.

유러피언스왑옵션의 가치평가

7장에서 설명한 바와 같이 일정 시점에서 특정 만기의 스왑이자율(swap rate)이란 해당 만기 의 신규 스왑계약에서 LIBOR와 교환되는 고정금리(매입률과 매도율의 중간값)를 의미한다. 그런데 아래에서 소개할 유러피언스왑옵션의 가치평가 모형은 옵션만기일에서의 스왑이자율 이 대수정규분포를 따른다고 가정하고 있다. 이제 T년 후부터 시작하여 n년 간 지속되는 스왑 계약에서 s_K의 고정금리를 지급하

실무사례 29.2 스왑션과 채권옵션

7장에서 설명한 바와 같이 금리스왑은 고정금리 채권과 변동금리 채권을 교환하는 계약으로 간주할 수 있다. 스왑 개시 시점에서 변동금리 채권의 가치는 항상 스왑의 원금액과 일치하게 마련이다. 따라서 스왑션은 고정금리 채권을 스왑의 원금액과 교환하는 옵션, 즉 일종의 채권옵션으로 간주할 수 있다.

만약 스왑션이 고정금리를 지불하고 변동금리를 수령하는 경우라면 이는 고정금리 채권에 대한 풋옵션이 되며 이때 행사가격은 채권의 원금과 동일하다. 반면에 스왑션이 변동금리를 지불하고 고정금리를 수령하는 경우라면 이는 고정금리 채권에 대한 콜옵션이 되며 이때 행사가격은 채권의 원금과 동일하다.

고 LIBOR를 받을 수 있는 권리를 옵션 소유자에게 부여하는 옵션을 고려해보자. 원금은 L, 연간 이자 지급횟수는 m이라고 하자.

7장에서 설명한 바와 같이 일수 계산방법 때문에 스왑계약에서의 각 현금흐름은 매번 약 간씩 달라질 수 있다. 그래서 당분간은 이를 무시하고 각 현금흐름이 이자율에 L/m을 곱한 금액이라고 가정하기로 한다. 일수 계산방법의 영향에 대해서는 본 절의 후반부에서 다루기 로 한다.

스왑옵션의 만기일에서의 n년 만기스왑의 스왑이자율을 s_T 이라고 하자. 고정금리가 s_T인 스왑의 현금흐름과 고정금리가 s_K인 스왑의 현금흐름을 비교하면 스왑옵션으로부터의 이득은 다음과 같은 일련의 현금흐름이 된다는 것을 알 수 있다.

$$\frac{L}{m}\max(s_T - s_K,\ 0)$$

이러한 스왑옵션의 소유자는 스왑의 잔존기간인 n년 동안 매년 m번의 현금흐름을 받게 된다. 한편, 지급일(payment date)은 스왑계약일로부터 연 단위로 측정하여 $T_1, T_2, \ldots, T_{mn}$(대략 $T_i = T + i/m$이다)이라고 가정한다. 이때 각각의 현금흐름은 기초자산 s_T에 대한 행사가격 s_K인 콜옵션이 된다.

캡이 이자율에 대한 옵션의 포트폴리오인 반면에 스왑션은 스왑률에 대한 개별 옵셥이며 동일한 이득이 반복되어 거급되는 옵션이다. 표준시장 모형에 의하면 s_K를 지불할 권리인 스왑션의 가치는 다음과 같다.

$$\sum_{i=1}^{mn} \frac{L}{m} P(0, T_i)[s_F N(d_1) - s_K N(d_2)]$$

단,

$$d_1 = \frac{\ln(s_F/s_K) + \sigma^2 T/2}{\sigma\sqrt{T}}$$

$$d_2 = \frac{\ln(s_F/s_K) - \sigma^2 T/2}{\sigma\sqrt{T}} = d_1 - \sigma\sqrt{T}$$

여기서 s_F는 0시점의 선도 스왑 이자율, σ는 선도 스왑 이자율의 변동성이다(따라서 $\sigma\sqrt{T}$는 $\ln s_T$의 표준편차).

위의 식은 블랙 모형을 자연스럽게 확장한 모형이 된다. 변동성 σ에는 $\sqrt{T}$를 곱하고, 항은 $\sum_{i=1}^{mn} P(0, T_i)$개의 현금흐름에 대한 현재가치 요소일 뿐이다. 이제 T_i $(1 \leqslant i \leqslant mn)$시점에서 $1/m$을 지불하는 계약의 현재가치를 A라고 정의하면 스왑션의 가치는 다음과 같다.

$$LA[s_F N(d_1) - s_K N(d_2)] \tag{29.10}$$

단,

$$A = \frac{1}{m}\sum_{i=1}^{mn} P(0, T_i)$$

한편, 스왑옵션이 고정금리 s_K를 지불하는 것이 아니라 받을 수 있는 권리를 부여한다고 하면 스왑옵션의 이득은 다음과 같다.

$$\frac{L}{m}\max(s_K - s_T,\ 0)$$

이는 s_K에 대한 풋옵션으로부터의 이득이 되는데 앞에서와 마찬가지로 이득은 시점 T_i $(1 \leqslant i \leqslant mn)$에서 받는다고 하자. 표준시장 모형에 의하면 이러한 스왑션의 가치는 다음과 같다.

$$LA[s_K N(-d_2) - s_F N(-d_1)] \tag{29.11}$$

DerivaGem은 블랙의 모형을 사용해 스왑션을 가치평가 하는데 이용될 수 있다. Cap_and_Swap_Options 워크시트에서 Swap_Options을 Underlying Type, Black-European을 가격결정 모형으로 선택한다. LIBOR 선도 금리를 LIBOR 선도 스왑 금리를 결정하는데 사용된다. 만약 이 선도 스왑 금리가 알려져 있다면, LIBOR 선도 스왑 금리는 고정적이고 같은 알려진 금리로 입력될 수 있다.

예제 29.4

LIBOR 수익률곡선이 연 6%에서 수평이라고 가정해보자(연속복리 기준). 5년 후에서 작하는 3년 만기스왑에서 연 6.2%를 지불할 권리를 옵션소유자에게 부여하는 스왑옵 션이 있다고 해보자. 이지급은 6개월에 한번씩 이루어지며 원금은 1억달러이다. 선도 스왑금리는 연속복리 기준 6.1%이며 반년복리 기준 6.194%로 전환될 수 있다. 선도 스왑금리의 변동성은 20%이다. 이 경우

$$A = \tfrac{1}{2}(e^{-0.06\times5.5} + e^{-0.06\times6} + e^{-0.06\times6.5} + e^{-0.06\times7} + e^{-0.06\times7.5} + e^{-0.06\times8}) = 2.0035$$

또한 $s_F = 0.06194$, $s_K = 0.062$, $T = 5$, $\sigma = 0.2$가 된다. 따라서

$$d_1 = \frac{\ln(0.06194/0.062) + 0.2^2 \times 5/2}{0.2\sqrt{5}} = 0.2214$$
$$d_2 = d_1 - 0.2\sqrt{5} = -0.2258$$

식 (29.10)에 따라 스왑션의 가치(백만 달러 단위)는 다음과 같다.

$$100 \times 2.0035 \times [0.06194 \times N(0.2214) - 0.062 \times N(-0.2258)] = 2.19$$

즉, 스왑옵션의 가격은 2.19달러가 된다(이 가격은 DerivaGem에 의한 계산 결과와 동일하다).

스왑옵션 모형의 이론적 합리화

연금 현재가치 요소 A 가치척도에 의해 정의된 세계를 고려함으로써 우리는 스왑옵션의 가치평 가를 위한 블랙 모형이 내부적으로 일관성 있는 모형임을 보일 수 있다. 우선 다음과 같이 28장 4절의 분석 결과를 요약해보자.

1. 어떤 증권의 현재가치는 이러한 세계에서 "T시점에서의 증권가격/T시점에서의 연금가치"의 기대값에 연금의 현재가치 요소를 곱한 값이다(식 (28.25) 참조).

$$\frac{T\text{시점에서의 증권가격}}{T\text{시점에서의 연금가치}}$$

2. 이 세계에서 T시점에서의 스왑이자율의 기대값은 선도스왑이자율과 동일하다(식 (28.24)참조).

(1)에서의 결과를 적용하면 스왑션의 가치는 다음과 같다.

$$LAE_A[\max(s_T - s_K,\ 0)]$$

그런데 식(15A.1)에 따르면 위의 식은 다음과 같이 정리할 수 있다.

$$LA[E_A(s_T)N(d_1) - s_K N(d_2)]$$

단,

$$d_1 = \frac{\ln[E_A(s_T)/s_K] + \sigma^2 T/2}{\sigma\sqrt{T}}$$

$$d_2 = \frac{\ln[E_A(s_T)/s_K] - \sigma^2 T/2}{\sigma\sqrt{T}} = d_1 - \sigma\sqrt{T}$$

한편, (2)에서의 결과는 $E_A(s_T)$가 s_F와 같다는 것을 의미한다. 이 결과들을 종합하면 위의 식은 식 (29.10)의 스왑옵션 평가 모형과 동일한 공식이 된다. 이것은 기대 스왑이자율이 선도스왑이 자율과 같다고 가정하면 할인 목적상 이자율은 일정하다고 가정해도 괜찮다는 것을 보여준다. 28장 4절의 결과들은 이 이론적 결과가 기초 스왑의 변동금리가 무위험이자율과 동일하지 않는 경우에도 유효하다는 것을 보여준다.

일수 계산방법의 영향

앞에서 소개한 모형들은 일수 계산방법을 고려함으로써 좀 더 정교한 모형이 될 수 있다. 스 왑션의 기초자산이 되는 스왑계약의 고정이자율은 보통 실제 일수/365 또는 실제 일수/360 의 형태로 표시한다. $T_0 = T$이고 T_{i-1}과 T_i 사이의 기간에 위의 두 가지 방법 중 하나를 이용한 가중치가 a_i라고 가정하여보자(예를 들어 만약 T_{i-1}이 3월 1일이고 T_i가 9월 1일이며 일수 계산방법은 실제 일수/365인 경우 $a_i =$

184/365 = 0.5041이다). 앞에서의 모형들은 연금요소 A를 다음과 같이 정의하게 되면 정확한 공식이 된다.

$$A = \sum_{i=1}^{mn} a_i P(0, T_i)$$

Negative Rates

스왑션의 가치를 평가할 때 수정 대수정규모형이 마이너스 금리의 가능성을 다루기 위해 사용될 수 있다. s_F를 $s_F + \alpha$, R_K를 $R_K + \alpha$로 대체하여 식 (29.10)와 (29.11)을 사용할 수 있다. 수정은 실제로는 옵션의 만기와 기초 스왑의 만기에 의존한다. Bachelier 정규모형 역시 사용될 수 있다. 옵션 소유자가 s_K를 지급할 권리를 갖는다면, 식 (29.10)은 다음과 같아진다.

$$LA\left[(s_F - s_K)N(d) + \sigma^* \sqrt{T} N'(d)\right]$$

$$LA\left[(s_K - s_F)N(-d) + \sigma^* \sqrt{T} N'(d)\right]$$

단 $\sigma^* \sqrt{T}$는 s_T의 표준편차이며 d는 다음과 같다.

$$d = \frac{s_F - s_K}{\sigma^* \sqrt{T}}$$

29.4 금리파생상품의 헷징

본 절에서는 금리옵션의 경우 19장에서 소개하였던 그릭문자들에 관한 내용들을 금리파생상 품으로 확장시키고자 한다.

금리옵션의 경우 델타위험은 무이표 수익률곡선의 이동과 관련된 위험이라고 할 수 있다. 그런데 무이표 수익률곡선은 다양한 형태로 이동할 수 있기 때문에 델타의 계산방법 또한 여러가지가 있을 수 있다. 자주 이용되는 델타계산방법을 소개하면 다음과 같다.

1. 무이표 수익률곡선이 1베이시스포인트 평행이동할 경우의 델타를 계산하는 방법이 있는데 이를 DV01이라고 한다.
2. 무이표 수익률곡선을 유도하는 데 이용되는 채권들의 호가가 약간 변동할 경우의 델타 를 계산하는 방법이 있다.
3. 무이표 수익률곡선(또는 선도 수익률곡선)을 몇 개의 부분(또는 구간)으로 나눈다. 다음 특정 구간 내의 이자율을 1 베이시스 포인트 변화시키고 나머지 이자율들은 그대로 둘 경우 변화를 측정한다([실무사례 6.3] 참조).
4. 22장 9절에서 소개한 주성분분석(principal component analysis)을 이용하는 방법이다. 우선 몇 개의 요인(factor)들을 선정하고 각 요인값의 변화에 대한 델타값을 계산한다. 이러한 델타값은 무이표 수익률곡선 상의 약간의 평행이동의 영향을 측정하게 되고, 두 번째 델타는 무이표 수익률곡선의 약간의 꼬임에 따른 델타를 측정한다. 이와 같은 과정 을 계속하여 여러 개의 델타를 계

산할 수 있다.

실제로 거래자들은 두 번째 방법을 선호하는데, 이들은 무이표 수익률곡선이 이동하는 유일 한 이유가 무이표 수익률곡선의 유도에 이용되는 채권들의 호가가 변하기 때문이라고 생각하 기 때문이다. 이들은 이러한 채권들의 가격 변화에서 발생하는 위험에 초점을 맞추는 것이 합 리적이라고 생각한다.

한편, 델타를 여러 개 계산할 수 있으므로 당연히 감마의 계산방법도 다양하다. 무이표 수 익률을 계산하기 위해 10개의 채권을 이용하여 이 채권들의 호가의 변화에 대한 델타를 계산 한다고 가정해보자. Π를 채권 포트폴리오 가치라고 할 때 감마는 $\partial^2 \Pi / \partial x_i \, \partial x_j$의 형태를 갖는 2차 편도함수이므로 x_i와 x_j를 각각 10개씩 선택할 수 있고 따라서 55개의 감마가 계산된다. 그러나 이것은 실무 거래자들이 다루기에는"너무 많은 수"의 감마라고 할 수 있다. 이때 한 가지 대안은 교차감마는 무시하고 $i = j$인 경우의 10개의 2차 편도함수만을 고려하는 경우 이다. 또 다른 대안은 무이표 수익률곡선의 평행이동에 대한 포트폴리오 가치의 2차 편도함수 만을 계산하여 한 개의 감마만을 계산하는 경우이다. 주성분분석에서의 첫 두 요소에 대한 감 마를 계산하는 방법도 있다.

금리옵션의 베가는 변동성 변화에 따른 위험을 측정한다. 베가를 측정할 수 있는 한 가지 방법은 모든 캡과 유러피언스왑옵션 평가에 이용되는 블랙 모형에서의 변동성을 약간 변화시 켜 이것이 금리옵션가치에 미치는 영향을 측정하는 방법이다. 그러나 이 방법은 하나의 요소 가 모든 변동성 변화의 원인이 된다는 너무나 단순한 가정에 기초하고 있다. 이보다 더 나은 방법은 캡과 스왑옵션의 변동성에 대하여 주성분분석을 하고 처음 둘 혹은 세 요인에 대한 베가를 측정하는 방법이다.

요약

블랙 모형은 유러피언 금리옵션 평가에 이용할 수 있는 인기 있는 도구라고 할 수 있다. 그런 데 이 모형의 핵심은 옵션의 기초자산가치가 옵션만기에서 대수정규분포를 한다는 데에 있 다. 즉, 유러피언 채권옵션의 경우 블랙 모형에서는 기초자산인 채권의 옵션만기 시점에서의 가격이 대수정규분포를 한다고 가정한다는 것이다. 금리캡의 경우에는 각 캡의 기초자산인 이자율이 대수정규분포를 하며 스왑옵션의 경우에는 기초자산인 스왑이자율이 대수정규분포 를 한다고 가정한다. 그런데, 이러한 금리옵션 평가 모형들은 각각의 모형 내에서는 논리적 일 관성이 있으나 상호 간에는 논리적 일관성이 없다.

블랙 모형에서는 어떤 변수의 기대값이 선도가격과 같다는 가정 아래서 파생상품의 기대 이득을 계산하고 이를 현재 시점에서 관찰되는 무이표이자율로 할인하여 가치평가를 한다. 이는 본 장에서 다룬 기본형 파생상품들에 대해서는 정확한 절차가 된다. 그러나 다음 장에서 소개하는 바와 같이 이러한 절차가 모든 경우에 옳은 것은 아니다.

참고문헌

Black, F.,"The Pricing of Commodity Contracts", 167–79. *Journal of Financial Economics*, 3 (March 1976):

Hull, J. C., and A. White. "OIS Discounting, Interest Rate Derivatives, and the Modeling of Stocahstic Interest Rate Spreads," *Journal of Investment Management*, 13, 1 (2015): 64-83.

연습문제

29.1. 어떤 기업이 연 10%의 캡금리로 3개월 LIBOR에 대한 금리캡을 매입하였다. 원금은 2천만 달 러라고 한다. 한 금리조정일에 3개월 LIBOR가 연 12%라고 하자. 이러한 금리캡에서 발생하 는 현금흐름은 얼마이고 또 언제 지급되어야 하는가?

29.2. 스왑옵션을 채권옵션의 한 유형으로 간주할 수 있는 이유를 설명하라.

29.3. 10년 만기 채권에 대한 만기 1년의 유러피언풋옵션의 가치평가에 블랙 모형을 이용하라. 단, 현재 채권가격은 125달러, 행사가격은 110달러, 1년 이자율은 연 10%, 채권가격 변동성은 연 8%이며 옵션만기까지 지급될 채권이표의 현재가치는 10달러라고 한다.

29.4. 5년 만기 금리캡의 가치평가를 위해서 (a) 현물변동성, (b) 수평변동성을 어떻게 이용할 것인지 자세히 설명하라.

29.5. 15개월 후에 시작되며 원금은 1,000달러이고 캡금리는 연 13%(분기복리 기준)인 3개월 이자 율에 대한 금리캡의 가격을 계산해보자. 이러한 금리캡기간에 해당하는 선도이자율은 연 12%(분기복리 기준)이고 18개월 무위험이자율은 연 11.5%(연속복리 기준)이며 선도이자율의 변동성은 연 12%라고 하자.

29.6. 어떤 은행에서 유러피언 채권옵션의 평가를 위해서 블랙 모형을 사용하고 있다. 이때 10년 만 기 채권에 대한 5년 만기옵션의 내재 가격변동성을 같은 만기의 채권에 대한 9년 만기옵션의 평가를 위해서 사용한다고 가정할 경우 가치평가 결과는 고평가될 것인지 또는 저평가될 것인 지 설명하라.

29.7. 5년 만기 채권에 대한 4년 만기 유러피언콜옵션의 가치를 블랙 모형을 이용하여 계산하라. 단, 5년 만기 채권의 현물가격은 105달러, 동일한 이표의 4년 만기 채권의 현물가격은 102달러이며 모두 원금이 100달러이다. 행사가격은 100달러, 4년 무위험이자율은 연속복리 기준으로 연 10%, 4년 후 옵션의 기초가 되는 채권에 대한 선도 채권가격의 변동성은 연 2%라고 하자.

29.8. 10년 후에 만기인 채권에 대한 5년 만기 풋옵션에 대한 수익률 변동성이 22%라고 할 경우 이 옵션을 어떻게 평가할 것인가? 단, 현재의 이자율에 기초하면 옵션만기 시 채권의 수정 듀레이션은 4.2년이고 채권의 선도수익률은 7%라고 가정한다.

29.9. 금리캡의 행사가격과 금리플로어의 행사가격이 같은 경우, 5년 만기의 가치 0인(zero-cost) 칼 라와 동일한 계약은 어떤 것인가? 이때 행사가격은 그러한 계약에서 무엇에 해당하는가?

29.10. 유러피언 채권옵션에 대한 풋-콜 패리티를 유도하라.

29.11. 유러피언스왑옵션에 대한 풋-콜 패리티를 유도하라.

29.12. 금리캡의 내재 블랙 (수평)변동성이 플로어의 내재 블랙 (수평)변동성과 다른 경우 차익거래 기회가 존재하는 이유를 설명하라.

29.13. 채권가격이 대수정규분포인 경우 채권수익률은 음수가 될 수 있는지 설명하라.

29.14. 4년 후에 고정금리 5%를 지급하고 LIBOR를 받는 3년 만기(연 단위 지급) 금리스왑을 체결할 수 있는 유러피언스왑옵션의 가치는 얼마인가? 스왑 원금은 1천만 달러이다. LIBOR/스왑 수익률 곡선이 할인을 위해 사용되며 연 복리 기준 연 5%에서 수평이고 스왑이자율의 변동성은 20%라고 가정한다. 만약 모든 스왑금리가 5%이며 모든 OIS 금리가 4.7%라면 가치가 어떻게 변동하는가? 계산 결과를 DerivaGem에 의한 결과와 비교하라.

29.15. 무이표채의 수익률 R이 다음과 같은 확률과정을 따른다고 해보자.

$$dR = \mu\, dt + \sigma\, dz$$

단, μ, σ는 R, t의 함수이고 dz는 위너과정이다. 이토정리를 이용하여 만기에 가까워짐에 따라 무이표채의 가격변동성이 0으로 감소함을 증명하라.

29.16. [예제 29.2]의 옵션가격을 직접 계산하여 예제에서의 결과를 확인하라.

29.17. 모든 무위험 (OIS) 금리가 6.5%라고 가정하자(연속복리). 원금 100달러에 대한 5년 만기 반년 캡과 8% 캡금리는 (반년복리) 3달러이다. DerivaGem을 사용하여 다음을 계산하라.

(a) 캡과 플로어에 대한 5년 내재 수평변동성

(b) 캡금리가 8%일 때 5년 만기의 가치 0인 칼라에서의 플로어금리

모든 6개월 LIBOR 선도금리는 6.7%이며 반년복리 기준이다.

29.18. V_1은 T_1과 T_2시점 동안 고정금리 s_K를 지급하고 LIBOR를 받게 되는 스왑옵션의 가치이고, f는 T_1과 T_2 동안 고정금리 s_K를 받고 LIBOR를 지급하게 되는 선도스왑의 가치이며 V_2는 T_1과 T_2 동안 고정금리 s_K를 받는 스왑옵션의 가치를 나타내는 경우, $V_1 + f = V_2$임을 증명하라. 또 한, s_K가 현재의 선도스왑이자율과 같은 경우 $V_1 = V_2$ 임을 증명하라.

29.19. 무위험 무이표이자율과 LIBOR 선도금리가 문제 29.17에서와 같다고 해보자. 1년 후에 시작되어 고정금리 6%를 지급하 고 LIBOR을 받게 되는 5년 만기스왑에 대한 옵션의 가치를 DerivaGem을 이용하여 계산하 라. 원금은 1억 달러이고 현금은 반년마다 교환되며 스왑이자율 변동성은 21%라고 가정한다.

29.20. (a) 캡의 현물변동성으로부터 캡의 수평변동성을 계산하거나 (b) 캡의 수평변동성으로부터 캡의 현물변동성을 계산하는 방법에 대해 설명하라.

과제물 문제

29.21. 잔존 만기가 14.25년인 미 재무성 채권에 대한 8개월 만기 유러피언풋옵션이 있다고 해보자. 현재 채권가격은 910달러, 행사가격은 900달러, 채권가격 변동성은 연 10%라고 한다. 3개월 후에 35달러의 이표가 지급될 예정이고 무위험이자율은 만기 1년까지는 8%라고 가정한다. 블 랙 모형을 이용하여 옵션 가격을 계산하라. 단, 행사가격이 채권의 현금가격인 경우와 공시가 격인 경우로 구분하여 계산하라.

29.22. 원금이 1,000달러인 경우 9개월 후의 90일 LIBOR에 대한 금리캡의 가격을 계산하라. LIBOR로 할인되는 블랙의 모형과 다음의 자료를 이용하라.

(a) 9개월 유로 달러 선물의 공시가격 = 92(선물가격과 선도가격의 차이는 무시할 것)

(b) 9개월 유로 달러 옵션의 내재 이자율 변동성 = 연 15%

(c) 연속복리 기준 현재의 12개월 이자율 = 연 7.5%

(d) 캡금리 = 연 8%(날짜 계산은 실제 일수/360로 계산)

29.23. 4년 후에 시작되 어 고정금리 7.6%를 받게 되는 5년 만기 스왑에 대한 스왑션이 있다고 한다. 현금 지급은 연 단위이다. 선도 스왑금리는 연복리 기준 8%이며 변동성은 연 25%이다. 원금은 100만 달러이며 무위험 (OIS) 이자율은 모든 만기에 대해 7.8%(연속복리)이다. 블랙 모형을 이용하여 옵션 가치를 계산하라.

그 결과를 DerivaGem에 의한 결과와 비교하라.

29.24. LIBOR 관련 대출(금리조정은 분기별로 이루어짐)에 대한 이자율이 최소 5%, 최대 7% 사이가 되도록 해주는 5년 만기 칼라의 가치평가를 위해 DerivaGem을 이용하라. 모든 3개월 LIBOR 선도 금리는 연 6%(분기복리 기준)이다. 수평변동성은 20%이다. 원금은 100달러로 가정하고 무위험 (OIS) 기간구조는 5.8%에 수평이다.

29.25. 2년 후에 고정금리 6%를 지급하고 변동금리를 받게 되는 5년 만기스왑을 체결할 수 있는 권 리인 유러피언스왑옵션의 가치를 DerivaGem을 이용하여 평가하라. 스왑에서의 현금 교환은 반년마다 이루어진다. 연속복리 기준 1, 2, 5, 10년 무위험 (OIS) 무이표이자율은 5%이다. 원금은 100달러이다. 선도 스왑 이자율은 반년복리 기준 7%이며 변동성은 연 15%이다. 스왑션이 어떻게 기업에 의해 사용될 수 있는지 예를 들어보아라. 어떤 본드옵션이 스왑션과 동일한가?

CHAPTER 30 볼록성 조정, 시기 조정 및 콴토 조정

유러피언형 파생상품의 가치를 평가하기 위한 일반적인 방법은 다음과 같은 2단계 절차라 할 수 있다.

1. 우선 기초자산의 미래 가격의 기대값이 선도가격과 같으리라는 가정 아래 파생상품의 투자수익을 계산한다.
2. 기대투자수익을 가치평가일과 투자수익 지급일 간의 무위험이자율로 할인한다.

우리는 이러한 절차를 FRA와 스왑 가치평가에 이용한 바 있다. 즉, 미래의 선도이자율이 실현될 것이라는 가정 아래 투자수익을 계산하고, 이를 무 위험이자율로 할인함으로써 FRA의 가치를 계산할 수 있음을 4장에서 설명한 바 있다. 마찬가지로 7장에서는 미래의 선도이자율 이 실현될 것이라는 가정 아래 현금흐름을 계산하고, 이를 무위험이자율로 할인함으로써 스 왑의 가치를 계산할 수 있음을 보인 바 있다. 또한 18장과 28장에서는 여러 유형의 유러피언 금리옵션의 가치를 평가하는 데 있어 블랙 모형이 일반적인 틀이 되는 것에 대하여 설명하였 는데, 블랙 모형은 바로 이러한 2단계 절차의 응용사례가 된다. 또한 28장에서 소개한 채권옵 션, 캡/플로어, 스왑션 등의 가치평가 모형도 모두 2단계 절차의 사례가 된다.

그런데 이러한 2단계 절차가 유러피언 형태의 금리 파생상품 가치평가에 항상 옳은 답을 제시해 주는가? 그 답은 "아니다"이다. 왜냐하면 비표준형 금리 파생상품의 경우에는 1단계 에서의 선도이자율을 조정함으로써 2단계 절차를 수정해 주어야 하기 때문이다. 29장에서는 볼록성 조정, 시기 조정, 콴토 조정 등의 조정 절차에 대하여 소개하기로 한다.

30.1 볼록성 조정

우선 투자수익의 지급시점에서 채권수익률을 관찰하여 투자수익을 지급하는 상품을 고려해 보자.

일반적으로 어떤 변수 S의 선도가격은 시점 T에서 $S_T - K$를 지급하는 선도계약을 토대로 계산하게 된다. 이때 K는 선도계약의 가치가 0이 되게 하는 값이다. 선도이자율과 선도수익률은 서로 다르게 정의된다. 선도이자율은 무이표채의 선도가격에 내포된 이자율이다. 반면에 채권 선도수익률은 채권의 선도가격에 내포된 수익률을 의미한다.

이제 시점 T에서의 채권가격을 B_T라 하고 y_T를 채권수익률이라고 하면 다음과 같은 함수 관계가 성립한다.

$$B_T = G(y_T)$$

마찬가지로 이 채권에 대해 T가 만기일인 선도계약의 현재시점에서의 선도가격을 B_F라고 하고 채권 선도수익률을 y_F라고 하여 보자. 채권 선도수익률의 정의에 따라 다음 식이 성립한다.

$$B_F = G(y_F)$$

그런데 함수 G는 일차함수가 아니기 때문에(시점 T가 만기인 무이표채 가치척도에 의해 정의된 세계를 가정함으로써) 채권의 기대가격이 채권의 선도가격과 같아지더라도 채권의 기대 수익률은 선도이자율과 같지 않게 된다.

[그림 30.1]은 이와 같은 현상을 설명하고 있는데, 시점 T에서 채권가격과 수익률 간의 관계를 보여주고 있다. 편의상 시점 T에서 채권가격은 B_1, B_2, B_3 세 가지 경우만 가능하다고 가정하고 가치척도 $P(t, T)$에 의해 정의된 세계에서 이 가격들의 발생확률은 동일하다고 해보 자. 또한 이 채권가격 간의 차이는 같다고(즉, $B_2 - B_1 = B_3 - B_2$) 해보자. 이때 B_2는 채권의 기대가격이면서 동시에 선도가격이다. 그런데 이 채권가격들은 수익률 y_1, y_2, y_3와 대응되는 데 y_1, y_2, y_3는 발생확률은 동일하지만 그 값들의 차이가 같지는 않다. 이때 y_2는 채권의 선도 가격에 대응하는 수익률이므로 선도수익률이 된다. 그런데 채권의 기대수익률은 y_1, y_2, y_3의 평균값이므로 이 값은 당연히 y_2 보다 크게 된다는 것을 그림에서도 알 수 있다.

이제 시점 T에서의 채권수익률에 따라 결정되는 이득을 지급하는 파생상품에 대해 생각해 보자. 식 (28.20)에 의하면 (a) 시점 T가 만기인 무이표채 가치척도에 의해 정의된 세계에서의 기대이득을 계산하고, (b) 이러한 기대이득을 현재시점에서 T기간 동안의 무위험이자율로 할 인하면 이러한 파생상품의 가치를 평가할 수 있다. 또한 우리는 이러한 세계에서는 채권의 기대가격이 선도가격과 같다는 사

그림 30.1 채권가격과 채권수익률 간의 관계.

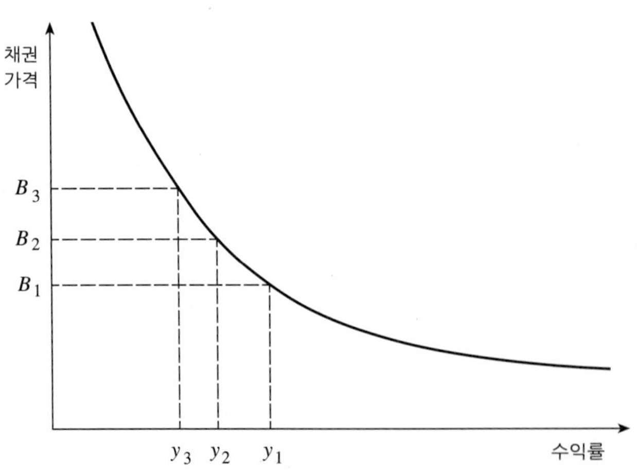

실도 이미 알고 있다. 따라서 채권의 기대가격이 채권의 선도 가격과 같은 채권 기대수익률을 파악해야 할 필요가 있다. 그런데 본 장 부록의 분석결과에 따르면 채권 기대수익률의 근사값은 다음과 같이 구할 수 있다.

$$E_T(y_T) = y_F - \tfrac{1}{2}y_F^2\sigma_y^2 T \frac{G''(y_F)}{G'(y_F)} \tag{30.1}$$

여기서 G', G'' 을 함수 G의 1, 2차 편도함수이고 E_T는 가치척도 $P(t, T)$에 의해 정의된 세계에서의 기대값이며 σ_y는 선도수익률의 변동성을 나타낸다. 따라서 채권의 기대수익률이 채권 선 도수익률 y_F가 아니라

$$y_F - \tfrac{1}{2}y_F^2\sigma_y^2 T \frac{G''(y_F)}{G'(y_F)}$$

라고 가정할 수 있다면 파생상품의 기대수익을 현재시점에서 T기간 동안의 무위험이자율로 할인할수 있게 된다. 이때 채권의 기대수익률과 선도수익률 간의 차이는

$$-\tfrac{1}{2}y_F^2\sigma_y^2 T \frac{G''(y_F)}{G'(y_F)}$$

가 되는데 이를 볼록성 조정계수라고 하며, 이는 선도수익률 y_2와 [그림 30.1]의 기대수익률 간의 차이를 말한다($G'(y_F) < 0, G''(y_F) > 0$) 이므로 볼록성 조정계수는 양의 값을 가진다).

적용사례 1: 이자율

식 (30.1)의 적용사례로서 시점 T와 T^*간의 이자율을 원금 L에 적용한 현금흐름을 시점 T에서 지급하는 증권을 생각해보자 [이 예는 34장의 지연-LIBOR 스왑(LIBOR-in-arrears swap) 를 이해할 때 유용한 사례가 될 것이다]. 보통의 경우 T와 T^*간의 이자율에 따라 계산한 이자가 시점 T^*에 지급된다는 것을 기억하기 바란다. 여기서는 그보다 이른 시점인 T에서 지급된 다고 가정하고 있다.

이러한 상품에서 시점 T에서의 현금흐름은 $LR_T\tau$인데, R_T는 시점 T와 T^*간에 적용되는 현물이자율(τ는 복리계산 기간)이다. 변수 R_T는 시점 T^*가 만기인 무이표채의 시점 T에서의 무 이표수익률이라고 보면 된다.[1] 그런데 채권수익률과 가격 간의 관계는 다음과 같다.

$$G(y) = \frac{1}{1 + y\tau}$$

식 (30.1)에 따르면

$$E_T(R_T) = R_F - \tfrac{1}{2}R_F^2\sigma_R^2 T \frac{G''(R_F)}{G'(R_F)}$$

또는

$$E_T(R_T) = R_F + \frac{R_F^2\sigma_R^2\tau T}{1 + R_F\tau} \tag{30.2}$$

이 성립하는데 여기서 R_F는 기간 T와 T^*간의 선도이자율이고 σ_R은 그 변동성이다.

1 설명을 쉽게 하기 위해서 사례에서는 일수 계산에서 실제 일수/실제 일수 기준을 가정한다.

따라서 이러한 증권의 가치는 다음과 같다.

$$P(0, T)L\tau\left[R_F + \frac{R_F^2\sigma_R^2\tau T}{1 + R_F\tau}\right]$$

예제 30.1

10년 후 시점에서의 1년 만기 무위험이자율(연복리 기준)을 1,000달러에 적용하여 계산한 이득을 10년 후에 지급하는 파생상품이 있다고 해보자. (모든 만기에 대하여 연복리 기준으로) 무위험이자율이 연 4%라고 하고, 10차년과 11차년 간의 선도이자율의 연 변동성은 20%라고 가정해보자. 이때 $R_F = 0.04$, $\sigma_R = 0.20$, $T = 10$, $\tau = 1$, $P(0, T) = 1/1.04^3 = 0.6756$이 되고 파생상품의 가치는

$$0.6756 \times 1000 \times 1 \times \left[0.04 + \frac{0.04^2 \times 0.20^2 \times 1 \times 10}{1 + 0.04 \times 1}\right]$$

즉, 27.44달러가 된다(이 값은 볼록성 조정을 하지 않을 때의 가격 27.04달러와 비교되는 결과이다).

적용사례 2: 스왑이자율

다음으로 시점 T에서 관찰되는 스왑이자율만큼의 이득을 시점 T에서 지급하는 파생상품을 고려해보자. 볼록성 조정을 위한 계산 목적상 시점 T에서의 N년 스왑이자율과 현재시점의 선도이자율만큼의 이표를 지급하는 N년 만기 이표채의 (시점 T에서의) 수익률이 같다고 가정해보자. 이제 식 (30.1)을 이용할수 있게 된다.

예제 30.2

3년 후 시점에서의 3년 만기 스왑이자율(연속복리 기준)을 100달러에 적용하여 계산한 이득을 3년 후에 지급하는 파생상품이 있다고 해보자. 스왑계약에서 현금 지급은 1년 단위로 이루어지고, 모든 만기에 대한 무이표이자율은 연복리 기준으로 연 6%라고 가정한다. 3년 후 시점에서 3년 만기 선도스왑이자율의 변동성(스왑옵션가격에서 계산된 내재변동성)은 22%라고 해보자. 3년 만기 무위험 무이표이자율은 연복리 기준 5%이다. 스왑이자율을 이표율 연 6%인 채권의 수익률과 같 다고 가정하면 $G(y)$는 다음과 같다.

$$G(y) = \frac{0.06}{1+y} + \frac{0.06}{(1+y)^2} + \frac{1.06}{(1+y)^3}$$

$$G'(y) = -\frac{0.06}{(1+y)^2} - \frac{0.12}{(1+y)^3} - \frac{3.18}{(1+y)^4}$$

$$G''(y) = \frac{0.12}{(1+y)^3} + \frac{0.36}{(1+y)^4} + \frac{12.72}{(1+y)^5}$$

이때 선도수익률 y_F는 0.06가 되므로 $G'(y_F) = -2.6730, G''(y_F) = 9.8710$ 이 된다. 따라서 식 (30.1)에 대입하면

$$E_T(y_T) = 0.06 + \tfrac{1}{2} \times 0.06^2 \times 0.22^2 \times 3 \times \frac{9.8710}{2.6730} = 0.06097$$

이 된다. 따라서 위의 파생상품을 평가하는 경우 선도스왑이자율은 6%가 아니라 6.097%으로 가정해야 한다. 따라서 파생상품가치는

$$\frac{100 \times 0.06097}{1.05^3} = 5.27$$

즉, 5.27달러가 된다(이 값은 볼록성 조정을 하지 않을 때의 가격 5.18달러와 비교되는 결과이다).

30.2 시기 조정

여기서는 시점 T에서 관찰한 시장변수 V의 값에 기초하여 계산된 이득이 T보다 이후 시점인 T^*에서 지급되는 파생상품의 경우를 생각해보기로 한다. 우선 다음과 같이 기호를 정의한다.

V_T : 시점 T에서 변수 V의값

$E_T(V_T)$: 가치척도 $P(t, T)$에 의해 정의된 세계에서 V_T의 기대값

$E_{T^*}(V_T)$: 가치척도 $P(t, T^*)$에 의해 정의된 세계에서 V_T의 기대값

그런데 가치척도를 $P(t, T)$에서 $P(t, T^*)$로 변화시키는 경우 가치척도 비율은 다음과 같다(28장 8절 참조).

$$W = \frac{P(t, T^*)}{P(t, T)}$$

그런데 가치척도 비율 W는 시점 T와 시점 T^*동안의 무이표채의 선도가격을 의미한다. 이제 추가적으로 다음과 같은 기호들을 정의한다.

σ_V : V의 변동성

σ_W : W의 변동성

ρ_{VW} : V, W 간의 상관계수

그런데 식 (28.35)로부터 가치척도의 변동은 V의 성장률을 α_V만큼 증가시키게 됨을 알 수 있 는데 α_V는 다음과 같다.

$$\alpha_V = \rho_{VW}\sigma_V\sigma_W \tag{30.3}$$

이제 이 결과를 시점 T와 시점 T^*동안의 선도이자율을 이용하여 표시할 수 있다. 이를 위하여 추가적

으로 다음과 같은 기호들을 정의해 보자.

R_F : 복리횟수 m의 복리기준으로 표시한 시점 T와 시점 T^*동안의 선도이자율

σ_R : R의 변동성

W는 무이표채의 선도가격이므로 W와 R_F 간에는 다음과 같은 관계가 성립한다.

$$W = \frac{1}{(1 + R_F/m)^{m(T^*-T)}}$$

한편, 이토정리를 이용하여 W의 변동성과 R_F 의 변동성 간의 관계를 계산하면 다음과 같다.

$$\sigma_W W = \sigma_R R_F \frac{\partial W}{\partial R_F} = -\frac{\sigma_R R_F(T^* - T)}{(1 + R_F/m)^{m(T^*-T)+1}}$$

따라서,

$$\sigma_W = -\frac{\sigma_R R_F(T^* - T)}{1 + R_F/m}$$

이제 식 (30.3)은 다음과 같이 표시할 수 있게 된다.[2]

$$\alpha_V = -\frac{\rho_{VR}\sigma_V\sigma_R R_F(T^* - T)}{1 + R_F/m}$$

여기서 ρ_{VR}은 V와 R간의 순간 상관계수이며 $\rho_{VR} = -\rho_{VW}$이다. R의 값이 초기 값인 R_F로 일정하고, 위 식의 변동성과 상관계수가 일정하다고 가정하면 시점 0에서 다음 식이 성립하게 된다.

$$E_{T^*}(V_T) = E_T(V_T)\exp\left[-\frac{\rho_{VR}\sigma_V\sigma_R R_F(T^* - T)}{1 + R_F/m}T\right] \tag{30.4}$$

예제 30.3

5년 후 시점의 주가지수만큼의 이득을 6년 후에 지급하는 파생상품이 있다고 해보자. 단, 5년 만기의 주가지수 선도가격이 1,200포인트라고 가정한다. 주가지수의 변동성은 20%, 5년 후 시점과 6년 후 시점 간의 선도 무위험이자율의 변동성은 18%, 이두 변수 간의상 관계수는 −0.4라고 가정하기로 한다. 연속복리 기준으로 무위험 무이표수익률곡선은 연 8% 에서 수평이라고 한다. 이제 주가지수를 V라고 하고, 위에서의 결과와 관련 변수들의 값 ($T = 5, T^* = 6, m = 1, R_F = 0.08, \rho_{VR} = -0.4, \sigma_V = 0.20, \sigma_R = 0.18$)을 이용하면

$$E_{T^*}(V_T) = E_T(V_T)\exp\left[-\frac{-0.4 \times 0.20 \times 0.18 \times 0.08 \times 1}{1 + 0.08} \times 5\right]$$

이 된다. 즉, $E_{T^*}(V_T) = 1.00535E_T(V_T)$가 된다. 28장의 결과를 이용하면 $E_T(V_T)$는 주가 지

2 변수 R과 W는 음의 상관관계를 갖는다. 우리는 이를 반영하기 위해서 $\sigma_W = -\sigma_R R_F(T^*-T)/(1+R_F/m)$로 놓아 음 수가 되게 하고, $\rho_{VW} = \rho_{VR}$로 놓는다. 혹은 σ_W의 부호가 양이 되게 하고 $\rho_{VW} = -\rho_{VR}$로 놓을 수도 있다. 어떤 경우 든 α_V 공식은 동일하게 된다.

수의 선도가격, 즉 1,200이 된다. 따라서 $E_{T^*}(V_T)$ = 1,200 × 1.00535 = 1,206.42가 된다. 다시 28장의 식 (28.20)을 이용하면 파생상품의 가치는 1,206.42 × $P(0, 6)$이된 다. $P(0, 6)$ = 1/1.086 = 0.6302이므로 파생상품의 가치는 760.25가 된다.

적용사례 1 다시 살펴 보기

위의 분석결과는 본 장 1절의 적용사례 1의 결과 식 (30.2)를 또 다른 방법으로 유도할 수 있게해 준다. R_T를 T와 T^*시점 사이의 무위험이자율이라고 정의하자. 우리는 $E_{T^*}(R_T) = R_F$ 임을 알고 있으며 $E_T(R_T)$를 계산하기를 원한다. 우리는 식 (30.4)를 적용할 수 있다. 이 경우 V와 R_F는 동일하며 따라서 ρ_{VR}=1이며 다음이 성립한다.

$$E_{T^*}(R_T) = E_T(R_T)\exp\left[-\frac{\sigma_R^2 R_F \tau}{1 + R_F\tau}T\right]$$

여기서 $\tau = T^* - T$ ($m = 1/\tau$ 임에 주의)이다. 따라서 다음이 성립한다.

$$R_F = E_T(R_T)\exp\left[-\frac{\sigma_R^2 R_F T\tau}{1 + R_F\tau}\right]$$

또는

$$E_T(R_T) = R_F\exp\left[\frac{\sigma_R^2 R_F T\tau}{1 + R_F\tau}\right]$$

위의 시에서 지수함수값을 개략적으로 계산하면 다음의 결과를 얻게 된다.

$$E_T(R_T) = R_F + \frac{R_F^2\sigma_R^2\tau T}{1 + R_F\tau}$$

이는 식 (30.2)와 동일한 결과임을 알 수 있다.

30.3 콴토

콴토(quanto), 즉 교차통화 파생상품은 두 통화가 관련된 파생상품이다. 콴토의 경우 투자수 익의 계산은 특정통화를 기준으로 이루어지지만, 실제 투자수익은 다른 통화로 지급된다. [실무사례 5.3]에 소개된 CME에서 거래되는 니케이(Nikkei) 선물이 이러한 예라고 할 수 있다. 왜냐하면 이 선물계약의 기초 시장변수는 (엔으로 측정되는) 니케이 225지수이지만 계약의 결제는 미국달러로 이루어지기 때문이다.

T시점에서 X통화로 수익을 지급하는 콴토가 있다고 하여 보자. 이때 수익은 T시점에서 Y통화로 표시되는 어떤 변수 V에 달려 있다고 가정한다. 이제 다음과 같이 기호를 정의한다.

$P_X(t, T)$: T시점에서 X통화 1단위를 지급하는 무이표채의 t시점에서 X통화 표시 가치

$P_Y(t, T)$: T시점에서 Y통화 1단위를 지급하는 무이표채의 t시점에서 Y통화 표시 가치

V_T : T시점에서 V의값

$E_X(V_T)$: 가치척도 $P_X(t, T)$에 의해 정의된 세계에서 V_T의 기대값

$E_Y(V_T)$: 가치척도 $P_X(t, T)$에 의해 정의된 세계에서 V_T의 기대값

그런데 가치척도 $P_Y(t, T)$에서 가치척도 $P_X(t, T)$로 이동하는 경우 가치척도 비율은 다음과 같다.

$$W(t) = \frac{P_X(t, T)}{P_Y(t, T)} S(t)$$

여기서 $S(t)$는 시점 t에서의 현물환율(X통화 1단위당 Y통화의 양)을 나타낸다. 따라서 가치척도 비율 $W(t)$는 시점 T가 만기인 선도계약의 선도환율(X통화 1단위당 Y통화의 양)이 된다. 이제 다음과 같이 기호를 정의하기로 한다.

σ_W : W의 변동성

σ_V : V의 변동성

ρ_{VW} : V, W 간의 순간상관계수

그런데 가치척도의 변동은 V의 성장률을 α_V 만큼 증가시키게 됨을 식 (28.35)로부터알수 있다.

$$\alpha_V = \rho_{VW}\sigma_V\sigma_W \tag{30.5}$$

이때 변동성과 상관계수가 일정하다고 가정하면 다음 식이 성립하게 된다.

$$E_X(V_T) = E_Y(V_T)e^{\rho_{VW}\sigma_V\sigma_W T}$$

개략적으로는

$$E_X(V_T) = E_Y(V_T)(1 + \rho_{VW}\sigma_V\sigma_W T) \tag{30.6}$$

이 성립한다. 이 식은 33장의 디프스왑의 가치평가에 이용할 수 있다.

예제 30.4

니케이 지수가 15,000엔이고 달러의 1년 무위험이자율은 5%, 엔의 1년 무위험 이자율 은 2%, 니케이 지수의 배당수익률은 연 1%라고 해보자. 이때 식 (5.8)을 이용하여 엔 으로 표시한 니케이 지수의 선도가격을 다음과 같이 계산할 수 있다.

$$15{,}000e^{(0.02-0.01)\times 1} = 15{,}150.75$$

니케이 지수의 1년 만기 선도가격의 변동성은 20%이고 1년 만기 선도환율(엔/달러)의 변동성은 12%, 이 두 변수 간의 상관계수는 0.3이라고 가정해보자. 즉, $E_Y(V_T) = 15{,}150.75$, $\sigma_V = 0.20$, $\sigma_W = 0.12$, $\rho = 0.3$이다. 식 (30.6)에 따라 1년 만기 달러표시 채권 가치척도에 의해 정의된 세계에서의 니케이 지수의 기대값은 다음과 같이 계산된다.

$$15{,}150.75e^{0.3\times0.2\times0.12\times1} = 15{,}260.23$$

이 값은 엔이 아니라 달러로 이득을 지급하는 니케이 지수의 선도가격을 의미한다(대략 선물가격이라고 해도 된다).

전통적인 위험중립 측도를 이용하는 경우

지금까지 이용해온 가치척도 기반 측도는 수익이 단 한번만 발생하는 경우에는 유용하다. 그러나 어떤 상황에서는 전통적인 위험중립 측도를 이용하는 것이 더 적절한 경우도 있다. 예를 들어 Y통화 표시로 전통적인 위험중립 세계에서 변수 V의 확률과정을 알고 있는데, 이를 토대로 X통화 표시로 전통적인 위험중립 세계에서의 확률과정을 추정하고자 한다고 해보자. 이 제 다음과 같이 기호들을 정의한다.

S: 현물환율(X통화 1단위당 Y통화의 양)

σ_S : S의 변동성

σ_V : V의 변동성

실무사례 30.1 시겔의 역설

우선 X, Y 두 통화가 있다고 하자. r_X, r_Y는 각각 두 통화의 이지 율이라고 하여 보자. S를 X통화 1단위당 Y통화의 양, 즉 두 통화 간의 환율이라고 하자. 5장에서 설명한 바와 같이 외국 통화는 외국의 무위험이자율을 수익률로 지급하는 자산이다. 따라서 전통적인 위험중립 세계에서의 S의 확률과정은

$$dS = (r_Y - r_X)S\,dt + \sigma_S S\,dz$$

가 된다. 이토정리를 이용하면 $1/S$의 확률과정을 다음과 같이 유도할 수 있다.

$$d(1/S) = (r_X - r_Y + \sigma_S^2)(1/S)\,dt - \sigma_S(1/S)\,dz$$

위 식이 바로 시겔(*Siegel*)의 역설이라는 결과가 된다. S의 기대 성장률이 위험중립세계에서 $r_Y - r_X$이므로 $1/S$(즉, Y통화 1단위당 X통화의 양)의 기대성장률은 $r_X - r_Y + \sigma_S^2$ 이 아니라 $r_X - r_Y$가 되어야만 할 것이다.

시겔의 역설을 이해하려면 S의 확률과정은 Y통화 표시 MMA가 가치척도인 세상에서의 S의 확률과정임을 이해할 필요가 있다. 그런데 $1/S$의 확률과정은 S의 확률과정으로부터 유도되기 때문에 이 역시 Y통화 표시 MMA가 가치척도임을 가정하는 결과가 된다. 그러나 $1/S$는 Y통화 1단위당 X통화의 양이므로 $1S$의 확률과정은 X통화 표시 MMA가 가치척도인 세상에서 측정하여야만 한다. 그런데 식 (29.7)에서 알 수 있듯이 Y통화 표시 MMA로부터 X통화 표시 MMA로 가치척도를 교체하는 경우 V의 성장률은 $\rho\sigma_V\sigma_S$ 만큼 증가하게 된다(ρ는 S와 V 간의 상관계수). 그런데 V=1/S이므로 $\rho = -1$이고, $\sigma_V = \sigma_S$가 된다. 따라서 가치척도의 교체는 $1/S$의 기대성장률을 $-\sigma_S^2$ 만큼 증가시키게 됨을 알 수 있다. 이는 $1/S$의 확률과정에 포함되어 있는 $+\sigma_S^2$를 상쇄시키게 된다.

따라서 X통화 표시 MMA가 가치척도인 세상에서 1S의 확률과정은 다음과 같게 된다.

$$d(1/S) = (r_X - r_Y)(1/S)\,dt - \sigma_S(1/S)\,dz$$

이러한 결과는 S의 확률과정과 대응되는 결과이다. 따라서 역설은 해소되었다!

ρ : S와 V간의 순간상관계수

이것은 Y통화 MMA에서 X통화 MMA로 가치척도의 교체가 이루어지는 경우라고 할 수 있 다(두 MMA 모두X통화로 표시된다). 이제 g_X를 X통화 MMA의 가치라고 하고 g_Y를 Y통화 MMA의 가치라고 해 보자. 이때 가치척도 비율은 다음과 같다.

$$g_X S / g_Y$$

그런데 28장 4절에서 설명한 바와 같이 $g_X(t)$와 $g_Y(t)$는 변동성이 0인 확률과정이 된다. 또한, 이토정리를 이용하면 가치척도 비율의 변동성은 σ_S가 된다. 따라서 이와 같은 가치척도의 교체는 V의 기대성장률을 다음과 같이 증가시키게 된다.

$$\rho\sigma_V\sigma_S \tag{30.7}$$

이때 시장위험가격은 0에서 $\rho\sigma_S$로 변하게 된다. [실무사례 30.1]에 소개된 시겔의 역설 (Siegel's paradox)은 이 결과를 적용한 예이다.

예제 30.5

만기 2년짜리 아메리칸옵션의 이득이 $S - K$ 파운드라고 하자. 이때 S는 행사 시점에서 S&P 500지수이고 K는 행사가격을 의미한다. 현재 S&P 500지수는 1,200포인트라고 하자. 파운드와 달러 무위험이자율은 각각 5%, 3%로 일정하다고 하고 환율(달러=파운드)과 S&P 500지수 간의 상관계수는 0.2라고 하자. 한편 S&P 500지수의 변동성은 25%, 환율의 변동성은 12%이고, S&P 500지수의 배당수익률은 1.5%라고 해보자.

이러한 옵션은 파운드 MMA를 가치척도로 사용하여 S&P 500지수에 대한 이항 모형을 구성함으로써 평가할 수 있다(이것은 영국 투자자의 입장에서 전통적인 위험중립을 의미한다). 그런데 식 (30.7)에 따라 달러 MMA로부터 파운드 MMA로의 가치척도 교체는 S&P 500의 기대성장률을

$$0.2 \times 0.25 \times 0.12 = 0.006$$

0.6%만큼 증가시킨다. 달러 가치척도를 이용하는 경우에는 S&P 500지수의 성장률이 3% − 1.5% = 1.5%였다. 따라서 파운드 가치척도를 이용하는 경우에는 성장률이 2.1%가 된다. 파운드 무위험이자율은 5%이므로 파운드 가치척도를 이용하는 경우 S&P 500지수는 5% − 2.1% = 2.9%의 배당수익률을 지급하는 자산이 된다. $S = 1{,}200$, $K = 1{,}200$, $r = 0.05$, $q = 0.029$, $\sigma = 0.25$, $T = 2$의 값을 이용하여 DerivaGem 을 사용하면(100단계 이항 모형 이용) 옵션가치는 179.83파운드로 추정된다.

요약

미래 특정 시점에서 투자수익을 지급하는 파생상품의 가치를 평가할 때 파생상품의 기초가 되는 변수의 기대값이 그 변수의 선도가격과 일치하리라는 가정을 하고, 이를 가치평가일과 투자수익 지급일 간

의 무위험이자율로 할인하는 것은 자연스러운 일이다. 그러나 본 장에서 는 이러한 절차가 항상 옳지는 않다는 것을 보여 주었다.

시점 T에서 관측된 채권수익률에 따라 투자수익이 결정될 경우 채권수익률의 기대값은 선 도수익률보다 높다고 가정해야만 하는데 식 (30.1)이 이를 잘 보여주고 있다. 이러한 결과는 투자수익이 스왑률에 기초하는 상황들에도 적용시킬 수 있다. 한편, 어떤 변수가 시점 T에서 관측되고 투자수익은 이후 시점인 T^*에서 발생할 경우 우리는 그 변수의 선도가격을 식 (30.4)에 따라 조정해 주어야만 한다. 또한 특정 통화로 표시된 변수에 따라 결정되는 투자수 익을 다른 통화로 지급하는 경우에도 변수의 선도가격을 조정해 주어야만 한다. 이러한 경우 의 조정은 식 (30.6)에 따라 이루어진다.

지금까지의 결과들은 34장에서 다루게 될 비표준형 스왑계약의 가치평가에 이용될 것이다.

참고문헌

Brotherton-Retcliffe, R., and Iben, "Yield Curve Applications of Swap Products," in *Advanced Strategies in Financial Risk Management* (R. Schwartz and C. Smith, eds.). New York Institute of Finance, 1993.

Jamshidian, F., "Corralling Quantos," *Risk*, March (1994): 71-75.

Reiner, E., "Quanto Mechanics," *Risk*, March (1992): 59–63.

연습문제

30.1. 4년 후에 관측되는(연복리 기준) 1년 이자율 R을 기준으로 100 R이 투자수익을 5년 후에 지급 하는 파생상품의 가치를 평가하는 방법을 설명하여 보라. 투자수익이 (a) 4년 후에 (b) 6년 후 에 지급되는 경우에는 어떤 차이가 있는가?

30.2. 다음과 같은 경우 볼록성 조정이나 시기 조정이 필요한지 설명하여 보라.

(a) 원금 100달러에 대하여 5년 스왑률이 3개월 LIBOR을 초과하는 만큼의 투자수익을 분기 마다 지급하는 스프레드 옵션의 가치를 평가하고자 하는 경우이다. 단, 투자수익은 이자율 관측 후 90일 후에 발생한다.

(b) 3개월 LIBOR에서 3개월 T-Bill 수익률을 뺀 만큼의 투자수익을 분기마다 지급하는 파생 상품의 가치를 평가하고자 하는 경우이다. 단, 투자수익은 이자율 관측 후 90일 후에 발생 한다.

30.3. 29장 2절의 사례 29.3에서 투자수익이 15개월 후가 아닌 1년 후(즉, 이자율 관측시점)에 지급 된다고 하여 보자. 블랙 모형에의 투입변수에서 어떤 점이 달라지는가?

30.4. OIS 무이표곡선이 연복리 기준으로 10%에서 수평하다고 한다. 5년 후에(연복리 기준) 2년 스왑률을 수령하고 10% 고정금리를 지급하는 파생상품의 가치를 계산하라. 명목원금은 100달러이고, 스왑률 변동성은 연 20%이며 12개월 LIBOR-OIS 스프레드는 0이다. 이러한 파생상품가치가 0이 아닌 이유를 설명하여 보라.

30.5. 문제 30.4에서 스왑률을 5년 후에 관측하고 현금흐름 교환은 (a) 6년 후에 하는 경우 (b) 7년 후에 하는 경우 어떻게 달라지는가? 모든 선도이자율의 변동성은 20%라고 가정한다. 또한, 5 차년과 7차년 사이의 선

도스왑이자율은 5차년과 6차년 사이의 선도이자율과는 0.8의 상관계 수를 갖고, 5차년과 7차년 사이의 선도이자율과는 0.95의 상관계수를 갖는 것으로 가정한다.

30.6. 채권수익률로 측정한 시점 T에서의 채권가격이 $G(y_T)$ 라고 하자. 채권의 선도수익률 y가 시점 T가 만기인 무이표채 가치척도에 의해 정의된 세계에서 기하 브라운 운동을 한다고 가정해 보자. 채권의 선도수익률의 성장률은 α이고 변동성은 σ_y라고 하자.

(a) 이토정리를 이용하여 채권 선도가격의 확률과정을 α와 σ_y, y, $G(y)$를 이용하여 표현하여 보라.

(b) 이 세계에서 채권의 선도가격은 마팅게일을 따라야만 한다. 이를 이용하여 α를 나타내는 식을 제시하여 보라.

(c) α에 대한 식이 식 (30.1)과 근사하다는 것을 보여라.

30.7. 변수 S는 A통화로 측정된 수익률 q를 제공하는 투자자산이다. 이 변수의 실제 확률과정은 다음과 같다.

$$dS = \mu_S S\,dt + \sigma_S S\,dz$$

필요하면 새로운 변수를 정의하고 다음의 세계에서 S의 확률과정과 그에 상응하는 시장위험가격을 제시하여 보라.

(a) A통화에 대하여 선도 위험중립인 세계

(b) B통화에 대하여 선도 위험중립인 세계

(c) 시점 T가 만기인 A통화 표시 무이표채 가치척도 에 의해 정의된 세계

(d) 시점 T가 만기인 B통화 표시 무이표채 가치척도 에 의해 정의된 세계

30.8. S_T는 시점 T에서 금의 달러가격이고 K는 행사가격이라고 할 때, 시점 T에서 $S_T - K$의 투자수 익을 지급하는 콜옵션이 있다고 하자. 금의 보관비용은 0이라고 가정하고 필요한 변수들을 정의하여 이 옵션의 가치를 계산하여 보라.

30.9. 현재 캐나다의 주가지수는 400이라고 가정한다. 현재 캐나다 달러는 0.70 US 달러이다. 캐나 다와 미국의 무위험이자율은 각각 6%와 4%라고 한다. 지수의 배당수익률은 3%이다. 변수 Q를 1 미국달러당 캐나다 달러의 양이라고 하고 S는 캐나다의 주가지수라고 하자. S의 변동성은 20%, Q의 변동성은 6%이고 S와 Q 간의 상관계수는 0.4라고 하자. DerivaGem을 이용하여 캐나다의 주가지수를 기초로 하는 다음과 같은 아메리칸콜옵션의 가치를 계산하여 보라.

(a) 지수가 400을 초과하는 만큼의 캐나다달러를 지급하는 경우

(b) 지수가 400을 초과하는 만큼의 미국달러를 지급하는 경우

과제물 문제

30.10. S가 니케이 지수일 때 2년 후 S달러를 지급하는 파생상품이 있다고 하여 보자. 현재 지수는 20,000이다. 엔/달러 환율은 1달러당 100엔이다. 환율과 지수 간의 상관계수는 0.3이고 지수의 배당수익률은 연 1%이다. 지수의 변동성은 20%이고 엔/달러 환율의 변동성은 12%이다. 미국 과 일본의 이자율(일정하다고 가정)은 각각 4%와 2%이다.

(a) 이 파생상품의 가치는 얼마인가?

(b) 이 파생상품의 만기 중 일정 시점에서의 환율을 Q, 지수를 S라고 하여 보자. 한 미국 투자 가가 니케이 지수에 S달러를 투자하고 SQ엔을 공매함으로써 ΔS엔만큼의 지수 변동에 따 라 그 가치가 대략 ΔS만큼 변동하는 포트폴리오를 구성할 수 있음을 보여라.

(c) 지수가 20,000에서 20,050으로 변동하고 환율이 100에서 99.7로 변동한다고 가정하고 (b) 가 성립함을 확인하여 보라.

(d) 위의 포트폴리오를 델타헷징하는 방법은 무엇인가?

30.11. LIBOR 이자율 곡선이(연속복리 기준으로) 8%에서 수평하다고 한다. 파생상품의 투자수익은 4년 후에 발생한다. 투자수익은 5년 이자율에서 2년 이자율을 차감한 만큼을 원금 100달러에 적용하여 계산되고 이자율은 모두 연속복리 기준이라고 한다(투자수익은 음일수도 있음). 이 파생상품의 가치를 계산하여 보라. 모든 이자율의 변동성은 25%라고 한다. 투자수익이 4년후 가 아닌 5년 후에 발생한다면 어떻게 달라지는가? 이자율 간의 상관계수는 1로 가정한다.

30.12. 어떤 파생상품의 투자수익은 10년 후에 발생하고 10년 후의 3년 US 달러(이자교환주기가 6개 월인 스왑의) 스왑률을 일정한 원금에 적용하여 계산된다고 하여 보자. 달러의 수익률 곡선은 (반년 복리 기준으로) 8%로 수평이고 엔화의 수익률곡선은 (반년 복리 기준으로) 3%로 수평 하다고 가정한다. 선도스왑률의 변동성은 18%이고 10년 만기 엔/달러 선도환율의 변동성은 12%이고, 환율과 미국달러 이자율 간의 상관계수는 0.25라고 한다. (a) 만약 스왑률을 원금 1억 달러에 적용하여 투자수익을 달러화로 지급할 경우 파생상품의 가 치는 얼마인가? (b) 만약 스왑률을 원금 1억엔에 적용하여 투자수익을 엔화로 지급할 경우 파생상품의 가치는 얼마인가? 무위험이자율이 엔의 경우 2%이며 달러의 경우 6%라고 가정하자 (모두 반년 복리 기준).

30.13. 어떤 파생상품의 투자수익은 8년 후에 발생한다. 투자수익은 향후 5, 6, 7, 8년의 1년 무위험이자율의 평균값을 원금 1,000달러에 적용하여 계산한다고 하여 보자. 무위험수익률 곡선은 연복리 기준으로 6%로 수평이고, 모든 이자율의 변동성은 16%라고 한다. 이자율 간의 상관계수는 1이라고 가 정한다. 이 파생상품의 가치는 얼마인가?

부록

볼록성 조정 공식의 증명

여기서는 채권의 선도수익률에 대한 볼록성 조정 공식을 증명하기로 한다. 시점 T에서 파생 상품으로부터의 이득이 그 시점의 채권수익률에 종속적이라고 가정하고 다음과 같이 변수를 정의해 보자.

y_F : 시점 T가 만기인 선도계약의 기초자산인 채권의 현재시점에서의 선도수익률

y_T : 시점 T에서 채권수익률

B_T : 시점 T에서 채권가격

σ_y : 채권 선도수익률의 변동성

우선 다음과 같은 함수관계를 가정해 보자.

$$B_T = G(y_T)$$

이제 $G(y_T)$를 점 $y_T = y_F$를 중심으로 테일러 급수를 전개하면 다음과 같은 근사식이 얻어진다.

$$B_T = G(y_F) + (y_T - y_F)G'(y_F) + 0.5(y_T - y_F)^2 G''(y_F)$$

여기서 G', G''은 각각 G의 1차, 2차 편도함수를 나타낸다. 이제 시점 T가 만기인 무이표채 가치척도에 정의된 세계에서 위의 식의 기대값을 계산하면

$$E_T(B_T) = G(y_F) + E_T(y_T - y_F)G'(y_F) + \tfrac{1}{2}E_T[(y_T - y_F)^2]G''(y_F)$$

이 성립하는데, 여기서 E_T는 이러한 세계에서의 기대값을 나타낸다. 그런데 정의상 $G(y_F)$는 채권의 선도가격이고 우리가 고려하고 있는 세계에서는 $E_T(B_T)$는 채권의 선도가격과 같다. 따라서 $E_T(B_T) = G(y_F)$이므로 다음이 성립한다.

$$E_T(y_T - y_F)G'(y_F) + \tfrac{1}{2}E_T[(y_T - y_F)^2]G''(y_F) = 0$$

그런데 $E_T[(y_T - y_F)^2]$의 근사값은 이다. 따라서 다음과 같은 근사식이 성립하게 된다.

$$E_T(y_T) = y_F - \tfrac{1}{2}y_F^2\sigma_y^2 T\frac{G''(y_F)}{G'(y_F)}$$

이러한 결과는 시점 T가 만기인 무이표채 가치척도에 의해 정의된 세계에서 채권의 기대 수익률을 계산하기 위해서는 채권의 선도수익률에

$$-\tfrac{1}{2}y_F^2\sigma_y^2 T\frac{G''(y_F)}{G'(y_F)}$$

를 더해 주어야 한다는 것을 보여 준다. 이것이 바로 식 (30.1)에 설명되어 있는 결과이다. 이 식에 대한 다른 증명 방법에 대해서는 연습문제 30.6을 참조하면 된다.

31
CHAPTER

단기이자율 균형모형

이 장에서는 우리는 무위험 이자율 기간구조의 모형이 어떻게 현실세계와 위험중립세계에서 구성될 수 있는지 고려한다. 우리는 먼저 전통적 위험중립세계에서 순간단기이자율(instantaneous short rate)을 위한 마코프 확률과정이 규정되어 있을 경우 적어도 이론 상으로는 모든 이자율이 어느 시점에서도 단기이자율의 함수로 계산될 수 있음을 보일 것이다. 우리는 두 가지 유명한 단일요인 단기금리 마코프 모형들을 살펴볼 것이다. 이 두가지 모형은 배시첵 모형과 CIR(Cox, Ingersoll, and Ross) 모형이다. 이 모형들은 상대적으로 단순하며 채권 가격 결정을 위한 분석적 공식들이 있다는 편리한 특성을 갖는다.

실제세계와 위험중립 세계에서의 단기이자율 움직임의 차이는 이자율 위험의 시장가격에 의해 결정된다. 우리는 위험의 시장가격에 대한 용어의 의미를 28장 1절에서 설명했다. 채권에 대한 위험의 시장가격은 양(+)이다. 이자율과 채권가격은 음의 상관관계를 갖기 때문에 이자율 위험의 시장가격은 음(-)이다. 이는 이자율의 순간평균이 위험중립세계에서 실제세계보다 더 크다는 것을 의미한다. 이자율의 기대미래가치는 따라서 위험중립세계에서 실제세계보다 더 크다.

이 장에서 고려되는 균형모형은 오늘의 이자율 기간구조를 대략적으로 일치시킬 수 있지만 정확히 일치시키지는 못한다. 그러나 몬테카를로 시뮬레이션이 시나리오 분석을 목적으로 긴 기간에 대해서 수행된다면 모형은 유용한 수단이 될 수 있다. 예를 들어 향후 20년 동안의 성과에 관심이 있는 연기금이나 보험회사는 오늘의 이자율 기간구조를 대략적으로 일시시키는 것이 충분하다고 생각할 수 있다.

다음 장에서는 우리는 단기이자율 모형이 오늘의 이자율 기간구조를 정확히 일치시킬 수 있도록 설계된 단기 이자율모형을 고려하기 위해 이 장의 내용을 확장한다. 이는 금리파생상품 가치평가를 위해 사용된다. 33장에서는 우리는 오늘의 이자율 기간구조를 정확히 일치시킬 수 있는 선도금리 모형을 고려한다.

31.1 배경지식

t시점에서의 무위험단기이자율 r은 t시점에서 극히 짧은 기간 동안 적용되는 이자율을 말하는데 순간

단기이자율이라고 부르기도 한다. 채권가격, 옵션 가격 그리고 기타 파생상품의 가격은 위 험중립세계에서의 확률과정에 의해서만 결정된다. 따라서 실제로 r이 어떤 확률과정을 따르는지는 중요하지 않다. 28장에서 설명한 바와 같이 전통적인 위험중립세계는 t시점과 $t+\Delta t$ 사이의 아주 짧은 기간 동안 투자자들이 평균적으로 $r(t)\Delta t$를 벌게 되는 세계이다. 본 장에서 소개하는 r에 대한 모든 확률과정들은 이러한 위험중립세계에서의 확률과정들이다.

식 (28.19)에 따르면 T시점에서 f_T의 이득을 지급하는 금리파생상품의 t시점에서의 가치는

$$\hat{E}[e^{-\bar{r}(T-t)} f_T] \tag{31.1}$$

가 되는데 여기서 $\bar{r}$는 t시점과 T시점 동안 r의 평균값이고 $\hat{E}$는 전통적인 위험중립세계에서의 기대값을 나타낸다.

한편, T시점에서 1달러를 지급하는 무이표채의 가격을 지금까지와 같이 $P(t, T)$라고 정의하면 식 (31.1)에 의해 $P(t, T)$는 다음과 같다.

$$P(t, T) = \hat{E}[e^{-\bar{r}(T-t)}] \tag{31.2}$$

또한, t시점에서 $T-t$기간 동안의 연속복리 기준 이자율을 $R(t, T)$이라고 하면

$$P(t, T) = e^{-R(t,T)(T-t)}$$

이 성립하고 따라서

$$R(t, T) = -\frac{1}{T-t}\ln P(t, T) \tag{31.3}$$

가 성립하는데 식 (31.2)를 이용하면 이는 다음과 같이 정리할 수 있다.

$$R(t, T) = -\frac{1}{T-t}\ln \hat{E}[e^{-r(T-t)}]$$

식 (31.4)를 이용하면 특정 시점에서의 r의 위험중립 확률과정으로부터 그 시점에서의 이자율 기간구조를 유도할 수 있게 된다. 따라서 r의 확률과정을 완전하게 정의할 수만 있으면 초기의 무이표이자율곡선과 시간 경과에 따른 수익률곡선의 변화에 대하여 결정할 수 있게 된다.

r에 대한 위험중립 확률과정은 단일 요인 마코프 확률과정이라고 가정하자.

$$dr = m(r, t)\,dt + s(r, t)\,dz$$

이토정리를 이용하면 r에 의존하는 파생상품은 다음과 같은 확률과정을 따른다.

$$df = \left(\frac{\partial f}{\partial t} + m\frac{\partial f}{\partial r} + \tfrac{1}{2}s^2\frac{\partial^2 f}{\partial r^2}\right)dt + s\frac{\partial f}{\partial r}\,dz$$

우리는 전통적 위험중립세계를 가정하고 있기 때문에 만약 파생상품이 수입을 제공하지 않는다면 이 확률과정은 다음과 같은 형태를 가져야만 한다.

$$df = rf\,dt + \cdots$$

따라서,

$$\frac{\partial f}{\partial t} + m\frac{\partial f}{\partial r} + \tfrac{1}{2}s^2\frac{\partial^2 f}{\partial r^2} = rf$$

이는 이자율 파생상품을 위한 블랙-숄즈-머튼의 미분방정식과 동일하다. 이 식을 위한 하나의 특별한 해는 반드시 무이표채권의 가격, $P(t, T)$이 되어야 한다.
따라서,

$$\frac{\partial P(t,T)}{\partial t} + m\frac{\partial P(t,T)}{\partial r} + \tfrac{1}{2}s^2\frac{\partial^2 P(t,T)}{\partial r^2} = rP(t,T)$$

기간구조가 언제나 수평인 단순한 모형을 제안하는 유혹에 넘어갈 수도 있다. 모든 무이표이자율은 r이 되며 언제나 $P(t, T) = e^{-r(t)(T-t)}$이다. 그러나 이는 채권가격에 대한 유효한 확률모형이 아닌데 m과 s가 모두 0이지 않는 이상 모든 T에 대해서 식 (31.5)를 만족시키지 않기 때문이다.

31.2 단일요인 모형

기간구조 모형 중 균형 모형(equilibrium model)은 경제 변수들에 대한 가정으로 시작하여 단 기이자율(short rate) r의 확률과정을 유도한 후 r의 확률과정이 채권가격과 옵션가격에 내해 이떤 의미를 갖는지를 탐색하게 된다.

1요인 균형 모형(one factor equilibrium model)에서 r의 확률과정은 단 하나의 불확실성 요인만을 포함한다. 일반적으로 단기이자율을 위한 확률과정은 확률과정의 모수가 시간의 함수가 아니라는 측면에서 안정적(stationary)이다. 이는 우리가 앞서 고려한 확률과정이 다음과 같이 쓰일 수 있음을 의미한다.

$$dr = m(r)\,dt + s(r)\,dz$$

불확실성 요인이 하나라는 가정은 생각처럼 그렇게 제한적인 가정은 아니다. 1요인 모형은 모든 이자율이 아주 짧은 기간 동안에 같은 방향으로 움직인다는 것을 의미하지만 같은 크기만큼 움직인다는 것을 의미하지는 않는다. 따라서 무이표수익률곡선의 모양은 시간 경과에 따라서 변하게 된다.
다음 절에서는 다음과 같은 세 가지의 1요인 균형 모형을 소개하기로 한다.

$m(r) = \mu r;\ \ s(r) = \sigma r$ (렌들만–바터 모형)
$m(r) = a(b - r);\ \ s(r) = \sigma$ (배시첵 모형)
$m(r) = a(b - r);\ \ s(r) = \sigma\sqrt{r}$ (콕스–잉거솔–로스 모형)

그림 31.1 평균회귀

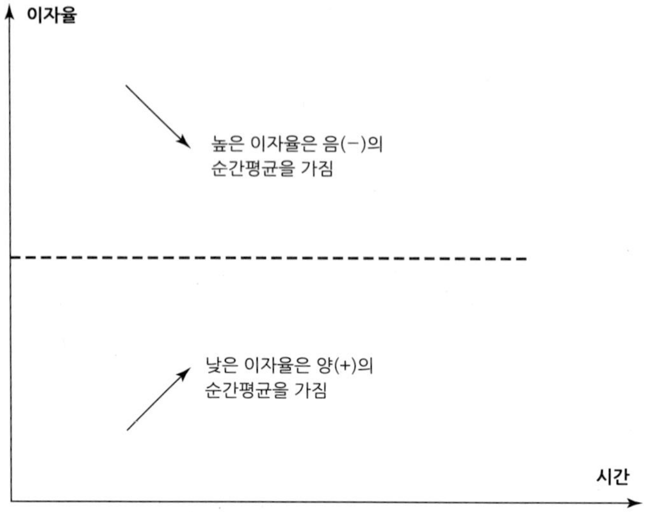

렌들만-바터 모형

렌들만-바터(Rendleman and Barter) 모형에서 r의 위험중립 확률과정은[1]

$$dr = \mu r\, dt + \sigma r\, dz$$

로 표현되는데 이때 μ와 σ는 상수이다. 이와 같은 확률과정은 r이 기하 브라운 운동(geometric Brownian motion)을 따른다는 것을 의미하는데 이것은 15장에서 주가에 대해 가정했던 것과 같은 유형의 확률과정이다. 이러한 확률과정은 13장에서 주식옵션의 경우에 이용했던 것과 유사한 이항과정을 이용해서 나타낼 수도 있다.

단기이자율이 주가처럼 움직인다는 가정은 자연스러운 출발점이 되기는 하지만 이상적이 라고 할 수는 없다. 왜냐하면 이자율과 주가 간의 가장 중요한 차이점은 이자율이 장기 평균 금리 수준으로 되돌아가는 경향이 있다는 점인데 이러한 현상을 평균회귀(mean reversion)라 고 한다. 이자율의 평균회귀에 의하여 이자율이 높은 때는 확률과정의 순간평균이 음수가 되 고 이자율이 낮은 때는 양이 되는 경향이 있다. 이와 같은 이자율의 평균회귀 현상은 [그림 31.1]에 묘사되어 있는데 렌들만-바터 모형은 이러한 평균회귀를 반영하지 않고 있다는 단점 을 내포하고 있다.

이와 같은 이자율의 평균회귀 현상을 지지하는 강력한 논리는 다음과 같다. 만약 이자율이 높으면 경기가 나빠지고 따라서 자금에 대한 수요가 적어지게 되므로 결과적으로는 이자율이 떨어지게 된다. 반대로 이자율이 낮으면 자금 수요자로부터 자금에 대한 수요가 커지고 따라 서 이자율은 올라가게 된다는 것이다.

---

1 R. Rendleman and B. Bartter", The Pricing of Options on Debt Securities," *Journal of Financial and Quantitative Analysis*, 15 (March 1980): 11–24.

배시첵 모형

배시첵(Vasicek) 모형에서는 r의 위험중립 확률과정이

$$dr = a(b - r)\,dt + \sigma\,dz$$

와 같이 표현되는데 이때 a, b와 σ는 상수이다.[2] 이 모형은 이자율의 평균회귀 현상을 반영하 고 있는데 이는 단기이자율이 a의 속도로 b의 수준으로 회귀함을 의미한다. 이러한 확률과정은 평균회귀 현상에 다 정규분포를 하는 $\sigma\,dz$항을 더한 형태를 갖는다.

배시첵 모형에서 무이표채권가격은 다음과 같다.

$$P(t, T) = A(t, T)e^{-B(t,T)r(t)} \tag{31.6}$$

위의 식에서 $r(t)$은 t시점에서 r의 값이고 $B(t, T)$와 $A(t, T)$는 각각 다음과 같다.

$$B(t, T) = \frac{1 - e^{-a(T-t)}}{a} \tag{31.7}$$

$$A(t, T) = \exp\left[\frac{(B(t, T) - T + t)(a^2 b - \sigma^2/2)}{a^2} - \frac{\sigma^2 B(t, T)^2}{4a}\right] \tag{31.8}$$

(이때 $a = 0$인 경우에는 $B(t, T) = T - t$, $A(t, T) = \exp[\sigma^2(T - t)^3/6]$이 된다.)

이를 확인하기 위해 미분방정식 (31.5)의 $m = a(b - r)$ 그리고 $s = \sigma$임을 주목하라. 따라서 다음이 성립한다.

$$\frac{\partial P(t, T)}{\partial t} + a(b - r)\frac{\partial P(t, T)}{\partial r} + \tfrac{1}{2}\sigma^2\frac{\partial^2 P(t, T)}{\partial r^2} = rP(t, T)$$

대체에 의해서 다음의 경우 우리는 $P(t, T) = A(t, T)e^{-B(t,T)r}$은 이 미분방적식을 만족시킴을 확인할 수 있다.

$$B_t - aB + 1 = 0$$

그리고

$$A_t - abAB + \tfrac{1}{2}\sigma^2 AB^2 = 0$$

여기서 아래첨자(subscript)는 파생상품을 의미한다. 식 (31.7)과 (31.8)의 $A(t, T)$와 $B(t, T)$를 위한 표현식은 이 식들에 대한 해이다. 게다가, $A(T, T) = 1$, $B(T, T) = 0$이기 때문에 경제조건 $P(T, T) = 1$을 만족시킨다.

2 O. A. Vasicek, "An Equilibrium Characterization of the Term Structure," *Journal of Financial Economics*, 5 (1977): 177–88.

콕스-잉거솔-로스 모형

콕스–잉거솔–로스는 다음과 같은 대안을 제시하였다.[3]

$$dr = a(b - r)\,dt + \sigma\sqrt{r}\,dz$$

여기서 a, b, 그리고 σ는 음이 아닌 상수이다. 이 모형은 배시첵 모형에서와 같이 순간평균이 평균회귀 현상을 나타내지만 단기간 동안의 단기이자율 변화의 표준편차는 $\sqrt{r}$에 비례한다. 이는 단기이자율이 상승하면 표준편차 역시 증가함을 의미한다.

콕스-잉거솔-로스의 모형에서도 배시첵 모형에서처럼 채권가격은 다음과 같은 일반화된 식의 형태를 갖는데

$$P(t, T) = A(t, T)e^{-B(t,T)r(t)}$$

이때 함수 $B(t, T)$와 $A(t, T)$는 다음과 같다.

$$B(t, T) = \frac{2(e^{\gamma(T-t)} - 1)}{(\gamma + a)(e^{\gamma(T-t)} - 1) + 2\gamma}$$

$$A(t, T) = \left[\frac{2\gamma e^{(a+\gamma)(T-t)/2}}{(\gamma + a)(e^{\gamma(T-t)} - 1) + 2\gamma}\right]^{2ab/\sigma^2}$$

단, $\gamma = \sqrt{a^2 + 2\sigma^2}$ 이다.

이 결과를 확인하기 위해 $m = a(b - r)$과 $s = \sigma\sqrt{r}$을 미분방정식 (31.5)에 대입하면 다음을 얻을 수 있다.

$$\frac{\partial P(t, T)}{\partial t} + a(b - r)\frac{\partial P(t, T)}{\partial r} + \tfrac{1}{2}\sigma^2 r\frac{\partial^2 P(t, T)}{\partial r^2} = rP(t, T)$$

배시첵 모형의 경우와 같이 우리는 채권가격결과를 $P(t, T) = A(t, T)e^{-B(t,T)r}$를 미분방정식에 대입하여 증명할 수 있다. 이 경우 $A(t, T)$와 $B(t, T)$는 다음의 해이다.

$$B_t - aB - \tfrac{1}{2}\sigma^2 B^2 + 1 = 0, \quad A_t - abAB = 0$$

더 나아가 경계조건 $P(T, T) = 1$이 만족된다.

배시첵 모형과 CIR 모형의 속성

배시첵 모형과 CIR 모형에서 $A(t, T)$와 $B(t, T)$ 함수는 다르지만 두 모형 모두 채권가격 모형은 다음과 같이 동일하다.

---

3 J. C. Cox, J. E. Ingersoll, and S. A. Ross", A Theory of the Term Structure of Interest Rates," *Econometrica*, 53 (1985): 385–407.

$$P(t, T) = A(t, T)e^{-B(t,T)r(t)}$$

$$\frac{\partial P(t, T)}{\partial r(t)} = -B(t, T)P(t, T) \tag{31.9}$$

따라서 식 (31.3)에 의해 $T - t$기간 동안의 시점 t에서 현물이자율은 다음과 같다.

$$R(t, T) = -\frac{1}{T-t}\ln A(t, T) + \frac{1}{T-t}B(t, T)r(t) \tag{31.10}$$

위의 식은 a, b, σ값이 주어지면 시점 t에서의 전체 기간구조는 $r(t)$의 함수가 된다는 것을 보여주고 있다. $R(T)$는 $r(t)$의 일차함수이다. 즉, $r(t)$의 값이 시점 t에서의 기간구조를 결정함을 의미한다. 시점 t에서의 기간구조의 형태는 $r(t)$값에는 독립적이지만 시간 t에 따라 달라진다. [그림 31.2]에 나타난 바와 같이 특정시점에서 기간구조의 형태는 상승, 하락, "혹 모양"등으로 달라진다.

배시첵 모형과 CIR 모형의 차이점은 배시첵 모형에서 단기이자율, $r(t)$가 음이 될 수 있지만 CIR에서는 불가능 하다는 것이다. 만약 CIR에서 $2ab \geqslant \sigma^2$이 된다면, $r(t)$은 절대 0이 되지 않는다. 그 외의 경우 가끔 0이 된다.

그림 31.2 배시첵 모형과 CIR 모형에서 가능한 기간구조의 형태.

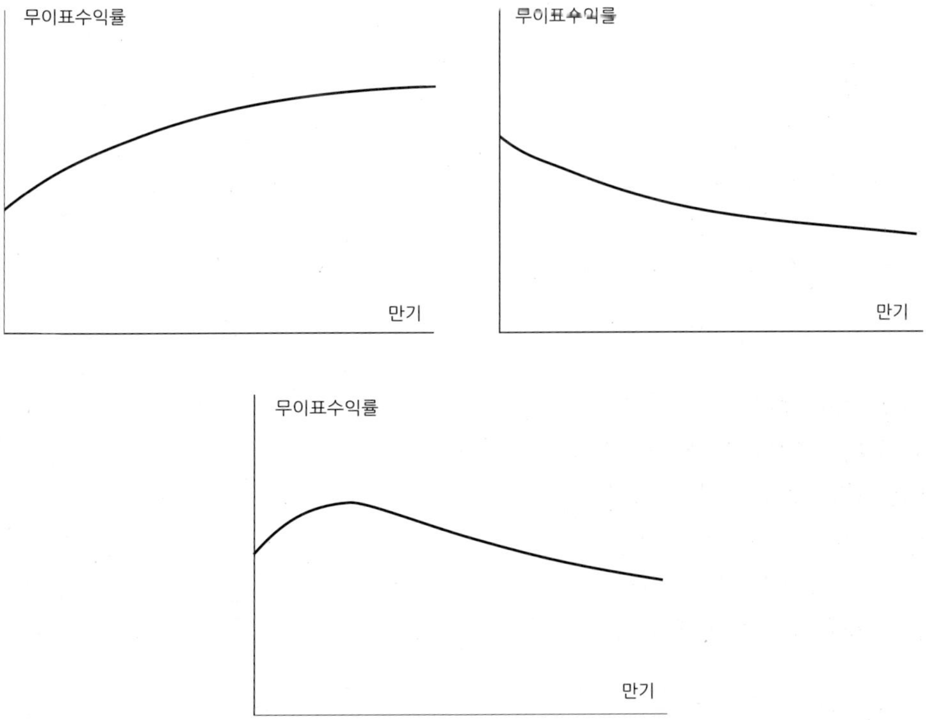

우리는 4장에서, 가격이 Q인 채권의 듀레이션 D는 다음과 같다.

$$D = -\frac{1}{Q}\frac{\partial Q}{\partial y} \text{ 그래서 } \frac{\Delta Q}{Q} = -D\,\Delta y$$

여기서 y는 연복복리 기준 채권수익률이다. 배시첵 또는 CIR 모형과 함께 사용될 수 있는 다른 듀레이션 측도 $\hat{D}$는 다음과 같이 정의될 수 있다.

$$\hat{D} = -\frac{1}{Q}\frac{\partial Q}{\partial r} \text{ 그래서 } \frac{\Delta Q}{Q} = -\hat{D}\,\Delta r$$

우리는 여기서 채권수익률이 아닌 채권가격의 단기이자율에 대한 민감도를 측정한다. 식 (31.9)는 만기가 T인 무이표채를 위한 $D = B(t, T)$를 보여준다.

예제 31.1

만기 4년자리 무이표채의 경우를 생각해보자. 이 때 $D = 4$이므로 채권수익률의 10 베이시스포인트(0.1%) 증가는 대략 채권가격을 0.4% 정도 하락시키게 된다. $a = 0.1$인 경우 배시첵 모형을 이용하면 듀레이션은 다음과 같다.

$$\hat{D} = B(0, 4) = \frac{(1 - e^{-0.1\times 4})}{0.1} = 3.30$$

따라서 단기이자율의 10베이시스포인트 상승은 채권 가격을 약 0.33% 정도 하락시키게 될 것이다. 단기이자율의 특정한 움직임으로 인해 발생하는 채권가격의 변화는 수익률의 동일한 변화로 인해 발생하는 채권가격의 변화보다 적으며 이는 평균회귀의 영향때문이다.

현금흐름 c_i를 T_i에 제공하는 이표채의 가격 Q일 때, 다음이 성립한다.

$$\hat{D} = -\frac{1}{Q}\frac{\partial Q}{\partial r} = -\frac{1}{Q}\sum_{i=1}^{n} c_i \frac{\partial P(t, T_i)}{\partial r} = \sum_{i=1}^{n}\frac{c_i P(t, T_i)}{Q}\hat{D}_i$$

여기서 $\hat{D}_i = B(t, T_i)$는 $P(t, T_i)$에 대한 $\hat{D}$이다. 따라서 이표채의 $\hat{D}$는 무이표채 $\hat{D}$의를 가중평균함으로서 계산 할 수 있는데 이는 일반적인 듀레이션 $\hat{D}$를 계산하는 과정과 유사하다 ([표 4.6] 참고). 이 분석은 볼록성을 측도로 확장될 수 있다 (문제 31.11 참고).

채권가격의 확률과정

전통적인 위험중립세계에서 시점 t에서의 $P(t, T)$의 기대 성장율은 $r(t)$가 되는데 그것은 $P(t, T)$가 수입을 제공하지 않는 유가증권의 가격이기 때문이다. $P(t, T)$가 $r(t)$의 함수이므로 이토정리를 이용하여 계산하면 $P(t, T)$의 확률과정에서의 $dz(t)$의 계수는 배시책 모형의 경우에는 $\sigma\, \partial P(t, T)/\partial r(t)$가 되고 CIR 모형의 경우에는 $\sigma\sqrt{r(t)}\, \partial P(t, T)/\partial r(t)$가 된다. 따라서 식 (31.9)를 이용하면 위험 중립세계에서 $P(t, T)$의 확률과정은 다음과 같게 된다.

$$\text{배시첵: } dP(t, T) = r(t)P(t, T)\,dt - \sigma B_{\text{vas}}(t, T)P(t, T)\,dz(t)$$

$$\text{CIR: } dP(t, T) = r(t)P(t, T)\,dt - \sigma\sqrt{r(t)}\,B_{\text{cir}}(t, T)P(t, T)\,dz(t)$$

여기서 아래첨자 B는 적용되는 모형을 의미한다.
r 값이 주어진 경우 배시첵 모형과 CIR 모형의 이자율 기간구조를 비교하기 위해서는 a와 b의 값들은 같은 수치를 적용해야 할 것이다. 그러나 배시첵 변동성, σ는 대략 CIR 변동성 σ에 $\sqrt{r(t)}$을 곱한 값과 같도록 해야 한다. 예를 들어서 r이 4%이고 σ가 0.01이라면 σ의 대략적인 값은 라야 한다. 배시첵 모형에 의한 무이표수익률은 CIR 모형 에 의한 값보다 낮은 값을 갖는다. 이 모형들을 실험적으로 응용해볼 수 있는 소프트웨어는 www-2.rotman. utoronto.ca/~hull/vasicekCIR을 참고하기 바란다.

31.3 실제세계 vs. 위험중립 확률과정

채권은 위험의 시장가격이 양(+)이며, (즉, 양의 체계적 위험) 투자자는 채권투자에 있어 무위험이자율을 초과하는 추가수익률 요구한다. 이자율은 채권의 가격과 음의 상관관계를 갖기 때문에 위험의 음의 시장가격을 갖는다.
λ는 단기이자율 r의 위험의 (음의) 시장가격이다. 만약 r을 위한 위험중립 확률과정이 다음과 같다면,

$$dr = m(r)\,dt + s(r)\,dz$$

실제세계 확률과정은 28장으로부터,

$$dr = [m(r) + \lambda s(r)]\,dt + s(r)\,dz$$

배시첵 모형의 경우 위험중립 확률과정은

$$dr = a(b - r)\,dt + \sigma\,dz$$

λ가 상수라고 가정하면, 이 확률과정은 다음과 같다.

$$dr = [a(b^* - r)]\,dt + \sigma\,dz \tag{31.13}$$

여기서 $b^* = b + \lambda\sigma/a$이다. 회귀수준이 낮다는 점을 제외하면 실제세계 확률과정은 그러므로 위험중립 확률과정과 같다 (왜냐하면 λ가 음(-)이기 때문이다).

CIR의 경우 위험중립 확률과정은

$$dr = a(b - r)\,dt + \sigma\sqrt{r}\,dz$$

$\lambda = \kappa\sqrt{r}$ 이라고 가정하는 것은 편리하며 κ는 (음의) 상수이며 따라서 실제세계 확률과정은 다음과 같다.

$$dr = [a(b - r) + \kappa\sigma r]\,dt + \sigma\sqrt{r}\,dz$$

이 경우

$$dr = a^*(b^* - r)\,dt + \sigma\sqrt{r}\,dz$$

여기서 $a^* = a - \kappa\sigma$ 그리고 $b^* = ab/a^*$이다. 회귀율이 더 높고 회귀수준이 낮다는 것을 제외하면실제세계 확률과정은 그러므로 위험중립 확률과정과 동일하다.
다음은 채권들을 고려해보자. 식 (31.11)은 배시첵 모형의 무이표채를 위한 위험중립 확률과정을 제공한다. 단기이자율의 위험의 시장가격이 λ인 경우 실제세계 확률과정은 다음과 같다.

$$dP(t, T) = [r(t) - \lambda\sigma B_{\text{vas}}(t, T)]P(t, T)\,dt - \sigma B_{\text{vas}}(t, T)P(t, T)\,dz(t)$$

식 (31.12)는 CIR 모형의 무이표채를 위한 위험중립 확률과정을 제공한다. 위험의 시장가격이 $\kappa\sqrt{r}$인 경우, 실제세계 확률과정은 다음과 같다.

$$dP(t, T) = [r(t) - \kappa\sigma B_{\text{cir}}(t, T)r(t)]P(t, T)\,dt - \sigma\sqrt{r(t)}\,B_{\text{cir}}(t, T)P(t, T)\,dz(t)$$

31.4 모수의 추정

우리는 배시첵 모형의 모수 추정에 대해 설명한다. 실제세계의 이산 형태의 모형(discrete version of the model)은 식 (31.13)이용하면 다음과 같다.

$$\Delta r = a(b^* - r)\Delta t + \sigma\epsilon\sqrt{\Delta t}$$

여기서 ϵ은 표준정규분포의 무작위 표본이다. r_i를 i일의 금리라고 정의하자. 1982년 1월 4일부터2016년 8월 23일까지의 미국 3개월 만기 국채금리에 대한 일별 자료는 이 장의 분석을 위한 워크시트와 함께 www-2.rotman.utoronto.ca/~hull/VasicekCIR에서 찾을 수 있다. 우리가 이 데이터를 사용해서 $r_{i+1} - r_i$를 r_i에 대해 회귀시키면 우리는 다음을 얻을 수 있다.

$$r_{i+1} - r_i = 0.00000915 - 0.000545r_i$$

여기서 표준오차는 0.000754이다.
우리는 연당 250개의 관측치를 갖고 있기 때문에 $\Delta t = 1/250$이다. 0.00000915=0.00229/250,

표 31.1 시장의 이율과 가장 가까운 모델 이율, 2016년 8월 23일

만기(년	이자율(%)	이자율(%)
0.5	0.40	0.45
1.0	0.49	0.58
2.0	0.65	0.74
3.0	0.80	0.86
5.0	1.06	1.15
7.0	1.27	1.40
10.0	1.52	1.55
20.0	2.02	1.88
30.0	2.26	2.24

0.000545=0.136/250, 0.000754= $0.0119/\sqrt{250}$ 이기 때문에 회귀분석 결과는 다음과 동일하다.

$$\Delta r = (0.00229 - 0.136r)\Delta t + 0.0119\epsilon\sqrt{\Delta t}$$

또는

$$\Delta r = 0.136(0.0168 - r)\Delta t + 0.0119\epsilon\sqrt{\Delta t}$$

이는 가장 정합한 모수들은 a=0.136, b^*=0.0168 (또는 1.68%), (또는 1.19%)임을 말한다. 문제 31.16은 동일한 결과가 최우추정방법을 통해서도 얻어질 수 있음을 보여준다.

우리는 실제세계에서의 배시첵 모형을 위한 모수 추정을했다. 만약 위험의 시장가격이 λ라면 이전 장은 위험중립세계에서의 모수는 a=0.136, b=0.168-0.0119/a, =0.0119임을 보여준다. λ의 시험가치에 대해 우리는 식 (31.7), (31.8), (31.10)을 사용해 무이표채의 이자율을 만기의 함수로써 추정할 수 있다. 모형에 의해 주어진 무이표채이자율과 무이표채의 시장에서 관측된 이자율 사이 오차의 제곱합을 최소화하는 λ를 찾기 위해 Solver를 사용할 수 있다. 가정 적합한 λ의 가치는 -0.175인 것으로 나타났다.[4] Table 31.1은 λ의 가치를 모델에 적용하였을 때 산출한 무이표채율을 시장의 무이표채율과 비교하였다. 문제 31.17은 CIR 모형을 위해 동일한 자료를 사용한다.

모델에 이용한 이단계 (two-step) 추정은 가장 단순하게 진행하였다. 실제로는 연구자들은 더 복잡한 계량경제절차를 사용한다. 우리가 배시첵 모형을 위해 추정한 모수들은 타당하지만 이는 모든 경우에 대해서 그런 것은 아니다.[5]

---

4 R. Stanton, "A Nonparametric Model of Term Structure Dynamics and the Market Price of Interest Rate Risk," *Journal of Finance*, 52, 5 (December): 1973-2002와 같은 논문에서는 이자율의 기간구조의 평균 기울기를 통해 위험의 시장가격을 추정했다. J. C. Hull, A. Sokol, and A. White, "Short-Rate Joint-Measure Models," *Risk*, 15, 3, (2015): 59-63에서 보인 바와 같이 이러한 방식은 너무 음(-)의 방향으로 시장가격을 왜곡하는 경향이 있다.

5 문제 31.16에서 볼 수 있듯이 CIR 모형을 위해 동일한 자료를 사용한 결과는 적절하지 않다.

모수가 추정되는 기간과 현재의 기간구조의 모형은 결과에 커다란 영향을 미칠 수 있다. 배시첵또는 CIR 모형을 실제로 추정하는데 있어 어떠한 자료가 가장 적합한 가에 대한 부분은 어느 정도의 판단이 필요하다.

31.5 More Sophisticated Models

배시첵과 CIR 모형은 단순한 단일요인 단기이자율의 마코프 모형이다. 배시첵 모형을 확장한 단기이자율 2요인 마코프 모형은 다음과 같다.

$$dr = (u - ar)\,dt + \sigma_1\,dz_1$$
$$du = -bu\,dt + \sigma_2\,dz_2$$

이 모형에서는 회귀수준(= u/a)은 상수가 아니다. 이는 확률과정을 따른다. 그러나 채권가격은 분석적(analytic)이다.

$$P(t, T) = A(t, T)e^{-B(t,T)r-C(t,T)u}$$

여기서 $B(t, T)$는 배시첵 모형에서와 같으며 $A(t, T)$ 함수는 더 복잡하다 (저자의 웹사이트의 Technical Note 14 참고).

채권가격을 분석적으로 다루는 또 다른 이요인(two-factor) 모델은 Longstaff 와 Schwardz.[6] 에 의해 개발되었다. 이 모델은 CIR과 유사한 확률과정에 기반한다. 다른 다요인 모형들이 간혹 실세계의 기간구조의 변화를 묘사하기 위해 사용된다. 33장에서는 우리는 어떻게 일반적인 위험중립 모형들이 선도 이자율에 관해서는 어떻게 개발될 수 있는지 살펴볼 것이다.

요약

(순간) 단기금리의 마코프 모형이 규정될 때, 단기이자율의 현재값은 모든 미래의 이자율을 결정한다. 그러므로 이자율의 기간구조를 단기이자율을 위한 확률과정을 정의하여 모형화하는 것이 구미가 당길 수 있다. 두 인기가 많은 모형은 배시첵과 CIR 모형들이다. 두 모형에서 단기이자율은 평균회귀 확률과정을 따르며 (즉, 중앙값을 향해 당겨진다.) 그리고 평균회귀에 대한 불확실성을 갖고 있다. 배시첵 모형에서는 짧은기간인 Δt에 걸친 불확실한 요인의 변화는 언제나 평균이 0이고 표준편차가 상수이며 CIR 모형에서는 불확실한 요인의 평균은 0이고 표준편차는 단기금리의 제곱근에 비례한다. 바시첵 모형에서는 이자율이 음이 될 수 있지만 CIR 모형에서는 불가능하다. 두 모형에서 채권가격 $P(t, T)$는 의 형태를 갖지만, 두 모형에서 $A(t, T)e^{-B(t,T)r}$ 함수는 동일하지 않다.

이자율위험의 시장가격은 음(-)이다. 만약 배시척 모형에서 위험의 시장가격이 상수라면 회귀수준이 더 낮다는 것을 제외하고 단기이자율이 실제세계에서 따르는 확률과정은 위험중립세계에서 단기이자

6 F. A. Longstaff and E. S. Schwartz, "Interest Rate Volatility and the Term Structure: A Two-Factor General Equilibrium Model," *Journal of Finance*, 47, 4 (September 1992): 1259-82.

율이 따르는 확률과정과 동일하다. 만약 CIR 모형에서 위험의 시장가격이 단기금리의 제곱근에 비례한다면 회귀율이 더 높고 회귀수준이 더 낮다는 것을 제외하고 실제세계의 확률과정은 위험중립세계의 확률과정과 동일하다.

이 장에서 고려된 모형에서의 이자율의 기간구조는 현재 이자율의 기간구조과 정확히 일치하지 않지만 때로 이자율의 움직임을 시뮬레이션 하기 위해 유용하다. 파생상품이 가치평가 될 때는 정확히 이자율의 기간구조와 일치되는 이자율의 기간구조를 제공하는 모형을 사용하는 것이 일반적이다. 이를 가능하게 해주는 단기이자율 모형들은 다음 장에서 논의되며 선도 이자율의 움직임을 묘사하는 더 일반적인 모형은 33장에서 논의된다.

참고문헌

Cox, J. C., J. E. Ingersoll, and S. A. Ross, "A Theory of the Term Structure of Interest Rates", *Econometrica*, 53 (1985): 385–407.

Longstaff, F. A. and E. S. Schwartz, "Interest Rate Volatility and the Term Structure: A Two Factor General Equilibrium Model," *Journal of Finance*, 47, 4 (September 1992): 1259–82.

Vasicek, O. A., "An Equilibrium Characterization of the Term Structure", *Journal of Financial Economics*, 5 (1977): 177–88.

연습문제

31.1. 단기이자율이 현재 4%이고 짧은 기간 Δt의 표준편차는 $0.01\sqrt{\Delta t}$라고 가정하자. 단기이자율이 8%로 증가하는 경우 (a) 배시첵 모형, (b) 렌들만–바터 모형, (c) 콕스–잉거솔–로스 모형에서 표준편차는 어떤 변화가 생기는가?

31.2. 주가가 평균회귀 모형이거나 경로 종속적인 확률과정을 따른다면 시장 비효율성이 존재하게 된다. 그런데 단기이자율이 이와 같은 확률과정을 따르는 경우에는 시장 비효율성이 존재하지 않게 되는 이유가 무엇인가?

31.3. 1요인 이자율 모형과 2요인 이자율 모형 간의 차이에 대해 설명하라.

31.4. 위험중립세계에서 배시첵 모형의 모수가 $a = 0.1$, b = 0.1, $\sigma = 0.01$이라고 하자. 원금이 1달러인 5년만기 무이표채의 가격은 단이 이자율이 2%일 때 얼마인가?

31.5. 위험중립세계에서 CIR 모수가 a = 0.1, b = 0.03, = 0.01이다. 이자율 위험의 시장가격이 -1 곱하기 단기이자율의 제곱근이다. (a) 단기이자율과 (b) 현재 만기가 4년인 무이표채를 위한 위험중립과 실제세계 확률과정은 어떻게 되는가?

31.6. 단기이자율 위험의 시장가격이 $\lambda_1 + \lambda_2 r$(λ_1와 λ_2은 음수)이다. 단기이자율을 위한 실제세계의 확률과정이 배시첵 모형에서 가정된 것과 동일할 때 위험중립 확률과정은 실제세계 확률과정과 동일한 함수형태를 갖게된다. (a) 실제세계 회귀율과 위험중립세계 회귀율, (b) 실제세계 회귀수준과 위험중립 회귀수준 사이의 관계를 도출하라.

31.7. 관측치 사이의 간격이 Δt인 단기이자율을 고려하자. i번째 관측치는 r_i이다 $(0 \leqslant i \leqslant m)$. 배시첵모형의 최우측정치 a, b^*, σ 가 다음을 최대화 해서 얻어짐을 보여라.

$$\sum_{i=1}^{m}\left(-\ln(\sigma^2\Delta t)-\frac{[r_i-r_{i-1}-a(b^*-r_{i-1})\Delta t]^2}{\sigma^2\Delta t}\right)$$

31.8. 원금이 100달러이고 반기마다 연 3달러의 이자를 지급하는 2년 만기 채권을 위한 31장 2절에서 설명한 대안 듀레이션 측도를 계산하라. 바시첵 모형에서 $a = 0.13$, $b = 0.012$, $\sigma = 0.01$, 그리고 $r = 1\%$이다. r의 1.05% 증가 효과를 올바르게 예측하는지 평가하라.

31.9. 배시첵과 CIR 모형에서 a=0.1, b=0.1라고 가정하자. 두 모형에서 초기 단기이자율은 10%이며 짧은 기간 동안의 초기 표준편차는 0.02이다. 두 모형에 의해 주어진 10년만기 무이표채의 가격을 비교하라.

31.10. 단기이자율 r이 4%이며 실제세계 확률과정은 $dr = 0.1(0.05 - r)\,dt + 0.01\,dz$이다. 위험중립 확률과정은 $dr = 0.1(0.11 - r)\,dt + 0.01\,dz$이다.

(a) 이자율위험의 시장가격은 얼마인가?

(b) 위험중립세계에서 5년 만기 무이표채의 기대수익률과 변동성은 얼마인가?

(c) 실제중립세계에서 5년 만기 무이표채의 기대수익률과 변동성은 얼마인가?

31.11. (a) 배시첵과 CIR 모형에서 $P(t, T)$의 r에 대한 2차 편미분은 어떻게 되는가?

(b) 31장 2절에서 $\hat{D}$은 일반적인 듀레이션 측도 D의 대안을 나타낸다. 4장 11절의 볼록성에 대한 대안 $\hat{C}$은 어떻게 되는가?

(c) $P(t, T)$의 는 무엇인가? 이표채에 대한 $\hat{C}$는 어떻게 계산하겠는가?

(d) 배시첵과 CIR 모형에 대해서 Δr과 $(\Delta r)^2$에 대해서 $\Delta P(t, T)$의 테일러 급수를 전개하라.

과제물 문제

31.12. 위험중립 배시첵 확률과정에서 a=0.15, b=0.025, σ=0.012라고 가정하자. 이자율위험의 시장가격은 -0.2이다. 단기 이자율과 만기가 3년인 무이표채의 위험중립과 실제세계 확률과정은 어떻게 되는가?

31.13. 위험중립 세계에서 CIR 모수는 a=0.15, b=0.025, σ=0.075라고 가장하자. 원금이 1달러이고 단기금리자 2.5%일 때 5년만기 무이표채의 가격은 어떻게 되는가?

31.14. 단이이자율 위험의 시장가격이 $\lambda_1/\sqrt{r} + \lambda_2\sqrt{r}$라고 가정하자. 단기이자율을 위한 실제세계 확률과정은 CIR 모형에서 가정된 확률과정과 동일하다면 위험중립 확률과정은 동일한 함수형태를 가짐을 보여라. (a) 실제세계 회귀율과 위험중립 회귀율의 관계, (b) 실제세계 회귀수준과 위험중립 회귀수준의 관계를 도출하라.

31.15. 31장 5절에서 설명한 배시첵 2요인확장에서 채권가격 P(t,T)를 반드시 만족시켜야만 하는 미분방정식을 도출하라. 이를 에서 A(t,T), B(t,T), C(t,T)를 만족시키는 미분방정식을 유도하는데 사용하라. 식 (31.7)의 B(t,T)와 식 (31.14)의 C(t,T)를 위한 표현식이 이 식들을 만족시킴을 보여라. (힌트: P(t,T)의 순간평균을 얻기 위해 식 (14A.10)을 사용하고 이를 rP(t,T)와 동일하다고 설정하라.)

31.16. 식 31.7의 결과를 이용하여 배시첵 모형의 가장 적합한 모수를 찾아라. 31장 3절에서 사용된 자료를 이용

하라 (www-2.rotman.utoronto.ca/~hull/VasicekCIR). 31장 4절의 회귀 접근법과 최우 접근법의 동일한 답을 제공함을 보여라.

31.17. CIR 모형을 위한 문제 31.7에서 주어진 결과와 동일한 결과는 무엇인가? CIR 모형을 위한 a, b, σ 모수를 추정하기 위해 취우추정법을 사용하라. 31장 4절에서 배시첵 모형을 위해 사용한 자료와 동일한 자료를 사용하라. (www-2.rotman.utoronto.ca/~hull/VasicekCIR) 위험의 시장가격은 $\kappa\sqrt{r}$로 설정하고 가장 적합한 κ를 추정하기 위해 [표31.1]의 시장자료를 이용하라.

CHAPTER 32

단기이자율 무차익거래 모형

31장에서 소개했던 균형 모형들의 가장 큰 단점은 모형에서 유도되는 기간구조가 현재의 기간구 조에 자동적으로 일치하지 않는다는 점이다. 물론 균형 모형에서도 모형의 모수들을 적절하게 선택한다면 실제의 기간구조에 개략적으로는 부합되도록 할 수는 있다. 그러나 이 경우에도 정확하게 일치하지는 않는다. 대부분의 실무 거래자들은 이 점에 대해 불만스러워한다. 이들은 기초자산인 채권의 가치를 정확하게 평가하지 못하는 모형을 토대로 한 채권옵션의 가격은 신뢰하기 어렵다고 주장하는데 이는 상당히 합리적인 주장이라고 할 수 있다. 왜냐하면 기초자 산인 채권가격에서의 1%의 오차는 옵션가격에 25%정도의 오차를 가져오기 때문이다.

반면에 무차익 모형(no-arbitrge model)은 모형에서 유도되는 이자율 기간구조가 현재의 기간구조와 정확히 일치하도록 설계된 모형이다. 균형 모형과 무차익 모형과의 근본적인 차 이점은 균형 모형에서는 현재의 이자율 기간구조가 모형의 산출물이지만 무차익 모형에서는 투입물이 된다는 것이다.

균형 모형에서는 단기이자율의 순간평균(drift, 즉 dt의 계수)이 보통 시간의 함수가 아니지 만 무차익 모형에서는 일반적으로 순간평균항이 시간의 함수이다. 왜냐하면 무차익 모형에서는 초기의 무이표수익률곡선의 형태가 미래 단기이자율의 평균적인 경로를 좌우하기 때문이다. 예를 들어 무이표수익률곡선이 만기 t_1과 t_2 사이에서 급격하게 상향하는 형태라면 이 기간 동안 r의 순간평균은 양수가 되지만 급격하게 하향하는 형태라면 순간평균은 음수가 된다.

32.1 균형모형의 확장

단기이자율의 순간평균항에 시간함수를 포함시킴으로써 일부 균형 모형을 무차익 모형으로 전환시킬 수도 있다. 이제 무차익모형 중 호-리 모형, 헐-화이트 모형(1요인과 2요인 모형), 블랙-더만-토이 모형, 그리고 블랙-카라신스키 모형에 대하여 소개하기로 한다.

호-리 모형

호–리(Ho-Lee)는 1986년의 논문에서 최초로 이자율 기간구조의 무차익 모형을 제시하였다.[1] 이들이 제시한 모형은 채권가격에 대한 이항과정의 형태인데 단기이자율의 표준편차와 단기이자율의 시장위험가격이라는 두 가지 변수를 사용하였다. 위험중립세계에서 이 모형의 확률과정은 다음과 같다.

$$dr = \theta(t)\,dt + \sigma\,dz \tag{32.1}$$

여기서 단기이자율의 순간표준편차인 σ는 상수이고, 시간 t의 함수인 $\theta(t)$는 초기의 기간구조에 모형이 부합하도록 선택한다. 변수 $\theta(t)$는 r이 t시점에서 움직이는 평균적인 방향을 정의하 게 되지만 r의 수준과는 독립적인 변수이다. 호-리 모형을 파생상품의 가치평가에 이용하는 경우 시장위험가격을 나타내는 변수는 무의미하다.

www-2.rotman.utoronto.ca/~hull/TechnicalNotes의 Technical Note 31는 다음이 성립함을 보여준다.

$$\theta(t) = F_t(0, t) + \sigma^2 t \tag{32.2}$$

$F(0, t)$는 시점 0에서의 만기일 t의 순간 선도이자율이고 아래 첨자 t는 시간에 대한 편도함수를 의미한다. 위의 식에서 둘째 항을 무시하면 $F(0, t)$는 $\theta(t)$의 근사값이 된다. 이것은 미래의 단기이자율이 움직이는 평균적인 방향이 순간 선도수익률곡선의 기울기와 유사하다는 것을 의미한다. 호-리 모형은 [그림32.1]에 묘사되어 있다.

그림 32.1 호-리 모형.

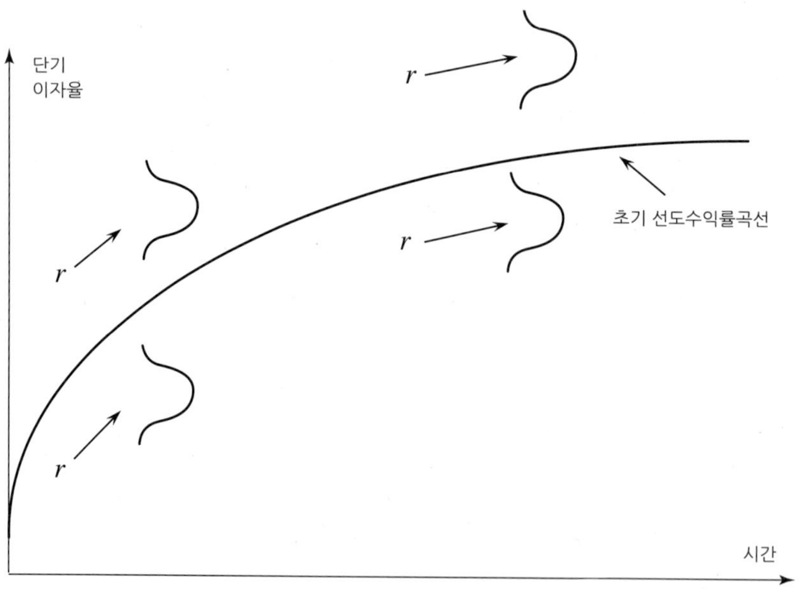

1 T. S. Y. Ho and S.-B. Lee, "Term Structure Movements and Pricing Interest Rate Contingent Claims," *Journal of Finance*, 41 (December 1986): 1011–29.

Technical Note 31은 또한 다음이 성립함을 보인다.

$$P(t, T) = A(t, T)e^{-r(t)(T-t)} \tag{32.3}$$

이고 여기서 $A(t, T)$는 다음과 같다.

$$A(t, T) = \ln\frac{P(0, T)}{P(0, t)} + (T-t)F(0, t) - \tfrac{1}{2}\sigma^2 t(T-t)^2$$

4장 8절로부터 $F(0, t) = -\partial \ln P(0, t)/\partial t$가 성립한다. 무이표채의 가격, $P(0, t)$는 모든 t에 대해서 오늘의 이자율 기간구조로부터 알 수 있다. 식 (32.3)은 그러므로 미래시점 t의 t시점의 단기금리와 오늘의 채권의 가격으로 표현된 무이표채의 가격을 알려준다.

헐-화이트 1 요인 모형

1990년에 발표한 논문에서 헐-화이트(Hull-White)는 초기의 기간구조에 정확하게 부합하도록 배시첵의 균형 모형을 확장하는 문제에 대해 연구하였다.[2] 그들은

$$dr = [\theta(t) - ar]\,dt + \sigma\,dz \tag{32.4}$$

와 같이 배시첵 모형을 확장한 모형을 소개하였는데 이는

$$dr = a\left[\frac{\theta(t)}{a} - r\right]dt + \sigma\,dz$$

와 같이 변형시킬 수 있는데 여기서 a와 σ는 상수이다. 이와 같은 모형을 헐–화이트 모형이라고 하는데 이 모형은 a의 속도로 평균회귀하는 호-리 모형이라고 할 수도 있고, 이자율의 장기 회귀수준이 시간에 따라 달라지는 배시첵 모형이라고 할 수도 있다. 이 모형에서는 단기이 자율이 t시점에서 a의 속도로 $\theta(t)/a$에 회귀한다. 앞서 소개한 호-리 모형은 $a = 0$인 경우의 헐-화이트 모형이라고 할 수 있다. 이 모형도 호–리 모형만큼이나 쉽게 공식화하여 이용할 수 있다. Technical Note 31은 다음이 정립함을 보인다.

$$\theta(t) = F_t(0, t) + aF(0, t) + \frac{\sigma^2}{2a}(1 - e^{-2at}) \tag{32.5}$$

식 (32.5)의 마지막 항은 보통 아주 적은 값이기 때문에 만약 이 항을 무시한다면 t시점의 이 자율 확률과정의 순간평균은 $F_t(0, t) + a[F(0, t) - r]$가 된다. 이것은 r이 움직이는 평균적인 방향은 초기의 순간 선도수익률곡선의 기울기에 따라 결정되지만, r이 이 곡선에서 벗어나게 되면 a의 속도로 순간 선도수익률곡선에 회귀하게 됨을 의미한다. [그림 32.2]는 이러한 결과를 그림으로 나타내고 있다.

Technical Note 31은 헐–화이트 모형을 이용하여 t시점에서의 채권가격을 계산하면 다음과 같음을 보

2 J. Hull and A. White, "Pricing Interest Rate Derivative Securities," *Review of Financial Studies*, 3, 4 (1990): 573–92.

그림 32.2 헐-화이트 모형.

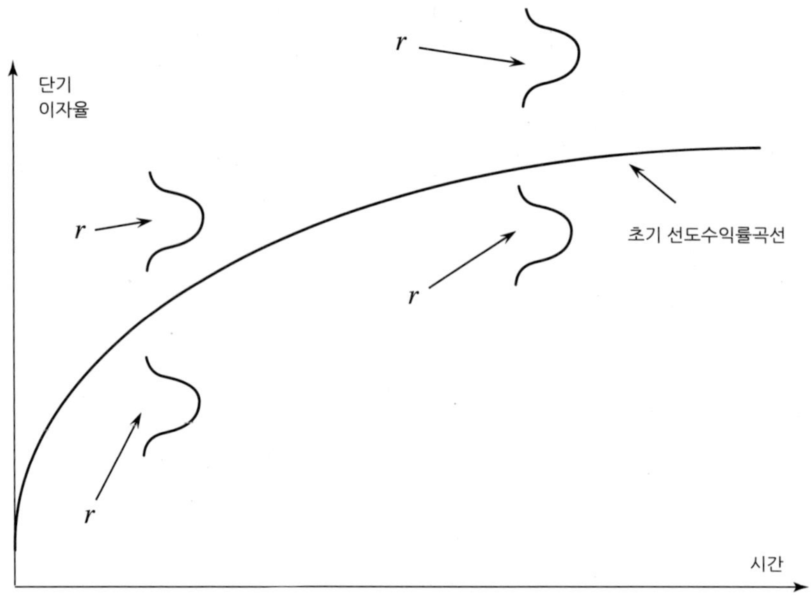

인다.

$$P(t, T) = A(t, T)e^{-B(t,T)r(t)} \tag{32.6}$$

여기서 $B(t, T)$, $A(t, T)$는 다음과 같다.

$$B(t, T) = \frac{1 - e^{-a(T-t)}}{a} \tag{32.7}$$

$$\ln A(t, T) = \ln \frac{P(0, T)}{P(0, t)} + B(t, T)F(0, t) - \frac{1}{4a^3}\sigma^2(e^{-aT} - e^{-at})^2(e^{2at} - 1) \tag{32.8}$$

우리가 다음 절에서 보이는 바와 같이 유러피안 채권옵션은 호-리 그리고 헐-화이트 모형을 통해 분석적으로 가치평가 될 수 있다. 헐–화이트 모형을 삼항 모형으로 구현하는 방법에 대해서는 본 장의 후반부에서 설명할 것이 다. 이 방법을 이용하면 아메리칸옵션이나 기타 파생상품과 같이 공식을 적용할 수 없는 상품 의 가치평가가 가능해진다.

블랙-더만-토이 모형

1990년도에 블랙-더만-토이는 단기이자율의 대수정규 확률과정을 제안하였다.[3] 저자 홈페이지(www.rotman.utoronto.ca/~hull/TechnicalNotes)의 Technical Note 23에는 이 모형을 이항 모형으로 구현하는

3 F. Black, E. Derman, and W. Toy, "A One-Factor Model of Interest Rates and Its Application to Treasury Bond Prices," *Financial Analysts Journal*, January/February (1990): 33–39를 참고할 것.

방법이 소개되어 있다. 이 모형의 확률과정은 다음과 같이 묘사할 수 있다.

$$d\ln r = [\theta(t) - a(t)\ln r]\,dt + \sigma(t)\,dz$$
$$a(t) = -\frac{\sigma'(t)}{\sigma(t)}$$

여기서 $\sigma'(t)$는 σ의 t에 대한 도함수이다. 호–리 모형이나 헐-화이트 모형과 비교할 때 이 모형의 장점은 이자율이 음의 값을 갖지 않는다는 점이다. 위너과정 dz 값이 $\ln(r)$의 값을 음수가 되게 할 수는 있지만 r의 값은 언제나 양수이기 때문이다. 반면 이 모형의 단점은 채권가격을 공식화 할 수 없다는 점이다. 그러나 더욱 심각한 단점은 이항 모형을 구현하는 과정에서 변동성 모수인 $a(t)$와 회귀속도 모수인 $a(t)$가 특정한 관계를 갖도록 제한하게 된다는 점이다. 즉, 단기이자율의 변동성인 시간의 감소함수인 경우에만 회귀속도 모수 값이 양의 값을 갖는 다는 것이다.
따라서 이 모형을 현실적으로 유용하게 사용하려면 $a(t)$가 상수인 경우를 가정해야 한다. 만약 모수 a가 0이라면 평균회귀는 존재하지 않게 되고 이 모형은 다음과 같은 형태가 된다.

$$d\ln r = \theta(t)\,dt + \sigma\,dz$$

이것은 ln r에 대한 호–리 모형이라고 할 수 있을 것이다.

블랙-카라신스키 모형

1991년에 블랙과 카라신스키는 회귀속도와 변동성이 각각 독립적으로 결정되도록 블랙-더 만-토이 모형을 확장시킨 모형을 개발하였다.[4] 이 모형의 가장 일반적인 형태는 다음과 같다.

$$d\ln r = [\theta(t) - a(t)\ln r]\,dt + \sigma(t)\,dz$$

이 모형은 $a(t)$와 $\sigma(t)$ 간에 아무런 관계가 없다는 점을 제외하면 블랙–더만–토이 모형과 동 일한 모형이다. 실제로는 $a(t)$와 $\sigma(t)$ 값을 상수로 가정하는 경우가 많은데 이와 같은 경우 이 모형은 다음과 같이 표시할 수 있게 된다.

$$d\ln r = [\theta(t) - a\ln r]\,dt + \sigma\,dz \tag{32.9}$$

다른 무차익모형들과 마찬가지로 모형에 의한 기간구조가 현재의 기간구조와 정확히 일치하도록 $\theta(t)$ 값을 결정한다. 이 모형 역시 채권가격 공식이 존재하지는 않지만 본 장의 후반부에서 $\theta(t)$ 값의 계산과 r의 확률과정을 다항 모형으로 구현하는 간편한 기법에 대하여 소개하기로 한다.

헐-화이트 2요인 모형

31장 4절에서 우리는 배시첵 모형의 확장인 헐–화이트의 2요인 모형에 대해 논의했다. 헐과 화이트는

4 F. Black and P. Karasinski, "Bond and Option Pricing When Short Rates are Lognormal," *Financial Analysts Journal*, July/August (1991): 52–59를 참고할 것.

r의 순간평균에 θ(t)을 추가하여 이 모형의 어떻게 무차익모형으로 전환될 수 있는지 보였다.[5]
이 모형은 r의 1요인 모형보다 기간구조와 변동성의 양상을 더욱 다양하게 묘사할 수 있 다. 이 모형의 속성과 이 모형을 다항 모형으로 구현하는 방법에 대한 자세한 설명은 www-2.rotman.utoronto.ca/~hull/TechnicalNotes의 Technical Note 14를 참조하기 바란다.

32.2 채권옵션

앞에서 소개한 모형들은 공식을 이용하여 무이표채에 대한 옵션의 가치를 평가하는 것이 가능하게 해준다. 즉 배시첵, 호-리, 헐-화이트 1 요인 모형의 경우 s시점이 만기인 무이표채에 대한 만기 T인 콜옵션은 시점 0에서

$$LP(0,s)N(h) - KP(0,T)N(h-\sigma_P) \tag{32.10}$$

의 가치를 갖는데 이때 L은 채권 원금, K는 행사가격을 나타내고 h는 다음과 같다.

$$h = \frac{1}{\sigma_P}\ln\frac{LP(0,s)}{P(0,T)K} + \frac{\sigma_P}{2}$$

한편, 풋옵션의 가치는 다음과 같다.

$$KP(0,T)N(-h+\sigma_P) - LP(0,s)N(-h)$$

Technical Note 31은 배시첵과 헐-화이트 모형의 경우에는 다음이 성립함을 보인다.

$$\sigma_P = \frac{\sigma}{a}[1-e^{-a(s-T)}]\sqrt{\frac{1-e^{-2aT}}{2a}}$$

호–리 모형의 경우에는 다음이 성립한다.

$$\sigma_P = \sigma(s-T)\sqrt{T}$$

식 (32.10)은 사실 29장 1절에서 소개한 채권옵션 가치평가를 위한 채권 선도가격의 변동성이 $\sigma_P/\sqrt{T}$인 블랙 모형과 동일한 모형이다. 그런데 29장 2절에서 설명한 바와 같이 금리캡와 금리플로어는 무이표채옵션의 포트폴리오로 표시할 수 있다. 따라서 금리캡과 플로어의 가치평가를 위하여 위에서 소개한 평가 모형을 이용할 수 있다.
31장 2절에서 소개한 콕스-잉거솔-로스 모형의 경우에도 옵션 가치 평가 모형을 유도할 수 있다. 이때는 비중심 카이제곱 분포의 확률밀도함수에 대한 적분 계산이 필요하다.

---

5 See J. C. Hull and A. White, "Numerical Procedures for Implementing Term Structure Models II: Two-Factor Models," *Journal Of derivatives*, 2, 2 (Winter 1994): 37-48

이표채옵션

r에 대한 1요인 모형에서는 r이 감소하면 모든 무이표채의 가격은 상승하고, r이 증가하면 모든 무이표채의 가격은 하락하게 된다. 따라서 1요인 모형을 이용하면 이표채에 대한 옵션은 무이표채에 대한 옵션의 포트폴리오로 표시할 수 있게 된다. 그 절차는 다음과 같다.

1. 옵션만기 시점 T에서 기초자산 이표채의 가격과 옵션의 행사가격이 같아지도록 하는 r의 값을 계산하고 이를 r^*이라고 한다.
2. 이표채의 구성요소가 되는 무이표채에 대한 만기 T인 유러피언옵션들의 가격을 각각 계 산한다. 이때 T시점에서 $r = r^*$일 경우의 무이표채가격을 계산하고 이 값을 각 무이표채에 대한 옵션 행사가격으로 설정한다.
3. 2단계에서 계산한 각 무이표채에 대한 옵션의 가격의 합이 이표채에 대한 옵션의 가격 이 된다.

배시책, 콕스-잉거솔-로스, 호-리, 헐-화이트 모형의 경우 이와 같은 절차를 따르면 이표채 옵션의 가치를 평가할 수 있다. [실무사례 29.2]에서 설명한 바와 같이 유러피언스왑옵션은 이표채옵션으로 간주할 수 있다. 따라서 위의 절차를 이용하여 가치평가가 가능하다. 자세한 과정과 사례에는 저자의 홈페이지의 [Technical Note] 15를 참조하기 바란다.

32.3 변동성 구조

지금까지 소개한 모형들은 각각 다른 변동성구조를 내포하고 있다. [그림 32.3]에는 호-리 모 형, 1요인 헐-화이트 모형 그리고 2요인 헐-화이트 모형의 경우 3개월 선도이자율의 변동성을 만기의 함수로 표시하고 있다. 단, 이자율 기간구조는 수평한 것으로 가정하고 있는 경우이다.

호–리 모형의 경우 3개월 선도이자율의 변동성은 모든 만기에 대하여 동일하다. 1요인 헐-화이트 모형의 경우에는 평균회귀의 영향으로 인하여 3개월 선도이자율의 변동성이 만기 의 감소함수가 된다. 2요인 헐-화이트 모형의 경우에는 모형의 모수를 적절하게 선택하면 3 개월 선도이자율의 변동성은 "혹 모양"을 갖게 된다. 후자의 경우가 변동성에 대한 실증연구 들의 결과와 29장 2절에서 설명한 캡의 내

그림 32.3 여러 가지 모형에서의 3개월 선도이자율의 변동성: (a) 호-리 모형, (b) 1요인 헐-화이트 모형, (c) 2요인 헐-화이트 모형(모수를 적절하게 선택함을 가정).

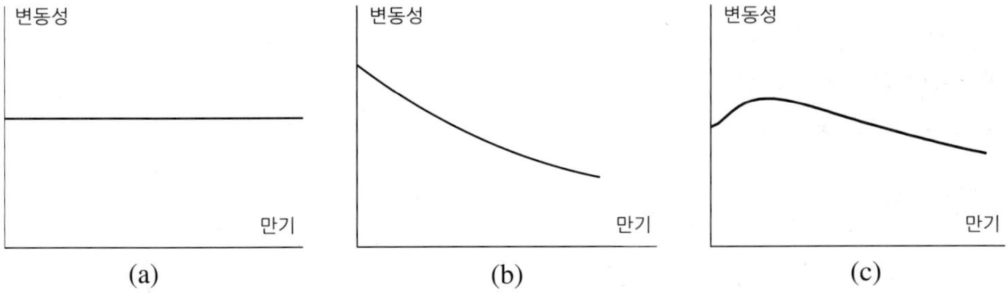

재변동성과도 일치하는 형태이다.

32.4 이자율 다항과정

주가의 확률과정을 이산시간에 기초한 주가의 다항과정으로 구현하는 것과 마찬가지로 단기 이자율의 확률과정을 이산시간에 기초한 이자율 다항과정으로 구현할 수 있다. 다항과정에서의 1기간을 Δt라고 하면 다항과정에서의 이자율들은 Δt기간 동안의 연속복리이자율들을 의미한다. 이자율 다항과정을 구성할 경우에는 Δt기간 동안의 이자율 R이 그에 상응하는 연속 시간모형에서의 순간 단기이자율 r과 같은 확률과정을 따른다는 가정을 하는 것이 일반적이 다. 한편, 이자율 다항과정과 주가 다항과정 간의 주요 차이점은 할인을 하는 방법에 있다. 즉, 주가의 다항과정에서는 통상적으로 할인율이 각 점에서 같은 것으로 가정하지만 금리 다항과 정에서는 각 점마다 할인율이 달라지게 된다.

이자율 다항과정에는 이항과정(binomial tree)보다 삼항과정(trinomial tree)을 이용하는 것이 편리하다고 알려져 있다. 삼항과정의 주요 장점은 추가적인 자유도(degree of freedom)를 확보할 수 있다는 것인데, 이는 삼항과정을 이용할 경우 평균회귀와 같은 이자율 확률과정 의 주요 특성들을 반영하기가 쉽다는 의미이다. 그런데 21장 8절에서 언급한 바와 같이 삼항 과정을 이용하는 것은 명시적 유한차분법을 이용하는 것과 동일하다.

삼항과정 이용의 예시

파생상품의 가치평가에 삼항과정을 어떻게 이용하는지 알아보기 위해 [그림 32.4]을 이용해 간단한 예

그림 32.4 이자율 삼항과정의 예. 각 점에서 위의 숫자는 이자율이고 아래 숫자는 파생상품가치.

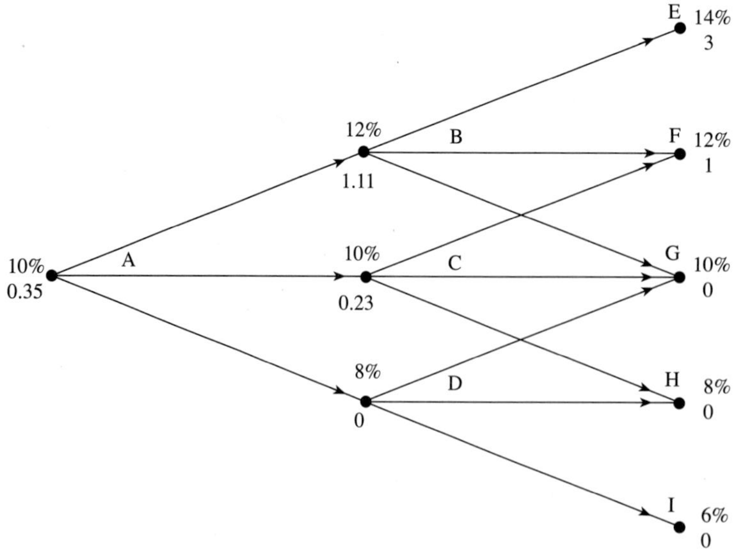

를 들어보자. 이 예는 1기간이 1년인 2기간 과정이고 따라서 Δt = 1년인 경우이다. 각 점에서 이자율의 상승, 유지, 하락 확률은 각각 0.25, 0.5, 0.25라고 가정한다. 그림에서 Δt 기간의 이자율은 각 점의 위쪽에 표시되어 있다.[6]

이제 2기간 말에

$$\max[100(R - 0.11), 0]$$

의 이득을 지급하는 파생상품의 가치평가에 삼항과정을 이용해보자. 단, R은 Δt 동안의 이자 율을 나타낸다. 이와 같은 파생상품가치의 계산 결과는 각 점의 아래쪽에 표시되어 있는데 물 론 2기간 말의 각 점에서 파생상품의 가치는 이득과 동일하다. 예를 들어서 점 E에서 파생상 품의 가치는 100 × (0.14 − 0.11) = 3이 된다. 한편, 그 이전의 점들에서는 13장과 21장에서 설명한 역행과정(rollback procedure)을 거쳐 파생상품의 가치를 계산한다. 예를 들어서 점 B 에서는 1년 이자율이 12%이다. 따라서 점 E, F, G에서의 파생상품의 가치를 12%로 할인하 여점 B에서의 가치를 계산하면 된다는 것이다.

$$[0.25 \times 3 + 0.5 \times 1 + 0.25 \times 0]e^{-0.12\times 1} = 1.11$$

마찬가지로 점 C에서는 1년 이자율이 10%이므로 점 F, G, H에서의 가치를 10%로 할인하면 점 C에서 파생상품 가치를 계산할 수 있다.

$$(0.25 \times 1 + 0.5 \times 0 + 0.25 \times 0)e^{-0.1\times 1} = 0.23$$

점 A에서 이자율도 역시 10%이므로 마찬가지 방법으로 파생상품의 가치는 다음과 같이 계산할 수 있다.

$$(0.25 \times 1.11 + 0.5 \times 0.23 + 0.25 \times 0)e^{-0.1\times 1} = 0.35$$

비표준형 가지치기

어떤 경우에는 [그림 32.4]에서 이용된 것과 같은 표준형 가지치기(branching)를 수정하는 것 이 편리할 때가 있다. [그림 32.5]에는 가지치기를 위한 세 가지 대안이 제시되어 있다. [그림 32.5a]는 보편적인 방

그림 32.5 삼항과정에서 이용 가능한 가지치기방법들.

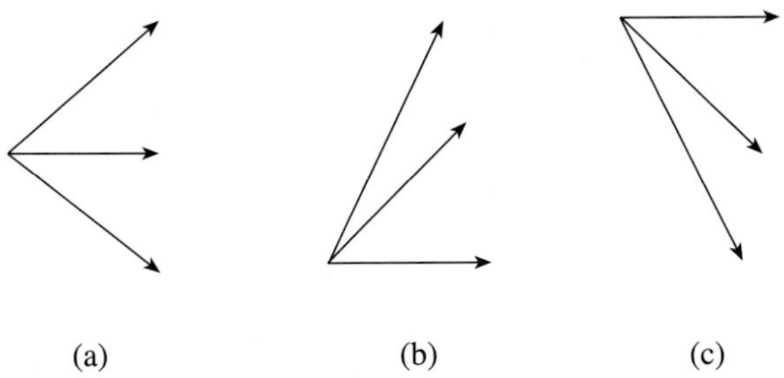

6 이자율 다항과정에서 이자율과 확률을 계산하는 방법에 대해서는 나중에 설명하기로 한다.

법인"1단계 상승, 유지, 1단계 하락"의 경우이다. 이러한 보편적 방법의 대안으로서 [그림 32.7b]에서처럼" 2단계 상승, 1단계 상승, 유지"로 구성하는 방법이 있다. 이 방법은 이자율이 매우 낮은 경우 평균회귀를 반영하는 데 유용한 것으로 알려져 있다. 또 다른 대안은 [그림 32.5c]의 경우로서"유지, 1단계 하락, 2단계 하락"의 경우이다. 이것은 이 자율이 매우 높은 경우 평균회귀를 반영하는 데 유용하다. 이와 같이 대체적인 가지치기방법 들을 이용한 예들에 대해서는 다음 절에서 소개할 것이다.

32.5 일반적인 다항 모형 구성의 절차

헐–화이트는 이자율 삼항과정을 구성하기 위한 강건한(robust) 2단계 절차를 제안하였는데 이 방법은 다양한 유형의 이자율 1요인 모형들에 적용할 수 있다.[7] 이 절에서는 우선 2단계 절차를 어떻게 식(32.24)의 헐-화이트 모형에 이용할 수 있는지 설명한 후, 이러한 절차를 블랙-카라신스키 모형과 같은 다른 이자율 모형들로 확장시키는 방법에 대해 설명할 것이다.

1단계

순간 단기이자율 r에 대한 헐–화이트 모형은 다음과 같다.

$$dr = [\theta(t) - ar]\,dt + \sigma\,dz$$

우선 다항과정에서의 1기간이 Δt이고 일정하다고 해보자.[8]
Δt기간의 이자율 R은 r과 같은 확률과정을 따른다고 가정하기로 한다.

$$dR = [\theta(t) - aR]\,dt + \sigma\,dz$$

Δt가 0에 수렴하는 경우 이와 같은 가정은 합리적인 가정이라 할 수 있다. 헐-화이트 모형을 표현하기 위한 삼항과정을 구성하는 첫 번째 단계는 초기 값이 0이고

$$dR^* = -aR^*\,dt + \sigma\,dz$$

와 같은 과정을 따르는 변수 R^*에 대한 삼항과정을 구성하는 일이다. 이 과정은 $R^* = 0$의값을 중심으로 대칭적인데 변수 $R^*(t + \Delta t) - R^*(t)$는 정규분포를 한다. 그런데 Δt보다 고차항을 무시한다면 $R^*(t + \Delta t) - R^*(t)$의 기대값은 $-aR^*(t)\Delta t$가 되고 $R^*(t + \Delta t) - R^*(t)$의 분산은 $\sigma^2\Delta t$가 된다.
이제 삼항과정에서 이자율 간의 간격 ΔR을 다음과 같이 정해보자.

$$\Delta R = \sigma\sqrt{3\Delta t}$$

7 J. Hull and A. White, "Numerical Procedures for Implementing Term Structure Models I: Single-Factor Models," *Journal of Derivatives*, 2, 1 (1994): 7–16; J. Hull and A. White, "Using Hull-White Interest Rate Trees," Journal of Derivatives, (Spring 1996): 26–36.

8 시간간격이 일정하지 않은 경우에 대해서는 저자 홈페이지(www-2.rotman.utoronto.ca/~hull/ TechnicalNotes)의 [Technical Note] 16을 참고할 것.

그림 32.6 헐-화이트 모형에서 R*의 삼항과정: 1단계.

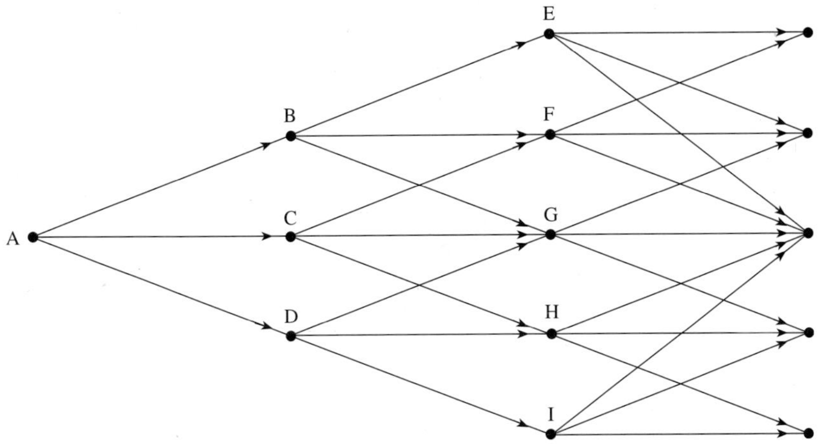

점	A	B	C	D	E	F	G	H	I
R^* (%)	0.000	1.732	0.000	-1.732	3.464	1.732	0.000	-1.732	-3.464
p_u	0.1667	0.1217	0.1667	0.2217	0.8867	0.1217	0.1667	0.2217	0.0867
p_m	0.6666	0.6566	0.6666	0.6566	0.0266	0.6566	0.6666	0.6566	0.0266
p_d	0.1667	0.2217	0.1667	0.1217	0.0867	0.2217	0.1667	0.1217	0.8867

오차를 최소화시키기 위해서는 ΔR을 이와 같이 선택하는 것이 좋다고 알려져 있다.

1단계에서 우리의 목표는 R^*에 대해 [그림 32.6]에 예시된 것과 유사한 삼항과정을 구성하는 일이다. 이를 위해서는 [그림 32.5]에 소개된 세 가지 가지치기방법 중 어떤 방법을 각 점에 적용하느냐의 문제를 해결해야 한다. 이 과정이 삼항과정의 전체적인 형태를 결정하게 된다. 이 작업이 끝나면 다음에는 각 꼭지점에서의 확률을 계산해야 한다.

우선, $t = i\,\Delta t$이고 $R^* = j\,\Delta R$인 점을 $(i,\ j)$라고 정의해보자(변수 i는 양의 정수이고 j는 양 또는 음의 정수이다). 어떤 가지치기방법을 이용하든 간에 각 점에서 확률들은 반드시 양수가 되도록 해야만 한다. 대부분의 경우에는 [그림 32.5a]의 보편적인 가지치기가 적당하다. 그런 데 $a > 0$인 경우 j 값이 매우 큰 양수값을 가질 경우에는 [그림 32.5a]의 가지치기에서 [그림 32.5c]의 가지치기로 전환시킬 필요가 있다. 마찬가지로 j가 아주 작은 음수값을 가질 경우에 는 [그림 30.7a]의 가지치기에서 [그림 32.5b]의 가지치기로 전환시킬 필요가 있다. 이제 [그림 32.5a]의 방법에서 [그림 32.5c]의 방법으로 전환하는 경우의 j의 값을 j_{max}라 하고 [그림 32.5a]의 방법에서 [그림 32.5b]의 방법으로 전환하는 경우의 j의 값을 jmin라고 정의해보자. 헐과 화이트는 j_{max}를 $0.184/(a\Delta t)$보다 큰 정수 중 가장 작은 정수로 놓고 j_{min}을 $-j_{max}$라고 하면 확률들이 언제나 양이 된다는 것을 증명하였다.[9] p_u, p_m, p_d를 각각 각 점에서 퍼져가

9 j_{max}가 $0.184/(a\,\Delta t)$와 $0.816/(a\,\Delta t)$ 사이의 값을 갖고 j_{min}은 $-0.184/(a\,\Delta t)$ 와 $-0.816/(a\,\Delta t)$ 사이의 값을 갖는 경우에는 이 확률들은 항상 양의 값을 갖게 된다. 첫 번째 점에서의 가지치기를 변형시키는 것이 연산 측면에서 가장 효율적이라고 알려져 있다.

는 높은 가지, 중간 가지, 낮은 가지의 확률이라고 해보자. 이 확률들은 다음 Δt기간 동안 R^*변화의 기대값과 분산에 맞추어 선택하여야 하고 확률들의 합은 물론 1이어야 한다. 이제 세 개의 확률들을 미지수로 갖는 세 개의 방정식이 생기게 된다.

이미 언급했던 것처럼 Δt기간 동안 R^*의 증감의 기대값은 $-aR^*\Delta t$이고 분산은 $\sigma^2\Delta t$이다. 또, 점 (i, j)에서 $R^* = j\,\Delta R$이다. 만약 가지치기가 [그림 32.5a]의 형태라면 점 (i, j)에서 p_u, p_m, p_d는 다음 세 방정식을 만족시키는 값이라야 한다.

$$p_u\Delta R - p_d\Delta R = -aj\,\Delta R\,\Delta t$$

$$p_u\Delta R^2 + p_d\Delta R^2 = \sigma^2\Delta t + a^2j^2\Delta R^2\Delta t^2$$

$$p_u + p_m + p_d = 1$$

앞에서 정한 대로 $\Delta R = \sigma\sqrt{3\Delta t}$로 놓으면 위 방정식의 해는 다음과 같다.

$$p_u = \tfrac{1}{6} + \tfrac{1}{2}(a^2j^2\Delta t^2 - aj\,\Delta t)$$

$$p_m = \tfrac{2}{3} - a^2j^2\Delta t^2$$

$$p_d = \tfrac{1}{6} + \tfrac{1}{2}(a^2j^2\Delta t^2 + aj\,\Delta t)$$

마찬가지로 가지치기가 [그림 32.5b]의 형태일 경우 각 확률은 다음과 같다.

$$p_u = \tfrac{1}{6} + \tfrac{1}{2}(a^2j^2\Delta t^2 + aj\,\Delta t)$$

$$p_m = -\tfrac{1}{3} - a^2j^2\Delta t^2 - 2aj\,\Delta t$$

$$p_d = \tfrac{7}{6} + \tfrac{1}{2}(a^2j^2\Delta t^2 + 3aj\,\Delta t)$$

마지막으로 가지치기가 [그림 32.5c]의 형태인 경우에는 각 확률은 다음과 같다.

$$p_u = \tfrac{7}{6} + \tfrac{1}{2}(a^2j^2\Delta t^2 - 3aj\,\Delta t)$$

$$p_m = -\tfrac{1}{3} - a^2j^2\Delta t^2 + 2aj\,\Delta t$$

$$p_d = \tfrac{1}{6} + \tfrac{1}{2}(a^2j^2\Delta t^2 - aj\,\Delta t)$$

이러한 다항과정 구성의 1단계의 예를 들기 위해서 $\sigma = 0.01$, $a = 0.1$, $\Delta t = 1$년이라고 해보자. 이때 $\Delta R = 0.01\sqrt{3} = 0.0173$이고 $j_{\max}$는 0.184/0.1(= 1.84)보다큰 정수중 가장 작은값, $j_{\min} = -j_{\max}$가 되게 한다. 따라서 $j_{\max} = 2$, $j_{\min} = -2$가 되는데 이 경우의 삼항과정은 [그림 32.6]에 요약되어 있다. 삼항과정의 각 점에서 가지들의 확률들은 삼항과정 그림의 아래쪽에 표로 정리되어 있고 위의 방정식을 이용하여 계산한 결과이다.

[그림 32.6]의 각 점들에서 확률들은 j에 따라서만 달라짐을 주목할 필요가 있다. 예를 들 어점 B에서의 확률은 점 F에서의 값들과 같다는 것이다. 또한 이항 모형 자체가 대칭적이다. 즉, 점 D의 확률들은 점 B의 확률들과 대칭적이다.

2단계

삼항과정 구성의 2단계는 R^*에 대한 삼항과정을 R에 대한 삼항과정으로 전환하는 일이다. 이 작업은 초기의 기간구조에 정확하게 들어맞도록 R^*의 삼항과정 상의 점들을 치환함으로써 이뤄진다. 이제 다음과 같이 정의해보자.

$$\alpha(t) = R(t) - R^*(t)$$

다항모형에서의 시간간격인 Δt가 극히 짧은 경우의 $\alpha(t)$ 값들은 식 (32.5)를 이용하여 계산할 수 있을 것이다.[10] 그러나 우리는 Δt가 어느 정도 긴 기간일 경우의 다항과정이 기간구조와 정확하게 일치되도록 해야 한다. 따라서 α 값을 계산하기 위해서 반복적 과정을 거쳐야 한다.

우선 α_i를 $\alpha(i\,\Delta t)$라고 정의하는데 이는 시점 $i\,\Delta t$에서 R의 다항과정 상의 R의 값에서 시점 $i\,\Delta t$에서 R^*의 다항과정상의 R^*의 값을 뺀 값이다. 한편, $Q_{i,j}$는 $(i,\ j)$꼭지점에 도달하면 1달러의 이득이 발생하고 그렇지 않은 경우는 0의 이득이 발생하는 유가증권의 현재가치로 정의한다. 이 제 α_i와 $Q_{i,j}$ 값들은 초기의 기간구조에 정확하게 일치되도록 전방귀납법을 이용하여 계산한다.

2단계의 예시

[그림 32.6]의 예에 있는 연속복리 기준 무이표이자율들이 [표 32.1]에 정리되어 있다. $Q_{0,0}$의 값은 1.0이다. α_0의 값은 Δt시점이 만기인 무이표채의 가격이 적절하게 계산되도록 결정한다. 즉, 초기의 Δt기간 이자율에 맞춘다는 것이다. 이 예에서 $\Delta t = 1$이므로 α0 = 0.03824가 되는 데 이 값은 [그림 32.7]에서 R의 삼항과정의 첫 번째 점의 위치를 결정해준다. 다음 단계는 $Q_{1,1}$, $Q_{1,0}$, $Q_{1,-1}$의 값을 계산하는 과정이다. 그런데 점 (1,1)로 퍼져나갈 확률은 0.1667이고 이 기간의 할인율은 3.82%이므로 $Q_{1,1}$의 값은 $0.1667e^{-0.0382} = 0.1604$가 되고 마찬가지로 $Q_{1,0} = 0.6417$, $Q_{1,-1} = 0.1604$가 된다.

이와 같이 $Q_{1,1}$, $Q_{1,0}$, $Q_{1,-1}$의 값이 계산되면 이제 α_1을 계산할 수 있게 된다. α_1의 값은 $2\Delta t$가 만기인 무이표채의 가격이 적절하게 계산되도록 결정한다. $\Delta R = 0.01732$, $\Delta t = 1$이 므로 점 B에서의 이 채권의 가격은 $e^{-(\alpha_1+0.01732)}$가 되고 마찬가지로 점 C에서의 가격은 $e^{-\alpha_1}$이며 점 D에서의 가격은 $e^{-(\alpha_1-0.01732)}$가 된다. 따라서 초기의 점 A에서 채권가격은 다음과 같이 표시할 수 있다.

$$Q_{1,1}e^{-(\alpha_1+0.01732)} + Q_{1,0}e^{-\alpha_1} + Q_{1,-1}e^{-(\alpha_1-0.01732)} \tag{32.11}$$

그런데 초기의 기간구조를 이용하여 채권가격을 계산하면 $e^{-0.04512\times 2} = 0.9137$이 되어야 한다. 따라서 앞에서 계산한 Q 값들을 식 (32.11)에 대입하면 다음 식이 성립하게 된다.

---

10 순간 $\alpha(t)$의 값을 공식을 이용하여 계산하기 위해서는 다음 식을 이용한다.

$$dR = [\theta(t) - aR]\,dt + \sigma\,dz \quad \text{and} \quad dR^* = -aR^*\,dt + \sigma\,dz$$

이때 $d\alpha = [\theta(t) - a\alpha(t)]\,dt$가 된다. 이제 식 (32.7)를 이용하면이 식의 해가 다음과 같음을 알 수 있다.

$$\alpha(t) = F(0,t) + \frac{\sigma^2}{2a^2}(1 - e^{-at})^2$$

표 32.1 [그림32.6]과 [그림32.7]의 예에 대한 무이표이자율

만기	이자율(%)
0.5	3.430
1.0	3.824
1.5	4.183
2.0	4.512
2.5	4.812
3.0	5.086

$$0.1604e^{-(\alpha_1+0.01732)}+0.6417e^{-\alpha_1}+0.1604e^{-(\alpha_1-0.01732)}=0.9137$$

또는

$$e^{-\alpha_1}(0.1604e^{-0.01732}+0.6417+0.1604e^{0.01732})=0.9137$$

이제 위의 식에서 α_1은 다음과 같이 계산하면 된다.

$$\alpha_1=\ln\left[\frac{0.1604e^{-0.01732}+0.6417+0.1604e^{0.01732}}{0.9137}\right]=0.05205$$

이것은 R의 삼항과정에서 Δt시점에서의 가운데 점이 5.205%의 이자율에 해당하게 됨을 의미한다([그림 32.7] 참조).

다음 단계는 $Q_{2,2}$, $Q_{2,1}$, $Q_{2,0}$, $Q_{2,-1}$, $Q_{2,-2}$를 계산하는 일인데 앞에서 계산된 Q 값들을 이용하여 계산과정을 줄일 수 있다. 예를 들어 $Q_{2,1}$을 보자. 이것은 점 F에 닿으면 1달러, 그렇지 않으면 0달러를 지급하는 증권의 가치이다. 그런데 점 F는 점 B와 점 C를 통해서만 도달할 수 있고점 B와 점 C에서의 이자율은 각각 6.937%와 5.205%이다. 또한, B–F와 C–F가지의 확률은 각각 0.6566과 0.1667이다. 따라서 점 F에서 1달러를 지급하는 증권의 B에서의 가격은 $0.6566e^{-0.06937}$이 되고 점 C에서는 $0.1667e^{-0.05205}$가 된다. 변수 $Q_{2,1}$은 $0.6566e^{-0.06937}$에 점 B에서 받는 1달러의 현재가치를 곱한 금액과 $0.1667e^{-0.05205}$에 점 C에서 받는 1달러의 현 재가치를 곱한 금액을 합한 금액이므로 아래와 같이 계산된다.

$$Q_{2,1}=0.6566e^{-0.06937}\times0.1604+0.1667e^{-0.05205}\times0.6417=0.1998$$

마찬가지로 $Q_{2,2}=0.0182,\ Q_{2,0}=0.4736,\ Q_{2,-1}=0.2033,\ \text{and}\ Q_{2,-2}=0.0189$가 된다.

[그림 32.7]의 R삼항과정을 구축하기 위한 다음 단계는 α_2를 계산하는 과정이다. α_2를 계산한 다음에는 다시 $Q_{3,j}$ 값들을 계산하고 그 결과를 이용하여 α_3를 계산하는 식으로 계속하 여 진행하면 된다.

그림 32.7 헐-화이트 모형에서 R의 삼항과정: 2단계.

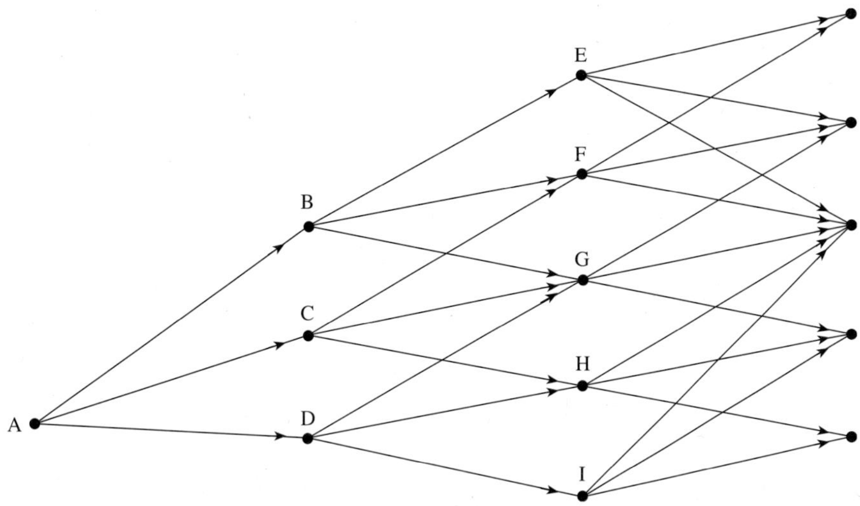

점	A	B	C	D	E	F	G	H	I
R^* (%)	3.824	6.937	5.205	3.473	9.716	7.984	6.252	4.520	2.788
p_u	0.1667	0.1217	0.1667	0.2217	0.8867	0.1217	0.1667	0.2217	0.0867
p_m	0.6666	0.6566	0.6666	0.6566	0.0266	0.6566	0.6666	0.6566	0.0266
p_d	0.1667	0.2217	0.1667	0.1217	0.0867	0.2217	0.1667	0.1217	0.8867

α 와 Q 값의 계산 공식

앞에서 설명한 방법을 좀 더 정형화시키 위해서 $Q_{i,j}$ 값들이 $i \leqslant m$ $(m \geqslant 0)$인 경우 계산되었 다고 해 보자. 다음 단계는 만기 $(m+1)\,\Delta t$시점인 무이표채의 가격을 삼항모형이 올바르게 계산하도록 α_m 값을 결정하는 일이다. 점 (m, j)에서의 이자율이 $\alpha_m + j\,\Delta R$이므로 $(m+1)\Delta t$ 시점이 만기인 무이표채의 가격은 다음과 같다.

$$P_{m+1} = \sum_{j=-n_m}^{n_m} Q_{m,j} \exp[-(\alpha_m + j\,\Delta R)\Delta t] \tag{32.12}$$

이때 n_m은 $m\,\Delta t$시점의 가운데 점을 기준으로 위아래에 위치한 점들의 갯수이다. 식 (32.12)의 해는 다음과 같다.

$$\alpha_m = \frac{\ln \sum_{j=-n_m}^{n_m} Q_{m,j} e^{-j\Delta R \Delta t} - \ln P_{m+1}}{\Delta t}$$

일단 α_m이 결정되면 $i = m+1$일 경우 $Q_{i,j}$ 값은

$$Q_{m+1,j} = \sum_k Q_{m,k} q(k,\, j) \exp[-(\alpha_m + k\,\Delta R)\,\Delta t]$$

으로 표시되는 공식을 이용하여 계산할 수 있는데 $q(k, j)$는 점 (m, k)에서 점 $(m+1, j)$로이 동할 확률이고 그 값을 모든 k값에 대하여 더한 값은 0이 아니어야 한다.

2단계 절차를 일반적인 이자율 모형에 확장시키는 방법

지금까지 소개한 과정은 다음과 같은 좀 더 일반적인 형태로 확장시킬 수 있다.

$$df(r) = [\theta(t) - af(r)]\,dt + \sigma\,dz \tag{32.13}$$

여기서 f는 r의 단조증가함수이다. 위와 같은 계통의 모형들은 어떤 기간구조라도 설명할 수 있는 성질의 모형이라고 할 수 있다.[11]

이제 앞에서처럼 Δt기간의 이자율 R이 r과 동일한 확률과정을 따른다고 가정해보자.

$$df(R) = [\theta(t) - af(R)]\,dt + \sigma\,dz$$

여기서 $x = f(R)$이라고 놓으면 위 식은 다음과 같게 된다.

$$dx = [\theta(t) - ax]\,dt + \sigma\,dz$$

이제 x의 초기값이 0이고 $\theta(t) = 0$이라는 점을 제외하면 x와 동일한 확률과정을 따르는 변수 x^*에 대한 삼항과정을 구성하는 것이 첫 단계가 된다. 이 작업은 [그림 32.6]에서와 같은 삼항 과정을 구성하기 위해 앞에서 설명한 작업과 동일하다.

다음으로 [그림 32.7]에서처럼 $i\,\Delta t$시점에서의 점들을 α_i값만큼 옮겨 놓아 초기의 기간구 조와 부합되도록 한다. 귀납적으로 α_i와 $Q_{i,j}$ 값들을 결정하기 위한 방정식들은 앞에서 소개한 $f(R) = R$인 경우의 방정식들과는 약간 다르다. $Q_{0,0} = 1$이고 $Q_{i,j}$ 값들은 $i \leqslant m\,(m \geqslant 0)$에 대하여 이미 결정되었다고 가정해보자. 다음 단계는 만기 $(m+1)\Delta t$인 무이표채의 가격을 삼항 모형이 올바르게 결정하도록 α_m 값을 결정하는 일이다. 이를 위해서 $m\,\Delta t$시점의 j점에서 Δt 기간 이자율이

$$g(\alpha_m + j\,\Delta x)$$

이 되도록 함수 f의 역함수 g를 정의해보자. 이때 $(m+1)\Delta t$시점이 만기인 무이표채의 가격은 다음과 같다.

$$P_{m+1} = \sum_{j=-n_m}^{n_m} Q_{m,j} \exp[-g(\alpha_m + j\,\Delta x)\Delta t] \tag{32.14}$$

---

11 모든 무차익 모형이 이 같은 특성을 갖는 것은 아니다. 예를 들어서 콕스–잉거솔–로스(1985)와 헐–화이트(1990)가 제안한 확장된 콕스–잉거솔–로스 모형은 다음과 같은 형태를 갖는다.

$$dr = [\theta(t) - ar]\,dt + \sigma\sqrt{r}\,dz$$

이 모형은 선도이자율이 급격하게 감소하는 경우의 수익률곡선에는 맞지 않는다. 그 이유는 $\theta(t)$가 음인 경우 확률과정을 제대로 정의할 수 없기 때문이다.

그림 32.8 헐-화이트 모형에서 R의 삼항과정: 2단계.

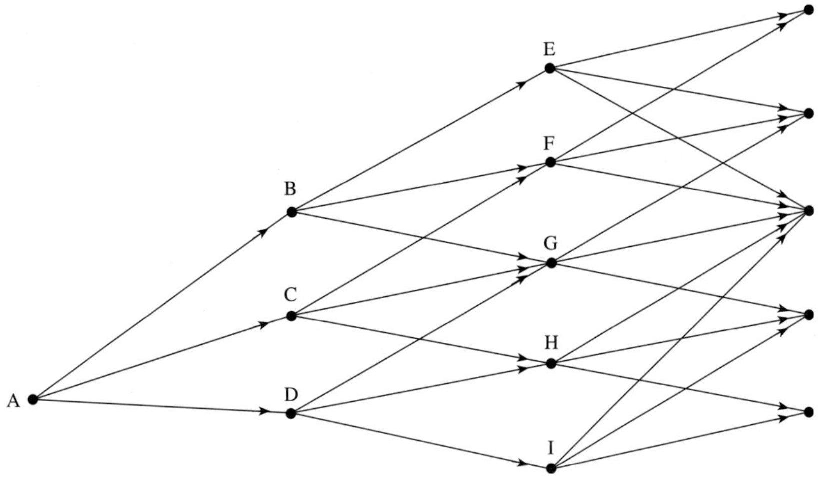

점	A	B	C	D	E	F	G	H	I
x	-3.373	2.875	3.181	3.487	2.430	2.736	3.042	3.349	3.655
R^* (%)	3.430	5.642	4.154	3.058	8.803	6.481	4.772	3.513	2.587
p_u	0.1667	0.1177	0.1667	0.2277	0.8609	0.1177	0.1667	0.2277	0.0809
p_m	0.6666	0.6546	0.6666	0.6546	0.0582	0.6546	0.6666	0.6546	0.0582
p_d	0.1667	0.2277	0.1667	0.1177	0.0809	0.2277	0.1667	0.1177	0.8609

이 식은 뉴튼-래프슨법(Newton-Raphson method)과 같은 수치화 절차를 이용하여 해를 구할 수 있는데 $m=0$인 경우 α 값인 α_0의 값은 $f\big(R(0)\big)$이 된다.

이제 α_m이 결정되면

$$Q_{m+1,j} = \sum_k Q_{m,k} q(k, j) \exp[-g(\alpha_m + k\,\Delta x)\Delta t]$$

와 같은 공식을 이용하여 $i = m + 1$일때 $Q_{i,j}$값을 계산할 수 있는데 여기서 $q(k, j)$는점 (m, k)에서 점 $(m + 1, j)$로 이동할 확률이고 그 값을 모든 k에 대하여 더한 값은 0이 아니라야 한다.

[그림 32.10]에는 위에서 설명한 절차를 블랙-카라신스미 모형인 식(32.9)에 적용한 결과가 표시되어 있는데

$$d\ln(r) = [\theta(t) - a\ln(r)]\,dt + \sigma\,dz$$

여기서 $a = 0.22,\ \sigma = 0.25,\ \Delta t = 0.5$이고 무이표이자율들은 [표 32.1]의 값들과 같다고 가정 한 결과이다.

$f(r) = r$로 놓으면 이는 식 (32.4)의 헐-화이트 모형이 되고 $f(r) = \ln(r)$로놓으면 식 (32.9)의 블랙-카라신스키 모형이 된다. $f(r) = r$ 모형의 주요 장점은 분석이 용이하다는 점이다.

음(-)의 이자율

전통적으로 헐-화이트 모형의 단점은 이자율이 음의 값을 가질 수 있다는 점이다. 어떤 분석가들은 음(-)의 이자율이 전혀 가능하지 않았기 때문에 이 모형의 사용을 꺼리고 쉽게 공식화할 수는 없음에도 불구하고 $f(r) = \ln(r)$ 모형을 선호해 왔다.

본 장의 전반부에서 설명했듯이 음(-)의 이자율이 몇몇 국가 금융시장의 특징이 되었기 때문에 음(-)의 이자율을 가능하게 하는 모형에 대한 기피는 최근 몇년간 변화하기 시작했다. 호-리와 헐-화이트 모형은 29장 2절에서 논의된 Bachelier 정규모형과 유사하다.[12]

이 모형들은 이자율이 음(-)인 상황에서 비표준 거래들의 가치를 평가할 때 사용될 수 있다. 대안으로는 수정 블랙-카라신스키 모형을 사용할 수 있다. 이 경우 r이 아닌 이 식 (32.9)의 확률과정을 따르기 때문에

$$d\ln(r+\alpha) = [\theta(t) - a\ln(r+\alpha)]\,dt + \sigma\,dz$$

단기 이자율은 (거의) 까지 낮아질 수 있다.

OIS 할인

많은 이자율 파생상품은 LIBOR에 의존하는 이득을 제공한다. LIBOR가 무위험이자율의 대용치로 사용됐을 때는 이자율 파생상품의 가치를 평가 할 때 오직 하나의 기간구조만 고려해도 됐었다. 이제는 파생상품시장이 OIS 할인을 수용하고 있기 때문에 분석가들은 OIS 금리와 LIBOR의 움직임을 모두 고려해야 한다. 한 가지 접근법은 이 장에서 제안하는 방법들을 사용하고 미래 시점의 OIS와 LIBOR 간의 스프레드를 현재의 선도 스프레드와 동일하다고 설정하는 것이다. 더 복잡한 접근법은 OIS 단기이자율과 (이자율의 기준기간과 함께) LIBOR 금리가 3차원 다항과정에 모형화 되는 3차원 다항과정을 사용하는 것이다.[13]

가치평가공식들을 삼항과정과 함께 사용하는 방법

$f(r) = r$인 경우의 헐-화이트 모형에 대한 삼항과정을 구성하게 되면 본 장 1절의 가치평가 공식들을 이용하여 삼항과정의 각 점에서 완전한 기간구조와 유러피언옵션 가격을 계산할 수 있다. 이때 삼항과정에서의 이자율은 순간 단기이자율 r이 아니라 Δt기간의 이자율 R이라는 것을 기억하는 것이 중요하다.

우선, 식 (32.6), (32.7), (32.8)로부터 다음과 같은 공식들을 유도할 수 있음을 증명할 수 있다(연습문제 32.15 참조).

$$P(t, T) = \hat{A}(t, T)e^{-\hat{B}(t,T)R}$$

여기서 $\hat{A}(t, T)$와 $\hat{B}(t, T)$는 다음과 같다.

---

12 모형들 간에 차이는 존재한다. 고려되는 금리의 기준기간(tenor)은 τ이다. Bachelier 정규모형에서는 금리 측정을 위한 복리 빈도가 일때 정규분포를 따른다. 호-리와 헐-화이트 모형에서는 연속복리 기준 금리가 정규분포를 따른다.

13 J. C. Hull and A. White, "Multi-Curve Modeling Using Trees," In: *Challenges in Derivatives Markets*, edited by Kathrin Glau, Matthias Scherer, and Rudi Zagst, Springer Proceedings in Mathematics and Statistics, 2016. 또한 ssrn 2601457.

$$\ln \hat{A}(t, T) = \ln \frac{P(0, T)}{P(0, t)} - \frac{B(t, T)}{B(t, t+\Delta t)} \ln \frac{P(0, t+\Delta t)}{P(0, t)}$$

$$- \frac{\sigma^2}{4a}(1 - e^{-2at}) B(t, T)[B(t, T) - B(t, t+\Delta t)] \tag{32.16}$$

$$\hat{B}(t, T) = \frac{B(t, T)}{B(t, t+\Delta t)} \Delta t \tag{32.17}$$

(호–리 모형의 경우에는 위의 식들에서 $\hat{B}(t, T) = T - t$로 놓는다)

따라서 채권가격은 식 (32.15)가 아니라 식 (32.6)를 이용하여 계산하여야 한다.

예제 32.1

예를 들어 [표 32.2]에 있는 무이표이자율을 이용하여 보자. 이 표에 있지 않은 무이표 이자율들은 선형보간법에 의하여 계산하기로 한다.

만기가 9년(= 9 × 365일)인 무이표채에 대한 만기 3년(= 3 × 365일) 유러피언풋 옵션을 평가한다고 해보자. 이자율은 헐-화이트 모형($f(r) = r$)을 따른다고 가정하고 행사가격은 63, $a = 0.1$, $\sigma = 0.01$이라고 하자. 이제 3년짜리 다항과정을 구성하고, 만기의 점들에서 무이표채 가격을 식 (32.15)를 이용하여 계산한다. [표 32.3]에서 알 수 있는 것처럼 다항과정에 의한 옵션가치와 공식에 의한 옵션가치가 일치하는 것을 알 수 있다.

표 32.2 모든 이자율이 연속복리이자율인 경우 무이표수익률곡선(실제 일수/365 사용).

만기	일수	이자율 (%)
3일	3	5.01772
1달	31	4.98284
2달	62	4.97234
3달	94	4.96157
6달	185	4.99058
1년	367	5.09389
2년	731	5.79733
3년	1,096	6.30595
4년	1,461	6.73464
5년	1,826	6.94816
6년	2,194	7.08807
7년	2,558	7.27527
8년	2,922	7.30852
9년	3,287	7.39790
10년	3,653	7.49015

표 32.3 9년 만기 무이표채에 대한 행사가격 63인 3년 만기 풋옵션의 가치: a = 0.1, σ = 0.01 ([표 30.2]의 무이표수익률곡선을 사용한 경우).

기간수	삼항과정에 의한 가치	공식에 의한 가치
10	1.8468	1.8093
30	1.8172	1.8093
50	1.8057	1.8093
100	1.8128	1.8093
200	1.8090	1.8093
500	1.8091	1.8093

이 예제는 2단계 절차를 실제로 활용할 수 있는지를 검증하기 위한 좋은 사례인데 그 이유는 무이표수익률곡선의 기울기(gradient)가 옵션만기 직후에 급격하게 바뀌는 경우를 가정하고 있기 때문이다. 이런 경우에는 다항과정의 구성과 이용에 있어서의 작은 오차가 옵션 가격에 매우 큰 영향을 주기 쉽다(이 사례는 DerivaGem Application Builder 프로그램의 Sample Application G에 이용되고 있다).

아메리칸 채권옵션에 대한 삼항과정

본 서의 부록인 DerivaGem 프로그램은 유러피언/아메리칸 채권옵션, 캡, 플로어, 유러피언스 왑옵션의 가치평가를 위해서 정규분포 모형, 대수정규분포 모형을 활용하고 있다. [그림 30.11]은 만기 10년짜리 채권에 대한 만기 1.5년 아메리칸옵션의 가치평가를 위하여 이 프로 그램을 이용해 4기간, 대수정규분포(블랙-카라신스키) 모형을 계산한 삼항과정을 보여주고 있다. 대수정규분포 모형에 사용된 모수들은 $a = 5\%$, $\sigma = 20\%$이다. 기초자산 채권은 만기 10 년, 액면가 100달러, 이표율 5%, 이표 지급 기간 6개월인 채권이다. 수익률곡선은 연 5%에서 수평하다고 가정하고 행사가격은 105달러이다. 29장 1절에서 설명한 것처럼 행사가격은 현금 가격일 수도 있고 공시가격일 수도 있는데 여기서는 공시가격을 이용하였고 삼항과정에 표시 된 채권가격은 현금가격이다. 각 점에서의 발생이자는 삼항과정의 아래쪽에 표시되어 있다. 현금 행사가격은 공시 행사가격에 발생이자를 더하여 계산되고 공시 채권가격은 현금 채권가격 에서 발생이자를 차감한 가격이다. 옵션으로부터의 이득은 현금 채권가격에서 현금 행사가격 을 차감한 금액이다. 물론 공시 채권가격에서 공시 행사가격을 차감해도 같은 값이 계산된다.

다항과정에 의한 값은 0.672이다. 기간수를 100구간으로 늘리는 경우의 계산결과는 0.703 이다. 그런데 대수정규모형을 이용하는 경우에는 10년 만기 채권가격을 공식을 이용하여 계 산할 수 없다는 점을 이해할 필요가 있다. 채권가격은 여기서 소개한 모형보다 긴 기간의 다 항 모형을 구현하고 역행과정을 거쳐 채권가격을 계산해야만 한다.

32.6 모형의 모수 추정

지금까지는 변동성 모수인 a와 σ가 상수이든 시간의 함수이든 이미 알고 있는 것으로 가정하 였다. 이제 이 모수들을 어떻게 결정하는지에 대해 설명하고자 한다. 이것을 모형의 모수 추정 (calibration)이라고 한다.

보통, 변동성 모수들은 활발하게 거래되는 옵션에 대한 시장 데이터로부터 결정된다. 이러한 옵션들을 모수 추정용 파생 상품(calibrating instruments)이라고 부르는데 이를 위한 첫 단계는 적합도(goodness of fit) 의 측도를 선택하는 과정이다. 만약 모수 추정용 파생상품이 n개라고 할 때 일반적으로 많이 사용되는 적합도의 측도는 $\sum_{i=1}^{n}(U_i - V_i)^2$이다. 여기서 U_i는 i번째 모수 추정용 파생상품의 시장가격이고 V_i는 모형에 의한 모수 추정용 파생 상품의 가격을 나타낸다. 이제 이와 같은 측도가 최소화되도록 모형의 변수들을 선택함으로 써 모수 추정의 목적을 달성하게 되는 것이다.

그림 1.4 아메리칸 채권옵션의 가치평가를 위해 DerivaGem에 의해 구성된 삼항과정.

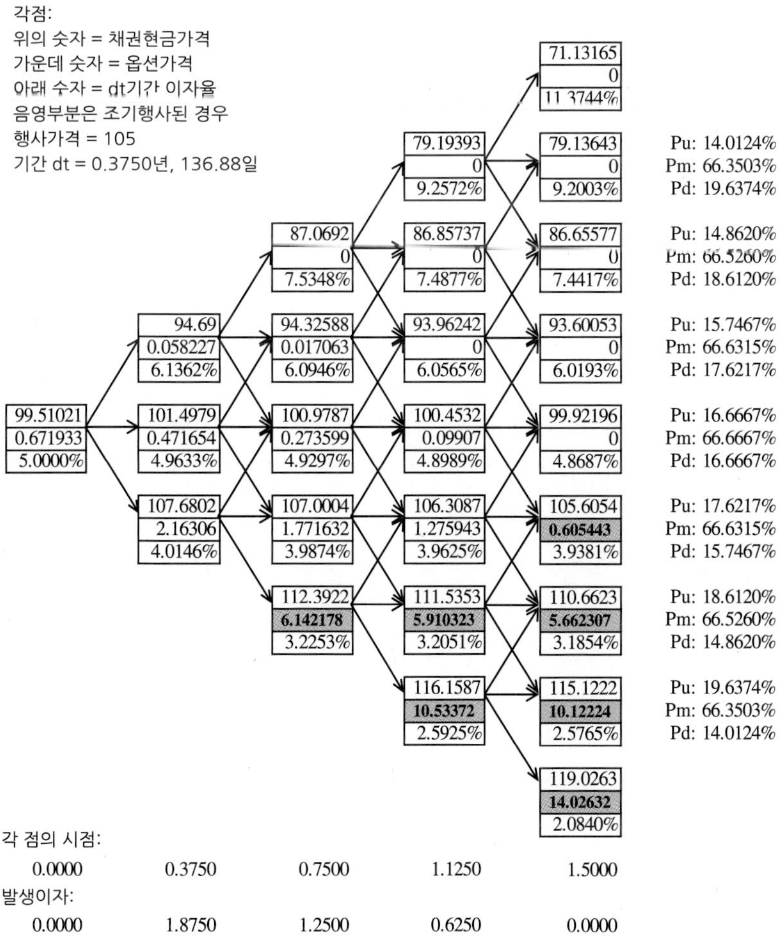

이때 변동성 모수의 수가 모수 추정용 파생상품의 수보다 커서는 안 된다. a와 σ가 상수라 면 변동성 모수의 수는 2개가 된다. 위 모형은 a와 σ가 모두 시간의 함수인 경우로도 확장시 킬 수 있다. 이 경우 계단함수(step function)를 이용할 수 있다. 예를 들어 a는 상수이고 σ가 시간의 함수인 경우를 생각해보자. 이때 t_1, $t_2, \ldots$, t_n을 각 시점이라 하고 $t \leqslant t_1$인 경우에는 $\sigma(t) = \sigma_0, t_i < t \leqslant t_{i+1}$ $(1 \leqslant i \leqslant n-1)$인 경우에는 $\sigma(t) = \sigma_i, t > t_n$인 경우에는 $\sigma(t) = \sigma_n$이 되도록 구성할 수 있다. 이 경우 변동성 모수들은 $a, \sigma_0, \sigma_1, \ldots, \sigma_n$등 모두 $n+2$개가 된다.

그런데 적합도 측도의 최소화는 흔히 레벤버그-마콰트(Levenberg-Marquardt) 절차를 이용하여 이루어진다.[14] a와 σ가 모두 시간의 함수인 경우에는 이 함수들이 "바람직한 성질"을 갖도록 하기 위해 벌점함수(penalty function)를 적합도 측도에 더하기도 한다. 이러한 경우 앞의 예에서처럼 σ가 시간에 대한 계단함수라면 바람직한 목적함수는 다음과 같다.

$$\sum_{i=1}^{n}(U_i - V_i)^2 + \sum_{i=1}^{n} w_{1,i}(\sigma_i - \sigma_{i-1})^2 + \sum_{i=1}^{n-1} w_{2,i}(\sigma_{i-1} + \sigma_{i+1} - 2\sigma_i)^2$$

여기서 둘째 항은 한 단계와 다음 단계 사이에서 σ에 큰 변화가 있는 경우 벌칙을 더해주는 항이고 셋째 항은 높은 곡률에 대한 벌칙을 더해주는 항이다. $w_{1,i}$과 $w_{2,i}$의 적절한 값은 경험에 기초하여 선택하는데 σ 함수가 완만한 곡률의 함수가 되도록 하는 적절한 값이어야 한다.

한편, 모수 추정용으로 선택되는 파생상품들은 되도록이면 가치평가 대상인 파생상품과 유사한 것들이라야 한다. 예를 들어 현재로부터 10년 후에 만기가 되는 스왑계약을 체결할 수 있는 권리인 버뮤다스왑옵션(옵션 잔존만기는 10년이고 5년차와 9년차 사이의 아무 지급일 에서라도 행사할 수 있음)을 평가하는 경우를 생각해보자. 이때 가장 적합한 모수 추정용 파 생상품은 $5 \times 5, 6 \times 4, 7 \times 3, 8 \times 2, 9 \times 1$의 유러피언스왑옵션이다(이때 $m \times n$ 스왑옵션 은 옵션만기 후 m년 동안 지속되는 스왑에 포지션을 가질 수 있는 만기 n년짜리 유러피언스 왑옵션을 말한다).

a나 σ 또는 모두를 시간의 함수로 설정할 경우에는 현재 거래소에서 거래되고 있는 상품들 의 가격에 좀 더 정확하게 이자율 모형들을 맞출 수 있다는 장점이 있다. 그러나 변동성의 구 조가 불안정해지는 점은 단점이라고 할 수 있다. 즉, 이 경우 미래의 변동성기간구조가 현재 시장에서 존재하는 기간구조와 매우 다르게 될 가능성이 있다는 것이다.[15]

모수 추정을 위한 다른 기법으로는 사용 가능한 모든 모수 추정용 파생상품을 이용하여 최 대로 적합한 a와 σ모수를 추정하는 것이다. 이 기법에서는 일단 모수 a를 가장 적합한 값에 고정시킨다. 그러고 나서 블랙–숄즈–머튼 모형의 가격에서 내재변동성을 계산하는 것과 같은 방법으로 모형을 사용한다. 즉, 옵션가격과 σ모수 간에는 일대일 대응관계가 성립하므로 모형을 이용하여 [표 29.1]과 [표 29.2]와 같은 표를 내재 σ들에 대한 표로 전환시킨다.[16] 이제 이러한 표들을 이용하여 가치평가 대상인 파생상품에 가장 적합한 내재 σ를 계산한다.

---

14 이 절차에 대한 자세한 설명은 다음을 참고하라. W. H. Press, B. P. Flannery, S. A. Teukolsky, and W. T. Vetterling, *Numerical Recipes: The Art of Scientific Computing*, 3rd edn. Cambridge University Press, 2007.

15 a와 σ가 시간의 함수인 경우에 대해서는 저자 홈페이지(www-2.rotman.utoronto.ca/~hull/ TechnicalNotes)의 [Technical Note] 16을 참고할 것.

16 기간구조 모형에서는 내재 σ가 [표 29.1]과 [표 29.2]의 블랙 모형에서의 내재변동성과 같은 것이 아님을 주목하기 바란다. 내재 σ를 계산하는 과정은 다음과 같다. 우선 블랙변동성을 블랙 모형에 대입하여 가격을 계산한다. 다음 으로 반복계산을 통하여 파생상품가격으로부터 기간구조 내의 내재 σ를 계산한다.

32.7 1요인 모형을 이용한 헷징

29장 5절에서는 금리파생상품의 포트폴리오를 헷징하는 데 이용할 수 있는 일반적인 기법에 대하여 간략하게 설명한 바 있다. 그런데 이러한 기법들은 본 장에서 소개한 기간구조 모형과 함께 사용할 수 있다. 즉, 무이표수익률곡선이나 변동성 환경에 약간의 변화를 주고 포트폴리오의 가치를 다시 계산하면 델타, 감마, 베가 등을 계산할 수 있다는 것이다.

금리파생상품의 가치를 평가할 때 우리는 주로 이자율 1요인만을 가정하지만 헷징의 경우 에는 1요인만을 가정하지 않는다는 사실을 알아두기 바란다. 예를 들어서 델타를 계산할 때 우리가 선택한 모형 내에서 발생 가능한 변화뿐만 아니라 수익률곡선에서의 여러 변화들도 반영해야 한다는 것이다. 우리가 고려하고 있는 모형에서 발생할 수 있는 변화뿐만 아니라 발생할 수 없는 변화까지 고려하는 실무적 방법을 외부모형헷징(outside model hedging)이라 하는데 이것은 실무 거래자들이 일반적으로 사용하는 기법이다.[17] 파생상품 가격에 대한 합리적인 추정치를 계산하기 위해서는 1요인 모형을 신중하게만 이용하면 되지만, 우수한 헷징 전략을 위해서는 암묵적으로든 명시적으로든 여러 요인들을 고려해야 하는 것이 사실이다.

요약

파생상품을 평가하는 데에 있어서 우리가 사용하는 모형이 시장에서 관찰되는 초기의 기간구조와 일치해야 한다는 점은 매우 중요하다. 무차익 모형은 이러한 부분을 만족시킨다. 이 모형에서는 초기 기간구조는 주어진 것으로 가정하고 이후 어떻게 기간구조가 변화해가는지를 설명하게 된다.

본 장에서는 무이표이자율의 1요인 무차익 모형에 대하여 여러 가지 모형을 소개하였다. 이 모형들은 매우 강건하고 또한 초기의 무이표수익률곡선이 어떤 형태를 갖더라도 이를 반 영하여 사용 가능한 모형들이다. 가장 단순한 무차익 모형은 호-리 모형인데 이 모형은 쉽게 공식화하여 이용 가능하다는 장점을 갖고 있다. 그러나 이 모형의 큰 단점은 모든 이자율이 언제나 같은 크기만큼 변화한다는 것을 내포하고 있다는 점이다. 헐-화이트 모형은 평균회귀 를 반영하고 있는 호-리 모형이라고 할 수 있다. 이 모형은 호-리 모형과 같이 공식화가 용이한 동시에 보다 폭넓은 변동성 환경을 다룰 수 있다는 장점을 가지고 있다. 한편, 대수정규분 포 단일요인 모형은 이자율이 음수가 될 가능성을 차단한다는 장점과 공식화가 쉽지 않다는 단점을 동시에 갖고 있는 모형이다.

참고문헌

Black, F., E. Derman, and W. Toy, “A One-Factor Model of Interest Rates and Its Application to Treasury Bond Prices,” *Financial Analysts Journal*, January/February 1990: 33–39.

Black, F., and P. Karasinski, “Bond and Option Pricing When Short Rates Are Lognormal,” *Financial Analysts Journal*, July/August (1991): 52–59.

17 외부모형 헷징의 간단한 예는 블랙-숄즈-머튼 모형을 이용하는 방법과 유사하다. 즉, 블랙-숄즈-머튼 모형에서는 변동성이 일정하다고 가정하지만 실무 거래자들은 변동성 변화에 대한 헷징 목적으로 정기적으로 베가를 계산한다.

Brigo, D., and F. Mercurio, *Interest Rate Models: Theory and Practice*, 2nd edn. New York: Springer, 2006.

Ho, T. S. Y., and S.-B. Lee, "Term Structure Movements and Pricing Interest Rate Contingent Claims," *Journal of Finance*, 41 (December 1986): 1011–29.

Hull, J., and A. White, "Bond Option Pricing Based on a Model for the Evolution of Bond Prices," *Advances in Futures and Options Research*, 6 (1993): 1–13.

Hull, J., and A. White, "Pricing Interest Rate Derivative Securities." *The Review of Financial Studies*, 3, 4 (1990): 573–92.

Hull, J., and A. White, "Using Hull-White Interest Rate Trees," Jou*rnal of Derivatives*, Spring (1996): 26–36.

Rebonato, R., Interest Rate Option Models. Chichester: *Wiley*, 1998.

연습문제

32.1. 균형 모형과 무차익 모형의 차이는 무엇인가?

32.2. 이표채에 대한 옵션을 무이표채에 대한 옵션 포트폴리오로 분해하기 위해 본 장 2절에서 소개 한 기법을 2요인 모형과 연결하여 사용할 수 있는지 설명하라.

32.3. 배시첵 모형에서 $a = 0.1$, $b = 0.08$, $\sigma = 0.015$이고 단기이자율의 초기값은 5%이다. 만기 3년 이고 원금 100달러의 무이표채에 대한 행사가격 87달러인 유러피언콜옵션의 가격을 계산하라.

32.4. 행사가격인 87달러인 유러피언풋옵션의 경우 문제 32.3의 자료를 이용하여 가격을 계산하라. 유러피언콜옵션과 풋옵션 간의 풋-콜 패리티는 어떤 종류인가? 이 경우 풋옵션과 콜옵션의 가 격이 풋-콜 패리티를 만족시킴을 증명하라.

32.5. 배시첵 모형에서 $a = 0.05$, $b = 0.08$, $\sigma = 0.015$이고 단기이자율의 초기값은 6%이다. 만기 3 년인 채권에 대한 만기 2.1년의 유러피언콜옵션의 가격을 계산하라. 채권은 6개월에 한 번씩 연 5%의 이표를 지급하고 원금은 100달러이고 옵션 행사가격은 99달러이다. 행사가격은 (공시가격이 아닌) 채권 매입 시 지불하게 되는 현금가격이다.

32.6. 문제 32.5의 결과와 풋-콜 패리티를 이용하여 문제 32.5에서의 콜옵션과 조건이 같은 풋옵션의 가격을 계산하라.

32.7. 헐–화이트 모형에서 $a = 0.08$, $\sigma = 0.01$이다. 기간구조가 10%에서 수평이고 채권 원금은 100 달러, 행사가격은 68달러인 경우 만기 5년인 무이표채에 대한 1년 만기 유러피언콜옵션의 가 격을 계산하라.

32.8. 헐–화이트 모형에서 $a = 0.05$, $\sigma = 0.015$이며 단기이자율의 초기값은 반년 복리 기준으로 6% 이다. 만기 3년인 채권에 대한 2.1년 만기 유러피언콜옵션의 가격을 계산하라. 단, 채권 원금은 100달러, 행사가격은 99달러이고 행사가격은 (공시가격이 아니라) 채권 매입 시 지불하게 되 는 현금가격이다.

32.9. $a = 0.05$, $\sigma = 0.015$이고 기간구조는 10%에서 수평이다. 헐-화이트 모형에 대한 1기간이 1년 인 2기간 삼항과정을 구성하라.

32.10. [그림 32.4]의 삼항과정을 이용하여 2년 만기 무이표채의 가격을 계산하라.

32.11. [그림 32.7]의 삼항과정을 이용하여 2년 만기 무이표채의 가격을 계산하고 그 결과가 초기 기간구조와 일

치함을 확인하라.

32.12. [그림 32.8]의 삼항과정을 이용하여 18개월 만기 무이표채의 가격을 계산하고 그 결과가 초기 기간구조와 일치함을 확인하라.

32.13. 1요인 기간구조의 활용을 위한 모수 추정과정에는 어떤 작업들이 포함되는가?

32.14. DerivaGem을 이용하여 고정금리를 받고 변동금리를 지급하는 1 × 4, 2 × 3, 3 × 2, 4 × 1 유러피언스왑옵션의 가치를 평가하라. 1, 2, 3, 4, 5년 이자율은 각각 6%, 5.5%, 6%, 6.5%, 7%이 다. 스왑의 지급 기간은 반년이고 고정금리는 반년 복리 기준으로 연 6%이다. $a = 3\%$, $\sigma = 1\%$인 경우의 헐-화이트 모형을 이용하고 각 옵션에 대한 내재 블랙변동성을 계산하라.

32.15. 식 (32.15), (32,16), (32.17)을 각각 증명하라.

과제물 문제

32.16. $\sigma = 0.02$인 경우 호-리 모형에 대한 삼항과정(1기간이 6개월인 2기간 과정)을 구성하라. 초기 무이표이자율은 만기 0.5년, 1년, 1.5년에 대하여 각각 7.5%, 8%, 8.5%이다. 액면가 100달러 이고 삼항과정의 마지막 점들에서 잔존만기가 6개월인 채권의 무이표채의 가격을 계산하라. 또, 이러한 채권에 대한 행사가격 95인 1년 만기 유러피언풋옵션의 가치를 삼항과정을 이용하 여 계산하라. 계산 결과를 DertivaGem을 이용한 공식에 의한 계산결과와 비교하라.

32.17. 어떤 거래자가 액면가 100달러인 5년 만기 채권에 대한 1년 만기 아메리칸콜옵션의 가치를 계 산하고자 한다. 이 채권은 반년에 한 번씩 연 6%의 이표를 지급하고 옵션의 (공시가격 기준)행 사가격은 100달러이다. 6개월, 1년, 2년, 3년, 4년, 5년 만기 연속복리 기준 무이표이자율은 각 각 4.5%, 5%, 5.5%, 5.8%, 6.1%, 6.3%이다. 정규분포 모형과 대수정규분포 모형에 대한 가장 적합한 평균회귀율은 5%로 추정되었다.
그런데 (공시가격 기준)행사가격 100달러인 이 채권에 대한 1년 만기 유러피언콜옵션이 시장에서 활발하게 거래되고 있는데 시장가격은 50센트라고 한다. 이 거래자는 이 옵션을 아메리칸옵션평가에 활용하고자 한다. 다음 질문에 DerivaGem을 이용하여 답하라.

(a) 정규분포 모형을 가정하고 유러피언옵션 가격으로부터 내재변동성을 계산하라.

(b) 내재변동성을 이용하여 아메리칸옵션의 가치를 평가하라.

(c) (a), (b)의 계산을 대수정규분포 모형의 경우 반복하라. 유러피언옵션의 시장가격을 이용하 여 각 모형의 모수를 추정하는 경우 모형의 선택 자체는 옵션 가격에 큰 영향을 주지 않음 을 증명하라.

(d) 정규분포 모형의 경우 삼항과정을 구성하고 이자율이 음수가 될 확률을 계산하라.

(e) 대수정규분포 모형의 경우 삼항과정을 구성하고(본 장 7절에서의 기호를 이용하는 경우) $i = 9, j = -1$인 점에서의 옵션 가격이 정확하게 계산됨을 확인하라.

32.18. DerivaGem을 이용하여 변동금리를 받고 고정금리를 지급하는 1 × 4, 2 × 3, 3 × 2, 4 × 1 유 러피언스왑옵션의 가치를 평가하라. 1, 2, 3, 4, 5년 이자율은 각각 3%, 3.5%, 3.8%, 4.0%, 4.1%이다. 스왑의 지급 기간은 반년이고 고정금리는 반년 복리 기준으로 연 4%이다. 단, $a = 5\%$, $\sigma = 15\%$, 기간은 50기간으로 정하고 대수정규분포 모형을 이용한다. 또한, 각 옵션에 대한 내재 블랙변동성을 계산하라.

32.19. [그림 32.9]의 결과를 DerivaGem을 이용하여 확인하라. 또, 행사가격이 95, 100, 105인 경우 정규분포 모

형과 대수정규분포 모형을 이용하여 아메리칸 채권옵션의 가격을 계산하라. 정규 분포 모형의 경우에는 $a = 5\%$, $\sigma = 1\%$라고 가정하라. 이 결과를 20장에서 소개한 내재분포의 꼬리 두터움(heaviness of tails)과 관련하여 설명하라.

32.20. 액면가 100달러인 5년 만기 채권에 대한 2년 만기 콜옵션의 가치평가를 위하여 삼항과정을 이용한 계산 결과가 수렴하는 현상을 검증하기 위해 DerivaGem Application Builder의 Sample Application G를 수정하라. 단, (공시가격 기준)행사가격은 100달러이고 이표율은 7%이며 일년에 2회 지급된다. 무이표이자율은 [표 32.2]에서와 같다고 할 경우 다음과 같은 경우의 계산 결과를 비교하라.

(a) 유러피언옵션이고 $a = 5\%$, $\sigma = 1\%$인 정규분포 모형인 경우

(b) 유러피언옵션이고 $a = 5\%$, $\sigma = 15\%$인 대수정규분포 모형인 경우

(c) 아메리칸옵션이고 $a = 5\%$, $\sigma = 1\%$인 정규분포 모형인 경우

(d) 아메리칸옵션이고 $a = 5\%$, $\sigma = 15\%$인 대수정규분포 모형인 경우

CHAPTER 33

HJM 모형과 LMM 모형

32장에서 소개한 이자율 모형들은 29장에서의 단순한 표준 모형들을 적용하는 것이 적절하 지 않은 경우의 파생상품 가치평가에 폭넓게 사용되고 있다. 32장에서 소개한 모형들은 적용 하기가 쉬우며 또한, 신중하게 이용할 경우 대부분의 비표준형 금리파생상품의 가격을 금리 캡, 유러피언스왑옵션, 유러피언채권옵션 등과 같이 시장에서 활발하게 거래되고 있는 상품들 의 가격과 일치하게끔 해줄 수 있다. 그러나 이 모형들은 다음과 같은 한계를 갖고 있다.

1. 단 하나의 요인(즉, 불확실성의 원인이 한 개)만을 포함한다.
2. 모형 사용자들이 자유롭게 변동성 구조를 선택할 수 있는 융통성을 주지 못한다.

물론 이 모형들의 경우 모수 a, σ를 시간의 함수로 설정함으로써 가치평가 모형 이용 시 모형 들이 현재 시장에서 관측할 수 있는 변동성과 일치하도록 할 수는 있지만, 이 경우 32장 6절에서 지적한 바와 같이 변동성 기간구조가 불안정해지는 문제점이 발생하게 된다. 즉, 미래의 변동성 기간구조가 현재 시장에서 관측되고 있는 것과 매우 달라지게 될 수 있다는 것이다.

본 장에서는 이와 같은 문제 해결에 이용할 수 있는 다요인 모형(multifactor model)을 소개하고, 변동성 환경을 설명하는 데 있어 사용자들에게 더 많은 융통성을 부여할 수 있는 기간구조 모형들을 구성하는 데 이용되는 일반적인 기법들에 대해 소개하기로 한다. OIS 할인이 사용되는 경우, 두개 (또는 그 이상의) 수익률 곡선(예를 들어 LIBOR 무이표곡선과 OIS 무이표곡선)의 변화과정을 묘사해야 할 필요성이 자주 있다. 본 장에서는 이것이 어떻게 수행될 수 있는지 논의한다.

33장에서는 미국의 주택저당채권 담보부 증권에 대해서도 다룰 것인데 본 장에서 소개된 내용들이 어떻게 이러한 증권의 가격을 계산하는 데 이용되는지 설명할 것이다.

33.1 히스-재로우-모튼 모형

1990년에 히스, 재로우, 모튼(Heath, Jarrow, Morton: 이하 HJM) 등은 수익률곡선 모형이 반 드시 충족시켜야 하는 무차익 조건을 설명하는 중요한 논문을 발표하였다.[1] 이제 다음과 같 은 기호들을 사용하

1 D. Heath, R. A. Jarrow, and A. Morton, "Bond Pricing and the Term Structure of Interest Rates: A New Methodology," *Econometrica*, 60, 1 (1992): 77–105.

여 HJM 모형에 대하여 소개하기로 한다.

$P(t, T)$: 시점 T가 만기인 액면가 1달러짜리 무위험 무이표채의 시점 t에서의 가격

Ω_t: 시점 t에서의 채권의 가격변동성을 결정하는 데 사용될 과거와 현재의 이자율과 시점 t에서 채권가격을 나타내는 벡터

$v(t, T, \Omega_t)$: $P(t, T)$의 변동성

$f(t, T_1, T_2)$: 점 t에서 결정된 T_1과 T_2 동안의 선도이자율

$F(t, T)$: 시점 T가 만기인 선도계약에 대한 시점 t에서의 순간 선도이자율

$r(t)$: 시점 t에서의 단기 무위험이자율

$dz(t)$: 기간구조 변화를 결정하는 위너과정

무이표채 가격의 확률과정과 선도이자율의 확률과정

우선 1요인만이 존재한다고 가정하고 통상적인 위험중립 세계를 이용하기로 한다. 무이표채는 이득이 지급되지 않는 유가증권이다. 그런데 위험중립 세계에서 무이표채의 수익률은 r이 어야만 한다. 따라서 무이표채 가격은 다음과 같은 확률과정을 따르게 된다.

$$dP(t, T) = r(t)P(t, T)\,dt + v(t, T, \Omega_t)P(t, T)\,dz(t) \tag{33.1}$$

변수 Ω_t가 포함되어 있다는 점에서 알 수 있듯이 무이표채의 변동성 v가 과거 및 현재의 이자율과 채권가격의 함수인 경우가 가장 일반적인 모형이라 할 수 있다. 그런데 채권의 가격 변동성은 만기가 다가올수록 0에 수렴하므로 다음이 성립해야만 한다.[2]

$$v(t, t, \Omega_t) = 0$$

한편, 식 (4.5)를 이용해 선도이자율 $f(t, T_1, T_2)$를 다음과 같이 무이표채 가격과 연결할 수 있다.

$$f(t, T_1, T_2) = \frac{\ln[P(t, T_1)] - \ln[P(t, T_2)]}{T_2 - T_1} \tag{33.2}$$

이제 식 (33.1)과 이토정리를 이용하면

$$d\ln[P(t, T_1)] = \left[r(t) - \frac{v(t, T_1, \Omega_t)^2}{2}\right]dt + v(t, T_1, \Omega_t)\,dz(t)$$

$$d\ln[P(t, T_2)] = \left[r(t) - \frac{v(t, T_2, \Omega_t)^2}{2}\right]dt + v(t, T_2, \Omega_t)\,dz(t)$$

가 성립하고 식 (33.2)에 의해 다음 식이 성립한다.

$$df(t, T_1, T_2) = \frac{v(t, T_2, \Omega_t)^2 - v(t, T_1, \Omega_t)^2}{2(T_2 - T_1)}\,dt + \frac{v(t, T_1, \Omega_t) - v(t, T_2, \Omega_t)}{T_2 - T_1}\,dz(t) \tag{33.3}$$

---

2 $v(t, t, \Omega_t) = 0$이라는 조건은 모든 무이표채의 순간 평균이 모든 시점에서 유한한 값이라는 가정과 동일한 조건이다. 만약 채권의 변동성이 만기에서 0으로 감소하지 않는다면 순간 평균이 무한값이라야만 만기에서 채권가격이 액 면가와 같아지게 된다.

식 (33.3)에 의하면 f의 위험중립 확률과정은 v의 값에 의해서만 결정되기 때문에, f의 확률과정은 v자체가 r과 P값에 의해 결정되는 정도만큼 r과 P값에 따라 결정된다.

이제 식 (33.3)에서 $T_1 = T, T_2 = T + \Delta T$라고 놓고 T가 0으로 수렴할 때 극한값을 구하 면, $f(t, T_1, T_2)$는 $F(t, T)$가 되고, $dz(t)$의 계수는 $-v_T(t, T, \Omega_t)$가 되며, dt의 계수는

$$\frac{1}{2}\frac{\partial[v(t, T, \Omega_t)^2]}{\partial T} = v(t, T, \Omega_t)\, v_T(t, T, \Omega_t)$$

가 되는데 여기서 v의 첨자는 편도함수를 의미한다. 결과적으로 식 (33.3)을 다음과 같이 정리 할수 있다.

$$dF(t, T) = v(t, T, \Omega_t)\, v_T(t, T, \Omega_t)\, dt - v_T(t, T, \Omega_t)\, dz(t) \tag{33.4}$$

이제 위의 식에서 함수 $v(t, T, \Omega_t)$의 구체적인 형태를 알게 되면 $F(t, T)$의 위험중립 확률과정을 알수 있게 되는 것이다.

그런데 식 (33.4)를 살펴보면 순간 선도이자율의 순간 평균과 순간표준편차 간에 관련이 있음을 알 수 있다. 이것이 HJM모형의 핵심이다. $v_\tau(t, \tau, \Omega_t)$를 $\tau = t, \tau = T$ 사이에서 적분하면 다음 식이 성립한다.

$$v(t, T, \Omega_t) - v(t, t, \Omega_t) = \int_t^T v_\tau(t, \tau, \Omega_t)\, d\tau$$

그런데 $v(t, t, \Omega_t) = 0$이므로 위 식은 다음과 같게 된다.

$$v(t, T, \Omega_t) = \int_t^T v_\tau(t, \tau, \Omega_t)\, d\tau$$

이제 $m(t, T, \Omega_t), s(t, T, \Omega_t)$를 각각 $F(t, T)$의 순간 평균과 순간표준편차라고 하면

$$dF(t, T) = m(t, T, \Omega_t)\, dt + s(t, T, \Omega_t)\, dz$$

이 되고식 (33.4)로부터 다음이 성립하게 된다.

$$m(t, T, \Omega_t) = s(t, T, \Omega_t) \int_t^T s(t, \tau, \Omega_t)\, d\tau \tag{33.5}$$

이것이 HJM 모형이다.

일반적인 HJM 모형에서 단기이자율의 확률과정은 비-마코브(non-Markov) 과정이다. 이것은 미래 t시점에의 r은 현재와 t시점 사이의 r의 경로뿐만 아니라 t시점의 r의 값에 따라서도 달라짐을 의미한다.[3] 바로 이 점이 일반적인 HJM 모형을 활용함에 있어 가장 큰 문제점이 된다. 왜냐하면 기간구조의 변동을 묘사하기 위하여 다항 모형을 이용하기가 매우 어려운데 그 이유는 다항과정이 각 시점에서 재결합

3 자세한 내용은 저자 홈페이지의 Technical Note 17을 참조하라.

그림 33.1 일반적인 HJM 모형에서 발생하는 다항과정의 불일치 현상.

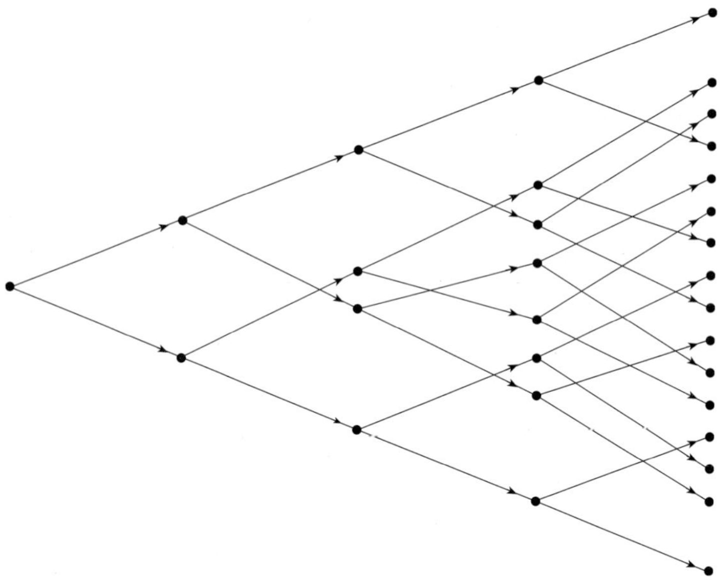

하지 않기 때문이다. 예를 들어 [그림 33.1]에서와 같이 1요인 이항 모형을 가정할 경우 n기간 후에는 2^n개($n = 30$인 경우 2^n은 10억)의 꼭지점 이 생기게 된다.

식 (33.4)의 HJM 모형은 복잡한 것처럼 보이지만 실제로는 그렇지 않다. 모형을 사용하는 대부분의 경우에 있어서 특정 선도이자율 $F(t, T)$는 마코브과정이고 따라서 다항 모형은 재결합하는 형태가 되기 때문이다. 그러나 같은 다항과정을 모든 선도이자율에 이용할 수는 없다. $s(t, T, \Omega_t)$를 상수로 설정하면 호-리 모형이되며(문제 33.3 참고) $s(t, T, \Omega_t) = \sigma e^{-a(T-t)}$로 설정하면 헐-화이트 모형이 된다(문제 33.4 참고). 이는 동일한 재결합 다항과정이 단기이자율 r과 모든 선도금리를 표현하는데 사용될 수 있는 HJM 모형의 특정 마코브 형태이다.

다요인 모형으로의 확장

HJM 모형은 독립 요인이 여러 개인 경우로 확장이 가능한데 이를 위해 다음과 같이 가정해 보자.

$$dF(t, T) = m(t, T, \Omega_t)\,dt + \sum_k s_k(t, T, \Omega_t)\,dz_k$$

앞에서와 유사한 분석을 하게 되면 다음과 같이 순간 선도이자율의 순간 평균과 순간표준편차 간에 존재하는 관계식을 유도할 수 있게 된다(연습문제 33.2 참조).

$$m(t, T, \Omega_t) = \sum_k s_k(t, T, \Omega_t) \int_t^T s_k(t, \tau, \Omega_t)\,d\tau \tag{33.6}$$

33.2 LIBOR 시장 모형

HJM 모형은 순간 선도이자율로 표현된 모형인데 순간 선도이자율을 시장에서 직접 관측할 수 없다는 문제점이 있기 때문에 이 점이 HJM 모형의 단점으로 지적된다. HJM 모형의 또 다른 단점은 시장에서 활발하게 거래되는 상품들의 가격을 이용하여 모형의 모수를 추정하기가 쉽지 않다는 점이다. 이 때문에 브레이스, 가타렉, 뮤시엘라 등(Brace, Gatarek, and Musiela 이하 BGM)과 잼시디안(Jamshidian), 밀터슨, 샌드만, 손더만(Miltersen, Sandmann, and Sondermann) 등이 이에 대한 대안을 제시하게 되었다.[4] 이들이 제시한 기법을 LIBOR 시장 모형(LIBOR market model) 또는 BGM 모형이라고 부르는데 이 모형은 거래자들이 LIBOR 할인과 함께 사용하는 선도이자율로 표현되는 모형이다.

모형

우선 $t_0 = 0$이라 하고 $t_1, t_2, \cdots$ 등은 현재 시장에서 거래되고 있는 캡의 금리조정일이라고 하자. 미국에서는 가장 인기 있는 금리캡의 경우 분기별로 금리가 조정된다는 것을 기억해보자. 따라서 대강 $t_1 = 0.25, t_2 = 0.5, t_3 = 0.75$ 등이 된다. 이제 $\delta_k = t_{k+1} - t_k$라고 정의하고 다음과 같이 기호를 정의해보자.

$F_k(t)$: 시점 t에서 결정된 t_k와 t_{k+1} 동안의 연속복리 기준 선도이자율로서 실제 일수/실제 일수 기준으로 정의

$m(t)$: 시점 t에서 다음 금리조정일을 나타내는 지표로, $m(t)$는 $t \leqslant t_{m(t)}$의 조건을 만족시키는 수 중 가장 작은 정수를 의미

$\zeta_k(t)$: 시점 t에서 $F_k(t)$의 변동성

여기서는 우선 1요인 모형을 가정한다. 28장 4절에서 설명하였던 바와 같이 가치척도 $P(t, t_{k+1})$에 의해 정의된 세계에서 $F_k(t)$는 마팅게일이므로 다음과 같은 과정을 따르는데

$$dF_k(t) = \zeta_k(t) F_k(t)\, dz \tag{33.7}$$

여기서 dz는 위너과정이다.

$P(t, t_k)$의 확률과정은 다음과 같은 형태를 갖는다.

$$\frac{dP(t, t_k)}{P(t, t_k)} = \cdots + v_k(t)\, dz$$

단, 채권가격과 이자율간의 반비례 관계 때문에 $v_k(t)$는 음의 값을 갖는다.

그런데 실무적으로는 다음 금리조정일에 만기가 되는 채권 가치척도에 의해 정의된 세계에서 금리 파생상품의 가치평가를 하는 것이 훨씬 편리하다. 우리는 이러한 세계를 만기연장 위험중립 세계(rolling

4 A. Brace, D. Gatarek, and M. Mussiela, "The Marekt Model of Interest Rate Dynamics," *Mathematical Finance*, 7, 2 (1997): 127-55. F. Jamshidian, "LIBOR and Swap Market Models and Measures," *Finance and Stochastics*, 1(1997): 293–330; and K. Miltersen, K. Sandmann, and D. Sondermann," Closed Form Solutions for Term Structure Derivatives with LogNormal Interest Rate", *Journal of Finance*, 52, 1 (1997.3): 409–30.

risk-neutral world)라고 부르기로 하는데 이는 우리가 만기를 연장해 나감에 따라 가치척도가 변화하기 때문이다.[5] 이 세계에서는 시점 t_k에서 관측한 만기 t_{k+1}의 무이표이자율을 이용하여 시점 t_{k+1}의 현금흐름을 시점 t_k로 할인할 수 있다는 장점이 있다. 따라서 시점 t_k와 t_{k+1} 사이의 이자율 변동에 대해서는 고려할 필요가 없게 된다.

시점 t에서 만기연장 위험중립 세계는 채권가격 $P(t, t_{m(t)})$ 가치척도에 의해 정의된 세계인데 식 (33.7)은 $P(t, t_{k+1})$에 대하여 선도 위험중립 세계에서 $F_k(t)$의 확률과정을 제시해주고 있다. 따라서 28장 8절의 결과에 따라 만기연장 선도 위험중립 세계에서 $F_k(t)$의 확률과정은 다음과 같이 표시할 수 있다.

$$dF_k(t) = \zeta_k(t)[v_{m(t)}(t) - v_{k+1}(t)]F_k(t)\,dt + \zeta_k(t)F_k(t)\,dz \tag{33.8}$$

그런데 선도이자율과 채권가격 간의 관계는

$$\frac{P(t, t_i)}{P(t, t_{i+1})} = 1 + \delta_i F_i(t)$$

또는

$$\ln P(t, t_i) - \ln P(t, t_{i+1}) = \ln[1 + \delta_i F_i(t)]$$

과 같이 표현할 수 있다. 여기서 이토정리를 이용하여 위의 식의 좌변과 우변의 확률과정을 계산하고, dz항의 계수들을 같게 놓으면 다음과 같은 결과를 얻게 된다.[6]

$$v_i(t) - v_{i+1}(t) = \frac{\delta_i F_i(t)\zeta_i(t)}{1 + \delta_i F_i(t)} \tag{33.9}$$

따라서 식 (33.9)를 식 (33.8)에 대입하면 만기연장 선도 위험중립 세계에서 $F_k(t)$의 확률과정은 다음과 같이 정리할 수 있다.

$$\frac{dF_k(t)}{F_k(t)} = \sum_{i=m(t)}^{k} \frac{\delta_i F_i(t)\zeta_i(t)\zeta_k(t)}{1 + \delta_i F_i(t)}\,dt + \zeta_k(t)\,dz \tag{33.10}$$

식 (33.4)의 HJM 모형은 δ_i가 0에 수렴하는 경우 식 (33.10)의 극한값이다(연습문제 33.7 참조).

선도이자율의 변동성

그런데 $\zeta_k(t)$가 다음 금리조정일과 시점 t_k 사이의 이자 발생기간 횟수만의 함수라고 가정함으로써

5 28장 4절의 용어를 사용한다면 여기서 다루고 있는 세계는 가치척도가 "만기연장(rolling) CD"인 세계라고 할 수 있다. 롤링 CD란 t_1이 만기인 채권에 1달러를 투자하고 시점 t_1에서의 원리금을 다시 t_2가 만기일인 채권에 투자하며 t2에서의 원리금을 다시 t_3가 만기인 채권에 투자하는 행위를 계속 반복하는 경우이다. 엄밀하게 말한다면 우리가 32장에서 구성한 다항과정은 전통적인 위험중립 세계가 아니라 만기연장 선도 위험중립 세계에서의 다항과정이라고 할수 있다. 즉, 다항과정의 각 시점 말에서의 이자율로 계속 재투자되는(rolling) CD가 가치척도인 경우라는 것이다.

6 v값과 ζ값은 부호가 다르기 때문에 만기가 증가함에 따라 채권의 가격 변동성은 점차 증가한다. 이는 충분히 예상되는 현상이기도 한다.

LIBOR 시장 모형을 단순화시킬 수 있다. 이를 위해 이자 발생기간이 모두 i회 있는 경우의 $\zeta_k(t)$값을 Λ_i라고 정의해보자. 이것은 $\zeta_k(t) = \Lambda_{k-m(t)}$가 계단함수(step function)가 됨을 의미한다.

그런데 Λ_i의 값은 (최소한 이론적으로는) 캡레트의 가치평가를 위한 블랙 모형에서의 변동성(즉, [그림 29.3]의 무이표이자율 변동성)으로부터 추정할 수 있다.[7] 이를 위해 시점 t_k와 t_{k+1} 사이의 기간에 상응하는 캡레트 평가를 위한 블랙 모형 변동성을 σ_k라고 해보자. 이때 분산을 같게 해주면 다음이 성립한다.

$$\sigma_k^2 t_k = \sum_{i=1}^{k} \Lambda_{k-i}^2 \delta_{i-1} \tag{33.11}$$

이제 식 (33.11)을 이용하여 다음 예제에서와 같이 반복적으로 계산하면 Λ값이 계산된다.

예제 33.1

δ_i가 모두 같고 처음 세 캡레트의 가치평가를 위한 블랙 모형에서의 현물 변동성이 각각 24%, 22%, 20%라고 해보자. 이것은 $\Lambda_0 = 24\%$ 임을 의미한다. 그런데

$$\Lambda_0^2 + \Lambda_1^2 = 2 \times 0.22^2$$

이므로 $\Lambda_1 = 19.80\%$가 된다. 또한

$$\Lambda_0^2 + \Lambda_1^2 + \Lambda_2^2 = 3 \times 0.20^2$$

이므로 $\Lambda_2 = 15.23\%$가 된다.

예제 33.2

[표 33.1]의 캡레트 변동성 σ_k를 참조해보자. 여기서는 29장 2절에서 설명한 혹 모양이 나타나고 있다. Λ값들은 둘째 행에 표시되어 있는데 여기서의 혹 모양은 변동성에서 나타나는 것보다 더 현저하다는 것을 알 수 있다.

표 33.1 이자발생 기간이 1년인 경우 변동성 자료.

연, k	1	2	3	4	5	6	7	8	9	10
σ_k (%):	15.50	18.25	17.91	17.74	17.27	16.79	16.30	16.01	15.76	15.54
Λ_{k-1} (%):	15.50	20.64	17.21	17.22	15.25	14.15	12.98	13.81	13.60	13.40

7 실무에서는 나중에 소개하게 될 최소자승법에 의한 조정기법을 이용하여 Λ를 결정한다는 것을 기억해 두자.

모형의 활용

우리는 몬테카를로 시뮬레이션을 이용하여 LIBOR 시장 모형을 실행할 수 있는데 이를 위해 우선 식 (33.10)을 Λ_i를 이용하여 표시하면 다음과 같다.

$$\frac{dF_k(t)}{F_k(t)} = \sum_{i=m(t)}^{k} \frac{\delta_i F_i(t)\Lambda_{i-m(t)}\Lambda_{k-m(t)}}{1+\delta_i F_i(t)}\, dt + \Lambda_{k-m(t)}\, dz \tag{33.12}$$

이토정리에 의해 이 식은 다음과 같게 된다.

$$d\ln F_k(t) = \left[\sum_{i=m(t)}^{k} \frac{\delta_i F_i(t)\Lambda_{i-m(t)}\Lambda_{k-m(t)}}{1+\delta_i F_i(t)} - \frac{(\Lambda_{k-m(t)})^2}{2}\right] dt + \Lambda_{k-m(t)}\, dz \tag{33.13}$$

그런데 $\ln F_k(t)$의 순간 평균의 근사값을 계산하기 위해 $t_j < t < t_{j+1}$에 대해 $F_i(t) = F_i(t_j)$라고 가정하면 다음과 같은 식이 성립한다.

$$F_k(t_{j+1}) = F_k(t_j)\exp\left[\left(\sum_{i=j+1}^{k} \frac{\delta_i F_i(t_j)\Lambda_{i-j-1}\Lambda_{k-j-1}}{1+\delta_i F_i(t_j)} - \frac{\Lambda_{k-j-1}^2}{2}\right)\delta_j + \Lambda_{k-j-1}\epsilon\sqrt{\delta_j}\right] \tag{33.14}$$

단, 여기서 는 평균 0, 표준편차 1인 정규분포로부터의 난수이다. 이 식을 이용하여 시점 0의선도이자율로부터 시점 t_1에서의 선도이자율을 계산하고, 다음으로 시점 t_1에서의 선도이자율을 이용하여 시점 t_2에서의 선도이자율을 계산하는 방식으로 몬테카를로 시뮬레이션을 진행한다.

다요인 모형으로의 확장

LIBOR 시장 모형은 여러 개의 독립 요인을 포함하는 모형으로 확장할 수 있다. 이를 위해 p개의 요인이 있다고 가정하고 q번째의 요인으로부터 발생하는 $F_k(t)$의 변동성 요소를 $\zeta_{k,q}$라고 가정해보자. 이와 같이 다요인이 존재하는 경우 식 (33.10)은 다음과 같이 표현된다(연습문제 33.11 참조).

$$\frac{dF_k(t)}{F_k(t)} = \sum_{i=m(t)}^{k} \frac{\delta_i F_i(t)\sum_{q=1}^{p}\zeta_{i,q}(t)\zeta_{k,q}(t)}{1+\delta_i F_i(t)}\, dt + \sum_{q=1}^{p}\zeta_{k,q}(t)\, dz_q \tag{33.15}$$

이제 다음 금리조정일과 선도계약의 만기일 사이에 모두 i개의 이자 발생기간이 있는 경우 변동성의 q번째 구성요소를 $\lambda_{i,q}$라고 정의하면 식 (33.14)는

$$\begin{aligned} F_k(t_{j+1}) &= F_k(t_j) \\ &\times\exp\left[\left(\sum_{i=j+1}^{k} \frac{\delta_i F_i(t_j)\sum_{q=1}^{p}\lambda_{i-j-1,q}\lambda_{k-j-1,q}}{1+\delta_i F_i(t_j)} - \frac{\sum_{q=1}^{p}\lambda_{k-j-1,q}^2}{2}\right)\delta_j + \sum_{q=1}^{p}\lambda_{k-j-1,q}\,\epsilon_q\sqrt{\delta_j}\right] \end{aligned} \tag{33.16}$$

이 되는데 여기서 q는 평균 0, 표준편차 1인 정규분포로부터의 난수이다.

각 이자 발생기간 동안 선도이자율의 순간 평균이 일정하다고 추산함으로써 시뮬레이션상에서 임의의

금리조정일로부터 다음 조정일로 넘어갈 수 있게 된다. 앞에서 언급한 바와 같이 만기연장 선도 위험중립 세계에서는 한 금리조정일로부터 다음 조정일로 할인하는 것이 가능 하기 때문에 이러한 가정은 계산과정을 쉽게 해준다. 만약 N개의 이자 발생기간에 대한 무이 표수익률곡선을 시뮬레이트한다고 가정해보자. 이때 최초의 무이표수익률곡선에서 계산한 시점 0에서의 선도이자율들인 $F_0(0),\ F_1(0),\ldots,\ F_{N-1}(0)$ 로부터 시뮬레이션을 시작하고, 그 다음에 식 (33.16)을 이용하여 $F_1(t_1),\ F_2(t_1),\ldots,\ F_{N-1}(t_1)$를 계산한다. 그리고 다시 식 (33.16)을 이용하여 $F_2(t_2),\ F_3(t_2),\ldots,\ F_{N-1}(t_2)$를 계산하고 이런 식으로 계속하여 $F_{N-1}(t_{N-1})$를 계산해나간다. 이때 시간이 경과함에 따라서 무이표수익률곡선이 점점 짧아짐 을 알 수 있다. 예를 들어서 이자 발생기간이 3개월이고, $N = 40$이라고 가정해보자. 이런 경우에는 10년 동안의 무이표수익률곡선에서 시작하면 시뮬레이션으로부터 6년 후 시점(시점 t_{24})에서는 4년 동안의 무이표수익률곡선에 대한 정보를 얻게 되는 것이다.

여기서 우리가 사용한 순간 평균의 추산방식(즉, $F_i(t) = F_i(t_j)$ for $t_j < t < t_{j+1}$)을 검증하기 위해서는 식 (33.16)을 이용한 캡레트의 가격과 블랙 모형에 의한 가격을 비교하면 된다. 우선, 시점 t_k와 t_{k+1} 사이의 실현된 선도이자율 값 $F_k(t_k)$ 을 구하고 이를 이용하여 시점 t_{k+1}에서 캡 레트의 이득을 계산한다. 이렇게 계산한 이득을 이자 발생기간을 따라 역행하여 시점 0으로 할인하고 이 값들을 평균하여 캡레트의 가치를 계산한다. 이런 식의 분석은 몬테카를로 시뮬 레이션에 의한 캡 가치가 블랙 모형에 의한 값들과 유의적인 차이가 없다는 것을 보여준다. 이는 이자 계산기간이 1년이고 시뮬레이션 횟수가 매우 많은 경우에도 마찬가지이다.[8] 이러한 결과는 순간 평균에 대한 앞에서와 같은 근사계산이 대부분의 경우 무리한 가정이 아니라는 점을 시사한다고 할 수 있다.

톱니바퀴 캡, 점성 캡, 행사횟수 제한 캡

LIBOR 시장 모형을 이용하면 여러 가지 비표준형 캡의 가치를 평가할 수 있는데 우선 톱니 바퀴 캡(ratchet cap)과 점성 캡(sticky cap)에 대해 소개하기로 한다. 이 캡들은 각 캡레트의 캡금리를 일정한 규칙에 따라 변동시켜 가는 상품들이다. 톱니바퀴 캡에서는 이전 금리조정 일에서의 LIBOR에 일정한 스프레드를 더한 값이 캡금리가 되고 점성 캡에서는 이전 금리조 정일에서의 캡금리와 LIBOR 중 적은 값에 스프레드를 더한 값이 된다. 시점 t_j에서 캡금리가 K_j이고 LIBOR 값이 R_j, 스프레드를 s라고 해보자. 톱니바퀴 캡에서는 $K_{j+1} = R_j + s$이고 점 성 캡에서는 $K_{j+1} = \min(R_j, K_j) + s$가 된다.

[표 33.2]와 [표 33.3]에는 1요인, 2요인, 3요인 LIBOR 시장 모형, 그리고 LIBOR 할인을 이용한 톱니바퀴 캡과 점성 캡의 평가 결과가 나타나 있다. 이 캡들에 대한 주요 가정은 다음과 같다. 원금은 100달러이고 기간구조는 연속복리 기준 연 5% 또는 연복리 기준 5.127%에서 수평한 것으로 가정하였고 캡레트 변동성은 [표 33.1]과 같다. 금리는 매년 조정되고 연복리 기준 이자율에 적용된 스프레드는 25베이시스포인트로 가정하고 있다. [표 33.4]와 [표 33.5]는 2요인과 3요인 모형의 경우 변동성이 어떻게 각 구성요소로 분해되는지를 보여주고 있다. 이 결과는 21장 7절의 대조변수법을 적용하여, 10만 회의 몬테카를로 시뮬레이션을 시행하여 얻은 결과인데 가격 추정치의 표준오차는 약 0.001이다.

다음으로 소개할 비표준형 캡은 행사횟수 제한 캡(flexi cap)인데 이 캡은 캡레트의 행사 횟 수가 제한된다는 점을 제외하면 일반 캡과 같다. 이제 원금은 100달러이고 기간구조는 연 5%에 서 수평하며 캡레

표 33.2 톱니바퀴 캡의 가치평가.

캡레트 시작 시점 (연)	1요인	2요인	3요인
1	0.196	0.194	0.195
2	0.207	0.207	0.209
3	0.201	0.205	0.210
4	0.194	0.198	0.205
5	0.187	0.193	0.201
6	0.180	0.189	0.193
7	0.172	0.180	0.188
8	0.167	0.174	0.182
9	0.160	0.168	0.175
10	0.153	0.162	0.169

트 변동성은 [표 33.1], [표 33.4], [표 33.5]에서와 같다고 가정하고 지급기간이 연 단위인 행사횟수 제한 캡을 고려해보자. 단, 이 캡은 모든 내가격 캡레트를 최대 5회 한도 에서만 행사할 수 있다고 가정한다. 1요인, 2요인, 3요인 LIBOR 시장 모형을 이용하여 이 행사 횟수 제한 캡의 가격을 계산하면 각각 3.43, 3.58, 3.61이 된다(연습문제 33.15 참조).

기본형 캡(plain vanilla cap)의 경우 가치평가는 총 변동성에 의해서만 결정되고 기타 다 른 요인들로부터는 독립적이다. 이것은 기본형 캡의 가격이 단 하나의 선도이자율의 행태에 따라서만 결정되기 때문이다. 그러나 앞에서 고려한 비표준형 캡레트의 가격들은 여러 개의 다른 선도이자율의 결합 확률분포에 따라 결정된다는 점에서 기본형 캡과 다르다. 따라서 비 표준형 캡레트의 가격들은 여러 요인에 따라 결정된다.

표 33.3 점성 캡의 가치평가.

캡레트 시작 시점 (연)	1요인	2요인	3요인
1	0.196	0.194	0.195
2	0.336	0.334	0.336
3	0.412	0.413	0.418
4	0.458	0.462	0.472
5	0.484	0.492	0.506
6	0.498	0.512	0.524
7	0.502	0.520	0.533
8	0.501	0.523	0.537
9	0.497	0.523	0.537
10	0.488	0.519	0.534

표 33.4 2요인 모형에서 변동성 구성요소

연,k	1	2	3	4	5	6	7	8	9	10
$\lambda_{k-1,1}$ (%):	14.10	19.52	16.78	17.11	15.25	14.06	12.65	13.06	12.36	11.63
$\lambda_{k-1,2}$ (%):	-6.45	-6.70	-3.84	-1.96	0.00	1.61	2.89	4.48	5.65	6.65
총변동성(%)	15.50	20.64	17.21	17.22	15.25	14.15	12.98	13.81	13.60	13.40

유러피언스왑옵션의 가치평가

LIBOR 시장 모형을 이용하여 유러피언스왑옵션에 대해 근사 공식화를 통한 가치평가가 가능하다.[9] 여기서는 이들이 이용한 기법에 대해 자세히 소개하기로 한다. 우선 T_0를 스왑옵션의 만기일이라 하고 스왑의 지급일은 $T_1, T_2, \ldots, T_N$이라고 가정해보자. 단, $\tau_i = T_{i+1} - T_i$이다. 식 (28.23)에 따르면 시점 t에서 스왑이자율은 다음과 같다.

$$s(t) = \frac{P(t, T_0) - P(t, T_N)}{\sum_{i=0}^{N-1} \tau_i P(t, T_{i+1})}$$

또한 $1 \leqslant i \leqslant N$에 대하여

$$\frac{P(t, T_i)}{P(t, T_0)} = \prod_{j=0}^{i-1} \frac{1}{1 + \tau_j G_j(t)}$$

이 성립하는데 여기서 $G_j(t)$는 시점 t에서 결정된 T_j와 T_{j+1}기간 동안의 선도이자율이다. 위두 식은 $s(t)$와 $G_j(t)$ 간의 관계를 정의해준다. 이노성리를 직용하면(연습문제 33.12 참조) 스왑이 자율 $s(t)$의 분산은

$$V(t) = \sum_{q=1}^{p} \left[\sum_{k=0}^{N-1} \frac{\tau_k \beta_{k,q}(t) G_k(t) \gamma_k(t)}{1 + \tau_k G_k(t)} \right]^2 \tag{33.17}$$

와 같이 표시할 수 있는데 여기서 $\gamma_k(t)$는

표 33.5 3요인 모형에서 변동성 구성요소.

연,k	1	2	3	4	5	6	7	8	9	10
$\lambda_{k-1,1}$ (%):	13.65	19.28	16.72	16.98	14.85	13.95	12.61	12.90	11.97	10.97
$\lambda_{k-1,2}$ (%):	-6.62	-7.02	-4.06	-2.06	0.00	1.69	13.06	14.70	15.81	16.66
$\lambda_{k-1,3}$ (%):	3.19	2.25	0.00	-1.98	3.47	-1.63	10.00	11.51	12.80	13.84
총변동성(%)	15.50	20.64	17.21	17.22	15.25	14.15	12.98	13.81	13.60	13.40

9 J. C. Hull and A. White, "Forward Rate Volatilities, Swap Rate Volatilities, and the Implementation of the LIBOR Market Model," *Journal of Fixed Income*, 10, 2 (September 2000): 46-62; A. Brace, D. Gatarek and M. Musiela," The Marekt Model of Interest Rate Dynamics", *Mathematical Finance*, 7, 2 (1997): 127-55, L. Andersen and J. Andersen, "Volatility Skews and Extensions of the LIBOR Market Model", *Applied Mathematical Finance*, 7, 1 (March 2000): 1–32.

$$\gamma_k(t) = \frac{\prod_{j=0}^{N-1}[1+\tau_j G_j(t)]}{\prod_{j=0}^{N-1}[1+\tau_j G_j(t)]-1} - \frac{\sum_{i=0}^{k-1}\tau_i \prod_{j=i+1}^{N-1}[1+\tau_j G_j(t)]}{\sum_{i=0}^{N-1}\tau_i \prod_{j=i+1}^{N}[1+\tau_j G_j(t)]}$$

를 의미하며, $\beta_{j,q}(t)$는 $G_j(t)$의 변동성의 q번째 구성요소이다. 이때 모든 j와 t에 대해 $G_j(t) = G_j(0)$이라고 놓음으로써 $V(t)$의 근사값을 계산할 수 있다. 이제 스왑션을 평가하기 위한 표준시장 모형에 대입할 스왑변동성은

$$\sqrt{\frac{1}{T_0}\int_{t=0}^{T_0} V(t)\,dt}$$

또는

$$\sqrt{\frac{1}{T_0}\int_{t=0}^{T_0}\sum_{q=1}^{p}\left[\sum_{k=0}^{N-1}\frac{\tau_k\beta_{k,q}(t)G_k(0)\gamma_k(0)}{1+\tau_k G_k(0)}\right]^2 dt} \tag{33.18}$$

가 된다.

스왑션의 기초자산인 스왑의 이자 발생기간이 캡의 이자 발생기간과 같은 경우에는, $\beta_{k,q}(t)$는 잔존만기가 $T_k - t$인 경우의 선도 캡금리의 변동성의 q번째 구성요소가 된다. 이 값은 [표 33.5]에서 찾아볼 수 있다.

그런데 시장 중개인들이 호가를 제시하는 유러피언스왑옵션 계약들의 기초자산인 스왑계 약들의 이자 발생기간은 호가가 제시되는 캡과 플로어 이자 발생기간과 항상 일치하지는 않는다. 예를 들어 미국의 경우 시장 표준이 되는 캡과 플로어의 금리조정 기간은 3개월이지만 유러피언스왑옵션의 기초자산인 스왑의 금리조정 기간은 6개월이다. 그러나 이런 경우에도 앞에서 유도한 유러피언스왑옵션의 가치평가 결과를 스왑이자 발생기간이 M개의 세부 기간 (전형적인 캡의 이자 발생기간)을 포함하는 경우로 확장시킬 수 있다. 이를 위해 다음과 같이 $\tau_{j,m}$을 j번째 이자 발생기간의 m번째 세부 기간이라고 정의해보자.

$$\tau_j = \sum_{m=1}^{M}\tau_{j,m}$$

한편, 시점 t에서 결정된 $\tau_{j,m}$기간 동안의 선도이자율을 $G_{j,m}(t)$라고 하자. 그러면

$$1+\tau_j G_j(t) = \prod_{m=1}^{M}[1+\tau_{j,m}G_{j,m}(t)]$$

이 성립하므로 식 (33.18)을 도출해 낸 분석과정을 수정하여 $G_j(t)$의 변동성이 아니라 $G_{j,m}(t)$의 변동성으로 표시된 $s(t)$의 변동성을 계산할 수 있게 된다. 따라서 스왑션을 평가하기 위한 표준시장 모형에 대입할 스왑변동성은 다음과 같게 된다(연습문제 33.13 참조).

$$\sqrt{\frac{1}{T_0}\int_{t=0}^{T_0}\sum_{q=1}^{p}\left[\sum_{k=n}^{N-1}\sum_{m=1}^{M}\frac{\tau_{k,m}\beta_{k,m,q}(t)G_{k,m}(0)\gamma_k(0)}{1+\tau_{k,m}G_{k,m}(0)}\right]^2 dt} \tag{33.19}$$

여기서 $\beta_{j,m,q}(t)$는 $G_{j,m}(t)$의 변동성의 q번째 구성요소이다. 즉, 시점 t로부터 스왑 이자 발생기간 (T_j, T_{j+1}) 내의 m번째 세부 기간의 초기 시점까지의 기간이 잔존만기인 선도 캡금리의 변동성의 q번째 구성요소라는 것이다.

그런데 스왑 변동성 계산을 위한 식 (33.18)과 식 (33.19)는 $G_j(t) = G_j(0)$와 $G_{j,m}(t) = G_{j,m}(0)$이라는 근사값을 이용하고 있음을 주목할 필요가 있다. 이렇게 근사값을 이용하는 것 이 타당한지 알아보기 위하여 헐과 화이트는 식 (33.18)과 식 (33.19)를 이용하여 계산된 유 러피언스왑션의 가격과 몬테카를로 시뮬레이션에 의해 계산된 가격을 비교하여 보았는데, 그 결과 두 값이 매우 비슷함을 발견하였다. 이와 같은 연구 결과는 LIBOR 시장 모형을 적절히 조정하기만 하면 식 (33.18)과 (33.19)는 유러피언스왑옵션의 가격을 신속하게 계산할 수 있 는 방법이라는 것을 보여준다. 이와 같은 기법을 이용함으로써 유러피언스왑옵션의 가격이 캡과 비교하여 고평가되었는지 저평가되었는지를 분석할 수 있을 것이다. 또한 그 결과들을 이용하여 스왑옵션의 시장가격을 이용하여 LIBOR 시장 모형의 모수를 추정할 수도 있게 되 는데 다음 절에서 이에 대하여 설명하기로 한다. 이 분석은 OIS 할인으로도 확장될 수 있다.

LIBOR 시장 모형의 모수 추정과정

변수 Λ_j는 시점 t_k와 t_{k+1} 동안의 선도이자율 F_j의 시점 t에서의 변동성이다. LIBOR 모형의 모수 추정과정을 위해서는 Λ_j의 값을 결정하고 이를 $\lambda_{j,q}$로 분해할 필요가 있다. Λ값들은 보통 현재의 시장 자료로부터 결정하고 λ값들로의 분해는 시계열 자료를 이용하여 이루어진다.

우선 λ값들로부터 Λ값들을 결정하는 문제에 대해 생각해 보자. 이때 선도이자율 자료에 대한 주성분분석(22장 9절 참고)을 이용할 수 있을 것이다. 주성분분석 모형은 다음과 같다.

$$\Delta F_j = \sum_{q=1}^{M} \alpha_{j,q} x_q$$

여기서 M은 요인의 총 개수(선도이자율의 개수와 일치함)이며 ΔF_j는 j번째 선도이자율 F_j의 증감, $\alpha_{j,q}$는 j번째 선도이자율과 요인 q에 대한 요인적재치, x_q는 요인 q에 대한 요인점수를 각각 의미한다. 이제 s_q를 q번째 요인점수의 표준편차라고 해보자. LIBOR 시장 모형에 사용 된 요인의 수 p가 전체 요인의 수 M과 같다면 $1 \leqslant j,q \leqslant M$에 대해

$$\lambda_{j,q} = \alpha_{j,q}\, s_q$$

라고 놓아도 된다. $p < M$인 경우에는 다음이 성립하도록 $\lambda_{j,q}$를 조정해야 한다.

$$\Lambda_j = \sqrt{\sum_{q=1}^{p} \lambda_{j,q}^2}$$

이는 $\lambda_{j,q}$가 다음과 같은 값을 갖는다는 것을 의미한다.

$$\lambda_{j,q} = \frac{\Lambda_j\, s_q\, \alpha_{j,q}}{\sqrt{\sum_{q=1}^{p} s_q^2\, \alpha_{j,q}^2}} \tag{33.20}$$

다음으로 Λ값들을 추정하는 문제를 생각해 보자. 식 (33.11)을 이용하는 것은 캡 가격과 일관성을 갖도록 Λ값들을 이론적으로 결정하는 방법이 될 수 있다. 그러나 이 방법은 실제로 는 잘 사용하지 않는데 이런 방식으로 추정된 Λ값들은 편차가 너무 심하고 캡의 호가들과 정 확한 일관성을 갖게 되는 값들이 존재하지 않기 때문이다. 일반적으로 사용되는 방법은 32장 6절에서 소개한 일요인 모형의 경우와 유사한 방법이다. U_i를 i번째 모수추정용 상품(캡 혹은 스왑션)의 시장가격이고 V_i는 모형에 의한 가격이라고 하여 보자. 이제 다음 식을 최소화시키는 Λ값들을 추정하면 된다.

$$\sum_i (U_i - V_i)^2 + P$$

이때 P는 Λ값들이 적절한 값을 갖도록 하기 위해 선택되는 벌점함수(penalty function)이다. P는 32장 6절에서와 같이 다음과 같은 형태를 갖는다.

$$P = \sum_i w_{1,i}(\Lambda_{i+1} - \Lambda_i)^2 + \sum_i w_{2,i}(\Lambda_{i+1} + \Lambda_{i-1} - 2\Lambda_i)^2$$

모수추정용 상품이 스왑션인 경우에는 식 (33.18)과 (33.19)를 적용하고, 레벤버그–마쿼트 기 법을 활용하여 위의 최소화 문제를 해결할 수 있다. λ의 값들은 식 (33.20)을 이용하여 Λ의 값들에서 계산하면 된다.

변동성의 왜도

최근에 브로커들은 등가격 캡뿐만 아니라 등가격이 아닌 캡에 대한 호가까지 공시하고 있다. 그런데 어떤 시장에서는 변동성의 왜도(skews)가 관찰되는데, 이것은 캡이나 플로어에 대하여 공시된(블랙 모형) 변동성이 행사가격의 감소함수임을 의미한다. 그런데 이 문제는 CEV 모형을 이용하여 해결할 수 있다(27장 1절 참조). CEV 모형은

$$dF_i(t) = \cdots + \sum_{q=1}^{p} \zeta_{i,q}(t) F_i(t)^{\alpha}\, dz_q \tag{33.21}$$

와 같은데 이때 $\alpha\,(0 < \alpha < 1)$은 상수이다. 이 모형은 사실은 대수정규분포 모형을 다루는 방 법과 매우 비슷한 방법으로 다룰 수 있다. CEV 모형을 이용하면 비중심적 χ^2분포(noncentral χ^2 distribution)의 누적분포를 이용하여 캡과 플로어의 가치평가가 가능해진다. 이와 같은 경 우 앤더슨–안드레아슨(Andersen and Andreasen)이 캡과 플로어에 대한 근사 공식을 제안하 였는데, 이 근사 공식은 앞에서 소개한 유러피언스왑옵션의 가치평가식과 비슷하다.[10]

---

10 L. Anderson, and J. Andreasen, "Volatility Skess and Extensions of the LIBOR Market Model," *Applied Mathematical Finance*, 7, 1 (2000): 1–32; J. C. Hull and A. White, "Forward Rate Volatilities, Swap Rate Volatilities, and the Implementation of the LIBOR Market Model", *Journal of Fixed Income*, 10, 2 (September 2000): 46–62.

버뮤다스왑옵션

최근 인기 있는 금리 파생상품 중 하나가 버뮤다스왑옵션(Bermudan swap options)이다. 이상 품은 기초자산인 스왑의 전체 혹은 일부 이자지급일에만 행사할 수 있는 옵션이다. 그런데 LIBOR 시장 모형을 이용하여 버뮤다스왑옵션을 평가하는 것은 까다롭다. 왜냐하면 LIBOR 시장 모형을 이용하려면 몬테카를로 시뮬레이션을 해야만 하는데, 몬테카를로 시뮬레이션을 사용하는 경우에는 조기행사에 대해 평가하기가 어렵기 때문이다. 그러나 이런 경우에도 27장 8절에서 설명한 기법들을 이용할 수는 있다. 롱스태프-슈워츠(Longstaff and Schwartz)는 요인이 여러 개인 경우 최소자승법을 적용하는 기법을 사용하였는데, 특정한 지급일에 옵션을 행사 하지 않을 경우의 가치를 여러 요인들의 값의 다항식인 것으로 가정하였다.[11] 한편, 앤더슨은 조기행사 경계접근법(early exercise boundary approach)을 이용하는 방법을 제시하였다. 그는 조기행사 경계를 모수화할 수 있는 여러 방법에 대해 실험한 결과, 옵션의 내재가치에 의해서만 조기상환 결정이 이루어지는 것으로 가정할 때 만족할 만한 결과를 얻을 수 있음을 발견하였다.[12] 대부분의 파생상품 거래자들은 30장에서 설명한 1요인 무차익 모형을 이용하여 버뮤다 옵션의 가치를 평가한다. 하지만 버뮤다옵션의 가치평가를 위해 1요인 모형을 사용할 경우의 정확성에 대해서는 논란의 여지가 많은 것이 사실이다.[13]

33.3 Handling Multiple Zero Curves

“LIBOR 시장 모형”이라는 이름은 LIBOR가 무위험 이자율의 대용치로 사용되던 시절부터 사용되기 시작했다. LIBOR를 모형화 하여 분석가들은 이익이 LIBOR에 의존하는 모든 파생상품들을 가치평가할 수 있었다. 31장 1절과 같이 단기 LIBOR 이자율의 움직임을 가정함으로써 단일 LIBOR 무이표곡선과 모든 만기에 대한 이자율이 결정될 수 있다는 가정이 존재했다.

2007년부터 2008년까지 의 위기 이후로 파생상품 실무자들은 OIS를 무위험 이자율의 대용치로 사용하기 시작했으며 신용위험을 LIBOR 추정치에 추가하였다. 위기 이전에는 12개월 LIBOR-OIS 스프레드가 1개월 LIBOR-OIS 스프레드보다 종종 크거나 종종 작았다. 위기 이후로는 [그림 33.2]에 나타나 있듯이 그렇지 않았다. 12개월 스프레드는 6개월 스프레드보다 컸으며 6개월 스프레드는 3개월 스프레드보다 컸고 3개월 스프레드는 1개월 스프레드보다 컸다. 이러한 서열은 AA등급의 은행이 더 장기의 무담보 대출을 얻기 위해서 더 커다란 스프레드가 신용위험을 보상하기 위해 필요하다는 사실을 의미한다.

분석가는 금리 파생상품을 거래할 때 1, 3, 6, 12개월 LIBOR 선도 이자율과 함께 OIS 이자율을 모든

11 F. A. Longstaff and E. S. Schwartz, “Valuing American Options by Simulation: A Simple Least Squares Approach,” *Review of Financial Studies*, 14, 1 (2001): 113–47.

12 L. Anderson,“ A Simple Approach to the Pricing of Bermudan Swaptions in the Multifactor LIBOR Market Model,” *Journal of Computational Finance*, 3, 2 (Winter 2000): 5–32.

13 L. Anderson and J. Andreasen, “Factor Dependence of Bermudan Swaption: Fact or Fiction,” F. A. Longstaff, P. Santa-Clara and E. S. Schwartz, “Throwing Away a Billion Dollars: The Cost of Suboptimal Exercise Strategies in the Swaption Market,” *Journal of Financial Economics*, 62, 1 (October 2001).

그림 33.2 신용위기 이후 서로 다른 기준기간(tenor)에 대한 LIBOR-OIS 스프레드 (베이시스포인트)

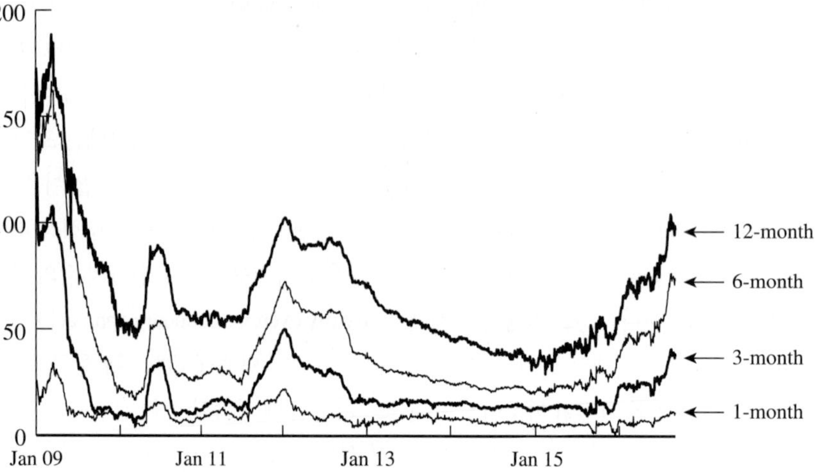

통화에 대해서 추적해야만 한다. HJM과 LMM 모형은 본 장에서 설명한 방법을 통해 OIS 이자율을 모형화 할 수 있다. (LIBOR 시장 모형은 OIS 시장 모형이 되어야 한다.) 이익이 3개월 LIBOR에 연동되어 있는 이자율 파생상품을 고려해보자. OIS 이자율이 모형화 되면 단순한 접근법은 미래 3개월 LIBOR-OIS 스프레드가 오늘 관측된 선도 스프레드와 동일하다고 가정하는 것이다. 대안으로는 선도 이자율을 위한 식 (33.10)과 (33.15)와 유사하게 단일 또는 더 많은 요인들에 대한 선도 스프레드에 기반하는 모형이다. 따라서 다음이 성립한다.

$$\frac{dF_k(t)}{F_k(t)} = \cdots + \sum_{q=1}^{p} \zeta_{k,q}(t)\, dz_q$$

여기서 식의 목적을 위해 우리는 $F_k(t)$를 t시점에 관측된 t_k와 t_{k+1} 사이의 선도스프레드 그리고 $\zeta_{k,q}$는 선도 스프레드의 변동성의 q번째 요인로 정의했다. 33장 2절에서 만기이연 위험중립 측도 하에서 이자율이 따르는 확률과정 계산을 위해 우리가 제시한 모든 결과들은 이제 스프레드에 적용된다. OIS 이자율을 주도하는 요인들과 스프레드를 주도하는 요인들 간의 상관계수는 시뮬레이션 모형 내에서 고려 가능하다.

33.4 공적 주택저당채권 담보부 증권

본 장에서 소개된 모형들은 주택저당채권 담보부 증권(MBS)의 평가에 적용할 수 있다.

공적 MBS는 8장에서 소개한 ABS와 유사한 증권인데 채무불이행으로부터 투자자들을 보호하기 위하여 이자 및 원금 지급을 GNMA(Government National Mortgage Association) 혹은 FNMA(Federal National Mortgage Association)와 같은 공공기관이 보증한다는 점에 서 차이가 있다. 따라서 공적 MBS는 정부가 발행한 고정이자 지급 채권과 유사하게 된다. 그 런데 공적 MBS와 일반적인 채권과는 중요한 차이가 있다. 그것은 공적 MBS 풀 내의 주택저 당채권들에는 조기상환권이 포함되어 있다는 점이다. 그런데 이러한 조기상환권은 주택 소유 자들에게는 상당한 가치를 갖게 된다. 미국에서의 주택저당채권은 보통 30년 만기인 경우가 많은데 어느 때라도 원하면 상환이 가능하게끔 되어 있다. 이것은 주택소유자들이 주택저당 채권을 다시 금융기관에게 액면가에 되팔 수 있는 30년 만기 아메리칸옵션을 갖고 있음을 의미한다.

실제로 주택저당채권에 대한 조기상환은 여러 가지 이유로 발생한다. 우선 이자율이 하락하 는 경우에 주택 소유자들은 저렴한 금리로 재대출받기를 원하게 될 수 있다. 또한 주택을 팔게 되어 조기상환하게 되는 것도 조기상환의 또 다른 이유가 될 수 있다. 이와 같은 조기상환 문제 를 조기상환함수(prepayment function)로 함수화하는 작업이 공적 MBS의 가치평가에 결정적 인 요소가 된다. 이 함수는 공적 MBS의 기초자산인 주택저당채권 풀의 기대 조기상환액을 시점 t에서의 수익률곡선과 기타 관련 변수 등의 독립변수들의 함수로 표현하게 된다.

조기상환함수는 개별 주택저당채권의 실제 조기상환에 대한 예측치로서는 매우 신뢰도가 낮다. 그러나 여러 비슷한 주택저당채권이 같은 풀에 모아지는 경우에는 '대수의 법칙(law of large numbers)'이 성립하고 따라서 과거 자료의 분석을 통하여 조기상환을 좀 더 정확하게 예측할 수 있다. 이미 설명한 바와 같이 이자율에 대한 고려만이 조기상환의 동기가 되지는 않는다. 그렇지만 이자율이 높을 때보다는 낮은 경우 조기상환 가능성이 높아지는 경향이 있 는 것은 사실이다. 따라서 공적 MBS 투자자들은 자신들이 발행한 조기상환 옵션에 대한 보상으로서 공적 MBS의 이자율이 다른 고정이자 지급 채권들보다 더 높아지도록 요구하게 될 것이다.

CMO

공적 MBS 중 가장 단순한 형태는 자동이전형(pass-through)이라고 불리는 MBS이다. 이경 우 모든 투자자들은 동일한 수익금을 수령하고, 또한 동일한 조기상환 위험에 노출된다. 그러 나 모든 MBS들이 이와 같이 운영되지는 않는다. CMO라는 MBS는 투자자들을 여러 클래스 로 나누고, 일정한 규칙에 따라 원금 상환액을 각각의 클래스에 분배하는 방식으로 운영된다. CMO는 상이한 조기상환 위험을 부담하는 여러 계층의 증권들로 구성되는데, 이는 8장에서 소개한 ABS가 상이한 크기의 신용위험을 부담하는 여러 증권들로 구성되는 것과 비교될 수 있다.

CMO의 한 예로서 투자자들이 A클래스, B클래스, C클래스 등의 세 클래스로 나누어진 MBS를 고려해보자. (정기상환액과 조기상환액을 모두 포함하여) 원금상환액은 우선 A클래 스의 투자자들에게 배정되는데 이는 A클래스의 투자가들이 모든 원금을 수령할 때까지 이루 어진다. 그 다음으로 B클래스의 투자자들에게 원금상환액이 배정되는데 이 역시 B클래스의 투자가들이 모든 원금을 수령할 때까지 이루어진다. 마지막으로 C클래스의 투자자들에게 원 금상환액이 배정된다. 이러한 경우 A클래스 투자자들이 가장 큰 조기상환위험에 노출된다. 이와 같은 CMO에서는 A클래스의 MBS들의 존속기간이 가장 짧게 되고, C클래스의 MBS들 이 가장 오래 존속하게 된다.

이러한 구조의 증권을 발행하는 목적은 기관투자자들이 단순한 자동이전형 MBS보다 더 매력적으로 받아들일 수 있는 증권을 만들기 위해서이다. 이때 각각 다른 클래스가 부담하게 되는 조기상환위험은 각 클래스의 액면가에 달려 있다. 예를 들어서 A, B, C클래스의 액면가 들이 각각 400, 300, 100인 경우 C클래스 투자자들은 조기상환위험 부담이 거의 없게 된다. 그러나 A, B, C의 액면가들이 각각 100, 200, 500인 경우에는 C클래스 투자자들의 조기상환 위험이 더 커지게 된다.

MBS 발행자들은 이와 같은 다양한 형태의 이색 상품들을 발행해 왔다. 이러한 사례 중 하나를 [실무사례 33.1]에 소개한다.

MBS의 가치평가

MBS의 가치평가는 주로 국채 이자율의 움직임을 모형화를 통해 이루어지며 몬테카를로 시뮬레이션을 이용한다. HJM/LMM 접근법이 사용될 수 있다. 이와 같은 과정은 다음과 같은 절차로 이루어질 것이다. 우선 현재의 수익률곡선과 과거 수익률곡선 변화로부터 매월의 기대 조기상환액을 계산한다. 이러한 조기상환액은 MBS 보유자가 수령하게 될 기대 현금흐름을 결정하여 주고, 이제 이 현금흐름을 국채 이자율에 스프레드를 더한 할인율을 이용해 시점 0으로 할인하면 MBS 가치에 대한 하나의 표본값이 계산된다. 이와 같은 시뮬레이션을 반복하여 얻은 표본값들을 평균하면 MBS 가치 추정값이 된다.

옵션 조정 스프레드

파생상품 거래자들은 MBS와 부가된 옵션이 포함된 채권들의 이론가격을 계산하는 것과 더불어 소위 옵션조정 스프레드(OAS)로 알려진 값을 계산하기를 원하기도 한다. 이 스프레드는 어떤 증권에 부가된 옵션들을 모두 고려하는 경우, 그 증권의 수익률이 재무성채권 (treasury bond) 수익률을 초과하는 정도를 나타내는 값이다.

투자수단의 OAS를 계산하기 위해서 위에서 설명한 바와 같이 할인을 위한 국채 이자율에 스프레드를 더한 할인율을 이용해 가치를 평가한다. 가치평가 모형에 의한 결과를 시장가격과 비교한다. 이 같은 과정을 반복하여 재무성채권 수익률곡선을 얼마만큼 평행이동해야 모형에 의한 가치가 시장가격과 같아지게 되는지를 알아본다. 이때의 스프레드가 바로 OAS이다.

실무사례 33.1 IO와 PO

원금이자 분리형 MBS (*stripped MBS*)라고 알려진 MBS의 경우에는 원금과 이자 지급이 분리된다. 즉, 모든 원금은 원금수취증권(이하 PO)이라고 하는 증권에게만 지급되고 모든 이자는 이자수취증권(이하 IO)이라는 또 다른 증권에만 지급된다. 조기상환율이 증가함에 따라 PO의 가치는 증가하고 IO의 가치는 감소하지만, 조기상환율이 감소하면 반대의 상황이 발생한다. PO의 경우 일정한 금액의 원금이 투자자들에게 지급되지만 그 시기는 불확실하다. 물론 기초 풀의 조기상환율이 높은 경우 원금 지급 시기가 앞당겨진다(물론 이것은 PO 소유자들에게는 좋은 소식이다). 반면에 기초 풀의 조기상환율이 낮은 경우 원금의 상환이 늦어지고 따라서 PO의 수익률이 감소하게 된다. IO의 경우에는 투자자들이 받게 되는 현금흐름 총액이 불확실하다. 이때 조기상환율이 높(낮)을수록 IO 투자자들이 받게 되는 총 현금흐름이 작아지게(커지게) 된다. 결국 IO와 PO는 모두 위험자산이라는 사실을 알 수 있다.

요약

HJM 모형과 LIBOR 시장 모형은 변동성 기간구조를 선택하는 데 있어 사용자에게 완전한 융통성을 제공해 줄 수 있다. 그런데 LIBOR 시장 모형은 HJM 모형에 비해 두 가지 장점을 가지고 있는데, 첫째는 순간 선도이자율이 아니라 캡의 가치평가에 이용되는 선도이자율로 표시되는 모형이라는 점이다. 둘째는 캡이나 유러피언스왑옵션의 가격을 이용하여 모형의 모 수를 추정하기 쉽다는 점이다. 반면에 HJM 모형과 LIBOR 시장 모형의 단점은 재결합하는 다항과정으로 구현할 수 없다는 점이다. 따라서 이 모형들을 실무적으로 활용하기 위해서는 몬테카를로 시뮬레이션을 이용해야하며 32장의 모형보다 훨씬 더 많은 계산시간을 필요로한다.

2007년 시작된 신용위기 이후로, OIS 금리는 담보 파생상품을 위한 무위험 할인율로 사용되기 시작했다. 이는 OIS 무이표곡선과 LIBOR-OIS 스프레드의 움직임을 동시에 모형화해야 할 필요성이 종종 있다는 것을 의미한다.

한편, 미국 내의 주택저당채권 담보부 증권 시장은 CMO, IO, PO 등과 같은 많은 이색 금 리 파생상품들을 탄생시키는 역할을 하였다. 이 증권들은 주택저당채권 풀의 조기상환액에 따른 현금흐름을 증권 소유자들에게 지급하게 되는데 이러한 조기상환액은 여러 경제 변수 중에서 이자율에 따라 크게 좌우된다. 이 증권들은 상당히 경로의존적인 상품이기 때문에 보 통은 몬테카를로 시뮬레이션을 이용해 평가하게 된다. 따라서 HJM 모형과 LIBOR 시장 모형 을 적용하기에 가장 이상적인 대상이 된다고 할 수 있다.

참고문헌

Andersen, L., “A Simple Approach to the Pricing of Bermudan Swaption in the Multi-Factor LIBOR Market Model,” *The Journal of Computational Finance*, 3, 2 (2000): 5–32

Andersen, L., and J. Andreasen, “Volatility Skews and Extensions of the LIBOR Market Model,” *Applied Mathematical Finance*, 7, 1 (March 2000): 1–32.

Andersen, L., and V. Piterbarg, *Interest Rate Modeling*, Vols. I-III. New York: Atlantic Financial Press, 2010.

Brace, A., D. Gatarek, and M. Musiela, “The Market Model of Interest Rate Dynamics,” *Mathematical Finance*, 7, 2 (1997): 127–55.

Duffie, D., and R. Kan, “A Yield-Factor Model of Interest Rates,” *Mathematical Finance*, 6, 4(1996): 379–406.

Heath, D., R. Jarrow, and A. Morton, “Bond Pricing and the Term Structure of Interest Rate: A Discrete Time Approximation.” *Journal of Financial and Quantitative Analysis*, 25, 4 (December 1990): 419–40.

Heath, D., R. Jarrow, and A. Morton, “Bond Pricing and the Term Structure of Interest Rate: A New Methodology,” *Econometrica*, 60, 1 (1992): 77–105.

Hull, J., and A. White, “Forward Rate Volatilities, Swap Rate Volatilities, and the Implementation of the LIBOR Market Model,” *Journal of Fixed Income*, 10, 2 (September 2000): 46–62.

Jamshidian, F., "LIBOR and Swap Market Models and Measures," *Finance and Stochastics*, 1 (1977): 293–330.

Jarrow, R. A., and S. M. Turnbull, "Delta, Gamma, and Bucket Hedging of Interest Rate Derivatives, *Applied Mathematical Finance*, 1 (1994): 21-48.

Mercurio, F., and Z. Xie, "the Basis Goes Stochastic," *Risk*, 25, 12 (December 2012): 78-83.

Miltersen, K., K. Sandmann, and D. Sondermann, "Closed Form Solutions for Term Structure Derivatives with Lognormal Interest Rates," *Journal of Finance*, 52, 1 (March 1997): 409–30.

Rebonato, R., *Modern Pricing of Interest Rate Derivatives: The LIBOR Market Model and Beyond.* Princeton Umiversity Press, 2002.

연습문제

33.1. 무이표이자율의 마코브 모형과 비-마코브 모형 간의 차이에 대하여 설명하라.

33.2. 다요인 HJM 모형에서 선도이자율의 순간 평균과 변동성 간의 관계를 나타내는 식 (33.6)을 증명하라.

33.3. "HJM 모형에서 선도이자율의 변동성 $s(t, T)$가 일정하다면 HJM 모형은 호-리 모형과 같다"고 한다. HJM 모형이 제시하는 채권가격의 확률과정이 32장에서 소개한 호-리 모형의 확률과정 과 같다는 것을 보임으로써 이 명제를 증명하여 보라.

33.4. "HJM 모형에서 선도이자율의 변동성 $s(t, T)$가 $\sigma e^{-a(T-t)}$라면 HJM 모형은 헐-화이트 모형과 같다"고 한다. HJM 모형이 제시하는 채권가격의 확률과정이 32장에서 소개한 헐-화이트 모형 의 확률과정과 같다는 것을 보임으로써 이 명제를 증명하여 보라.

33.5. HJM 모형과 비교할 때 LMM 모형의 장점은 무엇인지 설명하라.

33.6. 요인의 수가 증가하면 톱니바퀴 캡의 가치가 증가하는 이유를 직관적으로 설명하라.

33.7. δ_i가 0으로 수렴함에 따라 식 (33.10)이 식 (33.4)가 됨을 증명하라.

33.8. 점성 캡이 유사한 조건의 톱니바퀴 캡보다 비싼 이유를 설명하라.

33.9. IO와 PO의 가치가 조기상환율에 대하여 반대 방향의 민감도를 갖는 이유를 설명하라. 33.10. "OAS는 채권의 수익률과 유사하다"라는 주장에 대하여 설명하라.

33.11. 식 (33.15)를 증명하라.

33.12. 식 (33.17) 위쪽에 있는 $V(T)$에 대한 공식을 증명하라.

33.13. 33장 2절의 식 (33.19)를 증명하라.

과제물 문제

33.14. 1, 2, 3, 5년 뒤에 시작되어 1년 뒤에 종료되는 연 단위 지급 등가격 금리캡(at-the-money caplet)에 대한 블랙 모형 변동성이 각각 18%, 20%, 22%, 20%라고 한다. 선도이자율이 적용되는 기간의 시작되는 시간이 (a) 0~1년 사이, (b) 1~2년 사이, (c) 2~3년 사이, (d) 3~5년 사이인 경우 LIBOR 시장 모형에서의 1년 선도이자율의 변동성을 추정하라. 수익률곡선이 연 5%(1년 복리 기준)에서 수평이라고 가정하라. DerivaGem

를 LIBOR 할인과 이용하여 2년, 3년, 4년, 5년, 6년 금리캡에 대한 수평 변동성을 추정하라.

33.15. 본장 2절에서 소개한 행사횟수 제한 캡은 캡 소유자가 처음 N개의 내가격 캡레트를 행사해야 만 하고 이후에는 더 이상의 캡레트를 행사할 수 없는 경우이다(즉, $N = 5$인 경우이다). 이 외 에도 다음과 같은 계약 조건들이 행사횟수 제한 캡에 가끔 적용되기도 한다.

(a) 캡 소유자가 어떤 캡레트를 행사할지 결정할 수 있지만 행사 가능한 캡레트의 총수는 N으로 제한된다.

(b) 캡 소유자가 캡레트를 행사하게 되면 그 이후의 모든 내가격 캡레트는 최대 N번까지만 행 사할 수 있다.

이러한 행사횟수 제한 캡을 평가하는 데 있어서의 문제점들에 대하여 설명하라. 이와 같은 세 가지 행사횟수 제한 캡 중 어느 것이 가장 비싸고 어느 것이 가장 저렴하겠는가?

CHAPTER 34

여러 형태의 스왑

스왑계약은 장외 파생상품시장의 성공에 중요한 역할을 해 왔다. 또한 스왑은 위험을 관리하 는 데 있어 매우 탄력적인 금융상품임이 입증된 바 있다. 현재 거래되고 있는 스왑계약의 다 양함과 거래량에 따라 판단해 볼 때, 논쟁의 소지는 있지만 스왑은 금융시장 역사상 가장 성 공적인 혁신상품 중의 하나라고 할 수 있다.

우리는 7장에서 LIBOR와 고정금리를 교환하는 기본형 금리스왑의 가치를 평가하는 방법에 대하여 살펴보았는데, 일반적으로 금리스왑의 가치평가는 다음과 같이 요약할 수 있다. 즉, '선도이자율이 실현될 것이라는 가정'하에서 금리스왑의 가치평가는 다음과 같은 단계를 거쳐 이루어진다.

1. 미래의 LIBOR 이자율들이 현재의 시장에서 거래되고 있는 투자수단(instrument)으로부터 계산된 선도이자율들과 같으리라는 가정 아래 스왑의 순현금흐름을 계산한다.
2. 스왑의 순현금흐름의 현재가치를 계산하고, 이를 스왑의 가치로 이용한다.

그런데 본 장에서는 여러 가지의 비표준형 스왑에 대해 소개하기로 한다. 이 중 어떤 스왑들 은 위에서 소개한 바와 같이'선도이자율이 실현될 것이라는 가정'하에 가치를 평가할 것이 다. 그러나 일부 스왑들은 30장에서 설명한 볼록성 조정, 시기 조정 그리고 콴토조정(quanto adjustments) 등을 고려하여 가치를 평가해야 한다. 한편 29, 32, 33장에서 설명한 절차들을 이용하여 가치를 평가해야 하는 부가된 옵션(embedded option)이 포함되어 있는 스왑들에 대해서도 소개할 것이다.

34.1 기본형 스왑의 변형

새로운 형태의 많은 스왑계약은 7장에서 소개한 기본형 금리스왑 구조를 약간 변형한 형태라고 할 수 있다. 이런 스왑들 중 어떤 스왑은 시간의 흐름에 따라 명목원금이 미리 정해진 방식으로 변하는 형태이다. 이때 명목원금이 시간의 증가함수인 스왑을 체증스왑(step-up swap)이라 부 른다. 반면에 명목원금이 시간의 감소함수인 경우에는 상각스왑(amortizing swap)이라 부른다. 체증스왑은 특정 프로젝트

실무사례 34.1 양 거래자의 원금과 지급 횟수가 다른 가상의 스왑계약의 확인서

거래일:	2016년 1월 4일
유효일자:	2016년 1월 11일
영업일 기준(모든 날짜에 적용):	다음 영업일 기준
공휴일:	미국 공휴일에 따름
만기일:	2021년 1월 11일
고정금리 현금흐름	
고정금리 지급자:	마이크로소프트
고정금리 명목원금:	USD 1억
고정금리:	연 6%
고정금리 일수계산:	실제 일수 / 365
고정금리 지급일:	2016년 7월 11일부터 2021년 1월 11일까지 매 7월 11일과 1월 11일
변동금리 현금흐름	
변동금리 지급자:	골드만삭스
변동금리 명목원금:	USD 1억 2천만
변동금리:	USD 1개월 LIBOR
변동금리 일수계산:	실제 일수 / 360
변동금리 지급일:	2016년 7월 11일부터 2021년 1월 11일까지 매월 11일

에 소요되는 자금을 조달하기 위해 변동금리 자금을 체증시키면서 차입하려는 건설회사에게 유용할 수 있다. 반면에 상각스왑은 조기상환이 가능한 고정금리 차 입을 한 기업이 이를 변동금리 차입으로 변경하려는 경우에 유용하게 이용할 수 있다.

어떤 스왑의 경우에는 양쪽 거래자에게 적용되는 이자지급 횟수와 원금이 달라지는 경우도 있다. [실무사례 34.1]은 이러한 사례를 보여주고 있다. 이 사례에서는 마이크로소프트와 골드만삭스 간의 가상의 스왑계약을 보여주고 있는데, 변동금리 측의 원금은 1억 2천만 달러 이고 고정금리 측의 원금은 1억 달러이다. 또한 변동금리 측의 이자지급은 매월 발생하지만 고정금리 측의 이자지급은 6개월마다 발생한다. 이와 같이 기본형 금리스왑을 변형시킨다고 해서 스왑의 가치평가 방법이 변하는 것은 아니다. 즉, 우리는 여전히'선도이자율이 실현될 것이라는 가정'하에 이러한 변형 스왑의 가치를 평가할 수 있다.

그런데 스왑의 변동금리로 항상 LIBOR를 사용하는 것은 아니다. 예를 들어 어떤 경우에 는 변동금리가 3개월 기업어음(CP) 또는 OIS 이자율일 수도 있다. 베이시스스왑(basis swap)이 이러한 경우라고 할 수 있는데, 베이시스스왑은 특정 변동금리를 사용하여 계산된 현금흐름을 다른 변동금리를 사용하여 계산된 현금흐름과 교환하는 스왑이다. 예를 들면 3개월 OIS 이자율+10 베이시스포인트 기준의 현금흐름을 3개월 LIBOR 기준의 현금흐름과 교환할 수 있다는 것이다(원금은 1억 달러로 동일). 이러한 베이시스스왑은 자산과 부채가 서로 다른 변동금리에 따라 달라지는 금융기관의 위험관리 목적으로

실무사례 34.2 가상적인 복리스왑의 확인서

거래일:	2016년 1월 4일
유효일자:	2016년 1월 11일
공휴일:	미국 공휴일에 따름
영업일 기준(모든 날짜에 적용):	다음 영업일 기준
만기일:	2021년 1월 11일
고정금리 현금흐름	
고정금리 지급자:	마이크로소프트
고정금리 명목원금:	USD 1억
고정금리:	연 6%
고정금리 일수계산:	실제 일수 / 365
고정금리 지급일:	2021년 1월 11일
고정금리 복리이자율:	연 6.3%
고정금리 복리기준일:	2016년 7월 11일부터 2020년 1월 11일까지 매 7월 11일과 1월 11일
변동금리 현금흐름	
변동금리 지급자:	골드만삭스
변동금리 명목원금:	USD 1억
변동금리:	USD 6개월 LIBOR + 20 bp
변동금리 일수계산:	실제 일수360
변동금리 지급일:	2021년 1월 11일
변동금리 복리이자율:	LIBOR + 10 bp
변동금리 복리기준일:	2016년 7월 11일부터 2020년 7월 11일까지 매년 7월 11일과 1월 11일

이용할 수 있다.

변동금리가 LIBOR가 아닌 다른 종류의 이자율에 따라 계산되는 스왑(예를 들어 베이시스 스왑)의 경우에도 '선도이자율이 실현될 것이라는 가정'하에 가치를 평가할 수 있다. 선도이자율은 준거 이자율을 포함하는 스왑의 가치가 0이되도록 계산된다. (이는 OIS 할인이 이용될 때 선도 LIBOR가 계산되는 방식과 유사하다.)

34.2 복리스왑

기본형 금리스왑의 또 다른 변형으로 복리스왑(compounding swap)이 있다. [실무사례 34.2]에 소개된 가상의 복리스왑 확인서를 이용하여 복리스왑에 대하여 설명하여 보기로 하자. 이 예에서 변동금리지급과 고정금리지급이 이루어지는 지급일은 오직 하루로서 스왑의 최종 만 기일이다. 변동금리는

LIBOR + 20 bp로 정해져 있다. 이때 변동금리 현금흐름은 이자교환 일에 지급하지 않고 LIBOR + 10 bp의 이자율로 스왑 만기까지 복리로 늘어난다. 고정금리 는 연 6%이다. 고정금리 현금흐름도 이자교환일마다 지급하지 않고 스왑 만기까지 6.3%의 복리로 늘어난다.

'선도이자율이 실현될 것이라는 가정'은 [실무사례 34.2]에 소개된 것과 같은 복리스왑의 가치를 평가하는 데에도 이용할 수 있다. 만기에 지급될 고정금리 현금흐름은 확실하게 알고 있으므로 이 부분은 쉽게 다룰 수 있다. 한편 변동금리 부분에 대해서는'선도이자율이 실현 될 것이라는 가정'을 적용하는 것이 전혀 문제될 수 없다. 왜냐하면 일련의 FRA 계약들을 설 정하고, 미래의 변동금리들이 대응되는 선도이자율과 같으리라 가정함으로써 변동금리 현금 흐름을 계산할 수 있기 때문이다.[1]

예제 34.1

1년 단위로 이자율이 조정되는 어떤 복리스왑의 만기가 3년이다. 고정이자를 지급하고 변동이자를 수령한다. 고정금리는 4%이고, 변동금리는 12개월 LIBOR이다. 고정금리는 3.9%로 복리계산되고 변동금리는 12개월 LIBOR + 20 bp로 복리계산된다. 모든 LIBOR 선도 이자율은 5%이다. OIS 이자율은 모두 4%이며 할인을 위해 사용된다.

고정금리부분에서는 1차년도 말에 400만 달러의 이자가 발생된다. 이 금액은 복리로 증가하여 2차년도 말에는 4 × 1.039 = 4.156백만 달러가 된다. 또한 이 금액에 두 번째 이자인 400만 달러가 2차년도 말에 추가된다. 따라서 2차년도 말의 이자 총액은 8.156백만 달러가 된다. 이 금액은 3차년도 말 기준으로는 8.156 × 1.039 = 8.474백만 달러가 된다. 이 금액에 세 번째 이자인 400만 달러가 3차년도 말에 추가된다. 결과적 으로 고정금리부분의 3차년도 말 기준 현금흐름은 12.474백만 달러가 된다.

한편 변동금리부분에 대해서는 모든 미래이자율이 해당하는 기간의 LIBOR 선도이자율과 동일하다고 가정한다. 이는 모든 선도 이자율이 연복리 기준 5%라고 가정함을 의미한다. 따라서 1차년도 말에 계산된 변동금리 이자는 500만 달러이다. 이 금액을 4.8%(선도 LIBOR 이자율 + 20 bp)로 복리계산하면 2차년도 말에는 5 × 1.048 = 5.24백만 달러가 된다. 여기에 2차 년도의 이자를 추가하면, 2차년도 말 기준 현금흐름은 10.24백만 달러가 된다. 이 금액을 3차년도 말의 가치로 복리계산하면 10.24 × 1.048 = 10.731백만 달러가 된다. 여기에 3 차년도의 이자가 추가되면, 3년차도 말 기준 현금흐름은 15.731백만 달러가 된다.

이제 이 스왑은 3년차도 말에 15.731백만 달러의 현금유입과 12.474백만 달러의 현 금유출을 가져온다고 할 수 있으므로 이를 기초로 스왑의 가치를 평가할 수 있다. 즉, 스왑의 가치는 다음과 같다(여기서는 일수계산 문제는 무시하고 주석 1에서 소개한 바 와 같이 개략적인 값만을 계산하기로 한다).

---

1 자세한 내용은 저자 홈페이지의 [Technical Note] 18을 참조하시오. 복리 계산에 이용한 스프레드 s_c가"0"이거나 시점 t에서의 Q가 시점 $t+\tau$에서 $Q(1+R\tau)(1+s_c\tau)$의 복리 원리금을 갖도록 하면"선도이자율이 실현된다는 가 정"에 기초한 방법은 정확한 가치기법이 된다. 그런데 $Q[1+(R+s_c)\tau]$의 복리 원리금을 갖게 되는 경우라면 약간의 오차가 생기게 된다.

$$\frac{15.731 - 12.474}{1.04^3} = 2.895$$

34.3 통화스왑

이미 7장에서 소개한 바 있는 통화스왑은 어떤 통화의 이자율위험을 다른 통화의 이자율위험 으로 교환할 수 있도록 해 준다. 일반적으로 각 통화별로 하나씩 2개의 원금이 계약에 명시된 다. 7장 7절에서 설명했듯이 원금은 각각 스왑 개시일과 만기일에 교환된다.

예를 들어 어떤 통화스왑의 기준통화가 미국달러(USD)와 영국파운드(GBP)라고 하여 보자. 이 스왑이 고정금리 대 고정금리 통화스왑이라면 각 통화별로 고정금리가 명시된다. 즉, 한 거래자의 지급액은 USD 원금에 대해 USD 고정금리를 적용해서 결정된다. 그리고 상대방 거래자의 지급액은 GBP 원금에 대해 GBP 고정금리를 적용해서 결정된다.

변동금리 대 변동금리 스왑에서는 한 거래자의 지급액은 USD 원금에 대하여 USD LIBOR(일정한 스프레드가 추가되기도 한다)를 적용해서 결정한다. 마찬가지로 상대방 거래자의 지급액은 GBP 원금에 대하여 GBP LIBOR(일정한 스프레드를 추가하기도 한다)를 적용해서 결정한다. 세 번째 통화스왑의 형태 로는 교차–통화 금리스왑(cross-currency interest rate swap)이 있는데, 교차–통화 금리스왑 에서는 한 통화의 변동금리를 다른 통화의 고정금리와 교환한다.

한편, 변동금리 대 변동금리 통화스왑과 교차–통화 금리스왑은 '선도이자율이 실현될 것 이라는 가정' 하에 평가할 수 있다. 이때 각 통화의 미래 LIBOR는 현재시점에서의 선도이자 율과 동일하다고 가정한다. 이렇게 가정함으로써 변동금리 현금흐름을 결정할 수 있게 된다. 이제 USD 현금흐름은 USD 무이표이자율로 할인하고, 파운드 현금흐름은 파운드 무이표이자율로 할인하여 각각 현금흐름의 현재가치를 계산한다. 그리고 현재 환율 을 이용하여 두 통화로 표시된 현재가치를 하나의 통화로 전환하게 된다.

가치평가 절차는 오늘 협상된 거래의 가치가 (매수호가와 매도호가의 중간점에서) 0이되도록 하는 것이 중요하다. 이를 위해 사용되는 할인율이 종종 조정되기도 한다.[2]

34.4 더욱 복합적인 스왑들

여기서는 '선도이자율이 실현될 것이라는 가정'을 적용하기 곤란한 스왑계약들을 소개하기로 한다. 이러한 스왑계약의 경우에는 실제 선도이자율이 아니라'조정된 선도이자율이 실현 될 것'이라는 가정을 해야한다. 여기서는 30장에서의 결과를 기초로 설명하기로 한다.

---

2 만약 은행의 시스템이 시장과 일관적으로 거래들의 가치를 평가하지 않으면, 은행의 거래자들은 은행의 시스템을 대상으로 차익거래를 할 수 있다.

지연-LIBOR 스왑

기본형 금리스왑은 어떤 이자지급일에 관찰한 변동금리가 다음 지급일에 지급되도록 구성되 게 마련이다. 그런데 이러한 스왑을 대체할 수 있는 스왑계약으로 지연–LIBOR 스왑(LIBOR-in-arrears swap)이 종종 거래되기도 한다. 지연–LIBOR 스왑에서는 특정 지급일에 지급되는 변동금리가 이자지급 당일에 관찰한 변동금리에 따라 계산된다.

자세한 설명을 위하여 스왑의 금리조정일은 $t_i (i = 0, 1, \ldots, n)$이고, $\tau_i = t_{i+1} - t_i$라고 하여보자. R_i는 t_i와 t_{i+1}시점 간의 LIBOR 이자율이고 F_i는 R_i의 선도이자율이며, σ_i는 이 선도 이자율의 변동성이라고 정의하자[σ_i의 값은 보통 캡레트(caplet) 시장가격에서 계산하는 내재 변동성을 이용]. 이미 설명한 바와 같이 지연–LIBOR 스왑에서는 t_i시점의 변동금리 현금흐름은 R_{i-1}이 아니라 R_i에 따라 계산한다. 그런데 이와 같은 경우에는 30장 1절에서 소개한 바와 같이 파생상품의 가치평가 시에 선도이자율에 대한 볼록성 조정(convexity adjustment)을해 주어야 한다. 즉, 선도이자율이 F_i가 아니라 다음과 같다는 가정하에 파생상품의 가치를 평가 해 주어야 한다는 것이다.

$$F_i + \frac{F_i^2 \sigma_i^2 \tau_i t_i}{1 + F_i \tau_i} \tag{34.1}$$

예제 34.2

어떤 지연–LIBOR 스왑의 원금은 1억 달러라고 한다. 이 스왑계약에서는 5%의 고정 금리를 매년 수령하고 LIBOR를 매년 지급하는 것으로 가정하며, 이자 교환은 1, 2, 3, 4, 5년도 말에 이루어진다고 한다. (연복리 기준으로 측정된) 모든 LIBOR 선도이자율은 연 5%이다. 모든 캡레트(caplet)의 내재변동성은 연 22%이다. 할인에 사용되는 OIS 이자율은 모두 연복리 기준 4%이다.

이 경우 변동금리지급액에 적용되는 선도이자율은 5%이다. 이 스왑이 지연–LIBOR 스왑이 아니라 기본형 금리스왑이라면, 스왑의 가치는 정확히 0이 될 것이다(일수계산 기준을 무시). 그러나 이 스왑은 지연–LIBOR 스왑이기 때문에 볼록성 조정을 해 주어야 한다. 이제 식 (34.1)에 $F_i = 0.05$, $\sigma_i = 0.22$, 그리고 (모든 i에 대해서) $\tau_i = 1$을 대입해서 선도이자율을 구해보기로 하자. 이와 같은 볼록성 조정은 t_i시점에서의 선도이 자율을 0.05에서 다음과 같은 값으로 변경시킨다.

$$0.05 + \frac{0.05^2 \times 0.22^2 \times 1 \times t_i}{1 + 0.05 \times 1} = 0.05 + 0.000115 t_i$$

이에 따라서 1, 2, 3, 4, 5년도 말의 변동금리 지급액을 결정하는 데 이용되는 변동금리는 각각 5.0115%, 5.0230%, 5.0345%, 5.0460%, 5.0575%가 되어야 한다. 결국 첫 번째 지급일의 순현금흐름(현금유출액)은 1억 달러 × 0.0115% = 11,500달러이다. 다른 지급일의 순현금흐름도 이와 같이 계산할 수 있다. 따라서 이 스왑의 가치는 다음 계산에 따라 대략 -150,000달러가 된다.

$$-\frac{11{,}500}{1.04}-\frac{23{,}000}{1.04^2}-\frac{34{,}500}{1.04^3}-\frac{46{,}000}{1.04^4}-\frac{57{,}500}{1.04^5}$$

CMS와 CMT 스왑

CMS(constant maturity swap)는 스왑계약에서의 변동금리를 일정한 만기의 스왑계약의 스 왑률에 맞추는 금리스왑이다. 예를 들어서 CMS의 변동금리 지급액은 5년만기 스왑률을 적용하여 6개월마다 지급하도록 구성할 수 있다. 그런데 CMS 스왑에서는 일반적으로 특정 이 자지급일의 이자율은 이전 지급일에 관찰된 스왑률이 되므로 스왑률 관측과 이자지급일 간에 시차가 존재하게 된다. 예를 들어 이자율은 $t_0, t_1, t_2, \ldots,$ 시점에서 결정되고, 이자가 $t_1, t_2, t_3, \ldots,$ 시점에서 지급된다고 하자. 이때 t_{i+1} 시점에서의 변동금리 이자는 다음과 같다.

$$\tau_i L S_i$$

여기서 $\tau_i = t_{i+1} - t_i$이고, L은 원금이며, S_i는 t_i시점에서의 스왑률이다.
y_i를 스왑률 S_i의 선도가격, 즉 선도스왑률이라고 하여 보자. t_{i+1}시점에서의 금리의 가치를 평가하기 위해서는 선도스왑률에 조정을 해 주어야 하므로 실현된 스왑률은 다음과 같게 된다.

$$y_i - \tfrac{1}{2} y_i^2 \sigma_{y,i}^2 t_i \frac{G_i''(y_i)}{G_i'(y_i)} - \frac{y_i \tau_i F_i \rho_i \sigma_{y,i} \sigma_{F,i}\, t_i}{1 + F_i \tau_i} \tag{34.2}$$

이 식에서 $\sigma_{y,i}$는 선도스왑률의 변동성이고 F_i는 현재시점에서의 t_i와 t_{i+1} 간의 선도이자율이며, $\sigma_{F,i}$는 이 선도이자율의 변동성이다. 그리고 ρ_i는 선도스왑률과 선도이자율 간의 상관계수이고, $G_i(x)$는 수익률 x의 함수로 나타낸 t_i시점에서의 특정 채권 가격이다. 이 채권은 이표율 y_i에 따른 이표를 지급하고, 채권의 만기와 이표지급 횟수는 CMS가 계산된 스왑계약의 내용과 동일한 채권을 의미한다. $G_i'(x)$와 $G_i''(x)$는 각각 x에 대한 1차 편도함수와 2차 편도함수이다. 변동성 $\sigma_{y,i}$는 스왑옵션에 내재된 변동성이며, 변동성 $\sigma_{F,i}$는 캡레트 가격에 내재된 변동성이다. 한편, 상관계수 ρ_i는 과거 자료로부터 추정할 수 있다.
그런데 식 (34.2)는 볼록성 조정과 시기 조정을 모두 반영하고 있다. 즉, 식 (34.2)의 두번째 항인 다음 항의 조정은 30장 1절의 [예제 30.2]에서 계산했던 것과 비슷한 조정이 된다.

$$-\tfrac{1}{2} y_i^2 \sigma_{y,i}^2 t_i \frac{G_i''(y_i)}{G_i'(y_i)}$$

이 조정은 이자를 연금 형태가 아니라 스왑률 S_i로 t_i시점에서 오직 한 번만 지급한다는 가정에 기초하여 이루어진 것이다. 그리고 다음과 같은 식 (34.2)의 두 번째 항은 식 (30.2)에서 계산했던 것과 유사한 것인데, 이는 S_i로부터 계산된 이자를 t_i시점이 아니라 t_{i+1} 시점에서 지급 한다는 사실을 고려한 것이다.

$$-\frac{y_i \tau_i F_i \rho_i \sigma_{y,i} \sigma_{F,i}\, t_i}{1 + F_i \tau_i}$$

예제 34.3

어떤 6년 만기 CMS에서 1억 달러 원금에 대하여 5년 만기 스왑률을 수령하고 5%의 고정금리를 지급한다고 한다. 이자 교환은 기초자산인 5년 만기 스왑과 CMS 스왑 모두에서 반년 단위로 이루어진다. 특정 이자지급일의 교환액은 이전 이자지급일의 스왑률에 의해 결정된다. 5년 만기 스왑률의 기간구조는 반년복리 기준으로 5%에서 수평 인 것으로 가정한다. 5년 만기 스왑에 대한 옵션의 내재변동성은 15%이고, 6개월 캡레트의 내재변동성은 20%라고 한다. 각 캡이자율과 각 스왑률 간의 상관계수는 0.7이다. 즉, 모든 i에 대하여 $y_i = 0.05, \sigma_{y,i} = 0.15, \tau_i = 0.5$, $F_i = 0.05, \sigma_{F,i} = 0.20$ 그리고 $\rho_i = 0.7$이다. 이때 $G_i(x)$는 다음과 같이 표시할 수 있다.

$$G_i(x) = \sum_{i=1}^{10} \frac{2.5}{(1 + x/2)^i} + \frac{100}{(1 + x/2)^{10}}$$

따라서 $G_i'(y_i) = -437.603$이고, $G_i''(y_i) = 2261.23$이다. 식 (34.2)를 이용하여 볼록성 조정과 시기 조정값의 합을 구하면 $0.0001197t_i$ 또는 매년 1.197 bp가 된다. 예를 들어 CMS의 가치를 평가할 때, 4년도 시점의 5년 만기 스왑률은 5%가 아니라 5.0479% 인 것으로 가정해야 한다는 것이다. 따라서 4.5년 시점에서 수령되는 순현금흐름은 0.5 × 0.000479 × 100,000,000 = 23,940 달러인 것으로 가정해야 한다. 다른 순현금흐름 도 이와 같은 방법으로 계산해야 한다. 이와 같은 계산을 통하여 구한 스왑의 현재가치는 159,811달러이다.

CMT스왑(constant maturity Treasury swap)은 특정 만기 T-bond의 수익률이 스왑계약에서의 변동금리가 된다는 점을 제외하고는 CMS와 유사한 구조를 갖는 스왑이다. 따라서 CMT 스왑은 S_i를 특정 만기의 T-bond의 수익률로 정의함으로써 CMS와 동일한 방법으로 분석할 수 있다.

디프스왑

디프스왑(differential swap)은 특정 통화에서 관찰한 변동금리를 다른 통화 원금에 적용하는 금리스왑이다. 예를 들어 t_i와 t_{i+1} 간의 기간 동안에 Y 통화로 LIBOR를 관찰하고 그것을 X 통화 원금에 적용하여 t_{i+1} 시점에서 이자가 지급하는 경우를 고려하여 보자. V_i는 t_i와 t_{i+1} 간의 Y 통화의 선도이자율이고 W_i는 만기가 t_{i+1}인 선도계약의 선도환율(X 통화 1단위와 동일 한 가치를 갖는 Y 통화의 양)이라고 하자. 만약 Y 통화 표시 LIBOR 이자율을 Y 통화 원금에 적용한다면 t_i시점의 LIBOR가 V_i와 같으리라는 가정 아래 t_{i+1} 시점에서의 현금흐름의 현재가치를 계산하면 된다. 그러나 X 통화 원금에 적용하는 경우에는 29장 3절에서 설명한 콴토 조정을 해 주어야 할 필요가 있다. 즉, LIBOR 이자율이 아래와 같다는 가정 아래 현금흐름의 현 재가치를 계산해 주어야 정확한 평가가 이루어지게 된다는 것이다.

$$V_i + V_i \rho_i \sigma_{W,i} \sigma_{V,i} t_i \qquad (34.3)$$

여기서 $\sigma_{V,i}$는 V_i의 변동성이고, $\sigma_{W,i}$는 W_i의 변동성이며, ρ_i는 V_i와 W_i 간의 상관계수이다.

예제 34.4

이자가 매년 교환되는 3년 만기 디프스왑에서 12개월 USD LIBOR를 수령하고 12개월 파운드 LIBOR를 지급하며, 원금은 1천만 파운드를 적용한다고 해보자. 두 통화에 대해서 모든 LIBOR 선도 이자율은 (연복리 기준) 연 5%이다. 미국의 1년 만기 선도이자율의 변동성은 20%로 추정되었고, 선도환율(파운드당 달러)의 변동성은 모든 만기에 대하여 12%이며, 이 선도이자율과 선도환율 간의 상관계수는 0.4이다.

즉, $V_i = 0.05,\ \rho_i = 0.4,\ \sigma_{W\ i} = 0.12,\ \sigma_{V\ i} = 0.2$이다. 그러므로 t_i시점에서 관찰된 1년 만기 USD 이자율에 따라 결정되는 변동금리 현금흐름은 이자율이 다음과 같다는 가정 하에 계산되어야 한다.

$$0.05 + 0.05 \times 0.4 \times 0.12 \times 0.2 \times t_i = 0.05 + 0.00048t_i$$

이는 스왑의 가치평가를 위해서 스왑의 1년차, 2년차, 3년차 순현금흐름을 각각 0, 4,800, 9,600 파운드로 계산해야 함을 의미한다. 할인율(OIS)이 연복리 기준 4.8%라고 가정할 경우, 스왑의 가치는 다음과 같이 12,711파운드가 된다.

$$\frac{0}{1.048} + \frac{4{,}800}{1.048^2} + \frac{9{,}600}{1.048^3} = 12{,}711$$

34.5 주식스왑

주식스왑(equity swap)은 한 거래자가 스왑원금에 지수수익률을 적용한 금액을 지급하고 상대방은 스왑원금에 고정금리 또는 변동금리를 적용한 금액을 지급하기로 약정하는 스왑이다. 이러한 주식스왑을 이용하여 펀드매니저들은 주식을 매입하거나 또는 매도하지 않고도 지수에 노출되는 위험을 감소시킬 수 있다. 주식스왑은 시장의 요구에 대응하여 개발된 상품으로서 지수에 대한 일련의 선도계약을 패키지(package)한 편리한 상품이다.

주식스왑에 이용되는 주가지수(equity index)는 일반적으로 지수를 구성하는 주식들에 배당금을 재투자하여 계산하는 총 투자수익률 지수(total return index)이다. [실무사례 34.3]은 주식스왑의 예를 보여주고 있다. 여기서는 S&P 500지수의 6개월 수익률과 LIBOR가 교환된다. 스왑의 양쪽에게 적용되는 원금은 1억 달러이고 이자는 6개월마다 지급된다.

[실무사례 34.3]과 같은 주식수익률 대 변동금리 스왑을 고려해 보자. 스왑이 개시되는 시점에서 스왑의 가치는 LIBOR 할인을 가정하면 0이다. 이것은 각 이자지급일에 LIBOR로 원금을 차입하고 그것을 다음 이자지급일까지 지수에 투자함으로써 스왑 거래의 한 당사자의 현금흐름을 아무런 비용을 들

실무사례 34.3 가상적인 주식스왑의 확인서

거래일:	2016년 1월 4일
유효일자:	2016년 1월 11일
영업일 기준(모든 날짜에 적용):	다음 영업일 기준
공휴일:	미국 공휴일에 따름
만기일:	2021년 1월 11일
주가지수 관련 현금흐름	
지급자:	마이크로소프트
명목원금:	USD 1억
주가지수 수익률:	S&P 500지수의 총 투자수익률
지수 관련 금액:	100(I1– I0)I0, 단 I1는 지급일에서의 지수이고 I0는 바로 전 지급일의 지수. 첫 번째 지급일의 경우 I0는 2010년 1월 11일의 지수.
주가지수 관련 금액 지급일	2016년 7월 11일부터 2021년 1월 11일(포함)까지의 기간 동안에 매 7월 11일과 1월 11일
변동금리 관련 현금흐름	
지급자:	골드만삭스
명목원금:	USD 1억
변동금리:	USD 6개월 만기 LIBOR
변동금리 일수계산:	실제 일수 / 360
변동금리 관련 금액 지급일:	2016년 7월 11일부터 2020년 1월 11일(포함)까지의 기간 동안에 매 7월 11일과 1월 11일

이지 않고 복제할 수 있기 때문이다(배당은 재투자된다고 가정한다). 이와 유사한 논리를 적용하면 스왑의 가치가 이자지급일 직후에도 0이 된다는 것을 알 수 있다. 그러나 이자지급일 사이의 임의의 시점에서는 주식수익률에 의한 현금흐름과 LIBOR 금리의 가치를 평가하여 스왑가치를 계산해야 한다. (OIS 할인이 사용되면, OIS와 주식수익률을 교환하는 스왑의 가치가 0이 됨을 가정해야만 한다.) 이때 LIBOR 현금흐름은 직전 금리조정일에서 이미 결정되어 있으므로 쉽게 그 금액을 계 산할 수 있다. 한편 주식수익률에 의한 현금흐름의 가치는 LE/E_0(L은 원금, E는 현재 지수, E_0는 직전 이자지급일의 지수)가 된다.[3]

34.6 부가된 옵션이 포함된 스왑

어떤 스왑들에는 부가된 옵션(embedded option)이 포함되기도 한다. 본 절에서는 자주 거래 되는 이런 스왑들의 예를 살펴보기로 하자.

3 이에 대한 자세한 소개는 저자 홈페이지(www-2.rotman.utoronto.ca/~hull/TechnicalNotes)의 [Technical Note] 19를 참조하라.

발생스왑

발생스왑(accrual swap)은 금리가 일정 범위 안에 있는 경우에만 한 거래 당사자의 현금흐름이 발생하는 스왑이다. 경우에 따라 이 범위(range)는 스왑의 만기 동안 고정되기도 하고 정기적으로 재조정되기도 한다.

발생스왑의 간단한 예로 고정금리 Q를 분기마다 3개월 LIBOR와 교환하는 스왑을 고려해 보자. 고정금리는 3개월 LIBOR가 연 8% 이하일 때에만 발생한다고 해보자. 원금을 L이라고 하자. 기본형 스왑에서는 고정금리 지급자가 매 이자지급일에 QLn_1/n_2를 지급한다. 여기서 n_1은 분기중의 영업일수이고, n_2는 연간 영업일수이다(일수 계산은 실제 경과일수/실제 경과 일수 기준이다). 발생스왑에서는 고정금리 지급자가 매 이자지급일에 QLn_3/n_2를 지급한다. 여기서 n_3은 분기중 3개월 LIBOR가 8% 이하인 영업일수이다. 따라서 고정금리 지급자는 3 개월 LIBOR가 8% 이상인 날에는 매일 QL/n_2의 금액을 절약할 수 있게 된다.[4] 그러므로 고정금리 지급자의 포지션은 기본형 스왑에 일련의 이원옵션(binary option)을 부가시킨 것(스왑 만기 동안 일별로 1개씩의 옵션)으로 간주할 수 있다. 이때 이원옵션은 3개월 LIBOR가 8% 이상일 때 QL/n_2를 지급하는 옵션이라 할 수 있다.

이상의 내용을 일반화하기 위하여 앞에서 8%로 제시한 LIBOR 기준율(cutoff rate)이 R_K라고 하고 이자는 매 τ년에 교환한다고 하여 보자. 스왑만기 중의 임의의 i일(day i)이 있다고 하고, t_i는 i일까지의 기간이라고 하자. i일에서의 τ년 LIBOR 이자율이 R_i이라면 $R_i < R_K$일 때만 이자가 발생한다. F_i를 R_i의 선도가격이라고 하고 σ_i를 F_i의 변동성이라고 정의하자(σ_i는 캡레트의 현물 변동성으로부터 추정한다). 일반적인 대수정규분포를 가정할 때, $t_i + \tau$시점에서 만기가 되는 무이표채 가치척도에 의해 정의된 세계에서 LIBOR가 R_K보다 클 확률은 $N(d_2)$이다. 여기서 d_2는 아래와 같다.

$$d_2 = \frac{\ln(F_i/R_K) - \sigma_i^2 t_i/2}{\sigma_i \sqrt{t_i}}$$

이원옵션에서 얻는 이득은 i일 이후의 스왑 지급일에 실현된다. 이때 이득이 실현되는 날을 s_i 시점이라고 하자. 그런데 s_i 시점에서 만기가 되는 무이표채 가치척도에 의해 정의된 세계에서 LIBOR가 R_K보다 클 확률은 $N(d_2^*)$이다. 여기서 d_2^*는 d_2와 같은 공식을 사용하여 계산한다. 그러나 $t_i + \tau$시점과 s_i시점 간의 차이를 반영하여 F_i에 대하여 약간의 시차조정을 한다.
이제 i일에서의 이원옵션의 가치는 다음과 같다.

$$\frac{QL}{n_2} P(0, s_i)N(d_2^*)$$

여기서 $P(0, t)$는 늘 그렇듯이 만기가 t인 무위험 무이표채의 가격이다. 이원옵션의 총 가치는 스왑만기 동안 매일같이 계산한 위의 옵션의 가치를 더해서 구한다. 그러나 시차조정(d_2를 d_2^*로 조정)은 너무 미미해서 실제로는 종종 무시한다.

4 일반적인 기준에서는 만일 어떤 날이 공휴일이면 이자율은 직전 영업일의 이자율이 적용되는 것으로 가정한다.

취소가능 스왑

취소가능 스왑(cancelable swap)은 거래 일방이 미리 정해진 지급일(하루 또는 그 이상)에서 계약을 종료(terminate)할 수 있는 옵션을 소유하는 기본형 금리스왑이다. 스왑을 종료한다는 것은 상쇄스왑(offsetting swap 또는 opposite swap)을 체결하는 것과 같다. 예를 들어 앞에서 소개한 마이크로소프트와 골드만삭스 간의 스왑을 고려해보자. 만일 마이크로소프트가 기존의 스왑을 취소할 수 있는 옵션을 갖고 있다면, 취소가능 스왑은 마이크로소프트가 기본형 스왑과 상쇄스왑을 체결할 수 있는 옵션의 매입포지션을 함께 보유한 포지션의 의미를 갖는다. 만일 시티뱅크가 취소할 수 있는 옵션을 보유하고 있다면, 취소가능 스왑은 마이크로소프트 가 기본형 스왑과 상쇄스왑을 체결할 수 있는 옵션의 매도포지션을 함께 보유한 포지션의 의 미를 갖는다.

만일 종료일이 단 하루이면, 취소가능 스왑은 기본형 스왑과 유러피언스왑옵션의 포트폴리오가 된다. 예를 들어 마이크로소프트가 6%를 수령하고 LIBOR를 지급하는 10년 만기스왑을 고려해보자. 마이크로소프트가 6년 후에 종료할 수 있는 옵션을 소유한다고 가정하자. 이 스왑은 6%를 수령하고 LIBOR를 지급하는 기본형 스왑과 6%를 지급하고 LIBOR를 수령 하는 4년 만기 스왑을 체결할 수 있는 6년 만기 유러피언옵션의 매입포지션을 더한 것과 같 다(후자는 6 × 4 유러피언옵션이라고 부른다). 이러한 유러피언스왑옵션의 가치는 29장에서 설명한 표준시장 모형을 이용하면 될 것이다.

한편, 취소가능한 날이 복수일 경우 취소가능 스왑은 기본형 스왑과 버뮤다스왑옵션(Bermudan style swap option)의 포트폴리오와 같다. 예를 들어 마이크로소프트가 6개월마다 6% 를 수령하고 LIBOR를 지급하는 5년 만기 스왑을 체결한다고 하자. 그리고 상대방이 2~5년 사이에 속하는 지급일에서 스왑을 취소할 수 있는 옵션을 소유한다고 하자. 이 스왑은 기본형 스왑과 버뮤다스왑옵션 매도포지션을 결합한 형태의 스왑이다(여기서 버뮤다스왑옵션은 만 기가 5년이며 6%의 고정금리를 지급하고 LIBOR의 변동금리를 수령하는 스왑에 포지션을 취할 수 있는 옵션을 의미한다). 이 스왑은 2~5년 사이의 어떤 지급일에서도 행사할 수 있다. 버뮤다스왑옵션의 가치는 32장과 33장에서 소개한 내용을 이용하여 계산할 수 있을 것이다.

취소가능 복리스왑

복리스왑은 가끔 일정한 지급일에 종료시킬 수 있도록 구성되기도 한다. 스왑이 종료되면 변동금리 지급자는 종료일까지 복리계산된 변동금리액을 지급하고 고정금리 지급자는 종료일 까지 복리계산된 고정금리액을 지급한다.

취소가능 복리스왑의 가치를 평가하기 위해서는 약간의 요령이 필요하다. 우선 변동금리를 LIBOR에 따라 복리계산하며 LIBOR 할인을 사용하는 경우를 생각해 보자. 그런데 스왑원금은 스왑의 만기일에 고 정금리 지급자와 변동금리 지급자에게 지급된다고 하자. 이러한 상황은 7장에서 [표 7.1]의 기본형 금리스왑을 [표 7.2]의 상황으로 전환시킨 것과 유사하다고 할 수 있다. 이는 스왑의 가치를 변화시키지 않으면서도, 변동금리 지급자의 가치가 이자지급일에 항상 명목원금과 같 아지도록 해 주는 결과가 된다. 따라서 취소결정을 하는 데는 고정지급자만 고려하면 된다. 이를 위해서 32장에서 설명한 바와 같은 이자율 다항과정(interest rate tree)을 구성해서 판단한 다. 즉, 우리는 이자율 다항과정의 끝에서 역행하면서 고정지급자의 가치를 평가한다. 스왑을 취소할 수 있는 각 꼭지점에서 스왑을 계속 보유하는 것이 좋은지 아니면 취소하는 것이 좋은지를 검토한다. 이때 스왑을 취소하게 되면 고정금리 지급자의 가치는 액면가와 같아진다. 만일 고정금리를 지급하고 변동금리를 지급하는 경우라면, 우리의 목표는 고정금리 지급자의 가치를 최소화시키는 것이다. 반면에 만일 고정금리를 받고 변동금리를 지급하는 경우라면, 우리의 목표는 고정금리 지급자의 가치를 최대화시키는 것이다.

한편, 변동금리는 LIBOR + 스프레드로 결정되며 복리계산에 LIBOR만이 사용될 경우에는 스프레드 이자율에 해당하는 현금흐름을 변동금리에 더하는 대신에 고정금리에서 차감할 수 있다. 따라서 취소옵션은 스프레드가 없는 경우를 가정하고 가치를 평가하면 된다.

마지막으로 복리계산이 LIBOR + 스프레드의 값으로 이루어질 경우에는 취소가능 복리스왑의 개략적인 가치평가 방법은 다음과 같다.[5]

1. 선도이자율이 실현된다는 가정하에서 매 취소일의 스왑의 변동금리 부분의 가치를 계산 한다.
2. 변동금리가 LIBOR로 복리계산된다는 가정하에서 매 취소일의 스왑 변동금리 부분 가치를 계산한다.
3. 위에서 계산한 (1)의 값이 (2)를 초과하는 값을 취소일에서의'스프레드 가치'로 정의한다.
4. 옵션의 가치는 앞에서 설명한 방법으로 계산한다. 취소옵션에 대한 행사 여부를 결정할 때에는 고정금리 부분의 가치에서 스프레드의 가치를 차감한다.

만약 OIS와 LIBOR 스프레드가 선도 스프레드와 동일하다면 OIS 할인이 사용되는 경우에도 유사한 접근법이 사용될 수 있다.

34.7 기타 스왑

본 장에서는 현재 거래되고 있는 스왑 중에서 몇 가지만 제한적으로 소개하였다. 실제로 스왑 계약은 재무공학자들의 상상력과 혁신적인 위험관리 상품을 요구하는 기업 재무관리자들의 요구에 따라 무궁무진한 형태로 거래되고 있다.

1990년대 중반에 미국에서 인기리에 거래되었던 스왑은 지수상각스왑(index amortizing rete swap)이다[때로는 지수원금스왑(indexed principal swap)이라고 불리기도 한다]. 이 스 왑에서 원금은 이자율 수준에 따라 감소한다. 즉, 이자율이 낮아질수록 원금의 감소폭이 커진다. 본래 지수상각스왑에서의 고정금리 부분은 부동산 담보증권(MBS)의 투자가들이 조기상 환 옵션을 감안한 이후 얻게 되는 수익률을 대략적이라도 추적하도록 하기 위해 설계되었다. 따라서 이 스왑은 투자자에게 MBS의 수익률을 변동금리와 교환하는 효과를 제공한다.

상품스왑(commodity swap)은 최근에 인기를 더해가고 있다. 예를 들어 연간 10만 배럴의 원유를 소비

---

5 취소옵션의 행사 여부가 LIBOR와는 다른 이자율로 복리계산되는 미래 지급액에 의해 영향을 받지 않는다고 가정 하는 점에서, 이 방법은 완전히 정확하지는 않다.

하는 기업은 향후 10년 동안 매년 800만 달러씩 지급하고 10만S를 수령하는 계 약을 체결할 수 있다(여기서 S는 원유의 배럴당 현재의 시장가격). 이 계약으로 기업은 원유 매입비용을 배럴당 80달러로 확정시키는 효과를 얻는다. 반면에 이 계약의 반대 입장을 취한 원유 생산업자는 원유가격을 배럴당 80달러로 확정시킬 수 있다. 에너지파생상품에 대해서는 35장에서 소개할 것이다.

기타 여러 유형의 스왑계약들에 대해서는 본 교과서의 여러 부분에 소개되어 있다. 예를 들어 24장에서는 자산스왑을, 25장에서는 총수익스왑과 여러 형태의 신용디폴트스왑을 소개 하고 있으며 26장에서는 변동성 스왑과 분산 스왑을 소개하고 있다.

기이한 스왑계약

일부 스왑은 매우 이상한 방법으로 투자수익을 계산하기도 한다. 대표적인 예가 뱅커스 트러스트(BT: Bankers Trust)와 프록터 앤드 갬블(P&G: Proctor and Gamble) 간에 1993년에 체 결한 계약이다([실무사례 34.4] 참조). 이 계약의 상세 내용은 널리 알려져 있는데 계약 체결 이후에 법정 분쟁이 초래되었기 때문이다.[6]

실무사례 34.4 프록터 앤드 갬블의 기이한 거래

프록터 앤드 갬블과 뱅커스 트러스트 간에 1993년 11월 2일 체결된 소위"5/30"스왑계약은 정말 기이한 스왑계약이다. 이 스왑은 6개월마다 현금흐름을 교환하는 5년 만기스왑이다. 액면금액은 2억 달러이다. BT는 P&G에게 연 5.3%를 지급하였고, P&G는 BT에게'CP 30일 평균금리 – 75 bp + 스프레드'를 지급하였다. 여기서 CP 평균금리는 지급일 전 발생기간(accrual period) 동안 매일 관찰된 30일 CP 금리의 평균치이다.

첫 지급일(즉, 1994년 5월 2일)에 스프레드는 0이었으며, 남은 9개 지급일에서의 스프레드는 다음 식에 의하여 결정되었다.

$$\max\left[0, \frac{98.5\left(\dfrac{\text{5-year CMT\%}}{5.78\%}\right) - (\text{30-year TSY price})}{100}\right]$$

여기서 5년 만기 CMT는 일정한 만기의 국채수익률(constant maturity treasury yield)로서 구체적으로는 중앙은행(Federal Reserve)이 발표하는 5년 만기 국채수익률이다. 30년 만기 TSY 가격은 2023년 8월에 만기가 되는 T-bond(액면이자율 6.25%)에 대한 현금가격(cash price)의 매수·매도 호가의 중간가격이다. 위의 식에 의하여 계산된 스프레드는 소수점 기준이 아님을 유의할 필요가 있다. 즉, 베이시스포인트로 계산되지 않는다는 것이다. 만약 계산결과 스프레드가 0.1%이고 CP금리가 6%라면 P&G는 15.25%를 지급하게 된다.

애초에 P&G는 스프레드가 0이 되어 5.3%의 고정금리를 CP 금리보다 75 bp 낮은 금리로 교환하게 되기를 희망하고 있었다. 그러나 1994년 초에 이자율이 급격하게 상승하여 채권가격이 하락하는 바람에 P&G는 스왑에서 실로 엄청난 손실을 입게 되었다(연습문제 34.9 참조)

6 D. J. Smith, "Aggressive Corporate Finance: A Close Look at the Proctor and Gamble-Bankers Trust Leveraged Swap," *Journal of Derivatives*, 4, 4 (Summer 1997): 67–79.

요약

스왑은 매우 다용도로 쓰이는 금융상품이다. 많은 스왑의 가치는 미래의 LIBOR(또는 어떤 다른 변동 기준금리)가 선도이자율과 같을 것이라는 단순한 가정을 이용하여 계산할 수 있다. 이런 스왑의 종류에는 기본금리스왑, 대부분의 통화스왑, 원금이 미리 예정된 스케줄에 따라 변하는 스왑, 거래당사자의 이자지급일이 다른 스왑, 그리고 복리스왑 등이 있다.

그러나 어떤 스왑들은 가치를 평가할 때 선도이자율의 조정이 필요하다. 이런 조정들에는 볼록성 조정, 시기 조정 또는 콴토(quanto) 조정 등이 있다. 이와 같은 조정이 필요한 스왑들 에는 지연-LIBOR 스왑, CMS/CMT 스왑, 그리고 디프스왑 등이 있다.

주식스왑은 주가지수수익률이 고정금리 또는 변동금리와 교환되는 스왑이다. 주식스왑은 일반적으로 이자지급일 직후에 가치가 0이 되도록 설계된다. 그러나 이자지급일 사이에서 주 식스왑을 가치평가할 때는 세심한 주의가 필요하다.

어떤 스왑들은 부가된 옵션을 포함하기도 한다. 이 중 발생스왑은 기본형 스왑에 여러 개 의 이원옵션(스왑의 만기 동안 매일 1개씩의 옵션)이 더해진 스왑이다. 취소가능 스왑은 기본 형 스왑에 버뮤다 스왑옵션이 더해진 스왑이다.

참고문헌

Chance, D., and. Rich, "The Pricing of Equity Swap and Swaptions," *Journal of Derivatives*, 5, 4 (Summer 1998): 19–31.

Smith, D. J., "Aggressive Corporate Finance: A Close Look at the Procter and Gamble-Bankers Trus Leveraged Swap," *Journal of Derivatives*, 4, 4 (Summer 1997): 67–79.

연습문제

34.1. [실무사례 34.1]의 스왑에 있어서 모든 고정금리 금액과 정확한 발생 시기(timing)를 계산하여 보라(일수계산은 실제 지급일이 아니라 목표 지급일을 기준으로 한다).

34.2. 고정금리가 LIBOR 이자율의 2배와 교환되는 스왑을 '선도이자율이 실현될 것이라는 가정'을 이용하여 가치평가할 수 있는가?

34.3. 원금이 1억 달러이고 금리가 6개월마다 지급되는 2년 만기 고정금리 지급-변동금리 수령 복 리스왑의 가치는 얼마인가? 고정이자를 수령하고 변동이자를 지급하는 것으로 가정한다. 고정 금리가 8%이고, 이는 8.3%로 복리계산된다(모두 반년복리 기준). 변동금리는 LIBOR + 10 bp이고, 이는 LIBOR + 20 bp로 복리계산된다. LIBOR 무이표이자율은 반년복리 기준으로 수평으로 가정한다. 무위험 할인율은 연속복리 기준 7.5%이다.

34.4. LIBOR를 지급하고 LIBOR로 복리계산되는 LIBOR를 수령하는 5년 만기 스왑의 가치는 얼 마인가? 양쪽에 적용되는 원금은 1억 달러이다. 지급측의 지급일과 수령측의 복리계산일은 매 6개월이고 수익률곡선은 반년복리 기준으로 5%에서 수평이다.

34.5. 본장 4절의 [예제 34.3]에서, 모든 캡 변동성이 20%가 아니라 18%이고, 5년 만기 스왑의 모든 옵션의 변동성이 15%가 아니라 13%라고 가정하고 볼록성 조정과 시간 조정의 합을 계산하라. 계산 목적상 3년 후의 5년 만기 스왑률을 얼마로 가정해야 하는가? 스왑의 가치는 얼마인가?

34.6. '선도이자율이 실현될 것이라는 가정'하에서 기본형 금리스왑과 본 장 2절의 복리스왑은 가치 평가할 수 있으나, 4절의 지연-LIBOR 스왑은 가치평가할 수 없는 이유를 설명하라.

34.7. 본 장에서 설명한 발생스왑에서 고정금리 이자는 변동금리가 특정 수준 이하일 때에만 발생된 다. 변동금리가 일정 수준보다는 높고 일정 수준보다는 낮을 때에만 고정금리가 발생하는 상황까지 확대하여 적용할 수 있는지 설명하여 보라.

과제물 문제

34.8. 미국 LIBOR 무이표이자율이 5%로 수평이고, 호주 LIBOR 무이표이자율이 10%로 수평이다. 4년 만기 스왑에서 호주 LIBOR를 수령하고 9%를 지급하며 원금이 1천만 USD이다. 지급액은 매년 교환된다. 호주의 1년 선도이자율의 변동성은 모든 만기에 대하여 25%로 추정되고, 미국달러/호주달러(USD/AUD)의 선도환율의 변동성은 모든 만기에 대하여 15%이다. 그리고 이들의 상관계수는 0.3이다. 스왑의 가치는 얼마인가? USD 할인율은 연속복리 기준 4.7%라고 가정하라.

34.9. 본 장 7절의 5/30 스왑에서, (a) CP금리가 6.5%이고 국채 수익률곡선이 6%에서 수평일 때와 (b) CP금리가 7.5%이고 국채 수익률이 반년복리 기준으로 7%에서 수평일 때 P&G가 지급하는 이자율을 각각 추정하라.

34.10. 당신이 볼록성 조정을 하지 않는 상대방과 지연-LIBOR 스왑을 거래한다고 할 때 당신의 입장 에서 고정금액을 지급하고 변동금액을 수령하는 것이 유리하겠는가? 주어진 스왑의 존속기간 과 이자지급 횟수하에서 당신은 스왑을 어떻게 구성하려고 노력해야 하는가?
모든 12개월 LIBOR 선도이자율이 연복리 기준 연 10%라고 가정하자. 모든 캡의 변동성은 18% 이다. 이자가 매년 지급되고 스왑의 존속기간이 (a) 5년, (b) 10년 그리고 (c) 20년인 지연- LIBOR 스왑의 가치를 평가하는데 정교한 거래자와 그렇지 못한 거래자 간에 어떤 차이가 있는지 추정하라. 스왑의 원금은 100만 달러이며 무위험 할인율과 LIBOR에는 차이가 없다고 가정하라.

34.11. 모든 12개월 LIBOR 선도 이자율이 연복리 기준 5%라고 가정하자. OIS 무이표곡선은 연복리 기준 4.8%에서 수평이다. 5년 만기 스왑에서 X기업이 6%의 고정금리 기준의 이자를 지급하고 LIBOR 기준의 이자를 수령한다. 3년 후에 2년 만기 스왑률 의 변동성은 연 20%이다.
(a) 스왑의 가치는 얼마인가?
(b) X기업이 3년 후에 스왑을 취소할 수 있는 권리를 갖는다는 가정하에서 DerivaGem을 이용하여 스왑의 가치를 계산하라.
(c) 상대방이 3년 후에 스왑을 취소할 수 있는 권리를 갖는다는 가정하에서 DerivaGem을 이

용하여 스왑의 가치를 계산하라.

(d) 3년 후에 쌍방이 스왑을 취소할 수 있다면 스왑의 가치는 얼마인가?

34.12. [실무사례 34.3]에서 만약 OIS 할인이 사용됐었다면 초기 주식스왑의 가치는 어떻게 계산되겠는가?

CHAPTER 35

에너지파생상품 및 상품파생상품

파생상품의 기초가 되는 변수는 보통 기초자산이라고 부른다. 본서의 앞부분에서는 주가, 주가지수, 환율, 채권가격, 이자율, 신용 사건에서의 손실 등이 기초자산인 경우를 다루어 왔다. 여기서는 좀 더 다양한 기초자산에 대하여 다루기로 한다.

35장에서는 우선 상품이 기초자산인 경우를 다루기로 한다. 앞서 2장에서는 상품 선물에 대하여 소개하였고, 18장에서는 상품 선물에 대한 유러피언옵션과 아메리칸옵션의 가치평가에 대하여 소개한 비 있다. 선물계약의 만기가 옵션의 만기와 같은 경우 유러피언선물옵션과 유러피언 옵션의 수익이 동일하기 때문에 우리는 유러피언선물옵션의 가치평가 모형(블랙 모형)을 유러피언 옵션의 가치평가에 사용할 수 있다. 그러나 아메리칸옵션이나 상품의 현물가 격에 기초한 복잡한 형태의 파생상품들의 가치평가에는 좀 더 정교한 모형들이 필요하다. 상 품 가격의 특징은 (이자율과 마찬가지로) 종종 평균회귀를 보인다는 것이며 점프가 발생하기도 한다는 점이다. 상품에 대한 파생상품의 가치평기에도 이자율에 대하여 개발된 모형들을 적용하는 것이 가능하다.

35장 후반부에서는 날씨파생상품과 보험파생상품에 대하여 소개하기로 한다. 이 상품들의 특징은 체계적 위험이 없는 변수들에 기초하고 있다는 점이다. 예를 들어 특정 지역에서의 기온 기대값이나 태풍으로 인한 손실액은 위험중립세계에서나 실제 세계에서나 같은 것으로 예상할 수 있다. 이것은 이러한 파생상품의 가치평가에 다른 자료보다 역사적 자료가 더욱 유용 할 수 있음을 의미한다.

35.1 농축산물

농축산물이란 옥수수, 밀가루, 대두, 코코아, 커피, 설탕, 목화, 냉동 오렌지 주스와 같이 경작을 통해 얻어진 상품(혹은 경작물의 가공품)들을 의미한다. 소, 돼지, 돼지고기 등과 같이 축산 물과 관련된 상품들도 해당된다. 모든 상품과 마찬가지로 농축산물의 가격도 수요와 공급에 의하여 결정된다. 미국 농무성에서는 농축산물의 재고와 생산량에 대하여 정기적으로 보고서를 발표한다. 옥수수와 밀가루와 같은 농산물의 경우 중요한 통계가 재고-사용량 비율(stocks to use ratio)이다. 이 비율은 연말 재고량을 연간 사용량으로 나눈 값으로 보통 20% 내지 40% 사이의 값을 갖는다. 이 비율은 가격 변동성에 영향을 미친다. 이 비율이 낮아지면 상품 가격은 공급량의 변화에 더욱 민감해지고 따라서 가격 변동성이 증가하게 된다.

농축산물 가격에 대하여 평균회귀를 가정하는데에는 충분한 이유가 있다. 경작자들은 가격이 하락하게 되면 생산량을 줄이게 되고 이러한 공급 감소는 가격 상승 압력을 일으킨다. 마찬 가지로 가격이 상승하면 경작자들이 생산량을 늘리게 되고 이는 가격 하락 압력을 가져온다.

농축산물의 저장에는 비용이 많이 소요되고 또한 저장 기간에도 한계가 있기 때문에 농축 산물의 가격은 계절성을 갖는 경향이 있다. 또한 날씨도 농축산물의 가격 결정에 중요한 요소가 된다. 예를 들어 서리로 인하여 브라질 커피 수확량이 급감할 수도 있고 플로리다 지역의 태풍은 냉동 오렌지 주스의 가격에 막대한 영향을 주게 된다. 농축산물과 같이 경작을 통해 생산되는 상품의 가격 변동성은 수확기 이전 시기에 가장 높은 경향을 보이지만 수확량이 결정되면 감소한다. 경작기간 동안에는 날씨로 인하여 농축산물의 가격의 확률과정에 점프가 나타나기도 한다.

많은 농산물은 가축들의 사료로 이용하기 위하여 경작되고 거래된다(예를 들어 CME에서 거래되는 옥수수 선물 계약은 가축들의 사료로 쓰이는 옥수수가 기초자산이다). 따라서 가축 의 가격(도축 시점을 포함하여)은 이러한 농산물의 가격에 영향을 받게 되고 또한 날씨에도 영향을 받게 된다.

35.2 금속

금속도 중요한 상품 중 하나이다. 금속에는 금, 은, 백금, 팔라듐, 동, 주석, 납, 아연, 니켈, 알루 미늄 등이 있다. 금속은 농축산물과 전혀 다른 특징을 갖는다. 즉, 금속가격은 날씨의 영향을 받지 않으며 계절성을 띠지도 않는다. 또한, 금속은 지표로부터 추출할 수 있다. 잘게 나눌 수 도 있으며 보관이 상대적으로 쉽다는 특징도 갖는다. 그런데 구리와 같은 금속들은 전적으로 다른 재화를 생산하는 데 사용되므로 중간소비재로 분류할 수 있다. 그러나 5.1절에서 설명한 바와 같이 금이나 은과 같은 금속들은 중간 소비뿐만 아니라 순전히 투자 목적으로 보유하기도 하기 때문에 투자자산으로 분류하여야 한다.

농축산물의 경우와 마찬가지로 단기 가격 변동성을 측정하기 위하여 금속의 재고 수준을 면밀히 관찰할 필요가 있다. 그런데 금속이 생산되는 국가와 금속 거래소가 위치한 국가가 다 른 경우가 많기 때문에 환율 변동성 역시 금속 가격 변동성에 영향을 주게 된다. 장기적인 금 속가격은 다른 재화들의 생산과정에 금속이 사용되는 정도와 새로운 매장지가 발견되는 정도 에 따라서 결정된다. 또한 탐사나 추출 공법의 변화, 지정학적 요인, 카르텔, 환경 규제와 같은 요인들도 금속가격에 영향을 준다.

금속 공급원 중 하나는 재활용이다. 어떤 금속이 어떤 재화의 생산에 이용되면 향후 20년 동안 약 10% 정도의 금속이 재활용을 통하여 금속시장에 공급될 수도 있다는 것이다.

투자자산으로 분류되지 않은 금속들의 경우에는 평균회귀를 갖는 확률과정을 따르지 않는 것으로 가정할 수 있는데 이는 평균회귀를 갖는 확률과정이 투자가들에게 차익거래 기회를 제공하기 때문이다. 중간소비재라 분류되는 금속의 가격은 평균회귀 성향을 갖게 된다. 왜냐하면 이러한 금속의 가격이 상승하면 특정 제품 생산에의 금속 사용의 경제성이 떨어지게 되 고 작업이 어려운 지역에서 금속을 추출하는 것이 경제성이 높아지기 때문이다. 그 결과 가격 하락의 압력이 작용하게 된다. 마찬가지로 가격이 하락하면 특정 제품 생산에의 금속 사용의 경제성이 높아지게 되고 작업이 어려운 지역에서 금속을 추출하는 것이 경제성이 낮아진다. 그 결과 가격 상승 압력이 작용하게 된다.

35.3 에너지파생상품

에너지 상품은 가장 중요하고 거래가 활발한 상품 중 하나이다. 실로 다양한 종류의 에너지파생상품들이 거래소뿐만 아니라 장외에서 거래되고 있다. 여기서는 원유, 천연가스, 전기에 대한 상품을 소개하기로 한다. 이 세 가지 상품들이 평균회귀과정을 따르는 것으로 가정하는데는 충분한 이유가 있다. 에너지원의 가격이 상승하게 되면 소비가 감소하고 생산이 증가하게 된다. 따라서 가격 하락 압력이 작용하게 된다. 반대로 가격이 하락하면 소비가 증가하고 생산의 경제성이 떨어지게 된다. 이는 가격 상승 압력을 초래하게 된다.

원유 파생상품

원유(crude oil)는 전 세계에서 하루 동안의 수요가 8천만 배럴에 이를 정도로 세계에서 가장 중요한 상품 중의 하나이다. 여러 해 동안 장외시장에서 쉽게 찾아볼 수 있었던 원유 파생상 품은 10년 만기 고정가격 공급계약이었다. 이 계약은 고정가격의 원유를 변동가격의 원유와 교환하는 스왑이다.
원유는 비중과 유황성분에 따라서 몇 가지 등급으로 나뉜다. 원유가격의 기준이 되는 중요 한 원유들로는 브렌트산 원유(북해에서 추출됨)와 서부중질유 두 가지가 있다. 그런데 원유는 휘발유, 난방유, 등유 등으로 정제된다.

현재 장외시장에서는 주식과 주가지수를 기초자산으로 하는 모든 유형의 파생상품들이 원유에 대해서도 거래되고 있는 상황이다. 즉, 원유를 기초자산으로 하는 스왑계약, 선도계약, 옵션계약 등이 보편화되어 있다. 이런 계약들은 현금으로 정산되기도 하고 실물인도(즉, 원유 의 인도)를 요구하기도 한다.

거래소에서의 파생상품거래 또한 활발하게 이루어지고 있다. CME와 ICE에서는 다양한 원유선물과 선물옵션 상품이 거래되고 있다. 선물계약 중 일부는 현금결제되기도 하지만 실물인도에 의하여 결제되기도 한다. 예를 들어 ICE의 브렌트 원유선물은 현금결제되지만 CME의 경질유 선물은 실물인도로 결제된다. 두 거래소 모두 원유선물 1계약당 거래단위는 1,000배럴이다. CME에서는 난방유와 휘발유에 대한 선물상품도 인기리에 거래되고 있다. 이 경우 1계약당 4만 2천 갤런의 실물인도로 결제된다.

천연가스 파생상품

1980년대와 1990년대를 거쳐 전 세계적으로 천연가스(natural gas) 산업은 규제와 정부 독점이 사라지는 과정을 거쳐 왔다. 또한 대부분의 경우 천연가스 생산기업이 아니더라도 가스 공급업에 종사할 수 있다. 그런데 가스 공급 기업들은 매일 매일의 가스 수요량을 충족시켜야 하는 문제를 갖게 되기 마련이다.

전형적인 가스 장외 파생상품은 일정한 양의 천연가스를 1개월 동안에 걸쳐 거의 일정한 속도로 인도하게 되는 계약이다. 물론 선도계약, 옵션, 스왑계약 등도 장외시장에서 거래가 가능하다. 일반적으로 천연가스 매도자는 지정된 장소로 가스를 운반해야 할 책임을 진다.

CME에서는 거래단위가 1백억 British thermal인 천연가스 선물을 거래하고 있다. 이 경우 만기일 전에 청산하지 않으면 매도자는 인도월 동안에 균일한 속도로 루이지애나 주의 지정 된 허브(designated hub)까지 천연가스 실물을 인도하여야 한다. 국제석유거래소에서도 런던에서 유사한 파생상품을 거래하고 있다.

천연가스는 건물 난방용으로 인기있는 에너지원이며 냉방용으로 사용되는 전기 생산에도 이용된다. 따라서 천연가스의 수요도 계절적 변동이 있으며 날씨에 따라서도 달라진다.

전기 파생상품

전기(electricity)는 저장이 쉽지 않은 매우 특이한 상품이다.[1] 특정 순간에 어떤 지역의 최대 전기 공급량은 그 지역의 모든 발전소의 최대 용량에 의해 결정된다. 미국 내에는 통제지역 (control area)으로 불리는 140개 지역이 있다. 공급된 전기는 통제지역 내의 수요를 우선적으로 충족시키게 되고, 남은 전기는 다른 지역으로 매각된다. 전기 도매시장에서 거래되는 전기는 이와 같은 통제지역 내에서의 잉여 전기이다. 한 통제지역이 다른 통제지역에게 전기를 매 각할 수 있는 능력은 두 지역 간 선로의 송전능력(transmission capacity)에 달려 있다. 또한 한 지역에서 다른 지역으로 송전하는데에는 송전선 소유자가 부과하는 송전비용(transmission cost)이 소요되고, 일반적으로 약간의 송전손실 또는 에너지손실이 발생한다.

전기의 가장 중요한 사용처는 에어컨 시스템이다. 그 결과 전기에 대한 수요가 가장 많은 여름에는 전기가격이 겨울보다 훨씬 높아지게 된다. 또한 전기의 저장 불가능성(nonstorability) 때문에 때로는 전기 현물가격이 큰 폭으로 변동하기도 한다. 때로는 무더위로 인하여 짧은 기간 동안 전기의 현물가격이 1,000% 가까이 상승하는 경우도 있다.

천연가스산업과 마찬가지로 전기산업도 규제에서 벗어나 정부독점이 사라지는 과정에 있으며, 이때문에 전기에 대한 파생상품시장이 발전하고 있다. CME에서는 현재 전기 가격에 대한 선물계약이 거래되고 있으며, 장외시장에서는 전기에 대한 선도계약, 옵션, 스왑계약 등이 활발하게 거래되고 있다. 전형적인 파생상품의 형태는 장외시장 또는 거래소시장에서 지정된 장소에 지정된 가격으로 일정한 메가와트(megawatt)의 전기를 특정 월 동안 송전받을 수 있도록 하는 계약이다. 예를 들어 5 × 8 계약은 특정 월 동안에 주 5일 동안(월요일부터 금 요일) 비수기 시간대에(오후 11시부터 오전 7시까지) 송전받는 계약이다. 5 × 16 계약은 특정 월에 주 5일 동안 성수기 시간대에(오전 7시부터 오후 11시까지) 송전받는 계약이다. 한편, 7 × 24 계약은 특정 월 동안 매일 24시간 송전받는 계약이다. 이들 옵션계약은 일별로 행사 (daily exercise)되거나 월별로 행사(monthly exercise)된다. 일별로 행사되는 옵션의 경우, 옵

1 여유가 있는 전기 생산업자는 수력발전소 위로 물을 끌어올리는 데 남은 전기를 사용하고 차후에 끌어올린 물을 이용하여 전기를 생산하기도 한다. 이 방법이 전기 생산업자가 전기를 저장할 수 있는 가장 좋은 방법이다.

션 소유자는 미리 정한 행사가격으로 미리 정한 양의 전기를 받을 수 있는 특정일을 선택할 수 있다(하루 전에 통지해야 함). 월별 행사되는 옵션의 경우, 미리 정한 행사가격으로 1개월 전 기간에 걸쳐 전기를 받을 수 있는 의사결정이 월초에 이루어진다.

전기와 천연가스의 파생시장에서 흥미 있는 계약은 스윙옵션(swing option 또는 take-and- pay option)이다. 이 계약에서는 옵션 소유자가 미리 정한 가격으로 반드시 매입해야 하는 전기의 최대량과 최소량을 일별로 그리고 월별 총량으로 미리 명시해 놓게 된다. 이때 옵션 소유자는 월간 전기 매입가격을 변경할 수 있지만 총 변경횟수는 제한되어 있다.

35.4 상품가격 확률과정의 모형화

파생상품의 가치평가를 위해서 우리는 위험중립 세계에서 상품의 현물가격이 어떤 확률과정을 따르는지에 대해 관심을 갖게 된다. 18장 7절에서는 위험중립 세계에서 상품의 기대가격은 선물가격임을 보인바 있다.

단순한 모형

상품가격의 확률과정 중 단순한 모형은 상품가격의 기대 증가율이 시간에 의해서만 달라지고 상품가격의 변동성은 일정하다고 가정하는 모형이다. 이 경우 상품가격 S의 위험중립 확률과정은 다음과 같은 형태를 갖는다.

$$\frac{dS}{S} = \mu(t)\,dt + \sigma\,dz \tag{35.1}$$

$$F(t) = \hat{E}[S(t)] = S(0)e^{\int_0^t \mu(\tau)d\tau}$$

여기서 $F(t)$는 만기가 t인 선물계약의 선물가격이며 $\hat{E}$는 위험중립 세계에서의 기대값을 의미한다. 이 경우 다음과 같은 식이 성립한다.

$$\ln F(t) = \ln S(0) + \int_0^t \mu(\tau)d\tau$$

위의 식의 양변을 시간에 대하여 미분하면 다음과 같은 결과가 유도된다.

$$\mu(t) = \frac{\partial}{\partial t}[\ln F(t)]$$

예제 35.1 ———

2017년 7월 말 현재 생우 선물가격(파운드당 센트 표시)이 다음과 같다고 가정해 보자.

August 2017	62.20
October 2017	60.60
December 2017	62.70
February 2018	63.37
April 2018	64.42
June 2018	64.40

위의 자료를 이용하면 위험중립 세계에서 생우 가격의 기대 증가율을 추정할 수 있다. 예를 들어 식 (35.1)의 식을 이용하면 2008년 10월과 12월 사이의 생우가격의 기대 증가율은 위험중립을 가정하면 다음과 같다.

$$\ln\left(\frac{62.70}{60.60}\right) = 0.034$$

즉, 연속복리를 가정하는 경우 월 3.4%가 된다. 즉, 연 20.4%가 된다.

예제 35.2

생우 선물가격이 예제 35.1의 자료와 같다고 해 보자. 현재 100,000달러의 투자금이 필 요하고 향후 3개월, 6개월, 9개월 후에 각각 20,000달러의 추가 지출이 예상되는 생우 생산 계획안이 있다고 해 보자. 이 투자안으로는 연말에 판매할 수 있는 생우 수를 증가 시킬수 있게 된다. 그런데 이 때 추가되는 생우의 중량과 파운드당 생우 가격이라는 두 가지 중요한 불확실성이 존재한다. 만약 생우의 기대 중량이 300,000파운드라고 하여 보자. 위험중립 세계에서 1년 후 생우의 기대 가격은 예제 35.1의 자료에서와 같이 64.40센트가 된다. 무위험이자율이 연10%라고 가정하는 경우 이 투자안의 가치(천달 러 단위)는 다음과 같다.

$$-100 - 20e^{-0.1\times0.25} - 20e^{-0.1\times0.50} - 20e^{-0.1\times0.75} + 300 \times 0.644e^{-0.1\times1} = 17.729$$

위의 결과는 판매할 수 있는 생우 중량의 불확실성에는 체계적 위험이 존재하지 않으며 판매가 능한 생우 중량과 가격 사이에는 상관관계가 존재하지 않음을 가정하고 있다.

평균회귀

앞에서 설명한 바와 같이 대부분의 상품가격은 평균회귀과정을 따른다. 즉, 상품가격은 일종의 중심값으로 회귀하는 경향이 있다는 것이다. 위험중립 세계에서 상품가격 S가 갖는 확률과 정중식 (35.1)보다 좀 더 현실적인 확률과정은 다음과 같다.

$$d\ln S = [\theta(t) - a\ln S]\,dt + \sigma\,dz \tag{35.2}$$

이 식은 평균회귀를 반영하고 있으며 32장에서 소개한 단기이자율에 대하여 가정하였던 대수 정규과정과 유사한 형태이다. 그런데 이 식은 다음과 같이 표시할 수도 있다.

$$\frac{dS}{S} = [\theta^*(t) - a \ln S]\, dt + \sigma\, dz$$

이토정리를 적용하면 이 식은 식 (35.2)에 묘사된 확률과정과 동일한 식이 되는데 이 때 $\theta^*(t) = \theta(t) + \frac{1}{2}\sigma^2$이다.

32장 5절의 삼항 모형을 조정하면 상품가격 S의 삼항과정을 구축할 수 있고 이를 이용하면 $F(t) = \hat{E}[S(t)]$가 되도록 식 (35.2)의 $\theta(t)$ 값을 계산할 수 있다. 여기서는 현물가격이 20달러 이고 1년, 2년, 3년 선물가격이 각각 22, 23, 24달러인 경우 삼항 모형을 구축하는 과정에 대하여 소개하기로 한다. 식 (35.2)에서 $a = 0.1$, $\sigma = 0.2$라고 가정하여 보자. 우선 초기 값은 0인 변수 X를 정의하고 X는 다음과 같은 과정을 따른다고 가정해 보자.

$$dX = -aX\, dt + \sigma\, dz \tag{35.3}$$

32장 5절의 방법을 적용하면 X의 삼항 모형을 구축할 수 있는데 그 결과가 [그림 35.1]에 나타나 있다. 변수 $\ln S$는 시간 종속적인 평균항을 제외하면 변수 X와 동일한 확률과정을 따른다. 30.7 절에서와 마찬가지로 변수 X의 다항과정은 $\ln S$의 다항과정으로 변형시킬 수 있는데 이때 각 꼭지점의 위치를 치환할 필요가 있다. 그 결과는 [그림 35.2]에 표시되어 있다. [그림 35.2]의 다항과정의 시작점은 20달러와 일치하므로 이 꼭지점에서의 치환값은 ln 20이 된다. 이제 시점 1년 꼭지점에서의 치환값이 α_1이라

그림 35.1 X의 삼항과정. 이 삼항과정을 구성하는 것이 상품의 현물가격인 S의 삼항 모형을 구성하는첫단계다. 여기서 p_u, p_m, p_d는각각임의의점에서"상승"," 유지"," 하락"의 확률이다.

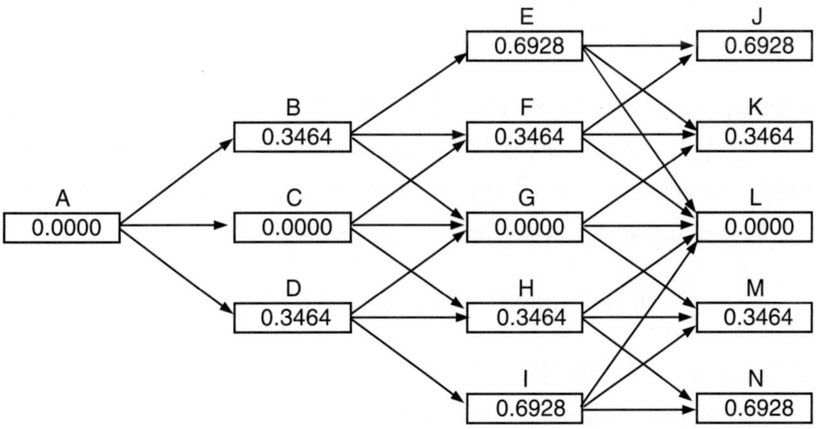

점	A	B	C	D	E	F	G	H	I
p_u:	0.1667	0.1217	0.1667	0.2217	0.8867	0.1217	0.1667	0.2217	0.0867
p_m:	0.6666	0.6566	0.6666	0.6566	0.0266	0.6566	0.6666	0.6566	0.0266
p_d:	0.1667	0.2217	0.1667	0.1217	0.0867	0.2217	0.1667	0.1217	0.8867

그림 35.2 상품의 현물가격의삼항모형. 여기서 p_u, p_m, p_d는각각임의의점에서"상승", "유지", "하락" 의 확률이다.

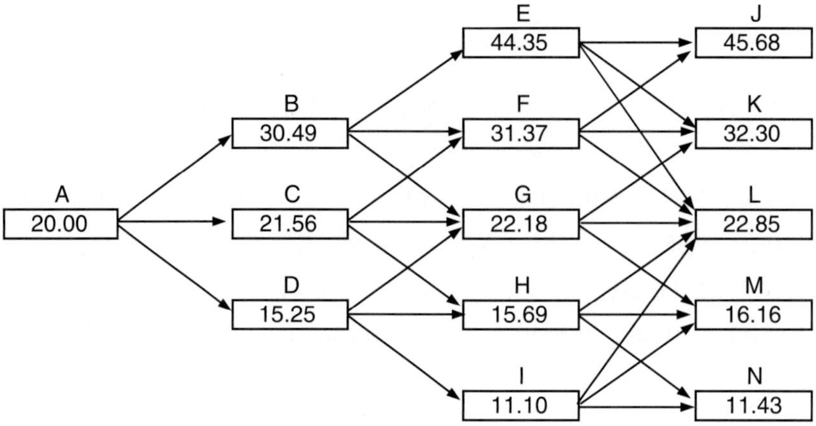

점	A	B	C	D	E	F	G	H	I
p_u:	0.1667	0.1217	0.1667	0.2217	0.8867	0.1217	0.1667	0.2217	0.0867
p_m:	0.6666	0.6566	0.6666	0.6566	0.0266	0.6566	0.6666	0.6566	0.0266
p_d:	0.1667	0.2217	0.1667	0.1217	0.0867	0.2217	0.1667	0.1217	0.8867

고 하여 보자. 그런데 시점 1년에서 세 꼭지점에서의 변 수 X의 값들은 각각 +0.3464, 0 그리고 −0.3464 이다. 따라서 이에 대응하는 ln S의 값들은 각각 $e^{0.3464+\alpha_1}$, e^{α_1}이 된다. 이제 S의 기대값이 선물가격과 같아지도록 하면 된다.

$$0.1667e^{0.3464+\alpha_1} + 0.6666e^{\alpha_1} + 0.1667e^{-0.3464+\alpha_1} = 22$$

위의 식의 해는 $\alpha_1 = 3.071$이 된다. 따라서 시점 1년에서 S의 값들은 각각 30.49, 21.56, 15.25가 된다. 시점 2년에서는 우선 꼭지점 B, C, D에서 꼭지점 E, F, G, H,I에 도달할 확률을 계산해야 한다. 꼭지점 F에 도달할 확률은 점 B에 도달할 확률과 점 B에서 점 F로 도달할 확률의 곱에 점 C에 도달할 확률과 점 C에서 점 F로 도달할 확률의 곱을 더한 값이다. 즉, 다음과 같다.

$$0.1667 \times 0.6566 + 0.6666 \times 0.1667 = 0.2206$$

마찬가지로 점 E, G, H, I에 도달할 확률을 계산하면 각각 0.0203, 0.5183, 0.2206, 0.0203이 된다. 시점 2년에서의 꼭지점들에서의 치환값 α_2는 다음을 만족시키는 값이라야 한다.

$$0.0203e^{0.6928+\alpha_2} + 0.2206e^{0.3464+\alpha_2} + 0.5183e^{\alpha_2} + 0.2206e^{-0.3464+\alpha_2} + 0.0203e^{-0.6928+\alpha_2} = 23$$

위 식의 해는 $\alpha_2 = 3.099$가 된다. 따라서 각각 시점 2년에서 S의 값들은 각각 44.35, 31.37, 22.18, 15.69, 11.10이 된다.

이제 시점 3년까지 유사한 계산을 하면 되는데, 그 결과가 [그림 35.2]에 표시되어 있고 이는 변수 S의 다항과정이 된다.

예제 35.3

[그림 35.2]의 삼항과정을 이용하여 현물가격에 대한 3년 만기 아메리칸풋옵션의 가치를 평가하여 보자. 단, (연속복리 기준으로) 무위험이자율은 연 3%이고 행사가격은 20 이라고 가정한다. 삼항과정을 역행하여 계산하면 [그림 35.3]에 나타난 바와 같이 옵션 가격이 1.48달러가 됨을 알 수 있다. 이 옵션은 꼭지점 D, H, I에서 조기행사된다. 다항 과정상의 시간 간격을 늘이면 좀 더 정확한 옵션가격을 계산할 수 있다. 이와 같은 다항 과정에서는 각 시점 말에서 만기가 되는 선물가격들의 가격을 계산하는데, 기존의 선물가격을 보간법으로 계산하면 된다.

보간법과 계절성

삼항과정에서 시간 간격이 짧아지면 각 시점 말에서 선물가격을 결정하기 위하여 선물가격에 보간법을 적용할 필요가 있다. 계절성이 존재할 경우에는 보간법에도 이를 반영해야 한다. 예를 들어 시간 간격이 월이라고 해 보자. 이때 계절성을 반영할 수 있는 간단한 방법은 우선 현물가격의 월별 자료를 수집하고 12개월 이동평균을 계산하는 것이다. 다음으로 특정 월의 현물가격 을 12개월 이동평균 가격으

그림 35.3 상품의 현물가격의삼항모형. 여기서 p_u, p_m, p_d는각각임의의점에서"상승", "유지", "하락" 의 확률이다.

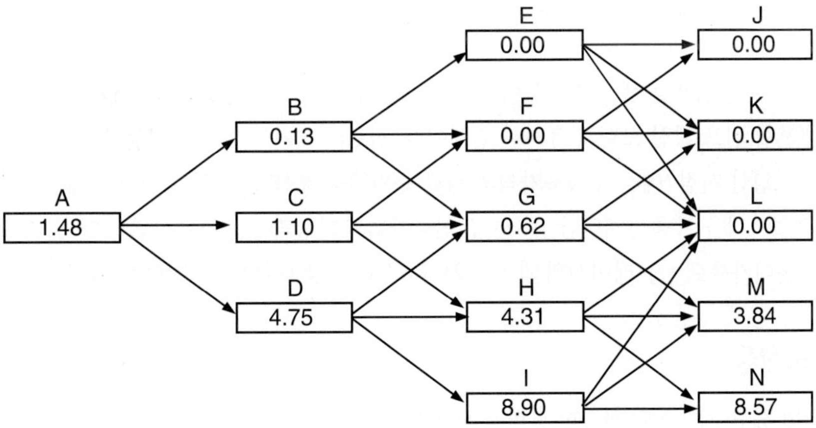

점	A	B	C	D	E	F	G	H	I
p_u:	0.1667	0.1217	0.1667	0.2217	0.8867	0.1217	0.1667	0.2217	0.0867
p_m:	0.6666	0.6566	0.6666	0.6566	0.0266	0.6566	0.6666	0.6566	0.0266
p_d:	0.1667	0.2217	0.1667	0.1217	0.0867	0.2217	0.1667	0.1217	0.8867

로 나눈 비율의 평균값을 계절요인 백분율로 추정하면 된다.

그리고 계절요인 백분율을 이용하여 거래소의 선물가격의 계절성을 제거하면 된다. 이제 보간법을 이용하여 계절성이 제거된 월 선물가격을 계산할 수 있다. 예를 들어 거래소에서 관 찰한 9월물과 12월물의 선물가격이 각각 40, 44라고 하고, 10월물과 11월물의 가격을 계산하고자 한다고 해 보자. 이 때 시계열 자료로부터 계산한 9월, 10월, 11월, 12월의 계절요인 백 분율이 각각 0.95, 0.85, 0.8, 1.1이라고 해 보자. 이 경우 9월물 선물가격에 대한 계절성이 제거된 선물가격은 40/0.95 = 42.1이 되고 12월물의 경우는 44/1.1 = 40이 된다. 따라서 보간법과 계절성 제거를 반영한 10월물과 11월물의 가격은 41.4와 40.7이 된다. 또한 10월물과 11월물의 가격의 다항과정을 구축하는 데 이용하게 될 계절성을 반영한 선물가격은 각각 41.4 × 0.85 = 35.2와 40.7 × 0.8 = 32.6이 된다.

앞에서 언급하였던 바와 같이 상품가격의 변동성은 종종 계절성을 띠게 된다. 예를 들어 날씨의 불확실성 때문에 일부 농축산물의 가격 변동성은 경작기간 동안 더 크게 마련이다. 이 러한 경우 22장에서 설명한 바와 같이 변동성을 관찰하고 이로부터 변동성의 계절요인 백분율을 추정할 수 있다. 그 다음 식 (35.2)와 (35.3)의 모수 σ를 σ(t)로 교체하면 된다. 변동성이 시간의 함수인 경우 다항 모형을 구축하는 과정에 대해서는 저자들의 홈페이지의 부록 노트 9와 16을 참고하기 바란다.

점프

전기와 천연가스와 같은 일부 상품들은 날씨와 관련된 수요 충격 효과로 인하여 가격 점프가 발생한다. 또한 농축산물과 같은 상품들의 경우에는 날씨와 관련된 공급 충격 효과 때문에 가격 점프가 발생하기도 한다. 이러한 가격 점프를 식 (35.2)에 반영하게 되면 현물가격의 확률 과정은 다음과 같이 변화하게 된다.

$$d \ln S = [\theta(t) - a \ln S]\, dt + \sigma\, dz + dp$$

이때 dp는 백분율 점프를 생성하는 포아송 확률과정이다. 이 모형은 27장 1절에서 설명한 바 있는 머튼의 주가 혼합 점프-확산 모형과 유사한 형태이다. 점프의 크기와 횟수의 확률분포만 알고 있다면 점프 발생을 반영한 시점 t에서의 상품가격의 평균 증가액을 계산할 수 있다. $\theta(t)$를 계산하기 위해서는 만기 t인 선물가격을 이 증가액만큼 감소시킨 선물가격의 다항과정을 이용하면 된다. 위와 같은 확률과정에 대한 몬테카를로 시뮬레이션의 과정은 21장 6절과 27장 1절에서 소개한 바 있다.

기타의 모형들

원유 가격의 경우에는 좀 더 복잡한 모형을 사용하기도 한다. y를 보유편익률이라고 하면 현 물가격의 평균항은 $r - y$가 되는데 이 때 r은 순간 무위험이자율이고 현물가격에 대한 확률 과정은 자연스럽게 다음과 같은 형태가 된다.

$$\frac{dS}{S} = (r - y)\, dt + \sigma_1\, dz_1$$

깁슨과 쉬와츠는 보유편익률 y를 다음과 같은 평균회귀과정으로 모형화하는 방법을 제안한 바 있다.[2]

$$dy = k(\alpha - y)dt + \sigma_2\, dz_2$$

여기서 k와 α는 상수이며 2는 위너과정인데 1과 상관관계를 갖는다. 이러한 확률과정이 선물가격과 정확히 일치하도록 하기 위해서는 α가 시간의 함수라야 한다.

아이들랜드와 게만은 가스와 전기가격에 대하여 다음과 같은 확률변동성 과정을 제안하였다.[3]

$$\frac{dS}{S} = a(b - \ln S)\, dt + \sqrt{V}\, dz_1$$
$$dV = c(d - V)dt + e\sqrt{V}\, dz_2$$

여기서 a, b, c, d와 e는 상수이고 dz_1과 dz_2는 상관관계가 있는 위너과정이다. 게만은 원유가격에 대한 평균회귀 확률 모형을 제안하기도 하였는데 회귀수준 b도 확률과정을 따르는 것으로 가정하였다.[4]

35.5 날씨파생상품

많은 기업은 날씨에 의해 영업 성과가 악화될 수 있다.[5] 따라서 이러한 기업들이 환위험이나 금리위험을 헷지하는 방식과 같은 방법으로 날씨위험(weather risk)을 헷지하고자 하는 것은 당연한 일이 될 것이다.

최초의 장외 날씨파생상품(over-the-counter weather derivative)은 1997년에 처음 도입되었다. 날씨파생상품의 구조를 이해하기 위해서는 우선 다음 두 가지 변수를 이해할 필요가 있다.

HDD: 난방지수(heating degree days)

CDD: 냉방지수(cooling degree days)

특정 일의 HDD는 다음과 같이 정의된다.

HDD = max(0, 65 − A)

그리고 특정 일의 CDD는 다음과 같이 정의된다.

CDD = max(0, A − 65)

여기서 A는 특정 기상관측소(weather station)에서 관측한 일 중 최고기온과 최저기온의 평균 이다(화씨로 측정함). 예를 들어 특정 일 중(자정부터 다음날 자정까지) 최고기온이 68도이고 최저기온이 44도이면 A는 56이다. 따라서이 특정 일의 HDD는 9이며 CDD는 0이다.

전형적인 장외 날씨파생상품은 이렇게 계산된 HDD 또는 CDD를 특정 월 동안 누적시킨 값에 따라

2 다음을 참고할 것. Gibson and E. S. Schwartz, "Stochastic Convenience Yield and the Pricing of Oil Contingent Claims," *Journal of Finance*, 45 (1990): 959–76.

3 다음을 참고할 것. A. Eydeland and H. Geman, "Pricing Power Derivatives," *Risk*, September 1998.

4 다음을 참고할 것. H. Geman, "Scarcity and Price Volatility in Oil Markets," EDF Trading Technical Report, 2000.

5 미국 에너지성(Department of Energy)은 미국 경제의 7분의 1이 날씨위험에 노출되어 있다고 추정한다.

이득이 결정되는 옵션 상품이나 선도계약이다. 예를 들어 2018년 1월에 어떤 파생 상품 딜러가 시카고 오헤어 공항의 2019년 2월의 누적 HDD에 대한 콜옵션을 행사가격 700 에 매도하였는데 이득은 1 HDD 당 1만 달러라고 하여 보자. 이때 만기일에 실제의 누적 HDD 가 820이라면, 이득은 120만 달러가 되는 것이다. 한편, 날씨파생상품은 종종 지급금 상한선 (payment cap)을 두고 운영되기도 한다. 만일 앞의 예에서 지급금 상한선을 150만 달러로 설정한 경우, 이 계약은 강세 스프레드(bull spread)와 동일한 계약이 된다(12장 참고). 이 경우 고객은 누적 HDD에 대한 행사가격 700의 콜옵션 매입포지션과 행사가격 850의 콜옵션 매 도포지션을 소유하고 있는 것이나 마찬가지가 된다.

특정 일의 HDD는 그 날 하루 동안 난방에 필요한 에너지 양을 나타내는 측정치이다. 반면에 CDD는 하루 동안의 냉방에 필요한 에너지 양을 나타내는 측정치이다. 현재 체결되고 있는 대부분의 날씨파생상품 계약들은 에너지 생산자와 소비자 간에 체결되고 있다. 그러나 소매업자, 슈퍼마켓 체인, 음식료품 제조업자, 건강서비스 기업, 농업 및 레저산업에 속하는 기업 등도 날씨파생상품의 잠재적인 고객들이 될 수 있을 것이다. 한편, 이와 같은 날씨위험 관 리산업의 이해와 발전을 도모하기 위하여 날씨위험관리협회(Weather Risk Management Association, www.wrma.org)가 구성된바 있다.

날씨선물과 날씨선물에 대한 유러피언콜옵션이 거래소 시장에서 본격적으로 거래되기 시 작한 것은 1999년 9월로 시카고상품거래소(CME: Chicago Mercantile Exchange)가그 시초이다. 두 상품 모두 특정 기상관측소에서 관찰한 특정 1개월 동안의 누적 HDD와 누적 CDD 를 기초자산으로 한다. 결제방법은 현금정산으로서 월말에 특정 월의 누적 HDD와 누적 CDD가 측정되면 그 값을 기초로 현금정산한다. 승수는 특정월의 누적 HDD와 CDD에 대하 여 20달러이다. 현재 CME는 전 세계적으로 많은 시의 날씨에 대한 선물과 옵션 거래를 상장 시켜 놓고 있다. 또한, 태풍, 서리, 눈에 대한 선물과 옵션 거래도 제공하고 있다.

35.6 보험파생상품

파생상품을 헷징의 목적으로 이용할 때, 파생상품계약은 보험계약과 유사한 여러 가지 특성을 갖게 된다. 왜냐하면 두 계약 모두 불행한 사건에 대비한 보호를 제공할 수 있도록 설계되기 때문이다. 이런 점을 고려하면 많은 보험회사들이 파생상품을 거래하는 자회사를 보유하고 있고, 보험회사의 사업활동 중 많은 부분이 투자은행의 사업활동과 매우 유사해지고 있다는 사실은 결코 놀랄 일이 아니다.[6]

전통적으로 보험회사들은 허리케인이나 지진과 같은 재난위험[catastrophic(CAT) risk]에의 보험금 지급위험을 재보험(reinsurance)을 매입함으로써 헷징해 왔다. 이런 재보험계약에 는 여러 가지 유형이 존재한다. 예를 들어 캘리포니아에서 발생할 지진에 대해 보험금 1억달 러짜리 보험을 판매한 보험회사가 보험금 지급 부담을 3천만 달러로 제한하기를 원한다고 해 보자. 이때 하나의 대안은 보험금 지급액의 70%를 보상받을 수 있는 1년짜리 재보험계약을 체결하는 것이다. 이렇게 하면 캘리포니아에서

6 파생상품 계약과 보험 계약의 차이점은 다음과 같다. 보험 계약을 할 때는 기관(entity)은 기초위험에 대해 반드시 노출되어 있어야만 한다. 파생상품 계약에 있어서는 이것이 필요하지 않다. 예를 들어, A가 B의 집에 대한 화재보험에 가입할 수는 없다. 하지만 보유하지 않은 주식에 대한 풋옵션을 매입하는 것은 가능하다.

지진이 발생하여 1년간 총 5천만 달러의 손해 배상이 청구되더라도, 보험회사의 손실은 1천5백만 달러에 불과하게 된다. 이보다 일반적인 대안은 단계적 초과비용계약(excess cost layers)이라 불리는 일련의 재보험계약을 매입하는 방법인데, 이는 재보험료(reinsurance premium)가 저렴한 편이다. 이러한 재보험계약의 경우 제1단계 계약(first layer)은 3천만 달러와 4천만 달러 사이의 손실을 보상(indemnification)해 준다. 그리고 4천만 달러와 5천만 달러 사이에서 발생한 손실은 다음 단계 계약에서 보상해 주는 방식으로 단계별 계약이 구성된다. 이때 각각의 재보험계약은 초과손실 재보험계약 (excess-of-loss reinsurance contract)이라 부른다. 사실 이런 재보험계약은 재보험회사 (reinsurer)가 총손실에 대하여 강세 스프레드(bull spread)를 매도한 셈이다. 다시 말해서 단계적 초과비용계약은 보상단계의 하한선(lower end of the layer)이 행사가격인 콜옵션을 매입하고 보상단계의 상한선(upper end)이 행사가격인 콜옵션을 매도한 계약이라는 것이다.[7]

CAT 위험에 대한 몇몇의 지급금(payout)은 아주 컸었다. 허리케인 앤드류(Hurricane Andrew)는 1992년 플로리다 주에서 150억 달러의 보험금 지급을 유발했다. 이와 같은 보험금 액수는 플로리다 주에서의 과거 7년간 보험료수입을 초과하는 금액이다. 더구나 허리케인 앤드류가 마이애미를 강타하였다면 보험금 지급액은 400억 달러를 넘었 을 것으로 추정되고 있다. 허리케인 앤드류 등과 같은 초강력 재난들은 보험료와 재보험료를 인상시키는 결과를 가져왔다.

반면에 장외시장은 전통적인 재보험계약의 대안이 될 수 있는 여러 상품들을 개발하였다. 이런 상품들 중 가장 보편적인 상품이 CAT 채권(CAT bond)이다. CAT 채권은 보험회사의 자회사에 의해 발행된 채권으로서 정상적인 이자율보다 높은 이자율을 지급하는 채권이다. CAT 채권의 보유자는 추가적인 이자를 지급받는 대가로 초과손실 재보험계약을 제공하게 된다. 이 계약의 경우, 재보험금 지급 사유가 발생하게 되면 채권의 원금 또는 이자(혹은 둘 다)가 재보 험금 지급에 충당된다. 앞의 예에서 캘리포니아 지진에서 발생하는 손실을 3천만 달러와 4천만 달러 사이로 제한하고자 하는 보험회사가 총 원금이 1천만 달러인 CAT 채권을 발행하였다고 가정해 보자. 만일 캘리포니아 지진으로 인해 보험회사의 손실이 3천만 달러를 초과하면, 채권 보유자는 원금의 일부 또는 전부를 손해보게 된다. 또한, 채권 보유자의 이자만이 재보험금에 충당되도록 훨씬 규모가 큰 CAT 채권을 발행하여 초과비용을 충당하는 방법도 있다.

35.7 날씨파생상품과 보험파생상품의 가치 평가

날씨파생상품과 보험파생상품의 특징 중 하나는 시장에 의하여 가격이 결정되는 체계적 위험이 투자수익에 포함되어 있지 않다는 점이다. 따라서 시계열 자료로부터 구한 추정치(즉, 실 제 추정치)를 위험중립 세계에서도 적용할 수 있다. 따라서 날씨파생상품과 보험파생상품의 가치는 다음과 같이 평가할 수 있다.

1. 시계열자료를 이용하여 기대 투자수익을 추정하고

7 특정 손실 수준에 도달하면 일정 금액의 재보험금을 지불하는 재보험도 판매된다. 이 경우에 재보험업자는 손실에 대한 현금이원 콜옵션(cash-or-nothing binary call option)을 발행한 셈이다.

2. 기대 투자수익을 무위험수익률로 할인한다.

날씨파생상품과 보험파생상품의 또 다른 특징은 시간에 따른 기초자산들의 불확실성의 증가 형태이다. 주가의 경우 불확실성은 대략 시간의 제곱근에 비례한다. 즉 4년 후 주가의 불확실성(주가의 로그값의 표준편차로 측정할 경우)는 1년 후 주가 불확실성의 두 배 정도가 된다. 상품가격의 경우에도 평균회귀가 존재하기는 하지만 4년 후 가격 불확실성이 1년 후 불확실 성보다 훨씬 크게 마련이다. 그러나 날씨의 경우에는 시간에 따른 불확실성의 증가가 그렇게 두드러지지는 않는다. 즉, 특정 지역에서 4년 후 2월 HDD의 불확실성은 동일한 지역에서의 1년 후 2월 HDD의 불확실성보다 약간 높을 뿐이다. 마찬가지로 4년후 일정 기간 동안의 지진에 의한 손실의 불확실성은 1년 후 같은 기간 동안의 지진에 의한 손실의 불확실성보다 약간 높을 뿐인 것이다.

이제 누적 HDD에 대한 옵션의 가치평가에 대하여 생각해 보자. 우선 50년간의 시계열 자료를 구한 후 HDD의 확률분포를 추정한다. 이 확률분포를 대수 정규분포나 다른 확률분포로 가정하고 옵션의 기대투자수익을 계산한다. 무위험수익률로 이를 할인하면 옵션의 가치를 계산할수 있다. 이때 시계열 자료의 추세를 분석하고 기상학자들의 날씨 예측을 반영하면 좀 더 정교한 분석이 가능할 것이다.

예제 35.4

시카고 오헤어 공항 날씨측정소의 2019년 2월 누적 HDD에 대한 콜옵션의 행사가격이 700이고 이득은 1HDD당 10,000달러라고 해보자. 과거 50년 동안의 시계열 자료에서 추정한 HDD가 대수정규분포를 따르고 평균 HDD가 710이고 HDD의 로그값의 표준편차가 0.07이라고 하여보자. 식 (15A.1)에 따라 기대 투자수익은 다음과 같이 250,900달러가 된다.

$$10{,}000 \times [710N(d_1) - 700N(d_2)]$$

$$d_1 = \frac{\ln(710/700) + 0.07^2/2}{0.07} = 0.2376$$

$$d_2 = \frac{\ln(710/700) - 0.07^2/2}{0.07} = 0.1676$$

무위험이자율이 3%인 경우 2018년 2월 시점(잔존만기 1년)에서 옵션의 가치는

$$250{,}900 \times e^{-0.03\times 1} = 243{,}400$$

즉, 243,400달러가 된다

이 때 기후의 추세를 반영하여 HDD의 확률분포를 조정할 수도 있다. 예를 들어 회귀분석 결과 2월 누적 HDD가 매년 0.5의 비율로 (지구온난화가 원인이 되어) 감소하는 경우를 가정하면 2019년 2월 HDD의 평균값은 697로 추정될 것이다.[8] 이 경우 투자 수익의 로그값의 표준편차가 동일하다면 기대 투자수익은 180,400달러로 감소하게 될 것이고 옵션 가치 역시 175,100달러로 감소하게 될 것이다.

---

8 평균은 지난 50년 동안 매년 0.5씩 감소해왔으며 평균적으로 710이었다. 지난 50년의 시작 시점에서 평균이 722.5였으며 종료 시점에서 평균이 697.5여씀을 의미한다. 내년에 대한 합리적인 추정치는 697이다.

또한, 날씨에 대한 장기예보 결과 2019년 2월이 특히 따뜻할 것으로 예측되는 경우를 생각해 보자. 이 경우 HDD의 평균값 예측치는 더욱 작아지고 옵션 가치도 더욱 감소하게 될 것이다.

보험의 경우 리첸버거 등은 CAT채권 수익률과 주식시장 수익률 간에 통계적 상관관계가 없음을 밝혀낸 바 있다.[9] 이는 체계적 위험이 없음을 의미하며, 따라서 보험회사들이 수집한 보험수리적인 자료들을 이용하여 보험파생상품의 가치를 평가할 수 있음을 의미한다.

CAT 채권들은 대개 평균적인 이자율 수준보다 높은 수준의 이자소득이 발생할 확률이 높은 반면 대형 손실의 발생 가능성은 낮은 경향을 보인다. 투자자들이 이러한 상품에 흥미를 갖게 되는 이유는 무엇일까? 그것은 (위험을 감안한) 기대수익률이 무위험 자산의 수익률보다 높지만 대형 포트폴리오에 편입됨으로써 (최소한 이론적으로는) CAT 채권의 위험은 완전히 제거될 수 있기 때문이다. 따라서 CAT 채권은 위험-수익률 보상관계를 개선할 수 있게 된다.

35.8 에너지 생산업자가 위험을 헷지하는 방법

에너지 생산업자가 직면하게 되는 위험에는 두 가지 유형이 존재한다. 첫 번째는 에너지의 시장가격과 관련된 위험(가격위험)이며 또 다른 위험은 에너지의 매출량과 관련된 위험(수량위 험)이다. 가격이 수량에 따라 조정되기는 하지만 가격과 수량 간의 관계가 완벽한 상관관계를 갖지는 않기 때문에 헷지 전략 수립시 에너지 생산업자들은 두 가지 위험을 모두 고려해야 한 다. 가격위험을 헷지하기 위해서는 에너지파생상품을 이용하면 되고 수량위험은 날씨파생상 품을 이용하여야 한다. 다음과 같이 변수를 정의해 보자.

Y : 월 이익

P : 평균 월 에너지 가격

T : 관련 월 HDD 혹은 CDD

다음과 같이 이 변수들 간의 회귀식은 시계열 자료로부터 추정할 수 있다.

$$Y = a + bP + cT + \epsilon$$

는 오차항이다. 이제 에너지 생산업자는 에너지 선도계약이나 선물계약을 $-b$만큼 포지션을 취하고 날씨 선도계약이나 선물계약은 $-c$만큼 포지션을 취함으로써 특정 월의 가격위험과 수량위험을 헷지할 수 있게 된다. 이러한 회귀식을 이용하면 다른 옵션 전략들의 유효성에 대 해서도 분석할 수 있을 것이다.

요약

위험을 관리해야 할 필요가 생기는 경우 이러한 요구에 부응할 수 있는 파생상품들을 개발함에 있어 파

9 R. H. Litzenberger, D. R. Beaglehole, and C. E. Reynolds, "Assessing Catastrophe Reinsurance-Linked Securities as a New Asset Class," *Journal of Portfolio Management*, Winter (1996): 76–86.

생상품시장은 매우 혁신적인 모습을 보여 왔다.

상품파생상품의 경우 역시 다양한 유형의 상품들이 존재한다. 이 경우 기초자산들은 경작 을 통해 생산되는 농산물, 축산물, 금속, 에너지 등이 된다. 이러한 파생상품의 가치평가에 이 용되는 확률과정은 대개 평균회귀를 반영하는 모형들이다. 때로는 계절성과 점프가 반영되기 도 한다. 원유, 천연가스, 전기 등이 기초자산인 파생상품들은 매우 중요한 의미를 가지고 따 라서 주가, 환율, 이자율에 대한 모형들만큼이나 정교한 모형들이 가치평가에 이용되어 왔다. 날씨파생상품시장에서는 특정 월 동안의 기온을 나타내기 위하여 HDD와 CDD라는 지수 들이 개발되었다. 이 지수들은 거래소와 장외시장에서 투자수익을 정의하는데 사용된다. 날씨파생상품이 발전함에 따라서 강우, 강설 그리고 기타 기후 관련 변수들에 대한 파생상품들도 개발되어 활발히 거래될 수 있다.

보험파생상품은 태풍이나 지진과 같은 천재지변으로 인한 위험을 관리하기 위하여 보험 회사들이 이용해 왔던 전통적인 재보험을 대체할 수 있는 상품이다. 앞으로는 생명보험이나 손해보험의 영역에서도 이와 유사한 종류의 파생상품들이 거래되는 것을 보게 될 날도 올 것 이다.

날씨파생상품과 보험파생상품의 경우 기초자산이 체계적 위험을 갖지 않는다는 특징이 있 다. 이것은 시계열 자료로부터 기대 투자수익을 추정하고 이를 무위험수익률로 할인함으로써 파생상품의 가치를 평가할 수 있음을 의미한다.

참고문헌

상품파생상품 관련

Clewlow, L., and C. Strickland. *Energy Derivatives: Pricing and Risk Management*. Lacima Group, 2000.

Edwards, D. W. *Energy, Trading, and Investing: Trading, Risk Management and Structuring Deals in the Energy Markets*. Maidenhead: McGraw-Hill, 2010.

Eydeland, A., and W. Krzysztof. *Energy and Power Risk Management*. Hoboken, NJ: Wiley, 2003.

Geman, H. Commodities and *Commodity Derivatives: Modeling and Pricing for Agriculturals, Metals, and Energy*. Chichester: Wiley, 2005.

Gibson, R., and E. S. Schwartz. "Stochastic Convenience Yield and the Pricing of Oil Contingent Claims," *Journal of Finance*, 45 (1990): 959–76.

Schofield, N. C. *Commodity Derivatives: Markets and Applications*. Chichester: Wiley, 2011.

날씨파생상품 관련

Alexandridis, A. K., and A. D. Zapranis. *Weather Derivatives: Modeling and Pricing Weather Related Risk*. New York: Springer, 2013.

Cao, M., and J. Wei. "Weather Derivatives Valuation and the Market Price of Weather Risk," *Journal of Futures Markets*, 24, 11 (November2004), 1065–89.

보험파생상품 관련

Canter, M. S., J. B. Cole, and R. L. Sandor. "Insurance Derivatives: A New Asset Class for the Capita Markets and a New Hedging Tool for the Insurance Industry." *Journal of Applied Corporate Finance*, Autumn (1997): 69–83.

Froot, K. A., "The Market for Catastrophe Risk: A Clinical Examination." *Journal of Financial Economics*, 60 (2001): 529–71.

Lizenberger, R. H., D. R. Beaglehole, and C. E. Reynolds, "Assessing Catastrophe Reinsurance-Linked Securities as a New Asset Class", *Journal of Portfolio Management*, (Winter 1996): 76–86.

연습문제

35.1. HDD와 CDD는 무엇을 의미하는가?

35.2. 전형적인 천연가스 선도계약은 어떤 구조를 갖는가?

35.3. 파생상품을 가치평가하는 방법으로서 역사적 자료법과 위험중립 가치평가법을 구분하여 설명 하여 보라. 이 두 가지 방법론이 동일한 결과를 가져오는 경우는 어떤 경우인가?

35.4. 7월 중 일별 최저기온이 화씨 68도이고 최고기온이 화씨 82도라고 가정하자. 7월 중 누적 CDD에 대한 콜 옵션의 이득은 얼마인가? 행사가격은 250이고 지급률은 지수당 5천 달러이다.

35.5. 전기가격의 변동성이 다른 에너지원들의 변동성보다 큰 이유는 무엇인가?

35.6. 역사적 자료법이 날씨파생상품과 CAT 채권의 가치를 평가하는 데 있어 적절한 방법인 이유를 설명하라.

35.7. "HDD와 CDD는 날씨에 대한 옵션의 이득으로 이해할 수 있다"라는 주장에 대하여 설명하여 보라.

35.8. 당신이 과거 50년간의 기온 자료를 가지고 있다고 가정하자. 다음 7월 중의 선도누적 CDD를 계산하기 위해서 당신은 어떤 절차를 거쳐서 분석할 것인지 설명하라.

35.9. 1년 원유선도가격의 변동성이 현물가격의 변동성보다 클 것인지, 아니면 작을 것인지 설명하라.

35.10. 가격의 변동성이 대단히 높고 또한 평균회귀 현상도 대단히 강한 에너지 자원의 특성은 무엇 인가? 이런 에너지 자원의 예를 들어보라.

35.11. 천연가스 생산업자가 파생상품을 이용하여 위험을 어떻게 헷지할 수 있는가?

35.12. 전기에 대한 2017년 5월 만기 5 × 8 옵션계약(매일 행사 가능)이 어떤 옵션계약인지 설명하라. 매월 행사할 수 있는 전기에 대한 2017년 5월 만기 5 × 8 옵션계약이 어떤 옵션계약인지 설명 하시오. 어떤 옵션의 가치가 더 큰가?

35.13. CAT 채권은 어떤 채권인가?

35.14. 액면이자율, 만기, 가격이 동일한 2개의 채권을 고려해보자. 하나는 B 등급의 회사채이고 다른 하나는 CAT 채권이다. 과거 자료에 기초한 분석에 의하면, 두 채권의 만기 동안 매 연도별 기대 손실은 동일하다. 당신은 포트폴리오 매니저에게 어떤 채권을 추천하겠는가? 그 이유는 무엇인가?

35.15. 변동성이 상수이고 기대 성장률이 시간의 함수인 상품을 고려해보자. 전통적인 위험중립 세계에서 다음이 성립함을 보여라.

$$\ln S_T \sim \phi[\ln F(T) - \tfrac{1}{2}\sigma^2 T,\ \sigma^2 T]$$

여기서 S_T는 T시점의 상품의 가치, $F(t)$는 0 시점의 t에 만기가 도래하는 계약에 대한 선물 가격, $\phi(m, v)$는 평균이 m이고 분산이 v인 정규분포이다.

과제물 문제

35.16. 특정 유형의 보험회사 손실이 대략적으로 평균 1억 5천만 달러이고 표준편차가 5천만 달러인 정규분포를 따른다고 가정하자(위험중립 가정하에서의 손실과 실제의 손실 간에 차이가 없다고 가정하자). 무위험이자율은 연 5%이다. 다음 계약의 비용을 계산하라.

(a) 보험회사 손실의 60%를 1년 후에 지불하는 계약

(b) 보험회사 손실이 2억 달러를 초과하면 1년 후에 1억 달러를 지불하는 계약

35.17. 1년 선물가격과 2년 선물가격이 각각 22달러와 23달러가 아니라 21달러, 22달러라면 [그림 35.2]의 삼항모형은 어떻게 달라지는가? 그 결과 [예제 35.3]의 아메리칸옵션의 가치는 어떻게 달라지는가?

CHAPTER 36

실물옵션

지금까지 우리는 전적으로 금융자산의 가치평가에 대해서만 관심을 가져 왔다. 본 장에서는 지금까지 전개해 온 논리를 활용하여 토지, 건물, 공장 및 설비 등과 같은 실물자산에의 투자 기회를 평가하는 방법에 대하여 논의해 보기로 한다. 이와 같은 투자기회에는 종종 여러 형태의 옵션(투자를 확대시킬 옵션, 투자를 종료시킬 옵션, 투자를 연기할 옵션 등)이 부가되어 있을수 있다. 이러한 옵션들은 전통적인 투자평가 기법으로는 가치평가가 매우 어려워진다. 실물옵션이라고 알려져 있는 기법은 옵션평가이론을 이용하여 이러한 문제를 해결하려는 시도라고할수 있다.

본 장에서는 우선 전통적인 평가기법을 이용하여 실물자산에의 투자를 분석하는 과정에 대하여 설명하고 이러한 방법으로 실물자산 투자에 부가된 옵션들을 제대로 평가하는 것이 얼마나 어려운지에 대하여 설명할 것이다. 다음으로 위험중립 가치평가 기법을 확장하여 실 물자산의 가치를 평가하는 방법에 대하여 설명하고, 여러 다른 상황에서 이 기법을 적용하는 다양한 사례들을 제시하고자 한다.

36.1 투자안 평가

투자안의 가치를 평가하는 전통적인 방법은 '순현재가치', 즉 NPV(net present value)라는 분석 방법인데, 어떤 투자안의 순현재가치는 미래의 현금흐름 유입과 유출의 기대 증분의 현재 가치를 말한다. 이때 현재가치 계산을 위해 사용되는 할인율은 투자안의 위험도를 반영하여 선택된 위험조정 할인율(risk-adjusted discount rate)이기 때문에 투자안의 위험도가 증가할 수록 할인율도 증가한다.

예를 들어 투자자금은 1억 달러이고 향후 5년간 지속되는 투자안이 있다고 해 보자. 매년 (실제 세계에서의) 기대 현금흐름은 2천5백만 달러라고 한다. 위험조정 할인율(연속복리 기준 으로)이 12%라고 가정하면 투자안의 순현재가치는 다음과 같다.

$$-100 + 25e^{-0.12\times1} + 25e^{-0.12\times2} + 25e^{-0.12\times3} + 25e^{-0.12\times4} + 25e^{-0.12\times5} = -11.53$$백만 달러

이와 같은 음의 순현재가치는 이 투자안이 주주들의 가치를 감소시키게 되므로 채택되어서는 안 된다는 것을 의미한다. 반면 양의 NPV는 주주의 부를 증가시키게 되므로 채택되어야만 된다는 것을 의미한다.

위험조정 할인율은 기업 또는 주주들이 투자안에 대해 요구하는 수익률이라야만 하는데 여러 가지 방법을 이용하여 계산할 수 있다. 그 중 자주 이용되는 한 가지 방법은 자본자산 가격결정 모형(CAPM: capital asset pricing model) (3장 부록 참고)을 이용하는 것으로 다음과 같은 단계를 거쳐 이루어진다.

1. 분석대상인 투자안과 같은 업종에 종사하는 기업들의 표본을 선택한다.
2. 이 기업들의 베타를 계산하여 평균함으로써 투자안의 대용 베타(proxy beta)를 계산한다.
3. 시장 포트폴리오의 초과수익률과 대용 베타를 곱한 값에 무위험수익률을 더하여 투자안의 요구수익률로 이용한다.

이와 같은 전통적인 NPV법의 문제점은 많은 경우 투자안들에 부가된 옵션이 포함되어 있다는 점을 반영하지 못한다는 것이다. 예를 들어서 신제품을 생산하기 위한 공장의 건설을 고려 하고 있는 기업이 있다고 해보자. 이 기업은 만약 사정이 여의치 않은 경우에는 이 투자안을 폐기할 옵션을 갖고 있다. 또한 제품에 대한 수요가 예상을 초과하여 공장을 확장하게 될 옵션도 갖고 있다. 그런데 이러한 옵션들은 원래의 투자안과는 매우 다른 위험 특성을 갖게 되므로 할인율 또한 달라지게 된다.

이와 같은 문제점을 이해하기 위해서 13장의 서두로 돌아가보자. 현재 주가가 20달러인 주식이 있는데 3개월 후에는 22달러 또는 18달러가 된다고 하여보자. 위험중립 가치평가에 의하면 이 주식에 대한 3개월 콜옵션의 가치는 행사가격이 21달러인 경우 0.545이 된다. 13장의 각주 1에는 실제 세계에서 이 주식의 기대수익률이 10%라면 콜옵션의 기대수익률은 55.96%임을 보여주고 있다. 옵션이 콜옵션이 아니라 풋옵션이라면 옵션의 기대수익률은 −70.4%가 됨을 유사한 분석을 통하여 알수 있다. 이러한 분석 결과가 의미하는 것은 NPV법을 콜옵션 가치평가에 사용하는 경우 정확한 할인율은 55.96%이고, 풋옵션 가치평가에 사용 하는 경우 정확한 할인율은 −70.4%가 된다는 것이다. 그런데 이러한 할인율들을 추정하는 것은 쉬운 일이 아니다(사실은 우리가 여러 가지 옵션 모형을 이용하여 이미 옵션가격을 알고 있기 때문에 이와 같이 기대수익률을 계산할 수 있는 것이다). 실물옵션에 대해서도 똑같은 문제가 야기된다. 위험조정 할인율이 폐기, 확장, 기타 옵션 등으로부터 야기되는 경우 현금흐 름에 대한 적절한 위험조정 할인율을 추정하기 위한 간편한 방법은 개발되지 않았다. 바로 이러한 이유가 금융자산에 대한 옵션뿐만 아니라 실물자산에 대한 옵션에 위험중립 가치평가 원리를 적용할 수 있는지 알아보아야 하는 동기가 된다.

전통적인 NPV법의 또 다른 문제점은 기본 투자안(즉, 부가된 옵션이 없는 투자안)에 대한 적절한 위험조정 할인율의 추정에 있다. 위의 3단계 과정에서 대용 베타를 추정하기 위하여 사용되는 기업들은 자체적인 폐기옵션과 확장옵션을 갖고 있다. 따라서 이들 기업의 베타는 이미 이러한 옵션들을 반영하고 있고 따라서 기본 투자안의 베타로서 적절하지 않다는 것이다.

36.2 위험중립 가치평가의 확장

28장 1절에서 시장위험가격(market price of risk)을 다음과 같이 정의한 바 있다.

$$\lambda = \frac{\mu - r}{\sigma} \tag{36.1}$$

여기서 r은 무위험이자율, μ는 변수 θ를 기초자산으로 하는 유가증권의 기대수익률, σ는 유가 증권의 변동성을 나타낸다. 28장 1절에서 설명한 바와 같이 시장위험가격 λ는 특정 유가증권에 따라 달라지지는 않는다.

이제 실물자산이 여러 개의 변수들 θ_i $(i = 1, 2, \dots)$에 따라 결정된다고 가정하여 보자. m_i, s_i는 다음과 같은 확률과정에서의 θ_i의 기대성장률과 변동성이라고 하여 보자.

$$d\theta_i/\theta_i = m_i\,dt + s_i\,dz_i$$

여기서 z_i는 위너과정이다. θ_i의 시장위험가격을 λ_i라고 정의한다. 위험중립 가치평가를 확장하면 θ_i에 기초한 어떠한 파생상품이라 하더라도 다음과 같이 가치평가가 가능하다.[1]

1. θ_i의 기대성장률 m_i를 $m_i - \lambda_i s_i$로 감소시킨다.
2. 현금흐름을 무위험이자율로 할인한다.

예제 36.1

어떤 도시에서 상업용 부동산의 임대료는 5년짜리 신규 임대계약에서 1제곱피트당 지불하게 될 연간 금액으로 공시된다고 하자. 현재 임대료는 1제곱피트당 30달러라고 한다. 임대료의 기대성장률은 연 12%이고, 임대료의 변동성은 연 20%, 시장위험가격은 0.3이라고 가정해보자. 이제 어떤 기업이 현재 100만 달러를 지급하고 2년 후에 5년 만기 임대계약에서 1제곱 피트당 (전체 임대면적은 10만 제곱피트) 35달러를 지불할 수 있는 옵션 을 매입한다고 해보자. 무위험이자율은 연 5%로 일정하다고 한다. 2년후 1제곱피트당 임대료의 공시가격을 V라고 해보자. 임대료는 미리 2년치를 선불하는 것으로 가정한 다. 이때 옵션으로부터의 이득은 다음과 같다.

$$100{,}000A\ \max(V - 35, 0)$$

이때 A는 연금의 현재가치로 다음과 같다.

$$A = 1 + 1 \times e^{-0.05\times1} + 1 \times e^{-0.05\times2} + 1 \times e^{-0.05\times3} + 1 \times e^{-0.05\times4} = 4.5355$$

따라서 위험중립 세계에서의 기대이득은 다음과 같다.

$$100{,}000 \times 4.5355 \times \hat{E}[\max(V - 35,\ 0)] = 453{,}550 \times \hat{E}[\max(V - 35,\ 0)]$$

이때 는 위험중립 세계에서의 기대값이다. 식 (15A.1)에서의 결과를 이용하면 위의 식은 다음과 같다.

$$453{,}550[\hat{E}(V)N(d_1) - 35N(d_2)]$$

---

1 이러한 방법이 통상적인 위험중립 가치평가와 일관성이 있음을 알아보기 위해서 θi가 무배당주식의 가격이라고 해 보자. 주가는 거래되는 유가증권이므로 식 (36.1)은 $(m_i - r)/s_i = \lambda_i$, 즉 $m_i - \lambda_i s_i = r$임을 내포하고 있다. 따라서 기 대성장률을 조정하는 것은 주가의 수익률을 무위험이자율과 같게 놓는 것과 동일하게 된다. 일반적인 경우에 대한 증 명은 저자 홈페이지(www-2.rotman.utoronto.ca/~hull/TechnicalNotes)의 [Technical Note] 20을 참고하기 바란다.

이때 d_1, d_2는 다음과 같다.

$$d_1 = \frac{\ln[E(V)/35] + 0.2^2 \times 2/2}{0.2\sqrt{2}} \quad \text{and} \quad d_2 = \frac{\ln[E(V)/35] - 0.2^2 \times 2/2}{0.2\sqrt{2}}$$

위험중립 세계에서 상업용 부동산 임대료의 기대성장률은 $m - \lambda s$(m은 실제 세계에서 의 기대성장률, s, λ는 각각 변동성과 시장위험가격)라고 할 수 있다. 여기서는 $m = 0.12$, $s = 0.2$, $\lambda = 0.3$이고 따라서 위험중립 세계에서의 기대성장률은 연 6%가 된다. 따라서 $\hat{E}(V) = 30e^{0.06\times 2} = 33.82$가 되는데, 이것을 위의 식에 대입하면 위험중립 세 계에서의 기대이득은 1,501,500달러가 된다. 이것을 무위험이자율로 할인하면 옵션가치는$1.5015e^{-0.05\times 2} = 1.3586$백만 달러가 된다. 따라서 이 옵션은 100만 달러를 지불 할 만한 가치가 있다.

36.3 시장위험가격의 추정

투자안의 가치를 평가하기 위한 실물자산 기법에서는 본 장 1절에서 설명한 위험조정 할인율은 추정할 필요가 없지만, 모든 확률적 변수들에 대한 시장위험가격은 필요하다. 이때 특정 변수에 대한 과거 자료가 있는 경우에는 자본자산 가격결정 모형(capital asset pricing model) 을 이용하여 그 변수의 시장위험가격을 추정할 수 있다. 이제 특정 독립변수에 따라서만 투자 결과가 달라지는 투자안의 경우 자본자산 가격결정 모형을 이용하여 시장 위험가격을 추정하는 방법에 대해 설명하기 위해 다음과 같이 정의해보자.

- μ: 투자자산의 기대수익률
- σ: 투자자산의 수익률 변동성
- λ: 독립변수의 시장 위험가격
- ρ: 독립변수의 백분율 변화와 주가지수 수익률 간의 순간 상관계수
- μ_m: 주가지수의 기대수익률
- σ_m: 주가지수 수익률의 변동성
- r: 단기 무위험이자율

투자자산은 독립변수에 의해서만 달라지므로 투자자산의 수익률과 주가지수 수익률과의 상관계수 역시 ρ이다. 그런데 연속 시간을 이용한 3장 부록에 있는 자본자산 가격결정 모형은 다음과 같이 표시 할 수 있다.[2]

$$\mu - r = \frac{\rho\sigma}{\sigma_m}(\mu_m - r)$$

위 식에서 $\mu - r$을 식 (36.1)을 이용하여 다르게 표현하면 다음과 같다.

2 자산의 초과수익률을 시장지수의 초과수익률에 대해 회귀시켰을 때, 회귀식의 기울기 베타는 $\rho\sigma/\sigma_m$이다.

$$\mu - r = \lambda\sigma$$

이를 위의 식에 대입하면 다음 식이 성립한다.

$$\lambda = \frac{\rho}{\sigma_m}(\mu_m - r) \tag{36.2}$$

이제 식 (36.2)를 이용하면 λ를 추정할 수 있다.

예제 36.2

어떤 기업의 과거 자료에 의하면 매출액의 분기별 증가율(백분율 표시)과 S&P 500 지수와의 상관계수가 0.3이라고 한다. 과거 자료에 따르면 지수 변동성은 연 20%이고 지수의 무위험수익률 대비 초과수익률은 5%라고 한다. 식 (36.2)에 의하면 이 기업의 매 출액의 시장위험가격은 다음과 같아진다.

$$\frac{0.3}{0.2} \times 0.05 = 0.075$$

독립변수에 대한 과거 자료가 없는 경우에는 유사한 변수들을 대용변수로 사용할 수 있는 경우가 종종 있다. 예를 들어서 신상품을 생산하기 위한 공장을 건설하는 경우 다른 유사한 기존 제품들의 매출액을 조사하여 자료로 이용할 수 있다. 이때 신제품과 시장지수와의 상관계 수가 기존 제품들과 시장지수와의 상관계수와 같다고 가정하면 된다. 어떤 경우에는 식 (36.2)의 상관계수 추정치를 주관적인 판단에 의존해야만 하는 경우도 있다. 어떤 변수가 시 장지수와 상관관계가 없는 것으로 확신하는 경우에는 그 변수에 대한 시상 위험가격은 0이라 고 해야 한다.

어떤 독립변수들의 경우에는 확률과정을 직접 추정할 수 있기 때문에 시장위험가격을 추정 하지 않아도 된다. 예를 들어서 독립변수가 어떤 투자자산의 가격인 경우 위험중립 세계에서 그 자산의 수익률은 무위험수익률이 된다. 또한 그 변수가 단기이자율 r인 경우에는 초기의 기간구조로부터 위험중립 확률과정을 추정할 수 있다는 것을 31장에서 이미 공부한 바 있다.

상품에 대한 위험중립 확률과정을 선물가격으로 추정하는 방법에 대해서는 35장에서 설명 한 바와 같다. [예제 35.2]에서는 육우사육 투자안의 가치평가에 있어 선물가격을 이용한 실물옵션의 응용사례에 대하여 설명한 바 있다.

36.4 기업가치 평가에의 응용

PER값을 현재의 이익에 적용하는 것과 같은 전통적인 사업 평가 방법들은 새로운 사업에는 잘 맞지 않는다. 왜냐하면 일반적으로 사업 초기에는 시장점유율 확보와 고객과의 관계 정립을 위해 노력하는 과정에서 손실이 발생하게 마련이다. 따라서 이와는 다른 상황을 가정하고 미래의 이익과 현금흐름을 추정하여야만 적절한 가치평가가 이루어질 수 있다.

우선 기업의 미래 현금흐름을 매출액 성장률, 매출액 백분율로 나타낸 변동비, 고정비 등과 연계시켜 주는 모형을 개발한다. 이때 중요 변수에 대해서는 앞의 두 절에서 설명한 바와 같은 방법으로 위험중립 확률과정을 이용하여 추정한다. 다음 몬테카를로 시뮬레이션을 실행하여 위험중립 세계에서 매년의 순현금흐름에 대한 시나리오들을 작성한다. 이때 어떤 상황에서는 경영성과가 매우 좋을 수도 있고 어떤 경우에는 파산하여 영업을 중지할 수도 있다(시뮬 레이션 실행 시에는 언제 파산이 발생할지에 대한 내부 규칙을 정해 놓아야 한다). 이제 기업의 가치는 매년의 기대현금흐름을 무위험이자율로 할인한 현재가치가 된다. [실무사례 36.1]은 이러한 기법을 아마존 닷컴에 적용시킨 예를 보여주고 있다.

36.5 투자기회 옵션의 평가

대부분의 투자안은 부가된 옵션을 포함하는 경우가 많다. 이러한 옵션들은 투자안의 가치를 상당히 높여 줄 수 있음에도 이를 종종 무시함으로써 투자안의 가치평가가 부정확하게 이루어지는 결과가 초래되기도 한다. 투자안에 부가된 옵션들의 예로는 다음과 같은 것들이 있다.

1. **폐기 옵션**: 투자안을 매도하거나 폐쇄할 수 있는 옵션으로 투자안의 가치에 대한 아메리 칸풋옵션이다. 옵션의 행사가격은 투자안의 청산(혹은 매각)가치에서 폐쇄비용을 차감한 금액이다. 청산가치가 낮은 경우에는 행사가격이 음이 될 수도 있다. 폐쇄옵션은 실패한 투자 결과가 기업가치에 미치는 영향을 완화시키고 투자안의 초기 가치를 증가시키게 된다.
2. **확장옵션**: 상황이 우호적인 경우 추가 투자를 통해 생산량을 증가시킬 수 있는 옵션으로 추가 생산시설의 가치에 대한 아메리칸콜옵션이다. 이 콜옵션의 행사가격은 옵션 행사 시점으로 할인된 추가 생산시설의 건설비용이다. 행사가격은 초기 투자액에 따라 결정 되기도 한다. 즉, 예상 생산량을 초과하는 생산시설을 애초에 건설하기로 하는 경우 행사가격은 아주 낮은 금액이 된다.
3. **축소옵션**: 투자안의 생산규모를 감소시킬 수 있는 옵션으로 감소한 생산시설의 가치에 대한 아메리칸풋옵션이다. 행사가격은 옵션 행사시점에서 계산한 미래 자본적 지출의 현재가치이다.
4. **지연옵션**: 경영자들이 갖고 있는 가장 중요한 옵션 중 하나는 투자안에 대한 투자를 지연시킬 수 있는 옵션으로, 투자안의 가치에 대한 아메리칸콜옵션이다.
5. **연장옵션**: 종종 일정한 금액을 지급함으로써 자산의 수명을 연장하는 것이 가능한데 이러한 옵션은 자산의 미래 가치에 대한 유러피언콜옵션이다.

예

부가된 옵션을 갖는 투자안의 평가에 대한 예를 들어 보자. 어떤 기업이 어떤 원천으로부터 매년 2백만 단위의 상품을 3년 동안(총 6백만 단위) 추출하기 위하여 1,500만 달러를 투자할 것인지에 대해 결정해야 한다고 해 보자. 시설 운영의 고정비용은 연 6백만 달러이고 변동비는 상품 1단위당 17달러라고 하자. 무위험이자율은 만기에 관계없이 연 10%이고 상품의 현 물가격은 1단위당 20달러이고 1년, 2년, 3

실무사례 36.1 아마존 닷컴의 가치평가

실물옵션 기법을 이용하여 기업가치를 평가한 초기 시도들 중 하나는 슈워츠-문(Schwartz and Moon, 2000)에 의하여 이루어졌는데 이들은 1999년 말 시점에 이러한 분석 방법을 아마존 닷컴(Amazon.com)에 적용하였다. 이들은 매출액 R과 매출액 성장률 μ가 다음과 같은 확률과정을 따른다고 가정하였다.

$$\frac{dR}{R} = \mu\, dt + \sigma(t)\, dz_1$$

$$d\mu = \kappa(\bar{\mu} - \mu)\, dt + \eta(t)\, dz_2$$

이들은 위너과정인 dz_1, dz_2는 상관관계가 없다고 가정하였고, 실제 자료를 이용하여 $\sigma(t)$, $\eta(t)$, κ, $\bar{\mu}$에 대하여 합리적인 가정들을 하였다.

또한 매출원가는 매출액의 75%라고 가정하였고, 기타 변동비는 매출액의 19%, 고정비용은 분기당 7,500만 달러라고 가정하였다. 초기 매출액은 연 3억 5,600만 달러이고, 초기 이월손실금(loss carry forward)은 5억 5,900만 달러이고, 법인세율은 35%로 가정하였다. R에 대한 시장위험가격은 앞 절에서 설명한 방법을 이용하여 과거 자료로 부터 추정하였다. μ에 대한 시장위험가격은 0으로 가정하였다.

분석기간은 25년이었고 기업의 최종 가치는 세전 영업이익의 10배라고 가정하였다.

초기의 현금 보유액은 9억 6백만 달러였는데 만약 현금 보유액이 음의 값이 되면 파산하는 것으로 가정하였다.

이들은 몬테카를로 시뮬레이션을 통하여 미래의 여러 가상의 상황들을 시뮬레이션 하였다. 각 가상 상황에서는 전환사채와 종업원들이 갖고 있는 스톡옵션 조기행사 가능성도 고려하였다. 이들은 순현금흐름의 현재가치를 무위험이자율로 할인하여 주주의 가치를 계산하였다.

이러한 가정들 아래 1999년 말 아마존 닷컴의 주가 추정치는 12.42달러이었다. 1999년 말 현재 아마존 닷컴의 주가는 76.125달러이었다(비록 2000년에 급락하기는 하였지만). 그런데 실물옵션 기법의 장점 중 하나는 가치평가 결과가 중요 가정들에 따라 결정된다는 점이다. 슈워츠와 문은 주가추정치가 성장률의 변동성인 $\eta(t)$값에 매우 민감하다는 것을 발견하였다. 이 변수는 부가옵션의 원천으로 매우 중요한 의미를 지닌다. $\eta(t)$값이 조금만 증가하더라도 부가옵션이 훨씬 커지고 이는 아마존 닷컴의 주식가치를 크게 증가시키게 된다.

년 만기 선물가격은 각각 1단위당 22달러, 23달러, 24달러라고 가정한다.

부가된 옵션이 없는 경우의 평가

우선 투자안이 부가된 옵션을 갖지 않는 경우를 고려해보자. 위험중립 세계에서 1차년, 2차년, 3차년의 기대 상품가격은 각각 22달러, 23달러, 24달러가 된다. 또한, 위험중립세계에서 투자 안으로부터의 기대수익(백만 달러 단위)은 비용을 고려할 때 1, 2, 3차 연도에 각각 4.0, 6.0, 8.0이라고 하자. 따라서 투자안의 가치는 다음과 같다.

$$-15.0 + 4.0e^{-0.1\times 1} + 6.0e^{-0.1\times 2} + 8.0e^{-0.1\times 3} = -0.54$$

위의 분석결과는 투자안이 주주의 부를 54만 달러 감소시키므로 채택되어서는 안 된다는 것을 의미한다.

다항 모형의 활용

이제 상품의 현물가격이 다음과 같은 확률과정을 따른다고 가정하여 보자.

$$d \ln S = [\theta(t) - a \ln S]\, dt + \sigma\, dz \tag{36.3}$$

여기서 $a = 0.1$, $\sigma = 0.2$라고 가정한다. 우리는 35장 4절에서 여기서와 같은 예를 이용하여 상품가격에 대한 다항 모형을 구성하는 방법에 대하여 소개한 바 있다. [그림 36.1]에 다항 모형 이 표시되어 있다([그림 35.2]와 동일함). 이 다항 모형이 내포하고 있는 확률과정은 앞에서 가정한 a와 σ를 갖는 식 (36.3)의 현물가격 S의 확률과정 및 1, 2, 3차년도의 선물가격들과 일치한다.

사실 부가된 옵션이 없는 경우에는 다항 모형을 이용하여 투자안 가치를 평가할 필요는 없다(옵션이 없는 경우 투자안 가치가 −0.54라는 것을 이미 앞에서 설명한 바 있다). 그러나 옵션이 있는 경우를 고려하기 전에 옵션이 없는 경우라 하더라도 다항 모형을 활용하여 앞에서와 동일한 가치 측정치를 얻게 됨을 보이는 것은 옵션이 있는 경우를 이해하는데 도움이 될 것이다.

[그림 36.2]에는 [그림 35.1]의 각 꼭지점에서의 투자안의 가치가 나타나 있다. 예를 들어 점 H를 보자. 여기서는 3차년 말에 상품가격이 22.85가 될 확률이 0.2217이고 이때 3차년도의 이익은 $2 \times 22.85 - 2 \times 17 - 6 = 5.70$이 된다. 마찬가지로 3차년 말에 상품가격이 16.16가 될 확률이 0.6566이고 3차년도의 이익은 −7.68이 되며, 3차년 말에 상품가격이 11.43가 될 확률은 0.1217이고 3차년도의 이익은 −17.14가 된다. 결국 [그림 36.2]의 점 H에서 투자안의 가치는

그림 36.1 상품의현물가격의삼항모형. p_u, p_m, p_d는 각각 임의의 점에서"상승"," 유지"," 하락"의 확률임.

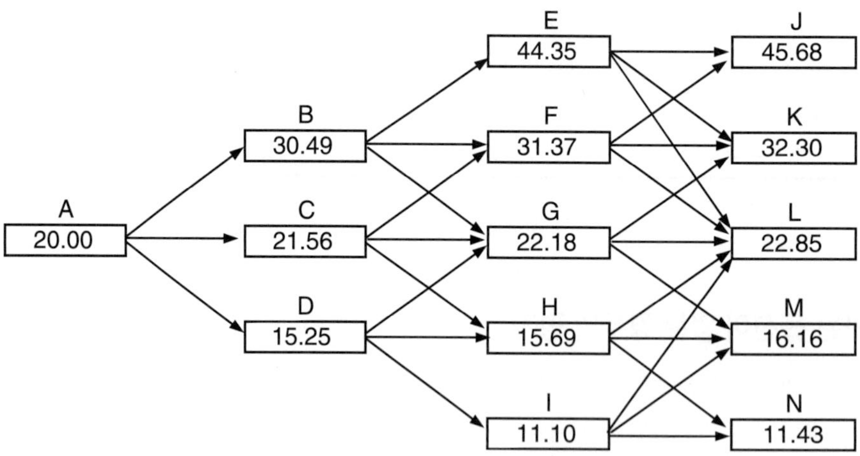

점	A	B	C	D	E	F	G	H	I
p_u:	0.1667	0.1217	0.1667	0.2217	0.8867	0.1217	0.1667	0.2217	0.0867
p_m:	0.6666	0.6566	0.6666	0.6566	0.0266	0.6566	0.6666	0.6566	0.0266
p_d:	0.1667	0.2217	0.1667	0.1217	0.0867	0.2217	0.1667	0.1217	0.8867

그림 36.2 부가된 옵션이 없는 경우 기본 투자안의 가치평가. p_u, p_m, p_d는 각각 임의의 점에서"상승", "유지","하락"의확률임.

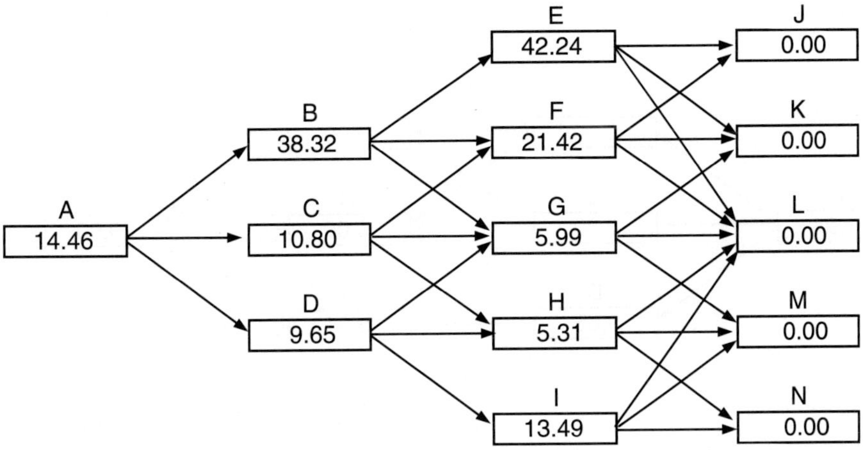

점	A	B	C	D	E	F	G	H	I
p_u:	0.1667	0.1217	0.1667	0.2217	0.8867	0.1217	0.1667	0.2217	0.0867
p_m:	0.6666	0.6566	0.6666	0.6566	0.0266	0.6566	0.6666	0.6566	0.0266
p_d:	0.1667	0.2217	0.1667	0.1217	0.0867	0.2217	0.1667	0.1217	0.8867

$$[0.2217 \times 5.70 + 0.6566 \times (-7.68) + 0.1217 \times (-17.14)]e^{-0.1 \times 1} = -5.31$$

또 다른 예로 점 C를 살펴 보자. 여기서는 상품가격이 31.37이 되는 점 F로 이동할 확률이 0.1667이다. 이때 2차년도 현금흐름은

$$2 \times 31.37 - 2 \times 17 - 6 = 22.74$$

이 된다. 점 F에서 이후에 발생하는 현금흐름들의 가치는 21.42가 된다. 따라서 점 F로 이동 할 경우 투자안의 총가치는 21.42 + 22.74 = 44.16이다. 마찬가지로 점 G와점 H로 이동할 경우 투자안의 가치는 각각 10.35, −13.93가 된다. 따라서 점 C에서의 투자안의 가치는 다음과 같다.

$$[0.1667 \times 44.16 + 0.6666 \times 10.35 + 0.1667 \times (-13.93)]e^{-0.1 \times 1} = 10.80$$

결과적으로 [그림 36.2]에는 초기 점 A에서의 투자안 가치가 14.46(백만 달러)로 계산되어 있다. 따라서 초기 투자액(1천 5백만 달러)을 고려하면 투자안 가치는 −0.54가 된다. 이것은 앞에서의 결과와 일치하는 결과이다.

폐기옵션

이제 이 기업이 언제라도 투자안을 폐기할 옵션을 갖고 있다고 해보자. 잔존가치는 없으며 투자안이 폐

그림 36.3 투자안 폐기옵션의 가치 평가. p_u, p_m, p_d는 각 점에서의"상승", "유지", "하락"확률임.

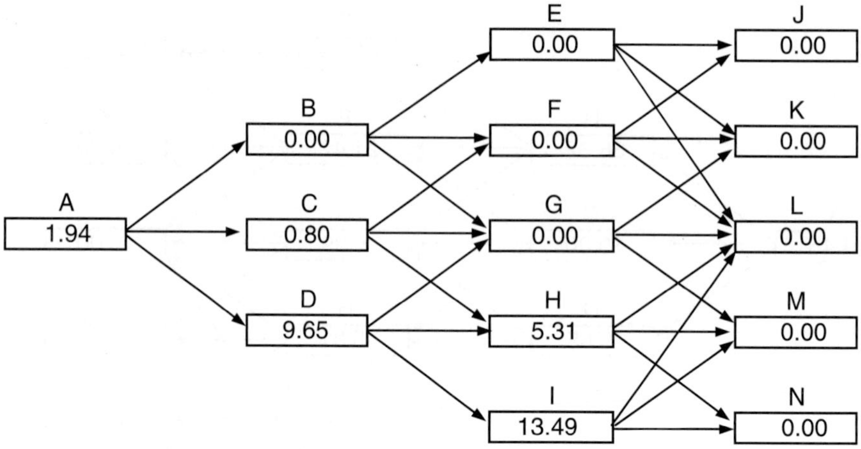

점	A	B	C	D	E	F	G	H	I
p_u:	0.1667	0.1217	0.1667	0.2217	0.8867	0.1217	0.1667	0.2217	0.0867
p_m:	0.6666	0.6566	0.6666	0.6566	0.0266	0.6566	0.6666	0.6566	0.0266
p_d:	0.1667	0.2217	0.1667	0.1217	0.0867	0.2217	0.1667	0.1217	0.8867

기되면 더 이상의 지출은 없다고 가정한다. 폐기옵션은 행사가격 0인 아메리칸풋옵 션이며 [그림 36.3]에 가치가 계산되어 있다. 점 E, F, G에서는 이 풋옵션의 가치가 양의 값이므로 폐기옵션을 행사해서는 안되지만 점 H, I에서는 행사하여야 한다. 점 H, I에서 풋옵션의 가치는 각각 5.31백만 달러, 13.49백만 달러다. 삼항과정을 역행하여 계산하면 옵션이 행사되지 않는 경우점 D에서 폐기풋옵션의 가치는 다음과 같다.

$$(0.1217 \times 13.49 + 0.6566 \times 5.31 + 0.2217 \times 0)e^{-0.1\times 1} = 4.64$$

점 D에서 풋옵션을 행사할 경우의 가치는 9.65(백만 달러)고, 이 값은 4.64(백만 달러)보다 크므로 점 D에서는 옵션이 행사되어야 한다. 점 C에서 풋옵션의 가치는 다음과 같다.

$$[0.1667 \times 0 + 0.6666 \times 0 + 0.1667 \times (5.31)]e^{-0.1\times 1} = 0.80$$

점 A에서의 풋옵션 가치는 다음과 같다.

$$(0.1667 \times 0 + 0.6666 \times 0.80 + 0.1667 \times 9.65)e^{-0.1\times 1} = 1.94$$

폐기옵션의 가치는 1.94백만 달러가 되고 투자안의 가치는 −0.54백만 달러에서 + 1.40백만 달러로 증가하게 된다. 폐기옵션을 고려하지 않은 앞의 분석결과에서는 기각되었어야 할 투자안이 이제는 주주

그림 36.4 투자안 확장옵션의 가치평가. p_u, p_m, p_d은 각 점에서의"상승", "유지", "하락"확률임

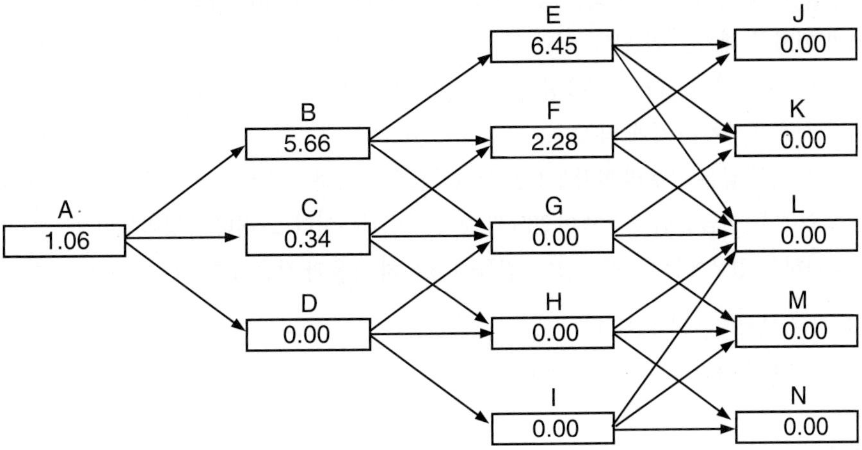

점	A	B	C	D	E	F	G	H	I
p_u:	0.1667	0.1217	0.1667	0.2217	0.8867	0.1217	0.1667	0.2217	0.0867
p_m:	0.6666	0.6566	0.6666	0.6566	0.0266	0.6566	0.6666	0.6566	0.0266
p_d:	0.1667	0.2217	0.1667	0.1217	0.0867	0.2217	0.1667	0.1217	0.8867

들에게 양의 가치를 갖게 되었다.

확장옵션

다음으로 이 기업이 폐기옵션을 갖고 있지 않다고 하여 보자. 대신 이 기업은 언제라도 투자안의 규모를 20% 증가시킬 옵션을 갖고 있다. 여기에는 2백만 달러가 소요된다고 가정한다. 이때 생산규모는 매년 2백만 단위에서 240만 단위로 증가한다. 변동비는 단위당 17달러로 동일하고 고정비는 6백만 달러에서 720만 달러로 20% 증가하는 것으로 가정한다. 이러한 옵션은 [그림 36.2]의 기초 투자안의 20%를 200만 달러에 살 수 있는 아메리칸콜옵션이다. 이 옵션은 [그림 36.4]에 그 가치가 계산되어 있다. 예를 들어서 점 E에서 옵션은 행사되어야 하고 이때 이득은 0.2 × 42.24 − 2 = 6.45가 된다. 점 F에서도 옵션은 행사되는데 이때 이득은 0.2 × 21.42 − 2 = 2.28이 된다. 점 G, H, I에서는 옵션이 행사되어서는 안 된다. 점 B에서는 행 사하는 경우가 옵션 보유보다 더 큰 가치를 가지게 되고 따라서 옵션가치는 0.2 × 38.32 – 2 = 5.66이 된다. 점 C에서 옵션이 행사되지 않는 경우, 옵션가치는 다음과 같다.

$$(0.1667 \times 2.28 + 0.6666 \times 0.00 + 0.1667 \times 0.00)e^{-0.1\times 1} = 0.34$$

그러나 만약 옵션이 행사될 경우에는 0.2 × 10.80 − 2 = 0.16이 된다. 따라서 점 C에서는 옵션이 행사되어서는 안 된다. 결과적으로 점 A에서의 옵션가치는 다음과 같다.

$$(0.1667 \times 5.66 + 0.6666 \times 0.34 + 0.1667 \times 0.00)e^{-0.1\times1} = 1.06$$

이것은 점 A에서 옵션이 행사되는 경우에 옵션 가치가 0.2 × 14.46 − 2 = 0.89가 되고 따라 서점 A에서는 조기 행사를 해서는 안 된다. 이와 같은 확장옵션은 투자안의 가치를 −0.54(백만 달러)에서 +0.52(백만 달러)로 증가시킨다. 폐기옵션이 있는 경우와 마찬가지로 애초에는 음의 가치를 가졌던 투자안이 이제는 양의 가치를 갖게 되었다.

[그림 36.4]와 같은 경우의 확장옵션은 상대적으로 평가하기가 쉬운데 왜냐하면 일단 옵션이 행사되면 이 후의 모든 현금유입과 유출이 20%씩 증가하기 때문이다. 그러나 고정비용이 일정하거나 20% 이하로 증가하는 경우에는 [그림 36.4]의 점들에서 특히 다음과 같은 추가 정보를 필요로 한다.

1. 이후 고정비용의 현재가치
2. 변동비를 차감한 이후 수익의 현재가치

복합옵션

그런데 투자안이 둘 혹은 그 이상의 옵션을 가질 경우 이 옵션들은 서로 독립적이지 않은 경우가 많다. 예를 들어 옵션A와 옵션B를 갖는 경우의 가치는 각각의 옵션가치의 합이 되지 않는다. 예를 들어서 앞에서의 기업이 폐기옵션과 확장옵션 모두를 갖고 있는 경우를 생각해 보자. 만약 투자안이 이미 폐기되었다면 투자안을 확장하는 것은 불가능해진다. 또한 투자안 의 폐기옵션도 투자안이 이미 확장되었는지의 여부에 따라서 달라진다.[3]

이 예에서와 같은 옵션 간의 상호작용은 각 점에서 다음과 같은 네 가지 경우를 생각함으로써 해결할 수 있다.

1. 투자안이 폐기되지도 않고, 확장되어 있지도 않은 경우
2. 투자안이 폐기되지는 않고, 확장되어 있는 경우
3. 투자안이 이미 폐기되었고, 확장되어 있지는 않은 경우
4. 투자안이 이미 폐기되었고, 이미 확장되어 있는 경우

삼항과정을 역행하여 계산해갈 때 각 점에서 이와 같은 네 상황에서의 두 옵션의 통합가치를 계산할 수 있다. 이와 같은 경로 의존적인 옵션에 대한 분석 방법에 대해서는 27장 5절에 자세하게 설명한 바 있다.

다변량 확률과정

한편 여러 개의 확률적 변수가 있는 경우 기초 투자안의 가치는 보통 몬테카를로 시뮬레이션에 의하여 결정한다. 이와 같은 경우에 몬테카를로 시뮬레이션은 투자안의 시작부터 종료시점까지 이루어지기 때문에 투자안의 부가된 옵션 평가는 더욱 어려워진다. 왜냐하면 어떤 시점에 이르렀을 때 투자안의 미

3 [그림 36.3]과 [그림 36.4]에서 두 옵션은 상호작용을 하지는 않는다. 그러나 시간 간격을 더 짧게 하여 다항과정 이 커지게 되면 두 옵션 간의 상호작용이 문제가 될 소지가 있다.

래 현금흐름의 현재가치에 대한 정보가 없기 때문이다. 그러나 (27장 8절에서 설명한) 몬테카를로 시뮬레이션을 이용한 아메리칸옵션의 가치평가 기법은 이와 같은 경우에도 사용할 수 있다.

이러한 예로서 슈워츠-문(Schwartz and Moon, 2000)의 연구를 들 수 있는데 이들은 미래 현금흐름의 가치가 음인 경우에 폐기옵션(즉, 파산을 선언할 옵션)을 행사할 수 있는 경우를 고려함으로써 [실무사례 36.1]에서 소개했던 아마존 닷컴 사례를 확장한 연구 결과를 발표하 였다.[4] 이들은 각 시점에서 폐기하지 않을 경우의 기업가치와 현재 매출액, 현재의 성장률, 변동성, 현금 보유액, 이월손실금 등의 변수들 간에 존재하는 다항 관계식이 존재한다고 가정하고 시뮬레이션을 통하여 각 시점에서의 다항 관계식에 대한 최소자승 추정치를 계산하였다. 이것은 바로 27장 8절에서 소개한 롱스태프-슈워츠(Longstaff and Schwartz)의 분석방법을 이용한 사례라고 할 수 있다.[5]

요약

본 장에서 우리는 이전에 소개한 개념들을 실물자산의 평가과 실물자산에 대한 옵션을 평가 하는 데 적용할 수 있는지에 대해 살펴보았다. 그 결과 확산 확률과정을 따르는 여러 가지 변 수들에 기초한 자산의 가치를 평가하는 데 위험중립 가치평가 원칙을 이용할 수 있다는 것을 알게 되었다. 이때 각 변수의 순간 평균은 그 변수의 시장위험가격을 반영하도록 조정해주어 야 한다. 또한 자산의 가치는 기대현금흐름을 무위험이자율로 할인한 현재가치가 된다.

위험중립 가치평가는 투자안을 평가하는 데 있어서도 논리적 일관성이 있는 기법이 될 수 있으며 실제에서 부딪히는 많은 투자안 속에 부가되어 있는 옵션들의 가치평가를 가능하게 해준다. 본 장에서는 이러한 기법을 1999년 말 시점에서 아마존 닷컴의 주식가치 평가와 어 떤 상품을 추출해내는 투자안의 평가에 적용시킨 사례를 소개하였다.

참고문헌

Amran, M., and N. Kulatilaka, *Real Options*, Boston, MA: Harvard Business School Press, 1999.

Copeland, T., T. Koller, and J. Murrin, Valuation: Measuring and Managing the Value of Companies, 3rd edn. New York: Wiley, 2000.

Copeland, T., and V. Antikarov, *Real Options*, A Practitioners Guide, New York: Texere, 2003.

Koller, T., M. Goedhart, and D. Wessels, *Valuation: Measuring and Managing the Value of Companies*, 5th edn. New York: Wiley, 2010.

Mun, J., *Real Options Analysis*, Hoboken, NJ: Wiley, 2006.

Trigeorgis, L., *Real Options: Managerial Flexibility and Strategy in Resource Allocation*, Cambridge, MA: MIT Press, 1996.

---

4 본장 4절에서는 현금보유액이 0 이하로 떨어지는 경우 채무불이행이 발생한다고 가정하였지만 아마존 닷컴의 경우에는 이와 같은 결정이 반드시 최적의 결정이 되지는 않는다.

5 F. A. Longstaff and E. S. Schwartz, "Valuing American Options by Simulations: A Simple Least-Squares Approach," *Review of Financial Studies*, 14, 1 (Spring 2001): 113–47.

연습문제

36.1. 새로운 투자 기회를 평가하는 경우 NPV법과 위험중립 가치평가법의 차이에 대하여 설명하라. 실물옵션을 평가할 때 위험중립 가치평가법의 장점은 무엇인가?

36.2. 구리의 시장위험가격은 0.5, 구리가격의 변동성은 연 20%, 구리 현물가격은 파운드당 80센트, 6개월 선물가격은 파운드당 75센트라고 한다. 향후 6개월 동안 구리가격의 기대백분율 성장률은 얼마인가?

36.3. y가 만약 상품의 보유편익률이고 u가 상품의 보관비용이라면, 상품의 성장률은 전통적인 위험중립 세계에서 $r - y + u$가 된다. 여기서 r은 무위험이자율이다. 상품에 대한 위험의 시장가격, 상품의 실제세계 성장률, 상품의 실제세계 성장률 변동성, y, 그리고 u의 관계를 도출하라.

36.4. 어떤 기업의 총 매출액과 주가지수 간의 상관계수가 0.2라고 한다. 무위험수익률 대비 시장 초과수익률은 6%이고, 주가지수의 변동성은 18%라고 한다. 이 기업의 총 매출액의 시장위험가격은 얼마인가?

36.5. 3년 후에 배럴당 25달러의 가격으로 원유 100만 배럴을 인도할 수 있는 옵션을 매입하고사 한다. 3년 만기 선물가격은 배럴당 24달러이고 무위험수익률은 연속복리 기준으로 5%, 선물가격의 변동성은 연 20%라고 한다. 이러한 옵션의 가치는 얼마인가?

36.6. 자동차 리스계약을 체결한 어떤 운전자가 4년 후에 1만 달러의 가격으로 자동차를 매입할 수 있는 옵션을 매입한다고 가정하자. 현재 이 차의 가격은 3만 달러이다. 자동차 가격 S는 다음과 같은 확률과정을 따른다.

$$dS = \mu S\, dt + \sigma S\, dz$$

단, $\mu = -0.25,\ \sigma = 0.15$, dz는 위너과정이다. 자동차 가격의 시장위험가격이 -0.1이라고 할 때 이러한 옵션의 가치는 얼마인가? 모든 만기에 대해 무위험이자율은 6%라고 가정한다.

과제물 문제

36.7. 밀(wheat)의 현물가격, 6개월 만기 선물가격, 12개월 만기 선물가격이 각각 부셸당 250센트, 260센트, 270센트라고 가정하자. 밀 가격이 $a = 0.05$, $\sigma = 0.15$인 식 (36.3)의 확률과정을 따를 경우 위험중립 세계에서 2기간 삼항과정을 구성하라.

어떤 농부가 현재 1만 달러를 투자하고 6개월 후에 9만 달러를 추가로 투자함으로써 밀의 연간 수확량을 4만 부셸 증가시킬 수 있는 투자안을 갖고 있다고 가정하자. 이 투자안의 가치는 얼마인가? 이 농부가 6개월 후에 투자안을 폐기하여 9만 달러 투자를 회피할 수 있는 옵션 을 가지고 있다고 가정해보자. 이러한 폐기옵션의 가치는 얼마인가? 단, 무위험수익률은 연속 복리 기준으로 연 5%라고 가정한다.

36.8. 본장 5절에서 고려한 상품의 사례에서

(a) 폐기옵션의 행사가격이 0이 아니라 300만 달러라면 폐기옵션의 가치는 얼마인가?

(b) 확장옵션의 행사가격이 200만 달러가 아니라 500만 달러라면 확장옵션의 가치는 얼마인가?

CHAPTER 37

파생상품 투자의 실패와 교훈

1980년대 중반 이후로 파생상품시장에서는 몇 건의 엄청난 손실이 발생하였다. 미국의 주택 모기지를 바탕으로 한 파생상품의 거래에서 발생하였던 엄청난 손실에 대해서는 8장에서 소개한 바 있다. [실무사례 37.1]과 [실무사례 37.2]에는 금융기관과 비금융기관에 발생한 손실 사례들이 각각 소개되어 있다. 이들 리스트로부터 알 수 있는 주목할 만한 사실은 몇 건의 엄청난 손실이 직원 한 사람의 행동에 의하여 발생했다는 점이다. 1995년 닉 리슨의 거래는 200년 역사를 갖고 있는 영국 은행인 베어링스를 파산시켰다. 1994년에 로버트 시트론의 거래는 캘리포니아의 오렌지 카운티로 하여금 20억 달러의 손실을 입도록 하였다. 키더 피보디는 조 지프 제트의 거래로 3억 5,000만 달러의 손실을 입었다. 얼라이드 아이리시 은행의 존 러스낵이 끼친 7억 달러의 손실은 2002년에 드러났다. 2006년에 아마란스 헷지펀드는 브라이언 헌터가 취한 거래위험으로 인해 60억 달러의 손실을 입었다. 소시에테 제네랄사는 2008년에 제롬 커비엘의 주가지수선물투자로 인하여 70억 달러 이상의 손실을 입었다. 또한 UBS, 쉘, 스미토모의 엄청난 손실도 거래자 한 명이 일으킨 결과이다.

이런 손실 사례만 보고 파생상품산업 전체가 큰 문제가 있는 산업으로 인식되어서는 안된다. 파생상품시장은 그 규모가 수십조 달러에 이르는 시장으로 발전되어 왔고, 어떤 기준으로 든 대단히 성공적이었으며 시장참가자의 욕구(need)를 잘 충족시켜 왔다. [실무사례 37.1]과 [실무사례 37.2]에 언급된 사건들은 건수 기준으로 뿐만 아니라 금액 기준으로도 파생상품의 총 거래에서 차지하는 비율은 대단히 낮다. 그럼에도 불구하고 이들 사건으로부터 배운 교훈들을 주의 깊게 고려해야 한다. 이것이 본 장의 목적이다.

37.1 파생상품 사용자들을 위한 교훈

먼저 금융기관이든 비금융기관이든 파생상품을 이용하는 모든 사용자에게 교훈이 되는 것들을 살펴보면 다음과 같다.

위험한도를 명확하게 정하라

모든 기업은 감당할 수 있는 재무위험(financial risk)의 한도를 확실하고 명확하게 정해야 한다. 그리고

실무사례 37.1 금융기관의 대규모 손실

얼라이드 아이리시 은행(Allied Irish Bank)

이 은행은 외환거래자 존 러스낵의 몇 년 동안의 투기적 행동으로 인해 7억 달러의 손실을 입었다. 러스낵은 허구의 옵션거래를 만들어 손실을 감추었다.

아마란스(Amaranth)

이 헷지펀드는 천연가스의 가격 방향에 대해 베팅하여 60억 달러의 손실을 입었다.

베어링스(Barings)

200년의 전통을 가진 영국 은행인 베어링스가 싱가포르의 닉 리슨이라는 한 거래자에 의하여 1995년에 파산하였다. 거래자가 위임받은 업무는 싱가포르와 오사카에서 공시되는 닛케이 225 선물가격을 이용한 차익거래였다. 그러나 닉 리슨은 닛케이 225의 선물과 옵션에 엄청난 베팅을 하였다. 10억 달러에 가까운 손실이 발생했다.

엔론(Enron's counterparties)

엔론사는 교묘한 방법으로 기업의 실제 상황을 주주들에게 감추었다. 엔론사가 이와 같은 일을 하도록 도와 준 것으로 알려진 금융기관들은 주주들로부터 소송을 당하였으며 약 10억달러의 손해 배상을 해 주었다.

키더 피보디(Kidder Peabody) (112페이지 참고)

조지프 제트라는 한 개인의 행위로 인해 뉴욕 소재 투자은행인 키더 피보디는 미국 국채에서 3억 5,000만 달러의 손실을 입었다. 이 손실은 회사 컴퓨터시스템의 이익 계산방식의 오류 때문에 발생하였다.

LTCM(Long-Term Capital Management) (34페이지 참고)

러시아의 채무불이행과 그에 따른 자금도피현상으로 인하여 이 헷지펀드는 1998년에 40억 달러의 손실을 입었다. 이에 따라 뉴욕연방은행은 14개 은행들로 하여금 이 펀드에 투자하게 함으로써 펀드의 점진적인 청산을 유도하였다.

미들랜드은행(Midland Bank)

영국 은행인 미들랜드은행은 금리의 움직임을 잘못 예측하고 베팅한 결과 1990년대에 5억 달러의 손실을 입었다. 나중에 이 은행은 홍콩 상하이은행에 의하여 인수되었다.

소시에테 제네랄(Societe Générale) (18페이지 참고)

제롬 커비엘은 2008년 1월 주가지수 변화에 대한 투기로부터 70억 달러의 손실을 야기시켰다.

서브프라임 모기지 손실(Subprime Mortgage Losses) (8장 참고)

2007년 투자가들은 미국 서브프라임 모기지 관련 구조화채권들에 대한 신뢰를 상실하였다. 이는 결국 신용붕괴와 UBS, 메릴린치, 시티그룹과 같은 금융기관에게 수백억 달러의 손실을 가져왔다.

UBS

2011년 Kweku Adoboli는 허가되지 않은 주식시장 지수들에 대한 투기 포지션을 취했다가 23억 달러를 잃었다.

한도가 지켜질 수 있도록 위험관리절차(procedure)를 확립해야 한다. 이사회가 전체의 위험한도(risk limit)를 결정하는 것이 이상적이다. 그런 다음 특정 위험에 대해 관리책임자가 관리할 수 있는 한도가 정해져야 한다. 관리책임자는 일별 보고서(daily report)에 시장변수의 특이한 움직임으로 인해 발생할 수 있는 이익 또는 손실을 표시해야 한다. 보고서에 사용된 가치평가절차가 정확하다는 확신을 할 수

실무사례 37.2 비금융기관의 대규모 손실

얼라이드 라이온스(Allied Lyons)

음료 및 식품회사인 이 회사의 재무부서는 1991년에 미국 달러-영국 스털링 환율에 대한 콜옵션을 매도하여 1억 5,000만 달러의 손실을 입었다.

깁슨 그리팅스(Gibson Greetings)

이 회사의 재무부서는 1994년에 뱅커스 트러스트(Bankers Trust)와 대단히 이색적인 금리파생상품을 거래한 결과 2,000만 달러의 손실을 입었다. 이 회사는 뱅커스 트러스트에 소송을 제기하였지만 재판 없이 타협이 이루어졌다.

해머스미스 앤드 풀럼(Hammersmith and Fulham) (176 페이지 참고)

영국 지방정부인 해머스미스 앤드 풀럼은 1988년에 파운드금리스왑과 옵션에서 약 6억 달러의 손실을 입었다. 모든 계약은 차후에 영국 법원에 의해 무효로 선언되었으며, 이로 인해 계약의 상대방인 은행은 매우 곤란한 상황에 처하게 되었다.

메탈게젤샤프트(Metallgesellschaft) (69 페이지 참고)

독일 기업인 메탈게젤샤프트는 원유와 가솔린을 공급하는 장기계약을 체결하고 단기선물계약에 연속적으로 포지션을 취하여 헷지하였다. 강제로 포지션을 청산했을 때, 이 기업은 1,813억 달러의 손실을 입었다.

오렌지 카운티(Orange County) (92 페이지 참고)

재무담당관인 로버트 시트론으로 인해 오렌지 카운티는 1994년에 약 20억 달러의 손실을 입었다. 재무담당관은 이자율이 상승하지 않을 것이라고 예측하고 파생상품을 이용하여 투기포지션을 취하였다.

프록터 앤드 갬블(Procter and Gamble) (769 페이지 참고)

미국 대기업인 프록터 앤드 갬블의 재무부서는 1994년에 뱅커스 트러스트(Bankers Trust)와 대단히 이색적인 금리파생상품을 거래한 결과 약 9,000만 달러의 손실을 입었다. 이 기업은 뱅커스 트러스트에 소송을 제기하였지만 재판 없이 타협이 이루어졌다.

쉘(Shell)

쉘의 일본 자회사가 한 종업원의 불법적인 통화선물거래로 말미암아 10억 달러의 손실을 입었다.

스미토모(Sumitomo)

이 일본 기업을 위해 일하는 한 거래자의 1990년대의 동(copper) 현물, 선물, 옵션거래로 인하여 20억 달러의 손실을 입었다.

있도록 이 수치는 실제의 손실과 비교되어야 한다.

기업은 파생상품을 사용할 때에 발생하는 위험에 대해서 특히 주의 깊게 관찰해야 한다. 1장에서 설명했듯이 파생상품은 필요에 따라서 헷지, 투기, 차익거래에 사용될 수 있기 때문이다. 주의 깊게 관찰하지 않으면, 파생상품 거래자가 헷저(hedger) 입장에서 투기자(speculator) 입장으로 또는 차익거래자(arbitrageur)의 입장에서 투기자의 입장으로 전환되었는지 파악하는 것이 불가능하다. 베어링스 은행과 소시에테 제네랄, UBS 사례는 무엇이 잘못될 수 있는지를 극명하게 보여준다. 각 사례에서 거래자들은 저위험 차익거래를 수행하도록 되어 있었다. 그러나 이들은 그들의 관리자에게 알리지 않고 차익거래자에서 지수 움직임에 베팅을 하게 되는 극히 위험한 포지션을 갖는 투기자로 바뀌게 되었다. 그러나 이들이 실제로 무슨 일을 하고 있는지 아무도 모를 정도로 기업 내 시스템은 취약하기 그지없었다.

여기서 중요한 점은 어떤 위험도 부담하지 않아야 한다는 것이 아니다. 금융기관의 거래자, 펀드매니저들은 관련 시장변수의 미래 움직임에 대비하여 포지션을 취할 수 있어야 한다. 요점은 취할 수 있는 포지션의 크기가 제한되어야 하며 부담하고 있는 위험을 정확히 보고할 수 있는 시스템을 운영해야 한다는 것이다.

위험한도를 엄격히 준수하라

한 개인이 위험한도를 초과하여 투자해서 이익을 얻었다면 어떻게 할 것인가? 이는 고위경영자(senior management)에게 상당히 미묘한 이슈이다. 아마도 그 거래에서 이익이 발생하면 위험한도를 어겼다고 하더라도 이를 무시하고 싶을 것이다. 그러나 이는 근시안적인 사고이다. 이는 위험한도를 엄격히 준수할 필요가 없다는 문화(culture)를 만들 것이고 결국은 커다란 금융 재난(disaster)을 야기할 수 있다. [실무사례 37.1]과 [실무사례 37.2]에 수록된 실패 사례 중 상당수가 기업이 위험한도를 엄격히 준수하지 않았기 때문에 발생했넌 사례이다. 왜 냐하면 과거에도 비슷한 위험을 감수하여 이익을 얻었던 경험이 있기 때문이다.

대표적인 예가 오렌지 카운티(Orange County)의 사례이다. 1991~1993년 동안에 카운티의 재무담당관인 로버트 시트론(Robert Citron)의 투자는 대단히 성공적이어서, 오렌지 카운티는 추가 자금을 조달하는 데 그의 거래에 의존하였다. 카운티는 그가 과거에 큰 이익을 얻었기 때문에 그가 거래에서 부담하고 있는 위험을 무시하였다. 불행히도 1994년에 발생한 손실은 과거에 그가 얻었던 이익을 크게 초과하였다.

위험한도를 초과해서 거래하는 것에 대한 벌칙(penalty)은 사후적으로 손실이 발생할 때나 이익이 발생할 때나 동일하게 부과되어야 한다. 그렇지 않으면 손실을 입은 거래자는 잠시 그들의 손실을 감추고 이익이 발생하면 결국은 모든 것이 용서될 것이라는 희망을 갖고 투기 포지션을 계속 증가시킬 것이 기 때문이다.

시장을 꿰뚫을 수 있다고 생각하지 말라

일부 거래자는 다른 거래자보다 상당히 우수할 수 있다. 그러나 어떤 거래자도 항상 미래를 정확히 예측할 수는 없다. 시장변수가 움직이는 방향을 60%만 정확히 예측할 수만 있어도 거래자는 우수한 편이다. 만일 거래자가 대단히 훌륭한 과거 실적을 가지고 있더라도(1990년대 초의 로버트 시트론처럼), 우수한 거래기법 때문이라기보다는 행운(luck)의 결과일 가능성이 크다.

예를 들어 어떤 금융기관이 16명의 거래자를 고용하고 있고 이중한 명이 1년 동안 매분 기마다 이익을 냈다고 가정하자. 금융기관은 이 거래자에게 많은 보너스를 주어야 하는가? 금융기관은 거래자의 위험한도를 증가시켜서 보다 적극적으로 거래할 수 있게 해주어야 하는 가? 첫 번째 질문에 대한 답은 '예'이다. 즉, 이 거래자는 많은 보너스를 분명히 받게 될 것이 다. 그러나 두 번째 질문에 대한 답은 '아니오'이다. 무작위 거래(random trading) 시 4분기 동 안 연속적으로 이익을 얻을 확률은 0.54 또는 1/16이다. 이는 16명의 거래자 중 한 명은 우연히 매 분기마다 이익을 얻을 수 있음을 의미한다. 따라서 특정 거래자의 행운이 계속될 것이 라고 생각해서는 안 되며, 우연히 성공한 그 거래자의 위험한도를 증가시켜서는 안 된다.

분산효과를 과소평가하지 말라

회사는 특정 거래자가 관련 시장변수의 움직임을 잘 파악해서 이익을 얻으면 그 거래자의 위험한도를 증가시키는 경향이 있다. 바로 앞에서 우리는 이를 잘못된 생각이라고 주장하였다. 왜냐하면 일시적으로 이익을 낸 것은 그가 명석해서라기보다는 거래자의 운이 좋았을 가능성으로 볼 수 있기 때문이다. 그럼에도 불구하고 특정 거래자가 우수한 투자 재능을 가지고 있다고 확신한다고 가정하자. 이 거래자의 우수한 투자 재능을 이용하기 위하여 우리는 비분산된 포지션을 어느 정도 허용해야 하는가? 이 질문에 대한 답은 '아니오'이다. 왜냐하면 분산효과 (diversification benefit)가 대단히 크기 때문이다. 즉, 특정 포지션에 집중적으로 투기하기 위해 분산효과를 포기하는 것은 최선의 투자전략이 아니다.

다음 예는 이 주장의 근거를 잘 설명해 준다. 예를 들어 20개의 주식이 있고 각 주식의 기 대수익률은 연 10%이고 수익률의 표준편차는 30%이다. 모든 주식 간의 상관계수는 0.2이다. 투자금액을 20개의 주식에 균등하게 나누어서 투자하면 투자자는 그 포트폴리오로부터 10% 의 기대수익률과 14.7%의 표준편차를 기대할 수 있다. 이와 같은 분산투자로부터 투자자는 위험을 절반 이상 줄일 수 있다. 달리 표현하면 투자자는 분산투자해서 위험 단위당 기대수익률을 2배로 증가시킬 수 있다. 반면에 이 투자자가 한 주식에 집중 투자하여 동일한 결과를 얻기 위해서는 주식을 선정하는데 극히 우수한 재능을 갖고 있어야 할 것이다.

시나리오분석과 위기검증을 수행하라

정상적인 손실뿐만 아니라 비정상적으로 발생할 수 있는 손실을 모두 파악하기 위해서는 VaR(value at risk)와 ES(expected shortfall)와 같은 위험측정치를 계산할 때 시나리오 분석(scenario analysis)과 위기검증(stress testing)을 항상 함께 사용하여야 한다. 이들 기법은 대단히 중요하다. 사람들은 의사결정을 할 때 하나 또는 두 개의 시나리오에만 의존하려는 좋지 않은 경향을 가지고 있다. 예를 들어 1993년과 1994년에 프록터 앤드 갬블(Procter and Gamble)과 깁슨 그리팅스(Gibson Greetings)는 이자율이 지속적으로 낮을 것이라는 확신을 갖고 이자율이 100 bp 증가할 수 있는 가능성을 무시한 채 투자하여 엄청난 손실을 입었다.

이때 시나리오를 창조적(creative)으로 만들어내고 경험있는 관리자들의 판단을 활용하는 것이 중요하다. 이렇게할수 있는 하나의 접근방법은 과거 10년 내지 20년의 자료를 분석하여 가장 극단적인 사건을 기초로 시나리오를 구축하는 것이다. 때로는 시나리오를 만드는 데 필요한 주요 변수에 대한 과거 자료가 없는 경우도 있다. 이 경우에는 과거 자료를 얻을 수 있 는 비슷한 변수를 선택하여 이 변수의 과거 일별 변화율을 주요 변수의 일별 변화율로 대용하 여 사용하는 것이 바람직하다. 예를 들어 특정 국가가 발행한 채권의 과거 가격자료를 얻을 수 없는 경우 시나리오를 생성하기 위하여 위험과 만기 등의 발행조건이 비슷한 다른 국가에서 발행한 채권의 과거 가격자료를 사용할 수 있다.

37.2 금융기관을 위한 교훈

투자 실패 사례에서 얻을 수 있는 교훈 중에서 금융기관에 특히 적절한 교훈을 설명하면 다음과 같다.

거래자를 주의 깊게 감시하라

거래부서에서는 실적이 우수한 거래자를 소위 손댈 수 없는 사람(untouchable)으로 간주하여 이들의 거래를 다른 거래자의 거래와 동일한 수준에서 조사하지 않으려는 경향이 있다. 유명한 국채 상품 거래자였던 키더 피보디(Kidder Peabody)의 조지프 제트(Joseph Jett)는 '너무 바빠서' 질문에 답할 수도 없었고, 기업의 위험관리자(risk manager)와 그의 포지션에 대하여 토론할 시간을 가질 수도 없었다.

모든 거래자(특히, 많은 이익을 내고 있는 거래자)가 자신의 거래에 대하여 완벽하게 책임을 지는 것(fully accountable)이 중요하다. 금융기관은 불합리하게 높은 위험을 부담해서 많은 이익을 얻은 것은 아닌지 확인해야 한다. 또한 금융기관은 자신의 컴퓨터 시스템과 가격결정 모형이 적절한지, 어떤 방식으로든 오용되지 않고 있는지 점검해야 한다.

전방부서, 중간부서, 후방부서를 분리하라

금융기관의 전방부서(front office)는 실제로 거래를 집행하고 포지션을 취하는 거래자들이 모여 있는 부서이다. 중간부서(middle office)는 부담하고 있는 위험을 감시하는 위험관리자들이 모여 있는 부서이다. 후방부서(back office)는 거래기록을 유지하고 회계처리하는 부서이다. 지금까지 발생했던 최악의 파생상품 손실사례들 중의 일부는 이런 부서별 기능들이 분리되지 않아서 발생하였다. 닉 리슨은 싱가포르에 있는 베어링스의 전방부서와 후방부서의 기능을 모두 통제한 결과 일정 기간 동안 런던에 있는 상급자에게 자신의 부적절한 거래를 감출 수 있었다. 제롬 커비엘은 소시에테 제네랄의 후방부서에서 일하다가 거래자가 되었고 자신이 보유하던 포지션을 숨기기 위하여 시스템에 대한 자신의 지식을 활용하였다.

평가 모형을 맹목적으로 신뢰하지 말라

금융기관이 입은 대규모 투자손실의 일부는 사용된 평가 모형과 컴퓨터 시스템상의 문제 때문에 발생하였다. 우리는 [실무사례 5.1]에서 키더 피보디가 어떻게 자신의 시스템에 의하여 오도되었는지 설명하였다.

비교적 단순한 거래전략을 적용하였음에도 많은 이익이 보고된다면 이익계산에 사용된 평가 모형이 잘못되었을 가능성이 크다. 마찬가지로 금융기관이 특정 거래의 가격을 공시할 때 특히 경쟁력을 보이는 경우 그 금융기관은 다른 시장거래자와는 상이한 평가 모형을 사용하고 있을 가능성이 크다. 따라서 진행되고 있는 모든 일을 주의 깊게 분석해서 의사결정해야 한다. 거래부서의 책임자에게 있어 특정 유형의 영업이 지나치게 많은 것은 특정 유형의 영업이 지나치게 적은 것만큼이나 고민해야 할 문제이다.

초기이익을 보수적으로 인식하라

금융기관이 비금융기관에 대단히 이색적인 금융상품을 매도할 때 그 금융상품의 가치평가는 모형에 크게 의존하여 이루어진다. 예를 들어 만기가 긴 금리옵션을 내재한 상품은 사용된 금리모형에 따라 가치평가가 크게 달라진다. 이런 경우 매일 시장가격을 반영하는 것(marking to market)은 실제로는 모형가격을 반영하는(marking to model) 것이다. 왜냐하면 벤치마크로 사용할 수 있는 유사 거래의 시장가격이 존재하지 않기 때문이다.

예를 들어 금융기관이 내재가치보다 1,000만 달러 비싸게(또는 모형가격보다 적어도 1,000 만 달러 비싸게) 고객에게 상품을 매도하였다고 가정하자. 내재가치보다 비싼 금액, 즉 1,000만 달러는 초기이익(inception profit)으로 불린다. 어느 시점에서 이 이익이 인식(recognized)되어야 하는가? 투자은행별로 초기이익을 인식하는 시점은 큰 차이가 있어 보인다. 일부 은행은 1,000만 달러를 즉시 이익으로 인식하고, 일부 은행은 이보다는 보수적으로 거래의 만기 동안 점차적으로 인식한다.

초기이익을 거래 즉시 인식하는 것은 대단히 위험하다. 거래 즉시 초기이익을 익식하게 되면 거래자들로 하여금 보너스를 받기 위해 공격적인 모형을 사용하고, 모형과 거래의 가치가 보다 정확히 조사되기 전에 회사를 떠나도록 하는 원인이 될 수도 있다. 따라서 초기이익을 점차적으로 인식하여 실제로 거래하기 전에 거래자들로 하여금 여러 모형과 가정들이 미치는 영향을 조사하도록 하는 동기를 갖게 하는 것이 훨씬 바람직하다

고객에게 부적절한 상품을 매도하지 말라

고객이 특정 위험에 대하여 관심이 있을 때에 그 고객에게 부적절한 상품을 매도하기 쉽다. 그러나 이런 거래는 근시안적인 거래이다. 가장 극적인 예는 1994년 봄 뱅커스 트러스트(BT: Bankers Trust)의 사례이다. BT는 상당수의 고객에게 위험이 크고 대단히 부적절한 상품을 매입하도록 권유하였다. BT가 권유한 전형적인 상품(예를 들어 769페이지에서 설명한 5/30 스왑)은 고객이 차입금에 대하여 약간의 bp만큼의 이자를 덜 지불할 가능성은 높지만 엄청난 비용을 부담할 가능성은 낮은 상품이었다. 1992년과 1993년에 이 상품은 BT의 고객에게 이익을 제공하였지만, 1994년에는 이자율이 급격히 상승하여 고객에게 엄청난 손실을 입혔다. 이로 인한 나쁜 여론으로 BT의 명성은 상당한 타격을 받았다. BT가 오랜 기간 동안 기업고객으로부터 받았던 신뢰와 파생상품 혁신에서 얻었던 명성은 지나치게 공격적인 소수의 세일즈맨 에 의하여 대부분 무너졌다. BT는 법정 밖에서 소송에 타협하기 위하여 고객에게 엄청난 금액을 지불해야만 했다. BT는 1999년에 도이치은행(Deutsche Bank)에 인수되었다.

손쉬운 이익을 경계하라

엔론은 지나치게 공격적인 거래자들이 어떻게 그들이 일하는 은행에게 수십억 달러에 달하는 손해를 끼칠 수 있는지에 대한 예를 제공한다. 엔론과 같이 사업하는 것은 매우 수익성이 높아 보였으며 은행들은 이 사업을 위해 서로 경쟁했다. 그러나 많은 은행들이 특정 형태의 사업을 얻기 위해 노력했다는 사실이 해당 사업이 궁극적으로 해당 사업의 수익성이 높을 것임을 의미한다고 생각해서는 안됐다. 엔론이 은행들과 함께 했던 사업들은 결국 은행입장에서 많은 비용을 치르게 하는 소송으로 이어졌다. 일

반적으로 높은 수익을 쉽게 얻을 수 있을 것 같은 거래는 반드시 숨겨진 위험을 찾아내기 위해 가까이 살펴보아야 한다.

서브프라임 모기지로부터 구성된 ABS CDO의 AAA 등급의 트랑슈(8장 참고)에 투자하는 것은 환상적인 기회처럼 보일 수도 있다. 약속된 수익은 AAA 등급의 투자기구들에서 일반적으로 얻어질 수 있는 수익보다 상당히 높았다. 많은 투자자들은 초과 수익이 신용평가기관이 간과한 위험으로부터 발생하는지 살펴보는 것을 잊는다.

유동성위험을 무시하지 말라

금융공학전문가(financial engineer)는 일반적으로 활발히 거래되는 상품의 가격에 기초하여 이색상품(exotic instrument)과 거래가 상대적으로 활발하지 않은 상품의 가격을 평가한다. 예를 들어

1. 금융공학전문가는 활발히 거래되는 국채로부터 무이표수익률곡선(zero curve)을 계산하고 이를 이용하여 거래가 상대적으로 활발하지 않은 국채의 가격을 결정한다.
2. 금융공학전문가는 활발히 거래되는 옵션으로부터 자산의 내재변동성을 계산하고 이를 이용하여 거래가 상대적으로 활발하지 않은 옵션의 가격을 결정하곤 한다.
3. 금융공학전문가는 활발히 거래되는 금리캡과 스왑옵션으로부터 이자율 이항과정의 모수를 추정하고 이를 이용하여 거래가 상대적으로 활발하지 않은 상당히 구조화된 (highly structured) 상품의 가격을 결정하곤 한다.

이런 관행(practice)은 불합리적이지는 않다. 그러나 거래가 상대적으로 활발하지 않은 상품이 항상 이론가격에 근접해서 거래될 것이라고 가정하는 것은 위험하다. 금융시장이 충격을 받으면 이른바 '자금도피(flight to quality)' 현상이 발생한다. 이때 유동성(liquidity)은 투자자에게 대단히 중요하게 되고, 유동성이 낮은 상품은 이론가격에서 큰 폭으로 할인되어 거래 되곤 한다. 상대적으로 유동성이 낮은 상품이 대량으로 그리고 이론가격에 근접한 가격으로 즉시 매도될 수 있다고 가정하는 투자전략은 위험하다.

유동성위험(liquidity risk)으로 곤란에 빠졌던 예는 [실무사례 2.2]에서 설명한 LTCM (Long-Term Capital Management)의 사례에서 찾아볼 수 있다. 헷지펀드인 LTCM은 수렴 차익거래(convergence arbitrage)로 불리는 전략을 사용하였다. 즉, 이론적으로 동일 가격을 가져야 하는 두 개의 증권(또는 증권 포트폴리오)을 이용한 투자전략을 시도하였다. 만일 한 증권의 가격이 다른 증권의 가격보다 낮으면 낮은 증권을 매입하고 다른 증권을 매도한다. 수렴 차익거래는 두 증권이 동일한 이론가격을 갖는다면, 이들의 시장가격도 결국은 같아져야 한다는 논리에 기초한다.

1998년 여름에 LTCM은 엄청난 손실을 입었다. 왜냐하면 러시아가 자국의 부채에 대하여 채무불이행을 선언함으로써 자금도피현상이 발생하였기 때문이다. LTCM은 당시에 유동성이 낮은 상품을 주로 매입하였고 유동성이 높은 상품을 주로 매도하고 있었다[예를 들어 발행 된 후 일정 기간이 경과되어 거래가 상대적으로 활발하지 않는 채권(off-the-run bond)을 매입하였고 가장 최근에 발행되어 거래가 상대적으로 활발한 채권(on-the-run bond)을 매도하 고 있었다]. 유동성이 낮은 상품과 유동성이 높은

상품 간의 수익률 스프레드는 러시아가 채 무불이행을 선언한 이후 급격히 상승하였다. 신용 스프레드 또한 증가하였다. 더구나 LTCM 은 대단히 높은 레버리지를 갖고 있었다. 그 결과 LTCM은 엄청난 손실을 입었으며 일부 포 지션에서 증거금납입요청이 발생하였고 이를 충족시키지 못하는 사태가 일어났다.

LTCM의 사례는 가장 최악의 경우에 발생할 수 있는 상황을 분석하기 위한 시나리오분석과 위기검증이 얼마나 중요한지를 확인시켜준다. LTCM은 최악의 경우에 발생할 수 있는 유 동성위험을 측정하기 위하여 자금도피현상이 극심했을 때의 상황을 분석해두어야 했었다.

모든 사람이 동일한 투자전략을 실행할 때에는 조심하라

많은 시장참여자들이 본질적으로 동일한 거래전략을 수행할 때가 가끔 있다. 이는 시장의 큰 변동성, 시장의 불안정성, 시장참여자의 큰 손실 등을 불러올 수 있는 위험한 환경을 조성한다. 우리는 1987년 10월의 미국 주식시장폭락과 포트폴리오 보험에 대하여 설명한 18장에서 이런 사례를 살펴본 바 있다. 주가폭락 전 수개월 동안 많은 포트폴리오 매니저는 합성풋옵션을 구성함으로써 그들의 포트폴리오를 보호하고자 하였다. 그들은 시장이 상승한 후에 주식 또는 주가지수선물을 매입하였고 시장이 하락한 후에 매도하였다. 이 전략은 시장을 불안정 하게 하였다. 상대적으로 작은 가격하락도 포트폴리오 보험 전략에 의해 큰 폭의 매도로 이어 질 수 있었다. 이 매도는 다시 시장의 더욱 큰 하락을 불러일으키고 이는 다시 또 다른 매도세 를 가져오게 했다. 포트폴리오 보험 전략이 없었다면 1987년 가을의 주가폭락은 실제보다 훨씬 덜 하였을 것이라는 데 의심의 여지가 없다.

다른 예로 1998년의 LTCM의 사례를들수 있다. 많은 다른 헷지펀드들이 유사한 수렴차익 거래를 따라서 수행했기 때문에 LTCM의 포지션은 더욱 곤경에 빠지게 되었나. 러시아 채무불 이행 선언과 자금도피현상이 발생한 후 LTCM은 증거금납입요청(margin call)에 응하기 위하 여 포트폴리오의 일부를 청산하려고 하였다. 불행히도 LTCM과 유사한 입장에 놓여 있는 다른 헷지펀드도 이와 유사한 거래를 하려고 시도하였다. 이는 상황을 더욱 악화시켰으며 그렇지 않 았을 경우에 비하여 유동성 스프레드(liquidity spread)를 더욱 증가시켜 자금도피현상을 더욱 가속화시켰다. 예를 들어 LTCM의 미국 국채 포지션을 고려해 보자. LTCM은 유동성이 낮은 채권에 매입포지션을 취하고 있었고 유동성이 높은 채권에 매도포지션을 취하고 있었다. 자금도 피현상으로 인해 두 채권 수익률 간의 스프레드가 증가되었을 때 LTCM은 상대적으로 유동성 이 낮은 채권을 매도하고 유동성이 높은 채권을 매입하여 포지션을 청산해야 했었다. 다른 헷지 펀드들도 동일한 거래를 하고 있었다. 그 결과 유동성이 높은 채권의 가격은 낮은 채권의 가격에 비하여 상대적으로 많이 상승하였고 두 수익률 간의 스프레드는 처음보다 더욱 증가하였다.

또 다른 예로 1990년대 후반 영국 보험회사들이 보여준 행동을 들 수 있다. 보험회사들은 연금에 적용되는 이자율이 시장이자율과 확정이자율 중에 높은 것이 되도록 하는 계약을 많이 체결하였다. 만약 장기 이자율이 약정한 이자율보다 낮아진다면 보험회사들은 손해를 보게된다. 이와 거의 동시에 다양한 이유로 모든 보험회사들은 장기 스왑옵션을 금융기관으로부터 매입함으로써 계약에서 발생할 수 있는 위험의 일부를 헷지하기로 결정하였다. 파생상품 거래의 반대편에 있던 금융기관들은 금융기관들은 많은 양의 장기 영국채권을 매입 함으로써 위험을 헷지하였다. 그 결과 채권가격은 상승하였고 장기채권수익률은 하락하였다. 금융기관들은 동적 헷지를 유지하기 위하여 보다 많은 채권을 매입하여야 했으며 이는 수익 률을 더욱 하락시키는 악순환의 원인이 되었다. 금융기관은 손해를 보게 되었고, 장기채권수익률이 하락하였기 때문에 보험회사들은 그들의 포지션이 헷지하지 않기로 결정한 위험에 대하여 더 나쁜 상황에 있음을 깨닫게 되었다.

이런 사례로부터 배울 수 있는 중요한 교훈은 많은 시장참여자들이 동일한 거래전략을 추구하는 것이 얼마나 큰 위험을 내재하고 있는지 이해하는 것이 중요하다는 점이다.

장기 목적(long-term needs)을 위해 단기 차입금을 과도하게 사용하지 말라

모든 금융기관은 장기로 사용될 돈을 마련하기 위해 어느 정도는 단기로 조달된 자금을 사용한다. 하지만 금융기관은 단기차입금에 지나치게 의존할 경우 수용할 수 없는 유동성 위험에 노출될 가능성이 있다.

금융기관이 장기로 사용될 자금을 CP를 매월 만기를 연장하여 조달한다고 가정하자. 4월 1일에 발행된 CP는 5월 1일에 발행된 CP로부터 조달된 자금으로 상환된다. 5월 1일에 발행된 CP는 6월 1일에 발행된 CP로부터 조달된 자금으로 상환된다. 금융기관이 튼튼하다는 가정 하에 커다란 문제는 없어보인다. 하지만 만약 투자자들이 (옳건 그르건) 금융기관에 대한 신뢰를 잃게 되면 CP의 만기를 이연하는 것이 불가능해지며 금융기관은 심각한 유동성 문제를 겪게 된다.

신용위기 동안의 많은 금융기관의 실패는 (예를 들면, 리만 브라더스(Lehman Brothers) 그리고 노던 락(Northern rock)) 많은 부분 단기 차입금에 대한 과도한 의존에 의해 초래됐다. 국제적으로 은행을 규제하는 바젤 위원회에서 은행들이 반드시 만족시켜야 하는 유동성 비율을 도입한 것은 놀랍지 않다.

시장투명성의 중요성을 인식하라

2007년의 신용위기에서 얻을 수 있는 교훈들 중 하나는 시장투명성이 중요하다는 점이다. 2007년 즈음에 투자가들은 매우 복잡한 구조화 채권들을 거래하고 있었지만 이 상품들의 기초자산에 대한 실제적인 지식은 갖고 있지 않았다. 그들이 알고 있었던 것은 구조화 채권들의 등급이 전부였다. 뒤돌아 보면 투자가들이 기초자산에 대하여 좀 더 많은 정보를 요구했어야 했고 자신들이 부담하게 되는 위험에 대하여 좀 더 신중히 평가했어야 했다고 말할 수 있지만 일이 벌어지고 나서 이렇게 말하는 것은 쉬운 일이다.

2007년의 서브프라임 시장 붕괴는 투자가들로 하여금 모든 구조화 상품에 대한 신뢰를 상 실하게 하였으며 결국 그 시장에서 손을 떼게 만들었다. 이는 구조화 상품들을 이론가치보다 훨씬 낮은 가격에 팔 수밖에 없게 만든 시장 붕괴를 가져왔다. 그 결과 양질의 상품들로의 자금도피(capital flight)가 발생하였고 신용 스프레드는 더욱 증가하였다. 물론 투자가들이 자신들이 투자하고 있는 자산유동화증권(asset-backed securities)에 대하여 이해할 수 있도록 시 장투명성이 확보되었더라도 서브프라임 관련 손실이 여전히 발생하였을 것이지만 양질의 상품으로의 자금도피와 시장 붕괴는 훨씬 덜 심각하였을 것이다.

인센티브를 관리하라

2007년과 2008년의 금융위기가 던져준 교훈은 인센티브의 중요성에 대한 인식이다. 은행의 인센티브 체계는 단기 성과를 강조하는 경향이 있다. 일부 금융기관들은 상여금의 지급을 1년에서 향후 몇년에 걸쳐 지급하고 성과금의 일부가 만약 성과가 처음 인식된 것보다 좋지 않을 경우 회수 될 수 있도록 하였다. 이것은 분명한 장점이 있다. 왜냐하면 단기적으로는 우수해 보이지만 장기적으로는 큰 손실을 야기할 수 있는 거래들을 줄여줄 수 있기 때문이다.

대리인 비용을 최소화할 수 있도록 하기 위해 대출자산을 증권화할 때 대출자산 공급자의 이해관계를 최종적인 위험을 부담하는 투자가의 이해관계와 일치시키는 것이 중요하다. 이는 대출자산의 공급자들이 이로부터 파생되는 금융상품들에 일정한 지분을 가지도록 감독기관이 규제함으로써 달성할 수 있다.

위험관리를 무시하지 말라

상황이 좋을 경우에는(혹은 좋아 보일 경우) 위험관리부서의 스트레스 테스트나 기타 분석 결과들을 무시하고 모든 일이 잘 될 것이라고 여기는 경향이 있다. 2007년의 금융위기 이전 기간에 위험관리부서의 의견을 경청하지 않은 사례들이 많이 있다. 예를 들어 시티그룹의 CEO 였던 척 프린스가 2007년 7월(금융위기 직전) 많이 인용되는 Financial Times의의 인터뷰에서 다음과 같이 말했다:

"유동성에 관한 한 음악이 멈추면 복잡한 상황이 발생할 것이다. 그러나 음악이 연주되고 있는 한 우리는 일어나서 춤을 추어야 한다. 우리는 아직도 춤을 추고 있다."

그는 분명 이 언급에 대해 이후 후회했을 것이다. 금위기로 인한 시티그룹의 총 손실은 500억 달러를 초과하였다. 척 프린스는 2007년 말에 직장을 잃었다.

37.3 비금융기관을 위한 교훈

투자 실패 사례에서 얻을 수 있는 교훈 중에서 비금융기관에 주로 적용될 수 있는 교훈을 설명하면 다음과 같다.

거래를 충분히 이해하라

기업은 자신이 충분히 이해하지 못하는 거래 또는 거래전략을 결코 수행해서는 안 된다. 이는 어느 정도 당연히 지켜야 할 분명한 원칙인데, 실제로는 비금융기관 거래자들이 큰 손실이 발생한 후에도 어떤 일이 일어나고 있는지 알지 못하였다고 말하면서, 투자은행에 의해 자신들 이 오도(misled)되었다고 주장하는 것은 놀라운 일이다. 오렌지 카운티의 재정담당관인 로버 트 시트론도 거래의 자세한 내용을 모르고 있었다. 해머스미스 앤드 풀럼(Hammersmith and Fulham)의 거래자도 자신이 한 거래가 엄청나게 큰 포지션임에도 불구하고 거래한 스왑과 금리 파생상품이 구체적으로 어떤 상품인지 모르고 있었다.

만일 기업의 고위관리자가 하위관리자가 제안한 거래를 이해하지 못한다면 그 거래는 승인되지 말아야 한다. 단순하게 말해서 만일 거래와 거래의 논리가 복잡하여 관리자가 충분히 이해할 수 없으면, 그 거래는 틀림없이 기업에 적절하지 않다는 것이다. 이런 기준을 적용하였으면 프록터 앤드 갬블과 깁슨 그리팅스가 큰 손실을 입었던 거래도 아예 처음부터 실행되지 도 않았을 것이다.

당신이 금융상품을 충분히 이해하는지를 확인하는 하나의 방법은 그 금융상품의 가치를 평가해 보는 것이다. 만일 기업이 금융상품을 평가할 자체적인 능력을 갖추지 못하고 있으면 그 상품을 거래하지 않아야 한다. 실제로 기업들은 금융상품의 가치를 평가하는 데 투자은행에 의존하는 경향이 있다. 프록터 앤드 갬블과 깁슨 그리팅스의 실패사례에서 알 수 있듯이 이는 위험하다. 이 기업들이 거래를 마감하려고 하였을 때 이들은 뱅커스 트러스트의 자체 모형(proprietary model)에 의해 평가된 가격에 의존할 수밖에 없었는데, 이를 검토할 방법을 이들은 갖고 있지 못했다.

헷저가 투기자로 변하지 않도록 확인하라

인생을 살면서 불행한 사실 중의 하나는 헷징은 상대적으로 재미없고 투기는 흥미진진하다고 생각된다는 점이다. 기업이 거래자를 고용하여 환위험, 상품가격위험, 금리위험을 관리할 때 다음과 같은 상황이 발생할 위험이 있다. 처음에 거래자는 자기의 일을 부지런히 하여 최고경영자의 신뢰를 쌓는다. 그는 기업의 위험노출규모를 측정하고 이를 헷지한다. 시간이 지남에 따라 거래자는 자신이 시장을 꿰뚫어 볼(outguess) 수 있는 능력이 있다고 확신한다. 거래자는 천천히 투기자가 되어간다. 처음에는 일이 잘 진행되지만, 결국 손실이 발생한다. 이 손실 을 만회하기 위하여 거래자는 베팅 금액을 두 배로 늘린다. 손실은 계속해서 더욱 커지고 결과는 재난 수준으로 확대된다.

앞에서 설명했듯이, 고위경영자는 부담할 수 있는 위험의 정확한 한도를 결정하여야 한다. 위험한도가 준수되고 있는지 확인하기 위해서 통제(control)가 적절히 이루어져야 한다. 기업의 거래전략(trading strategy)은 외환, 금리, 상품시장 등에서 직면한 위험을 분석하는 것으로 부터 시작되어야 한다. 그런 다음 위험을 수용 가능한 수준까지 줄일 수 있는 방법을 구체적 으로 결정해야 한다. 만일 거래전략을 기업이 직면한 위험노출로부터 직접적으로 도출할 수 없다면 이는 기업 내에 문제가 있다는 명확한 신호이다.

재무부서를 이익센터로 만들지 말라

지난 20년 동안 기업의 재무부서를 이익센터(profit center)로 만들려는 경향이 있어 왔다. 이런 현상을 바람직스럽다고 하기에는 조심스러운 측면이 많이 있다. 재무담당자는 가능한 한 자금조달비용(financing cost)을 감소시켜 수익성을 높이고, 위험을 관리하려는 동기를 갖고 있다. 문제는 이익을 창출할 수 있는 재무담당자의 잠재력이 제한되어 있다는 점이다. 재무담 당자는 효율적 시장(efficient market)에서 자금을 조달하고 잉여자금을 투자한다. 즉, 재무담당자는 추가적으로 위험을 부담해야만 추가적인 수익성을 창출할 수 있다. 또한 기업의 헷지 프로그램(hedge program)은 재무담당자가 현명한 결정으로 이익을 증가시킬 수 있는 약간의 여지를 제공한다. 그러나 헷지프로그램의 목적은 어디까

지나 위험을 줄이는 데 있지 기대이 익을 증가시키는 데 있지 않다는 점을 명심해야 한다. 3장에서 이미 지적했듯이, 헷지 의사결 정은 헷지하지 않기로 한 의사결정보다 나쁜 결과를 가져올 수 있는 확률이 50%이다. 재무부 서를 이익센터로 만들 때 나타날 수 있는 위험은 재무담당자를 투기자가 되도록 유인할 수 있 다는 점이다. 이는 오렌지 카운티, 프록터 앤드 갬블, 깁슨 그리팅스가 경험한 것과 유사한 유형의 투자실패를 유발할 가능성이 크다.

요약

파생상품을 사용하면서 경험했던 엄청난 손실들은 많은 재무담당자들을 매우 조심스럽게 만 들었다. 이와 같은 손실을 경험한 이후에 일부 비금융기관들은 파생상품의 이용을 감소시키거나 또는 완전히 배제하는 계획을 발표하였다. 그러나 이는 불행한 일이다. 왜냐하면 재무담 당자들은 파생상품을 이용하여 위험을 아주 효율적으로 관리할 수 있기 때문이다.

엄청난 손실과 관련된 뒷이야기들은 1장에서 언급하였다시피 파생상품이 헷지목적으로 이용될 수도 있고 투기목적으로도 이용될 수 있다는 점을 다시 한번 확인시켜주고 있다. 즉, 파생상품은 위험을 감소시키기 위하여 사용되기도 하고 위험을 적극적으로 부담(take)하기 위하여 사용되기도 한다는 것이다. 대부분의 손실은 파생상품을 적절히 사용하지 않았기 때 문에 발생하였다. 즉, 많은 경우의 손실은 기업의 위험을 묵시적으로 또는 명시적으로 헷지해 야 할 임무를 위임받은 직원이 헷지 대신 투기하였기 때문에 발생하였다.

그동안의 실패사례로부터 배울 수 있는 주요 교훈은 내부통제가 중요하다는 사실이다. 기업 내부의 고위관리자는 파생상품을 어떻게 사용할 것이며 시장변수의 움직임에 대하여 직원이 어떤 포지션을 취할 수 있는지에 관하여 명확하고 분명한 방침을 결정해 주어야 한다. 그 리고 경영진은 그 방침이 어떻게 이행되고 있는지 확인하기 위하여 내부통제를 실시해야 한다. 직원 개개인이 취한 위험을 주의 깊게 감시하지 않으면서 직원에게 파생상품을 거래할 수 있는 권한을 부여하는 것이야말로 재난에 이르는 지름길이다.

참고문헌

Dunbar, N. *Inventing Money: The Story of Long-Term Capital Management and the Legends Behind* It. Chichester, U.K: Wiley, 2000.

Jorion, P. "How Long-Term Lost Its Capital," *Risk* (September 1999).

Jorion, P. *Big Bets Gone Bad: Derivatives and Bankruptcy in Orange County*. New York: Academic Press, 1995.

Persaud, A. D. (ed.) Liquidity and Black Holes: *Understanding, Quantifying and Managing Financial Liquidity Risk*, London, Risk Books, 2003.

Sorkin, A.R., *Too Big to Fail*. New York: Penguin, 2009.

Tett, G. *Fool's Gold: How the Bold Dream of a Small Tribe at J. P. Morgan Was Corrupted by Wall Street Greed and Unleashed a Catastrophe*. New York: Free Press, 2009.

용어 해설

ABS: Asset-Backed-Security 참조.

ABS CDO: ABS의 트랑슈로부터 트랑슈를 합성하는 금융상품.

Accrual Swap(발생스왑): 특정 조건이 형성될 때에만 거래자 일방에 대한 이자가 발생하는 금리스왑.

Accrued Interest(발생이자): 최근 이자 지급일 이후에 발생한 채권이자.

Adaptive Mesh Model(그물망 조정 모형): 피글스키–가오가 개발한 모형으로 다항과정에 촘촘한 다항과정을 덧붙임으로써 옵션 가격에 중요한 영향을 미치는 주가 범위 내에서는 좀 더 정확하게 옵션가치를 평가하는 모형.

Agency Costs(대리인비용): 대리인(예를 들어 경영자)이 본원(예를 들어 주주)의 이해관계에 완전하게 부합하지 못하는 행동을 하는 경우 발생하는 비용.

Agency Mortgage-Backed Security: 지급이 정부 기관에 의해 보장된 주택저당채권 담보부 증권

American Option(아메리칸옵션): 옵션의 잔존 기간 중 언제든지 권리행사가 가능한 옵션.

Amortizing Swap(상각스왑): 시간이 경과함에 따라 미리 정해진 규칙대로 명목원금이 감소 하는 스왑.

Analytic Result(분석적 결과): 그 결과가 공식의 형태를 가지는 가치평가 결과.

Arbitrage(차익거래): 두 개 이상 증권의 가격이 상대적으로 잘못 결정되었음을 이용하여 이익을 취하는 거래.

Arbitrageur(차익거래자): 차익거래를 하는 투자가.

Asian Option(아시안옵션): 정해진 기간 동안의 기초자산의 평균가격에 의해 이득이 결정되는 옵션.

Ask Price(매도호가): 자산을 매도할 때 제시하는 가격.

Asked Price(매도호가): Ask Price 참조.

Asset-Backed-Security(자산유동화증권): 대출자산, 채권, 신용카드 채권 등의 자산 포트폴리오로부터 구성되는 새로운 유가 증권.

Asset-or-Nothing Call Option(자산이원콜옵션): 기초자산가격이 행사가격보다 높으면 이 득이 기초자산의 가격으로, 반대로 행사가격보다 낮으면 이득이 0으로 결정되는 옵션.

Asset-or-Nothing Put Option(자산이원풋옵션): 기초자산가격이 행사가격보다 낮으면 이득이 기초자산의 가격으로, 반대로 행사가격보다 높으면 이득이 0으로 결정되는 옵션.

Asset Swap(자산스왑): 채권의 이표와 (LIBOR+스프레드) 금리를 교환하는 스왑.

As-You-Like-It Option: Chooser Option 참조.

At-the-Money Option(내가격옵션): 행사가격이 기초자산의 가격과 동일한 옵션.

Average Price Call Option(평균가격콜옵션): 기초자산의 평균가격이 행사가격을 초과하는 정도와 0 중에서 큰 금액으로 이득이 결정되는 옵션.

Average Price Put Option(평균가격풋옵션): 행사가격이 기초자산의 평균가격을 초과하는 정도와 0 중에서 큰 금액으로 이득이 결정되는 옵션.

Average Strike Option(평균행사가격옵션): 최종 자산가격과 평균 자산가격 간의 차이에 따라 지급액이 결정되는 옵션.

Bachelier Normal Model(바첼리어 정규 모형): 미래 이자율이 정규분포를 따르는 모형

Backdating(문서작성일 위조): 문서작성 일자를 과거 날짜로 표기하는 (불법적인) 행동.

Back Testing(사후검증): 과거 자료를 이용하여 VaR 모형 또는 기타 모형을 검증하는 과정.

Backwards Induction(역행추론법): 옵션의 가치를 평가하기 위해서 계산과정의 끝에서 처음까지 역행하여 검토하는 방법.

Barrier Option(장애물옵션): 기초자산의 가격이 장애물가격에 도달하는지의 여부에 의해 이득이 결정되는 옵션.

Base Correlation(기초 상관계수): 0~X% 트랑슈의 가치가 시장가격과 일치하도록 해 주는 상관계수.

Basel II(바젤 II): 2007년쯤 이후에 효력을 발휘할 것으로 기대되는 은행 요구자본을 계산하 는데 적용되는 새로운 국제규제.

Basel Committee(바젤위원회): 국제적으로 은행의 규제를 책임지는 위원회.

Basis(베이시스): 상품의 현물가격과 선물가격의 차이.

Basis Point(베이시스포인트): 이자율을 묘사할 때 사용되는 것으로, 1베이시스포인트는 1%의 100분의 1(0.01%)임.

Basis Risk(베이시스위험): 미래시점의 베이시스가 불확실함으로 인해 헷저가 부담하는 위험.

Basis Swap(베이시스스왑): 한 변동금리에 따라 계산한 현금흐름을 다른 금리에 따라 계산한 현금흐름과 교환하는 스왑.

Basket Credit Default Swap(바스켓 CDS): 준거기업이 여럿인 경우의 CDS.

Basket Option(바스켓옵션): 자산 포트폴리오의 가치에 따라 지급액이 결정되는 옵션.

Bear Spread(약세 스프레드): 행사가격이 K_1인 풋옵션을 매입하고 행사가격이 K_2인 풋옵션 을 매입하여 구성한 포지션으로 콜옵션을 이용하여 구성할 수도 있음(단, $K_2 > K_1$).

Bermudan Option(버뮤다옵션): 존속 기간 중의 특정일에 행사될 수 있는 옵션.

Beta(베타): 자산의 체계적 위험 측정치.

Bid-Ask Spread(매매호가 차이): 매입호가와 매도호가 간의 차이.

Bid-Offer Spread(매매호가 차이): Bid-Ask Spread 참조.

Bid Price(매입호가): 자산을 매입하면서 제시하는 가격.

Bilateral Clearing(양방 청산): 장외시장에서 두 당사자 간의 거래를 다루기 위한 협약. 종종 ISDA Master Agreement를 포함.

Binary Credit Default Swap(이원 신용 디폴트 스왑): 특정 기업의 채무불이행 발생 시 일정한 금액을 지불하는 CDS.

Binary Option(이원옵션): 지급액이 불연속적인 옵션. Cash-or-nothing option 또는 asset- or-nothing option을 의미함.

Binomial Model(이항분포 모형): 자산의 가격이 연이은 짧은 기간 동안 계속 점검되는 모형. 각각의 짧은 기간 동안 주가는 단 2개의 가격변화를 가짐.

Binomial Tree(이항과정): 이항분포 모형에서 자산가격의 변화를 묘사한 과정.

Bivariate Normal Distribution(2변량 정규분포): 서로 상관관계를 가지며 각 변수가 정규 분포인 두 변수의 확률분포.

Black's Approximation(블랙의 근사치 추정법): 배당을 지급하는 주식에 대한 콜옵션을 가치평가하기 위해서 피셔 블랙(Fisher Black)에 의해 개발된 근사치 추정법.

Black's Model(블랙 모형): 블랙이 1976년에 블랙–숄즈 모형을 확장한 것으로 유러피언선물옵션의 가치를 평가하는 모형임.

Black-Scholes-Merton Model(블랙–숄즈–머튼 모형): 피셔 블랙, 마이론 숄즈, 로버트 머튼이 개발한 유러피언옵션 가격결정 모형.

Board Broker(장내 브로커): 거래소에서 지정가 주문을 처리하는 사람. 장내 브로커는 다른 거래자들이 이용할 수 있도록 지정가 주문 잔고를 알려주는 일도 함.

Bond Option(채권옵션): 기초자산이 채권인 옵션.

Bond Yield(채권수익률): 채권의 모든 현금흐름에 적용하여 계산된 현재가치를 채권의 시장 가격과 같게 해주는 할인율.

Bootstrap Method(붓스트랩법): 시장자료를 이용해서 무이표수익률곡선을 계산하는 절차.

Boston Option(보스턴 옵션): Deferred Payment Option 참조.

Box Spread(박스 스프레드): 콜옵션으로 구성된 강세 스프레드와 풋옵션으로 구성된 약세 스프레드의 합성 포트폴리오.

Break Forward(브레이크 선도): Deferred Payment Option 참조.

Brownain Motion(브라운 운동): Wiener Process 참조.

Bull Spread(강세 스프레드): 행사가격이 K_1인 콜옵션을 매입하고 행사가격이 K_2인 콜옵션 을 매도하여 구성한 포지션으로, 풋옵션을 이용해서도 구성할 수 있음(단, $K_2 > K_1$).

Butterfly Spread(나비형 스프레드): 행사가격이 K_1인 콜옵션과 행사가격이 K_3인 콜옵션을 각각 1개씩 매입하고 행사가격이 K_2인 콜옵션 2개를 매도하여 구성한 포지션으로, 풋옵션 을 이용해서도 구성할 수 있음[단, $K_3 > K_2 > K_1$이고, $K_2 = 0.5(K_1 + K_3)$].

Calendar Spread(캘린더 스프레드): 콜옵션 1개를 매입하고 콜옵션 1개를 매도하여 구성한 포지션으로, 풋옵션을 이용해서도 구성할 수 있음. 단, 옵션의 만기는 다름.

Calibration(모수추정): 시장에서 활발하게 거래되는 옵션가격을 평가 모형에 대입하여 모형의 모수를 역산하여 추정하는 기법.

Callable Bond(수의상환 채권): 발행자가 만기 전에 정해진 가격으로 채권을 매입할 수 있는 권리가 부여된 채권.

Call Option(콜옵션): 일정 기간까지 일정 가격으로 기초자산을 매입할 수 있는 옵션.

Cancelable Swap(취소가능 스왑): 거래 일방에 의해서 미리 정해진 날짜에 취소되는 것이 가능한 스왑.

Cap(캡): Interest Rate Cap 참조.

Cap Rate(캡금리): 금리캡에서 이득을 결정하는 이자율.

Capital Valuation Adjustment(KVA, 자본가치조정): 자본요건에 대한 비용을 반영하기 위한 가치평가조정

Capital Asset Pricing Model(자본자산 가격결정 모형): 자산의 기대수익률을 베타와 관련시켜 결정하는 모형.

Caplet(캡레트): 금리캡의 일부분.

Case-Shiller Indext(케이스-쉴러지수): 미국의 주택가격지수.

Cash Flow Mapping(현금흐름 매핑): VaR를 계산할 목적으로 금융상품을 무이표채의 포트 폴리오로 나타내는 절차.

Cash-or-Nothing Call Option: 최종 자산가격이 행사가격보다 높으면 미리 정한 일정금액의 이득이 발생하고, 반대의 경우 이득이 0인 옵션.

Cash-or-Nothing Put Option: 최종 자산가격이 행사가격보다 낮으면 미리 정한 일정금액의 이득이 발생하고, 반대의 경우 이득이 0인 옵션.

Cash Settlement(현금정산): 기초자산을 인도하지 않고 현금으로 선물계약을 정산하는 절차.

CAT Bond (CAT 채권):"재해"보험의 청구액이 특정 금액을 넘어서면 이자와 가능하면 상환원금까지도 감소하는 채권.

CPP: Central Counterparty 참조.

CDD(냉방지수, Cooling Degree Days): 0과 일별 평균기온이 화씨 65°를 초과하는 값중의 최대치. 평균기온은 밤 12시부터 다음날 밤 12시까지에서 최고기온과 최저기온의 평균치임.

CDO: Collateralized Debt Obligation 참조.

CDO Squared(이차 CDO): CDO 트랑슈 포트폴리오로부터의 채무불이행 위험을 새로운 증권에 할당하는 유가증권.

CDS: Credit Default Swap 참조.

CDS Spread(CDS 스프레드): CDS의 보장을 위해 매년 납부해야하는 베이시스포인트.

CDX NA IG: 북미의 125개 기업의 포트폴리오.

CEBO: Credit Event Binary Option 참조.

Central Clearing(중앙 청산): 장외 파생상품을 위해 청산소를 사용하는 것.

Central Counterparty(중앙청산소): 장외거래의 청산소.

Cheapest-to-Deliver Bond(최저가인도채권): CBOT의 채권선물계약에서 인도하는 데 가장 싼 채권.

Cholesky Decomposition(촐레스키 분해법): 다변량 정규분포로부터 표본을 추출하는 방법.

Chooser Option(선택옵션): 만기일 전 어느 시점에서 콜옵션인지 풋옵션인지 소유자가 선택 할 권리가 주어진 옵션.

Class of Options(옵션클래스): Option Class 참조.

Clean Price of Bond(채권의 공시가격): 공시된 채권가격. 채권의 현금가격(dirty price of bond)은 채권의 공시가격(clean price of bond)에 발생이자를 더해서 구함.

Clearing House(결제소): 파생상품의 거래이행을 보증하는 기관(결제회사라고도 부름).

Clearing Margin(거래증거금): 결제소 회원이 거래를 위해 결제소에 위탁하는 증거금.

Cliquet Option(클리켓옵션): 행사가격을 결정하는 규칙을 포함하는 일련의 콜옵션 또는 풋 옵션. 직전 옵션이 만기가 되는 즉시 다음 옵션이 시작되는 경우가 일반적이다.

CMO: Collaterlaized Mortgage Obligation 참조..

Collar(칼라): Interest-Rate Collar 참조.

Collateral(담보): 기업의 채무불이행에 대한 보호를 위해 기업이 거래 상대방에게 제공하기 위해 공지한 현금 또는 증권

Collateralization(담보제공): 파생상품거래의 한 당사자나 당사자 모두가 담보를 제공하는 행위.

Collateralized Debt Obligation(부채담보부증권): 신용위험을 여러 자산으로 묶어 패키지로 만드는 기법. 채권 포트폴리오로부터 여러 계층의 증권들을 만들어내고, 채권에서 발생하는 채무불이행은 미리 결정된 배분 규칙에 따라 각 계층으로 배분됨.

Collateralized Mortgage Obligation (CMO): 투자자가 몇 개의 클래스로 나누어지고 클래스별 원금지급 방법이 서로 다르게 결정되는 부동산 담보증권.

Combination(콤비네이션): 동일한 기초자산에 대한 콜옵션과 풋옵션을 동시에 이용하여 구성한 포지션.

Commission Brokers(커미션 브로커): 고객들을 위해 거래를 대신하고 그에 대한 대가로 커미션을 받는 사람.

Commodity Futures Trading Commission(상품선물거래위원회): 선물계약의 거래를 규제하는 미국 내의 기구.

Commodity Swap(상품스왑): 현금흐름이 상품의 가격에 의존하는 스왑.

Compound Correlation(복합 상관계수): CDO 트랑슈의 시장가격에 내재된 상관계수.

Compound Option(복합옵션): 옵션에 대한 옵션.

Compounding Frequency(복리빈도): 이자율을 단위 기간 동안에 적용하는 횟수.

Compounding Swap(복리스왑): 이자가 지급되는 대신에 복리로 늘어나는 스왑.

Compression: 둘 또는 그 이상의 파생상품 거래상대방들이 원금과 자본요건를 축소하기 위해 미결된 거래를 재구조화하는 과정.

Conditional Value at Risk (C-VaR): 이익/손실의 분포가 (100 — X)백분위수 내에 있다고 가정하는 경

우 N일 동안의 기대손실. 변수 N은 측정기간, X%는 신뢰수준을 표시함.

Confirmation(확인서): 장외시장에서 두 거래 당사자 간의 계약내용을 확인하는 서류.

Constant Elasticity of Variance Model (CEV 모형): 어떤 변수의 단기간 동안 변화의 분산이 변수의 값에 비례하는 모형.

Constant Maturity Swap(일정만기스왑, CMS): 스왑 이자율이 매 지급일에 고정금리 또는 변동금리로 교환되는 스왑.

Constant Maturity Treasury Swap (SMT 스왑): T-Bond 수익률이 매 지급일에 변동금리 또는 고정금리로 교환되는 스왑.

Consumption Asset(소비자산): 투자목적이 아니고 소비목적으로 보유하는 자산.

Contango(콘탱고): 선물가격이 기대현물가격보다 높은 상황(선물가격이 현재의 현물가격보다 높은 상황에도 사용함).

Continuous Compounding(연속복리): 이자율을 표시하는 한 방법. 이자율을 적용하는 기간을 측정할 수 없을 정도로 극단적으로 짧게 하는 방법.

Control Variate Technique(통제변수기법): 수치화 절차의 정확성을 향상시키기 위하여 가끔 사용될 수 있는 기법.

Convenience Yield(보유편익률): 자산을 직접 소유함으로써 얻는 편익으로, 선물계약 매입 포지션을 소유한 투자자는 얻을 수 없음.

Conversion Factor(전환계수): CBOT의 채권선물 계약에서 인도되어야 할 채권의 수를 결 정하는 데 사용되는 계수.

Convertible Bond(전환사채): 만기 전(즉, 잔존 기간 중) 일정한 시점에서 미리 정해진 수량의 주식으로 전환될 수 있는 회사채.

Convexity(볼록성): 채권의 가격과 수익률 간에 존재하는 곡률(curvature)의 정도.

Convexity Adjustment(볼록성 조정): 다양한 의미로 쓰임. 선물이자율을 선도이자율로 전환하는 데 필요한 조정으로 사용될 수 있음.

Copula(코퓰라): 확률변수를 알고 있는 경우 변수들 간의 상관관계를 정의하는 기법 중 하나.

Cornish-Fisher Expansion(코니시-피셔 확장식): 어떤 확률분포의 분위수와 적률 간의 관계에 대한 근사식.

Cost of Carry(보유비용): 보관비용+자본 조달비용—중간소득.

Counterparty(거래상대방): 재무거래에서 반대편에 있는 거래자.

Coupon(이표 또는 액면이자): 채권의 이자지급액.

Covariance(공분산): 두 확률변수 간의 선형관계를 나타내는 측정치(두 변수 간 상관계수에 각 변수의 표준편차들을 곱한 값).

Covariance Matrix(공분산행렬): Variance-Covariance Matrix 참조.

Covered Call(보호된 콜옵션): 콜옵션 매도포지션과 기초자산 매입포지션이 결합된 포지션.

Crashophobia(폭락공포증): 시장으로 하여금 심외가격 풋옵션의 가치를 증가시키도록 하는 주식시장

폭락에 대한 두려움.

Credit Contagion(신용감염): 한 기업의 채무불이행이 다른 기업들의 채무불이행을 가져오는 현상.

Credit Default Swap(CDS): 채권발행자가 채무불이행하는 경우 채권보유자에게 채권을 액면가로 매도할 수 있는 권리를 주는 금융상품.

Credit Derivative(신용파생상품): 지급액이 하나 또는 그 이상의 주체의 신용도에 따라 결정되는 파생상품.

Credit Event(신용 사건): 채무불이행 또는 재편성과 같은 신용파생상품의 지불금(payout)의 계기가 되는 사건.

Credit Event Binary Option(신용 사건 이원 옵션): 만약 준거 집단이 신용 사건으로부터 피해를 보는 경우 고정 이득을 제공하는 거래소에서 거래되는 옵션.

Credit Index(신용지수): 포트폴리오 내의 각 기업에 대한 보장을 매입할 경우 소요되는 비용을 추적하기 위한 지수(예, CDX NA IG와 iTraxx Europe).

Credit Rating(신용등급): 채권의 신용도를 나타내는 측정치.

Credit Rating Transition Matrix(등급전이 행렬): 일정한 기간 동안 한 기업이 일정한 등급에서 다른 등급으로 변할 확률을 나타내는 표.

Credit Risk(신용위험): 파생상품거래의 상대방이 채무불이행함으로써 발생하는 손실위험.

Credit Spread Option(신용 스프레드 옵션): 지급액이 두 자산 수익률간의 스프레드에 따라 결정되는 옵션.

Credit Support Annex: 담보 요청에 대한 부분을 다루는 ISDA Master 협약의 일부.

Credit Value Adjustment(신용가치조정): 상대방의 채무불이행위험을 반영하기 위해 상대방과 체결한 파생상품의 가치를 조정하는 것.

Credit Value at Risk(신용 VaR): 일정한 신뢰 수준에서 그 이상의 신용 손실이 발생하지 않을 손실수준.

CreditMetrics: 신용 VaR을 계산하는한 기법.

Cross Hedging(교차 헷징): 한 자산 가격에의 노출을 다른 자산에 기초한 파생상품으로 헷징하는 행위.

Cumulative Distribution Function(누적분포함수): 확률변수 x가 임의의 값 x보다 적을 확률을 나타내는 함수.

Currency Swap(통화스왑): 한 국가의 통화로 표시된 원리금이 다른 국가의 통화로 된 원리금과 교환되는 스왑.

CVA: Credit Value Adjustment 참조.

Day Count(일수계산): 이자를 계산하는 날수의 산정.

Day Trade(당일마감거래): 동일한 날에 시작했다가 마감하는 거래.

Debt (or Debit) Valuation Adjustment(부채 가치평가 조정): Value to a company of the fact that it might default on outstanding derivatives transactions.

Default Correlation(채무불이행 상관): 두 기업이 동시에 채무불이행이 발생하는 정도를 측정하는 측정치.

Default Intensity(채무불이행 강도): Hazard Rate 참조.

Deferred Swap(이연스왑): 거래 개시가 미래에 시작되는 스왑. 일명 선도스왑이라고도 함.

Delivery Price(인도가격): 선도계약에서(과거 일정한 시점에) 합의된 가격.

Delta(델타): 기초자산의 가격에 대한 파생상품의 가격 변화율.

Delta Hedging(델타헷징): 기초자산의 가격이 조금 변할 때 파생상품으로 구성된 포트폴리오의 가치가 변하지 않도록 하기 위한 헷징 방법.

Delta-Neutral Portfolio(델타중립 포트폴리오): 델타가 0인 포트폴리오로 기초자산의 가격이 조금 변할 때 포트폴리오의 가치는 변하지 않음.

DerivaGem: 본 서에 첨부된 소프트웨어.

Derivative(파생상품): 가격이 다른 자산의 가격에서 연유되는 또는 다른 자산의 가격에 의해 결정되는 금융상품(instrument).

Deterministic Variable(확정변수): 미래의 값이 알려져 있는 변수.

Diagonal Spread(대각선 스프레드): 행사가격과 만기가 다른 콜옵션 2개를 이용하여 구성한 포지션으로, 풋옵션을 이용해서도 구성할 수 있음.

Differential Swap(차이스왑): 한 국가의 통화로 표시된 변동금리를 다른 국가의 통화로 표시된 변동금리로 교환하는 스왑. 이자율이 적용되는 원금은 동일하다.

Diffusion Process(확산과정): 자산의 가격이 (점프 없이) 연속적으로 변동하는 모형.

Dirty Price of Bond(채권의 더러운 가격): 채권의 현금가격.

Discount Bond(할인채권): Zero-Coupon Bond 참조.

Discount Instrument(할인상품): T-bill과 같이 중간에 이자를 지급하지 않는 금융상품.

Discount Rate(할인율): 최종 액면가의 퍼센트로 표현된 T-bill 또는 유사상품의 연간 수익률.

Diversification(위험감소): 여러 자산에 분산투자함으로써 위험을 감소시키는 것.

Dividend(배당): 주식 소유자에게 지급되는 현금 배당액.

Dividend Yield(배당수익률): 배당을 주가로 나눈 비율.

Dodd-Frank Act(도드-프랭크 법안): 미국에 2010년 도입된 법안으로 소비자와 투자자를 보호, 미래 구제금융의 방지, 금융시스템 기능을 더 주의깊게 관찰하기 위해 설계됐다.

Dollar Duration(가격 듀레이션): 채권의 수정 듀레이션에 채권가격을 곱한 값.

Doom Option: Deep-out-of-the money put option.

Down-and-In Option(하향진입옵션): 기초자산의 가격이 미리 정한 수준으로 하락하면 유효하게 되는 옵션.

Down-and-Out Option(하향실격옵션): 기초자산의 가격이 미리 정한 수준으로 하락하면 실격되는 옵션.

Downgrade Trigger(등급하향 계약종료 조항): 계약의 한 당사자의 신용등급이 일정한 수준 이하로 떨어지는 경우 계약이 종료된다는 계약상의 조항.

Drift Rate(평균율): 어떤 확률변수의 단위시간당 평균 증가폭.

Duration(듀레이션): 채권의 가중평균 회수기간. 채권수익률의 절대변화(즉, 1y)에 대한 채권 가격의 변화율을 개략적으로 나타냄.

Duration Matching(듀레이션 일치): 금융기관에서 자산과 부채의 듀레이션을 일치시키는 절차.

DV01: 모든 이자율을 1베이시스포인트 증가시킬 경우의 델타.

DVA: Debt (or Debit) Valuation Adjustment 참조.

Dynamic Hedging(동적 헷징): 기초자산의 포지션을 정기적으로 조정하여 옵션포지션을 헷징하는 절차로 델타중립인 포지션을 유지하는 데 목적이 있음.

Early Exercise(조기행사 또는 만기일 전 권리행사): 만기일 전에 권리를 행사하는 것.

Effective Federal Funds Rate(유효 연방자금금리): 중개된 거래를을 위한 연방자금금리의 가중평균 (Weighted average federal funds rate for brokered transactions).

Efficient Market Hypothesis(효율적 시장가설): 자산의 가격에는 관련정보가 반영되어 있다는 가설.

Electronic Trading(전자거래): 컴퓨터를 이용하여 매입자와 매도자를 연결시키는 거래.

Embedded Option(부가된 옵션): 다른 증권에 포함된 옵션.

Empirical Research(실증연구): 역사적 시장자료에 기초한 연구.

Employee Stock Option(종업원스톡옵션): 한 기업이 자신의 주식을 기초로 발행하여 보상의 일부로서 종업원들에게 분배한 스톡옵션.

EONIA: 유로화 오버나이트 이자율

Equilibrium Model(균형 모형): 이자율의 행태를 경제 모형에서 유도해내는 모형.

Equity Swap(주식스왑): 주식 포트폴리오의 수익률이 고정금리 또는 변동금리와 교환되는 스왑.

Equity Tranche(지분트랑슈): 원금 손실을 가장 먼저 부담하는 트랑슈. **Eurocurrency**(유로통화): 해당 통화를 발행한 국가의 통화기관 통제에서 벗어나 있는 통화. **Eurodollar**(유로달러): 미국 밖에 소재한 은행이 보유하고 있는 달러.

Equivalent Annual Interest Rate(동등 연 이자율): 연복리 기준 이자율.

Equivalent Martingale Measure Result(동등 마팅게일 측도 결과): (a) 증권가격이 가치척도를 이용해 측정되고 (b) 위험의 시장가격이 가치척도 증권의 변동성인 경우 증권가격의 확률과정이 마팅게일인 결과.

ETP: ETF처럼 거래소에서 거래되는 상품.

Euribor: 유로존의 은행들이 서로 대출할 수 있는 유로 이자율.

Eurodollar Futures Contract(유로달러 선물계약): 유로달러 예금액(deposit)을 기초자산으로 하여 발행된 선물계약.

Euro LIBOR(유로 리보): 유로화를 위한 런던 은행 간 대출 금리.

European Option(유러피언옵션): 오직 만기일에만 권리를 행사할 수 있는 옵션.

Exponentially Weighted Moving Average (EWMA): 지수가중 이동평균.

Exchange Option(교환옵션): 하나의 자산을 다른 자산으로 교환하는 옵션.

Ex-dividend Date(배당락일): 배당을 지급하기로 공시할 때 배당락일이 명시된다. 배당락일에 주식을 매입하는 투자자는 배당금을 받을 수 없다. 배당락일 현재 주식을 보유하는 투 자자는 배당을 받음.

Exercise Limit(행사 제한 횟수): 5일 이내에 옵션을 행사할 수 있는 최대 횟수.

Exercise Multiple(주가-행사가 배수): 종업원스톡옵션 행사 시 행사가격에 대한 주가의 비율.

Exercise Price 또는 Strike Price(행사가격): 옵션계약에서 자산을 사거나 파는 가격.

Exotic Option(이색옵션): 표준화되지 않은 옵션.

Expectations Theory(기대이론): 선도이자율이 기대 미래 현물이자율과 같아진다는 이론.

Expected Shortfall: 조건부 VaR 참조.

Expected Value of a Variable(변수의 기대값): 변수값을 발생확률로 가중 평균한 값.

Expiration Date(만기일): 계약 만료일.

Explicit Finite Difference Method(명시적 유한차분법): 미분방정식의 해를 구하여 파생상품의 가치를 구하는 기법. 시점 t에서 파생상품의 가치는 시점 $t + \Delta t$에서의 기초자산 가격 3개에 따라 결정된다. 이 기법은 실제로는 삼항과정 기법과 동일함.

Exponentially Weighted Moving Average Model(지수가중 이동평균 모형): 역사적 자료로부터 한 변수의 측치를 추정하기 위하여 지수적 가중치가 이용되는 모형.

Exponential Weighting(지수적 가중방법): 관찰치가 얼마나 최근인지의 여부에 종종 VaR 계산에 필요한 분산과 공분산에 적용한다. 의하여 가중치가 변하는 방법으로, t시점 전 관 찰치의 가중치는 $t-1$ 시점 전 관찰치의 가중치에 λ를 곱한 값임(단, $\lambda < 1$).

Exposure(노출): 계약 상대방의 채무불이행에 따른 최대 손실액.

Extendable Bond(연장채권): 채권소유자의 선택에 의해 만기가 연장될 수 있는 스왑.

Extendable Swap(연장스왑): 거래자 일방의 선택에 의해 만기가 연장될 수 있는 스왑.

Factor(요인): 불확실성의 원천.

Factor Analysis(요인분석): 많은 변수들에서 발생하는 변동의 대부분을 설명할 수 있는 공통적인 몇 개의 요인들을 발견하기 위한 통계적 기법.

FAS 123: 종업원스톡옵션에 대한 미국의 회계기준.

FAS 133: 헷징에 사용되는 유가증권에 대한 미국의 회계기준.

FASB (Financial Accounting Standards Board): 재무회계기준위원회.

FICO: Fair Isaac Corporation이 개발한 신용점수.

Federal Funds Rate(연방자금금리): 은행 간 오버나이트 대출 금리.

Financial Intermediary(금융중개기관): 서로 다른 경제주체 간에 자금의 흐름을 연결하는 은행 또는 기타 금융기관.

Finite Difference Method(유한차분법): 미분방정식의 해를 구하는 방법.

Flat Volatility(수평변동성): 각각의 캡레트(caplet)에 대해 동일한 변동성이 이용될 때, 캡을 평가하는 데 이용되는 변동성에 붙여진 이름.

Flex Option(플렉스옵션): 거래소에서 거래되는 표준옵션과 다른 조건으로 거래소에서 거래 되는 옵션.

Flexi Cap(행사횟수 제한 캡): 캡레트를 행사할 수 있는 총 횟수가 제한되어 있는 금리캡.

Floor(플로어): Interest Rate Floor 참조.

Floor-Ceiling Agreement: Interest Rate Collar 참조.

Floorlet(플로어레트): 플로어의 일부분.

Floor Rate(플로어금리): 금리플로어 계약에서의 이자율.

Foreign Currency Option(통화옵션): 환율에 대한 옵션.

Forward Contract(선도계약): 계약자가 특정자산을 미래 일정 시점에서 미리 정해진 인도 가격으로 사거나 파는 의무가 부여된 계약.

Forward Exchange Rate(선도환율 또는 선물환율): 외국통화 1단위당 선도가격.

Forward Interest Rate(선도이자율): 현재 시장에서 형성되는 이자율에 내재된 미래 일정 기간 동안의 이자율.

Forward Price(선도가격): 계약의 가치가 0이 되도록 하는 선도계약의 인도가격.

Forward Rate(선도이자율): 현재 시점의 현물이자율에 내포되어 있는 미래 일정 기간의 이자율.

Forward Rate Agreement(FRA, 선도금리계약): 미래 특정 기간 동안에 미리 정한 원금에 대해 특정 이자율이 적용되는 선도계약.

Forward Start Option(선도유효옵션): 미래 일정 시점에서 등가격이 되도록 설계된 옵션.

Forward Swap(선도스왑): Deferred Swap 참조.

FRTB: Fundamental Review of the Trading Book 참조.

Fundamental Review of the Trading Book(FRTB): 시장 위험을 위한 자본 계산을 위한 2018-19년에 시행될 새로운 규칙.

Funding Valuation Adjustment(FVA, 자금 가치평가 조정): 자본조달 비용을 위해 파생상품의 가격에 이루어지는 조정.

Futures Commission Merchants(선물커미셔너): 고객의 지시에 따르는 선물계약 거래자.

Futures Contract(선물계약): 계약자가 미래 일정 기간 동안에 미리 정한 가격으로 자산을 사거나 팔아야 하는 의무가 부여된 계약. 이 계약은 일일 정산됨.

Futures Option(선물옵션): 선물계약에 대한 옵션.

Futures Price(선물가격): 선물계약의 현재 인도가격.

Futures-Style Option(선물형 옵션): 옵션의 투자이익에 대한 선물계약.

FVA: Fundamental Valuation Adjustment 참조.

Gamma(감마): 기초자산의 가격에 대한 델타의 변화율.

Gamma-Neutral Portfolio(감마중립 포트폴리오): 감마가 0인 포트폴리오.

Gap Option(갭옵션): 행사가격이 두 개인 유러피언콜옵션 또는 풋옵션. 하나는 행사 여부를 결정하고 나머지는 투자수익을 결정한다.

GARCH Model: 분산율이 평균회귀과정을 따르는 경우 변동성을 예측하는 모형.

Gaussian Copula Model(가우시안 코풀라 모형): 두 개 이상의 변수들 간의 상관계수를 측정하는 한 기법. 신용파생상품의 가치평가 모형에서 채무불이행 기간의 상관계수 구조를 측정하는데 이용되기도 함.

Gaussian Quadrature(가우시안 구적법): 복잡한 적분값의 계산을 개략적으로 계산할 수 있게 해주는 계산법.

Generalized Wiener Process(일반화된 위너과정): 단기간인 t 동안 어떤 변수의 변동이 t 에 비례하는 평균과 분산을 갖는 정규분포를 하는 확률과정.

Geometric Average(기하평균): n개의 곱을 $1/n$승한 값.

Geometric Brownian Motion(기하 브라운 운동): 기초자산의 대수값이 일반 위너과정을 따르는 확률과정으로 자산가격의 확률과정으로 자주 이용됨.

Girsanov's Theorem(지사노브정리): 측도를 변경할 때(예를 들어, 실제 세계에서 위험중립세계로 전환) 변수의 기대수익률은 변하지만 변동성은 변하지 않는다는 것을 보여주는 결과.

Greeks(그릭문자): 델타, 감마, 베가, 세타 그리고 로 등의 헷징 모수.

Guaranty Fund: 거래소 또는 중앙청산소의 회원들이 납부한 자금. 채무불이행 사건으로 인한 손실을 메우기 위해 사용될 수 있음.

Haircut(헤어컷): 담보 목적으로 제공된 자산의 가치를 할인하는 행위.

Hazard Rate(위험률): 이전에 채무불이행이 발생하지 않았다는 가정 아래 측정한 단기간 동안의 채무불이행 발생확률.

HDD(난방지수, heating degree days): 0과 일별 평균기온이 화씨 65°를 하회하는 값 중에서 최대치. 평균기온은 밤 12시부터 다음 날 밤 12시까지에서 최고기온과 최저기온의 평균치임.

Hedge(헷지): 위험을 줄이기 위한 거래.

Hedge Funds(헷지펀드): 일반 뮤츄얼펀드보다 규제와 감독이 느슨한 펀드. 숏포지션을 취할 수도 있고 파생상품에 투자할 수도 있지만 투자자를 공모방식으로 모집할 수 없음.

Hedger(헷저): 헷징거래를 하는 사람.

Hedge Ratio(헷지비율): 헷징 대상자산 규모에 대한 헷징수단(즉, 선물계약) 포지션 크기의 비율.

Historical Simulation(역사적 시뮬레이션): 역사적 자료에 기초한 시뮬레이션.

Historic Volatility(역사적 변동성): 과거의 자료로부터 추정된 변동성.

Holiday Calendar(휴일 캘린더): 스왑에서 지급 일수를 결정할 목적으로 어떤 날이 휴일인지를 결정하는 달력.

IMM Dates (IMM 일장): 3월, 6월, 9월, 12월의 셋째 주 수요일.

Implicit Finite Difference Method(암묵적 유한차분법): 미분방정식의 해를 구하여 파생상품의 가치를 구하는 기법. 시점 t에서 파생상품의 가치는 시점 $t + \Delta t$ 에서의 기초자산 가격 3개에 따라 결정됨.

Implied Correlation(내재 상관계수): 가우시안 접합법이나 이와 유사한 모형을 이용하여 신용파생상품의 시장가격에서 계산한 상관계수.

Implied Distribution(내재분포): 옵션가격으로부터 얻은 내재된 미래 자산가격의 분포.

Implied Dividend Yield(내재 배당수익률): 동일한 행사가격과 만기를 가진 콜옵션과 풋옵션의 가격들로부터 풋-콜 패리티를 이용해 추정된 배당수익률.

Implied Tree(내재과정): 시장에서 관찰된 옵션가격과 일치하도록 구성된 자산가격의 변동 과정.

Implied Volatility(내재 변동성): 블랙–숄즈 모형 또는 다른 옵션가격결정 모형에 옵션가격을 적용하여 구한 변동성.

Implied Volatility Function (IVF) Model: 옵션 시장의 모든 유러피언옵션가격들과 일치하도록 설계된 모형.

Inception Profit(초기이익): 파생상품을 이론적 가격보다 높은 가격으로 매도함으로써 발생 하는 이익.

Index Amortizing Swap(지수 상각스왑): Index Principal Swap 참조.

Index Arbitrage(지수 차익거래): 주가지수를 구성하는 주식 포지션과 주가지수선물 포지션을 이용하는 차익거래.

Index Futures(지수선물): 주가지수 또는 기타 지수에 대한 선물.

Index Option(지수옵션): 주가지수 또는 다른 지수에 대한 옵션.

Indexed Principal Swap(지수원금스왑): 시간이 경과함에 따라 원금이 줄어드는 스왑. 지급일에 원금의 감소 규모는 이자율 수준에 의해 결정됨.

Initial Margin(개시증거금): 선물거래를 시작할 때 거래자에게 요구되는 증거금.

Instantaneous Forward Rate(순간 선도이자율): 미래의 초단기간 동안의 선도이자율.

Interest Rate Cap(금리캡): 이자율이 정해진 수순보나 높으면 이득이 발생하는 옵션으로 이자율은 정기적으로 조정되는 변동금리임.

Interest Rate Collar(금리칼라): 금리캡과 금리플로어의 결합.

Interest Rate Derivative(금리파생상품): 지급액이 미래금리에 따라 결정되는 파생상품.

Interest Rate Floor(금리플로어): 이자율이 정해진 수준보다 낮으면 이득이 발생하는 옵션.
이자율은 정기적으로 조정되는 변동금리임.

Interest Rate Option(금리옵션): 이자율의 수준과 어떤 방식으로든 연결되어 있는 옵션.

Interest Rate Swap(금리스왑 또는 이자율 스왑): 일정한 명목원금에 대한 고정금리와 동일 원금에 대한 변동금리를 교환하는 스왑.

International Swaps and Derivatives Association(국제 스왑 및 파생상품 협회): 장외파생 상품거래와 장외파생상품 표준 약관의 개발기관들의 협회.

In-the-Money Option(내가격 옵션): (a) 자산가격이 행사가격보다 높은 콜옵션 또는 (b) 자산가격이 행사가격보다 낮은 풋옵션.

Intrinsic Value(내재가치): 콜옵션의 경우 자산가격이 행사가격을 초과하는 정도와 0 중에서 큰 값이고, 풋옵션의 경우 행사가격이 자산가격을 초과하는 정도와 0 중에서 큰 값임.

Inverted Market(역조시장): 만기일에 가까워짐에 따라 선물가격이 하락하는 시장.

Investment Asset(투자자산): 투자목적으로 보유하는 자산.

IO(이자수취증권): Interest Only의 약자로, 소유자가 부동산 담보풀에서 발생하는 이자만을 수령하는 부동산담보증권.

ISDA: International Swaps and Derivatives Association 참조.

Itô Process(이토과정): 단기간인 t 동안 어떤 변수의 변동이 정규분포를 하는 확률과정. 평균과 표준편차는 t에 비례하지만 상수일 필요는 없음.

Itô's Lemma(이토정리): 어떤 변수의 확률과정으로부터 그 변수의 함수에 대한 확률과정을 계산할 수 있는 수학적 결과.

Jump-Diffusion Model(점프확산 모형): 기하 브라운 과정과 같은 확산 과정에 점프가 덧붙여진 자산가격 모형.

Jump Process(점프과정): 변수가치의 점프를 포함하는 변수의 확률과정.

Kurtosis(첨도): 분포의 꼬리가 두터운 정도.

KVA: Capital Valuation Adjustment 참조.

LEAPS (long-term equity anticipation security, 장기 주식관련 옵션): 개별주식 또는 주가 지수에 대한 비교적 장기옵션.

LIBOR (London interbank offer rate, 런던은행간 대출이자율): 유로통화 예금에 대해 은행이 제시하는 이자율(즉, 은행이 다른 은행에게 대출할 때의 이자율).

LIBOR Discounting(LIBOR 할인): 파생상품의 가치를 평가할 때 LIBOR 금리를 무위험이자율로 활용하는 것.

LIBOR-in-Arrears Swap(지체 LIBOR 스왑): 특정일에 관찰된 LIBOR 이자율 기준의 이자가 이자발생기간 말에 지급되지 않고 그날에 지급되는 스왑.

LIBOR-OIS 스프레드: 특정 만기의 LIBOR 이자율와 OIS 이자율의 차이.

Limit Move(제한폭 변동): 단일 거래 기간 동안에 거래소가 허용한 최대 가격 변동폭.

Limit Order(지정가 주문): 명시된 가격 또는 투자자에게 유리한 가격으로만 거래가 이루어지도록 하는 주문.

Liquidity Preference Theory(유동성 선호이론): 선도이자율이 기대 미래 현물이자율보다 높다는 이론.

Liquidity Risk(유동성 위험): 보유하고 있는 특정 유가증권을 이론 가격에 매도하는 것이 불 가능할 위험. 또는 기업이 자산보유에 필요한 자금을 조달할 수 없는 위험.

Locals(로컬): 다른 사람을 위해 거래하는 것이 아니라 자신을 위해 거래하는 장내 거래인.

Lognormal Distribution(대수정규분포): 변수에 자연대수를 취한 값이 정규분포를 따르면 변수는 대수정규분포를 따름.

Long Hedge(매입헷지): 선물에 매입포지션을 취하는 헷지.

Long Position(매입포지션): 자산을 구입한 포지션.

Lookback Option(룩백옵션): 일정 기간 동안의 최고 또는 최저 가격에 의해 이득이 결정되는 옵션.

Low Discrepancy Sequence: Quasi-Random Sequence 참조.

Maintenance Margin(유지증거금): 거래자의 증거금 계좌의 잔액이 유지증거금 미만으로 떨어질 때, 거래자는 개시증거금 수준까지 증거금을 납입하라는 증거금 납입요청을 받음.

Margin(증거금 또는 위탁증거금): 선물 또는 옵션 거래자에게 요구되는 현금(또는 증권).

Margin Call(증거금 납입요청): 증거금 계좌의 잔액이 유지증거금 미만으로 떨어질 때, 추가 로 증거금을 위탁하도록 하는 요청.

Margin Valuation Adjustment(MVA, 증거금 가치평가 조정): 증거금 계좌와 연계된 자금의 비용을 반영하기 위해 파생상품의 가치에 대해 이루어지는 조정.

Market-Leveraged Stock Unit(MSU): 보유자에게 미래에 주식을 받을 수 있도록 자격을 부여하는 unit. 받게되는 주식의 수는 주가에 의해 결정된다.

Market Maker(시장조성자): 자산의 매입호가와 매도호가를 결정하는 거래자.

Market Model(시장모형): 거래자들에 의해 가장 일반적으로 사용되는 모형.

Market Price of Risk(시장위험가격): 위험에 대하여 투자가들이 요구하는 보상의 측정치.

Market Segmentation Theory(시장분할이론): 시장에 의해 단기이자율이 장기이자율과는 독립적으로 결정된다는 이론.

Marking to Market(일일정산): 시장 관련 변수들의 현재가치를 반영하여 금융상품의 가치를 재평가하는 과정.

Markov Process(마코브과정): 단기간 동안 변수의 변화 행태가 이전의 변화과정이 아니라 초기의 변수 값에만 의존하는 확률과정.

Martingale(마팅게일): 평균율 0인 확률과정.

Maturity Date(만기일): 계약의 만료일.

Maximum Likelihood Method(최우추정법): 표본 관측치들의 발생확률을 극대화시키는 모수값을 선택하는 모수추정법.

Mean Reversion(평균회귀성): 이자율과 같은 시장변수가 장기적으로 평균에 회귀하려는 속성.

Measure(측도): 증권의 가치를 평가하는 단위.

Mezzanine Tranche(중간트랑슈): 손실을 부담하는 순서가 지분트랑슈와 선순위트랑슈의 중간인 트랑슈.

Minimum Variance Delta(최소 분산 델타): 변동성과 자산가격의 상관관계가 음이라는것을 고려한 델타.

Modified Duration(수정 듀레이션): 채권가격의 변화율과 채권수익률의 절대변화 간의 관계를 좀 더 정확히 묘사하기 위하여 듀레이션을 수정한 듀레이션. 수정 듀레이션은 공시 수익률의 복리 효과를 감안한 개념임.

Money Market Account(MMA): 초기에 1달러가 투자되어 시점 t에서 그 시점의 초단기 무위험이자율의 수익이 발생하는 투자자산.

Monte Carlo Simulation(몬테카를로 시뮬레이션): 파생상품의 가치를 평가하기 위하여 시장변수의 변화를 무작위로 추출하는 방법.

Mortgage-Backed Security(주택저당채권 담보부 증권): 소유자에게 부동산 담보풀에서 발생하는 현금흐름에 참여할 수 있는 권리를 부여하는 증권.

MVA: Margin Valuation Adjustment 참조.

Naked Position(노출된 포지션): 기초자산의 매입포지션과 결합되지 않은 콜옵션 매도포지션.

Netting(네팅): 계약 상대방에 채무불이행이 발생할 경우 양의 가치를 갖는 계약과 음의 가치를 갖는 계약이 상계되도록 하는 것.

Newton-Raphson Method(뉴턴-랩슨 법): 비선형 방정식을 풀기 위한 반복과정.

NINJA: 신용상태가 불량한 사람을 일컫는 용어로서 소득, 직업, 자산이 없음을 의미.

No-Arbitrage Assumption(무차익거래 가정): 시장가격에 차익거래기회가 없다는 가정.

No-Arbitrage Interest Rate Model(무차익이자율 모형): 최초의 기간구조와 정확하게 일치하는 이자율 모형.

Nonstationary Model(비안정적 모형): 변동성 모수가 시간의 함수인 모형.

Nonsystematic Risk(비체계적 위험): 분산투자하면 제거될 수 있는 위험.

Normal Backwardation(정상 백워데이션): 선물가격이 기대 현물가격보다 낮은 상황.

Normal Distribution(정규분포): 종 모양의 확률분포.

Normal Market(정상시장): 만기일에 접근함에 따라 선물가격이 상승하는 시장.

Notional Principal(명목원금): 금리스왑에서 지급액을 계산하는 데 기준이 되는 원금. 원금은 지급되지도 수령되지도 않기 때문에 "명목상" 금액임.

Numeraire(가치척도): 유가증권의 가격을 측정하는 기본 단위. 예를 들어 IBM 주가가 가치척도인 경우 모든 증권의 가격은 IBM 주가와 상대적으로 측정된다. 만약 IBM 주가가 80 달러이고 어떤 증권의 가격이 50달러라면 IBM 주가가 가치척도인 경우 이 증권의 가격은 0.625가 됨.

Numerical Procedure(수치화 절차): 가격결정 공식이 존재하지 않는 경우 옵션의 가치를 평가하는 방법.

OCC (Option Clearing Corporation): Clearinghouse 참조.

Offer Price(매도호가): Ask Price 참조.

OIS: Overnight Indexed Swap 참조.

OIS Discounting(OIS 할인): 파생상품의 가치를 평가할 때 OIS 금리를 무위험이자율로 활용하는 것.

OIS Rate(OIS 이자율): OIS에서 오버나이트 이자율의 기하평균과 교환되는 이자율.

Open Interest(미결제약정수량): 시장에 남아 있는 매입포지션의 총수(total number) (또는 시장에 남아 있는 매도포지션의 총수).

Open Outcry(공개외침): 거래자들이 거래소 피트에서 실제로 만나는 거래 시스템.

Option(옵션): 자산을 사거나 팔 수 있는 권리.

Option-Adjusted Spread(옵션조정 스프레드): 금리파생상품의 이론가격을 시장가격과 동일하게 해주는 (국채 수익률 대비) 스프레드.

Option Class(옵션클래스): 특정 주식에 대한 동일한 유형(콜옵션 또는 풋옵션)의 모든 옵션.

Option Series(옵션시리즈): 동일한 행사가격과 만기를 가지며 동일한 유형에 속한 모든 옵션.

Out-of-the-Money Option(외가격 옵션): (a) 자산가격이 행사가격보다 낮은 콜옵션 또는 (b) 자산가격이 행사가격보다 높은 풋옵션.

Overnight Indexed Swap(오버나이트 지수스왑): 일정기간(예를 들어 1개월) 동안의 고정금리와 같은 기간 동안의 1일 단기금리의 기하평균값을 교환하는 스왑.

Overnight Rate(오버나이트 이자율): 1일 이자율.

Over-the-Counter Market(장외시장): 전화로 거래하는 시장. 거래자들은 보통 금융기관, 기업, 그리고 펀드매니저들임.

Package(패키지): 자산과 선도계약의 투자와 결합된 표준 콜옵션과 풋옵션의 파생상품 포트폴리오.

Par Value(액면가): 채권의 원금.

Par Yield(액면가 수익률): 가격을 원금과 동일하게 하는 채권의 액면이자율.

Parallel Shift(수평이동): 수익률곡선의 모든 점이 동일한 크기만큼 이동하는 것.

Parisian Option(파리시앙옵션): 실격 또는 진입조건을 갖추기 위해서 기초자산가격이 장애 물가격을 일정 기간 동안 상회하거나 하회해야 하는 장애물옵션.

Path-Dependent Option(경로의존적 옵션): 지급액이 기초변수의 최종값이 아니라 그것의 전체 경로(path)에 따라 결정되는 옵션.

Payoff(이득): 옵션 또는 다른 파생상품의 소유자가 옵션을 행사할 때 실현하는 현금.

PD: 채무불이행확률.

Perpetual Derivative(영구 파생상품): 영원히 지속되는 파생상품

Plain Vanilla(기본형): 표준적인 것을 묘사하는 단어. **P-Measure(P 측도)**: 실제 세계에서의 측도.

PO(원금수취 증권): Principal Only의 약자로, 소유자가 부동산 담보풀에서 발생하는 원금만을 수령하는 부동산 담보증권.

Poisson Process(포아송과정): 사건들이 임의로 발생하는 상황을 설명하는 확률과정. Δt기간 동안 사건이 발생할 확률은 Δt이다. 단 λ는 확률과정의 평균 발생 빈도임.

Portfolio Immunization(포트폴리오 면역화): 이자율이 변해도 포트폴리오의 가치가 변하지 않게 만드는 것.

Portfolio Insurance(포트폴리오 보험): 포트폴리오의 가치가 일정 수준 아래로는 떨어지지 않도록 하기 위한 거래.

Position Limit(포지션 한도): 거래자(또는 동일 거래자 집단)가 보유할 수있는 최대 포지션 규모.

Practitioner Black-Scholes Model(실무자 블랙-숄즈 모형): 내재 변동성과 블랙-숄즈-머튼 가격결정 공식을 이용하는 모형.

Premium(프리미엄): 옵션의 가격.

Prepayment Function(조기상환함수): 주택담보부 채권(모기지)의 조기상환 원금을 다른 변수들을 이용하여 추정하는 함수.

Principal(원금): 부채의 액면가.

Principal Components Analysis(주성분 분석): 상관관계가 있는 여러 변수들의 대부분의 변동을 설명할 수 있는 몇 개의 요인들을 탐색하기 위한 분석 방법(요인분석과 유사함).

Principal Protected Note(원금보장증권): 수익률이 위험자산의 성과에 의해 결정되지만 0보다 크도록 보장되므로 투자자의 원금이 보장되는 상품

Program Trading(프로그램 매매): 컴퓨터에 의해 자동적으로 거래가 결정되고 거래 지시가 거래소에 전송되는 과정.

Protective Put(방어적 풋옵션): 기초자산의 매입포지션과 결합된 풋옵션.

Pull-to-Par(액면가수렴): 채권가격이 만기에 액면가로 수렴하는 현상.

Put-Call Parity(풋-콜 패리티): 행사가격과 만기가 동일한 유러피언 콜옵션 가격과 유러피언 풋옵션 가격 간의 관계.

Put Option(풋옵션): 일정 기간까지 일정가격으로 기초자산을 매도할 수 있는 옵션.

Puttable Bond(상환요구 채권): 소유자가 정해진 가격으로 정해진 시점에서 발행자에게 매입을 요구할 수 있는 권리가 부여된 채권.

Puttable Swap(단축스왑): 거래자 일방이 만기일 이전에 계약을 만료시킬 수 있는 스왑.

Q-measure(Q 측도): 위험중립 세계에서의 측도.

Quanto(콴토): 지급액이 특정 통화와 관련된 변수에 의해 결정되고 다른 통화로 지급되는 파생상품.

Quasi-Random Sequence(준임의 수열): 임의 표본과는 다른 표본들을 대표하는 수열로서 몬테카를로 시뮬레이션에 이용된 수열.

Rainbow Option(무지개옵션): 지급액이 둘 또는 그 이상의 기초변수에 따라 결정되는 옵션.

Range Forward Contract(레인지선도계약): 콜옵션 매입과 풋옵션 매도의 결합 또는 콜옵션 매도와 풋옵션 매입의 결합.

Ratchet Cap(톱니바퀴 캡): 이전 금리조정일에서의 LIBOR에 일정한 스프레드를 더한 값이 캡금리가 되는 금리캡.

Real Option(실물옵션): 실물자산(금융자산이 아니라)에 대한 옵션. 실물자산은 토지, 공장 기계류 등을 포함.

Rebalancing(재조정): 주기적으로 거래포지션을 조정하는 과정으로 델타중립을 유지하는 데 목적이 있음.

Recovery Rate(회수율): 채무불이행 발생 시 청구금액의 백분율로 표시한 회수금액.

Reference Entity(준거기관): 신용 디폴트 스왑에서 보장의 대상이 되는 기관

Repo (repurchase agreement, 환매계약): 환매 조건부계약. 거래 상대방에게 증권을 매출함으로써 자금을 차입하고 나중에 약간 높은 가격으로 그 증권을 다시 매입하기로 한 계약.

Repo Rate(환매이자율): 환매 조건부계약의 이자율.

Reset Date(금리조정일): 스왑계약에서 다음 기간의 변동금리가 결정되는 날.

Restricted Stock Unit(RSU): 보유자에게 하나의 주식을 받을 수 있는 권한을 부여하는 unit.

Reversion Level(회귀수준): 이자율과 같은 시장변수의 가치가 회귀하는 수준

Reversion Rate(회귀율): 평균회귀가 존재하는 경우 시장변수의 가치가 회귀수준으로 수렴하는 속도(rate).

Rho(로): 이자율에 대한 파생상품 가격의 변화율.

Rights Issue(구주주 배정 유상증자): 구주주가 일정한 가격으로 신주를 살 수 있는 권리가 부여된 주식의 발행.

Risk-Free Rate(무위험이자율): 위험을 부담하지 않고 얻을 수 있는 이자율.

Risk-Neutral Valuation(위험중립 가치평가): 위험중립을 가정하고 옵션 또는 다른 파생상품의 가치를 평가하는 것을 말하며, 위험중립 가치평가는 실제로 위험중립이 아닌 경우에도 파생상품의 가치를 정확히 평가함.

Risk-Neutral World(위험중립 세계): 투자자들이 위험을 추가로 부담하는 것에 대하여 평균적으로 추가수익률을 요구하지 않는다고 가정하는 경우.

Roll Back(롤백): Backwards induction 참조.

SABR Model(SABR 모형): 특정 만기의 옵션에 대한 변동성 미소와 일치하도록 설계된 확률 변동성 모형.

Scalper(초단기 거래자): 매우 짧은 기간 동안만 포지션을 유지하는 거래자.

Scenario Analysis(시나리오 분석): 시장변수의 미래 변화가 포트폴리오의 가치에 미치는 영향을 분석하는 방법.

SEC(Securities and Exchange Commission): 미국 증권거래위원회.

Securitization(증권화): 자산들의 포트폴리오의 위험을 배분하는 과정.

SEF: Swap Execution Facility 참조.

Self-financing Portfolio: 자금의 투입이나 인출이 없는 포트폴리오.

Settlement Price(정산가격): 하루 동안의 거래를 종료하는 벨이 울리기 직전에 거래된 계약들의 평균가격.

Sharpe Ratio(샤프지수): 무위험수익률 대비 초과수익률을 초과수익률의 표준편차에 대비한 비율.

Shifted Lognormal Model(shifted 대수정규 모형): 이자율에 스프레드를 더한 값이 대수정규분포를 따르는 모형.

Short Hedge(매도헷지): 선물에 매도포지션을 취하는 헷지.

Short Position(매도포지션): 자산을 매도한 포지션.

Short Rate(단기이자율): 매우 짧은 기간 동안에 이루어진 무위험 투자에 적용하는 이자율.

Short Selling(공매): 다른 투자자로부터 빌린 주식을 시장에서 매도하는 것.

Short-Term Risk-Free Rate(단기이자율): Short Rate 참조.

Shout Option(샤우트 옵션): 보유자가 존속 기간 동안 한 시점에서 이득의 최소값을 확정할 수 있는 권리를 갖는 옵션.

Simulation(시뮬레이션): Monte Carlo Simulation 참조.

SONIA: 파운드화 오버나이트 이자율.

Specialist(스페셜리스트): 일부 거래소에서 지정가 주문을 관리하는 개인. 스페셜리스트는 지정가 주문에 대한 정보를 다른 거래자에게 제공하지 않음.

Speculator(투기자): 시장에서 포지션을 취하는 개인. 보통 이들은 자산의 가격이 상승하거나 하락할 것으로 예상하고 이를 바탕으로 이익을 추구함.

Spot Interest Rate(현물이자율): Zero-Coupon Interest Rate 참조.

Spot Price(현물가격): 현재 즉각 인도하는 데 적용되는 가격.

Spot Volatilities(현물변동성): 서로 다른 변동성이 각각의 캡레트(caplet)에 사용될 때, 캡을 평가하는 데 이용되는 변동성에 붙여진 이름.

Spread Option(스프레드 옵션): 두 시장변수의 차이에 따라 이득이 결정되는 옵션.

Spread Transaction(스프레드 거래): 동일한 유형(콜옵션 또는 풋옵션)의 두 개 이상의 옵션 에 포지션을 취하는 것.

Stack and Roll(스택엔롤): 장기간의 헷징을 위하여 단기간의 선물계약을 연속적으로 체결하는 과정.

Static Hedge(정적 헷지): 일단 시작되면 변동시킬 필요가 없는 헷지.

Static Options Replication(정적옵션복제): 포트폴리오를 헷징하는 과정으로 대략 동일한 가치를 갖는 포트폴리오를 탐색하는 과정을 포함.

Step-up Swap(체증스왑): 시간이 경과함에 따라 미리 정해진 방법대로 원금이 증가하는 형태의 스왑.

Sticky Cap(점성 캡): 이전 금리조정일에서의 캡금리와 LIBOR 중 적은 값에 스프레드를 더 한 값이 캡금리가 되는 캡.

Stochastic Process(확률과정): 확률변수의 확률 행태를 설명하는 방정식.

Stochastic Variable(확률변수): 미래 가치가 불확실한 변수.

Stock Dividend(주식배당): 주식으로 지급하는 배당.

Stock Index(주가지수): 주식 포트폴리오의 가치를 나타내는 지수.

Stock Index Futures(주가지수선물): 주가지수에 대한 선물.

Stock Index Option(주가지수옵션): 주가지수에 대한 옵션.

Stock Option(주식옵션): 개별주식에 대한 옵션.

Stock Split(주식분할): 기존의 주식 1개가 1개를 초과한 주식으로 나누어지는 것.

Storage Costs(보관비용): 상품을 보관하는 데 드는 비용.

Straddle(스트래들): 행사가격이 동일한 콜옵션과 풋옵션을 모두 매입한 포지션.

Strangle(스트랭글): 행사가격이 다른 콜옵션과 풋옵션을 모두 매입한 포지션.

Strap(스트랩): 행사가격이 동일한 콜옵션 2개와 풋옵션 1개를 매입한 포지션.

Stressed ES(스트레스 ES): 시장이 스트레스받은 기간을 대상으로 역사적 시뮬레이션 방법으로 계산된 ES(expected shortfall).

Stressed VaR(스트레스 **VaR)**: 시장이 스트레스받은 기간을 대상으로 역사적 시뮬레이션 방법으로 계산된 VaR.

Stress Testing(위기분석): 극단적인 시장변화가 포트폴리오의 가치에 미치는 영향을 분석하는 방법.

Strike Price(행사가격): 옵션계약에서 기초자산을 매입 또는 매도하는 가격.

Strip(스트립): 행사가격이 동일한 콜옵션 1개와 풋옵션 2개를 매입한 포지션.

Strip Bonds(분리이표 채권): 미국 재무성 채권의 이표를 분리하여 따로 매도함으로써 구성되는 무이표채.

Subprime Mortgage(서브프라임 모기지): 신용점수가 낮거나 없는 차입자에게 제공되는 모기지론.

Swap(스왑): 미리 정해진 대로 미래 일정기간 동안 현금흐름을 교환하는 계약.

Swap Execution Facility: 장외시장 파생상품 거래를 위한 전자 플랫폼.

Swap Rate(스왑이자율): 금리스왑에서 스왑의 가치를 0이 되게 하는 고정금리.

Swaption(스왑션): 정해진 고정금리가 변동금리와 교환되는 금리스왑에 참여할 수 있는 옵션.

Swing Option(스윙옵션): 소비율이 최소수준과 최대수준 사이에 있어야 하는 에너지 옵션. 일반적으로 옵션 보유자가 에너지 소비율을 변화시킬 수 있는 횟수에 제한이 있음.

Synthetic CDO(합성 CDO): CDS 매도를 통하여 구성되는 CDO.

Synthetic Option(합성옵션): 기초자산의 거래를 통하여 창조된 옵션.

Systematic Risk(체계적 위험): 분산투자를 해도 제거할 수 없는 위험.

Systemic Risk(시스템위험): 한 금융기관의 채무불이행이 다른 금융기관들의 채무불이행을 야기할 위험.

Tailing the Hedge(헷지계약수의 조정): 일일정산 결과를 반영하여 헷징에 이용된 선물계약수를 조정하는 과정.

Tail Loss: 조건부 VaR 참조.

Take-and-Pay Option: Swing Option 참조.

TED Spread(TED 스프레드): 3개월 LIBOR 금리와 3개월 T-Bill 수익률 간의 차이.

Tenor: 지급의 빈도.

Term Structure of Interest Rates(이자율의 기간구조): 이자율과 만기 간의 관계.

Terminal Value(만기가치): 만기일의 가치.

Theta(세타): 시간 경과에 대한 옵션 또는 다른 파생상품의 가격변화율.

Time Decay: Theta 참조.

Time Value(시간가치): 만기일까지 기간이 남아 있다는 사실로부터 발생하는 옵션가치로서 옵션가격에서 내재가치를 차감한 값임.

Timing Adjustment(시차조정): 파생상품의 이득 발생 시기를 고려하기 위해 어떤 변수의 선도가격에 이뤄지는 조정.

Total Return Swap(총수익 스왑): 하나의 자산 포트폴리오의 수익과 다른 자산 포트폴리오의 수익을 교환하는 스왑.

Traditional Risk-Neutral World(전통적 위험중립 세계): 위험의 시장가격이 0인 세계를 지칭하기 위한 저자의 용어. 동등하게, MMA 가치척도에 의해 정의된 세계.

Tranche(트랑슈): 위험의 크기가 서로 다른 유가증권들 가운데 하나의 증권. 예로는 CDO나 CMO의 트량슈가 있음.

Transactions Cost(거래비용): 거래하는 데 드는 비용(커미션 C 체결가격과 매매호가 중간 점 간의 차이).

Treasury Bill(미국의 단기국채): 미국 정부가 단기성 부채자본을 조달할 때 발행하는 무이표채.

Treasury Bond(미국의 장기국채): 미국 정부가 장기성 부채자본을 조달할 때 발행하는 이표채.

Treasury Bond Futures(장기국채 선물): T-bond에 대한 선물계약.

Treasury Note(미국의 중기국채): Treasury Bond 참조(T-note는 10년 미만의 국채임).

Treasury Note Futures(중기국채 선물): T-note에 대한 선물계약.

Tree(과정): 옵션 또는 다른 파생상품의 가치를 평가하기 위한 목적으로 시장변수의 가격변화를 표현한 과정.

Trinomial Tree(삼항과정): 각 점에서 3개의 가지가 뻗어가는 과정. 파생상품의 가치평가에서 이항과정과 같은 방법으로 이용됨.

Triple Witching Day(3중 마녀일): 주가지수선물, 주가지수옵션, 주가지수 선물옵션이 동시에 만기일이 되는 날짜.

Underlying Variable(기초변수): 옵션 또는 다른 파생상품의 가치가 기초하는 변수.

Unsystematic Risk(비체계적 위험): Nonsystematic Risk 참조.

Up-and-In Option(상향진입옵션): 기초자산가격이 정해진 수준까지 상승하면 유효하게 되는 옵션.

Up-and-Out Option(상향실격옵션): 기초자산가격이 정해진 수준까지 상승하면 실격되는 옵션.

Uptick(가격상승): 가격의 상승.

Value at Risk (VaR): 주어진 신뢰 수준에서 발생 가능한 최대 손실금액.

Variance-Covariance Matrix(분산－공분산 행렬식): 서로 다른 시장변수의 분산과 시장변수간의 공분산을 나타내는 행렬식.

Variance-Gamma Model(분산－감마 모형): 작은 점프가 자주 발생하고 큰 점프는 가끔 발생하는 순순점프 모형.

Variance Rate(분산율): 변동성의 제곱.

Variance Reduction Procedures(분산감소기법): 몬테카를로 시뮬레이션에서의 오차를 줄이기 위한 기법.

Variance Swap(분산스왑): 일정기간 동안의 실제 분산값을 일정한 고정 분산값과 교환하는 스왑계약. 명목원금에 두 값을 적용함.

Variation Margin(추가증거금): 증거금 납입요청이 있을 때 증거금 계좌의 잔액을 개시증거금 수준으로 맞추기 위해 추가로 내야 하는 증거금.

Vega(베가): 변동성에 대한 옵션 또는 다른 파생상품의 가격변화율.

Vega-Neutral Portfolio(베가중립 포트폴리오): 베가가 0인 포트폴리오.

Vesting Period(행사유예기간): 옵션을 행사할 수 없는 기간.

VIX Index (VIX 지수): S&P 500지수 변동성 지수.

Volatility(변동성): 자산으로부터 얻게 될 수익률의 불확실성을 측정하는 척도.

Volatility Skew(변동성 왜도): 변동성 미소의 비대칭성 정도를 나타내는 척도.

Volatility Smile(변동성 미소): 행사가격에 따른 내재 변동성의 변동.

Volatility Surface(변동성 표면): 행사가격과 만기에 따른 내재 변동성의 차이를 표시해 놓은 표.

Volatility Swap(변동성 스왑): 이자발생 기간 동안에 실현한 변동성이 고정변동성과 교환되는 스왑. 양 변동성 백분율이 동일한 명목원금에 적용되어 지급액이 결정됨.

Volatility Term Structure(변동성 기간구조): 만기에 따른 내재 변동성의 변동.

Volcker Rule(볼커 규칙): 은행의 투기적인 행동들을 제약하는 도드-프랭크 법안의 규칙. 연방준비제도 이사회 의장이었던 폴 볼커(Paul Volcker)가 제안했다.

Warrant(신주인수권): 기업 또는 금융기관이 발행하는 옵션으로 콜신주인수권은 기업이 자사주를 기초자산으로 하여 주로 발행함.

Waterfall(폭포수 규칙, 워터폴): 기초자산 포트폴리오로부터의 현금흐름을 각 트랑슈로 배분하는 규칙.

Weather Derivatives(날씨파생상품): 날씨에 따라 이득이 결정되는 파생상품.

Weeklys: 목요일에 생성되어 그 다음주 금요일에 만기가 되는 옵션.

Wiener Process(위너과정): 단기간인 t 동안 어떤 변수의 변동이 평균 0과 분산 t 인 정규 분포를 하는 확률과정.

Wild Card Play(와일드카드 플레이): 거래를 마감한 후 일정시간 동안 종가로 선물계약을 인도할수 있는 권리.

World Defined by Numeraire X(가치척도 X에 의해 정의된 세계): 위험의 시장가격이 X의 변동성과 동일한 세계.

Writing an Option(옵션발행): 옵션매도.

Yield(수익률): 금융상품에서 얻는 수익률.

XVA: FVA, CVA, DVA, MVA, 그리고 KVA와 같은 가치평가 조정은 통칭 XVA라고 알려져 있다.

Yield Curve(수익률곡선): Term Structure of Interest Rates 참조.

Zero-Coupon Bond(무이표채): 이표가 지급되지 않는 채권.

Zero-Coupon Interest Rate(무이표이자율): 이표를 지급하지 않는 채권으로부터 얻는 이자율.

Zero-Coupon Yield Curve(무이표 수익률곡선): 무이표채의 만기와 이자율의 관계를 그린 곡선.

Zero Curve(무이표 수익률곡선): Zero-CouponYield Curve 참조.

Zero Rate(무이표이자율): Zero-Coupon Interest Rate 참조.

DerivaGem Software

사용법

이 소프트웨어는 독자로 하여금 본 서에서 논의된 많은 상품들의 가치를 평가하게 해준다.

처음 단계

소프트웨어를 사용하는데 있어 처음 시작하는 것이 가장 어렵다. DerivaGem 버전 4.00을 사용하여 옵션의 가치를 평가하는 단계별 절차는 다음과 같다.

1. 책과 같이 제공되는 온라인 자료를 사용하여 DG400.xls, DG400 function.xls, DG400 application.xls을 컴퓨터에서 실행한다. 엑셀파일 DG400.xls를 연다.
2. 매크로를 사용가능하게 해주어야만 한다. 만약 Enable Editing 그리고 Enable Macros가 워크시트의 상단에 있다면 클릭한다. 일부 윈도우와 오피스 버전에서는 매크로를 위해 보안을 중간 또는 낮음으로 설정할 필요가 있다.
3. 페이지 맨 아래에 있는 *Equity_FX_Index_Fut_Opts_Calc* 워크시트를 클릭한다.
4. 기초자산 형태로 *Currency*를 선택하고 옵션 형태로 Binomial: American을 선택한다. 그리고 Put을 선택한다. Imply Volatility는 그대로 놓아둔다.
5. 이렇게 하면 아메리칸 통화풋옵션의 가치를 평가할 준비가 다 되었다. 이제는 다음과 같 은 6가지의 투입변수를 선택한다: 환율, 변동성, 국내무위험이자율, 외국무위험이자율, 만기(연수), 행사가격이다. 그리고 마지막으로 이항과정의 기간 회수(time steps)를 결정 한다. 이들을 D5, D6, D7, D8, D13, D14, 그리고 D15의 셀에다 순서대로 각각 1.61, 12%, 8%, 9%, 1.0, 1.6 그리고 4의 값으로 넣는다.
6. 키보드 상의 Enter를 치고 Calculate를 클릭한다. 그러면 옵션의 가격이 D20 셀에 0.07099로 나타나고, D21부터 D25 셀에 그릭문자가 나타난다. 이런 내용의 화면 중 일부는 다음의 그림으로 나타난다.
7. Display를 클릭하면 옵션의 가치를 평가하는데 사용되는 이항분포 의사결정 수를 볼 수 있을 것이다. 이 그림은 21장의 [그림 21.6]에 보여 진 것과 같다.

다음 단계

이제 당신은 이 워크시트로 다른 기초자산에 대한 다른 형태의 옵션의 가치를 평가하는데 어려움이 없을 것이다. 변동성 변화에 따라 가치가 어떻게 달라지는지를 살펴보기로 하자. 먼저 Imply Volatility 박스를 찾아서 D20 셀에다가 옵션의 가격을 투입한 후, Enter를 치고 Calculate를 클릭한다. 그러면 D6 셀에 내재변동성이 나타난다.

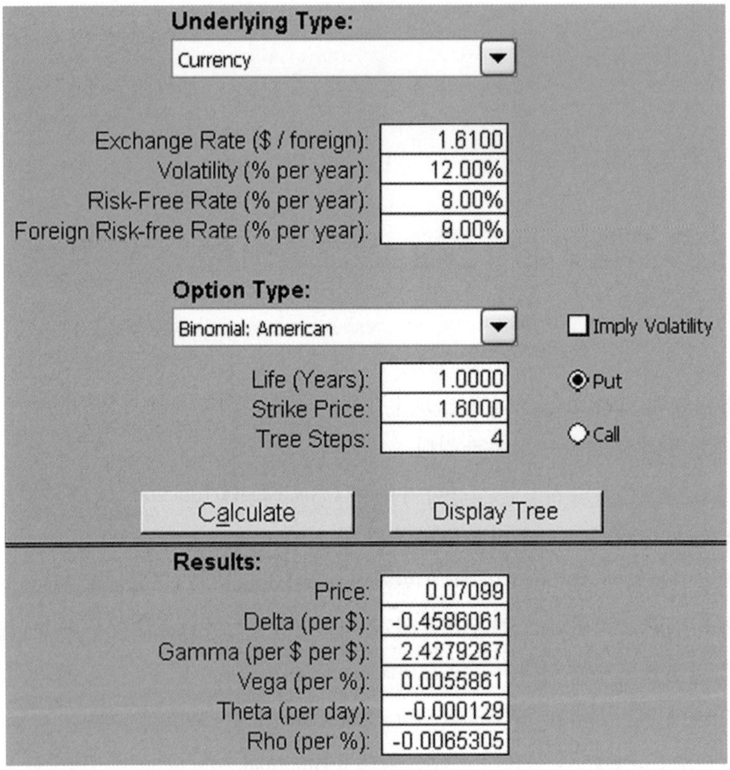

결과 밑에 서로 다른 많은 차트들이 나타날 수 있는데, 하나의 차트를 보기 위해서는 수직축에 대한 변수 (Y)와 수평축에 대한 변수 (X), X값에 대한 범위, X값의 갯수를 선택해야 한다. 그런 다음 키보드 상의 Enter를 치고 Draw Graph를 클릭한다.

Equity_FX_Indx_Fut_Opts_Calc 워크시트에서 추가적으로 알아야 할 사항은 다음과 같다.

1. 유러피언과 아메리칸 주식옵션의 경우, 기초주식에 대한 7개의 배당까지 표에 투입할 수 있다. 첫 번째 열에 각 배당이 지급되는 시점(연간 단위)을 투입하고 두 번째 열에 배당 금액을 입력한다.
2. 아메리칸 옵션의 경우 이항과정의 기간을 500회까지 사용할 수 있으나, 화면에는 최대 한 오직 10회의 기간만이 보여진다.
3. 표준 콜옵션과 풋옵션 이외의 옵션의 경우 그릭 문자는 Analytic Formula를 이용하는 것이 아니라 입력변수를 교란하여 계산한다.

4. 아시안옵션의 경우 Current Average는 개시 후 평균가격을 의미한다. 만약 아시안옵션이 신규 발행된 것이라면 Current Average 셀은 의미가 없으므로 빈 칸으로 남겨놓는다.
5. 룩백옵션의 경우, 콜옵션이 평가될 때는 Minimum to Date가 이용되고, 풋옵션이 평가 될 때는 Maximum to Date가 이용된다. 새로운 계산을 할 때, 이들은 기초자산의 현재가 격과 동일하게 설정되어야 한다.
6. 이자율은 연속복리 기준이며 실제/실제 일수 계산을 사용한다.

Alternative Models 워크시트는 *Equity_Fx_Indx_Fut_Opts_Calc*와 유사하게 작동한다. 옵션은 대수 정규, CEV, 머튼 점프-확산 혼합 모형, 분산-감마, 헤스턴, SABR 모형을 통해 가치평가 될 수 있다. 내재변동성이 Y-축이고 행사가격이 X-축인 차트를 고르면 변동성 스마일을 확인 할 수 있다.

몬테카를로 시뮬레이션

Monte Carlo 워크시트에서 사용자는 다수의 다른 옵션들이 어떻게 대수정규, 머튼 점프-확산 혼합, 분산-감마 모형을 통해 가치평가 될 수 있는지 확인할 수 있다. 10,000개까지의 시뮬레이션 시행까지 사용될 수 있다. 10개의 시행으로부터 전체 결과과 표시된다. Do Antithetic 박스를 체크하면, 이들은 두개씩 쌍을 지어 평균이 계산되어 5개의 표본 값을 제공된다. Do Antithetic 박스가 체크되어 있지 않으면, 10개의 표본 값이 존재한다.

무이표곡선

Zero_Curve 워크시트는 4장 7절에서와 같은 OIS와 국채 무이표곡선을 계산할 수 있도록 해준다. [표 4.3]과 [표 4.5]의 지급주기에 상응하는 복리빈도의 채권수익률과 OIS 이자율을 입력해주어야 한다. 계산된 무이표이자율은 연속복리 기준이다. 발생기간은 1년의 정확한 비율로 가정되며 일수계산은 실제경과일수/실제기준일수이다.

스왑

Swap_Price 워크시트는 OIS 할인을 이용해 스왑의 가치를 평가한다. 연속복리 기준 OIS 무이표곡선 상의 점들이 입력되어야 한다. (OIS 무이표곡선 상의 점들은 *Zero_Curve* 워크시트에서 가져올 수 있다.) LIBOR 선도 이자율 역시 입력되어야만 한다. 이들은 특정 시점에 시작되어 한 기간 뒤에 끝나는 기간에 대한 선도이자율이며 기간의 길이는 정산 주기와 동일하다. 선도이자율의 복리빈도는 정산 주기와 동일하다. 그러므로 예제 7.1에서 시점 0.25에 대한 선도이자율은 3.329%, 시점 0.75에 대한 선도이자율은 3.734%가 된다. 시점 0.25, 0.75, 1.25에 대한 OIS 무이표 이자율은 각각 2.8%, 3.2%, 3.4%가 될 것이다. Swap End는 1.25, Swap Rate은 3%, Last Reset은 2.9%, 정산주기는 Semiannual이 될 것이다. 소프트웨어는 요구된 무이표이자율과 명시되지 않은 선도이자율을 결정하기 위해 선형 보간법을 사용한다.

채권옵션

Bond_Options 워크시트의 사용방법은 앞선 워크시트의 사용방법과 유사하다. 대체모형으로는 블랙의 모형(29장 1절 참조)과 단기이자율의 정규분포모형(식 (32.4) 참조) 및 단기이자율의 대수정규모형(식 (32.9) 참조) 등이 있다. 첫 번째 모형은 유러피언옵션과 아메리칸옵션에만 이용될 수 있다. 다른 두 개의 모형은 유러피언옵션과 아메리칸옵션에 모두 이용 될 수 있다. 액면이자는 연 기준의 이자율로 표시되며, 이자지급 횟수는 Quarterly, Semi-Annual 또는 Annual 중에서 선택 할 수 있다. 무이표 수익률곡선은 Term Structure로 명명된 표에 입력한다. (연으로 측정된) 각 만기는 첫번째 열 그리고 상응하는 연속복리 이자율은 두번째 열이다. DerivaGem은 [그림 4.1] 그리고 [그림 4.2]와 유사한 기간별 선형 (piecewise linear) 수익률곡선을 가정한다. 행사가격은 공시가격 또는 현금가격으로 입력한다 (29장 1절 참조). 소프트웨어로 계산한 공시가격과 투입한 행사가격은 모두 액면가 100달러 기준으로 표시 한다.

캡과 스왑션

Caps_and_Swap_Options 워크시트의 사용방법은 다른 워크시트의 사용방법과 유사하다. 이 워크시트는 이자율 Caps/Floor와 스왑옵션을 가치평가하기 위해 이용 된다. Caps/Floor를 가치평가 하는 블랙의 모형은 29장 2절에서 설명하였고, 유러피언 스왑 옵션을 가치평가하는 블랙의 모형은 29장 3절에서 설명하였다. Shifted 대수정규 모형과 Bachelier (정규) 모형 역시 이 절들에서 설명되어 있다. 지급횟수는 Monthly, Quarterly, Semi-Annual 및 Annual 중 하나를 선택 할 수 있다. 본 프로그램은 캡 또는 스왑션의 잔존기간 말부터 거꾸로 역행하면서 지급일을 계산한다. Caps/Floor의 최초 이자발생기간은 표준기간에 0.5와 1.5 사이의 값을 곱한 비표준화된 기간이 될 수 있다. OIS 할인이 사용된다. Swaps 워크시트에서 했던 것과 동일한 방법으로 LIBOR 선도 이자율과 OIS 무이표이자율이 입력되어야 한다. 스왑 옵션의 경우에는, 선도 LIBOR 이자율이 선도 스왑 이자율을 결정하기 위해서만 사용된다. 만약 선도 스왑 이자율이 알려져 있다면, 단일 선도 LIBOR 이자율만 입력하는 것으로도 충분하다.

CDSs

CDS 워크시트는 CDS스프레드로부터 위험률을 계산하는데 이용되고 반대로도 이용된다. 사용자는 이자율(연속복리 기준)의 기간구조와 CDS스프레드 또는 위험률의 기간구조를 입력 해야한다. 최초의 위험률은 현재 시점부터 명시된 시점까지 적용되고, 두 번째 위험률은 첫 번째 위험률에 상응하는 기간부터 두 번째 위험률에 상응하는 기간까지 적용되는데, 이 후에도 계속 이런 식으로 적용된다. 계산은 채무불이행이 두 현금지급일 중간시점에서만 발생할 수 있다는 가정하에서 이루어진다. 이는 25장 2절의 예시에서 이루어진 계산과 같다.

CDOs

CDO 워크시트는 트랑슈 상관계수로부터 CDO 트랑슈의 가격을 계산하는데 이용된다. 트랑슈 별 손실 시작점과 손실종료점은 사용자가 입력해야 한다. 가격공시는 bp로 이루어지거나 초기지급액(up-front payment)을 포함하기도 한다. 후자의 경우 스프레드(bp)는 고정되고 트랑슈 원금의 퍼센트로 표현된 초기지급액은 직접 입력하거나 내재되어 있다(예를 들어, iTraxx Europe 또는 CDX NA IG의 후순위 트랑슈의 고정 스프레드는 500bp이다). 통합점 (integration point)의 수는 계산의 정확성을 결정하는데 대부분의 경우 10으로 이용된다(최대 값은 30이다, 식 (25.12) 참조). 소프트웨어는 기대손실(ExpLoss)을 트랑슈 원금의 퍼센트로 표시하고 기대지 급액(PVPmts)의 가치를 연간 10,000bp 기준으로 제시한다. 스프레드는 ExpLoss*10,000/PVPmts로 계산된다. 초기지급액은 ExpLoss-(spread*PVPmts/10,000)이다. 워크시트는 사용자가 입력한 가격으로부터 트랑슈 상관계수 또는 기초상관계수(base correlation)를 추론하 는데 사용될 수 있다. 트랑슈 상관계수는 복합상관계수(compound correlation)로도 불린다. 첫 번째 트랑슈가 0%에서 시작하고 한 트랑슈의 손실종료점이 다른 트랑슈의 손실시작점이면 기초상관계수는 워크시트에 의해 계산된다.

$$\text{ExpLoss} * 10{,}000/\text{PVPmts} \quad \text{and} \quad \text{ExpLoss} - (\text{Spread} * \text{PVPmts}/10{,}000)$$

그릭 문자

Equity_FX_Index_Futures 워크시트에서 그릭 문자는 다음과 같이 계산된다.

Delta(델타): 기초자산 가격 1달러 증가당 옵션가격의 변화 Gamma(감마): 기초자산 가격 1달러 증가당 델타의 변화

Vega(베가): 변동성 1%포인트 증가당 옵션가격의 변화 (변동성 증가의 예: 20%에서 21%로 증가)

Rho(로): 이자율 1%포인트 증가당 옵션가격의 변화 (이자율 증가의 예: 5%에서 6%로 증가)

Theta(세타): 1일(달력일 기준) 경과 시 옵션가격의 변화

금리에 의존하는 투자수단의 경우, 그릭 문자는 다음과 같이 정의된다.

DV01: 수익률곡선이 1베이시스포인트 상향이동할 때, 옵션가격의 변화

Gamma(감마): 수익률곡선이 상향이동할 때의 DV01 변화에 100을 곱한 값 (Gamma is per % per %)

Vega(베가): 변동성 1%포인트 증가에 대한 옵션가격의 변화(예를 들어 변동성이 20%에서 21% 증가)

Application Builder

당신이 Option Calculator(DG300.xls)에 익숙하다면, Application Builder(DG300 applications.xls)를 사용하는 것부터 시작하기를 원할 것이다. 당신은 또한 당신의 고유한 프로그램을 DG300 functions.xls를 이용해 설계할 수 있다. 이는 VBA 원시 코드로 작성된 DerivaGem의 기초가 되는 기능들을 포함한다. 소프트웨어에 포함되어 있는 프로그램들은 다음과 같다.

A. Binomial Convergence: 13장과 21장에 소개된 이항모형의 수렴(convergence)을 조사한다.

B. Greek Letters: 19장에 소개된 그릭 문자들을 보여주는 차트를 제공한다.

C. Delta Hedge: [표 19.2]와 [표 19.3]에 제시된 델타헷징의 성과를 조사한다.

D. Delta and Gamma Hedge: 이원옵션에의 포지션의 경우 델타와 감마헷징의 성과를 조사한다.

E. Value at Risk: 세 가지 다른 접근방법을 이용하여 포트폴리오의 VaR를 계산한다.

F. Barrier Replication: 정적옵션복제의 예시에 대한 계산을 수행한다(26장 16절 참조).

G. Trinomial Convergence: 삼항모형의 수렴을 조사한다.

세계의 주요 선물·옵션거래소

Australian Securities Exchange (ASX)	www.asx.com.au
BM&FBOVESPA (BMF)	www.bmfbovespa.com.br
Bombay Stock Exchange (BSE)	www.bseindia.com
Boston Options Exchange (BOX)	www.bostonoptions.com
Bursa Malaysia (BM)	www.bursamalaysia.com
Chicago Board Options Exchange (CBOE)	www.cboe.com
China Financial Futures Exchange (CFFEX)	www.cffex.com.cn
CME Group	www.cmegroup.com
Dalian Commodity Exchange (DCE)	www.dce.com.cn
Eurex	www.eurexchange.com
Hong Kong Futures Exchange (HKFE)	www.hkex.com.hk
IntercontinentalExchange (ICE)	www.theice.com
International Securities Exchange (ISE)	www.ise.com
Japan Exchange Group	www.jpx.co.jp
Kansas City Board of Trade (KCBT)	www.kcbt.com
London Metal Exchange (LME)	www.lme.co.uk
MEFF Renta Fija and Variable, Spain	www.meff.es
Mexican Derivatives Exchange (MEXDER)	www.mexder.com.mx
Minneapolis Grain Exchange (MGE)	www.mgex.com
Montreal Exchange (ME)	www.m-x.ca
NASDAQ OMX	www.business.nasdaq.com
National Stock Exchange, Mumbai (NSE)	www.nseindia.com
NYSE Euronext	www.nyse.com
Shanghai Futures Exchange (SHFE)	www.shfe.com.cn
Singapore Exchange (SGX)	www.sgx.com
Tokyo Financial Exchange (TFX)	www.tfx.co.jp
Zhengzhou Commodity Exchange (ZCE)	www.zce.cn

누적표준정규분포표

이 표는 $x \leqslant 0$일 경우 누적확률 $N(x)$의 값을 보여준다.
여기에 없는 경우는 다음과 같이 보간법을 사용할 수 있다.

$$\begin{aligned} N(-0.1234) &= N(-0.12) - 0.34[N(-0.12) - N(-0.13)] \\ &= 0.4522 - 0.34 \times (0.4522 - 0.4483) \\ &= 0.4509 \end{aligned}$$

x	.00	.01	.02	.03	.04	.05	.06	.07	.08	. 09
−0.0	0.5000	0.4960	0.4920	0.4880	0.4840	0.4801	0.4761	0.4721	0.4681	0.4641
−0.1	0.4602	0.4562	0.4522	0.4483	0.4443	0.4404	0.4364	0.4325	0.4286	0.4247
−0.2	0.4207	0.4168	0.4129	0.4090	0.4052	0.4013	0.3974	0.3936	0.3897	0.3859
−0.3	0.3821	0.3783	0.3745	0.3707	0.3669	0.3632	0.3594	0.3557	0.3520	0.3483
−0.4	0.3446	0.3409	0.3372	0.3336	0.3300	0.3264	0.3228	0.3192	0.3156	0.3121
−0.5	0.3085	0.3050	0.3015	0.2981	0.2946	0.2912	0.2877	0.2843	0.2810	0.2776
−0.6	0.2743	0.2709	0.2676	0.2643	0.2611	0.2578	0.2546	0.2514	0.2483	0.2451
−0.7	0.2420	0.2389	0.2358	0.2327	0.2296	0.2266	0.2236	0.2206	0.2177	0.2148
−0.8	0.2119	0.2090	0.2061	0.2033	0.2005	0.1977	0.1949	0.1922	0.1894	0.1867
−0.9	0.1841	0.1814	0.1788	0.1762	0.1736	0.1711	0.1685	0.1660	0.1635	0.1611
−1.0	0.1587	0.1562	0.1539	0.1515	0.1492	0.1469	0.1446	0.1423	0.1401	0.1379
−1.1	0.1357	0.1335	0.1314	0.1292	0.1271	0.1251	0.1230	0.1210	0.1190	0.1170
−1.2	0.1151	0.1131	0.1112	0.1093	0.1075	0.1056	0.1038	0.1020	0.1003	0.0985
−1.3	0.0968	0.0951	0.0934	0.0918	0.0901	0.0885	0.0869	0.0853	0.0838	0.0823
−1.4	0.0808	0.0793	0.0778	0.0764	0.0749	0.0735	0.0721	0.0708	0.0694	0.0681
−1.5	0.0668	0.0655	0.0643	0.0630	0.0618	0.0606	0.0594	0.0582	0.0571	0.0559
−1.6	0.0548	0.0537	0.0526	0.0516	0.0505	0.0495	0.0485	0.0475	0.0465	0.0455
−1.7	0.0446	0.0436	0.0427	0.0418	0.0409	0.0401	0.0392	0.0384	0.0375	0.0367
−1.8	0.0359	0.0351	0.0344	0.0336	0.0329	0.0322	0.0314	0.0307	0.0301	0.0294
−1.9	0.0287	0.0281	0.0274	0.0268	0.0262	0.0256	0.0250	0.0244	0.0239	0.0233
−2.0	0.0228	0.0222	0.0217	0.0212	0.0207	0.0202	0.0197	0.0192	0.0188	0.0183
−2.1	0.0179	0.0174	0.0170	0.0166	0.0162	0.0158	0.0154	0.0150	0.0146	0.0143
−2.2	0.0139	0.0136	0.0132	0.0129	0.0125	0.0122	0.0119	0.0116	0.0113	0.0110
−2.3	0.0107	0.0104	0.0102	0.0099	0.0096	0.0094	0.0091	0.0089	0.0087	0.0084
−2.4	0.0082	0.0080	0.0078	0.0075	0.0073	0.0071	0.0069	0.0068	0.0066	0.0064
−2.5	0.0062	0.0060	0.0059	0.0057	0.0055	0.0054	0.0052	0.0051	0.0049	0.0048
−2.6	0.0047	0.0045	0.0044	0.0043	0.0041	0.0040	0.0039	0.0038	0.0037	0.0036
−2.7	0.0035	0.0034	0.0033	0.0032	0.0031	0.0030	0.0029	0.0028	0.0027	0.0026
−2.8	0.0026	0.0025	0.0024	0.0023	0.0023	0.0022	0.0021	0.0021	0.0020	0.0019
−2.9	0.0019	0.0018	0.0018	0.0017	0.0016	0.0016	0.0015	0.0015	0.0014	0.0014
−3.0	0.0014	0.0013	0.0013	0.0012	0.0012	0.0011	0.0011	0.0011	0.0010	0.0010
−3.1	0.0010	0.0009	0.0009	0.0009	0.0008	0.0008	0.0008	0.0008	0.0007	0.0007
−3.2	0.0007	0.0007	0.0006	0.0006	0.0006	0.0006	0.0006	0.0005	0.0005	0.0005
−3.3	0.0005	0.0005	0.0005	0.0004	0.0004	0.0004	0.0004	0.0004	0.0004	0.0003
−3.4	0.0003	0.0003	0.0003	0.0003	0.0003	0.0003	0.0003	0.0003	0.0003	0.0002
−3.5	0.0002	0.0002	0.0002	0.0002	0.0002	0.0002	0.0002	0.0002	0.0002	0.0002
−3.6	0.0002	0.0002	0.0001	0.0001	0.0001	0.0001	0.0001	0.0001	0.0001	0.0001
−3.7	0.0001	0.0001	0.0001	0.0001	0.0001	0.0001	0.0001	0.0001	0.0001	0.0001
−3.8	0.0001	0.0001	0.0001	0.0001	0.0001	0.0001	0.0001	0.0001	0.0001	0.0001
−3.9	0.0000	0.0000	0.0000	0.0000	0.0000	0.0000	0.0000	0.0000	0.0000	0.0000
−4.0	0.0000	0.0000	0.0000	0.0000	0.0000	0.0000	0.0000	0.0000	0.0000	0.0000

누적표준정규분포표

이 표는 $x \geqslant 0$일 경우 누적확률 $N(x)$의 값을 보여준다.
여기에 없는 경우는 다음과 같이 보간법을 사용할 수 있다.

$$\begin{aligned} N(0.6278) &= N(0.62) + 0.78[N(0.63) - N(0.62)] \\ &= 0.7324 + 0.78 \times (0.7357 - 0.7324) \\ &= 0.7350 \end{aligned}$$

x	.00	.01	.02	.03	.04	.05	.06	.07	.08	.09
0.0	0.5000	0.5040	0.5080	0.5120	0.5160	0.5199	0.5239	0.5279	0.5319	0.5359
0.1	0.5398	0.5438	0.5478	0.5517	0.5557	0.5596	0.5636	0.5675	0.5714	0.5753
0.2	0.5793	0.5832	0.5871	0.5910	0.5948	0.5987	0.6026	0.6064	0.6103	0.6141
0.3	0.6179	0.6217	0.6255	0.6293	0.6331	0.6368	0.6406	0.6443	0.6480	0.6517
0.4	0.6554	0.6591	0.6628	0.6664	0.6700	0.6736	0.6772	0.6808	0.6844	0.6879
0.5	0.6915	0.6950	0.6985	0.7019	0.7054	0.7088	0.7123	0.7157	0.7190	0.7224
0.6	0.7257	0.7291	0.7324	0.7357	0.7389	0.7422	0.7454	0.7486	0.7517	0.7549
0.7	0.7580	0.7611	0.7642	0.7673	0.7704	0.7734	0.7764	0.7794	0.7823	0.7852
0.8	0.7881	0.7910	0.7939	0.7967	0.7995	0.8023	0.8051	0.8078	0.8106	0.8133
0.9	0.8159	0.8186	0.8212	0.8238	0.8264	0.8289	0.8315	0.8340	0.8365	0.8389
1.0	0.8413	0.8438	0.8461	0.8485	0.8508	0.8531	0.8554	0.8577	0.8599	0.8621
1.1	0.8643	0.8665	0.8686	0.8708	0.8729	0.8749	0.8770	0.8790	0.8810	0.8830
1.2	0.8849	0.8869	0.8888	0.8907	0.8925	0.8944	0.8962	0.8980	0.8997	0.9015
1.3	0.9032	0.9049	0.9066	0.9082	0.9099	0.9115	0.9131	0.9147	0.9162	0.9177
1.4	0.9192	0.9207	0.9222	0.9236	0.9251	0.9265	0.9279	0.9292	0.9306	0.9319
1.5	0.9332	0.9345	0.9357	0.9370	0.9382	0.9394	0.9406	0.9418	0.9429	0.9441
1.6	0.9452	0.9463	0.9474	0.9484	0.9495	0.9505	0.9515	0.9525	0.9535	0.9545
1.7	0.9554	0.9564	0.9573	0.9582	0.9591	0.9599	0.9608	0.9616	0.9625	0.9633
1.8	0.9641	0.9649	0.9656	0.9664	0.9671	0.9678	0.9686	0.9693	0.9699	0.9706
1.9	0.9713	0.9719	0.9726	0.9732	0.9738	0.9744	0.9750	0.9756	0.9761	0.9767
2.0	0.9772	0.9778	0.9783	0.9788	0.9793	0.9798	0.9803	0.9808	0.9812	0.9817
2.1	0.9821	0.9826	0.9830	0.9834	0.9838	0.9842	0.9846	0.9850	0.9854	0.9857
2.2	0.9861	0.9864	0.9868	0.9871	0.9875	0.9878	0.9881	0.9884	0.9887	0.9890
2.3	0.9893	0.9896	0.9898	0.9901	0.9904	0.9906	0.9909	0.9911	0.9913	0.9916
2.4	0.9918	0.9920	0.9922	0.9925	0.9927	0.9929	0.9931	0.9932	0.9934	0.9936
2.5	0.9938	0.9940	0.9941	0.9943	0.9945	0.9946	0.9948	0.9949	0.9951	0.9952
2.6	0.9953	0.9955	0.9956	0.9957	0.9959	0.9960	0.9961	0.9962	0.9963	0.9964
2.7	0.9965	0.9966	0.9967	0.9968	0.9969	0.9970	0.9971	0.9972	0.9973	0.9974
2.8	0.9974	0.9975	0.9976	0.9977	0.9977	0.9978	0.9979	0.9979	0.9980	0.9981
2.9	0.9981	0.9982	0.9982	0.9983	0.9984	0.9984	0.9985	0.9985	0.9986	0.9986
3.0	0.9986	0.9987	0.9987	0.9988	0.9988	0.9989	0.9989	0.9989	0.9990	0.9990
3.1	0.9990	0.9991	0.9991	0.9991	0.9992	0.9992	0.9992	0.9992	0.9993	0.9993
3.2	0.9993	0.9993	0.9994	0.9994	0.9994	0.9994	0.9994	0.9995	0.9995	0.9995
3.3	0.9995	0.9995	0.9995	0.9996	0.9996	0.9996	0.9996	0.9996	0.9996	0.9997
3.4	0.9997	0.9997	0.9997	0.9997	0.9997	0.9997	0.9997	0.9997	0.9997	0.9998
3.5	0.9998	0.9998	0.9998	0.9998	0.9998	0.9998	0.9998	0.9998	0.9998	0.9998
3.6	0.9998	0.9998	0.9999	0.9999	0.9999	0.9999	0.9999	0.9999	0.9999	0.9999
3.7	0.9999	0.9999	0.9999	0.9999	0.9999	0.9999	0.9999	0.9999	0.9999	0.9999
3.8	0.9999	0.9999	0.9999	0.9999	0.9999	0.9999	0.9999	0.9999	0.9999	0.9999
3.9	1.0000	1.0000	1.0000	1.0000	1.0000	1.0000	1.0000	1.0000	1.0000	1.0000
4.0	1.0000	1.0000	1.0000	1.0000	1.0000	1.0000	1.0000	1.0000	1.0000	1.0000

찾아보기

A

B

C

D

E

F

G

H

I

K

L

M

N

Q

R

S

T

U

V

W

Y

ㄱ

ㄴ

ㄷ

ㄹ

ㅁ

ㅂ

ㅅ

ㅇ

ㅈ

ㅊ

ㅋ

ㅌ

ㅍ